THE
BIG GREEN
BOOK OF ITALIAN VERBS

555

FULLY CONJUGATED VERBS

Katrien Maes-Christie, Ph.D. | **Daniel Franklin**

McGraw Hill

New York   Chicago   San Francisco   Lisbon   London   Madrid   Mexico City
Milan   New Delhi   San Juan   Seoul   Singapore   Sydney   Toronto

Library of Congress Cataloging-in-Publication Data

Maes-Christie, Katrien.
  The big green book of Italian verbs : 555 fully conjugated verbs / Katrien Maes-Christie, Daniel Franklin.
      p.   cm.
  Includes index.
  ISBN 0-07-143121-7 (alk. paper)
  1. Italian language—Verb.   I. Franklin, Daniel.   II. Title.

PC1271.M34   2004
458.2'421—dc22   2004063162

Alle nostre figlie
Hannah e Nelleke — K. M-C.
Johanna e Hilary — D.F.

    4 5 6 7 8 9 10 11 12 13 14 15 16 17 18   VLP/VLP   0 9 8 7 (0-07-143121-7)
  3 4 5 6 7 8 9 10 11 12 13 14 15 16 17 18   QPD/QPD 0 9 8   (0-07-148762-X)

ISBN-13: 978-0-07-148761-0 (book and CD-ROM set)
ISBN-10:   0-07-148761-1 (book and CD-ROM set)

ISBN-13: 978-0-07-148762-7 (book for set)
ISBN-10:   0-07-148762-X (book for set)

ISBN-13: 978-0-07-143121-7 (book alone)
ISBN-10:   0-07-143121-7 (book alone)

Interior design by Village Typographers, Inc.

McGraw-Hill books are available at special quantity discounts to use as premiums and sales promotions, or for use in corporate training programs. For more information, please write to the Director of Special Sales, Professional Publishing, McGraw-Hill, Two Penn Plaza, New York, NY 10121-2298. Or contact your local bookstore.

CD-ROM for Windows
To install: Insert the CD-ROM into your CD-ROM drive. The CD-ROM will start automatically. If it does not, double-click on MY COMPUTER; find and open your CD-ROM disk drive, then double-click on the install.exe icon. The CD-ROM includes audio instructions to guide you in using this program effectively.

Minimum System Requirements:
Computer: Windows 98, 2000, XP
Pentium II, AMD K6-2, or better
64 MB RAM
14″ color monitor
8× or better CD-ROM
Sound card
Installation: Necessary free hard-drive space: 150 MB
Settings: 800 × 600 screen resolution
256 (8-bit) colors (minimum)
Thousands (24- or 32-bit) of colors (preferred)

Call 800-722-4726 if the CD-ROM is missing from this book.
For technical support go to http://books.mcgraw-hill.com/techsupport.

This book is printed on acid-free paper.

Contents

ITALIAN TENSE PROFILES

THE BASICS OF CONJUGATION

To conjugate a verb is to list all of its different forms in a logical order. These verb forms may have the following features: mood, tense, person, and number.

Mood and Tense

Finite verb forms in Italian express one of four *modi*, or moods: indicative, conditional, subjunctive, or imperative. The mood of a finite verb form expresses how it relates to reality or to the intent of the speaker or writer. The indicative mood (*indicativo*) makes a statement or asks a question about an objective fact. The conditional mood (*condizionale*) expresses a perceived result or outcome based on a stated or implied condition. The subjunctive mood (*congiuntivo*) expresses a condition, wish, emotion, or other sentiment of a nonfactual, subjective nature. The imperative mood (*imperativo*) expresses a command. These four moods are exemplified in the following sentences.

Leonardo da Vinci **era** vegetariano. (INDICATIVE)	*Leonardo da Vinci **was** a vegetarian.*
Se **avesse mangiato** carne, **si sarebbe ammalato**. (SUBJUNCTIVE, CONDITIONAL)	*If he **had eaten** meat, he **would have gotten sick**.*
Leonardo, **mangia** la tua verdura! (IMPERATIVE)	*Leonardo, **eat** your vegetables!*

Nonfinite verb forms belong to one of three *modi*: the infinitive (*infinito*), participle (*participio*), or gerund (*gerundio*), as illustrated in the following sentences.

Mangiare carne non è dannoso alla salute. (INFINITIVE)	***To eat** meat is not harmful to one's health.*
Arrivata a casa, Ornella ha fatto uno spuntino. (PARTICIPLE)	***After she arrived** home, Ornella had a snack.*
Mangiando si diventa forti. (GERUND)	***Eating** makes one strong.*

In addition to mood, Italian verb forms express tense (past, present, and future). In Italian, there are both simple and compound tenses. In simple tenses (*tempi semplici*), the verb form consists of a single word (the verb stem plus its ending); in compound tenses (*tempi composti*), the verb form consists of an auxiliary (**avere** or **essere**) plus the past participle of the verb. The conjugation tables in this book give all verb forms for all Italian tenses, simple and compound.

The details of tense formation and use of finite verb forms begins on page 6 with an introduction to the simple tenses. The formation and use of nonfinite verb forms is detailed on pages 34–36.

Person and Number

Finite verb forms in both Italian and English have person and number.

Person generally refers to the subject of a sentence—the person or thing that is performing the action of the verb. *First person* refers to the speaker and corresponds to the pronouns *I* and *we* in English. *Second person* refers to the person being spoken to and corresponds to the pronoun *you*, singular or plural. *Third person* refers to the person or thing being talked about and corresponds to the pronouns *he, she, it,* and *they.*

In addition to person, an Italian verb has *number,* signifying whether the subject is one person or thing (and therefore *singular*) or more than one (and therefore *plural*). The following chart summarizes subject pronouns in English.

	SINGULAR	PLURAL
FIRST PERSON	I	we
SECOND PERSON	you	you
THIRD PERSON	he/she/it	they

The verb form corresponding to each subject pronoun can be inserted into this chart, creating a *conjugation paradigm* for that verb. This is a conventional listing of the verb forms in a set order, and it is used in both English and Italian. Using this format, the conjugation of the English verb *to be* is as follows.

	SINGULAR	PLURAL
FIRST PERSON	I am	we are
SECOND PERSON	you are	you are
THIRD PERSON	he/she/it is	they are

Am is first-person singular, *is* is third-person singular, and *are* is second-person singular and plural, as well as first- and third-person plural.

The subject pronouns in Italian do not correspond exactly to those in English.

	SINGULAR	PLURAL
FIRST PERSON	**io** *I*	**noi** *we*
SECOND PERSON	**tu** *you* (informal)	**voi** *you* (informal)
	Lei *you* (formal)	**Loro** *you* (formal)
THIRD PERSON	**lui** (**egli**) *he*	**loro** *they*
	lei (**ella**) *she*	**loro** *they*
	esso/essa *it*	**essi/esse** *they*

- Italian has four subject pronouns that mean *you* in English. **Tu** and **voi** are informal ways of addressing one person (**tu**) or more than one person (**voi**). These pronouns (and their corresponding verb forms) are used when speaking to family members, friends, fellow students, children, and so on. **Lei** and **Loro** (usually capitalized, even in the middle of a sentence) are formal ways of addressing one person (**Lei**) or more than one person (**Loro**). These pronouns (and their corresponding verb forms) are used when speaking to a stranger, an acquaintance whom you don't know very well, a professor, an older person, and so on.

  In several southern regions of Italy, the **voi** form of the verb is used in formal conversation instead of the **Lei/Loro** form. It is used to address one or more persons.

- When two pronouns representing different persons are used as the subject of a sentence, first person prevails over second and third, and second person over third, for determining the person of the verb.

Tu ed io siamo sempre insieme. (noi)	*You and I are together all the time.*
Tu e lui andate al cinema stasera. (voi)	*You and he are going to the movies this evening.*

- Subject pronouns are often omitted in Italian, since the verb endings make the person of the subject clear. These pronouns are sometimes used for emphasis or contrast.

Io l'ho fatto.	*I did it.*
Lei studia biologia, ma **lui** studia matematica.	***She** is studying biology, but **he** is studying mathematics.*

  In some tenses (for example, the present subjunctive), the same verb form may be used for more than one of the persons; in such cases, the subject pronoun is used to avoid ambiguity.

  | Tu vuoi che **lei** canti? | *Do you want **her** to sing?* |

- There are several third-person subject pronouns. **Lui** and **lei** are the most commonly used subject pronouns; they refer to people and animals, but not to objects. **Egli** and **ella** also refer to people but are limited to use in formal, written style. **Esso** and **essa** are used for animals and objects; their plural counterparts, **essi** and **esse**, can refer to people, as well as to animals and objects. See the pronoun chart above.

- To express an indefinite subject (equivalent to English *you, one, they, people*), Italian uses the pronoun **si**.

  Si mangia bene in quel ristorante. *The food is good in that restaurant.*
  (lit., *One eats well in that restaurant.*)

Verb Classes

Italian has three main classes of verbs, called conjugations. A verb's conjugation, or class, is determined by the ending of its infinitive—the form ending in **-are**, **-ere**, or **-ire**. The infinitive, which corresponds to the English construction *to* _____, is invariable and is not marked for person or number. We will use **amare** *to love*, **temere** *to fear*, and **sentire** *to feel, hear*, to represent the first, second, and third conjugations, respectively. Each of the three conjugations has its own set of endings for each tense, but there are many similarities from conjugation to conjugation, and some endings of one conjugation are identical to those of one or both of the others.

First-conjugation (**-are**) verbs comprise the most numerous and most regular class. Virtually all new verbs in Italian (for example, **fotocopiare** *to photocopy* and **cliccare** *to click* [a mouse button]) are **-are** verbs.

Second-conjugation (**-ere**) verbs are less numerous and tend to be irregular. In some **-ere** verbs, the ending is stressed (**temere**), in others the stress falls in the stem (**leggere**). To indicate that the ending is stressed, a macron is placed above the thematic **-e-** in the banner description of the verb in the conjugation tables (thus, **-ēre**). This stress is marked only as an aid to the language learner; it is not used in writing Italian.

Third-conjugation (**-ire**) verbs have, in addition to the verbs that follow the model of **sentire** (**io sento**), a second type of verb that requires that **-isc-** be inserted between the stem and ending in certain persons of the present tense of the indicative and subjunctive moods and of the imperative. We will use **finire** (**io finisco**) as the model for this subclass of **-ire** verbs. For a few of these verbs, there is a choice as to whether **-isc-** is inserted or not; examples are **applaudire** *to applaud* and **mentire** *to lie*. These are designated "optional *-isc-*" verbs in their conjugation banners. Some of these verbs, however, are used only rarely with **-isc-** insertion (for example, **avvertire** *to inform*) and are so designated.

Principal Parts of the Verb

In the conjugation tables in this book, the 555 verbs are presented in alphabetical order by infinitive. It is the infinitive of an Italian verb that is the entry word in most dictionaries. Three other verb forms are listed below the infinitive: the first-person singular present indicative form, the first-person singular preterit indicative form, and the past participle. Together with the infinitive, these three forms comprise the four *principal parts* of the verb, and knowing them, you can construct all the forms of all Italian verbs except for a few highly irregular ones.

Let verb No. 305, **mettere**, serve as an example.

mettere
metto · misi · messo

- From the *infinitive*, **mettere**, the following tenses are derived:
  - The imperfect tense:

    mettevo, mettevi, metteva, mettevamo, mettevate, mettevano
  - The preterit tense of regular verbs (illustrated below with **temere**) and the **tu**, **noi**, and **voi** forms of most irregular preterit verbs:

    temere (REGULAR)   temei, temesti, temé, tememmo, temeste, temerono
    mettere (IRREGULAR)   —, mettesti, —, mettemmo, metteste, —

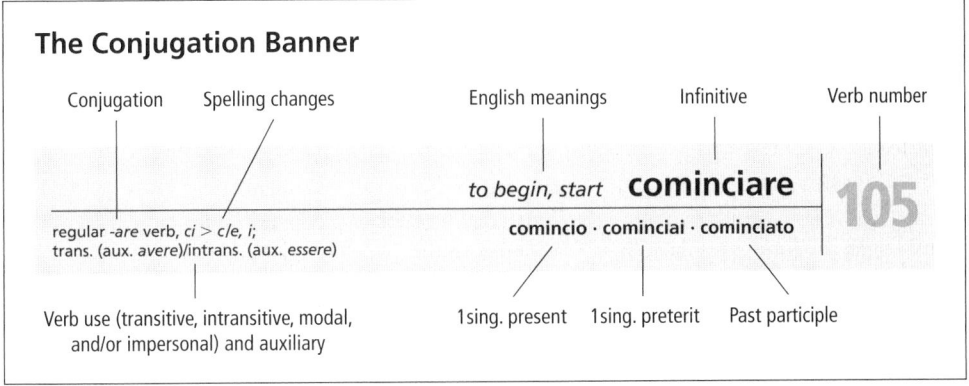

The Conjugation Banner

Conjugation   Spelling changes   English meanings   Infinitive   Verb number

to begin, start   **cominciare**

regular -are verb, ci > c/e, i;   **comincio · cominciai · cominciato**
trans. (aux. avere)/intrans. (aux. essere)

Verb use (transitive, intransitive, modal,   1sing. present   1sing. preterit   Past participle
and/or impersonal) and auxiliary

- The future tense:

    metterò, metterai, metterà, metteremo, metterete, metteranno

- The present conditional tense:

    metterei, metteresti, metterebbe, metteremmo, mettereste, metterebbero

- The imperfect subjunctive tense:

    mettessi, mettessi, mettesse, mettessimo, metteste, mettessero

- From the *first-person singular of the present tense*, **metto**, the following tenses are derived:

    - The remainder of the present tense:

        —, metti, mette, mettiamo, mettete, mettono

    - The present subjunctive tense:

        metta, metta, metta, mettiamo, mettiate, mettano

- From the *first-person singular of the preterit tense*, **misi**, the **io**, **lui/lei**, and **loro** forms are derived:

    misi, —, mise, —, —, misero

(The **tu**, **noi**, and **voi** forms are regular and are derived from the infinitive, as shown above. The preterit form is given as a principal part because many Italian verbs, especially **-ere** verbs, have irregular forms in the preterit tense.)

- The *past participle*, **messo**, is used as the second component of all compound tenses:

PRESENT PERFECT	ho messo
PAST PERFECT	avevo messo
PRETERIT PERFECT	ebbi messo
FUTURE PERFECT	avrò messo
PERFECT CONDITIONAL	avrei messo
PERFECT SUBJUNCTIVE	abbia messo
PAST PERFECT SUBJUNCTIVE	avessi messo

For other uses of the past participle, see pages 32 and 36.

NOTE An Italian verb may be linked to its object by a preposition, even if the corresponding English verb uses no preposition. When learning the principal parts and meanings of an Italian verb, it is important to learn the prepositions, if any, that link it to its object.

assomigliare a *to resemble*	godere di *to enjoy*
credere a/in *to believe in*	incontrarsi con *to meet*
entrare in *to enter*	ridere di *to laugh at*
giungere a *to reach, arrive at*	sposarsi con *to get married to*

THE SIMPLE TENSES

The simple tenses (*i tempi semplici*) are those in which the conjugated verb consists of a single word, inflected with different endings to show mood, tense, person, and number. Listed below are the seven simple tenses of Italian. The first four belong to the indicative mood, although this designation is often omitted when discussing them.

Il presente · The present

The present tense forms of Italian verbs consist of a single word with two parts: the stem, which conveys the meaning of the verb, and the present-tense ending, which indicates the person and number of the verb's subject. To determine the present-tense stem of a regular verb, drop the ending of the infinitive (**-are**, **-ere**, or **-ire**).

amare	>	**am-**
temere	>	**tem-**
sentire	>	**sent-**

Then add the present-tense endings of the appropriate conjugation.

amare *to love* (STEM **am-**)

io am**o**	noi am**iamo**
tu am**i**	voi am**ate**
lui/lei am**a**	loro am**ano**

temere *to fear* (STEM **tem-**)

io tem**o**	noi tem**iamo**
tu tem**i**	voi tem**ete**
lui/lei tem**e**	loro tem**ono**

sentire *to feel, hear* (STEM **sent-**)   **finire** *to end, finish* (STEM **fin-**)

io sent**o**	noi sent**iamo**	io fin**isco**	noi fin**iamo**
tu sent**i**	voi sent**ite**	tu fin**isci**	voi fin**ite**
lui/lei sent**e**	loro sent**ono**	lui/lei fin**isce**	loro fin**iscono**

- The **io**, **tu**, and **noi** forms have the same endings in all three conjugations: **-o**, **-i**, **-iamo**. The **voi** form has the characteristic stem vowel of its conjugation in the ending: **-ate**, **-ete**, **-ite**. The **lui/lei** and **loro** forms have **-a** and **-ano** in the first conjugation and **-e** and **-ono** in the second and third conjugations.

- The **lui/lei** and **loro** forms are used for the formal *you* in all tenses.

- There is an important shift in stress in all three conjugations. The three forms of the singular and the third-person plural are stressed on the vowel of the stem, while the first- and second-person plural forms are stressed on the vowel of the ending. The only exception is for **-isc-** verbs of the third conjugation: the **i** of the inserted **-isc-** is stressed, not the stem vowel.

Notes about *-are* verbs

- Certain types of first-conjugation verbs undergo spelling changes in the stem in the present and other tenses. In the conjugation tables, shorthand rules for these spelling changes are given in the banner. (See the explanation of banner components in the box on page 5. For easy reference, see the Summary of Spelling Changes box on page 8.)

  - Verbs ending in **-care** and **-gare** add an **h** to the stem in the **tu** and **noi** forms before the endings **-i** and **-iamo** are added. This is done to preserve the hard **c** or **g** sound of the infinitive.

gio**care** *to play*	tu gio**chi**	noi gio**chiamo**
pa**gare** *to pay (for)*	tu pa**ghi**	noi pa**ghiamo**

  - Verbs ending in **-ciare**, **-giare**, **-chiare**, and **-ghiare** drop the final **i-** of the stem in the **tu** and **noi** forms before the endings **-i** and **-iamo** are added.

comin**ciare** *to begin*	tu comin**ci**	noi comin**ciamo**
man**giare** *to eat*	tu man**gi**	noi man**giamo**
appare**cchiare** *to set the table*	tu appare**cchi**	noi appare**cchiamo**
avvin**ghiare** *to grip, clutch*	tu avvin**ghi**	noi avvin**ghiamo**

  - Most other verbs ending in **-iare** drop the final **i-** of the stem in the **tu** and **noi** forms. However, for some of these verbs (for example, **sciare** *to ski*), the stem **i-** is stressed in the **io** form and the **tu** form retains the stem **i-** (and the stem **i-** and ending **-i** are pronounced separately).

stud**iare** *to study*	io stud**io**	tu stud**i** (stud + i)	noi stud**iamo**
sc**iare** *to ski*	io sc**io**	tu sc**ii** (sci + i)	noi sc**iamo**

  - There are only four irregular verbs in the first conjugation: **andare**, **dare**, **fare**, and **stare**. (**Fare** is sometimes considered a second-conjugation verb because it derives from Latin *facere* and uses second-conjugation endings in some tenses.) The irregularities in these base verbs are usually present in their compounds (for example, **riandare** *to go back*, **ridare** *to give back*, **sopraffare** *to overwhelm*, and **sottostare** *to submit to*).

Notes about *-ere* verbs

- Verbs ending in **-gere** and **-scere** are pronounced with a hard **g** or **c** sound in the **io** and **loro** forms; no spelling change occurs.

leg**gere** *to read*	io leg**go**	loro leg**gono**
cono**scere** *to (get to) know*	io cono**sco**	loro cono**scono**

- The verbs **rimanere** *to stay* (and another **-manere** compound, **permanere** *to remain*) and **tenere** *to keep* (and its compounds, for example, **mantenere** *to maintain* and **ritenere** *to consider*) add a **g** to the stem before the endings for the **io** and **loro** forms.

riman**ere** *to stay*	io riman**go**	loro riman**gono**
ten**ere** *to hold, keep*	io ten**go**	loro ten**gono**

- Verbs ending in **-acere** usually add a **c** to the stem before the **io**, **noi**, and **loro** endings.

pia**cere** *to please*	io pia**ccio**	noi pia**cciamo**	loro pia**cciono**
ta**cere** *to be quiet*	io ta**ccio**	noi ta**c(c)iamo**	loro ta**cciono**

- Verbs ending in **-gliere** transpose the **g** and **l** in the **io** and **loro** forms.

co**gliere** *to gather, pick*	io co**lgo**	loro co**lgono**

Note about *-ire* verbs

- Many **-ire** verbs insert **-isc-** between the stem and endings in all forms of the present tense except **noi** and **voi**, as shown in the **finire** paradigm above.

Summary of Spelling Changes

For certain types of **-are** verbs conjugated in this book, the banner lists shorthand rules for spelling changes that occur in the present, future, present conditional, and present subjunctive tenses. Following is a list of these rules with explanations and examples. Additional information can be found in the sections describing each of the tenses mentioned.

c > ch/e,i

An **h** is added after the **-c-** of verbs ending in **-care** before an ending beginning with **-e** or **-i**; for example, **giocare** > io **giocherò** (future), tu **giochi** (present).

g > gh/e,i

An **h** is added after the **-g-** of verbs ending in **-gare** before an ending beginning with **-e** or **-i**; for example, **pagare** > io **pagherò** (future), tu **paghi** (present).

ci > c/e,i

The **-i-** of verbs ending in **-ciare** is dropped before an ending beginning with **-e** or **-i**; for example, **baciare** > io **bacerò** (future), tu **baci** (present).

gi > g/e,i

The **-i-** of verbs ending in **-giare** is dropped before an ending beginning with **-e** or **-i**; for example, **mangiare** > io **mangerò** (future), tu **mangi** (present).

i > –/i

The **-i-** of verbs ending in **-iare** (with unstressed **-i-**) is dropped before an ending beginning with **-i**. For example, **studiare** > tu **studi** (present indicative and subjunctive), loro **studino** (present subjunctive). Verbs of this class have an unstressed **-i** in the **io** form of the present indicative tense (io **stu̱dio**) and only one **i** in the **tu** form (**tu studi**).

i > –/-iamo,-iate

The **-i-** of verbs ending in **-iare** (with stressed **-i-**) is dropped before the endings **-iamo** and **-iate**. For example, **sciare** > noi **sciamo**, voi **sciate** (present indicative and subjunctive). Verbs of this class have a stressed **-i-** in the **io** form of the present indicative (io **sci̱o**) and **-ii** in the **tu** form of the present indicative (tu **sci̱i**) and in the **io**, **tu**, **lui**, and **loro** forms of the present subjunctive (io/tu/lui **sci̱i**, loro **sci̱ino**).

Uses of the Present Tense

The present tense is used extensively in Italian and can be translated into English in several ways, depending on the intended meaning.

- The present tense is used to state a fact that is always true.

  L'acqua **bolle** a 100 gradi.   *Water **boils** at 100 degrees (centigrade).*

- The present tense is used to express an ongoing action in the present.

  Il signor Rossi **lavora** a casa oggi.   *Mr. Rossi **is working** at home today.*

- The present tense is used to express a habitual (regular, repeated) action in the present.

  Prendi un caffè ogni giorno?   ***Do you have** a cup of coffee every day?*
  Vanno sempre in discoteca il sabato.   ***They** always **go** dancing on Saturday.*

- The present tense is often used to express what will happen in the future. If another element in the sentence refers to the future, the present tense can be used.

  — **Torni** a casa domani?   *"**Will you go back** home tomorrow?"*
  — No, **sto** qui fino a venerdì.   *"No, **I will stay** here until Friday."*

- The present tense is used to express an action that began in the past and continues into the present. This corresponds to the English construction *has/have been _____ing*.

— Da quando Lei **lavora** qui?   *"How long **have** you **been working** here?"*
— **Lavoro** qui da tre anni.   *"**I have been working** here for three years."*
— Da quanto tempo **sei** malato?   *"How long **have you been** sick?"*
— **Sono** malato da tre giorni.   *"I've **been** sick for three days."*

- The present tense is used to express a past action, usually for dramatic effect; this is called the historic, or narrative, present.

Cristoforo Colombo **attraversa** l'Oceano Atlantico nel 1492.   *Christopher Columbus **crosses** the Atlantic Ocean in 1492.*

L'Italia **diventa** una nazione nel 1861. Dieci anni dopo Roma **diventa** la capitale del nuovo paese.   *Italy **becomes** a nation in 1861. Ten years later Rome **becomes** the capital of the new country.*

- Italian often uses the present tense of **stare** plus a gerund to express the equivalent of the present progressive, or present continuous, tense in English. This construction emphasizes the ongoing nature of the action.

Pina **sta leggendo** il giornale.   *Pina **is reading** the newspaper.*

Andare is used instead of **stare** to indicate a gradual increase or decrease. While use of **stare** + gerund is restricted to the present and imperfect (and sometimes future) tenses, **andare** can be used in all tenses.

La qualità del prodotto **andò migliorando** di anno in anno.   *Product quality **got better** every year.*

L'imperfetto · The imperfect

The imperfect tense of most verbs is formed by dropping the **-re** of the infinitive and adding the endings **-vo, -vi, -va, -vamo, -vate, -vano**. There is no **-isc-** insertion in the **-ire** conjugation. In the model paradigms below, note that the stress falls on the stem vowel except in the **noi** and **voi** forms, where it falls on the first vowel of the ending.

amare (STEM **ama-**)

io am**a**vo	noi ama**va**mo
tu am**a**vi	voi ama**va**te
lui/lei am**a**va	loro am**a**vano

temere (STEM **teme-**)

io tem**e**vo	noi teme**va**mo
tu tem**e**vi	voi teme**va**te
lui/lei tem**e**va	loro tem**e**vano

sentire (STEM **senti-**)

io sent**i**vo	noi senti**va**mo
tu sent**i**vi	voi senti**va**te
lui/lei sent**i**va	loro sent**i**vano

- A few verbs (and their compounds) have an irregular stem in the imperfect tense.

bere *to drink*	**beve-**	bevevo, bevevi, beveva, …
dire *to say*	**dice-**	dicevo, dicevi, diceva, …
fare *to do, make*	**face-**	facevo, facevi, faceva, …
porre *to place, put*	**pone-**	ponevo, ponevi, poneva, …
produrre *to produce*	**produce-**	producevo, producevi, produceva …
trarre *to pull, draw*	**trae-**	traevo, traevi, traeva, …

Since there is no base verb **durre** in Italian, **produrre** is used to represent compounds in **-durre**, such as **condurre** *to lead* and **introdurre** *to introduce*.

• Only **essere** is irregular in all forms of the imperfect tense.

io ero	noi eravamo
tu eri	voi eravate
lui/lei era	loro erano

Uses of the Imperfect Tense

The imperfect tense in Italian, also called the *simple past* or *past descriptive* tense, is used to express several types of actions or events in the past.

• The imperfect tense is used to express an ongoing action in the past, with the emphasis on its unfinished aspect. This use corresponds to the English past progressive, or past continuous, tense (*was _____ing*).

Stefania **leggeva** un libro nel salotto.   *Stefania **was reading** a book in the living room.*

• The imperfect tense is used to express a habitual (regular, repeated) action in the past, equivalent to the English *used to.*

Quando abitavamo in Sicilia, **andavo**   *When we lived in Sicily, **I used to go** to school on foot.*
   a scuola a piedi.
Giocavo sempre a calcio quando faceva   *I always **played** soccer when the weather was nice.*
   bello.
Quando erano piccoli, **andavano** al mare   *When they were young, **they went** to the beach every weekend.*
   ogni fine settimana.
La domenica la mia amica ed io   *On Sundays my friend and I **would go** to the cinema.*
   andavamo al cinema.

• The imperfect tense is used to express an action that began in the past and was still going on when something else happened. This often expresses time or weather as background for a past action.

Erano già **le undici** quando mi sono   *It was already **eleven o'clock** when I fell asleep.*
   addormentato.
Quando siamo arrivati al mare, **faceva**   *When we arrived at the beach, **it was warm**.*
   caldo.
Guardavamo la TV quando qualcuno   *We were watching TV when someone knocked at the door.*
   ha bussato alla porta.

• The imperfect tense is used to express a state or condition that existed in the past.

La donna **era** giovane e **aveva** i capelli   *The woman **was** young and **had** blond hair.*
   biondi.
Faceva freddo e il vento **urlava**. Le strade   *It was cold and the wind **was howling**.*
   erano quasi deserte.   *The streets **were** almost deserted.*

• The imperfect tense is used in indirect discourse to report what someone said or wrote. It is used in a **che**-clause after the past tense of verbs like **dire** *to say* and **scrivere** *to write.*

Mi ha detto che **studiava** fisica.   *She told me that **she was studying** physics.*
Mi scrissero che **volevano** venire a   *They wrote to me that **they wanted** to visit me.*
   trovarmi.

• Italian often uses the imperfect tense of **stare** plus a gerund to express the equivalent of the past progressive, or past continuous, tense in English.

Catia **stava leggendo** il giornale.   *Catia **was reading** the newspaper.*

Il passato remoto · The preterit

The preterit indicative tense is formed by dropping the **-are**, **-ere**, or **-ire** ending of the infinitive and adding the preterit endings (in bold type in the paradigms below).

amare (STEM am-)

io am**ai**	noi am**ammo**
tu am**asti**	voi am**aste**
lui/lei am**ò**	loro am**arono**

temere (STEM tem-)

io tem**ei**/tem**etti**	noi tem**emmo**
tu tem**esti**	voi tem**este**
lui/lei tem**é**/tem**ette**	loro tem**erono**/tem**ettero**

sentire (STEM sent-)

io sent**ii**	noi sent**immo**
tu sent**isti**	voi sent**iste**
lui/lei sent**ì**	loro sent**irono**

- The **io** form of the preterit is given as the third principal part in the conjugation banner.
- The majority of **-ere** verbs have alternate endings for the **io**, **lui**, and **loro** forms, as shown in the paradigm for **temere** above. **-Ere** verbs with stems ending in **-t**, however, generally do not have the **-ett-** endings.
- Many Italian verbs, mostly of the **-ere** conjugation, have an irregular *passato remoto*. Most of these follow a 1-3-3 pattern: only the **io**, **lui**, and **loro** forms have irregular stems to which the endings **-i**, **-e**, **-ero** are added. The **tu**, **noi**, and **voi** forms follow the pattern of regular verbs (with a few exceptions). Thus the verb **prendere** *to take* is conjugated as follows.

io **presi**	noi prendemmo
tu prendesti	voi prendeste
lui/lei **prese**	loro **presero**

Verbs can be grouped according to the type of irregularity they display in the stem. Following is a list of common stem irregularities in the **io**, **lui**, and **loro** forms in the preterit.

PRETERIT STEM ENDING	INFINITIVE	1SING. FORM	3SING. FORM	3PL. FORM
-cq	nascere *to be born*	nacqui	nacque	nacquero
	nuocere *to harm*	nocqui	nocque	nocquero
	piacere *to please*	piacqui	piacque	piacquero
-s	chiedere *to ask, request*	chiesi	chiese	chiesero
	cogliere *to gather, pick*	colsi	colse	colsero
	correre *to run*	corsi	corse	corsero
	chiudere *to close, shut*	chiusi	chiuse	chiusero
	fondere *to melt, blend*	fusi	fuse	fusero
	mettere *to put, place*	misi	mise	misero

Table continues on next page.

Table continues from preceding page.

PRETERIT STEM ENDING	INFINITIVE	1SING. FORM	3SING. FORM	3PL. FORM
-s	nascondere *to hide*	nascosi	nascose	nascosero
	porre *to put, place*	posi	pose	posero
	prendere *to take*	presi	prese	presero
	ridere *to laugh*	risi	rise	risero
	rimanere *to stay*	rimasi	rimase	rimasero
	rispondere *to answer*	risposi	rispose	risposero
	scendere *to descend*	scesi	scese	scesero
	valere *to be valid/worth*	valsi	valse	valsero
	vincere *to conquer*	vinsi	vinse	vinsero
	volgere *to turn, bend*	volsi	volse	volsero
-ss	cuocere *to cook*	cossi	cosse	cossero
	dire *to say, tell*	dissi	disse	dissero
	dirigere *to manage*	diressi	diresse	diressero
	esprimere *to express*	espressi	espresse	espressero
	leggere *to read*	lessi	lesse	lessero
	muovere *to move*	mossi	mosse	mossero
	produrre *to produce*	produssi	produsse	produssero
	redigere *to draft, write*	redassi	redasse	redassero
	scrivere *to write*	scrissi	scrisse	scrissero
	scuotere *to shake*	scossi	scosse	scossero
	trarre *to draw, pull*	trassi	trasse	trassero
	vivere *to live*	vissi	visse	vissero
other doubled consonant	bere *to drink*	bevvi/bevetti	bevve/bevette	bevvero/bevettero
	cadere *to fall*	caddi	cadde	caddero
	conoscere *to (get to) know*	conobbi	conobbe	conobbero
	rompere *to break*	ruppi	ruppe	ruppero
	sapere *to know (how to)*	seppi	seppe	seppero
	tenere *to hold, keep*	tenni	tenne	tennero
	venire *to come*	venni	venne	vennero
	volere *to want, wish*	volli	volle	vollero

A few verbs have an irregular stem in their **tu**, **noi**, and **voi** forms, in addition to stem irregularities in their **io**, **lui**, and **loro** forms.

bere *to drink*

io bevvi/bevetti	noi bevemmo
tu bevesti	voi beveste
lui/lei bevve/bevette	loro bevvero/bevettero

dare *to give*

io diedi/detti	noi demmo
tu desti	voi deste
lui/lei diede/dette	loro diedero/dettero

dire *to say, tell*

io dissi	noi dicemmo
tu dicesti	voi diceste
lui/lei disse	loro dissero

fare *to do, make*

io feci	noi facemmo
tu facesti	voi faceste
lui/lei fece	loro fecero

porre *to put, place*

io posi	noi ponemmo
tu ponesti	voi poneste
lui/lei pose	loro posero

stare *to stay, stand*

io stetti	noi stemmo
tu stesti	voi steste
lui/lei stette	loro stettero

Avere and **essere** are irregular as well.

avere *to have*		essere *to be*	
io ebbi	noi avemmo	io fui	noi fummo
tu avesti	voi aveste	tu fosti	voi foste
lui/lei ebbe	loro ebbero	lui/lei fu	loro furono

Uses of the Preterit Tense

The preterit tense, also called the *past historic*, *past absolute*, or *past definite* tense, expresses an action or state completed in the distant past with no link to the present.

- The preterit tense is used to express historical events.

Dante **morì** a Ravenna il 14 settembre 1321.	*Dante **died** at Ravenna on September 14, 1321.*
Leonardo da Vinci **nacque** nel 1452.	*Leonardo da Vinci **was born** in 1452.*
Gli alleati **invasero** la Sicilia nel luglio del 1943.	*The Allied Forces **invaded** Sicily in July 1943.*
Mio nonno **morì** a Palermo il 25 gennaio del 1990.	*My grandfather **died** in Palermo on January 25, 1990.*

- The preterit tense is used to narrate fables and stories.

Cenerentola **sposò** un principe.	*Cinderella **married** a prince.*
Geppetto **creò** Pinocchio da un pezzo di legno.	*Geppetto **created** Pinocchio from a piece of wood.*

- Both the preterit and present perfect tenses are used for completed actions. While the preterit tense generally implies that the past action has no connection to the present, the present perfect suggests a link with or effect on the present. Nonetheless, in contemporary conversational and written Italian, the present perfect tense is often used instead of the preterit, especially in northern Italy.

Il futuro · *The future*

The future indicative tense is formed by dropping the final **-e** of the infinitive and adding the endings **-ò, -ai, -à, -emo, -ete, -anno**. These endings are the same for all conjugations and for regular and irregular verbs alike. **-Are** verbs change the **-a-** of the infinitive to **-e-**.

amare (STEM **amer-**)	
io amer**ò**	noi amer**emo**
tu amer**ai**	voi amer**ete**
lui/lei amer**à**	loro amer**anno**

temere (STEM **temer-**)	
io temer**ò**	noi temer**emo**
tu temer**ai**	voi temer**ete**
lui/lei temer**à**	loro temer**anno**

sentire (STEM **sentir-**)	
io sentir**ò**	noi sentir**emo**
tu sentir**ai**	voi sentir**ete**
lui/lei sentir**à**	loro sentir**anno**

- Certain types of **-are** verbs undergo spelling changes in the future-tense stem. In the conjugation tables, shorthand rules for these spelling changes are given in the banner. (See the explanation of banner components in the box on page 5. For easy reference, see the Summary of Spelling Changes box on page 8.)

  - Verbs ending in **-care** and **-gare** add an **h** after the **-c-** or **-g-**.

gio**care** *to play*	io gio**cherò**, tu gio**cherai**, ...
pa**gare** *to pay (for)*	io pa**gherò**, tu pa**gherai**, ...

- In addition to changing the **-a-** of the infinitive to **-e-**, verbs ending in **-ciare** and **-giare** drop the final **i-** of the stem.

comin**ciare** *to begin*	io comin**cerò**, tu comin**cerai**, ...
man**giare** *to eat*	io man**gerò**, tu man**gerai**, ...

- Some **-are** verbs do not change the characteristic **-a-** to **-e-**.

dare *to give*	io da**rò**, tu da**rai**, ...
fare *to do, make*	io fa**rò**, tu fa**rai**, ...
stare *to stay, stand*	io sta**rò**, tu sta**rai**, ...

- Some verbs drop the characteristic vowel of the infinitive altogether.

andare *to go*	io and**rò**, tu and**rai**, ...
avere *to have*	io av**rò**, tu av**rai**, ...
cadere *to fall*	io cad**rò**, tu cad**rai**, ...
dovere *to have to, must*	io dov**rò**, tu dov**rai**, ...
potere *to be able to, can*	io pot**rò**, tu pot**rai**, ...
sapere *to know (how to)*	io sap**rò**, tu sap**rai**, ...
vedere *to see*	io ved**rò**, tu ved**rai**, ...
vivere *to live*	io viv**rò**, tu viv**rai**, ...

- Some verbs have a double **r** in the future stem; if the infinitive has three or more syllables, the characteristic vowel is dropped.

bere *to drink*	io be**rrò**, tu be**rrai**, ... (*also* beverò, beverai, ...)
morire *to die*	io mo**rrò**, tu mo**rrai**, ... (*also* morirò, morirai, ...)
parere *to seem*	io pa**rrò**, tu pa**rrai**, ...
rimanere *to stay*	io rima**rrò**, tu rima**rrai**, ...
tenere *to hold, have*	io te**rrò**, tu te**rrai**, ...
valere *to be valid/worth*	io va**rrò**, tu va**rrai**, ...
venire *to come*	io ve**rrò**, tu ve**rrai**, ...
volere *to want, wish*	io vo**rrò**, tu vo**rrai**, ...

- The stem for the future tense of **essere** *to be* is **sar-**.

Uses of the Future Tense

- The future tense is used to state what will happen in the future.

Teresa **finirà** i suoi studi a maggio.	*Teresa **will finish** her studies in May.*
Quando **verrai** a trovarci?	*When **will you come** to see us?*

    In speech, the future is often replaced by the simple present tense, which can be used when another element of the sentence makes it clear that the future, not the present, is meant.

Partiamo per le vacanze domani.	*We're going on vacation tomorrow.*

- The future tense is used as a command or exhortation.

Tu mi **aiuterai**, vero?	*You **will help** me, won't you?*

- The future tense is used to express a supposition, a probability, or an approximation. This use is often translated into English as *could (be)* _____, *may (be)* _____, or *must (be)* _____.

Dove **saranno** i nostri amici?	*Where **could** our friends **be**?*
Alessandra **vorrà** vederti.	*Alessandra **probably wants** to see you.*
— Che ore sono?	*"What time is it?"*
— **Saranno** le dieci.	*"**It's around** ten o'clock."/"**It must be** about ten o'clock."*

- If **se** *if,* **quando** *when,* **appena** *as soon as,* or **finché** *until* implies a future action, the verb that follows is in the future tense. English usually uses the present tense in the subordinate clause.

Se **farà** bello, **partiremo** presto.	*If **the weather is** nice, **we will leave** early.*
Quando Anna **arriverà**, **andremo** al ristorante.	*When Anna **arrives**, **we will go** to the restaurant.*

Il condizionale presente · The present conditional

The stem of the present conditional tense is identical to that of the future tense. Thus, for all conjugations the final **-e** of the infinitive is dropped, and verbs in **-are** change the **-a-** of the infinitive to **-e-**. The endings of the present conditional are **-ei, -esti, -ebbe, -emmo, -este, -ebbero** for all conjugations.

amare (STEM **amer-**)

io amer**ei**	noi amer**emmo**
tu amer**esti**	voi amer**este**
lui/lei amer**ebbe**	loro amer**ebbero**

temere (STEM **temer-**)

io temer**ei**	noi temer**emmo**
tu temer**esti**	voi temer**este**
lui/lei temer**ebbe**	loro temer**ebbero**

sentire (STEM **sentir-**)

io sentir**ei**	noi sentir**emmo**
tu sentir**esti**	voi sentir**este**
lui/lei sentir**ebbe**	loro sentir**ebbero**

Any changes in the future stem of irregular verbs (see page 14) are present in the conditional stem as well. These irregularities follow.

gio**care** *to play*	io gio**cherei**, tu gio**cheresti**, ...
pa**gare** *to pay (for)*	io pa**gherei**, tu pa**gheresti**, ...
comin**ciare** *to begin*	io comin**cerei**, tu comin**ceresti**, ...
man**giare** *to eat*	io man**gerei**, tu man**geresti**, ...
dare *to give*	io da**rei**, tu da**resti**, ...
fare *to do, make*	io fa**rei**, tu fa**resti**, ...
stare *to stay, stand*	io sta**rei**, tu sta**resti**, ...
andare *to go*	io and**rei**, tu and**resti**, ...
avere *to have*	io av**rei**, tu av**resti**, ...
cadere *to fall*	io cad**rei**, tu cad**resti**, ...
dovere *to have to, must*	io dov**rei**, tu dov**resti**, ...
potere *to be able to, can*	io pot**rei**, tu pot**resti**, ...
sapere *to know (how to)*	io sap**rei**, tu sap**resti**, ...
vedere *to see*	io ved**rei**, tu ved**resti**, ...
vivere *to live*	io viv**rei**, tu viv**resti**, ...
bere *to drink*	io be**rrei**, tu be**rresti**, ... (*also* beverei, beveresti, ...)
morire *to die*	io mo**rrei**, tu mo**rresti**, ... (*also* morirei, moriresti, ...)

parere *to seem*	io pa**rrei**, tu pa**rresti**, …
rimanere *to stay*	io rima**rrei**, tu rima**rresti**, …
tenere *to hold, have*	io te**rrei**, tu te**rresti**, …
valere *to be valid/worth*	io va**rrei**, tu va**rresti**, …
venire *to come*	io ve**rrei**, tu ve**rresti**, …
volere *to want, wish*	io vo**rrei**, tu vo**rresti**, …
essere *to be*	io **sarei**, tu **saresti**, …

Uses of the Present Conditional Tense

The conditional mood is used to express what *would* happen in a given situation. The present conditional tense generally corresponds to the English *would* _____.

Io ti **aiuterei** volentieri.	*I would gladly help you.*

- If preceded or followed by a **se**-clause, the present conditional tense is used to express what would happen if the specified condition were met. The **se**-clause itself uses the imperfect subjunctive tense.

Angela **verrebbe** alla festa, se non dovesse studiare.	*Angela would come to the party, if she didn't have to study.*
Se fosse bel tempo, noi **andremmo** al mare.	*If the weather were nice, we would go to the beach.*

- The present conditional tense is used to state a polite request or preference, to state a supposition, or to express a doubt.

Vorrei un bicchiere di vino.	*I would like a glass of wine.*
Un accordo tra i due paesi **sarebbe** possibile secondo un portavoce.	*An agreement between the two countries is supposedly possible, according to a spokesman.*
Che cosa **dovrei** fare?	*What should I do?*

- The use of *would* in English does not automatically signal that the conditional is called for in Italian. The verb *would* sometimes indicates habitual, or regularly repeated, actions in the past. In such cases, the imperfect is used in Italian, not the conditional.

Quando abitavo in Inghilterra, **andavo** spesso a Londra.	*When I was living in England, I would often go to London.*
I Rossi **invitavano** tutti i vicini per una festa.	*The Rossis would invite all the neighbors to a party.*

Il congiuntivo presente · The present subjunctive

The subjunctive mood, which is widely used in Italian, has four tenses: the present, imperfect, perfect, and past perfect.

The present subjunctive tense of most verbs is formed by dropping the **-o** of the first-person singular, present-tense form and adding the present subjunctive endings (in bold type in the paradigms below).

amare (STEM **am-**)

io am**i**	noi am**iamo**
tu am**i**	voi am**iate**
lui/lei am**i**	loro am**ino**

temere (STEM **tem-**)

io tem**a**	noi tem**iamo**
tu tem**a**	voi tem**iate**
lui/lei tem**a**	loro tem**ano**

sentire (STEM sent-)		finire (STEM fin-)	
io senta	noi sentiamo	io finisca	noi finiamo
tu senta	voi sentiate	tu finisca	voi finiate
lui/lei senta	loro sentano	lui/lei finisca	loro finiscano

- The **io**, **tu**, and **lui** forms are identical in each conjugation. To avoid confusion, the subject pronouns are often expressed.
- The **noi** and **voi** persons have the same endings for all three conjugations (**-iamo** and **-iate**). The **noi** form of the present subjunctive is always identical to its counterpart in the present indicative tense.
- The **-ere** and **-ire** conjugations have the same endings.
- **-Ire** verbs of the **-isc-** type have **-isc-** in all but the **noi** and **voi** forms.
- Verbs ending in **-care** and **-gare** insert an **h** between the stem and endings in all forms to retain the hard **c** or **g** sound.

gio**care** to play	io gio**chi**	noi gio**chiamo**
pa**gare** to pay (for)	io pa**ghi**	noi pa**ghiamo**

- Verbs ending in **-ciare**, **-giare**, **-chiare**, and **-ghiare** drop the final **i-** of the stem before the endings are added.

comin**ciare** to begin	io comin**ci**	noi comin**ciamo**
man**giare** to eat	io man**gi**	noi man**giamo**
apparec**chiare** to set the table	tu apparec**chi**	noi apparec**chiamo**
avvin**ghiare** to grip, clutch	tu avvin**ghi**	noi avvin**ghiamo**

- Most other verbs ending in **-iare** drop the final **i-** of the stem. However, for some of these verbs (for example, **sciare**) the stem **i-** is stressed in the **io** form, and the stem retains its **i-** in all but the **noi** and **voi** forms.

stu**diare** to study	io stu**di** (stud + i)	noi stu**diamo**	loro stu**dino**
s**ciare** to ski	io s**cii** (sci + i)	noi s**ciamo**	loro s**ciino**

In the conjugation tables, shorthand rules for these spelling changes are given in the banner. (See the explanation of banner components in the box on page 5. For easy reference, see the Summary of Spelling Changes box on page 8.)

- Some common verbs have irregular stems in the present subjunctive (see specific conjugation pages for these irregular stems).

andare to go	fare to do, make
avere to have	potere to be able to, can, may
dare to give	sapere to know (how to)
dire to say, tell	stare to stay, stand
dovere to have to, must	venire to come
essere to be	volere to want, wish

Uses of the Subjunctive Mood

Whereas the indicative mood makes a statement of fact, the subjunctive mood introduces an element of subjectivity and expresses opinion, uncertainty, or emotion. For example, the subjunctive is used in subordinate clauses after verb constructions such as **pensare che**, **dubitare che**, **non essere sicuro che**, **volere che**, and **temere che**.

Il professore **pensa che io non faccia** il lavoro.	*The professor **thinks I don't do** the work.*
Loro **dubitano che ci sia Carlo**.	*They **doubt that Carlo's there**.*
Non siamo sicuri che loro abbiano i soldi.	*We're **not sure that they have** the money.*
Non voglio che tu te ne vada.	*I **don't want you to go away**.*
Temo che loro non possano andare.	*I'm **afraid they can't** go.*

- The subjunctive is used after a large number of verbs and impersonal constructions that introduce a subordinate clause beginning with **che** *that* or **se** *if*. The most common of these expressions are categorized below.

  ### Opinion, judgment
  bisogna che *it is necessary that*
  credere che *to believe that*
  è bene che *it is good that*
  è importante che *it is important that*
  è improbabile che *it is unlikely that*

  è necessario che *it is necessary that*
  è possibile che *it is possible that*
  è ridicolo che *it is ridiculous that*
  pensare che *to think that*
  sembra che *it seems that*

  ### Supposition
  mettiamo che *let's suppose that*
  poniamo che *let's suppose that*

  supponiamo che *let's suppose that*

  ### Doubt, denial, disbelief, uncertainty
  dubitare che *to doubt that*
  negare che *to deny that*

  non essere sicuro che *to not be sure that*
  non sapere se *to not know if*

  ### Emotion
  avere paura che *to be afraid that*
  dispiacersi che *to be sorry that, regret that*
  essere contento che *to be happy that*
  essere sorpreso che *to be surprised that*

  essere triste che *to be sad that*
  piacere che *to like it that*
  rincrescersi che *to be sorry that, regret that*
  temere che *to fear that*

  ### Wish, desire, hope, expectation
  aspettarsi che *to expect that*
  attendere che *to wait for . . . to*
  desiderare *to desire that*

  sperare che *to hope that*
  suggerire che *to suggest that*
  volere che *to want . . . to*

  ### Order, permission
  insistere che *to insist that*
  lasciare che *to let . . .*
  ordinare che *to order . . . to*

  permettere che *to allow, permit . . . to*
  preferire che *to prefer that*
  proibire che *to forbid . . . to*

- The subjunctive is used after certain conjunctions.

  a condizione che *provided that, on condition that*
  a meno che (non) *unless*
  a patto che *provided that, on condition that*
  affinché *so that, in order that*
  benché *although, even if*

  così che *so that, in order that*
  perché *so that, in order that*
  prima che *before*
  sebbene *although, even if*
  senza che *without*

  Non passa un giorno **senza che lui** mi **telefoni**.
  *Not a day passes **without him calling** me.*

  When the subject of both verbs is the same, some prepositional constructions are followed by the infinitive, not by the subjunctive.

  Non leggere il giornale **senza comprar**lo.
  *Don't read the newspaper **without buying** it.*

- The subjunctive is used in an adjective clause after an indefinite antecedent.

  Cerco un medico **che possa** aiutarmi.
  *I'm looking for a doctor **who can** help me.*

  When the antecedent is definite, the indicative (not the subjunctive) is used in the adjective clause.

  Conosco un medico **che può** aiutarmi.
  *I know a doctor **who can** help me.*

- The subjunctive is used in an adjective clause after a negative antecedent.

  Non riesco a trovare un libro **che sia** interessante.
  *I can't find a book **that's** interesting.*

  When the antecedent is not negative, the indicative (not the subjunctive) is used in the adjective clause.

Ci sono dei libri **che sono** interessanti.   *There are books **that are** interesting.*

- The subjunctive is used in a dependent clause after a comparative or superlative antecedent, or if the clause is preceded by one of the following adjectives: **solo**, **unico**, **primo**, and **ultimo**.

    È il film più bello **che io conosca**.   *It is the most beautiful movie **I know**.*
    Ti ama più di quello **che tu sappia**.   *He loves you more **than you know**.*
    È la sola persona **che abbia** una macchina.   *He's the only person **who has** a car.*

- The subjunctive is used in indirect questions introduced by **chi** *who*, **che cosa** *what*, **se** *if*, or an interrogative word like **come** *how*, **dove** *where*, **perché** *why*, **quando** *when*, or **quanto** *how much/many*.

    Mi chiedo **chi abbia ragione**.   *I wonder **who's right**.*
    Mi domando **che cosa voglia** fare Anna.   *I wonder **what Anna wants** to do.*
    Non capisco **perché tu rimanga** a casa.   *I don't understand **why you're staying** at home.*

- The subjunctive is used in a main clause to express a wish.

    Che siate sempre felici!   ***May you** always be happy!*

The box on page 20 shows the sequence of tenses when the subjunctive is used in a subordinate clause.

Il congiuntivo imperfetto · *The imperfect subjunctive*

The imperfect subjunctive tense is formed by dropping the infinitive ending (**-are**, **-ere**, or **-ire**) and adding the imperfect subjunctive endings (in bold type in the paradigms below).

amare (STEM am-)	
io am**assi**	noi am**assimo**
tu am**assi**	voi am**aste**
lui/lei am**asse**	loro am**assero**

temere (STEM tem-)	
io tem**essi**	noi tem**essimo**
tu tem**essi**	voi tem**este**
lui/lei tem**esse**	loro tem**essero**

sentire (STEM sent-)	
io sent**issi**	noi sent**issimo**
tu sent**issi**	voi sent**iste**
lui/lei sent**isse**	loro sent**issero**

- Verbs in **-ire** do not insert **-isc-** between the stem and ending in the imperfect subjunctive.

- Very few verbs are irregular in the imperfect subjunctive; the most common of these are the following.

bere	*to drink*	io bevessi, …
dare	*to give*	io dessi, …
dire	*to say, tell*	io dicessi, …
essere	*to be*	io fossi, …
fare	*to do, make*	io facessi, …
produrre	*to produce*	io producessi, …
stare	*to stay, stand*	io stessi, …
trarre	*to draw, pull*	io traessi, …

Sequence of Tenses with the Subjunctive

If the main verb is . . .   *The subordinate-clause verb is . . .*

Present indicative
Future indicative   Present subjunctive
Imperative   Present perfect subjunctive

Imperfect indicative
Preterit indicative
Present perfect indicative   Imperfect subjunctive
Past perfect indicative   Pluperfect subjunctive
Conditional
Conditional perfect

Uses of the Imperfect Subjunctive Tense

- If the verb of the main clause is in the imperfect, preterit, present perfect, or past perfect indicative tense or in the conditional, the imperfect subjunctive tense is used in a subordinate clause that requires the subjunctive.

Il professore **pensava che io non facessi** il lavoro.	*The professor **thought I didn't do** the work.*
Non volle che io me ne andassi.	*He didn't want me to go.*
Ho temuto che loro non potessero andare.	*I was afraid they couldn't go.*
Loro **dubiterebbero che ci fosse Carlo**.	*They **would doubt that Carlo was there**.*

- The imperfect subjunctive tense is used in hypothetical constructions introduced by **se** if the main clause is in the conditional mood.

Se fosse possibile, io comprerei una macchina.	*If it **were** possible, I would buy a car.*
Andremmo al mare, **se facesse** bello.	*We would go to the beach, **if the weather were** nice.*

THE COMPOUND TENSES

The compound tenses (*i tempi composti*) consist of a conjugated auxiliary verb (either **avere** or **essere**) and the past participle of the main verb.

Formation of the Past Participle

The past participle of a regular verb is based on its infinitive and is formed as follows.

-are VERBS	Replace the **-are** of the infinitive with **-ato**. **amato andato arrivato**
-ere VERBS	Replace the **-ere** of the infinitive with **-uto**. **caduto temuto venduto**
-ire VERBS	Replace the **-ire** of the infinitive with **-ito**. **finito partito sentito**

A large number of verbs have irregular past participles, especially second-conjugation verbs in **-ere**. For this reason, a verb's past participle appears as the last principal part in the banner of its conjugation page.

- Almost all **-are** verbs have regular past participles. **Fare** (**fatto**) and its compounds are exceptions.

- A large number of **-ere** verbs have irregular past participles. Following is a guide to their formation according to their infinitive endings.

INFINITIVE ENDING	MODEL VERB INFINITIVE	MODEL VERB PAST PARTICIPLE	INFINITIVE ENDING	MODEL VERB INFINITIVE	MODEL VERB PAST PARTICIPLE
-arre	trarre	tratto	-ogliere	cogliere	colto
-cere*	piacere	piaciuto	-olgere	volgere	volto
-durre	produrre	prodotto	-orgere	porgere	porto
-eggere	leggere	letto	-orre	porre	posto
-endere*	prendere	preso	-scere*	conoscere	conosciuto
-idere	ridere	riso	-udere	chiudere	chiuso
-iggere	friggere	fritto	-uotere	scuotere	scosso
-istere	assistere	assistito	-uovere	muovere	mosso

*But there are important exceptions, like **vincere** (**vinto**), **vendere** (**venduto**), and **nascere** (**nato**).

Other common **-ere** verbs with irregular past participles follow.

bere *to drink*	**bevuto**	rispondere *to answer*	**risposto**
essere *to be*	**stato**	rompere *to break*	**rotto**
dirigere *to manage*	**diretto**	succedere *to happen*	**successo**
discutere *to discuss*	**discusso**	vedere *to see*	**visto/veduto**
rimanere *to stay*	**rimasto**		

Some verbs have two past participle forms, as shown for **vedere** above. Sometimes these alternative forms are not freely exchangeable; for example, **cuocere** *to cook* has **cotto** as its more common past participle, but **c(u)ociuto** can be used in the sense "irk, vex."

- Most **-ire** verbs have regular past participles, but there are some important exceptions.

aprire *to open*	**aperto**	scomparire *to disappear*	**scomparso** (also
coprire *to cover*	**coperto**		**scomparito** in
dire *to say, tell*	**detto**		figurative meanings)
morire *to die*	**morto**	venire *to come*	**venuto**

The Auxiliary Verb: *avere* or *essere*?

Most verbs form their compound tenses with **avere**. All verbs used transitively have **avere** as their auxiliary. **Essere** is the auxiliary for all reflexive verbs, all verbs used in the passive, and most verbs used intransitively or impersonally.

- **Essere** is the auxiliary for certain intransitive verbs indicating motion (or lack of motion).

andare *to go*	rimanere *to stay*
arrivare *to arrive*	(ri)tornare *to return*
cadere *to fall*	uscire *to leave*
entrare *to enter*	venire *to come*
partire *to leave*	

Not all verbs of motion take **essere**; verbs that signify movement in itself take **avere** as their auxiliary, while those that express movement from one place to another take **essere**.

Abbiamo danzato tutta la sera.   *We **danced** all evening.*
Siamo andati a Parigi.   *We **went** to Paris.*

- **Essere** is the auxiliary for some intransitive verbs indicating a process of change.

crescere *to grow (up)*	morire *to die*
divenire *to become*	nascere *to be born*
ingrassare *to put on weight*	

- **Essere** is the auxiliary for many impersonal verbs.

  accadere *to happen*   sembrare *to seem*
  bastare *to be enough*   piacere *to be pleasing*
  bisognare *to be necessary*

- For certain verbs that can be used both transitively and intransitively, the auxiliary is **avere** in transitive constructions and **essere** in intransitive constructions. When used transitively, these verbs take a direct object, whereas intransitive verbs stand by themselves or are followed by a prepositional phrase or other adverbial construction.

Luigi **ha salito** le scale.	*Luigi **climbed** the stairs.*
(TRANSITIVE)	
Chiara **è salita sulla** macchina.	*Chiara **got on** the bus.*
(INTRANSITIVE)	
Hanno cominciato il lavoro alle otto.	*They **started** work at eight o'clock.*
(TRANSITIVE)	
Le lezioni **sono cominciate** alle nove.	*The classes **started** at nine o'clock.*
(INTRANSITIVE)	

- Some verbs used intransitively can take either **avere** or **essere** as their auxiliary. For some of these verbs, the choice of auxiliary is unrestricted (for example, **appartenere** *to belong*, **assomigliare** *to resemble*, **girare** *to turn*, **muovere** *to move*, and **squillare** *to ring*).

Con gli occhiali Barbara **ha assomigliato** alla madre.	*With her glasses on, Barbara looked like her mother.*
Con gli occhiali Barbara **è assomigliata** alla madre.	

- Weather verbs can take either **avere** or **essere**, although **avere** is becoming more frequent in colloquial Italian.

Ha piovuto stamattina.	*It rained this morning.*
È piovuto stasera.	*It rained tonight.*

- The modal verbs **dovere**, **potere**, and **volere** take the auxiliary that is required by the infinitive form following the modal verb.

Ha dovuto mangiare.	*He had to eat.*
È dovuto partire.	*He had to leave.*

- A few verbs can take either **avere** or **essere** as their auxiliary in intransitive constructions, but with a slight difference in meaning. With **avere** the action is viewed as unfolding and ongoing, while with **essere** the action is seen as finished and therefore more like a state than an action. In the first case the action itself or its duration is emphasized, while in the second case the completed nature of the action is stressed. Examples of this type of verb are **atterrare** *to land*, **correre** *to run*, **durare** *to last*, **emigrare** *to emigrate*, **naufragare** *to be shipwrecked*, **sedere** *to sit*, **sussistere** *to exist*, **volare** *to fly*, and **vivere** *to live*.

Abbiamo volato confortevolmente.	*We **flew** comfortably.*
Sono volati all'aeroporto di Linate.	*They **flew** to the airport at Linate.*
Ha vissuto in maniera positiva.	*He **lived** with a positive outlook.*
È vissuto fino a cento anni.	*He **lived** to be one hundred.*

- One verb, **continuare** *to continue*, takes **avere** when the subject is a person, but either **avere** or **essere** when the subject is not a person. In addition, some verbs use one auxiliary with some meanings, and the other auxiliary with their other meanings. Such individual differences are explained in a note on the verb's conjugation page (see, for instance, **mancare** *to eat*, **migliorare** *to improve*, **peggiorare** *to worsen*, **saltare** *to jump*, and **suonare** *to play*).

NOTE A verb that can have both **avere** and **essere** as its auxiliary is conjugated in its conjugation table with the auxiliary that is more frequently used.

Agreement of the Past Participle

- The past participle used with **avere** as the auxiliary *never* agrees with the subject or with a preceding indirect object pronoun; it always ends in **-o**.

I nostri figli hanno finit**o** i loro compiti.	*Our children have finished their homework.*
Gli abbiamo mandat**o** un invito.	*We sent them an invitation.*

It *optionally* agrees in gender and number with the preceding direct object pronouns **mi, ti, ci,** and **vi,** and with the pronoun **ne** when it refers to a specific quantity.

Ci hanno vist**o**/vist**i**.	*They saw us.*
— Quanto vino hai comprato?	*"How much wine did you buy?"*
— Ne ho comprat**o**/comprat**e** due bottiglie.	*"I bought two bottles."*

It *must* agree in gender and number with the preceding direct object pronouns **lo, la, li,** and **le,** and with the pronoun **ne** when it refers to "some" or "part of" something.

— Avete mandato gli inviti?	*"Have you sent the invitations?"*
— No, non li abbiamo ancora mandat**i**.	*"No, we still haven't sent them."*
— Sì, ne abbiamo mandat**i** alcuni.	*"Yes, we've sent some (of them)."*

- The past participle used with **essere** as the auxiliary agrees in gender and number with the subject of the verb.

Le mie figlie sono arrivat**e** sane e salve.	*My daughters arrived safe and sound.*

If the verb is reflexive and transitive, the past participle can agree with either the subject or the direct object.

La ragazza si è spazzolat**a**/spazzolat**i** i capelli.	*The girl brushed her hair.*

The Compound Tenses

Listed below are the seven compound tenses of Italian. The first four belong to the indicative mood, although this designation is often omitted when discussing them.

Passato prossimo (indicativo)	Present perfect (indicative)	page 23
Trapassato prossimo (indicativo)	Past perfect (indicative)	page 24
Trapassato remoto (indicativo)	Preterit perfect (indicative)	page 25
Futuro anteriore (indicativo)	Future perfect (indicative)	page 26
Condizionale passato	Perfect conditional	page 27
Congiuntivo passato	Perfect subjunctive	page 28
Congiuntivo trapassato	Past perfect subjunctive	page 28

Il passato prossimo · The present perfect

The present perfect indicative tense is formed by combining the present tense of the auxiliary verb (**avere** or **essere**) with the past participle of the main verb. The following paradigms show the present perfect forms for both **avere** and **essere** verbs in each conjugation.

amare *to love* (avere)		andare *to go* (essere)	
ho amato	**abbiamo** amato	**sono** andato (-a)	**siamo** andati (-e)
hai amato	**avete** amato	**sei** andato (-a)	**siete** andati (-e)
ha amato	**hanno** amato	**è** andato (-a)	**sono** andati (-e)

temere *to fear* (avere)		cadere *to fall* (essere)	
ho temuto	**abbiamo** temuto	**sono** caduto (-a)	**siamo** caduti (-e)
hai temuto	**avete** temuto	**sei** caduto (-a)	**siete** caduti (-e)
ha temuto	**hanno** temuto	**è** caduto (-a)	**sono** caduti (-e)

sentire to feel, hear (avere)		**partire** to leave (essere)	
ho sentito	**abbiamo** sentito	**sono** partito (-a)	**siamo** partiti (-e)
hai sentito	**avete** sentito	**sei** partito (-a)	**siete** partiti (-e)
ha sentito	**hanno** sentito	**è** partito (-a)	**sono** partiti (-e)

When **essere** is used as the auxiliary, the past participle generally agrees with the subject in gender and number. (For exceptions, see page 23.) When the subject is a mixed masculine and feminine group, the past participle ending is masculine plural.

Lei è andata via.	*She has gone out.*
Franca e Ornella sono partite.	*Franca and Ornella left.*
I ragazzi e le ragazze sono usciti.	*The boys and girls went out.*

Uses of the Present Perfect Tense

- The present perfect tense, also called the *conversational past* tense, is used to express a past event or action that happened recently (five minutes ago or this morning) or one that happened a long time ago (a year ago or 50 years ago) but whose effects have lasted into the present or are still felt now.

Ho finito i miei compiti. Posso giocare fuori adesso?	*I've finished my homework. Can I play outside now?*
Hai capito ciò che **ha detto** il professore?	*Did you understand what the teacher said?*
Mia madre **è nata** nel 1955.	*My mother was born in 1955.*

Not all English instances of *has/have* + past participle are translated into Italian using the present perfect tense. Italian generally uses the simple present tense for an action begun in the past that continues into the present. This is especially true when the duration is specified in the sentence.

— Da quanto tempo **abiti** a Parigi?	*"How long have you been living in Paris?"*
— **Abito** qui da sei mesi.	*"I've been living here for six months."*

- The present perfect tense is used to express a completed event or action that happened once, whereas the imperfect expresses an ongoing, unfinished action in the past; an action that was repeated or habitual; or a background action or state (for example, a physical description, a psychological state of mind, an emotion, age, or weather).

Piero **ha guardato** la televisione ieri sera.	*Piero watched TV last night.*
Rosanna **guardava** i passanti.	*Rosanna was looking at the passersby.*
Mi alzavo sempre alle sette.	*I always got up at seven o'clock.*
Ci sentivamo male.	*We felt bad.*
Non **faceva** freddo.	*It wasn't cold.*

Il trapassato prossimo · The past perfect

The past perfect indicative tense is formed by combining the imperfect tense of the auxiliary verb (**avere** or **essere**) with the past participle of the main verb.

amare (avere)		**andare** (essere)	
avevo amato	**avevamo** amato	**ero** andato (-a)	**eravamo** andati (-e)
avevi amato	**avevate** amato	**eri** andato (-a)	**eravate** andati (-e)
aveva amato	**avevano** amato	**era** andato (-a)	**erano** andati (-e)

temere (avere)		**cadere** (essere)	
avevo temuto	**avevamo** temuto	**ero** caduto (-a)	**eravamo** caduti (-e)
avevi temuto	**avevate** temuto	**eri** caduto (-a)	**eravate** caduti (-e)
aveva temuto	**avevano** temuto	**era** caduto (-a)	**erano** caduti (-e)

sentire (avere)		partire (essere)	
avevo sentito	avevamo sentito	ero partito (-a)	eravamo partiti (-e)
avevi sentito	avevate sentito	eri partito (-a)	eravate partiti (-e)
aveva sentito	avevano sentito	era partito (-a)	erano partiti (-e)

When the auxiliary **essere** is used, the past participle agrees in gender and number with the subject.

Carmela era partita.   *Carmela had left.*

Uses of the Past Perfect Tense

The past perfect tense, also called the *pluperfect* tense, is used to express a past action or event that happened before a subsequent action or event in the past; the subsequent action is usually in the imperfect or present perfect tense. The past perfect tense in Italian corresponds to English *had* + past participle.

Marina **aveva già finito** il lavoro quando tu hai chiamato.

*Marina **had already finished** the job when you called.* (Her finishing the work took place further back in the past (PAST PERFECT) than your calling (PRESENT PERFECT).)

Loro **non erano ancora nati** quando la guerra è finita.

*They **hadn't been born yet** when the war ended.* (Their not having been born happened further back in the past (PAST PERFECT) than the end of the war (PRESENT PERFECT).)

Il trapassato remoto · The preterit perfect

The preterit perfect indicative tense is formed by combining the preterit tense of the auxiliary verb (**avere** or **essere**) with the past participle of the main verb.

amare (avere)		andare (essere)	
ebbi amato	avemmo amato	fui andato (-a)	fummo andati (-e)
avesti amato	aveste amato	fosti andato (-a)	foste andati (-e)
ebbe amato	ebbero amato	fu andato (-a)	furono andati (-e)

temere (avere)		cadere (essere)	
ebbi temuto	avemmo temuto	fui caduto (-a)	fummo caduti (-e)
avesti temuto	aveste temuto	fosti caduto (-a)	foste caduti (-e)
ebbe temuto	ebbero temuto	fu caduto (-a)	furono caduti (-e)

sentire (avere)		partire (essere)	
ebbi sentito	avemmo sentito	fui partito (-a)	fummo partiti (-e)
avesti sentito	aveste sentito	fosti partito (-a)	foste partiti (-e)
ebbe sentito	ebbero sentito	fu partito (-a)	furono partiti (-e)

When the auxiliary **essere** is used, the past participle agrees in gender and number with the subject.

La ragazza fu andata via.   *The girl had gone away.*

Uses of the Preterit Perfect Tense

The preterit perfect tense, also called the *past anterior* tense, is used in formal, written Italian, but rarely in speech. It is used to express an action or event completed in the past before another action or event was also completed in the past. It is frequently used after the conjunctions **quando** *when,* **dopo che** *after,* **finché non** *up until,* **(non) appena (che)** *as soon as.* The preterit perfect tense in Italian corresponds to English *had* + past participle.

Partirono dopo che gli **avemmo spiegato** la situazione.	*They left after **we had explained** the situation to them.*
Non appena **ebbe finito** di parlare, scoppiò l'applauso.	*As soon as **he had finished** talking, applause broke out.*

In spoken language, the present perfect or past perfect tense is substituted for the preterit perfect.

Quando **aveva finito**, abbiamo riso.	*When **he finished**, we laughed.*

Il futuro anteriore · The future perfect

The future perfect indicative tense is formed by combining the future tense of the auxiliary verb (**avere** or **essere**) with the past participle of the main verb.

amare (avere)		andare (essere)	
avrò amato	avremo amato	sarò andato (-a)	saremo andati (-e)
avrai amato	avrete amato	sarai andato (-a)	sarete andati (-e)
avrà amato	avranno amato	sarà andato (-a)	saranno andati (-e)

temere (avere)		cadere (essere)	
avrò temuto	avremo temuto	sarò caduto (-a)	saremo caduti (-e)
avrai temuto	avrete temuto	sarai caduto (-a)	sarete caduti (-e)
avrà temuto	avranno temuto	sarà caduto (-a)	saranno caduti (-e)

sentire (avere)		partire (essere)	
avrò sentito	avremo sentito	sarò partito (-a)	saremo partiti (-e)
avrai sentito	avrete sentito	sarai partito (-a)	sarete partiti (-e)
avrà sentito	avranno sentito	sarà partito (-a)	saranno partiti (-e)

When the auxiliary **essere** is used, the past participle agrees in gender and number with the subject.

Emilia sarà nata.	*Emilia will have been born.*

Uses of the Future Perfect Tense

- The future perfect tense is used to express a future action that is completed before another action takes place. This generally corresponds to the English construction *will have* + past participle.

Avrete finito di lavorare prima che cominci il film?	*Will you **have finished** work before the movie starts?*

- In contrast to the use above, where the future perfect expresses a future event (finishing work), the tense can also refer to the past. It can express a conjecture or doubt about what may have happened in the past before another event occurred.

— Perché non sono qua?	*"Why aren't they here?"*
— **Avranno perso** la coincidenza.	*"They **probably missed** their connection."*

- The future perfect tense is used in the same way as the future tense after conjunctions of time.

Quando **avremo finito** di pulire la casa, andremo a fare una nuotata.	*When **we have finished** cleaning the house, we'll go for a swim.*

Il condizionale passato · The perfect conditional

The perfect conditional indicative tense is formed by combining the conditional tense of the auxiliary verb (**avere** or **essere**) with the past participle of the main verb.

amare (avere)		andare (essere)	
avrei amato	avremmo amato	sarei andato (-a)	saremmo andati (-e)
avresti amato	avreste amato	saresti andato (-a)	sareste andati (-e)
avrebbe amato	avrebbero amato	sarebbe andato (-a)	sarebbero andati (-e)

temere (avere)		cadere (essere)	
avrei temuto	avremmo temuto	sarei caduto (-a)	saremmo caduti (-e)
avresti temuto	avreste temuto	saresti caduto (-a)	sareste caduti (-e)
avrebbe temuto	avrebbero temuto	sarebbe caduto (-a)	sarebbero caduti (-e)

sentire (avere)		partire (essere)	
avrei sentito	avremmo sentito	sarei partito (-a)	saremmo partiti (-e)
avresti sentito	avreste sentito	saresti partito (-a)	sareste partiti (-e)
avrebbe sentito	avrebbero sentito	sarebbe partito (-a)	sarebbero partiti (-e)

When the auxiliary **essere** is used, the past participle agrees in gender and number with the subject.

Loro sarebbero parti**ti**.   *They would have left.*

Uses of the Perfect Conditional Tense

- The perfect conditional tense, also called the *past conditional* tense, is used to express what *would have* (or *would not have*) happened in the past had something else not occurred. In essence, the perfect conditional expresses conjectures that are contrary to past facts.

  FACT

  Mi sono svegliato tardi. Perciò non sono arrivato in tempo.   *I woke up late. That's why I didn't arrive on time.*

  CONTRARY-TO-FACT

  Se non mi fossi svegliato tardi, **sarei arrivato** in tempo.   *If I hadn't woken up late, **I would have arrived** on time.*

  In the factual statement, the present perfect indicative tense is used. In the contrary-to-fact conjecture, the perfect conditional tense is used after a **se**-clause with the past perfect subjunctive.

- The perfect conditional tense is used in reported speech to express a completed action in the future.

  DIRECT SPEECH

  Maria ha detto: «Li aiuterò entro venerdì».   *Maria said, "I will help them by Friday."*

  REPORTED SPEECH

  Maria ha detto che li **avrebbe aiutati** entro venerdì.   *Maria said that **she would help** them by Friday.*

- The perfect conditional tense is used to express a personal opinion about a past action.

  Il ladro **avrebbe lavorato** con dei complici.   *The burglar **allegedly worked** with accomplices.*

  Penso che **avresti dovuto** prendere il treno.   *I think **you should have** taken the train.*

Il congiuntivo passato · The perfect subjunctive

The perfect subjunctive tense is formed by combining the present subjunctive tense of the auxiliary verb (**avere** or **essere**) with the past participle of the main verb.

amare (avere)		andare (essere)	
abbia amato	**abbiamo** amato	**sia** andato (-a)	**siamo** andati (-e)
abbia amato	**abbiate** amato	**sia** andato (-a)	**siate** andati (-e)
abbia amato	**abbiano** amato	**sia** andato (-a)	**siano** andati (-e)

temere (avere)		cadere (essere)	
abbia temuto	**abbiamo** temuto	**sia** caduto (-a)	**siamo** caduti (-e)
abbia temuto	**abbiate** temuto	**sia** caduto (-a)	**siate** caduti (-e)
abbia temuto	**abbiano** temuto	**sia** caduto (-a)	**siano** caduti (-e)

sentire (avere)		partire (essere)	
abbia sentito	**abbiamo** sentito	**sia** partito (-a)	**siamo** partiti (-e)
abbia sentito	**abbiate** sentito	**sia** partito (-a)	**siate** partiti (-e)
abbia sentito	**abbiano** sentito	**sia** partito (-a)	**siano** partiti (-e)

When the auxiliary **essere** is used, the past participle agrees in gender and number with the subject.

... che lei sia andata via.   ... that she went away.

Uses of the Perfect Subjunctive Tense

The perfect subjunctive tense, also called the *present perfect subjunctive* or *past subjunctive* tense, is used in much the same way as the present subjunctive. It follows the same expressions as those listed on pages 18–19. The difference between the present and perfect subjunctive tenses lies in the relation of the two actions or events to one another. The present subjunctive is used to express an action that is simultaneous with or subsequent to the action of the main verb. In contrast, the perfect subjunctive is used to express an action that happened *before* the action of the main verb.

Compare the following pairs of sentences, the first of which uses the present subjunctive tense and the second, the perfect subjunctive tense.

Sono contento **che lei venga** con noi.   *I'm happy **she's coming** with us.*
Sono contento **che lei sia venuta** con noi. *I'm happy **she came** with us.*
Carla dubita **che lui capisca**.   *Carla doubts **that he will understand**.*
Carla dubita **che lui abbia capito**.   *Carla doubts **that he understood**.*

Il congiuntivo trapassato · The past perfect subjunctive

The past perfect subjunctive tense is formed by combining the imperfect subjunctive tense of the auxiliary verb (**avere** or **essere**) with the past participle of the main verb.

amare (avere)		andare (essere)	
avessi amato	**avessimo** amato	**fossi** andato (-a)	**fossimo** andati (-e)
avessi amato	**aveste** amato	**fossi** andato (-a)	**foste** andati (-e)
avesse amato	**avessero** amato	**fosse** andato (-a)	**fossero** andati (-e)

temere (avere)		cadere (essere)	
avessi temuto	**avessimo** temuto	**fossi** caduto (-a)	**fossimo** caduti (-e)
avessi temuto	**aveste** temuto	**fossi** caduto (-a)	**foste** caduti (-e)
avesse temuto	**avessero** temuto	**fosse** caduto (-a)	**fossero** caduti (-e)

sentire (avere)		partire (essere)	
avessi sentito	**avessimo** sentito	**fossi** partito (-a)	**fossimo** partiti (-e)
avessi sentito	**aveste** sentito	**fossi** partito (-a)	**foste** partiti (-e)
avesse sentito	**avessero** sentito	**fosse** partito (-a)	**fossero** partiti (-e)

When the auxiliary **essere** is used, the past participle agrees in gender and number with the subject.

> ... che loro fossero tornat**i**.   *...that they had returned.*

Uses of the Past Perfect Subjunctive Tense

- The past perfect subjunctive tense is used in subordinate clauses that require the subjunctive when the main verb is in a past tense and the action of the verb of the subordinate clause was completed *before* that of the main clause. It corresponds to the English *(that)* _____ had + past participle. The imperfect subjunctive is used to express an action simultaneous with or subsequent to the action of the main verb. In contrast, the past perfect subjunctive is used to express an action that happened *before* the action of the main verb. Compare the following pairs of sentences, the first of which uses the imperfect subjunctive tense and the second, the past perfect subjunctive tense.

> Ero contento **che lei venisse**.   *I was happy **she was coming**.*
> Ero contento **che lei fosse venuta**.   *I was happy **she had come**.*
> Carla dubitava **che lui capisse**.   *Carla doubted **that he understood**.*
> Carla dubitava **che lui avesse capito**.   *Carla doubted **that he had understood**.*

- The past perfect subjunctive tense is used in the **se**-clause of a past contrary-to-fact conditional sentence.

FACT

> Sono andato a casa. Perciò non l'ho vista.   *I went home. That's why I didn't see her.*

CONTRARY-TO-FACT

> Se **io non fossi andato** a casa, l'avrei vista.   *If **I hadn't gone** home, I would have seen her.*

SPECIAL VERB TYPES AND CONSTRUCTIONS

I verbi riflessivi · Reflexive verbs

Many Italian verbs can appear as reflexive verbs. In general, these are verbs in which the action refers back to the person doing it. In all forms, including the infinitive, gerund, and participles, reflexive verbs have a reflexive pronoun that refers back to the subject. Like nonreflexive verbs, they can be conjugated in any tense. The paradigms of the present tense of **alzarsi** and the present perfect tense of **lavarsi** are given below in sample sentences.

alzarsi *to get up*

(Io) **mi alzo** alle otto.	(Noi) **ci alziamo** alle otto.
(Tu) **ti alzi** alle otto.	(Voi) **vi alzate** alle otto.
(Lui/Lei) **si alza** alle otto.	(Loro) **si alzano** alle otto.

lavarsi *to wash (oneself)*

(Io) **mi sono lavato**(-a) le mani.	(Noi) **ci siamo lavati**(-e) le mani.
(Tu) **ti sei lavato**(-a) le mani.	(Voi) **vi siete lavati**(-e) le mani.
(Lui/Lei) **si è lavato**(-a) le mani.	(Loro) **si sono lavati**(-e) le mani.

- The auxiliary in compound tenses is always **essere**, and the past participle may agree with the subject or (less commonly) with the direct object.

> Antonia si è lava**ta** le mani. }
> Antonia si è lava**te** le mani. }   *Antonia washed her hands.*

- The reflexive pronoun usually precedes the main verb in simple tenses, and it precedes the auxiliary in compound tenses (see the examples above). The reflexive pronoun is attached to the end of the verb in the following forms: the present infinitive (**sedersi**), gerund (**sedendosi**), and past participle (**sedutosi**), and to the end of the auxiliary in the past infinitive (**essersi seduto**). In the negative **tu** and **voi** forms of the imperative, the reflexive pronoun can either follow or precede the verb.

> Non **ti** alzare! }
> Non alzar**ti**! }   *Don't get up!*

When a reflexive infinitive follows **dovere**, **potere**, or **volere**, the pronoun can either precede the modal verb or attach to the infinitive.

> Non **mi** voglio lavare.   *I don't want to wash myself.*
> Devo alzar**mi**.   *I have to get up.*

When two pronouns are used, the forms **me, te, se, ce, ve** are required instead of **mi, ti, si, ci, vi**. In the example below, **ne** functions as a pronoun.

> **Me ne** lavo le mani.   *I wash my hands of it.*

Uses of Reflexive Verbs

Italian makes much greater use of reflexive verbs than English does. In English, reflexive verbs are identified by a pronoun ending in *-self* or *-selves* following the verb (*She cut herself.*, *They dressed themselves.*). Most Italian reflexive verbs correspond to English intransitive verbs, that is, verbs that have no direct object, or to English verb constructions with *get* or *be*.

> Mi svegliai tardi.   *I woke up late.*
> Si sono arrabbiati?   *Did they get angry?*

There are several types of reflexive and so-called reflexive, or pronominal, verbs in Italian.

- Some Italian reflexive verbs express an action that the subject performs on him- or herself, even if the English translation does not use a pronoun ending in *-self*. The reflexive pronoun functions as a direct object.

> Le ragazze **si lavano**.   *The girls **are washing (themselves)**.*
> Il bambino **si veste**.   *The child **is dressing himself**.*

- With some reflexive verbs, the reflexive pronoun is an indirect rather than a direct object. These verbs can have a direct object in addition to the reflexive pronoun. **Mettersi** *to put on*, **togliersi** *to take off*, and **lavarsi** *to wash (oneself)* are examples of such verbs.

> **Mi metterò** i guanti.   ***I'll put** the gloves **on**.*
> **Si toglie** le scarpe.   ***He's taking** his shoes **off**.*
> **Si è lavata** le mani.   ***She washed** her hands.*

The reflexive pronoun eliminates the need for a possessive adjective. This is often the case for articles of clothing and parts of the body.

> **Ti** metti il costume da bagno?   *Are you putting on **your** swimsuit?*
> **Si** sono lavati la faccia.   *They washed **their** faces.*

Some other common reflexive expressions used in this way are **pettinarsi i capelli** *to comb one's hair* and **radersi la barba** *to shave one's beard*.

- Some reflexive verbs express a reciprocal action. Since the subject must be plural, only plural pronouns are used.

Ci telefoniamo tutti i giorni.   *We phone each other every day.*
Sandra e Paolo **si abbracciarono**.   *Sandra and Paolo hugged each other.*

- Some reflexive verbs have no obvious reflexive meaning at all.

Non **si accorse** dell'errore.   *He didn't notice the mistake.*
Si affrettava perché l'autobus stava   *He was hurrying because the bus was arriving.*
arrivando.

Many reflexive verbs can also be used nonreflexively. Many of these verbs are transitive in nonreflexive use, but intransitive when used reflexively.

Il mio orologio **si è fermato**.   *My watch has stopped.*
Il poliziotto **ha fermato** il traffico.   *The policeman stopped traffic.*

- A separate, nonreflexive use of the construction *si* + verb is the impersonal-**si** construction. It may be used when the action itself is emphasized and the performer of the action is not mentioned. This construction, which corresponds to the English use of impersonal *one/you/we/they/people*, uses the third-person singular form of the verb.

Si dice che il presidente sia miliardario.   *They say the president is a millionaire.*
Non **si sa** mai come va a finire.   *You never know how it's going to end up.*

- Another impersonal-**si** construction is frequently used instead of the passive voice (see page 32). In the *si passivante* construction, the performer of the action is not mentioned, the subject is inanimate and can be singular or plural, and the verb agrees in number with the subject.

Si è venduta la macchina?   *Was the car sold?*
Non **si leggono** mai quei libri.   *Those books are never read.*
Non **si parla** inglese in classe.   *English is not spoken in class.*
Si visiteranno molte chiese.   *Many churches will be visited.*

I verbi impersonali · Impersonal verbs

Impersonal verbs express an action or a state without a personal subject; the English translation often uses "it" for the subject. Impersonal verbs are used only in the third-person singular in their conjugated forms.

- Weather verbs, such as **piovere**, are impersonal verbs.

piovere *to rain*

PRESENT	piove	PRESENT PERFECT	è/ha piovuto
IMPERFECT	pioveva	PAST PERFECT	era/aveva piovuto
PRETERIT	piovve	PRETERIT PERFECT	fu/ebbe piovuto
FUTURE	pioverà	FUTURE PERFECT	sarà/avrà piovuto
PRESENT CONDITIONAL	pioverebbe	PERFECT CONDITIONAL	sarebbe/avrebbe piovuto
PRESENT SUBJUNCTIVE	piova	PERFECT SUBJUNCTIVE	sia/abbia piovuto
IMPERFECT SUBJUNCTIVE	piovesse	PAST PERFECT SUBJUNCTIVE	fosse/avesse piovuto

Piove e non ho un ombrello.   *It's raining, and I don't have an umbrella.*
— Mi chiedo se pioverà.   *"I wonder if it's going to rain."*
— Hanno detto che avrebbe piovuto.   *"They said it was going to rain."*
Piove che Dio la manda.   *It's pouring.*

Piovere can also be used personally in the senses *pour down/in* and *arrive unexpectedly*; it may have a definite subject, and for this reason, the third-person plural forms are given in the conjugation table for **piovere**.

Other weather-related impersonal verbs follow.

fare caldo/freddo *to be hot/cold*   lampeggiare *to flash (lightning)*
fare bello/brutto *to be nice/awful*   nevicare *to snow*
essere nuvoloso *to be cloudy*   spiovere *to stop raining*
gelare *to freeze*   tuonare *to thunder*

- Some other verbs can be used impersonally. They appear in the third person only and can be preceded by **mi**, **ti**, **gli**, **le**, **ci**, **vi**, or **gli** or followed by **loro**.

accadere *to happen*	importare *to matter*
avvenire *to happen, occur*	parere *to seem, look like*
bastare *to suffice, be enough*	piacere *to be pleasing*
bisognare *to be necessary*	sembrare *to seem*
capitare *to happen (by chance)*	succedere *to happen*
convenire *to be a good idea*	

These verbs are typically followed by an infinitive construction or **che**-clause that may be considered the subject of the impersonal verb.

Ci conviene prendere il treno.	**We'd be better off** *taking the train.*
Accade spesso che non arrivi in tempo?	**Does it** *often* **happen** *that he doesn't arrive on time?*
Mi pare che lei sia molto capace.	**It seems to me** *that she's very capable.*
Piaceva loro che voi ci foste.	**They were pleased** *that you were there.*

Most of these verbs can appear in the third-person plural when followed by a plural noun or noun phrase.

Ci occorrono trenta euro al giorno.	**We need** *30 euros per day.*

La forma passiva · The passive voice

The passive voice in Italian is formed by combining the appropriate conjugated form of **essere** and the past participle of the main verb. Any tense can be used in the passive voice. The past participle agrees with the subject of the sentence in gender and number.

Quei libri non **sono** mai **letti**.	*Those books* **are** *never* **read**.
La macchina **è stata venduta** rapidamente.	*The car* **was sold** *quickly.*

Passive constructions often include a prepositional phrase beginning with **da** that indicates the performer of the action.

La casa **fu distrutta da vandali**.	*The house* **was destroyed by vandals**.
Il programma **sarà guardato da milioni di telespettatori**.	*The program* **will be watched by millions of viewers**.

The passive voice may also be formed with **venire** or **andare** as the auxiliary verb, but only in the simple tenses. This passive is sometimes regarded as more expressive than the passive formed with **essere**.

Il ragazzo **verrà accolto** da noi.	*The boy* **will be welcomed** *by us.*
Il paese **andò distrutto** dall'incendio.	*The village* **was destroyed** *by the fire.*

Uses of the Passive Voice

The passive voice is used mainly in written Italian. An active sentence (for example, *The girl reads the book.*) focuses on the performer of the action (the subject). A passive sentence shifts the focus from the performer of the action to the receiver of the action (the direct object), which becomes the grammatical subject of the passive sentence (for example, *The book is read by the girl.*). Thus, a passive construction can only be used with a transitive verb.

If it is not important to identify the performer of the action, Italian often uses the *si passivante* construction, in which the performer of the action is not mentioned and the object of the active verb becomes the subject of the **si** verb (see page 31).

If the performer of the action must be mentioned, spoken Italian prefers to use the active voice.

Michele **ha venduto** la macchina.		*Michele **sold** the car.*
Gli studenti non **leggono** mai quei libri.		*The students never **read** those books.*
Il professore non **parla** inglese in classe.		*The professor **doesn't speak** English in class.*
I turisti **visiteranno** molte chiese.		*The tourists **will visit** many churches.*

COMMANDS

L'imperativo · The imperative

- The verb forms for formal commands (**Lei** and **Loro**) are identical to the present subjunctive forms.

	SINGULAR	PLURAL
-are VERBS	Parli! *Speak!* Non parli! *Don't speak!*	Parlino! *Speak!* Non parlino! *Don't speak!*
-ere VERBS	Tema! *Be afraid!* Non tema! *Don't be afraid!*	Temano! *Be afraid!* Non temano! *Don't be afraid!*
-ire VERBS	Parta! *Leave!* Non parta! *Don't leave!*	Partano! *Leave!* Non partano! *Don't leave!*

- The informal commands (**tu** and **voi**) and the **noi** exhortation (*let's _____!*) use the forms of the present tense, except that the **tu** form of **-are** verbs ends in -**a**. The infinitive is used with **non** in the **tu** form of negative commands.

	SINGULAR	PLURAL
-are VERBS	Parla! *Speak!* Non parlare! *Don't speak!*	Parlate! *Speak!* Non parlate! *Don't speak!* Parliamo! *Let's speak!* Non parliamo! *Let's not speak!*
-ere VERBS	Temi! *Be afraid!* Non temere! *Don't be afraid!*	Temete! *Be afraid!* Non temete! *Don't be afraid!* Temiamo! *Let's be afraid!* Non temiamo! *Let's not be afraid!*
-ire VERBS	Parti! *Leave!* Non partire! *Don't leave!*	Partite! *Leave!* Non partite! *Don't leave!* Partiamo! *Let's leave!* Non partiamo! *Let's not leave!*

- Some verbs have irregular imperative forms; see the conjugations of **andare** *to go,* **avere** *to have,* **dare** *to give,* **dire** *to say, tell,* **essere** *to be,* **fare** *to do, make,* and **stare** *to stay, stand.*

- Modal verbs (**dovere** *must,* **volere** *to want,* and **potere** *can*) do not have imperative forms. However, the imperative forms are included in the conjugation tables of **dovere** and **volere** because these verbs have nonmodal meanings (for example, **volere** in the set expression **Non vogliatemene!** *Don't hold it against me!*).

- Some verbs have no imperative because sense precludes it; an example is **piovere** *to rain.*

- Direct, indirect, double-object, and reflexive pronouns, as well as the particles **ci** and **ne**, are attached to the end of **tu**, **noi**, and **voi** command forms. In contrast, in the formal command forms (**Lei** and **Loro**), these pronouns and particles always precede the verb.

Di**glielo** subito!	*Tell him so right away!*
Sediamo**ci** qua!	*Let's sit down here!*

Leggete**lo** a alta voce!	*Read it out loud!*
Non andar**ci**!	*Don't go there!*
Si accomodi, signora!	*Please have a seat, ma'am!*

The one exception is the indirect object pronoun **loro** *to them*, which follows the verb and is not attached to it.

Di' **loro** il tuo nome!	*Tell them your name!*

With the **tu** form in the negative imperative, the pronoun can precede the verb or be attached to it.

Non **ti** preoccupare! ⎫	*Don't worry!*
Non preoccupar**ti**! ⎭	

Uses of the Imperative

Command forms are used to tell someone to do something or not to do something. Such commands may be in the form of an order, a request, an invitation, advice, a warning, or an instruction. Commands may be softened by using phrases such as **per favore**, **per piacere**, and **se non ti dispiace**.

Anna, vieni qua, per favore!	*Anna, come here, please!*
Aspetti un momento, signore, se non Le dispiace.	*Please wait a moment, sir, if you don't mind.*

The infinitive is often used instead of the imperative in instructions, recipes, public notices, warnings, and so on.

Tirare. (SIGN ON A DOOR)	*Pull.*
Non sporgersi dal finestrino.	*Don't lean out of the window.*

NONFINITE VERB FORMS

L'infinito · The infinitive

The infinitive is the entry word for a verb in Italian dictionaries.

Uses of the Infinitive

- The infinitive is used after modal verbs and after many other verbs, nouns, and adjectives. It is sometimes linked by a preposition.

Dobbiamo studiare la storia.	*We ought to study history.*
Cominciamo a costruire la casa.	*We are beginning to build the house.*
Chi sarà il primo ad andare a letto?	*Who will be the first to go to bed?*
Sono contento di rivederti.	*I'm happy to see you again.*

- The infinitive is used as the negative imperative form with **tu** (see page 33).

Non spegnere la luce!	*Don't turn the light off!*

- The infinitive can function like a noun. It can be a subject or object and can be preceded by **il**, **lo**, or **l'**.

(Lo) sciare mi piace molto.	*I like to ski.*
L'abbaiare dei cani mi ha svegliato.	*The barking of the dogs woke me up.*

- The infinitive is the only verb form that can be used after a preposition.

Invece di comprare qualcosa da mangiare, Erasmus comprò i libri.	*Instead of buying something to eat, Erasmus bought books.*

- The infinitive is often used instead of the imperative in instructions, recipes, public notices, warnings, and so on.

Mescolare lo zucchero con il latte.	*Mix the sugar with the milk.*
Non calpestare l'erba.	*Don't walk on the grass.*

Il gerundio · The gerund

The gerund is formed by dropping the infinitive ending (**-are**, **-ere**, or **-ire**) and adding **-ando** for **-are** verbs and **-endo** for **-ere** and **-ire** verbs. Some verbs have irregular gerund forms.

bere *to drink*	**bevendo**	porre *to put, place*	**ponendo**
dire *to say, tell*	**dicendo**	produrre *to produce*	**producendo**
fare *to do, make*	**facendo**	trarre *to draw, pull*	**traendo**

The gerund form does not change; it always ends in **-o**.

Uses of the Gerund

The gerund shares the subject of the main verb and expresses action that is simultaneous with that of the main verb.

- The gerund is used to form the present and past progressive tenses with **stare, andare**, and sometimes **venire**. See pages 9 and 10 for examples.

- The gerund is used to indicate how the action of the main verb is carried out; it corresponds to the English *after/by/on/when/while/because of* _____*ing*. This construction replaces clauses that begin with **mentre** *while, when,* **poiché** *since,* and similar conjunctions.

Seguendo queste indicazioni, arriverà a Parma in tempo per pranzare.	***By following*** *these directions, you will reach Parma in time for lunch.*
L'ho vista **salendo** sul treno.	*I saw her* ***when I was boarding*** *the train.*

To use the gerund in this way, the subject of both clauses must be the same. In the second example above, if the person seen was boarding the train herself, the conjunction **mentre** would be used with the imperfect tense.

L'ho vista **mentre saliva** sul treno.	*I saw her* ***when she was boarding*** *the train.*

Il participio presente · The present participle

The present participle is formed by dropping the infinitive ending (**-are**, **-ere**, or **-ire**) and adding **-ante** for **-are** verbs and **-ente** for **-ere** and **-ire** verbs. Some verbs have irregular present participle forms.

bere *to drink*	**bevente**	porre *to put, place*	**ponente**
condurre *to lead*	**conducente**	produrre *to produce*	**producente**
dire *to say, tell*	**dicente**	provenire *to originate, come from*	**proveniente**
fare *to do, make*	**facente**		
nutrire *to feed, be nourishing*	**nutriente**	sapere *to know (how to)*	**sapiente**
		trarre *to draw, pull*	**traente**
parere *to appear, seem*	**parvente**	ubbidire *to obey*	**ubbidiente**

The plural of the present participle ends in **-i**.

Uses of the Present Participle

Use of the present participle is fairly restricted in Italian, and it is best to use only present participles that you have seen in print or heard a native speaker of Italian say. Not all verbs have present participles, and some verbs and their present participles have differences in meaning. For these reasons, the present participle is not given in the verb conjugations in this book.

- The present participle of some verbs is used to replace a relative clause.

L'autobus **proveniente** da Como viaggia con dieci minuti di ritardo. (= L'autobus **che proviene** da Como...)	*The bus* ***coming*** *from Como is 10 minutes late.*

- The present participle is commonly used as an adjective.

> Il capitolo **seguente** descrive nel dettaglio i nuovi concetti.
>
> *The **following** chapter describes the new concepts in detail.*

- The present participle is frequently used as a noun, especially when referring to a human being; it is preceded by an article.

> Il **dirigente** dell'ufficio è responsabile della distribuzione del lavoro.
>
> *The office **manager** is responsible for assigning work.*

Il participio passato · The past participle

The past participle is the fourth principal part of an Italian verb. For details of its formation in regular and irregular verbs, see pages 20–21.

Uses of the Past Participle

- The past participle is used to form compound tenses (see pages 20–23).

- The past participle is used to form the passive with **essere**, **andare**, and **venire** (see page 32).

- The past participle is used in a participial clause to replace an adverbial clause beginning with **quando** *when* or **dopo che** *after*; it agrees in gender and number with the object in its clause.

> Deposita**ti** i soldi in banca, Matteo è partito per Padua. (= Dopo aver depositato i soldi...)
>
> *Having deposited the money in the bank, Matteo left for Padua. (= The money having been deposited .../After he had deposited the money ...)*

- The past participle is used as an adjective or in a participial phrase to replace a relative clause.

> Vorrei un piatto di verdura **cotta**.
> Cerco i libri **scritti** da Umberto Eco. (= Cerco i libri **che sono stati scritti**...)
>
> *I would like a plate of **cooked** vegetables.*
> *I'm looking for books **written** by Umberto Eco.*

- The past participle is used as a noun.

> I **sopravvissuti** sono stati trovati in buone condizioni.
>
> *The **survivors** have been found in good condition.*

555

FULLY CONJUGATED VERBS

Top 50 Verbs

The following 50 verbs have been selected for their high frequency and their use in many common idiomatic expressions. For each verb, a full page of example sentences and phrases providing guidance on correct usage immediately precedes or follows the conjugation table.

andare *to go, travel; work, function; fit, match; sell; be needed* 35
aprire *to open; turn/switch on; make an opening in; start, begin* 46
arrivare *to arrive, come (to); succeed (in), manage; happen* 52
avere *to have, own; obtain; hold; wear; receive* 66
bere *to drink; swallow; soak up* 74
capire *to understand, realize, grasp, catch on; admit* 86
cercare *to look/search for, seek; look up (a word); try/seek (to)* 91
chiamare *to call (out), name; phone; send for, summon; elect* 93
chiedere *to ask (for/about), request; beg; require* 94
cominciare *to begin, start* 105
comprare *to buy, purchase; bribe* 111
conoscere *to know, be familiar with; meet; recognize; experience, enjoy* 121
credere *to believe, think* 145
dare *to give; produce, yield; perform, put on* 153
dire *to say, tell, recite, speak; mean* 170
dovere *to have to, must; be likely (to); be supposed (to); owe* 188
entrare *to enter, go in; become a member (of); fit* 196
essere *to be; exist* 207
fare *to do, make; act (like); perform; be* (a profession)*; be suitable; create; cook* 211
finire *to finish, end, complete, be done with; finish off; cease, stop* 218
giocare *to play; matter, come into play; gamble; deceive, trick* 233
guardare *to look at/out/up,* etc.*; peep; stare; guard; take care (of); mind* 242
lasciare *to leave, abandon; leave behind; set aside; bequeath; let have; allow* 291
lavare *to wash; clean; cleanse, purify* 293
leggere *to read* 295
mangiare *to eat; eat away, corrode; squander* 302
mettere *to put, place, set; apply; deposit; install; cause; suppose; wager; lead/flow (into)* 305
morire *to die; fade, die out, come to an end; vanish; almost die* 308
pagare *to pay (for), buy; repay* 326
parlare *to speak, talk; address* 331
partire *to leave, depart, go away; start, take off* 333
pensare *to think, believe; realize; imagine, guess; intend/plan (to)* 338
perdere *to lose; leak; miss; waste* 340
piacere *to be pleasing (to), be liked by; be pleasant/agreeable; suit* 348
portare *to carry, bring, take; wear; support; have, bear; yield, produce* 354
potere *to be able to, can; may; have influence* 356
prendere *to take, seize, get; earn, win; deal with; assume; take (someone) for; photograph; take up* 361
rispondere *to answer; be responsible (for); correspond (with); be followed by; open (onto); follow suit* 425
sapere *to know, know how (to), can; be aware (of); learn, hear; feel/hear/taste/smell (of); think* 436
scrivere *to write; record; attribute (to)* 452
sentire *to feel, sense; hear, see, smell, taste* 459
spendere *to spend; use; waste, throw away* 483
stare *to stay, be, remain; stand; be situated; live; fit, suit; depend (on); be about to* 496
tenere *to hold, keep; hold back, check; hold out, last; hold up, be valid; care (about)* 516
trovare *to find, come upon/across; meet (with); think, believe; catch, discover* 531
uscire *to leave, come/go out; protrude; lie/go/be beyond; leave behind; be released; be published* 539
vedere *to see, look at; meet, visit, consult; go over, check; see to it; find out, grasp* 542
venire *to come, arrive; be descended (from); occur (to); contract; be the result; cost; fall (on)* 544
vivere *to live, be alive; live/subsist (on); last, endure; live/go through* 551
volere *to want, wish; expect; need, require; allow, say yes; be going to; look like* 553

regular *-are* verb;
trans. (aux. *avere*)

abbandono · abbandonai · abbandonato

Presente · Present

abbandono	abbandoniamo
abbandoni	abbandonate
abbandona	abbandonano

Imperfetto · Imperfect

abbandonavo	abbandonavamo
abbandonavi	abbandonavate
abbandonava	abbandonavano

Passato remoto · Preterit

abbandonai	abbandonammo
abbandonasti	abbandonaste
abbandonò	abbandonarono

Futuro semplice · Future

abbandonerò	abbandoneremo
abbandonerai	abbandonerete
abbandonerà	abbandoneranno

Condizionale presente · Present conditional

abbandonerei	abbandoneremmo
abbandoneresti	abbandonereste
abbandonerebbe	abbandonerebbero

Congiuntivo presente · Present subjunctive

abbandoni	abbandoniamo
abbandoni	abbandoniate
abbandoni	abbandonino

Congiuntivo imperfetto · Imperfect subjunctive

abbandonassi	abbandonassimo
abbandonassi	abbandonaste
abbandonasse	abbandonassero

Passato prossimo · Present perfect

ho abbandonato	abbiamo abbandonato
hai abbandonato	avete abbandonato
ha abbandonato	hanno abbandonato

Trapassato prossimo · Past perfect

avevo abbandonato	avevamo abbandonato
avevi abbandonato	avevate abbandonato
aveva abbandonato	avevano abbandonato

Trapassato remoto · Preterit perfect

ebbi abbandonato	avemmo abbandonato
avesti abbandonato	aveste abbandonato
ebbe abbandonato	ebbero abbandonato

Futuro anteriore · Future perfect

avrò abbandonato	avremo abbandonato
avrai abbandonato	avrete abbandonato
avrà abbandonato	avranno abbandonato

Condizionale passato · Perfect conditional

avrei abbandonato	avremmo abbandonato
avresti abbandonato	avreste abbandonato
avrebbe abbandonato	avrebbero abbandonato

Congiuntivo passato · Perfect subjunctive

abbia abbandonato	abbiamo abbandonato
abbia abbandonato	abbiate abbandonato
abbia abbandonato	abbiano abbandonato

Congiuntivo trapassato · Past perfect subjunctive

avessi abbandonato	avessimo abbandonato
avessi abbandonato	aveste abbandonato
avesse abbandonato	avessero abbandonato

Imperativo · Commands

	(non) abbandoniamo
abbandona (non abbandonare)	(non) abbandonate
(non) abbandoni	(non) abbandonino

Participio passato · Past participle	abbandonato (-a/-i/-e)
Gerundio · Gerund	abbandonando

Usage

Roberto ha abbandonato la moglie e i bambini.	*Roberto abandoned his wife and children.*
Il capitano non volle abbandonare la nave.	*The captain didn't want to abandon the ship.*
L'esercito ha abbandonato il campo dopo una sconfitta umiliante.	*The army retreated after a humiliating defeat.*
Il ciclista ha dovuto abbandonare la gara a causa di problemi meccanici.	*The cyclist had to drop out of the race because of mechanical problems.*
Perché avete abbandonato il vostro amico a se stesso?	*Why did you leave your friend to his own devices?*
Da quando si è ammalato, ha abbandonato i suoi terreni.	*Since he got sick, he's been neglecting his land.*

abbandonarsi *to drop, sink; let oneself go; give oneself up (to something)*

La donna si abbandonò sulla poltrona.	*The woman sank into the armchair.*
Luigi si è abbandonato ai suoi ricordi.	*Luigi indulged himself in his memories.*
I soldati si abbandonarono di fronte al nemico.	*The soldiers lost courage in the face of the enemy.*

abbassare *to lower, pull/lay down; turn down, dim; lessen, drop, sink*

abbasso · abbassai · abbassato

regular -*are* verb;
trans. (aux. *avere*); intrans. (aux. *essere*)

NOTE *Abbassare* is conjugated here with *avere*; when used intransitively, it is conjugated with *essere*.

Presente · Present

abbasso	abbassiamo
abbassi	abbassate
abbassa	abbassano

Passato prossimo · Present perfect

ho abbassato	abbiamo abbassato
hai abbassato	avete abbassato
ha abbassato	hanno abbassato

Imperfetto · Imperfect

abbassavo	abbassavamo
abbassavi	abbassavate
abbassava	abbassavano

Trapassato prossimo · Past perfect

avevo abbassato	avevamo abbassato
avevi abbassato	avevate abbassato
aveva abbassato	avevano abbassato

Passato remoto · Preterit

abbassai	abbassammo
abbassasti	abbassaste
abbassò	abbassarono

Trapassato remoto · Preterit perfect

ebbi abbassato	avemmo abbassato
avesti abbassato	aveste abbassato
ebbe abbassato	ebbero abbassato

Futuro semplice · Future

abbasserò	abbasseremo
abbasserai	abbasserete
abbasserà	abbasseranno

Futuro anteriore · Future perfect

avrò abbassato	avremo abbassato
avrai abbassato	avrete abbassato
avrà abbassato	avranno abbassato

Condizionale presente · Present conditional

abbasserei	abbasseremmo
abbasseresti	abbassereste
abbasserebbe	abbasserebbero

Condizionale passato · Perfect conditional

avrei abbassato	avremmo abbassato
avresti abbassato	avreste abbassato
avrebbe abbassato	avrebbero abbassato

Congiuntivo presente · Present subjunctive

abbassi	abbassiamo
abbassi	abbassiate
abbassi	abbassino

Congiuntivo passato · Perfect subjunctive

abbia abbassato	abbiamo abbassato
abbia abbassato	abbiate abbassato
abbia abbassato	abbiano abbassato

Congiuntivo imperfetto · Imperfect subjunctive

abbassassi	abbassassimo
abbassassi	abbassaste
abbassasse	abbassassero

Congiuntivo trapassato · Past perfect subjunctive

avessi abbassato	avessimo abbassato
avessi abbassato	aveste abbassato
avesse abbassato	avessero abbassato

Imperativo · Commands

	(non) abbassiamo
abbassa (non abbassare)	(non) abbassate
(non) abbassi	(non) abbassino

Participio passato · Past participle	abbassato (-a/-i/-e)
Gerundio · Gerund	abbassando

Usage

Per favore, abbassa il finestrino della macchina.	*Please roll down the car window.*
I soldati abbassarono le armi.	*The soldiers laid down their arms.*
Ti ho chiesto di abbassare la TV.	*I asked you to turn down the TV.*
Franco abbassò la luce.	*Franco dimmed the light.*
I fabbricanti non possono più abbassare i prezzi.	*The manufacturers can't lower prices anymore.*
Il prezzo del vitello è abbassato negli ultimi mesi.	*The price of veal has come down in the last few months.*

abbassarsi *to lower oneself, stoop; drop, fall; deteriorate*

Anna si è abbassata per raccogliere la pallina.	*Anna bent down to pick up the ball.*
Alla fine dello spettacolo il sipario si abbassò.	*At the end of the show the curtain fell.*
La vista si è abbassata parecchio.	*Visibility has deteriorated considerably.*
Non mi abbasserei mai a fare una cosa del genere.	*I would never stoop to doing something like that.*

regular *-are* verb;
trans. (aux. *avere*)

Presente · Present

abbino	abbiniamo
abbini	abbinate
abbina	abbinano

Imperfetto · Imperfect

abbinavo	abbinavamo
abbinavi	abbinavate
abbinava	abbinavano

Passato remoto · Preterit

abbinai	abbinammo
abbinasti	abbinaste
abbinò	abbinarono

Futuro semplice · Future

abbinerò	abbineremo
abbinerai	abbinerete
abbinerà	abbineranno

Condizionale presente · Present conditional

abbinerei	abbineremmo
abbineresti	abbinereste
abbinerebbe	abbinerebbero

Congiuntivo presente · Present subjunctive

abbini	abbiniamo
abbini	abbiniate
abbini	abbinino

Congiuntivo imperfetto · Imperfect subjunctive

abbinassi	abbinassimo
abbinassi	abbinaste
abbinasse	abbinassero

Imperativo · Commands

	(non) abbiniamo
abbina (non abbinare)	(non) abbinate
(non) abbini	(non) abbinino

Passato prossimo · Present perfect

ho abbinato	abbiamo abbinato
hai abbinato	avete abbinato
ha abbinato	hanno abbinato

Trapassato prossimo · Past perfect

avevo abbinato	avevamo abbinato
avevi abbinato	avevate abbinato
aveva abbinato	avevano abbinato

Trapassato remoto · Preterit perfect

ebbi abbinato	avemmo abbinato
avesti abbinato	aveste abbinato
ebbe abbinato	ebbero abbinato

Futuro anteriore · Future perfect

avrò abbinato	avremo abbinato
avrai abbinato	avrete abbinato
avrà abbinato	avranno abbinato

Condizionale passato · Perfect conditional

avrei abbinato	avremmo abbinato
avresti abbinato	avreste abbinato
avrebbe abbinato	avrebbero abbinato

Congiuntivo passato · Perfect subjunctive

abbia abbinato	abbiamo abbinato
abbia abbinato	abbiate abbinato
abbia abbinato	abbiano abbinato

Congiuntivo trapassato · Past perfect subjunctive

avessi abbinato	avessimo abbinato
avessi abbinato	aveste abbinato
avesse abbinato	avessero abbinato

Participio passato · Past participle   abbinato (-a/-i/-e)

Gerundio · Gerund   abbinando

Usage

Il colore del divano si abbina bene con quello
  delle tende.
Gli studenti devono abbinare le parole con
  significati opposti.
Non si possono abbinare questi pantaloni a quella
  giacca.
Il nuovo apparecchio abbina velocità e precisione.
Se abbini acqua, ammoniaca e bicarbonato
  di soda, si ottieni un detergente per tutti gli usi.
La ricetta abbina ingredienti semplici della cucina
  toscana.
Abbiniamo questo piatto a un vino friulano.
Il pesce non va abbinato al vino rosso.
Il suo nome è stato abbinato a quello del presidente.

*The color of the sofa matches that of the curtains
  very well.*
*The students have to match the words with their
  opposite meanings.*
You can't combine these pants with that jacket.

The new device combines speed and precision.
*If you combine water, ammonia, and baking soda,
  you get an all-purpose cleaner.*
*The recipe combines simple ingredients of Tuscan
  cuisine.*
We serve this dish with a wine from Friuli.
Fish shouldn't be served with red wine.
His name has been linked to that of the president.

abbracciare   *to hug, embrace; enclose, surround; adopt; include; take up*

abbraccio · abbracciai · abbracciato

regular -are verb, *ci > c/e, i;*
trans. (aux. *avere*)

Presente · Present		Passato prossimo · Present perfect	
abbraccio	abbracciamo	ho abbracciato	abbiamo abbracciato
abbracci	abbracciate	hai abbracciato	avete abbracciato
abbraccia	abbracciano	ha abbracciato	hanno abbracciato

Imperfetto · Imperfect		Trapassato prossimo · Past perfect	
abbracciavo	abbracciavamo	avevo abbracciato	avevamo abbracciato
abbracciavi	abbracciavate	avevi abbracciato	avevate abbracciato
abbracciava	abbracciavano	aveva abbracciato	avevano abbracciato

Passato remoto · Preterit		Trapassato remoto · Preterit perfect	
abbracciai	abbracciammo	ebbi abbracciato	avemmo abbracciato
abbracciasti	abbracciaste	avesti abbracciato	aveste abbracciato
abbracciò	abbracciarono	ebbe abbracciato	ebbero abbracciato

Futuro semplice · Future		Futuro anteriore · Future perfect	
abbraccerò	abbracceremo	avrò abbracciato	avremo abbracciato
abbraccerai	abbraccerete	avrai abbracciato	avrete abbracciato
abbraccerà	abbracceranno	avrà abbracciato	avranno abbracciato

Condizionale presente · Present conditional		Condizionale passato · Perfect conditional	
abbraccerei	abbracceremmo	avrei abbracciato	avremmo abbracciato
abbracceresti	abbraccereste	avresti abbracciato	avreste abbracciato
abbraccerebbe	abbraccerebbero	avrebbe abbracciato	avrebbero abbracciato

Congiuntivo presente · Present subjunctive		Congiuntivo passato · Perfect subjunctive	
abbracci	abbracciamo	abbia abbracciato	abbiamo abbracciato
abbracci	abbracciate	abbia abbracciato	abbiate abbracciato
abbracci	abbraccino	abbia abbracciato	abbiano abbracciato

Congiuntivo imperfetto · Imperfect subjunctive		Congiuntivo trapassato · Past perfect subjunctive	
abbracciassi	abbracciassimo	avessi abbracciato	avessimo abbracciato
abbracciassi	abbracciaste	avessi abbracciato	aveste abbracciato
abbracciasse	abbracciassero	avesse abbracciato	avessero abbracciato

Imperativo · Commands

	(non) abbracciamo
abbraccia (non abbracciare)	(non) abbracciate
(non) abbracci	(non) abbraccino

Participio passato · Past participle	abbracciato (-a/-i/-e)
Gerundio · Gerund	abbracciando

Usage

Giulia ha abbracciato la sua amica.	*Giulia embraced her friend.*
Ti abbraccio.	*Lots of love.* (to close a letter)
Dobbiamo abbracciare la nuova tecnologia.	*We have to embrace the new technology.*
Un recinto bianco abbraccia tutta la mia fattoria.	*A white fence surrounds my entire farm.*
Gli Stati Uniti abbracciano 50 stati.	*The United States includes 50 states.*
È difficile abbracciare l'idea dell'eternità.	*It's difficult to grasp the idea of eternity.*
La sua opera abbraccia più di cinquanta anni.	*His work spans more than fifty years.*
Dopo una carriera riuscita come ingegnere, Angela abbracciò l'insegnamento.	*After a successful career as an engineer, Angela took up teaching.*

abbracciarsi *to hug, embrace one another; cling to*

I due amici si sono abbracciati a lungo.	*The two friends gave each other a long hug.*
Guarda come l'edera si abbraccia al vecchio albero nella piazza.	*Look how the ivy clings to the old tree in the square.*

regular *-are* verb;
trans. (aux. *avere*)

Presente · Present

abbronzo	abbronziamo
abbronzi	abbronzate
abbronza	abbronzano

Imperfetto · Imperfect

abbronzavo	abbronzavamo
abbronzavi	abbronzavate
abbronzava	abbronzavano

Passato remoto · Preterit

abbronzai	abbronzammo
abbronzasti	abbronzaste
abbronzò	abbronzarono

Futuro semplice · Future

abbronzerò	abbronzeremo
abbronzerai	abbronzerete
abbronzerà	abbronzeranno

Condizionale presente · Present conditional

abbronzerei	abbronzeremmo
abbronzeresti	abbronzereste
abbronzerebbe	abbronzerebbero

Congiuntivo presente · Present subjunctive

abbronzi	abbronziamo
abbronzi	abbronziate
abbronzi	abbronzino

Congiuntivo imperfetto · Imperfect subjunctive

abbronzassi	abbronzassimo
abbronzassi	abbronzaste
abbronzasse	abbronzassero

Passato prossimo · Present perfect

ho abbronzato	abbiamo abbronzato
hai abbronzato	avete abbronzato
ha abbronzato	hanno abbronzato

Trapassato prossimo · Past perfect

avevo abbronzato	avevamo abbronzato
avevi abbronzato	avevate abbronzato
aveva abbronzato	avevano abbronzato

Trapassato remoto · Preterit perfect

ebbi abbronzato	avemmo abbronzato
avesti abbronzato	aveste abbronzato
ebbe abbronzato	ebbero abbronzato

Futuro anteriore · Future perfect

avrò abbronzato	avremo abbronzato
avrai abbronzato	avrete abbronzato
avrà abbronzato	avranno abbronzato

Condizionale passato · Perfect conditional

avrei abbronzato	avremmo abbronzato
avresti abbronzato	avreste abbronzato
avrebbe abbronzato	avrebbero abbronzato

Congiuntivo passato · Perfect subjunctive

abbia abbronzato	abbiamo abbronzato
abbia abbronzato	abbiate abbronzato
abbia abbronzato	abbiano abbronzato

Congiuntivo trapassato · Past perfect subjunctive

avessi abbronzato	avessimo abbronzato
avessi abbronzato	aveste abbronzato
avesse abbronzato	avessero abbronzato

Imperativo · Commands

	(non) abbronziamo
abbronza (non abbronzare)	(non) abbronzate
(non) abbronzi	(non) abbronzino

Participio passato · Past participle	abbronzato (-a/-i/-e)
Gerundio · Gerund	abbronzando

Usage

La luce ultravioletta che abbronza la pelle,
   può anche causare danni severi.
Il sole in montagna abbronza rapidamente.
Chi è il culturista abbronzato laggiù?
Il metallo è abbronzato lentamente.

Ultraviolet light, which tans the skin, can also
   cause serious damage.
The sun in the mountains tans you quickly.
Who's the bodybuilder over there with the (nice) tan?
The metal is slowly bronzed.

abbronzarsi *to get a tan*

Non mi voglio abbronzare.
Ti abbronzi facilmente?
A queste ragazze piace stare ad abbronzarsi
   sulla spiaggia.

I don't want to get a tan.
Do you tan easily?
These girls like to sunbathe on the beach.

abitare   *to live; live (in), inhabit, reside (in/at)*

abito · abitai · abitato

regular -*are* verb;
trans./intrans. (aux. *avere*)

Presente · Present	
abito	abitiamo
abiti	abitate
abita	abitano

Imperfetto · Imperfect	
abitavo	abitavamo
abitavi	abitavate
abitava	abitavano

Passato remoto · Preterit	
abitai	abitammo
abitasti	abitaste
abitò	abitarono

Futuro semplice · Future	
abiterò	abiteremo
abiterai	abiterete
abiterà	abiteranno

Condizionale presente · Present conditional	
abiterei	abiteremmo
abiteresti	abitereste
abiterebbe	abiterebbero

Congiuntivo presente · Present subjunctive	
abiti	abitiamo
abiti	abitiate
abiti	abitino

Congiuntivo imperfetto · Imperfect subjunctive	
abitassi	abitassimo
abitassi	abitaste
abitasse	abitassero

Passato prossimo · Present perfect	
ho abitato	abbiamo abitato
hai abitato	avete abitato
ha abitato	hanno abitato

Trapassato prossimo · Past perfect	
avevo abitato	avevamo abitato
avevi abitato	avevate abitato
aveva abitato	avevano abitato

Trapassato remoto · Preterit perfect	
ebbi abitato	avemmo abitato
avesti abitato	aveste abitato
ebbe abitato	ebbero abitato

Futuro anteriore · Future perfect	
avrò abitato	avremo abitato
avrai abitato	avrete abitato
avrà abitato	avranno abitato

Condizionale passato · Perfect conditional	
avrei abitato	avremmo abitato
avresti abitato	avreste abitato
avrebbe abitato	avrebbero abitato

Congiuntivo passato · Perfect subjunctive	
abbia abitato	abbiamo abitato
abbia abitato	abbiate abitato
abbia abitato	abbiano abitato

Congiuntivo trapassato · Past perfect subjunctive	
avessi abitato	avessimo abitato
avessi abitato	aveste abitato
avesse abitato	avessero abitato

Imperativo · Commands	
	(non) abitiamo
abita (non abitare)	(non) abitate
(non) abiti	(non) abitino

Participio passato · Past participle   abitato (-a/-i/-e)

Gerundio · Gerund   abitando

Usage

Mia sorella minore abita a Roma.	*My younger sister lives in Rome.*
Zio Luigi abita negli Stati Uniti fin dalla Seconda Guerra Mondiale.	*Uncle Luigi has been living in the United States since World War II.*
Io preferisco abitare in città, ma Chiara preferisce abitare in campagna.	*I prefer to live in the city, but Chiara prefers to live in the country.*
Francesco abita con i genitori?	*Does Francesco live with his parents?*
La zia Lucia abita in un palazzo antico.	*Aunt Lucia lives in an old building.*
Abitare all'estero richiede un periodo di adattamento.	*Living abroad requires a period of adjustment.*
La Gallia antica fu abitata dai Belgi, dagli Aquitani e dai Celti.	*Ancient Gaul was inhabited by the Belgians, Aquitanians, and Celts.*
La casa di fronte alla nostra non è abitata fin dall'anno scorso.	*The house across the street hasn't been occupied since last year.*

regular *-are* verb;
trans. (aux. *avere*)

Presente · Present

abituo	abituiamo/abituamo
abitui	abituate
abitua	abituano

Passato prossimo · Present perfect

ho abituato	abbiamo abituato
hai abituato	avete abituato
ha abituato	hanno abituato

Imperfetto · Imperfect

abituavo	abituavamo
abituavi	abituavate
abituava	abituavano

Trapassato prossimo · Past perfect

avevo abituato	avevamo abituato
avevi abituato	avevate abituato
aveva abituato	avevano abituato

Passato remoto · Preterit

abituai	abituammo
abituasti	abituaste
abituò	abituarono

Trapassato remoto · Preterit perfect

ebbi abituato	avemmo abituato
avesti abituato	aveste abituato
ebbe abituato	ebbero abituato

Futuro semplice · Future

abituerò	abitueremo
abituerai	abituerete
abituerà	abitueranno

Futuro anteriore · Future perfect

avrò abituato	avremo abituato
avrai abituato	avrete abituato
avrà abituato	avranno abituato

Condizionale presente · Present conditional

abituerei	abitueremmo
abitueresti	abituereste
abituerebbe	abituerebbero

Condizionale passato · Perfect conditional

avrei abituato	avremmo abituato
avresti abituato	avreste abituato
avrebbe abituato	avrebbero abituato

Congiuntivo presente · Present subjunctive

abitui	abituiamo
abitui	abituiate
abitui	abituino

Congiuntivo passato · Perfect subjunctive

abbia abituato	abbiamo abituato
abbia abituato	abbiate abituato
abbia abituato	abbiano abituato

Congiuntivo imperfetto · Imperfect subjunctive

abituassi	abituassimo
abituassi	abituaste
abituasse	abituassero

Congiuntivo trapassato · Past perfect subjunctive

avessi abituato	avessimo abituato
avessi abituato	aveste abituato
avesse abituato	avessero abituato

Imperativo · Commands

	(non) abituiamo/abituamo
abitua (non abituare)	(non) abituate
(non) abitui	(non) abituino

Participio passato · Past participle	abituato (-a/-i/-e)
Gerundio · Gerund	abituando

Usage

È importante abituare il bambino alle iniezioni.	*It's important to get the child used to injections.*
Tutti i colleghi di Giorgio lo abituarono al nuovo lavoro.	*All of Giorgio's colleagues got used to their new jobs.*
Il professore ha abituato gli studenti all'ascolto di vari accenti.	*The professor got the students used to hearing different accents.*
Sarà necessario abituare il cane alla nuova casa.	*It will be necessary to accustom the dog to the new house.*

abituarsi *to get used to ([doing] something), accustom oneself to ([doing] something)*

Tu dovresti abituarti all'idea di una nuova vita.	*You should get used to the idea of a new life.*
Poca gente si è abituata al fumo.	*Few people have gotten used to the smoke.*
Adesso mi ci sono abituato.	*I've gotten used to it now.*
Se Nicola si fosse abituato ad alzarsi presto, non avrebbe sempre mancato la prima colazione.	*If Nicola had gotten used to getting up early, he wouldn't have always missed breakfast.*

accadere   *to happen, occur, take place; befall*

accade · accadde · accaduto

irregular *-ēre* verb, third person only;
intrans./impers. (aux. *essere*)

Presente · Present		Passato prossimo · Present perfect	
accade	accadono	è accaduto (-a)	sono accaduti (-e)

Imperfetto · Imperfect		Trapassato prossimo · Past perfect	
accadeva	accadevano	era accaduto (-a)	erano accaduti (-e)

Passato remoto · Preterit		Trapassato remoto · Preterit perfect	
accadde	accaddero	fu accaduto (-a)	furono accaduti (-e)

Futuro semplice · Future		Futuro anteriore · Future perfect	
accadrà	accadranno	sarà accaduto (-a)	saranno accaduti (-e)

Condizionale presente · Present conditional		Condizionale passato · Perfect conditional	
accadrebbe	accadrebbero	sarebbe accaduto (-a)	sarebbero accaduti (-e)

Congiuntivo presente · Present subjunctive		Congiuntivo passato · Perfect subjunctive	
accada	accadano	sia accaduto (-a)	siano accaduti (-e)

Congiuntivo imperfetto · Imperfect subjunctive		Congiuntivo trapassato · Past perfect subjunctive	
accadesse	accadessero	fosse accaduto (-a)	fossero accaduti (-e)

Imperativo · Commands

—

Participio passato · Past participle	accaduto (-a/-i/-e)
Gerundio · Gerund	accadendo

Usage

I miracoli accadono davvero.
Queste cose non accadono spesso.
Non abbatterti per quanto ti è accaduto.
Dov'è accaduto l'incidente?
Ieri una cosa strana è accaduta a Paolo.
A volte nella vita accadono fatti inspiegabili.
Molte buone cose sono accadute in quest'anno.
Non mi è mai accaduto di vincere la lotteria.
Le è accaduto di incontrare Michele.
Accadde un giorno che il capitano non era
   a bordo.
Che cosa è accaduto a Simona ieri?
Accada quel che accada.

Miracles really do happen.
These things don't often happen.
Don't lose heart because of what has happened to you.
Where did the accident occur?
Something strange happened to Paolo yesterday.
Sometimes in life unexplainable events occur.
Many good things have happened this year.
I have never happened to win the lottery.
She happened to meet Michele.
One day it happened that the captain wasn't on board.

What happened to Simona yesterday?
Come what may./Let the chips fall where they may.

regular *-are* verb;
trans./intrans. (aux. *avere*)

Presente · Present

accelero	acceleriamo
acceleri	accelerate
accelera	accelerano

Imperfetto · Imperfect

acceleravo	acceleravamo
acceleravi	acceleravate
accelerava	acceleravano

Passato remoto · Preterit

accelerai	accelerammo
accelerasti	acceleraste
accelerò	accelerarono

Futuro semplice · Future

accelererò	accelereremo
accelererai	accelererete
accelererà	accelereranno

Condizionale presente · Present conditional

accelererei	accelereremmo
accelereresti	accelerereste
accelererebbe	accelererebbero

Congiuntivo presente · Present subjunctive

acceleri	acceleriamo
acceleri	acceleriate
acceleri	accelerino

Congiuntivo imperfetto · Imperfect subjunctive

accelerassi	accelerassimo
accelerassi	acceleraste
accelerasse	accelerassero

Passato prossimo · Present perfect

ho accelerato	abbiamo accelerato
hai accelerato	avete accelerato
ha accelerato	hanno accelerato

Trapassato prossimo · Past perfect

avevo accelerato	avevamo accelerato
avevi accelerato	avevate accelerato
aveva accelerato	avevano accelerato

Trapassato remoto · Preterit perfect

ebbi accelerato	avemmo accelerato
avesti accelerato	aveste accelerato
ebbe accelerato	ebbero accelerato

Futuro anteriore · Future perfect

avrò accelerato	avremo accelerato
avrai accelerato	avrete accelerato
avrà accelerato	avranno accelerato

Condizionale passato · Perfect conditional

avrei accelerato	avremmo accelerato
avresti accelerato	avreste accelerato
avrebbe accelerato	avrebbero accelerato

Congiuntivo passato · Perfect subjunctive

abbia accelerato	abbiamo accelerato
abbia accelerato	abbiate accelerato
abbia accelerato	abbiano accelerato

Congiuntivo trapassato · Past perfect subjunctive

avessi accelerato	avessimo accelerato
avessi accelerato	aveste accelerato
avesse accelerato	avessero accelerato

Imperativo · Commands

	(non) acceleriamo
accelera (non accelerare)	(non) accelerate
(non) acceleri	(non) accelerino

Participio passato · Past participle   accelerato (-a/-i/-e)

Gerundio · Gerund   accelerando

Usage

La crisi ha accelerato la caduta dei prezzi.
The crisis accelerated the price decline.

I ragazzi hanno accelerato il passo.
The boys picked up the pace.

L'autista del camion accelerava per sorpassare l'autobus.
The driver of the truck was speeding up to overtake the bus.

Tutte e due le macchine hanno accelerato allo stesso momento.
Both cars accelerated at the same time.

Il cantante solista ha chiesto al batterista di accelerare il ritmo.
The lead singer asked the drummer to speed up the beat.

accelerarsi *to speed up, go faster*

I tempi di accesso si sono accelerati drasticamente.
The access times have speeded up drastically.

Il respiro del malato si accelerò.
The sick person's breathing quickened.

accendere *to light, ignite; turn/switch on; excite/arouse*

accendo · accesi · acceso

irregular -*ere* verb;
trans. (aux. *avere*)

Presente · Present		Passato prossimo · Present perfect	
accendo	accendiamo	ho acceso	abbiamo acceso
accendi	accendete	hai acceso	avete acceso
accende	accendono	ha acceso	hanno acceso

Imperfetto · Imperfect		Trapassato prossimo · Past perfect	
accendevo	accendevamo	avevo acceso	avevamo acceso
accendevi	accendevate	avevi acceso	avevate acceso
accendeva	accendevano	aveva acceso	avevano acceso

Passato remoto · Preterit		Trapassato remoto · Preterit perfect	
accesi	accendemmo	ebbi acceso	avemmo acceso
accendesti	accendeste	avesti acceso	aveste acceso
accese	accesero	ebbe acceso	ebbero acceso

Futuro semplice · Future		Futuro anteriore · Future perfect	
accenderò	accenderemo	avrò acceso	avremo acceso
accenderai	accenderete	avrai acceso	avrete acceso
accenderà	accenderanno	avrà acceso	avranno acceso

Condizionale presente · Present conditional		Condizionale passato · Perfect conditional	
accenderei	accenderemmo	avrei acceso	avremmo acceso
accenderesti	accendereste	avresti acceso	avreste acceso
accenderebbe	accenderebbero	avrebbe acceso	avrebbero acceso

Congiuntivo presente · Present subjunctive		Congiuntivo passato · Perfect subjunctive	
accenda	accendiamo	abbia acceso	abbiamo acceso
accenda	accendiate	abbia acceso	abbiate acceso
accenda	accendano	abbia acceso	abbiano acceso

Congiuntivo imperfetto · Imperfect subjunctive		Congiuntivo trapassato · Past perfect subjunctive	
accendessi	accendessimo	avessi acceso	avessimo acceso
accendessi	accendeste	avessi acceso	aveste acceso
accendesse	accendessero	avesse acceso	avessero acceso

Imperativo · Commands

	(non) accendiamo
accendi (non accendere)	(non) accendete
(non) accenda	(non) accendano

Participio passato · Past participle	acceso (-a/-i/-e)
Gerundio · Gerund	accendendo

Usage

Perché non accendi le candele?	*Why don't you light the candles?*
I ragazzi hanno acceso una sigaretta.	*The boys lit up a cigarette.*
Mi fa accendere?	*Do you have a light, please?*
Stasera bisognerà accendere il camino.	*Tonight we'll have to light the fire.*
Posso accendere la TV?	*Can I turn on the TV?*
Vorrei accendere un conto corrente.	*I would like to open a checking account.*

accendersi *to start, come/go on; get excited*

Il riscaldamento si accenderà alle diciotto.	*The heat will come on at 6 P.M.*
La legna secca si accende facilmente.	*Dry wood catches fire easily.*
I suoi occhi si accesero di gioia.	*Her eyes lit up with joy.*
Mi si accesero le guance.	*My cheeks turned bright red.*
Massimo si accende per un nonnulla.	*Massimo gets excited over nothing.*

regular *-are* verb;
trans. (aux. *avere*)

Presente · Present

accetto	accettiamo
accetti	accettate
accetta	accettano

Imperfetto · Imperfect

accettavo	accettavamo
accettavi	accettavate
accettava	accettavano

Passato remoto · Preterit

accettai	accettammo
accettasti	accettaste
accettò	accettarono

Futuro semplice · Future

accetterò	accetteremo
accetterai	accetterete
accetterà	accetteranno

Condizionale presente · Present conditional

accetterei	accetteremmo
accetteresti	accettereste
accetterebbe	accetterebbero

Congiuntivo presente · Present subjunctive

accetti	accettiamo
accetti	accettiate
accetti	accettino

Congiuntivo imperfetto · Imperfect subjunctive

accettassi	accettassimo
accettassi	accettaste
accettasse	accettassero

Passato prossimo · Present perfect

ho accettato	abbiamo accettato
hai accettato	avete accettato
ha accettato	hanno accettato

Trapassato prossimo · Past perfect

avevo accettato	avevamo accettato
avevi accettato	avevate accettato
aveva accettato	avevano accettato

Trapassato remoto · Preterit perfect

ebbi accettato	avemmo accettato
avesti accettato	aveste accettato
ebbe accettato	ebbero accettato

Futuro anteriore · Future perfect

avrò accettato	avremo accettato
avrai accettato	avrete accettato
avrà accettato	avranno accettato

Condizionale passato · Perfect conditional

avrei accettato	avremmo accettato
avresti accettato	avreste accettato
avrebbe accettato	avrebbero accettato

Congiuntivo passato · Perfect subjunctive

abbia accettato	abbiamo accettato
abbia accettato	abbiate accettato
abbia accettato	abbiano accettato

Congiuntivo trapassato · Past perfect subjunctive

avessi accettato	avessimo accettato
avessi accettato	aveste accettato
avesse accettato	avessero accettato

Imperativo · Commands

	(non) accettiamo
accetta (non accettare)	(non) accettate
(non) accetti	(non) accettino

Participio passato · Past participle	accettato (-a/-i/-e)
Gerundio · Gerund	accettando

Usage

Avete accettato il regalo?	*Have you accepted the present?*
Non accetto la Sua opinione.	*I don't agree with your opinion.*
Non si accettano le carte di credito.	*Credit cards are not accepted.*
Stefano ha accettato di scrivere la lettera.	*Stefano has agreed to write the letter.*
Accettiamo volentieri il vostro invito.	*We gladly accept your invitation.*
Sarebbe meglio non accettare una tale sfida.	*It would be better not to accept such a challenge.*
Il verdetto della corte va sempre accettato.	*The verdict of the court must always be accepted.*
Il calciatore ha accettato il rinnovo del contratto.	*The soccer player has agreed to a contract renewal.*
Gli ufficiali si sono finalmente messi d'accordo per accettare delle donne nel circolo.	*The officers have finally agreed to admit women to the club.*
Perché non accetti il mio suggerimento e leggi il nuovo libro di Umberto Eco?	*Why don't you follow my suggestion and read the new book by Umberto Eco?*

accogliere *to welcome, receive; agree to, approve of; accommodate, hold*

accolgo · accolsi · accolto

irregular -*ere* verb;
trans. (aux. *avere*)

Presente · Present

accolgo	accogliamo
accogli	accogliete
accoglie	accolgono

Imperfetto · Imperfect

accoglievo	accoglievamo
accoglievi	accoglievate
accoglieva	accoglievano

Passato remoto · Preterit

accolsi	accogliemmo
accogliesti	accoglieste
accolse	accolsero

Futuro semplice · Future

accoglierò	accoglieremo
accoglierai	accoglierete
accoglierà	accoglieranno

Condizionale presente · Present conditional

accoglierei	accoglieremmo
accoglieresti	accogliereste
accoglierebbe	accoglierebbero

Congiuntivo presente · Present subjunctive

accolga	accogliamo
accolga	accogliate
accolga	accolgano

Congiuntivo imperfetto · Imperfect subjunctive

accogliessi	accogliessimo
accogliessi	accoglieste
accogliesse	accogliessero

Imperativo · Commands

	(non) accogliamo
accogli (non accogliere)	(non) accogliete
(non) accolga	(non) accolgano

Participio passato · Past participle   accolto (-a/-i/-e)
Gerundio · Gerund   accogliendo

Passato prossimo · Present perfect

ho accolto	abbiamo accolto
hai accolto	avete accolto
ha accolto	hanno accolto

Trapassato prossimo · Past perfect

avevo accolto	avevamo accolto
avevi accolto	avevate accolto
aveva accolto	avevano accolto

Trapassato remoto · Preterit perfect

ebbi accolto	avemmo accolto
avesti accolto	aveste accolto
ebbe accolto	ebbero accolto

Futuro anteriore · Future perfect

avrò accolto	avremo accolto
avrai accolto	avrete accolto
avrà accolto	avranno accolto

Condizionale passato · Perfect conditional

avrei accolto	avremmo accolto
avresti accolto	avreste accolto
avrebbe accolto	avrebbero accolto

Congiuntivo passato · Perfect subjunctive

abbia accolto	abbiamo accolto
abbia accolto	abbiate accolto
abbia accolto	abbiano accolto

Congiuntivo trapassato · Past perfect subjunctive

avessi accolto	avessimo accolto
avessi accolto	aveste accolto
avesse accolto	avessero accolto

Usage

Siamo stati accolti calorosamente.	*We've been received warmly.*
Accoglieranno i loro doni con gratitudine.	*They will accept their gifts with gratitude.*
Con dolore Laura ha accolto la brutta notizia.	*Laura received the bad news with sorrow.*
La richiesta fu accolta favorevolmente.	*The request was favorably received.*
Io accolgo con piacere le dichiarazioni del presidente.	*I gladly accept the president's declarations.*
Accogliamo volentieri i vostri suggerimenti.	*We welcome your suggestions.*
La ditta accoglierà i nuovi clienti lunedì prossimo.	*The company will welcome its new clients next Monday.*
Questa sala può accogliere 250 persone.	*This room can accommodate 250 people.*
Il vecchio teatro accoglieva solo 1200 persone.	*The old theater held only 1200 people.*
Molti termini dell'informatica non sono ancora stati accolti dal dizionario.	*Many computer terms have not made their way into the dictionary yet.*
Scegli con cura; saranno accolti solo tre desideri.	*Choose carefully; only three wishes will be granted.*

accogliersi *to gather, assemble, meet*

Gli ospiti si furono accolti nel salotto.	*The guests had gathered in the living room.*

regular -are verb;
trans./intrans. (aux. avere)

accomodo · accomodai · accomodato

Presente · Present

accomodo	accomodiamo
accomodi	accomodate
accomoda	accomodano

Imperfetto · Imperfect

accomodavo	accomodavamo
accomodavi	accomodavate
accomodava	accomodavano

Passato remoto · Preterit

accomodai	accomodammo
accomodasti	accomodaste
accomodò	accomodarono

Futuro semplice · Future

accomoderò	accomoderemo
accomoderai	accomoderete
accomoderà	accomoderanno

Condizionale presente · Present conditional

accomoderei	accomoderemmo
accomoderesti	accomodereste
accomoderebbe	accomoderebbero

Congiuntivo presente · Present subjunctive

accomodi	accomodiamo
accomodi	accomodiate
accomodi	accomodino

Congiuntivo imperfetto · Imperfect subjunctive

accomodassi	accomodassimo
accomodassi	accomodaste
accomodasse	accomodassero

Passato prossimo · Present perfect

ho accomodato	abbiamo accomodato
hai accomodato	avete accomodato
ha accomodato	hanno accomodato

Trapassato prossimo · Past perfect

avevo accomodato	avevamo accomodato
avevi accomodato	avevate accomodato
aveva accomodato	avevano accomodato

Trapassato remoto · Preterit perfect

ebbi accomodato	avemmo accomodato
avesti accomodato	aveste accomodato
ebbe accomodato	ebbero accomodato

Futuro anteriore · Future perfect

avrò accomodato	avremo accomodato
avrai accomodato	avrete accomodato
avrà accomodato	avranno accomodato

Condizionale passato · Perfect conditional

avrei accomodato	avremmo accomodato
avresti accomodato	avreste accomodato
avrebbe accomodato	avrebbero accomodato

Congiuntivo passato · Perfect subjunctive

abbia accomodato	abbiamo accomodato
abbia accomodato	abbiate accomodato
abbia accomodato	abbiano accomodato

Congiuntivo trapassato · Past perfect subjunctive

avessi accomodato	avessimo accomodato
avessi accomodato	aveste accomodato
avesse accomodato	avessero accomodato

Imperativo · Commands

	(non) accomodiamo
accomoda (non accomodare)	(non) accomodate
(non) accomodi	(non) accomodino

Participio passato · Past participle	accomodato (-a/-i/-e)
Gerundio · Gerund	accomodando

Usage

Il padre ha accomodato la bicicletta di sua figlia. *The father fixed his daughter's bike.*
Dobbiamo accomodare la casa per la festa. *We have to get the house ready for the party.*
Hanno accomodato con tante bandiere il paese. *They've decorated the village with lots of flags.*
La questione è stata accomodata in modo definitivo. *The issue has been settled for good.*
Ascolta, Nicoletta, smetti di stuzzicare tua sorellina *Listen, Nicoletta, stop teasing your little sister,*
   o ti accomodo io!   *or you'll have me to deal with!*
Se ti accomoda, vieni la settimana prossima. *If it suits you, come next week.*
Se Le accomoda, venga subito a casa mia. *If you like, please come directly to my house.*

accomodarsi *to sit down, make oneself comfortable; come to an agreement*

Si accomodi! *Please take a seat!*
Ci accomoderemo tra noi. *We'll come to an agreement among ourselves.*
Col tempo tutto si accomoda. *With time everything works out.*

accompagnare *to accompany, come/go with; escort; match*

accompagno · accompagnai · accompagnato

regular -*are* verb;
trans. (aux. *avere*)

Presente · Present

accompagno	accompagniamo/accompagnamo
accompagni	accompagnate
accompagna	accompagnano

Imperfetto · Imperfect

accompagnavo	accompagnavamo
accompagnavi	accompagnavate
accompagnava	accompagnavano

Passato remoto · Preterit

accompagnai	accompagnammo
accompagnasti	accompagnaste
accompagnò	accompagnarono

Futuro semplice · Future

accompagnerò	accompagneremo
accompagnerai	accompagnerete
accompagnerà	accompagneranno

Condizionale presente · Present conditional

accompagnerei	accompagneremmo
accompagneresti	accompagnereste
accompagnerebbe	accompagnerebbero

Congiuntivo presente · Present subjunctive

accompagni	accompagniamo/accompagnamo
accompagni	accompagniate/accompagnate
accompagni	accompagnino

Congiuntivo imperfetto · Imperfect subjunctive

accompagnassi	accompagnassimo
accompagnassi	accompagnaste
accompagnasse	accompagnassero

Passato prossimo · Present perfect

ho accompagnato	abbiamo accompagnato
hai accompagnato	avete accompagnato
ha accompagnato	hanno accompagnato

Trapassato prossimo · Past perfect

avevo accompagnato	avevamo accompagnato
avevi accompagnato	avevate accompagnato
aveva accompagnato	avevano accompagnato

Trapassato remoto · Preterit perfect

ebbi accompagnato	avemmo accompagnato
avesti accompagnato	aveste accompagnato
ebbe accompagnato	ebbero accompagnato

Futuro anteriore · Future perfect

avrò accompagnato	avremo accompagnato
avrai accompagnato	avrete accompagnato
avrà accompagnato	avranno accompagnato

Condizionale passato · Perfect conditional

avrei accompagnato	avremmo accompagnato
avresti accompagnato	avreste accompagnato
avrebbe accompagnato	avrebbero accompagnato

Congiuntivo passato · Perfect subjunctive

abbia accompagnato	abbiamo accompagnato
abbia accompagnato	abbiate accompagnato
abbia accompagnato	abbiano accompagnato

Congiuntivo trapassato · Past perfect subjunctive

avessi accompagnato	avessimo accompagnato
avessi accompagnato	aveste accompagnato
avesse accompagnato	avessero accompagnato

Imperativo · Commands

	(non) accompagniamo
accompagna (non accompagnare)	(non) accompagnate
(non) accompagni	(non) accompagnino

Participio passato · Past participle	accompagnato (-a/-i/-e)
Gerundio · Gerund	accompagnando

Usage

Giuseppe mi ha accompagnato al cinema.	*Giuseppe went to the movies with me.*
L'agnello accompagnò Maria dovunque lei andasse.	*The lamb followed Maria everywhere she went.*
Qualcuno ti ha accompagnato a casa?	*Did someone take you home?*
Alana L'accompagnerà alla porta, Signor Rossi.	*Alana will see you to the door, Mr. Rossi.*
L'ha accompagnata con lo sguardo.	*He followed her with his eyes.*
I prodotti sono accompagnati dal prezzo.	*The prices are marked on the products.*
Riccardo vuole accompagnare Carla al pianoforte.	*Riccardo wants to accompany Carla on the piano.*
Dovresti accompagnare il regalo con un biglietto.	*You should send a card with the present.*
Tuo padre ha mal di testa; per favore, accompagna la porta.	*Your father has a headache; please close the door gently.*

accompagnarsi *to go well together, match; associate with*

Questi colori si accompagnano bene.	*Those colors go well together.*
Mi sono accompagnato a Rita per questa gara.	*I've teamed up with Rita for this race.*

regular -are verb;
trans. (aux. *avere*)

accontento · accontentai · accontentato

Presente · Present

accontento	accontentiamo
accontenti	accontentate
accontenta	accontentano

Imperfetto · Imperfect

accontentavo	accontentavamo
accontentavi	accontentavate
accontentava	accontentavano

Passato remoto · Preterit

accontentai	accontentammo
accontentasti	accontentaste
accontentò	accontentarono

Futuro semplice · Future

accontenterò	accontenteremo
accontenterai	accontenterete
accontenterà	accontenteranno

Condizionale presente · Present conditional

accontenterei	accontenteremmo
accontenteresti	accontentereste
accontenterebbe	accontenterebbero

Congiuntivo presente · Present subjunctive

accontenti	accontentiamo
accontenti	accontentiate
accontenti	accontentino

Congiuntivo imperfetto · Imperfect subjunctive

accontentassi	accontentassimo
accontentassi	accontentaste
accontentasse	accontentassero

Passato prossimo · Present perfect

ho accontentato	abbiamo accontentato
hai accontentato	avete accontentato
ha accontentato	hanno accontentato

Trapassato prossimo · Past perfect

avevo accontentato	avevamo accontentato
avevi accontentato	avevate accontentato
aveva accontentato	avevano accontentato

Trapassato remoto · Preterit perfect

ebbi accontentato	avemmo accontentato
avesti accontentato	aveste accontentato
ebbe accontentato	ebbero accontentato

Futuro anteriore · Future perfect

avrò accontentato	avremo accontentato
avrai accontentato	avrete accontentato
avrà accontentato	avranno accontentato

Condizionale passato · Perfect conditional

avrei accontentato	avremmo accontentato
avresti accontentato	avreste accontentato
avrebbe accontentato	avrebbero accontentato

Congiuntivo passato · Perfect subjunctive

abbia accontentato	abbiamo accontentato
abbia accontentato	abbiate accontentato
abbia accontentato	abbiano accontentato

Congiuntivo trapassato · Past perfect subjunctive

avessi accontentato	avessimo accontentato
avessi accontentato	aveste accontentato
avesse accontentato	avessero accontentato

Imperativo · Commands

	(non) accontentiamo
accontenta (non accontentare)	(non) accontentate
(non) accontenti	(non) accontentino

Participio passato · Past participle   accontentato (-a/-i/-e)

Gerundio · Gerund   accontentando

Usage

Federica cerca di accontentare tutti.	*Federica tries to please everybody.*
Lorenzo ci ha accontentato con questo piccolo regalo.	*Lorenzo made us happy with this little present.*
Accontentiamo i nostri clienti in tutti i loro desideri.	*We satisfy all the needs of our clients.*
Hanno finalmente accontentato le richieste dell'allenatore.	*They've finally met the trainer's demands.*
Se strofinerai la lampada, tutti i tuoi desideri saranno accontentati.	*If you rub the lamp, all your wishes will be granted.*

accontentarsi to content oneself with, be happy with

Non si accontenteranno degli ottimi risultati; vorranno di più.	*They won't be happy with the excellent results; they'll want more.*
È un ragazzo che si accontenta con poco.	*He's a boy who's easily satisfied.*
Chi si accontenta, gode.	*Well pleased is well served.*

accorgersi   *to notice, realize, be aware of*

mi accorgo · mi accorsi · accortosi

irregular *-ere* verb;
reflexive (aux. *essere*)

Presente · Present

mi accorgo	ci accorgiamo
ti accorgi	vi accorgete
si accorge	si accorgono

Imperfetto · Imperfect

mi accorgevo	ci accorgevamo
ti accorgevi	vi accorgevate
si accorgeva	si accorgevano

Passato remoto · Preterit

mi accorsi	ci accorgemmo
ti accorgesti	vi accorgeste
si accorse	si accorsero

Futuro semplice · Future

mi accorgerò	ci accorgeremo
ti accorgerai	vi accorgerete
si accorgerà	si accorgeranno

Condizionale presente · Present conditional

mi accorgerei	ci accorgeremmo
ti accorgeresti	vi accorgereste
si accorgerebbe	si accorgerebbero

Congiuntivo presente · Present subjunctive

mi accorga	ci accorgiamo
ti accorga	vi accorgiate
si accorga	si accorgano

Congiuntivo imperfetto · Imperfect subjunctive

mi accorgessi	ci accorgessimo
ti accorgessi	vi accorgeste
si accorgesse	si accorgessero

Passato prossimo · Present perfect

mi sono accorto (-a)	ci siamo accorti (-e)
ti sei accorto (-a)	vi siete accorti (-e)
si è accorto (-a)	si sono accorti (-e)

Trapassato prossimo · Past perfect

mi ero accorto (-a)	ci eravamo accorti (-e)
ti eri accorto (-a)	vi eravate accorti (-e)
si era accorto (-a)	si erano accorti (-e)

Trapassato remoto · Preterit perfect

mi fui accorto (-a)	ci fummo accorti (-e)
ti fosti accorto (-a)	vi foste accorti (-e)
si fu accorto (-a)	si furono accorti (-e)

Futuro anteriore · Future perfect

mi sarò accorto (-a)	ci saremo accorti (-e)
ti sarai accorto (-a)	vi sarete accorti (-e)
si sarà accorto (-a)	si saranno accorti (-e)

Condizionale passato · Perfect conditional

mi sarei accorto (-a)	ci saremmo accorti (-e)
ti saresti accorto (-a)	vi sareste accorti (-e)
si sarebbe accorto (-a)	si sarebbero accorti (-e)

Congiuntivo passato · Perfect subjunctive

mi sia accorto (-a)	ci siamo accorti (-e)
ti sia accorto (-a)	vi siate accorti (-e)
si sia accorto (-a)	si siano accorti (-e)

Congiuntivo trapassato · Past perfect subjunctive

mi fossi accorto (-a)	ci fossimo accorti (-e)
ti fossi accorto (-a)	vi foste accorti (-e)
si fosse accorto (-a)	si fossero accorti (-e)

Imperativo · Commands

	accorgiamoci (non accorgiamoci/non ci accorgiamo)
accorgiti (non accorgerti/non ti accorgere)	accorgetevi (non accorgetevi/non vi accorgete)
si accorga (non si accorga)	si accorgano (non si accorgano)

Participio passato · Past participle   accortosi (-a/-i/-e)

Gerundio · Gerund   accorgendosi

Usage

Si sono accorti di non essere soli nella stanza.
Alberto si accorse della mia presenza.
Non te ne sei accorto?
È partita senza accorgersene.
Troppo tardi si accorse che una macchina era
    dietro a lui.

Mi sono accorta che Andrea stava per morire.
Ci si accorge subito di essere arrivati a Venezia.
Quando ci si accorge della malattia, è troppo tardi.
Perso nel libro, Pietro non si accorse che pioveva
    a catinelle.

They noticed they weren't alone in the room.
Alberto noticed my presence.
Didn't you notice?
She left without noticing.
He realized too late that a car was behind him.

I realized that Andrea was about to die.
You realize right away that you are in Venice.
When one becomes aware of the disease, it's too late.
Lost in his book, Pietro wasn't aware that it was
    raining cats and dogs.

regular *-are* verb;
trans./intrans. (aux. *avere*)

acquisto · acquistai · acquistato

Presente · Present

acquisto	acquistiamo
acquisti	acquistate
acquista	acquistano

Imperfetto · Imperfect

acquistavo	acquistavamo
acquistavi	acquistavate
acquistava	acquistavano

Passato remoto · Preterit

acquistai	acquistammo
acquistasti	acquistaste
acquistò	acquistarono

Futuro semplice · Future

acquisterò	acquisteremo
acquisterai	acquisterete
acquisterà	acquisteranno

Condizionale presente · Present conditional

acquisterei	acquisteremmo
acquisteresti	acquistereste
acquisterebbe	acquisterebbero

Congiuntivo presente · Present subjunctive

acquisti	acquistiamo
acquisti	acquistiate
acquisti	acquistino

Congiuntivo imperfetto · Imperfect subjunctive

acquistassi	acquistassimo
acquistassi	acquistaste
acquistasse	acquistassero

Imperativo · Commands

	(non) acquistiamo
acquista (non acquistare)	(non) acquistate
(non) acquisti	(non) acquistino

Passato prossimo · Present perfect

ho acquistato	abbiamo acquistato
hai acquistato	avete acquistato
ha acquistato	hanno acquistato

Trapassato prossimo · Past perfect

avevo acquistato	avevamo acquistato
avevi acquistato	avevate acquistato
aveva acquistato	avevano acquistato

Trapassato remoto · Preterit perfect

ebbi acquistato	avemmo acquistato
avesti acquistato	aveste acquistato
ebbe acquistato	ebbero acquistato

Futuro anteriore · Future perfect

avrò acquistato	avremo acquistato
avrai acquistato	avrete acquistato
avrà acquistato	avranno acquistato

Condizionale passato · Perfect conditional

avrei acquistato	avremmo acquistato
avresti acquistato	avreste acquistato
avrebbe acquistato	avrebbero acquistato

Congiuntivo passato · Perfect subjunctive

abbia acquistato	abbiamo acquistato
abbia acquistato	abbiate acquistato
abbia acquistato	abbiano acquistato

Congiuntivo trapassato · Past perfect subjunctive

avessi acquistato	avessimo acquistato
avessi acquistato	aveste acquistato
avesse acquistato	avessero acquistato

Participio passato · Past participle   acquistato (-a/-i/-e)

Gerundio · Gerund   acquistando

Usage

La nostra ditta acquista tutti i computer da un negozio napoletano.	*Our company gets all its computers from a store in Naples.*
È un attore che ha acquistato una grande fama.	*He's an actor who has achieved much renown.*
In questi anni ho acquistato molta esperienza importante.	*I gained a lot of important experience during these years.*
Acquistammo tempo prendendo un taxi.	*We gained time by taking a taxi.*
Questa idea sta acquistando terreno.	*This idea is gaining ground.*
Irena ha acquistato in bellezza recentemente.	*Irena has grown more beautiful recently.*
I Pantani hanno acquistato una casa in periferia.	*The Pantanis have bought a house in the suburbs.*
Bisogna acquistarlo in contanti.	*You have to pay for it with cash.*
Povero Pippo non ha acquistato in salute.	*Poor Pippo's health hasn't improved.*
Con quella pettinatura acquista molto.	*Her appearance improves a lot with that hairdo.*
Il vino acquista invecchiando.	*Wine improves with age.*

addormentare   *to put to sleep, lull; anesthetize*

addormento · addormentai · addormentato

regular *-are* verb;
trans. (aux. *avere*)

Presente · Present		Passato prossimo · Present perfect	
addormento	addormentiamo	ho addormentato	abbiamo addormentato
addormenti	addormentate	hai addormentato	avete addormentato
addormenta	addormentano	ha addormentato	hanno addormentato

Imperfetto · Imperfect		Trapassato prossimo · Past perfect	
addormentavo	addormentavamo	avevo addormentato	avevamo addormentato
addormentavi	addormentavate	avevi addormentato	avevate addormentato
addormentava	addormentavano	aveva addormentato	avevano addormentato

Passato remoto · Preterit		Trapassato remoto · Preterit perfect	
addormentai	addormentammo	ebbi addormentato	avemmo addormentato
addormentasti	addormentaste	avesti addormentato	aveste addormentato
addormentò	addormentarono	ebbe addormentato	ebbero addormentato

Futuro semplice · Future		Futuro anteriore · Future perfect	
addormenterò	addormenteremo	avrò addormentato	avremo addormentato
addormenterai	addormenterete	avrai addormentato	avrete addormentato
addormenterà	addormenteranno	avrà addormentato	avranno addormentato

Condizionale presente · Present conditional		Condizionale passato · Perfect conditional	
addormenterei	addormenteremmo	avrei addormentato	avremmo addormentato
addormenteresti	addormentereste	avresti addormentato	avreste addormentato
addormenterebbe	addormenterebbero	avrebbe addormentato	avrebbero addormentato

Congiuntivo presente · Present subjunctive		Congiuntivo passato · Perfect subjunctive	
addormenti	addormentiamo	abbia addormentato	abbiamo addormentato
addormenti	addormentiate	abbia addormentato	abbiate addormentato
addormenti	addormentino	abbia addormentato	abbiano addormentato

Congiuntivo imperfetto · Imperfect subjunctive		Congiuntivo trapassato · Past perfect subjunctive	
addormentassi	addormentassimo	avessi addormentato	avessimo addormentato
addormentassi	addormentaste	avessi addormentato	aveste addormentato
addormentasse	addormentassero	avesse addormentato	avessero addormentato

Imperativo · Commands

	(non) addormentiamo
addormenta (non addormentare)	(non) addormentate
(non) addormenti	(non) addormentino

Participio passato · Past participle	addormentato (-a/-i/-e)
Gerundio · Gerund	addormentando

Usage

La madre ha addormentato la bimba con una ninna-nanna.	*The mother put the little girl to sleep with a lullaby.*
Il vino gli ha addormentato i sensi.	*The wine dulled his senses.*
È un gioco che addormenta la mente.	*It's a mind-numbing game.*
L'anestesiologo addormenterà il paziente alle 7.00.	*The anesthesiologist will put the patient to sleep at 7 A.M.*

addormentarsi   *to fall asleep, go to sleep; take slowly*

Mi sono addormentata molto tardi ieri sera.	*I fell asleep very late last night.*
Mi si è addormentata la mano.	*My hand has gone to sleep.*
— Che c'è? Hai sonno?	*"What's the matter? Are you tired?"*
— Sì, mi sto addormentando in piedi.	*"Yes, I'm very tired."*
Sarebbe meglio addormentarsi un po' sulle cose perché ci sono tanti aspetti da considerare.	*It would be better to take things slowly because there are many aspects to consider.*

regular *-are* verb;
trans. (aux. *avere*)

affitto · affittai · affittato

Presente · Present

affitto	affittiamo
affitti	affittate
affitta	affittano

Imperfetto · Imperfect

affittavo	affittavamo
affittavi	affittavate
affittava	affittavano

Passato remoto · Preterit

affittai	affittammo
affittasti	affittaste
affittò	affittarono

Futuro semplice · Future

affitterò	affitteremo
affitterai	affitterete
affitterà	affitteranno

Condizionale presente · Present conditional

affitterei	affitteremmo
affitteresti	affittereste
affitterebbe	affitterebbero

Congiuntivo presente · Present subjunctive

affitti	affittiamo
affitti	affittiate
affitti	affittino

Congiuntivo imperfetto · Imperfect subjunctive

affittassi	affittassimo
affittassi	affittaste
affittasse	affittassero

Imperativo · Commands

	(non) affittiamo
affitta (non affittare)	(non) affittate
(non) affitti	(non) affittino

Participio passato · Past participle	affittato (-a/-i/-e)
Gerundio · Gerund	affittando

Passato prossimo · Present perfect

ho affittato	abbiamo affittato
hai affittato	avete affittato
ha affittato	hanno affittato

Trapassato prossimo · Past perfect

avevo affittato	avevamo affittato
avevi affittato	avevate affittato
aveva affittato	avevano affittato

Trapassato remoto · Preterit perfect

ebbi affittato	avemmo affittato
avesti affittato	aveste affittato
ebbe affittato	ebbero affittato

Futuro anteriore · Future perfect

avrò affittato	avremo affittato
avrai affittato	avrete affittato
avrà affittato	avranno affittato

Condizionale passato · Perfect conditional

avrei affittato	avremmo affittato
avresti affittato	avreste affittato
avrebbe affittato	avrebbero affittato

Congiuntivo passato · Perfect subjunctive

abbia affittato	abbiamo affittato
abbia affittato	abbiate affittato
abbia affittato	abbiano affittato

Congiuntivo trapassato · Past perfect subjunctive

avessi affittato	avessimo affittato
avessi affittato	aveste affittato
avesse affittato	avessero affittato

Usage

Cerchiamo di affittare una casa in centro.	*We're looking to rent a house in the center of town.*
Il signore non può affittarmi la camera ammobiliata.	*The gentleman can't rent the furnished room to me.*
Affittasi appartamento spazioso e confortevole.	*For rent: spacious and comfortable apartment.*
Si affittano monolocali a due o tre letti con angolo cottura.	*For rent: studios with two or three beds and a kitchen alcove.*
Quale tipo di macchina vuole affittare?	*What type of car do you want to rent?*
Affittiamo un DVD stasera.	*Let's rent a DVD tonight.*

RELATED EXPRESSIONS

l'affitto (*m.*)	*rent*
dare in affitto	*to rent out*
prendere in affitto	*to rent, hire*
l'affittacamere (*m./f. invariable*)	*landlord, landlady*

affretto · affrettai · affrettato

regular -*are* verb;
trans. (aux. *avere*)

Presente · Present

affretto	affrettiamo
affretti	affrettate
affretta	affrettano

Imperfetto · Imperfect

affrettavo	affrettavamo
affrettavi	affrettavate
affrettava	affrettavano

Passato remoto · Preterit

affrettai	affrettammo
affrettasti	affrettaste
affrettò	affrettarono

Futuro semplice · Future

affretterò	affretteremo
affretterai	affretterete
affretterà	affretteranno

Condizionale presente · Present conditional

affretterei	affretteremmo
affretteresti	affrettereste
affretterebbe	affretterebbero

Congiuntivo presente · Present subjunctive

affretti	affrettiamo
affretti	affrettiate
affretti	affrettino

Congiuntivo imperfetto · Imperfect subjunctive

affrettassi	affrettassimo
affrettassi	affrettaste
affrettasse	affrettassero

Passato prossimo · Present perfect

ho affrettato	abbiamo affrettato
hai affrettato	avete affrettato
ha affrettato	hanno affrettato

Trapassato prossimo · Past perfect

avevo affrettato	avevamo affrettato
avevi affrettato	avevate affrettato
aveva affrettato	avevano affrettato

Trapassato remoto · Preterit perfect

ebbi affrettato	avemmo affrettato
avesti affrettato	aveste affrettato
ebbe affrettato	ebbero affrettato

Futuro anteriore · Future perfect

avrò affrettato	avremo affrettato
avrai affrettato	avrete affrettato
avrà affrettato	avranno affrettato

Condizionale passato · Perfect conditional

avrei affrettato	avremmo affrettato
avresti affrettato	avreste affrettato
avrebbe affrettato	avrebbero affrettato

Congiuntivo passato · Perfect subjunctive

abbia affrettato	abbiamo affrettato
abbia affrettato	abbiate affrettato
abbia affrettato	abbiano affrettato

Congiuntivo trapassato · Past perfect subjunctive

avessi affrettato	avessimo affrettato
avessi affrettato	aveste affrettato
avesse affrettato	avessero affrettato

Imperativo · Commands

	(non) affrettiamo
affretta (non affrettare)	(non) affrettate
(non) affretti	(non) affrettino

Participio passato · Past participle	affrettato (-a/-i/-e)
Gerundio · Gerund	affrettando

Usage

È tardi. Affrettiamo il passo.	*It's late. Let's pick up the pace.*
Zeno ha provato ad affrettare i lavori.	*Zeno tried to speed up the work.*
Questa medicina potrebbe affrettare la morte.	*This medication could quicken death.*
Una vincita affretterà la sua qualificazione per il campionato.	*A win will speed up his qualification for the championship.*
Abbiamo dovuto affrettare la partenza.	*We had to move our departure up.*
Daniele non voleva affrettare le nozze.	*Daniele didn't want to set an earlier date for the wedding.*

affrettarsi *to hurry up, be quick*

Affrettatevi se volete arrivare a scuola in tempo.	*Hurry up if you want to be at school on time.*
Mi sono affrettato a cucinare la cena.	*I hurried to cook dinner.*
Tutti si affrettano a dire che non è vero.	*Everybody is quick to say it isn't true.*

regular *-are* verb;
trans. (aux. *avere*)

affronto · affrontai · affrontato

Presente · Present

affronto	affrontiamo
affronti	affrontate
affronta	affrontano

Passato prossimo · Present perfect

ho affrontato	abbiamo affrontato
hai affrontato	avete affrontato
ha affrontato	hanno affrontato

Imperfetto · Imperfect

affrontavo	affrontavamo
affrontavi	affrontavate
affrontava	affrontavano

Trapassato prossimo · Past perfect

avevo affrontato	avevamo affrontato
avevi affrontato	avevate affrontato
aveva affrontato	avevano affrontato

Passato remoto · Preterit

affrontai	affrontammo
affrontasti	affrontaste
affrontò	affrontarono

Trapassato remoto · Preterit perfect

ebbi affrontato	avemmo affrontato
avesti affrontato	aveste affrontato
ebbe affrontato	ebbero affrontato

Futuro semplice · Future

affronterò	affronteremo
affronterai	affronterete
affronterà	affronteranno

Futuro anteriore · Future perfect

avrò affrontato	avremo affrontato
avrai affrontato	avrete affrontato
avrà affrontato	avranno affrontato

Condizionale presente · Present conditional

affronterei	affronteremmo
affronteresti	affrontereste
affronterebbe	affronterebbero

Condizionale passato · Perfect conditional

avrei affrontato	avremmo affrontato
avresti affrontato	avreste affrontato
avrebbe affrontato	avrebbero affrontato

Congiuntivo presente · Present subjunctive

affronti	affrontiamo
affronti	affrontiate
affronti	affrontino

Congiuntivo passato · Perfect subjunctive

abbia affrontato	abbiamo affrontato
abbia affrontato	abbiate affrontato
abbia affrontato	abbiano affrontato

Congiuntivo imperfetto · Imperfect subjunctive

affrontassi	affrontassimo
affrontassi	affrontaste
affrontasse	affrontassero

Congiuntivo trapassato · Past perfect subjunctive

avessi affrontato	avessimo affrontato
avessi affrontato	aveste affrontato
avesse affrontato	avessero affrontato

Imperativo · Commands

	(non) affrontiamo
affronta (non affrontare)	(non) affrontate
(non) affronti	(non) affrontino

Participio passato · Past participle	affrontato (-a/-i/-e)
Gerundio · Gerund	affrontando

Usage

Non è facile affrontare la depressione da soli.	*It's not easy to deal with depression on your own.*
Il congresso affronta i temi di libertà e giustizia.	*The conference deals with the topics of freedom and justice.*
Affronteremo quel problema domani.	*We will tackle that problem tomorrow.*
Il cavallo è riuscito ad affrontare tutti gli ostacoli.	*The horse successfully negotiated all the obstacles.*
Potrai affrontare un'altra spesa?	*Will you be able to handle another expense?*
Giulio affrontò il ladro nel salotto.	*Giulio confronted the thief in the living room.*

affrontarsi *to confront each other*

I due atleti si affrontarono di fronte agli spettatori.	*The two athletes faced each other in front of the spectators.*
A Varese due amici si sono affrontati con una pistola.	*In Varese two friends confronted each other with a pistol.*
I due eserciti potenti si affrontarono al ponte.	*The two mighty armies clashed at the bridge.*

aggiungo · aggiunsi · aggiunto

irregular *-ere* verb;
trans. (aux. *avere*)

Presente · Present

aggiungo	aggiungiamo
aggiungi	aggiungete
aggiunge	aggiungono

Imperfetto · Imperfect

aggiungevo	aggiungevamo
aggiungevi	aggiungevate
aggiungeva	aggiungevano

Passato remoto · Preterit

aggiunsi	aggiungemmo
aggiungesti	aggiungeste
aggiunse	aggiunsero

Futuro semplice · Future

aggiungerò	aggiungeremo
aggiungerai	aggiungerete
aggiungerà	aggiungeranno

Condizionale presente · Present conditional

aggiungerei	aggiungeremmo
aggiungeresti	aggiungereste
aggiungerebbe	aggiungerebbero

Congiuntivo presente · Present subjunctive

aggiunga	aggiungiamo
aggiunga	aggiungiate
aggiunga	aggiungano

Congiuntivo imperfetto · Imperfect subjunctive

aggiungessi	aggiungessimo
aggiungessi	aggiungeste
aggiungesse	aggiungessero

Passato prossimo · Present perfect

ho aggiunto	abbiamo aggiunto
hai aggiunto	avete aggiunto
ha aggiunto	hanno aggiunto

Trapassato prossimo · Past perfect

avevo aggiunto	avevamo aggiunto
avevi aggiunto	avevate aggiunto
aveva aggiunto	avevano aggiunto

Trapassato remoto · Preterit perfect

ebbi aggiunto	avemmo aggiunto
avesti aggiunto	aveste aggiunto
ebbe aggiunto	ebbero aggiunto

Futuro anteriore · Future perfect

avrò aggiunto	avremo aggiunto
avrai aggiunto	avrete aggiunto
avrà aggiunto	avranno aggiunto

Condizionale passato · Perfect conditional

avrei aggiunto	avremmo aggiunto
avresti aggiunto	avreste aggiunto
avrebbe aggiunto	avrebbero aggiunto

Congiuntivo passato · Perfect subjunctive

abbia aggiunto	abbiamo aggiunto
abbia aggiunto	abbiate aggiunto
abbia aggiunto	abbiano aggiunto

Congiuntivo trapassato · Past perfect subjunctive

avessi aggiunto	avessimo aggiunto
avessi aggiunto	aveste aggiunto
avesse aggiunto	avessero aggiunto

Imperativo · Commands

	(non) aggiungiamo
aggiungi (non aggiungere)	(non) aggiungete
(non) aggiunga	(non) aggiungano

Participio passato · Past participle	aggiunto (-a/-i/-e)
Gerundio · Gerund	aggiungendo

Usage

Riccardo aveva aggiunto un'osservazione alla discussione.

Non aggiungere acqua al vino!
Lui ha aggiunto: "Sono d'accordo con Isabella".
In questa sezione potete aggiungere gli appuntamenti.

Riccardo had added an observation to the discussion.

Don't add water to the wine!
He added, "I agree with Isabella."
In this section you can add appointments.

aggiungersi *to join, be put together, be added*

La mia amica Luisa si aggiungerà al nostro gruppo.
A questa notizia se ne sono aggiunte altre.
La povertà si aggiunge al problema dell'immigrazione.

Al danno si aggiunge la beffa.

My friend Luisa will join our group.
Other news were added to this news.
Poverty compounds the problem of immigration.

To add insult to injury.

regular -*ire* verb (-*isc*- type);
intrans. (aux. *avere*)

Presente · Present

agisco	agiamo
agisci	agite
agisce	agiscono

Imperfetto · Imperfect

agivo	agivamo
agivi	agivate
agiva	agivano

Passato remoto · Preterit

agii	agimmo
agisti	agiste
agì	agirono

Futuro semplice · Future

agirò	agiremo
agirai	agirete
agirà	agiranno

Condizionale presente · Present conditional

agirei	agiremmo
agiresti	agireste
agirebbe	agirebbero

Congiuntivo presente · Present subjunctive

agisca	agiamo
agisca	agiate
agisca	agiscano

Congiuntivo imperfetto · Imperfect subjunctive

agissi	agissimo
agissi	agiste
agisse	agissero

Imperativo · Commands

	(non) agiamo
agisci (non agire)	(non) agite
(non) agisca	(non) agiscano

Passato prossimo · Present perfect

ho agito	abbiamo agito
hai agito	avete agito
ha agito	hanno agito

Trapassato prossimo · Past perfect

avevo agito	avevamo agito
avevi agito	avevate agito
aveva agito	avevano agito

Trapassato remoto · Preterit perfect

ebbi agito	avemmo agito
avesti agito	aveste agito
ebbe agito	ebbero agito

Futuro anteriore · Future perfect

avrò agito	avremo agito
avrai agito	avrete agito
avrà agito	avranno agito

Condizionale passato · Perfect conditional

avrei agito	avremmo agito
avresti agito	avreste agito
avrebbe agito	avrebbero agito

Congiuntivo passato · Perfect subjunctive

abbia agito	abbiamo agito
abbia agito	abbiate agito
abbia agito	abbiano agito

Congiuntivo trapassato · Past perfect subjunctive

avessi agito	avessimo agito
avessi agito	aveste agito
avesse agito	avessero agito

Participio passato · Past participle   agito (-a/-i/-e)

Gerundio · Gerund   agendo

Usage

Bisogna agire subito.	*We must act immediately.*
Di tanto in tanto può essere difficile agire da persona onesta.	*Sometimes it can be difficult to behave honestly.*
Ho agito male verso gli amici.	*I've acted badly toward my friends.*
Forse non agì solo per legittima difesa.	*Perhaps he didn't act entirely in self-defense.*
La leva non agisce più sul cambio.	*The lever doesn't operate the gear anymore.*
Corre il pericolo di ferirsi perché agisce con poco cervello.	*He's in danger of hurting himself because he acts without thinking.*
I freni agiscono bene.	*The brakes are working well.*
La medicina ha agito subito.	*The medicine took effect right away.*
L'acido cloridrico agisce sul ferro.	*Hydrochloric acid reacts with iron.*
Mio cugino vuole agire contro il medico.	*My cousin wants to start legal action against his doctor.*
La compagnia non agisce più negli Stati Uniti.	*The company no longer operates in the United States.*
Hai agito alla leggera; ecco le conseguenze.	*You've acted irresponsibly; these are the consequences.*

aiutare *to help, assist; facilitate*

aiuto · aiutai · aiutato

regular -*are* verb;
trans. (aux. *avere*)

Presente · Present		Passato prossimo · Present perfect	
aiuto	aiutiamo	ho aiutato	abbiamo aiutato
aiuti	aiutate	hai aiutato	avete aiutato
aiuta	aiutano	ha aiutato	hanno aiutato

Imperfetto · Imperfect		Trapassato prossimo · Past perfect	
aiutavo	aiutavamo	avevo aiutato	avevamo aiutato
aiutavi	aiutavate	avevi aiutato	avevate aiutato
aiutava	aiutavano	aveva aiutato	avevano aiutato

Passato remoto · Preterit		Trapassato remoto · Preterit perfect	
aiutai	aiutammo	ebbi aiutato	avemmo aiutato
aiutasti	aiutaste	avesti aiutato	aveste aiutato
aiutò	aiutarono	ebbe aiutato	ebbero aiutato

Futuro semplice · Future		Futuro anteriore · Future perfect	
aiuterò	aiuteremo	avrò aiutato	avremo aiutato
aiuterai	aiuterete	avrai aiutato	avrete aiutato
aiuterà	aiuteranno	avrà aiutato	avranno aiutato

Condizionale presente · Present conditional		Condizionale passato · Perfect conditional	
aiuterei	aiuteremmo	avrei aiutato	avremmo aiutato
aiuteresti	aiutereste	avresti aiutato	avreste aiutato
aiuterebbe	aiuterebbero	avrebbe aiutato	avrebbero aiutato

Congiuntivo presente · Present subjunctive		Congiuntivo passato · Perfect subjunctive	
aiuti	aiutiamo	abbia aiutato	abbiamo aiutato
aiuti	aiutiate	abbia aiutato	abbiate aiutato
aiuti	aiutino	abbia aiutato	abbiano aiutato

Congiuntivo imperfetto · Imperfect subjunctive		Congiuntivo trapassato · Past perfect subjunctive	
aiutassi	aiutassimo	avessi aiutato	avessimo aiutato
aiutassi	aiutaste	avessi aiutato	aveste aiutato
aiutasse	aiutassero	avesse aiutato	avessero aiutato

Imperativo · Commands

	(non) aiutiamo
aiuta (non aiutare)	(non) aiutate
(non) aiuti	(non) aiutino

Participio passato · Past participle	aiutato (-a/-i/-e)
Gerundio · Gerund	aiutando

Usage

Abbiamo subito aiutato questo povero uomo.	*We immediately helped this poor man.*
Qualcuno può aiutarmi?	*Can somebody help me?*
Non aiuteresti un amico in difficoltà?	*Wouldn't you help a friend in need?*
Devo aiutare mia nonna a salire la scala.	*I have to help my grandma get up the stairs.*
Prendi questo per aiutare la digestione.	*Take this to aid your digestion.*

aiutarsi *to help oneself, help one another; do one's best*

Aiutati, che Dio ti aiuta.	*God helps those who help themselves.*
Dobbiamo tutti aiutarci.	*We all have to help each other.*
Vittoria si aiuta come può.	*Vittoria does the best she can.*

RELATED EXPRESSIONS

l'aiuto contabile (*m.*)	*junior accountant*
l'aiuto regista (*m.*)	*assistant director*

regular *-are* verb, *ci* > *c/e, i*;
trans. (aux. *avere*)

allaccio · allacciai · allacciato

Presente · Present

allaccio	allacciamo
allacci	allacciate
allaccia	allacciano

Passato prossimo · Present perfect

ho allacciato	abbiamo allacciato
hai allacciato	avete allacciato
ha allacciato	hanno allacciato

Imperfetto · Imperfect

allacciavo	allacciavamo
allacciavi	allacciavate
allacciava	allacciavano

Trapassato prossimo · Past perfect

avevo allacciato	avevamo allacciato
avevi allacciato	avevate allacciato
aveva allacciato	avevano allacciato

Passato remoto · Preterit

allacciai	allacciammo
allacciasti	allacciaste
allacciò	allacciarono

Trapassato remoto · Preterit perfect

ebbi allacciato	avemmo allacciato
avesti allacciato	aveste allacciato
ebbe allacciato	ebbero allacciato

Futuro semplice · Future

allaccerò	allacceremo
allaccerai	allaccerete
allaccerà	allacceranno

Futuro anteriore · Future perfect

avrò allacciato	avremo allacciato
avrai allacciato	avrete allacciato
avrà allacciato	avranno allacciato

Condizionale presente · Present conditional

allaccerei	allacceremmo
allacceresti	allaccereste
allaccerebbe	allaccerebbero

Condizionale passato · Perfect conditional

avrei allacciato	avremmo allacciato
avresti allacciato	avreste allacciato
avrebbe allacciato	avrebbero allacciato

Congiuntivo presente · Present subjunctive

allacci	allacciamo
allacci	allacciate
allacci	allaccino

Congiuntivo passato · Perfect subjunctive

abbia allacciato	abbiamo allacciato
abbia allacciato	abbiate allacciato
abbia allacciato	abbiano allacciato

Congiuntivo imperfetto · Imperfect subjunctive

allacciassi	allacciassimo
allacciassi	allacciaste
allacciasse	allacciassero

Congiuntivo trapassato · Past perfect subjunctive

avessi allacciato	avessimo allacciato
avessi allacciato	aveste allacciato
avesse allacciato	avessero allacciato

Imperativo · Commands

	(non) allacciamo
allaccia (non allacciare)	(non) allacciate
(non) allacci	(non) allaccino

Participio passato · Past participle	allacciato (-a/-i/-e)
Gerundio · Gerund	allacciando

Usage

Il bambino si è messo le scarpe e le ha allacciate.	*The boy put on his shoes and laced them up.*
Per favore, allacciate la vostra cintura di sicurezza.	*Fasten your seatbelts, please.*
Sarà necessario allacciare due funi.	*It will be necessary to tie two ropes together.*
La compagnia telefonica si rifiutava di allacciare il telefono.	*The telephone company refused to hook up the phone.*
È possibile allacciare qualsiasi apparecchio al trasformatore.	*It's possible to attach any device to the transformer.*
L'uomo con cui ha allacciato amicizia si chiama Roberto.	*The man with whom he struck up a friendship is called Roberto.*

allacciarsi *to tie, fasten; hook up, connect*

Gina, allacciati il cappotto perché fa freddo.	*Gina, button your coat; it's cold.*
Gli utenti possono consultare il catalogo allacciandosi alla rete.	*The users can consult the catalog by connecting to the network.*

26

allegare   *to enclose; set on edge; put forward*

allego · allegai · allegato

regular -*are* verb, *g* > *gh/e, i*;
trans./intrans. (aux. *avere*)

Presente · Present

allego	alleghiamo
alleghi	allegate
allega	allegano

Imperfetto · Imperfect

allegavo	allegavamo
allegavi	allegavate
allegava	allegavano

Passato remoto · Preterit

allegai	allegammo
allegasti	allegaste
allegò	allegarono

Futuro semplice · Future

allegherò	allegheremo
allegherai	allegherete
allegherà	allegheranno

Condizionale presente · Present conditional

allegherei	allegheremmo
allegheresti	alleghereste
allegherebbe	allegherebbero

Congiuntivo presente · Present subjunctive

alleghi	alleghiamo
alleghi	alleghiate
alleghi	alleghino

Congiuntivo imperfetto · Imperfect subjunctive

allegassi	allegassimo
allegassi	allegaste
allegasse	allegassero

Passato prossimo · Present perfect

ho allegato	abbiamo allegato
hai allegato	avete allegato
ha allegato	hanno allegato

Trapassato prossimo · Past perfect

avevo allegato	avevamo allegato
avevi allegato	avevate allegato
aveva allegato	avevano allegato

Trapassato remoto · Preterit perfect

ebbi allegato	avemmo allegato
avesti allegato	aveste allegato
ebbe allegato	ebbero allegato

Futuro anteriore · Future perfect

avrò allegato	avremo allegato
avrai allegato	avrete allegato
avrà allegato	avranno allegato

Condizionale passato · Perfect conditional

avrei allegato	avremmo allegato
avresti allegato	avreste allegato
avrebbe allegato	avrebbero allegato

Congiuntivo passato · Perfect subjunctive

abbia allegato	abbiamo allegato
abbia allegato	abbiate allegato
abbia allegato	abbiano allegato

Congiuntivo trapassato · Past perfect subjunctive

avessi allegato	avessimo allegato
avessi allegato	aveste allegato
avesse allegato	avessero allegato

Imperativo · Commands

	(non) alleghiamo
allega (non allegare)	(non) allegate
(non) alleghi	(non) alleghino

Participio passato · Past participle	allegato (-a/-i/-e)
Gerundio · Gerund	allegando

Usage

Ho allegato alla domanda di iscrizione i documenti richiesti.	*I have enclosed the requested documents with the application for enrollment.*
Alleghiamo alla presente l'elenco dei risultati.	*We enclose the list of results in this letter.*
Ti allego una foto scattata in Francia.	*I'm attaching a photograph taken in France.*
I frutti acerbi allegano i denti.	*Sour fruit sets your teeth on edge.*
Entrambe le parti hanno allegato prove del delitto.	*Both parties have offered proof of the crime.*
Non si possono più allegare fatti nuovi nel processo.	*New facts may not be put forward anymore in the trial.*

RELATED EXPRESSION

In allegato Le inviamo le conclusioni di questa indagine.	*Please find enclosed the conclusions of this report.*

regular *-are* verb;
trans. (aux. *avere*)

alleno · allenai · allenato

Presente · Present

alleno	alleniamo
alleni	allenate
allena	allenano

Imperfetto · Imperfect

allenavo	allenavamo
allenavi	allenavate
allenava	allenavano

Passato remoto · Preterit

allenai	allenammo
allenasti	allenaste
allenò	allenarono

Futuro semplice · Future

allenerò	alleneremo
allenerai	allenerete
allenerà	alleneranno

Condizionale presente · Present conditional

allenerei	alleneremmo
alleneresti	allenereste
allenerebbe	allenerebbero

Congiuntivo presente · Present subjunctive

alleni	alleniamo
alleni	alleniate
alleni	allenino

Congiuntivo imperfetto · Imperfect subjunctive

allenassi	allenassimo
allenassi	allenaste
allenasse	allenassero

Imperativo · Commands

	(non) alleniamo
allena (non allenare)	(non) allenate
(non) alleni	(non) allenino

Passato prossimo · Present perfect

ho allenato	abbiamo allenato
hai allenato	avete allenato
ha allenato	hanno allenato

Trapassato prossimo · Past perfect

avevo allenato	avevamo allenato
avevi allenato	avevate allenato
aveva allenato	avevano allenato

Trapassato remoto · Preterit perfect

ebbi allenato	avemmo allenato
avesti allenato	aveste allenato
ebbe allenato	ebbero allenato

Futuro anteriore · Future perfect

avrò allenato	avremo allenato
avrai allenato	avrete allenato
avrà allenato	avranno allenato

Condizionale passato · Perfect conditional

avrei allenato	avremmo allenato
avresti allenato	avreste allenato
avrebbe allenato	avrebbero allenato

Congiuntivo passato · Perfect subjunctive

abbia allenato	abbiamo allenato
abbia allenato	abbiate allenato
abbia allenato	abbiano allenato

Congiuntivo trapassato · Past perfect subjunctive

avessi allenato	avessimo allenato
avessi allenato	aveste allenato
avesse allenato	avessero allenato

Participio passato · Past participle   allenato (-a/-i/-e)

Gerundio · Gerund   allenando

Usage

Cosa dovrei fare per rassodare i glutei senza allenare troppo le gambe?
What should I do to work the glutes without exercising the legs too much?

Mio fratello allenava i bambini dai 10 ai 12 anni.
My brother trained the 10- to 12-year-olds.

Allenando il corpo, la mente rimane sana.
By exercising the body, the mind also stays healthy.

Questo videogioco allena la memoria e stimola la creatività.
This video game exercises the memory and stimulates creativity.

Un italiano allena la squadra americana.
An Italian coaches the American team.

allenarsi *to train, practice*

Mi alleno quattro volte la settimana.
I train four times a week.

Stasera l'Inter si allena nello stadio alle 20.00.
Tonight Inter practices in the stadium at 8 P.M.

allontanare   *to take/move/send away; drive away, alienate; dismiss, expel*

allontano · allontanai · allontanato

regular -*are* verb;
trans. (aux. *avere*)

Presente · Present		Passato prossimo · Present perfect	
allontano	allontaniamo	ho allontanato	abbiamo allontanato
allontani	allontanate	hai allontanato	avete allontanato
allontana	allontanano	ha allontanato	hanno allontanato

Imperfetto · Imperfect		Trapassato prossimo · Past perfect	
allontanavo	allontanavamo	avevo allontanato	avevamo allontanato
allontanavi	allontanavate	avevi allontanato	avevate allontanato
allontanava	allontanavano	aveva allontanato	avevano allontanato

Passato remoto · Preterit		Trapassato remoto · Preterit perfect	
allontanai	allontanammo	ebbi allontanato	avemmo allontanato
allontanasti	allontanaste	avesti allontanato	aveste allontanato
allontanò	allontanarono	ebbe allontanato	ebbero allontanato

Futuro semplice · Future		Futuro anteriore · Future perfect	
allontanerò	allontaneremo	avrò allontanato	avremo allontanato
allontanerai	allontanerete	avrai allontanato	avrete allontanato
allontanerà	allontaneranno	avrà allontanato	avranno allontanato

Condizionale presente · Present conditional		Condizionale passato · Perfect conditional	
allontanerei	allontaneremmo	avrei allontanato	avremmo allontanato
allontaneresti	allontanereste	avresti allontanato	avreste allontanato
allontanerebbe	allontanerebbero	avrebbe allontanato	avrebbero allontanato

Congiuntivo presente · Present subjunctive		Congiuntivo passato · Perfect subjunctive	
allontani	allontaniamo	abbia allontanato	abbiamo allontanato
allontani	allontaniate	abbia allontanato	abbiate allontanato
allontani	allontanino	abbia allontanato	abbiano allontanato

Congiuntivo imperfetto · Imperfect subjunctive		Congiuntivo trapassato · Past perfect subjunctive	
allontanassi	allontanassimo	avessi allontanato	avessimo allontanato
allontanassi	allontanaste	avessi allontanato	aveste allontanato
allontanasse	allontanassero	avesse allontanato	avessero allontanato

Imperativo · Commands	
	(non) allontaniamo
allontana (non allontanare)	(non) allontanate
(non) allontani	(non) allontanino

Participio passato · Past participle	allontanato (-a/-i/-e)
Gerundio · Gerund	allontanando

Usage

I carabinieri allontanarono i passanti.	*The police moved the bystanders on.*
Qual è il modo migliore di allontanare le formiche?	*What is the best way to get rid of ants?*
La vita ha allontanato Cristoforo dalla sua famiglia.	*Life has alienated Cristoforo from his family.*
Tutti pensavano di aver allontanato la minaccia.	*Everyone thought the threat had been averted.*
Ieri Ornella è stata allontanata dal suo posto di lavoro.	*Yesterday Ornella was fired from her job.*

allontanarsi   *to go away; grow away*

Mi sono allontanata dall'incidente in fretta.	*I left (the scene of) the accident in a hurry.*
I bambini si sono allontanati troppo dalla riva.	*The children got too far away from the river bank.*
Si è allontanato dalla fede.	*He strayed from his religion.*

regular -are verb;
trans. (aux. *avere*)

Presente · Present

alzo	alziamo
alzi	alzate
alza	alzano

Imperfetto · Imperfect

alzavo	alzavamo
alzavi	alzavate
alzava	alzavano

Passato remoto · Preterit

alzai	alzammo
alzasti	alzaste
alzò	alzarono

Futuro semplice · Future

alzerò	alzeremo
alzerai	alzerete
alzerà	alzeranno

Condizionale presente · Present conditional

alzerei	alzeremmo
alzeresti	alzereste
alzerebbe	alzerebbero

Congiuntivo presente · Present subjunctive

alzi	alziamo
alzi	alziate
alzi	alzino

Congiuntivo imperfetto · Imperfect subjunctive

alzassi	alzassimo
alzassi	alzaste
alzasse	alzassero

Imperativo · Commands

	(non) alziamo
alza (non alzare)	(non) alzate
(non) alzi	(non) alzino

Passato prossimo · Present perfect

ho alzato	abbiamo alzato
hai alzato	avete alzato
ha alzato	hanno alzato

Trapassato prossimo · Past perfect

avevo alzato	avevamo alzato
avevi alzato	avevate alzato
aveva alzato	avevano alzato

Trapassato remoto · Preterit perfect

ebbi alzato	avemmo alzato
avesti alzato	aveste alzato
ebbe alzato	ebbero alzato

Futuro anteriore · Future perfect

avrò alzato	avremo alzato
avrai alzato	avrete alzato
avrà alzato	avranno alzato

Condizionale passato · Perfect conditional

avrei alzato	avremmo alzato
avresti alzato	avreste alzato
avrebbe alzato	avrebbero alzato

Congiuntivo passato · Perfect subjunctive

abbia alzato	abbiamo alzato
abbia alzato	abbiate alzato
abbia alzato	abbiano alzato

Congiuntivo trapassato · Past perfect subjunctive

avessi alzato	avessimo alzato
avessi alzato	aveste alzato
avesse alzato	avessero alzato

Participio passato · Past participle alzato (-a/-i/-e)

Gerundio · Gerund alzando

Usage

Gli studenti devono alzare la mano prima di parlare.	*The students must raise their hands before speaking.*
Non alzare la voce in chiesa.	*Don't raise your voice in church.*
Ogni mattina un soldato alza la bandiera.	*Every morning a soldier raises the flag.*
Anna alzò le spalle.	*Anna shrugged her shoulders.*
Non ha nemmeno alzato un dito per aiutarci.	*He didn't even lift a finger to help us.*
Qui hanno alzato molte nuove case di recente.	*They've built many new houses here recently.*

alzarsi *to get up, rise, grow tall(er)*

Dopo il pranzo tutti si alzarono da tavola.	*After lunch everyone got up from the table.*
Luigi si è alzato col piede sbagliato.	*Luigi got out of bed on the wrong side.*
Il vento si è alzato pochi minuti fa.	*The wind picked up a couple of minutes ago.*
Mia figlia si è alzata molto negli ultimi mesi.	*My daughter has grown a lot in the last few months.*
Il sole si alzerà alle 6.23 domattina.	*The sun will rise at 6:23 A.M. tomorrow.*

amare *to love, be fond of, care for deeply; like*

amo · amai · amato

regular *-are* verb;
trans. (aux. *avere*)

Presente · Present

amo	amiamo
ami	amate
ama	amano

Passato prossimo · Present perfect

ho amato	abbiamo amato
hai amato	avete amato
ha amato	hanno amato

Imperfetto · Imperfect

amavo	amavamo
amavi	amavate
amava	amavano

Trapassato prossimo · Past perfect

avevo amato	avevamo amato
avevi amato	avevate amato
aveva amato	avevano amato

Passato remoto · Preterit

amai	amammo
amasti	amaste
amò	amarono

Trapassato remoto · Preterit perfect

ebbi amato	avemmo amato
avesti amato	aveste amato
ebbe amato	ebbero amato

Futuro semplice · Future

amerò	ameremo
amerai	amerete
amerà	ameranno

Futuro anteriore · Future perfect

avrò amato	avremo amato
avrai amato	avrete amato
avrà amato	avranno amato

Condizionale presente · Present conditional

amerei	ameremmo
ameresti	amereste
amerebbe	amerebbero

Condizionale passato · Perfect conditional

avrei amato	avremmo amato
avresti amato	avreste amato
avrebbe amato	avrebbero amato

Congiuntivo presente · Present subjunctive

ami	amiamo
ami	amiate
ami	amino

Congiuntivo passato · Perfect subjunctive

abbia amato	abbiamo amato
abbia amato	abbiate amato
abbia amato	abbiano amato

Congiuntivo imperfetto · Imperfect subjunctive

amassi	amassimo
amassi	amaste
amasse	amassero

Congiuntivo trapassato · Past perfect subjunctive

avessi amato	avessimo amato
avessi amato	aveste amato
avesse amato	avessero amato

Imperativo · Commands

	(non) amiamo
ama (non amare)	(non) amate
(non) ami	(non) amino

Participio passato · Past participle	amato (-a/-i/-e)
Gerundio · Gerund	amando

Usage

Marco l'avrà amata appassionatamente.	*Marco must have loved her passionately.*
Mia zia non ama la musica rock.	*My aunt doesn't like rock music.*
Da bambina amava fare delle foto.	*As a child she loved taking pictures.*
Le api amano il nettare.	*Bees love nectar.*
I romani amano la propria città.	*The Romans love their city.*
Eva si è fatta amare da migliaia di persone.	*Eva has endeared herself to thousands of people.*
È una pianta che ama l'ombra?	*Is this a plant that needs shade?*

amarsi *to love oneself, love each other*

Raffaele ama solo se stesso.	*Raffaele only loves himself.*
Quei due si amano veramente.	*Those two really love each other.*

regular *-are* verb;
reflexive (aux. *essere*)

mi ammalo · mi ammalai · ammalatosi

Presente · Present

mi ammalo	ci ammaliamo
ti ammali	vi ammalate
si ammala	si ammalano

Imperfetto · Imperfect

mi ammalavo	ci ammalavamo
ti ammalavi	vi ammalavate
si ammalava	si ammalavano

Passato remoto · Preterit

mi ammalai	ci ammalammo
ti ammalasti	vi ammalaste
si ammalò	si ammalarono

Futuro semplice · Future

mi ammalerò	ci ammaleremo
ti ammalerai	vi ammalerete
si ammalerà	si ammaleranno

Condizionale presente · Present conditional

mi ammalerei	ci ammaleremmo
ti ammaleresti	vi ammalereste
si ammalerebbe	si ammalerebbero

Congiuntivo presente · Present subjunctive

mi ammali	ci ammaliamo
ti ammali	vi ammaliate
si ammali	si ammalino

Congiuntivo imperfetto · Imperfect subjunctive

mi ammalassi	ci ammalassimo
ti ammalassi	vi ammalaste
si ammalasse	si ammalassero

Passato prossimo · Present perfect

mi sono ammalato (-a)	ci siamo ammalati (-e)
ti sei ammalato (-a)	vi siete ammalati (-e)
si è ammalato (-a)	si sono ammalati (-e)

Trapassato prossimo · Past perfect

mi ero ammalato (-a)	ci eravamo ammalati (-e)
ti eri ammalato (-a)	vi eravate ammalati (-e)
si era ammalato (-a)	si erano ammalati (-e)

Trapassato remoto · Preterit perfect

mi fui ammalato (-a)	ci fummo ammalati (-e)
ti fosti ammalato (-a)	vi foste ammalati (-e)
si fu ammalato (-a)	si furono ammalati (-e)

Futuro anteriore · Future perfect

mi sarò ammalato (-a)	ci saremo ammalati (-e)
ti sarai ammalato (-a)	vi sarete ammalati (-e)
si sarà ammalato (-a)	si saranno ammalati (-e)

Condizionale passato · Perfect conditional

mi sarei ammalato (-a)	ci saremmo ammalati (-e)
ti saresti ammalato (-a)	vi sareste ammalati (-e)
si sarebbe ammalato (-a)	si sarebbero ammalati (-e)

Congiuntivo passato · Perfect subjunctive

mi sia ammalato (-a)	ci siamo ammalati (-e)
ti sia ammalato (-a)	vi siate ammalati (-e)
si sia ammalato (-a)	si siano ammalati (-e)

Congiuntivo trapassato · Past perfect subjunctive

mi fossi ammalato (-a)	ci fossimo ammalati (-e)
ti fossi ammalato (-a)	vi foste ammalati (-e)
si fosse ammalato (-a)	si fossero ammalati (-e)

Imperativo · Commands

	ammaliamoci (non ammaliamoci/non ci ammaliamo)
ammalati (non ammalarti/non ti ammalare)	ammalatevi (non ammalatevi/non vi ammalate)
si ammali (non si ammali)	si ammalino (non si ammalino)

Participio passato · Past participle	ammalatosi (-a/-i/-e)
Gerundio · Gerund	ammalandosi

Usage

Mi sono ammalato un mese fa in India.	*I got sick a month ago in India.*
Il ragazzo si ammalò durante la notte.	*The boy became ill during the night.*
Mia madre non si ammala mai.	*My mother never gets sick.*

far(e) ammalare (trans. (aux. *avere*)) *to make sick*

Le diete improvvisate possono farti ammalare.	*Improvised diets can make you sick.*
Il malessere della mente può far ammalare il corpo.	*Not feeling right mentally can make you physically sick.*
L'acqua infetta fa ammalare soprattutto i bambini.	*Especially children get sick from contaminated water.*
Le onde elettromagnetiche non fanno ammalare di leucemia i bambini.	*Electromagnetic waves don't cause leukemia in children.*

ammalare (trans. (aux. *avere*)) *to spoil*

Una mela marcia ammala le altre.	*One bad apple spoils the whole bunch.*

ammettere *to admit, allow in, receive; suppose, assume*

ammetto · ammisi · ammesso

irregular -*ere* verb;
trans. (aux. *avere*)

Presente · Present

ammetto	ammettiamo
ammetti	ammettete
ammette	ammettono

Imperfetto · Imperfect

ammettevo	ammettevamo
ammettevi	ammettevate
ammetteva	ammettevano

Passato remoto · Preterit

ammisi	ammettemmo
ammettesti	ammetteste
ammise	ammisero

Futuro semplice · Future

ammetterò	ammetteremo
ammetterai	ammetterete
ammetterà	ammetteranno

Condizionale presente · Present conditional

ammetterei	ammetteremmo
ammetteresti	ammettereste
ammetterebbe	ammetterebbero

Congiuntivo presente · Present subjunctive

ammetta	ammettiamo
ammetta	ammettiate
ammetta	ammettano

Congiuntivo imperfetto · Imperfect subjunctive

ammettessi	ammettessimo
ammettessi	ammetteste
ammettesse	ammettessero

Passato prossimo · Present perfect

ho ammesso	abbiamo ammesso
hai ammesso	avete ammesso
ha ammesso	hanno ammesso

Trapassato prossimo · Past perfect

avevo ammesso	avevamo ammesso
avevi ammesso	avevate ammesso
aveva ammesso	avevano ammesso

Trapassato remoto · Preterit perfect

ebbi ammesso	avemmo ammesso
avesti ammesso	aveste ammesso
ebbe ammesso	ebbero ammesso

Futuro anteriore · Future perfect

avrò ammesso	avremo ammesso
avrai ammesso	avrete ammesso
avrà ammesso	avranno ammesso

Condizionale passato · Perfect conditional

avrei ammesso	avremmo ammesso
avresti ammesso	avreste ammesso
avrebbe ammesso	avrebbero ammesso

Congiuntivo passato · Perfect subjunctive

abbia ammesso	abbiamo ammesso
abbia ammesso	abbiate ammesso
abbia ammesso	abbiano ammesso

Congiuntivo trapassato · Past perfect subjunctive

avessi ammesso	avessimo ammesso
avessi ammesso	aveste ammesso
avesse ammesso	avessero ammesso

Imperativo · Commands

	(non) ammettiamo
ammetti (non ammettere)	(non) ammettete
(non) ammetta	(non) ammettano

Participio passato · Past participle	ammesso (-a/-i/-e)
Gerundio · Gerund	ammettendo

Usage

I visitatori sono ammessi al museo dalle 8.30 alle 13.30.

— Sei stato ammesso agli esami orali?
— Sì, l'ho saputo stamattina.
— Bravo.

Ogni associazione può ammettere soci come meglio crede.

Non ammetto che tu vada in macchina senza il mio permesso.

La ditta ha ammesso il suo errore.

Ammettiamo pure che sia vero.

Ammesso che hai ragione, non giustifica il tuo comportamento.

Visitors are admitted to the museum from 8:30 A.M. to 1:30 P.M.

"Have you been admitted to the oral exams?"
"Yes, I found out this morning."
"Well done."

Every club may admit members as it sees fit.

I won't allow you to go by car without my permission.

The company acknowledged its error.
Let us just suppose that it's true.
Assuming you're right, it doesn't justify your behavior.

regular *-are* verb;
trans. (aux. *avere*)

ammiro · ammirai · ammirato

Presente · Present

ammiro	ammiriamo
ammiri	ammirate
ammira	ammirano

Imperfetto · Imperfect

ammiravo	ammiravamo
ammiravi	ammiravate
ammirava	ammiravano

Passato remoto · Preterit

ammirai	ammirammo
ammirasti	ammiraste
ammirò	ammirarono

Futuro semplice · Future

ammirerò	ammireremo
ammirerai	ammirerete
ammirerà	ammireranno

Condizionale presente · Present conditional

ammirerei	ammireremmo
ammireresti	ammirereste
ammirerebbe	ammirerebbero

Congiuntivo presente · Present subjunctive

ammiri	ammiriamo
ammiri	ammiriate
ammiri	ammirino

Congiuntivo imperfetto · Imperfect subjunctive

ammirassi	ammirassimo
ammirassi	ammiraste
ammirasse	ammirassero

Passato prossimo · Present perfect

ho ammirato	abbiamo ammirato
hai ammirato	avete ammirato
ha ammirato	hanno ammirato

Trapassato prossimo · Past perfect

avevo ammirato	avevamo ammirato
avevi ammirato	avevate ammirato
aveva ammirato	avevano ammirato

Trapassato remoto · Preterit perfect

ebbi ammirato	avemmo ammirato
avesti ammirato	aveste ammirato
ebbe ammirato	ebbero ammirato

Futuro anteriore · Future perfect

avrò ammirato	avremo ammirato
avrai ammirato	avrete ammirato
avrà ammirato	avranno ammirato

Condizionale passato · Perfect conditional

avrei ammirato	avremmo ammirato
avresti ammirato	avreste ammirato
avrebbe ammirato	avrebbero ammirato

Congiuntivo passato · Perfect subjunctive

abbia ammirato	abbiamo ammirato
abbia ammirato	abbiate ammirato
abbia ammirato	abbiano ammirato

Congiuntivo trapassato · Past perfect subjunctive

avessi ammirato	avessimo ammirato
avessi ammirato	aveste ammirato
avesse ammirato	avessero ammirato

Imperativo · Commands

	(non) ammiriamo
ammira (non ammirare)	(non) ammirate
(non) ammiri	(non) ammirino

Participio passato · Past participle	ammirato (-a/-i/-e)
Gerundio · Gerund	ammirando

Usage

Potrai ammirare tutte le opere di Michelangelo.	*You'll be able to admire all of Michelangelo's works.*
Ho ammirato moltissimo lo stile raffinato dell'autore.	*I really admired the author's refined style.*
In cima alla montagna c'è un bellissimo panorama da ammirare.	*On top of the mountain there's a very beautiful view to be admired.*
Ammiro la pazienza delle persone che lavorano con i bambini.	*I admire the patience of people who work with children.*
Ti ammiro per aver preso parte alla gara.	*I admire you for taking part in the race.*
È un campione dello sport che ammiro da sempre.	*He's a sports champion whom I've always admired.*
Partendo da nord, si può ammirare tutta la catena del Monte Rosa.	*Leaving from the North, one can admire the entire Monte Rosa range.*

analizzare *to analyze; test*

analizzo · analizzai · analizzato

regular *-are* verb;
trans. (aux. *avere*)

Presente · Present	
analizzo	analizziamo
analizzi	analizzate
analizza	analizzano

Imperfetto · Imperfect	
analizzavo	analizzavamo
analizzavi	analizzavate
analizzava	analizzavano

Passato remoto · Preterit	
analizzai	analizzammo
analizzasti	analizzaste
analizzò	analizzarono

Futuro semplice · Future	
analizzerò	analizzeremo
analizzerai	analizzerete
analizzerà	analizzeranno

Condizionale presente · Present conditional	
analizzerei	analizzeremmo
analizzeresti	analizzereste
analizzerebbe	analizzerebbero

Congiuntivo presente · Present subjunctive	
analizzi	analizziamo
analizzi	analizziate
analizzi	analizzino

Congiuntivo imperfetto · Imperfect subjunctive	
analizzassi	analizzassimo
analizzassi	analizzaste
analizzasse	analizzassero

Passato prossimo · Present perfect	
ho analizzato	abbiamo analizzato
hai analizzato	avete analizzato
ha analizzato	hanno analizzato

Trapassato prossimo · Past perfect	
avevo analizzato	avevamo analizzato
avevi analizzato	avevate analizzato
aveva analizzato	avevano analizzato

Trapassato remoto · Preterit perfect	
ebbi analizzato	avemmo analizzato
avesti analizzato	aveste analizzato
ebbe analizzato	ebbero analizzato

Futuro anteriore · Future perfect	
avrò analizzato	avremo analizzato
avrai analizzato	avrete analizzato
avrà analizzato	avranno analizzato

Condizionale passato · Perfect conditional	
avrei analizzato	avremmo analizzato
avresti analizzato	avreste analizzato
avrebbe analizzato	avrebbero analizzato

Congiuntivo passato · Perfect subjunctive	
abbia analizzato	abbiamo analizzato
abbia analizzato	abbiate analizzato
abbia analizzato	abbiano analizzato

Congiuntivo trapassato · Past perfect subjunctive	
avessi analizzato	avessimo analizzato
avessi analizzato	aveste analizzato
avesse analizzato	avessero analizzato

Imperativo · Commands

	(non) analizziamo
analizza (non analizzare)	(non) analizzate
(non) analizzi	(non) analizzino

Participio passato · Past participle	analizzato (-a/-i/-e)
Gerundio · Gerund	analizzando

Usage

È necessario analizzare il sangue prima di amministrare questa medicina.
It's necessary to have a blood analysis done before administering this medication.

L'istituto analizza tutti i tipi di minerali.
The institute analyzes all kinds of minerals.

Tocca all'esperto di grammatica di analizzare le frasi.
It's the grammarian's job to analyze sentences.

Lo scrittore analizza solo la poesia del Novecento.
The writer only studies twentieth-century poetry.

Daniele ha analizzato il comunicato e queste sono le conclusioni che ne ha tratte.
Daniele analyzed the communiqué, and these are the conclusions he drew from it.

Una nuova ricerca analizza come gli utenti gestiscono le proprie finanze.
New research analyzes how users manage their finances.

Questo problema è difficile da analizzare.
This is a difficult problem to analyze.

irregular *-are* verb;
intrans. (aux. *essere*)

vado · andai · andato

Presente · Present

vado	andiamo
vai	andate
va	vanno

Imperfetto · Imperfect

andavo	andavamo
andavi	andavate
andava	andavano

Passato remoto · Preterit

andai	andammo
andasti	andaste
andò	andarono

Futuro semplice · Future

andrò	andremo
andrai	andrete
andrà	andranno

Condizionale presente · Present conditional

andrei	andremmo
andresti	andreste
andrebbe	andrebbero

Congiuntivo presente · Present subjunctive

vada	andiamo
vada	andiate
vada	vadano

Congiuntivo imperfetto · Imperfect subjunctive

andassi	andassimo
andassi	andaste
andasse	andassero

Passato prossimo · Present perfect

sono andato (-a)	siamo andati (-e)
sei andato (-a)	siete andati (-e)
è andato (-a)	sono andati (-e)

Trapassato prossimo · Past perfect

ero andato (-a)	eravamo andati (-e)
eri andato (-a)	eravate andati (-e)
era andato (-a)	erano andati (-e)

Trapassato remoto · Preterit perfect

fui andato (-a)	fummo andati (-e)
fosti andato (-a)	foste andati (-e)
fu andato (-a)	furono andati (-e)

Futuro anteriore · Future perfect

sarò andato (-a)	saremo andati (-e)
sarai andato (-a)	sarete andati (-e)
sarà andato (-a)	saranno andati (-e)

Condizionale passato · Perfect conditional

sarei andato (-a)	saremmo andati (-e)
saresti andato (-a)	sareste andati (-e)
sarebbe andato (-a)	sarebbero andati (-e)

Congiuntivo passato · Perfect subjunctive

sia andato (-a)	siamo andati (-e)
sia andato (-a)	siate andati (-e)
sia andato (-a)	siano andati (-e)

Congiuntivo trapassato · Past perfect subjunctive

fossi andato (-a)	fossimo andati (-e)
fossi andato (-a)	foste andati (-e)
fosse andato (-a)	fossero andati (-e)

Imperativo · Commands

	(non) andiamo
va/vai/va' (non andare)	(non) andate
(non) vada	(non) vadano

Participio passato · Past participle	andato (-a/-i/-e)
Gerundio · Gerund	andando

Usage

Voglio andare a casa.	*I want to go home.*
Quel ragazzo andrà lontano.	*That boy will go far.*
Siamo andati in città ieri sera.	*We went to the city last night.*
Questo fine settimana andremo in montagna.	*This weekend we're going to the mountains.*
Vanno in vacanza per due settimane ad agosto.	*They're going on vacation for two weeks in August.*
È ora di andare a letto.	*It's time to go to bed.*
Quando vai all'università?	*When are you going to the university?*
Mi piace andare a cavallo.	*I like horseback riding.*
Andiamo in macchina o a piedi?	*Are we going by car or on foot?*
Perché non ci andresti in bicicletta?	*Why wouldn't you go by bicycle?*
Molta gente ha paura di andare in aereo.	*Many people are afraid of flying.*
Tutto va male oggi.	*Everything's going badly today.*
Michele va per i 60.	*Michele is nearly 60 years old.*

TOP 50 VERB ☞

andare *to go, travel; work, function; fit, match; sell; be needed*

vado · andai · andato

irregular -are verb;
intrans. (aux. essere)

andare = Come sta? o procedere

— Come va? — Non c'è male, grazie.	*"How are you?" "Not too bad, thanks."*
— Com'è andato l'esame? — Era difficile.	*"How did the exam go?" "It was difficult."*
— Come va la famiglia? — Benissimo.	*"How's your family?" "Great."*
— Come va a scuola? — Di bene in meglio.	*"How's school?" "Better and better."*
— Come vai a scuola? — Malissimo.	*"How are you getting on at school?" "Very badly."*

andare = funzionare

La lavastoviglie non va più.	*The dishwasher doesn't work anymore.*
La macchina va a benzina e non a gasolio.	*The car takes gas, not diesel.*
L'autista non è riuscito a far andare l'autobus.	*The driver couldn't get the bus going.*

andare a qualcuno = essere gradito

Quest'idea non gli va.	*This idea doesn't sit well with him.*
Ti va il gelato alla fragola?	*Do you like strawberry ice cream?*
Vi va di partire domani?	*Is it okay with you if we leave tomorrow?*
Le va se ci incontriamo mercoledì pomeriggio?	*Does it suit you if we meet Wednesday afternoon?*

andare a + infinitive

Zio Roberto andrà a prenderla.	*Uncle Roberto will go and pick her up.*
Quest'anno andiamo a sciare in Svizzera.	*This year we'll go skiing in Switzerland.*
Grazia, vai a dormire subito.	*Grazia, go to bed at once.*

andarsene = andare via

Adesso me ne vado.	*I'm leaving now.*
Tutti se ne sono andati prima di mezzanotte.	*Everyone left before midnight.*
Vattene!	*Get out!/Go away!*
Queste macchie di sangue non se ne vanno.	*These bloodstains aren't coming out.*

IDIOMATIC EXPRESSIONS

I pantaloni di cuoio ti vanno benissimo.	*Leather pants look good on you.*
I vini italiani vanno benissimo negli Stati Uniti.	*Italian wine sells very well in the United States.*
Ci andranno almeno 12 metri quadrati di tessuto.	*At least 12 square meters of fabric will be needed.*
Mio nonno va migliorando.	*My grandfather is getting better.*
È andato perduto un manoscritto prezioso.	*A valuable manuscript has been lost.*
Lui va pazzo per il tennis.	*He's crazy about tennis.*
A lungo andare non vale la pena.	*In the long run it's not worth it.*
Ne va della nostra vita.	*Our lives are at stake.*
Va là che ti conosco bene.	*Get off it; I know you too well.*
Vado e vengo.	*I'll be back in a minute.*
Va da sè che ti accompagnerò all'aeroporto.	*It goes without saying that I'll go with you to the airport.*
Va bene.	*It's okay./Okay.*

PROVERB

Chi va piano va sano e lontano.	*More haste, less speed.*

regular -are verb, *g > gh/e, i*;
trans. (aux. *avere*); intrans. (aux. *essere*)

annego · annegai · annegato

NOTE *Annegare* is conjugated here with *avere*; when used intransitively, it is conjugated with *essere*.

Presente · Present		Passato prossimo · Present perfect	
annego	anneghiamo	ho annegato	abbiamo annegato
anneghi	annegate	hai annegato	avete annegato
annega	annegano	ha annegato	hanno annegato

Imperfetto · Imperfect		Trapassato prossimo · Past perfect	
annegavo	annegavamo	avevo annegato	avevamo annegato
annegavi	annegavate	avevi annegato	avevate annegato
annegava	annegavano	aveva annegato	avevano annegato

Passato remoto · Preterit		Trapassato remoto · Preterit perfect	
annegai	annegammo	ebbi annegato	avemmo annegato
annegasti	annegaste	avesti annegato	aveste annegato
annegò	annegarono	ebbe annegato	ebbero annegato

Futuro semplice · Future		Futuro anteriore · Future perfect	
annegherò	annegheremo	avrò annegato	avremo annegato
annegherai	annegherete	avrai annegato	avrete annegato
annegherà	annegheranno	avrà annegato	avranno annegato

Condizionale presente · Present conditional		Condizionale passato · Perfect conditional	
annegherei	annegheremmo	avrei annegato	avremmo annegato
annegheresti	anneghereste	avresti annegato	avreste annegato
annegherebbe	annegherebbero	avrebbe annegato	avrebbero annegato

Congiuntivo presente · Present subjunctive		Congiuntivo passato · Perfect subjunctive	
anneghi	anneghiamo	abbia annegato	abbiamo annegato
anneghi	anneghiate	abbia annegato	abbiate annegato
anneghi	anneghino	abbia annegato	abbiano annegato

Congiuntivo imperfetto · Imperfect subjunctive		Congiuntivo trapassato · Past perfect subjunctive	
annegassi	annegassimo	avessi annegato	avessimo annegato
annegassi	annegaste	avessi annegato	aveste annegato
annegasse	annegassero	avesse annegato	avessero annegato

Imperativo · Commands

	(non) anneghiamo
annega (non annegare)	(non) annegate
(non) anneghi	(non) anneghino

Participio passato · Past participle   annegato (-a/-i/-e)

Gerundio · Gerund   annegando

Usage

Dopo alcuni minuti nell'acqua fredda è annegato.	*After a couple of minutes in the cold water, he drowned.*
Stava per annegare quando è stata salvata da altri bagnanti.	*She was about to drown when she was saved by other bathers.*
Franco era tanto infelice che ha annegato i dispiaceri nel vino.	*Franco was so unhappy that he drowned his sorrow in wine.*
C'è chi annega nell'oro e chi muore di fame.	*Some people are rolling in money while others die of hunger.*

annegarsi *to drown oneself*

Era depressa e ha deciso di annegarsi nel lago.	*She was depressed and decided to drown herself in the lake.*
Non avevo mai pensato che si sarebbe annegato.	*I never thought he would have drowned himself.*

annoiare   *to bore; annoy, bother*

annoio · annoiai · annoiato

regular *-are* verb, *i > –/i*;
trans. (aux. *avere*)

Presente · Present

annoio	annoiamo
annoi	annoiate
annoia	annoiano

Passato prossimo · Present perfect

ho annoiato	abbiamo annoiato
hai annoiato	avete annoiato
ha annoiato	hanno annoiato

Imperfetto · Imperfect

annoiavo	annoiavamo
annoiavi	annoiavate
annoiava	annoiavano

Trapassato prossimo · Past perfect

avevo annoiato	avevamo annoiato
avevi annoiato	avevate annoiato
aveva annoiato	avevano annoiato

Passato remoto · Preterit

annoiai	annoiammo
annoiasti	annoiaste
annoiò	annoiarono

Trapassato remoto · Preterit perfect

ebbi annoiato	avemmo annoiato
avesti annoiato	aveste annoiato
ebbe annoiato	ebbero annoiato

Futuro semplice · Future

annoierò	annoieremo
annoierai	annoierete
annoierà	annoieranno

Futuro anteriore · Future perfect

avrò annoiato	avremo annoiato
avrai annoiato	avrete annoiato
avrà annoiato	avranno annoiato

Condizionale presente · Present conditional

annoierei	annoieremmo
annoieresti	annoiereste
annoierebbe	annoierebbero

Condizionale passato · Perfect conditional

avrei annoiato	avremmo annoiato
avresti annoiato	avreste annoiato
avrebbe annoiato	avrebbero annoiato

Congiuntivo presente · Present subjunctive

annoi	annoiamo
annoi	annoiate
annoi	annoino

Congiuntivo passato · Perfect subjunctive

abbia annoiato	abbiamo annoiato
abbia annoiato	abbiate annoiato
abbia annoiato	abbiano annoiato

Congiuntivo imperfetto · Imperfect subjunctive

annoiassi	annoiassimo
annoiassi	annoiaste
annoiasse	annoiassero

Congiuntivo trapassato · Past perfect subjunctive

avessi annoiato	avessimo annoiato
avessi annoiato	aveste annoiato
avesse annoiato	avessero annoiato

Imperativo · Commands

	(non) annoiamo
annoia (non annoiare)	(non) annoiate
(non) annoi	(non) annoino

Participio passato · Past participle   annoiato (-a/-i/-e)

Gerundio · Gerund   annoiando

Usage

L'illusionista che abbiamo visto ieri mi ha annoiata.	*The magician we saw yesterday was boring.*
Il film annoia e dà la brutta impressione di essere già visto.	*The movie is boring and gives one a bad feeling of déjà vu.*
Spero di non avervi annoiato troppo con le mie domande.	*I hope I haven't bothered you too much with my questions.*

annoiarsi   *to get bored, be bored with*

In montagna non ci si annoia mai.	*One never gets bored in the mountains.*
Carmela si è annoiata del calcio.	*Carmela got bored with soccer.*
Ci siamo annoiati di andare sempre allo stesso ristorante.	*We got bored with always going to the same restaurant.*
L'anno scorso mi piaceva studiare l'economia, ma quest'anno me ne sono annoiato un po'.	*Last year I liked studying economics, but this year I was a little bored with it.*

regular -are verb, *ci > c/e, i*;
trans. (aux. *avere*)

Presente · Present

annuncio	annunciamo
annunci	annunciate
annuncia	annunciano

Imperfetto · Imperfect

annunciavo	annunciavamo
annunciavi	annunciavate
annunciava	annunciavano

Passato remoto · Preterit

annunciai	annunciammo
annunciasti	annunciaste
annunciò	annunciarono

Futuro semplice · Future

annuncerò	annunceremo
annuncerai	annuncerete
annuncerà	annunceranno

Condizionale presente · Present conditional

annuncerei	annunceremmo
annunceresti	annuncereste
annuncerebbe	annuncerebbero

Congiuntivo presente · Present subjunctive

annunci	annunciamo
annunci	annunciate
annunci	annuncino

Congiuntivo imperfetto · Imperfect subjunctive

annunciassi	annunciassimo
annunciassi	annunciaste
annunciasse	annunciassero

Passato prossimo · Present perfect

ho annunciato	abbiamo annunciato
hai annunciato	avete annunciato
ha annunciato	hanno annunciato

Trapassato prossimo · Past perfect

avevo annunciato	avevamo annunciato
avevi annunciato	avevate annunciato
aveva annunciato	avevano annunciato

Trapassato remoto · Preterit perfect

ebbi annunciato	avemmo annunciato
avesti annunciato	aveste annunciato
ebbe annunciato	ebbero annunciato

Futuro anteriore · Future perfect

avrò annunciato	avremo annunciato
avrai annunciato	avrete annunciato
avrà annunciato	avranno annunciato

Condizionale passato · Perfect conditional

avrei annunciato	avremmo annunciato
avresti annunciato	avreste annunciato
avrebbe annunciato	avrebbero annunciato

Congiuntivo passato · Perfect subjunctive

abbia annunciato	abbiamo annunciato
abbia annunciato	abbiate annunciato
abbia annunciato	abbiano annunciato

Congiuntivo trapassato · Past perfect subjunctive

avessi annunciato	avessimo annunciato
avessi annunciato	aveste annunciato
avesse annunciato	avessero annunciato

Imperativo · Commands

	(non) annunciamo
annuncia (non annunciare)	(non) annunciate
(non) annunci	(non) annuncino

Participio passato · Past participle   annunciato (-a/-i/-e)

Gerundio · Gerund   annunciando

Usage

I genitori erano fieri di annunciare il fidanzamento della loro unica figlia.	*The parents were proud to announce the engagement of their only daughter.*
Il colonnello annunciò la vittoria delle truppe prematuramente.	*The colonel prematurely announced the victory of his troops.*
Mi hanno annunciato la brutta notizia mentre ero all'estero.	*They broke the bad news to me while I was abroad.*
Il visitatore dovette aspettare qualche minuto prima che lo annunciassero al direttore.	*The visitor had to wait a few minutes before they announced him to the manager.*
La coppia entrò al gran gala senza farsi annunciare.	*The couple came in unannounced at the gala celebration.*
Il barometro annuncia la pioggia; ti conviene prendere un ombrello.	*The barometer indicates rain; you should take an umbrella.*
Tu credi che la venuta del Figlio di Dio fosse annunciata in un certo modo?	*Do you believe that the coming of the Son of God was in a certain way foretold?*

apparecchiare *to set (the table); prepare, get ready*

apparecchio · apparecchiai · apparecchiato

regular -are verb, i > –/i;
trans. (aux. avere)

Presente · Present	
apparecchio	apparecchiamo
apparecchi	apparecchiate
apparecchia	apparecchiano

Passato prossimo · Present perfect	
ho apparecchiato	abbiamo apparecchiato
hai apparecchiato	avete apparecchiato
ha apparecchiato	hanno apparecchiato

Imperfetto · Imperfect	
apparecchiavo	apparecchiavamo
apparecchiavi	apparecchiavate
apparecchiava	apparecchiavano

Trapassato prossimo · Past perfect	
avevo apparecchiato	avevamo apparecchiato
avevi apparecchiato	avevate apparecchiato
aveva apparecchiato	avevano apparecchiato

Passato remoto · Preterit	
apparecchiai	apparecchiammo
apparecchiasti	apparecchiaste
apparecchiò	apparecchiarono

Trapassato remoto · Preterit perfect	
ebbi apparecchiato	avemmo apparecchiato
avesti apparecchiato	aveste apparecchiato
ebbe apparecchiato	ebbero apparecchiato

Futuro semplice · Future	
apparecchierò	apparecchieremo
apparecchierai	apparecchierete
apparecchierà	apparecchieranno

Futuro anteriore · Future perfect	
avrò apparecchiato	avremo apparecchiato
avrai apparecchiato	avrete apparecchiato
avrà apparecchiato	avranno apparecchiato

Condizionale presente · Present conditional	
apparecchierei	apparecchieremmo
apparecchieresti	apparecchiereste
apparecchierebbe	apparecchierebbero

Condizionale passato · Perfect conditional	
avrei apparecchiato	avremmo apparecchiato
avresti apparecchiato	avreste apparecchiato
avrebbe apparecchiato	avrebbero apparecchiato

Congiuntivo presente · Present subjunctive	
apparecchi	apparecchiamo
apparecchi	apparecchiate
apparecchi	apparecchino

Congiuntivo passato · Perfect subjunctive	
abbia apparecchiato	abbiamo apparecchiato
abbia apparecchiato	abbiate apparecchiato
abbia apparecchiato	abbiano apparecchiato

Congiuntivo imperfetto · Imperfect subjunctive	
apparecchiassi	apparecchiassimo
apparecchiassi	apparecchiaste
apparecchiasse	apparecchiassero

Congiuntivo trapassato · Past perfect subjunctive	
avessi apparecchiato	avessimo apparecchiato
avessi apparecchiato	aveste apparecchiato
avesse apparecchiato	avessero apparecchiato

Imperativo · Commands	
	(non) apparecchiamo
apparecchia (non apparecchiare)	(non) apparecchiate
(non) apparecchi	(non) apparecchino

Participio passato · Past participle   apparecchiato (-a/-i/-e)

Gerundio · Gerund   apparecchiando

Usage

Daniela, la tavola è pulita. Apparecchiala per la cena, per favore.	*Daniela, the table is clean. Set it for dinner, please.*
Il posto per il nonno, che doveva arrivare più tardi, non era ancora apparecchiato.	*A place for grandpa, who was going to arrive later, wasn't set yet.*
Il cameriere aveva apparecchiato per quattro, ma eravamo in cinque.	*The waiter had set a table for four, but there were five of us.*
Mia madre apparecchiò la colazione in giardino per il sindaco e sua moglie.	*My mother prepared a lunch in the garden for the mayor and his wife.*
Lei si occupava degli ospiti mentre lui apparecchiava la cena.	*She entertained the guests while he prepared dinner.*

irregular *-ire* verb (optional *-isc-* type); **appaio/apparisco · apparvi/apparii/apparsi · apparso**
intrans. (aux. *essere*)

Presente · Present

appaio/apparisco	appariamo
appari/apparisci	apparite
appare/apparisce	appaiono/appariscono

Imperfetto · Imperfect

apparivo	apparivamo
apparivi	apparivate
appariva	apparivano

Passato remoto · Preterit

apparvi/apparii/apparsi	apparimmo
apparisti	appariste
apparve/apparì/apparse	apparvero/apparirono/apparsero

Futuro semplice · Future

apparirò	appariremo
apparirai	apparirete
apparirà	appariranno

Condizionale presente · Present conditional

apparirei	appariremmo
appariresti	apparireste
apparirebbe	apparirebbero

Congiuntivo presente · Present subjunctive

appaia/apparisca	appariamo
appaia/apparisca	appariate
appaia/apparisca	appaiano/appariscano

Congiuntivo imperfetto · Imperfect subjunctive

apparissi	apparissimo
apparissi	appariste
apparisse	apparissero

Imperativo · Commands

	(non) appariamo
appari/apparisci (non apparire)	(non) apparite
(non) appaia/apparisca	(non) appaiano/appariscano

Participio passato · Past participle   apparso (-a/-i/-e)
Gerundio · Gerund   apparendo

Passato prossimo · Present perfect

sono apparso (-a)	siamo apparsi (-e)
sei apparso (-a)	siete apparsi (-e)
è apparso (-a)	sono apparsi (-e)

Trapassato prossimo · Past perfect

ero apparso (-a)	eravamo apparsi (-e)
eri apparso (-a)	eravate apparsi (-e)
era apparso (-a)	erano apparsi (-e)

Trapassato remoto · Preterit perfect

fui apparso (-a)	fummo apparsi (-e)
fosti apparso (-a)	foste apparsi (-e)
fu apparso (-a)	furono apparsi (-e)

Futuro anteriore · Future perfect

sarò apparso (-a)	saremo apparsi (-e)
sarai apparso (-a)	sarete apparsi (-e)
sarà apparso (-a)	saranno apparsi (-e)

Condizionale passato · Perfect conditional

sarei apparso (-a)	saremmo apparsi (-e)
saresti apparso (-a)	sareste apparsi (-e)
sarebbe apparso (-a)	sarebbero apparsi (-e)

Congiuntivo passato · Perfect subjunctive

sia apparso (-a)	siamo apparsi (-e)
sia apparso (-a)	siate apparsi (-e)
sia apparso (-a)	siano apparsi (-e)

Congiuntivo trapassato · Past perfect subjunctive

fossi apparso (-a)	fossimo apparsi (-e)
fossi apparso (-a)	foste apparsi (-e)
fosse apparso (-a)	fossero apparsi (-e)

Usage

Dopo alcune ore un'isola verde è apparsa ai loro occhi.	*After a couple of hours a green island appeared before their eyes.*
Sua madre, che era morta da venti anni, le apparve in sogno.	*Her mother, who had been dead for twenty years, appeared to her in a dream.*
Ci appare chiaro che il problema va risolto al più presto possibile.	*It seems clear to us that the problem needs to be resolved as soon as possible.*
Mi appare sempre il messaggio "operazione proibita" sullo schermo.	*I keep getting the "operation prohibited" message on the screen.*
Dal processo è apparsa chiara la sua colpevolezza.	*The trial clearly demonstrated his guilt.*
Appare che Carolina sia partita due ore fa.	*It turns out that Carolina left two hours ago.*
Non avremo bisogno delle candele; la luna appare chiaramente nel cielo.	*We won't need the candles. The moon is shining brightly in the sky.*
Apparve molto felice di vedermi.	*He seemed very happy to see me.*
Tommaso voleva sempre apparire elegante.	*Tommaso always wanted to look sharp.*

appartenere   *to belong (to); be a member (of); be up (to)*

appartengo · appartenni · appartenuto

irregular *-ēre* verb;
intrans. (aux. *avere* or *essere*)

NOTE *Appartenere* is conjugated here with *avere*; it may also be conjugated with *essere*—see p. 22 for details.

Presente · Present

appartengo	apparteniamo		
appartieni	appartenete		
appartiene	appartengono		

Passato prossimo · Present perfect

ho appartenuto	abbiamo appartenuto		
hai appartenuto	avete appartenuto		
ha appartenuto	hanno appartenuto		

Imperfetto · Imperfect

appartenevo	appartenevamo
appartenevi	appartenevate
apparteneva	appartenevano

Trapassato prossimo · Past perfect

avevo appartenuto	avevamo appartenuto
avevi appartenuto	avevate appartenuto
aveva appartenuto	avevano appartenuto

Passato remoto · Preterit

appartenni	appartenemmo
appartenesti	apparteneste
appartenne	appartennero

Trapassato remoto · Preterit perfect

ebbi appartenuto	avemmo appartenuto
avesti appartenuto	aveste appartenuto
ebbe appartenuto	ebbero appartenuto

Futuro semplice · Future

apparterrò	apparterremo
apparterrai	apparterrete
apparterrà	apparterranno

Futuro anteriore · Future perfect

avrò appartenuto	avremo appartenuto
avrai appartenuto	avrete appartenuto
avrà appartenuto	avranno appartenuto

Condizionale presente · Present conditional

apparterrei	apparterremmo
apparterresti	apparterreste
apparterrebbe	apparterrebbero

Condizionale passato · Perfect conditional

avrei appartenuto	avremmo appartenuto
avresti appartenuto	avreste appartenuto
avrebbe appartenuto	avrebbero appartenuto

Congiuntivo presente · Present subjunctive

appartenga	apparteniamo
appartenga	apparteniate
appartenga	appartengano

Congiuntivo passato · Perfect subjunctive

abbia appartenuto	abbiamo appartenuto
abbia appartenuto	abbiate appartenuto
abbia appartenuto	abbiano appartenuto

Congiuntivo imperfetto · Imperfect subjunctive

appartenessi	appartenessimo
appartenessi	apparteneste
appartenesse	appartenessero

Congiuntivo trapassato · Past perfect subjunctive

avessi appartenuto	avessimo appartenuto
avessi appartenuto	aveste appartenuto
avesse appartenuto	avessero appartenuto

Imperativo · Commands

	(non) apparteniamo
appartieni (non appartenere)	(non) appartenete
(non) appartenga	(non) appartengano

Participio passato · Past participle   appartenuto (-a/-i/-e)

Gerundio · Gerund   appartenendo

Usage

La grande maggioranza degli italiani appartiene alla fede cattolica.	*The great majority of Italians belong to the Catholic faith.*
La società a cui avevamo appartenuto per dieci anni non esisteva più.	*The organization we had been members of for 10 years didn't exist anymore.*
La grande casa è appartenuta a un'impresa americana.	*The large house belonged to an American company.*
"T'appartengo per sempre", disse Giulia al suo fidanzato.	*"I am forever yours," Giulia said to her fiancé.*
I miei genitori appartenevano a una generazione che era cresciuta senza i computer.	*My parents belonged to a generation that grew up without computers.*
— A quale segno zodiacale appartieni?	*"What's your (sun) sign?"*
— Non so. Quelle cose non mi interessano.	*"I don't know. I don't care about that stuff."*
Appartiene a te di raccogliere un numero sufficiente di firme sulla petizione.	*It's up to you to get enough signatures on the petition.*

regular *-ire* verb (optional *-isc-* type);
trans./intrans. (aux. *avere*)

applaudo/applaudisco · applaudii · applaudito

Presente · Present

applaudo/applaudisco	applaudiamo
applaudi/applaudisci	applaudite
applaude/applaudisce	applaudono/applaudiscono

Imperfetto · Imperfect

applaudivo	applaudivamo
applaudivi	applaudivate
applaudiva	applaudivano

Passato remoto · Preterit

applaudii	applaudimmo
applaudisti	applaudiste
applaudì	applaudirono

Futuro semplice · Future

applaudirò	applaudiremo
applaudirai	applaudirete
applaudirà	applaudiranno

Condizionale presente · Present conditional

applaudirei	applaudiremmo
applaudiresti	applaudireste
applaudirebbe	applaudirebbero

Congiuntivo presente · Present subjunctive

applauda/applaudisca	applaudiamo
applauda/applaudisca	applaudiate
applauda/applaudisca	applaudano/applaudiscano

Congiuntivo imperfetto · Imperfect subjunctive

applaudissi	applaudissimo
applaudissi	applaudiste
applaudisse	applaudissero

Passato prossimo · Present perfect

ho applaudito	abbiamo applaudito
hai applaudito	avete applaudito
ha applaudito	hanno applaudito

Trapassato prossimo · Past perfect

avevo applaudito	avevamo applaudito
avevi applaudito	avevate applaudito
aveva applaudito	avevano applaudito

Trapassato remoto · Preterit perfect

ebbi applaudito	avemmo applaudito
avesti applaudito	aveste applaudito
ebbe applaudito	ebbero applaudito

Futuro anteriore · Future perfect

avrò applaudito	avremo applaudito
avrai applaudito	avrete applaudito
avrà applaudito	avranno applaudito

Condizionale passato · Perfect conditional

avrei applaudito	avremmo applaudito
avresti applaudito	avreste applaudito
avrebbe applaudito	avrebbero applaudito

Congiuntivo passato · Perfect subjunctive

abbia applaudito	abbiamo applaudito
abbia applaudito	abbiate applaudito
abbia applaudito	abbiano applaudito

Congiuntivo trapassato · Past perfect subjunctive

avessi applaudito	avessimo applaudito
avessi applaudito	aveste applaudito
avesse applaudito	avessero applaudito

Imperativo · Commands

	(non) applaudiamo
applaudi/applaudisci (non applaudire)	(non) applaudite
(non) applauda/applaudisca	(non) applaudano/applaudiscano

Participio passato · Past participle   applaudito (-a/-i/-e)

Gerundio · Gerund   applaudendo

Usage

Dopo i fuochi d'artificio migliaia di cittadini applaudirono.	*After the fireworks thousands of citizens applauded.*
La bambina applaudisce per manifestare la sua felicità.	*The little girl is clapping to show how happy she is.*
Alla fine del concerto il pubblico ha applaudito la cantante per cinque minuti.	*At the end of the concert the audience applauded the singer for five minutes.*
La nuova proposta fu molto applaudita.	*The new proposal received a lot of praise.*
Non è giusto che loro applaudano a questo crimine orribile.	*It's not right that they approve of this horrendous crime.*

applaudirsi *to applaud each other*

Alla fine della competizione i due atleti si sono applauditi.	*At the end of the competition the two athletes applauded each other.*

appoggiare *to support; lay/rest/lean (something) on/against*

appoggio · appoggiai · appoggiato

regular -*are* verb, *gi* > *g/e, i*;
trans./intrans. (aux. *avere*)

Presente · Present

appoggio	appoggiamo
appoggi	appoggiate
appoggia	appoggiano

Imperfetto · Imperfect

appoggiavo	appoggiavamo
appoggiavi	appoggiavate
appoggiava	appoggiavano

Passato remoto · Preterit

appoggiai	appoggiammo
appoggiasti	appoggiaste
appoggiò	appoggiarono

Futuro semplice · Future

appoggerò	appoggeremo
appoggerai	appoggerete
appoggerà	appoggeranno

Condizionale presente · Present conditional

appoggerei	appoggeremmo
appoggeresti	appoggereste
appoggerebbe	appoggerebbero

Congiuntivo presente · Present subjunctive

appoggi	appoggiamo
appoggi	appoggiate
appoggi	appoggino

Congiuntivo imperfetto · Imperfect subjunctive

appoggiassi	appoggiassimo
appoggiassi	appoggiaste
appoggiasse	appoggiassero

Passato prossimo · Present perfect

ho appoggiato	abbiamo appoggiato
hai appoggiato	avete appoggiato
ha appoggiato	hanno appoggiato

Trapassato prossimo · Past perfect

avevo appoggiato	avevamo appoggiato
avevi appoggiato	avevate appoggiato
aveva appoggiato	avevano appoggiato

Trapassato remoto · Preterit perfect

ebbi appoggiato	avemmo appoggiato
avesti appoggiato	aveste appoggiato
ebbe appoggiato	ebbero appoggiato

Futuro anteriore · Future perfect

avrò appoggiato	avremo appoggiato
avrai appoggiato	avrete appoggiato
avrà appoggiato	avranno appoggiato

Condizionale passato · Perfect conditional

avrei appoggiato	avremmo appoggiato
avresti appoggiato	avreste appoggiato
avrebbe appoggiato	avrebbero appoggiato

Congiuntivo passato · Perfect subjunctive

abbia appoggiato	abbiamo appoggiato
abbia appoggiato	abbiate appoggiato
abbia appoggiato	abbiano appoggiato

Congiuntivo trapassato · Past perfect subjunctive

avessi appoggiato	avessimo appoggiato
avessi appoggiato	aveste appoggiato
avesse appoggiato	avessero appoggiato

Imperativo · Commands

	(non) appoggiamo
appoggia (non appoggiare)	(non) appoggiate
(non) appoggi	(non) appoggino

Participio passato · Past participle	appoggiato (-a/-i/-e)
Gerundio · Gerund	appoggiando

Usage

Il presidente dichiarò che tutti appoggiavano l'idea di uno stato indipendente.	*The president declared that everybody supported the idea of an independent state.*
Il cameriere appoggia la bottiglia di vino e i bicchieri sul tavolo.	*The waiter puts the bottle of wine and the glasses down on the table.*
Per salvare il gattino abbiamo dovuto appoggiare una scala altissima all'albero.	*To save the little cat, we had to lean a very tall ladder against the tree.*
Era tanto arrabbiata che voleva appoggiargli uno schiaffo.	*She was so angry that she wanted to slap him.*
La base metallica appoggia su quattro gambe.	*The metallic base rests on four legs.*
Francesca, non appoggiare i gomiti sul tavolo.	*Francesca, don't lean your elbows on the table.*

appoggiarsi *to lean against, rely on*

I ragazzi si sono appoggiati al muro con la schiena.	*The boys leaned (with) their backs against the wall.*
L'azienda si appoggia su una vasta rete di distribuzione.	*The company relies on a vast distribution network.*

irregular -*ere* verb;
trans. (aux. *avere*)

apprendo · appresi · appreso

Presente · Present

apprendo	apprendiamo
apprendi	apprendete
apprende	apprendono

Imperfetto · Imperfect

apprendevo	apprendevamo
apprendevi	apprendevate
apprendeva	apprendevano

Passato remoto · Preterit

appresi	apprendemmo
apprendesti	apprendeste
apprese	appresero

Futuro semplice · Future

apprenderò	apprenderemo
apprenderai	apprenderete
apprenderà	apprenderanno

Condizionale presente · Present conditional

apprenderei	apprenderemmo
apprenderesti	apprendereste
apprenderebbe	apprenderebbero

Congiuntivo presente · Present subjunctive

apprenda	apprendiamo
apprenda	apprendiate
apprenda	apprendano

Congiuntivo imperfetto · Imperfect subjunctive

apprendessi	apprendessimo
apprendessi	apprendeste
apprendesse	apprendessero

Passato prossimo · Present perfect

ho appreso	abbiamo appreso
hai appreso	avete appreso
ha appreso	hanno appreso

Trapassato prossimo · Past perfect

avevo appreso	avevamo appreso
avevi appreso	avevate appreso
aveva appreso	avevano appreso

Trapassato remoto · Preterit perfect

ebbi appreso	avemmo appreso
avesti appreso	aveste appreso
ebbe appreso	ebbero appreso

Futuro anteriore · Future perfect

avrò appreso	avremo appreso
avrai appreso	avrete appreso
avrà appreso	avranno appreso

Condizionale passato · Perfect conditional

avrei appreso	avremmo appreso
avresti appreso	avreste appreso
avrebbe appreso	avrebbero appreso

Congiuntivo passato · Perfect subjunctive

abbia appreso	abbiamo appreso
abbia appreso	abbiate appreso
abbia appreso	abbiano appreso

Congiuntivo trapassato · Past perfect subjunctive

avessi appreso	avessimo appreso
avessi appreso	aveste appreso
avesse appreso	avessero appreso

Imperativo · Commands

	(non) apprendiamo
apprendi (non apprendere)	(non) apprendete
(non) apprenda	(non) apprendano

Participio passato · Past participle	appreso (-a/-i/-e)
Gerundio · Gerund	apprendendo

Usage

È una ragazza che apprende con facilità dei nuovi concetti.

She's a girl who learns new concepts easily.

Il giovane artista apprese velocemente l'arte della scultura con il marmo.

The young artist quickly learned the art of sculpting in marble.

Ai nostri studenti non piace apprendere molte regole grammaticali.

Our students don't like to learn lots of grammar rules.

Abbiamo appreso con preoccupazione che il governo avrebbe alzato le tasse sulla benzina.

We've learned, much to our concern, that the government plans to raise taxes on gasoline.

"Ho appena appreso di questo abominevole attentato", disse il capo del governo.

"I've just found out about this horrible attack," said the head of state.

apprezzare *to appreciate, value; evaluate, appraise*

apprezzo · apprezzai · apprezzato

regular -are verb;
trans. (aux. *avere*)

Presente · Present		Passato prossimo · Present perfect	
apprezzo	apprezziamo	ho apprezzato	abbiamo apprezzato
apprezzi	apprezzate	hai apprezzato	avete apprezzato
apprezza	apprezzano	ha apprezzato	hanno apprezzato

Imperfetto · Imperfect		Trapassato prossimo · Past perfect	
apprezzavo	apprezzavamo	avevo apprezzato	avevamo apprezzato
apprezzavi	apprezzavate	avevi apprezzato	avevate apprezzato
apprezzava	apprezzavano	aveva apprezzato	avevano apprezzato

Passato remoto · Preterit		Trapassato remoto · Preterit perfect	
apprezzai	apprezzammo	ebbi apprezzato	avemmo apprezzato
apprezzasti	apprezzaste	avesti apprezzato	aveste apprezzato
apprezzò	apprezzarono	ebbe apprezzato	ebbero apprezzato

Futuro semplice · Future		Futuro anteriore · Future perfect	
apprezzerò	apprezzeremo	avrò apprezzato	avremo apprezzato
apprezzerai	apprezzerete	avrai apprezzato	avrete apprezzato
apprezzerà	apprezzeranno	avrà apprezzato	avranno apprezzato

Condizionale presente · Present conditional		Condizionale passato · Perfect conditional	
apprezzerei	apprezzeremmo	avrei apprezzato	avremmo apprezzato
apprezzeresti	apprezzereste	avresti apprezzato	avreste apprezzato
apprezzerebbe	apprezzerebbero	avrebbe apprezzato	avrebbero apprezzato

Congiuntivo presente · Present subjunctive		Congiuntivo passato · Perfect subjunctive	
apprezzi	apprezziamo	abbia apprezzato	abbiamo apprezzato
apprezzi	apprezziate	abbia apprezzato	abbiate apprezzato
apprezzi	apprezzino	abbia apprezzato	abbiano apprezzato

Congiuntivo imperfetto · Imperfect subjunctive		Congiuntivo trapassato · Past perfect subjunctive	
apprezzassi	apprezzassimo	avessi apprezzato	avessimo apprezzato
apprezzassi	apprezzaste	avessi apprezzato	aveste apprezzato
apprezzasse	apprezzassero	avesse apprezzato	avessero apprezzato

Imperativo · Commands

	(non) apprezziamo
apprezza (non apprezzare)	(non) apprezzate
(non) apprezzi	(non) apprezzino

Participio passato · Past participle	apprezzato (-a/-i/-e)
Gerundio · Gerund	apprezzando

Usage

— Sai che cosa apprezzo di più in una persona?
— Non lo so. Dimmi.

Ho dei momenti in cui apprezzo la solitudine,
  ma in genere non è una cosa che mi piace.
Abbiamo apprezzato in modo particolare la prima
  colazione.
Apprezzarono molto quel nostro gesto di rispetto.
Mi conosce da molti anni e apprezza il valore
  del mio lavoro.
Abbiamo fatto apprezzare la nostra casa qualche
  tempo fa.

"Do you know what I value most in a person?"
"I don't know. Tell me."

I sometimes appreciate being on my own, but it's not
  something I generally like.
We particularly enjoyed breakfast.

They really appreciated our gesture of respect.
He's known me for many years, and he values my work.

We had our house appraised some time ago.

apprezzarsi *to go up in value*

Nelle ultime settimane l'euro si è apprezzato
  parecchio nei confronti del dollaro.

In recent weeks the euro has gained considerably
  on the dollar.

irregular -ire verb;
trans./intrans. (aux. *avere*)

apro · aprii/apersi · aperto

Presente · Present

apro	apriamo
apri	aprite
apre	aprono

Imperfetto · Imperfect

aprivo	aprivamo
aprivi	aprivate
apriva	aprivano

Passato remoto · Preterit

aprii/apersi	aprimmo
apristi	apriste
aprì/aperse	aprirono/apersero

Futuro semplice · Future

aprirò	apriremo
aprirai	aprirete
aprirà	apriranno

Condizionale presente · Present conditional

aprirei	apriremmo
apriresti	aprireste
aprirebbe	aprirebbero

Congiuntivo presente · Present subjunctive

apra	apriamo
apra	apriate
apra	aprano

Congiuntivo imperfetto · Imperfect subjunctive

aprissi	aprissimo
aprissi	apriste
aprisse	aprissero

Imperativo · Commands

	(non) apriamo
apri (non aprire)	(non) aprite
(non) apra	(non) aprano

Participio passato · Past participle   aperto (-a/-i/-e)

Gerundio · Gerund   aprendo

Passato prossimo · Present perfect

ho aperto	abbiamo aperto
hai aperto	avete aperto
ha aperto	hanno aperto

Trapassato prossimo · Past perfect

avevo aperto	avevamo aperto
avevi aperto	avevate aperto
aveva aperto	avevano aperto

Trapassato remoto · Preterit perfect

ebbi aperto	avemmo aperto
avesti aperto	aveste aperto
ebbe aperto	ebbero aperto

Futuro anteriore · Future perfect

avrò aperto	avremo aperto
avrai aperto	avrete aperto
avrà aperto	avranno aperto

Condizionale passato · Perfect conditional

avrei aperto	avremmo aperto
avresti aperto	avreste aperto
avrebbe aperto	avrebbero aperto

Congiuntivo passato · Perfect subjunctive

abbia aperto	abbiamo aperto
abbia aperto	abbiate aperto
abbia aperto	abbiano aperto

Congiuntivo trapassato · Past perfect subjunctive

avessi aperto	avessimo aperto
avessi aperto	aveste aperto
avesse aperto	avessero aperto

Usage

Giuseppe mi ha aperto la porta e sono entrata in casa.	*Giuseppe opened the door for me, and I entered the house.*
Sua zia ha aperto una cartoleria di recente.	*Her aunt opened a stationery shop recently.*
L'anno accademico aprirà fra poche settimane.	*The academic year is starting up in a few weeks.*
— A che ora apre questo negozio?	*"When does this shop open up?"*
— Apre alle 8.00 e chiude alle 13.30.	*"It opens at 8 A.M. and closes at 1:30 P.M."*

aprirsi to open (up), open one's heart, confide

La finestra dell'albergo si apriva sulla Piazza Navona.	*The hotel window opened onto Navona Square.*
Alla fine si è aperta con mia sorella e abbiamo saputo che cosa era successo.	*In the end she confided in my sister and we found out what had happened.*

46 | aprire *to open; turn/switch on; make an opening in; start, begin*

apro · aprii/apersi · aperto | *irregular -ire verb;
trans./intrans. (aux. avere)*

THINGS TO OPEN

Questa bottiglia è vuota. Apriamone un'altra. — *This bottle is empty. Let's open another one.*

La porta è chiusa a chiave e non riesco a aprirla. — *The door is locked and I can't unlock it.*

Gianna, apri un po' la finestra, per favore. — *Gianna, would you open the window, please?*

Ho aperto il rubinetto, ma l'acqua non veniva. — *I turned on the faucet, but the water wasn't running.*

Il ladro entrò nel negozio e gridò: "Apri la cassa e dammi tutti i soldi!" — *The robber walked into the shop and shouted, "Open the cash register and give me all the money!"*

I parenti non vollero che si aprisse il cadavere per farne un'autopsia. — *The relatives didn't want them to open up the body to perform an autopsy.*

Il contadino aprì la terra con l'aratro. — *The farmer dug a furrow in the earth with his plow.*

È molto facile aprire un conto corrente. — *It's very easy to set up a checking account.*

A causa del caldo nella sala parecchi avevano aperto la camicia. — *Because of the heat several people had unbuttoned their shirts.*

EXPRESSIONS WITH *aprire*

Apri la bocca adesso o non l'aprirai mai più! — *Talk now or you'll never talk again!*

Dopo molti mesi di inganni quella notizia le aprì gli occhi. — *After many months of deceit, that message was a real eye-opener for her.*

Il piccolo principe aprì gli occhi alla luce durante il pomeriggio. — *The little prince was born in the afternoon.*

Ragazzi, aprite gli orecchi! Questo messaggio è importantissimo. — *Guys, listen up! This message is very important.*

Con una generosità meravigliosa hanno aperto il cuore ai bisogni di quei poveri. — *With admirable generosity, they opened up their hearts to the needs of those poor people.*

I soldati hanno aperto il fuoco senza vedere i civili. — *The soldiers opened fire without seeing the civilians.*

Il diplomato gli ha sconsigliato di aprire le ostilità senza provare a risolvere il conflitto in un altro modo. — *The diplomat discouraged them from commencing hostilities without trying to resolve the conflict in another way.*

La procura della Repubblica di Firenze ha aperto un'inchiesta sull'omicidio. — *The public prosecutor's office in Florence opened up an investigation into the murder.*

Gli utenti registrati possono cliccare qui per aprire una sessione. — *Registered users can click here to log on.*

Aprite la radio: stanno intervistando il presidente. — *Turn on the radio: they're interviewing the president.*

Dovresti aprire la tua lezione con una barzelletta. — *You should begin your lecture with a joke.*

Il vestito nero si apre sulla schiena. — *The black dress is open in the back.*

Quella camicia apre troppo davanti. — *That blouse has a very low neckline.*

Apriti cielo! — *Heaven forbid!*

RELATED EXPRESSIONS

l'apertura (*f.*) — *opening, aperture*

il movimento di apertura — *backswing (tennis)*

l'apertura mentale — *open-mindedness*

in apertura di — *at the beginning of*

l'apripista (*m.*) — *trailmaker (skiing); bulldozer*

l'apribottiglie (*m.*) — *bottle opener*

l'apriscatole (*m.*) — *can opener*

TOP 50 VERBS

irregular -ere verb;
trans. (aux. *avere*); intrans. (aux. *essere*)

ardo · arsi · arso

NOTE *Ardere* is conjugated here with *avere*; when used intransitively, it is conjugated with *essere*.

Presente · Present		Passato prossimo · Present perfect	
ardo	ardiamo	ho arso	abbiamo arso
ardi	ardete	hai arso	avete arso
arde	ardono	ha arso	hanno arso

Imperfetto · Imperfect		Trapassato prossimo · Past perfect	
ardevo	ardevamo	avevo arso	avevamo arso
ardevi	ardevate	avevi arso	avevate arso
ardeva	ardevano	aveva arso	avevano arso

Passato remoto · Preterit		Trapassato remoto · Preterit perfect	
arsi	ardemmo	ebbi arso	avemmo arso
ardesti	ardeste	avesti arso	aveste arso
arse	arsero	ebbe arso	ebbero arso

Futuro semplice · Future		Futuro anteriore · Future perfect	
arderò	arderemo	avrò arso	avremo arso
arderai	arderete	avrai arso	avrete arso
arderà	arderanno	avrà arso	avranno arso

Condizionale presente · Present conditional		Condizionale passato · Perfect conditional	
arderei	arderemmo	avrei arso	avremmo arso
arderesti	ardereste	avresti arso	avreste arso
arderebbe	arderebbero	avrebbe arso	avrebbero arso

Congiuntivo presente · Present subjunctive		Congiuntivo passato · Perfect subjunctive	
arda	ardiamo	abbia arso	abbiamo arso
arda	ardiate	abbia arso	abbiate arso
arda	ardano	abbia arso	abbiano arso

Congiuntivo imperfetto · Imperfect subjunctive		Congiuntivo trapassato · Past perfect subjunctive	
ardessi	ardessimo	avessi arso	avessimo arso
ardessi	ardeste	avessi arso	aveste arso
ardesse	ardessero	avesse arso	avessero arso

Imperativo · Commands	
	(non) ardiamo
ardi (non ardere)	(non) ardete
(non) arda	(non) ardano

Participio passato · Past participle   arso (-a/-i/-e)
Gerundio · Gerund   ardendo

Usage

La casa è stata arsa ieri da vandali.	*The house was set on fire yesterday by vandals.*
Nel Medioevo si ardevano gli eretici sul rogo.	*In the Middle Ages they burned heretics at the stake.*
Dopo una primavera arida il solleone arse la terra.	*After a dry spring, the summer heat scorched the soil.*
Ardo dal desiderio di visitare altri paesi e continenti lontani.	*I'm burning with the desire to visit other countries and distant continents.*
Le luci accoglienti ardevano nella notte.	*The welcoming lights were burning in the night.*
La passione che ti arde in petto ti darà la forza necessaria per superare ogni ostacolo.	*The passion burning in your chest will give you the necessary strength to overcome all obstacles.*
Dottore, mia figlia arde di febbre. Che devo fare?	*Doctor, my daughter is burning up with fever. What should I do?*
Il suo cuore ardeva d'ira contro quelli che l'avevano trattato male.	*His heart was burning with rage against those who had treated him badly.*

arrabbiare (of a dog) *to become rabid;* (with **fare**) *make angry*

arrabbio · arrabbiai · arrabbiato

regular *-are* verb, *i > –/i*;
intrans. (aux. *essere*)

Presente · Present		Passato prossimo · Present perfect	
arrabbio	arrabbiamo	sono arrabbiato (-a)	siamo arrabbiati (-e)
arrabbi	arrabbiate	sei arrabbiato (-a)	siete arrabbiati (-e)
arrabbia	arrabbiano	è arrabbiato (-a)	sono arrabbiati (-e)

Imperfetto · Imperfect		Trapassato prossimo · Past perfect	
arrabbiavo	arrabbiavamo	ero arrabbiato (-a)	eravamo arrabbiati (-e)
arrabbiavi	arrabbiavate	eri arrabbiato (-a)	eravate arrabbiati (-e)
arrabbiava	arrabbiavano	era arrabbiato (-a)	erano arrabbiati (-e)

Passato remoto · Preterit		Trapassato remoto · Preterit perfect	
arrabbiai	arrabbiammo	fui arrabbiato (-a)	fummo arrabbiati (-e)
arrabbiasti	arrabbiaste	fosti arrabbiato (-a)	foste arrabbiati (-e)
arrabbiò	arrabbiarono	fu arrabbiato (-a)	furono arrabbiati (-e)

Futuro semplice · Future		Futuro anteriore · Future perfect	
arrabbierò	arrabbieremo	sarò arrabbiato (-a)	saremo arrabbiati (-e)
arrabbierai	arrabbierete	sarai arrabbiato (-a)	sarete arrabbiati (-e)
arrabbierà	arrabbieranno	sarà arrabbiato (-a)	saranno arrabbiati (-e)

Condizionale presente · Present conditional		Condizionale passato · Perfect conditional	
arrabbierei	arrabbieremmo	sarei arrabbiato (-a)	saremmo arrabbiati (-e)
arrabbieresti	arrabbiereste	saresti arrabbiato (-a)	sareste arrabbiati (-e)
arrabbierebbe	arrabbierebbero	sarebbe arrabbiato (-a)	sarebbero arrabbiati (-e)

Congiuntivo presente · Present subjunctive		Congiuntivo passato · Perfect subjunctive	
arrabbi	arrabbiamo	sia arrabbiato (-a)	siamo arrabbiati (-e)
arrabbi	arrabbiate	sia arrabbiato (-a)	siate arrabbiati (-e)
arrabbi	arrabbino	sia arrabbiato (-a)	siano arrabbiati (-e)

Congiuntivo imperfetto · Imperfect subjunctive		Congiuntivo trapassato · Past perfect subjunctive	
arrabbiassi	arrabbiassimo	fossi arrabbiato (-a)	fossimo arrabbiati (-e)
arrabbiassi	arrabbiaste	fossi arrabbiato (-a)	foste arrabbiati (-e)
arrabbiasse	arrabbiassero	fosse arrabbiato (-a)	fossero arrabbiati (-e)

Imperativo · Commands	
	(non) arrabbiamo
arrabbia (non arrabbiare)	(non) arrabbiate
(non) arrabbi	(non) arrabbino

Participio passato · Past participle   arrabbiato (-a/-i/-e)

Gerundio · Gerund   arrabbiando

Usage

Non dovremmo far arrabbiare la maestra.	*We shouldn't make the teacher angry.*
Il cane arrabbiò dopo aver mangiato uno scoiattolo.	*The dog became rabid after eating a squirrel.*

arrabbiarsi *to get angry, fly into a rage*

Non arrabbiarti, Anselmo.	*Don't get angry, Anselmo.*
Mi sono arrabbiato con mio fratello perché aveva rotto il parafango della mia macchina.	*I got mad at my brother because he dented the fender on my car.*
Ci arrabbiammo all'idea di dover rimanere un altro giorno in quell'albergo.	*We got angry at the idea of having to stay another day in that hotel.*
Stefano s'arrabbiò tutta la vita a accumulare denaro.	*Stefano toiled all his life to make money.*

RELATED EXPRESSION

penne all'arrabbiata	*penne pasta with a spicy tomato sauce*

to arrange, adjust, alter; improvise; "fix" (someone) **arrangiare**

regular -are verb, gi > g/e, i;
trans. (aux. avere)

arrangio · arrangiai · arrangiato

Presente · Present

arrangio	arrangiamo
arrangi	arrangiate
arrangia	arrangiano

Imperfetto · Imperfect

arrangiavo	arrangiavamo
arrangiavi	arrangiavate
arrangiava	arrangiavano

Passato remoto · Preterit

arrangiai	arrangiammo
arrangiasti	arrangiaste
arrangiò	arrangiarono

Futuro semplice · Future

arrangerò	arrangeremo
arrangerai	arrangerete
arrangerà	arrangeranno

Condizionale presente · Present conditional

arrangerei	arrangeremmo
arrangeresti	arrangereste
arrangerebbe	arrangerebbero

Congiuntivo presente · Present subjunctive

arrangi	arrangiamo
arrangi	arrangiate
arrangi	arrangino

Congiuntivo imperfetto · Imperfect subjunctive

arrangiassi	arrangiassimo
arrangiassi	arrangiaste
arrangiasse	arrangiassero

Imperativo · Commands

	(non) arrangiamo
arrangia (non arrangiare)	(non) arrangiate
(non) arrangi	(non) arrangino

Participio passato · Past participle	arrangiato (-a/-i/-e)
Gerundio · Gerund	arrangiando

Passato prossimo · Present perfect

ho arrangiato	abbiamo arrangiato
hai arrangiato	avete arrangiato
ha arrangiato	hanno arrangiato

Trapassato prossimo · Past perfect

avevo arrangiato	avevamo arrangiato
avevi arrangiato	avevate arrangiato
aveva arrangiato	avevano arrangiato

Trapassato remoto · Preterit perfect

ebbi arrangiato	avemmo arrangiato
avesti arrangiato	aveste arrangiato
ebbe arrangiato	ebbero arrangiato

Futuro anteriore · Future perfect

avrò arrangiato	avremo arrangiato
avrai arrangiato	avrete arrangiato
avrà arrangiato	avranno arrangiato

Condizionale passato · Perfect conditional

avrei arrangiato	avremmo arrangiato
avresti arrangiato	avreste arrangiato
avrebbe arrangiato	avrebbero arrangiato

Congiuntivo passato · Perfect subjunctive

abbia arrangiato	abbiamo arrangiato
abbia arrangiato	abbiate arrangiato
abbia arrangiato	abbiano arrangiato

Congiuntivo trapassato · Past perfect subjunctive

avessi arrangiato	avessimo arrangiato
avessi arrangiato	aveste arrangiato
avesse arrangiato	avessero arrangiato

Usage

Marco ha molto talento: compone e arrangia pezzi originali da dieci anni.

Marco is very talented: he's been composing and arranging original pieces for ten years.

Avevamo solo un po' di pasta e prosciutto con cui cucinare, ma Maria ha arrangiato una cena squisita.

We only had a bit of pasta and cured ham to cook with, but Maria came up with a delicious dinner.

Ti arrangio io!

I'll fix you!

arrangiarsi *to get by/along, manage, do the best one can*

Ci arrangeremo senza di te mentre tu sistemi il tutto.

We'll manage without you while you sort everything out.

Prima ci si arrangiava, ora il costo della vita è aumentato di molto.

At one time people made do, but now the cost of living has shot up.

La società è entrata in una nuova era dell'assenza di regole e del "si arrangi chi può".

Society has entered a new era where there are no rules and "each man for himself" is the byword.

arredare *to furnish*

regular *-are* verb;
trans. (aux. *avere*)

Presente · Present

arredo	arrediamo
arredi	arredate
arreda	arredano

Imperfetto · Imperfect

arredavo	arredavamo
arredavi	arredavate
arredava	arredavano

Passato remoto · Preterit

arredai	arredammo
arredasti	arredaste
arredò	arredarono

Futuro semplice · Future

arrederò	arrederemo
arrederai	arrederete
arrederà	arrederanno

Condizionale presente · Present conditional

arrederei	arrederemmo
arrederesti	arredereste
arrederebbe	arrederebbero

Congiuntivo presente · Present subjunctive

arredi	arrediamo
arredi	arrediate
arredi	arredino

Congiuntivo imperfetto · Imperfect subjunctive

arredassi	arredassimo
arredassi	arredaste
arredasse	arredassero

Passato prossimo · Present perfect

ho arredato	abbiamo arredato
hai arredato	avete arredato
ha arredato	hanno arredato

Trapassato prossimo · Past perfect

avevo arredato	avevamo arredato
avevi arredato	avevate arredato
aveva arredato	avevano arredato

Trapassato remoto · Preterit perfect

ebbi arredato	avemmo arredato
avesti arredato	aveste arredato
ebbe arredato	ebbero arredato

Futuro anteriore · Future perfect

avrò arredato	avremo arredato
avrai arredato	avrete arredato
avrà arredato	avranno arredato

Condizionale passato · Perfect conditional

avrei arredato	avremmo arredato
avresti arredato	avreste arredato
avrebbe arredato	avrebbero arredato

Congiuntivo passato · Perfect subjunctive

abbia arredato	abbiamo arredato
abbia arredato	abbiate arredato
abbia arredato	abbiano arredato

Congiuntivo trapassato · Past perfect subjunctive

avessi arredato	avessimo arredato
avessi arredato	aveste arredato
avesse arredato	avessero arredato

Imperativo · Commands

	(non) arrediamo
arreda (non arredare)	(non) arredate
(non) arredi	(non) arredino

Participio passato · Past participle	arredato (-a/-i/-e)
Gerundio · Gerund	arredando

Usage

L'architetto mi ha dato dei consigli per arredare la casa.	*The architect gave me advice on how to furnish the house.*
Questo negozio ha tutto ciò che ti serve per arredare la cucina.	*This store has everything you need to equip a kitchen.*
Affittasi appartamento arredato in zona centrale.	*For rent: furnished apartment in center of town.*
L'artista ha arredato la piazza con dei festoni per la fiera del paese.	*The artist decorated the square with festoons for the village fair.*

RELATED EXPRESSIONS

l'arredamento (*m.*)	*furniture, furnishings; interior design*
l'arredatore (*m.*), l'arredatrice (*f.*)	*interior designer*
l'arredo (*m.*) della casa	*home furnishings*
l'arredo urbano	*street fixtures* (benches, fountains, street lights, etc.)
gli arredi sacri	*religious ornaments/vestments*

regular -are verb;
trans. (aux. avere)

arresto · arrestai · arrestato

Presente · Present	
arresto	arrestiamo
arresti	arrestate
arresta	arrestano

Passato prossimo · Present perfect	
ho arrestato	abbiamo arrestato
hai arrestato	avete arrestato
ha arrestato	hanno arrestato

Imperfetto · Imperfect	
arrestavo	arrestavamo
arrestavi	arrestavate
arrestava	arrestavano

Trapassato prossimo · Past perfect	
avevo arrestato	avevamo arrestato
avevi arrestato	avevate arrestato
aveva arrestato	avevano arrestato

Passato remoto · Preterit	
arrestai	arrestammo
arrestasti	arrestaste
arrestò	arrestarono

Trapassato remoto · Preterit perfect	
ebbi arrestato	avemmo arrestato
avesti arrestato	aveste arrestato
ebbe arrestato	ebbero arrestato

Futuro semplice · Future	
arresterò	arresteremo
arresterai	arresterete
arresterà	arresteranno

Futuro anteriore · Future perfect	
avrò arrestato	avremo arrestato
avrai arrestato	avrete arrestato
avrà arrestato	avranno arrestato

Condizionale presente · Present conditional	
arresterei	arresteremmo
arresteresti	arrestereste
arresterebbe	arresterebbero

Condizionale passato · Perfect conditional	
avrei arrestato	avremmo arrestato
avresti arrestato	avreste arrestato
avrebbe arrestato	avrebbero arrestato

Congiuntivo presente · Present subjunctive	
arresti	arrestiamo
arresti	arrestiate
arresti	arrestino

Congiuntivo passato · Perfect subjunctive	
abbia arrestato	abbiamo arrestato
abbia arrestato	abbiate arrestato
abbia arrestato	abbiano arrestato

Congiuntivo imperfetto · Imperfect subjunctive	
arrestassi	arrestassimo
arrestassi	arrestaste
arrestasse	arrestassero

Congiuntivo trapassato · Past perfect subjunctive	
avessi arrestato	avessimo arrestato
avessi arrestato	aveste arrestato
avesse arrestato	avessero arrestato

Imperativo · Commands	
	(non) arrestiamo
arresta (non arrestare)	(non) arrestate
(non) arresti	(non) arrestino

Participio passato · Past participle	arrestato (-a/-i/-e)
Gerundio · Gerund	arrestando

Usage

L'autista ha arrestato l'autobus per far scendere alcuni passeggeri.

The driver stopped the bus to let off some passengers.

Il chirurgo non ha potuto arrestare l'emorragia.
Vedendo la luce il ladro arrestò i passi.
L'arbitro non voleva arrestare il gioco.
La polizia l'ha arrestata sotto l'accusa di omicidio.

The surgeon couldn't stop the bleeding.
When he saw the light, the thief stopped in his tracks.
The referee didn't want to interrupt the game.
The police arrested her on a charge of homicide.

arrestarsi to stop, come to a halt

Michele si arrestò quando vide il pericolo.
Nessuno sapeva perché il treno si era arrestato di colpo.

Michele stopped when he saw the danger.
Nobody knew why the train had suddenly come to a halt.

RELATED EXPRESSIONS

l'arresto (m.)
il segnale d'arresto

arrest; stoppage, interruption
stop sign

arrivare at a destination

Paola è arrivata a casa alle cinque.	*Paola got home at five o'clock.*
Mia zia arriverà negli Stati Uniti fra una settimana.	*My aunt will arrive in the United States a week from now.*
Le è arrivata una lettera dall'Italia.	*She got a letter from Italy.*
I nostri amici ci sono arrivati addosso mentre stavamo cenando.	*Our friends unexpectedly turned up while we were having dinner.*

arrivare at a certain point or level

Finalmente, dopo sei anni, Marina è arrivata alla laurea.	*Finally, after six years, Marina got her degree.*
Bisognerà arrivare al cuore di questo affare al più presto possibile.	*We'll have to get to the heart of the matter as soon as possible.*
Chiara è una persona tanto buona. Nessuno può arrivare alla sua generosità.	*Chiara is such a good person. No one can even touch her generosity.*
La giacca di Franco dell'inverno scorso gli arriva appena alla vita adesso.	*Franco's coat from last winter barely comes down to his waist now.*
Il dittatore arrivò al potere con l'aiuto dell'esercito.	*The dictator came to power with the help of the military.*
— Elena si è suicidata davvero?	*"Elena really committed suicide?"*
— Sì, non credevo che arrivasse a tanto.	*"Yes, I didn't think she'd go that far."*
Suo padre è perfino arrivato a dire che Pippo aveva inventato tutta la faccenda.	*His father went so far as to say that Pippo had made up the whole thing.*
Lo stipendio di un insegnante non arriva ai tremila euro.	*A teacher's salary is less than 3000 euros.*
Era già tardi quando gli studenti sono arrivati a studiare per l'esame.	*It was already late when the students got around to studying for the exam.*

arrivare = **venire** *to come*

— Laura, il pranzo è pronto. Vieni qua!	*"Laura, lunch is ready. Come here!"*
— Arrivo.	*"I'm coming."*

arrivare = **riuscire** *to succeed in, manage*

Potresti aiutarmi a cambiare la lampadina? Non ci arrivo da sola.	*Can you help me change the bulb? I can't do it by myself.*
Luigi è sempre stato un ragazzo pigro. Non arriverà a niente.	*Luigi has always been a lazy boy. He'll never get anywhere.*

arrivare = **affermarsi nella vita** *to be successful in life*

Tu te ne freghi di tutti e desideri solo arrivare.	*You don't care about anybody, and your only desire is to get ahead.*

arrivare = **succedere** *to happen*

Così è arrivato che tutti hanno potuto celebrare il suo compleanno insieme.	*So it happened that they could all celebrate his birthday together.*

PROVERB

Chi tardi arriva male alloggia.	*First come first served.*

regular *-are* verb;
intrans. (aux. *essere*)

Presente · Present

arrivo	arriviamo
arrivi	arrivate
arriva	arrivano

Imperfetto · Imperfect

arrivavo	arrivavamo
arrivavi	arrivavate
arrivava	arrivavano

Passato remoto · Preterit

arrivai	arrivammo
arrivasti	arrivaste
arrivò	arrivarono

Futuro semplice · Future

arriverò	arriveremo
arriverai	arriverete
arriverà	arriveranno

Condizionale presente · Present conditional

arriverei	arriveremmo
arriveresti	arrivereste
arriverebbe	arriverebbero

Congiuntivo presente · Present subjunctive

arrivi	arriviamo
arrivi	arriviate
arrivi	arrivino

Congiuntivo imperfetto · Imperfect subjunctive

arrivassi	arrivassimo
arrivassi	arrivaste
arrivasse	arrivassero

Passato prossimo · Present perfect

sono arrivato (-a)	siamo arrivati (-e)
sei arrivato (-a)	siete arrivati (-e)
è arrivato (-a)	sono arrivati (-e)

Trapassato prossimo · Past perfect

ero arrivato (-a)	eravamo arrivati (-e)
eri arrivato (-a)	eravate arrivati (-e)
era arrivato (-a)	erano arrivati (-e)

Trapassato remoto · Preterit perfect

fui arrivato (-a)	fummo arrivati (-e)
fosti arrivato (-a)	foste arrivati (-e)
fu arrivato (-a)	furono arrivati (-e)

Futuro anteriore · Future perfect

sarò arrivato (-a)	saremo arrivati (-e)
sarai arrivato (-a)	sarete arrivati (-e)
sarà arrivato (-a)	saranno arrivati (-e)

Condizionale passato · Perfect conditional

sarei arrivato (-a)	saremmo arrivati (-e)
saresti arrivato (-a)	sareste arrivati (-e)
sarebbe arrivato (-a)	sarebbero arrivati (-e)

Congiuntivo passato · Perfect subjunctive

sia arrivato (-a)	siamo arrivati (-e)
sia arrivato (-a)	siate arrivati (-e)
sia arrivato (-a)	siano arrivati (-e)

Congiuntivo trapassato · Past perfect subjunctive

fossi arrivato (-a)	fossimo arrivati (-e)
fossi arrivato (-a)	foste arrivati (-e)
fosse arrivato (-a)	fossero arrivati (-e)

Imperativo · Commands

	(non) arriviamo
arriva (non arrivare)	(non) arrivate
(non) arrivi	(non) arrivino

Participio passato · Past participle	arrivato (-a/-i/-e)
Gerundio · Gerund	arrivando

Usage

L'aereo dovrebbe arrivare fra pochi minuti.	*The airplane should arrive in a few minutes.*
Siamo arrivati a Venezia due giorni fa.	*We arrived in Venice two days ago.*
— È ancora lontano?	*"Are we (lit., Is it) still far away?"*
— No, ecco Via Verdi, numero 56. Siamo arrivati!	*"No, here's Via Verdi, number 56. We're here!"*
I bambini hanno cominciato a nuotare e sono arrivati alla riva del lago dopo alcuni minuti.	*The children started to swim and got to the shore of the lake after a few minutes.*
L'atleta italiano sarebbe arrivato primo se non fosse caduto negli ultimi cento metri della gara.	*The Italian athlete would have finished first if he hadn't fallen in the last hundred meters of the race.*
Il tutto arriva a quasi un milione di euro.	*The total adds up to almost one million euros.*
Mio nonno è arrivato a 78 anni.	*My grandfather has reached the age of 78.*
La notizia gli è arrivata alcune ore dopo il disastro.	*The news reached them a couple of hours after the disaster.*
Non sono mai arrivato a capire i suoi motivi.	*I've never been able to understand his motives.*

arrossire *to blush; flush*

regular *-ire* verb (*-isc-* type);
intrans. (aux. *essere*)

Presente · Present

arrossisco	arrossiamo
arrossisci	arrossite
arrossisce	arrossiscono

Passato prossimo · Present perfect

sono arrossito (-a)	siamo arrossiti (-e)
sei arrossito (-a)	siete arrossiti (-e)
è arrossito (-a)	sono arrossiti (-e)

Imperfetto · Imperfect

arrossivo	arrossivamo
arrossivi	arrossivate
arrossiva	arrossivano

Trapassato prossimo · Past perfect

ero arrossito (-a)	eravamo arrossiti (-e)
eri arrossito (-a)	eravate arrossiti (-e)
era arrossito (-a)	erano arrossiti (-e)

Passato remoto · Preterit

arrossii	arrossimmo
arrossisti	arrossiste
arrossì	arrossirono

Trapassato remoto · Preterit perfect

fui arrossito (-a)	fummo arrossiti (-e)
fosti arrossito (-a)	foste arrossiti (-e)
fu arrossito (-a)	furono arrossiti (-e)

Futuro semplice · Future

arrossirò	arrossiremo
arrossirai	arrossirete
arrossirà	arrossiranno

Futuro anteriore · Future perfect

sarò arrossito (-a)	saremo arrossiti (-e)
sarai arrossito (-a)	sarete arrossiti (-e)
sarà arrossito (-a)	saranno arrossiti (-e)

Condizionale presente · Present conditional

arrossirei	arrossiremmo
arrossiresti	arrossireste
arrossirebbe	arrossirebbero

Condizionale passato · Perfect conditional

sarei arrossito (-a)	saremmo arrossiti (-e)
saresti arrossito (-a)	sareste arrossiti (-e)
sarebbe arrossito (-a)	sarebbero arrossiti (-e)

Congiuntivo presente · Present subjunctive

arrossisca	arrossiamo
arrossisca	arrossiate
arrossisca	arrossiscano

Congiuntivo passato · Perfect subjunctive

sia arrossito (-a)	siamo arrossiti (-e)
sia arrossito (-a)	siate arrossiti (-e)
sia arrossito (-a)	siano arrossiti (-e)

Congiuntivo imperfetto · Imperfect subjunctive

arrossissi	arrossissimo
arrossissi	arrossiste
arrossisse	arrossissero

Congiuntivo trapassato · Past perfect subjunctive

fossi arrossito (-a)	fossimo arrossiti (-e)
fossi arrossito (-a)	foste arrossiti (-e)
fosse arrossito (-a)	fossero arrossiti (-e)

Imperativo · Commands

	(non) arrossiamo
arrossisci (non arrossire)	(non) arrossite
(non) arrossisca	(non) arrossiscano

Participio passato · Past participle arrossito (-a/-i/-e)

Gerundio · Gerund arrossendo

Usage

Cecilia è una ragazza timida che arrossisce facilmente.	*Cecilia is a timid girl who blushes easily.*
Esiste un forte legame tra pelle e mente: si arrossisce per imbarazzo.	*There's a strong link between skin and mind: one blushes with embarrassment.*
Il suo viso arrossì di collera e di vergogna allo stesso tempo.	*His face turned red with anger and shame at the same time.*
Carlo è arrossito quando ha ricevuto il premio dal presidente.	*Carlo blushed when he received the prize from the president.*
Arrossendo fino alle orecchie, Susanna ha abbassato gli occhi e non ha più detto niente.	*Turning bright red, Susanna looked down and didn't say anything more.*

RELATED WORDS

arrossare	*to make red, redden*
arrossarsi	*to turn red*

regular -are verb;   **ascolto · ascoltai · ascoltato**
trans. (aux. *avere*)

Presente · Present		Passato prossimo · Present perfect	
ascolto	ascoltiamo	ho ascoltato	abbiamo ascoltato
ascolti	ascoltate	hai ascoltato	avete ascoltato
ascolta	ascoltano	ha ascoltato	hanno ascoltato

Imperfetto · Imperfect		Trapassato prossimo · Past perfect	
ascoltavo	ascoltavamo	avevo ascoltato	avevamo ascoltato
ascoltavi	ascoltavate	avevi ascoltato	avevate ascoltato
ascoltava	ascoltavano	aveva ascoltato	avevano ascoltato

Passato remoto · Preterit		Trapassato remoto · Preterit perfect	
ascoltai	ascoltammo	ebbi ascoltato	avemmo ascoltato
ascoltasti	ascoltaste	avesti ascoltato	aveste ascoltato
ascoltò	ascoltarono	ebbe ascoltato	ebbero ascoltato

Futuro semplice · Future		Futuro anteriore · Future perfect	
ascolterò	ascolteremo	avrò ascoltato	avremo ascoltato
ascolterai	ascolterete	avrai ascoltato	avrete ascoltato
ascolterà	ascolteranno	avrà ascoltato	avranno ascoltato

Condizionale presente · Present conditional		Condizionale passato · Perfect conditional	
ascolterei	ascolteremmo	avrei ascoltato	avremmo ascoltato
ascolteresti	ascoltereste	avresti ascoltato	avreste ascoltato
ascolterebbe	ascolterebbero	avrebbe ascoltato	avrebbero ascoltato

Congiuntivo presente · Present subjunctive		Congiuntivo passato · Perfect subjunctive	
ascolti	ascoltiamo	abbia ascoltato	abbiamo ascoltato
ascolti	ascoltiate	abbia ascoltato	abbiate ascoltato
ascolti	ascoltino	abbia ascoltato	abbiano ascoltato

Congiuntivo imperfetto · Imperfect subjunctive		Congiuntivo trapassato · Past perfect subjunctive	
ascoltassi	ascoltassimo	avessi ascoltato	avessimo ascoltato
ascoltassi	ascoltaste	avessi ascoltato	aveste ascoltato
ascoltasse	ascoltassero	avesse ascoltato	avessero ascoltato

Imperativo · Commands	
	(non) ascoltiamo
ascolta (non ascoltare)	(non) ascoltate
(non) ascolti	(non) ascoltino

Participio passato · Past participle   ascoltato (-a/-i/-e)
Gerundio · Gerund   ascoltando

Usage

Ti piace ascoltare la musica alla radio?   *Do you like listening to music on the radio?*
Gli studenti ascoltavano attentamente la lezione.   *The students were listening attentively to the lesson.*
Ieri sera abbiamo visto Cecilia Bartoli alla Scala.   *Last night we saw Cecilia Bartoli at La Scala.*
    Sono stata contenta di poter ascoltarla in persona.   *I was happy I could hear her in person.*
Ascoltalo parlare. Non sta mai zitto.   *Listen to him talking. He's never quiet.*
L'ho ascoltata con un orecchio solo perché stavo   *I only half listened to her because I was busy making*
    preparando la cena.   *dinner.*
Tua nonna è una donna molto saggia. Dovresti   *Your grandmother is a very wise woman. You should*
    ascoltare il suo consiglio.   *heed her advice.*
Stamattina abbiamo ascoltato la Messa dopodiché   *This morning we attended mass, after which we were*
    eravamo invitati a pranzo dai Fini.   *invited for lunch at the Finis.*
I testimoni a discarico in questo processo saranno   *The defense witnesses in this case will be heard*
    ascoltati dopodomani.   *the day after tomorrow.*
Dio ascolterà le preghiere dei fedeli.   *God will heed the prayers of the faithful.*

aspettare   *to wait for, expect; lie ahead of*

aspetto · aspettai · aspettato

regular *-are* verb;
trans. (aux. *avere*)

Presente · Present

aspetto	aspettiamo
aspetti	aspettate
aspetta	aspettano

Imperfetto · Imperfect

aspettavo	aspettavamo
aspettavi	aspettavate
aspettava	aspettavano

Passato remoto · Preterit

aspettai	aspettammo
aspettasti	aspettaste
aspettò	aspettarono

Futuro semplice · Future

aspetterò	aspetteremo
aspetterai	aspetterete
aspetterà	aspetteranno

Condizionale presente · Present conditional

aspetterei	aspetteremmo
aspetteresti	aspettereste
aspetterebbe	aspetterebbero

Congiuntivo presente · Present subjunctive

aspetti	aspettiamo
aspetti	aspettiate
aspetti	aspettino

Congiuntivo imperfetto · Imperfect subjunctive

aspettassi	aspettassimo
aspettassi	aspettaste
aspettasse	aspettassero

Imperativo · Commands

	(non) aspettiamo
aspetta (non aspettare)	(non) aspettate
(non) aspetti	(non) aspettino

Passato prossimo · Present perfect

ho aspettato	abbiamo aspettato
hai aspettato	avete aspettato
ha aspettato	hanno aspettato

Trapassato prossimo · Past perfect

avevo aspettato	avevamo aspettato
avevi aspettato	avevate aspettato
aveva aspettato	avevano aspettato

Trapassato remoto · Preterit perfect

ebbi aspettato	avemmo aspettato
avesti aspettato	aveste aspettato
ebbe aspettato	ebbero aspettato

Futuro anteriore · Future perfect

avrò aspettato	avremo aspettato
avrai aspettato	avrete aspettato
avrà aspettato	avranno aspettato

Condizionale passato · Perfect conditional

avrei aspettato	avremmo aspettato
avresti aspettato	avreste aspettato
avrebbe aspettato	avrebbero aspettato

Congiuntivo passato · Perfect subjunctive

abbia aspettato	abbiamo aspettato
abbia aspettato	abbiate aspettato
abbia aspettato	abbiano aspettato

Congiuntivo trapassato · Past perfect subjunctive

avessi aspettato	avessimo aspettato
avessi aspettato	aveste aspettato
avesse aspettato	avessero aspettato

Participio passato · Past participle   aspettato (-a/-i/-e)

Gerundio · Gerund   aspettando

Usage

— Cosa stai facendo? Aspetti qualcuno?	*"What are you doing? Are you waiting for someone?"*
— No, non aspetto nessuno.	*"No, I'm not waiting for anyone."*
Perché ti arrabbi? Sai che le piace farsi aspettare.	*Why are you getting mad? You know she likes to be late.*
Roberto aspetta una mia telefonata.	*Roberto is expecting a phone call from me.*
Carolina aspetta il primo figlio.	*Carolina is expecting her first child.*
Non sapere che cosa ci aspettasse era forse la difficoltà più grande.	*Not knowing what lay ahead of us was perhaps the biggest difficulty.*

aspettarsi   *to expect; be prepared for*

Non mi aspetto niente di loro.	*I'm not expecting anything from them.*
Ci aspettiamo che la notizia sia buona.	*We're expecting the news to be good.*
Non sono delusa; me l'aspettavo di essere bocciata.	*I'm not disappointed; I was prepared to get an F.*
Qualcosa di buono certamente succederà, probabilmente quando meno te l'aspetti.	*Something good will surely happen, probably when you least expect it.*

regular -are verb, *gi > g/e, i*;
trans. (aux. *avere*)

assaggio · assaggiai · assaggiato

Presente · Present	
assaggio	assaggiamo
assaggi	assaggiate
assaggia	assaggiano

Imperfetto · Imperfect	
assaggiavo	assaggiavamo
assaggiavi	assaggiavate
assaggiava	assaggiavano

Passato remoto · Preterit	
assaggiai	assaggiammo
assaggiasti	assaggiaste
assaggiò	assaggiarono

Futuro semplice · Future	
assaggerò	assaggeremo
assaggerai	assaggerete
assaggerà	assaggeranno

Condizionale presente · Present conditional	
assaggerei	assaggeremmo
assaggeresti	assaggereste
assaggerebbe	assaggerebbero

Congiuntivo presente · Present subjunctive	
assaggi	assaggiamo
assaggi	assaggiate
assaggi	assaggino

Congiuntivo imperfetto · Imperfect subjunctive	
assaggiassi	assaggiassimo
assaggiassi	assaggiaste
assaggiasse	assaggiassero

Imperativo · Commands	
	(non) assaggiamo
assaggia (non assaggiare)	(non) assaggiate
(non) assaggi	(non) assaggino

Participio passato · Past participle	assaggiato (-a/-i/-e)
Gerundio · Gerund	assaggiando

Passato prossimo · Present perfect	
ho assaggiato	abbiamo assaggiato
hai assaggiato	avete assaggiato
ha assaggiato	hanno assaggiato

Trapassato prossimo · Past perfect	
avevo assaggiato	avevamo assaggiato
avevi assaggiato	avevate assaggiato
aveva assaggiato	avevano assaggiato

Trapassato remoto · Preterit perfect	
ebbi assaggiato	avemmo assaggiato
avesti assaggiato	aveste assaggiato
ebbe assaggiato	ebbero assaggiato

Futuro anteriore · Future perfect	
avrò assaggiato	avremo assaggiato
avrai assaggiato	avrete assaggiato
avrà assaggiato	avranno assaggiato

Condizionale passato · Perfect conditional	
avrei assaggiato	avremmo assaggiato
avresti assaggiato	avreste assaggiato
avrebbe assaggiato	avrebbero assaggiato

Congiuntivo passato · Perfect subjunctive	
abbia assaggiato	abbiamo assaggiato
abbia assaggiato	abbiate assaggiato
abbia assaggiato	abbiano assaggiato

Congiuntivo trapassato · Past perfect subjunctive	
avessi assaggiato	avessimo assaggiato
avessi assaggiato	aveste assaggiato
avesse assaggiato	avessero assaggiato

Usage

Non ho mai assaggiato il polpo. È buono?	*I've never tasted octopus. Is it good?*
Fammi assaggiare quel nuovo vino rosso.	*Let me try that new red wine.*
Le ragazze non hanno più fame; assaggeranno solo qualcosa.	*The girls aren't hungry anymore. They'll just have a little something to eat.*
Mi hanno fatto assaggiare la frusta.	*They gave me a taste of the whip.*
L'atleta ha assaggiato il nuovo terreno su cui ci sarà la partita stasera.	*The athlete tested the new playing field where the game will take place tonight.*
Quest'inverno la piccola Anna assaggerà per la prima volta la neve.	*This winter little Anna will get her first taste of snow.*

RELATED WORDS

l'assaggiatore (*m.*)/l'assaggiatrice (*f.*)	*taster*
gli assaggini (*m.pl.*)	*selection of appetizers; finger food*
l'assaggio (*m.*)	*tasting, sampling; taste, sample*

assistere   *to attend, be present (at); assist, help; look after; nurse, treat*

assisto · assistei/assistetti · assistito

irregular -*ere* verb;
intrans./trans. (aux. *avere*)

Presente · Present

assisto	assistiamo
assisti	assistete
assiste	assistono

Imperfetto · Imperfect

assistevo	assistevamo
assistevi	assistevate
assisteva	assistevano

Passato remoto · Preterit

assistei/assistetti	assistemmo
assistesti	assisteste
assisté/assistette	assisterono/assistettero

Futuro semplice · Future

assisterò	assisteremo
assisterai	assisterete
assisterà	assisteranno

Condizionale presente · Present conditional

assisterei	assisteremmo
assisteresti	assistereste
assisterebbe	assisterebbero

Congiuntivo presente · Present subjunctive

assista	assistiamo
assista	assistiate
assista	assistano

Congiuntivo imperfetto · Imperfect subjunctive

assistessi	assistessimo
assistessi	assisteste
assistesse	assistessero

Imperativo · Commands

	(non) assistiamo
assisti (non assistere)	(non) assistete
(non) assista	(non) assistano

Passato prossimo · Present perfect

ho assistito	abbiamo assistito
hai assistito	avete assistito
ha assistito	hanno assistito

Trapassato prossimo · Past perfect

avevo assistito	avevamo assistito
avevi assistito	avevate assistito
aveva assistito	avevano assistito

Trapassato remoto · Preterit perfect

ebbi assistito	avemmo assistito
avesti assistito	aveste assistito
ebbe assistito	ebbero assistito

Futuro anteriore · Future perfect

avrò assistito	avremo assistito
avrai assistito	avrete assistito
avrà assistito	avranno assistito

Condizionale passato · Perfect conditional

avrei assistito	avremmo assistito
avresti assistito	avreste assistito
avrebbe assistito	avrebbero assistito

Congiuntivo passato · Perfect subjunctive

abbia assistito	abbiamo assistito
abbia assistito	abbiate assistito
abbia assistito	abbiano assistito

Congiuntivo trapassato · Past perfect subjunctive

avessi assistito	avessimo assistito
avessi assistito	aveste assistito
avesse assistito	avessero assistito

Participio passato · Past participle   assistito (-a/-i/-e)

Gerundio · Gerund   assistendo

Usage

Gli studenti sono obbligati ad assistere alle lezioni.	*Students must attend classes.*
Hai mai assistito a un concerto al Teatro alla Scala?	*Have you ever attended a concert at La Scala Theater?*
Eravamo contenti che tutti avessero assistito all'apertura del negozio.	*We were happy that everybody was present at the opening of the shop.*
Sebbene abbia assistito all'incidente, Enrico si è rifiutato di testimoniare.	*Even though he had witnessed the accident, Enrico refused to testify.*
La segretaria assiste il direttore nella coordinazione del progetto.	*The secretary helps the manager to coordinate the project.*
Il Consolato assiste i cittadini che hanno bisogno di qualsiasi aiuto all'estero.	*The Consulate assists citizens who are in need of any assistance abroad.*
Le persone che avevano assistito i malati rischiavano anche loro di ammalarsi.	*The people who had looked after the sick were in danger of getting sick themselves.*
Il medico ha subito assistito i feriti.	*The doctor immediately treated the wounded.*

regular -are verb, i > –/i;
intrans. (aux. *avere* or *essere*)/trans. (aux. *avere*)

assomiglio · assomigliai · assomigliato

Presente · Present

assomiglio	assomigliamo
assomigli	assomigliate
assomiglia	assomigliano

Imperfetto · Imperfect

assomigliavo	assomigliavamo
assomigliavi	assomigliavate
assomigliava	assomigliavano

Passato remoto · Preterit

assomigliai	assomigliammo
assomigliasti	assomigliaste
assomigliò	assomigliarono

Futuro semplice · Future

assomiglierò	assomiglieremo
assomiglierai	assomiglierete
assomiglierà	assomiglieranno

Condizionale presente · Present conditional

assomiglierei	assomiglieremmo
assomiglieresti	assomigliereste
assomiglierebbe	assomiglierebbero

Congiuntivo presente · Present subjunctive

assomigli	assomigliamo
assomigli	assomigliate
assomigli	assomiglino

Congiuntivo imperfetto · Imperfect subjunctive

assomigliassi	assomigliassimo
assomigliassi	assomigliaste
assomigliasse	assomigliassero

Passato prossimo · Present perfect

ho assomigliato	abbiamo assomigliato
hai assomigliato	avete assomigliato
ha assomigliato	hanno assomigliato

Trapassato prossimo · Past perfect

avevo assomigliato	avevamo assomigliato
avevi assomigliato	avevate assomigliato
aveva assomigliato	avevano assomigliato

Trapassato remoto · Preterit perfect

ebbi assomigliato	avemmo assomigliato
avesti assomigliato	aveste assomigliato
ebbe assomigliato	ebbero assomigliato

Futuro anteriore · Future perfect

avrò assomigliato	avremo assomigliato
avrai assomigliato	avrete assomigliato
avrà assomigliato	avranno assomigliato

Condizionale passato · Perfect conditional

avrei assomigliato	avremmo assomigliato
avresti assomigliato	avreste assomigliato
avrebbe assomigliato	avrebbero assomigliato

Congiuntivo passato · Perfect subjunctive

abbia assomigliato	abbiamo assomigliato
abbia assomigliato	abbiate assomigliato
abbia assomigliato	abbiano assomigliato

Congiuntivo trapassato · Past perfect subjunctive

avessi assomigliato	avessimo assomigliato
avessi assomigliato	aveste assomigliato
avesse assomigliato	avessero assomigliato

Imperativo · Commands

	(non) assomigliamo
assomiglia (non assomigliare)	(non) assomigliate
(non) assomigli	(non) assomiglino

Participio passato · Past participle   assomigliato (-a/-i/-e)

Gerundio · Gerund   assomigliando

Usage

I capelli neri e le basette lo fanno assomigliare ad Elvis.	*The black hair and sideburns make him look like Elvis.*
Il bambino assomiglia alla madre, ma ha gli occhi del padre.	*The child looks like his mother, but he has his father's eyes.*
Il viaggio in aereo è assomigliato a un giro sulle montagne russe.	*The airplane trip resembled a roller coaster ride.*
A volte un fungo velenoso assomiglia a quello buono.	*Sometimes a poisonous mushroom looks like a good one.*
Lo scrittore ha assomigliato il bambino ad un angelo.	*The writer compared the child to an angel.*

assomigliarsi *to be alike, resemble each other*

I gemelli si assomigliavano come due gocce d'acqua.	*The twins looked exactly alike.*
Le due canzoni si assomigliano molto.	*The two songs are very similar.*

assumere *to assume; take on; hire; collect*

assumo · assunsi · assunto

irregular *-ere* verb;
trans. (aux. *avere*)

Presente · Present		Passato prossimo · Present perfect	
assumo	assumiamo	ho assunto	abbiamo assunto
assumi	assumete	hai assunto	avete assunto
assume	assumono	ha assunto	hanno assunto

Imperfetto · Imperfect		Trapassato prossimo · Past perfect	
assumevo	assumevamo	avevo assunto	avevamo assunto
assumevi	assumevate	avevi assunto	avevate assunto
assumeva	assumevano	aveva assunto	avevano assunto

Passato remoto · Preterit		Trapassato remoto · Preterit perfect	
assunsi	assumemmo	ebbi assunto	avemmo assunto
assumesti	assumeste	avesti assunto	aveste assunto
assunse	assunsero	ebbe assunto	ebbero assunto

Futuro semplice · Future		Futuro anteriore · Future perfect	
assumerò	assumeremo	avrò assunto	avremo assunto
assumerai	assumerete	avrai assunto	avrete assunto
assumerà	assumeranno	avrà assunto	avranno assunto

Condizionale presente · Present conditional		Condizionale passato · Perfect conditional	
assumerei	assumeremmo	avrei assunto	avremmo assunto
assumeresti	assumereste	avresti assunto	avreste assunto
assumerebbe	assumerebbero	avrebbe assunto	avrebbero assunto

Congiuntivo presente · Present subjunctive		Congiuntivo passato · Perfect subjunctive	
assuma	assumiamo	abbia assunto	abbiamo assunto
assuma	assumiate	abbia assunto	abbiate assunto
assuma	assumano	abbia assunto	abbiano assunto

Congiuntivo imperfetto · Imperfect subjunctive		Congiuntivo trapassato · Past perfect subjunctive	
assumessi	assumessimo	avessi assunto	avessimo assunto
assumessi	assumeste	avessi assunto	aveste assunto
assumesse	assumessero	avesse assunto	avessero assunto

Imperativo · Commands	
	(non) assumiamo
assumi (non assumere)	(non) assumete
(non) assuma	(non) assumano

Participio passato · Past participle	assunto (-a/-i/-e)
Gerundio · Gerund	assumendo

Usage

Assumendo che tu abbia ragione, perché dovrei fare la stessa cosa?

Assuming that you're right, why should I do the same thing?

Anche se volessi, non potrei assumere un altro impegno in questo momento.

Even if I wanted to, I couldn't take on another engagement at this time.

Chi assumerà il pontificato?

Who will become pope?

La conversazione ha assunto un tono più tecnico.

The conversation took on a more technical tone.

Assuma la medicina in concomitanza con il pasto.

Take the medicine together with a meal.

La Fiat non assumerà nessuno nei prossimi mesi.

Fiat won't hire anybody in the next few months.

Abbiamo assunto le testimonianze di alcune persone che erano presenti all'incidente.

We've collected the testimony of some people who were present at the accident.

assumersi *to accept; take on/upon oneself, take* (credit)

Il Ministro si è assunto ogni responsabilità per lo scandalo.

The Minister has accepted all responsibility for the scandal.

irregular -*ere* verb;
trans./intrans. (aux. *avere*)

attendo · attesi · atteso

Presente · Present

attendo	attendiamo
attendi	attendete
attende	attendono

Imperfetto · Imperfect

attendevo	attendevamo
attendevi	attendevate
attendeva	attendevano

Passato remoto · Preterit

attesi	attendemmo
attendesti	attendeste
attese	attesero

Futuro semplice · Future

attenderò	attenderemo
attenderai	attenderete
attenderà	attenderanno

Condizionale presente · Present conditional

attenderei	attenderemmo
attenderesti	attendereste
attenderebbe	attenderebbero

Congiuntivo presente · Present subjunctive

attenda	attendiamo
attenda	attendiate
attenda	attendano

Congiuntivo imperfetto · Imperfect subjunctive

attendessi	attendessimo
attendessi	attendeste
attendesse	attendessero

Passato prossimo · Present perfect

ho atteso	abbiamo atteso
hai atteso	avete atteso
ha atteso	hanno atteso

Trapassato prossimo · Past perfect

avevo atteso	avevamo atteso
avevi atteso	avevate atteso
aveva atteso	avevano atteso

Trapassato remoto · Preterit perfect

ebbi atteso	avemmo atteso
avesti atteso	aveste atteso
ebbe atteso	ebbero atteso

Futuro anteriore · Future perfect

avrò atteso	avremo atteso
avrai atteso	avrete atteso
avrà atteso	avranno atteso

Condizionale passato · Perfect conditional

avrei atteso	avremmo atteso
avresti atteso	avreste atteso
avrebbe atteso	avrebbero atteso

Congiuntivo passato · Perfect subjunctive

abbia atteso	abbiamo atteso
abbia atteso	abbiate atteso
abbia atteso	abbiano atteso

Congiuntivo trapassato · Past perfect subjunctive

avessi atteso	avessimo atteso
avessi atteso	aveste atteso
avesse atteso	avessero atteso

Imperativo · Commands

	(non) attendiamo
attendi (non attendere)	(non) attendete
(non) attenda	(non) attendano

Participio passato · Past participle	atteso (-a/-i/-e)
Gerundio · Gerund	attendendo

Usage

Attendiamo con gioia la nascita del primogenito.	*We're happily awaiting the birth of our first child.*
Mi attendi da molto tempo?	*Have you been waiting for me for a long time?*
I parenti attesero che l'aereo arrivasse.	*The relatives waited for the plane to arrive.*
— Vorrei parlare con il Sig. Genovesi.	*"I would like to talk to Mr. Genovesi."*
— Attenda in linea, per favore.	*"Hold the line, please."*
Alcune suore attendevano ai malati mentre noi giravamo l'ospedale.	*A couple of nuns were tending to the sick while we were touring the hospital.*
Marco non attenderà mai la promessa.	*Marco will never keep his promise.*
Attendi ai fatti tuoi.	*Mind your own business.*

attendersi *to dedicate oneself (to); expect*

Ilaria si è attesa completamente agli studi quest'anno.	*Ilaria completely dedicated herself to her studies this year.*
È stata una sorpresa enorme. Non se l'attendeva.	*It was a huge surprise. He wasn't expecting it.*

atterrare *to land; knock down, destroy*

atterro · atterrai · atterrato

regular -*are* verb;
trans. (aux. *avere*)/intrans. (aux. *avere* or *essere*)

NOTE *Atterrare* is conjugated here with *avere*; when used intransitively, it may be conjugated with *avere* or *essere*—see p. 22 for details.

Presente · Present

atterro	atterriamo
atterri	atterrate
atterra	atterrano

Imperfetto · Imperfect

atterravo	atterravamo
atterravi	atterravate
atterrava	atterravano

Passato remoto · Preterit

atterrai	atterrammo
atterrasti	atterraste
atterrò	atterrarono

Futuro semplice · Future

atterrerò	atterreremo
atterrerai	atterrerete
atterrerà	atterreranno

Condizionale presente · Present conditional

atterrerei	atterreremmo
atterreresti	atterrereste
atterrerebbe	atterrerebbero

Congiuntivo presente · Present subjunctive

atterri	atterriamo
atterri	atterriate
atterri	atterrino

Congiuntivo imperfetto · Imperfect subjunctive

atterrassi	atterrassimo
atterrassi	atterraste
atterrasse	atterrassero

Passato prossimo · Present perfect

ho atterrato	abbiamo atterrato
hai atterrato	avete atterrato
ha atterrato	hanno atterrato

Trapassato prossimo · Past perfect

avevo atterrato	avevamo atterrato
avevi atterrato	avevate atterrato
aveva atterrato	avevano atterrato

Trapassato remoto · Preterit perfect

ebbi atterrato	avemmo atterrato
avesti atterrato	aveste atterrato
ebbe atterrato	ebbero atterrato

Futuro anteriore · Future perfect

avrò atterrato	avremo atterrato
avrai atterrato	avrete atterrato
avrà atterrato	avranno atterrato

Condizionale passato · Perfect conditional

avrei atterrato	avremmo atterrato
avresti atterrato	avreste atterrato
avrebbe atterrato	avrebbero atterrato

Congiuntivo passato · Perfect subjunctive

abbia atterrato	abbiamo atterrato
abbia atterrato	abbiate atterrato
abbia atterrato	abbiano atterrato

Congiuntivo trapassato · Past perfect subjunctive

avessi atterrato	avessimo atterrato
avessi atterrato	aveste atterrato
avesse atterrato	avessero atterrato

Imperativo · Commands

	(non) atterriamo
atterra (non atterrare)	(non) atterrate
(non) atterri	(non) atterrino

Participio passato · Past participle	atterrato (-a/-i/-e)
Gerundio · Gerund	atterrando

Usage

L'aereo è atterrato a Malpensa alle due precise.	*The plane landed at Malpensa at exactly two o'clock.*
Questo splendido uccello marino atterra al suolo per nidificare sulle rocce.	*This marvelous seabird lands on the ground to nest on the rocks.*
Il pugile attaccò l'avversario di fronte e lo atterrò.	*The boxer attacked his adversary from the front and knocked him down.*
La casa era totalmente distrutta e hanno dovuto atterrarla.	*The house was totally destroyed, and they had to knock it down.*
Perché hanno atterrato quest'albero?	*Why did they fell this tree?*

atterrarsi *to adhere to; bring each other down*

Ci si deve atterrare a quanto si è deciso nella riunione.	*One has to adhere to what was decided at the meeting.*
I lottatori cercano di atterrarsi a forza.	*The fighters try to force each other to the ground.*

attraggo · attrassi · attratto

irregular -*ere* verb;
trans. (aux. *avere*)

Presente · Present

attraggo	attraiamo
attrai	attraete
attrae	attraggono

Imperfetto · Imperfect

attraevo	attraevamo
attraevi	attraevate
attraeva	attraevano

Passato remoto · Preterit

attrassi	attraemmo
attraesti	attraeste
attrasse	attrassero

Futuro semplice · Future

attrarrò	attrarremo
attrarrai	attrarrete
attrarrà	attrarranno

Condizionale presente · Present conditional

attrarrei	attrarremmo
attrarresti	attrarreste
attrarrebbe	attrarrebbero

Congiuntivo presente · Present subjunctive

attragga	attraiamo
attragga	attraiate
attragga	attraggano

Congiuntivo imperfetto · Imperfect subjunctive

attraessi	attraessimo
attraessi	attraeste
attraesse	attraessero

Imperativo · Commands

	(non) attraiamo
attrai (non attrarre)	(non) attraete
(non) attragga	(non) attraggano

Participio passato · Past participle	attratto (-a/-i/-e)
Gerundio · Gerund	attraendo

Passato prossimo · Present perfect

ho attratto	abbiamo attratto
hai attratto	avete attratto
ha attratto	hanno attratto

Trapassato prossimo · Past perfect

avevo attratto	avevamo attratto
avevi attratto	avevate attratto
aveva attratto	avevano attratto

Trapassato remoto · Preterit perfect

ebbi attratto	avemmo attratto
avesti attratto	aveste attratto
ebbe attratto	ebbero attratto

Futuro anteriore · Future perfect

avrò attratto	avremo attratto
avrai attratto	avrete attratto
avrà attratto	avranno attratto

Condizionale passato · Perfect conditional

avrei attratto	avremmo attratto
avresti attratto	avreste attratto
avrebbe attratto	avrebbero attratto

Congiuntivo passato · Perfect subjunctive

abbia attratto	abbiamo attratto
abbia attratto	abbiate attratto
abbia attratto	abbiano attratto

Congiuntivo trapassato · Past perfect subjunctive

avessi attratto	avessimo attratto
avessi attratto	aveste attratto
avesse attratto	avessero attratto

Usage

Tutti sanno che una calamita attrae il ferro.	*Every one knows that a magnet attracts iron.*
È uno spettacolo meraviglioso che attrarrà migliaia di spettatori.	*It's a wonderful show that will attract thousands of viewers.*
Mi è difficile spiegare che cosa mi attrae in lui.	*I find it difficult to explain what attracts me to him.*
L'idea mi attraeva e mi impauriva allo stesso tempo.	*The idea appealed to me and frightened me at the same time.*
Teresa è attratta dalla moda e vuole traslocare a Milano.	*Teresa is interested in fashion and wants to move to Milan.*

attrarsi *to attract each other*

Le galassie si attraggono fra di loro.	*The galaxies attract each other.*
Si dice che gli opposti si attraggano.	*They say that opposites attract.*

attraversare · *to cross, go through/across*

attraverso · attraversai · attraversato

regular *-are* verb;
trans. (aux. *avere*)

Presente · Present

attraverso	attraversiamo
attraversi	attraversate
attraversa	attraversano

Imperfetto · Imperfect

attraversavo	attraversavamo
attraversavi	attraversavate
attraversava	attraversavano

Passato remoto · Preterit

attraversai	attraversammo
attraversasti	attraversaste
attraversò	attraversarono

Futuro semplice · Future

attraverserò	attraverseremo
attraverserai	attraverserete
attraverserà	attraverseranno

Condizionale presente · Present conditional

attraverserei	attraverseremmo
attraverseresti	attraversereste
attraverserebbe	attraverserebbero

Congiuntivo presente · Present subjunctive

attraversi	attraversiamo
attraversi	attraversiate
attraversi	attraversino

Congiuntivo imperfetto · Imperfect subjunctive

attraversassi	attraversassimo
attraversassi	attraversaste
attraversasse	attraversassero

Passato prossimo · Present perfect

ho attraversato	abbiamo attraversato
hai attraversato	avete attraversato
ha attraversato	hanno attraversato

Trapassato prossimo · Past perfect

avevo attraversato	avevamo attraversato
avevi attraversato	avevate attraversato
aveva attraversato	avevano attraversato

Trapassato remoto · Preterit perfect

ebbi attraversato	avemmo attraversato
avesti attraversato	aveste attraversato
ebbe attraversato	ebbero attraversato

Futuro anteriore · Future perfect

avrò attraversato	avremo attraversato
avrai attraversato	avrete attraversato
avrà attraversato	avranno attraversato

Condizionale passato · Perfect conditional

avrei attraversato	avremmo attraversato
avresti attraversato	avreste attraversato
avrebbe attraversato	avrebbero attraversato

Congiuntivo passato · Perfect subjunctive

abbia attraversato	abbiamo attraversato
abbia attraversato	abbiate attraversato
abbia attraversato	abbiano attraversato

Congiuntivo trapassato · Past perfect subjunctive

avessi attraversato	avessimo attraversato
avessi attraversato	aveste attraversato
avesse attraversato	avessero attraversato

Imperativo · Commands

	(non) attraversiamo
attraversa (non attraversare)	(non) attraversate
(non) attraversi	(non) attraversino

Participio passato · Past participle	attraversato (-a/-i/-e)
Gerundio · Gerund	attraversando

Usage

I bambini non possono attraversare la strada da soli.	*The children may not cross the street alone.*
Giulio attraversò il fiume a nuoto.	*Giulio swam across the river.*
Abbiamo attraversato tutta l'Europa quest'estate.	*We went all over Europe this summer.*
L'Arno attraversa la città di Firenze.	*The Arno River passes through the city of Florence.*
Un sospetto attraversava la mente dell'ispettore.	*A suspicion ran through the inspector's mind.*
Nina ha attraversato un brutto periodo dopo la morte di sua madre.	*Nina went through a bad spell after the death of her mother.*
La pallottola le ha attraversato il cuore.	*The bullet went straight through her heart.*
Mi ha attraversato il passo affinché lui potesse arrivare primo.	*He blocked my way so that he could arrive first.*

regular -ire verb (-isc- type);
trans. (aux. avere)

attribuisco · attribuii · attribuito

Presente · Present

attribuisco	attribuiamo
attribuisci	attribuite
attribuisce	attribuiscono

Imperfetto · Imperfect

attribuivo	attribuivamo
attribuivi	attribuivate
attribuiva	attribuivano

Passato remoto · Preterit

attribuii	attribuimmo
attribuisti	attribuiste
attribuì	attribuirono

Futuro semplice · Future

attribuirò	attribuiremo
attribuirai	attribuirete
attribuirà	attribuiranno

Condizionale presente · Present conditional

attribuirei	attribuiremmo
attribuiresti	attribuireste
attribuirebbe	attribuirebbero

Congiuntivo presente · Present subjunctive

attribuisca	attribuiamo
attribuisca	attribuiate
attribuisca	attribuiscano

Congiuntivo imperfetto · Imperfect subjunctive

attribuissi	attribuissimo
attribuissi	attribuiste
attribuisse	attribuissero

Passato prossimo · Present perfect

ho attribuito	abbiamo attribuito
hai attribuito	avete attribuito
ha attribuito	hanno attribuito

Trapassato prossimo · Past perfect

avevo attribuito	avevamo attribuito
avevi attribuito	avevate attribuito
aveva attribuito	avevano attribuito

Trapassato remoto · Preterit perfect

ebbi attribuito	avemmo attribuito
avesti attribuito	aveste attribuito
ebbe attribuito	ebbero attribuito

Futuro anteriore · Future perfect

avrò attribuito	avremo attribuito
avrai attribuito	avrete attribuito
avrà attribuito	avranno attribuito

Condizionale passato · Perfect conditional

avrei attribuito	avremmo attribuito
avresti attribuito	avreste attribuito
avrebbe attribuito	avrebbero attribuito

Congiuntivo passato · Perfect subjunctive

abbia attribuito	abbiamo attribuito
abbia attribuito	abbiate attribuito
abbia attribuito	abbiano attribuito

Congiuntivo trapassato · Past perfect subjunctive

avessi attribuito	avessimo attribuito
avessi attribuito	aveste attribuito
avesse attribuito	avessero attribuito

Imperativo · Commands

	(non) attribuiamo
attribuisci (non attribuire)	(non) attribuite
(non) attribuisca	(non) attribuiscano

Participio passato · Past participle   attribuito (-a/-i/-e)
Gerundio · Gerund   attribuendo

Usage

La polizia ha attribuito l'incidente all'imprudenza del camionista.

Non è possibile attribuire il quadro a Michelangelo.

Non attribuire importanza a quello che dicono.

Si attribuiscono 20 punti al vincitore del gioco.

Il premio è stato attribuito allo studente che aveva scritto il saggio migliore.

La ditta ha deciso di attribuire il 10% degli utili a un'associazione benefica.

The police blamed the accident on the truck driver's carelessness.

It's not possible to attribute the painting to Michelangelo.

Don't attach any importance to what they say.

The winner of the game gets 20 points.

The prize was awarded to the student who wrote the best essay.

The company decided to give 10% of its profits to a charitable organization.

attribuirsi to lay claim to; take (credit)

Paolo si è attribuito il merito della vittoria nella partita di calcio di ieri.

Paolo took credit for the victory in yesterday's soccer match.

aumentare   *to increase, raise, enlarge; rise*

aumento · aumentai · aumentato

regular -*are* verb;
trans. (aux. *avere*); intrans. (aux. *essere*)

NOTE *Aumentare* is conjugated here with *avere*; when used intransitively, it is conjugated with *essere*.

Presente · Present

aumento	aumentiamo
aumenti	aumentate
aumenta	aumentano

Imperfetto · Imperfect

aumentavo	aumentavamo
aumentavi	aumentavate
aumentava	aumentavano

Passato remoto · Preterit

aumentai	aumentammo
aumentasti	aumentaste
aumentò	aumentarono

Futuro semplice · Future

aumenterò	aumenteremo
aumenterai	aumenterete
aumenterà	aumenteranno

Condizionale presente · Present conditional

aumenterei	aumenteremmo
aumenteresti	aumentereste
aumenterebbe	aumenterebbero

Congiuntivo presente · Present subjunctive

aumenti	aumentiamo
aumenti	aumentiate
aumenti	aumentino

Congiuntivo imperfetto · Imperfect subjunctive

aumentassi	aumentassimo
aumentassi	aumentaste
aumentasse	aumentassero

Passato prossimo · Present perfect

ho aumentato	abbiamo aumentato
hai aumentato	avete aumentato
ha aumentato	hanno aumentato

Trapassato prossimo · Past perfect

avevo aumentato	avevamo aumentato
avevi aumentato	avevate aumentato
aveva aumentato	avevano aumentato

Trapassato remoto · Preterit perfect

ebbi aumentato	avemmo aumentato
avesti aumentato	aveste aumentato
ebbe aumentato	ebbero aumentato

Futuro anteriore · Future perfect

avrò aumentato	avremo aumentato
avrai aumentato	avrete aumentato
avrà aumentato	avranno aumentato

Condizionale passato · Perfect conditional

avrei aumentato	avremmo aumentato
avresti aumentato	avreste aumentato
avrebbe aumentato	avrebbero aumentato

Congiuntivo passato · Perfect subjunctive

abbia aumentato	abbiamo aumentato
abbia aumentato	abbiate aumentato
abbia aumentato	abbiano aumentato

Congiuntivo trapassato · Past perfect subjunctive

avessi aumentato	avessimo aumentato
avessi aumentato	aveste aumentato
avesse aumentato	avessero aumentato

Imperativo · Commands

	(non) aumentiamo
aumenta (non aumentare)	(non) aumentate
(non) aumenti	(non) aumentino

Participio passato · Past participle	aumentato (-a/-i/-e)
Gerundio · Gerund	aumentando

Usage

Il fornaio ha aumentato il prezzo del pane oggi.	*The baker raised the price of bread today.*
Domani chiederò al direttore di aumentare il mio stipendio.	*Tomorrow I'll ask my boss for a raise.*
— Sta zitto. Non sento la radio.	*"Be quiet. I can't hear the radio."*
— Perché non aumenti il volume?	*"Why don't you turn up the volume?"*
Il numero di partecipanti è aumentato in maniera significativa.	*The number of participants has increased significantly.*
Luca è aumentato di 10 chili e ha recuperato il suo peso originale.	*Luca put on 10 kilos and has regained his original weight.*
La produzione del caffè è aumentata del 20%.	*Coffee production rose 20%.*
Nei prossimi giorni aumenterà la benzina.	*In the next few days (the price of) gas will go up.*

irregular *-ēre* verb;
trans. (aux. *avere*)

Presente · Present

ho	abbiamo
hai	avete
ha	hanno

Imperfetto · Imperfect

avevo	avevamo
avevi	avevate
aveva	avevano

Passato remoto · Preterit

ebbi	avemmo
avesti	aveste
ebbe	ebbero

Futuro semplice · Future

avrò	avremo
avrai	avrete
avrà	avranno

Condizionale presente · Present conditional

avrei	avremmo
avresti	avreste
avrebbe	avrebbero

Congiuntivo presente · Present subjunctive

abbia	abbiamo
abbia	abbiate
abbia	abbiano

Congiuntivo imperfetto · Imperfect subjunctive

avessi	avessimo
avessi	aveste
avesse	avessero

Passato prossimo · Present perfect

ho avuto	abbiamo avuto
hai avuto	avete avuto
ha avuto	hanno avuto

Trapassato prossimo · Past perfect

avevo avuto	avevamo avuto
avevi avuto	avevate avuto
aveva avuto	avevano avuto

Trapassato remoto · Preterit perfect

ebbi avuto	avemmo avuto
avesti avuto	aveste avuto
ebbe avuto	ebbero avuto

Futuro anteriore · Future perfect

avrò avuto	avremo avuto
avrai avuto	avrete avuto
avrà avuto	avranno avuto

Condizionale passato · Perfect conditional

avrei avuto	avremmo avuto
avresti avuto	avreste avuto
avrebbe avuto	avrebbero avuto

Congiuntivo passato · Perfect subjunctive

abbia avuto	abbiamo avuto
abbia avuto	abbiate avuto
abbia avuto	abbiano avuto

Congiuntivo trapassato · Past perfect subjunctive

avessi avuto	avessimo avuto
avessi avuto	aveste avuto
avesse avuto	avessero avuto

Imperativo · Commands

	(non) abbiamo
abbi (non avere)	(non) abbiate
(non) abbia	(non) abbiano

Participio passato · Past participle	avuto (–a/–i/–e)
Gerundio · Gerund	avendo

Usage

Mio fratello ha una macchina rossa.	*My brother has a red car.*
Quanti soldi hai?	*How much money do you have?*
— Hai fiducia in lei?	*"Do you trust her?"*
— Come no! È una persona molto buona.	*"Of course I do. She's a very good person."*
Ho un libro di Susanna Tamaro in mano.	*I'm holding a book by Susanna Tamaro.*
Giorgio aveva dei pantaloni neri.	*Giorgio was wearing black pants.*
Alessandra ha avuto una brutta notizia.	*Alessandra got some bad news.*
Abbiamo avuto una lettera dall'Italia.	*We received a letter from Italy.*
Rosaria aveva gli occhi rossi stamattina.	*Rosaria's eyes were red this morning.*
Mi pare che abbia pianto.	* I think she's been crying.*
— Cosa hai?	*"What's the matter with you?"*
— Niente. Non ha niente a che fare con te.	*"Nothing. It has nothing to do with you."*

TOP 50 VERB ☞

avere   *to have, own; obtain; hold; wear; receive*

ho · ebbi · avuto

irregular *-ēre* verb;
trans. (aux. *avere*)

avere + noun (in Italian) *to be* + adjective (in English)

avere fame/sete	*to be hungry/thirsty*
avere freddo/caldo	*(of a person) to be cold/hot*
avere sonno	*to be sleepy*
avere ___ anni	*to be ___ years old*
avere ragione/torto	*to be right/wrong*
avere fretta	*to be rushed/in a hurry*

avere + noun + **di**

avere bisogno di	*to need*
avere paura di	*to be afraid of*
avere voglia di	*to feel like, want*

ne avere

— Quante mele hai?	*"How many apples do you have?"*
— Ne ho cinque.	*"I have five."*
— Quanti ne abbiamo oggi?	*"What's the date today?"*
— Oggi ne abbiamo 13.	*"Today is the thirteenth."*
— Ne hai ancora per molto?	*"Have you got much longer to go?"*
— No, cinque minuti al massimo.	*"No, five minutes tops."*
Marco mi fa impazzire. Ne ho fin sopra i capelli.	*Marco is driving me crazy. I'm fed up with him.*

avere da + infinitive

Non ho più niente da fare.	*I've run out of things to do.*
Hai qualcosa da dirmi?	*Do you have something to tell me?*
Gli studenti hanno ancora da finire il compito.	*The students still have to finish their homework.*
Non ho da preoccuparmi di lei.	*I don't have to worry about her.*

avere in impersonal constructions

Da più di tre settimane non si hanno più notizie di lui.	*There's been no news from him for over three weeks.*
Ieri sera si è avuto qualche problema con il riscaldamento.	*Last night there was some problem with the heating.*

avere as a noun

il dare e l'avere (*m.*)	*debits and credits*
gli averi (*m.pl.*)	*wealth, fortune*

IDIOMATIC EXPRESSIONS

Giacomo ce l'ha sempre con me.	*Giacomo is always angry at me.*
Ha qualcosa a che vedere con noi?	*Does it have anything to do with us?*
Il concerto avrà luogo fra un mese.	*The concert will take place a month from now.*
Quel tipo ha le mani bucate.	*That guy spends money like water.*
Lei voleva sempre avere le mani in pasta.	*She always wanted to have a finger in the pie.*
Antonia ha senz'altro il bernoccolo della matematica.	*Antonia undoubtedly has a bent for mathematics.*

PROVERBS

Chi più ha, più vuole.	*The more you have, the more you want.*
Le bugie hanno le gambe corte.	*Truth will out.*

irregular *-ire* verb; third person only;
intrans./impers. (aux. *essere*)

Presente · Present	
avviene	avvengono

Imperfetto · Imperfect	
avveniva	avvenivano

Passato remoto · Preterit	
avvenne	avvennero

Futuro semplice · Future	
avverrà	avverranno

Condizionale presente · Present conditional	
avverrebbe	avverrebbero

Congiuntivo presente · Present subjunctive	
avvenga	avvengano

Congiuntivo imperfetto · Imperfect subjunctive	
avvenisse	avvenissero

Imperativo · Commands

—

Passato prossimo · Present perfect	
è avvenuto (-a)	sono avvenuti (-e)

Trapassato prossimo · Past perfect	
era avvenuto (-a)	erano avvenuti (-e)

Trapassato remoto · Preterit perfect	
fu avvenuto (-a)	furono avvenuti (-e)

Futuro anteriore · Future perfect	
sarà avvenuto (-a)	saranno avvenuti (-e)

Condizionale passato · Perfect conditional	
sarebbe avvenuto (-a)	sarebbero avvenuti (-e)

Congiuntivo passato · Perfect subjunctive	
sia avvenuto (-a)	siano avvenuti (-e)

Congiuntivo trapassato · Past perfect subjunctive	
fosse avvenuto (-a)	fossero avvenuti (-e)

Participio passato · Past participle	avvenuto (-a/-i/-e)
Gerundio · Gerund	avvenendo

Usage

L'incidente è avvenuto due ore fa.	*The accident happened two hours ago.*
Sembra che sia avvenuto un miracolo nel nostro paese.	*A miracle seems to have taken place in our village.*
Avvenga quel che vuole, io non mi muovo più.	*Whatever happens, I'm not moving anymore.*
Questa tragedia avvenne molti secoli fa.	*This tragedy happened many centuries ago.*
Con quale frequenza avviene il processo di aggiornamento?	*How often does the updating process take place?*
La prima guerra di indipendenza italiana avvenne nel 1848.	*The first war of independence in Italy occurred in 1848.*
È avvenuto tutto quello che avevamo previsto.	*Everything we had foreseen happened.*
Il suo debutto avvenne nel campionato del 1989.	*He made his debut in the 1989 championship.*

RELATED EXPRESSIONS

l'avvenire (*m.*)	*the future*
per l'avvenire	*in the future*
avvenire (*invariable adj.*)	*future*
le generazioni avvenire (*f.pl.*)	*future generations*

avvertire   *to inform; warn; realize, feel, notice, perceive*

avverto/avvertisco · avvertii · avvertito

regular *-ire* verb (rarely *-isc-* type);
trans. (aux. *avere*)

Presente · Present

avverto/avvertisco	avvertiamo
avverti/avvertisci	avvertite
avverte/avvertisce	avvertono/avvertiscono

Imperfetto · Imperfect

avvertivo	avvertivamo
avvertivi	avvertivate
avvertiva	avvertivano

Passato remoto · Preterit

avvertii	avvertimmo
avvertisti	avvertiste
avvertì	avvertirono

Futuro semplice · Future

avvertirò	avvertiremo
avvertirai	avvertirete
avvertirà	avvertiranno

Condizionale presente · Present conditional

avvertirei	avvertiremmo
avvertiresti	avvertireste
avvertirebbe	avvertirebbero

Congiuntivo presente · Present subjunctive

avverta/avvertisca	avvertiamo
avverta/avvertisca	avvertiate
avverta/avvertisca	avvertano/avvertiscano

Congiuntivo imperfetto · Imperfect subjunctive

avvertissi	avvertissimo
avvertissi	avvertiste
avvertisse	avvertissero

Passato prossimo · Present perfect

ho avvertito	abbiamo avvertito
hai avvertito	avete avvertito
ha avvertito	hanno avvertito

Trapassato prossimo · Past perfect

avevo avvertito	avevamo avvertito
avevi avvertito	avevate avvertito
aveva avvertito	avevano avvertito

Trapassato remoto · Preterit perfect

ebbi avvertito	avemmo avvertito
avesti avvertito	aveste avvertito
ebbe avvertito	ebbero avvertito

Futuro anteriore · Future perfect

avrò avvertito	avremo avvertito
avrai avvertito	avrete avvertito
avrà avvertito	avranno avvertito

Condizionale passato · Perfect conditional

avrei avvertito	avremmo avvertito
avresti avvertito	avreste avvertito
avrebbe avvertito	avrebbero avvertito

Congiuntivo passato · Perfect subjunctive

abbia avvertito	abbiamo avvertito
abbia avvertito	abbiate avvertito
abbia avvertito	abbiano avvertito

Congiuntivo trapassato · Past perfect subjunctive

avessi avvertito	avessimo avvertito
avessi avvertito	aveste avvertito
avesse avvertito	avessero avvertito

Imperativo · Commands

	(non) avvertiamo
avverti/avvertisci (non avvertire)	(non) avvertite
(non) avverta/avvertisca	(non) avvertano/avvertiscano

Participio passato · Past participle   avvertito (-a/-i/-e)

Gerundio · Gerund   avvertendo

Usage

L'insegnante dovrebbe avvertire i genitori quando un allievo non si impegna a scuola.

Era urgentissimo avvertire i nostri amici del pericolo imminente.

Ci hanno avvertito che ricorreranno alle vie legali se non ubbidiamo.

Il marinaio ha avvertito un venticello che veniva dall'est.

Avverte dolore ai polpacci quando cammina per più di 200 metri?

Ad un tratto Elena avvertì un suono che la fece fermare sui suoi passi.

I turisti avvertirono la bellezza del paesaggio toscano.

The teacher should notify the parents if a student doesn't work hard in school.

It was of utmost urgency to warn our friends of the impending danger.

They warned us that they will resort to legal action if we don't obey.

The sailor felt a breeze coming from the east.

Do you feel any pain in your calves when you walk for more than 200 meters?

All of a sudden Elena heard a sound that made her stop in her tracks.

The tourists discovered the beauty of the Tuscan landscape.

regular *-are* verb, *i > –/-iamo, -iate*;
trans. (aux. *avere*)

Presente · **Present**	
avvio	avviamo
avvii	avviate
avvia	avviano

Imperfetto · Imperfect	
avviavo	avviavamo
avviavi	avviavate
avviava	avviavano

Passato remoto · Preterit	
avviai	avviammo
avviasti	avviaste
avviò	avviarono

Futuro semplice · Future	
avvierò	avvieremo
avvierai	avvierete
avvierà	avvieranno

Condizionale presente · **Present conditional**	
avvierei	avvieremmo
avvieresti	avviereste
avvierebbe	avvierebbero

Congiuntivo presente · **Present subjunctive**	
avvii	avviamo
avvii	avviate
avvii	avviino

Congiuntivo imperfetto · **Imperfect subjunctive**	
avviassi	avviassimo
avviassi	avviaste
avviasse	avviassero

Passato prossimo · Present perfect	
ho avviato	abbiamo avviato
hai avviato	avete avviato
ha avviato	hanno avviato

Trapassato prossimo · Past perfect	
avevo avviato	avevamo avviato
avevi avviato	avevate avviato
aveva avviato	avevano avviato

Trapassato remoto · Preterit perfect	
ebbi avviato	avemmo avviato
avesti avviato	aveste avviato
ebbe avviato	ebbero avviato

Futuro anteriore · Future perfect	
avrò avviato	avremo avviato
avrai avviato	avrete avviato
avrà avviato	avranno avviato

Condizionale passato · Perfect conditional	
avrei avviato	avremmo avviato
avresti avviato	avreste avviato
avrebbe avviato	avrebbero avviato

Congiuntivo passato · Perfect subjunctive	
abbia avviato	abbiamo avviato
abbia avviato	abbiate avviato
abbia avviato	abbiano avviato

Congiuntivo trapassato · Past perfect subjunctive	
avessi avviato	avessimo avviato
avessi avviato	aveste avviato
avesse avviato	avessero avviato

Imperativo · **Commands**	
	(non) avviamo
avvia (non avviare)	(non) avviate
(non) avvii	(non) avviino

Participio passato · Past participle   avviato (-a/-i/-e)

Gerundio · Gerund   avviando

Usage

Il padre l'ha avviata agli studi giuridici.	*Her father guided her toward studying law.*
Gli steward avviano i passeggeri verso l'uscita dell'aereo.	*The flight attendants are directing the passengers to the plane's exit.*
Una volta avviato il motore, è importante controllare il livello dell'olio.	*Once the engine has been started, it's important to check the oil level.*
Avviare l'impresa è stato un processo lungo e complicato.	*Starting up the company has been a long and complicated process.*
La Fiat ha affermato di aver avviato trattative con una società straniera.	*Fiat has confirmed opening negotiations with a foreign company.*

avviarsi *to set out (for); be on the point (of), be about (to); start (up)*

Avviatevi, vi raggiungo più tardi.	*You all go on ahead; I'll catch up with you later.*
Patrizia si avvia a diventare un chirurgo eccellente.	*Patrizia is going to be an excellent surgeon.*
I viaggiatori si sono avviati di corsa verso l'uscita.	*The travelers started running toward the gate.*

avvicinare *to bring near/closer (to); approach, come up to; get to know*

avvicino · avvicinai · avvicinato

regular -*are* verb;
trans. (aux. *avere*)

Presente · Present

avvicino	avviciniamo
avvicini	avvicinate
avvicina	avvicinano

Imperfetto · Imperfect

avvicinavo	avvicinavamo
avvicinavi	avvicinavate
avvicinava	avvicinavano

Passato remoto · Preterit

avvicinai	avvicinammo
avvicinasti	avvicinaste
avvicinò	avvicinarono

Futuro semplice · Future

avvicinerò	avvicineremo
avvicinerai	avvicinerete
avvicinerà	avvicineranno

Condizionale presente · Present conditional

avvicinerei	avvicineremmo
avvicineresti	avvicinereste
avvicinerebbe	avvicinerebbero

Congiuntivo presente · Present subjunctive

avvicini	avviciniamo
avvicini	avviciniate
avvicini	avvicinino

Congiuntivo imperfetto · Imperfect subjunctive

avvicinassi	avvicinassimo
avvicinassi	avvicinaste
avvicinasse	avvicinassero

Passato prossimo · Present perfect

ho avvicinato	abbiamo avvicinato
hai avvicinato	avete avvicinato
ha avvicinato	hanno avvicinato

Trapassato prossimo · Past perfect

avevo avvicinato	avevamo avvicinato
avevi avvicinato	avevate avvicinato
aveva avvicinato	avevano avvicinato

Trapassato remoto · Preterit perfect

ebbi avvicinato	avemmo avvicinato
avesti avvicinato	aveste avvicinato
ebbe avvicinato	ebbero avvicinato

Futuro anteriore · Future perfect

avrò avvicinato	avremo avvicinato
avrai avvicinato	avrete avvicinato
avrà avvicinato	avranno avvicinato

Condizionale passato · Perfect conditional

avrei avvicinato	avremmo avvicinato
avresti avvicinato	avreste avvicinato
avrebbe avvicinato	avrebbero avvicinato

Congiuntivo passato · Perfect subjunctive

abbia avvicinato	abbiamo avvicinato
abbia avvicinato	abbiate avvicinato
abbia avvicinato	abbiano avvicinato

Congiuntivo trapassato · Past perfect subjunctive

avessi avvicinato	avessimo avvicinato
avessi avvicinato	aveste avvicinato
avesse avvicinato	avessero avvicinato

Imperativo · Commands

	(non) avviciniamo
avvicina (non avvicinare)	(non) avvicinate
(non) avvicini	(non) avvicinino

Participio passato · Past participle	avvicinato (-a/-i/-e)
Gerundio · Gerund	avvicinando

Usage

Tutti gli ospiti avvicinarono la sedia al tavolo.	*All the guests brought their chairs up to the table.*
Abbiamo dovuto avvicinare la data della prossima riunione.	*We've had to move the date of the next meeting forward.*
È difficile avvicinare il presidente?	*Is it difficult to approach the president?*
I due amici si erano estraniati, ma il pellegrinaggio li ha avvicinati di nuovo.	*The two friends had grown apart, but the pilgrimage brought them closer together again.*

avvicinarsi *to approach, get near; be close (to), be similar (to)*

Il treno si sta avvicinando alla stazione di Venezia.	*The train is pulling into Venice station.*
Mi si avvicinò uno straniero per strada.	*A stranger came up to me on the street.*
Non avvicinatevi, per favore!	*Don't come any closer, please!*
La stagione piovosa si avvicina.	*The rainy season is approaching.*
La traduzione in inglese si avvicina molto al libro originale in italiano.	*The English translation is very faithful to the original book in Italian.*

regular *-are* verb, *ci > c/e, i;*
trans. (aux. *avere*)

Presente · Present	
bacio	baciamo
baci	baciate
bacia	baciano

Imperfetto · Imperfect	
baciavo	baciavamo
baciavi	baciavate
baciava	baciavano

Passato remoto · Preterit	
baciai	baciammo
baciasti	baciaste
baciò	baciarono

Futuro semplice · Future	
bacerò	baceremo
bacerai	bacerete
bacerà	baceranno

Condizionale presente · Present conditional	
bacerei	baceremmo
baceresti	bacereste
bacerebbe	bacerebbero

Congiuntivo presente · Present subjunctive	
baci	baciamo
baci	baciate
baci	bacino

Congiuntivo imperfetto · Imperfect subjunctive	
baciassi	baciassimo
baciassi	baciaste
baciasse	baciassero

Imperativo · Commands	
	(non) baciamo
bacia (non baciare)	(non) baciate
(non) baci	(non) bacino

Passato prossimo · Present perfect	
ho baciato	abbiamo baciato
hai baciato	avete baciato
ha baciato	hanno baciato

Trapassato prossimo · Past perfect	
avevo baciato	avevamo baciato
avevi baciato	avevate baciato
aveva baciato	avevano baciato

Trapassato remoto · Preterit perfect	
ebbi baciato	avemmo baciato
avesti baciato	aveste baciato
ebbe baciato	ebbero baciato

Futuro anteriore · Future perfect	
avrò baciato	avremo baciato
avrai baciato	avrete baciato
avrà baciato	avranno baciato

Condizionale passato · Perfect conditional	
avrei baciato	avremmo baciato
avresti baciato	avreste baciato
avrebbe baciato	avrebbero baciato

Congiuntivo passato · Perfect subjunctive	
abbia baciato	abbiamo baciato
abbia baciato	abbiate baciato
abbia baciato	abbiano baciato

Congiuntivo trapassato · Past perfect subjunctive	
avessi baciato	avessimo baciato
avessi baciato	aveste baciato
avesse baciato	avessero baciato

Participio passato · Past participle   baciato (-a/-i/-e)

Gerundio · Gerund   baciando

Usage

La madre ha baciato i figli sulle guance prima di mandarli a scuola.	*The mother kissed her children on the cheek before sending them off to school.*
Antonia è stata baciata sulla bocca da un ragazzo che conosce appena.	*Antonia was kissed on the mouth by a boy she hardly knows.*
Il vescovo baciò la mano al papa.	*The bishop kissed the pope's hand.*
La fortuna lo ha baciato in fronte appena si è lanciato nel mondo della musica.	*He's been very lucky ever since he entered the music world.*
La montagna era baciata dal sole del tramonto.	*The mountain was bathed in the setting sun.*

baciarsi *to kiss each other*

Prima di partire si sono baciati sulle labbra.	*Before leaving they kissed each other on the lips.*

RELATED EXPRESSIONS

il bacio	*kiss*
Tanti baci!	*Love and kisses.* (at the end of a letter)

ballare *to dance; wobble, be loose; shake, fidget*

ballo · ballai · ballato

regular *-are* verb;
intrans./trans. (aux. *avere*)

Presente · Present

ballo	balliamo
balli	ballate
balla	ballano

Passato prossimo · Present perfect

ho ballato	abbiamo ballato
hai ballato	avete ballato
ha ballato	hanno ballato

Imperfetto · Imperfect

ballavo	ballavamo
ballavi	ballavate
ballava	ballavano

Trapassato prossimo · Past perfect

avevo ballato	avevamo ballato
avevi ballato	avevate ballato
aveva ballato	avevano ballato

Passato remoto · Preterit

ballai	ballammo
ballasti	ballaste
ballò	ballarono

Trapassato remoto · Preterit perfect

ebbi ballato	avemmo ballato
avesti ballato	aveste ballato
ebbe ballato	ebbero ballato

Futuro semplice · Future

ballerò	balleremo
ballerai	ballerete
ballerà	balleranno

Futuro anteriore · Future perfect

avrò ballato	avremo ballato
avrai ballato	avrete ballato
avrà ballato	avranno ballato

Condizionale presente · Present conditional

ballerei	balleremmo
balleresti	ballereste
ballerebbe	ballerebbero

Condizionale passato · Perfect conditional

avrei ballato	avremmo ballato
avresti ballato	avreste ballato
avrebbe ballato	avrebbero ballato

Congiuntivo presente · Present subjunctive

balli	balliamo
balli	balliate
balli	ballino

Congiuntivo passato · Perfect subjunctive

abbia ballato	abbiamo ballato
abbia ballato	abbiate ballato
abbia ballato	abbiano ballato

Congiuntivo imperfetto · Imperfect subjunctive

ballassi	ballassimo
ballassi	ballaste
ballasse	ballassero

Congiuntivo trapassato · Past perfect subjunctive

avessi ballato	avessimo ballato
avessi ballato	aveste ballato
avesse ballato	avessero ballato

Imperativo · Commands

	(non) balliamo
balla (non ballare)	(non) ballate
(non) balli	(non) ballino

Participio passato · Past participle	ballato (-a/-i/-e)
Gerundio · Gerund	ballando

Usage

Come balla bene la Giulia, ma Claudio balla
  come un orso.
Abbiamo ballato per la gioia quando abbiamo
  ricevuto la buona notizia.
La piccola nave ballò sulle onde durante la burrasca.
Questo tavolo balla. Chiamiamo il cameriere.
Babbo, l'immagine sulla TV balla. Lo puoi
  aggiustare?
Fa ballare i quattrini come se fosse un milionario.
Il direttore faceva ballare gli impiegati.
Quel maglione le ballerà addosso. Non comprarlo.
Quando il gatto manca, i topi ballano. (PROVERB)

Giulia is such a good dancer, but Claudio dances
  like a bear.
We danced for joy when we got the good news.

The little ship danced on the waves during the storm.
This table is wobbly. Let's call the waiter.
Daddy, the image on TV is shaky. Can you fix it?

He's spending money as if he were a millionaire.
The manager made his employees work so hard.
She'll be lost in that sweater. Don't buy it.
When the cat's away, the mice will play.

regular -are verb; mostly used in third person;   **basto · bastai · bastato**
intrans./impers. (aux. *essere*)

Presente · Present		Passato prossimo · Present perfect	
basto	bastiamo	sono bastato (-a)	siamo bastati (-e)
basti	bastate	sei bastato (-a)	siete bastati (-e)
basta	bastano	è bastato (-a)	sono bastati (-e)

Imperfetto · Imperfect		Trapassato prossimo · Past perfect	
bastavo	bastavamo	ero bastato (-a)	eravamo bastati (-e)
bastavi	bastavate	eri bastato (-a)	eravate bastati (-e)
bastava	bastavano	era bastato (-a)	erano bastati (-e)

Passato remoto · Preterit		Trapassato remoto · Preterit perfect	
bastai	bastammo	fui bastato (-a)	fummo bastati (-e)
bastasti	bastaste	fosti bastato (-a)	foste bastati (-e)
bastò	bastarono	fu bastato (-a)	furono bastati (-e)

Futuro semplice · Future		Futuro anteriore · Future perfect	
basterò	basteremo	sarò bastato (-a)	saremo bastati (-e)
basterai	basterete	sarai bastato (-a)	sarete bastati (-e)
basterà	basteranno	sarà bastato (-a)	saranno bastati (-e)

Condizionale presente · Present conditional		Condizionale passato · Perfect conditional	
basterei	basteremmo	sarei bastato (-a)	saremmo bastati (-e)
basteresti	bastereste	saresti bastato (-a)	sareste bastati (-e)
basterebbe	basterebbero	sarebbe bastato (-a)	sarebbero bastati (-e)

Congiuntivo presente · Present subjunctive		Congiuntivo passato · Perfect subjunctive	
basti	bastiamo	sia bastato (-a)	siamo bastati (-e)
basti	bastiate	sia bastato (-a)	siate bastati (-e)
basti	bastino	sia bastato (-a)	siano bastati (-e)

Congiuntivo imperfetto · Imperfect subjunctive		Congiuntivo trapassato · Past perfect subjunctive	
bastassi	bastassimo	fossi bastato (-a)	fossimo bastati (-e)
bastassi	bastaste	fossi bastato (-a)	foste bastati (-e)
bastasse	bastassero	fosse bastato (-a)	fossero bastati (-e)

Imperativo · Commands

	(non) bastiamo
basta (non bastare)	(non) bastate
(non) basti	(non) bastino

Participio passato · Past participle   bastato (-a/-i/-e)

Gerundio · Gerund   bastando

Usage

Se non ti bastiamo, cerca di farti aiutare da
  un esperto.

E come se non bastasse, cominciava a piovere.

— Dimmi basta. — Basta, grazie.

Quando i miei figli avranno 20 anni, dovranno
  bastare a se stessi.

— Mamma, non voglio andare a scuola.
— Devi andare, punto e basta.

Quei soldi mi dovranno bastare per una settimana.

Basta scrivermi una lettera.

Ti daranno tutto ciò che ti serve. Basta che tu
  lo chieda.

Mandatemi dove volete, basta che sia lontano
  da qui.

*If we're not (good) enough for you, try to get help
  from an expert.*

And as if that wasn't enough, it started to rain.

"Say when." "That's enough, thanks."

*When my children are 20 years old, they will have
  to support themselves.*

"Mom, I don't want to go to school."
"You have to go. End of story."

That money will have to last me for a week.

All you need to do is write me a letter.

*They'll give you everything you need. All you have
  to do is ask.*

*Send me wherever you want, as long as it's far
  from here.*

bere _to drink; swallow; soak up_

bevo · bevvi/bevetti · bevuto

irregular -ere verb;
trans. (aux. avere)

MORE USAGE SENTENCES WITH bere

— Hai sete? Vuoi bere qualcosa?
— Sì, vorrei un bicchiere d'acqua, per favore.

Alzando il bicchiere Piero disse: "Beviamo alla salute dei nuovi sposi!"

Bisogna berlo a centellini per meglio sentirne il sapore.

Giovanna, quante volte ti devo chiedere di non bere a collo dalla bottiglia?

L'amico di Stefano beveva come una spugna prima dell'incidente.

Ieri sera siamo andati al bar e abbiamo bevuto un bicchiere di troppo.

Vorrei comprare un'altra macchina perché la mia macchina attuale beve come una spugna.

È davvero un tipo da bere il sangue di qualcuno.

Ferri prende la palla, si beve l'avversario e segna.

— Te l'ha data a bere con quella storia?
— No, questa volta non ci sono cascato.

Non dovresti bere tutto ciò che leggi sui giornali.

"Are you thirsty? Would you like to drink something?"
"Yes, I would like a glass of water, please."

Lifting his glass, Piero said, "Let's drink to the health of the newlyweds!"

It must be drunk in little sips to better savor the taste.

Giovanna, how many times must I ask you not to drink from the bottle?

Stefano's friend drank like a fish before the accident.

Last night we went to the bar and we had one too many.

I would like to buy another car because my current one is a gas guzzler.

He's the type that would really exploit someone.

Ferri takes the ball, dekes his opponent, and scores.

"Did he take you in with that story?"
"No, this time I didn't fall for it."

You shouldn't believe everything you read in the newspapers.

bersi _to drink, drink away, waste_

Mi berrò un altro cappuccino più tardi.
Ci siamo bevuti una bottiglia di vino rosso ieri sera.
Dopo il divorzio Enrico si è bevuto lo stipendio.
E se ci bevessimo un altro bicchiere?
Lo sapevi che, se ti bevi una tazzina di espresso prima di andare ad una lezione di fitness, brucerai più calorie?

I'll have another cappuccino later.
We drank a bottle of red wine last evening.
After the divorce Enrico drank away his salary.
Shall we have another drink?
Did you know that if you drink a cup of espresso before going to a fitness class, you will burn more calories?

RELATED EXPRESSIONS

il bere
Stefania purtroppo si è data al bere.
una bevanda alcolica/non alcolica
un gran bevitore
l'acqua gasata (f.)
l'acqua naturale (f.)
l'acqua potabile (f.)
imbevuto (di)
fare una bella bevuta
Il cavallo non beve.

(the) drink/drinking
Stefania unfortunately turned to drink.
an alcoholic/soft drink
a heavy drinker
carbonated water/mineral (sparkling) water
tap water
drinking water
soaked (in); imbued (with)
to booze it up
The economy is stagnating.

PROVERB

Chi non beve in compagnia o è un ladro o è una spia.

Anyone who doesn't drink in company is either a thief or a spy. (i.e., Be suspicious of someone who doesn't go along with the crowd.)

TOP 50 VERBS

irregular -ere verb;
trans. (aux. avere)

bevo · bevvi/bevetti · bevuto

Presente · Present

bevo	beviamo
bevi	bevete
beve	bevono

Imperfetto · Imperfect

bevevo	bevevamo
bevevi	bevevate
beveva	bevevano

Passato remoto · Preterit

bevvi/bevetti	bevemmo
bevesti	beveste
bevve/bevette	bevvero/bevettero

Futuro semplice · Future

berrò/beverò	berremo/beveremo
berrai/beverai	berrete/beverete
berrà/beverà	berranno/beveranno

Condizionale presente · Present conditional

berrei/beverei	berremmo/beveremmo
berresti/beveresti	berreste/bevereste
berrebbe/beverebbe	berrebbero/beverebbero

Congiuntivo presente · Present subjunctive

beva	beviamo
beva	beviate
beva	bevano

Congiuntivo imperfetto · Imperfect subjunctive

bevessi	bevessimo
bevessi	beveste
bevesse	bevessero

Imperativo · Commands

	(non) beviamo
bevi (non bere)	(non) bevete
(non) beva	(non) bevano

Participio passato · Past participle	bevuto (-a/-i/-e)
Gerundio · Gerund	bevendo

Passato prossimo · Present perfect

ho bevuto	abbiamo bevuto
hai bevuto	avete bevuto
ha bevuto	hanno bevuto

Trapassato prossimo · Past perfect

avevo bevuto	avevamo bevuto
avevi bevuto	avevate bevuto
aveva bevuto	avevano bevuto

Trapassato remoto · Preterit perfect

ebbi bevuto	avemmo bevuto
avesti bevuto	aveste bevuto
ebbe bevuto	ebbero bevuto

Futuro anteriore · Future perfect

avrò bevuto	avremo bevuto
avrai bevuto	avrete bevuto
avrà bevuto	avranno bevuto

Condizionale passato · Perfect conditional

avrei bevuto	avremmo bevuto
avresti bevuto	avreste bevuto
avrebbe bevuto	avrebbero bevuto

Congiuntivo passato · Perfect subjunctive

abbia bevuto	abbiamo bevuto
abbia bevuto	abbiate bevuto
abbia bevuto	abbiano bevuto

Congiuntivo trapassato · Past perfect subjunctive

avessi bevuto	avessimo bevuto
avessi bevuto	aveste bevuto
avesse bevuto	avessero bevuto

Usage

Gianna non beve caffè; preferisce il tè.
Prendi qualcosa da bere? Offro io.
Faceva tanto caldo che abbiamo bevuto tre
  bicchieri di limonata tutto d'un fiato.
Carlo beve per dimenticare. Povero uomo!
Quando si bevono tante bibite, si consuma
  troppo zucchero.
Bevi le sue parole senza pensare a che cosa
  significano per te le sue proposte.
— Gli ho detto che avevano vinto un milione
  di dollari.
— E l'hanno bevuta?
Questo terreno beve molto più acqua di quello.

Gianna doesn't drink coffee; she prefers tea.
Would you like something to drink? My treat.
*It was so hot that we downed three glasses of lemonade
  in one go.*
Carlo drinks to forget. Poor man!
*When you drink that many soft drinks, you're getting
  too much sugar.*
*You drink in his words without thinking about what
  his proposals mean for you.*
"I told them that they had won a million dollars."

"And did they swallow it?"
This field soaks up much more water than that one.

bisognare   *to be necessary; (personal)* need; must, should, ought to

bisogna · bisognò · bisognato

regular -*are* verb; third person only;
intrans./impers. (aux. *essere*)

NOTE *Bisognare* is used mostly in the third-person singular of the simple tenses. The other forms are rare.

Presente · Present		Passato prossimo · Present perfect	
bisogna	bisognano	è bisognato (-a)	sono bisognati (-e)

Imperfetto · Imperfect		Trapassato prossimo · Past perfect	
bisognava	bisognavano	era bisognato (-a)	erano bisognati (-e)

Passato remoto · Preterit		Trapassato remoto · Preterit perfect	
bisognò	bisognarono	fu bisognato (-a)	furono bisognati (-e)

Futuro semplice · Future		Futuro anteriore · Future perfect	
bisognerà	bisogneranno	sarà bisognato (-a)	saranno bisognati (-e)

Condizionale presente · Present conditional		Condizionale passato · Perfect conditional	
bisognerebbe	bisognerebbero	sarebbe bisognato (-a)	sarebbero bisognati (-e)

Congiuntivo presente · Present subjunctive		Congiuntivo passato · Perfect subjunctive	
bisogni	bisognino	sia bisognato (-a)	siano bisognati (-e)

Congiuntivo imperfetto · Imperfect subjunctive		Congiuntivo trapassato · Past perfect subjunctive	
bisognasse	bisognassero	fosse bisognato (-a)	fossero bisognati (-e)

Imperativo · Commands

—

Participio passato · Past participle	bisognato (-a/-i/-e)
Gerundio · Gerund	bisognando

Usage

Bisogna parlare piano.	*It's necessary to talk slowly.*
Bisognava partire immediatamente.	*It was necessary to leave immediately.*
Ti bisognano altri soldi?	*Do you need more money?*
— Cosa Le bisogna?	*"Can I help you?"*
— Un chilo di salsicce, per favore.	*"One kilo of sausages, please."*
Bisogna che arriviate prima delle dieci.	*You have to arrive before ten o'clock.*
Bisognerebbe che parlaste con il direttore.	*You should talk to the manager.*
Bisogna vedere.	*We'll have to wait and see.*
Bisogna proprio dire che non si è contenti del risultato.	*It has to be said that we're not happy with the result.*
Non bisogna credere a tutto quello che Renata dice.	*One mustn't believe everything Renata says.*
Bisognava che scrivesse prima.	*He should have written sooner.*
Bisogna far buon viso a cattivo gioco. (PROVERB)	*One has to make the best of things.*
Bisogna vedere per credere. (PROVERB)	*Seeing is believing.*
L'amico si conosce nel bisogno. (PROVERB)	*A friend in need is a friend indeed.*

RELATED WORDS

il bisogno	*need, necessity*
bisognoso (di)	*in need (of), needing; poor; needy*

regular *-ire* verb;
trans./intrans. (aux. *avere*)

Presente · Present

bollo	bolliamo
bolli	bollite
bolle	bollono

Imperfetto · Imperfect

bollivo	bollivamo
bollivi	bollivate
bolliva	bollivano

Passato remoto · Preterit

bollii	bollimmo
bollisti	bolliste
bollì	bollirono

Futuro semplice · Future

bollirò	bolliremo
bollirai	bollirete
bollirà	bolliranno

Condizionale presente · Present conditional

bollirei	bolliremmo
bolliresti	bollireste
bollirebbe	bollirebbero

Congiuntivo presente · Present subjunctive

bolla	bolliamo
bolla	bolliate
bolla	bollano

Congiuntivo imperfetto · Imperfect subjunctive

bollissi	bollissimo
bollissi	bolliste
bollisse	bollissero

Imperativo · Commands

	(non) bolliamo
bolli (non bollire)	(non) bollite
(non) bolla	(non) bollano

Passato prossimo · Present perfect

ho bollito	abbiamo bollito
hai bollito	avete bollito
ha bollito	hanno bollito

Trapassato prossimo · Past perfect

avevo bollito	avevamo bollito
avevi bollito	avevate bollito
aveva bollito	avevano bollito

Trapassato remoto · Preterit perfect

ebbi bollito	avemmo bollito
avesti bollito	aveste bollito
ebbe bollito	ebbero bollito

Futuro anteriore · Future perfect

avrò bollito	avremo bollito
avrai bollito	avrete bollito
avrà bollito	avranno bollito

Condizionale passato · Perfect conditional

avrei bollito	avremmo bollito
avresti bollito	avreste bollito
avrebbe bollito	avrebbero bollito

Congiuntivo passato · Perfect subjunctive

abbia bollito	abbiamo bollito
abbia bollito	abbiate bollito
abbia bollito	abbiano bollito

Congiuntivo trapassato · Past perfect subjunctive

avessi bollito	avessimo bollito
avessi bollito	aveste bollito
avesse bollito	avessero bollito

Participio passato · Past participle   bollito (-a/-i/-e)

Gerundio · Gerund   bollendo

Usage

Preferiresti bollire o arrostire il manzo?

Fa' bollire l'acqua e aggiungi tutti gli altri ingredienti.

Fallo bollire adagio per trenta minuti.

L'acqua bolle a cento gradi.

Le patate bollono e l'insalata è condita. Mangeremo fra 10 minuti.

Qualcosa bolle in pentola.

— Lascialo bollire nel suo brodo per un po'.
— Buon'idea. Forse si calmerà.

Oggi si bolle qui. Andiamo al mare.

L'avvocato bolle di rabbia perché il suo cliente è stato minacciato.

Would you prefer to boil or roast the beef?

Bring the water to a boil and add the rest of the ingredients.

Let it simmer for thirty minutes.

Water boils at 100 degrees (Celsius).

The potatoes are boiling and the salad has dressing on it. We'll eat in 10 minutes.

Something's brewing.

"Let him stew in his own juices for a while."
"Good idea. Maybe he'll calm down."

It's boiling hot today. Let's go to the beach.

The lawyer is seething with anger because his client was threatened.

brillare *to shine, sparkle, glitter; explode; set off* (an explosion)

brillo · brillai · brillato

regular -are verb;
intrans./trans. (aux. *avere*)

Presente · Present

brillo	brilliamo
brilli	brillate
brilla	brillano

Imperfetto · Imperfect

brillavo	brillavamo
brillavi	brillavate
brillava	brillavano

Passato remoto · Preterit

brillai	brillammo
brillasti	brillaste
brillò	brillarono

Futuro semplice · Future

brillerò	brilleremo
brillerai	brillerete
brillerà	brilleranno

Condizionale presente · Present conditional

brillerei	brilleremmo
brilleresti	brillereste
brillerebbe	brillerebbero

Congiuntivo presente · Present subjunctive

brilli	brilliamo
brilli	brilliate
brilli	brillino

Congiuntivo imperfetto · Imperfect subjunctive

brillassi	brillassimo
brillassi	brillaste
brillasse	brillassero

Passato prossimo · Present perfect

ho brillato	abbiamo brillato
hai brillato	avete brillato
ha brillato	hanno brillato

Trapassato prossimo · Past perfect

avevo brillato	avevamo brillato
avevi brillato	avevate brillato
aveva brillato	avevano brillato

Trapassato remoto · Preterit perfect

ebbi brillato	avemmo brillato
avesti brillato	aveste brillato
ebbe brillato	ebbero brillato

Futuro anteriore · Future perfect

avrò brillato	avremo brillato
avrai brillato	avrete brillato
avrà brillato	avranno brillato

Condizionale passato · Perfect conditional

avrei brillato	avremmo brillato
avresti brillato	avreste brillato
avrebbe brillato	avrebbero brillato

Congiuntivo passato · Perfect subjunctive

abbia brillato	abbiamo brillato
abbia brillato	abbiate brillato
abbia brillato	abbiano brillato

Congiuntivo trapassato · Past perfect subjunctive

avessi brillato	avessimo brillato
avessi brillato	aveste brillato
avesse brillato	avessero brillato

Imperativo · Commands

	(non) brilliamo
brilla (non brillare)	(non) brillate
(non) brilli	(non) brillino

Participio passato · Past participle	brillato (-a/-i/-e)
Gerundio · Gerund	brillando

Usage

Il sole brilla nel cielo azzurro.	*The sun is shining in the blue sky.*
La luna e le stelle brillavano fortissimo nella notte fredda.	*The moon and the stars were shining brightly in the cold night.*
Quando la piccola vide il giocattolo, i suoi occhi cominciarono a brillare.	*When the little girl saw the toy, her eyes started to sparkle.*
I suoi occhi brillavano di gioia quando disse "sì" al fidanzato.	*Her eyes shone with joy when she said yes to her fiancé.*
La principessa portava orecchini che brillavano come le stelle.	*The princess was wearing earrings that glittered like stars.*
È una ragazza che brilla non solo per la sua bellezza, ma soprattutto per la sua intelligenza.	*She's a girl who is not only outstandingly beautiful, but also highly intelligent.*
Il sindaco ha brillato per la sua assenza.	*The mayor was conspicuous by his absence.*
I soldati hanno fatto brillare una bomba di quaranta tonnellate di esplosivo.	*The soldiers set off a bomb containing 40 tons of explosives.*

regular *-are* verb;
intrans. (aux. *avere*)

brindo · brindai · brindato

Presente · Present

brindo	brindiamo
brindi	brindate
brinda	brindano

Imperfetto · Imperfect

brindavo	brindavamo
brindavi	brindavate
brindava	brindavano

Passato remoto · Preterit

brindai	brindammo
brindasti	brindaste
brindò	brindarono

Futuro semplice · Future

brinderò	brinderemo
brinderai	brinderete
brinderà	brinderanno

Condizionale presente · Present conditional

brinderei	brinderemmo
brinderesti	brindereste
brinderebbe	brinderebbero

Congiuntivo presente · Present subjunctive

brindi	brindiamo
brindi	brindiate
brindi	brindino

Congiuntivo imperfetto · Imperfect subjunctive

brindassi	brindassimo
brindassi	brindaste
brindasse	brindassero

Imperativo · Commands

	(non) brindiamo
brinda (non brindare)	(non) brindate
(non) brindi	(non) brindino

Passato prossimo · Present perfect

ho brindato	abbiamo brindato
hai brindato	avete brindato
ha brindato	hanno brindato

Trapassato prossimo · Past perfect

avevo brindato	avevamo brindato
avevi brindato	avevate brindato
aveva brindato	avevano brindato

Trapassato remoto · Preterit perfect

ebbi brindato	avemmo brindato
avesti brindato	aveste brindato
ebbe brindato	ebbero brindato

Futuro anteriore · Future perfect

avrò brindato	avremo brindato
avrai brindato	avrete brindato
avrà brindato	avranno brindato

Condizionale passato · Perfect conditional

avrei brindato	avremmo brindato
avresti brindato	avreste brindato
avrebbe brindato	avrebbero brindato

Congiuntivo passato · Perfect subjunctive

abbia brindato	abbiamo brindato
abbia brindato	abbiate brindato
abbia brindato	abbiano brindato

Congiuntivo trapassato · Past perfect subjunctive

avessi brindato	avessimo brindato
avessi brindato	aveste brindato
avesse brindato	avessero brindato

Participio passato · Past participle   brindato (-a/-i/-e)

Gerundio · Gerund   brindando

Usage

Cari amici, brindiamo alla salute della coppia felice.	*Dear friends, let's drink to the health of the happy couple.*
Tutti hanno alzato il bicchiere per brindare al successo dell'iniziativa.	*Everybody lifted his glass to toast the success of the initiative.*
Brindammo a champagne per il buon esito della campagna.	*We made a champagne toast for a good end to the campaign.*
Migliaia di italiani sono usciti per brindare al Capodanno.	*Thousands of Italians have gone out to toast the New Year.*

RELATED EXPRESSIONS

un brindisi (*invariable*)	*a toast*
fare un brindisi (a)	*to drink a toast (to)*

bruciare   *to burn, scorch; be very hot; smart, sting*

brucio · bruciai · bruciato

regular *-are* verb, *ci > c/e, i*;
trans. (aux. *avere*); intrans. (aux. *essere*)

NOTE *Bruciare* is conjugated here with *avere*; when used intransitively, it is conjugated with *essere*.

Presente · Present

brucio	bruciamo
bruci	bruciate
brucia	bruciano

Imperfetto · Imperfect

bruciavo	bruciavamo
bruciavi	bruciavate
bruciava	bruciavano

Passato remoto · Preterit

bruciai	bruciammo
bruciasti	bruciaste
bruciò	bruciarono

Futuro semplice · Future

brucerò	bruceremo
brucerai	brucerete
brucerà	bruceranno

Condizionale presente · Present conditional

brucerei	bruceremmo
bruceresti	brucereste
brucerebbe	brucerebbero

Congiuntivo presente · Present subjunctive

bruci	bruciamo
bruci	bruciate
bruci	brucino

Congiuntivo imperfetto · Imperfect subjunctive

bruciassi	bruciassimo
bruciassi	bruciaste
bruciasse	bruciassero

Passato prossimo · Present perfect

ho bruciato	abbiamo bruciato
hai bruciato	avete bruciato
ha bruciato	hanno bruciato

Trapassato prossimo · Past perfect

avevo bruciato	avevamo bruciato
avevi bruciato	avevate bruciato
aveva bruciato	avevano bruciato

Trapassato remoto · Preterit perfect

ebbi bruciato	avemmo bruciato
avesti bruciato	aveste bruciato
ebbe bruciato	ebbero bruciato

Futuro anteriore · Future perfect

avrò bruciato	avremo bruciato
avrai bruciato	avrete bruciato
avrà bruciato	avranno bruciato

Condizionale passato · Perfect conditional

avrei bruciato	avremmo bruciato
avresti bruciato	avreste bruciato
avrebbe bruciato	avrebbero bruciato

Congiuntivo passato · Perfect subjunctive

abbia bruciato	abbiamo bruciato
abbia bruciato	abbiate bruciato
abbia bruciato	abbiano bruciato

Congiuntivo trapassato · Past perfect subjunctive

avessi bruciato	avessimo bruciato
avessi bruciato	aveste bruciato
avesse bruciato	avessero bruciato

Imperativo · Commands

	(non) bruciamo
brucia (non bruciare)	(non) bruciate
(non) bruci	(non) brucino

Participio passato · Past participle	bruciato (-a/-i/-e)
Gerundio · Gerund	bruciando

Usage

Accidenti! Ho bruciato la tua camicia con il ferro da stiro.	*Darn! I scorched your shirt with the iron.*
Stai attento a non bruciare la carne.	*Be careful not to burn the meat.*
Il bimbo bruciava di febbre.	*The baby was running a high temperature.*
Riccardo si è bruciato le ali in questo affare.	*Riccardo burned his fingers in that deal.*
Molti giovani bruciavano la scuola il venerdì.	*Many youngsters skipped school on Fridays.*
La foresta brucia da una settimana.	*The forest has been on fire for a week.*
Gli occhi mi bruciano in questo bar. C'è troppo fumo.	*My eyes are stinging in this bar. There's too much smoke.*

bruciarsi   *to burn/scald oneself; burn out*

La povera ragazza si è bruciata con l'acqua bollente.	*The poor girl got burned by boiling water.*
Si è bruciata la lampadina della lampada da scrivania.	*The bulb in the reading lamp burned out.*

regular -are verb;
trans./intrans. (aux. *avere*)

butto · buttai · buttato

Presente · Present

butto	buttiamo
butti	buttate
butta	buttano

Imperfetto · Imperfect

buttavo	buttavamo
buttavi	buttavate
buttava	buttavano

Passato remoto · Preterit

buttai	buttammo
buttasti	buttaste
buttò	buttarono

Futuro semplice · Future

butterò	butteremo
butterai	butterete
butterà	butteranno

Condizionale presente · Present conditional

butterei	butteremmo
butteresti	buttereste
butterebbe	butterebbero

Congiuntivo presente · Present subjunctive

butti	buttiamo
butti	buttiate
butti	buttino

Congiuntivo imperfetto · Imperfect subjunctive

buttassi	buttassimo
buttassi	buttaste
buttasse	buttassero

Imperativo · Commands

	(non) buttiamo
butta (non buttare)	(non) buttate
(non) butti	(non) buttino

Passato prossimo · Present perfect

ho buttato	abbiamo buttato
hai buttato	avete buttato
ha buttato	hanno buttato

Trapassato prossimo · Past perfect

avevo buttato	avevamo buttato
avevi buttato	avevate buttato
aveva buttato	avevano buttato

Trapassato remoto · Preterit perfect

ebbi buttato	avemmo buttato
avesti buttato	aveste buttato
ebbe buttato	ebbero buttato

Futuro anteriore · Future perfect

avrò buttato	avremo buttato
avrai buttato	avrete buttato
avrà buttato	avranno buttato

Condizionale passato · Perfect conditional

avrei buttato	avremmo buttato
avresti buttato	avreste buttato
avrebbe buttato	avrebbero buttato

Congiuntivo passato · Perfect subjunctive

abbia buttato	abbiamo buttato
abbia buttato	abbiate buttato
abbia buttato	abbiano buttato

Congiuntivo trapassato · Past perfect subjunctive

avessi buttato	avessimo buttato
avessi buttato	aveste buttato
avesse buttato	avessero buttato

Participio passato · Past participle	buttato (-a/-i/-e)
Gerundio · Gerund	buttando

Usage

Perché hai buttato quella carta dalla macchina?	*Why did you throw that paper out of the car?*
I delinquenti lo buttarono per terra.	*The thugs flung him to the ground.*
Avevo appena buttato (giù) la pasta quando il telefono ha squillato.	*I had just put the pasta in boiling water when the phone rang.*
Non buttare via quelle sedie!	*Don't throw those chairs away!*
Ho appena avuto il tempo di buttare giù due righe.	*I had barely enough time to scribble something down.*
Sono soldi buttati dalla finestra.	*It's money down the drain.*
Non si poteva negare che la faccenda buttava male.	*It couldn't be denied that things were looking bad.*

buttarsi *to jump (into), throw oneself (into)*

I bambini si sono buttati nella piscina.	*The children jumped into the pool.*
La mia amica si è buttata anima e corpo a ballare.	*My friend has wholeheartedly taken up dancing.*
Silvio si butterebbe nel fuoco per te.	*Silvio would do anything for you.*
Non lasciarti sfuggire l'occasione. Buttati!	*Don't pass up this opportunity. Go for it!*

cadere *to fall (down), collapse; come down/out; flop*

cado · caddi · caduto

irregular -*ēre* verb;
intrans. (aux. *essere*)

Presente · Present		Passato prossimo · Present perfect	
cado	cadiamo	sono caduto (-a)	siamo caduti (-e)
cadi	cadete	sei caduto (-a)	siete caduti (-e)
cade	cadono	è caduto (-a)	sono caduti (-e)

Imperfetto · Imperfect		Trapassato prossimo · Past perfect	
cadevo	cadevamo	ero caduto (-a)	eravamo caduti (-e)
cadevi	cadevate	eri caduto (-a)	eravate caduti (-e)
cadeva	cadevano	era caduto (-a)	erano caduti (-e)

Passato remoto · Preterit		Trapassato remoto · Preterit perfect	
caddi	cademmo	fui caduto (-a)	fummo caduti (-e)
cadesti	cadeste	fosti caduto (-a)	foste caduti (-e)
cadde	caddero	fu caduto (-a)	furono caduti (-e)

Futuro semplice · Future		Futuro anteriore · Future perfect	
cadrò	cadremo	sarò caduto (-a)	saremo caduti (-e)
cadrai	cadrete	sarai caduto (-a)	sarete caduti (-e)
cadrà	cadranno	sarà caduto (-a)	saranno caduti (-e)

Condizionale presente · Present conditional		Condizionale passato · Perfect conditional	
cadrei	cadremmo	sarei caduto (-a)	saremmo caduti (-e)
cadresti	cadreste	saresti caduto (-a)	sareste caduti (-e)
cadrebbe	cadrebbero	sarebbe caduto (-a)	sarebbero caduti (-e)

Congiuntivo presente · Present subjunctive		Congiuntivo passato · Perfect subjunctive	
cada	cadiamo	sia caduto (-a)	siamo caduti (-e)
cada	cadiate	sia caduto (-a)	siate caduti (-e)
cada	cadano	sia caduto (-a)	siano caduti (-e)

Congiuntivo imperfetto · Imperfect subjunctive		Congiuntivo trapassato · Past perfect subjunctive	
cadessi	cadessimo	fossi caduto (-a)	fossimo caduti (-e)
cadessi	cadeste	fossi caduto (-a)	foste caduti (-e)
cadesse	cadessero	fosse caduto (-a)	fossero caduti (-e)

Imperativo · Commands	
	(non) cadiamo
cadi (non cadere)	(non) cadete
(non) cada	(non) cadano

Participio passato · Past participle   caduto (-a/-i/-e)

Gerundio · Gerund   cadendo

Usage

Il ragazzo si è fatto male quando è caduto dall'albero.	*The boy hurt himself when he fell out of the tree.*
Ho perso l'equilibrio e sono caduta bocconi.	*I lost my balance and fell flat on my face.*
Quando lui ha detto che si era innamorato, sono caduto dalle nuvole.	*When he said that he had fallen in love, I was dumbfounded.*
Non appena la conversazione cadde sulla religione, tutti tacquero.	*As soon as the conversation turned to religion, everybody was quiet.*
All'età di trentacinque i capelli cominciarono a cadergli.	*At the age of 35, his hair started falling out.*
D'inverno la notte cade intorno alle diciotto.	*In winter, night falls around six o'clock.*
— Pronto, pronto... è caduta la linea.	*"Hello, hello . . . I've been cut off."*
Suo fratello è caduto ammalato durante il viaggio.	*His brother fell ill during the trip.*
È caduto dalla padella nella brace.	*He's gone from bad to worse.*
Visto che nessuno era a favore della mia proposta, l'ho lasciata cadere.	*Since nobody supported my proposal, I dropped it.*

regular -*are* verb;
trans. (aux. *avere*)

Presente · Present

calmo	calmiamo
calmi	calmate
calma	calmano

Imperfetto · Imperfect

calmavo	calmavamo
calmavi	calmavate
calmava	calmavano

Passato remoto · Preterit

calmai	calmammo
calmasti	calmaste
calmò	calmarono

Futuro semplice · Future

calmerò	calmeremo
calmerai	calmerete
calmerà	calmeranno

Condizionale presente · Present conditional

calmerei	calmeremmo
calmeresti	calmereste
calmerebbe	calmerebbero

Congiuntivo presente · Present subjunctive

calmi	calmiamo
calmi	calmiate
calmi	calmino

Congiuntivo imperfetto · Imperfect subjunctive

calmassi	calmassimo
calmassi	calmaste
calmasse	calmassero

Imperativo · Commands

	(non) calmiamo
calma (non calmare)	(non) calmate
(non) calmi	(non) calmino

Passato prossimo · Present perfect

ho calmato	abbiamo calmato
hai calmato	avete calmato
ha calmato	hanno calmato

Trapassato prossimo · Past perfect

avevo calmato	avevamo calmato
avevi calmato	avevate calmato
aveva calmato	avevano calmato

Trapassato remoto · Preterit perfect

ebbi calmato	avemmo calmato
avesti calmato	aveste calmato
ebbe calmato	ebbero calmato

Futuro anteriore · Future perfect

avrò calmato	avremo calmato
avrai calmato	avrete calmato
avrà calmato	avranno calmato

Condizionale passato · Perfect conditional

avrei calmato	avremmo calmato
avresti calmato	avreste calmato
avrebbe calmato	avrebbero calmato

Congiuntivo passato · Perfect subjunctive

abbia calmato	abbiamo calmato
abbia calmato	abbiate calmato
abbia calmato	abbiano calmato

Congiuntivo trapassato · Past perfect subjunctive

avessi calmato	avessimo calmato
avessi calmato	aveste calmato
avesse calmato	avessero calmato

Participio passato · Past participle   calmato (-a/-i/-e)

Gerundio · Gerund   calmando

Usage

La polizia è arrivata e ha calmato la situazione.	*The police arrived and calmed the situation down.*
Dopo che l'avevano calmata, hanno detto che Piero era morto.	*After they had calmed her down, they said that Piero had died.*
I carabinieri hanno dovuto calmare l'ira dei dimostranti.	*The military police had to cool the anger of the demonstrators.*
Questa medicina ti calmerà il mal di testa.	*This medicine will soothe your headache.*
La pioggia ha calmato la sete della terra temporaneamente, ma la siccità non è ancora finita.	*The rain has quenched the earth's thirst temporarily, but the drought isn't over yet.*

calmarsi *to calm down, grow calm; abate, subside, diminish*

Luigi, calmati. Non è successo niente di grave.	*Luigi, calm down. Nothing serious happened.*
Finalmente il vento si è calmato.	*Finally the wind has died down.*
La febbre si dovrebbe calmare fra alcune ore.	*The fever should go down in a few hours.*
Quando ho visto Carlo, la mia rabbia si è calmata.	*When I saw Carlo, my anger subsided.*

cambiare *to change, modify, alter*

cambio · cambiai · cambiato

regular -are verb, *i > –li*;
trans. (aux. *avere*); intrans. (aux. *essere*)

NOTE *Cambiare* is conjugated here with *avere*; when used intransitively, it is conjugated with *essere*.

Presente · Present

cambio	cambiamo
cambi	cambiate
cambia	cambiano

Imperfetto · Imperfect

cambiavo	cambiavamo
cambiavi	cambiavate
cambiava	cambiavano

Passato remoto · Preterit

cambiai	cambiammo
cambiasti	cambiaste
cambiò	cambiarono

Futuro semplice · Future

cambierò	cambieremo
cambierai	cambierete
cambierà	cambieranno

Condizionale presente · Present conditional

cambierei	cambieremmo
cambieresti	cambiereste
cambierebbe	cambierebbero

Congiuntivo presente · Present subjunctive

cambi	cambiamo
cambi	cambiate
cambi	cambino

Congiuntivo imperfetto · Imperfect subjunctive

cambiassi	cambiassimo
cambiassi	cambiaste
cambiasse	cambiassero

Passato prossimo · Present perfect

ho cambiato	abbiamo cambiato
hai cambiato	avete cambiato
ha cambiato	hanno cambiato

Trapassato prossimo · Past perfect

avevo cambiato	avevamo cambiato
avevi cambiato	avevate cambiato
aveva cambiato	avevano cambiato

Trapassato remoto · Preterit perfect

ebbi cambiato	avemmo cambiato
avesti cambiato	aveste cambiato
ebbe cambiato	ebbero cambiato

Futuro anteriore · Future perfect

avrò cambiato	avremo cambiato
avrai cambiato	avrete cambiato
avrà cambiato	avranno cambiato

Condizionale passato · Perfect conditional

avrei cambiato	avremmo cambiato
avresti cambiato	avreste cambiato
avrebbe cambiato	avrebbero cambiato

Congiuntivo passato · Perfect subjunctive

abbia cambiato	abbiamo cambiato
abbia cambiato	abbiate cambiato
abbia cambiato	abbiano cambiato

Congiuntivo trapassato · Past perfect subjunctive

avessi cambiato	avessimo cambiato
avessi cambiato	aveste cambiato
avesse cambiato	avessero cambiato

Imperativo · Commands

	(non) cambiamo
cambia (non cambiare)	(non) cambiate
(non) cambi	(non) cambino

Participio passato · Past participle   cambiato (-a/-i/-e)

Gerundio · Gerund   cambiando

Usage

Ho cambiato idea. Non voglio più andare al cinema.

I've changed my mind. I don't want to go to the movies anymore.

Cambieremo casa fra una settimana.
Bisogna cambiare treno due volte per andare a Roma.
Vorrei cambiare 1.000 dollari in euro, per favore.
La vita universitaria ti ha cambiato parecchio.
Il tempo è cambiato e sono ritornate le piogge.

We're moving (to a new house) in a week.
You have to change trains twice to go to Rome.
I would like to exchange 1,000 dollars in euros, please.
University life has changed you quite a bit.
The weather's changed and the rain has returned.

cambiarsi *to change, be transformed; change* (clothes)

La neve si è cambiata in nevischio.
Mi devo ancora cambiare per la cena.

The snow has turned to sleet.
I still have to change for dinner.

regular -are verb;
intrans. (aux. *avere*)

cammino · camminai · camminato

Presente · Present

cammino	camminiamo
cammini	camminate
cammina	camminano

Imperfetto · Imperfect

camminavo	camminavamo
camminavi	camminavate
camminava	camminavano

Passato remoto · Preterit

camminai	camminammo
camminasti	camminaste
camminò	camminarono

Futuro semplice · Future

camminerò	cammineremo
camminerai	camminerete
camminerà	cammineranno

Condizionale presente · Present conditional

camminerei	cammineremmo
cammineresti	camminereste
camminerebbe	camminerebbero

Congiuntivo presente · Present subjunctive

cammini	camminiamo
cammini	camminiate
cammini	camminino

Congiuntivo imperfetto · Imperfect subjunctive

camminassi	camminassimo
camminassi	camminaste
camminasse	camminassero

Imperativo · Commands

	(non) camminiamo
cammina (non camminare)	(non) camminate
(non) cammini	(non) camminino

Passato prossimo · Present perfect

ho camminato	abbiamo camminato
hai camminato	avete camminato
ha camminato	hanno camminato

Trapassato prossimo · Past perfect

avevo camminato	avevamo camminato
avevi camminato	avevate camminato
aveva camminato	avevano camminato

Trapassato remoto · Preterit perfect

ebbi camminato	avemmo camminato
avesti camminato	aveste camminato
ebbe camminato	ebbero camminato

Futuro anteriore · Future perfect

avrò camminato	avremo camminato
avrai camminato	avrete camminato
avrà camminato	avranno camminato

Condizionale passato · Perfect conditional

avrei camminato	avremmo camminato
avresti camminato	avreste camminato
avrebbe camminato	avrebbero camminato

Congiuntivo passato · Perfect subjunctive

abbia camminato	abbiamo camminato
abbia camminato	abbiate camminato
abbia camminato	abbiano camminato

Congiuntivo trapassato · Past perfect subjunctive

avessi camminato	avessimo camminato
avessi camminato	aveste camminato
avesse camminato	avessero camminato

Participio passato · Past participle camminato (-a/-i/-e)
Gerundio · Gerund camminando

Usage

Abbiamo camminato adagio attraverso il parco.
Caterina camminò in fretta per non perdere l'autobus.
La bimba camminava in punta di piedi nel corridoio.
Cammina, cammina, siamo arrivati.
E quando avrebbe fatto tutto quello? Cammina!
Il ministro ha dovuto camminare sulle uova nelle trattative con i sindacati.
Ti conviene camminare sul sicuro se hai dei dubbi sulla risposta corretta.
È una macchina che cammina benissimo.
Il mio orologio è caduto e non cammina più.
La scienza cammina a grandi passi nella nuova economia della conoscenza.

We walked slowly through the park.
Caterina walked quickly so she wouldn't miss the bus.
The little girl was walking on tiptoe in the hall.
After a long walk, we arrived.
And when would he have done all that? Go away!
The minister had to deal very cautiously in the negotiations with the trade unions.
You may be better off playing it safe if you're unsure of the correct answer.
This car really goes.
My watch fell and it stopped working.
Science is making great strides in the new knowledge economy.

cantare *to sing; chirp, crow; squeal*

canto · cantai · cantato

regular -*are* verb;
intrans./trans. (aux. *avere*)

Presente · Present

canto	cantiamo
canti	cantate
canta	cantano

Imperfetto · Imperfect

cantavo	cantavamo
cantavi	cantavate
cantava	cantavano

Passato remoto · Preterit

cantai	cantammo
cantasti	cantaste
cantò	cantarono

Futuro semplice · Future

canterò	canteremo
canterai	canterete
canterà	canteranno

Condizionale presente · Present conditional

canterei	canteremmo
canteresti	cantereste
canterebbe	canterebbero

Congiuntivo presente · Present subjunctive

canti	cantiamo
canti	cantiate
canti	cantino

Congiuntivo imperfetto · Imperfect subjunctive

cantassi	cantassimo
cantassi	cantaste
cantasse	cantassero

Passato prossimo · Present perfect

ho cantato	abbiamo cantato
hai cantato	avete cantato
ha cantato	hanno cantato

Trapassato prossimo · Past perfect

avevo cantato	avevamo cantato
avevi cantato	avevate cantato
aveva cantato	avevano cantato

Trapassato remoto · Preterit perfect

ebbi cantato	avemmo cantato
avesti cantato	aveste cantato
ebbe cantato	ebbero cantato

Futuro anteriore · Future perfect

avrò cantato	avremo cantato
avrai cantato	avrete cantato
avrà cantato	avranno cantato

Condizionale passato · Perfect conditional

avrei cantato	avremmo cantato
avresti cantato	avreste cantato
avrebbe cantato	avrebbero cantato

Congiuntivo passato · Perfect subjunctive

abbia cantato	abbiamo cantato
abbia cantato	abbiate cantato
abbia cantato	abbiano cantato

Congiuntivo trapassato · Past perfect subjunctive

avessi cantato	avessimo cantato
avessi cantato	aveste cantato
avesse cantato	avessero cantato

Imperativo · Commands

	(non) cantiamo
canta (non cantare)	(non) cantate
(non) canti	(non) cantino

Participio passato · Past participle   cantato (-a/-i/-e)
Gerundio · Gerund   cantando

Usage

Tu pensi che Graziella canti bene?
Molti anni fa cantava da tenore all'opera.
La diva ha cantato un'aria di Puccini come bis.
Le allodole cantano nell'albero dietro la mia casa.
A Natale, l'arcivescovo canta messa nella cattedrale.

I grilli cantavano così forte da impedirmi di dormire.
Il gallo dei vicini canta ogni mattino alle cinque.

Rossi finì in galera perché i suoi complici avevano
  cantato.
Il professore non smetteva di cantare le lodi del
  suo studente favorito.
Sembra che il politico abbia cantato vittoria troppo
  presto.

Do you think Graziella sings well?
Many years ago he sang as a tenor at the opera.
The diva sang an aria from Puccini for an encore.
Skylarks sing in the tree behind my house.
At Christmas the archbishop sings high mass
  at the cathedral.

The crickets were chirping so loudly I couldn't sleep.
The neighbors' rooster crows every morning at
  five o'clock.

Rossi ended up in jail because his accomplices had
  squealed.
The professor didn't stop singing the praises
  of his favorite student.
It appears that the politician crowed victory too soon.

regular *-ire* verb (*-isc-* type);
trans. (aux. *avere*)

Presente · Present

capisco	capiamo
capisci	capite
capisce	capiscono

Imperfetto · Imperfect

capivo	capivamo
capivi	capivate
capiva	capivano

Passato remoto · Preterit

capii	capimmo
capisti	capiste
capì	capirono

Futuro semplice · Future

capirò	capiremo
capirai	capirete
capirà	capiranno

Condizionale presente · Present conditional

capirei	capiremmo
capiresti	capireste
capirebbe	capirebbero

Congiuntivo presente · Present subjunctive

capisca	capiamo
capisca	capiate
capisca	capiscano

Congiuntivo imperfetto · Imperfect subjunctive

capissi	capissimo
capissi	capiste
capisse	capissero

Passato prossimo · Present perfect

ho capito	abbiamo capito
hai capito	avete capito
ha capito	hanno capito

Trapassato prossimo · Past perfect

avevo capito	avevamo capito
avevi capito	avevate capito
aveva capito	avevano capito

Trapassato remoto · Preterit perfect

ebbi capito	avemmo capito
avesti capito	aveste capito
ebbe capito	ebbero capito

Futuro anteriore · Future perfect

avrò capito	avremo capito
avrai capito	avrete capito
avrà capito	avranno capito

Condizionale passato · Perfect conditional

avrei capito	avremmo capito
avresti capito	avreste capito
avrebbe capito	avrebbero capito

Congiuntivo passato · Perfect subjunctive

abbia capito	abbiamo capito
abbia capito	abbiate capito
abbia capito	abbiano capito

Congiuntivo trapassato · Past perfect subjunctive

avessi capito	avessimo capito
avessi capito	aveste capito
avesse capito	avessero capito

Imperativo · Commands

	(non) capiamo
capisci (non capire)	(non) capite
(non) capisca	(non) capiscano

Participio passato · Past participle	capito (-a/-i/-e)
Gerundio · Gerund	capendo

Usage

Giulia è una persona che capisce tutto.
Non capisco cosa stai dicendo.
Gli studenti non hanno capito niente della lezione.
Solo lei mi capisce.
È un uomo difficile da capire.
C'è chi lo capisce, c'è chi non lo capisce e
c'è chi non lo vuole capire.
Non hanno capito una parola di quello che ho
appena detto.
Simo capì che non c'era più niente da fare.
Anna, cerca di capirmi; non l'ho fatto apposta.

Teresa è una bambina che capisce molto.

Giulia is a person who understands everything.
I don't understand what you're saying.
The students didn't understand the lesson at all.
She's the only one who understands me.
He's a hard person to figure out.
Some get it, some don't, and others don't want
to get it.
They didn't understand a word of what I just said.

Simo understood that nothing more could be done.
Anna, please try to understand. I didn't do it
on purpose.
Teresa is a clever girl.

TOP 50 VERB ☞

capire *to understand, realize, grasp, catch on; admit*

capisco · capii · capito

regular *-ire* verb (*-isc-* type);
trans. (aux. *avere*)

MORE USAGE SENTENCES WITH **capire**

Non si capivano perché non parlavano la stessa lingua.	*They didn't understand each other because they didn't speak the same language.*
Un giorno capirai il motivo per cui l'hanno fatto.	*One day you'll understand why they did it.*
Capirai anche tu che non possiamo incontrarti domani sera.	*Of course you understand that we can't meet you tomorrow night.*
Non devi più andare a quel parco. Capisci?	*You mustn't go to that park anymore. Do you understand?*
Non chiedere consiglio a Sandra. Non capisce nulla.	*Don't ask Sandra for advice. She's a fool.*
— Verrai domani a trovarmi?	*"Will you come and see me tomorrow?"*
— Si capisce.	*"Of course."*
Si capisce che questa situazione è insostenibile.	*It's clear that this situation is untenable.*
— Il dottore non è disponibile in questo momento.	*"The doctor is unavailable at the moment."*
— Ho capito.	*"I see."*
Fammi capire. Quante case vorrebbero costruire nel bosco?	*Let me get this straight. How many houses would they want to build in the woods?*
— Ho visto Daniele stamattina.	*"I saw Daniele this morning."*
— Eh, capirai!	*"Really!"*

capirsi *to understand each other*

Giorgio e Paolo sono amici da molti anni e si capiscono subito.	*Giorgio and Paolo have been friends for many years and they understand each other instantly.*
La relazione deve essere finita entro domani; ci siamo capiti?	*The report must be finished by tomorrow; is that clear?*

capirci

Tutti mi hanno dato una spiegazione diversa. Non ci capisco più niente.	*Everybody gave me a different explanation. I'm totally lost.*
In quell'affare ci capiamo ben poco.	*We know very little about that affair.*
— Tu ci hai capito qualcosa?	*"Did you get it?"*
— No, non ci ho capito proprio niente.	*"No, I didn't get a thing."*

IDIOMATIC EXPRESSIONS

Marco non capisce un tubo di calcio.	*Marco doesn't know diddly-squat about soccer.*
Nessuno capisce un accidente di ciò che scrivono su quelle riviste specializzate.	*Nobody understands a thing of what they write in those specialized journals.*
Stefano si intende di elettronica, ma quelli non ne capiscono un ficco secco.	*Stefano understands electronics, but those guys don't know the first thing about it.*
Capimmo a volo cosa voleva dire.	*We understood right away what he meant.*
Vai a rileggere il libro. Hai capito fischi per fiaschi.	*Go and reread the book. You have completely misunderstood it.*
Credo che sia un errore. Oppure sono io che ho capito una cosa per un'altra.	*I think it's a mistake. Or maybe I misunderstood it.*
Se lei mi avesse ascoltato, avrebbe capito l'antifona.	*If she had listened to me, she would have gotten the hint.*
La gente capì il latino e ne trasse le conseguenze.	*People read between the lines and drew their own conclusions.*

regular *-are* verb;
intrans./impers. (aux. *essere*)

Presente · Present

capito	capitiamo
capiti	capitate
capita	capitano

Imperfetto · Imperfect

capitavo	capitavamo
capitavi	capitavate
capitava	capitavano

Passato remoto · Preterit

capitai	capitammo
capitasti	capitaste
capitò	capitarono

Futuro semplice · Future

capiterò	capiteremo
capiterai	capiterete
capiterà	capiteranno

Condizionale presente · Present conditional

capiterei	capiteremmo
capiteresti	capitereste
capiterebbe	capiterebbero

Congiuntivo presente · Present subjunctive

capiti	capitiamo
capiti	capitiate
capiti	capitino

Congiuntivo imperfetto · Imperfect subjunctive

capitassi	capitassimo
capitassi	capitaste
capitasse	capitassero

Imperativo · Commands

	(non) capitiamo
capita (non capitare)	(non) capitate
(non) capiti	(non) capitino

Passato prossimo · Present perfect

sono capitato (-a)	siamo capitati (-e)
sei capitato (-a)	siete capitati (-e)
è capitato (-a)	sono capitati (-e)

Trapassato prossimo · Past perfect

ero capitato (-a)	eravamo capitati (-e)
eri capitato (-a)	eravate capitati (-e)
era capitato (-a)	erano capitati (-e)

Trapassato remoto · Preterit perfect

fui capitato (-a)	fummo capitati (-e)
fosti capitato (-a)	foste capitati (-e)
fu capitato (-a)	furono capitati (-e)

Futuro anteriore · Future perfect

sarò capitato (-a)	saremo capitati (-e)
sarai capitato (-a)	sarete capitati (-e)
sarà capitato (-a)	saranno capitati (-e)

Condizionale passato · Perfect conditional

sarei capitato (-a)	saremmo capitati (-e)
saresti capitato (-a)	sareste capitati (-e)
sarebbe capitato (-a)	sarebbero capitati (-e)

Congiuntivo passato · Perfect subjunctive

sia capitato (-a)	siamo capitati (-e)
sia capitato (-a)	siate capitati (-e)
sia capitato (-a)	siano capitati (-e)

Congiuntivo trapassato · Past perfect subjunctive

fossi capitato (-a)	fossimo capitati (-e)
fossi capitato (-a)	foste capitati (-e)
fosse capitato (-a)	fossero capitati (-e)

Participio passato · Past participle   capitato (-a/-i/-e)

Gerundio · Gerund   capitando

Usage

Povero Andrea! Capitano tutte a lui.
Se mi capita di vederla, glielo dirò.
Non preoccupatevi, capita.
Forse sono capitato bene, ma io non ho mai
  avuto problemi.
Capita spesso che ci incontriamo in città.
L'anno scorso, mentre eravamo in Toscana, siamo
  capitati in un piccolo paese in montagna.
Capiti nel momento giusto!
Quest'anno Ferragosto capita di lunedì.

Ci è capitata una buona occasione.
Sai cosa è successo a Stefania? Che disgrazia
  le sarà capitata?

Poor Andrea! It always happens to him.
If I happen to see her, I will tell her.
Don't worry, it happens.
Maybe I've been lucky, but I've never had a problem.

We often bump into each other in the city.
Last year, while we were in Tuscany, we found
  ourselves in a little village in the mountains.
You've come at the right moment!
This year August 15 (the feast of the Assumption) falls
  on a Monday.
A good opportunity has presented itself to us.
Do you know what happened to Stefania? What
  misfortune might have befallen her?

cavare *to take/draw out, extract; remove; get, obtain*

cavo · cavai · cavato

regular -are verb;
trans. (aux. *avere*)

Presente · Present	
cavo	caviamo
cavi	cavate
cava	cavano

Passato prossimo · Present perfect	
ho cavato	abbiamo cavato
hai cavato	avete cavato
ha cavato	hanno cavato

Imperfetto · Imperfect	
cavavo	cavavamo
cavavi	cavavate
cavava	cavavano

Trapassato prossimo · Past perfect	
avevo cavato	avevamo cavato
avevi cavato	avevate cavato
aveva cavato	avevano cavato

Passato remoto · Preterit	
cavai	cavammo
cavasti	cavaste
cavò	cavarono

Trapassato remoto · Preterit perfect	
ebbi cavato	avemmo cavato
avesti cavato	aveste cavato
ebbe cavato	ebbero cavato

Futuro semplice · Future	
caverò	caveremo
caverai	caverete
caverà	caveranno

Futuro anteriore · Future perfect	
avrò cavato	avremo cavato
avrai cavato	avrete cavato
avrà cavato	avranno cavato

Condizionale presente · Present conditional	
caverei	caveremmo
caveresti	cavereste
caverebbe	caverebbero

Condizionale passato · Perfect conditional	
avrei cavato	avremmo cavato
avresti cavato	avreste cavato
avrebbe cavato	avrebbero cavato

Congiuntivo presente · Present subjunctive	
cavi	caviamo
cavi	caviate
cavi	cavino

Congiuntivo passato · Perfect subjunctive	
abbia cavato	abbiamo cavato
abbia cavato	abbiate cavato
abbia cavato	abbiano cavato

Congiuntivo imperfetto · Imperfect subjunctive	
cavassi	cavassimo
cavassi	cavaste
cavasse	cavassero

Congiuntivo trapassato · Past perfect subjunctive	
avessi cavato	avessimo cavato
avessi cavato	aveste cavato
avesse cavato	avessero cavato

Imperativo · Commands	
	(non) caviamo
cava (non cavare)	(non) cavate
(non) cavi	(non) cavino

Participio passato · Past participle	cavato (-a/-i/-e)
Gerundio · Gerund	cavando

Usage

Gli antichi romani utilizzarono gli schiavi per cavare il marmo dalle cave.

The ancient Romans used slaves to extract marble from the quarries.

Signorina, bisognerà cavare il dente cariato.

Miss, we'll need to extract the bad tooth.

— Che cosa ne cavi tu? — Niente, ti giuro.

"What's in it for you?" "Nothing, I swear."

Cavò alcune banconote dal portafoglio.

He pulled some bills out of his wallet.

Me l'hai cavato di bocca.

You took the words right out of my mouth.

cavarsi *to satisfy, appease, quench; take off*

Ci siamo cavati la sete con alcune birre fredde.

We quenched our thirst with some cold beers.

Mi sono cavato il cappello e la giacca.

I took off my hat and jacket.

cavarsela *to manage, get by/on; get away with*

— Come te la cavi? — Non c'è male.

"How are you getting on?" "Not too bad."

Beppe se l'è cavata bene all'esame di matematica.

Beppe did quite well on the math exam.

regular *-are* verb;
trans. (aux. *avere*)

celebro · celebrai · celebrato

Presente · Present

celebro	celebriamo
celebri	celebrate
celebra	celebrano

Imperfetto · Imperfect

celebravo	celebravamo
celebravi	celebravate
celebrava	celebravano

Passato remoto · Preterit

celebrai	celebrammo
celebrasti	celebraste
celebrò	celebrarono

Futuro semplice · Future

celebrerò	celebreremo
celebrerai	celebrerete
celebrerà	celebreranno

Condizionale presente · Present conditional

celebrerei	celebreremmo
celebreresti	celebrereste
celebrerebbe	celebrerebbero

Congiuntivo presente · Present subjunctive

celebri	celebriamo
celebri	celebriate
celebri	celebrino

Congiuntivo imperfetto · Imperfect subjunctive

celebrassi	celebrassimo
celebrassi	celebraste
celebrasse	celebrassero

Imperativo · Commands

	(non) celebriamo
celebra (non celebrare)	(non) celebrate
(non) celebri	(non) celebrino

Participio passato · Past participle	celebrato (-a/-i/-e)
Gerundio · Gerund	celebrando

Passato prossimo · Present perfect

ho celebrato	abbiamo celebrato
hai celebrato	avete celebrato
ha celebrato	hanno celebrato

Trapassato prossimo · Past perfect

avevo celebrato	avevamo celebrato
avevi celebrato	avevate celebrato
aveva celebrato	avevano celebrato

Trapassato remoto · Preterit perfect

ebbi celebrato	avemmo celebrato
avesti celebrato	aveste celebrato
ebbe celebrato	ebbero celebrato

Futuro anteriore · Future perfect

avrò celebrato	avremo celebrato
avrai celebrato	avrete celebrato
avrà celebrato	avranno celebrato

Condizionale passato · Perfect conditional

avrei celebrato	avremmo celebrato
avresti celebrato	avreste celebrato
avrebbe celebrato	avrebbero celebrato

Congiuntivo passato · Perfect subjunctive

abbia celebrato	abbiamo celebrato
abbia celebrato	abbiate celebrato
abbia celebrato	abbiano celebrato

Congiuntivo trapassato · Past perfect subjunctive

avessi celebrato	avessimo celebrato
avessi celebrato	aveste celebrato
avesse celebrato	avessero celebrato

Usage

L'anno prossimo si celebrerà il centesimo anniversario della sua nascita.

La vittoria fu celebrata con una festa splendida.

Le donne che portano il nome di Caterina celebrano l'onomastico il 29 aprile in onore di Santa Caterina da Siena.

Padre Luigi celebra la messa ogni sera alle diciotto.

Il processo è stato celebrato a porte chiuse.

Le gesta dell'eroe saranno probabilmente celebrate in un film.

Perché celebri le sue lodi? Non ha fatto niente per meritarselo.

Next year we will observe the one-hundredth anniversary of his birth.

The victory was celebrated with a marvelous party.

Women named Catherine celebrate their patron saint's name day on April 29, in honor of Saint Catherine of Siena.

Father Luigi celebrates mass every evening at six.

The trial was held behind closed doors.

The hero's deeds are likely to be glorified in a movie.

Why do you sing his praises? He hasn't done anything to deserve it.

cenare *to have dinner, dine*

ceno · cenai · cenato

regular *-are* verb;
intrans. (aux. *avere*)

Presente · Present

ceno	ceniamo
ceni	cenate
cena	cenano

Imperfetto · Imperfect

cenavo	cenavamo
cenavi	cenavate
cenava	cenavano

Passato remoto · Preterit

cenai	cenammo
cenasti	cenaste
cenò	cenarono

Futuro semplice · Future

cenerò	ceneremo
cenerai	cenerete
cenerà	ceneranno

Condizionale presente · Present conditional

cenerei	ceneremmo
ceneresti	cenereste
cenerebbe	cenerebbero

Congiuntivo presente · Present subjunctive

ceni	ceniamo
ceni	ceniate
ceni	cenino

Congiuntivo imperfetto · Imperfect subjunctive

cenassi	cenassimo
cenassi	cenaste
cenasse	cenassero

Imperativo · Commands

	(non) ceniamo
cena (non cenare)	(non) cenate
(non) ceni	(non) cenino

Passato prossimo · Present perfect

ho cenato	abbiamo cenato
hai cenato	avete cenato
ha cenato	hanno cenato

Trapassato prossimo · Past perfect

avevo cenato	avevamo cenato
avevi cenato	avevate cenato
aveva cenato	avevano cenato

Trapassato remoto · Preterit perfect

ebbi cenato	avemmo cenato
avesti cenato	aveste cenato
ebbe cenato	ebbero cenato

Futuro anteriore · Future perfect

avrò cenato	avremo cenato
avrai cenato	avrete cenato
avrà cenato	avranno cenato

Condizionale passato · Perfect conditional

avrei cenato	avremmo cenato
avresti cenato	avreste cenato
avrebbe cenato	avrebbero cenato

Congiuntivo passato · Perfect subjunctive

abbia cenato	abbiamo cenato
abbia cenato	abbiate cenato
abbia cenato	abbiano cenato

Congiuntivo trapassato · Past perfect subjunctive

avessi cenato	avessimo cenato
avessi cenato	aveste cenato
avesse cenato	avessero cenato

Participio passato · Past participle   cenato (-a/-i/-e)

Gerundio · Gerund   cenando

Usage

Ceniamo in casa o fuori stasera?	*Shall we have dinner at home or eat out tonight?*
Ieri sera Roberto ed io abbiamo cenato in un ottimo nuovo ristorante.	*Last night Roberto and I had dinner at an excellent new restaurant.*
Raccomando Da Tonio per cenare in coppia.	*I recommend Da Tonio for a dinner for two.*
In questa casa si cena alle sette in punto.	*In this house, dinner is served at seven o'clock sharp.*
Sono stati invitati a cenare da amici sabato sera.	*They've been invited for dinner at their friends' house Saturday evening.*
Oggi fa troppo caldo per cucinare. Ceniamo con insalata e formaggio.	*It's too hot to cook today. Let's have salad and cheese for dinner.*

RELATED WORDS

la cena	*dinner*
la cenetta/cenerella	*light dinner*
il cenone	*large dinner*

regular *-are* verb, *c > ch/e, i*;
trans./intrans. (aux. *avere*)

cerco · cercai · cercato

Presente · Present

cerco	cerchiamo
cerchi	cercate
cerca	cercano

Imperfetto · Imperfect

cercavo	cercavamo
cercavi	cercavate
cercava	cercavano

Passato remoto · Preterit

cercai	cercammo
cercasti	cercaste
cercò	cercarono

Futuro semplice · Future

cercherò	cercheremo
cercherai	cercherete
cercherà	cercheranno

Condizionale presente · Present conditional

cercherei	cercheremmo
cercheresti	cerchereste
cercherebbe	cercherebbero

Congiuntivo presente · Present subjunctive

cerchi	cerchiamo
cerchi	cerchiate
cerchi	cerchino

Congiuntivo imperfetto · Imperfect subjunctive

cercassi	cercassimo
cercassi	cercaste
cercasse	cercassero

Imperativo · Commands

	(non) cerchiamo
cerca (non cercare)	(non) cercate
(non) cerchi	(non) cerchino

Passato prossimo · Present perfect

ho cercato	abbiamo cercato
hai cercato	avete cercato
ha cercato	hanno cercato

Trapassato prossimo · Past perfect

avevo cercato	avevamo cercato
avevi cercato	avevate cercato
aveva cercato	avevano cercato

Trapassato remoto · Preterit perfect

ebbi cercato	avemmo cercato
avesti cercato	aveste cercato
ebbe cercato	ebbero cercato

Futuro anteriore · Future perfect

avrò cercato	avremo cercato
avrai cercato	avrete cercato
avrà cercato	avranno cercato

Condizionale passato · Perfect conditional

avrei cercato	avremmo cercato
avresti cercato	avreste cercato
avrebbe cercato	avrebbero cercato

Congiuntivo passato · Perfect subjunctive

abbia cercato	abbiamo cercato
abbia cercato	abbiate cercato
abbia cercato	abbiano cercato

Congiuntivo trapassato · Past perfect subjunctive

avessi cercato	avessimo cercato
avessi cercato	aveste cercato
avesse cercato	avessero cercato

Participio passato · Past participle   cercato (-a/-i/-e)

Gerundio · Gerund   cercando

Usage

Cerco la mia macchina. Non mi ricordo dove l'ho parcheggiata.

Stava cercando le chiavi nella borsa quando l'ha attaccata.

Sono quattro mesi che cerco lavoro, ma non ho ancora trovato niente.

Cerchiamo una soluzione che sia accettabile a tutti.

Se non capite qualche parola, cercatela sul dizionario.

Cercava le parole per esprimere la sua gratitudine.

Il piccolo Federico sta cercando guai. Bisognerà stare attenti.

I'm looking for my car. I can't remember where I parked it.

She was looking for the keys in her purse when he attacked her.

I've been looking for work for four months, but I haven't found anything yet.

Let's find a solution that is acceptable to everybody.

If you don't understand some words, look them up in the dictionary.

He was searching for words to express his gratitude.

Little Federico is looking for trouble. We'd better keep an eye on him.

TOP 50 VERB ☞

91

cercare   *to look/search for, seek; look up (a word); try/seek (to)*

cerco · cercai · cercato

regular -are verb, c > ch/e, i;
trans./intrans. (aux. avere)

MORE USAGE SENTENCES WITH cercare

Mio zio Matteo andò a cercare fortuna in America alla fine dell'Ottocento.

My uncle Matteo went to seek his fortune in America at the end of the nineteenth century.

— Cercava me?

"Were you looking for me?"

— Penso di sì. Lei è il Sig. Bianchi?

"I think so. Are you Mr. Bianchi?"

Mentre stavamo cercando Anna tra la folla, le luci si sono spente.

While we were looking for Anna in the crowd, the lights went out.

Ho cercato la mia penna per tutta la casa, ma non l'ho trovata.

I've looked all over the house for my pen, but I haven't found it.

Ti hanno cercato al telefono, ma non c'eri.

Someone called you on the phone, but you weren't there.

Cercarono la fama dappertutto, ma tornarono a casa poveri e delusi.

They sought fame everywhere, but came home poor and disappointed.

Cercò conforto da sua madre dopo il divorzio.

She looked for consolation from her mother after the divorce.

— Riuscirà a aggiustare la macchina oggi?

"Will you be able to fix the car today?"

— Cercherò.

"I'll try."

cercare di + infinitive

Cercheremo di finire il lavoro entro domani sera.

We'll try to finish the work before tomorrow night.

Antonia, cerca di non far tardi stasera.

Antonia, try not to be late tonight.

Mio fratello ha cercato di smettere di fumare tre volte.

My brother has tried to stop smoking three times.

Perché non cerchi di trovare un impiego in banca?

Why don't you try to find work at a bank?

cercare in advertisements

Cercasi appartamento bilocale in periferia.

Wanted: two-room apartment in suburbs.

Cercansi francobolli italiani 1955.

Wanted: Italian stamps from 1955.

IDIOMATIC EXPRESSIONS

cercare con il lanternino

to look carefully for (especially negative things about someone)

cercare per mare e per terra

to look high and low for

cercare il pelo nell'uovo

to nitpick, be fussy

cercare la luna nel pozzo

to look for the impossible

cercare un ago in un pagliaio

to look for a needle in a haystack

RELATED EXPRESSIONS

il cercafase

current tester (electricity)

il cercafughe

leak detector (gas)

il cercamine

mine detector

il cercapersone

beeper, pager

il cercapoli

polarity checker (electricity)

andare/essere in cerca di

to go/be looking for

la ricerca

research

il ricercatore/la ricercatrice

researcher

PROVERB

Chi cerca trova.

He who seeks will find.

TOP 50 VERBS

regular *-are* verb;
intrans. (aux. *avere*)

chiacchiero · chiacchierai · chiacchierato

Presente · Present

chiacchiero	chiacchieriamo
chiacchieri	chiacchierate
chiacchiera	chiacchierano

Passato prossimo · Present perfect

ho chiacchierato	abbiamo chiacchierato
hai chiacchierato	avete chiacchierato
ha chiacchierato	hanno chiacchierato

Imperfetto · Imperfect

chiacchieravo	chiacchieravamo
chiacchieravi	chiacchieravate
chiacchierava	chiacchieravano

Trapassato prossimo · Past perfect

avevo chiacchierato	avevamo chiacchierato
avevi chiacchierato	avevate chiacchierato
aveva chiacchierato	avevano chiacchierato

Passato remoto · Preterit

chiacchierai	chiacchierammo
chiacchierasti	chiacchieraste
chiacchierò	chiacchierarono

Trapassato remoto · Preterit perfect

ebbi chiacchierato	avemmo chiacchierato
avesti chiacchierato	aveste chiacchierato
ebbe chiacchierato	ebbero chiacchierato

Futuro semplice · Future

chiacchiererò	chiacchiereremo
chiacchiererai	chiacchiererete
chiacchiererà	chiacchiereranno

Futuro anteriore · Future perfect

avrò chiacchierato	avremo chiacchierato
avrai chiacchierato	avrete chiacchierato
avrà chiacchierato	avranno chiacchierato

Condizionale presente · Present conditional

chiacchiererei	chiacchiereremmo
chiacchiereresti	chiacchierereste
chiacchiererebbe	chiacchiererebbero

Condizionale passato · Perfect conditional

avrei chiacchierato	avremmo chiacchierato
avresti chiacchierato	avreste chiacchierato
avrebbe chiacchierato	avrebbero chiacchierato

Congiuntivo presente · Present subjunctive

chiacchieri	chiacchieriamo
chiacchieri	chiacchieriate
chiacchieri	chiacchierino

Congiuntivo passato · Perfect subjunctive

abbia chiacchierato	abbiamo chiacchierato
abbia chiacchierato	abbiate chiacchierato
abbia chiacchierato	abbiano chiacchierato

Congiuntivo imperfetto · Imperfect subjunctive

chiacchierassi	chiacchierassimo
chiacchierassi	chiacchieraste
chiacchierasse	chiacchierassero

Congiuntivo trapassato · Past perfect subjunctive

avessi chiacchierato	avessimo chiacchierato
avessi chiacchierato	aveste chiacchierato
avesse chiacchierato	avessero chiacchierato

Imperativo · Commands

	(non) chiacchieriamo
chiacchiera (non chiacchierare)	(non) chiacchierate
(non) chiacchieri	(non) chiacchierino

Participio passato · Past participle   chiacchierato (-a/-i/-e)

Gerundio · Gerund   chiacchierando

Usage

Le amiche hanno chiacchierato tutta la sera.	*The girlfriends chatted all night long.*
Adesso smettete di chiacchierare.	*Please stop chattering now.*
Gli studenti chiacchieravano durante la lezione.	*The students were chatting during the lesson.*
Tutto il paese chiacchiera sul nuovo fidanzato della principessa.	*The whole country is talking about the princess's new fiancé.*
La nuova relazione del cantante è stata molto chiacchierata.	*The singer's new relationship has been much talked about.*
Non mi piace chiacchierare sul conto di qualcuno.	*I don't like to gossip about people.*
Il complice del ladro dei brillanti ha chiacchierato.	*The diamond thief's accomplice spilled the beans.*

RELATED EXPRESSIONS

le chiacchiere (*f.pl.*)	*chatter; gossip, talk*
fare due (*o* quattro) chiacchiere	*to have a chat*
perdersi in chiacchiere	*to waste time talking*

MORE USAGE SENTENCES WITH chiamare

Non ti hanno chiamato per nome?
They didn't call you by name?

Mi ha chiamato con un cenno della mano.
He called me (over) with a sign of his hand.

Li chiamai da parte per parlare della festa.
I took them aside to talk about the party.

Le campane chiamavano i fedeli ogni domenica mattina.
The bells called the faithful every Sunday morning.

Un cane, quando è chiamato, dovrebbe venire subito.
When called, a dog should come right away.

Il dovere ci chiama. Torniamo al lavoro.
Duty calls. Let's get back to work.

Non ce la faccio! Bisogna chiamare qualcuno in aiuto.
I can't do it! We have to call for help.

Secondo me sarebbe meglio mandare a chiamare l'idraulico.
I think it would be better to call a plumber.

Gli ho chiesto di chiamarmi domani mattina alle sei.
I asked them to wake me tomorrow morning at six o'clock.

— Hai chiamato l'ascensore?
"Did you call the elevator?"

— Sì, due volte. Forse si è rotto.
"Yes, twice. Maybe it's broken."

Piove; forse dovremmo chiamare un taxi.
It's raining; perhaps we should hail a taxi.

Dio la chiamò da sé dopo una malattia prolungata.
She was called to the Lord after a protracted illness.

Paolo è chiamato alla pittura.
Paolo has a talent for painting.

Li chiameremo certamente alla resa dei conti.
We will definitely call them to account.

Tremila giovani sono stati chiamati alle armi.
Three thousand young people have been called to arms.

Pochi giovani sono chiamati alla vita del prete.
Few young men are called to the priesthood.

L'avvocato mi ha detto che non sarò chiamato in giudizio.
The lawyer told me I won't be summoned to court.

Non chiamarmi in causa!
Don't bring me into it!

Diana è una donna che chiama le cose con il loro nome.
Diana is a woman who calls it as she sees it.

Ti giuro, è la verità; chiamo Dio in testimonio.
I swear it's the truth. I call on God as my witness.

È un bel quadro, ma non lo chiamerei un capolavoro.
It's a nice painting, but I wouldn't call it a masterpiece.

Era un'azione che chiamava vendetta secondo me.
It was an action that called for revenge, as I see it.

Questo vento generalmente chiama la pioggia.
This wind usually announces rain.

La ricchezza chiama l'invidia, la povertà il disprezzo.
Wealth invites jealousy, poverty invites scorn.

Si dice spesso che un successo chiami l'altro.
It's often said that one success leads to another.

chiamarsi *to be called, be named; consider oneself, proclaim oneself*

— Come ti chiami? — Mi chiamo Carolina.
"What's your name?" "My name is Carolina."

I gemelli si chiamavano Alessandro e Beatrice.
The twins were called Alessandro and Beatrice.

Ho ricevuto uno sconto del 40%. Questo si chiama un buon affare.
I got a 40% discount. That's what you call a bargain.

Questo si chiama vino!
That's supposed to be wine!

Il papa non volle chiamarsi come il suo predecessore.
The king didn't want to take the name of his predecessor.

Si chiamò soddisfatto dopo l'ispezione dei prodotti.
He proclaimed himself satisfied after an inspection of the goods.

regular *-are* verb;
trans. (aux. *avere*)

chiamo · chiamai · chiamato

Presente · Present

chiamo	chiamiamo
chiami	chiamate
chiama	chiamano

Imperfetto · Imperfect

chiamavo	chiamavamo
chiamavi	chiamavate
chiamava	chiamavano

Passato remoto · Preterit

chiamai	chiamammo
chiamasti	chiamaste
chiamò	chiamarono

Futuro semplice · Future

chiamerò	chiameremo
chiamerai	chiamerete
chiamerà	chiameranno

Condizionale presente · Present conditional

chiamerei	chiameremmo
chiameresti	chiamereste
chiamerebbe	chiamerebbero

Congiuntivo presente · Present subjunctive

chiami	chiamiamo
chiami	chiamiate
chiami	chiamino

Congiuntivo imperfetto · Imperfect subjunctive

chiamassi	chiamassimo
chiamassi	chiamaste
chiamasse	chiamassero

Imperativo · Commands

	(non) chiamiamo
chiama (non chiamare)	(non) chiamate
(non) chiami	(non) chiamino

Passato prossimo · Present perfect

ho chiamato	abbiamo chiamato
hai chiamato	avete chiamato
ha chiamato	hanno chiamato

Trapassato prossimo · Past perfect

avevo chiamato	avevamo chiamato
avevi chiamato	avevate chiamato
aveva chiamato	avevano chiamato

Trapassato remoto · Preterit perfect

ebbi chiamato	avemmo chiamato
avesti chiamato	aveste chiamato
ebbe chiamato	ebbero chiamato

Futuro anteriore · Future perfect

avrò chiamato	avremo chiamato
avrai chiamato	avrete chiamato
avrà chiamato	avranno chiamato

Condizionale passato · Perfect conditional

avrei chiamato	avremmo chiamato
avresti chiamato	avreste chiamato
avrebbe chiamato	avrebbero chiamato

Congiuntivo passato · Perfect subjunctive

abbia chiamato	abbiamo chiamato
abbia chiamato	abbiate chiamato
abbia chiamato	abbiano chiamato

Congiuntivo trapassato · Past perfect subjunctive

avessi chiamato	avessimo chiamato
avessi chiamato	aveste chiamato
avesse chiamato	avessero chiamato

Participio passato · Past participle   chiamato (-a/-i/-e)

Gerundio · Gerund   chiamando

Usage

Abbiamo chiamato i nostri amici a gran voce,
  ma non ci hanno sentiti.
Ti ho chiamato ieri sera, ma non rispondevi.
Il pilota avrebbe dovuto chiamare la torre di
  controllo dieci minuti fa.
Hanno chiamato il bambino Giovanni.
Il suo nome è Giuseppe, ma tutti lo chiamano
  Beppe.
Siccome la bimba ha una febbre altissima,
  dovresti chiamare il medico subito.
Il mio amico fu chiamato davanti al giudice
  per spiegare il suo coinvolgimento.
Tutti si aspettano che sarà chiamato alla
  presidenza della Camera dei Deputati.

We called out loudly to our friends, but they didn't
  hear us.
I called you last night, but you didn't answer.
The pilot should have called the control tower
  ten minutes ago.
They called the child Giovanni.
His name is Giuseppe, but everybody calls him Beppe.

Since the little girl has a very high fever, you should
  send for a doctor immediately.
My friend was summoned before the judge to explain
  his involvement.
Everyone expects him to be elected president of the
  House of Representatives.

MORE USAGE SENTENCES WITH **chiedere**

Gli allievi hanno chiesto se potevano lavorare insieme.	*The pupils asked if they could work together.*
Ti chiederanno sicuramente notizie della famiglia.	*They will definitely ask you for news about the family.*
Se hai bisogno di aiuto, chiedimelo.	*If you need help, ask me for it.*
— Quanto chiede per la macchina?	*"How much are you asking for the car?"*
— Al minimo 9.000 euro.	*"No less than 9,000 euros."*
Non mi piace chiedere. Farò a meno del libro.	*I don't like to beg. I will do without the book.*
È un lavoro che chiede molto tempo.	*This job requires a lot of time.*
Guardare la televisione non chiede molta concentrazione.	*Watching television doesn't require a lot of concentration.*
Le piante chiedono acqua per crescere.	*Plants need water to grow.*
Non si chiede altro che un buon riposo.	*A good rest is all one needs.*

chiedere used intransitively

I miei genitori hanno chiesto di te.	*My parents asked after you.*
— Elena, chiedono di te. — Chi è?	*"Elena, it's for you." "Who is it?"* (telephone)
Perché non gli chiedi della sua nuova casa?	*Why don't you ask him about his new house?*
Il direttore ha chiesto di Lei.	*The director wants to speak to you.*

chiedere used transitively

Non mi hanno chiesto il permesso di uscire.	*They didn't ask me for permission to go out.*
Non gli avrebbe dovuto dire una bugia. Gli chiederà scusa, immagino.	*He shouldn't have lied to him. I imagine he will apologize.*
Era lui o lei a chiedere il divorzio?	*Was it he or she who asked for a divorce?*
Chiederai notizie di tuo fratello?	*Will you ask for news about your brother?*
Nel centro delle grandi città si possono facilmente incontrare bambini che chiedono l'elemosina.	*It's easy to run into children begging for handouts in big city centers.*
So di chiedere l'impossibile, ma chiedere non costa niente.	*I know I'm asking for the impossible, but it doesn't hurt to ask.*
La madre chiese giustizia al re per l'uccisione di suo figlio.	*The mother begged the king for justice in the killing of her son.*
Un giorno Stefano le chiederà la sua mano.	*One day Stefano will ask her to marry him.*
La città fu costretta a chiedere la pace al nemico.	*The city was forced to plead for peace with its enemy.*
— Signora, scusi, Le posso chiedere l'ora?	*"Excuse me, madam, could you tell me the time?"*
— Certo. Sono le dieci meno un quarto.	*"Certainly. It's a quarter to ten."*

chiedere qualcosa in + noun

chiedere due mila euro in prestito	*to ask to borrow 2000 euros*
chiedere un orologio in regalo/dono	*to ask for a watch as a present*
chiedere una donna in moglie	*to ask for a woman's hand*
chiedere l'imposta in pagamento	*to ask for the tax to be paid*

IDIOMATIC EXPRESSIONS

chiedere la testa di qualcuno	*to ask for somebody's head*
chiedere conto/ragione a qualcuno	*to ask somebody for an explanation*

irregular *-ere* verb;
trans./intrans. (aux. *avere*)

chiedo · chiesi · chiesto

Presente · Present

chiedo	chiediamo
chiedi	chiedete
chiede	chiedono

Imperfetto · Imperfect

chiedevo	chiedevamo
chiedevi	chiedevate
chiedeva	chiedevano

Passato remoto · Preterit

chiesi	chiedemmo
chiedesti	chiedeste
chiese	chiesero

Futuro semplice · Future

chiederò	chiederemo
chiederai	chiederete
chiederà	chiederanno

Condizionale presente · Present conditional

chiederei	chiederemmo
chiederesti	chiedereste
chiederebbe	chiederebbero

Congiuntivo presente · Present subjunctive

chieda	chiediamo
chieda	chiediate
chieda	chiedano

Congiuntivo imperfetto · Imperfect subjunctive

chiedessi	chiedessimo
chiedessi	chiedeste
chiedesse	chiedessero

Imperativo · Commands

	(non) chiediamo
chiedi (non chiedere)	(non) chiedete
(non) chieda	(non) chiedano

Participio passato · Past participle chiesto (-a/-i/-e)

Gerundio · Gerund chiedendo

Passato prossimo · Present perfect

ho chiesto	abbiamo chiesto
hai chiesto	avete chiesto
ha chiesto	hanno chiesto

Trapassato prossimo · Past perfect

avevo chiesto	avevamo chiesto
avevi chiesto	avevate chiesto
aveva chiesto	avevano chiesto

Trapassato remoto · Preterit perfect

ebbi chiesto	avemmo chiesto
avesti chiesto	aveste chiesto
ebbe chiesto	ebbero chiesto

Futuro anteriore · Future perfect

avrò chiesto	avremo chiesto
avrai chiesto	avrete chiesto
avrà chiesto	avranno chiesto

Condizionale passato · Perfect conditional

avrei chiesto	avremmo chiesto
avresti chiesto	avreste chiesto
avrebbe chiesto	avrebbero chiesto

Congiuntivo passato · Perfect subjunctive

abbia chiesto	abbiamo chiesto
abbia chiesto	abbiate chiesto
abbia chiesto	abbiano chiesto

Congiuntivo trapassato · Past perfect subjunctive

avessi chiesto	avessimo chiesto
avessi chiesto	aveste chiesto
avesse chiesto	avessero chiesto

Usage

Non puoi chiedergli soldi.
Ti conviene chiedere permesso prima di partire.
Giulia ti ha chiesto perdono per quello che aveva detto?

Non chiedermi scusa. Non fa nulla.
Quando le abbiamo chiesto un'intervista, ha acconsentito quasi subito.
Gli hai chiesto il prezzo della benzina?
Prima dobbiamo chiedere quando parte l'aereo per Roma.

You can't ask him for money.
You should ask permission before leaving.
Did Giulia ask you for forgiveness for what she said?

Don't apologize. It's nothing.
When we asked her for an interview, she agreed almost immediately.
Did you ask him about the price of gas?
First we have to ask when the plane for Rome leaves.

chiedersi *to ask oneself, wonder*

La madre si è chiesta dove fossero i suoi figli.
Mi chiedo se Alberto sia arrivato.

The mother asked herself where her children were.
I wonder if Alberto has arrived.

chiudere
to close/shut (down); turn/switch off; seal, enclose, surround; lock up

chiudo · chiusi · chiuso

irregular -ere verb;
trans./intrans. (aux. *avere*)

Presente · Present

chiudo	chiudiamo
chiudi	chiudete
chiude	chiudono

Imperfetto · Imperfect

chiudevo	chiudevamo
chiudevi	chiudevate
chiudeva	chiudevano

Passato remoto · Preterit

chiusi	chiudemmo
chiudesti	chiudeste
chiuse	chiusero

Futuro semplice · Future

chiuderò	chiuderemo
chiuderai	chiuderete
chiuderà	chiuderanno

Condizionale presente · Present conditional

chiuderei	chiuderemmo
chiuderesti	chiudereste
chiuderebbe	chiuderebbero

Congiuntivo presente · Present subjunctive

chiuda	chiudiamo
chiuda	chiudiate
chiuda	chiudano

Congiuntivo imperfetto · Imperfect subjunctive

chiudessi	chiudessimo
chiudessi	chiudeste
chiudesse	chiudessero

Passato prossimo · Present perfect

ho chiuso	abbiamo chiuso
hai chiuso	avete chiuso
ha chiuso	hanno chiuso

Trapassato prossimo · Past perfect

avevo chiuso	avevamo chiuso
avevi chiuso	avevate chiuso
aveva chiuso	avevano chiuso

Trapassato remoto · Preterit perfect

ebbi chiuso	avemmo chiuso
avesti chiuso	aveste chiuso
ebbe chiuso	ebbero chiuso

Futuro anteriore · Future perfect

avrò chiuso	avremo chiuso
avrai chiuso	avrete chiuso
avrà chiuso	avranno chiuso

Condizionale passato · Perfect conditional

avrei chiuso	avremmo chiuso
avresti chiuso	avreste chiuso
avrebbe chiuso	avrebbero chiuso

Congiuntivo passato · Perfect subjunctive

abbia chiuso	abbiamo chiuso
abbia chiuso	abbiate chiuso
abbia chiuso	abbiano chiuso

Congiuntivo trapassato · Past perfect subjunctive

avessi chiuso	avessimo chiuso
avessi chiuso	aveste chiuso
avesse chiuso	avessero chiuso

Imperativo · Commands

	(non) chiudiamo
chiudi (non chiudere)	(non) chiudete
(non) chiuda	(non) chiudano

Participio passato · Past participle   chiuso (-a/-i/-e)

Gerundio · Gerund   chiudendo

Usage

Chiara, chiudi la porta, per favore.	*Chiara, close the door, please.*
Hanno chiuso a chiave l'appartamento.	*They locked the apartment.*
Ragazzi, chiudete il cappotto che fa freddo.	*Kids, button/zip up your coats; it's cold.*
Lo sportello della macchina non chiude bene.	*The car door doesn't close properly.*
L'azienda avrebbe chiuso per fallimento.	*The company would have gone bankrupt.*
Ho chiuso il rubinetto.	*I turned the faucet off.*
Hai già chiuso la lettera?	*Have you sealed the letter yet?*
Vorremmo chiudere il giardino con un muro.	*We'd like to enclose the garden with a wall.*
È stato chiuso in galera per dieci anni.	*He's been locked up in prison for ten years.*

chiudersi *to shut oneself up, withdraw; close, shut; heal; cloud over*

Agostino si è chiuso in casa come un eremita.	*Agostino has shut himself up in the house like a hermit.*
Questo taglio al dito ancora non si è chiuso.	*This cut on my finger still hasn't healed.*
Chiuditi la bocca!	*Shut your mouth!*

irregular *-ere* verb;
trans. (aux. *avere*)

Presente · Present

cingo	cingiamo
cingi	cingete
cinge	cingono

Passato prossimo · Present perfect

ho cinto	abbiamo cinto
hai cinto	avete cinto
ha cinto	hanno cinto

Imperfetto · Imperfect

cingevo	cingevamo
cingevi	cingevate
cingeva	cingevano

Trapassato prossimo · Past perfect

avevo cinto	avevamo cinto
avevi cinto	avevate cinto
aveva cinto	avevano cinto

Passato remoto · Preterit

cinsi	cingemmo
cingesti	cingeste
cinse	cinsero

Trapassato remoto · Preterit perfect

ebbi cinto	avemmo cinto
avesti cinto	aveste cinto
ebbe cinto	ebbero cinto

Futuro semplice · Future

cingerò	cingeremo
cingerai	cingerete
cingerà	cingeranno

Futuro anteriore · Future perfect

avrò cinto	avremo cinto
avrai cinto	avrete cinto
avrà cinto	avranno cinto

Condizionale presente · Present conditional

cingerei	cingeremmo
cingeresti	cingereste
cingerebbe	cingerebbero

Condizionale passato · Perfect conditional

avrei cinto	avremmo cinto
avresti cinto	avreste cinto
avrebbe cinto	avrebbero cinto

Congiuntivo presente · Present subjunctive

cinga	cingiamo
cinga	cingiate
cinga	cingano

Congiuntivo passato · Perfect subjunctive

abbia cinto	abbiamo cinto
abbia cinto	abbiate cinto
abbia cinto	abbiano cinto

Congiuntivo imperfetto · Imperfect subjunctive

cingessi	cingessimo
cingessi	cingeste
cingesse	cingessero

Congiuntivo trapassato · Past perfect subjunctive

avessi cinto	avessimo cinto
avessi cinto	aveste cinto
avesse cinto	avessero cinto

Imperativo · Commands

	(non) cingiamo
cingi (non cingere)	(non) cingete
(non) cinga	(non) cingano

Participio passato · Past participle	cinto (-a/-i/-e)
Gerundio · Gerund	cingendo

Usage

Vorrei cingere il giardino con una siepe.	*I would like to enclose the yard with a hedge.*
Una sciarpa gli cingeva il collo.	*He wore a scarf tied around his neck.*
La città fu cinta di fortificazioni nel decimo secolo.	*Fortifications were built around the city in the tenth century.*
La città fu di nuovo cinta d'assedio.	*The town was besieged again.*
Ogni guerriero cinse le armi pronto a combattere il nemico.	*Each warrior took up arms, ready to fight the enemy.*
Carlo voleva cingerle la vita con le braccia.	*Carlo wanted to put his arms around her waist.*
Il colonnello vuole cingere la corona.	*The colonel wants to become king.*

cingersi *to tie around oneself*

Prima di attraversare il fiume bisogna cingersi la vita con una corda.	*Before crossing the river, one must tie a rope around one's waist.*
La ragazza si era cinta la testa con dei fiori.	*The girl had wreathed her head with flowers.*

circondare *to surround; enclose, fence (in)*

circondo · circondai · circondato

regular *-are* verb;
trans. (aux. *avere*)

Presente · Present

circondo	circondiamo
circondi	circondate
circonda	circondano

Imperfetto · Imperfect

circondavo	circondavamo
circondavi	circondavate
circondava	circondavano

Passato remoto · Preterit

circondai	circondammo
circondasti	circondaste
circondò	circondarono

Futuro semplice · Future

circonderò	circonderemo
circonderai	circonderete
circonderà	circonderanno

Condizionale presente · Present conditional

circonderei	circonderemmo
circonderesti	circondereste
circonderebbe	circonderebbero

Congiuntivo presente · Present subjunctive

circondi	circondiamo
circondi	circondiate
circondi	circondino

Congiuntivo imperfetto · Imperfect subjunctive

circondassi	circondassimo
circondassi	circondaste
circondasse	circondassero

Passato prossimo · Present perfect

ho circondato	abbiamo circondato
hai circondato	avete circondato
ha circondato	hanno circondato

Trapassato prossimo · Past perfect

avevo circondato	avevamo circondato
avevi circondato	avevate circondato
aveva circondato	avevano circondato

Trapassato remoto · Preterit perfect

ebbi circondato	avemmo circondato
avesti circondato	aveste circondato
ebbe circondato	ebbero circondato

Futuro anteriore · Future perfect

avrò circondato	avremo circondato
avrai circondato	avrete circondato
avrà circondato	avranno circondato

Condizionale passato · Perfect conditional

avrei circondato	avremmo circondato
avresti circondato	avreste circondato
avrebbe circondato	avrebbero circondato

Congiuntivo passato · Perfect subjunctive

abbia circondato	abbiamo circondato
abbia circondato	abbiate circondato
abbia circondato	abbiano circondato

Congiuntivo trapassato · Past perfect subjunctive

avessi circondato	avessimo circondato
avessi circondato	aveste circondato
avesse circondato	avessero circondato

Imperativo · Commands

	(non) circondiamo
circonda (non circondare)	(non) circondate
(non) circondi	(non) circondino

Participio passato · Past participle	circondato (-a/-i/-e)
Gerundio · Gerund	circondando

Usage

La fortezza fu prontamente circondata dagli
   assedianti.
Carolina è sempre stata circondata d'affetto.
I figli hanno circondato i loro genitori di cure.
Potresti circondarla di maggiori attenzioni. Forse
   si sente trascurata.
— E se circondassimo il giardino con uno steccato?
— Ottima idea!

The fortress was immediately surrounded by its
   besiegers.
Carolina has always been surrounded by affection.
The children gave their parents their best attention.
You could be more attentive toward her. Maybe
   she feels neglected.
"What if we fence in the garden?"
"That's a great idea!"

circondarsi *to surround oneself (with)*

Mi piace circondarmi di tutti i tipi di agi.
Roberto si è sempre circondato di buoni amici.

I like surrounding myself with all kinds of comforts.
Roberto has always surrounded himself with good
   friends.

irregular -*ere* verb;
trans. (aux. *avere*)

Presente · Present

colgo	cogliamo
cogli	cogliete
coglie	colgono

Imperfetto · Imperfect

coglievo	coglievamo
coglievi	coglievate
coglieva	coglievano

Passato remoto · Preterit

colsi	cogliemmo
cogliesti	coglieste
colse	colsero

Futuro semplice · Future

coglierò	coglieremo
coglierai	coglierete
coglierà	coglieranno

Condizionale presente · Present conditional

coglierei	coglieremmo
coglieresti	cogliereste
coglierebbe	coglierebbero

Congiuntivo presente · Present subjunctive

colga	cogliamo
colga	cogliate
colga	colgano

Congiuntivo imperfetto · Imperfect subjunctive

cogliessi	cogliessimo
cogliessi	coglieste
cogliesse	cogliessero

Imperativo · Commands

	(non) cogliamo
cogli (non cogliere)	(non) cogliete
(non) colga	(non) colgano

Participio passato · Past participle colto (-a/-i/-e)
Gerundio · Gerund cogliendo

Passato prossimo · Present perfect

ho colto	abbiamo colto
hai colto	avete colto
ha colto	hanno colto

Trapassato prossimo · Past perfect

avevo colto	avevamo colto
avevi colto	avevate colto
aveva colto	avevano colto

Trapassato remoto · Preterit perfect

ebbi colto	avemmo colto
avesti colto	aveste colto
ebbe colto	ebbero colto

Futuro anteriore · Future perfect

avrò colto	avremo colto
avrai colto	avrete colto
avrà colto	avranno colto

Condizionale passato · Perfect conditional

avrei colto	avremmo colto
avresti colto	avreste colto
avrebbe colto	avrebbero colto

Congiuntivo passato · Perfect subjunctive

abbia colto	abbiamo colto
abbia colto	abbiate colto
abbia colto	abbiano colto

Congiuntivo trapassato · Past perfect subjunctive

avessi colto	avessimo colto
avessi colto	aveste colto
avesse colto	avessero colto

Usage

Dove avete colto quei bellissimi fiori?	*Where did you pick those beautiful flowers?*
Finalmente potremo cogliere il frutto delle nostre fatiche.	*Finally we'll be able to reap the benefit of all our hard work.*
L'ho colto per la camicia perché non cadesse per terra.	*I grabbed his shirt so he wouldn't fall to the ground.*
Non so se coglierà mai il significato della parola "impegno".	*I don't know if he'll ever grasp the meaning of the word "commitment."*
Vorremmo cogliere l'occasione per congratularLa con il Suo successo.	*We would like to take the opportunity to congratulate you on your success.*
La morte della sorella lo colse all'improvviso.	*His sister's death took him by surprise.*
Il giovane delinquente fu colto in flagrante mentre si stava allontanando dal negozio.	*The young criminal was caught red-handed while he was making his getaway from the store.*
Chi viene colto in fallo, se la cava con una piccola multa.	*People who've been caught get off lightly with a small fine.*

coincidere   *to coincide; fall on* (a date); *correspond, agree*

coincido · coincisi · coinciso

irregular *-ere* verb;
intrans. (aux. *avere*)

Presente · Present		Passato prossimo · Present perfect	
coincido	coincidiamo	ho coinciso	abbiamo coinciso
coincidi	coincidete	hai coinciso	avete coinciso
coincide	coincidono	ha coinciso	hanno coinciso

Imperfetto · Imperfect		Trapassato prossimo · Past perfect	
coincidevo	coincidevamo	avevo coinciso	avevamo coinciso
coincidevi	coincidevate	avevi coinciso	avevate coinciso
coincideva	coincidevano	aveva coinciso	avevano coinciso

Passato remoto · Preterit		Trapassato remoto · Preterit perfect	
coincisi	coincidemmo	ebbi coinciso	avemmo coinciso
coincidesti	coincideste	avesti coinciso	aveste coinciso
coincise	coincisero	ebbe coinciso	ebbero coinciso

Futuro semplice · Future		Futuro anteriore · Future perfect	
coinciderò	coincideremo	avrò coinciso	avremo coinciso
coinciderai	coinciderete	avrai coinciso	avrete coinciso
coinciderà	coincideranno	avrà coinciso	avranno coinciso

Condizionale presente · Present conditional		Condizionale passato · Perfect conditional	
coinciderei	coincideremmo	avrei coinciso	avremmo coinciso
coincideresti	coincidereste	avresti coinciso	avreste coinciso
coinciderebbe	coinciderebbero	avrebbe coinciso	avrebbero coinciso

Congiuntivo presente · Present subjunctive		Congiuntivo passato · Perfect subjunctive	
coincida	coincidiamo	abbia coinciso	abbiamo coinciso
coincida	coincidiate	abbia coinciso	abbiate coinciso
coincida	coincidano	abbia coinciso	abbiano coinciso

Congiuntivo imperfetto · Imperfect subjunctive		Congiuntivo trapassato · Past perfect subjunctive	
coincidessi	coincidessimo	avessi coinciso	avessimo coinciso
coincidessi	coincideste	avessi coinciso	aveste coinciso
coincidesse	coincidessero	avesse coinciso	avessero coinciso

Imperativo · Commands

	(non) coincidiamo
coincidi (non coincidere)	(non) coincidete
(non) coincida	(non) coincidano

Participio passato · Past participle   coinciso (-a/-i/-e)

Gerundio · Gerund   coincidendo

Usage

Il suo arrivo coincise con la nostra partenza.	*His arrival coincided with our departure.*
Quest'anno siamo riusciti a far coincidere le nostre ferie perfettamente.	*This year we've been able to make our vacations fall on exactly the same dates.*
La segretaria non ha potuto far coincidere i due appuntamenti.	*The secretary was unable to make the two appointments coincide.*
La sua versione dei fatti non coincideva esattamente con la mia.	*Her version of the facts didn't coincide exactly with mine.*
Le loro idee sulla pena di morte e sull'aborto non coincidono per niente.	*Their ideas on the death penalty and abortion don't agree at all.*
La polizia non pensava che le storie dei due testimoni coincidessero.	*The police didn't think that the stories of the two witnesses agreed.*
Durante la lezione gli allievi hanno controllato se le soluzioni matematiche coincidevano.	*During the lesson the students checked to see if the answers to the math problem agreed.*

irregular *-ere* verb;
trans. (aux. *avere*)

coinvolgo · coinvolsi · coinvolto

Presente · Present

coinvolgo	coinvolgiamo
coinvolgi	coinvolgete
coinvolge	coinvolgono

Imperfetto · Imperfect

coinvolgevo	coinvolgevamo
coinvolgevi	coinvolgevate
coinvolgeva	coinvolgevano

Passato remoto · Preterit

coinvolsi	coinvolgemmo
coinvolgesti	coinvolgeste
coinvolse	coinvolsero

Futuro semplice · Future

coinvolgerò	coinvolgeremo
coinvolgerai	coinvolgerete
coinvolgerà	coinvolgeranno

Condizionale presente · Present conditional

coinvolgerei	coinvolgeremmo
coinvolgeresti	coinvolgereste
coinvolgerebbe	coinvolgerebbero

Congiuntivo presente · Present subjunctive

coinvolga	coinvolgiamo
coinvolga	coinvolgiate
coinvolga	coinvolgano

Congiuntivo imperfetto · Imperfect subjunctive

coinvolgessi	coinvolgessimo
coinvolgessi	coinvolgeste
coinvolgesse	coinvolgessero

Passato prossimo · Present perfect

ho coinvolto	abbiamo coinvolto
hai coinvolto	avete coinvolto
ha coinvolto	hanno coinvolto

Trapassato prossimo · Past perfect

avevo coinvolto	avevamo coinvolto
avevi coinvolto	avevate coinvolto
aveva coinvolto	avevano coinvolto

Trapassato remoto · Preterit perfect

ebbi coinvolto	avemmo coinvolto
avesti coinvolto	aveste coinvolto
ebbe coinvolto	ebbero coinvolto

Futuro anteriore · Future perfect

avrò coinvolto	avremo coinvolto
avrai coinvolto	avrete coinvolto
avrà coinvolto	avranno coinvolto

Condizionale passato · Perfect conditional

avrei coinvolto	avremmo coinvolto
avresti coinvolto	avreste coinvolto
avrebbe coinvolto	avrebbero coinvolto

Congiuntivo passato · Perfect subjunctive

abbia coinvolto	abbiamo coinvolto
abbia coinvolto	abbiate coinvolto
abbia coinvolto	abbiano coinvolto

Congiuntivo trapassato · Past perfect subjunctive

avessi coinvolto	avessimo coinvolto
avessi coinvolto	aveste coinvolto
avesse coinvolto	avessero coinvolto

Imperativo · Commands

	(non) coinvolgiamo
coinvolgi (non coinvolgere)	(non) coinvolgete
(non) coinvolga	(non) coinvolgano

Participio passato · Past participle   coinvolto (-a/-i/-e)
Gerundio · Gerund   coinvolgendo

Usage

Non avrebbero dovuto coinvolgere i figli nella loro lite.

Mario non voleva farsi coinvolgere nelle vostre beghe.

Antonella vorrebbe essere coinvolta nei preparativi della festa.

Un buon allenatore deve avere la capacità di coinvolgere tutti nel gioco.

Come mai lei ti ha coinvolto in quest'avventura?

Minacciava di coinvolgerci nello scandalo delle tangenti.

Non voglio essere coinvolto in una discussione religiosa senza fine.

Quell'episodio del film mi ha coinvolto.

They shouldn't have involved the children in their fight.

Mario didn't want to get involved in your quarrels.

Antonella would like to be involved in the preparations for the party.

A good coach has to be able to involve everyone in the game.

How on earth did she get you involved in this adventure?

He threatened to implicate us in the bribery scandal.

I don't want to be part of an endless religious discussion.

That episode in the movie touched me.

collaborare   *to collaborate, cooperate; contribute*

collaboro · collaborai · collaborato

regular -*are* verb;
intrans. (aux. *avere*)

Presente · Present		Passato prossimo · Present perfect	
collaboro	collaboriamo	ho collaborato	abbiamo collaborato
collabori	collaborate	hai collaborato	avete collaborato
collabora	collaborano	ha collaborato	hanno collaborato

Imperfetto · Imperfect		Trapassato prossimo · Past perfect	
collaboravo	collaboravamo	avevo collaborato	avevamo collaborato
collaboravi	collaboravate	avevi collaborato	avevate collaborato
collaborava	collaboravano	aveva collaborato	avevano collaborato

Passato remoto · Preterit		Trapassato remoto · Preterit perfect	
collaborai	collaborammo	ebbi collaborato	avemmo collaborato
collaborasti	collaboraste	avesti collaborato	aveste collaborato
collaborò	collaborarono	ebbe collaborato	ebbero collaborato

Futuro semplice · Future		Futuro anteriore · Future perfect	
collaborerò	collaboreremo	avrò collaborato	avremo collaborato
collaborerai	collaborerete	avrai collaborato	avrete collaborato
collaborerà	collaboreranno	avrà collaborato	avranno collaborato

Condizionale presente · Present conditional		Condizionale passato · Perfect conditional	
collaborerei	collaboreremmo	avrei collaborato	avremmo collaborato
collaboreresti	collaborereste	avresti collaborato	avreste collaborato
collaborerebbe	collaborerebbero	avrebbe collaborato	avrebbero collaborato

Congiuntivo presente · Present subjunctive		Congiuntivo passato · Perfect subjunctive	
collabori	collaboriamo	abbia collaborato	abbiamo collaborato
collabori	collaboriate	abbia collaborato	abbiate collaborato
collabori	collaborino	abbia collaborato	abbiano collaborato

Congiuntivo imperfetto · Imperfect subjunctive		Congiuntivo trapassato · Past perfect subjunctive	
collaborassi	collaborassimo	avessi collaborato	avessimo collaborato
collaborassi	collaboraste	avessi collaborato	aveste collaborato
collaborasse	collaborassero	avesse collaborato	avessero collaborato

Imperativo · Commands

	(non) collaboriamo
collabora (non collaborare)	(non) collaborate
(non) collabori	(non) collaborino

Participio passato · Past participle   collaborato (-a/-i/-e)

Gerundio · Gerund   collaborando

Usage

Sai quante persone collaborano alla stesura di un libro?	*Do you know how many people work together on the making of a book?*
Per vincere le elezioni sarà necessario che il nostro partito collabori con il partito ecologico.	*To win the elections it will be necessary for our party to join forces with the green party.*
Dopo la guerra furono uccise molte persone che avevano collaborato con il nemico.	*After the war many people who had collaborated with the enemy were killed.*
Collaborò con la polizia per non andare in galera.	*He helped the police so he wouldn't go to prison.*
Questo studente era disattento e non collaborava.	*This student was distracted and wouldn't cooperate.*
Vorrei ringraziare tutte le persone che hanno collaborato alla riuscita di quest'avventura.	*I would like to thank all the people who've helped to make this adventure a success.*
Hai pensato di collaborare a un giornale?	*Have you thought about contributing to a newspaper?*
Da due mesi sto collaborando con una rivista di viaggi.	*I've been freelancing for a travel magazine for the past two months.*

regular *-ire* verb (*-isc-* type);
trans. (aux. *avere*)

colpisco · colpii · colpito

Presente · Present

colpisco	colpiamo
colpisci	colpite
colpisce	colpiscono

Imperfetto · Imperfect

colpivo	colpivamo
colpivi	colpivate
colpiva	colpivano

Passato remoto · Preterit

colpii	colpimmo
colpisti	colpiste
colpì	colpirono

Futuro semplice · Future

colpirò	colpiremo
colpirai	colpirete
colpirà	colpiranno

Condizionale presente · Present conditional

colpirei	colpiremmo
colpiresti	colpireste
colpirebbe	colpirebbero

Congiuntivo presente · Present subjunctive

colpisca	colpiamo
colpisca	colpiate
colpisca	colpiscano

Congiuntivo imperfetto · Imperfect subjunctive

colpissi	colpissimo
colpissi	colpiste
colpisse	colpissero

Imperativo · Commands

	(non) colpiamo
colpisci (non colpire)	(non) colpite
(non) colpisca	(non) colpiscano

Passato prossimo · Present perfect

ho colpito	abbiamo colpito
hai colpito	avete colpito
ha colpito	hanno colpito

Trapassato prossimo · Past perfect

avevo colpito	avevamo colpito
avevi colpito	avevate colpito
aveva colpito	avevano colpito

Trapassato remoto · Preterit perfect

ebbi colpito	avemmo colpito
avesti colpito	aveste colpito
ebbe colpito	ebbero colpito

Futuro anteriore · Future perfect

avrò colpito	avremo colpito
avrai colpito	avrete colpito
avrà colpito	avranno colpito

Condizionale passato · Perfect conditional

avrei colpito	avremmo colpito
avresti colpito	avreste colpito
avrebbe colpito	avrebbero colpito

Congiuntivo passato · Perfect subjunctive

abbia colpito	abbiamo colpito
abbia colpito	abbiate colpito
abbia colpito	abbiano colpito

Congiuntivo trapassato · Past perfect subjunctive

avessi colpito	avessimo colpito
avessi colpito	aveste colpito
avesse colpito	avessero colpito

Participio passato · Past participle   colpito (-a/-i/-e)

Gerundio · Gerund   colpendo

Usage

Luigi ha colpito suo fratello con un bastone.	*Luigi hit his brother with a stick.*
Gli assalitori lo hanno colpito sulla testa.	*The assailants hit him on the head.*
Hai potuto colpire il bersaglio?	*Were you able to hit the target?*
Franco era un pugile che colpiva duro.	*Franco was a hard-hitting boxer.*
L'albergo fu colpito da un missile.	*The hotel was hit by a missile.*
Colpii con il gomito la porta.	*I hit the door with my elbow.*
Hai colpito nel segno!	*You hit the nail on the head!*
Il cinema ha sempre colpito l'immaginazione di tutti.	*Movies have always captured everyone's imagination.*
Questo libro mi ha colpito.	*This book has made an impression on me.*
Era un'epidemia che colpiva soprattutto i bambini e gli anziani.	*It was an epidemic that affected mainly children and the elderly.*
La nuova legge colpirà in primo luogo gli spacciatori.	*The new law will target drug pushers first.*
La sua reazione dimostra che quanto ho detto ha colpito nel vivo.	*His reaction proves that what I said cut him to the quick.*

combattere _to fight, struggle, contend (with); play (sports)_

combatto · combattei · combattuto

regular -_ere_ verb;
trans./intrans. (aux. _avere_)

Presente · Present

combatto	combattiamo
combatti	combattete
combatte	combattono

Imperfetto · Imperfect

combattevo	combattevamo
combattevi	combattevate
combatteva	combattevano

Passato remoto · Preterit

combattei	combattemmo
combattesti	combatteste
combatté	combatterono

Futuro semplice · Future

combatterò	combatteremo
combatterai	combatterete
combatterà	combatteranno

Condizionale presente · Present conditional

combatterei	combatteremmo
combatteresti	combattereste
combatterebbe	combatterebbero

Congiuntivo presente · Present subjunctive

combatta	combattiamo
combatta	combattiate
combatta	combattano

Congiuntivo imperfetto · Imperfect subjunctive

combattessi	combattessimo
combattessi	combatteste
combattesse	combattessero

Passato prossimo · Present perfect

ho combattuto	abbiamo combattuto
hai combattuto	avete combattuto
ha combattuto	hanno combattuto

Trapassato prossimo · Past perfect

avevo combattuto	avevamo combattuto
avevi combattuto	avevate combattuto
aveva combattuto	avevano combattuto

Trapassato remoto · Preterit perfect

ebbi combattuto	avemmo combattuto
avesti combattuto	aveste combattuto
ebbe combattuto	ebbero combattuto

Futuro anteriore · Future perfect

avrò combattuto	avremo combattuto
avrai combattuto	avrete combattuto
avrà combattuto	avranno combattuto

Condizionale passato · Perfect conditional

avrei combattuto	avremmo combattuto
avresti combattuto	avreste combattuto
avrebbe combattuto	avrebbero combattuto

Congiuntivo passato · Perfect subjunctive

abbia combattuto	abbiamo combattuto
abbia combattuto	abbiate combattuto
abbia combattuto	abbiano combattuto

Congiuntivo trapassato · Past perfect subjunctive

avessi combattuto	avessimo combattuto
avessi combattuto	aveste combattuto
avesse combattuto	avessero combattuto

Imperativo · Commands

	(non) combattiamo
combatti (non combattere)	(non) combattete
(non) combatta	(non) combattano

Participio passato · Past participle	combattuto (-a/-i/-e)
Gerundio · Gerund	combattendo

Usage

I due pugili hanno combattuto accanitamente.	_The two boxers fought fiercely._
Domani le truppe combatteranno contro il nemico.	_Tomorrow the troops will fight against the enemy._
Bisogna combattere per la patria e per la libertà.	_You must fight for your country and for liberty._
Combattevano corpo a corpo.	_They fought in hand-to-hand combat._
I britannici combatterono l'invasore romano.	_The Britons fought the Roman invader._
La nostra organizzazione combatte contro la fame nel mondo.	_Our organization fights hunger in the world._
Continuiamo a combattere per la giusta causa.	_We continue to fight for the just cause._
La nostra squadra combatte per lo scudetto quest'anno.	_Our team is a contender for the pennant this year._
L'Inter ha combattuto una bella partita.	_Inter played an excellent game._

combattersi _to fight each other_

I due eserciti si sono combattuti a lungo.	_The two armies battled each other for a long time._

regular -*are* verb;
trans./intrans. (aux. *avere*)

combino · combinai · combinato

Presente · Present

combino	combiniamo
combini	combinate
combina	combinano

Passato prossimo · Present perfect

ho combinato	abbiamo combinato
hai combinato	avete combinato
ha combinato	hanno combinato

Imperfetto · Imperfect

combinavo	combinavamo
combinavi	combinavate
combinava	combinavano

Trapassato prossimo · Past perfect

avevo combinato	avevamo combinato
avevi combinato	avevate combinato
aveva combinato	avevano combinato

Passato remoto · Preterit

combinai	combinammo
combinasti	combinaste
combinò	combinarono

Trapassato remoto · Preterit perfect

ebbi combinato	avemmo combinato
avesti combinato	aveste combinato
ebbe combinato	ebbero combinato

Futuro semplice · Future

combinerò	combineremo
combinerai	combinerete
combinerà	combineranno

Futuro anteriore · Future perfect

avrò combinato	avremo combinato
avrai combinato	avrete combinato
avrà combinato	avranno combinato

Condizionale presente · Present conditional

combinerei	combineremmo
combineresti	combinereste
combinerebbe	combinerebbero

Condizionale passato · Perfect conditional

avrei combinato	avremmo combinato
avresti combinato	avreste combinato
avrebbe combinato	avrebbero combinato

Congiuntivo presente · Present subjunctive

combini	combiniamo
combini	combiniate
combini	combinino

Congiuntivo passato · Perfect subjunctive

abbia combinato	abbiamo combinato
abbia combinato	abbiate combinato
abbia combinato	abbiano combinato

Congiuntivo imperfetto · Imperfect subjunctive

combinassi	combinassimo
combinassi	combinaste
combinasse	combinassero

Congiuntivo trapassato · Past perfect subjunctive

avessi combinato	avessimo combinato
avessi combinato	aveste combinato
avesse combinato	avessero combinato

Imperativo · Commands

	(non) combiniamo
combina (non combinare)	(non) combinate
(non) combini	(non) combinino

Participio passato · Past participle	combinato (-a/-i/-e)
Gerundio · Gerund	combinando

Usage

Combina la funzionalità di un telefonino con quella di un computer.	*It combines the functionality of a mobile phone with that of a computer.*
Abbiamo combinato un incontro per domani.	*We've arranged a meeting for tomorrow.*
Combinavamo di andare al mare.	*We were planning to go to the beach.*
Parla molto ma non combina un accidente.	*He talks a lot but doesn't do a thing.*
Pino, non ti vedo da un mese. Cosa stai combinando?	*Pino, I haven't seen you for a month. What are you up to?*
Queste scarpe combinano bene con la tua borsa.	*These shoes go well with your purse.*
La sua versione dei fatti non combinava con la mia.	*Her version of the facts didn't agree with mine.*
Guarda che hai combinato! La mia camicia è rovinata.	*Look what you've done! My shirt is ruined.*
Ne hanno combinate di tutti i colori.	*They've done all kinds of stupid things.*

combinarsi *to be compatible; coincide, fit (in); combine* (chemistry)

Sono colori che si combinano bene.	*They're colors that go well together.*
Ma come ti sei combinato oggi!	*What on earth have you put on today!*

105

cominciare   *to begin, start*

comincio · cominciai · cominciato

regular -are verb, *ci > c/e, i*;
trans. (aux. *avere*)/intrans. (aux. *essere*)

cominciare used transitively

— Hai già cominciato il nuovo lavoro?
— No, lo comincerò dopodomani.

Il professore cominciava sempre la lezione con
una barzelletta.
Vorremmo cominciare la nuova terapia al più
presto possibile.
Il prete cominciò la messa salutando tutti
i presenti.
Cominceremo la nostra vacanza con un tuffo
nella piscina.

"Have you started your new job?"
"No, I start the day after tomorrow."
The professor always started class with a joke.

*We would like to begin the new therapy as soon
as possible.*
The priest began mass by greeting all those present.

*We will start our vacation with a dip in the
swimming pool.*

cominciare used intransitively

Domani comincia una nuova avventura per noi.
Lo spettacolo è cominciato in ritardo.
Si può diventare un campione della ginnastica
solo se si comincia prima dell'età di otto anni.
— Da dove si comincia? Ci sono tante possibilità.
— Non importa da dove si comincia.
Si è cominciato il progetto per lo sviluppo della
nuova macchina.
Il viaggio comincia in modo piacevole con
un'escursione nella giungla.
Cerchiamo una parola che cominci per vocale.
Cominceremo dall'inizio. Pronti?
Tanto per cominciare, perché non ci presentiamo?
A cominciare da domani, non mangerò più carne.
Piove e c'è un ingorgo sull'autostrada.
Cominciamo bene!

Tomorrow a new adventure is starting for us.
The show started late.
*One can become a gymnastics champion only if one
starts before the age of eight.*
"Where to start? There are so many possibilities."
"It doesn't matter where you start."
The project for developing the new car has begun.

*The trip begins pleasantly with a foray into the
jungle.*
We're looking for a word that begins with a vowel.
Let's start from the beginning. Ready?
To start with, why don't we introduce ourselves?
Starting tomorrow, I will no longer eat meat.
*It's raining and there's a traffic jam on the highway.
We're off to a good start!*

cominciare a + infinitive

Il professore aveva appena cominciato a spiegare
il significato del testo.
Sono soltanto le nove del mattino e comincia già
a fare caldo.
È probabile che cominci a piovere fra poco.
Durante l'inverno comincia a essere notte verso
le cinque di sera.
Da oggi comincio a studiare due ore al giorno.

Mia madre ha cominciato a preoccuparsi perché
non eravamo ancora tornati a mezzanotte.
La bambina cominciò subito a piangere.

*The professor had just begun to explain the meaning
of the text.*
*It's only nine o'clock in the morning and it's already
starting to get hot.*
It will probably start raining soon.
During the winter it starts getting dark by 5 P.M.

*From today forward I'm going to start studying two
hours a day.*
*My mother started to get worried because we still
hadn't returned by midnight.*
The little girl started to cry right away.

PROVERB

Chi ben comincia è alla metà dell'opera.

Well begun is half done.

TOP 50
VERBS

regular *-are* verb, *ci > c/e, i;*
trans. (aux. *avere*)/intrans. (aux. *essere*)

comincio · cominciai · cominciato

NOTE *Cominciare* is conjugated here with *avere*; when used intransitively, it is conjugated with *essere*.

Presente · Present

comincio	cominciamo
cominci	cominciate
comincia	cominciano

Passato prossimo · Present perfect

ho cominciato	abbiamo cominciato
hai cominciato	avete cominciato
ha cominciato	hanno cominciato

Imperfetto · Imperfect

cominciavo	cominciavamo
cominciavi	cominciavate
cominciava	cominciavano

Trapassato prossimo · Past perfect

avevo cominciato	avevamo cominciato
avevi cominciato	avevate cominciato
aveva cominciato	avevano cominciato

Passato remoto · Preterit

cominciai	cominciammo
cominciasti	cominciaste
cominciò	cominciarono

Trapassato remoto · Preterit perfect

ebbi cominciato	avemmo cominciato
avesti cominciato	aveste cominciato
ebbe cominciato	ebbero cominciato

Futuro semplice · Future

comincerò	cominceremo
comincerai	comincerete
comincerà	cominceranno

Futuro anteriore · Future perfect

avrò cominciato	avremo cominciato
avrai cominciato	avrete cominciato
avrà cominciato	avranno cominciato

Condizionale presente · Present conditional

comincerei	cominceremmo
cominceresti	comincereste
comincerebbe	comincerebbero

Condizionale passato · Perfect conditional

avrei cominciato	avremmo cominciato
avresti cominciato	avreste cominciato
avrebbe cominciato	avrebbero cominciato

Congiuntivo presente · Present subjunctive

cominci	cominciamo
cominci	cominciate
cominci	comincino

Congiuntivo passato · Perfect subjunctive

abbia cominciato	abbiamo cominciato
abbia cominciato	abbiate cominciato
abbia cominciato	abbiano cominciato

Congiuntivo imperfetto · Imperfect subjunctive

cominciassi	cominciassimo
cominciassi	cominciaste
cominciasse	cominciassero

Congiuntivo trapassato · Past perfect subjunctive

avessi cominciato	avessimo cominciato
avessi cominciato	aveste cominciato
avesse cominciato	avessero cominciato

Imperativo · Commands

	(non) cominciamo
comincia (non cominciare)	(non) cominciate
(non) cominci	(non) comincino

Participio passato · Past participle   cominciato (-a/-i/-e)

Gerundio · Gerund   cominciando

Usage

Ha cominciato il libro ieri e l'ha finito oggi.	*She started the book yesterday and finished it today.*
Vorrei cominciare la lettera alla mia amica adesso.	*I would like to start on the letter to my friend now.*
Cominciamo un'altra bottiglia di vino stasera?	*Shall we open another bottle of wine tonight?*
Daniele ha cominciato a bere dopo la morte tragica di sua moglie.	*Daniele started to drink after the tragic death of his wife.*
Il coro comincerà a cantare subito dopo la lettura del vangelo.	*The choir will start singing immediately after the reading of the gospel.*
La lezione comincia alle nove precise. Gli studenti sono pregati di non arrivare in ritardo.	*The lesson starts at nine o'clock sharp. Students are asked not to arrive late.*
Il film comincia con una veduta notturna sulla città di Firenze.	*The film begins with a nighttime view of the city of Florence.*
La prima Guerra Mondiale cominciò nel 1914.	*World War I started in 1914.*
È cominciato a nevicare dieci minuti fa.	*It began snowing ten minutes ago.*

commettere *to commit; order, commission; assemble, join/fit (together)*

commetto · commisi · commesso

irregular -*ere* verb;
trans./intrans. (aux. *avere*)

Presente · Present

commetto	commettiamo
commetti	commettete
commette	commettono

Imperfetto · Imperfect

commettevo	commettevamo
commettevi	commettevate
commetteva	commettevano

Passato remoto · Preterit

commisi	commettemmo
commettesti	commetteste
commise	commisero

Futuro semplice · Future

commetterò	commetteremo
commetterai	commetterete
commetterà	commetteranno

Condizionale presente · Present conditional

commetterei	commetteremmo
commetteresti	commettereste
commetterebbe	commetterebbero

Congiuntivo presente · Present subjunctive

commetta	commettiamo
commetta	commettiate
commetta	commettano

Congiuntivo imperfetto · Imperfect subjunctive

commettessi	commettessimo
commettessi	commetteste
commettesse	commettessero

Passato prossimo · Present perfect

ho commesso	abbiamo commesso
hai commesso	avete commesso
ha commesso	hanno commesso

Trapassato prossimo · Past perfect

avevo commesso	avevamo commesso
avevi commesso	avevate commesso
aveva commesso	avevano commesso

Trapassato remoto · Preterit perfect

ebbi commesso	avemmo commesso
avesti commesso	aveste commesso
ebbe commesso	ebbero commesso

Futuro anteriore · Future perfect

avrò commesso	avremo commesso
avrai commesso	avrete commesso
avrà commesso	avranno commesso

Condizionale passato · Perfect conditional

avrei commesso	avremmo commesso
avresti commesso	avreste commesso
avrebbe commesso	avrebbero commesso

Congiuntivo passato · Perfect subjunctive

abbia commesso	abbiamo commesso
abbia commesso	abbiate commesso
abbia commesso	abbiano commesso

Congiuntivo trapassato · Past perfect subjunctive

avessi commesso	avessimo commesso
avessi commesso	aveste commesso
avesse commesso	avessero commesso

Imperativo · Commands

	(non) commettiamo
commetti (non commettere)	(non) commettete
(non) commetta	(non) commettano

Participio passato · Past participle   commesso (-a/-i/-e)

Gerundio · Gerund   commettendo

Usage

Ho paura di aver commesso un grave errore.	*I'm afraid I've committed a serious error.*
Questi reati sono commessi nel mondo intero.	*These crimes are perpetrated all over the world.*
Non commetterà mai più un peccato del genere.	*He will never again commit such a sin.*
Mi pare che il giocatore abbia commesso un chiaro fallo.	*It seems to me that the player clearly committed a foul.*
La pittura fu commessa durante un periodo affluente.	*The painting was commissioned during an affluent period.*
Commetterei un abito a quella sartoria se avessi i soldi.	*I would order a suit from that tailor shop if I had the money.*
Abbiamo deciso di commettere la costruzione di dieci nuove case in quella zona.	*We've decided to order the construction of ten new homes in that area.*
Commettono mobili di legno, come tavoli, sedie e armadi.	*They assemble wood furniture, such as tables, chairs, and wardrobes.*
Gli sportelli dell'armadio non commettevano bene.	*The closet doors didn't fit together well.*

commuovere

to touch, move, affect (emotions) **commuovere**

107

irregular *-ere* verb;
trans. (aux. *avere*)

commuovo · commossi · commosso

NOTE Use of the optional *u* in the forms below is not considered standard, but it is becoming more frequent.

Presente · Present

commuovo	comm(u)oviamo
commuovi	comm(u)ovete
commuove	commuovono

Imperfetto · Imperfect

comm(u)ovevo	comm(u)ovevamo
comm(u)ovevi	comm(u)ovevate
comm(u)oveva	comm(u)ovevano

Passato remoto · Preterit

commossi	comm(u)ovemmo
comm(u)ovesti	comm(u)oveste
commosse	commossero

Futuro semplice · Future

comm(u)overò	comm(u)overemo
comm(u)overai	comm(u)overete
comm(u)overà	comm(u)overanno

Condizionale presente · Present conditional

comm(u)overei	comm(u)overemmo
comm(u)overesti	comm(u)overeste
comm(u)overebbe	comm(u)overebbero

Congiuntivo presente · Present subjunctive

commuova	comm(u)oviamo
commuova	comm(u)oviate
commuova	commuovano

Congiuntivo imperfetto · Imperfect subjunctive

comm(u)ovessi	comm(u)ovessimo
comm(u)ovessi	comm(u)oveste
comm(u)ovesse	comm(u)ovessero

Passato prossimo · Present perfect

ho commosso	abbiamo commosso
hai commosso	avete commosso
ha commosso	hanno commosso

Trapassato prossimo · Past perfect

avevo commosso	avevamo commosso
avevi commosso	avevate commosso
aveva commosso	avevano commosso

Trapassato remoto · Preterit perfect

ebbi commosso	avemmo commosso
avesti commosso	aveste commosso
ebbe commosso	ebbero commosso

Futuro anteriore · Future perfect

avrò commosso	avremo commosso
avrai commosso	avrete commosso
avrà commosso	avranno commosso

Condizionale passato · Perfect conditional

avrei commosso	avremmo commosso
avresti commosso	avreste commosso
avrebbe commosso	avrebbero commosso

Congiuntivo passato · Perfect subjunctive

abbia commosso	abbiamo commosso
abbia commosso	abbiate commosso
abbia commosso	abbiano commosso

Congiuntivo trapassato · Past perfect subjunctive

avessi commosso	avessimo commosso
avessi commosso	aveste commosso
avesse commosso	avessero commosso

Imperativo · Commands

	(non) comm(u)oviamo
commuovi (non commuovere)	(non) comm(u)ovete
(non) commuova	(non) commuovano

Participio passato · Past participle commosso (-a/-i/-e)

Gerundio · Gerund comm(u)ovendo

Usage

Quella scena in particolare mi ha commosso. — *That scene in particular touched me.*
Il suo gesto non mi può commuovere. — *His gesture can't move me.*
Il nuovo film del regista svedese ci diverte e commuove. — *The Swedish director's new film entertains and touches us.*
La loro storia non ti ha commosso? — *Did their story not move you?*
Quell'autore non mi commoverà mai più. — *That author will never again stir my emotions.*
Sono veramente commossa dalle vostre parole gentili. — *I'm really touched by your kind words.*

commuoversi *to be moved/touched (by)*

Si ride, si piange e ci si commuove profondamente a teatro. — *One laughs, cries, and is profoundly moved at the theater.*
Ho letto il libro e mi sono commossa fino alle lacrime. — *I've read the book and I was moved to tears.*

compaio/comparisco ·
comparvi/comparii/comparsi · comparso

irregular -ire verb (rarely -isc- type);
intrans. (aux. *essere*)

Presente · Present

compaio/comparisco	compariamo
compari/comparisci	comparite
compare/comparisce	compaiono/compariscono

Imperfetto · Imperfect

comparivo	comparivamo
comparivi	comparivate
compariva	comparivano

Passato remoto · Preterit

comparvi/comparii/ comparsi	comparimmo
comparisti	compariste
comparve/comparì/ comparse	comparvero/comparirono/ comparsero

Futuro semplice · Future

comparirò	compariremo
comparirai	comparirete
comparirà	compariranno

Condizionale presente · Present conditional

comparirei	compariremmo
compariresti	comparireste
comparirebbe	comparirebbero

Congiuntivo presente · Present subjunctive

compaia/comparisca	compariamo
compaia/comparisca	compariate
compaia/comparisca	compaiano/compariscano

Congiuntivo imperfetto · Imperfect subjunctive

comparissi	comparissimo
comparissi	compariste
comparisse	comparissero

Passato prossimo · Present perfect

sono comparso (-a)	siamo comparsi (-e)
sei comparso (-a)	siete comparsi (-e)
è comparso (-a)	sono comparsi (-e)

Trapassato prossimo · Past perfect

ero comparso (-a)	eravamo comparsi (-e)
eri comparso (-a)	eravate comparsi (-e)
era comparso (-a)	erano comparsi (-e)

Trapassato remoto · Preterit perfect

fui comparso (-a)	fummo comparsi (-e)
fosti comparso (-a)	foste comparsi (-e)
fu comparso (-a)	furono comparsi (-e)

Futuro anteriore · Future perfect

sarò comparso (-a)	saremo comparsi (-e)
sarai comparso (-a)	sarete comparsi (-e)
sarà comparso (-a)	saranno comparsi (-e)

Condizionale passato · Perfect conditional

sarei comparso (-a)	saremmo comparsi (-e)
saresti comparso (-a)	sareste comparsi (-e)
sarebbe comparso (-a)	sarebbero comparsi (-e)

Congiuntivo passato · Perfect subjunctive

sia comparso (-a)	siamo comparsi (-e)
sia comparso (-a)	siate comparsi (-e)
sia comparso (-a)	siano comparsi (-e)

Congiuntivo trapassato · Past perfect subjunctive

fossi comparso (-a)	fossimo comparsi (-e)
fossi comparso (-a)	foste comparsi (-e)
fosse comparso (-a)	fossero comparsi (-e)

Imperativo · Commands

	(non) compariamo
compari/comparisci (non comparire)	(non) comparite
(non) compaia/comparisca	(non) compaiano/compariscano

Participio passato · Past participle   comparso (-a/-i/-e)

Gerundio · Gerund   comparendo

Usage

Un uomo comparve sulla porta all'improvviso.	*A man suddenly appeared at the door.*
Gli comparve sua madre in sogno.	*His mother appeared to him in a dream.*
Sono dovuti comparire come imputati cinque uomini.	*Five men had to stand accused.*
Il senatore americano è comparso in giudizio ieri.	*The American senator appeared in court yesterday.*
Il sole è comparso da dietro le nuvole.	*The sun has come out from behind the clouds.*
Fra poco comparirà una nuova edizione del libro.	*A new edition of the book will come out soon.*
Il suo nome non compare nell'elenco degli iscritti.	*His name doesn't appear on the list of enrollees.*
Nel libro compaiono soluzioni narrative originali.	*Original narrative solutions are presented in the book.*
Quella ragazza farà qualsiasi cosa pur di comparire.	*That girl will do anything to be noticed.*
Pino gli ha dato dieci euro affinché comparisse generoso.	*Pino gave them ten euros so he would seem generous.*

irregular mixed *-ere/-ire* verb;
trans. (aux. *avere*)

compio · compii · compiuto

Presente · Present

compio	compiamo
compi	compite
compie	compiono

Imperfetto · Imperfect

compivo	compivamo
compivi	compivate
compiva	compivano

Passato remoto · Preterit

compii	compimmo
compisti	compiste
compì	compirono

Futuro semplice · Future

compirò	compiremo
compirai	compirete
compirà	compiranno

Condizionale presente · Present conditional

compirei	compiremmo
compiresti	compireste
compirebbe	compirebbero

Congiuntivo presente · Present subjunctive

compia	compiamo
compia	compiate
compia	compiano

Congiuntivo imperfetto · Imperfect subjunctive

compissi	compissimo
compissi	compiste
compisse	compissero

Passato prossimo · Present perfect

ho compiuto	abbiamo compiuto
hai compiuto	avete compiuto
ha compiuto	hanno compiuto

Trapassato prossimo · Past perfect

avevo compiuto	avevamo compiuto
avevi compiuto	avevate compiuto
aveva compiuto	avevano compiuto

Trapassato remoto · Preterit perfect

ebbi compiuto	avemmo compiuto
avesti compiuto	aveste compiuto
ebbe compiuto	ebbero compiuto

Futuro anteriore · Future perfect

avrò compiuto	avremo compiuto
avrai compiuto	avrete compiuto
avrà compiuto	avranno compiuto

Condizionale passato · Perfect conditional

avrei compiuto	avremmo compiuto
avresti compiuto	avreste compiuto
avrebbe compiuto	avrebbero compiuto

Congiuntivo passato · Perfect subjunctive

abbia compiuto	abbiamo compiuto
abbia compiuto	abbiate compiuto
abbia compiuto	abbiano compiuto

Congiuntivo trapassato · Past perfect subjunctive

avessi compiuto	avessimo compiuto
avessi compiuto	aveste compiuto
avesse compiuto	avessero compiuto

Imperativo · Commands

	(non) compiamo
compi (non compiere)	(non) compite
(non) compia	(non) compiano

Participio passato · Past participle	compiuto (-a/-i/-e)
Gerundio · Gerund	compiendo

Usage

Ognuno compie il proprio dovere con il massimo impegno.	*Everyone carries out his duties to the best of his ability.*
Regalando la tua macchina compi una buona azione.	*By giving your car away, you do a good deed.*
Si dovrebbero compiere gli studi in quattro anni.	*One should complete the studies in four years.*
I soldati hanno compiuto la missione con successo.	*The soldiers successfully accomplished the mission.*
— Domani è il mio compleanno.	*"Tomorrow is my birthday."*
— Quanti anni compirai?	*"How old will you be?"*
Quando compi gli anni?	*When is your birthday?*
Catia ha compiuto ventun anni la settimana scorsa.	*Catia turned twenty-one last week.*

compiersi *to (come to an) end; be satisfied/fulfilled; come true*

Questo periodo della vostra vita si compirà fra alcuni giorni.	*This period in your lives will come to an end in a few days.*
La profezia si compì come era stato predetto.	*The prophecy was fulfilled as predicted.*

comporre   *to compose, put together; form; arrange, tidy (up); dial; typeset*

compongo · composi · composto

irregular -*ere* verb;
trans. (aux. *avere*)

Presente · Present

compongo	componiamo
componi	componete
compone	compongono

Imperfetto · Imperfect

componevo	componevamo
componevi	componevate
componeva	componevano

Passato remoto · Preterit

composi	componemmo
componesti	componeste
compose	composero

Futuro semplice · Future

comporrò	comporremo
comporrai	comporrete
comporrà	comporranno

Condizionale presente · Present conditional

comporrei	comporremmo
comporresti	comporreste
comporrebbe	comporrebbero

Congiuntivo presente · Present subjunctive

componga	componiamo
componga	componiate
componga	compongano

Congiuntivo imperfetto · Imperfect subjunctive

componessi	componessimo
componessi	componeste
componesse	componessero

Passato prossimo · Present perfect

ho composto	abbiamo composto
hai composto	avete composto
ha composto	hanno composto

Trapassato prossimo · Past perfect

avevo composto	avevamo composto
avevi composto	avevate composto
aveva composto	avevano composto

Trapassato remoto · Preterit perfect

ebbi composto	avemmo composto
avesti composto	aveste composto
ebbe composto	ebbero composto

Futuro anteriore · Future perfect

avrò composto	avremo composto
avrai composto	avrete composto
avrà composto	avranno composto

Condizionale passato · Perfect conditional

avrei composto	avremmo composto
avresti composto	avreste composto
avrebbe composto	avrebbero composto

Congiuntivo passato · Perfect subjunctive

abbia composto	abbiamo composto
abbia composto	abbiate composto
abbia composto	abbiano composto

Congiuntivo trapassato · Past perfect subjunctive

avessi composto	avessimo composto
avessi composto	aveste composto
avesse composto	avessero composto

Imperativo · Commands

	(non) componiamo
componi (non comporre)	(non) componete
(non) componga	(non) compongano

Participio passato · Past participle	composto (-a/-i/-e)
Gerundio · Gerund	componendo

Usage

Componendo una poesia si trova una certa pace e tranquillità.	*In composing a poem one finds a certain peace and tranquility.*
La sua ultima opera è composta di tre volumi.	*His last work consists of three volumes.*
Cinque persone compongono la sua famiglia.	*Five people make up his family.*
Gli studenti comporranno una frase con ogni parola.	*The students will form a sentence with each word.*
Se potessero, comporrebbero la vertenza domani.	*If they could, they would settle the lawsuit tomorrow.*
Compose velocemente i capelli.	*She quickly tidied her hair.*
Stavo per comporre il numero della mia amica quando il telefono ha squillato.	*I was about to dial my friend's number when the telephone rang.*
Abbiamo composto il libro con cura squisita.	*We typeset the book with exquisite care.*

comporsi *to consist (of); be made up (of); get hold of oneself*

La mia famiglia si componeva di tre persone.	*My family consisted of three persons.*
Anna, componiti prima che arrivino gli ospiti.	*Anna, get hold of yourself before the guests arrive.*

regular -are verb;
trans. (aux. avere)

compro · comprai · comprato

Presente · Present

compro	compriamo
compri	comprate
compra	comprano

Imperfetto · Imperfect

compravo	compravamo
compravi	compravate
comprava	compravano

Passato remoto · Preterit

comprai	comprammo
comprasti	compraste
comprò	comprarono

Futuro semplice · Future

comprerò	compreremo
comprerai	comprerete
comprerà	compreranno

Condizionale presente · Present conditional

comprerei	compreremmo
compreresti	comprereste
comprerebbe	comprerebbero

Congiuntivo presente · Present subjunctive

compri	compriamo
compri	compriate
compri	comprino

Congiuntivo imperfetto · Imperfect subjunctive

comprassi	comprassimo
comprassi	compraste
comprasse	comprassero

Passato prossimo · Present perfect

ho comprato	abbiamo comprato
hai comprato	avete comprato
ha comprato	hanno comprato

Trapassato prossimo · Past perfect

avevo comprato	avevamo comprato
avevi comprato	avevate comprato
aveva comprato	avevano comprato

Trapassato remoto · Preterit perfect

ebbi comprato	avemmo comprato
avesti comprato	aveste comprato
ebbe comprato	ebbero comprato

Futuro anteriore · Future perfect

avrò comprato	avremo comprato
avrai comprato	avrete comprato
avrà comprato	avranno comprato

Condizionale passato · Perfect conditional

avrei comprato	avremmo comprato
avresti comprato	avreste comprato
avrebbe comprato	avrebbero comprato

Congiuntivo passato · Perfect subjunctive

abbia comprato	abbiamo comprato
abbia comprato	abbiate comprato
abbia comprato	abbiano comprato

Congiuntivo trapassato · Past perfect subjunctive

avessi comprato	avessimo comprato
avessi comprato	aveste comprato
avesse comprato	avessero comprato

Imperativo · Commands

	(non) compriamo
compra (non comprare)	(non) comprate
(non) compri	(non) comprino

Participio passato · Past participle   comprato (-a/-i/-e)

Gerundio · Gerund   comprando

Usage

Vorremmo comprare una casa in campagna.	*We would like to buy a house in the country.*
— Ha già comprato la nuova televisione?	*"Have you bought the new television yet?"*
— No, non l'ho comprata ancora.	*"No, I haven't bought it yet."*
I miei genitori non mi comprano mai niente.	*My parents never buy me anything.*
Comprava delle macchine per milioni di dollari.	*He used to buy cars for millions of dollars.*
Si dice che la Juventus abbia comprato un calciatore sudamericano.	*Juventus is rumored to have bought a South American soccer player.*
Dicevano che Alberto aveva comprato la laurea.	*They said that Alberto had bought his degree.*
Due politici sono accusati di aver comprato il voto degli elettori.	*Two politicians are accused of having bought election votes.*
Magari si è comprato un giudice durante il processo.	*Perhaps a judge was bribed during the trial.*

TOP 50 VERB ☞

comprare *to buy, purchase; bribe*

compro · comprai · comprato

regular *-are* verb;
trans. (aux. *avere*)

comprare + direct object

comprare cibo	*to buy food*
comprare dei regali per Natale	*to buy Christmas presents*

comprare + direct and indirect object

Ti abbiamo comprato una macchina.	*We bought you a car.*
Vorrebbe comprarmi un libro.	*He would like to buy me a book.*
Comprale il gelato.	*Buy her the ice cream.*
Te lo comprerò domani.	*I will buy it for you tomorrow.*
— Avete comprato la pizza per i bambini?	*"Did you buy the pizza for the children?"*
— Sì, gliel'abbiamo comprata.	*"Yes, we bought it for them."*

WAYS OF BUYING THINGS

comprare per cento euro	*to buy for 100 euros*
comprare a buon mercato	*to buy (something) cheap*
comprare a caro prezzo	*to buy (something) expensive*
comprare a/in contanti	*to buy with cash*
comprare a credito	*to buy on credit*
comprare a rate	*to buy on an installment plan*
comprare all'asta	*to buy at an auction*
comprare di prima mano/di seconda mano	*to buy new/secondhand*
comprare all'ingrosso	*to buy wholesale*
comprare al minuto	*to buy retail*
comprare in blocco	*to buy in bulk*

comprare = comperare

Oggi ho comperato poco.	*Today I bought little.*
Mio padre comperava molti vestiti.	*My father bought a lot of clothes.*

comprarsi *to buy (for oneself)*

Cara si è comprata un nuovo divano.	*Cara bought herself a new couch.*
Ci saremmo comprati il condominio, se avesse avuto tre camere da letto.	*We would have bought the condominium if it had had three bedrooms.*

IDIOMATIC EXPRESSIONS

comprare qualcosa a occhi chiusi/ a scatola chiusa	*to buy something with complete confidence*
comprare la gatta nel sacco/comprare a occhi chiusi	*to buy a pig in a poke*

RELATED EXPRESSIONS

il compratore/la compratrice	*buyer, purchaser*
l'atto (*f.*) di compravendita	*deed of sale*

PROVERB

Chi disprezza compra.	*He who blames would buy. (i.e., He who finds fault with something in order to drive the price down will end up buying it.)*

irregular -*ere* verb;
trans. (aux. *avere*)

comprendo · compresi · compreso

Presente · Present

comprendo	comprendiamo
comprendi	comprendete
comprende	comprendono

Passato prossimo · Present perfect

ho compreso	abbiamo compreso
hai compreso	avete compreso
ha compreso	hanno compreso

Imperfetto · Imperfect

comprendevo	comprendevamo
comprendevi	comprendevate
comprendeva	comprendevano

Trapassato prossimo · Past perfect

avevo compreso	avevamo compreso
avevi compreso	avevate compreso
aveva compreso	avevano compreso

Passato remoto · Preterit

compresi	comprendemmo
comprendesti	comprendeste
comprese	compresero

Trapassato remoto · Preterit perfect

ebbi compreso	avemmo compreso
avesti compreso	aveste compreso
ebbe compreso	ebbero compreso

Futuro semplice · Future

comprenderò	comprenderemo
comprenderai	comprenderete
comprenderà	comprenderanno

Futuro anteriore · Future perfect

avrò compreso	avremo compreso
avrai compreso	avrete compreso
avrà compreso	avranno compreso

Condizionale presente · Present conditional

comprenderei	comprenderemmo
comprenderesti	comprendereste
comprenderebbe	comprenderebbero

Condizionale passato · Perfect conditional

avrei compreso	avremmo compreso
avresti compreso	avreste compreso
avrebbe compreso	avrebbero compreso

Congiuntivo presente · Present subjunctive

comprenda	comprendiamo
comprenda	comprendiate
comprenda	comprendano

Congiuntivo passato · Perfect subjunctive

abbia compreso	abbiamo compreso
abbia compreso	abbiate compreso
abbia compreso	abbiano compreso

Congiuntivo imperfetto · Imperfect subjunctive

comprendessi	comprendessimo
comprendessi	comprendeste
comprendesse	comprendessero

Congiuntivo trapassato · Past perfect subjunctive

avessi compreso	avessimo compreso
avessi compreso	aveste compreso
avesse compreso	avessero compreso

Imperativo · Commands

	(non) comprendiamo
comprendi (non comprendere)	(non) comprendete
(non) comprenda	(non) comprendano

Participio passato · Past participle   compreso (-a/-i/-e)

Gerundio · Gerund   comprendendo

Usage

La nuova edizione del libro comprende un decimo capitolo aggiornato.	*The new edition of the book includes an updated Chapter Ten.*
Tutta la famiglia verrà alla festa, compresi Giulio e Maria.	*The whole family will come to the party, including Giulio and Maria.*
La camera costa 750 euro al mese, tutto compreso.	*The room costs 750 euros a month, everything included.*
La casa comprendeva cinque stanze.	*The house consisted of five rooms.*
Gli adolescenti spesso non si sentono compresi dai genitori.	*Teenagers often feel misunderstood by their parents.*
I vigili compresero immediatamente la gravità della situazione.	*The police officers immediately realized the gravity of the situation.*

comprendersi *to understand each other; be clear*

La mia amica ed io ci comprendiamo benissimo.	*My friend and I understand each other very well.*
Si comprende che il problema va risolto subito.	*It's clear that the problem must be solved immediately.*

concedere *to concede, allow, admit; grant, bestow*

concedo · concessi/concedei/concedetti · concesso

irregular *-ere* verb;
trans. (aux. *avere*)

Presente · Present		Passato prossimo · Present perfect	
concedo	concediamo	ho concesso	abbiamo concesso
concedi	concedete	hai concesso	avete concesso
concede	concedono	ha concesso	hanno concesso

Imperfetto · Imperfect		Trapassato prossimo · Past perfect	
concedevo	concedevamo	avevo concesso	avevamo concesso
concedevi	concedevate	avevi concesso	avevate concesso
concedeva	concedevano	aveva concesso	avevano concesso

Passato remoto · Preterit		Trapassato remoto · Preterit perfect	
concessi/concedei/concedetti	concedemmo	ebbi concesso	avemmo concesso
concedesti	concedeste	avesti concesso	aveste concesso
concesse/concedé/concedette	concessero/concederono/ concedettero	ebbe concesso	ebbero concesso

Futuro semplice · Future		Futuro anteriore · Future perfect	
concederò	concederemo	avrò concesso	avremo concesso
concederai	concederete	avrai concesso	avrete concesso
concederà	concederanno	avrà concesso	avranno concesso

Condizionale presente · Present conditional		Condizionale passato · Perfect conditional	
concederei	concederemmo	avrei concesso	avremmo concesso
concederesti	concedereste	avresti concesso	avreste concesso
concederebbe	concederebbero	avrebbe concesso	avrebbero concesso

Congiuntivo presente · Present subjunctive		Congiuntivo passato · Perfect subjunctive	
conceda	concediamo	abbia concesso	abbiamo concesso
conceda	concediate	abbia concesso	abbiate concesso
conceda	concedano	abbia concesso	abbiano concesso

Congiuntivo imperfetto · Imperfect subjunctive		Congiuntivo trapassato · Past perfect subjunctive	
concedessi	concedessimo	avessi concesso	avessimo concesso
concedessi	concedeste	avessi concesso	aveste concesso
concedesse	concedessero	avesse concesso	avessero concesso

Imperativo · Commands	
	(non) concediamo
concedi (non concedere)	(non) concedete
(non) conceda	(non) concedano

Participio passato · Past participle concesso (-a/-i/-e)

Gerundio · Gerund concedendo

Usage

La banca non mi concederà un prestito.	*The bank won't give me a loan.*
Il professore non ci concederà un altro giorno per finire il compito.	*The professor won't allow us another day to finish the homework.*
Il medico concesse al paziente di bere caffè.	*The doctor allowed the patient to drink coffee.*
Babbo, ti prego, concedimi di rientrare tardi stasera!	*Daddy, please, let me come home late tonight!*
Ammesso e non concesso che sia come tu dici, hai sempre commesso un errore.	*Let's admit for a moment that it is as you said; you still made a mistake.*
Il presidente concesse la grazia a quattro politici colpevoli di corruzione.	*The president pardoned four politicians convicted of bribery.*
Ha concesso molti favori agli amici.	*He has bestowed many favors on his friends.*

concedersi *to allow oneself, treat oneself to; yield (to)*

Mi sono concesso un giorno di riposo.	*I've treated myself to a day of rest.*
La ragazza si è concessa a quel vagabondo.	*The girl gave herself to that bum.*

irregular *-ere* verb;
trans./intrans. (aux. *avere*)

concludo · conclusi · concluso

Presente · Present

concludo	concludiamo
concludi	concludete
conclude	concludono

Imperfetto · Imperfect

concludevo	concludevamo
concludevi	concludevate
concludeva	concludevano

Passato remoto · Preterit

conclusi	concludemmo
concludesti	concludeste
concluse	conclusero

Futuro semplice · Future

concluderò	concluderemo
concluderai	concluderete
concluderà	concluderanno

Condizionale presente · Present conditional

concluderei	concluderemmo
concluderesti	concludereste
concluderebbe	concluderebbero

Congiuntivo presente · Present subjunctive

concluda	concludiamo
concluda	concludiate
concluda	concludano

Congiuntivo imperfetto · Imperfect subjunctive

concludessi	concludessimo
concludessi	concludeste
concludesse	concludessero

Passato prossimo · Present perfect

ho concluso	abbiamo concluso
hai concluso	avete concluso
ha concluso	hanno concluso

Trapassato prossimo · Past perfect

avevo concluso	avevamo concluso
avevi concluso	avevate concluso
aveva concluso	avevano concluso

Trapassato remoto · Preterit perfect

ebbi concluso	avemmo concluso
avesti concluso	aveste concluso
ebbe concluso	ebbero concluso

Futuro anteriore · Future perfect

avrò concluso	avremo concluso
avrai concluso	avrete concluso
avrà concluso	avranno concluso

Condizionale passato · Perfect conditional

avrei concluso	avremmo concluso
avresti concluso	avreste concluso
avrebbe concluso	avrebbero concluso

Congiuntivo passato · Perfect subjunctive

abbia concluso	abbiamo concluso
abbia concluso	abbiate concluso
abbia concluso	abbiano concluso

Congiuntivo trapassato · Past perfect subjunctive

avessi concluso	avessimo concluso
avessi concluso	aveste concluso
avesse concluso	avessero concluso

Imperativo · Commands

	(non) concludiamo
concludi (non concludere)	(non) concludete
(non) concluda	(non) concludano

Participio passato · Past participle concluso (-a/-i/-e)

Gerundio · Gerund concludendo

Usage

Avendo concluso l'affare, i partner sono tornati a casa.
L'oratore concluse il discorso dopo un'ora e mezza.

La pace tra i due paesi fu conclusa nel trattato di Parigi.

Ho lavorato tutto il giorno, ma non ho concluso niente.
Si può concludere dalla tua risposta che non vuoi andare?
L'argomento del professor Bianchi non concludeva.

Having made the deal, the partners went home.
The speaker finished his speech after one and a half hours.
Peace between the two countries was achieved with the treaty of Paris.
I worked all day, but I didn't get anything done.
Can it be inferred from your answer that you don't want to go?
Professor Bianchi's argument wasn't convincing.

concludersi *to end (up); come to an end*

L'avventura si è conclusa con un'escursione al vulcano.

The adventure came to an end with an excursion to the volcano.

condire   *to season, flavor, spice; add a sauce to; dress* (a salad)

condisco · condii · condito

regular *-ire* verb (*-isc-* type);
trans. (aux. *avere*)

Presente · Present

condisco	condiamo
condisci	condite
condisce	condiscono

Imperfetto · Imperfect

condivo	condivamo
condivi	condivate
condiva	condivano

Passato remoto · Preterit

condii	condimmo
condisti	condiste
condì	condirono

Futuro semplice · Future

condirò	condiremo
condirai	condirete
condirà	condiranno

Condizionale presente · Present conditional

condirei	condiremmo
condiresti	condireste
condirebbe	condirebbero

Congiuntivo presente · Present subjunctive

condisca	condiamo
condisca	condiate
condisca	condiscano

Congiuntivo imperfetto · Imperfect subjunctive

condissi	condissimo
condissi	condiste
condisse	condissero

Passato prossimo · Present perfect

ho condito	abbiamo condito
hai condito	avete condito
ha condito	hanno condito

Trapassato prossimo · Past perfect

avevo condito	avevamo condito
avevi condito	avevate condito
aveva condito	avevano condito

Trapassato remoto · Preterit perfect

ebbi condito	avemmo condito
avesti condito	aveste condito
ebbe condito	ebbero condito

Futuro anteriore · Future perfect

avrò condito	avremo condito
avrai condito	avrete condito
avrà condito	avranno condito

Condizionale passato · Perfect conditional

avrei condito	avremmo condito
avresti condito	avreste condito
avrebbe condito	avrebbero condito

Congiuntivo passato · Perfect subjunctive

abbia condito	abbiamo condito
abbia condito	abbiate condito
abbia condito	abbiano condito

Congiuntivo trapassato · Past perfect subjunctive

avessi condito	avessimo condito
avessi condito	aveste condito
avesse condito	avessero condito

Imperativo · Commands

	(non) condiamo
condisci (non condire)	(non) condite
(non) condisca	(non) condiscano

Participio passato · Past participle	condito (-a/-i/-e)
Gerundio · Gerund	condendo

Usage

Quando è cotta la carne, la condisci con sale e pepe.

— Hai già condito la pasta?
— No, devo ancora condirla.

Penso che sia meglio condire l'insalata con olio e aceto prima di servirla.

Pare che abbiano condito il racconto con parecchi particolari piccanti.

Mio nonno sapeva condire qualsiasi conversazione con aneddoti affascinanti.

La sua versione dei fatti era condita di errori.

When the meat is cooked, you season it with salt and pepper.

"Have you mixed the sauce with the pasta yet?"
"No, I still have to mix them."

I think it's better to dress the salad with oil and vinegar before serving it.

It seems that they embellished the story with quite a few spicy details.

My grandfather could liven up any conversation with fascinating anecdotes.

His version of the facts was laced with errors.

RELATED WORD

il condimento

dressing, seasoning, sauce

condivido · condivisi · condiviso

irregular -ere verb;
trans. (aux. *avere*)

Presente · Present

condivido	condividiamo
condividi	condividete
condivide	condividono

Imperfetto · Imperfect

condividevo	condividevamo
condividevi	condividevate
condivideva	condividevano

Passato remoto · Preterit

condivisi	condividemmo
condividesti	condivideste
condivise	condivisero

Futuro semplice · Future

condividerò	condivideremo
condividerai	condividerete
condividerà	condivideranno

Condizionale presente · Present conditional

condividerei	condivideremmo
condivideresti	condividereste
condividerebbe	condividerebbero

Congiuntivo presente · Present subjunctive

condivida	condividiamo
condivida	condividiate
condivida	condividano

Congiuntivo imperfetto · Imperfect subjunctive

condividessi	condividessimo
condividessi	condivideste
condividesse	condividessero

Imperativo · Commands

	(non) condividiamo
condividi (non condividere)	(non) condividete
(non) condivida	(non) condividano

Passato prossimo · Present perfect

ho condiviso	abbiamo condiviso
hai condiviso	avete condiviso
ha condiviso	hanno condiviso

Trapassato prossimo · Past perfect

avevo condiviso	avevamo condiviso
avevi condiviso	avevate condiviso
aveva condiviso	avevano condiviso

Trapassato remoto · Preterit perfect

ebbi condiviso	avemmo condiviso
avesti condiviso	aveste condiviso
ebbe condiviso	ebbero condiviso

Futuro anteriore · Future perfect

avrò condiviso	avremo condiviso
avrai condiviso	avrete condiviso
avrà condiviso	avranno condiviso

Condizionale passato · Perfect conditional

avrei condiviso	avremmo condiviso
avresti condiviso	avreste condiviso
avrebbe condiviso	avrebbero condiviso

Congiuntivo passato · Perfect subjunctive

abbia condiviso	abbiamo condiviso
abbia condiviso	abbiate condiviso
abbia condiviso	abbiano condiviso

Congiuntivo trapassato · Past perfect subjunctive

avessi condiviso	avessimo condiviso
avessi condiviso	aveste condiviso
avesse condiviso	avessero condiviso

Participio passato · Past participle   condiviso (-a/-i/-e)

Gerundio · Gerund   condividendo

Usage

I due politici condividono molte opinioni.	*The two politicians share many (of the same) views.*
Roberta e Elena condividevano l'idea di una carriera nel campo della finanza.	*Roberta and Elena shared the idea of a career in finance.*
Condivido i sentimenti dei miei colleghi.	*I share the feelings of my colleagues.*
Condividerò con te le mie lacrime di gioia e di dolore.	*I will share with you my tears of joy and of pain.*
Le amiche hanno sempre condiviso la loro passione dello sci.	*The girlfriends have always shared their passion for skiing.*
Solo condividendo gli ideali della nostra organizzazione potrete partecipare con successo.	*Only by sharing the ideals of our organization will you be able to participate successfully.*
Mia sorella e io dovevamo condividere una stanza da bambine.	*My sister and I had to share a room growing up.*

condurre *to lead, take; run, manage, handle, conduct; drive, pilot*

conduco · condussi · condotto

irregular *-ere* verb;
trans./intrans. (aux. *avere*)

Presente · Present		Passato prossimo · Present perfect	
conduco	conduciamo	ho condotto	abbiamo condotto
conduci	conducete	hai condotto	avete condotto
conduce	conducono	ha condotto	hanno condotto

Imperfetto · Imperfect		Trapassato prossimo · Past perfect	
conducevo	conducevamo	avevo condotto	avevamo condotto
conducevi	conducevate	avevi condotto	avevate condotto
conduceva	conducevano	aveva condotto	avevano condotto

Passato remoto · Preterit		Trapassato remoto · Preterit perfect	
condussi	conducemmo	ebbi condotto	avemmo condotto
conducesti	conduceste	avesti condotto	aveste condotto
condusse	condussero	ebbe condotto	ebbero condotto

Futuro semplice · Future		Futuro anteriore · Future perfect	
condurrò	condurremo	avrò condotto	avremo condotto
condurrai	condurrete	avrai condotto	avrete condotto
condurrà	condurranno	avrà condotto	avranno condotto

Condizionale presente · Present conditional		Condizionale passato · Perfect conditional	
condurrei	condurremmo	avrei condotto	avremmo condotto
condurresti	condurreste	avresti condotto	avreste condotto
condurrebbe	condurrebbero	avrebbe condotto	avrebbero condotto

Congiuntivo presente · Present subjunctive		Congiuntivo passato · Perfect subjunctive	
conduca	conduciamo	abbia condotto	abbiamo condotto
conduca	conduciate	abbia condotto	abbiate condotto
conduca	conducano	abbia condotto	abbiano condotto

Congiuntivo imperfetto · Imperfect subjunctive		Congiuntivo trapassato · Past perfect subjunctive	
conducessi	conducessimo	avessi condotto	avessimo condotto
conducessi	conduceste	avessi condotto	aveste condotto
conducesse	conducessero	avesse condotto	avessero condotto

Imperativo · Commands	
	(non) conduciamo
conduci (non condurre)	(non) conducete
(non) conduca	(non) conducano

Participio passato · Past participle	condotto (-a/-i/-e)
Gerundio · Gerund	conducendo

Usage

Il generale condusse i suoi uomini alla vittoria.	*The general led his men to victory.*
I tuoi amici ti condurrebbero a casa dopo la partita?	*Would your friends take you home after the game?*
La maestra ha condotto i bambini per mano.	*The teacher took the children by the hand.*
Mia sorella conduce la sua azienda d'abbigliamento con mano ferrea.	*My sister manages her clothing business with an iron fist.*
Il mio amico Giovanni condurrà l'orchestra domani sera.	*My friend Giovanni will conduct the orchestra tomorrow night.*
L'uomo che conduceva la macchina è sparito.	*The man who was driving the car has disappeared.*
Il capitano conduceva la nave in porto.	*The captain piloted the ship into the harbor.*
Il pilota che conduceva la gara ha avuto problemi meccanici.	*The pilot who was leading the race developed mechanical problems.*

condursi *to behave*

I giovanotti si sono condotti benissimo.	*The young men behaved very well.*

regular -are verb;
trans. (aux. *avere*)

Presente · Present

confeziono	confezioniamo
confezioni	confezionate
confeziona	confezionano

Imperfetto · Imperfect

confezionavo	confezionavamo
confezionavi	confezionavate
confezionava	confezionavano

Passato remoto · Preterit

confezionai	confezionammo
confezionasti	confezionaste
confezionò	confezionarono

Futuro semplice · Future

confezionerò	confezioneremo
confezionerai	confezionerete
confezionerà	confezioneranno

Condizionale presente · Present conditional

confezionerei	confezioneremmo
confezioneresti	confezionereste
confezionerebbe	confezionerebbero

Congiuntivo presente · Present subjunctive

confezioni	confezioniamo
confezioni	confezioniate
confezioni	confezionino

Congiuntivo imperfetto · Imperfect subjunctive

confezionassi	confezionassimo
confezionassi	confezionaste
confezionasse	confezionassero

Passato prossimo · Present perfect

ho confezionato	abbiamo confezionato
hai confezionato	avete confezionato
ha confezionato	hanno confezionato

Trapassato prossimo · Past perfect

avevo confezionato	avevamo confezionato
avevi confezionato	avevate confezionato
aveva confezionato	avevano confezionato

Trapassato remoto · Preterit perfect

ebbi confezionato	avemmo confezionato
avesti confezionato	aveste confezionato
ebbe confezionato	ebbero confezionato

Futuro anteriore · Future perfect

avrò confezionato	avremo confezionato
avrai confezionato	avrete confezionato
avrà confezionato	avranno confezionato

Condizionale passato · Perfect conditional

avrei confezionato	avremmo confezionato
avresti confezionato	avreste confezionato
avrebbe confezionato	avrebbero confezionato

Congiuntivo passato · Perfect subjunctive

abbia confezionato	abbiamo confezionato
abbia confezionato	abbiate confezionato
abbia confezionato	abbiano confezionato

Congiuntivo trapassato · Past perfect subjunctive

avessi confezionato	avessimo confezionato
avessi confezionato	aveste confezionato
avesse confezionato	avessero confezionato

Imperativo · Commands

	(non) confezioniamo
confeziona (non confezionare)	(non) confezionate
(non) confezioni	(non) confezionino

Participio passato · Past participle   confezionato (-a/-i/-e)

Gerundio · Gerund   confezionando

Usage

Il pacco non era stato confezionato correttamente.	*The parcel hadn't been properly wrapped.*
Tutti i nostri vini sono confezionati in cartoni da dodici bottiglie.	*All our wines are packaged in cases of twelve bottles.*
I nostri cioccolatini sono tutti confezionati a mano.	*Our chocolates are all hand-made.*
Indossava un abito che era ovviamente confezionato su misura.	*He wore a suit that was clearly custom-made.*
Mi sono fatta confezionare un vestito per il matrimonio.	*I've had a dress made for the wedding.*

RELATED EXPRESSIONS

la confezione	*making, preparation; dressmaking*
la confezione regalo/risparmio	*gift/economy pack*

confondere *to confuse, mix up, jumble; mistake; blur*

confondo · confusi · confuso

irregular -ere verb;
trans. (aux. avere)

Presente · Present

confondo	confondiamo
confondi	confondete
confonde	confondono

Passato prossimo · Present perfect

ho confuso	abbiamo confuso
hai confuso	avete confuso
ha confuso	hanno confuso

Imperfetto · Imperfect

confondevo	confondevamo
confondevi	confondevate
confondeva	confondevano

Trapassato prossimo · Past perfect

avevo confuso	avevamo confuso
avevi confuso	avevate confuso
aveva confuso	avevano confuso

Passato remoto · Preterit

confusi	confondemmo
confondesti	confondeste
confuse	confusero

Trapassato remoto · Preterit perfect

ebbi confuso	avemmo confuso
avesti confuso	aveste confuso
ebbe confuso	ebbero confuso

Futuro semplice · Future

confonderò	confonderemo
confonderai	confonderete
confonderà	confonderanno

Futuro anteriore · Future perfect

avrò confuso	avremo confuso
avrai confuso	avrete confuso
avrà confuso	avranno confuso

Condizionale presente · Present conditional

confonderei	confonderemmo
confonderesti	confondereste
confonderebbe	confonderebbero

Condizionale passato · Perfect conditional

avrei confuso	avremmo confuso
avresti confuso	avreste confuso
avrebbe confuso	avrebbero confuso

Congiuntivo presente · Present subjunctive

confonda	confondiamo
confonda	confondiate
confonda	confondano

Congiuntivo passato · Perfect subjunctive

abbia confuso	abbiamo confuso
abbia confuso	abbiate confuso
abbia confuso	abbiano confuso

Congiuntivo imperfetto · Imperfect subjunctive

confondessi	confondessimo
confondessi	confondeste
confondesse	confondessero

Congiuntivo trapassato · Past perfect subjunctive

avessi confuso	avessimo confuso
avessi confuso	aveste confuso
avesse confuso	avessero confuso

Imperativo · Commands

	(non) confondiamo
confondi (non confondere)	(non) confondete
(non) confonda	(non) confondano

Participio passato · Past participle	confuso (-a/-i/-e)
Gerundio · Gerund	confondendo

Usage

Forse ti hanno confuso le idee mentre stavi guidando?	*Perhaps they confused you while you were driving?*
Guarda, hai confuso tutte le mie carte.	*Look, you mixed up all my papers.*
Il mio amico ha preso i miei appunti e li ha confusi tutti.	*My friend took my notes and now they're all jumbled up.*
Non confondermi, per favore; devo concentrarmi sul lavoro.	*Don't disturb me, please. I have to concentrate on my work.*
Confuse la mia valigia con quella della mia amica.	*He mistook my suitcase for that of my friend.*
La forte luce del sole mi ha confuso la vista.	*The strong sunlight blurred my vision.*

confondersi *to mix, mingle, merge; blur; become confused; be mistaken*

Ci confonderemo tra la folla e nessuno ci presterà attenzione.	*We'll mingle with the crowd and nobody will pay any attention.*
Scusa, hai ragione. Mi sono confuso.	*Sorry, you're right. I got mixed up.*

irregular *-ere* verb;
trans. (aux. *avere*)

connetto · connessi/connettei · connesso

Presente · Present

connetto	connettiamo
connetti	connettete
connette	connettono

Imperfetto · Imperfect

connettevo	connettevamo
connettevi	connettevate
connetteva	connettevano

Passato remoto · Preterit

connessi/connettei	connettemmo
connettesti	connetteste
connesse/connetté	connessero/connetterono

Futuro semplice · Future

connetterò	connetteremo
connetterai	connetterete
connetterà	connetteranno

Condizionale presente · Present conditional

connetterei	connetteremmo
connetteresti	connettereste
connetterebbe	connetterebbero

Congiuntivo presente · Present subjunctive

connetta	connettiamo
connetta	connettiate
connetta	connettano

Congiuntivo imperfetto · Imperfect subjunctive

connettessi	connettessimo
connettessi	connetteste
connettesse	connettessero

Imperativo · Commands

	(non) connettiamo
connetti (non connettere)	(non) connettete
(non) connetta	(non) connettano

Passato prossimo · Present perfect

ho connesso	abbiamo connesso
hai connesso	avete connesso
ha connesso	hanno connesso

Trapassato prossimo · Past perfect

avevo connesso	avevamo connesso
avevi connesso	avevate connesso
aveva connesso	avevano connesso

Trapassato remoto · Preterit perfect

ebbi connesso	avemmo connesso
avesti connesso	aveste connesso
ebbe connesso	ebbero connesso

Futuro anteriore · Future perfect

avrò connesso	avremo connesso
avrai connesso	avrete connesso
avrà connesso	avranno connesso

Condizionale passato · Perfect conditional

avrei connesso	avremmo connesso
avresti connesso	avreste connesso
avrebbe connesso	avrebbero connesso

Congiuntivo passato · Perfect subjunctive

abbia connesso	abbiamo connesso
abbia connesso	abbiate connesso
abbia connesso	abbiano connesso

Congiuntivo trapassato · Past perfect subjunctive

avessi connesso	avessimo connesso
avessi connesso	aveste connesso
avesse connesso	avessero connesso

Participio passato · Past participle   connesso (-a/-i/-e)

Gerundio · Gerund   connettendo

Usage

Sarebbe meglio contattare un elettricista per
connettere i fili.
Gli elementi del circuito vengono connessi uno
dopo l'altro.
L'ufficio mobile è sempre connesso grazie alla LAN
senza fili.
Non ho mai capito perché lui abbia connesso le
due idee.
Non riusciva a connettere tutti i fatti.
La donna era così sconvolta che non connetteva più.

*It would be better to contact an electrician to connect
the wires.*
*The elements in the circuit are connected one after
the other.*
*The mobile office is always connected, thanks
to the wireless LAN.*
I never understood why he linked the two ideas.

He was unable to link all the facts.
The woman was so upset she couldn't think straight.

connettersi *to be linked/connected*

Questo argomento si connetteva a quello precedente.
Molti italiani si connettono all'Internet da casa.

This argument was linked to the preceding one.
*Many Italians are connected to the Internet
at home.*

KNOWING PEOPLE

Non conosco molta gente a Trieste.	*I don't know many people in Trieste.*
— Conoscete i vostri vicini?	*"Do you know your neighbors?"*
— Sì, li conosciamo tutti.	*"Yes, we know them all."*
— Pensavo che avresti pianto.	*"I thought you would have cried."*
— Non mi conosci bene.	*"You don't know me well."*

KNOWING THINGS

— Conosci la fisica?	*"Do you know anything about physics?"*
— Sì, la conosco bene.	*"Yes, I know quite a bit actually."*
Conobbe la fama, ma anche la miseria.	*He knew fame, but misery too.*

KNOWING PLACES

Conosco bene gli Stati Uniti. Li ho visitati molte volte.	*I know the United States well. I've visited it many times.*
Non conosceva affatto la città e si è perso completamente.	*He didn't know the city at all and got completely lost.*

WAYS OF KNOWING

conoscere a fondo	*to have a deep understanding of*
conoscere per filo e per segno	*to know through and through*
conoscere superficialmente	*to know superficially*
conoscere personalmente/di persona	*to know personally*
conoscere di vista/di fama	*to know by sight/reputation*

far conoscere *to introduce*

Sono molto contenta che Stefano mi abbia fatto conoscere il suo amico.	*I'm very happy that Stefano introduced me to his friend.*

conoscersi *to know oneself/each other; meet*

Mi conosco e so che non lo farò se non sarò obbligato.	*I know myself, and I know I won't do it unless I have to.*
Roberto ed io ci conosciamo da tanti anni.	*Roberto and I have known each other for many years.*
Mia sorella e il suo fidanzato si sono conosciuti due anni fa.	*My sister and her fiancé met two years ago.*

IDIOMATIC EXPRESSIONS

Conosco la canzone. Che altro ci racconterà?	*I've heard it all before. What else is he going to tell us?*
Mario conosce il fatto suo. Sono venti anni che insegna la matematica.	*Mario knows what he's talking about. He's been teaching math for twenty years.*
Non conoscono il mondo. Sembra che vivano nell'altro secolo.	*They're not very worldly. It seems as if they're living in the last century.*
Conoscono tempi difficili. L'azienda è fallita e poi lei si è ammalata.	*They're going through hard times. The business went bankrupt and then she got sick.*
Ma chi ti conosce!	*Mind your own business!*
Conosco i miei polli. Mi sono reso conto subito che non sei un artista vero e proprio.	*I'm nobody's fool. I realized right away that you're not a real artist.*

irregular -*ere* verb;
trans. (aux. *avere*)

conosco · conobbi · conosciuto

Presente · Present

conosco	conosciamo
conosci	conoscete
conosce	conoscono

Imperfetto · Imperfect

conoscevo	conoscevamo
conoscevi	conoscevate
conosceva	conoscevano

Passato remoto · Preterit

conobbi	conoscemmo
conoscesti	conosceste
conobbe	conobbero

Futuro semplice · Future

conoscerò	conosceremo
conoscerai	conoscerete
conoscerà	conosceranno

Condizionale presente · Present conditional

conoscerei	conosceremmo
conosceresti	conoscereste
conoscerebbe	conoscerebbero

Congiuntivo presente · Present subjunctive

conosca	conosciamo
conosca	conosciate
conosca	conoscano

Congiuntivo imperfetto · Imperfect subjunctive

conoscessi	conoscessimo
conoscessi	conosceste
conoscesse	conoscessero

Passato prossimo · Present perfect

ho conosciuto	abbiamo conosciuto
hai conosciuto	avete conosciuto
ha conosciuto	hanno conosciuto

Trapassato prossimo · Past perfect

avevo conosciuto	avevamo conosciuto
avevi conosciuto	avevate conosciuto
aveva conosciuto	avevano conosciuto

Trapassato remoto · Preterit perfect

ebbi conosciuto	avemmo conosciuto
avesti conosciuto	aveste conosciuto
ebbe conosciuto	ebbero conosciuto

Futuro anteriore · Future perfect

avrò conosciuto	avremo conosciuto
avrai conosciuto	avrete conosciuto
avrà conosciuto	avranno conosciuto

Condizionale passato · Perfect conditional

avrei conosciuto	avremmo conosciuto
avresti conosciuto	avreste conosciuto
avrebbe conosciuto	avrebbero conosciuto

Congiuntivo passato · Perfect subjunctive

abbia conosciuto	abbiamo conosciuto
abbia conosciuto	abbiate conosciuto
abbia conosciuto	abbiano conosciuto

Congiuntivo trapassato · Past perfect subjunctive

avessi conosciuto	avessimo conosciuto
avessi conosciuto	aveste conosciuto
avesse conosciuto	avessero conosciuto

Imperativo · Commands

	(non) conosciamo
conosci (non conoscere)	(non) conoscete
(non) conosca	(non) conoscano

Participio passato · Past participle — conosciuto (-a/-i/-e)

Gerundio · Gerund — conoscendo

Usage

— Signora, Lei conosce Venezia?
— No, non ci sono mai stata.

— Conosci mio fratello?
— Sì, lo conosco da un mese, più o meno.

Conoscete il nuovo ristorante in Via del Corso?
Mia nonna conosceva molte lingue.
Mio fratello conosce molto bene gli aerei.

— Quando hai conosciuto la cantante?
— L'ho conosciuta sabato scorso dopo il concerto.

Una madre conosce sempre i propri bambini
   alla voce.
È triste che loro non abbiano mai conosciuto
   la gioia di avere figli.

"Madam, are you familiar with Venice?"
"No, I've never been there."

"Do you know my brother?"
"Yes, I've known him for about a month."

Do you know the new restaurant on Via del Corso?
My grandmother knew many languages.
My brother knows a lot about airplanes.

"When did you meet the singer?"
"I met her last Saturday after the concert."

A mother always recognizes her own children
   by their voices.
It's sad that they've never experienced the joy
   of having children.

consegnare *to hand in/over, give, deliver; distribute*

consegno · consegnai · consegnato

regular *-are* verb;
trans. (aux. *avere*)

Presente · Present

consegno	consegniamo/consegnamo
consegni	consegnate
consegna	consegnano

Imperfetto · Imperfect

consegnavo	consegnavamo
consegnavi	consegnavate
consegnava	consegnavano

Passato remoto · Preterit

consegnai	consegnammo
consegnasti	consegnaste
consegnò	consegnarono

Futuro semplice · Future

consegnerò	consegneremo
consegnerai	consegnerete
consegnerà	consegneranno

Condizionale presente · Present conditional

consegnerei	consegneremmo
consegneresti	consegnereste
consegnerebbe	consegnerebbero

Congiuntivo presente · Present subjunctive

consegni	consegniamo/consegnamo
consegni	consegniate/consegnate
consegni	consegnino

Congiuntivo imperfetto · Imperfect subjunctive

consegnassi	consegnassimo
consegnassi	consegnaste
consegnasse	consegnassero

Passato prossimo · Present perfect

ho consegnato	abbiamo consegnato
hai consegnato	avete consegnato
ha consegnato	hanno consegnato

Trapassato prossimo · Past perfect

avevo consegnato	avevamo consegnato
avevi consegnato	avevate consegnato
aveva consegnato	avevano consegnato

Trapassato remoto · Preterit perfect

ebbi consegnato	avemmo consegnato
avesti consegnato	aveste consegnato
ebbe consegnato	ebbero consegnato

Futuro anteriore · Future perfect

avrò consegnato	avremo consegnato
avrai consegnato	avrete consegnato
avrà consegnato	avranno consegnato

Condizionale passato · Perfect conditional

avrei consegnato	avremmo consegnato
avresti consegnato	avreste consegnato
avrebbe consegnato	avrebbero consegnato

Congiuntivo passato · Perfect subjunctive

abbia consegnato	abbiamo consegnato
abbia consegnato	abbiate consegnato
abbia consegnato	abbiano consegnato

Congiuntivo trapassato · Past perfect subjunctive

avessi consegnato	avessimo consegnato
avessi consegnato	aveste consegnato
avesse consegnato	avessero consegnato

Imperativo · Commands

	(non) consegniamo/consegnamo
consegna (non consegnare)	(non) consegnate
(non) consegni	(non) consegnino

Participio passato · Past participle	consegnato (-a/-i/-e)
Gerundio · Gerund	consegnando

Usage

Il postino ha consegnato la lettera stamattina.	*The mailman delivered the letter this morning.*
La merce è stata consegnata tre giorni fa.	*The goods were delivered three days ago.*
Quando si deve consegnare la domanda?	*When must the application be submitted?*
Ragazzi, consegnate l'esame adesso, per favore.	*Boys and girls, please hand in your exam now.*
Il professore non mi ha consegnato il compito.	*The professor hasn't returned my homework.*
Una volta consegnata alla memoria, l'informazione non sarà mai dimenticata.	*Once it is committed to memory, the information will never be forgotten.*
Qualcuno consegnò il giovane delinquente alla polizia.	*Someone handed the young criminal over to the police.*
Il soldato fu consegnato per tre giorni.	*The soldier was confined to barracks for three days.*

RELATED EXPRESSIONS

la consegna	*delivery; care; safekeeping*
la consegna a domicilio	*home delivery*

regular -*ire* verb;
trans. (aux. *avere*)/intrans. (aux. *essere*)

conseguo · conseguii · conseguito

NOTE *Conseguire* is conjugated here with *avere*; when used intransitively, it is conjugated with *essere*.

Presente · Present

conseguo	conseguiamo
consegui	conseguite
consegue	conseguono

Imperfetto · Imperfect

conseguivo	conseguivamo
conseguivi	conseguivate
conseguiva	conseguivano

Passato remoto · Preterit

conseguii	conseguimmo
conseguisti	conseguiste
conseguì	conseguirono

Futuro semplice · Future

conseguirò	conseguiremo
conseguirai	conseguirete
conseguirà	conseguiranno

Condizionale presente · Present conditional

conseguirei	conseguiremmo
conseguiresti	conseguireste
conseguirebbe	conseguirebbero

Congiuntivo presente · Present subjunctive

consegua	conseguiamo
consegua	conseguiate
consegua	conseguano

Congiuntivo imperfetto · Imperfect subjunctive

conseguissi	conseguissimo
conseguissi	conseguiste
conseguisse	conseguissero

Passato prossimo · Present perfect

ho conseguito	abbiamo conseguito
hai conseguito	avete conseguito
ha conseguito	hanno conseguito

Trapassato prossimo · Past perfect

avevo conseguito	avevamo conseguito
avevi conseguito	avevate conseguito
aveva conseguito	avevano conseguito

Trapassato remoto · Preterit perfect

ebbi conseguito	avemmo conseguito
avesti conseguito	aveste conseguito
ebbe conseguito	ebbero conseguito

Futuro anteriore · Future perfect

avrò conseguito	avremo conseguito
avrai conseguito	avrete conseguito
avrà conseguito	avranno conseguito

Condizionale passato · Perfect conditional

avrei conseguito	avremmo conseguito
avresti conseguito	avreste conseguito
avrebbe conseguito	avrebbero conseguito

Congiuntivo passato · Perfect subjunctive

abbia conseguito	abbiamo conseguito
abbia conseguito	abbiate conseguito
abbia conseguito	abbiano conseguito

Congiuntivo trapassato · Past perfect subjunctive

avessi conseguito	avessimo conseguito
avessi conseguito	aveste conseguito
avesse conseguito	avessero conseguito

Imperativo · Commands

	(non) conseguiamo
consegui (non conseguire)	(non) conseguite
(non) consegua	(non) conseguano

Participio passato · Past participle	conseguito (-a/-i/-e)
Gerundio · Gerund	conseguendo

Usage

È un attore che conseguirà la fama facilmente.	*He's an actor who will easily achieve fame.*
L'azienda ha conseguito risultati straordinari nel primo trimestre.	*The company achieved extraordinary results in the first quarter.*
Michele conseguì il suo scopo.	*Michele achieved his goal.*
Se vorrai conseguire un buon voto, dovrai lavorare sodo.	*If you want to get a good grade, you will have to work hard.*
Graziella ha conseguito la laurea in ingegneria meccanica.	*Graziella obtained her degree in mechanical engineering.*
Da ciò consegue che non si può far altro che tornare a casa.	*From this it follows that we can't do anything but return home.*
Non ne è conseguito nessun vantaggio.	*No advantage came of it.*

consentire *to agree; comply (with); allow, permit*

consento · consentii · consentito

regular -*ire* verb;
intrans./trans. (aux. *avere*)

Presente · Present

consento	consentiamo
consenti	consentite
consente	consentono

Imperfetto · Imperfect

consentivo	consentivamo
consentivi	consentivate
consentiva	consentivano

Passato remoto · Preterit

consentii	consentimmo
consentisti	consentiste
consentì	consentirono

Futuro semplice · Future

consentirò	consentiremo
consentirai	consentirete
consentirà	consentiranno

Condizionale presente · Present conditional

consentirei	consentiremmo
consentiresti	consentireste
consentirebbe	consentirebbero

Congiuntivo presente · Present subjunctive

consenta	consentiamo
consenta	consentiate
consenta	consentano

Congiuntivo imperfetto · Imperfect subjunctive

consentissi	consentissimo
consentissi	consentiste
consentisse	consentissero

Passato prossimo · Present perfect

ho consentito	abbiamo consentito
hai consentito	avete consentito
ha consentito	hanno consentito

Trapassato prossimo · Past perfect

avevo consentito	avevamo consentito
avevi consentito	avevate consentito
aveva consentito	avevano consentito

Trapassato remoto · Preterit perfect

ebbi consentito	avemmo consentito
avesti consentito	aveste consentito
ebbe consentito	ebbero consentito

Futuro anteriore · Future perfect

avrò consentito	avremo consentito
avrai consentito	avrete consentito
avrà consentito	avranno consentito

Condizionale passato · Perfect conditional

avrei consentito	avremmo consentito
avresti consentito	avreste consentito
avrebbe consentito	avrebbero consentito

Congiuntivo passato · Perfect subjunctive

abbia consentito	abbiamo consentito
abbia consentito	abbiate consentito
abbia consentito	abbiano consentito

Congiuntivo trapassato · Past perfect subjunctive

avessi consentito	avessimo consentito
avessi consentito	aveste consentito
avesse consentito	avessero consentito

Imperativo · Commands

	(non) consentiamo
consenti (non consentire)	(non) consentite
(non) consenta	(non) consentano

Participio passato · Past participle	consentito (-a/-i/-e)
Gerundio · Gerund	consentendo

Usage

Consento con Lei sulla necessità di sviluppare un nuovo progetto.	*I agree with you about the need to develop a new project.*
Se si consentisse a questa richiesta, altre seguirebbero senz'altro.	*If this request were complied with, others would surely follow.*
Era un lavoro che non consentiva errori.	*It was a job that didn't allow for errors.*
La mia situazione attuale non mi consente quella spesa.	*My present situation doesn't allow me that expense.*
Mio padre non mi consentirà di andare in vacanza da sola.	*My father won't permit me to go on vacation by myself.*
— Consenti di essere in errore?	*"Do you admit to being wrong?"*
— No, non ho fatto niente di sbagliato.	*"No, I haven't done anything wrong."*
Mi si consenta di ringraziare tutti i collaboratori a questo progetto.	*I would like to thank all the collaborators on this project.*

regular -are verb;
trans. (aux. *avere*)

conservo · conservai · conservato

Presente · Present

conservo	conserviamo
conservi	conservate
conserva	conservano

Passato prossimo · Present perfect

ho conservato	abbiamo conservato
hai conservato	avete conservato
ha conservato	hanno conservato

Imperfetto · Imperfect

conservavo	conservavamo
conservavi	conservavate
conservava	conservavano

Trapassato prossimo · Past perfect

avevo conservato	avevamo conservato
avevi conservato	avevate conservato
aveva conservato	avevano conservato

Passato remoto · Preterit

conservai	conservammo
conservasti	conservaste
conservò	conservarono

Trapassato remoto · Preterit perfect

ebbi conservato	avemmo conservato
avesti conservato	aveste conservato
ebbe conservato	ebbero conservato

Futuro semplice · Future

conserverò	conserveremo
conserverai	conserverete
conserverà	conserveranno

Futuro anteriore · Future perfect

avrò conservato	avremo conservato
avrai conservato	avrete conservato
avrà conservato	avranno conservato

Condizionale presente · Present conditional

conserverei	conserveremmo
conserveresti	conservereste
conserverebbe	conserverebbero

Condizionale passato · Perfect conditional

avrei conservato	avremmo conservato
avresti conservato	avreste conservato
avrebbe conservato	avrebbero conservato

Congiuntivo presente · Present subjunctive

conservi	conserviamo
conservi	conserviate
conservi	conservino

Congiuntivo passato · Perfect subjunctive

abbia conservato	abbiamo conservato
abbia conservato	abbiate conservato
abbia conservato	abbiano conservato

Congiuntivo imperfetto · Imperfect subjunctive

conservassi	conservassimo
conservassi	conservaste
conservasse	conservassero

Congiuntivo trapassato · Past perfect subjunctive

avessi conservato	avessimo conservato
avessi conservato	aveste conservato
avesse conservato	avessero conservato

Imperativo · Commands

	(non) conserviamo
conserva (non conservare)	(non) conservate
(non) conservi	(non) conservino

Participio passato · Past participle   conservato (-a/-i/-e)

Gerundio · Gerund   conservando

Usage

Hai conservato la ricevuta della caffettiera?	*Did you save the receipt for the coffeemaker?*
È un ricordo che conserverai per sempre.	*It's a memory that you'll keep forever.*
Non bisogna conservare i pomodori in frigorifero.	*It's not necessary to keep tomatoes in the refrigerator.*
Domani conserveremo sott'aceto alcuni chili di cipolline.	*Tomorrow we'll pickle a couple of kilograms of onions.*
Fortunatamente hanno conservato la calma.	*Fortunately they remained calm.*
In caso di incendio cercate di conservare il sangue freddo.	*In case of fire, try to keep your head.*
Gli oggetti preziosi si devono conservare con molta cura.	*Precious objects should be well taken care of.*

conservarsi *to keep; be well preserved; remain*

È un vino che si conserva bene.	*It's a wine that keeps well.*
Si conservi!	*Take care!*

considerare *to consider; examine; regard*

considero · considerai · considerato

Presente · Present

considero	consideriamo
consideri	considerate
considera	considerano

Passato prossimo · Present perfect

ho considerato	abbiamo considerato
hai considerato	avete considerato
ha considerato	hanno considerato

Imperfetto · Imperfect

consideravo	consideravamo
consideravi	consideravate
considerava	consideravano

Trapassato prossimo · Past perfect

avevo considerato	avevamo considerato
avevi considerato	avevate considerato
aveva considerato	avevano considerato

Passato remoto · Preterit

considerai	considerammo
considerasti	consideraste
considerò	considerarono

Trapassato remoto · Preterit perfect

ebbi considerato	avemmo considerato
avesti considerato	aveste considerato
ebbe considerato	ebbero considerato

Futuro semplice · Future

considererò	considereremo
considererai	considererete
considererà	considereranno

Futuro anteriore · Future perfect

avrò considerato	avremo considerato
avrai considerato	avrete considerato
avrà considerato	avranno considerato

Condizionale presente · Present conditional

considererei	considereremmo
considereresti	considerereste
considererebbe	considererebbero

Condizionale passato · Perfect conditional

avrei considerato	avremmo considerato
avresti considerato	avreste considerato
avrebbe considerato	avrebbero considerato

Congiuntivo presente · Present subjunctive

consideri	consideriamo
consideri	consideriate
consideri	considerino

Congiuntivo passato · Perfect subjunctive

abbia considerato	abbiamo considerato
abbia considerato	abbiate considerato
abbia considerato	abbiano considerato

Congiuntivo imperfetto · Imperfect subjunctive

considerassi	considerassimo
considerassi	consideraste
considerasse	considerassero

Congiuntivo trapassato · Past perfect subjunctive

avessi considerato	avessimo considerato
avessi considerato	aveste considerato
avesse considerato	avessero considerato

Imperativo · Commands

	(non) consideriamo
considera (non considerare)	(non) considerate
(non) consideri	(non) considerino

Participio passato · Past participle	considerato (-a/-i/-e)
Gerundio · Gerund	considerando

Usage

Bisogna considerare tutti gli elementi del problema.	*We have to consider all the elements of the problem.*
Tutto considerato, vuoi sempre andare in vacanza?	*All things considered, do you still want to go on vacation?*
Hai considerato i vantaggi e gli svantaggi di un tale progetto?	*Have you given any thought to the advantages and disadvantages of such a project?*
Dopo averlo considerato per qualche minuto, mi sono allontanato dal quadro.	*After having examined it for a few minutes, I walked away from the painting.*
La considero una buon'amica, perciò non voglio offenderla.	*I consider her a good friend, so I don't want to offend her.*
Paolo considererà un onore organizzare la festa.	*Paolo will see it as an honor to organize the party.*
A scuola la considerano molto.	*They hold her in high regard at school.*

considerarsi *to regard oneself as, consider oneself*

Franco si è sempre considerato molto intelligente.	*Franco has always considered himself very intelligent.*

regular -are verb, *i* > –/*i*;
trans. (aux. *avere*)

Presente · Present

consiglio	consigliamo
consigli	consigliate
consiglia	consigliano

Imperfetto · Imperfect

consigliavo	consigliavamo
consigliavi	consigliavate
consigliava	consigliavano

Passato remoto · Preterit

consigliai	consigliammo
consigliasti	consigliaste
consigliò	consigliarono

Futuro semplice · Future

consiglierò	consiglieremo
consiglierai	consiglierete
consiglierà	consiglieranno

Condizionale presente · Present conditional

consiglierei	consiglieremmo
consiglieresti	consigliereste
consiglierebbe	consiglierebbero

Congiuntivo presente · Present subjunctive

consigli	consigliamo
consigli	consigliate
consigli	consiglino

Congiuntivo imperfetto · Imperfect subjunctive

consigliassi	consigliassimo
consigliassi	consigliaste
consigliasse	consigliassero

Passato prossimo · Present perfect

ho consigliato	abbiamo consigliato
hai consigliato	avete consigliato
ha consigliato	hanno consigliato

Trapassato prossimo · Past perfect

avevo consigliato	avevamo consigliato
avevi consigliato	avevate consigliato
aveva consigliato	avevano consigliato

Trapassato remoto · Preterit perfect

ebbi consigliato	avemmo consigliato
avesti consigliato	aveste consigliato
ebbe consigliato	ebbero consigliato

Futuro anteriore · Future perfect

avrò consigliato	avremo consigliato
avrai consigliato	avrete consigliato
avrà consigliato	avranno consigliato

Condizionale passato · Perfect conditional

avrei consigliato	avremmo consigliato
avresti consigliato	avreste consigliato
avrebbe consigliato	avrebbero consigliato

Congiuntivo passato · Perfect subjunctive

abbia consigliato	abbiamo consigliato
abbia consigliato	abbiate consigliato
abbia consigliato	abbiano consigliato

Congiuntivo trapassato · Past perfect subjunctive

avessi consigliato	avessimo consigliato
avessi consigliato	aveste consigliato
avesse consigliato	avessero consigliato

Imperativo · Commands

	(non) consigliamo
consiglia (non consigliare)	(non) consigliate
(non) consigli	(non) consiglino

Participio passato · Past participle	consigliato (-a/-i/-e)
Gerundio · Gerund	consigliando

Usage

Mi può consigliare un buon ristorante cinese?	*Could you recommend a good Chinese restaurant?*
Ti consiglierei qualsiasi libro di Umberto Eco.	*I would recommend to you any book by Umberto Eco.*
Cosa ci consigli di fare?	*What do you advise us to do?*
Le è stata consigliata una vacanza in montagna.	*She's been advised to go on vacation in the mountains.*
Si consiglia ai passeggeri di confermare la prenotazione 24 ore prima della partenza.	*Passengers are urged to confirm their reservation 24 hours before departure.*
Consigliate ai giovani di non fumare.	*Advise young people not to smoke.*

consigliarsi *to ask/seek advice, consult; confer, take counsel together*

Ti conviene consigliarti con un avvocato al più presto possibile.	*You should consult a lawyer as soon as possible.*

consistere *to consist/be composed (of); lie (in)*

consisto · consistei/consistetti · consistito

irregular -*ere* verb;
intrans. (aux. *essere*)

Presente · Present

consisto	consistiamo
consisti	consistete
consiste	consistono

Imperfetto · Imperfect

consistevo	consistevamo
consistevi	consistevate
consisteva	consistevano

Passato remoto · Preterit

consistei/consistetti	consistemmo
consistesti	consisteste
consistè/consistette	consisterono/consistettero

Futuro semplice · Future

consisterò	consisteremo
consisterai	consisterete
consisterà	consisteranno

Condizionale presente · Present conditional

consisterei	consisteremmo
consisteresti	consistereste
consisterebbe	consisterebbero

Congiuntivo presente · Present subjunctive

consista	consistiamo
consista	consistiate
consista	consistano

Congiuntivo imperfetto · Imperfect subjunctive

consistessi	consistessimo
consistessi	consisteste
consistesse	consistessero

Imperativo · Commands

	(non) consistiamo
consisti (non consistere)	(non) consistete
(non) consista	(non) consistano

Participio passato · Past participle consistito (-a/-i/-e)
Gerundio · Gerund consistendo

Passato prossimo · Present perfect

sono consistito (-a)	siamo consistiti (-e)
sei consistito (-a)	siete consistiti (-e)
è consistito (-a)	sono consistiti (-e)

Trapassato prossimo · Past perfect

ero consistito (-a)	eravamo consistiti (-e)
eri consistito (-a)	eravate consistiti (-e)
era consistito (-a)	erano consistiti (-e)

Trapassato remoto · Preterit perfect

fui consistito (-a)	fummo consistiti (-e)
fosti consistito (-a)	foste consistiti (-e)
fu consistito (-a)	furono consistiti (-e)

Futuro anteriore · Future perfect

sarò consistito (-a)	saremo consistiti (-e)
sarai consistito (-a)	sarete consistiti (-e)
sarà consistito (-a)	saranno consistiti (-e)

Condizionale passato · Perfect conditional

sarei consistito (-a)	saremmo consistiti (-e)
saresti consistito (-a)	sareste consistiti (-e)
sarebbe consistito (-a)	sarebbero consistiti (-e)

Congiuntivo passato · Perfect subjunctive

sia consistito (-a)	siamo consistiti (-e)
sia consistito (-a)	siate consistiti (-e)
sia consistito (-a)	siano consistiti (-e)

Congiuntivo trapassato · Past perfect subjunctive

fossi consistito (-a)	fossimo consistiti (-e)
fossi consistito (-a)	foste consistiti (-e)
fosse consistito (-a)	fossero consistiti (-e)

Usage

L'oggetto che stai guardando consiste di tre parti.	*The object you're looking at consists of three parts.*
La nuova edizione del dizionario consiste di quattro volumi.	*The new edition of the dictionary is in four volumes.*
Il mio nuovo appartamento consiste di due camere, una cucina e un bagno.	*My new apartment comprises two bedrooms, a kitchen, and a bathroom.*
In che cosa consisteva il tuo lavoro?	*What did your work entail?*
Il suo talento commerciale è sempre consistito nel conoscere tutti i suoi clienti personalmente.	*His commercial talent has always been based on knowing all his clients personally.*
Pare che il problema consista nella loro inabilità di comunicare efficacemente.	*The problem apparently lies in their inability to communicate effectively.*

regular -are verb;
trans./intrans. (aux. *avere*)

conto · contai · contato

Presente · Present

conto	contiamo
conti	contate
conta	contano

Imperfetto · Imperfect

contavo	contavamo
contavi	contavate
contava	contavano

Passato remoto · Preterit

contai	contammo
contasti	contaste
contò	contarono

Futuro semplice · Future

conterò	conteremo
conterai	conterete
conterà	conteranno

Condizionale presente · Present conditional

conterei	conteremmo
conteresti	contereste
conterebbe	conterebbero

Congiuntivo presente · Present subjunctive

conti	contiamo
conti	contiate
conti	contino

Congiuntivo imperfetto · Imperfect subjunctive

contassi	contassimo
contassi	contaste
contasse	contassero

Passato prossimo · Present perfect

ho contato	abbiamo contato
hai contato	avete contato
ha contato	hanno contato

Trapassato prossimo · Past perfect

avevo contato	avevamo contato
avevi contato	avevate contato
aveva contato	avevano contato

Trapassato remoto · Preterit perfect

ebbi contato	avemmo contato
avesti contato	aveste contato
ebbe contato	ebbero contato

Futuro anteriore · Future perfect

avrò contato	avremo contato
avrai contato	avrete contato
avrà contato	avranno contato

Condizionale passato · Perfect conditional

avrei contato	avremmo contato
avresti contato	avreste contato
avrebbe contato	avrebbero contato

Congiuntivo passato · Perfect subjunctive

abbia contato	abbiamo contato
abbia contato	abbiate contato
abbia contato	abbiano contato

Congiuntivo trapassato · Past perfect subjunctive

avessi contato	avessimo contato
avessi contato	aveste contato
avesse contato	avessero contato

Imperativo · Commands

	(non) contiamo
conta (non contare)	(non) contate
(non) conti	(non) contino

Participio passato · Past participle   contato (-a/-i/-e)

Gerundio · Gerund   contando

Usage

La maestra ha contato gli allievi presenti.	*The teacher counted the students present.*
La piccola Elena sa già contare da uno a dieci.	*Little Elena can already count from one to ten.*
Non contando il vino, abbiamo speso 150 euro per il cibo.	*Not including the wine, we spent 150 euros on food.*
Non contiamo le ore di viaggio.	*Let's not take into account the hours for traveling.*
Non conta che noi abbiamo lavorato più di due settimane per preparare la festa?	*Doesn't it matter that we worked for over two weeks to organize the party?*
Franco, conto su di te per fare le fotocopie.	*Franco, I'm relying on you to make the photocopies.*
Contavamo di partire ieri per le vacanze.	*We intended to leave on vacation yesterday.*

contarsi *to consider oneself*

I Giuliani si contavano tra la classe dirigente della città.	*The Giuliani family considered itself part of the city's ruling class.*

contenere *to contain, hold; hold back, curb; limit*

contengo · contenni · contenuto

irregular -*ēre* verb;
trans. (aux. *avere*)

Presente · Present

contengo	conteniamo
contieni	contenete
contiene	contengono

Imperfetto · Imperfect

contenevo	contenevamo
contenevi	contenevate
conteneva	contenevano

Passato remoto · Preterit

contenni	contenemmo
contenesti	conteneste
contenne	contennero

Futuro semplice · Future

conterrò	conterremo
conterrai	conterrete
conterrà	conterranno

Condizionale presente · Present conditional

conterrei	conterremmo
conterresti	conterreste
conterrebbe	conterrebbero

Congiuntivo presente · Present subjunctive

contenga	conteniamo
contenga	conteniate
contenga	contengano

Congiuntivo imperfetto · Imperfect subjunctive

contenessi	contenessimo
contenessi	conteneste
contenesse	contenessero

Passato prossimo · Present perfect

ho contenuto	abbiamo contenuto
hai contenuto	avete contenuto
ha contenuto	hanno contenuto

Trapassato prossimo · Past perfect

avevo contenuto	avevamo contenuto
avevi contenuto	avevate contenuto
aveva contenuto	avevano contenuto

Trapassato remoto · Preterit perfect

ebbi contenuto	avemmo contenuto
avesti contenuto	aveste contenuto
ebbe contenuto	ebbero contenuto

Futuro anteriore · Future perfect

avrò contenuto	avremo contenuto
avrai contenuto	avrete contenuto
avrà contenuto	avranno contenuto

Condizionale passato · Perfect conditional

avrei contenuto	avremmo contenuto
avresti contenuto	avreste contenuto
avrebbe contenuto	avrebbero contenuto

Congiuntivo passato · Perfect subjunctive

abbia contenuto	abbiamo contenuto
abbia contenuto	abbiate contenuto
abbia contenuto	abbiano contenuto

Congiuntivo trapassato · Past perfect subjunctive

avessi contenuto	avessimo contenuto
avessi contenuto	aveste contenuto
avesse contenuto	avessero contenuto

Imperativo · Commands

	(non) conteniamo
contieni (non contenere)	(non) contenete
(non) contenga	(non) contengano

Participio passato · Past participle	contenuto (-a/-i/-e)
Gerundio · Gerund	contenendo

Usage

Questa bottiglia contiene due litri di vino.
Una volta finito, il nuovo teatro conterrà 5.000 persone.

Anche il loro rapporto finale conteneva molti errori.
La povera ragazza non riusciva a contenere le lacrime.
Ho contenuto la mia ira benché volessi gridare.

Grazie al vaccino, si è potuto contenere la malattia.
L'aumento dei prezzi è stato contenuto a certi prodotti.

This bottle contains two liters of wine.
Once it's finished, the new theater will hold 5,000 people.

Even their final report contained many errors.
The poor girl couldn't hold back the tears.
I held my anger in check even though I wanted to shout.

Thanks to the vaccine, the disease was contained.
The price increase has been limited to certain products.

contenersi *to restrain/control oneself; limit oneself; behave*

È un uomo che non è capace di contenersi nel bere.
Si sono contenuti.

He's a man who can't control his drinking.
They restrained themselves.

regular *-are* verb;
trans. (aux. *avere*)/intrans./impers. (aux. *avere* or *essere*)

continuo · continuai · continuato

NOTE *Continuare* is conjugated here with *avere*; when used intransitively, it is conjugated with *avere* if the subject is a person and with *avere* or *essere* if the subject is not a person.

Presente · Present

continuo	continuiamo/continuamo
continui	continuate
continua	continuano

Imperfetto · Imperfect

continuavo	continuavamo
continuavi	continuavate
continuava	continuavano

Passato remoto · Preterit

continuai	continuammo
continuasti	continuaste
continuò	continuarono

Futuro semplice · Future

continuerò	continueremo
continuerai	continuerete
continuerà	continueranno

Condizionale presente · Present conditional

continuerei	continueremmo
continueresti	continuereste
continuerebbe	continuerebbero

Congiuntivo presente · Present subjunctive

continui	continuiamo
continui	continuiate
continui	continuino

Congiuntivo imperfetto · Imperfect subjunctive

continuassi	continuassimo
continuassi	continuaste
continuasse	continuassero

Passato prossimo · Present perfect

ho continuato	abbiamo continuato
hai continuato	avete continuato
ha continuato	hanno continuato

Trapassato prossimo · Past perfect

avevo continuato	avevamo continuato
avevi continuato	avevate continuato
aveva continuato	avevano continuato

Trapassato remoto · Preterit perfect

ebbi continuato	avemmo continuato
avesti continuato	aveste continuato
ebbe continuato	ebbero continuato

Futuro anteriore · Future perfect

avrò continuato	avremo continuato
avrai continuato	avrete continuato
avrà continuato	avranno continuato

Condizionale passato · Perfect conditional

avrei continuato	avremmo continuato
avresti continuato	avreste continuato
avrebbe continuato	avrebbero continuato

Congiuntivo passato · Perfect subjunctive

abbia continuato	abbiamo continuato
abbia continuato	abbiate continuato
abbia continuato	abbiano continuato

Congiuntivo trapassato · Past perfect subjunctive

avessi continuato	avessimo continuato
avessi continuato	aveste continuato
avesse continuato	avessero continuato

Imperativo · Commands

	(non) continuiamo/continuamo
continua (non continuare)	(non) continuate
(non) continui	(non) continuino

Participio passato · Past participle   continuato (-a/-i/-e)
Gerundio · Gerund   continuando

Usage

Abbiamo continuato il viaggio senza di lei.	*We continued our trip without her.*
Continuerà a lavorare fino a tardi la sera.	*She will continue working until late at night.*
Se continua a nevicare, dovremo cancellare la festa.	*If it continues to snow, we will have to cancel the party.*
Continuerei gli studi se avessi i soldi.	*I would continue my studies if I had the money.*
I dolori sono continuati per alcuni mesi.	*The pain continued for a few months.*
Continua.	*To be continued. (a television/newspaper series)*
I bambini continuarono a parlare anche dopo il segnale.	*The children went on talking even after the signal.*
Non si può continuare così. È pazzesco!	*It can't go on like this. It's crazy!*
I nostri amici hanno continuato per la propria strada.	*Our friends went their own way.*
La strada è continuata per molti chilometri.	*The road went on for many kilometers.*

contribuire   *to contribute (to), cooperate, share (in); be good (for), help (in)*

contribuisco · contribuii · contribuito

regular -ire verb (-isc- type);
intrans. (aux. avere)

Presente · Present		Passato prossimo · Present perfect	
contribuisco	contribuiamo	ho contribuito	abbiamo contribuito
contribuisci	contribuite	hai contribuito	avete contribuito
contribuisce	contribuiscono	ha contribuito	hanno contribuito

Imperfetto · Imperfect		Trapassato prossimo · Past perfect	
contribuivo	contribuivamo	avevo contribuito	avevamo contribuito
contribuivi	contribuivate	avevi contribuito	avevate contribuito
contribuiva	contribuivano	aveva contribuito	avevano contribuito

Passato remoto · Preterit		Trapassato remoto · Preterit perfect	
contribuii	contribuimmo	ebbi contribuito	avemmo contribuito
contribuisti	contribuiste	avesti contribuito	aveste contribuito
contribuì	contribuirono	ebbe contribuito	ebbero contribuito

Futuro semplice · Future		Futuro anteriore · Future perfect	
contribuirò	contribuiremo	avrò contribuito	avremo contribuito
contribuirai	contribuirete	avrai contribuito	avrete contribuito
contribuirà	contribuiranno	avrà contribuito	avranno contribuito

Condizionale presente · Present conditional		Condizionale passato · Perfect conditional	
contribuirei	contribuiremmo	avrei contribuito	avremmo contribuito
contribuiresti	contribuireste	avresti contribuito	avreste contribuito
contribuirebbe	contribuirebbero	avrebbe contribuito	avrebbero contribuito

Congiuntivo presente · Present subjunctive		Congiuntivo passato · Perfect subjunctive	
contribuisca	contribuiamo	abbia contribuito	abbiamo contribuito
contribuisca	contribuiate	abbia contribuito	abbiate contribuito
contribuisca	contribuiscano	abbia contribuito	abbiano contribuito

Congiuntivo imperfetto · Imperfect subjunctive		Congiuntivo trapassato · Past perfect subjunctive	
contribuissi	contribuissimo	avessi contribuito	avessimo contribuito
contribuissi	contribuiste	avessi contribuito	aveste contribuito
contribuisse	contribuissero	avesse contribuito	avessero contribuito

Imperativo · Commands

	(non) contribuiamo
contribuisci (non contribuire)	(non) contribuite
(non) contribuisca	(non) contribuiscano

Participio passato · Past participle	contribuito (-a/-i/-e)
Gerundio · Gerund	contribuendo

Usage

Ringraziamo gli sponsor che hanno contribuito enormemente alla riuscita dell'iniziativa.

We thank the sponsors who contributed enormously to the success of this initiative.

Voglio contribuire alla realizzazione di questo viaggio fantastico.

I want to help make this fantastic trip happen.

Contribuiranno a migliorare la situazione nella nostra città.

They'll help to improve the situation in our city.

Le persone che hanno contribuito a creare questo film non erano solo colleghi, ma anche amici.

The people who helped create this movie were not only colleagues, but friends as well.

Il mio amico ha detto che avrebbe contribuito alla spesa del trasporto.

My friend said he would share in the transportation cost.

Noi possiamo contribuire con 100 euro.
   Ci puoi contare.

We're good for 100 euros. You can count on it.

regular -*are* verb;
trans. (aux. *avere*)

controllo · controllai · controllato

Presente · Present

controllo	controlliamo
controlli	controllate
controlla	controllano

Imperfetto · Imperfect

controllavo	controllavamo
controllavi	controllavate
controllava	controllavano

Passato remoto · Preterit

controllai	controllammo
controllasti	controllaste
controllò	controllarono

Futuro semplice · Future

controllerò	controlleremo
controllerai	controllerete
controllerà	controlleranno

Condizionale presente · Present conditional

controllerei	controlleremmo
controlleresti	controllereste
controllerebbe	controllerebbero

Congiuntivo presente · Present subjunctive

controlli	controlliamo
controlli	controlliate
controlli	controllino

Congiuntivo imperfetto · Imperfect subjunctive

controllassi	controllassimo
controllassi	controllaste
controllasse	controllassero

Passato prossimo · Present perfect

ho controllato	abbiamo controllato
hai controllato	avete controllato
ha controllato	hanno controllato

Trapassato prossimo · Past perfect

avevo controllato	avevamo controllato
avevi controllato	avevate controllato
aveva controllato	avevano controllato

Trapassato remoto · Preterit perfect

ebbi controllato	avemmo controllato
avesti controllato	aveste controllato
ebbe controllato	ebbero controllato

Futuro anteriore · Future perfect

avrò controllato	avremo controllato
avrai controllato	avrete controllato
avrà controllato	avranno controllato

Condizionale passato · Perfect conditional

avrei controllato	avremmo controllato
avresti controllato	avreste controllato
avrebbe controllato	avrebbero controllato

Congiuntivo passato · Perfect subjunctive

abbia controllato	abbiamo controllato
abbia controllato	abbiate controllato
abbia controllato	abbiano controllato

Congiuntivo trapassato · Past perfect subjunctive

avessi controllato	avessimo controllato
avessi controllato	aveste controllato
avesse controllato	avessero controllato

Imperativo · Commands

	(non) controlliamo
controlla (non controllare)	(non) controllate
(non) controlli	(non) controllino

Participio passato · Past participle	controllato (-a/-i/-e)
Gerundio · Gerund	controllando

Usage

La polizia sta controllando tutte le uscite dello stadio.	*The police are checking all the stadium exits.*
Il contenuto della mia valigia non è mai stato controllato.	*The contents of my suitcase were never inspected.*
Potresti controllare i bambini per un attimo?	*Could you watch the children for a moment?*
Cerca di controllare le tue parole mentre parli con i bambini.	*Try to watch your language when you're talking to the children.*
La nostra squadra ha controllato la palla per il resto della partita.	*Our team controlled the ball for the rest of the game.*
Penso che si devano controllare meglio le nostre spese.	*I think that our expenses need to be better regulated.*

controllarsi *to control oneself*

Il poliziotto si è controllato all'ultimo momento.	*The policeman controlled himself at the last moment.*

convenire to agree (on); negotiate; gather; be better (for); be necessary

convengo · convenni · convenuto

irregular -ire verb;
trans. (aux. avere)/intrans./impers. (aux. avere or essere)

NOTE *Convenire* is conjugated here with *avere*; when used intransitively, it is usually conjugated with *essere* except when it has the meaning "to agree on," in which case *avere* is used.

Presente · Present

convengo	conveniamo
convieni	convenite
conviene	convengono

Imperfetto · Imperfect

convenivo	convenivamo
convenivi	convenivate
conveniva	convenivano

Passato remoto · Preterit

convenni	convenimmo
convenisti	conveniste
convenne	convennero

Futuro semplice · Future

converrò	converremo
converrai	converrete
converrà	converranno

Condizionale presente · Present conditional

converrei	converremmo
converresti	converreste
converrebbe	converrebbero

Congiuntivo presente · Present subjunctive

convenga	conveniamo
convenga	conveniate
convenga	convengano

Congiuntivo imperfetto · Imperfect subjunctive

convenissi	convenissimo
convenissi	conveniste
convenisse	convenissero

Passato prossimo · Present perfect

ho convenuto	abbiamo convenuto
hai convenuto	avete convenuto
ha convenuto	hanno convenuto

Trapassato prossimo · Past perfect

avevo convenuto	avevamo convenuto
avevi convenuto	avevate convenuto
aveva convenuto	avevano convenuto

Trapassato remoto · Preterit perfect

ebbi convenuto	avemmo convenuto
avesti convenuto	aveste convenuto
ebbe convenuto	ebbero convenuto

Futuro anteriore · Future perfect

avrò convenuto	avremo convenuto
avrai convenuto	avrete convenuto
avrà convenuto	avranno convenuto

Condizionale passato · Perfect conditional

avrei convenuto	avremmo convenuto
avresti convenuto	avreste convenuto
avrebbe convenuto	avrebbero convenuto

Congiuntivo passato · Perfect subjunctive

abbia convenuto	abbiamo convenuto
abbia convenuto	abbiate convenuto
abbia convenuto	abbiano convenuto

Congiuntivo trapassato · Past perfect subjunctive

avessi convenuto	avessimo convenuto
avessi convenuto	aveste convenuto
avesse convenuto	avessero convenuto

Imperativo · Commands

	(non) conveniamo
convieni (non convenire)	(non) convenite
(non) convenga	(non) convengano

Participio passato · Past participle   convenuto (-a/-i/-e)

Gerundio · Gerund   convenendo

Usage

Abbiamo convenuto su Dario come candidato.
Abbiamo convenuto una spesa accettabile per tutte le persone coinvolte.
I miei colleghi converranno che è un'ottima idea.
I tifosi sono convenuti qui da molti paesi.
Ti sarebbe convenuto tornare al negozio per chiedere se avessero trovato le tue chiavi.
Carletto e Gianni, non vi conviene dire delle bugie ai vostri genitori.

We agreed on Dario as a candidate.
We've negotiated an acceptable charge for everybody involved.
My colleagues will agree that it's an excellent idea.
The fans have gathered here from many countries.
You should have returned to the shop to see if they had found your keys.
Carletto and Gianni, you'd better not tell any lies to your parents.

convenirsi to suit, befit

Il clima mediterraneo si conviene a quasi tutti.

The Mediterranean climate suits almost everyone.

regular *-ire* verb;
trans. (aux. *avere*)

converto · convertii/conversi · convertito

Presente · Present

converto	convertiamo
converti	convertite
converte	convertono

Imperfetto · Imperfect

convertivo	convertivamo
convertivi	convertivate
convertiva	convertivano

Passato remoto · Preterit

convertii/conversi	convertimmo
convertisti	convertiste
convertì/converse	convertirono/conversero

Futuro semplice · Future

convertirò	convertiremo
convertirai	convertirete
convertirà	convertiranno

Condizionale presente · Present conditional

convertirei	convertiremmo
convertiresti	convertireste
convertirebbe	convertirebbero

Congiuntivo presente · Present subjunctive

converta	convertiamo
converta	convertiate
converta	convertano

Congiuntivo imperfetto · Imperfect subjunctive

convertissi	convertissimo
convertissi	convertiste
convertisse	convertissero

Imperativo · Commands

	(non) convertiamo
converti (non convertire)	(non) convertite
(non) converta	(non) convertano

Participio passato · Past participle	convertito (-a/-i/-e)
Gerundio · Gerund	convertendo

Passato prossimo · Present perfect

ho convertito	abbiamo convertito
hai convertito	avete convertito
ha convertito	hanno convertito

Trapassato prossimo · Past perfect

avevo convertito	avevamo convertito
avevi convertito	avevate convertito
aveva convertito	avevano convertito

Trapassato remoto · Preterit perfect

ebbi convertito	avemmo convertito
avesti convertito	aveste convertito
ebbe convertito	ebbero convertito

Futuro anteriore · Future perfect

avrò convertito	avremo convertito
avrai convertito	avrete convertito
avrà convertito	avranno convertito

Condizionale passato · Perfect conditional

avrei convertito	avremmo convertito
avresti convertito	avreste convertito
avrebbe convertito	avrebbero convertito

Congiuntivo passato · Perfect subjunctive

abbia convertito	abbiamo convertito
abbia convertito	abbiate convertito
abbia convertito	abbiano convertito

Congiuntivo trapassato · Past perfect subjunctive

avessi convertito	avessimo convertito
avessi convertito	aveste convertito
avesse convertito	avessero convertito

Usage

Hanno provato a convertirti al protestantesimo
  prima di lasciarti sposare il tuo fidanzato?
Avevano convertito migliaia di persone alla loro
  ideologia rivoluzionaria.
Come si può convertire il vapore in acqua?
Vorrei convertire un milione di euro in dollari al più
  presto possibile.
— Avete demolito la vecchia fabbrica?
— No, l'abbiamo convertita in un centro commerciale.

Did they try to convert you to Protestantism
  before they allowed you to marry your fiancé?
They had converted thousands of people to their
  revolutionary ideology.
How does one convert steam to water?
I would like to change one million euros into
  dollars as soon as possible.
"Did you demolish the old plant?"
"No, we turned it into a shopping center."

convertirsi *to convert; turn into, become*

Il prete cattolico si convertì al giudaismo nel 1976.
Quando è uscito dalla prigione, ha promesso
  di convertirsi a una vita migliore.

The Catholic priest converted to Judaism in 1976.
When he got out of prison, he promised to turn
  his life around.

convincere · *to convince, persuade*

convinco · convinsi · convinto

irregular *-ere* verb;
trans. (aux. *avere*)

Presente · Present		Passato prossimo · Present perfect	
convinco	convinciamo	ho convinto	abbiamo convinto
convinci	convincete	hai convinto	avete convinto
convince	convincono	ha convinto	hanno convinto

Imperfetto · Imperfect		Trapassato prossimo · Past perfect	
convincevo	convincevamo	avevo convinto	avevamo convinto
convincevi	convincevate	avevi convinto	avevate convinto
convinceva	convincevano	aveva convinto	avevano convinto

Passato remoto · Preterit		Trapassato remoto · Preterit perfect	
convinsi	convincemmo	ebbi convinto	avemmo convinto
convincesti	convinceste	avesti convinto	aveste convinto
convinse	convinsero	ebbe convinto	ebbero convinto

Futuro semplice · Future		Futuro anteriore · Future perfect	
convincerò	convinceremo	avrò convinto	avremo convinto
convincerai	convincerete	avrai convinto	avrete convinto
convincerà	convinceranno	avrà convinto	avranno convinto

Condizionale presente · Present conditional		Condizionale passato · Perfect conditional	
convincerei	convinceremmo	avrei convinto	avremmo convinto
convinceresti	convincereste	avresti convinto	avreste convinto
convincerebbe	convincerebbero	avrebbe convinto	avrebbero convinto

Congiuntivo presente · Present subjunctive		Congiuntivo passato · Perfect subjunctive	
convinca	convinciamo	abbia convinto	abbiamo convinto
convinca	convinciate	abbia convinto	abbiate convinto
convinca	convincano	abbia convinto	abbiano convinto

Congiuntivo imperfetto · Imperfect subjunctive		Congiuntivo trapassato · Past perfect subjunctive	
convincessi	convincessimo	avessi convinto	avessimo convinto
convincessi	convinceste	avessi convinto	aveste convinto
convincesse	convincessero	avesse convinto	avessero convinto

Imperativo · Commands	
	(non) convinciamo
convinci (non convincere)	(non) convincete
(non) convinca	(non) convincano

Participio passato · Past participle   convinto (-a/-i/-e)

Gerundio · Gerund   convincendo

Usage

Mi convinse che aveva ragione lui con alcuni argomenti irrefutabili.

Ci aveva convinto che comprare quella casa sarebbe stato un buon affare.

— Ti ha convinto a partire subito?

— No, sono rimasto a casa fino all'indomani.

La convincerà che lui ha ragione e lei ha torto.

Quell'uomo non mi convince. Non mi assocerei con lui se io fossi in te.

He convinced me he was right by offering some irrefutable arguments.

He had persuaded us that buying that house would be a good deal.

"Did he persuade you to leave at once?"

"No, I stayed at home until the next day."

He'll convince her that he's right and she's wrong.

I don't trust that man. I wouldn't associate with him if I were you.

convincersi *to be convinced; convince oneself*

Mi sono convinta della sincerità della mia amica.

I'm convinced of my friend's sincerity.

irregular *-ire* verb;
trans. (aux. *avere*)

copro · coprii/copersi · coperto

Presente · Present

copro	copriamo
copri	coprite
copre	coprono

Imperfetto · Imperfect

coprivo	coprivamo
coprivi	coprivate
copriva	coprivano

Passato remoto · Preterit

coprii/copersi	coprimmo
copristi	copriste
coprì/coperse	coprirono/copersero

Futuro semplice · Future

coprirò	copriremo
coprirai	coprirete
coprirà	copriranno

Condizionale presente · Present conditional

coprirei	copriremmo
copriresti	coprireste
coprirebbe	coprirebbero

Congiuntivo presente · Present subjunctive

copra	copriamo
copra	copriate
copra	coprano

Congiuntivo imperfetto · Imperfect subjunctive

coprissi	coprissimo
coprissi	copriste
coprisse	coprissero

Imperativo · Commands

	(non) copriamo
copri (non coprire)	(non) coprite
(non) copra	(non) coprano

Passato prossimo · Present perfect

ho coperto	abbiamo coperto
hai coperto	avete coperto
ha coperto	hanno coperto

Trapassato prossimo · Past perfect

avevo coperto	avevamo coperto
avevi coperto	avevate coperto
aveva coperto	avevano coperto

Trapassato remoto · Preterit perfect

ebbi coperto	avemmo coperto
avesti coperto	aveste coperto
ebbe coperto	ebbero coperto

Futuro anteriore · Future perfect

avrò coperto	avremo coperto
avrai coperto	avrete coperto
avrà coperto	avranno coperto

Condizionale passato · Perfect conditional

avrei coperto	avremmo coperto
avresti coperto	avreste coperto
avrebbe coperto	avrebbero coperto

Congiuntivo passato · Perfect subjunctive

abbia coperto	abbiamo coperto
abbia coperto	abbiate coperto
abbia coperto	abbiano coperto

Congiuntivo trapassato · Past perfect subjunctive

avessi coperto	avessimo coperto
avessi coperto	aveste coperto
avesse coperto	avessero coperto

Participio passato · Past participle   coperto (-a/-i/-e)

Gerundio · Gerund   coprendo

Usage

Copra la pentola e faccia cuocere a fuoco lento per un'ora e mezzo.	*Cover the pot and let simmer for one and a half hours.*
Aveva coperto le sue malefatte per tanti anni, ma ad un tratto ha raccontato tutto.	*He had hidden his misdeeds for so many years, but all of a sudden he revealed everything.*
Come si può coprire il rumore del traffico?	*How can we drown out the traffic noise?*
La mamma coprì il bambino di baci.	*The mother smothered the child with kisses.*
L'hanno coperta di complimenti gentilissimi.	*They showered her with the kindest compliments.*
Nessuno ha potuto coprire il vuoto lasciato dalla sparizione di sua moglie.	*Nobody could fill the emptiness left by the disappearance of his wife.*

coprirsi *to be covered (in/with); wrap oneself up, dress; cloud over; guard* (sports)

Pensando che facesse freddissimo, mi sono coperto troppo.	*Thinking it was very cold, I dressed too warmly.*
Il cielo si coprì completamente e cominciò a nevicare.	*It clouded over completely and started to snow.*

correggere · *to correct, rectify; grade* (an exam); *proofread; punish; flavor*

correggo · corressi · corretto

irregular *-ere* verb;
trans. (aux. *avere*)

Presente · Present		Passato prossimo · Present perfect	
correggo	correggiamo	ho corretto	abbiamo corretto
correggi	correggete	hai corretto	avete corretto
corregge	correggono	ha corretto	hanno corretto

Imperfetto · Imperfect		Trapassato prossimo · Past perfect	
correggevo	correggevamo	avevo corretto	avevamo corretto
correggevi	correggevate	avevi corretto	avevate corretto
correggeva	correggevano	aveva corretto	avevano corretto

Passato remoto · Preterit		Trapassato remoto · Preterit perfect	
corressi	correggemmo	ebbi corretto	avemmo corretto
correggesti	correggeste	avesti corretto	aveste corretto
corresse	corressero	ebbe corretto	ebbero corretto

Futuro semplice · Future		Futuro anteriore · Future perfect	
correggerò	correggeremo	avrò corretto	avremo corretto
correggerai	correggerete	avrai corretto	avrete corretto
correggerà	correggeranno	avrà corretto	avranno corretto

Condizionale presente · Present conditional		Condizionale passato · Perfect conditional	
correggerei	correggeremmo	avrei corretto	avremmo corretto
correggeresti	correggereste	avresti corretto	avreste corretto
correggerebbe	correggerebbero	avrebbe corretto	avrebbero corretto

Congiuntivo presente · Present subjunctive		Congiuntivo passato · Perfect subjunctive	
corregga	correggiamo	abbia corretto	abbiamo corretto
corregga	correggiate	abbia corretto	abbiate corretto
corregga	correggano	abbia corretto	abbiano corretto

Congiuntivo imperfetto · Imperfect subjunctive		Congiuntivo trapassato · Past perfect subjunctive	
correggessi	correggessimo	avessi corretto	avessimo corretto
correggessi	correggeste	avessi corretto	aveste corretto
correggesse	correggessero	avesse corretto	avessero corretto

Imperativo · Commands	
	(non) correggiamo
correggi (non correggere)	(non) correggete
(non) corregga	(non) correggano

Participio passato · Past participle	corretto (-a/-i/-e)
Gerundio · Gerund	correggendo

Usage

Si è corretto l'errore nella prima edizione del libro.	*The mistake in the first edition of the book is corrected.*
Gli abusi di potere commessi nel passato saranno corretti.	*The abuses of power committed in the past will be rectified.*
Il professore avrà corretto gli esami entro domani.	*The professor will have graded the exams by tomorrow.*
Mi aiuteresti a correggere questo articolo?	*Could you help me proofread this article?*
Secondo lui i giovani delinquenti vanno corretti severamente.	*According to him, young criminals should be punished severely.*
Correggiamo il caffè con un po' di grappa.	*Let's flavor the coffee with some brandy.*

correggersi *to correct oneself; get rid of; mend one's ways, reform*

Mi sono sbagliata, ma mi sono subito corretta.	*I made a mistake, but I corrected myself immediately.*
Spero che si sia corretta della sua brutta abitudine di fumare in ufficio.	*I hope she got rid of her nasty habit of smoking in the office.*
Mia sorella ha provato a correggersi.	*My sister tried to mend her ways.*

irregular -*ere* verb;
intrans. (aux. *avere* or *essere*)/trans. (aux. *avere*)

corro · corsi · corso

NOTE *Correre* is conjugated here with *avere*; when used intransitively, it may be conjugated with *avere* or *essere*—see p. 21 for details.

Presente · Present

corro	corriamo
corri	correte
corre	corrono

Passato prossimo · Present perfect

ho corso	abbiamo corso
hai corso	avete corso
ha corso	hanno corso

Imperfetto · Imperfect

correvo	correvamo
correvi	correvate
correva	correvano

Trapassato prossimo · Past perfect

avevo corso	avevamo corso
avevi corso	avevate corso
aveva corso	avevano corso

Passato remoto · Preterit

corsi	corremmo
corresti	correste
corse	corsero

Trapassato remoto · Preterit perfect

ebbi corso	avemmo corso
avesti corso	aveste corso
ebbe corso	ebbero corso

Futuro semplice · Future

correrò	correremo
correrai	correrete
correrà	correranno

Futuro anteriore · Future perfect

avrò corso	avremo corso
avrai corso	avrete corso
avrà corso	avranno corso

Condizionale presente · Present conditional

correrei	correremmo
correresti	correreste
correrebbe	correrebbero

Condizionale passato · Perfect conditional

avrei corso	avremmo corso
avresti corso	avreste corso
avrebbe corso	avrebbero corso

Congiuntivo presente · Present subjunctive

corra	corriamo
corra	corriate
corra	corrano

Congiuntivo passato · Perfect subjunctive

abbia corso	abbiamo corso
abbia corso	abbiate corso
abbia corso	abbiano corso

Congiuntivo imperfetto · Imperfect subjunctive

corressi	corressimo
corressi	correste
corresse	corressero

Congiuntivo trapassato · Past perfect subjunctive

avessi corso	avessimo corso
avessi corso	aveste corso
avesse corso	avessero corso

Imperativo · Commands

	(non) corriamo
corri (non correre)	(non) correte
(non) corra	(non) corrano

Participio passato · Past participle   corso (-a/-i/-e)

Gerundio · Gerund   correndo

Usage

Mia figlia corre come il vento.	*My daughter can run like the wind.*
Il pilota ha corso per la Ferrari dal 1995 al 1999.	*The pilot raced for Ferrari from 1995 to 1999.*
I pompieri sono corsi al luogo dell'incendio.	*The firemen hurried to the scene of the fire.*
Il ladro è corso verso l'uscita del parco.	*The thief ran toward the park exit.*
Mio zio ha corso la maratona di New York.	*My uncle ran in the New York marathon.*
L'altra macchina correva a 140 km l'ora.	*The other car was traveling 140 kilometers an hour.*
Il tempo corre sempre troppo velocemente.	*Time always goes by too fast.*
Corri! Perderemo il treno.	*Hurry! We'll miss the train.*
Correva la notizia che si era sposata la diva.	*Gossip that the diva had gotten married was spreading.*
Quel tipo correva sempre dietro alle donne.	*That guy was always chasing women.*
Penso che abbia corso il giro d'Italia quattro volte.	*I think he competed four times in the Giro d'Italia.*
Il loro sangue corre nelle mie vene.	*Their blood runs in my veins.*

corrispondere

to correspond/agree (with); coincide; fulfill; pay; return

corrispondo · corrisposi · corrisposto

irregular -ere verb;
trans./intrans. (aux. avere)

Presente · Present

corrispondo	corrispondiamo
corrispondi	corrispondete
corrisponde	corrispondono

Imperfetto · Imperfect

corrispondevo	corrispondevamo
corrispondevi	corrispondevate
corrispondeva	corrispondevano

Passato remoto · Preterit

corrisposi	corrispondemmo
corrispondesti	corrispondeste
corrispose	corrisposero

Futuro semplice · Future

corrisponderò	corrisponderemo
corrisponderai	corrisponderete
corrisponderà	corrisponderanno

Condizionale presente · Present conditional

corrisponderei	corrisponderemmo
corrisponderesti	corrispondereste
corrisponderebbe	corrisponderebbero

Congiuntivo presente · Present subjunctive

corrisponda	corrispondiamo
corrisponda	corrispondiate
corrisponda	corrispondano

Congiuntivo imperfetto · Imperfect subjunctive

corrispondessi	corrispondessimo
corrispondessi	corrispondeste
corrispondesse	corrispondessero

Passato prossimo · Present perfect

ho corrisposto	abbiamo corrisposto
hai corrisposto	avete corrisposto
ha corrisposto	hanno corrisposto

Trapassato prossimo · Past perfect

avevo corrisposto	avevamo corrisposto
avevi corrisposto	avevate corrisposto
aveva corrisposto	avevano corrisposto

Trapassato remoto · Preterit perfect

ebbi corrisposto	avemmo corrisposto
avesti corrisposto	aveste corrisposto
ebbe corrisposto	ebbero corrisposto

Futuro anteriore · Future perfect

avrò corrisposto	avremo corrisposto
avrai corrisposto	avrete corrisposto
avrà corrisposto	avranno corrisposto

Condizionale passato · Perfect conditional

avrei corrisposto	avremmo corrisposto
avresti corrisposto	avreste corrisposto
avrebbe corrisposto	avrebbero corrisposto

Congiuntivo passato · Perfect subjunctive

abbia corrisposto	abbiamo corrisposto
abbia corrisposto	abbiate corrisposto
abbia corrisposto	abbiano corrisposto

Congiuntivo trapassato · Past perfect subjunctive

avessi corrisposto	avessimo corrisposto
avessi corrisposto	aveste corrisposto
avesse corrisposto	avessero corrisposto

Imperativo · Commands

	(non) corrispondiamo
corrispondi (non corrispondere)	(non) corrispondete
(non) corrisponda	(non) corrispondano

Participio passato · Past participle   corrisposto (-a/-i/-e)

Gerundio · Gerund   corrispondendo

Usage

L'uomo corrispondeva perfettamente alla descrizione
   che se ne era stata fatta.
Quello che hanno detto non corrisponde al vero.
Un chilo corrisponde più o meno a due libbre.
Corrisponde da alcuni mesi con una ragazza in Italia.

Il mio compleanno ha corrisposto con Pasqua
   quest'anno.
Spero di corrispondere alle loro aspettative.
Raffaella era una donna straordinaria; corrispondeva
   a tutte le mie aspettative.
Il Suo stipendio è stato corrisposto il due di gennaio.
I bambini corrisponderanno sempre l'amore dei genitori.

*The man matched perfectly the description
   that was given of him.*
What they said doesn't correspond to the truth.
One kilo is more or less equivalent to two pounds.
*He's been corresponding with a girl in Italy
   for a couple of months.*
My birthday fell on Easter this year.

I hope to meet their expectations.
*Raffaella was an extraordinary woman;
   she fulfilled all my expectations.*
Your salary was paid on January 2.
Children will always return their parents' love.

regular *-are* verb;
intrans./impers. (aux. *essere*)

costo · costai · costato

Presente · Present		Passato prossimo · Present perfect	
costo	costiamo	sono costato (-a)	siamo costati (-e)
costi	costate	sei costato (-a)	siete costati (-e)
costa	costano	è costato (-a)	sono costati (-e)

Imperfetto · Imperfect		Trapassato prossimo · Past perfect	
costavo	costavamo	ero costato (-a)	eravamo costati (-e)
costavi	costavate	eri costato (-a)	eravate costati (-e)
costava	costavano	era costato (-a)	erano costati (-e)

Passato remoto · Preterit		Trapassato remoto · Preterit perfect	
costai	costammo	fui costato (-a)	fummo costati (-e)
costasti	costaste	fosti costato (-a)	foste costati (-e)
costò	costarono	fu costato (-a)	furono costati (-e)

Futuro semplice · Future		Futuro anteriore · Future perfect	
costerò	costeremo	sarò costato (-a)	saremo costati (-e)
costerai	costerete	sarai costato (-a)	sarete costati (-e)
costerà	costeranno	sarà costato (-a)	saranno costati (-e)

Condizionale presente · Present conditional		Condizionale passato · Perfect conditional	
costerei	costeremmo	sarei costato (-a)	saremmo costati (-e)
costeresti	costereste	saresti costato (-a)	sareste costati (-e)
costerebbe	costerebbero	sarebbe costato (-a)	sarebbero costati (-e)

Congiuntivo presente · Present subjunctive		Congiuntivo passato · Perfect subjunctive	
costi	costiamo	sia costato (-a)	siamo costati (-e)
costi	costiate	sia costato (-a)	siate costati (-e)
costi	costino	sia costato (-a)	siano costati (-e)

Congiuntivo imperfetto · Imperfect subjunctive		Congiuntivo trapassato · Past perfect subjunctive	
costassi	costassimo	fossi costato (-a)	fossimo costati (-e)
costassi	costaste	fossi costato (-a)	foste costati (-e)
costasse	costassero	fosse costato (-a)	fossero costati (-e)

Imperativo · Commands	
	(non) costiamo
costa (non costare)	(non) costate
(non) costi	(non) costino

Participio passato · Past participle   costato (-a/-i/-e)

Gerundio · Gerund   costando

Usage

— Quanto costano le carote?	*"How much are the carrots?"*
— Oggi costano poco, signora, un euro al chilo.	*"Today they're cheap, madam: one euro a kilo."*
— Quanto ti è costata la macchina?	*"How much did your car cost?"*
— Mi è costata un occhio della testa.	*"It cost me an arm and a leg."*
— Costa cara quella collana?	*"Is that necklace expensive?"*
— Sì, costa un sacco.	*"Yes, it's worth a fortune."*
Ci costerà mesi di lavoro ricostruire l'edificio demolito.	*It will take us months of work to rebuild the demolished building.*
Quell'errore gli costerà caro.	*That mistake will cost him dearly.*
Che cosa ti costa essere gentile?	*Why is it so difficult for you to be nice?*
Costi quel che costi, l'anno prossimo andremo a trovare i nostri parenti in America.	*No matter what it takes, next year we're going to visit our relatives in America.*
La casa, la macchina, le vacanze... oggi la vita costa.	*The house, the car, the vacations . . . life's expensive nowadays.*

costringere *to force, compel*

costringo · costrinsi · costretto

irregular *-ere* verb;
trans. (aux. *avere*)

Presente · Present		Passato prossimo · Present perfect	
costringo	costringiamo	ho costretto	abbiamo costretto
costringi	costringete	hai costretto	avete costretto
costringe	costringono	ha costretto	hanno costretto

Imperfetto · Imperfect		Trapassato prossimo · Past perfect	
costringevo	costringevamo	avevo costretto	avevamo costretto
costringevi	costringevate	avevi costretto	avevate costretto
costringeva	costringevano	aveva costretto	avevano costretto

Passato remoto · Preterit		Trapassato remoto · Preterit perfect	
costrinsi	costringemmo	ebbi costretto	avemmo costretto
costringesti	costringeste	avesti costretto	aveste costretto
costrinse	costrinsero	ebbe costretto	ebbero costretto

Futuro semplice · Future		Futuro anteriore · Future perfect	
costringerò	costringeremo	avrò costretto	avremo costretto
costringerai	costringerete	avrai costretto	avrete costretto
costringerà	costringeranno	avrà costretto	avranno costretto

Condizionale presente · Present conditional		Condizionale passato · Perfect conditional	
costringerei	costringeremmo	avrei costretto	avremmo costretto
costringeresti	costringereste	avresti costretto	avreste costretto
costringerebbe	costringerebbero	avrebbe costretto	avrebbero costretto

Congiuntivo presente · Present subjunctive		Congiuntivo passato · Perfect subjunctive	
costringa	costringiamo	abbia costretto	abbiamo costretto
costringa	costringiate	abbia costretto	abbiate costretto
costringa	costringano	abbia costretto	abbiano costretto

Congiuntivo imperfetto · Imperfect subjunctive		Congiuntivo trapassato · Past perfect subjunctive	
costringessi	costringessimo	avessi costretto	avessimo costretto
costringessi	costringeste	avessi costretto	aveste costretto
costringesse	costringessero	avesse costretto	avessero costretto

Imperativo · Commands	
	(non) costringiamo
costringi (non costringere)	(non) costringete
(non) costringa	(non) costringano

Participio passato · Past participle	costretto (-a/-i/-e)
Gerundio · Gerund	costringendo

Usage

Costringono Antonio a mangiare le verdure.
Non voleva andarci, ma lo costrinsero con le minacce.

Quando non gli ho dato i soldi, mi hanno costretto a forza.
Ho paura che la costringeranno a un lavoro senza senso.
Hanno costretto Minerva a mentire a proposito degli avvenimenti.
È stata costretta a dare le dimissioni a causa della malattia.
Dopo l'incidente con la bicicletta, è stato costretto su una sedia a rotelle.

They're forcing Antonio to eat vegetables.
He didn't want to go, but they forced him to with threats.
When I didn't give them the money, they forced me to.
I'm afraid they'll force her into a meaningless job.
They forced Minerva to lie about the events.

She was compelled by illness to quit her job.

After the bicycle accident he was confined to a wheelchair.

regular -ire verb (-isc- type);
trans. (aux. avere)

costruisco · costruii/costrussi · costruito

NOTE *Costruire has a rare past participle costrutto.*

Presente · Present

costruisco	costruiamo
costruisci	costruite
costruisce	costruiscono

Imperfetto · Imperfect

costruivo	costruivamo
costruivi	costruivate
costruiva	costruivano

Passato remoto · Preterit

costruii/costrussi	costruimmo
costruisti	costruiste
costruì/costrusse	costruirono/costrussero

Futuro semplice · Future

costruirò	costruiremo
costruirai	costruirete
costruirà	costruiranno

Condizionale presente · Present conditional

costruirei	costruiremmo
costruiresti	costruireste
costruirebbe	costruirebbero

Congiuntivo presente · Present subjunctive

costruisca	costruiamo
costruisca	costruiate
costruisca	costruiscano

Congiuntivo imperfetto · Imperfect subjunctive

costruissi	costruissimo
costruissi	costruiste
costruisse	costruissero

Passato prossimo · Present perfect

ho costruito	abbiamo costruito
hai costruito	avete costruito
ha costruito	hanno costruito

Trapassato prossimo · Past perfect

avevo costruito	avevamo costruito
avevi costruito	avevate costruito
aveva costruito	avevano costruito

Trapassato remoto · Preterit perfect

ebbi costruito	avemmo costruito
avesti costruito	aveste costruito
ebbe costruito	ebbero costruito

Futuro anteriore · Future perfect

avrò costruito	avremo costruito
avrai costruito	avrete costruito
avrà costruito	avranno costruito

Condizionale passato · Perfect conditional

avrei costruito	avremmo costruito
avresti costruito	avreste costruito
avrebbe costruito	avrebbero costruito

Congiuntivo passato · Perfect subjunctive

abbia costruito	abbiamo costruito
abbia costruito	abbiate costruito
abbia costruito	abbiano costruito

Congiuntivo trapassato · Past perfect subjunctive

avessi costruito	avessimo costruito
avessi costruito	aveste costruito
avesse costruito	avessero costruito

Imperativo · Commands

	(non) costruiamo
costruisci (non costruire)	(non) costruite
(non) costruisca	(non) costruiscano

Participio passato · Past participle   costruito (-a/-i/-e)

Gerundio · Gerund   costruendo

Usage

Mio nonno ha costruito tutti i mobili a casa sua con le proprie mani.	*My grandfather built all the furniture in his house with his own hands.*
Si costruiranno venti nuove case in questo quartiere.	*Twenty new houses will be going up in this neighborhood.*
Non si possono più costruire edifici commerciali in questa zona.	*Putting up commercial buildings isn't permitted in this area anymore.*
Sta costruendo una specie di teoria pazzesca, secondo me.	*He's constructing some crazy kind of theory, as I see it.*
L'autrice costruì la trama del romanzo durante un viaggio in treno.	*The author worked out the plot for the novel on a train trip.*
Questa frase si costruisce con il congiuntivo.	*This sentence is formed with the subjunctive.*
L'altra squadra ha costruito un'azione difensiva molto forte.	*The other team organized a very strong defensive action.*

creare *to create, produce; form, set up; appoint*

creo · creai · creato

regular -*are* verb;
trans. (aux. *avere*)

Presente · Present

creo	creiamo/creamo
crei	create
crea	creano

Imperfetto · Imperfect

creavo	creavamo
creavi	creavate
creava	creavano

Passato remoto · Preterit

creai	creammo
creasti	creaste
creò	crearono

Futuro semplice · Future

creerò	creeremo
creerai	creerete
creerà	creeranno

Condizionale presente · Present conditional

creerei	creeremmo
creeresti	creereste
creerebbe	creerebbero

Congiuntivo presente · Present subjunctive

crei	creiamo
crei	creiate
crei	creino

Congiuntivo imperfetto · Imperfect subjunctive

creassi	creassimo
creassi	creaste
creasse	creassero

Imperativo · Commands

	(non) creiamo
crea (non creare)	(non) create
(non) crei	(non) creino

Passato prossimo · Present perfect

ho creato	abbiamo creato
hai creato	avete creato
ha creato	hanno creato

Trapassato prossimo · Past perfect

avevo creato	avevamo creato
avevi creato	avevate creato
aveva creato	avevano creato

Trapassato remoto · Preterit perfect

ebbi creato	avemmo creato
avesti creato	aveste creato
ebbe creato	ebbero creato

Futuro anteriore · Future perfect

avrò creato	avremo creato
avrai creato	avrete creato
avrà creato	avranno creato

Condizionale passato · Perfect conditional

avrei creato	avremmo creato
avresti creato	avreste creato
avrebbe creato	avrebbero creato

Congiuntivo passato · Perfect subjunctive

abbia creato	abbiamo creato
abbia creato	abbiate creato
abbia creato	abbiano creato

Congiuntivo trapassato · Past perfect subjunctive

avessi creato	avessimo creato
avessi creato	aveste creato
avesse creato	avessero creato

Participio passato · Past participle   creato (-a/-i/-e)

Gerundio · Gerund   creando

Usage

Nella Bibbia è scritto che Dio creò il mondo.	*In the Bible it is written that God created the world.*
Il governo si è proposto di creare 500.000 nuovi posti di lavoro in due anni.	*The government has undertaken to create 500,000 new jobs in two years.*
Un capolavoro non si crea da un giorno all'altro.	*One doesn't produce a masterpiece from one day to the next.*
Alcuni politici hanno creato un nuovo partito democratico.	*A few politicians formed a new democratic party.*
Creerei subito un conto se fosse possibile.	*I would set up an account at once if it were possible.*
Questa vicenda non creerà problemi per te?	*This matter won't cause problems for you?*
Fu creato vicepresidente all'età di sessant'anni.	*He was appointed vice president at the age of sixty.*

crearsi *to create, make (for oneself); form*

Si è creata una clientela fedele in poco tempo.	*In no time at all she built up a loyal clientele.*
Con la sua partenza si è creata una situazione particolarmente difficile.	*With his departure a particularly difficult situation arose.*

regular -*ere* verb;
trans./intrans. (aux. *avere*)

credo · credei/credetti · creduto

Presente · Present

credo	crediamo
credi	credete
crede	credono

Imperfetto · Imperfect

credevo	credevamo
credevi	credevate
credeva	credevano

Passato remoto · Preterit

credei/credetti	credemmo
credesti	credeste
credè/credette	crederono/credettero

Futuro semplice · Future

crederò	crederemo
crederai	crederete
crederà	crederanno

Condizionale presente · Present conditional

crederei	crederemmo
crederesti	credereste
crederebbe	crederebbero

Congiuntivo presente · Present subjunctive

creda	crediamo
creda	crediate
creda	credano

Congiuntivo imperfetto · Imperfect subjunctive

credessi	credessimo
credessi	credeste
credesse	credessero

Imperativo · Commands

	(non) crediamo
credi (non credere)	(non) credete
(non) creda	(non) credano

Participio passato · Past participle	creduto (-a/-i/-e)
Gerundio · Gerund	credendo

Passato prossimo · Present perfect

ho creduto	abbiamo creduto
hai creduto	avete creduto
ha creduto	hanno creduto

Trapassato prossimo · Past perfect

avevo creduto	avevamo creduto
avevi creduto	avevate creduto
aveva creduto	avevano creduto

Trapassato remoto · Preterit perfect

ebbi creduto	avemmo creduto
avesti creduto	aveste creduto
ebbe creduto	ebbero creduto

Futuro anteriore · Future perfect

avrò creduto	avremo creduto
avrai creduto	avrete creduto
avrà creduto	avranno creduto

Condizionale passato · Perfect conditional

avrei creduto	avremmo creduto
avresti creduto	avreste creduto
avrebbe creduto	avrebbero creduto

Congiuntivo passato · Perfect subjunctive

abbia creduto	abbiamo creduto
abbia creduto	abbiate creduto
abbia creduto	abbiano creduto

Congiuntivo trapassato · Past perfect subjunctive

avessi creduto	avessimo creduto
avessi creduto	aveste creduto
avesse creduto	avessero creduto

Usage

credere a qualcuno (intrans.) *to believe someone*

— Mi credi?
— Sì, ti credo.
Mi creda, signore. Le giuro che dico la verità.

"Do you believe me?"
"Yes, I believe you."
Believe me, sir. I swear I'm telling the truth.

credere qualcosa (trans.) *to accept something as true*

Non lo credi?
Credevano le cose più assurde.

You don't believe it?
They believed the most absurd things.

credere che *to believe that*

Credete veramente che lui sia onesto?
Non credo che ci abbiano capito.

Do you really believe he's honest?
I don't think they understood us.

TOP 50 VERB ☞

credere · *to believe, think*

regular *-ere* verb;
trans./intrans. (aux. *avere*)

credere (trans.) = **pensare** *to believe or think of as the truth*

Credè di aver sbagliato.	*He thought he had made a mistake.*
Crediamo che sia stata lei a partire per prima.	*We believe that it was she who left first.*
Credete che farà bel tempo domani?	*Do you think the weather will be nice tomorrow?*
— Credi di farcela?	*"Do you think you can do it?"*
— Io credo di sì, ma lui crede di no.	*"I think so, but he doesn't."*
La credevamo capace di rimanere a casa senza noi.	*We thought she was able to stay at home without us.*
Lo crederò sempre innocente.	*I will always believe him to be innocent.*
Marco, quando sei tornato? Ti credevamo tutti morto.	*Marco, when did you come back? We all thought you were dead.*
Non riesco a crederlo.	*I can't believe it.*
Lo credo bene!	*I should think so!*

credere (trans.) = **ritenere opportuno** *to think best*

Fai come credi. Non mi importa quale dei due scegli.	*Do as you please. I don't care which of the two you choose.*
Abbiamo creduto bene di non parlarne più.	*We thought it best not to talk about it anymore.*

credere (intrans.) *to be certain of the existence/truth of*

Noi crediamo in Dio.	*We believe in God.*
I musulmani credono nel Corano.	*Muslims believe in the Koran.*

credere (intrans.) *to give credence to*

Ho creduto ingenuamente alle sue parole.	*I naively believed his words.*
Non credevamo ai nostri occhi.	*We couldn't believe our eyes.*
— Tu credi agli oroscopi?	*"Do you believe in horoscopes?"*
— No, non ci credo affatto.	*"No, I don't believe in them at all."*

credere (intrans.) *to have faith/confidence in, trust*

L'uomo moderno crede nella medicina moderna.	*Modern man believes in modern medicine.*
Si credeva nel progresso.	*We believed in progress.*
Non crede più in nulla.	*He no longer believes in anything.*

credere (intrans.) *to think possible/likely*

Non si crede più a una soluzione amichevole.	*They no longer believe in an amicable solution.*
Si è creduto a uno scherzo, ma non lo era.	*It was thought to be a joke, but that wasn't the case.*

credersi *to consider oneself*

Si credevano invincibili.	*They considered themselves invincible.*
Ma chi ti credi di essere!	*But who do you think you are!*
Francesco si è sempre creduto un gran signore.	*Francesco always thought himself a big shot.*
Forse si crede più intelligente di noi.	*Maybe she thinks she's smarter than we are.*

far credere *to convince someone of something*

Mi ha fatto credere che mi avrebbe accompagnato.	*He convinced me that he would go with me.*
Non vorrai farmi credere che la tua amica abbia mangiato tutto il cioccolato?	*You want me to believe that your friend ate all the chocolate?*

TOP 50 VERBS

irregular -*ere* verb;
trans. (aux. *avere*)/intrans. (aux. *essere*)

cresco · crebbi · cresciuto

NOTE *Crescere* is conjugated here with *avere*; when used intransitively, it is conjugated with *essere*.

Presente · Present

cresco	cresciamo
cresci	crescete
cresce	crescono

Imperfetto · Imperfect

crescevo	crescevamo
crescevi	crescevate
cresceva	crescevano

Passato remoto · Preterit

crebbi	crescemmo
crescesti	cresceste
crebbe	crebbero

Futuro semplice · Future

crescerò	cresceremo
crescerai	crescerete
crescerà	cresceranno

Condizionale presente · Present conditional

crescerei	cresceremmo
cresceresti	crescereste
crescerebbe	crescerebbero

Congiuntivo presente · Present subjunctive

cresca	cresciamo
cresca	cresciate
cresca	crescano

Congiuntivo imperfetto · Imperfect subjunctive

crescessi	crescessimo
crescessi	cresceste
crescesse	crescessero

Imperativo · Commands

	(non) cresciamo
cresci (non crescere)	(non) crescete
(non) cresca	(non) crescano

Passato prossimo · Present perfect

ho cresciuto	abbiamo cresciuto
hai cresciuto	avete cresciuto
ha cresciuto	hanno cresciuto

Trapassato prossimo · Past perfect

avevo cresciuto	avevamo cresciuto
avevi cresciuto	avevate cresciuto
aveva cresciuto	avevano cresciuto

Trapassato remoto · Preterit perfect

ebbi cresciuto	avemmo cresciuto
avesti cresciuto	aveste cresciuto
ebbe cresciuto	ebbero cresciuto

Futuro anteriore · Future perfect

avrò cresciuto	avremo cresciuto
avrai cresciuto	avrete cresciuto
avrà cresciuto	avranno cresciuto

Condizionale passato · Perfect conditional

avrei cresciuto	avremmo cresciuto
avresti cresciuto	avreste cresciuto
avrebbe cresciuto	avrebbero cresciuto

Congiuntivo passato · Perfect subjunctive

abbia cresciuto	abbiamo cresciuto
abbia cresciuto	abbiate cresciuto
abbia cresciuto	abbiano cresciuto

Congiuntivo trapassato · Past perfect subjunctive

avessi cresciuto	avessimo cresciuto
avessi cresciuto	aveste cresciuto
avesse cresciuto	avessero cresciuto

Participio passato · Past participle   cresciuto (-a/-i/-e)

Gerundio · Gerund   crescendo

Usage

Quanto è cresciuta tua figlia!
Mia sorella ed io crescemmo in campagna.
Quel ragazzo cresce in fretta.
Ma quando si deciderà a crescere?
Voglio farmi crescere i capelli.
Mi piacerebbe crescere dei fiori nel giardino.
Il prezzo dell'olio crescerà ancora?
Il volume delle vendite dell'Olivetti è cresciuto
   parecchio negli ultimi sei mesi.
La paura di un attacco cresceva di giorno in giorno.
Hanno ancora cresciuto le tasse.
Loro mi hanno cresciuta come una figlia.

Your daughter has grown so much!
My sister and I grew up in the countryside.
That boy is growing up fast.
But when will he grow up?
I want to let my hair grow.
I would like to grow flowers in the yard.
Will the price of oil increase again?
Olivetti's sales volume has expanded considerably
   in the last six months.
The fear of an attack was rising day by day.
They've raised taxes again.
They raised me like a daughter.

crollare *to collapse, fall down, cave in, break down, sink, slump; shake, toss*

crollo · crollai · crollato

regular *-are* verb;
trans. (aux. *avere*)/intrans. (aux. *essere*)

NOTE *Crollare* is conjugated here with *avere*; when used intransitively, it is conjugated with *essere*.

Presente · Present

crollo	crolliamo
crolli	crollate
crolla	crollano

Imperfetto · Imperfect

crollavo	crollavamo
crollavi	crollavate
crollava	crollavano

Passato remoto · Preterit

crollai	crollammo
crollasti	crollaste
crollò	crollarono

Futuro semplice · Future

crollerò	crolleremo
crollerai	crollerete
crollerà	crolleranno

Condizionale presente · Present conditional

crollerei	crolleremmo
crolleresti	crollereste
crollerebbe	crollerebbero

Congiuntivo presente · Present subjunctive

crolli	crolliamo
crolli	crolliate
crolli	crollino

Congiuntivo imperfetto · Imperfect subjunctive

crollassi	crollassimo
crollassi	crollaste
crollasse	crollassero

Passato prossimo · Present perfect

ho crollato	abbiamo crollato
hai crollato	avete crollato
ha crollato	hanno crollato

Trapassato prossimo · Past perfect

avevo crollato	avevamo crollato
avevi crollato	avevate crollato
aveva crollato	avevano crollato

Trapassato remoto · Preterit perfect

ebbi crollato	avemmo crollato
avesti crollato	aveste crollato
ebbe crollato	ebbero crollato

Futuro anteriore · Future perfect

avrò crollato	avremo crollato
avrai crollato	avrete crollato
avrà crollato	avranno crollato

Condizionale passato · Perfect conditional

avrei crollato	avremmo crollato
avresti crollato	avreste crollato
avrebbe crollato	avrebbero crollato

Congiuntivo passato · Perfect subjunctive

abbia crollato	abbiamo crollato
abbia crollato	abbiate crollato
abbia crollato	abbiano crollato

Congiuntivo trapassato · Past perfect subjunctive

avessi crollato	avessimo crollato
avessi crollato	aveste crollato
avesse crollato	avessero crollato

Imperativo · Commands

	(non) crolliamo
crolla (non crollare)	(non) crollate
(non) crolli	(non) crollino

Participio passato · Past participle	crollato (-a/-i/-e)
Gerundio · Gerund	crollando

Usage

Non avvicinarti. Il tetto potrebbe crollare.	*Don't come any closer. The roof could collapse.*
Il campanile crollò ieri sera.	*The bell tower collapsed last night.*
Il vecchio albero nel parco è crollato sotto il peso della neve.	*The old tree in the park fell under the weight of the snow.*
È possibile che il prezzo del petrolio grezzo crollerà fra alcuni mesi.	*It's possible that crude oil prices will bottom out within a few months.*
Stefania è svenuta ed è crollata per terra.	*Stefania fainted and fell to the floor.*
I ladri sono crollati dopo tre giorni di interrogatorio.	*The thieves broke down after three days of interrogation.*
La vecchia civiltà degli aztechi crollò dopo l'invasione degli spagnoli.	*The old Aztec civilization collapsed after the invasion of the Spanish.*
Stanca morta, si è lasciata crollare sul letto.	*Dead tired, she slumped on the bed.*
Ho crollato le spalle in segno di indifferenza.	*I shrugged my shoulders as a sign of indifference.*

regular *-are* verb;
trans. (aux. *avere*)

Presente · Present

cucino	cuciniamo
cucini	cucinate
cucina	cucinano

Imperfetto · Imperfect

cucinavo	cucinavamo
cucinavi	cucinavate
cucinava	cucinavano

Passato remoto · Preterit

cucinai	cucinammo
cucinasti	cucinaste
cucinò	cucinarono

Futuro semplice · Future

cucinerò	cucineremo
cucinerai	cucinerete
cucinerà	cucineranno

Condizionale presente · Present conditional

cucinerei	cucineremmo
cucineresti	cucinereste
cucinerebbe	cucinerebbero

Congiuntivo presente · Present subjunctive

cucini	cuciniamo
cucini	cuciniate
cucini	cucinino

Congiuntivo imperfetto · Imperfect subjunctive

cucinassi	cucinassimo
cucinassi	cucinaste
cucinasse	cucinassero

Imperativo · Commands

	(non) cuciniamo
cucina (non cucinare)	(non) cucinate
(non) cucini	(non) cucinino

Passato prossimo · Present perfect

ho cucinato	abbiamo cucinato
hai cucinato	avete cucinato
ha cucinato	hanno cucinato

Trapassato prossimo · Past perfect

avevo cucinato	avevamo cucinato
avevi cucinato	avevate cucinato
aveva cucinato	avevano cucinato

Trapassato remoto · Preterit perfect

ebbi cucinato	avemmo cucinato
avesti cucinato	aveste cucinato
ebbe cucinato	ebbero cucinato

Futuro anteriore · Future perfect

avrò cucinato	avremo cucinato
avrai cucinato	avrete cucinato
avrà cucinato	avranno cucinato

Condizionale passato · Perfect conditional

avrei cucinato	avremmo cucinato
avresti cucinato	avreste cucinato
avrebbe cucinato	avrebbero cucinato

Congiuntivo passato · Perfect subjunctive

abbia cucinato	abbiamo cucinato
abbia cucinato	abbiate cucinato
abbia cucinato	abbiano cucinato

Congiuntivo trapassato · Past perfect subjunctive

avessi cucinato	avessimo cucinato
avessi cucinato	aveste cucinato
avesse cucinato	avessero cucinato

Participio passato · Past participle   cucinato (-a/-i/-e)

Gerundio · Gerund   cucinando

Usage

Vorrei cucinare pollo stasera.	*I would like to fix chicken tonight.*
Perché non cuciniamo un arrosto per tuo fratello?	*Why don't we prepare a roast for your brother?*
Laura non sa nemmeno cucinare un uovo.	*Laura doesn't even know how to cook an egg.*
— Cucina bene tua madre?	*"Does you mother cook well?"*
— Cucina benissimo.	*"She cooks very well."*
Stasera cucinerò io la cena, se tu lavi le stoviglie.	*I will cook dinner tonight if you wash the dishes.*
Sua moglie non cucinava mai; era sempre lui il cuoco.	*His wife never cooked; he was always the chef.*
Renato mi ha cucinato una sorpresa per il mio compleanno ieri sera.	*Renato cooked a surprise dinner for my birthday last night.*
Ti hanno cucinato bene!	*They've really beaten you up!*

RELATED EXPRESSIONS

la cucina	*kitchen, cooking*
fare la cucina	*to do the cooking*

cucire   *to sew, stitch; suture; put together, link*

cucio · cucii · cucito

regular -*ire* verb;
trans. (aux. *avere*)

Presente · Present

cucio	cuciamo
cuci	cucite
cuce	cuciono

Passato prossimo · Present perfect

ho cucito	abbiamo cucito
hai cucito	avete cucito
ha cucito	hanno cucito

Imperfetto · Imperfect

cucivo	cucivamo
cucivi	cucivate
cuciva	cucivano

Trapassato prossimo · Past perfect

avevo cucito	avevamo cucito
avevi cucito	avevate cucito
aveva cucito	avevano cucito

Passato remoto · Preterit

cucii	cucimmo
cucisti	cuciste
cucì	cucirono

Trapassato remoto · Preterit perfect

ebbi cucito	avemmo cucito
avesti cucito	aveste cucito
ebbe cucito	ebbero cucito

Futuro semplice · Future

cucirò	cuciremo
cucirai	cucirete
cucirà	cuciranno

Futuro anteriore · Future perfect

avrò cucito	avremo cucito
avrai cucito	avrete cucito
avrà cucito	avranno cucito

Condizionale presente · Present conditional

cucirei	cuciremmo
cuciresti	cucireste
cucirebbe	cucirebbero

Condizionale passato · Perfect conditional

avrei cucito	avremmo cucito
avresti cucito	avreste cucito
avrebbe cucito	avrebbero cucito

Congiuntivo presente · Present subjunctive

cucia	cuciamo
cucia	cuciate
cucia	cuciano

Congiuntivo passato · Perfect subjunctive

abbia cucito	abbiamo cucito
abbia cucito	abbiate cucito
abbia cucito	abbiano cucito

Congiuntivo imperfetto · Imperfect subjunctive

cucissi	cucissimo
cucissi	cuciste
cucisse	cucissero

Congiuntivo trapassato · Past perfect subjunctive

avessi cucito	avessimo cucito
avessi cucito	aveste cucito
avesse cucito	avessero cucito

Imperativo · Commands

	(non) cuciamo
cuci (non cucire)	(non) cucite
(non) cucia	(non) cuciano

Participio passato · Past participle	cucito (-a/-i/-e)
Gerundio · Gerund	cucendo

Usage

— Che bella gonna!
— Grazie, l'ha cucita mia madre.
Il suo abito da sposa è stato cucito interamente a mano.
La sarta ha potuto cucire l'orlo dei pantaloni
   a macchina.
L'infermiera cucì la ferita con perizia.
Il portavoce era molto bravo nel cucire delle belle frasi.

Avrei cucito la bocca a Carolina, se non ci fosse stato
   lui.
Mi sono cucita la bocca perché pensavo che tu sapessi
   cosa fare.

"What a nice skirt!"
"Thanks, my mother made it."
Her wedding dress was stitched entirely by hand.
*The seamstress was able to machine-sew the hem
   of the pants.*
The nurse sutured the wound expertly.
*The spokesperson was very good at putting
   together elegant sentences.*

*I would have shut Carolina up if he hadn't been
   there.*
*I didn't say anything because I thought you knew
   what to do.*

irregular *-ere* verb;
trans. (aux. *avere*)/intrans. (aux. *essere*)

cuocio · cossi · cotto

NOTES *Cuocere* is conjugated here with *avere*; when used intransitively, it is conjugated with *essere*.
C(u)ociuto is sometimes used as the past participle when the meaning is "irk, vex."
Use of the optional *u* is not considered standard, but it is becoming more frequent.

Presente · Present

cuocio	c(u)ociamo
cuoci	c(u)ocete
cuoce	cuociono

Imperfetto · Imperfect

c(u)ocevo	c(u)ocevamo
c(u)ocevi	c(u)ocevate
c(u)oceva	c(u)ocevano

Passato remoto · Preterit

cossi	c(u)ocemmo
c(u)ocesti	c(u)oceste
cosse	cossero

Futuro semplice · Future

c(u)ocerò	c(u)oceremo
c(u)ocerai	c(u)ocerete
c(u)ocerà	c(u)oceranno

Condizionale presente · Present conditional

c(u)ocerei	c(u)oceremmo
c(u)oceresti	c(u)ocereste
c(u)ocerebbe	c(u)ocerebbero

Congiuntivo presente · Present subjunctive

cuocia	c(u)ociamo
cuocia	c(u)ociate
cuocia	cuociano

Congiuntivo imperfetto · Imperfect subjunctive

c(u)ocessi	c(u)ocessimo
c(u)ocessi	c(u)oceste
c(u)ocesse	c(u)ocessero

Imperativo · Commands

	(non) c(u)ociamo
cuoci (non cuocere)	(non) c(u)ocete
(non) cuocia	(non) cuociano

Passato prossimo · Present perfect

ho cotto	abbiamo cotto
hai cotto	avete cotto
ha cotto	hanno cotto

Trapassato prossimo · Past perfect

avevo cotto	avevamo cotto
avevi cotto	avevate cotto
aveva cotto	avevano cotto

Trapassato remoto · Preterit perfect

ebbi cotto	avemmo cotto
avesti cotto	aveste cotto
ebbe cotto	ebbero cotto

Futuro anteriore · Future perfect

avrò cotto	avremo cotto
avrai cotto	avrete cotto
avrà cotto	avranno cotto

Condizionale passato · Perfect conditional

avrei cotto	avremmo cotto
avresti cotto	avreste cotto
avrebbe cotto	avrebbero cotto

Congiuntivo passato · Perfect subjunctive

abbia cotto	abbiamo cotto
abbia cotto	abbiate cotto
abbia cotto	abbiano cotto

Congiuntivo trapassato · Past perfect subjunctive

avessi cotto	avessimo cotto
avessi cotto	aveste cotto
avesse cotto	avessero cotto

Participio passato · Past participle cotto (-a/-i/-e)
Gerundio · Gerund c(u)ocendo

Usage

C(u)ocerai la carne al forno?
Il sole in montagna ti ha cotto la pelle.
La pasta sta c(u)ocendo.
In questa fabbrica c(u)ocevano dei mattoni anni fa.
Lascialo cuocere nel suo brodo per un po'.
Il sole ha cotto l'erba durante l'estate.
Quel suo commento le è c(u)ociuto molto.

Will you roast the meat in the oven?
The mountain sun baked your skin.
The pasta is boiling.
They used to fire bricks in this factory years ago.
Let him stew in his own juices for a bit.
The sun burned the grass up in the summer.
That comment of his really irked her.

cuocersi *to cook; be upset*

Il pesce si sta c(u)ocendo.
Mi c(u)ocevo perché non potevo andare al ristorante.

The fish is cooking.
I was upset because I couldn't go to the restaurant.

curare *to take care of, look after; treat, cure; edit; see to*

curo · curai · curato

regular -*are* verb;
trans. (aux. *avere*)

Presente · Present	
curo	curiamo
curi	curate
cura	curano

Imperfetto · Imperfect	
curavo	curavamo
curavi	curavate
curava	curavano

Passato remoto · Preterit	
curai	curammo
curasti	curaste
curò	curarono

Futuro semplice · Future	
curerò	cureremo
curerai	curerete
curerà	cureranno

Condizionale presente · Present conditional	
curerei	cureremmo
cureresti	curereste
curerebbe	curerebbero

Congiuntivo presente · Present subjunctive	
curi	curiamo
curi	curiate
curi	curino

Congiuntivo imperfetto · Imperfect subjunctive	
curassi	curassimo
curassi	curaste
curasse	curassero

Passato prossimo · Present perfect	
ho curato	abbiamo curato
hai curato	avete curato
ha curato	hanno curato

Trapassato prossimo · Past perfect	
avevo curato	avevamo curato
avevi curato	avevate curato
aveva curato	avevano curato

Trapassato remoto · Preterit perfect	
ebbi curato	avemmo curato
avesti curato	aveste curato
ebbe curato	ebbero curato

Futuro anteriore · Future perfect	
avrò curato	avremo curato
avrai curato	avrete curato
avrà curato	avranno curato

Condizionale passato · Perfect conditional	
avrei curato	avremmo curato
avresti curato	avreste curato
avrebbe curato	avrebbero curato

Congiuntivo passato · Perfect subjunctive	
abbia curato	abbiamo curato
abbia curato	abbiate curato
abbia curato	abbiano curato

Congiuntivo trapassato · Past perfect subjunctive	
avessi curato	avessimo curato
avessi curato	aveste curato
avesse curato	avessero curato

Imperativo · Commands	
	(non) curiamo
cura (non curare)	(non) curate
(non) curi	(non) curino

Participio passato · Past participle	curato (-a/-i/-e)
Gerundio · Gerund	curando

Usage

Mia madre cura i bambini quando sono ammalati.	*My mother looks after the children when they get sick.*
Era un uomo che curava il proprio aspetto.	*He was a man who cared about the way he looked.*
Il medico ha curato il paziente con un antibiotico.	*The doctor treated the patient with an antibiotic.*
Non è possibile curare una malattia seria con delle vitamine.	*It's not possible to cure a serious illness with vitamins.*
Sto curando un libro sulla storia degli immigranti negli Stati Uniti.	*I'm editing a book on the history of immigrants in the United States.*
Abbiamo curato che tutto fosse in ordine.	*We saw to it that everything was in order.*

curarsi *to care (about), take notice (of); take the trouble; take care of oneself; undergo treatment*

Giulio si è sempre curato molto degli altri.	*Giulio has always cared a lot about other people.*
Non curatevi dei pettegolezzi di altre persone.	*Don't pay any attention to other people's gossip.*
Hai una brutta tosse. Curati bene!	*You have a bad cough. Take good care of yourself!*

regular -are verb, *gi > g/e, i*;
trans. (aux. *avere*)

danneggio · danneggiai · danneggiato

Presente · Present

danneggio	danneggiamo
danneggi	danneggiate
danneggia	danneggiano

Imperfetto · Imperfect

danneggiavo	danneggiavamo
danneggiavi	danneggiavate
danneggiava	danneggiavano

Passato remoto · Preterit

danneggiai	danneggiammo
danneggiasti	danneggiaste
danneggiò	danneggiarono

Futuro semplice · Future

danneggerò	danneggeremo
danneggerai	danneggerete
danneggerà	danneggeranno

Condizionale presente · Present conditional

danneggerei	danneggeremmo
danneggeresti	danneggereste
danneggerebbe	danneggerebbero

Congiuntivo presente · Present subjunctive

danneggi	danneggiamo
danneggi	danneggiate
danneggi	danneggino

Congiuntivo imperfetto · Imperfect subjunctive

danneggiassi	danneggiassimo
danneggiassi	danneggiaste
danneggiasse	danneggiassero

Passato prossimo · Present perfect

ho danneggiato	abbiamo danneggiato
hai danneggiato	avete danneggiato
ha danneggiato	hanno danneggiato

Trapassato prossimo · Past perfect

avevo danneggiato	avevamo danneggiato
avevi danneggiato	avevate danneggiato
aveva danneggiato	avevano danneggiato

Trapassato remoto · Preterit perfect

ebbi danneggiato	avemmo danneggiato
avesti danneggiato	aveste danneggiato
ebbe danneggiato	ebbero danneggiato

Futuro anteriore · Future perfect

avrò danneggiato	avremo danneggiato
avrai danneggiato	avrete danneggiato
avrà danneggiato	avranno danneggiato

Condizionale passato · Perfect conditional

avrei danneggiato	avremmo danneggiato
avresti danneggiato	avreste danneggiato
avrebbe danneggiato	avrebbero danneggiato

Congiuntivo passato · Perfect subjunctive

abbia danneggiato	abbiamo danneggiato
abbia danneggiato	abbiate danneggiato
abbia danneggiato	abbiano danneggiato

Congiuntivo trapassato · Past perfect subjunctive

avessi danneggiato	avessimo danneggiato
avessi danneggiato	aveste danneggiato
avesse danneggiato	avessero danneggiato

Imperativo · Commands

	(non) danneggiamo
danneggia (non danneggiare)	(non) danneggiate
(non) danneggi	(non) danneggino

Participio passato · Past participle   danneggiato (-a/-i/-e)

Gerundio · Gerund   danneggiando

Usage

Troppo sole danneggia certe piante.
La siccità mondiale di alcuni anni fa danneggiò
   particolarmente molti paesi in via di sviluppo.
La pioggia abbondante ha danneggiato le vigne
   in Italia.
Benché la nuova legge protegga l'ambiente,
   potrebbe danneggiare l'industria.
Quello scandalo ha danneggiato il suo buon nome.
La crisi economica danneggerà la nostra carriera.

Too much sun harms certain plants.
The worldwide drought a few years ago especially
   hurt many developing countries.
The abundant rain damaged the vineyards in Italy.

Although the new law protects the environment,
   it could hurt industry.
That scandal damaged his good name.
The economic crisis will hurt our careers.

danneggiarsi *to harm oneself; be damaged*

Si è danneggiato la salute bevendo tanto.
La motocicletta si era tanto danneggiata
   che non valeva la pena farla aggiustare.

He damaged his health by drinking so much.
The motorcycle was so badly damaged that it wasn't
   worth having it repaired.

dare   *to give; produce, yield; perform, put on*

do · diedi/detti · dato

irregular -*are* verb;
trans./intrans. (aux. *avere*)

dare + direct object

Lui ha dato il buon esempio.	*He set a good example.*
Volevo darlo domani.	*I wanted to give it tomorrow.*
Hanno dato una festa per il suo compleanno.	*They threw a party for his birthday.*

dare + direct object + indirect object

— Ha dato la lettera a Daniele?	*"Did he give the letter to Daniele?"*
— Sì, gliel'ha data.	*"Yes, he gave it to him."*
Mi dia un gelato alla vaniglia.	*I'll have vanilla ice cream.*
Non ti hanno dato niente da fare?	*They didn't give you anything to do?*

dare su

La camera dà sul Mar Mediterraneo.	*The room looks out over the Mediterranean.*
Era un colore che dava sul rosso.	*It was a reddish color.*

dare per

Non lo darei per scontato se io fossi in te.	*I wouldn't take it for granted if I were you.*
Li diedero per dispersi tre giorni fa.	*They reported them as missing three days ago.*

dare in

Il padre diede sua figlia in moglie al contadino.	*The father gave his daughter in marriage to the farmer.*
Daremo una cena in suo onore.	*We'll give a dinner in his honor.*
La povera donna ha dato in lacrime quando ha sentito la notizia.	*The poor woman burst into tears when she heard the news.*

darsi *to devote oneself to; take up/to; give way (to); set out (to); pretend; exchange*

Teresa si è data completamente alla musica.	*Teresa is completely devoted to music.*
Quante persone si sono date ammalate oggi?	*How many people have reported in sick today?*
Ci siamo dati per maghi.	*We pretended to be wizards.*
Giuseppe si è dato da fare.	*Giuseppe did a lot of work.*
Mi sono dato a correre verso la casa.	*I started running toward the house.*

dare as impersonal verb

Può darsi che non arrivino stamattina.	*It's possible they won't arrive this morning.*
Si dà il caso che lui abbia un paio di stivali neri.	*It so happens that he has a pair of black boots.*

dare + noun = verb

dare consigli	*to advise*
dare coraggio	*to encourage*
dare una punizione	*to punish*

IDIOMATIC EXPRESSIONS

dare a Cesare quel che è di Cesare	*to each his due* (lit., *render unto Caesar what is Caesar's*)
dare carta bianca a qualcuno	*to give someone carte blanche*
darsi la zappa sui piedi	*to shoot oneself in the foot*

PROVERBS

Chi ha avuto ha avuto e chi ha dato ha dato.	*What's done is done.*
Se gli dai un dito, si prende il braccio.	*Give him an inch, and he'll take a mile.*

do · diedi/detti · dato

irregular *-are* verb;
trans./intrans. (aux. *avere*)

Presente · Present

do	diamo
dai	date
dà	danno/dànno

Imperfetto · Imperfect

davo	davamo
davi	davate
dava	davano

Passato remoto · Preterit

diedi/detti	demmo
desti	deste
diede/dette	diedero/dettero

Futuro semplice · Future

darò	daremo
darai	darete
darà	daranno

Condizionale presente · Present conditional

darei	daremmo
daresti	dareste
darebbe	darebbero

Congiuntivo presente · Present subjunctive

dia	diamo
dia	diate
dia	diano

Congiuntivo imperfetto · Imperfect subjunctive

dessi	dessimo
dessi	deste
desse	dessero

Imperativo · Commands

	(non) diamo
da'/dai (non dare)	(non) date
(non) dia	(non) diano

Participio passato · Past participle   dato (-a/-i/-e)
Gerundio · Gerund   dando

Passato prossimo · Present perfect

ho dato	abbiamo dato
hai dato	avete dato
ha dato	hanno dato

Trapassato prossimo · Past perfect

avevo dato	avevamo dato
avevi dato	avevate dato
aveva dato	avevano dato

Trapassato remoto · Preterit perfect

ebbi dato	avemmo dato
avesti dato	aveste dato
ebbe dato	ebbero dato

Futuro anteriore · Future perfect

avrò dato	avremo dato
avrai dato	avrete dato
avrà dato	avranno dato

Condizionale passato · Perfect conditional

avrei dato	avremmo dato
avresti dato	avreste dato
avrebbe dato	avrebbero dato

Congiuntivo passato · Perfect subjunctive

abbia dato	abbiamo dato
abbia dato	abbiate dato
abbia dato	abbiano dato

Congiuntivo trapassato · Past perfect subjunctive

avessi dato	avessimo dato
avessi dato	aveste dato
avesse dato	avessero dato

Usage

Maria mi ha dato dei bellissimi fiori.
Abbiamo dato alloggio all'amico di Piero che non
   aveva più casa.

Cosa darai a Francesca per il suo compleanno?
— Ha ricevuto il rapporto, signor Valentino?
— No, me lo dia adesso.

Non darei più di 5.000 euro per quella macchina.
Penso che i miei investimenti diano attualmente
   il 7,5% di interesse.

Quello strumento dava un suono bellissimo.
Il concerto che il nuovo gruppo ha dato era eccellente.
Dànno ancora quel film?
Gli studenti non darebbero l'esame se non fosse
   obbligatorio.

Maria gave me some very beautiful flowers.
We gave Piero's friend who had become homeless
   a place to stay.
What will you give Francesca for her birthday?
"Have you received the report, Mr. Valentino?"
"No, please give it to me now."
I wouldn't pay more than 5,000 euros for that car.
I think my investments are currently yielding 7.5%.

That instrument produced a very beautiful sound.
The concert that the new group put on was excellent.
Are they still showing that movie?
The students wouldn't take the exam if it weren't
   mandatory.

decidere   *to decide; choose; resolve*

decido · decisi · deciso

Presente · Present

decido	decidiamo
decidi	decidete
decide	decidono

Imperfetto · Imperfect

decidevo	decidevamo
decidevi	decidevate
decideva	decidevano

Passato remoto · Preterit

decisi	decidemmo
decidesti	decideste
decise	decisero

Futuro semplice · Future

deciderò	decideremo
deciderai	deciderete
deciderà	decideranno

Condizionale presente · Present conditional

deciderei	decideremmo
decideresti	decidereste
deciderebbe	deciderebbero

Congiuntivo presente · Present subjunctive

decida	decidiamo
decida	decidiate
decida	decidano

Congiuntivo imperfetto · Imperfect subjunctive

decidessi	decidessimo
decidessi	decideste
decidesse	decidessero

Imperativo · Commands

	(non) decidiamo
decidi (non decidere)	(non) decidete
(non) decida	(non) decidano

Passato prossimo · Present perfect

ho deciso	abbiamo deciso
hai deciso	avete deciso
ha deciso	hanno deciso

Trapassato prossimo · Past perfect

avevo deciso	avevamo deciso
avevi deciso	avevate deciso
aveva deciso	avevano deciso

Trapassato remoto · Preterit perfect

ebbi deciso	avemmo deciso
avesti deciso	aveste deciso
ebbe deciso	ebbero deciso

Futuro anteriore · Future perfect

avrò deciso	avremo deciso
avrai deciso	avrete deciso
avrà deciso	avranno deciso

Condizionale passato · Perfect conditional

avrei deciso	avremmo deciso
avresti deciso	avreste deciso
avrebbe deciso	avrebbero deciso

Congiuntivo passato · Perfect subjunctive

abbia deciso	abbiamo deciso
abbia deciso	abbiate deciso
abbia deciso	abbiano deciso

Congiuntivo trapassato · Past perfect subjunctive

avessi deciso	avessimo deciso
avessi deciso	aveste deciso
avesse deciso	avessero deciso

Participio passato · Past participle   deciso (-a/-i/-e)

Gerundio · Gerund   decidendo

Usage

Abbiamo deciso di partire alle sei.	*We decided to leave at six o'clock.*
Ha deciso che non si farà la festa.	*He's decided that the party is off.*
Sta a noi decidere il nostro futuro.	*It's up to us to decide our future.*
Quella relazione decise della sua vita.	*That relationship was decisive in his life.*
Avete deciso la data del fidanzamento?	*Have you chosen a date for the engagement?*
Era una questione che non potevamo decidere da soli.	*It was an issue we couldn't resolve on our own.*
La lite fu decisa in Corte d'Appello.	*The dispute was settled in the Court of Appeals.*

decidersi *to make up one's mind*

Mi ero decisa a cambiare lavoro.	*I had made up my mind to change jobs.*
Valentino finalmente si decise per gli studi di giurisprudenza.	*Valentino finally decided to study law.*
Vuoi deciderti, per favore?	*Could you make up your mind, please?*

regular -are verb;
intrans. (aux. *avere* [less commonly *essere*])

Presente · Present	
decollo	decolliamo
decolli	decollate
decolla	decollano

Imperfetto · Imperfect	
decollavo	decollavamo
decollavi	decollavate
decollava	decollavano

Passato remoto · Preterit	
decollai	decollammo
decollasti	decollaste
decollò	decollarono

Futuro semplice · Future	
decollerò	decolleremo
decollerai	decollerete
decollerà	decolleranno

Condizionale presente · Present conditional	
decollerei	decolleremmo
decolleresti	decollereste
decollerebbe	decollerebbero

Congiuntivo presente · Present subjunctive	
decolli	decolliamo
decolli	decolliate
decolli	decollino

Congiuntivo imperfetto · Imperfect subjunctive	
decollassi	decollassimo
decollassi	decollaste
decollasse	decollassero

Passato prossimo · Present perfect	
ho decollato	abbiamo decollato
hai decollato	avete decollato
ha decollato	hanno decollato

Trapassato prossimo · Past perfect	
avevo decollato	avevamo decollato
avevi decollato	avevate decollato
aveva decollato	avevano decollato

Trapassato remoto · Preterit perfect	
ebbi decollato	avemmo decollato
avesti decollato	aveste decollato
ebbe decollato	ebbero decollato

Futuro anteriore · Future perfect	
avrò decollato	avremo decollato
avrai decollato	avrete decollato
avrà decollato	avranno decollato

Condizionale passato · Perfect conditional	
avrei decollato	avremmo decollato
avresti decollato	avreste decollato
avrebbe decollato	avrebbero decollato

Congiuntivo passato · Perfect subjunctive	
abbia decollato	abbiamo decollato
abbia decollato	abbiate decollato
abbia decollato	abbiano decollato

Congiuntivo trapassato · Past perfect subjunctive	
avessi decollato	avessimo decollato
avessi decollato	aveste decollato
avesse decollato	avessero decollato

Imperativo · Commands	
	(non) decolliamo
decolla (non decollare)	(non) decollate
(non) decolli	(non) decollino

Participio passato · Past participle	decollato (-a/-i/-e)
Gerundio · Gerund	decollando

Usage

L'aereo sta per decollare.	*The airplane is about to take off.*
L'elicottero ha decollato velocemente.	*The helicopter took off quickly.*
Dopo essere decollato verso ovest, l'idrovolante è sparito nelle nuvole.	*After having taken off toward the west, the hydroplane disappeared into the clouds.*
Lo shuttle decollò dalla base spaziale di Cape Canaveral in Florida.	*The shuttle lifted off from the space center at Cape Canaveral, Florida.*
Il telelavoro sta decollando in molti paesi dell'Europa.	*Telecommuting is taking off in many European countries.*
È decollato il nuovo progetto intitolato "un PC per ogni studente".	*The new project called "A PC for Every Student" was launched.*

RELATED EXPRESSIONS

il decollo	*take-off*
in fase di decollo	*during take-off*

Presente · Present

depongo	deponiamo
deponi	deponete
depone	depongono

Imperfetto · Imperfect

deponevo	deponevamo
deponevi	deponevate
deponeva	deponevano

Passato remoto · Preterit

deposi	deponemmo
deponesti	deponeste
depose	deposero

Futuro semplice · Future

deporrò	deporremo
deporrai	deporrete
deporrà	deporranno

Condizionale presente · Present conditional

deporrei	deporremmo
deporresti	deporreste
deporrebbe	deporrebbero

Congiuntivo presente · Present subjunctive

deponga	deponiamo
deponga	deponiate
deponga	depongano

Congiuntivo imperfetto · Imperfect subjunctive

deponessi	deponessimo
deponessi	deponeste
deponesse	deponessero

Passato prossimo · Present perfect

ho deposto	abbiamo deposto
hai deposto	avete deposto
ha deposto	hanno deposto

Trapassato prossimo · Past perfect

avevo deposto	avevamo deposto
avevi deposto	avevate deposto
aveva deposto	avevano deposto

Trapassato remoto · Preterit perfect

ebbi deposto	avemmo deposto
avesti deposto	aveste deposto
ebbe deposto	ebbero deposto

Futuro anteriore · Future perfect

avrò deposto	avremo deposto
avrai deposto	avrete deposto
avrà deposto	avranno deposto

Condizionale passato · Perfect conditional

avrei deposto	avremmo deposto
avresti deposto	avreste deposto
avrebbe deposto	avrebbero deposto

Congiuntivo passato · Perfect subjunctive

abbia deposto	abbiamo deposto
abbia deposto	abbiate deposto
abbia deposto	abbiano deposto

Congiuntivo trapassato · Past perfect subjunctive

avessi deposto	avessimo deposto
avessi deposto	aveste deposto
avesse deposto	avessero deposto

Imperativo · Commands

	(non) deponiamo
deponi (non deporre)	(non) deponete
(non) deponga	(non) depongano

Participio passato · Past participle	deposto (-a/-i/-e)
Gerundio · Gerund	deponendo

Usage

Ho deposto il libro che stavo leggendo.	*I put down the book I was reading.*
Ho deposto la valigia per terra perché pesava tanto.	*I put the suitcase down on the ground because it was so heavy.*
L'esercito depose le armi dopo la sconfitta in battaglia.	*The army laid down their weapons after being defeated in battle.*
Le galline depongono un uovo ogni giorno.	*The hens lay an egg a day.*
È possibile che delle impurità si siano deposte nella bottiglia di vino.	*It's possible that impurities were left in the wine bottle.*
Il presidente fu deposto perché il popolo era opposto alle riforme proposte.	*The president was removed from office because the people were opposed to the proposed reforms.*
Si è deposta l'idea di collaborare con l'università.	*The idea to collaborate with the university was abandoned.*
Il testimone deporrà a favore dell'imputato.	*The witness will testify for the defense.*

regular *-are* verb;
trans. (aux. *avere*)

Presente · Present

deposito	depositiamo
depositi	depositate
deposita	depositano

Imperfetto · Imperfect

depositavo	depositavamo
depositavi	depositavate
depositava	depositavano

Passato remoto · Preterit

depositai	depositammo
depositasti	depositaste
depositò	depositarono

Futuro semplice · Future

depositerò	depositeremo
depositerai	depositerete
depositerà	depositeranno

Condizionale presente · Present conditional

depositerei	depositeremmo
depositeresti	depositereste
depositerebbe	depositerebbero

Congiuntivo presente · Present subjunctive

depositi	depositiamo
depositi	depositiate
depositi	depositino

Congiuntivo imperfetto · Imperfect subjunctive

depositassi	depositassimo
depositassi	depositaste
depositasse	depositassero

Imperativo · Commands

	(non) depositiamo
deposita (non depositare)	(non) depositate
(non) depositi	(non) depositino

Passato prossimo · Present perfect

ho depositato	abbiamo depositato
hai depositato	avete depositato
ha depositato	hanno depositato

Trapassato prossimo · Past perfect

avevo depositato	avevamo depositato
avevi depositato	avevate depositato
aveva depositato	avevano depositato

Trapassato remoto · Preterit perfect

ebbi depositato	avemmo depositato
avesti depositato	aveste depositato
ebbe depositato	ebbero depositato

Futuro anteriore · Future perfect

avrò depositato	avremo depositato
avrai depositato	avrete depositato
avrà depositato	avranno depositato

Condizionale passato · Perfect conditional

avrei depositato	avremmo depositato
avresti depositato	avreste depositato
avrebbe depositato	avrebbero depositato

Congiuntivo passato · Perfect subjunctive

abbia depositato	abbiamo depositato
abbia depositato	abbiate depositato
abbia depositato	abbiano depositato

Congiuntivo trapassato · Past perfect subjunctive

avessi depositato	avessimo depositato
avessi depositato	aveste depositato
avesse depositato	avessero depositato

Participio passato · Past participle   depositato (-a/-i/-e)

Gerundio · Gerund   depositando

Usage

Devo depositare il denaro nel conto corrente.	*I have to deposit the money in the checking account.*
— Dove hai lasciato i libri?	*"Where did you leave the books?"*
— Li ho depositati sul tavolo.	*"I put them on the table."*
Normalmente si può depositare la valigia nella stazione ferroviaria.	*One can usually store a suitcase at the train station (in the baggage checkroom).*
Il sedimento viene depositato sul fondo della botte.	*The sediment is deposited at the bottom of the barrel.*
Bisogna solo depositare la firma per pagare con una carta di credito.	*You only need to sign your name in order to pay with a credit card.*
Quando depositerete il nuovo marchio?	*When will you register the new trademark?*

depositarsi (of dust, etc.) *to settle*

La polvere si era depositata su tutte le macchine della città.	*The dust had settled on all the cars in the city.*

deprimere *to depress; diminish*

deprimo · depressi · depresso

irregular -*ere* verb;
trans. (aux. *avere*)

Presente · Present		Passato prossimo · Present perfect	
deprimo	deprimiamo	ho depresso	abbiamo depresso
deprimi	deprimete	hai depresso	avete depresso
deprime	deprimono	ha depresso	hanno depresso

Imperfetto · Imperfect		Trapassato prossimo · Past perfect	
deprimevo	deprimevamo	avevo depresso	avevamo depresso
deprimevi	deprimevate	avevi depresso	avevate depresso
deprimeva	deprimevano	aveva depresso	avevano depresso

Passato remoto · Preterit		Trapassato remoto · Preterit perfect	
depressi	deprimemmo	ebbi depresso	avemmo depresso
deprimesti	deprimeste	avesti depresso	aveste depresso
depresse	depressero	ebbe depresso	ebbero depresso

Futuro semplice · Future		Futuro anteriore · Future perfect	
deprimerò	deprimeremo	avrò depresso	avremo depresso
deprimerai	deprimerete	avrai depresso	avrete depresso
deprimerà	deprimeranno	avrà depresso	avranno depresso

Condizionale presente · Present conditional		Condizionale passato · Perfect conditional	
deprimerei	deprimeremmo	avrei depresso	avremmo depresso
deprimeresti	deprimereste	avresti depresso	avreste depresso
deprimerebbe	deprimerebbero	avrebbe depresso	avrebbero depresso

Congiuntivo presente · Present subjunctive		Congiuntivo passato · Perfect subjunctive	
deprima	deprimiamo	abbia depresso	abbiamo depresso
deprima	deprimiate	abbia depresso	abbiate depresso
deprima	deprimano	abbia depresso	abbiano depresso

Congiuntivo imperfetto · Imperfect subjunctive		Congiuntivo trapassato · Past perfect subjunctive	
deprimessi	deprimessimo	avessi depresso	avessimo depresso
deprimessi	deprimeste	avessi depresso	aveste depresso
deprimesse	deprimessero	avesse depresso	avessero depresso

Imperativo · Commands

	(non) deprimiamo
deprimi (non deprimere)	(non) deprimete
(non) deprima	(non) deprimano

Participio passato · Past participle	depresso (-a/-i/-e)
Gerundio · Gerund	deprimendo

Usage

Il suo atteggiamento negativo mi deprime a volte.	*Her bad attitude depresses me sometimes.*
La brutta notizia ci ha molto depresso.	*The bad news made us really sad.*
— Non ti deprimono le sue lunghe assenze?	*"Don't his long absences get you down?"*
— Nel passato, sì, mi deprimevano, ma adesso no.	*"They used to depress me in the past, but not anymore."*
La la mancanza di luce d'inverno deprimeva.	*The lack of daylight in winter made her depressed.*
Ci sono vari tipi di medicine che deprimono l'iperattività.	*There are several types of medicine that curb hyperactivity.*

deprimersi *to get discouraged/depressed; sink, subside*

Franca si deprimeva facilmente da bambina.	*Franca was easily discouraged as a child.*
Carlo si è depresso molto quando suo padre è morto.	*Carlo got very depressed when his father died.*
L'incidente è successo dove la strada si era depressa.	*The accident happened where the roadway had subsided.*

irregular -ere verb;
trans. (aux. avere)

descrivo · descrissi · descritto

Presente · Present	
descrivo	descriviamo
descrivi	descrivete
descrive	descrivono

Passato prossimo · Present perfect	
ho descritto	abbiamo descritto
hai descritto	avete descritto
ha descritto	hanno descritto

Imperfetto · Imperfect	
descrivevo	descrivevamo
descrivevi	descrivevate
descriveva	descrivevano

Trapassato prossimo · Past perfect	
avevo descritto	avevamo descritto
avevi descritto	avevate descritto
aveva descritto	avevano descritto

Passato remoto · Preterit	
descrissi	descrivemmo
descrivesti	descriveste
descrisse	descrissero

Trapassato remoto · Preterit perfect	
ebbi descritto	avemmo descritto
avesti descritto	aveste descritto
ebbe descritto	ebbero descritto

Futuro semplice · Future	
descriverò	descriveremo
descriverai	descriverete
descriverà	descriveranno

Futuro anteriore · Future perfect	
avrò descritto	avremo descritto
avrai descritto	avrete descritto
avrà descritto	avranno descritto

Condizionale presente · Present conditional	
descriverei	descriveremmo
descriveresti	descrivereste
descriverebbe	descriverebbero

Condizionale passato · Perfect conditional	
avrei descritto	avremmo descritto
avresti descritto	avreste descritto
avrebbe descritto	avrebbero descritto

Congiuntivo presente · Present subjunctive	
descriva	descriviamo
descriva	descriviate
descriva	descrivano

Congiuntivo passato · Perfect subjunctive	
abbia descritto	abbiamo descritto
abbia descritto	abbiate descritto
abbia descritto	abbiano descritto

Congiuntivo imperfetto · Imperfect subjunctive	
descrivessi	descrivessimo
descrivessi	descriveste
descrivesse	descrivessero

Congiuntivo trapassato · Past perfect subjunctive	
avessi descritto	avessimo descritto
avessi descritto	aveste descritto
avesse descritto	avessero descritto

Imperativo · Commands	
	(non) descriviamo
descrivi (non descrivere)	(non) descrivete
(non) descriva	(non) descrivano

Participio passato · Past participle	descritto (-a/-i/-e)
Gerundio · Gerund	descrivendo

Usage

Mi può descrivere l'aspetto fisico dell'uomo che L'ha attaccata?

Descrivici un po' il paese dove sei cresciuto.

Gli hanno descritto perfettamente la persona che la polizia cercava.

Abbiamo cercato di descrivere i costumi del popolo sardo.

La luna descrive un cerchio intorno alla terra.

Gli allievi devono imparare a descrivere un cerchio con il compasso.

Can you describe to me what the man who attacked you looked like?

Give us a short description of the village you grew up in.

They gave him a perfect description of the person that the police were looking for.

We tried to give an account of the customs of the people of Sardegna.

The moon orbits (lit., *describes a circle around*) *the earth.*

The students have to learn how to draw a circle with a compass.

RELATED WORDS

descrivibile/indescrivibile

describable/indescribable

desiderare   *to wish (for), want, desire; crave*

desidero · desiderai · desiderato

regular -*are* verb;
trans. (aux. *avere*)

Presente · Present

desidero	desideriamo
desideri	desiderate
desidera	desiderano

Passato prossimo · Present perfect

ho desiderato	abbiamo desiderato
hai desiderato	avete desiderato
ha desiderato	hanno desiderato

Imperfetto · Imperfect

desideravo	desideravamo
desideravi	desideravate
desiderava	desideravano

Trapassato prossimo · Past perfect

avevo desiderato	avevamo desiderato
avevi desiderato	avevate desiderato
aveva desiderato	avevano desiderato

Passato remoto · Preterit

desiderai	desiderammo
desiderasti	desideraste
desiderò	desiderarono

Trapassato remoto · Preterit perfect

ebbi desiderato	avemmo desiderato
avesti desiderato	aveste desiderato
ebbe desiderato	ebbero desiderato

Futuro semplice · Future

desidererò	desidereremo
desidererai	desidererete
desidererà	desidereranno

Futuro anteriore · Future perfect

avrò desiderato	avremo desiderato
avrai desiderato	avrete desiderato
avrà desiderato	avranno desiderato

Condizionale presente · Present conditional

desidererei	desidereremmo
desidereresti	desiderereste
desidererebbe	desidererebbero

Condizionale passato · Perfect conditional

avrei desiderato	avremmo desiderato
avresti desiderato	avreste desiderato
avrebbe desiderato	avrebbero desiderato

Congiuntivo presente · Present subjunctive

desideri	desideriamo
desideri	desideriate
desideri	desiderino

Congiuntivo passato · Perfect subjunctive

abbia desiderato	abbiamo desiderato
abbia desiderato	abbiate desiderato
abbia desiderato	abbiano desiderato

Congiuntivo imperfetto · Imperfect subjunctive

desiderassi	desiderassimo
desiderassi	desideraste
desiderasse	desiderassero

Congiuntivo trapassato · Past perfect subjunctive

avessi desiderato	avessimo desiderato
avessi desiderato	aveste desiderato
avesse desiderato	avessero desiderato

Imperativo · Commands

	(non) desideriamo
desidera (non desiderare)	(non) desiderate
(non) desideri	(non) desiderino

Participio passato · Past participle	desiderato (-a/-i/-e)
Gerundio · Gerund	desiderando

Usage

Giuseppe desiderava solo fama e ricchezza.	*All Giuseppe wanted was fame and riches.*
Desideravano figli da molti anni.	*They had wanted children for many years.*
Benché desiderassero la pace, continuarono a combattersi.	*Although they desired peace, they continued to fight.*
Desidererei trovare un altro lavoro al più presto possibile.	*I would like to find other work as soon as possible.*
Desidero che loro se ne vadano subito.	*I want them to leave immediately.*
Signorina, è desiderata al telefono.	*Miss, you're wanted on the phone.*
— Signora, desidera?	*"Madam, what would you like?"*
— Un caffè, per favore.	*"Coffee, please."*
— Angela non è ancora arrivata?	*"Hasn't Angela arrived yet?"*
— No, si fa sempre desiderare.	*"No, she's taking her own sweet time."*
La qualità del lavoro lascia molto a desiderare.	*The quality of the work leaves much to be desired.*

regular -are verb;
trans. (aux. *avere*)

dichiaro · dichiarai · dichiarato

Presente · Present

dichiaro	dichiariamo
dichiari	dichiarate
dichiara	dichiarano

Imperfetto · Imperfect

dichiaravo	dichiaravamo
dichiaravi	dichiaravate
dichiarava	dichiaravano

Passato remoto · Preterit

dichiarai	dichiarammo
dichiarasti	dichiaraste
dichiarò	dichiararono

Futuro semplice · Future

dichiarerò	dichiareremo
dichiarerai	dichiarerete
dichiarerà	dichiareranno

Condizionale presente · Present conditional

dichiarerei	dichiareremmo
dichiareresti	dichiarereste
dichiarerebbe	dichiarerebbero

Congiuntivo presente · Present subjunctive

dichiari	dichiariamo
dichiari	dichiariate
dichiari	dichiarino

Congiuntivo imperfetto · Imperfect subjunctive

dichiarassi	dichiarassimo
dichiarassi	dichiaraste
dichiarasse	dichiarassero

Passato prossimo · Present perfect

ho dichiarato	abbiamo dichiarato
hai dichiarato	avete dichiarato
ha dichiarato	hanno dichiarato

Trapassato prossimo · Past perfect

avevo dichiarato	avevamo dichiarato
avevi dichiarato	avevate dichiarato
aveva dichiarato	avevano dichiarato

Trapassato remoto · Preterit perfect

ebbi dichiarato	avemmo dichiarato
avesti dichiarato	aveste dichiarato
ebbe dichiarato	ebbero dichiarato

Futuro anteriore · Future perfect

avrò dichiarato	avremo dichiarato
avrai dichiarato	avrete dichiarato
avrà dichiarato	avranno dichiarato

Condizionale passato · Perfect conditional

avrei dichiarato	avremmo dichiarato
avresti dichiarato	avreste dichiarato
avrebbe dichiarato	avrebbero dichiarato

Congiuntivo passato · Perfect subjunctive

abbia dichiarato	abbiamo dichiarato
abbia dichiarato	abbiate dichiarato
abbia dichiarato	abbiano dichiarato

Congiuntivo trapassato · Past perfect subjunctive

avessi dichiarato	avessimo dichiarato
avessi dichiarato	aveste dichiarato
avesse dichiarato	avessero dichiarato

Imperativo · Commands

	(non) dichiariamo
dichiara (non dichiarare)	(non) dichiarate
(non) dichiari	(non) dichiarino

Participio passato · Past participle	dichiarato (-a/-i/-e)
Gerundio · Gerund	dichiarando

Usage

La Germania dichiarò guerra alla Russia il primo agosto del 1914.

Germany declared war on Russia on August 1, 1914.

Il testimone dichiarò che aveva incontrato l'accusato quella sera.

The witness declared that he had met the defendant that evening.

Quando Paolo le ha dichiarato il suo amore, lei è rimasta totalmente sorpresa.

When Paolo professed his love for her, she was completely surprised.

Parlando con il giornalista, ha dichiarato le proprie intenzioni.

He announced his intentions while talking to the journalist.

Il principe fu dichiarato erede al trono.

The prince was named heir to the throne.

dichiararsi *to declare oneself; propose (marriage)*

Mi sono dichiarato favorevole all'iniziativa.

I declared myself to be in favor of the initiative.

Goffredo era innamoratissimo di Sara ma aveva paura di dichiararsi.

Goffredo was very much in love with Sara but was afraid to propose.

difendere   *to defend, protect; stand up for*

difendo · difesi · difeso

irregular -*ere* verb;
trans. (aux. *avere*)

Presente · Present		Passato prossimo · Present perfect	
difendo	difendiamo	ho difeso	abbiamo difeso
difendi	difendete	hai difeso	avete difeso
difende	difendono	ha difeso	hanno difeso

Imperfetto · Imperfect		Trapassato prossimo · Past perfect	
difendevo	difendevamo	avevo difeso	avevamo difeso
difendevi	difendevate	avevi difeso	avevate difeso
difendeva	difendevano	aveva difeso	avevano difeso

Passato remoto · Preterit		Trapassato remoto · Preterit perfect	
difesi	difendemmo	ebbi difeso	avemmo difeso
difendesti	difendeste	avesti difeso	aveste difeso
difese	difesero	ebbe difeso	ebbero difeso

Futuro semplice · Future		Futuro anteriore · Future perfect	
difenderò	difenderemo	avrò difeso	avremo difeso
difenderai	difenderete	avrai difeso	avrete difeso
difenderà	difenderanno	avrà difeso	avranno difeso

Condizionale presente · Present conditional		Condizionale passato · Perfect conditional	
difenderei	difenderemmo	avrei difeso	avremmo difeso
difenderesti	difendereste	avresti difeso	avreste difeso
difenderebbe	difenderebbero	avrebbe difeso	avrebbero difeso

Congiuntivo presente · Present subjunctive		Congiuntivo passato · Perfect subjunctive	
difenda	difendiamo	abbia difeso	abbiamo difeso
difenda	difendiate	abbia difeso	abbiate difeso
difenda	difendano	abbia difeso	abbiano difeso

Congiuntivo imperfetto · Imperfect subjunctive		Congiuntivo trapassato · Past perfect subjunctive	
difendessi	difendessimo	avessi difeso	avessimo difeso
difendessi	difendeste	avessi difeso	aveste difeso
difendesse	difendessero	avesse difeso	avessero difeso

Imperativo · Commands

	(non) difendiamo
difendi (non difendere)	(non) difendete
(non) difenda	(non) difendano

Participio passato · Past participle	difeso (-a/-i/-e)
Gerundio · Gerund	difendendo

Usage

L'avvocato ha difeso il suo cliente contro le accuse.
Il mio amico mi difese dai colpi degli aggressori.
È importante che difendiamo questi bambini
   dal freddo.

La nostra squadra non ha potuto difendere la palla
   per l'intera durata della partita.
Difendeva gli occhi dal sole con gli occhiali.
Difendiamo i diritti dei bambini in tutto il mondo.

The lawyer defended his client against the accusations.
My friend defended me against the attackers' punches.
It's important to protect these children from the cold.

Our team was unable to protect the ball for the entire
   duration of the game.
He was protecting his eyes from the sun with sunglasses.
Let's stand up for the rights of children all over the
   world.

difendersi *to defend oneself (against); manage, get by*

È necessario che un paese si difenda contro
   il nemico.
Non ero un genio in fisica, ma mi difendevo.

It's necessary for a country to defend itself against
   the enemy.
I wasn't a genius in physics, but I got by.

irregular -ere verb;
trans. (aux. avere)

diffondo · diffusi · diffuso

Presente · Present		Passato prossimo · Present perfect	
diffondo	diffondiamo	ho diffuso	abbiamo diffuso
diffondi	diffondete	hai diffuso	avete diffuso
diffonde	diffondono	ha diffuso	hanno diffuso

Imperfetto · Imperfect		Trapassato prossimo · Past perfect	
diffondevo	diffondevamo	avevo diffuso	avevamo diffuso
diffondevi	diffondevate	avevi diffuso	avevate diffuso
diffondeva	diffondevano	aveva diffuso	avevano diffuso

Passato remoto · Preterit		Trapassato remoto · Preterit perfect	
diffusi	diffondemmo	ebbi diffuso	avemmo diffuso
diffondesti	diffondeste	avesti diffuso	aveste diffuso
diffuse	diffusero	ebbe diffuso	ebbero diffuso

Futuro semplice · Future		Futuro anteriore · Future perfect	
diffonderò	diffonderemo	avrò diffuso	avremo diffuso
diffonderai	diffonderete	avrai diffuso	avrete diffuso
diffonderà	diffonderanno	avrà diffuso	avranno diffuso

Condizionale presente · Present conditional		Condizionale passato · Perfect conditional	
diffonderei	diffonderemmo	avrei diffuso	avremmo diffuso
diffonderesti	diffondereste	avresti diffuso	avreste diffuso
diffonderebbe	diffonderebbero	avrebbe diffuso	avrebbero diffuso

Congiuntivo presente · Present subjunctive		Congiuntivo passato · Perfect subjunctive	
diffonda	diffondiamo	abbia diffuso	abbiamo diffuso
diffonda	diffondiate	abbia diffuso	abbiate diffuso
diffonda	diffondano	abbia diffuso	abbiano diffuso

Congiuntivo imperfetto · Imperfect subjunctive		Congiuntivo trapassato · Past perfect subjunctive	
diffondessi	diffondessimo	avessi diffuso	avessimo diffuso
diffondessi	diffondeste	avessi diffuso	aveste diffuso
diffondesse	diffondessero	avesse diffuso	avessero diffuso

Imperativo · Commands

	(non) diffondiamo
diffondi (non diffondere)	(non) diffondete
(non) diffonda	(non) diffondano

Participio passato · Past participle	diffuso (-a/-i/-e)
Gerundio · Gerund	diffondendo

Usage

Bisogna identificare le persone che hanno diffuso quelle bugie.	*We must identify the people who circulated those lies.*
La lampada diffondeva una luce piacevole nel salotto.	*The lamp diffused a pleasant glow in the living room.*
La diceria che il presidente avrebbe divorziato è stata diffusa subito dai suoi avversari.	*The rumor that the president would get a divorce was immediately publicized by his opponents.*
Nessuna rete televisiva ha voluto diffondere quella notizia.	*No TV station has wanted to broadcast that news item.*

diffondersi *to spread (out), waft; become widespread*

La malattia si diffonderà rapidamente in tutto il paese se non ci proteggiamo.	*The illness will spread quickly throughout the country if we don't protect ourselves.*
Il caldo si è diffuso in tutta la casa.	*The warmth spread through the whole house.*
L'uso dei computer nel lavoro si diffuse lentamente.	*Use of computers on the job slowly became widespread.*

digerire   *to digest, absorb; let cool, work off; stomach, put up with*

digerisco · digerii · digerito

regular -*ire* verb (-*isc*- type);
trans. (aux. *avere*)

Presente · Present		Passato prossimo · Present perfect	
digerisco	digeriamo	ho digerito	abbiamo digerito
digerisci	digerite	hai digerito	avete digerito
digerisce	digeriscono	ha digerito	hanno digerito

Imperfetto · Imperfect		Trapassato prossimo · Past perfect	
digerivo	digerivamo	avevo digerito	avevamo digerito
digerivi	digerivate	avevi digerito	avevate digerito
digeriva	digerivano	aveva digerito	avevano digerito

Passato remoto · Preterit		Trapassato remoto · Preterit perfect	
digerii	digerimmo	ebbi digerito	avemmo digerito
digeristi	digeriste	avesti digerito	aveste digerito
digerì	digerirono	ebbe digerito	ebbero digerito

Futuro semplice · Future		Futuro anteriore · Future perfect	
digerirò	digeriremo	avrò digerito	avremo digerito
digerirai	digerirete	avrai digerito	avrete digerito
digerirà	digeriranno	avrà digerito	avranno digerito

Condizionale presente · Present conditional		Condizionale passato · Perfect conditional	
digerirei	digeriremmo	avrei digerito	avremmo digerito
digeriresti	digerireste	avresti digerito	avreste digerito
digerirebbe	digerirebbero	avrebbe digerito	avrebbero digerito

Congiuntivo presente · Present subjunctive		Congiuntivo passato · Perfect subjunctive	
digerisca	digeriamo	abbia digerito	abbiamo digerito
digerisca	digeriate	abbia digerito	abbiate digerito
digerisca	digeriscano	abbia digerito	abbiano digerito

Congiuntivo imperfetto · Imperfect subjunctive		Congiuntivo trapassato · Past perfect subjunctive	
digerissi	digerissimo	avessi digerito	avessimo digerito
digerissi	digeriste	avessi digerito	aveste digerito
digerisse	digerissero	avesse digerito	avessero digerito

Imperativo · Commands	
	(non) digeriamo
digerisci (non digerire)	(non) digerite
(non) digerisca	(non) digeriscano

Participio passato · Past participle   digerito (-a/-i/-e)

Gerundio · Gerund   digerendo

Usage

Non mi sento bene. Forse non ho digerito bene la cena di ieri sera.

I don't feel well. Maybe last night's dinner didn't sit well with me.

Ornella mangia tutto; digerirebbe anche i sassi.

Ornella can eat anything; she has a stomach of iron (lit., she could even digest stones).

Roberto digerì la teoria della relatività di Einstein in alcuni giorni.

Roberto absorbed Einstein's theory of relativity in just a couple of days.

Aspetta un po', perché non ha ancora digerito la rabbia.

Wait a minute, because she hasn't reined in her anger yet.

Dopo che avrai digerito la sbornia, potrai mangiare.

You can eat after you've worked off your hangover.

I loro insulti erano difficili da digerire.

Their insults were hard to stomach.

Non mi piace andare in campeggio, perché non posso digerire le scomodità.

I don't like to go camping, because I can't put up with the inconveniences.

Non invitare i Russo... non posso digerirli.

Don't invite the Russos . . . I can't stand them.

Non si può digerire più quella violenza.

That violence can no longer be tolerated.

regular *-ire* verb (*-isc-* type);
intrans. (aux. *essere*)

dimagrisco · dimagrii · dimagrito

Presente · Present		Passato prossimo · Present perfect	
dimagrisco	dimagriamo	sono dimagrito (-a)	siamo dimagriti (-e)
dimagrisci	dimagrite	sei dimagrito (-a)	siete dimagriti (-e)
dimagrisce	dimagriscono	è dimagrito (-a)	sono dimagriti (-e)

Imperfetto · Imperfect		Trapassato prossimo · Past perfect	
dimagrivo	dimagrivamo	ero dimagrito (-a)	eravamo dimagriti (-e)
dimagrivi	dimagrivate	eri dimagrito (-a)	eravate dimagriti (-e)
dimagriva	dimagrivano	era dimagrito (-a)	erano dimagriti (-e)

Passato remoto · Preterit		Trapassato remoto · Preterit perfect	
dimagrii	dimagrimmo	fui dimagrito (-a)	fummo dimagriti (-e)
dimagristi	dimagriste	fosti dimagrito (-a)	foste dimagriti (-e)
dimagrì	dimagrirono	fu dimagrito (-a)	furono dimagriti (-e)

Futuro semplice · Future		Futuro anteriore · Future perfect	
dimagrirò	dimagriremo	sarò dimagrito (-a)	saremo dimagriti (-e)
dimagrirai	dimagrirete	sarai dimagrito (-a)	sarete dimagriti (-e)
dimagrirà	dimagriranno	sarà dimagrito (-a)	saranno dimagriti (-e)

Condizionale presente · Present conditional		Condizionale passato · Perfect conditional	
dimagrirei	dimagriremmo	sarei dimagrito (-a)	saremmo dimagriti (-e)
dimagriresti	dimagrireste	saresti dimagrito (-a)	sareste dimagriti (-e)
dimagrirebbe	dimagrirebbero	sarebbe dimagrito (-a)	sarebbero dimagriti (-e)

Congiuntivo presente · Present subjunctive		Congiuntivo passato · Perfect subjunctive	
dimagrisca	dimagriamo	sia dimagrito (-a)	siamo dimagriti (-e)
dimagrisca	dimagriate	sia dimagrito (-a)	siate dimagriti (-e)
dimagrisca	dimagriscano	sia dimagrito (-a)	siano dimagriti (-e)

Congiuntivo imperfetto · Imperfect subjunctive		Congiuntivo trapassato · Past perfect subjunctive	
dimagrissi	dimagrissimo	fossi dimagrito (-a)	fossimo dimagriti (-e)
dimagrissi	dimagriste	fossi dimagrito (-a)	foste dimagriti (-e)
dimagrisse	dimagrissero	fosse dimagrito (-a)	fossero dimagriti (-e)

Imperativo · Commands

	(non) dimagriamo
dimagrisci (non dimagrire)	(non) dimagrite
(non) dimagrisca	(non) dimagriscano

Participio passato · Past participle dimagrito (-a/-i/-e)
Gerundio · Gerund dimagrendo

Usage

Molte persone non dimagriscono perché mangiano troppo grasso.

Many people don't lose weight because they eat too much fat.

— Carmela è dimagrita?

"Has Carmela lost weight?"

— Sì, è dimagrita di cinque chili.

"Yes, she's lost 5 kilograms."

— Come va la nuova dieta?

"How's the new diet going?"

— Ma che dieta! Non sono dimagrito affatto.

"What diet! I haven't lost any weight."

Con questa dieta dimagrirete molto in poco tempo senza avere fame.

With this diet, you will lose a lot of weight in a short time without going hungry.

I vestiti scuri dimagriscono, mentre i vestiti chiari ingrassano.

Dark clothes make you look thinner, while light clothes make you look fatter.

RELATED EXPRESSIONS

dimagrare
fare una cura dimagrante

to make thinner (trans.); *to lose weight* (intrans.)
to be on a diet

dimenticare *to forget, overlook; leave out/behind; neglect*

dimentico · dimenticai · dimenticato

regular *-are* verb, *c* > *ch/e, i*;
trans. (aux. *avere*)

Presente · Present

dimentico	dimentichiamo
dimentichi	dimenticate
dimentica	dimenticano

Imperfetto · Imperfect

dimenticavo	dimenticavamo
dimenticavi	dimenticavate
dimenticava	dimenticavano

Passato remoto · Preterit

dimenticai	dimenticammo
dimenticasti	dimenticaste
dimenticò	dimenticarono

Futuro semplice · Future

dimenticherò	dimenticheremo
dimenticherai	dimenticherete
dimenticherà	dimenticheranno

Condizionale presente · Present conditional

dimenticherei	dimenticheremmo
dimenticheresti	dimentichereste
dimenticherebbe	dimenticherebbero

Congiuntivo presente · Present subjunctive

dimentichi	dimentichiamo
dimentichi	dimentichiate
dimentichi	dimentichino

Congiuntivo imperfetto · Imperfect subjunctive

dimenticassi	dimenticassimo
dimenticassi	dimenticaste
dimenticasse	dimenticassero

Passato prossimo · Present perfect

ho dimenticato	abbiamo dimenticato
hai dimenticato	avete dimenticato
ha dimenticato	hanno dimenticato

Trapassato prossimo · Past perfect

avevo dimenticato	avevamo dimenticato
avevi dimenticato	avevate dimenticato
aveva dimenticato	avevano dimenticato

Trapassato remoto · Preterit perfect

ebbi dimenticato	avemmo dimenticato
avesti dimenticato	aveste dimenticato
ebbe dimenticato	ebbero dimenticato

Futuro anteriore · Future perfect

avrò dimenticato	avremo dimenticato
avrai dimenticato	avrete dimenticato
avrà dimenticato	avranno dimenticato

Condizionale passato · Perfect conditional

avrei dimenticato	avremmo dimenticato
avresti dimenticato	avreste dimenticato
avrebbe dimenticato	avrebbero dimenticato

Congiuntivo passato · Perfect subjunctive

abbia dimenticato	abbiamo dimenticato
abbia dimenticato	abbiate dimenticato
abbia dimenticato	abbiano dimenticato

Congiuntivo trapassato · Past perfect subjunctive

avessi dimenticato	avessimo dimenticato
avessi dimenticato	aveste dimenticato
avesse dimenticato	avessero dimenticato

Imperativo · Commands

	(non) dimentichiamo
dimentica (non dimenticare)	(non) dimenticate
(non) dimentichi	(non) dimentichino

Participio passato · Past participle	dimenticato (-a/-i/-e)
Gerundio · Gerund	dimenticando

Usage

Non dimenticherai di portarmi il libro, vero?	*You won't forget to bring me the book, will you?*
Non dimenticare ciò che ti ho detto.	*Don't forget what I told you.*
Non so perché l'abbiamo dimenticato.	*I don't know why we overlooked it.*
Ho dimenticato la mia giacca a casa tua.	*I left my jacket at your house.*
È triste che Salvatore fosse dimenticato dagli amici.	*It's sad that Salvatore was slighted by his friends.*
Se dimenticassero i propri doveri, sarebbero espulsi.	*If they were to neglect their duties, they would be expelled.*

dimenticarsi *to forget (about), forget (to)*

Ci siamo dimenticati del suo compleanno.	*We forgot about his birthday.*
Me ne sono dimenticato completamente.	*I completely forgot about it.*
Sono sicuro che non si dimenticherà di comprare il riso.	*I'm sure he won't forget to buy the rice.*

regular -ire verb (-isc- type);
trans. (aux. *avere*)/intrans. (aux. *essere*)

diminuisco · diminuii · diminuito

NOTE *Diminuire* is conjugated here with *avere*; when used intransitively, it is conjugated with *essere*.

Presente · Present

diminuisco	diminuiamo
diminuisci	diminuite
diminuisce	diminuiscono

Passato prossimo · Present perfect

ho diminuito	abbiamo diminuito
hai diminuito	avete diminuito
ha diminuito	hanno diminuito

Imperfetto · Imperfect

diminuivo	diminuivamo
diminuivi	diminuivate
diminuiva	diminuivano

Trapassato prossimo · Past perfect

avevo diminuito	avevamo diminuito
avevi diminuito	avevate diminuito
aveva diminuito	avevano diminuito

Passato remoto · Preterit

diminuii	diminuimmo
diminuisti	diminuiste
diminuì	diminuirono

Trapassato remoto · Preterit perfect

ebbi diminuito	avemmo diminuito
avesti diminuito	aveste diminuito
ebbe diminuito	ebbero diminuito

Futuro semplice · Future

diminuirò	diminuiremo
diminuirai	diminuirete
diminuirà	diminuiranno

Futuro anteriore · Future perfect

avrò diminuito	avremo diminuito
avrai diminuito	avrete diminuito
avrà diminuito	avranno diminuito

Condizionale presente · Present conditional

diminuirei	diminuiremmo
diminuiresti	diminuireste
diminuirebbe	diminuirebbero

Condizionale passato · Perfect conditional

avrei diminuito	avremmo diminuito
avresti diminuito	avreste diminuito
avrebbe diminuito	avrebbero diminuito

Congiuntivo presente · Present subjunctive

diminuisca	diminuiamo
diminuisca	diminuiate
diminuisca	diminuiscano

Congiuntivo passato · Perfect subjunctive

abbia diminuito	abbiamo diminuito
abbia diminuito	abbiate diminuito
abbia diminuito	abbiano diminuito

Congiuntivo imperfetto · Imperfect subjunctive

diminuissi	diminuissimo
diminuissi	diminuiste
diminuisse	diminuissero

Congiuntivo trapassato · Past perfect subjunctive

avessi diminuito	avessimo diminuito
avessi diminuito	aveste diminuito
avesse diminuito	avessero diminuito

Imperativo · Commands

	(non) diminuiamo
diminuisci (non diminuire)	(non) diminuite
(non) diminuisca	(non) diminuiscano

Participio passato · Past participle	diminuito (-a/-i/-e)
Gerundio · Gerund	diminuendo

Usage

L'azienda multinazionale ha diminuito il prezzo di molti prodotti.	*The multinational corporation lowered the price of several products.*
Il pilota ha diminuito la velocità dell'aereo.	*The pilot reduced the speed of the airplane.*
È importantissimo diminuire il costo della produzione della nostra merce.	*It's very important to lower the production cost of our goods.*
La guerra civile diminuì la ricchezza del paese.	*The civil war eroded the country's wealth.*
L'influenza del presidente sui sindacati è diminuita molto, di recente.	*The president's influence on trade unions has weakened a fair amount recently.*
Il costo della vita non era diminuito per niente.	*The cost of living hadn't gone down at all.*
Il fatturato è diminuito del 10% rispetto all'anno precedente.	*Turnover decreased by 10% compared to the previous year.*
Per fortuna il gran caldo è diminuito un po'.	*Luckily the extreme heat has lessened somewhat.*
Il vento finalmente diminuì dopo due giorni.	*The wind finally died down after two days.*

dipendere *to depend (on); be answerable/subordinate (to); be caused (by)*

dipendo · dipesi · dipeso

irregular -*ere* verb;
intrans. (aux. *essere*)

Presente · Present	
dipendo	dipendiamo
dipendi	dipendete
dipende	dipendono

Passato prossimo · Present perfect	
sono dipeso (-a)	siamo dipesi (-e)
sei dipeso (-a)	siete dipesi (-e)
è dipeso (-a)	sono dipesi (-e)

Imperfetto · Imperfect	
dipendevo	dipendevamo
dipendevi	dipendevate
dipendeva	dipendevano

Trapassato prossimo · Past perfect	
ero dipeso (-a)	eravamo dipesi (-e)
eri dipeso (-a)	eravate dipesi (-e)
era dipeso (-a)	erano dipesi (-e)

Passato remoto · Preterit	
dipesi	dipendemmo
dipendesti	dipendeste
dipese	dipesero

Trapassato remoto · Preterit perfect	
fui dipeso (-a)	fummo dipesi (-e)
fosti dipeso (-a)	foste dipesi (-e)
fu dipeso (-a)	furono dipesi (-e)

Futuro semplice · Future	
dipenderò	dipenderemo
dipenderai	dipenderete
dipenderà	dipenderanno

Futuro anteriore · Future perfect	
sarò dipeso (-a)	saremo dipesi (-e)
sarai dipeso (-a)	sarete dipesi (-e)
sarà dipeso (-a)	saranno dipesi (-e)

Condizionale presente · Present conditional	
dipenderei	dipenderemmo
dipenderesti	dipendereste
dipenderebbe	dipenderebbero

Condizionale passato · Perfect conditional	
sarei dipeso (-a)	saremmo dipesi (-e)
saresti dipeso (-a)	sareste dipesi (-e)
sarebbe dipeso (-a)	sarebbero dipesi (-e)

Congiuntivo presente · Present subjunctive	
dipenda	dipendiamo
dipenda	dipendiate
dipenda	dipendano

Congiuntivo passato · Perfect subjunctive	
sia dipeso (-a)	siamo dipesi (-e)
sia dipeso (-a)	siate dipesi (-e)
sia dipeso (-a)	siano dipesi (-e)

Congiuntivo imperfetto · Imperfect subjunctive	
dipendessi	dipendessimo
dipendessi	dipendeste
dipendesse	dipendessero

Congiuntivo trapassato · Past perfect subjunctive	
fossi dipeso (-a)	fossimo dipesi (-e)
fossi dipeso (-a)	foste dipesi (-e)
fosse dipeso (-a)	fossero dipesi (-e)

Imperativo · Commands	
	(non) dipendiamo
dipendi (non dipendere)	(non) dipendete
(non) dipenda	(non) dipendano

Participio passato · Past participle	dipeso (-a/-i/-e)
Gerundio · Gerund	dipendendo

Usage

Dipende da te se vuoi farlo o no.	*It depends on you whether you want to do it or not.*
Se dipendesse da lei, se ne andrebbero subito.	*If it depended on her, they would leave immediately.*
— Dove andrai questo fine settimana?	*"Where are you going this weekend?"*
— Non so. Dipende.	*"I don't know. It depends."*
La nostra filiale dipende direttamente dalla sede centrale.	*Our branch is directly responsible to the main office.*
Il superiore da cui dipendeva è stato licenziato inaspettatamente.	*The boss he answered to was fired unexpectedly.*
Il ritardo dell'aereo è dipeso dal cattivo tempo.	*The airplane delay was caused by bad weather.*

RELATED EXPRESSIONS

il/la dipendente	*employee*
la (proposizione) dipendente	*subordinate clause*

irregular -ere verb;
trans. (aux. avere)

dipingo · dipinsi · dipinto

Presente · Present

dipingo	dipingiamo
dipingi	dipingete
dipinge	dipingono

Imperfetto · Imperfect

dipingevo	dipingevamo
dipingevi	dipingevate
dipingeva	dipingevano

Passato remoto · Preterit

dipinsi	dipingemmo
dipingesti	dipingeste
dipinse	dipinsero

Futuro semplice · Future

dipingerò	dipingeremo
dipingerai	dipingerete
dipingerà	dipingeranno

Condizionale presente · Present conditional

dipingerei	dipingeremmo
dipingeresti	dipingereste
dipingerebbe	dipingerebbero

Congiuntivo presente · Present subjunctive

dipinga	dipingiamo
dipinga	dipingiate
dipinga	dipingano

Congiuntivo imperfetto · Imperfect subjunctive

dipingessi	dipingessimo
dipingessi	dipingeste
dipingesse	dipingessero

Imperativo · Commands

	(non) dipingiamo
dipingi (non dipingere)	(non) dipingete
(non) dipinga	(non) dipingano

Participio passato · Past participle — dipinto (-a/-i/-e)

Gerundio · Gerund — dipingendo

Passato prossimo · Present perfect

ho dipinto	abbiamo dipinto
hai dipinto	avete dipinto
ha dipinto	hanno dipinto

Trapassato prossimo · Past perfect

avevo dipinto	avevamo dipinto
avevi dipinto	avevate dipinto
aveva dipinto	avevano dipinto

Trapassato remoto · Preterit perfect

ebbi dipinto	avemmo dipinto
avesti dipinto	aveste dipinto
ebbe dipinto	ebbero dipinto

Futuro anteriore · Future perfect

avrò dipinto	avremo dipinto
avrai dipinto	avrete dipinto
avrà dipinto	avranno dipinto

Condizionale passato · Perfect conditional

avrei dipinto	avremmo dipinto
avresti dipinto	avreste dipinto
avrebbe dipinto	avrebbero dipinto

Congiuntivo passato · Perfect subjunctive

abbia dipinto	abbiamo dipinto
abbia dipinto	abbiate dipinto
abbia dipinto	abbiano dipinto

Congiuntivo trapassato · Past perfect subjunctive

avessi dipinto	avessimo dipinto
avessi dipinto	aveste dipinto
avesse dipinto	avessero dipinto

Usage

Ha imparato a dipingere all'età di sessant'anni.	*He learned to paint at the age of sixty.*
Preferisci dipingere dei paesaggi o dei ritratti?	*Do you prefer to paint landscapes or portraits?*
Abbiamo dipinto i muri del salotto di verde.	*We painted the living room walls green.*
L'autore dipinse perfettamente la situazione sociale degli anni cinquanta in Italia.	*The author perfectly depicted the social situation in Italy in the fifties.*
L'attrice dipinge una giovane madre che affronta una scelta difficile.	*The actress portrays a young mother who faces a difficult choice.*

dipingersi *to show, be the picture of; use makeup; turn* (red, etc.)

Le si è dipinta sul viso la delusione.	*Disappointment showed on her face.*
Il cielo si dipinse di rosso in pochi minuti.	*The sky turned red in just a few minutes.*
Si dipingeva le labbra di rosso.	*She painted her lips red.*

dire qualcosa *to say something*

Mi ha detto la sua opinione.	*He gave me his opinion.*
Non dirlo a nessuno!	*Don't tell anyone!*
Il giornale non dice niente a proposito.	*The paper doesn't mention anything on the subject.*

dire che *to say that*

Alessandro diceva che aveva letto il libro.	*Alessandro was saying that he had read the book.*
Ti diremo che cosa dovrai fare.	*We'll tell you what you have to do.*

dire + interrogative word

Il maestro le ha detto quanto era brava.	*The teacher told her how good she was.*
Non ci dicono mai dove vanno.	*They never tell us where they're going.*

dire ciò che/quel che *to say what*

Gli direi semplicemente ciò che era successo.	*I would simply tell him what had happened.*
Quel che si doveva dire, è stato detto.	*What had to be said was said.*

dire a qualcuno di + infinitive *to tell someone to (do something)*

Dille di venire a casa mia domani sera.	*Tell her to come to my house tomorrow night.*
Non avevano detto loro di andare in piscina.	*They hadn't told them to go to the swimming pool.*

far dire *to make (someone) say/tell*

Ce l'ha fatto dire da sua madre.	*He had his mother tell us.*
Non farmelo dire due volte.	*Don't make me say it again.*

dirsi *to tell oneself/each other; call oneself*

Mi sono detto: "Va bene, andiamo".	*I told myself, "All right, let's go."*
Le due ragazze si sono dette arrivederci.	*The two girls said goodbye to each other.*
Si diceva esperto di football americano.	*He claimed to be an expert on American football.*

IDIOMATIC EXPRESSIONS

a dire il vero...	*to tell the truth . . .*
a dir poco...	*to say the least . . .*
per meglio dire...	*to be precise . . .*
per così dire	*so to speak*
La dice giusta.	*He's calling it like it is.*
La dice grossa.	*He's lying/exaggerating.*
Ne dice tante.	*He's talking nonsense.*
Ne dice quattro a qualcuno.	*He's telling someone off.*
Dico sul serio!	*I'm serious!*
Non c'è che dire.	*Wow!*
Ho avuto a che dire con lei.	*I've had words with her.*
Il che è tutto dire.	*Need I say more?*

PROVERBS

Dimmi con chi vai e ti dirò chi sei.	*You can tell a person by the company he/she keeps.*
Tra il dire e il fare c'è di mezzo il mare.	*Easier said than done.*

TOP 50 VERBS

irregular *-ire* verb;
trans. (aux. *avere*)

dico · dissi · detto

Presente · Present

dico	diciamo
dici	dite
dice	dicono

Imperfetto · Imperfect

dicevo	dicevamo
dicevi	dicevate
diceva	dicevano

Passato remoto · Preterit

dissi	dicemmo
dicesti	diceste
disse	dissero

Futuro semplice · Future

dirò	diremo
dirai	direte
dirà	diranno

Condizionale presente · Present conditional

direi	diremmo
diresti	direste
direbbe	direbbero

Congiuntivo presente · Present subjunctive

dica	diciamo
dica	diciate
dica	dicano

Congiuntivo imperfetto · Imperfect subjunctive

dicessi	dicessimo
dicessi	diceste
dicesse	dicessero

Imperativo · Commands

	(non) diciamo
di' (non dire)	(non) dite
(non) dica	(non) dicano

Passato prossimo · Present perfect

ho detto	abbiamo detto
hai detto	avete detto
ha detto	hanno detto

Trapassato prossimo · Past perfect

avevo detto	avevamo detto
avevi detto	avevate detto
aveva detto	avevano detto

Trapassato remoto · Preterit perfect

ebbi detto	avemmo detto
avesti detto	aveste detto
ebbe detto	ebbero detto

Futuro anteriore · Future perfect

avrò detto	avremo detto
avrai detto	avrete detto
avrà detto	avranno detto

Condizionale passato · Perfect conditional

avrei detto	avremmo detto
avresti detto	avreste detto
avrebbe detto	avrebbero detto

Congiuntivo passato · Perfect subjunctive

abbia detto	abbiamo detto
abbia detto	abbiate detto
abbia detto	abbiano detto

Congiuntivo trapassato · Past perfect subjunctive

avessi detto	avessimo detto
avessi detto	aveste detto
avesse detto	avessero detto

Participio passato · Past participle   detto (-a/-i/-e)

Gerundio · Gerund   dicendo

Usage

Ha detto che sarebbero andati al mare.
Non sapevo cosa dire.
Come si dice "bicchiere" in inglese?
Ha detto la verità.
Mi si dice che il nuovo vino è delizioso.
Potresti dire quella poesia a memoria?
Quel titolo non mi dice niente.
Come sarebbe a dire?
È partito per l'America. Chi l'avrebbe mai detto?
Devo dire che quella persona mi sembra molto
   affidabile.

— Mi dica, signora.
— Vorrei provare quelle scarpe nere.

She said that they would go to the beach.
I didn't know what to say.
How do you say "bicchiere" in English?
He spoke the truth.
I'm told the new wine is excellent.
Could you recite that poem from memory?
That title doesn't mean anything to me.
What do you mean?
He went to America. Who would have thought?
I have to admit that person appears to be very
   trustworthy.
"Can I help you, madam?"
"I would like to try on those black shoes over there."

dirigere *to manage, direct, conduct; turn; edit; aim*

dirigo · diressi · diretto

irregular *-ere* verb;
trans. (aux. *avere*)

Presente · Present

dirigo	dirigiamo
dirigi	dirigete
dirige	dirigono

Imperfetto · Imperfect

dirigevo	dirigevamo
dirigevi	dirigevate
dirigeva	dirigevano

Passato remoto · Preterit

diressi	dirigemmo
dirigesti	dirigeste
diresse	diressero

Futuro semplice · Future

dirigerò	dirigeremo
dirigerai	dirigerete
dirigerà	dirigeranno

Condizionale presente · Present conditional

dirigerei	dirigeremmo
dirigeresti	dirigereste
dirigerebbe	dirigerebbero

Congiuntivo presente · Present subjunctive

diriga	dirigiamo
diriga	dirigiate
diriga	dirigano

Congiuntivo imperfetto · Imperfect subjunctive

dirigessi	dirigessimo
dirigessi	dirigeste
dirigesse	dirigessero

Imperativo · Commands

	(non) dirigiamo
dirigi (non dirigere)	(non) dirigete
(non) diriga	(non) dirigano

Participio passato · Past participle	diretto (-a/-i/-e)
Gerundio · Gerund	dirigendo

Passato prossimo · Present perfect

ho diretto	abbiamo diretto
hai diretto	avete diretto
ha diretto	hanno diretto

Trapassato prossimo · Past perfect

avevo diretto	avevamo diretto
avevi diretto	avevate diretto
aveva diretto	avevano diretto

Trapassato remoto · Preterit perfect

ebbi diretto	avemmo diretto
avesti diretto	aveste diretto
ebbe diretto	ebbero diretto

Futuro anteriore · Future perfect

avrò diretto	avremo diretto
avrai diretto	avrete diretto
avrà diretto	avranno diretto

Condizionale passato · Perfect conditional

avrei diretto	avremmo diretto
avresti diretto	avreste diretto
avrebbe diretto	avrebbero diretto

Congiuntivo passato · Perfect subjunctive

abbia diretto	abbiamo diretto
abbia diretto	abbiate diretto
abbia diretto	abbiano diretto

Congiuntivo trapassato · Past perfect subjunctive

avessi diretto	avessimo diretto
avessi diretto	aveste diretto
avesse diretto	avessero diretto

Usage

Mio fratello dirige la banca da sei anni.	*My brother has been managing the bank for six years.*
L'agente dirigeva il traffico all'incrocio.	*The policeman was directing traffic at the intersection.*
Chi dirigerà l'orchestra l'anno prossimo?	*Who will conduct the orchestra next year?*
Vorrei dirigere la vostra attenzione su quella scultura.	*I would like to direct your attention to that statue.*
Avrebbe diretto la rivista per molti anni di più se non si fosse ammalato.	*He would have edited the magazine for many more years if he hadn't gotten sick.*
Le loro critiche si dirigono soprattutto contro i paesi occidentali.	*Their criticisms are aimed mostly at Western countries.*
— Dove sei diretto? — A casa.	*"Where are you heading?" "Home."*

dirigersi *to make one's way (to), head (for)*

Si sono diretti verso il supermercato più vicino.	*They headed for the nearest supermarket.*
L'aereo si dirigeva verso Roma.	*The plane was heading for Rome.*

irregular -*ere* verb;
trans./intrans. (aux. *avere*)

discuto · discussi · discusso

Presente · Present

discuto	discutiamo
discuti	discutete
discute	discutono

Imperfetto · Imperfect

discutevo	discutevamo
discutevi	discutevate
discuteva	discutevano

Passato remoto · Preterit

discussi/discutei	discutemmo
discutesti	discuteste
discusse/discuté	discussero/discuterono

Futuro semplice · Future

discuterò	discuteremo
discuterai	discuterete
discuterà	discuteranno

Condizionale presente · Present conditional

discuterei	discuteremmo
discuteresti	discutereste
discuterebbe	discuterebbero

Congiuntivo presente · Present subjunctive

discuta	discutiamo
discuta	discutiate
discuta	discutano

Congiuntivo imperfetto · Imperfect subjunctive

discutessi	discutessimo
discutessi	discuteste
discutesse	discutessero

Imperativo · Commands

	(non) discutiamo
discuti (non discutere)	(non) discutete
(non) discuta	(non) discutano

Participio passato · Past participle	discusso (-a/-i/-e)
Gerundio · Gerund	discutendo

Passato prossimo · Present perfect

ho discusso	abbiamo discusso
hai discusso	avete discusso
ha discusso	hanno discusso

Trapassato prossimo · Past perfect

avevo discusso	avevamo discusso
avevi discusso	avevate discusso
aveva discusso	avevano discusso

Trapassato remoto · Preterit perfect

ebbi discusso	avemmo discusso
avesti discusso	aveste discusso
ebbe discusso	ebbero discusso

Futuro anteriore · Future perfect

avrò discusso	avremo discusso
avrai discusso	avrete discusso
avrà discusso	avranno discusso

Condizionale passato · Perfect conditional

avrei discusso	avremmo discusso
avresti discusso	avreste discusso
avrebbe discusso	avrebbero discusso

Congiuntivo passato · Perfect subjunctive

abbia discusso	abbiamo discusso
abbia discusso	abbiate discusso
abbia discusso	abbiano discusso

Congiuntivo trapassato · Past perfect subjunctive

avessi discusso	avessimo discusso
avessi discusso	aveste discusso
avesse discusso	avessero discusso

Usage

Sarebbe meglio discutere la questione con calma.
Abbiamo discusso il Suo piano per molte ore.
Loro discuterebbero di calcio per tutta la sera.
— È stata discussa la proposta di legge alla
   Camera dei Deputati stamattina?
— No, rimane ancora da discutere.
Tutti gli studenti devono discutere la tesi di laurea.
Non si discute certo il loro diritto di andare
   dove gli pare.
La vostra serietà poteva essere discussa.
Non volevano che noi discutessimo le loro soluzioni.
Ora smettetela di discutere. Basta!
Abbiamo discusso a lungo del prezzo della macchina
   con il concessionario.

It would be better to discuss the issue calmly.
We've discussed your plan for several hours.
They would talk about soccer all night long.
"Was the bill debated in the House of
   Representatives this morning?"
"No, it still has to be debated."
All students must defend their (degree) thesis.
Their right to go wherever they please is definitely
   not being questioned.
Your seriousness could have been called into doubt.
They didn't want us to challenge their decisions.
Now stop quarreling. That's enough!
We haggled with the dealer for a long time over
   the price of the car.

disegnare · *to draw, sketch, outline; describe, portray; design; plan*

disegno · disegnai · disegnato

regular *-are* verb;
trans. (aux. *avere*)

Presente · Present

disegno	disegniamo/disegnamo
disegni	disegnate
disegna	disegnano

Imperfetto · Imperfect

disegnavo	disegnavamo
disegnavi	disegnavate
disegnava	disegnavano

Passato remoto · Preterit

disegnai	disegnammo
disegnasti	disegnaste
disegnò	disegnarono

Futuro semplice · Future

disegnerò	disegneremo
disegnerai	disegnerete
disegnerà	disegneranno

Condizionale presente · Present conditional

disegnerei	disegneremmo
disegneresti	disegnereste
disegnerebbe	disegnerebbero

Congiuntivo presente · Present subjunctive

disegni	disegniamo/disegnamo
disegni	disegniate/disegnate
disegni	disegnino

Congiuntivo imperfetto · Imperfect subjunctive

disegnassi	disegnassimo
disegnassi	disegnaste
disegnasse	disegnassero

Passato prossimo · Present perfect

ho disegnato	abbiamo disegnato
hai disegnato	avete disegnato
ha disegnato	hanno disegnato

Trapassato prossimo · Past perfect

avevo disegnato	avevamo disegnato
avevi disegnato	avevate disegnato
aveva disegnato	avevano disegnato

Trapassato remoto · Preterit perfect

ebbi disegnato	avemmo disegnato
avesti disegnato	aveste disegnato
ebbe disegnato	ebbero disegnato

Futuro anteriore · Future perfect

avrò disegnato	avremo disegnato
avrai disegnato	avrete disegnato
avrà disegnato	avranno disegnato

Condizionale passato · Perfect conditional

avrei disegnato	avremmo disegnato
avresti disegnato	avreste disegnato
avrebbe disegnato	avrebbero disegnato

Congiuntivo passato · Perfect subjunctive

abbia disegnato	abbiamo disegnato
abbia disegnato	abbiate disegnato
abbia disegnato	abbiano disegnato

Congiuntivo trapassato · Past perfect subjunctive

avessi disegnato	avessimo disegnato
avessi disegnato	aveste disegnato
avesse disegnato	avessero disegnato

Imperativo · Commands

	(non) disegniamo
disegna (non disegnare)	(non) disegnate
(non) disegni	(non) disegnino

Participio passato · Past participle	disegnato (-a/-i/-e)
Gerundio · Gerund	disegnando

Usage

Ho disegnato i fiori e gli alberi a matita.	*I drew the flowers and trees in pencil.*
Hanno disegnato un nuovo progetto per la metropolitana.	*They designed a new project for the subway.*
Non ha ancora finito di disegnare la trama del nuovo romanzo.	*He hasn't finished the outline of his new novel yet.*
Ci disegnò con precisione il personaggio di Lucky nel suo ultimo film.	*He described to us in detail the character of Lucky in his latest movie.*
Mi stava disegnando a lungo il protagonista del libro.	*He was giving me a lengthy description of the protagonist in his book.*
Anna Maria aveva disegnato la casa al computer.	*Anna Maria had designed the house on the computer.*
Disegnammo di partire l'indomani.	*We planned to leave the following day.*

RELATED EXPRESSIONS

il disegno	*drawing; plan, outline; project*
il disegno di legge	*bill, legislation*

disfaccio · disfeci · disfatto

irregular -*ere* verb;
trans. (aux. *avere*)

NOTE The base verb, *fare,* is derived from the Latin verb *facere,* and so it and its compounds
are conjugated as -*ere* verbs in certain tenses.

Presente · Present

disfaccio/disfo/disfò	disfacciamo
disfai	disfate
disfa/disfà	disfanno/disfano

Imperfetto · Imperfect

disfacevo	disfacevamo
disfacevi	disfacevate
disfaceva	disfacevano

Passato remoto · Preterit

disfeci	disfacemmo
disfacesti	disfaceste
disfece	disfecero

Futuro semplice · Future

disfarò	disfaremo
disfarai	disfarete
disfarà	disfaranno

Condizionale presente · Present conditional

disfarei	disfaremmo
disfaresti	disfareste
disfarebbe	disfarebbero

Congiuntivo presente · Present subjunctive

disfaccia	disfacciamo
disfaccia	disfacciate
disfaccia	disfacciano

Congiuntivo imperfetto · Imperfect subjunctive

disfacessi	disfacessimo
disfacessi	disfaceste
disfacesse	disfacessero

Imperativo · Commands

	(non) disfacciamo
disfai/disfa'/disfa (non disfare)	(non) disfate
(non) disfaccia	(non) disfacciano

Participio passato · Past participle   disfatto (-a/-i/-e)
Gerundio · Gerund   disfacendo

Passato prossimo · Present perfect

ho disfatto	abbiamo disfatto
hai disfatto	avete disfatto
ha disfatto	hanno disfatto

Trapassato prossimo · Past perfect

avevo disfatto	avevamo disfatto
avevi disfatto	avevate disfatto
aveva disfatto	avevano disfatto

Trapassato remoto · Preterit perfect

ebbi disfatto	avemmo disfatto
avesti disfatto	aveste disfatto
ebbe disfatto	ebbero disfatto

Futuro anteriore · Future perfect

avrò disfatto	avremo disfatto
avrai disfatto	avrete disfatto
avrà disfatto	avranno disfatto

Condizionale passato · Perfect conditional

avrei disfatto	avremmo disfatto
avresti disfatto	avreste disfatto
avrebbe disfatto	avrebbero disfatto

Congiuntivo passato · Perfect subjunctive

abbia disfatto	abbiamo disfatto
abbia disfatto	abbiate disfatto
abbia disfatto	abbiano disfatto

Congiuntivo trapassato · Past perfect subjunctive

avessi disfatto	avessimo disfatto
avessi disfatto	aveste disfatto
avesse disfatto	avessero disfatto

Usage

Stava disfacendo i nodi nei lacci delle scarpe di Aldo.	*He was untying the knots in Aldo's shoelaces.*
Hai già disfatto le valigie?	*Have you unpacked the suitcases yet?*
Tutti i letti vanno disfatti una volta alla settimana.	*All the beds must be stripped once a week.*
Sei riuscito a disfare il meccanismo?	*Have you been able to take the mechanism apart?*
Era necessario disfare un muro tra la cucina e il salotto.	*It was necessary to remove a wall between the kitchen and the living room.*
Ho paura che lui abbia disfatto tutto il mio lavoro.	*I'm afraid he's destroyed all my work.*
Il loro esercito fu disfatto velocemente.	*Their army was quickly defeated.*
Il sole disfarà la neve in poche ore.	*The sun will melt the snow in a few hours.*

disfarsi *to come undone; fall to pieces; get rid (of); melt*

Il pacco si era disfatto completamente.	*The package had come completely undone.*

distinguere *to distinguish, single out, differentiate; mark, characterize*

distinguo · distinsi · distinto

irregular -*ere* verb;
trans. (aux. *avere*)

Presente · Present

distinguo	distinguiamo
distingui	distinguete
distingue	distinguono

Imperfetto · Imperfect

distinguevo	distinguevamo
distinguevi	distinguevate
distingueva	distinguevano

Passato remoto · Preterit

distinsi	distinguemmo
distinguesti	distingueste
distinse	distinsero

Futuro semplice · Future

distinguerò	distingueremo
distinguerai	distinguerete
distinguerà	distingueranno

Condizionale presente · Present conditional

distinguerei	distingueremmo
distingueresti	distinguereste
distinguerebbe	distinguerebbero

Congiuntivo presente · Present subjunctive

distingua	distinguiamo
distingua	distinguiate
distingua	distinguano

Congiuntivo imperfetto · Imperfect subjunctive

distinguessi	distinguessimo
distinguessi	distingueste
distinguesse	distinguessero

Passato prossimo · Present perfect

ho distinto	abbiamo distinto
hai distinto	avete distinto
ha distinto	hanno distinto

Trapassato prossimo · Past perfect

avevo distinto	avevamo distinto
avevi distinto	avevate distinto
aveva distinto	avevano distinto

Trapassato remoto · Preterit perfect

ebbi distinto	avemmo distinto
avesti distinto	aveste distinto
ebbe distinto	ebbero distinto

Futuro anteriore · Future perfect

avrò distinto	avremo distinto
avrai distinto	avrete distinto
avrà distinto	avranno distinto

Condizionale passato · Perfect conditional

avrei distinto	avremmo distinto
avresti distinto	avreste distinto
avrebbe distinto	avrebbero distinto

Congiuntivo passato · Perfect subjunctive

abbia distinto	abbiamo distinto
abbia distinto	abbiate distinto
abbia distinto	abbiano distinto

Congiuntivo trapassato · Past perfect subjunctive

avessi distinto	avessimo distinto
avessi distinto	aveste distinto
avesse distinto	avessero distinto

Imperativo · Commands

	(non) distinguiamo
distingui (non distinguere)	(non) distinguete
(non) distingua	(non) distinguano

Participio passato · Past participle	distinto (-a/-i/-e)
Gerundio · Gerund	distinguendo

Usage

Non poteva distinguere il vero dal falso.	*He couldn't tell fact from fiction.*
Era troppo buio per distinguere le loro facce.	*It was too dark to make out their faces.*
Il tuo talento ti distingue dagli altri candidati.	*Your talent sets you apart from the other candidates.*
Distinguiamo bene tra questa qualità di lavoro e quella.	*Let's be sure to differentiate between this quality of work and that.*
Distinsero tutte le porte con un numero da uno a dieci.	*They marked all the doors with a number from one to ten.*
La sua franchezza e la sua sincerità lo distinguono innegabilmente.	*He is undeniably characterized by his openness and sincerity.*

distinguersi *to distinguish oneself, stand out*

Laura si è distinta per la sua energia e per la sua dedizione.	*Laura distinguished herself with her energy and dedication.*
Quel vino si distingueva per il suo aroma di more.	*That wine stood out with its aroma of blackberries.*

irregular -ere verb;
trans. (aux. avere)

distraggo · distrassi · distratto

Presente · Present

distraggo	distraiamo
distrai	distraete
distrae	distraggono

Passato prossimo · Present perfect

ho distratto	abbiamo distratto
hai distratto	avete distratto
ha distratto	hanno distratto

Imperfetto · Imperfect

distraevo	distraevamo
distraevi	distraevate
distraeva	distraevano

Trapassato prossimo · Past perfect

avevo distratto	avevamo distratto
avevi distratto	avevate distratto
aveva distratto	avevano distratto

Passato remoto · Preterit

distrassi	distraemmo
distraesti	distraeste
distrasse	distrassero

Trapassato remoto · Preterit perfect

ebbi distratto	avemmo distratto
avesti distratto	aveste distratto
ebbe distratto	ebbero distratto

Futuro semplice · Future

distrarrò	distrarremo
distrarrai	distrarrete
distrarrà	distrarranno

Futuro anteriore · Future perfect

avrò distratto	avremo distratto
avrai distratto	avrete distratto
avrà distratto	avranno distratto

Condizionale presente · Present conditional

distrarrei	distrarremmo
distrarresti	distrarreste
distrarrebbe	distrarrebbero

Condizionale passato · Perfect conditional

avrei distratto	avremmo distratto
avresti distratto	avreste distratto
avrebbe distratto	avrebbero distratto

Congiuntivo presente · Present subjunctive

distragga	distraiamo
distragga	distraiate
distragga	distraggano

Congiuntivo passato · Perfect subjunctive

abbia distratto	abbiamo distratto
abbia distratto	abbiate distratto
abbia distratto	abbiano distratto

Congiuntivo imperfetto · Imperfect subjunctive

distraessi	distraessimo
distraessi	distraeste
distraesse	distraessero

Congiuntivo trapassato · Past perfect subjunctive

avessi distratto	avessimo distratto
avessi distratto	aveste distratto
avesse distratto	avessero distratto

Imperativo · Commands

	(non) distraiamo
distrai (non distrarre)	(non) distraete
(non) distragga	(non) distraggano

Participio passato · Past participle	distratto (-a/-i/-e)
Gerundio · Gerund	distraendo

Usage

Le sue parole hanno distratto l'attenzione della gente dalle sue azioni.

Ogni volta che passa davanti alla casa, distrae lo sguardo.

Non distraetemi dallo studio in questo momento, per favore.

È difficilissimo distrarlo. Non gli piace niente.

Poiché era triste, l'hanno distratta con uno spettacolo.

His words diverted the people's attention from his actions.

Every time he passes by the house, he looks away.

Please don't distract me from my studies right now.

It's very difficult to amuse him. There's nothing he likes.

Since she was sad, they entertained her with a show.

distrarsi *to let one's mind wander; amuse oneself, have fun*

Da quando Bruno è malato, mi distraggo facilmente.

Domenico aveva bisogno di distrarsi un pò.

Since Bruno's been sick, I'm easily distracted.

Domenico needed to have some fun.

distruggere *to destroy, ruin, wreck*

distruggo · distrussi · distrutto

irregular -ere verb;
trans. (aux. *avere*)

Presente · Present

distruggo	distruggiamo
distruggi	distruggete
distrugge	distruggono

Imperfetto · Imperfect

distruggevo	distruggevamo
distruggevi	distruggevate
distruggeva	distruggevano

Passato remoto · Preterit

distrussi	distruggemmo
distruggesti	distruggeste
distrusse	distrussero

Futuro semplice · Future

distruggerò	distruggeremo
distruggerai	distruggerete
distruggerà	distruggeranno

Condizionale presente · Present conditional

distruggerei	distruggeremmo
distruggeresti	distruggereste
distruggerebbe	distruggerebbero

Congiuntivo presente · Present subjunctive

distrugga	distruggiamo
distrugga	distruggiate
distrugga	distruggano

Congiuntivo imperfetto · Imperfect subjunctive

distruggessi	distruggessimo
distruggessi	distruggeste
distruggesse	distruggessero

Passato prossimo · Present perfect

ho distrutto	abbiamo distrutto
hai distrutto	avete distrutto
ha distrutto	hanno distrutto

Trapassato prossimo · Past perfect

avevo distrutto	avevamo distrutto
avevi distrutto	avevate distrutto
aveva distrutto	avevano distrutto

Trapassato remoto · Preterit perfect

ebbi distrutto	avemmo distrutto
avesti distrutto	aveste distrutto
ebbe distrutto	ebbero distrutto

Futuro anteriore · Future perfect

avrò distrutto	avremo distrutto
avrai distrutto	avrete distrutto
avrà distrutto	avranno distrutto

Condizionale passato · Perfect conditional

avrei distrutto	avremmo distrutto
avresti distrutto	avreste distrutto
avrebbe distrutto	avrebbero distrutto

Congiuntivo passato · Perfect subjunctive

abbia distrutto	abbiamo distrutto
abbia distrutto	abbiate distrutto
abbia distrutto	abbiano distrutto

Congiuntivo trapassato · Past perfect subjunctive

avessi distrutto	avessimo distrutto
avessi distrutto	aveste distrutto
avesse distrutto	avessero distrutto

Imperativo · Commands

	(non) distruggiamo
distruggi (non distruggere)	(non) distruggete
(non) distrugga	(non) distruggano

Participio passato · Past participle	distrutto (-a/-i/-e)
Gerundio · Gerund	distruggendo

Usage

L'esercito nemico distrusse la città in pochi giorni.
Il fuoco ha distrutto decine di case nel quartiere.

"Hai distrutto la mia vita!" gridò la donna.
La loro speranza di vincere fu distrutta in un minuto.
Gli hanno distrutto la reputazione con quei
    pettegolezzi.
Quegli scarponi mi distruggono i piedi.

The enemy's army destroyed the city in a few days.
The fire destroyed dozens of houses in the
    neighborhood.
"You've destroyed my life!" cried the woman.
Their hope of winning was shattered in a minute.
They ruined his reputation with that gossip.

Those boots are ruining my feet.

distruggersi *to wear oneself out; ruin*

Rita si distruggerà di fatica se continuerà in questo
    modo.
Tuo padre si è distrutto la schiena portandoti
    dappertutto.

Rita will wear herself out if she continues this way.

Your father ruined his back carrying you
    everywhere.

regular *-are* verb;
trans. (aux. *avere*)

disturbo · disturbai · disturbato

Presente · Present

disturbo	disturbiamo
disturbi	disturbate
disturba	disturbano

Imperfetto · Imperfect

disturbavo	disturbavamo
disturbavi	disturbavate
disturbava	disturbavano

Passato remoto · Preterit

disturbai	disturbammo
disturbasti	disturbaste
disturbò	disturbarono

Futuro semplice · Future

disturberò	disturberemo
disturberai	disturberete
disturberà	disturberanno

Condizionale presente · Present conditional

disturberei	disturberemmo
disturberesti	disturbereste
disturberebbe	disturberebbero

Congiuntivo presente · Present subjunctive

disturbi	disturbiamo
disturbi	disturbiate
disturbi	disturbino

Congiuntivo imperfetto · Imperfect subjunctive

disturbassi	disturbassimo
disturbassi	disturbaste
disturbasse	disturbassero

Passato prossimo · Present perfect

ho disturbato	abbiamo disturbato
hai disturbato	avete disturbato
ha disturbato	hanno disturbato

Trapassato prossimo · Past perfect

avevo disturbato	avevamo disturbato
avevi disturbato	avevate disturbato
aveva disturbato	avevano disturbato

Trapassato remoto · Preterit perfect

ebbi disturbato	avemmo disturbato
avesti disturbato	aveste disturbato
ebbe disturbato	ebbero disturbato

Futuro anteriore · Future perfect

avrò disturbato	avremo disturbato
avrai disturbato	avrete disturbato
avrà disturbato	avranno disturbato

Condizionale passato · Perfect conditional

avrei disturbato	avremmo disturbato
avresti disturbato	avreste disturbato
avrebbe disturbato	avrebbero disturbato

Congiuntivo passato · Perfect subjunctive

abbia disturbato	abbiamo disturbato
abbia disturbato	abbiate disturbato
abbia disturbato	abbiano disturbato

Congiuntivo trapassato · Past perfect subjunctive

avessi disturbato	avessimo disturbato
avessi disturbato	aveste disturbato
avesse disturbato	avessero disturbato

Imperativo · Commands

	(non) disturbiamo
disturba (non disturbare)	(non) disturbate
(non) disturbi	(non) disturbino

Participio passato · Past participle	disturbato (-a/-i/-e)
Gerundio · Gerund	disturbando

Usage

Vengo subito da voi, se non vi disturba.	*I'll come right over to your house, if it's no trouble.*
Disturbo se fumo?	*Do you mind if I smoke?*
Non vorremmo disturbare.	*We don't want to be a nuisance.*
Scusi se La disturbiamo.	*Pardon us if we're disturbing you.*
Il ragazzo che aveva disturbato la lezione era Sergio.	*The boy who had interrupted the class was Sergio.*
I peperoni non mi hanno mai disturbato lo stomaco.	*Hot peppers have never bothered my stomach.*
Il direttore ha detto che non voleva essere disturbato.	*The manager said he didn't want to be disturbed.*

disturbarsi *to take the trouble, put oneself out, bother*

Giuseppina si è disturbata a venire qua di persona stasera.	*Giuseppina took the trouble to come here in person tonight.*
Non si disturbi, signora. Stia comoda.	*Please don't bother to get up, madam.*
Che cena deliziosa! Non dovevi disturbarti.	*What a nice dinner! You shouldn't have gone to all that trouble.*

divenire *to become*

divengo · divenni · divenuto

irregular *-ire* verb;
intrans. (aux. *essere*)

Presente · Present

divengo	diveniamo
divieni	divenite
diviene	divengono

Imperfetto · Imperfect

divenivo	divenivamo
divenivi	divenivate
diveniva	divenivano

Passato remoto · Preterit

divenni	divenimmo
divenisti	diveniste
divenne	divennero

Futuro semplice · Future

diverrò	diverremo
diverrai	diverrete
diverrà	diverranno

Condizionale presente · Present conditional

diverrei	diverremmo
diverresti	diverreste
diverrebbe	diverrebbero

Congiuntivo presente · Present subjunctive

divenga	diveniamo
divenga	diveniate
divenga	divengano

Congiuntivo imperfetto · Imperfect subjunctive

divenissi	divenissimo
divenissi	diveniste
divenisse	divenissero

Passato prossimo · Present perfect

sono divenuto (-a)	siamo divenuti (-e)
sei divenuto (-a)	siete divenuti (-e)
è divenuto (-a)	sono divenuti (-e)

Trapassato prossimo · Past perfect

ero divenuto (-a)	eravamo divenuti (-e)
eri divenuto (-a)	eravate divenuti (-e)
era divenuto (-a)	erano divenuti (-e)

Trapassato remoto · Preterit perfect

fui divenuto (-a)	fummo divenuti (-e)
fosti divenuto (-a)	foste divenuti (-e)
fu divenuto (-a)	furono divenuti (-e)

Futuro anteriore · Future perfect

sarò divenuto (-a)	saremo divenuti (-e)
sarai divenuto (-a)	sarete divenuti (-e)
sarà divenuto (-a)	saranno divenuti (-e)

Condizionale passato · Perfect conditional

sarei divenuto (-a)	saremmo divenuti (-e)
saresti divenuto (-a)	sareste divenuti (-e)
sarebbe divenuto (-a)	sarebbero divenuti (-e)

Congiuntivo passato · Perfect subjunctive

sia divenuto (-a)	siamo divenuti (-e)
sia divenuto (-a)	siate divenuti (-e)
sia divenuto (-a)	siano divenuti (-e)

Congiuntivo trapassato · Past perfect subjunctive

fossi divenuto (-a)	fossimo divenuti (-e)
fossi divenuto (-a)	foste divenuti (-e)
fosse divenuto (-a)	fossero divenuti (-e)

Imperativo · Commands

	(non) diveniamo
divieni (non divenire)	(non) divenite
(non) divenga	(non) divengano

Participio passato · Past participle	divenuto (-a/-i/-e)
Gerundio · Gerund	divenendo

Usage

Pietro è divenuto più maturo negli ultimi mesi.
Forse Lucia diverrà più responsabile se non vive
  più con i genitori.

Divenendo più vecchi si diventa anche più saggi?
Dopo il referendum l'Italia divenne una repubblica
  nel 1946.
Il loro sogno è divenuto realtà quando sono andati
  in Europa.

Pietro has become more mature in recent months.
*Perhaps Lucia will become more responsible if she
  no longer lives with her parents.*
As one gets older, does one also get wiser?
After the referendum, Italy became a republic in 1946.

Their dream came true when they went to Europe.

RELATED EXPRESSIONS

il divenire
l'essere e il divenire

becoming (philosophy)
being and becoming

regular -are verb;
intrans. (aux. essere)

Presente · Present

divento	diventiamo
diventi	diventate
diventa	diventano

Imperfetto · Imperfect

diventavo	diventavamo
diventavi	diventavate
diventava	diventavano

Passato remoto · Preterit

diventai	diventammo
diventasti	diventaste
diventò	diventarono

Futuro semplice · Future

diventerò	diventeremo
diventerai	diventerete
diventerà	diventeranno

Condizionale presente · Present conditional

diventerei	diventeremmo
diventeresti	diventereste
diventerebbe	diventerebbero

Congiuntivo presente · Present subjunctive

diventi	diventiamo
diventi	diventiate
diventi	diventino

Congiuntivo imperfetto · Imperfect subjunctive

diventassi	diventassimo
diventassi	diventaste
diventasse	diventassero

Passato prossimo · Present perfect

sono diventato (-a)	siamo diventati (-e)
sei diventato (-a)	siete diventati (-e)
è diventato (-a)	sono diventati (-e)

Trapassato prossimo · Past perfect

ero diventato (-a)	eravamo diventati (-e)
eri diventato (-a)	eravate diventati (-e)
era diventato (-a)	erano diventati (-e)

Trapassato remoto · Preterit perfect

fui diventato (-a)	fummo diventati (-e)
fosti diventato (-a)	foste diventati (-e)
fu diventato (-a)	furono diventati (-e)

Futuro anteriore · Future perfect

sarò diventato (-a)	saremo diventati (-e)
sarai diventato (-a)	sarete diventati (-e)
sarà diventato (-a)	saranno diventati (-e)

Condizionale passato · Perfect conditional

sarei diventato (-a)	saremmo diventati (-e)
saresti diventato (-a)	sareste diventati (-e)
sarebbe diventato (-a)	sarebbero diventati (-e)

Congiuntivo passato · Perfect subjunctive

sia diventato (-a)	siamo diventati (-e)
sia diventato (-a)	siate diventati (-e)
sia diventato (-a)	siano diventati (-e)

Congiuntivo trapassato · Past perfect subjunctive

fossi diventato (-a)	fossimo diventati (-e)
fossi diventato (-a)	foste diventati (-e)
fosse diventato (-a)	fossero diventati (-e)

Imperativo · Commands

	(non) diventiamo
diventa (non diventare)	(non) diventate
(non) diventi	(non) diventino

Participio passato · Past participle   diventato (-a/-i/-e)

Gerundio · Gerund   diventando

Usage

Mio nonno diventò sindaco del nostro paese per la prima volta nel 1938.

Venite a mangiare la pasta. Non fatela diventare fredda.

Come sono diventati grandi i bambini!

— C'è da diventare matti!

— Lo so. Non ci posso credere.

L'acqua è diventata ghiaccio durante la notte.

Io diventai rossa in faccia per la vergogna.

Concetta diventò bianca come se avesse veduto un fantasma.

Siamo diventati di sasso quando abbiamo saputo la notizia.

My grandfather became mayor of our village for the first time in 1938.

Come and eat the pasta. Don't let it get cold.

The children have grown so much!

"It's enough to drive you mad!"

"I know. I can't believe it."

The water turned to ice overnight.

My face turned red with shame.

Concetta turned pale, as if she had seen a ghost.

We were dumbfounded when we heard the news.

divertire *to amuse, entertain*

diverto · divertii · divertito

regular *-ire* verb;
trans. (aux. *avere*)

Presente · Present

diverto	divertiamo
diverti	divertite
diverte	divertono

Imperfetto · Imperfect

divertivo	divertivamo
divertivi	divertivate
divertiva	divertivano

Passato remoto · Preterit

divertii	divertimmo
divertisti	divertiste
divertì	divertirono

Futuro semplice · Future

divertirò	divertiremo
divertirai	divertirete
divertirà	divertiranno

Condizionale presente · Present conditional

divertirei	divertiremmo
divertiresti	divertireste
divertirebbe	divertirebbero

Congiuntivo presente · Present subjunctive

diverta	divertiamo
diverta	divertiate
diverta	divertano

Congiuntivo imperfetto · Imperfect subjunctive

divertissi	divertissimo
divertissi	divertiste
divertisse	divertissero

Passato prossimo · Present perfect

ho divertito	abbiamo divertito
hai divertito	avete divertito
ha divertito	hanno divertito

Trapassato prossimo · Past perfect

avevo divertito	avevamo divertito
avevi divertito	avevate divertito
aveva divertito	avevano divertito

Trapassato remoto · Preterit perfect

ebbi divertito	avemmo divertito
avesti divertito	aveste divertito
ebbe divertito	ebbero divertito

Futuro anteriore · Future perfect

avrò divertito	avremo divertito
avrai divertito	avrete divertito
avrà divertito	avranno divertito

Condizionale passato · Perfect conditional

avrei divertito	avremmo divertito
avresti divertito	avreste divertito
avrebbe divertito	avrebbero divertito

Congiuntivo passato · Perfect subjunctive

abbia divertito	abbiamo divertito
abbia divertito	abbiate divertito
abbia divertito	abbiano divertito

Congiuntivo trapassato · Past perfect subjunctive

avessi divertito	avessimo divertito
avessi divertito	aveste divertito
avesse divertito	avessero divertito

Imperativo · Commands

	(non) divertiamo
diverti (non divertire)	(non) divertite
(non) diverta	(non) divertano

Participio passato · Past participle divertito (-a/-i/-e)
Gerundio · Gerund divertendo

Usage

Le sue barzellette divertono tutti.
È un documentario che diverte e istruisce gli spettatori allo stesso tempo.
È il ruolo che lo ha divertito di più in tutta la sua carriera.
I bambini vedranno un cartone animato che di sicuro li divertirà.
Ho trovato in rete un gioco che mi diverte tantissimo.

His jokes make everybody laugh.
It's a documentary that entertains and informs viewers at the same time.
It's the role he enjoyed playing most in his career.

The children will see a cartoon that will surely keep them entertained.
I found a game on the Internet that I enjoy a lot.

divertirsi *to enjoy oneself, have fun; enjoy, like (to)*

Ci siamo divertiti a giocare a carte tutta la serata.
È una ragazza che si diverte con poco.
I bambini si sono divertiti un mondo nel museo.

We had fun playing cards all evening long.
She's a girl who's easily entertained.
The children enjoyed themselves enormously in the museum.

irregular *-ere* verb;
trans. (aux. *avere*)

divido · divisi · diviso

Presente · Present

divido	dividiamo
dividi	dividete
divide	dividono

Imperfetto · Imperfect

dividevo	dividevamo
dividevi	dividevate
divideva	dividevano

Passato remoto · Preterit

divisi	dividemmo
dividesti	divideste
divise	divisero

Futuro semplice · Future

dividerò	divideremo
dividerai	dividerete
dividerà	divideranno

Condizionale presente · Present conditional

dividerei	divideremmo
divideresti	dividereste
dividerebbe	dividerebbero

Congiuntivo presente · Present subjunctive

divida	dividiamo
divida	dividiate
divida	dividano

Congiuntivo imperfetto · Imperfect subjunctive

dividessi	dividessimo
dividessi	divideste
dividesse	dividessero

Imperativo · Commands

	(non) dividiamo
dividi (non dividere)	(non) dividete
(non) divida	(non) dividano

Passato prossimo · Present perfect

ho diviso	abbiamo diviso
hai diviso	avete diviso
ha diviso	hanno diviso

Trapassato prossimo · Past perfect

avevo diviso	avevamo diviso
avevi diviso	avevate diviso
aveva diviso	avevano diviso

Trapassato remoto · Preterit perfect

ebbi diviso	avemmo diviso
avesti diviso	aveste diviso
ebbe diviso	ebbero diviso

Futuro anteriore · Future perfect

avrò diviso	avremo diviso
avrai diviso	avrete diviso
avrà diviso	avranno diviso

Condizionale passato · Perfect conditional

avrei diviso	avremmo diviso
avresti diviso	avreste diviso
avrebbe diviso	avrebbero diviso

Congiuntivo passato · Perfect subjunctive

abbia diviso	abbiamo diviso
abbia diviso	abbiate diviso
abbia diviso	abbiano diviso

Congiuntivo trapassato · Past perfect subjunctive

avessi diviso	avessimo diviso
avessi diviso	aveste diviso
avesse diviso	avessero diviso

Participio passato · Past participle diviso (-a/-i/-e)

Gerundio · Gerund dividendo

Usage

La mamma ha diviso la torta in otto porzioni.	*Mom cut the pie into eight slices.*
Il professore dividerà gli studenti in due squadre.	*The teacher will divide the students into two teams.*
Mamma, come si divide 80 per 20?	*Mommy, how do you divide 80 by 20?*
Se dividiamo il lavoro, finiremo prima.	*If we divide up the work, we'll finish sooner.*
Gli amici li hanno divisi perché si stavano picchiando.	*Friends separated them because they were hitting each other.*
I bambini hanno diviso i giocattoli tra loro.	*The children shared their toys with each other.*
Bisogna dividere il bene dal male.	*We have to distinguish good from bad.*

dividersi *to split up (into), fork; separate/part (from); divide one's time (between)*

Il popolo si divise in diverse fazioni durante la guerra civile.	*The people split into several factions during the civil war.*
Vincenzo e Angela si sono divisi qualche tempo fa.	*Vincenzo and Angela split up a while ago.*
Margherita si dividerà tra l'insegnamento e la sua azienda.	*Margherita will divide her time between teaching and her company.*

divorzio · divorziai · divorziato

regular *-are* verb, *i* > *–/i*;
intrans. (aux. *avere*)

Presente · Present

divorzio	divorziamo
divorzi	divorziate
divorzia	divorziano

Imperfetto · Imperfect

divorziavo	divorziavamo
divorziavi	divorziavate
divorziava	divorziavano

Passato remoto · Preterit

divorziai	divorziammo
divorziasti	divorziaste
divorziò	divorziarono

Futuro semplice · Future

divorzierò	divorzieremo
divorzierai	divorzierete
divorzierà	divorzieranno

Condizionale presente · Present conditional

divorzierei	divorzieremmo
divorzieresti	divorziereste
divorzierebbe	divorzierebbero

Congiuntivo presente · Present subjunctive

divorzi	divorziamo
divorzi	divorziate
divorzi	divorzino

Congiuntivo imperfetto · Imperfect subjunctive

divorziassi	divorziassimo
divorziassi	divorziaste
divorziasse	divorziassero

Imperativo · Commands

	(non) divorziamo
divorzia (non divorziare)	(non) divorziate
(non) divorzi	(non) divorzino

Passato prossimo · Present perfect

ho divorziato	abbiamo divorziato
hai divorziato	avete divorziato
ha divorziato	hanno divorziato

Trapassato prossimo · Past perfect

avevo divorziato	avevamo divorziato
avevi divorziato	avevate divorziato
aveva divorziato	avevano divorziato

Trapassato remoto · Preterit perfect

ebbi divorziato	avemmo divorziato
avesti divorziato	aveste divorziato
ebbe divorziato	ebbero divorziato

Futuro anteriore · Future perfect

avrò divorziato	avremo divorziato
avrai divorziato	avrete divorziato
avrà divorziato	avranno divorziato

Condizionale passato · Perfect conditional

avrei divorziato	avremmo divorziato
avresti divorziato	avreste divorziato
avrebbe divorziato	avrebbero divorziato

Congiuntivo passato · Perfect subjunctive

abbia divorziato	abbiamo divorziato
abbia divorziato	abbiate divorziato
abbia divorziato	abbiano divorziato

Congiuntivo trapassato · Past perfect subjunctive

avessi divorziato	avessimo divorziato
avessi divorziato	aveste divorziato
avesse divorziato	avessero divorziato

Participio passato · Past participle   divorziato (-a/-i/-e)
Gerundio · Gerund   divorziando

Usage

Ha divorziato dalla moglie perché voleva sposare
  l'amante.
I miei genitori hanno divorziato molti anni fa.
Domenico e Francesca divorzierebbero di sicuro
  se non fosse per i bambini.
Che tipo di società si sta creando quando ci si sposa
  e si divorzia nel giro d'un anno?
Nel 1980 su 100 coppie che si sposavano nove
  si separavano e tre divorziavano.
Dopo tanti anni di collaborazione hanno divorziato.

*He divorced his wife because he wanted to marry
  his lover.*
My parents were divorced many years ago.
*Domenico and Francesca would surely get divorced
  if it weren't for the children.*
*What kind of society is being created when people
  get married and divorced in the space of a year?*
*In 1980, of the 100 couples who got married, nine
  separated and three got divorced.*
*After so many years of collaboration they went their
  separate ways.*

RELATED WORDS

il divorzio
il divorziato/la divorziata

divorce
divorcé/divorcée

irregular _-ēre_ verb;
intrans. (aux. _essere_)

Presente · Present

dolgo	doliamo/dogliamo
duoli	dolete
duole	dolgono

Imperfetto · Imperfect

dolevo	dolevamo
dolevi	dolevate
doleva	dolevano

Passato remoto · Preterit

dolsi	dolemmo
dolesti	doleste
dolse	dolsero

Futuro semplice · Future

dorrò	dorremo
dorrai	dorrete
dorrà	dorranno

Condizionale presente · Present conditional

dorrei	dorremmo
dorresti	dorreste
dorrebbe	dorrebbero

Congiuntivo presente · Present subjunctive

dolga	doliamo/dogliamo
dolga	doliate/dogliate
dolga	dolgano

Congiuntivo imperfetto · Imperfect subjunctive

dolessi	dolessimo
dolessi	doleste
dolesse	dolessero

Imperativo · Commands

	(non) doliamo/dogliamo
duoli (non dolere)	(non) dolete
(non) dolga	(non) dolgano

Passato prossimo · Present perfect

sono doluto (-a)	siamo doluti (-e)
sei doluto (-a)	siete doluti (-e)
è doluto (-a)	sono doluti (-e)

Trapassato prossimo · Past perfect

ero doluto (-a)	eravamo doluti (-e)
eri doluto (-a)	eravate doluti (-e)
era doluto (-a)	erano doluti (-e)

Trapassato remoto · Preterit perfect

fui doluto (-a)	fummo doluti (-e)
fosti doluto (-a)	foste doluti (-e)
fu doluto (-a)	furono doluti (-e)

Futuro anteriore · Future perfect

sarò doluto (-a)	saremo doluti (-e)
sarai doluto (-a)	sarete doluti (-e)
sarà doluto (-a)	saranno doluti (-e)

Condizionale passato · Perfect conditional

sarei doluto (-a)	saremmo doluti (-e)
saresti doluto (-a)	sareste doluti (-e)
sarebbe doluto (-a)	sarebbero doluti (-e)

Congiuntivo passato · Perfect subjunctive

sia doluto (-a)	siamo doluti (-e)
sia doluto (-a)	siate doluti (-e)
sia doluto (-a)	siano doluti (-e)

Congiuntivo trapassato · Past perfect subjunctive

fossi doluto (-a)	fossimo doluti (-e)
fossi doluto (-a)	foste doluti (-e)
fosse doluto (-a)	fossero doluti (-e)

Participio passato · Past participle   doluto (-a/-i/-e)

Gerundio · Gerund   dolendo

Usage

Se mi duole la testa, prendo un'aspirina.	_If my head hurts, I take an aspirin._
Gli doleva tanto la schiena che non è potuto alzarsi.	_His back hurt so much he couldn't get up._
A Carla dolevano gli occhi perché aveva guardato troppo la tivù.	_Carla's eyes were hurting because she had been watching too much TV._
Ci doleva molto di non poter andare al concerto.	_We were very sorry not to be able to go to the concert._

dolersi _to complain; be sorry (about)_

Mi sono doluto con l'ufficio postale del ritardo del pacco.	_I complained to the post office about the package's being delayed._
Mi dolgo ancora di quell'errore di tanti anni fa.	_I'm still sorry about that mistake so many years ago._
Antonietta si doleva per aver mancato il suo compleanno.	_Antonietta was sorry about missing his birthday._

domandare *to ask (for), inquire (about)*

domando · domandai · domandato

regular -*are* verb;
trans./intrans. (aux. *avere*)

Presente · Present	
domando	domandiamo
domandi	domandate
domanda	domandano

Imperfetto · Imperfect	
domandavo	domandavamo
domandavi	domandavate
domandava	domandavano

Passato remoto · Preterit	
domandai	domandammo
domandasti	domandaste
domandò	domandarono

Futuro semplice · Future	
domanderò	domanderemo
domanderai	domanderete
domanderà	domanderanno

Condizionale presente · Present conditional	
domanderei	domanderemmo
domanderesti	domandereste
domanderebbe	domanderebbero

Congiuntivo presente · Present subjunctive	
domandi	domandiamo
domandi	domandiate
domandi	domandino

Congiuntivo imperfetto · Imperfect subjunctive	
domandassi	domandassimo
domandassi	domandaste
domandasse	domandassero

Passato prossimo · Present perfect	
ho domandato	abbiamo domandato
hai domandato	avete domandato
ha domandato	hanno domandato

Trapassato prossimo · Past perfect	
avevo domandato	avevamo domandato
avevi domandato	avevate domandato
aveva domandato	avevano domandato

Trapassato remoto · Preterit perfect	
ebbi domandato	avemmo domandato
avesti domandato	aveste domandato
ebbe domandato	ebbero domandato

Futuro anteriore · Future perfect	
avrò domandato	avremo domandato
avrai domandato	avrete domandato
avrà domandato	avranno domandato

Condizionale passato · Perfect conditional	
avrei domandato	avremmo domandato
avresti domandato	avreste domandato
avrebbe domandato	avrebbero domandato

Congiuntivo passato · Perfect subjunctive	
abbia domandato	abbiamo domandato
abbia domandato	abbiate domandato
abbia domandato	abbiano domandato

Congiuntivo trapassato · Past perfect subjunctive	
avessi domandato	avessimo domandato
avessi domandato	aveste domandato
avesse domandato	avessero domandato

Imperativo · Commands	
	(non) domandiamo
domanda (non domandare)	(non) domandate
(non) domandi	(non) domandino

Participio passato · Past participle   domandato (-a/-i/-e)
Gerundio · Gerund   domandando

Usage

Qualcuno mi ha domandato l'ora.
Le domanderà il permesso di partire presto oggi.
Ti ha domandato quando torneranno?
Ci domandarono se sapessimo quando cominciava
  il film.

L'allievo domandò scusa alla maestra.
Quanto domandano per aggiustare la macchina?
C'è qualcuno al telefono che domanda di te.

Mia sorella domanda sempre di te.

Somebody asked me for the time.
He will ask her for permission to leave early today.
Did he ask you when they'll return?
They asked us if we knew when the movie started.

The student apologized to the teacher.
How much are they asking to fix the car?
*There's someone on the phone who's asking to speak
  to you.*
My sister is always inquiring about you.

domandarsi *to wonder*

Mi sono sempre domandato perché non sono
  rimasti in Italia.

I've always wondered why they didn't stay in Italy.

regular -are verb;
trans./intrans. (aux. avere)

dono · donai · donato

Presente · Present

dono	doniamo
doni	donate
dona	donano

Imperfetto · Imperfect

donavo	donavamo
donavi	donavate
donava	donavano

Passato remoto · Preterit

donai	donammo
donasti	donaste
donò	donarono

Futuro semplice · Future

donerò	doneremo
donerai	donerete
donerà	doneranno

Condizionale presente · Present conditional

donerei	doneremmo
doneresti	donereste
donerebbe	donerebbero

Congiuntivo presente · Present subjunctive

doni	doniamo
doni	doniate
doni	donino

Congiuntivo imperfetto · Imperfect subjunctive

donassi	donassimo
donassi	donaste
donasse	donassero

Imperativo · Commands

	(non) doniamo
dona (non donare)	(non) donate
(non) doni	(non) donino

Passato prossimo · Present perfect

ho donato	abbiamo donato
hai donato	avete donato
ha donato	hanno donato

Trapassato prossimo · Past perfect

avevo donato	avevamo donato
avevi donato	avevate donato
aveva donato	avevano donato

Trapassato remoto · Preterit perfect

ebbi donato	avemmo donato
avesti donato	aveste donato
ebbe donato	ebbero donato

Futuro anteriore · Future perfect

avrò donato	avremo donato
avrai donato	avrete donato
avrà donato	avranno donato

Condizionale passato · Perfect conditional

avrei donato	avremmo donato
avresti donato	avreste donato
avrebbe donato	avrebbero donato

Congiuntivo passato · Perfect subjunctive

abbia donato	abbiamo donato
abbia donato	abbiate donato
abbia donato	abbiano donato

Congiuntivo trapassato · Past perfect subjunctive

avessi donato	avessimo donato
avessi donato	aveste donato
avesse donato	avessero donato

Participio passato · Past participle   donato (-a/-i/-e)

Gerundio · Gerund   donando

Usage

Mia nonna ha deciso di donare tutti i suoi beni alla Chiesa.

My grandmother has decided to donate all her property to the Church.

Io dono sempre i vestiti che non metto più a un istituto di beneficenza.

I always give away clothes I don't wear anymore to a charity organization.

Giulia era una donna che donava affetto a tutti.

Giulia was a woman who showed affection to everyone.

Giorgio donò tutto di se stesso al lavoro.

Giorgio was completely dedicated to his work.

Non avevano mai donato il sangue prima.

They had never given blood before.

Molte persone hanno paura di donare i propri organi quando muoiono.

Many people are afraid of donating their organs when they die.

Questa nuova acconciatura Le donerà molto.

This new hairstyle will be very becoming on you.

Il nero non mi dona affatto.

Black doesn't suit me at all.

RELATED EXPRESSIONS

il donatore/la donatrice di sangue

blood donor

dormire *to sleep, be asleep; spend the night; lie dormant*

dormo · dormii · dormito

regular *-ire* verb;
intrans./trans. (aux. *avere*)

Presente · Present

dormo	dormiamo
dormi	dormite
dorme	dormono

Imperfetto · Imperfect

dormivo	dormivamo
dormivi	dormivate
dormiva	dormivano

Passato remoto · Preterit

dormii	dormimmo
dormisti	dormiste
dormì	dormirono

Futuro semplice · Future

dormirò	dormiremo
dormirai	dormirete
dormirà	dormiranno

Condizionale presente · Present conditional

dormirei	dormiremmo
dormiresti	dormireste
dormirebbe	dormirebbero

Congiuntivo presente · Present subjunctive

dorma	dormiamo
dorma	dormiate
dorma	dormano

Congiuntivo imperfetto · Imperfect subjunctive

dormissi	dormissimo
dormissi	dormiste
dormisse	dormissero

Imperativo · Commands

	(non) dormiamo
dormi (non dormire)	(non) dormite
(non) dorma	(non) dormano

Passato prossimo · Present perfect

ho dormito	abbiamo dormito
hai dormito	avete dormito
ha dormito	hanno dormito

Trapassato prossimo · Past perfect

avevo dormito	avevamo dormito
avevi dormito	avevate dormito
aveva dormito	avevano dormito

Trapassato remoto · Preterit perfect

ebbi dormito	avemmo dormito
avesti dormito	aveste dormito
ebbe dormito	ebbero dormito

Futuro anteriore · Future perfect

avrò dormito	avremo dormito
avrai dormito	avrete dormito
avrà dormito	avranno dormito

Condizionale passato · Perfect conditional

avrei dormito	avremmo dormito
avresti dormito	avreste dormito
avrebbe dormito	avrebbero dormito

Congiuntivo passato · Perfect subjunctive

abbia dormito	abbiamo dormito
abbia dormito	abbiate dormito
abbia dormito	abbiano dormito

Congiuntivo trapassato · Past perfect subjunctive

avessi dormito	avessimo dormito
avessi dormito	aveste dormito
avesse dormito	avessero dormito

Participio passato · Past participle dormito (-a/-i/-e)

Gerundio · Gerund dormendo

Usage

Vado a dormire. Sono stanco morto.	*I'm going to bed. I'm dead tired.*
Si consiglia che i bambini dormano supini o sul fianco, ma non bocconi.	*It's recommended that children sleep on their backs or sides, but not on their stomachs.*
Non bevo caffè dopo le sei di sera perché non mi fa dormire.	*I don't drink coffee after 6 P.M. because it keeps me awake.*
Sarebbe meglio dormirci sopra.	*Why don't you sleep on it?*
Pagava solo il mangiare e il dormire.	*He only paid for room and board.*
I piani dormono in un cassetto chissà fino a quando.	*The plans lie dormant in a drawer until who knows when.*
Il bimbo ha dormito tutta la notte.	*The little boy slept all night without waking up once.*
Angela dormì sonni agitati.	*Angela slept restlessly.*
Chi dorme non piglia pesci. (PROVERB)	*The early bird catches the worm.*
Non destare il can che dorme. (PROVERB)	*Let sleeping dogs lie.*

irregular *-ēre* verb; trans. (aux. *avere*)/   **devo/debbo · dovei/dovetti · dovuto**
modal (aux. *avere* or *essere*)

NOTE *Dovere* is conjugated here with *avere*; when used as a modal, it may be conjugated
with *avere* or *essere*—see p. 22 for details.

Presente · Present

devo/debbo	dobbiamo
devi	dovete
deve	devono/debbono

Imperfetto · Imperfect

dovevo	dovevamo
dovevi	dovevate
doveva	dovevano

Passato remoto · Preterit

dovei/dovetti	dovemmo
dovesti	doveste
dové/dovette	doverono/dovettero

Futuro semplice · Future

dovrò	dovremo
dovrai	dovrete
dovrà	dovranno

Condizionale presente · Present conditional

dovrei	dovremmo
dovresti	dovreste
dovrebbe	dovrebbero

Congiuntivo presente · Present subjunctive

deva/debba	dobbiamo
deva/debba	dobbiate
deva/debba	devano/debbano

Congiuntivo imperfetto · Imperfect subjunctive

dovessi	dovessimo
dovessi	doveste
dovesse	dovessero

Imperativo · Commands

	(non) dobbiamo
devi (non dovere)	(non) dovete
(non) debba	(non) debbano

Participio passato · Past participle   dovuto (-a/-i/-e)

Gerundio · Gerund   dovendo

Passato prossimo · Present perfect

ho dovuto	abbiamo dovuto
hai dovuto	avete dovuto
ha dovuto	hanno dovuto

Trapassato prossimo · Past perfect

avevo dovuto	avevamo dovuto
avevi dovuto	avevate dovuto
aveva dovuto	avevano dovuto

Trapassato remoto · Preterit perfect

ebbi dovuto	avemmo dovuto
avesti dovuto	aveste dovuto
ebbe dovuto	ebbero dovuto

Futuro anteriore · Future perfect

avrò dovuto	avremo dovuto
avrai dovuto	avrete dovuto
avrà dovuto	avranno dovuto

Condizionale passato · Perfect conditional

avrei dovuto	avremmo dovuto
avresti dovuto	avreste dovuto
avrebbe dovuto	avrebbero dovuto

Congiuntivo passato · Perfect subjunctive

abbia dovuto	abbiamo dovuto
abbia dovuto	abbiate dovuto
abbia dovuto	abbiano dovuto

Congiuntivo trapassato · Past perfect subjunctive

avessi dovuto	avessimo dovuto
avessi dovuto	aveste dovuto
avesse dovuto	avessero dovuto

Usage

Devo partire presto domani.	*Tomorrow I have to leave early.*
Devo ancora scrivere la lettera.	*I still have to write the letter.*
Tutti i guidatori devono avere la patente.	*All drivers must have a license.*
Si deve rispettare il silenzio.	*Silence must be observed.*
Dobbiamo partecipare?	*Are we obliged to participate?*
Mio figlio doveva dormire nove ore la notte quando era più giovane.	*My son needed nine hours of sleep a night when he was younger.*
— Che ore sono? — Non so, ma deve essere tardi.	*"What time is it?" "I don't know, but it's probably late."*
Doveva essere qui alle due in punto.	*She was supposed to be here at two o'clock sharp.*
— Quanto Le devo? — Niente.	*"How much do I owe you?" "Nothing."*

TOP 50 VERB ☞

188

dovere *to have to, must, be obliged to; be likely (to); be supposed (to); owe*

devo/debbo · dovei/dovetti · dovuto

*irregular -ēre verb; trans. (aux. avere)/
modal (aux. avere or essere)*

dovere as a modal verb expressing obligation

Gli allievi non devono parlare durante la lezione.	*Students mustn't talk during class.*
Devo farlo subito.	*I have to do it right away.*
Si dovevano fare i compiti.	*They had to do their homework.*

dovere as a modal verb expressing probability

Deve essere difficile crescere i figli senza la madre.	*It must be difficult to raise the children without their mother.*
Dovresti aver fame.	*You must be hungry.*
Devono essere le tre, più o meno.	*It must be about three o'clock.*

dovere as a modal verb expressing a prediction or an event about to happen

L'aereo doveva arrivare alle 14.48, ma non è ancora atterrato.	*The airplane was due to arrive at 2:48 P.M. but hasn't landed yet.*
Gianni doveva uscire dall'ufficio, quando la segretaria l'ha richiamato.	*Gianni was going to leave the office when the secretary called him back.*

dovere as a modal verb expressing inevitability

Doveva succedere e finalmente è successo.	*It was bound to happen, and finally it did.*
Ricchi o poveri, dobbiamo tutti morire.	*Rich or poor, we all have to die.*

dovere (in the conditional) + infinitive *should*

Dovremmo parlargli di questo problema.	*We should talk to him about this problem.*
Dovresti andare in palestra almeno due volte alla settimana.	*You should go to the gym at least twice a week.*

dovere (in the past conditional) + infinitive *should have*

Avrei dovuto avvertirti prima.	*I should have let you know earlier.*
Avrebbero dovuto badare ai propri interessi.	*They should have taken care of their own business.*

dovere *to owe* (transitive)

Quando mi pagherete ciò che mi dovete?	*When will you pay me what you owe me?*
Dobbiamo il nostro successo a lui.	*We owe our success to him.*
Luigi pensava che tutto gli fosse dovuto.	*Luigi thought he had a god-given right to everything.*

dovuto + transitive infinitive (aux. **avere**)

Giuseppe ha dovuto imparare il cinese.	*Giuseppe had to learn Chinese.*
Noi avremmo dovuto leggere il regolamento.	*We should have read the rules.*

dovuto + intransitive infinitive (aux. **essere**)

Rosa è dovuta partire prima di noi.	*Rosa had to leave before us.*
Loro sarebbero dovuti arrivare due ore fa.	*They should have arrived two hours ago.*

RELATED EXPRESSIONS

doveroso	*dutiful; proper, due*
il dovere	*duty; propriety*
avere il senso del dovere	*to have a sense of duty*
fare il proprio dovere	*to do one's duty*
fare le cose a dovere	*to do things properly*

TOP 50
VERBS

regular -are verb;
intrans. (aux. *avere*)

dubito · dubitai · dubitato

Presente · Present

dubito	dubitiamo
dubiti	dubitate
dubita	dubitano

Imperfetto · Imperfect

dubitavo	dubitavamo
dubitavi	dubitavate
dubitava	dubitavano

Passato remoto · Preterit

dubitai	dubitammo
dubitasti	dubitaste
dubitò	dubitarono

Futuro semplice · Future

dubiterò	dubiteremo
dubiterai	dubiterete
dubiterà	dubiteranno

Condizionale presente · Present conditional

dubiterei	dubiteremmo
dubiteresti	dubitereste
dubiterebbe	dubiterebbero

Congiuntivo presente · Present subjunctive

dubiti	dubitiamo
dubiti	dubitiate
dubiti	dubitino

Congiuntivo imperfetto · Imperfect subjunctive

dubitassi	dubitassimo
dubitassi	dubitaste
dubitasse	dubitassero

Imperativo · Commands

	(non) dubitiamo
dubita (non dubitare)	(non) dubitate
(non) dubiti	(non) dubitino

Passato prossimo · Present perfect

ho dubitato	abbiamo dubitato
hai dubitato	avete dubitato
ha dubitato	hanno dubitato

Trapassato prossimo · Past perfect

avevo dubitato	avevamo dubitato
avevi dubitato	avevate dubitato
aveva dubitato	avevano dubitato

Trapassato remoto · Preterit perfect

ebbi dubitato	avemmo dubitato
avesti dubitato	aveste dubitato
ebbe dubitato	ebbero dubitato

Futuro anteriore · Future perfect

avrò dubitato	avremo dubitato
avrai dubitato	avrete dubitato
avrà dubitato	avranno dubitato

Condizionale passato · Perfect conditional

avrei dubitato	avremmo dubitato
avresti dubitato	avreste dubitato
avrebbe dubitato	avrebbero dubitato

Congiuntivo passato · Perfect subjunctive

abbia dubitato	abbiamo dubitato
abbia dubitato	abbiate dubitato
abbia dubitato	abbiano dubitato

Congiuntivo trapassato · Past perfect subjunctive

avessi dubitato	avessimo dubitato
avessi dubitato	aveste dubitato
avesse dubitato	avessero dubitato

Participio passato · Past participle   dubitato (-a/-i/-e)

Gerundio · Gerund   dubitando

Usage

È un ragazzo simpatico, però dubito della sua onestà.	*He's a nice boy, but I have my doubts about his honesty.*
Dubitavamo dell'autenticità dei documenti che ci avevano dati.	*We doubted the authenticity of the documents they gave us.*
Si dubita che sia vero quel che hanno detto.	*It's doubtful that what they said is true.*
Ho paura che i generali dubitino del successo dell'operazione.	*I'm afraid that the generals are unsure about the success of the operation.*
Teresa dubitava di sé quando era più giovane.	*Teresa was unsure of herself when she was younger.*
Da adolescente Federico dubitava di tutto e di tutti.	*As a teenager, Federico distrusted everything and everybody.*
Il cattolico non può dubitare dell'esistenza della Vergine Maria.	*A Catholic may not question the existence of the Virgin Mary.*
— Ho fatto tutto quello che ho potuto!	*"I did everything I could!"*
— Non ne dubito!	*"I'm sure you did!"*

durare *to last, persist, keep (on), go on, endure*

duro · durai · durato

regular -are verb;
intrans. (aux. *avere* or *essere*)/trans. (aux. *avere*)

NOTE *Durare* is conjugated here with *avere*; when used intransitively, it may be conjugated
with *avere* or *essere*—see p. 22 for details.

Presente · Present

duro	duriamo
duri	durate
dura	durano

Passato prossimo · Present perfect

ho durato	abbiamo durato
hai durato	avete durato
ha durato	hanno durato

Imperfetto · Imperfect

duravo	duravamo
duravi	duravate
durava	duravano

Trapassato prossimo · Past perfect

avevo durato	avevamo durato
avevi durato	avevate durato
aveva durato	avevano durato

Passato remoto · Preterit

durai	durammo
durasti	duraste
durò	durarono

Trapassato remoto · Preterit perfect

ebbi durato	avemmo durato
avesti durato	aveste durato
ebbe durato	ebbero durato

Futuro semplice · Future

durerò	dureremo
durerai	durerete
durerà	dureranno

Futuro anteriore · Future perfect

avrò durato	avremo durato
avrai durato	avrete durato
avrà durato	avranno durato

Condizionale presente · Present conditional

durerei	dureremmo
dureresti	durereste
durerebbe	durerebbero

Condizionale passato · Perfect conditional

avrei durato	avremmo durato
avresti durato	avreste durato
avrebbe durato	avrebbero durato

Congiuntivo presente · Present subjunctive

duri	duriamo
duri	duriate
duri	durino

Congiuntivo passato · Perfect subjunctive

abbia durato	abbiamo durato
abbia durato	abbiate durato
abbia durato	abbiano durato

Congiuntivo imperfetto · Imperfect subjunctive

durassi	durassimo
durassi	duraste
durasse	durassero

Congiuntivo trapassato · Past perfect subjunctive

avessi durato	avessimo durato
avessi durato	aveste durato
avesse durato	avessero durato

Imperativo · Commands

	(non) duriamo
dura (non durare)	(non) durate
(non) duri	(non) durino

Participio passato · Past participle   durato (-a/-i/-e)

Gerundio · Gerund   durando

Usage

Quanto tempo dura il film?	*How long does the movie last?*
È un capriccio che durerà da Natale a Santo Stefano.	*It's a fad that won't last very long* (lit., *from Christmas to the feast of St. Stephen* [*Dec. 26*]).
La festa è durata fino all'indomani.	*The party went on until the next morning.*
Sono quasi sei anni che il presidente dura in carica.	*The president has been in office for almost six years.*
È un autore i cui libri dureranno un'eternità.	*He's an author whose books will endure forever.*
Michele ha durato nello scherzo.	*Michele persisted in the joke.*
La bambina ha durato a piangere per tutta la notte.	*The little girl kept on crying all night long.*
Molte persone durano fatica a trovare un altro lavoro in un periodo di crisi economica.	*Many people have difficulty finding other work in a period of economic crisis.*
Chi la dura la vince. (PROVERB)	*Slow and steady wins the race.*

regular -are verb;
trans./intrans. (aux. avere)

economizzo · economizzai · economizzato

Presente · Present

economizzo	economizziamo
economizzi	economizzate
economizza	economizzano

Imperfetto · Imperfect

economizzavo	economizzavamo
economizzavi	economizzavate
economizzava	economizzavano

Passato remoto · Preterit

economizzai	economizzammo
economizzasti	economizzaste
economizzò	economizzarono

Futuro semplice · Future

economizzerò	economizzeremo
economizzerai	economizzerete
economizzerà	economizzeranno

Condizionale presente · Present conditional

economizzerei	economizzeremmo
economizzeresti	economizzereste
economizzerebbe	economizzerebbero

Congiuntivo presente · Present subjunctive

economizzi	economizziamo
economizzi	economizziate
economizzi	economizzino

Congiuntivo imperfetto · Imperfect subjunctive

economizzassi	economizzassimo
economizzassi	economizzaste
economizzasse	economizzassero

Passato prossimo · Present perfect

ho economizzato	abbiamo economizzato
hai economizzato	avete economizzato
ha economizzato	hanno economizzato

Trapassato prossimo · Past perfect

avevo economizzato	avevamo economizzato
avevi economizzato	avevate economizzato
aveva economizzato	avevano economizzato

Trapassato remoto · Preterit perfect

ebbi economizzato	avemmo economizzato
avesti economizzato	aveste economizzato
ebbe economizzato	ebbero economizzato

Futuro anteriore · Future perfect

avrò economizzato	avremo economizzato
avrai economizzato	avrete economizzato
avrà economizzato	avranno economizzato

Condizionale passato · Perfect conditional

avrei economizzato	avremmo economizzato
avresti economizzato	avreste economizzato
avrebbe economizzato	avrebbero economizzato

Congiuntivo passato · Perfect subjunctive

abbia economizzato	abbiamo economizzato
abbia economizzato	abbiate economizzato
abbia economizzato	abbiano economizzato

Congiuntivo trapassato · Past perfect subjunctive

avessi economizzato	avessimo economizzato
avessi economizzato	aveste economizzato
avesse economizzato	avessero economizzato

Imperativo · Commands

	(non) economizziamo
economizza (non economizzare)	(non) economizzate
(non) economizzi	(non) economizzino

Participio passato · Past participle	economizzato (-a/-i/-e)
Gerundio · Gerund	economizzando

Usage

Se vuoi economizzare il tempo, devi imparare
a lavorare più velocemente.

L'atleta ha economizzato le sue forze rallentando
il passo per qualche minuto.

Economizza le tue energie invece di sprecarle
in attività inutili.

Si dovrà economizzare al massimo se si vorrà
raggiungere la meta proposta.

Sebbene abbiamo economizzato molto sul cibo,
non ci restano più soldi.

*If you want to save time, you have to learn how
to work faster.*

*The athlete conserved his strength by slowing down
for a couple of minutes.*

*Save your energy instead of wasting it on useless
activities.*

*It will be necessary to save as much as possible
if we are to reach the proposed objective.*

*Even though we economized quite a bit on food,
we don't have any money left.*

RELATED WORDS

l'economizzatore (*m.*)
economico
economo

fuel-saving device
economic; economical, inexpensive
thrifty

eleggere *to elect; choose, select, appoint*

eleggo · elessi · eletto

irregular -*ere* verb;
trans. (aux. *avere*)

Presente · Present

eleggo	eleggiamo
eleggi	eleggete
elegge	eleggono

Imperfetto · Imperfect

eleggevo	eleggevamo
eleggevi	eleggevate
eleggeva	eleggevano

Passato remoto · Preterit

elessi	eleggemmo
eleggesti	eleggeste
elesse	elessero

Futuro semplice · Future

eleggerò	eleggeremo
eleggerai	eleggerete
eleggerà	eleggeranno

Condizionale presente · Present conditional

eleggerei	eleggeremmo
eleggeresti	eleggereste
eleggerebbe	eleggerebbero

Congiuntivo presente · Present subjunctive

elegga	eleggiamo
elegga	eleggiate
elegga	eleggano

Congiuntivo imperfetto · Imperfect subjunctive

eleggessi	eleggessimo
eleggessi	eleggeste
eleggesse	eleggessero

Passato prossimo · Present perfect

ho eletto	abbiamo eletto
hai eletto	avete eletto
ha eletto	hanno eletto

Trapassato prossimo · Past perfect

avevo eletto	avevamo eletto
avevi eletto	avevate eletto
aveva eletto	avevano eletto

Trapassato remoto · Preterit perfect

ebbi eletto	avemmo eletto
avesti eletto	aveste eletto
ebbe eletto	ebbero eletto

Futuro anteriore · Future perfect

avrò eletto	avremo eletto
avrai eletto	avrete eletto
avrà eletto	avranno eletto

Condizionale passato · Perfect conditional

avrei eletto	avremmo eletto
avresti eletto	avreste eletto
avrebbe eletto	avrebbero eletto

Congiuntivo passato · Perfect subjunctive

abbia eletto	abbiamo eletto
abbia eletto	abbiate eletto
abbia eletto	abbiano eletto

Congiuntivo trapassato · Past perfect subjunctive

avessi eletto	avessimo eletto
avessi eletto	aveste eletto
avesse eletto	avessero eletto

Imperativo · Commands

	(non) eleggiamo
eleggi (non eleggere)	(non) eleggete
(non) elegga	(non) eleggano

Participio passato · Past participle	eletto (-a/-i/-e)
Gerundio · Gerund	eleggendo

Usage

Domani si eleggerà un nuovo presidente.	*Tomorrow a new president will be elected.*
I cittadini elessero dei delegati che formarono un consiglio.	*The citizens elected delegates, who formed a council.*
Mario è stato eletto moderatore dei dibattiti.	*Mario was elected moderator of the debates.*
Come furono eletti i Deputati della Camera nelle prime elezioni?	*How were the Representatives in the House elected in the (very) first elections?*
Ogni anno la Roma e la Lazio eleggono il miglior giocatore.	*Every year (the soccer clubs of) Rome and Lazio choose the best player.*
Vincenzo ha eletto domicilio nella città di Padova.	*Vincenzo has selected the city of Padova as his official residence.*

RELATED WORDS

l'elezione (*f.*)	*election*
l'elettore (*m.*)/l'elettrice (*f.*)	*voter*

regular *-are* verb, *c > ch/e, i*;
trans. (aux. *avere*)

Presente · Present

elenco	elenchiamo
elenchi	elencate
elenca	elencano

Imperfetto · Imperfect

elencavo	elencavamo
elencavi	elencavate
elencava	elencavano

Passato remoto · Preterit

elencai	elencammo
elencasti	elencaste
elencò	elencarono

Futuro semplice · Future

elencherò	elencheremo
elencherai	elencherete
elencherà	elencheranno

Condizionale presente · Present conditional

elencherei	elencheremmo
elencheresti	elenchereste
elencherebbe	elencherebbero

Congiuntivo presente · Present subjunctive

elenchi	elenchiamo
elenchi	elenchiate
elenchi	elenchino

Congiuntivo imperfetto · Imperfect subjunctive

elencassi	elencassimo
elencassi	elencaste
elencasse	elencassero

Imperativo · Commands

	(non) elenchiamo
elenca (non elencare)	(non) elencate
(non) elenchi	(non) elenchino

Passato prossimo · Present perfect

ho elencato	abbiamo elencato
hai elencato	avete elencato
ha elencato	hanno elencato

Trapassato prossimo · Past perfect

avevo elencato	avevamo elencato
avevi elencato	avevate elencato
aveva elencato	avevano elencato

Trapassato remoto · Preterit perfect

ebbi elencato	avemmo elencato
avesti elencato	aveste elencato
ebbe elencato	ebbero elencato

Futuro anteriore · Future perfect

avrò elencato	avremo elencato
avrai elencato	avrete elencato
avrà elencato	avranno elencato

Condizionale passato · Perfect conditional

avrei elencato	avremmo elencato
avresti elencato	avreste elencato
avrebbe elencato	avrebbero elencato

Congiuntivo passato · Perfect subjunctive

abbia elencato	abbiamo elencato
abbia elencato	abbiate elencato
abbia elencato	abbiano elencato

Congiuntivo trapassato · Past perfect subjunctive

avessi elencato	avessimo elencato
avessi elencato	aveste elencato
avesse elencato	avessero elencato

Participio passato · Past participle   elencato (-a/-i/-e)

Gerundio · Gerund   elencando

Usage

Tutti i luoghi da visitare sono elencati qui.	*All the places to be visited are listed here.*
Di seguito si elencano tutti i numeri di telefono di cui avrete bisogno.	*After that, all the telephone numbers you'll need are listed.*
Si è elencata in allegato tutta la serie di prodotti scontati.	*We have listed in the enclosure the whole range of discounted products.*
Le domande che abbiamo elencate riguardano la coordinazione dei due avvenimenti.	*The questions we've listed are related to the coordination of the two events.*
Luisa ha elencato alcune delle sue riserve.	*Luisa conveyed some of her reservations.*
Giordano e Rossi elencarono con cura cosa bisognava fare.	*Giordano and Rossi carefully listed what had to be done.*

RELATED EXPRESSIONS

l'elenco (*m.*)	*list*
l'elenco telefonico	*telephone directory*

emergere *to surface, appear, come out, emerge; stand out, rise (above)*

emergo · emersi · emerso

irregular -*ere* verb;
intrans. (aux. *essere*)

Presente · Present	
emergo	emergiamo
emergi	emergete
emerge	emergono

Imperfetto · Imperfect	
emergevo	emergevamo
emergevi	emergevate
emergeva	emergevano

Passato remoto · Preterit	
emersi	emergemmo
emergesti	emergeste
emerse	emersero

Futuro semplice · Future	
emergerò	emergeremo
emergerai	emergerete
emergerà	emergeranno

Condizionale presente · Present conditional	
emergerei	emergeremmo
emergeresti	emergereste
emergerebbe	emergerebbero

Congiuntivo presente · Present subjunctive	
emerga	emergiamo
emerga	emergiate
emerga	emergano

Congiuntivo imperfetto · Imperfect subjunctive	
emergessi	emergessimo
emergessi	emergeste
emergesse	emergessero

Passato prossimo · Present perfect	
sono emerso (-a)	siamo emersi (-e)
sei emerso (-a)	siete emersi (-e)
è emerso (-a)	sono emersi (-e)

Trapassato prossimo · Past perfect	
ero emerso (-a)	eravamo emersi (-e)
eri emerso (-a)	eravate emersi (-e)
era emerso (-a)	erano emersi (-e)

Trapassato remoto · Preterit perfect	
fui emerso (-a)	fummo emersi (-e)
fosti emerso (-a)	foste emersi (-e)
fu emerso (-a)	furono emersi (-e)

Futuro anteriore · Future perfect	
sarò emerso (-a)	saremo emersi (-e)
sarai emerso (-a)	sarete emersi (-e)
sarà emerso (-a)	saranno emersi (-e)

Condizionale passato · Perfect conditional	
sarei emerso (-a)	saremmo emersi (-e)
saresti emerso (-a)	sareste emersi (-e)
sarebbe emerso (-a)	sarebbero emersi (-e)

Congiuntivo passato · Perfect subjunctive	
sia emerso (-a)	siamo emersi (-e)
sia emerso (-a)	siate emersi (-e)
sia emerso (-a)	siano emersi (-e)

Congiuntivo trapassato · Past perfect subjunctive	
fossi emerso (-a)	fossimo emersi (-e)
fossi emerso (-a)	foste emersi (-e)
fosse emerso (-a)	fossero emersi (-e)

Imperativo · Commands

	(non) emergiamo
emergi (non emergere)	(non) emergete
(non) emerga	(non) emergano

Participio passato · Past participle   emerso (-a/-i/-e)

Gerundio · Gerund   emergendo

Usage

Il sommergibile emerse inaspettatamente dall'acqua.	*The submarine surfaced unexpectedly.*
Non potevo distinguere l'uomo che emergeva dall'ombra.	*I couldn't make out the man who was emerging from the shadow.*
Il sole è emerso finalmente dalle nuvole.	*The sun finally came out from behind the clouds.*
Dall'indagine è emerso che molti giovani italiani mangiano il fast food.	*It appeared from the survey that many young Italians eat fast food.*
Dopo che la verità era emersa, erano tutti più ottimisti.	*After the truth had come out, everybody was more optimistic.*
Il Botticelli ha dipinto Venere che emerge dal mare.	*Botticelli painted Venus emerging from the sea.*
È una donna che emerge su tutti per la sua bontà.	*She's a woman who stands out from the rest because of her kindness.*

RELATED EXPRESSION

i paesi emergenti (*m.pl.*)   *developing countries*

regular *-are* verb;
intrans. (aux. *essere* [rarely *avere*])

emigro · emigrai · emigrato

Presente · Present

emigro	emigriamo
emigri	emigrate
emigra	emigrano

Imperfetto · Imperfect

emigravo	emigravamo
emigravi	emigravate
emigrava	emigravano

Passato remoto · Preterit

emigrai	emigrammo
emigrasti	emigraste
emigrò	emigrarono

Futuro semplice · Future

emigrerò	emigreremo
emigrerai	emigrerete
emigrerà	emigreranno

Condizionale presente · Present conditional

emigrerei	emigreremmo
emigreresti	emigrereste
emigrerebbe	emigrerebbero

Congiuntivo presente · Present subjunctive

emigri	emigriamo
emigri	emigriate
emigri	emigrino

Congiuntivo imperfetto · Imperfect subjunctive

emigrassi	emigrassimo
emigrassi	emigraste
emigrasse	emigrassero

Passato prossimo · Present perfect

sono emigrato (-a)	siamo emigrati (-e)
sei emigrato (-a)	siete emigrati (-e)
è emigrato (-a)	sono emigrati (-e)

Trapassato prossimo · Past perfect

ero emigrato (-a)	eravamo emigrati (-e)
eri emigrato (-a)	eravate emigrati (-e)
era emigrato (-a)	erano emigrati (-e)

Trapassato remoto · Preterit perfect

fui emigrato (-a)	fummo emigrati (-e)
fosti emigrato (-a)	foste emigrati (-e)
fu emigrato (-a)	furono emigrati (-e)

Futuro anteriore · Future perfect

sarò emigrato (-a)	saremo emigrati (-e)
sarai emigrato (-a)	sarete emigrati (-e)
sarà emigrato (-a)	saranno emigrati (-e)

Condizionale passato · Perfect conditional

sarei emigrato (-a)	saremmo emigrati (-e)
saresti emigrato (-a)	sareste emigrati (-e)
sarebbe emigrato (-a)	sarebbero emigrati (-e)

Congiuntivo passato · Perfect subjunctive

sia emigrato (-a)	siamo emigrati (-e)
sia emigrato (-a)	siate emigrati (-e)
sia emigrato (-a)	siano emigrati (-e)

Congiuntivo trapassato · Past perfect subjunctive

fossi emigrato (-a)	fossimo emigrati (-e)
fossi emigrato (-a)	foste emigrati (-e)
fosse emigrato (-a)	fossero emigrati (-e)

Imperativo · Commands

	(non) emigriamo
emigra (non emigrare)	(non) emigrate
(non) emigri	(non) emigrino

Participio passato · Past participle	emigrato (-a/-i/-e)
Gerundio · Gerund	emigrando

Usage

I miei bisnonni emigrarono in America alla fine
   dell'800.
Sono emigrati non per motivi politici ma per
   motivi economici.
Giulia è emigrata con tutta la famiglia l'anno scorso.
Gli abitanti del luogo stanno emigrando in massa
   a causa della guerra civile.
Gli uccelli emigrano dal nord al sud con l'arrivo
   dell'inverno.

My great-grandparents emigrated to America
   at the end of the nineteenth century.
They emigrated not for political but for economic
   reasons.
Giulia emigrated with her entire family last year.
The local inhabitants are emigrating en masse
   because of the civil war.
Birds migrate from north to south with the
   coming of winter.

RELATED WORDS

l'emigrazione (*f.*)
l'emigrato (*m.*)/l'emigrata (*f.*)

emigration
emigrant

entrare *to enter, go in; become a member (of); fit*

entrare *to go inside*

I ladri sono entrati per la finestra.	*The thieves came in through the window.*
La folla entrava nello stadio.	*The crowd entered the stadium.*
Dopo l'incrocio entri in autostrada.	*After the intersection, drive onto the highway.*
Quando entrarono in scena gli attori principali, gli spettatori applaudirono.	*When the main actors came on stage, the audience applauded.*
Caterina voleva sempre entrare nelle cose che non la riguardavano.	*Caterina always wanted to stick her nose into things that didn't concern her.*

entrare *to go in, fit (in)*

Il grande armadio non entrerà da questa porta.	*The big wardrobe won't fit through this door.*
Il cinque entra nel quindici tre volte.	*Five goes into fifteen three times.*
Le scarpe non entrano in quella scatola.	*The shoes don't fit in that box.*
Queste scarpe non le entrano più.	*These shoes don't fit her anymore.*
Non entro più in quei pantaloni neri.	*I can't fit into those black pants anymore.*
L'informatica non mi entra in testa facilmente.	*Computer science is hard for me.*

entrarci *to have to do with*

Ma cosa c'entra la mia età!	*But what does my age have to do with it!*
Loro non c'entrano in quest'affare.	*This is none of their business.*
C'entra come i cavoli a merenda!	*This has nothing to do with it!*

entrare *to become a member, join; go into*

Non sono entrati nell'associazione di Milano.	*They didn't become members of the club in Milan.*
Franco entrò nell'esercito.	*Franco joined the army.*
Dicevano che sarebbe entrata in convento.	*They said she would enter a convent.*
Vittorio vuole entrare nella professione legale.	*Vittorio wants to enter the legal profession.*

entrare in *to begin* (an activity)

entrare in affari	*to go into business*
entrare in azione	*to come into action*
entrare in ballo/gioco	*to come into play*
entrare in bestia	*to get angry*
entrare in contatto	*to contact*
entrare in discussione	*to enter into a discussion*
entrare in guerra	*to start a war*
entrare in vigore	*to go into force/effect*
entrare nella vita	*to be born*
entrare nella storia	*to go down in history*

IDIOMATIC EXPRESSIONS

entrare da un orecchio e uscire dall'altro	*to not make an impression*
entrare nell'ordine di idee (di)	*to get the idea (of)/get used to the idea (of)*

RELATED EXPRESSIONS

l'entrare (*m.*)	*beginning*
sull'entrare della primavera	*at the beginning of spring*
l'entrata (*f.*)	*entry, entrance; admission*

regular *-are* verb;
intrans. (aux. *essere*)

entro · entrai · entrato

Presente · Present

entro	entriamo
entri	entrate
entra	entrano

Passato prossimo · Present perfect

sono entrato (-a)	siamo entrati (-e)
sei entrato (-a)	siete entrati (-e)
è entrato (-a)	sono entrati (-e)

Imperfetto · Imperfect

entravo	entravamo
entravi	entravate
entrava	entravano

Trapassato prossimo · Past perfect

ero entrato (-a)	eravamo entrati (-e)
eri entrato (-a)	eravate entrati (-e)
era entrato (-a)	erano entrati (-e)

Passato remoto · Preterit

entrai	entrammo
entrasti	entraste
entrò	entrarono

Trapassato remoto · Preterit perfect

fui entrato (-a)	fummo entrati (-e)
fosti entrato (-a)	foste entrati (-e)
fu entrato (-a)	furono entrati (-e)

Futuro semplice · Future

entrerò	entreremo
entrerai	entrerete
entrerà	entreranno

Futuro anteriore · Future perfect

sarò entrato (-a)	saremo entrati (-e)
sarai entrato (-a)	sarete entrati (-e)
sarà entrato (-a)	saranno entrati (-e)

Condizionale presente · Present conditional

entrerei	entreremmo
entreresti	entrereste
entrerebbe	entrerebbero

Condizionale passato · Perfect conditional

sarei entrato (-a)	saremmo entrati (-e)
saresti entrato (-a)	sareste entrati (-e)
sarebbe entrato (-a)	sarebbero entrati (-e)

Congiuntivo presente · Present subjunctive

entri	entriamo
entri	entriate
entri	entrino

Congiuntivo passato · Perfect subjunctive

sia entrato (-a)	siamo entrati (-e)
sia entrato (-a)	siate entrati (-e)
sia entrato (-a)	siano entrati (-e)

Congiuntivo imperfetto · Imperfect subjunctive

entrassi	entrassimo
entrassi	entraste
entrasse	entrassero

Congiuntivo trapassato · Past perfect subjunctive

fossi entrato (-a)	fossimo entrati (-e)
fossi entrato (-a)	foste entrati (-e)
fosse entrato (-a)	fossero entrati (-e)

Imperativo · Commands

	(non) entriamo
entra (non entrare)	(non) entrate
(non) entri	(non) entrino

Participio passato · Past participle   entrato (-a/-i/-e)

Gerundio · Gerund   entrando

Usage

Sono entrata in casa dalla porta.	*I entered the house through the door.*
Entriamo in casa.	*Let's go inside.*
Entra pure!	*Please do come in!*
Si prega di bussare prima di entrare.	*Please knock before entering.*
Entrammo in macchina e partimmo subito.	*We got into the car and left at once.*
Marcello entrò in acqua subito.	*Marcello went straight into the water.*
Le è entrato qualcosa nella scarpa.	*Something got in her shoe.*
Ho fatto entrare il cliente nella sala.	*I let the client into the room.*
Siamo entrati in un club di tennis.	*We became members of a tennis club.*
Eravamo contenti che Salvatore fosse entrato nella nostra famiglia.	*We were happy that Salvatore became a member of our family.*
I vestiti non entrano nella valigia.	*The clothes don't fit in the suitcase.*
Quell'argomento non c'entra.	*That argument has nothing to do with it.*
Maria Teresa è appena entrata nel ventesimo anno di età.	*Maria Teresa just turned nineteen.*

esagerare *to exaggerate, overstate; overdo, go too far*

esagero · esagerai · esagerato

regular *-are* verb;
intrans./trans. (aux. *avere*)

Presente · Present		Passato prossimo · Present perfect	
esagero	esageriamo	ho esagerato	abbiamo esagerato
esageri	esagerate	hai esagerato	avete esagerato
esagera	esagerano	ha esagerato	hanno esagerato

Imperfetto · Imperfect		Trapassato prossimo · Past perfect	
esageravo	esageravamo	avevo esagerato	avevamo esagerato
esageravi	esageravate	avevi esagerato	avevate esagerato
esagerava	esageravano	aveva esagerato	avevano esagerato

Passato remoto · Preterit		Trapassato remoto · Preterit perfect	
esagerai	esagerammo	ebbi esagerato	avemmo esagerato
esagerasti	esageraste	avesti esagerato	aveste esagerato
esagerò	esagerarono	ebbe esagerato	ebbero esagerato

Futuro semplice · Future		Futuro anteriore · Future perfect	
esagererò	esagereremo	avrò esagerato	avremo esagerato
esagererai	esagererete	avrai esagerato	avrete esagerato
esagererà	esagereranno	avrà esagerato	avranno esagerato

Condizionale presente · Present conditional		Condizionale passato · Perfect conditional	
esagererei	esagereremmo	avrei esagerato	avremmo esagerato
esagereresti	esagerereste	avresti esagerato	avreste esagerato
esagererebbe	esagererebbero	avrebbe esagerato	avrebbero esagerato

Congiuntivo presente · Present subjunctive		Congiuntivo passato · Perfect subjunctive	
esageri	esageriamo	abbia esagerato	abbiamo esagerato
esageri	esageriate	abbia esagerato	abbiate esagerato
esageri	esagerino	abbia esagerato	abbiano esagerato

Congiuntivo imperfetto · Imperfect subjunctive		Congiuntivo trapassato · Past perfect subjunctive	
esagerassi	esagerassimo	avessi esagerato	avessimo esagerato
esagerassi	esageraste	avessi esagerato	aveste esagerato
esagerasse	esagerassero	avesse esagerato	avessero esagerato

Imperativo · Commands	
	(non) esageriamo
esagera (non esagerare)	(non) esagerate
(non) esageri	(non) esagerino

Participio passato · Past participle	esagerato (-a/-i/-e)
Gerundio · Gerund	esagerando

Usage

Non sarebbe possibile esagerare l'importanza
   di quell'incontro.
Sembra che abbia esagerato i propri meriti per
   ottenere il lavoro.
Si sono esagerati i danni causati dall'incendio.
Era alto più di due metri senza esagerare.
Non pensi di esagerare con la prudenza?
Hanno esagerato le proporzioni dell'edificio
   nella mia opinione.
Angela esagera in tutto quello che fa.
Ora stai esagerando!
È un tipo che esagerava nel bere da giovanotto.

*It would be impossible to overstate the importance
   of that meeting.*
*It appears he exaggerated his accomplishments
   in order to get the job.*
The damage caused by the fire was exaggerated.
It was over two meters high—no exaggeration.
Don't you think you're being overcautious?
*They overdid the proportions of the building,
   in my opinion.*
Angela goes to extremes in everything she does.
Now you're going too far!
He's a guy who drank too much as a young man.

regular *-are* verb;
trans. (aux. *avere*)

Presente · Present

esamino	esaminiamo
esamini	esaminate
esamina	esaminano

Imperfetto · Imperfect

esaminavo	esaminavamo
esaminavi	esaminavate
esaminava	esaminavano

Passato remoto · Preterit

esaminai	esaminammo
esaminasti	esaminaste
esaminò	esaminarono

Futuro semplice · Future

esaminerò	esamineremo
esaminerai	esaminerete
esaminerà	esamineranno

Condizionale presente · Present conditional

esaminerei	esamineremmo
esamineresti	esaminereste
esaminerebbe	esaminerebbero

Congiuntivo presente · Present subjunctive

esamini	esaminiamo
esamini	esaminiate
esamini	esaminino

Congiuntivo imperfetto · Imperfect subjunctive

esaminassi	esaminassimo
esaminassi	esaminaste
esaminasse	esaminassero

Imperativo · Commands

	(non) esaminiamo
esamina (non esaminare)	(non) esaminate
(non) esamini	(non) esaminino

Participio passato · Past participle	esaminato (-a/-i/-e)
Gerundio · Gerund	esaminando

Passato prossimo · Present perfect

ho esaminato	abbiamo esaminato
hai esaminato	avete esaminato
ha esaminato	hanno esaminato

Trapassato prossimo · Past perfect

avevo esaminato	avevamo esaminato
avevi esaminato	avevate esaminato
aveva esaminato	avevano esaminato

Trapassato remoto · Preterit perfect

ebbi esaminato	avemmo esaminato
avesti esaminato	aveste esaminato
ebbe esaminato	ebbero esaminato

Futuro anteriore · Future perfect

avrò esaminato	avremo esaminato
avrai esaminato	avrete esaminato
avrà esaminato	avranno esaminato

Condizionale passato · Perfect conditional

avrei esaminato	avremmo esaminato
avresti esaminato	avreste esaminato
avrebbe esaminato	avrebbero esaminato

Congiuntivo passato · Perfect subjunctive

abbia esaminato	abbiamo esaminato
abbia esaminato	abbiate esaminato
abbia esaminato	abbiano esaminato

Congiuntivo trapassato · Past perfect subjunctive

avessi esaminato	avessimo esaminato
avessi esaminato	aveste esaminato
avesse esaminato	avessero esaminato

Usage

Il professore esaminò il testo egiziano scoperto di recente ad Alessandria.

Si deve esaminare profondamente la proposta prima di procedere.

Gli studenti saranno esaminati in chimica, storia e francese.

Ho esaminato il quadro per cinque minuti.

Non riesco a capire perché non abbiano esaminato quegli aspetti della questione.

Si esamineranno quattro candidati per la funzione di manager.

The professor examined the Egyptian text that was discovered in Alexandria recently.

The proposal must be examined in depth before we can proceed.

The students will have exams in chemistry, history, and French.

I studied the painting for five minutes.

I can't understand why they didn't consider those aspects of the issue.

Four candidates will be interviewed for the position of manager.

esaurire   *to use up, exhaust, consume; wear out*

esaurisco · esaurii · esaurito

regular *-ire* verb (*-isc-* type);
trans. (aux. *avere*)

Presente · Present	
esaurisco	esauriamo
esaurisci	esaurite
esaurisce	esauriscono

Passato prossimo · Present perfect	
ho esaurito	abbiamo esaurito
hai esaurito	avete esaurito
ha esaurito	hanno esaurito

Imperfetto · Imperfect	
esaurivo	esaurivamo
esaurivi	esaurivate
esauriva	esaurivano

Trapassato prossimo · Past perfect	
avevo esaurito	avevamo esaurito
avevi esaurito	avevate esaurito
aveva esaurito	avevano esaurito

Passato remoto · Preterit	
esaurii	esaurimmo
esauristi	esauriste
esaurì	esaurirono

Trapassato remoto · Preterit perfect	
ebbi esaurito	avemmo esaurito
avesti esaurito	aveste esaurito
ebbe esaurito	ebbero esaurito

Futuro semplice · Future	
esaurirò	esauriremo
esaurirai	esaurirete
esaurirà	esauriranno

Futuro anteriore · Future perfect	
avrò esaurito	avremo esaurito
avrai esaurito	avrete esaurito
avrà esaurito	avranno esaurito

Condizionale presente · Present conditional	
esaurirei	esauriremmo
esauriresti	esaurireste
esaurirebbe	esaurirebbero

Condizionale passato · Perfect conditional	
avrei esaurito	avremmo esaurito
avresti esaurito	avreste esaurito
avrebbe esaurito	avrebbero esaurito

Congiuntivo presente · Present subjunctive	
esaurisca	esauriamo
esaurisca	esauriate
esaurisca	esauriscano

Congiuntivo passato · Perfect subjunctive	
abbia esaurito	abbiamo esaurito
abbia esaurito	abbiate esaurito
abbia esaurito	abbiano esaurito

Congiuntivo imperfetto · Imperfect subjunctive	
esaurissi	esaurissimo
esaurissi	esauriste
esaurisse	esaurissero

Congiuntivo trapassato · Past perfect subjunctive	
avessi esaurito	avessimo esaurito
avessi esaurito	aveste esaurito
avesse esaurito	avessero esaurito

Imperativo · Commands	
	(non) esauriamo
esaurisci (non esaurire)	(non) esaurite
(non) esaurisca	(non) esauriscano

Participio passato · Past participle   esaurito (-a/-i/-e)

Gerundio · Gerund   esaurendo

Usage

Per non esaurire i pozzi petroliferi in dieci anni, sarà necessario limitare la produzione giornaliera.	*So as not to deplete the oil wells in ten years, it will be necessary to limit daily production.*
I bambini esaurirono la pazienza della mamma.	*The children exhausted their mother's patience.*
Avevo paura che avessimo già esaurito quell'argomento.	*I was afraid that we had exhausted that argument already.*
Avevamo esaurito tutte le provviste in cinque giorni.	*We had consumed all our provisions in five days.*
Mi ha totalmente esaurito quel lavoro.	*That work wore me out completely.*

esaurirsi *to run out, dry up; be sold out, be out of print; wear oneself out*

Le pile della torcia elettrica si erano esaurite.	*The flashlight batteries had given out.*
La prima edizione del libro si è esaurita in un giorno.	*The first edition of the book sold out in one day.*
Se continuerai a lavorare così, finirai per esaurirti.	*If you continue to work like this, you'll wear yourself out.*

regular *-ire* verb (*-isc-* type);
trans. (aux. *avere*)

Presente · Present

esibisco	esibiamo
esibisci	esibite
esibisce	esibiscono

Imperfetto · Imperfect

esibivo	esibivamo
esibivi	esibivate
esibiva	esibivano

Passato remoto · Preterit

esibii	esibimmo
esibisti	esibiste
esibì	esibirono

Futuro semplice · Future

esibirò	esibiremo
esibirai	esibirete
esibirà	esibiranno

Condizionale presente · Present conditional

esibirei	esibiremmo
esibiresti	esibireste
esibirebbe	esibirebbero

Congiuntivo presente · Present subjunctive

esibisca	esibiamo
esibisca	esibiate
esibisca	esibiscano

Congiuntivo imperfetto · Imperfect subjunctive

esibissi	esibissimo
esibissi	esibiste
esibisse	esibissero

Passato prossimo · Present perfect

ho esibito	abbiamo esibito
hai esibito	avete esibito
ha esibito	hanno esibito

Trapassato prossimo · Past perfect

avevo esibito	avevamo esibito
avevi esibito	avevate esibito
aveva esibito	avevano esibito

Trapassato remoto · Preterit perfect

ebbi esibito	avemmo esibito
avesti esibito	aveste esibito
ebbe esibito	ebbero esibito

Futuro anteriore · Future perfect

avrò esibito	avremo esibito
avrai esibito	avrete esibito
avrà esibito	avranno esibito

Condizionale passato · Perfect conditional

avrei esibito	avremmo esibito
avresti esibito	avreste esibito
avrebbe esibito	avrebbero esibito

Congiuntivo passato · Perfect subjunctive

abbia esibito	abbiamo esibito
abbia esibito	abbiate esibito
abbia esibito	abbiano esibito

Congiuntivo trapassato · Past perfect subjunctive

avessi esibito	avessimo esibito
avessi esibito	aveste esibito
avesse esibito	avessero esibito

Imperativo · Commands

	(non) esibiamo
esibisci (non esibire)	(non) esibite
(non) esibisca	(non) esibiscano

Participio passato · Past participle   esibito (-a/-i/-e)

Gerundio · Gerund   esibendo

Usage

Esibirà la sua produzione artigianale a sei mostre.	*He will exhibit his craftsmanship at six shows.*
Ecco l'uomo che continuava a esibire la propria erudizione.	*That's the man who kept showing off his erudition.*
L'atleta esibì calma e tranquillità durante tutta la competizione.	*The athlete showed calm and tranquility throughout the competition.*
I giocatori hanno esibito bravura e velocità.	*The players displayed skill and speed.*
I documenti da esibire sono la carta d'identità e un certificato di nascita.	*An identity card and a birth certificate are to be presented.*
I poliziotti gli hanno chiesto di esibire la patente.	*The police officers asked him to show his driver's license.*

esibirsi *to perform; show off*

Il 12 luglio si esibirà al Dixie Jazz Club di Milano un gruppo statunitense.	*An American group will perform at the Dixie Jazz Club in Milan on July 12.*
Gli piace esibirsi per gli amici.	*He likes to show off for his friends.*

esigere · *to demand, require; collect* (taxes)

esigo · esigei/esigetti · esatto

irregular *-ere* verb;
trans. (aux. *avere*)

Presente · Present

esigo	esigiamo
esigi	esigete
esige	esigono

Passato prossimo · Present perfect

ho esatto	abbiamo esatto
hai esatto	avete esatto
ha esatto	hanno esatto

Imperfetto · Imperfect

esigevo	esigevamo
esigevi	esigevate
esigeva	esigevano

Trapassato prossimo · Past perfect

avevo esatto	avevamo esatto
avevi esatto	avevate esatto
aveva esatto	avevano esatto

Passato remoto · Preterit

esigei/esigetti	esigemmo
esigesti	esigeste
esigé/esigette	esigerono/esigettero

Trapassato remoto · Preterit perfect

ebbi esatto	avemmo esatto
avesti esatto	aveste esatto
ebbe esatto	ebbero esatto

Futuro semplice · Future

esigerò	esigeremo
esigerai	esigerete
esigerà	esigeranno

Futuro anteriore · Future perfect

avrò esatto	avremo esatto
avrai esatto	avrete esatto
avrà esatto	avranno esatto

Condizionale presente · Present conditional

esigerei	esigeremmo
esigeresti	esigereste
esigerebbe	esigerebbero

Condizionale passato · Perfect conditional

avrei esatto	avremmo esatto
avresti esatto	avreste esatto
avrebbe esatto	avrebbero esatto

Congiuntivo presente · Present subjunctive

esiga	esigiamo
esiga	esigiate
esiga	esigano

Congiuntivo passato · Perfect subjunctive

abbia esatto	abbiamo esatto
abbia esatto	abbiate esatto
abbia esatto	abbiano esatto

Congiuntivo imperfetto · Imperfect subjunctive

esigessi	esigessimo
esigessi	esigeste
esigesse	esigessero

Congiuntivo trapassato · Past perfect subjunctive

avessi esatto	avessimo esatto
avessi esatto	aveste esatto
avesse esatto	avessero esatto

Imperativo · Commands

	(non) esigiamo
esigi (non esigere)	(non) esigete
(non) esiga	(non) esigano

Participio passato · Past participle   esatto (-a/-i/-e)

Gerundio · Gerund   esigendo

Usage

È necessario che i genitori esigano il rispetto dei figli?	*Is it necessary for parents to demand the respect of their children?*
Esigo una risposta immediata.	*I demand an immediate answer.*
Abbiamo esatto una spiegazione dal consiglio d'amministrazione.	*We've demanded an explanation from the board of directors.*
Il ministro esigé che si prendessero certi provvedimenti per migliorare le condizioni di vita.	*The minister demanded that certain measures be taken to improve living conditions.*
La situazione esigeva da parte vostra la massima attenzione.	*The situation required the utmost attention on your part.*
Il governo ha deciso di esigere una nuova imposta sul tabacco.	*The government has decided to impose a new tax on tobacco.*

RELATED WORDS

l'esigenza (*f.*)	*need, requirement*
esigente	*demanding*

irregular *-ere* verb;
intrans. (aux. *essere*)

esisto · esistei/esistetti · esistito

Presente · Present

esisto	esistiamo
esisti	esistete
esiste	esistono

Imperfetto · Imperfect

esistevo	esistevamo
esistevi	esistevate
esisteva	esistevano

Passato remoto · Preterit

esistei/esistetti	esistemmo
esististi	esisteste
esisté/esistette	esisterono/esistettero

Futuro semplice · Future

esisterò	esisteremo
esisterai	esisterete
esisterà	esisteranno

Condizionale presente · Present conditional

esisterei	esisteremmo
esisteresti	esistereste
esisterebbe	esisterebbero

Congiuntivo presente · Present subjunctive

esista	esistiamo
esista	esistiate
esista	esistano

Congiuntivo imperfetto · Imperfect subjunctive

esistessi	esistessimo
esistessi	esisteste
esistesse	esistessero

Imperativo · Commands

	(non) esistiamo
esisti (non esistere)	(non) esistete
(non) esista	(non) esistano

Passato prossimo · Present perfect

sono esistito (-a)	siamo esistiti (-e)
sei esistito (-a)	siete esistiti (-e)
è esistito (-a)	sono esistiti (-e)

Trapassato prossimo · Past perfect

ero esistito (-a)	eravamo esistiti (-e)
eri esistito (-a)	eravate esistiti (-e)
era esistito (-a)	erano esistiti (-e)

Trapassato remoto · Preterit perfect

fui esistito (-a)	fummo esistiti (-e)
fosti esistito (-a)	foste esistiti (-e)
fu esistito (-a)	furono esistiti (-e)

Futuro anteriore · Future perfect

sarò esistito (-a)	saremo esistiti (-e)
sarai esistito (-a)	sarete esistiti (-e)
sarà esistito (-a)	saranno esistiti (-e)

Condizionale passato · Perfect conditional

sarei esistito (-a)	saremmo esistiti (-e)
saresti esistito (-a)	sareste esistiti (-e)
sarebbe esistito (-a)	sarebbero esistiti (-e)

Congiuntivo passato · Perfect subjunctive

sia esistito (-a)	siamo esistiti (-e)
sia esistito (-a)	siate esistiti (-e)
sia esistito (-a)	siano esistiti (-e)

Congiuntivo trapassato · Past perfect subjunctive

fossi esistito (-a)	fossimo esistiti (-e)
fossi esistito (-a)	foste esistiti (-e)
fosse esistito (-a)	fossero esistiti (-e)

Participio passato · Past participle   esistito (-a/-i/-e)

Gerundio · Gerund   esistendo

Usage

Esistono più di cinquemila lingue nel mondo.	*There are over 5,000 languages in the world.*
L'italiano medio esiste davvero?	*Does the average Italian really exist?*
Tu credi che i fantasmi esistano?	*Do you believe in ghosts?*
L'Impero romano è esistito per molti secoli.	*The Roman Empire existed for many centuries.*
Non esistevano dubbi sui fatti del caso.	*There were no doubts about the facts of the case.*
Il pericolo esisté solo nella sua testa.	*The danger existed only in his head.*
I computer esistono da alcuni decenni.	*Computers have been around for a few decades.*
Hai vinto la lotteria? Non esiste!	*You won the lottery? No way!*
"Perché esistiamo?" chiese mia figlia.	*"Why do we exist?" my daughter asked.*
Prima dell'attacco cardiaco esisteva solo il lavoro per Andrea.	*The only thing that mattered to Andrea before his heart attack was his work.*
Leonardo da Vinci è il più grande artista-scienziato che sia mai esistito.	*Leonardo da Vinci is the greatest artist-scientist who ever lived.*

esitare *to hesitate, waver; falter*

esito · esitai · esitato

regular *-are* verb;
intrans. (aux. *avere*)

Presente · Present

esito	esitiamo
esiti	esitate
esita	esitano

Imperfetto · Imperfect

esitavo	esitavamo
esitavi	esitavate
esitava	esitavano

Passato remoto · Preterit

esitai	esitammo
esitasti	esitaste
esitò	esitarono

Futuro semplice · Future

esiterò	esiteremo
esiterai	esiterete
esiterà	esiteranno

Condizionale presente · Present conditional

esiterei	esiteremmo
esiteresti	esitereste
esiterebbe	esiterebbero

Congiuntivo presente · Present subjunctive

esiti	esitiamo
esiti	esitiate
esiti	esitino

Congiuntivo imperfetto · Imperfect subjunctive

esitassi	esitassimo
esitassi	esitaste
esitasse	esitassero

Passato prossimo · Present perfect

ho esitato	abbiamo esitato
hai esitato	avete esitato
ha esitato	hanno esitato

Trapassato prossimo · Past perfect

avevo esitato	avevamo esitato
avevi esitato	avevate esitato
aveva esitato	avevano esitato

Trapassato remoto · Preterit perfect

ebbi esitato	avemmo esitato
avesti esitato	aveste esitato
ebbe esitato	ebbero esitato

Futuro anteriore · Future perfect

avrò esitato	avremo esitato
avrai esitato	avrete esitato
avrà esitato	avranno esitato

Condizionale passato · Perfect conditional

avrei esitato	avremmo esitato
avresti esitato	avreste esitato
avrebbe esitato	avrebbero esitato

Congiuntivo passato · Perfect subjunctive

abbia esitato	abbiamo esitato
abbia esitato	abbiate esitato
abbia esitato	abbiano esitato

Congiuntivo trapassato · Past perfect subjunctive

avessi esitato	avessimo esitato
avessi esitato	aveste esitato
avesse esitato	avessero esitato

Imperativo · Commands

	(non) esitiamo
esita (non esitare)	(non) esitate
(non) esiti	(non) esitino

Participio passato · Past participle esitato (-a/-i/-e)

Gerundio · Gerund esitando

Usage

Ho esitato a lungo prima di decidere.	*I hesitated for a long time before deciding.*
Non esiterei ad accettare il lavoro, se io fossi in te.	*I wouldn't hesitate to accept the job, if I were you.*
Esitai a rispondere per un attimo.	*I hesitated for a moment before answering.*
Non ha esitato nel chiedere il nostro aiuto.	*He didn't hesitate to ask for our help.*
Senza esitare, Roberto disse di sì.	*Roberto said yes without hesitation.*
Esitavano tra il sì e il no.	*They wavered between saying yes or no.*
Non esito a credere che tu abbia studiato sodo.	*I have no doubt that you studied hard.*

RELATED WORDS

l'esitazione (*f.*)	*hesitation*
esitante	*hesitating*

espello · espulsi · espulso

irregular *-ere* verb;
trans. (aux. *avere*)

Presente · Present

espello	espelliamo
espelli	espellete
espelle	espellono

Imperfetto · Imperfect

espellevo	espellevamo
espellevi	espellevate
espelleva	espellevano

Passato remoto · Preterit

espulsi	espellemmo
espellesti	espelleste
espulse	espulsero

Futuro semplice · Future

espellerò	espelleremo
espellerai	espellerete
espellerà	espelleranno

Condizionale presente · Present conditional

espellerei	espelleremmo
espelleresti	espellereste
espellerebbe	espellerebbero

Congiuntivo presente · Present subjunctive

espella	espelliamo
espella	espelliate
espella	espellano

Congiuntivo imperfetto · Imperfect subjunctive

espellessi	espellessimo
espellessi	espelleste
espellesse	espellessero

Imperativo · Commands

	(non) espelliamo
espelli (non espellere)	(non) espellete
(non) espella	(non) espellano

Passato prossimo · Present perfect

ho espulso	abbiamo espulso
hai espulso	avete espulso
ha espulso	hanno espulso

Trapassato prossimo · Past perfect

avevo espulso	avevamo espulso
avevi espulso	avevate espulso
aveva espulso	avevano espulso

Trapassato remoto · Preterit perfect

ebbi espulso	avemmo espulso
avesti espulso	aveste espulso
ebbe espulso	ebbero espulso

Futuro anteriore · Future perfect

avrò espulso	avremo espulso
avrai espulso	avrete espulso
avrà espulso	avranno espulso

Condizionale passato · Perfect conditional

avrei espulso	avremmo espulso
avresti espulso	avreste espulso
avrebbe espulso	avrebbero espulso

Congiuntivo passato · Perfect subjunctive

abbia espulso	abbiamo espulso
abbia espulso	abbiate espulso
abbia espulso	abbiano espulso

Congiuntivo trapassato · Past perfect subjunctive

avessi espulso	avessimo espulso
avessi espulso	aveste espulso
avesse espulso	avessero espulso

Participio passato · Past participle	espulso (-a/-i/-e)
Gerundio · Gerund	espellendo

Usage

La scuola può espellere un allievo in certe circostanze.	*A school may expel a student under certain conditions.*
È probabile che espelleranno alcuni membri dal partito.	*They'll probably expel a few members from the party.*
Non è giusto che Bruno sia stato espulso dalla squadra.	*It's not right that Bruno was kicked off the team.*
Il corpo espellerà le sostanze tossiche naturalmente.	*The body will naturally excrete the toxic substances.*
Le persone che hanno chiesto asilo politico non possono essere espulse dal paese.	*People who have asked for political asylum may not be deported from the country.*
Dopo aver scaricato l'arma, il soldato espulse le cartucce usate.	*After having fired the gun, the soldier ejected the spent cartridges.*

RELATED WORD

l'espulsione (*f.*)	*expulsion; deportation; sending off*

esplodere   *to explode, blow up; fire; burst (out)*

esplodo · esplosi · esploso

irregular -ere verb;
trans. (aux. *avere*)/intrans. (aux. *essere*)

NOTE *Esplodere* is conjugated here with *avere*; when used intransitively, it is conjugated with *essere*.

Presente · Present		Passato prossimo · Present perfect	
esplodo	esplodiamo	ho esploso	abbiamo esploso
esplodi	esplodete	hai esploso	avete esploso
esplode	esplodono	ha esploso	hanno esploso

Imperfetto · Imperfect		Trapassato prossimo · Past perfect	
esplodevo	esplodevamo	avevo esploso	avevamo esploso
esplodevi	esplodevate	avevi esploso	avevate esploso
esplodeva	esplodevano	aveva esploso	avevano esploso

Passato remoto · Preterit		Trapassato remoto · Preterit perfect	
esplosi	esplodemmo	ebbi esploso	avemmo esploso
esplodesti	esplodeste	avesti esploso	aveste esploso
esplose	esplosero	ebbe esploso	ebbero esploso

Futuro semplice · Future		Futuro anteriore · Future perfect	
esploderò	esploderemo	avrò esploso	avremo esploso
esploderai	esploderete	avrai esploso	avrete esploso
esploderà	esploderanno	avrà esploso	avranno esploso

Condizionale presente · Present conditional		Condizionale passato · Perfect conditional	
esploderei	esploderemmo	avrei esploso	avremmo esploso
esploderesti	esplodereste	avresti esploso	avreste esploso
esploderebbe	esploderebbero	avrebbe esploso	avrebbero esploso

Congiuntivo presente · Present subjunctive		Congiuntivo passato · Perfect subjunctive	
esploda	esplodiamo	abbia esploso	abbiamo esploso
esploda	esplodiate	abbia esploso	abbiate esploso
esploda	esplodano	abbia esploso	abbiano esploso

Congiuntivo imperfetto · Imperfect subjunctive		Congiuntivo trapassato · Past perfect subjunctive	
esplodessi	esplodessimo	avessi esploso	avessimo esploso
esplodessi	esplodeste	avessi esploso	aveste esploso
esplodesse	esplodessero	avesse esploso	avessero esploso

Imperativo · Commands	
	(non) esplodiamo
esplodi (non esplodere)	(non) esplodete
(non) esploda	(non) esplodano

Participio passato · Past participle	esploso (-a/-i/-e)
Gerundio · Gerund	esplodendo

Usage

Le bombe sono esplose alle 14.47 in punto. — *The bombs went off at exactly 2:47 P.M.*

La casa è esplosa a causa di una fuga di gas. — *The house blew up because of a gas leak.*

I carabinieri hanno fatto esplodere la bomba da una certa distanza. — *The (military) police detonated the bomb from a distance.*

Il ladro ha esploso cinque colpi della rivoltella contro il proprietario del negozio. — *The thief fired five shots at the shop owner with his revolver.*

Quando il caldo è esploso, nessuno se l'aspettava. — *When the heat wave broke out, nobody was expecting it.*

Sembra che sia esplosa di nuovo la moda dei pantaloni a zampa d'elefante. — *It seems like the bellbottom style has returned with a bang.*

Il teatro esplose in un applauso assordante. — *The theater erupted in deafening applause.*

Sono esplosa per la rabbia e me ne sono andata. — *I exploded in anger and left.*

Gli studenti sono esplosi in una risata. — *The students burst out laughing.*

irregular *-ere* verb;
trans. (aux. *avere*)

esprimo · espressi · espresso

Presente · Present

esprimo	esprimiamo
esprimi	esprimete
esprime	esprimono

Imperfetto · Imperfect

esprimevo	esprimevamo
esprimevi	esprimevate
esprimeva	esprimevano

Passato remoto · Preterit

espressi	esprimemmo
esprimesti	esprimeste
espresse	espressero

Futuro semplice · Future

esprimerò	esprimeremo
esprimerai	esprimerete
esprimerà	esprimeranno

Condizionale presente · Present conditional

esprimerei	esprimeremmo
esprimeresti	esprimereste
esprimerebbe	esprimerebbero

Congiuntivo presente · Present subjunctive

esprima	esprimiamo
esprima	esprimiate
esprima	esprimano

Congiuntivo imperfetto · Imperfect subjunctive

esprimessi	esprimessimo
esprimessi	esprimeste
esprimesse	esprimessero

Imperativo · Commands

	(non) esprimiamo
esprimi (non esprimere)	(non) esprimete
(non) esprima	(non) esprimano

Participio passato · Past participle	espresso (-a/-i/-e)
Gerundio · Gerund	esprimendo

Passato prossimo · Present perfect

ho espresso	abbiamo espresso
hai espresso	avete espresso
ha espresso	hanno espresso

Trapassato prossimo · Past perfect

avevo espresso	avevamo espresso
avevi espresso	avevate espresso
aveva espresso	avevano espresso

Trapassato remoto · Preterit perfect

ebbi espresso	avemmo espresso
avesti espresso	aveste espresso
ebbe espresso	ebbero espresso

Futuro anteriore · Future perfect

avrò espresso	avremo espresso
avrai espresso	avrete espresso
avrà espresso	avranno espresso

Condizionale passato · Perfect conditional

avrei espresso	avremmo espresso
avresti espresso	avreste espresso
avrebbe espresso	avrebbero espresso

Congiuntivo passato · Perfect subjunctive

abbia espresso	abbiamo espresso
abbia espresso	abbiate espresso
abbia espresso	abbiano espresso

Congiuntivo trapassato · Past perfect subjunctive

avessi espresso	avessimo espresso
avessi espresso	aveste espresso
avesse espresso	avessero espresso

Usage

Penso di esprimere l'opinione di tutti sulla questione.
Forse lui non ha espresso chiaramente le sue idee.
Esprimi i tuoi sentimenti e comincerai a sentirti
   meglio.
So cosa voglio dire, ma non posso esprimerlo
   in francese.
Roberta non disse niente, ma espresse grande gioia
   con gli occhi.
Era una frase che non esprimeva niente.

I think I'm voicing everybody's opinion on the issue.
Perhaps he didn't clearly express his ideas.
Express your feelings and you'll start to feel better.

I know what I want to say, but I can't find the
   words to say it in French.
Roberta didn't say a word, but her eyes expressed
   great joy.
It was a meaningless sentence.

esprimersi *to express oneself*

Sergio non aveva mai imparato a esprimersi
   in buon italiano.
Si sono espressi a gesti per comunicare.

Sergio had never learned to express himself well
   in Italian.
They communicated with gestures.

essere *to be; exist*

sono · fui · stato

irregular -ere verb;
intrans. (aux. essere)

essere *to exist*

Essere o non essere.	*To be or not to be.*
È l'avvocato migliore che ci sia al mondo.	*He's the best lawyer (there is) in the world.*

essere *to be* (somewhere), *live, reside*

Siamo qui da pochi minuti.	*We've been here for a couple of minutes.*
Luigi è a Napoli da molti anni.	*Luigi has been (living) in Naples for many years.*

essere *to cost*

— Quant'è?	*"How much does it cost?"*
— Sono 250 euro.	*"It comes to 250 euros."*

essere to indicate date and time

Oggi è il cinque (di) agosto.	*Today is the fifth of August.*
— Che ora è?/Che ore sono?	*"What time is it?"*
— Sono le cinque e un quarto.	*"It's a quarter past five."*
Saranno le otto.	*It must be about eight o'clock.*

essere di to indicate place of origin or possession

— Di dove sei?	*"Where are you from?"*
— Sono di Modena.	*"I'm from Modena."*
— Di chi è questa penna?	*"Whose pen is this?"*
— È mia.	*"It's mine."*

essere da + infinitive

È difficile da spiegare.	*It's difficult to explain.*
È da mangiare subito.	*It must be eaten right away.*

esserci

C'è un errore nel tuo quaderno.	*There's a mistake in your notebook.*
C'erano molti studenti qui.	*There were a lot of students here.*
Cosa c'è?	*What's the matter?*
Che c'è di nuovo?	*What's up?*
— Grazie del tuo aiuto.	*"Thanks for your help."*
— Non c'è di che.	*"You're welcome."*
Quanto c'è da Venezia a Trieste?	*How far is it from Venice to Trieste?*

essere used impersonally

È caldo oggi.	*It's warm today.*
È Natale domani.	*It's Christmas tomorrow.*
È come ha detto lei.	*It's like she said.*
È possibile che nevichi stasera.	*It may snow tonight.*
Come sarebbe a dire?	*What exactly do you mean?*

IDIOMATIC EXPRESSIONS

essere come il diavolo e la croce	*to be like oil and water*
essere al verde	*to have no money*

irregular -*ere* verb;
intrans. (aux. *essere*)

Presente · Present

sono	siamo
sei	siete
è	sono

Imperfetto · Imperfect

ero	eravamo
eri	eravate
era	erano

Passato remoto · Preterit

fui	fummo
fosti	foste
fu	furono

Futuro semplice · Future

sarò	saremo
sarai	sarete
sarà	saranno

Condizionale presente · Present conditional

sarei	saremmo
saresti	sareste
sarebbe	sarebbero

Congiuntivo presente · Present subjunctive

sia	siamo
sia	siate
sia	siano

Congiuntivo imperfetto · Imperfect subjunctive

fossi	fossimo
fossi	foste
fosse	fossero

Imperativo · Commands

	(non) siamo
sii (non essere)	(non) siate
(non) sia	(non) siano

Passato prossimo · Present perfect

sono stato (-a)	siamo stati (-e)
sei stato (-a)	siete stati (-e)
è stato (-a)	sono stati (-e)

Trapassato prossimo · Past perfect

ero stato (-a)	eravamo stati (-e)
eri stato (-a)	eravate stati (-e)
era stato (-a)	erano stati (-e)

Trapassato remoto · Preterit perfect

fui stato (-a)	fummo stati (-e)
fosti stato (-a)	foste stati (-e)
fu stato (-a)	furono stati (-e)

Futuro anteriore · Future perfect

sarò stato (-a)	saremo stati (-e)
sarai stato (-a)	sarete stati (-e)
sarà stato (-a)	saranno stati (-e)

Condizionale passato · Perfect conditional

sarei stato (-a)	saremmo stati (-e)
saresti stato (-a)	sareste stati (-e)
sarebbe stato (-a)	sarebbero stati (-e)

Congiuntivo passato · Perfect subjunctive

sia stato (-a)	siamo stati (-e)
sia stato (-a)	siate stati (-e)
sia stato (-a)	siano stati (-e)

Congiuntivo trapassato · Past perfect subjunctive

fossi stato (-a)	fossimo stati (-e)
fossi stato (-a)	foste stati (-e)
fosse stato (-a)	fossero stati (-e)

Participio passato · Past participle stato (-a/-i/-e)

Gerundio · Gerund essendo

Usage

Chi è quella ragazza con la maglietta bianca?	*Who's that girl wearing the white t-shirt?*
C'era una volta un giovane principe.	*Once upon a time there was a young prince.*
Che ne sarà di noi?	*What will happen to us?*
Tuo figlio era a casa o a scuola?	*Was your son at home or at school?*
Francesco è ingegnere.	*Francesco is an engineer.*
— Di chi è quella macchina?	*"Whose car is that?"*
— È della mia amica Renata.	*"It's my friend Renata's."*
Se io fossi in te, finirei i compiti.	*If I were you, I'd finish my homework.*
Sono stata a Genova due volte.	*I've been to Genoa twice.*

RELATED EXPRESSIONS

l'essere (*m.*)	*being*
un essere umano	*a human being*
gli esseri viventi (*m.pl.*)	*the living*

estendere · *to extend, expand, enlarge*

estendo · estesi · esteso

Presente · Present

estendo	estendiamo
estendi	estendete
estende	estendono

Passato prossimo · Present perfect

ho esteso	abbiamo esteso
hai esteso	avete esteso
ha esteso	hanno esteso

Imperfetto · Imperfect

estendevo	estendevamo
estendevi	estendevate
estendeva	estendevano

Trapassato prossimo · Past perfect

avevo esteso	avevamo esteso
avevi esteso	avevate esteso
aveva esteso	avevano esteso

Passato remoto · Preterit

estesi	estendemmo
estendesti	estendeste
estese	estesero

Trapassato remoto · Preterit perfect

ebbi esteso	avemmo esteso
avesti esteso	aveste esteso
ebbe esteso	ebbero esteso

Futuro semplice · Future

estenderò	estenderemo
estenderai	estenderete
estenderà	estenderanno

Futuro anteriore · Future perfect

avrò esteso	avremo esteso
avrai esteso	avrete esteso
avrà esteso	avranno esteso

Condizionale presente · Present conditional

estenderei	estenderemmo
estenderesti	estendereste
estenderebbe	estenderebbero

Condizionale passato · Perfect conditional

avrei esteso	avremmo esteso
avresti esteso	avreste esteso
avrebbe esteso	avrebbero esteso

Congiuntivo presente · Present subjunctive

estenda	estendiamo
estenda	estendiate
estenda	estendano

Congiuntivo passato · Perfect subjunctive

abbia esteso	abbiamo esteso
abbia esteso	abbiate esteso
abbia esteso	abbiano esteso

Congiuntivo imperfetto · Imperfect subjunctive

estendessi	estendessimo
estendessi	estendeste
estendesse	estendessero

Congiuntivo trapassato · Past perfect subjunctive

avessi esteso	avessimo esteso
avessi esteso	aveste esteso
avesse esteso	avessero esteso

Imperativo · Commands

	(non) estendiamo
estendi (non estendere)	(non) estendete
(non) estenda	(non) estendano

Participio passato · Past participle	esteso (-a/-i/-e)
Gerundio · Gerund	estendendo

Usage

Hanno esteso i confini dello stato.	*They've extended the borders of the state.*
Estenderanno probabilmente la durata della vacanza.	*They'll probably extend their vacation.*
Il significato della parola è stato esteso dall'uso tecnico.	*The meaning of the word was extended with its technical use.*
Lo stato estese il diritto di voto alle donne.	*The state extended to women the right to vote.*
Estenderemo ancora il commercio con la Cina nel futuro.	*We'll further expand our trade with China in the future.*
Il presidente non può estendere il proprio potere.	*The president can't expand his own power.*

estendersi *to spread, stretch, reach (out)*

L'epidemia si sta estendendo verso l'Europa occidentale.	*The epidemic is spreading toward western Europe.*
La neve si estendeva a perdita d'occhio.	*The snow stretched as far as the eye could see.*

regular *-are* verb;
trans. (aux. *avere*)

Presente · Present

evito	evitiamo
eviti	evitate
evita	evitano

Imperfetto · Imperfect

evitavo	evitavamo
evitavi	evitavate
evitava	evitavano

Passato remoto · Preterit

evitai	evitammo
evitasti	evitaste
evitò	evitarono

Futuro semplice · Future

eviterò	eviteremo
eviterai	eviterete
eviterà	eviteranno

Condizionale presente · Present conditional

eviterei	eviteremmo
eviteresti	evitereste
eviterebbe	eviterebbero

Congiuntivo presente · Present subjunctive

eviti	evitiamo
eviti	evitiate
eviti	evitino

Congiuntivo imperfetto · Imperfect subjunctive

evitassi	evitassimo
evitassi	evitaste
evitasse	evitassero

Imperativo · Commands

	(non) evitiamo
evita (non evitare)	(non) evitate
(non) eviti	(non) evitino

Passato prossimo · Present perfect

ho evitato	abbiamo evitato
hai evitato	avete evitato
ha evitato	hanno evitato

Trapassato prossimo · Past perfect

avevo evitato	avevamo evitato
avevi evitato	avevate evitato
aveva evitato	avevano evitato

Trapassato remoto · Preterit perfect

ebbi evitato	avemmo evitato
avesti evitato	aveste evitato
ebbe evitato	ebbero evitato

Futuro anteriore · Future perfect

avrò evitato	avremo evitato
avrai evitato	avrete evitato
avrà evitato	avranno evitato

Condizionale passato · Perfect conditional

avrei evitato	avremmo evitato
avresti evitato	avreste evitato
avrebbe evitato	avrebbero evitato

Congiuntivo passato · Perfect subjunctive

abbia evitato	abbiamo evitato
abbia evitato	abbiate evitato
abbia evitato	abbiano evitato

Congiuntivo trapassato · Past perfect subjunctive

avessi evitato	avessimo evitato
avessi evitato	aveste evitato
avesse evitato	avessero evitato

Participio passato · Past participle evitato (-a/-i/-e)

Gerundio · Gerund evitando

Usage

Abbiamo potuto evitare il pericolo.	*We managed to avoid the danger.*
Mi pare che lui mi stia evitando da alcuni giorni.	*It seems to me that he's been avoiding me for a couple of days.*
Non evitare lo sguardo del tuo interlocutore.	*Don't avoid eye contact with the person you're speaking to.*
Evitava sempre di rispondere alla mia domanda.	*He would always evade my question.*
Evitammo l'ostacolo ma finimmo nell'acqua.	*We dodged the obstacle but ended up in the water.*
Per favore, eviti di fare rumore.	*Please refrain from making any noise.*
Lei dovrebbe evitare di bere e fumare.	*You should refrain from drinking and smoking.*
Gli ho evitato la spesa supplementare.	*I've saved him the added expense.*

evitarsi *to avoid each other*

Le due sorelle si sono evitate per molti mesi.	*The two sisters avoided each other for many months.*

RELATED WORDS

evitabile/inevitabile	*avoidable/unavoidable*

fallire *to fail, come to nothing; miss, go astray; go bankrupt*

fallisco · fallii · fallito

regular -*ire* verb (-*isc*- type);
trans. (aux. *avere*)/intrans. (aux. *essere*)

NOTE *Fallire* is conjugated here with *avere*; when used intransitively, it is conjugated with *essere*.

Presente · Present

fallisco	falliamo
fallisci	fallite
fallisce	falliscono

Passato prossimo · Present perfect

ho fallito	abbiamo fallito
hai fallito	avete fallito
ha fallito	hanno fallito

Imperfetto · Imperfect

fallivo	fallivamo
fallivi	fallivate
falliva	fallivano

Trapassato prossimo · Past perfect

avevo fallito	avevamo fallito
avevi fallito	avevate fallito
aveva fallito	avevano fallito

Passato remoto · Preterit

fallii	fallimmo
fallisti	falliste
fallì	fallirono

Trapassato remoto · Preterit perfect

ebbi fallito	avemmo fallito
avesti fallito	aveste fallito
ebbe fallito	ebbero fallito

Futuro semplice · Future

fallirò	falliremo
fallirai	fallirete
fallirà	falliranno

Futuro anteriore · Future perfect

avrò fallito	avremo fallito
avrai fallito	avrete fallito
avrà fallito	avranno fallito

Condizionale presente · Present conditional

fallirei	falliremmo
falliresti	fallireste
fallirebbe	fallirebbero

Condizionale passato · Perfect conditional

avrei fallito	avremmo fallito
avresti fallito	avreste fallito
avrebbe fallito	avrebbero fallito

Congiuntivo presente · Present subjunctive

fallisca	falliamo
fallisca	falliate
fallisca	falliscano

Congiuntivo passato · Perfect subjunctive

abbia fallito	abbiamo fallito
abbia fallito	abbiate fallito
abbia fallito	abbiano fallito

Congiuntivo imperfetto · Imperfect subjunctive

fallissi	fallissimo
fallissi	falliste
fallisse	fallissero

Congiuntivo trapassato · Past perfect subjunctive

avessi fallito	avessimo fallito
avessi fallito	aveste fallito
avesse fallito	avessero fallito

Imperativo · Commands

	(non) falliamo
fallisci (non fallire)	(non) fallite
(non) fallisca	(non) falliscano

Participio passato · Past participle   fallito (-a/-i/-e)

Gerundio · Gerund   fallendo

Usage

È fallito nel suo obiettivo di attraversare a nuoto il canale della Manica.

He failed in his attempt to swim the English Channel.

Sebbene il vertice fosse fallito, i politici sono rimasti ottimisti.

Even though the summit had failed, the politicians remained optimistic.

Falliranno di nuovo nei loro tentativi se non cambieranno la strategia.

They will fail again in their attempt if they don't change their strategy.

Purtroppo l'iniziativa è fallita a causa dell'opposizione.

Unfortunately the initiative came to nothing because of the opposition.

— Ha fallito il bersaglio? — Sì, l'ha fallito.

"Did he miss the target?" "Yes, he missed it."

Due anni fa, quella giocatrice di tennis non avrebbe mai fallito quella palla nel primo set.

Two years ago, that tennis player would never have missed that ball in the first set.

La ditta di mia zia fallì alcune settimane fa.

My aunt's company went bankrupt a few weeks ago.

irregular *-are* verb;
trans./intrans. (aux. *avere*)

NOTES *Fare* is derived from the Latin verb *facere*, and so it is conjugated as an *-ere* verb in certain tenses. The present-tense form *fo* is rare.

Presente · Present

faccio/fo	facciamo
fai	fate
fa	fanno

Imperfetto · Imperfect

facevo	facevamo
facevi	facevate
faceva	facevano

Passato remoto · Preterit

feci	facemmo
facesti	faceste
fece	fecero

Futuro semplice · Future

farò	faremo
farai	farete
farà	faranno

Condizionale presente · Present conditional

farei	faremmo
faresti	fareste
farebbe	farebbero

Congiuntivo presente · Present subjunctive

faccia	facciamo
faccia	facciate
faccia	facciano

Congiuntivo imperfetto · Imperfect subjunctive

facessi	facessimo
facessi	faceste
facesse	facessero

Passato prossimo · Present perfect

ho fatto	abbiamo fatto
hai fatto	avete fatto
ha fatto	hanno fatto

Trapassato prossimo · Past perfect

avevo fatto	avevamo fatto
avevi fatto	avevate fatto
aveva fatto	avevano fatto

Trapassato remoto · Preterit perfect

ebbi fatto	avemmo fatto
avesti fatto	aveste fatto
ebbe fatto	ebbero fatto

Futuro anteriore · Future perfect

avrò fatto	avremo fatto
avrai fatto	avrete fatto
avrà fatto	avranno fatto

Condizionale passato · Perfect conditional

avrei fatto	avremmo fatto
avresti fatto	avreste fatto
avrebbe fatto	avrebbero fatto

Congiuntivo passato · Perfect subjunctive

abbia fatto	abbiamo fatto
abbia fatto	abbiate fatto
abbia fatto	abbiano fatto

Congiuntivo trapassato · Past perfect subjunctive

avessi fatto	avessimo fatto
avessi fatto	aveste fatto
avesse fatto	avessero fatto

Imperativo · Commands

	(non) facciamo
fa'/fai (non fare)	(non) fate
(non) faccia	(non) facciano

Participio passato · Past participle	fatto (-a/-i/-e)
Gerundio · Gerund	facendo

Usage

Sto facendo i compiti in questo momento.
Ha fatto il disegno in cinque minuti.
Forse faceva lo stupido perché era imbarazzato.

Vedrai che farà molto bene nella competizione.
Quegli occhiali non fanno per lei.
C'è scritto nella Bibbia che Dio fece il mondo in sei giorni.
La mamma farà gli spaghetti alla bolognese stasera.
Farebbero la nuova casa subito se avessero i soldi.

I'm doing my homework at the moment.
He made the drawing in five minutes.
Maybe he was acting like a fool because he was embarrassed.

He'll perform very well in the competition. You'll see.
Those glasses don't suit her.
It's written in the Bible that God created the world in six days.
Mom will cook spaghetti bolognese tonight.
They would build a new house right now if they had the money.

TOP 50 VERB ☞

fare   *to do, make; act (like); perform; be (a profession); be suitable; create; cook*

faccio/fo · feci · fatto

irregular -are verb;
trans./intrans. (aux. avere)

fare *to study*

Graziella fa la seconda elementare.	*Graziella is in second grade.*
Farò l'università l'anno prossimo.	*I'm going to college next year.*
— Che cosa fai? — Faccio storia dell'arte.	*"What are you studying?" "I'm studying art history."*

fare *to play* (a sport)

Renato fa del calcio e dello sci.	*Renato plays soccer and goes skiing.*
Non ho mai fatto della vela.	*I've never gone sailing.*
Ti piace fare della bicicletta?	*Do you enjoy cycling?*

fare *to be* (a profession)

Fanno tutti il medico o l'avvocato nella sua famiglia.	*They're all doctors or lawyers in her family.*
Che cosa vorresti fare come lavoro?	*What type of work would you like to do?*
Mio nonno faceva il falegname.	*My grandfather was a carpenter.*
Forse farò l'insegnante.	*Maybe I'll be a teacher.*

fare *in weather expressions*

— Che tempo farà domani?	*"What's the weather going to be like tomorrow?"*
— Farà bello e caldo.	*"It's going to be nice and warm."*
Ha fatto freddo tutta la settimana.	*It's been cold all week long.*

fare + *infinitive*

L'hanno fatta piangere.	*They made her cry.*
Te lo farò avere.	*I'll get it to you.*
Fammi vedere cosa hai fatto.	*Let me see what you've done.*

fare + *noun*

Mi ha fatto paura quell'uomo.	*That man frightened me.*
Mi farebbe orrore dover uccidere i gattini.	*It would horrify me to have to kill the kittens.*
Non fa niente.	*It doesn't matter.*

farsi *to become; acquire; get, grow; make/get oneself*

Giorgio non si fa mai bene la barba.	*Giorgio never gets a good shave.*
Vorrei farmi un bel piatto di pasta.	*I would like to make myself a nice plate of pasta.*
Mio zio si fece prete nel 1953.	*My uncle became a priest in 1953.*
Tutta la famiglia si è fatta cattolica.	*The whole family became Catholic.*
Mi sono fatto una macchina nuova.	*I've bought a new car.*
Come si è fatta grande la bimba!	*Your little girl has really grown!*
Si fa notte intorno alle diciassette.	*It gets dark around 5 P.M.*
Ho incontrato la ragazza di cui Isabella si è fatta amica.	*I've met the girl that Isabella has befriended.*

IDIOMATIC EXPRESSIONS

Non voglio avere niente a che fare con loro.	*I don't want to have anything to do with them.*
Per fortuna aveva fatto in tempo a incontrarci all'aeroporto.	*Fortunately he made it in time to meet us at the airport.*
Non ce la faccio più!	*I can't take it anymore!*
Non c'era niente da fare.	*Nothing could be done.*

regular -ire verb (-isc- type);
trans. (aux. avere)

ferisco · ferii · ferito

Presente · Present

ferisco	feriamo
ferisci	ferite
ferisce	feriscono

Imperfetto · Imperfect

ferivo	ferivamo
ferivi	ferivate
feriva	ferivano

Passato remoto · Preterit

ferii	ferimmo
feristi	feriste
ferì	ferirono

Futuro semplice · Future

ferirò	feriremo
ferirai	ferirete
ferirà	feriranno

Condizionale presente · Present conditional

ferirei	feriremmo
feriresti	ferireste
ferirebbe	ferirebbero

Congiuntivo presente · Present subjunctive

ferisca	feriamo
ferisca	feriate
ferisca	feriscano

Congiuntivo imperfetto · Imperfect subjunctive

ferissi	ferissimo
ferissi	feriste
ferisse	ferissero

Imperativo · Commands

	(non) feriamo
ferisci (non ferire)	(non) ferite
(non) ferisca	(non) feriscano

Passato prossimo · Present perfect

ho ferito	abbiamo ferito
hai ferito	avete ferito
ha ferito	hanno ferito

Trapassato prossimo · Past perfect

avevo ferito	avevamo ferito
avevi ferito	avevate ferito
aveva ferito	avevano ferito

Trapassato remoto · Preterit perfect

ebbi ferito	avemmo ferito
avesti ferito	aveste ferito
ebbe ferito	ebbero ferito

Futuro anteriore · Future perfect

avrò ferito	avremo ferito
avrai ferito	avrete ferito
avrà ferito	avranno ferito

Condizionale passato · Perfect conditional

avrei ferito	avremmo ferito
avresti ferito	avreste ferito
avrebbe ferito	avrebbero ferito

Congiuntivo passato · Perfect subjunctive

abbia ferito	abbiamo ferito
abbia ferito	abbiate ferito
abbia ferito	abbiano ferito

Congiuntivo trapassato · Past perfect subjunctive

avessi ferito	avessimo ferito
avessi ferito	aveste ferito
avesse ferito	avessero ferito

Participio passato · Past participle   ferito (-a/-i/-e)

Gerundio · Gerund   ferendo

Usage

L'hanno ferito con un coltello.
Ventidue persone sono state ferite nell'incidente.
Il ladro è stato ferito a morte quando la polizia
   gli ha sparato.
Quel commento lo ferì molto.
Quelle parole l'hanno ferita nell'amor proprio.
Penso che il tuo atteggiamento li abbia feriti
   profondamente.

They wounded him with a knife.
Twenty-two people were injured in the accident.
The thief was mortally wounded when he was shot
   by the police.
That comment really wounded his pride.
Those words were a blow to her ego.
I think your behavior has offended them greatly.

ferirsi *to hurt/injure oneself*

Mi sono ferita al pollice sinistro.
Fai attenzione a non ferirti con le forbici.

I've injured my left thumb.
Be careful not to cut yourself with the scissors.

fermare   *to stop, halt; interrupt, suspend; capture, detain; secure, fasten*

fermo · fermai · fermato

regular *-are* verb;
trans./intrans. (aux. *avere*)

Presente · Present

fermo	fermiamo
fermi	fermate
ferma	fermano

Imperfetto · Imperfect

fermavo	fermavamo
fermavi	fermavate
fermava	fermavano

Passato remoto · Preterit

fermai	fermammo
fermasti	fermaste
fermò	fermarono

Futuro semplice · Future

fermerò	fermeremo
fermerai	fermerete
fermerà	fermeranno

Condizionale presente · Present conditional

fermerei	fermeremmo
fermeresti	fermereste
fermerebbe	fermerebbero

Congiuntivo presente · Present subjunctive

fermi	fermiamo
fermi	fermiate
fermi	fermino

Congiuntivo imperfetto · Imperfect subjunctive

fermassi	fermassimo
fermassi	fermaste
fermasse	fermassero

Passato prossimo · Present perfect

ho fermato	abbiamo fermato
hai fermato	avete fermato
ha fermato	hanno fermato

Trapassato prossimo · Past perfect

avevo fermato	avevamo fermato
avevi fermato	avevate fermato
aveva fermato	avevano fermato

Trapassato remoto · Preterit perfect

ebbi fermato	avemmo fermato
avesti fermato	aveste fermato
ebbe fermato	ebbero fermato

Futuro anteriore · Future perfect

avrò fermato	avremo fermato
avrai fermato	avrete fermato
avrà fermato	avranno fermato

Condizionale passato · Perfect conditional

avrei fermato	avremmo fermato
avresti fermato	avreste fermato
avrebbe fermato	avrebbero fermato

Congiuntivo passato · Perfect subjunctive

abbia fermato	abbiamo fermato
abbia fermato	abbiate fermato
abbia fermato	abbiano fermato

Congiuntivo trapassato · Past perfect subjunctive

avessi fermato	avessimo fermato
avessi fermato	aveste fermato
avesse fermato	avessero fermato

Imperativo · Commands

	(non) fermiamo
ferma (non fermare)	(non) fermate
(non) fermi	(non) fermino

Participio passato · Past participle   fermato (-a/-i/-e)

Gerundio · Gerund   fermando

Usage

Il portiere ha fermato il pallone due volte in cinque minuti.	*The goalkeeper stopped the ball twice in five minutes.*
Il paziente morì perché i medici non poterono fermare il sangue.	*The patient died because the doctors couldn't stop the bleeding.*
I lavoratori fermeranno il lavoro per due ore.	*The workers will interrupt their work for two hours.*
La polizia non fermò un sospetto fino a quattro anni dopo l'omicidio.	*The police didn't take a suspect into custody until four years after the murder.*
Ho fermato la mia cravatta con uno spillo d'oro.	*I fastened my tie with a gold pin.*

fermarsi *to stop (at/by/in); stay, remain; shut down, quit; pause; restrain oneself; dwell (on)*

Mi sono fermato un attimo in banca.	*I stopped by the bank for a minute.*
Non ci fermeremo a Londra.	*We won't stay in London.*
Il mio orologio si è fermato.	*My watch quit working.*
Non fermiamoci più su questo argomento.	*Let's not dwell on that subject any longer.*

regular *-are* verb, *gi > g/e, i*;
trans. (aux. *avere*)

festeggio · festeggiai · festeggiato

Presente · Present

festeggio	festeggiamo
festeggi	festeggiate
festeggia	festeggiano

Imperfetto · Imperfect

festeggiavo	festeggiavamo
festeggiavi	festeggiavate
festeggiava	festeggiavano

Passato remoto · Preterit

festeggiai	festeggiammo
festeggiasti	festeggiaste
festeggiò	festeggiarono

Futuro semplice · Future

festeggerò	festeggeremo
festeggerai	festeggerete
festeggerà	festeggeranno

Condizionale presente · Present conditional

festeggerei	festeggeremmo
festeggeresti	festeggereste
festeggerebbe	festeggerebbero

Congiuntivo presente · Present subjunctive

festeggi	festeggiamo
festeggi	festeggiate
festeggi	festeggino

Congiuntivo imperfetto · Imperfect subjunctive

festeggiassi	festeggiassimo
festeggiassi	festeggiaste
festeggiasse	festeggiassero

Passato prossimo · Present perfect

ho festeggiato	abbiamo festeggiato
hai festeggiato	avete festeggiato
ha festeggiato	hanno festeggiato

Trapassato prossimo · Past perfect

avevo festeggiato	avevamo festeggiato
avevi festeggiato	avevate festeggiato
aveva festeggiato	avevano festeggiato

Trapassato remoto · Preterit perfect

ebbi festeggiato	avemmo festeggiato
avesti festeggiato	aveste festeggiato
ebbe festeggiato	ebbero festeggiato

Futuro anteriore · Future perfect

avrò festeggiato	avremo festeggiato
avrai festeggiato	avrete festeggiato
avrà festeggiato	avranno festeggiato

Condizionale passato · Perfect conditional

avrei festeggiato	avremmo festeggiato
avresti festeggiato	avreste festeggiato
avrebbe festeggiato	avrebbero festeggiato

Congiuntivo passato · Perfect subjunctive

abbia festeggiato	abbiamo festeggiato
abbia festeggiato	abbiate festeggiato
abbia festeggiato	abbiano festeggiato

Congiuntivo trapassato · Past perfect subjunctive

avessi festeggiato	avessimo festeggiato
avessi festeggiato	aveste festeggiato
avesse festeggiato	avessero festeggiato

Imperativo · Commands

	(non) festeggiamo
festeggia (non festeggiare)	(non) festeggiate
(non) festeggi	(non) festeggino

Participio passato · Past participle	festeggiato (-a/-i/-e)
Gerundio · Gerund	festeggiando

Usage

Abbiamo festeggiato il suo ventunesimo compleanno.
I miei genitori festeggeranno il loro ventesimo
　anniversario di matrimonio il nove giugno.
Si festeggia il primo maggio negli Stati Uniti?
Festeggiarono la pace con una grande festa popolare.

Gli invitati furono festeggiati calorosamente
　dal loro ospite.

We celebrated his twenty-first birthday.
My parents will celebrate their twentieth wedding
　anniversary on June 9.
Is May Day observed in the United States?
They celebrated peace with a big party for the
　people.
The guests were warmly welcomed by their host.

RELATED WORDS

il festeggiato/la festeggiata
il festeggiamento

guest of honor
festival; celebration

fidanzare *to give in marriage (to)*

fidanzo · fidanzai · fidanzato

regular *-are* verb;
trans. (aux. *avere*)

Presente · Present

fidanzo	fidanziamo
fidanzi	fidanzate
fidanza	fidanzano

Imperfetto · Imperfect

fidanzavo	fidanzavamo
fidanzavi	fidanzavate
fidanzava	fidanzavano

Passato remoto · Preterit

fidanzai	fidanzammo
fidanzasti	fidanzaste
fidanzò	fidanzarono

Futuro semplice · Future

fidanzerò	fidanzeremo
fidanzerai	fidanzerete
fidanzerà	fidanzeranno

Condizionale presente · Present conditional

fidanzerei	fidanzeremmo
fidanzeresti	fidanzereste
fidanzerebbe	fidanzerebbero

Congiuntivo presente · Present subjunctive

fidanzi	fidanziamo
fidanzi	fidanziate
fidanzi	fidanzino

Congiuntivo imperfetto · Imperfect subjunctive

fidanzassi	fidanzassimo
fidanzassi	fidanzaste
fidanzasse	fidanzassero

Passato prossimo · Present perfect

ho fidanzato	abbiamo fidanzato
hai fidanzato	avete fidanzato
ha fidanzato	hanno fidanzato

Trapassato prossimo · Past perfect

avevo fidanzato	avevamo fidanzato
avevi fidanzato	avevate fidanzato
aveva fidanzato	avevano fidanzato

Trapassato remoto · Preterit perfect

ebbi fidanzato	avemmo fidanzato
avesti fidanzato	aveste fidanzato
ebbe fidanzato	ebbero fidanzato

Futuro anteriore · Future perfect

avrò fidanzato	avremo fidanzato
avrai fidanzato	avrete fidanzato
avrà fidanzato	avranno fidanzato

Condizionale passato · Perfect conditional

avrei fidanzato	avremmo fidanzato
avresti fidanzato	avreste fidanzato
avrebbe fidanzato	avrebbero fidanzato

Congiuntivo passato · Perfect subjunctive

abbia fidanzato	abbiamo fidanzato
abbia fidanzato	abbiate fidanzato
abbia fidanzato	abbiano fidanzato

Congiuntivo trapassato · Past perfect subjunctive

avessi fidanzato	avessimo fidanzato
avessi fidanzato	aveste fidanzato
avesse fidanzato	avessero fidanzato

Imperativo · Commands

	(non) fidanziamo
fidanza (non fidanzare)	(non) fidanzate
(non) fidanzi	(non) fidanzino

Participio passato · Past participle	fidanzato (-a/-i/-e)
Gerundio · Gerund	fidanzando

Usage

Il padre voleva fidanzare la figlia a un uomo ricco.

The father wanted to give his daughter in marriage to a rich man.

È possibile che la ragazza fosse stata fidanzata al il conte all'età di dieci anni?

Is it possible that the girl was betrothed to the count at the age of ten?

L'hanno fidanzata a un uomo molto più vecchio di lei.

They betrothed her to a much older man.

fidanzarsi *to become engaged*

Franco e Antonietta si sono fidanzati poco tempo fa.

Franco and Antonietta got engaged a short time ago.

Aldo ha finalmente deciso di fidanzarsi con Lucia.

Aldo finally decided to get engaged to Lucia.

La coppia si fidanzò ufficialmente il 19 di maggio.

The couple was officially engaged on May 19.

RELATED WORDS

il fidanzato/la fidanzata

fiancé/fiancée

il fidanzamento

engagement

regular -are verb;
trans./intrans. (aux. *avere*)

figuro · figurai · figurato

Presente · Present

figuro	figuriamo
figuri	figurate
figura	figurano

Imperfetto · Imperfect

figuravo	figuravamo
figuravi	figuravate
figurava	figuravano

Passato remoto · Preterit

figurai	figurammo
figurasti	figuraste
figurò	figurarono

Futuro semplice · Future

figurerò	figureremo
figurerai	figurerete
figurerà	figureranno

Condizionale presente · Present conditional

figurerei	figureremmo
figureresti	figurereste
figurerebbe	figurerebbero

Congiuntivo presente · Present subjunctive

figuri	figuriamo
figuri	figuriate
figuri	figurino

Congiuntivo imperfetto · Imperfect subjunctive

figurassi	figurassimo
figurassi	figuraste
figurasse	figurassero

Passato prossimo · Present perfect

ho figurato	abbiamo figurato
hai figurato	avete figurato
ha figurato	hanno figurato

Trapassato prossimo · Past perfect

avevo figurato	avevamo figurato
avevi figurato	avevate figurato
aveva figurato	avevano figurato

Trapassato remoto · Preterit perfect

ebbi figurato	avemmo figurato
avesti figurato	aveste figurato
ebbe figurato	ebbero figurato

Futuro anteriore · Future perfect

avrò figurato	avremo figurato
avrai figurato	avrete figurato
avrà figurato	avranno figurato

Condizionale passato · Perfect conditional

avrei figurato	avremmo figurato
avresti figurato	avreste figurato
avrebbe figurato	avrebbero figurato

Congiuntivo passato · Perfect subjunctive

abbia figurato	abbiamo figurato
abbia figurato	abbiate figurato
abbia figurato	abbiano figurato

Congiuntivo trapassato · Past perfect subjunctive

avessi figurato	avessimo figurato
avessi figurato	aveste figurato
avesse figurato	avessero figurato

Imperativo · Commands

	(non) figuriamo
figura (non figurare)	(non) figurate
(non) figuri	(non) figurino

Participio passato · Past participle	figurato (-a/-i/-e)
Gerundio · Gerund	figurando

Usage

L'affresco figura Gesù e due angeli.	*The fresco depicts Jesus and two angels.*
Il quadro non figura la bontà, ma la virtù.	*The painting doesn't symbolize goodness, but virtue.*
La colomba figura la pace.	*The dove stands for peace.*
Non figurare di non saper niente.	*Don't pretend you don't know anything.*
I Loro nomi non figurarono nell'elenco degli iscritti.	*Your names didn't appear on the membership roster.*
Dal giornale figura che non è mai andato in Cina.	*From the newspaper it appears he never went to China.*

figurarsi *to imagine, picture; suppose; just think*

Non puoi figurarti come mi sentivo in quel momento.	*You can't imagine how I felt at that moment.*
Figurati che cosa sarebbe accaduto!	*Just think what would have happened!*
— Scusi, posso guardare il giornale?	*"Excuse me, can I have a look at the newspaper?"*
— Certo, si figuri!	*"Of course, no problem."*
Figurati come si sentiva Paola.	*You can imagine how Paola felt.*

fingere *to pretend, feign; imagine*

fingo · finsi · finto

irregular *-ere* verb;
trans./intrans. (aux. *avere*)

Presente · Present

fingo	fingiamo
fingi	fingete
finge	fingono

Imperfetto · Imperfect

fingevo	fingevamo
fingevi	fingevate
fingeva	fingevano

Passato remoto · Preterit

finsi	fingemmo
fingesti	fingeste
finse	finsero

Futuro semplice · Future

fingerò	fingeremo
fingerai	fingerete
fingerà	fingeranno

Condizionale presente · Present conditional

fingerei	fingeremmo
fingeresti	fingereste
fingerebbe	fingerebbero

Congiuntivo presente · Present subjunctive

finga	fingiamo
finga	fingiate
finga	fingano

Congiuntivo imperfetto · Imperfect subjunctive

fingessi	fingessimo
fingessi	fingeste
fingesse	fingessero

Passato prossimo · Present perfect

ho finto	abbiamo finto
hai finto	avete finto
ha finto	hanno finto

Trapassato prossimo · Past perfect

avevo finto	avevamo finto
avevi finto	avevate finto
aveva finto	avevano finto

Trapassato remoto · Preterit perfect

ebbi finto	avemmo finto
avesti finto	aveste finto
ebbe finto	ebbero finto

Futuro anteriore · Future perfect

avrò finto	avremo finto
avrai finto	avrete finto
avrà finto	avranno finto

Condizionale passato · Perfect conditional

avrei finto	avremmo finto
avresti finto	avreste finto
avrebbe finto	avrebbero finto

Congiuntivo passato · Perfect subjunctive

abbia finto	abbiamo finto
abbia finto	abbiate finto
abbia finto	abbiano finto

Congiuntivo trapassato · Past perfect subjunctive

avessi finto	avessimo finto
avessi finto	aveste finto
avesse finto	avessero finto

Imperativo · Commands

	(non) fingiamo
fingi (non fingere)	(non) fingete
(non) finga	(non) fingano

Participio passato · Past participle	finto (-a/-i/-e)
Gerundio · Gerund	fingendo

Usage

Ha finto sorpresa quando siamo entrati.	*He feigned surprise when we came in.*
I bambini fingevano di dormire.	*The children were pretending to be asleep.*
Mario finge.	*Mario is a pretender.*
Antonia è una donna che non sa fingere.	*Antonia is a very honest woman.*
Gli allievi finsero di fare un viaggio alla luna.	*The students imagined they were going on a trip to the moon.*
Fingiamo che voi abbiate vinto la lotteria.	*Let's imagine that you've won the lottery.*

fingersi *to pretend to be*

Si fingeva medico, ma non si era nemmeno diplomato.	*He pretended to be a doctor, but he hadn't even graduated from high school.*
Non voleva fingersi pazza.	*She didn't want to pretend to be mad.*
Bruno e Paolo si sono finti preoccupati.	*Bruno and Paolo pretended to be worried.*

regular *-ire* verb (*-isc-* type);
trans. (aux. *avere*)/intrans. (aux. *essere*)

finisco · finii · finito

NOTE *Finire* is conjugated here with *avere*; when used intransitively, it is conjugated with *essere*.

Presente · Present

finisco	finiamo
finisci	finite
finisce	finiscono

Imperfetto · Imperfect

finivo	finivamo
finivi	finivate
finiva	finivano

Passato remoto · Preterit

finii	finimmo
finisti	finiste
finì	finirono

Futuro semplice · Future

finirò	finiremo
finirai	finirete
finirà	finiranno

Condizionale presente · Present conditional

finirei	finiremmo
finiresti	finireste
finirebbe	finirebbero

Congiuntivo presente · Present subjunctive

finisca	finiamo
finisca	finiate
finisca	finiscano

Congiuntivo imperfetto · Imperfect subjunctive

finissi	finissimo
finissi	finiste
finisse	finissero

Imperativo · Commands

	(non) finiamo
finisci (non finire)	(non) finite
(non) finisca	(non) finiscano

Passato prossimo · Present perfect

ho finito	abbiamo finito
hai finito	avete finito
ha finito	hanno finito

Trapassato prossimo · Past perfect

avevo finito	avevamo finito
avevi finito	avevate finito
aveva finito	avevano finito

Trapassato remoto · Preterit perfect

ebbi finito	avemmo finito
avesti finito	aveste finito
ebbe finito	ebbero finito

Futuro anteriore · Future perfect

avrò finito	avremo finito
avrai finito	avrete finito
avrà finito	avranno finito

Condizionale passato · Perfect conditional

avrei finito	avremmo finito
avresti finito	avreste finito
avrebbe finito	avrebbero finito

Congiuntivo passato · Perfect subjunctive

abbia finito	abbiamo finito
abbia finito	abbiate finito
abbia finito	abbiano finito

Congiuntivo trapassato · Past perfect subjunctive

avessi finito	avessimo finito
avessi finito	aveste finito
avesse finito	avessero finito

Participio passato · Past participle	finito (-a/-i/-e)
Gerundio · Gerund	finendo

Usage

Ho finito i compiti dieci minuti fa.	*I finished my homework ten minutes ago.*
Finì la lettera alla sua ragazza dicendole che l'amava.	*He ended the letter to his girlfriend by saying he loved her.*
Il film è finito bene.	*The movie had a good ending.*
Finirò gli studi fra due anni, se tutto va bene.	*I'll complete my studies two years from now if everything goes well.*
Quell'affare è finito; non ne parliamo più.	*That affair is over and done with; we don't talk about it anymore.*
L'avevano finito con un colpo alla testa.	*They had killed him with a blow to the head.*
Abbiamo finito lo zucchero.	*We've run out of sugar.*
È finito di piovere cinque minuti fa.	*It stopped raining five minutes ago.*
Ragazze, finitela di ridacchiare!	*Girls, stop giggling!*

TOP 50 VERB ☞

finire   *to finish, end, complete, be done with; finish off; cease, stop*

finisco · finii · finito

finire used transitively

Hai finito il libro?	*Did you finish the book?*
L'artista finì la sua vita in Svizzera.	*The artist died in Switzerland.*
Il falegname non finì mai quel mobile.	*The carpenter never completed that piece of furniture.*

finire used intransitively

Il giorno finiva quando siamo arrivati a casa.	*The day was ending when we arrived home.*
Non l'abbiamo più visto e la storia è finita lì.	*We didn't see him again and that was the end of the story.*
Dov'è finita la mia penna?	*Where did my pen end up?*
Quel ragazzo finirà in carcere.	*That boy will end up in jail.*

finire di + infinitive *to finish, be done with*

Quando avrà finito di parlare, ce ne andiamo al ristorante.	*When he's finished talking, we'll leave and go to a restaurant.*
Avevamo finito di mangiare alle nove e mezzo.	*We had finished eating at 9:30 P.M.*
Hai finito di lavare la macchina?	*Have you finished washing the car?*

finire di + infinitive (used impersonally) *to stop*

Non è ancora finito di piovere.	*It hasn't stopped raining yet.*

finire con il + infinitive *to finish, end up*

Hanno finito con l'odiarsi.	*They ended up hating each other.*
Finirai con l'ammalarti se non ti prendi cura di te stesso.	*You'll end up getting sick if you don't take care of yourself.*
Teresa aveva finito col perdere l'aereo a causa dell'ingorgo.	*Teresa had ended up missing the airplane because of the traffic jam.*

finire per + infinitive *to end up*

Penso che finirà per piovere.	*I think it's going to rain.*
Abbiamo finito per fare il lavoro noi stessi.	*We ended up doing the work ourselves.*

finire *to end (up) in a certain way/place*

I nomi femminili finiscono in *a* o *e*.	*Feminine nouns end in* a *or* e.
Portava un cappello che finiva a punta.	*He was wearing a pointy hat.*
Quel fiume finisce nel mare.	*That river flows into the sea.*
La palla non finiva mai dove doveva finire.	*The ball never went where it was supposed to.*

IDIOMATIC EXPRESSIONS

farla finita con qualcosa	*to be through with something*
farla finita con qualcuno	*to break up with someone*
Finiscila!	*Stop it!*

RELATED EXPRESSIONS

il finire	*end*
sul finire del giorno	*at the end of the day*

PROVERB

Tutto è bene quel che finisce bene.	*All's well that ends well.*

regular -*are* verb;
trans. (aux. *avere*)

Presente · Present

firmo	firmiamo
firmi	firmate
firma	firmano

Passato prossimo · Present perfect

ho firmato	abbiamo firmato
hai firmato	avete firmato
ha firmato	hanno firmato

Imperfetto · Imperfect

firmavo	firmavamo
firmavi	firmavate
firmava	firmavano

Trapassato prossimo · Past perfect

avevo firmato	avevamo firmato
avevi firmato	avevate firmato
aveva firmato	avevano firmato

Passato remoto · Preterit

firmai	firmammo
firmasti	firmaste
firmò	firmarono

Trapassato remoto · Preterit perfect

ebbi firmato	avemmo firmato
avesti firmato	aveste firmato
ebbe firmato	ebbero firmato

Futuro semplice · Future

firmerò	firmeremo
firmerai	firmerete
firmerà	firmeranno

Futuro anteriore · Future perfect

avrò firmato	avremo firmato
avrai firmato	avrete firmato
avrà firmato	avranno firmato

Condizionale presente · Present conditional

firmerei	firmeremmo
firmeresti	firmereste
firmerebbe	firmerebbero

Condizionale passato · Perfect conditional

avrei firmato	avremmo firmato
avresti firmato	avreste firmato
avrebbe firmato	avrebbero firmato

Congiuntivo presente · Present subjunctive

firmi	firmiamo
firmi	firmiate
firmi	firmino

Congiuntivo passato · Perfect subjunctive

abbia firmato	abbiamo firmato
abbia firmato	abbiate firmato
abbia firmato	abbiano firmato

Congiuntivo imperfetto · Imperfect subjunctive

firmassi	firmassimo
firmassi	firmaste
firmasse	firmassero

Congiuntivo trapassato · Past perfect subjunctive

avessi firmato	avessimo firmato
avessi firmato	aveste firmato
avesse firmato	avessero firmato

Imperativo · Commands

	(non) firmiamo
firma (non firmare)	(non) firmate
(non) firmi	(non) firmino

Participio passato · Past participle   firmato (-a/-i/-e)

Gerundio · Gerund   firmando

Usage

Ho dimenticato di firmare la cartolina.	*I forgot to sign the postcard.*
Quale pittore non firmava mai i quadri?	*What painter never signed his paintings?*
Le persone analfabete possono firmare con una croce.	*Illiterate people may sign with an X.*
Per favore, firmi con nome e cognome.	*Please sign the form with your first and last names.*
Mia cugina indossa solo abiti firmati.	*My cousin only wears designer clothes.*
Chi avrebbe firmato un assegno in bianco?	*Who would have written a blank check?*
Il trattato non fu mai firmato dagli Stati Uniti.	*The treaty was never ratified by the United States.*

RELATED EXPRESSIONS

la firma	*signature*
firma falsa	*forged signature*
falsificare la firma di qualcuno	*to forge someone's signature*
il libro delle firme	*autograph/visitors' book*

fischiare · *to whistle; boo, hiss*

fischio · fischiai · fischiato

regular *-are* verb, *i > –li*;
trans./intrans. (aux. *avere*)

Presente · Present

fischio	fischiamo
fischi	fischiate
fischia	fischiano

Imperfetto · Imperfect

fischiavo	fischiavamo
fischiavi	fischiavate
fischiava	fischiavano

Passato remoto · Preterit

fischiai	fischiammo
fischiasti	fischiaste
fischiò	fischiarono

Futuro semplice · Future

fischierò	fischieremo
fischierai	fischierete
fischierà	fischieranno

Condizionale presente · Present conditional

fischierei	fischieremmo
fischieresti	fischiereste
fischierebbe	fischierebbero

Congiuntivo presente · Present subjunctive

fischi	fischiamo
fischi	fischiate
fischi	fischino

Congiuntivo imperfetto · Imperfect subjunctive

fischiassi	fischiassimo
fischiassi	fischiaste
fischiasse	fischiassero

Passato prossimo · Present perfect

ho fischiato	abbiamo fischiato
hai fischiato	avete fischiato
ha fischiato	hanno fischiato

Trapassato prossimo · Past perfect

avevo fischiato	avevamo fischiato
avevi fischiato	avevate fischiato
aveva fischiato	avevano fischiato

Trapassato remoto · Preterit perfect

ebbi fischiato	avemmo fischiato
avesti fischiato	aveste fischiato
ebbe fischiato	ebbero fischiato

Futuro anteriore · Future perfect

avrò fischiato	avremo fischiato
avrai fischiato	avrete fischiato
avrà fischiato	avranno fischiato

Condizionale passato · Perfect conditional

avrei fischiato	avremmo fischiato
avresti fischiato	avreste fischiato
avrebbe fischiato	avrebbero fischiato

Congiuntivo passato · Perfect subjunctive

abbia fischiato	abbiamo fischiato
abbia fischiato	abbiate fischiato
abbia fischiato	abbiano fischiato

Congiuntivo trapassato · Past perfect subjunctive

avessi fischiato	avessimo fischiato
avessi fischiato	aveste fischiato
avesse fischiato	avessero fischiato

Imperativo · Commands

	(non) fischiamo
fischia (non fischiare)	(non) fischiate
(non) fischi	(non) fischino

Participio passato · Past participle	fischiato (-a/-i/-e)
Gerundio · Gerund	fischiando

Usage

Tu sai fischiare?	*Can you whistle?*
Chi ha fischiato a quelle ragazze?	*Who whistled at those girls?*
Gli uccelli cominciano a fischiare molto presto la mattina.	*Birds start to sing very early in the morning.*
Il vento fischiava tra le foglie.	*The wind was whistling through the leaves.*
La sirena della fabbrica fischiò a mezzogiorno.	*The plant's siren sounded at noon.*
Ho fischiato al cane quando ho visto il gatto.	*I whistled for my dog when I saw the cat.*
Fischiava una canzone mentre lavorava.	*He was whistling a tune while he was working.*
L'arbitro ha fischiato due rigori nella partita.	*The referee called two penalty shots in the game.*
Si è svegliata quando ha sentito fischiare un serpente.	*She woke up when she heard a snake hissing.*
L'attore fu fischiato dal pubblico.	*The actor was booed by the audience.*
Mi fischiano le orecchie.	*My ears are ringing (or burning).*

regular -are verb;
trans. (aux. avere)

Presente · Present

fisso	fissiamo
fissi	fissate
fissa	fissano

Imperfetto · Imperfect

fissavo	fissavamo
fissavi	fissavate
fissava	fissavano

Passato remoto · Preterit

fissai	fissammo
fissasti	fissaste
fissò	fissarono

Futuro semplice · Future

fisserò	fisseremo
fisserai	fisserete
fisserà	fisseranno

Condizionale presente · Present conditional

fisserei	fisseremmo
fisseresti	fissereste
fisserebbe	fisserebbero

Congiuntivo presente · Present subjunctive

fissi	fissiamo
fissi	fissiate
fissi	fissino

Congiuntivo imperfetto · Imperfect subjunctive

fissassi	fissassimo
fissassi	fissaste
fissasse	fissassero

Passato prossimo · Present perfect

ho fissato	abbiamo fissato
hai fissato	avete fissato
ha fissato	hanno fissato

Trapassato prossimo · Past perfect

avevo fissato	avevamo fissato
avevi fissato	avevate fissato
aveva fissato	avevano fissato

Trapassato remoto · Preterit perfect

ebbi fissato	avemmo fissato
avesti fissato	aveste fissato
ebbe fissato	ebbero fissato

Futuro anteriore · Future perfect

avrò fissato	avremo fissato
avrai fissato	avrete fissato
avrà fissato	avranno fissato

Condizionale passato · Perfect conditional

avrei fissato	avremmo fissato
avresti fissato	avreste fissato
avrebbe fissato	avrebbero fissato

Congiuntivo passato · Perfect subjunctive

abbia fissato	abbiamo fissato
abbia fissato	abbiate fissato
abbia fissato	abbiano fissato

Congiuntivo trapassato · Past perfect subjunctive

avessi fissato	avessimo fissato
avessi fissato	aveste fissato
avesse fissato	avessero fissato

Imperativo · Commands

	(non) fissiamo
fissa (non fissare)	(non) fissate
(non) fissi	(non) fissino

Participio passato · Past participle	fissato (-a/-i/-e)
Gerundio · Gerund	fissando

Usage

Vincenza si è resa conto che un uomo la fissava.	*Vincenza realized that a man was staring at her.*
Ho fissato il quadro alla parete con un chiodo.	*I used a nail to hang the painting on the wall.*
Fissai gli occhi sull'orizzonte.	*I fixed my eyes on the horizon.*
La regola è stata fissata molti anni fa.	*The rule was established many years ago.*
Fissiamo un appuntamento per la settimana prossima.	*Let's make an appointment for next week.*
Fissarono un tavolo al ristorante per sabato sera.	*They reserved a table at the restaurant for Saturday night.*

fissarsi *to stare (at); be obsessed (with); insist (on), set one's heart (on); settle*

La coppia si fissò a lungo.	*The couple stared at each other for a long time.*
Federico si è fissato sull'idea di una barca a vela.	*Federico is obsessed with the idea of a sailing boat.*
Mi sono fissato di volere una macchina sportiva.	*I have my heart set on a sports car.*
Ci fissammo in un piccolo paese in campagna.	*We settled in a small village in the countryside.*

fondere   *to melt, blend, fuse; cast* (sculpture); *thaw*

fondo · fusi · fuso

irregular *-ere* verb;
trans./intrans. (aux. *avere*)

Presente · Present		Passato prossimo · Present perfect	
fondo	fondiamo	ho fuso	abbiamo fuso
fondi	fondete	hai fuso	avete fuso
fonde	fondono	ha fuso	hanno fuso

Imperfetto · Imperfect		Trapassato prossimo · Past perfect	
fondevo	fondevamo	avevo fuso	avevamo fuso
fondevi	fondevate	avevi fuso	avevate fuso
fondeva	fondevano	aveva fuso	avevano fuso

Passato remoto · Preterit		Trapassato remoto · Preterit perfect	
fusi	fondemmo	ebbi fuso	avemmo fuso
fondesti	fondeste	avesti fuso	aveste fuso
fuse	fusero	ebbe fuso	ebbero fuso

Futuro semplice · Future		Futuro anteriore · Future perfect	
fonderò	fonderemo	avrò fuso	avremo fuso
fonderai	fonderete	avrai fuso	avrete fuso
fonderà	fonderanno	avrà fuso	avranno fuso

Condizionale presente · Present conditional		Condizionale passato · Perfect conditional	
fonderei	fonderemmo	avrei fuso	avremmo fuso
fonderesti	fondereste	avresti fuso	avreste fuso
fonderebbe	fonderebbero	avrebbe fuso	avrebbero fuso

Congiuntivo presente · Present subjunctive		Congiuntivo passato · Perfect subjunctive	
fonda	fondiamo	abbia fuso	abbiamo fuso
fonda	fondiate	abbia fuso	abbiate fuso
fonda	fondano	abbia fuso	abbiano fuso

Congiuntivo imperfetto · Imperfect subjunctive		Congiuntivo trapassato · Past perfect subjunctive	
fondessi	fondessimo	avessi fuso	avessimo fuso
fondessi	fondeste	avessi fuso	aveste fuso
fondesse	fondessero	avesse fuso	avessero fuso

Imperativo · Commands	
	(non) fondiamo
fondi (non fondere)	(non) fondete
(non) fonda	(non) fondano

Participio passato · Past participle	fuso (-a/-i/-e)
Gerundio · Gerund	fondendo

Usage

Per fondere l'acciaio ci vuole un gran calore.

A very high temperature is required to melt down steel.

La cera fonde molto facilmente.
Wax melts very easily.

Penso che voi abbiate fuso i colori armoniosamente.
I think you've blended the colors harmoniously.

Se fondessero i due partiti, non voterei più per i verdi.
If they merged the two parties, I wouldn't vote for the Greens anymore.

È probabile che il motore abbia fuso.
The engine probably seized up.

La statua fu fusa in bronzo.
The statue was cast in bronze.

fondersi *to melt; unite, merge; (of a fuse)* blow

La neve si è fusa al sole.
The snow melted in the sun.

Cristina si fondeva in lacrime.
Cristina dissolved in tears.

Tutti erano contenti che le due ditte si fossero fuse.
Everyone was happy that the two companies had merged.

Pare che si sia fuso il fusibile.
It seems that a fuse has blown.

regular -*are* verb;
trans./intrans. (aux. *avere*)

freno · frenai · frenato

Presente · Present

freno	freniamo
freni	frenate
frena	frenano

Imperfetto · Imperfect

frenavo	frenavamo
frenavi	frenavate
frenava	frenavano

Passato remoto · Preterit

frenai	frenammo
frenasti	frenaste
frenò	frenarono

Futuro semplice · Future

frenerò	freneremo
frenerai	frenerete
frenerà	freneranno

Condizionale presente · Present conditional

frenerei	freneremmo
freneresti	frenereste
frenerebbe	frenerebbero

Congiuntivo presente · Present subjunctive

freni	freniamo
freni	freniate
freni	frenino

Congiuntivo imperfetto · Imperfect subjunctive

frenassi	frenassimo
frenassi	frenaste
frenasse	frenassero

Passato prossimo · Present perfect

ho frenato	abbiamo frenato
hai frenato	avete frenato
ha frenato	hanno frenato

Trapassato prossimo · Past perfect

avevo frenato	avevamo frenato
avevi frenato	avevate frenato
aveva frenato	avevano frenato

Trapassato remoto · Preterit perfect

ebbi frenato	avemmo frenato
avesti frenato	aveste frenato
ebbe frenato	ebbero frenato

Futuro anteriore · Future perfect

avrò frenato	avremo frenato
avrai frenato	avrete frenato
avrà frenato	avranno frenato

Condizionale passato · Perfect conditional

avrei frenato	avremmo frenato
avresti frenato	avreste frenato
avrebbe frenato	avrebbero frenato

Congiuntivo passato · Perfect subjunctive

abbia frenato	abbiamo frenato
abbia frenato	abbiate frenato
abbia frenato	abbiano frenato

Congiuntivo trapassato · Past perfect subjunctive

avessi frenato	avessimo frenato
avessi frenato	aveste frenato
avesse frenato	avessero frenato

Imperativo · Commands

	(non) freniamo
frena (non frenare)	(non) frenate
(non) freni	(non) frenino

Participio passato · Past participle	frenato (-a/-i/-e)
Gerundio · Gerund	frenando

Usage

Quando ho visto il pedone, ho frenato
   bruscamente.
La macchina frena male. Bisogna farla aggiustare
   subito.
Il ciclista non è riuscito a frenare in tempo.
L'autista ha cercato di frenare l'autobus.
Il governo non riuscì a frenare l'inflazione.
La donna frenò le lacrime perché non voleva
   piangere davanti a tutti.
Ho frenato la lingua perché era presente Angelo.

*When I saw the pedestrian, I slammed on
   the brakes.*
*The car's not braking well. It needs to be fixed
   right away.*
The cyclist was unable to stop in time.
The driver tried to slow the bus down.
The government failed to curb inflation.
*The woman held back tears because she didn't
   want to cry in front of everybody.*
I held my tongue because Angelo was there.

frenarsi *to restrain/control oneself*

Mi sarei frenato, ma lui mi ha picchiato.
Frenati un po' quando parli con lei.

I would have restrained myself, but he hit me.
Take it easy when you talk to her.

frequentare *to attend, go to; frequent; associate with*

frequento · frequentai · frequentato

regular *-are* verb;
trans. (aux. *avere*)

Presente · Present		Passato prossimo · Present perfect	
frequento	frequentiamo	ho frequentato	abbiamo frequentato
frequenti	frequentate	hai frequentato	avete frequentato
frequenta	frequentano	ha frequentato	hanno frequentato

Imperfetto · Imperfect		Trapassato prossimo · Past perfect	
frequentavo	frequentavamo	avevo frequentato	avevamo frequentato
frequentavi	frequentavate	avevi frequentato	avevate frequentato
frequentava	frequentavano	aveva frequentato	avevano frequentato

Passato remoto · Preterit		Trapassato remoto · Preterit perfect	
frequentai	frequentammo	ebbi frequentato	avemmo frequentato
frequentasti	frequentaste	avesti frequentato	aveste frequentato
frequentò	frequentarono	ebbe frequentato	ebbero frequentato

Futuro semplice · Future		Futuro anteriore · Future perfect	
frequenterò	frequenteremo	avrò frequentato	avremo frequentato
frequenterai	frequenterete	avrai frequentato	avrete frequentato
frequenterà	frequenteranno	avrà frequentato	avranno frequentato

Condizionale presente · Present conditional		Condizionale passato · Perfect conditional	
frequenterei	frequenteremmo	avrei frequentato	avremmo frequentato
frequenteresti	frequentereste	avresti frequentato	avreste frequentato
frequenterebbe	frequenterebbero	avrebbe frequentato	avrebbero frequentato

Congiuntivo presente · Present subjunctive		Congiuntivo passato · Perfect subjunctive	
frequenti	frequentiamo	abbia frequentato	abbiamo frequentato
frequenti	frequentiate	abbia frequentato	abbiate frequentato
frequenti	frequentino	abbia frequentato	abbiano frequentato

Congiuntivo imperfetto · Imperfect subjunctive		Congiuntivo trapassato · Past perfect subjunctive	
frequentassi	frequentassimo	avessi frequentato	avessimo frequentato
frequentassi	frequentaste	avessi frequentato	aveste frequentato
frequentasse	frequentassero	avesse frequentato	avessero frequentato

Imperativo · Commands

	(non) frequentiamo
frequenta (non frequentare)	(non) frequentate
(non) frequenti	(non) frequentino

Participio passato · Past participle   frequentato (-a/-i/-e)

Gerundio · Gerund   frequentando

Usage

— Quale università frequenti?
— Frequento l'Università di Bologna.
Frequentava un corso di studi alla New York University.
I miei amici ed io frequentiamo sempre il Bar Cavour.
Lei frequenta quel negozio perché le piacciono i loro vestiti.
Noi non frequentiamo quel tipo di gente.
Purtroppo Mario sta frequentando cattive compagnie.

"Which university do you go to?"
"I go to the University of Bologna."
He was enrolled in a program at New York University.
My friends and I always go to the Bar Cavour.
She frequents that shop because she likes their clothes.
We don't associate with that kind of people.
Unfortunately Mario is running with a bad crowd.

frequentarsi *to see each other (regularly)*

Giuseppe e Concetta si frequentano da alcune settimane.

Giuseppe and Concetta have been seeing each other for a few weeks.

irregular -*ere* verb;
trans./intrans. (aux. *avere*)

friggo · frissi · fritto

Presente · Present

friggo	friggiamo
friggi	friggete
frigge	friggono

Imperfetto · Imperfect

friggevo	friggevamo
friggevi	friggevate
friggeva	friggevano

Passato remoto · Preterit

frissi	friggemmo
friggesti	friggeste
frisse	frissero

Futuro semplice · Future

friggerò	friggeremo
friggerai	friggerete
friggerà	friggeranno

Condizionale presente · Present conditional

friggerei	friggeremmo
friggeresti	friggereste
friggerebbe	friggerebbero

Congiuntivo presente · Present subjunctive

frigga	friggiamo
frigga	friggiate
frigga	friggano

Congiuntivo imperfetto · Imperfect subjunctive

friggessi	friggessimo
friggessi	friggeste
friggesse	friggessero

Passato prossimo · Present perfect

ho fritto	abbiamo fritto
hai fritto	avete fritto
ha fritto	hanno fritto

Trapassato prossimo · Past perfect

avevo fritto	avevamo fritto
avevi fritto	avevate fritto
aveva fritto	avevano fritto

Trapassato remoto · Preterit perfect

ebbi fritto	avemmo fritto
avesti fritto	aveste fritto
ebbe fritto	ebbero fritto

Futuro anteriore · Future perfect

avrò fritto	avremo fritto
avrai fritto	avrete fritto
avrà fritto	avranno fritto

Condizionale passato · Perfect conditional

avrei fritto	avremmo fritto
avresti fritto	avreste fritto
avrebbe fritto	avrebbero fritto

Congiuntivo passato · Perfect subjunctive

abbia fritto	abbiamo fritto
abbia fritto	abbiate fritto
abbia fritto	abbiano fritto

Congiuntivo trapassato · Past perfect subjunctive

avessi fritto	avessimo fritto
avessi fritto	aveste fritto
avesse fritto	avessero fritto

Imperativo · Commands

	(non) friggiamo
friggi (non friggere)	(non) friggete
(non) frigga	(non) friggano

Participio passato · Past participle	fritto (-a/-i/-e)
Gerundio · Gerund	friggendo

Usage

Friggerò il pesce in padella.	*I'll fry the fish in a pan.*
Chi vorrebbe un uovo fritto?	*Who would like a fried egg?*
Aggiungere la carne quando l'olio frigge in padella.	*Add the meat when the oil sizzles in the pan.*
Marco friggeva di rabbia per quel che avevano detto.	*Marco was seething with anger because of what they had said.*
I bambini friggevano per l'impazienza.	*The children were fuming with impatience.*

IDIOMATIC EXPRESSIONS

Renato non ha quel che si frigge.	*Renato is not too bright.*
Vai a farti friggere!	*Get lost!*
Me la friggo.	*I don't know what to do about it.*
Franco non si è mai scoraggiato anche se dovesse friggere con l'acqua.	*Franco never got disheartened even though he had to try to do the impossible.*
Se papà scopre cosa abbiamo combinato, siamo fritti.	*If Dad finds out what we did, we're done for.*

fuggire *to run away, flee; avoid; speed/fly past; elope*

fuggo · fuggii · fuggito

regular *-ire* verb;
trans. (aux. *avere*)/intrans. (aux. *essere*)

NOTE *Fuggire* is conjugated here with *avere*; when used intransitively, it is conjugated with *essere*.

Presente · Present

fuggo	fuggiamo
fuggi	fuggite
fugge	fuggono

Imperfetto · Imperfect

fuggivo	fuggivamo
fuggivi	fuggivate
fuggiva	fuggivano

Passato remoto · Preterit

fuggii	fuggimmo
fuggisti	fuggiste
fuggì	fuggirono

Futuro semplice · Future

fuggirò	fuggiremo
fuggirai	fuggirete
fuggirà	fuggiranno

Condizionale presente · Present conditional

fuggirei	fuggiremmo
fuggiresti	fuggireste
fuggirebbe	fuggirebbero

Congiuntivo presente · Present subjunctive

fugga	fuggiamo
fugga	fuggiate
fugga	fuggano

Congiuntivo imperfetto · Imperfect subjunctive

fuggissi	fuggissimo
fuggissi	fuggiste
fuggisse	fuggissero

Passato prossimo · Present perfect

ho fuggito	abbiamo fuggito
hai fuggito	avete fuggito
ha fuggito	hanno fuggito

Trapassato prossimo · Past perfect

avevo fuggito	avevamo fuggito
avevi fuggito	avevate fuggito
aveva fuggito	avevano fuggito

Trapassato remoto · Preterit perfect

ebbi fuggito	avemmo fuggito
avesti fuggito	aveste fuggito
ebbe fuggito	ebbero fuggito

Futuro anteriore · Future perfect

avrò fuggito	avremo fuggito
avrai fuggito	avrete fuggito
avrà fuggito	avranno fuggito

Condizionale passato · Perfect conditional

avrei fuggito	avremmo fuggito
avresti fuggito	avreste fuggito
avrebbe fuggito	avrebbero fuggito

Congiuntivo passato · Perfect subjunctive

abbia fuggito	abbiamo fuggito
abbia fuggito	abbiate fuggito
abbia fuggito	abbiano fuggito

Congiuntivo trapassato · Past perfect subjunctive

avessi fuggito	avessimo fuggito
avessi fuggito	aveste fuggito
avesse fuggito	avessero fuggito

Imperativo · Commands

	(non) fuggiamo
fuggi (non fuggire)	(non) fuggite
(non) fugga	(non) fuggano

Participio passato · Past participle	fuggito (-a/-i/-e)
Gerundio · Gerund	fuggendo

Usage

I ladri sono fuggiti a piedi o in macchina?
I soldati fuggirono davanti al nemico.
La ragazza è fuggita di casa dopo una lite con
   i genitori.
Il prigioniero non era fuggito dal carcere da solo.
Digli di fuggire le cattive compagnie.
Non mi piacciono le grandi città. Cerco di fuggirle.
Spero che per ora abbiano fuggito la minaccia.
Scusa, Anna, ma devo proprio fuggire.
Il paesaggio fuggiva rapido davanti ai miei occhi.
Cinzia fuggì con quel ragazzo spregevole.
Come fugge il tempo!

Did the thieves flee on foot or by car?
The soldiers fled in the face of the enemy.
The girl ran away from home after a fight with
   her parents.
The prisoner hadn't escaped from jail all by himself.
Tell him to stay away from bad company.
I don't like big cities. I try to avoid them.
I hope that for now they've dodged the threat.
Sorry, Anna, but I have to run.
The landscape was flying rapidly past my eyes.
Cinzia eloped with that worthless boy.
How time flies!

regular *-are* verb;
trans./intrans. (aux. *avere*)

fumo · fumai · fumato

Presente · Present

fumo	fumiamo
fumi	fumate
fuma	fumano

Imperfetto · Imperfect

fumavo	fumavamo
fumavi	fumavate
fumava	fumavano

Passato remoto · Preterit

fumai	fumammo
fumasti	fumaste
fumò	fumarono

Futuro semplice · Future

fumerò	fumeremo
fumerai	fumerete
fumerà	fumeranno

Condizionale presente · Present conditional

fumerei	fumeremmo
fumeresti	fumereste
fumerebbe	fumerebbero

Congiuntivo presente · Present subjunctive

fumi	fumiamo
fumi	fumiate
fumi	fumino

Congiuntivo imperfetto · Imperfect subjunctive

fumassi	fumassimo
fumassi	fumaste
fumasse	fumassero

Imperativo · Commands

	(non) fumiamo
fuma (non fumare)	(non) fumate
(non) fumi	(non) fumino

Passato prossimo · Present perfect

ho fumato	abbiamo fumato
hai fumato	avete fumato
ha fumato	hanno fumato

Trapassato prossimo · Past perfect

avevo fumato	avevamo fumato
avevi fumato	avevate fumato
aveva fumato	avevano fumato

Trapassato remoto · Preterit perfect

ebbi fumato	avemmo fumato
avesti fumato	aveste fumato
ebbe fumato	ebbero fumato

Futuro anteriore · Future perfect

avrò fumato	avremo fumato
avrai fumato	avrete fumato
avrà fumato	avranno fumato

Condizionale passato · Perfect conditional

avrei fumato	avremmo fumato
avresti fumato	avreste fumato
avrebbe fumato	avrebbero fumato

Congiuntivo passato · Perfect subjunctive

abbia fumato	abbiamo fumato
abbia fumato	abbiate fumato
abbia fumato	abbiano fumato

Congiuntivo trapassato · Past perfect subjunctive

avessi fumato	avessimo fumato
avessi fumato	aveste fumato
avesse fumato	avessero fumato

Participio passato · Past participle   fumato (-a/-i/-e)

Gerundio · Gerund   fumando

Usage

Hai mai voglia di fumare una sigaretta?	*Do you ever feel like smoking a cigarette?*
Vietato fumare.	*No smoking.*
Mia nonna fumava la pipa.	*My grandmother smoked a pipe.*
Ha provato molte volte a smettere di fumare.	*He tried many times to stop smoking.*
Suo padre fumava come un turco.	*His father was a heavy smoker.*
Il camino fuma. Si può aprire una finestra?	*The fireplace is smoking. Can we open a window?*
Il cameriere mi ha portato la minestra che fumava nel piatto.	*The waiter brought me a steaming plate of soup.*
Quando il caffè non fuma più, lo puoi bere.	*When the coffee's not steaming anymore, you can drink it.*
Sembra che il capitano fumasse di rabbia.	*It appears that the captain was beside himself with rage.*
Avevano studiato tutto il giorno e gli fumava la testa.	*They had studied all day and were worn out.*

funzionare   *to function, work, run, be on; work well*

funziono · funzionai · funzionato

regular *-are* verb;
intrans. (aux. *avere*)

Presente · Present

funziono	funzioniamo
funzioni	funzionate
funziona	funzionano

Passato prossimo · Present perfect

ho funzionato	abbiamo funzionato
hai funzionato	avete funzionato
ha funzionato	hanno funzionato

Imperfetto · Imperfect

funzionavo	funzionavamo
funzionavi	funzionavate
funzionava	funzionavano

Trapassato prossimo · Past perfect

avevo funzionato	avevamo funzionato
avevi funzionato	avevate funzionato
aveva funzionato	avevano funzionato

Passato remoto · Preterit

funzionai	funzionammo
funzionasti	funzionaste
funzionò	funzionarono

Trapassato remoto · Preterit perfect

ebbi funzionato	avemmo funzionato
avesti funzionato	aveste funzionato
ebbe funzionato	ebbero funzionato

Futuro semplice · Future

funzionerò	funzioneremo
funzionerai	funzionerete
funzionerà	funzioneranno

Futuro anteriore · Future perfect

avrò funzionato	avremo funzionato
avrai funzionato	avrete funzionato
avrà funzionato	avranno funzionato

Condizionale presente · Present conditional

funzionerei	funzioneremmo
funzioneresti	funzionereste
funzionerebbe	funzionerebbero

Condizionale passato · Perfect conditional

avrei funzionato	avremmo funzionato
avresti funzionato	avreste funzionato
avrebbe funzionato	avrebbero funzionato

Congiuntivo presente · Present subjunctive

funzioni	funzioniamo
funzioni	funzioniate
funzioni	funzionino

Congiuntivo passato · Perfect subjunctive

abbia funzionato	abbiamo funzionato
abbia funzionato	abbiate funzionato
abbia funzionato	abbiano funzionato

Congiuntivo imperfetto · Imperfect subjunctive

funzionassi	funzionassimo
funzionassi	funzionaste
funzionasse	funzionassero

Congiuntivo trapassato · Past perfect subjunctive

avessi funzionato	avessimo funzionato
avessi funzionato	aveste funzionato
avesse funzionato	avessero funzionato

Imperativo · Commands

	(non) funzioniamo
funziona (non funzionare)	(non) funzionate
(non) funzioni	(non) funzionino

Participio passato · Past participle	funzionato (-a/-i/-e)
Gerundio · Gerund	funzionando

Usage

Il mio orologio non funzionava più da alcuni giorni.	*My watch hadn't been running for several days.*
Il videoregistratore non funziona. Puoi dargli un'occhiata?	*The VCR isn't working. Could you take a look at it?*
Il nuovo sistema di produzione funzionava perfettamente.	*The new production system worked perfectly.*
Mia nonna non sta male, ma le gambe non le funzionano bene.	*My grandmother is not doing badly, but she has problems with her legs.*
La tua macchina funziona a benzina o a gasolio?	*Does your car run on gas or diesel?*
La nuova filiale in Giappone funziona da alcuni mesi.	*The new branch office in Japan has been up and running for a couple of months.*
Mio zio funzionava da tesoriere dell'organizzazione.	*My uncle was acting as the treasurer of the organization.*
Il progetto finalmente cominciò a funzionare l'anno scorso.	*The project finally started to do well last year.*

regular *-ire* verb (*-isc-* type);
trans. (aux. *avere*)

garantisco · garantii · garantito

Presente · Present

garantisco	garantiamo
garantisci	garantite
garantisce	garantiscono

Imperfetto · Imperfect

garantivo	garantivamo
garantivi	garantivate
garantiva	garantivano

Passato remoto · Preterit

garantii	garantimmo
garantisti	garantiste
garantì	garantirono

Futuro semplice · Future

garantirò	garantiremo
garantirai	garantirete
garantirà	garantiranno

Condizionale presente · Present conditional

garantirei	garantiremmo
garantiresti	garantireste
garantirebbe	garantirebbero

Congiuntivo presente · Present subjunctive

garantisca	garantiamo
garantisca	garantiate
garantisca	garantiscano

Congiuntivo imperfetto · Imperfect subjunctive

garantissi	garantissimo
garantissi	garantiste
garantisse	garantissero

Passato prossimo · Present perfect

ho garantito	abbiamo garantito
hai garantito	avete garantito
ha garantito	hanno garantito

Trapassato prossimo · Past perfect

avevo garantito	avevamo garantito
avevi garantito	avevate garantito
aveva garantito	avevano garantito

Trapassato remoto · Preterit perfect

ebbi garantito	avemmo garantito
avesti garantito	aveste garantito
ebbe garantito	ebbero garantito

Futuro anteriore · Future perfect

avrò garantito	avremo garantito
avrai garantito	avrete garantito
avrà garantito	avranno garantito

Condizionale passato · Perfect conditional

avrei garantito	avremmo garantito
avresti garantito	avreste garantito
avrebbe garantito	avrebbero garantito

Congiuntivo passato · Perfect subjunctive

abbia garantito	abbiamo garantito
abbia garantito	abbiate garantito
abbia garantito	abbiano garantito

Congiuntivo trapassato · Past perfect subjunctive

avessi garantito	avessimo garantito
avessi garantito	aveste garantito
avesse garantito	avessero garantito

Imperativo · Commands

	(non) garantiamo
garantisci (non garantire)	(non) garantite
(non) garantisca	(non) garantiscano

Participio passato · Past participle	garantito (-a/-i/-e)
Gerundio · Gerund	garantendo

Usage

La legge garantisce l'uguaglianza di tutti i cittadini.	*The law guarantees equality for all citizens.*
Ti garantisco che farò del mio meglio per vincere.	*I assure you that I will do everything I can to win.*
La ditta ha garantito la macchina per cinque anni.	*The company has offered a five-year warranty on the car.*
I suoi genitori hanno garantito il debito.	*His parents cosigned the loan.*
Sono stato io a garantire per lei.	*I was the one to vouch for her.*
È garantito che pioverà.	*It's bound to rain.*
Garantito!	*Depend on it!*

garantirsi *to obtain guarantees; insure oneself (against)*

Mi sono garantita che tutti avrebbero rispettato le regole.	*Everyone promised me that they would observe the rules.*
Per fortuna ci eravamo garantiti dal rischio di incendio.	*Luckily we had insured ourselves against fire.*

generalizzare   *to generalize; spread, extend, expand*

generalizzo · generalizzai · generalizzato

regular *-are* verb;
trans./intrans. (aux. *avere*)

Presente · Present	
generalizzo	generalizziamo
generalizzi	generalizzate
generalizza	generalizzano

Passato prossimo · Present perfect	
ho generalizzato	abbiamo generalizzato
hai generalizzato	avete generalizzato
ha generalizzato	hanno generalizzato

Imperfetto · Imperfect	
generalizzavo	generalizzavamo
generalizzavi	generalizzavate
generalizzava	generalizzavano

Trapassato prossimo · Past perfect	
avevo generalizzato	avevamo generalizzato
avevi generalizzato	avevate generalizzato
aveva generalizzato	avevano generalizzato

Passato remoto · Preterit	
generalizzai	generalizzammo
generalizzasti	generalizzaste
generalizzò	generalizzarono

Trapassato remoto · Preterit perfect	
ebbi generalizzato	avemmo generalizzato
avesti generalizzato	aveste generalizzato
ebbe generalizzato	ebbero generalizzato

Futuro semplice · Future	
generalizzerò	generalizzeremo
generalizzerai	generalizzerete
generalizzerà	generalizzeranno

Futuro anteriore · Future perfect	
avrò generalizzato	avremo generalizzato
avrai generalizzato	avrete generalizzato
avrà generalizzato	avranno generalizzato

Condizionale presente · Present conditional	
generalizzerei	generalizzeremmo
generalizzeresti	generalizzereste
generalizzerebbe	generalizzerebbero

Condizionale passato · Perfect conditional	
avrei generalizzato	avremmo generalizzato
avresti generalizzato	avreste generalizzato
avrebbe generalizzato	avrebbero generalizzato

Congiuntivo presente · Present subjunctive	
generalizzi	generalizziamo
generalizzi	generalizziate
generalizzi	generalizzino

Congiuntivo passato · Perfect subjunctive	
abbia generalizzato	abbiamo generalizzato
abbia generalizzato	abbiate generalizzato
abbia generalizzato	abbiano generalizzato

Congiuntivo imperfetto · Imperfect subjunctive	
generalizzassi	generalizzassimo
generalizzassi	generalizzaste
generalizzasse	generalizzassero

Congiuntivo trapassato · Past perfect subjunctive	
avessi generalizzato	avessimo generalizzato
avessi generalizzato	aveste generalizzato
avesse generalizzato	avessero generalizzato

Imperativo · Commands	
	(non) generalizziamo
generalizza (non generalizzare)	(non) generalizzate
(non) generalizzi	(non) generalizzino

Participio passato · Past participle	generalizzato (-a/-i/-e)
Gerundio · Gerund	generalizzando

Usage

Non generalizzare un principio del genere!	*Don't generalize from a principle like that!*
Non si possono generalizzare i risultati dell'indagine.	*You can't generalize from the survey results.*
L'impresa ha generalizzato l'impiego di quella strategia in tutti i settori.	*The company extended the use of that strategy to all sectors.*
Il costume si è generalizzato gradualmente in cinque anni.	*The custom spread gradually over five years.*
Non pensiamo che il programma vada generalizzato in tutto il paese.	*We don't think the program should be expanded across the whole country.*

RELATED WORD

la generalizzazione	*generalization*

regular *-ire* verb (*-isc-* type);
trans. (aux. *avere*)

Presente · Present

gestisco	gestiamo
gestisci	gestite
gestisce	gestiscono

Imperfetto · Imperfect

gestivo	gestivamo
gestivi	gestivate
gestiva	gestivano

Passato remoto · Preterit

gestii	gestimmo
gestisti	gestiste
gestì	gestirono

Futuro semplice · Future

gestirò	gestiremo
gestirai	gestirete
gestirà	gestiranno

Condizionale presente · Present conditional

gestirei	gestiremmo
gestiresti	gestireste
gestirebbe	gestirebbero

Congiuntivo presente · Present subjunctive

gestisca	gestiamo
gestisca	gestiate
gestisca	gestiscano

Congiuntivo imperfetto · Imperfect subjunctive

gestissi	gestissimo
gestissi	gestiste
gestisse	gestissero

Imperativo · Commands

	(non) gestiamo
gestisci (non gestire)	(non) gestite
(non) gestisca	(non) gestiscano

Passato prossimo · Present perfect

ho gestito	abbiamo gestito
hai gestito	avete gestito
ha gestito	hanno gestito

Trapassato prossimo · Past perfect

avevo gestito	avevamo gestito
avevi gestito	avevate gestito
aveva gestito	avevano gestito

Trapassato remoto · Preterit perfect

ebbi gestito	avemmo gestito
avesti gestito	aveste gestito
ebbe gestito	ebbero gestito

Futuro anteriore · Future perfect

avrò gestito	avremo gestito
avrai gestito	avrete gestito
avrà gestito	avranno gestito

Condizionale passato · Perfect conditional

avrei gestito	avremmo gestito
avresti gestito	avreste gestito
avrebbe gestito	avrebbero gestito

Congiuntivo passato · Perfect subjunctive

abbia gestito	abbiamo gestito
abbia gestito	abbiate gestito
abbia gestito	abbiano gestito

Congiuntivo trapassato · Past perfect subjunctive

avessi gestito	avessimo gestito
avessi gestito	aveste gestito
avesse gestito	avessero gestito

Participio passato · Past participle   gestito (-a/-i/-e)

Gerundio · Gerund   gestendo

Usage

Sono due anni che gestisco questo negozio di abbigliamento.	*I've been managing this clothing store for two years.*
Chi gestirà il ristorante quando andrai in vacanza?	*Who will run the restaurant when you go on vacation?*
La sede centrale dell'azienda gestisce tutte le filiali.	*The company headquarters controls all the branch offices.*
Abbiamo gestito la situazione senza problemi.	*We managed the situation without any problems.*
Una persona famosa deve gestire bene la propria immagine pubblica.	*A famous person must cultivate his public image well.*
Il signor Esposito vuole che tu gestisca meglio il tuo tempo.	*Mr. Esposito wants you to manage your time better.*

RELATED WORD

la gestione   *management*

gettare *to throw/cast away; throw down; spout, gush; sprout, bud; let out*

getto · gettai · gettato

regular *-are* verb;
trans./intrans. (aux. *avere*)

Presente · Present

getto	gettiamo
getti	gettate
getta	gettano

Imperfetto · Imperfect

gettavo	gettavamo
gettavi	gettavate
gettava	gettavano

Passato remoto · Preterit

gettai	gettammo
gettasti	gettaste
gettò	gettarono

Futuro semplice · Future

getterò	getteremo
getterai	getterete
getterà	getteranno

Condizionale presente · Present conditional

getterei	getteremmo
getteresti	gettereste
getterebbe	getterebbero

Congiuntivo presente · Present subjunctive

getti	gettiamo
getti	gettiate
getti	gettino

Congiuntivo imperfetto · Imperfect subjunctive

gettassi	gettassimo
gettassi	gettaste
gettasse	gettassero

Passato prossimo · Present perfect

ho gettato	abbiamo gettato
hai gettato	avete gettato
ha gettato	hanno gettato

Trapassato prossimo · Past perfect

avevo gettato	avevamo gettato
avevi gettato	avevate gettato
aveva gettato	avevano gettato

Trapassato remoto · Preterit perfect

ebbi gettato	avemmo gettato
avesti gettato	aveste gettato
ebbe gettato	ebbero gettato

Futuro anteriore · Future perfect

avrò gettato	avremo gettato
avrai gettato	avrete gettato
avrà gettato	avranno gettato

Condizionale passato · Perfect conditional

avrei gettato	avremmo gettato
avresti gettato	avreste gettato
avrebbe gettato	avrebbero gettato

Congiuntivo passato · Perfect subjunctive

abbia gettato	abbiamo gettato
abbia gettato	abbiate gettato
abbia gettato	abbiano gettato

Congiuntivo trapassato · Past perfect subjunctive

avessi gettato	avessimo gettato
avessi gettato	aveste gettato
avesse gettato	avessero gettato

Imperativo · Commands

	(non) gettiamo
getta (non gettare)	(non) gettate
(non) getti	(non) gettino

Participio passato · Past participle	gettato (-a/-i/-e)
Gerundio · Gerund	gettando

Usage

Chi ha gettato una pietra contro Luigi?
Io getto sempre i vecchi vestiti che non porto più.

Who threw a rock at Luigi?
I always throw away the old clothes that I don't wear anymore.

Mi hanno gettato per terra.
La fontana getta acqua dalle bocche degli animali.

They threw me down on the ground.
The fountain spouts water through the animals' mouths.

Il melo ha gettato presto quest'anno.
Le ragazze gettarono un grido quando videro l'orso.
Avevano gettato la colpa su di lui ingiustamente.

The apple tree sprouted early this year.
The girls let out a scream when they saw the bear.
They had unjustly cast the blame on him.

gettarsi *to throw oneself into/under; rush; flow*

Si è gettato dalla finestra.
Chissà perché si sono gettati in quell'avventura?
Il Tevere si getta nel Mare Tirreno.

He threw himself from the window.
Who knows why they rushed into that adventure?
The Tiber River flows into the Tyrrhenian Sea.

gioco · giocai · giocato

regular -are verb, c > ch/e, i;
intrans./trans. (aux. *avere*)

Presente · Present

gioco	giochiamo
giochi	giocate
gioca	giocano

Imperfetto · Imperfect

giocavo	giocavamo
giocavi	giocavate
giocava	giocavano

Passato remoto · Preterit

giocai	giocammo
giocasti	giocaste
giocò	giocarono

Futuro semplice · Future

giocherò	giocheremo
giocherai	giocherete
giocherà	giocheranno

Condizionale presente · Present conditional

giocherei	giocheremmo
giocheresti	giochereste
giocherebbe	giocherebbero

Congiuntivo presente · Present subjunctive

giochi	giochiamo
giochi	giochiate
giochi	giochino

Congiuntivo imperfetto · Imperfect subjunctive

giocassi	giocassimo
giocassi	giocaste
giocasse	giocassero

Imperativo · Commands

	(non) giochiamo
gioca (non giocare)	(non) giocate
(non) giochi	(non) giochino

Participio passato · Past participle   giocato (-a/-i/-e)
Gerundio · Gerund   giocando

Passato prossimo · Present perfect

ho giocato	abbiamo giocato
hai giocato	avete giocato
ha giocato	hanno giocato

Trapassato prossimo · Past perfect

avevo giocato	avevamo giocato
avevi giocato	avevate giocato
aveva giocato	avevano giocato

Trapassato remoto · Preterit perfect

ebbi giocato	avemmo giocato
avesti giocato	aveste giocato
ebbe giocato	ebbero giocato

Futuro anteriore · Future perfect

avrò giocato	avremo giocato
avrai giocato	avrete giocato
avrà giocato	avranno giocato

Condizionale passato · Perfect conditional

avrei giocato	avremmo giocato
avresti giocato	avreste giocato
avrebbe giocato	avrebbero giocato

Congiuntivo passato · Perfect subjunctive

abbia giocato	abbiamo giocato
abbia giocato	abbiate giocato
abbia giocato	abbiano giocato

Congiuntivo trapassato · Past perfect subjunctive

avessi giocato	avessimo giocato
avessi giocato	aveste giocato
avesse giocato	avessero giocato

Usage

I bambini stanno giocando a palla. · *The children are playing with the ball.*
Hai mai giocato a pallavolo? · *Have you ever played volleyball?*
Giocheremo tutti insieme a scacchi. · *We'll all play chess together.*
In questo tipo di sport gioca molto la velocità. · *Speed matters a lot in a sport like that.*
— Tu giochi ai cavalli? · *"Do you bet on horses?"*
— No, non ho mai giocato a niente. · *"No, I've never bet on anything."*
Hanno giocato sulla presenza di molta gente. · *They gambled that there would be a lot of people there.*
È possibile che le abbia giocato un brutto tiro. · *It's possible that he played a dirty trick on her.*

RELATED WORDS

il gioco · *game; gambling; play*
il giocatore/la giocatrice · *player; gambler*
il giocattolo · *toy*

TOP 50 VERB ☞

giocare *to play; matter, come into play; gamble; deceive, trick*

gioco · giocai · giocato

regular *-are* verb, *c > ch/e, i;*
intrans./trans. (aux. *avere*)

giocare *to play* (a game)

giocare a rimpiattino	*to play hide-and-seek*
giocare a mosca cieca	*to play blindman's bluff*
giocare a carte	*to play cards*
giocare a monopoli®	*to play Monopoly®*
giocare al biliardo	*to play billiards, shoot pool*
I bambini e gli adulti giocavano nel parco.	*Children and adults were playing in the park.*

giocare *to play* (a sport)

giocare a calcio	*to play soccer*
giocare a football americano	*to play football*
giocare a basket	*to play basketball*
giocare a baseball	*to play baseball*
giocare in casa	*to play a home game*
giocare fuori	*to play an away game*
Il nuovo portiere del Milan non giocherà nella partita di domani contro l'Inter.	*Milan's new goalkeeper won't play in tomorrow's game against Inter.*

giocare *to gamble*

giocare alla roulette	*to play roulette*
giocare in Borsa	*to speculate/gamble on the stock market*
giocare forte	*to gamble heavily*
Mio nonno giocava sempre al lotto.	*My grandfather always played the lottery.*
Giocarono al casinò per alcune ore.	*They gambled at the casino for a few hours.*

giocare used transitively

Tutte e due le squadre hanno giocato un bell'incontro.	*Both teams played a good game.*
Non giocare l'asso adesso!	*Don't play your ace now!*
Hai giocato l'ultima carta.	*You've played your last card.*

giocare used intransitively

Gli piace giocare con le dita.	*He likes to play with his fingers.*
Ha giocato con i suoi sentimenti.	*He toyed with her feelings.*
Il tempo ha giocato a suo favore.	*Time worked in his favor.*

giocarsi *to gamble away, risk, lose*

Giochiamoci una cena!	*Let's play for a meal!*
Antonio si sarebbe giocato la carriera.	*Antonio would have ruined his career.*
Si è giocato una fortuna.	*He lost a fortune.*

IDIOMATIC EXPRESSIONS

Mi hanno giocato!	*They've outwitted me!/I've been had.*
Ci giocherei la camicia.	*I would bet anything.*
Si è giocato anche la camicia.	*He gambled away everything.*
Non hanno giocato a carte scoperte.	*They didn't play by the rules.*
Giocheremo sul sicuro.	*We'll play it safe.*

regular *-are* verb;
trans. (aux. *avere*)/intrans. (aux. *avere* or *essere*)

giro · girai · girato

NOTE *Girare* is conjugated here with *avere*; when used intransitively, it may be conjugated with *avere* or *essere*—see p. 22 for details.

Presente · Present

giro	giriamo
giri	girate
gira	girano

Imperfetto · Imperfect

giravo	giravamo
giravi	giravate
girava	giravano

Passato remoto · Preterit

girai	girammo
girasti	giraste
girò	girarono

Futuro semplice · Future

girerò	gireremo
girerai	girerete
girerà	gireranno

Condizionale presente · Present conditional

girerei	gireremmo
gireresti	girereste
girerebbe	girerebbero

Congiuntivo presente · Present subjunctive

giri	giriamo
giri	giriate
giri	girino

Congiuntivo imperfetto · Imperfect subjunctive

girassi	girassimo
girassi	giraste
girasse	girassero

Imperativo · Commands

	(non) giriamo
gira (non girare)	(non) girate
(non) giri	(non) girino

Passato prossimo · Present perfect

ho girato	abbiamo girato
hai girato	avete girato
ha girato	hanno girato

Trapassato prossimo · Past perfect

avevo girato	avevamo girato
avevi girato	avevate girato
aveva girato	avevano girato

Trapassato remoto · Preterit perfect

ebbi girato	avemmo girato
avesti girato	aveste girato
ebbe girato	ebbero girato

Futuro anteriore · Future perfect

avrò girato	avremo girato
avrai girato	avrete girato
avrà girato	avranno girato

Condizionale passato · Perfect conditional

avrei girato	avremmo girato
avresti girato	avreste girato
avrebbe girato	avrebbero girato

Congiuntivo passato · Perfect subjunctive

abbia girato	abbiamo girato
abbia girato	abbiate girato
abbia girato	abbiano girato

Congiuntivo trapassato · Past perfect subjunctive

avessi girato	avessimo girato
avessi girato	aveste girato
avesse girato	avessero girato

Participio passato · Past participle   girato (-a/-i/-e)

Gerundio · Gerund   girando

Usage

Non girare la chiave nella toppa.
Avevo appena girato la pagina quando squillò il telefono.

Ho girato la testa subito.
Abbiamo girato tutta Roma per tre giorni.
La compagnia girerà tutti i teatri importanti.
Il regista girò il suo ultimo film in Africa.
Mi gira la testa. Mi vorrei sedere.

Don't turn the key in the lock.
I had just turned the page when the phone rang.

I turned my head immediately.
We went all around Rome for three days.
The troupe will tour in all the important theaters.
The director shot his last movie in Africa.
My head's spinning. I'd like to sit down.

girarsi *to turn around/over; toss and turn*

Ci siamo girati dall'altra parte per non vedere.
Mi giravo e rigiravo nel letto.

We turned around so we wouldn't have to watch.
I tossed and turned in bed.

giudicare *to judge, try* (a case); *consider, deem*

giudico · giudicai · giudicato

regular *-are* verb, *c > ch/e, i*;
trans./intrans. (aux. *avere*)

Presente · Present	
giudico	giudichiamo
giudichi	giudicate
giudica	giudicano

Passato prossimo · Present perfect	
ho giudicato	abbiamo giudicato
hai giudicato	avete giudicato
ha giudicato	hanno giudicato

Imperfetto · Imperfect	
giudicavo	giudicavamo
giudicavi	giudicavate
giudicava	giudicavano

Trapassato prossimo · Past perfect	
avevo giudicato	avevamo giudicato
avevi giudicato	avevate giudicato
aveva giudicato	avevano giudicato

Passato remoto · Preterit	
giudicai	giudicammo
giudicasti	giudicaste
giudicò	giudicarono

Trapassato remoto · Preterit perfect	
ebbi giudicato	avemmo giudicato
avesti giudicato	aveste giudicato
ebbe giudicato	ebbero giudicato

Futuro semplice · Future	
giudicherò	giudicheremo
giudicherai	giudicherete
giudicherà	giudicheranno

Futuro anteriore · Future perfect	
avrò giudicato	avremo giudicato
avrai giudicato	avrete giudicato
avrà giudicato	avranno giudicato

Condizionale presente · Present conditional	
giudicherei	giudicheremmo
giudicheresti	giudichereste
giudicherebbe	giudicherebbero

Condizionale passato · Perfect conditional	
avrei giudicato	avremmo giudicato
avresti giudicato	avreste giudicato
avrebbe giudicato	avrebbero giudicato

Congiuntivo presente · Present subjunctive	
giudichi	giudichiamo
giudichi	giudichiate
giudichi	giudichino

Congiuntivo passato · Perfect subjunctive	
abbia giudicato	abbiamo giudicato
abbia giudicato	abbiate giudicato
abbia giudicato	abbiano giudicato

Congiuntivo imperfetto · Imperfect subjunctive	
giudicassi	giudicassimo
giudicassi	giudicaste
giudicasse	giudicassero

Congiuntivo trapassato · Past perfect subjunctive	
avessi giudicato	avessimo giudicato
avessi giudicato	aveste giudicato
avesse giudicato	avessero giudicato

Imperativo · Commands	
	(non) giudichiamo
giudica (non giudicare)	(non) giudicate
(non) giudichi	(non) giudichino

Participio passato · Past participle	giudicato (-a/-i/-e)
Gerundio · Gerund	giudicando

Usage

Non dovresti giudicare Rosanna tanto severamente.
You shouldn't judge Rosanna so harshly.

L'imputato è stato giudicato colpevole e condannato a sette anni di carcere.
The defendant was found guilty and sentenced to seven years in prison.

Come si può giudicare un tale atteggiamento?
How can one judge such an attitude?

Non si potrà giudicare il caso prima della fine dell'anno prossimo.
It will be impossible to try the case before the end of next year.

Non sta a noi giudicare le loro azioni.
It's not up to us to judge their actions.

A giudicare da quel che gli altri hanno detto, Roberto non ha fatto niente di sbagliato.
Judging by what the others have said, Roberto didn't do anything wrong.

Io giudicherei il romanzo un successo.
I would consider the novel a success.

L'hanno giudicato capace di lavorare.
They deemed him fit to work.

— Come la giudichi?
"What do you think of her?"

— La giudico abbastanza bene.
"I think quite highly of her."

irregular *-ere* verb;
trans. (aux. *avere*)/intrans. (aux. *essere*)

giungo · giunsi · giunto

NOTE *Giungere* is conjugated here with *avere*; when used intransitively, it is conjugated with *essere*.

Presente · Present

giungo	giungiamo
giungi	giungete
giunge	giungono

Imperfetto · Imperfect

giungevo	giungevamo
giungevi	giungevate
giungeva	giungevano

Passato remoto · Preterit

giunsi	giungemmo
giungesti	giungeste
giunse	giunsero

Futuro semplice · Future

giungerò	giungeremo
giungerai	giungerete
giungerà	giungeranno

Condizionale presente · Present conditional

giungerei	giungeremmo
giungeresti	giungereste
giungerebbe	giungerebbero

Congiuntivo presente · Present subjunctive

giunga	giungiamo
giunga	giungiate
giunga	giungano

Congiuntivo imperfetto · Imperfect subjunctive

giungessi	giungessimo
giungessi	giungeste
giungesse	giungessero

Imperativo · Commands

	(non) giungiamo
giungi (non giungere)	(non) giungete
(non) giunga	(non) giungano

Passato prossimo · Present perfect

ho giunto	abbiamo giunto
hai giunto	avete giunto
ha giunto	hanno giunto

Trapassato prossimo · Past perfect

avevo giunto	avevamo giunto
avevi giunto	avevate giunto
aveva giunto	avevano giunto

Trapassato remoto · Preterit perfect

ebbi giunto	avemmo giunto
avesti giunto	aveste giunto
ebbe giunto	ebbero giunto

Futuro anteriore · Future perfect

avrò giunto	avremo giunto
avrai giunto	avrete giunto
avrà giunto	avranno giunto

Condizionale passato · Perfect conditional

avrei giunto	avremmo giunto
avresti giunto	avreste giunto
avrebbe giunto	avrebbero giunto

Congiuntivo passato · Perfect subjunctive

abbia giunto	abbiamo giunto
abbia giunto	abbiate giunto
abbia giunto	abbiano giunto

Congiuntivo trapassato · Past perfect subjunctive

avessi giunto	avessimo giunto
avessi giunto	aveste giunto
avesse giunto	avessero giunto

Participio passato · Past participle   giunto (-a/-i/-e)

Gerundio · Gerund   giungendo

Usage

Giungemmo a casa molto tardi.	*We arrived home very late.*
Si è giunta la meta in meno di sei mesi.	*The objective was reached in less than six months.*
La notizia mi è giunta all'orecchio perché Gianna mi ha chiamato.	*I got the news because Gianna called me.*
Quella notizia ci giunse nuova.	*That came as news to us.*
La nave era giunta in porto con i propri mezzi.	*The ship reached the harbor under its own power.*
Tutti hanno giunto le mani in preghiera.	*Everybody joined hands in prayer.*
Siamo giunti a tanto. Non possiamo abbandonare il sogno ora.	*We've come so far. We can't abandon our dream now.*
Sono convinti che giungeranno a vendere la casa finalmente.	*They're convinced they'll succeed in selling the house eventually.*

giurare *to swear; pledge, vow*

giuro · giurai · giurato

regular -*are* verb;
trans./intrans. (aux. *avere*)

Presente · Present

giuro	giuriamo
giuri	giurate
giura	giurano

Passato prossimo · Present perfect

ho giurato	abbiamo giurato
hai giurato	avete giurato
ha giurato	hanno giurato

Imperfetto · Imperfect

giuravo	giuravamo
giuravi	giuravate
giurava	giuravano

Trapassato prossimo · Past perfect

avevo giurato	avevamo giurato
avevi giurato	avevate giurato
aveva giurato	avevano giurato

Passato remoto · Preterit

giurai	giurammo
giurasti	giuraste
giurò	giurarono

Trapassato remoto · Preterit perfect

ebbi giurato	avemmo giurato
avesti giurato	aveste giurato
ebbe giurato	ebbero giurato

Futuro semplice · Future

giurerò	giureremo
giurerai	giurerete
giurerà	giureranno

Futuro anteriore · Future perfect

avrò giurato	avremo giurato
avrai giurato	avrete giurato
avrà giurato	avranno giurato

Condizionale presente · Present conditional

giurerei	giureremmo
giureresti	giurereste
giurerebbe	giurerebbero

Condizionale passato · Perfect conditional

avrei giurato	avremmo giurato
avresti giurato	avreste giurato
avrebbe giurato	avrebbero giurato

Congiuntivo presente · Present subjunctive

giuri	giuriamo
giuri	giuriate
giuri	giurino

Congiuntivo passato · Perfect subjunctive

abbia giurato	abbiamo giurato
abbia giurato	abbiate giurato
abbia giurato	abbiano giurato

Congiuntivo imperfetto · Imperfect subjunctive

giurassi	giurassimo
giurassi	giuraste
giurasse	giurassero

Congiuntivo trapassato · Past perfect subjunctive

avessi giurato	avessimo giurato
avessi giurato	aveste giurato
avesse giurato	avessero giurato

Imperativo · Commands

	(non) giuriamo
giura (non giurare)	(non) giurate
(non) giuri	(non) giurino

Participio passato · Past participle   giurato (-a/-i/-e)
Gerundio · Gerund   giurando

Usage

I testimoni giurano di dire la verità nel tribunale.
L'imputato giurò che era innocente.
Non potrebbe aver giurato il falso.
Ti giuro che non ho toccato la tua roba.

— Sei sicuro di averlo visto nel buio?
— No, non potrei giurarci.

Te lo giuro sul mio onore. Io non c'ero.
Fabrizio aveva giurato amore eterno alla sua
    fidanzata.

Giurai che non l'avrei fatto mai più.
Puoi giurare sulla sua onestà.
Abbiamo sempre potuto giurare su di loro.

Witnesses swear to tell the truth in court.
The defendant swore he was innocent.
He couldn't have committed perjury.
I swear I didn't touch your stuff.

"Are you sure you saw him in the dark?"
"No, I couldn't swear to it."

I give you my word of honor. I wasn't there.
Fabrizio had pledged eternal love to his fiancée.

I vowed I would never do it again.
You can rely on his honesty.
We've always been able to count on them.

irregular -ēre verb;
trans./intrans. (aux. *avere*)

godo · godei/godetti · goduto

Presente · Present

godo	godiamo
godi	godete
gode	godono

Imperfetto · Imperfect

godevo	godevamo
godevi	godevate
godeva	godevano

Passato remoto · Preterit

godei/godetti	godemmo
godesti	godeste
godé/godette	goderono/godettero

Futuro semplice · Future

godrò	godremo
godrai	godrete
godrà	godranno

Condizionale presente · Present conditional

godrei	godremmo
godresti	godreste
godrebbe	godrebbero

Congiuntivo presente · Present subjunctive

goda	godiamo
goda	godiate
goda	godano

Congiuntivo imperfetto · Imperfect subjunctive

godessi	godessimo
godessi	godeste
godesse	godessero

Imperativo · Commands

	(non) godiamo
godi (non godere)	(non) godete
(non) goda	(non) godano

Passato prossimo · Present perfect

ho goduto	abbiamo goduto
hai goduto	avete goduto
ha goduto	hanno goduto

Trapassato prossimo · Past perfect

avevo goduto	avevamo goduto
avevi goduto	avevate goduto
aveva goduto	avevano goduto

Trapassato remoto · Preterit perfect

ebbi goduto	avemmo goduto
avesti goduto	aveste goduto
ebbe goduto	ebbero goduto

Futuro anteriore · Future perfect

avrò goduto	avremo goduto
avrai goduto	avrete goduto
avrà goduto	avranno goduto

Condizionale passato · Perfect conditional

avrei goduto	avremmo goduto
avresti goduto	avreste goduto
avrebbe goduto	avrebbero goduto

Congiuntivo passato · Perfect subjunctive

abbia goduto	abbiamo goduto
abbia goduto	abbiate goduto
abbia goduto	abbiano goduto

Congiuntivo trapassato · Past perfect subjunctive

avessi goduto	avessimo goduto
avessi goduto	aveste goduto
avesse goduto	avessero goduto

Participio passato · Past participle   goduto (-a/-i/-e)
Gerundio · Gerund   godendo

Usage

Godo di una buona salute.	*I'm in good health.*
Abbiamo goduto di una cena squisita a Trieste.	*We enjoyed a delicious meal in Trieste.*
Godevamo tutti per il suo successo.	*We were all delighted at his success.*
Paolo gode a dormire fino a mezzogiorno nel fine settimana.	*Paolo likes sleeping until noon on weekends.*
Godono all'idea di partire in vacanza fra poco.	*They're rejoicing at the thought of going on vacation soon.*
Vogliamo che voi godiate le gioie della famiglia.	*We want you to take delight in the joys of family.*
È una pianta che gode del sole.	*It's a sun-loving plant.*
Alcuni clienti goderanno di sconti ulteriori.	*Some clients will benefit from further discounts.*

godersi *to enjoy; have a good time; make the most of*

Mi sono goduta le vacanze in Grecia.	*I enjoyed my vacation in Greece.*
Ce la siamo goduti enormemente.	*We had a really good time.*

governare   *to govern, rule; tend* (animals); *steer*

governo · governai · governato

regular *-are* verb;
trans. (aux. *avere*)

Presente · Present		Passato prossimo · Present perfect	
governo	governiamo	ho governato	abbiamo governato
governi	governate	hai governato	avete governato
governa	governano	ha governato	hanno governato

Imperfetto · Imperfect		Trapassato prossimo · Past perfect	
governavo	governavamo	avevo governato	avevamo governato
governavi	governavate	avevi governato	avevate governato
governava	governavano	aveva governato	avevano governato

Passato remoto · Preterit		Trapassato remoto · Preterit perfect	
governai	governammo	ebbi governato	avemmo governato
governasti	governaste	avesti governato	aveste governato
governò	governarono	ebbe governato	ebbero governato

Futuro semplice · Future		Futuro anteriore · Future perfect	
governerò	governeremo	avrò governato	avremo governato
governerai	governerete	avrai governato	avrete governato
governerà	governeranno	avrà governato	avranno governato

Condizionale presente · Present conditional		Condizionale passato · Perfect conditional	
governerei	governeremmo	avrei governato	avremmo governato
governeresti	governereste	avresti governato	avreste governato
governerebbe	governerebbero	avrebbe governato	avrebbero governato

Congiuntivo presente · Present subjunctive		Congiuntivo passato · Perfect subjunctive	
governi	governiamo	abbia governato	abbiamo governato
governi	governiate	abbia governato	abbiate governato
governi	governino	abbia governato	abbiano governato

Congiuntivo imperfetto · Imperfect subjunctive		Congiuntivo trapassato · Past perfect subjunctive	
governassi	governassimo	avessi governato	avessimo governato
governassi	governaste	avessi governato	aveste governato
governasse	governassero	avesse governato	avessero governato

Imperativo · Commands

	(non) governiamo
governa (non governare)	(non) governate
(non) governi	(non) governino

Participio passato · Past participle   governato (-a/-i/-e)

Gerundio · Gerund   governando

Usage

Chi governava l'Italia cinque anni fa?	*Who governed Italy five years ago?*
Il paese non è governato democraticamente.	*The country doesn't have a democratic government.*
Non potevano più governare la situazione.	*They couldn't control the situation any longer.*
Pino governa l'azienda da molti anni.	*Pino has been running the company for many years.*
Chi governerà il bambino quando non ci sarete voi?	*Who will take care of the child when you're not there?*
Non penso che lui governi gli animali.	*I don't think he tends the animals.*
Perché non governi il fuoco?	*Why don't you feed the fire?*
La macchina era molto facile da governare.	*The car handled very easily.*

governarsi *to govern oneself; control oneself, behave*

Il popolo non era ancora in grado di governarsi.	*The people were not yet ready to govern themselves.*
Non sapevo come governarmi.	*I didn't know how to behave.*

grido · gridai · gridato

regular *-are* verb;
intrans./trans. (aux. *avere*)

Presente · Present

grido	gridiamo
gridi	gridate
grida	gridano

Imperfetto · Imperfect

gridavo	gridavamo
gridavi	gridavate
gridava	gridavano

Passato remoto · Preterit

gridai	gridammo
gridasti	gridaste
gridò	gridarono

Futuro semplice · Future

griderò	grideremo
griderai	griderete
griderà	grideranno

Condizionale presente · Present conditional

griderei	grideremmo
grideresti	gridereste
griderebbe	griderebbero

Congiuntivo presente · Present subjunctive

gridi	gridiamo
gridi	gridiate
gridi	gridino

Congiuntivo imperfetto · Imperfect subjunctive

gridassi	gridassimo
gridassi	gridaste
gridasse	gridassero

Imperativo · Commands

	(non) gridiamo
grida (non gridare)	(non) gridate
(non) gridi	(non) gridino

Participio passato · Past participle	gridato (-a/-i/-e)
Gerundio · Gerund	gridando

Passato prossimo · Present perfect

ho gridato	abbiamo gridato
hai gridato	avete gridato
ha gridato	hanno gridato

Trapassato prossimo · Past perfect

avevo gridato	avevamo gridato
avevi gridato	avevate gridato
aveva gridato	avevano gridato

Trapassato remoto · Preterit perfect

ebbi gridato	avemmo gridato
avesti gridato	aveste gridato
ebbe gridato	ebbero gridato

Futuro anteriore · Future perfect

avrò gridato	avremo gridato
avrai gridato	avrete gridato
avrà gridato	avranno gridato

Condizionale passato · Perfect conditional

avrei gridato	avremmo gridato
avresti gridato	avreste gridato
avrebbe gridato	avrebbero gridato

Congiuntivo passato · Perfect subjunctive

abbia gridato	abbiamo gridato
abbia gridato	abbiate gridato
abbia gridato	abbiano gridato

Congiuntivo trapassato · Past perfect subjunctive

avessi gridato	avessimo gridato
avessi gridato	aveste gridato
avesse gridato	avessero gridato

Usage

Per favore, smettetela di gridare!
I bambini sono scappati gridando a squarciagola.
Il signor Mazzola non griderebbe mai contro
  gli studenti.
La ragazza ha gridato di dolore quando è caduta
  dall'albero.

— Era un segreto?
— No, quasi lo gridavano ai quattro venti.

L'imputato gridò la propria innocenza.
Vedendo i ladri, hanno gridato aiuto.
Un delitto tanto crudele grida vendetta.
Continuava a gridare il nome del marito.

Please stop shouting!
The children ran off yelling at the top of their voices.
Mr. Mazzola would never shout at his students.

The girl screamed in pain when she fell from the tree.

"Was it a secret?"
"No, they were practically shouting it from the rooftops."
The defendant loudly protested his innocence.
When they saw the thieves, they shouted for help.
Such a cruel crime cries out for revenge.
She kept calling out her husband's name.

guadagnare
to earn, make (money); *win, gain; catch; look better*

guadagno · guadagnai · guadagnato

regular *-are* verb;
trans./intrans. (aux. *avere*)

Presente · Present
guadagno	guadagniamo/guadagnamo
guadagni	guadagnate
guadagna	guadagnano

Imperfetto · Imperfect
guadagnavo	guadagnavamo
guadagnavi	guadagnavate
guadagnava	guadagnavano

Passato remoto · Preterit
guadagnai	guadagnammo
guadagnasti	guadagnaste
guadagnò	guadagnarono

Futuro semplice · Future
guadagnerò	guadagneremo
guadagnerai	guadagnerete
guadagnerà	guadagneranno

Condizionale presente · Present conditional
guadagnerei	guadagneremmo
guadagneresti	guadagnereste
guadagnerebbe	guadagnerebbero

Congiuntivo presente · Present subjunctive
guadagni	guadagniamo/guadagnamo
guadagni	guadagniate/guadagnate
guadagni	guadagnino

Congiuntivo imperfetto · Imperfect subjunctive
guadagnassi	guadagnassimo
guadagnassi	guadagnaste
guadagnasse	guadagnassero

Passato prossimo · Present perfect
ho guadagnato	abbiamo guadagnato
hai guadagnato	avete guadagnato
ha guadagnato	hanno guadagnato

Trapassato prossimo · Past perfect
avevo guadagnato	avevamo guadagnato
avevi guadagnato	avevate guadagnato
aveva guadagnato	avevano guadagnato

Trapassato remoto · Preterit perfect
ebbi guadagnato	avemmo guadagnato
avesti guadagnato	aveste guadagnato
ebbe guadagnato	ebbero guadagnato

Futuro anteriore · Future perfect
avrò guadagnato	avremo guadagnato
avrai guadagnato	avrete guadagnato
avrà guadagnato	avranno guadagnato

Condizionale passato · Perfect conditional
avrei guadagnato	avremmo guadagnato
avresti guadagnato	avreste guadagnato
avrebbe guadagnato	avrebbero guadagnato

Congiuntivo passato · Perfect subjunctive
abbia guadagnato	abbiamo guadagnato
abbia guadagnato	abbiate guadagnato
abbia guadagnato	abbiano guadagnato

Congiuntivo trapassato · Past perfect subjunctive
avessi guadagnato	avessimo guadagnato
avessi guadagnato	aveste guadagnato
avesse guadagnato	avessero guadagnato

Imperativo · Commands
	(non) guadagniamo
guadagna (non guadagnare)	(non) guadagnate
(non) guadagni	(non) guadagnino

Participio passato · Past participle   guadagnato (-a/-i/-e)
Gerundio · Gerund   guadagnando

Usage

— Quanto guadagni al mese?
— Guadagno bene.
Gino ha guadagnato una promozione.
Hanno guadagnato l'amicizia di Bruno.
Per fortuna abbiamo guadagnato un po' di tempo alla fine.
L'aereo guadagnò quota rapidamente.
Claudio non ha mai guadagnato un premio per i suoi ritratti.
L'energia solare è un'idea che sta guadagnando terreno.
Domenico ci guadagna con i capelli corti.

"How much do you make in a month?"
"I have a good salary."
Gino got a promotion.
They won Bruno's friendship.
Luckily we gained some time at the end.
The airplane rapidly gained altitude.
Claudio never won a prize for his portraits.
Solar energy is an idea that's gaining ground.
Domenico looks better with short hair.

guadagnarsi *to earn; win*

Si guadagnava bene la vita.
Si sono guadagnati il cuore di tutti.

He made a good living.
They won everybody's heart.

regular -are verb;
trans./intrans. (aux. *avere*)

guardo · guardai · guardato

Presente · Present

guardo	guardiamo
guardi	guardate
guarda	guardano

Imperfetto · Imperfect

guardavo	guardavamo
guardavi	guardavate
guardava	guardavano

Passato remoto · Preterit

guardai	guardammo
guardasti	guardaste
guardò	guardarono

Futuro semplice · Future

guarderò	guarderemo
guarderai	guarderete
guarderà	guarderanno

Condizionale presente · Present conditional

guarderei	guarderemmo
guarderesti	guardereste
guarderebbe	guarderebbero

Congiuntivo presente · Present subjunctive

guardi	guardiamo
guardi	guardiate
guardi	guardino

Congiuntivo imperfetto · Imperfect subjunctive

guardassi	guardassimo
guardassi	guardaste
guardasse	guardassero

Imperativo · Commands

	(non) guardiamo
guarda (non guardare)	(non) guardate
(non) guardi	(non) guardino

Passato prossimo · Present perfect

ho guardato	abbiamo guardato
hai guardato	avete guardato
ha guardato	hanno guardato

Trapassato prossimo · Past perfect

avevo guardato	avevamo guardato
avevi guardato	avevate guardato
aveva guardato	avevano guardato

Trapassato remoto · Preterit perfect

ebbi guardato	avemmo guardato
avesti guardato	aveste guardato
ebbe guardato	ebbero guardato

Futuro anteriore · Future perfect

avrò guardato	avremo guardato
avrai guardato	avrete guardato
avrà guardato	avranno guardato

Condizionale passato · Perfect conditional

avrei guardato	avremmo guardato
avresti guardato	avreste guardato
avrebbe guardato	avrebbero guardato

Congiuntivo passato · Perfect subjunctive

abbia guardato	abbiamo guardato
abbia guardato	abbiate guardato
abbia guardato	abbiano guardato

Congiuntivo trapassato · Past perfect subjunctive

avessi guardato	avessimo guardato
avessi guardato	aveste guardato
avesse guardato	avessero guardato

Participio passato · Past participle guardato (-a/-i/-e)

Gerundio · Gerund guardando

Usage

Stavamo guardando la televisione quando squillò il telefono.
La mia camera guardava sul giardino.
Tutti guardavano dalla finestra per vedere che cosa era successo.
Hai guardato la parola sul dizionario?
Mi ha guardato fisso per un po' e poi se n'è andato.
I soldati guardarono la stazione ferroviaria.
Chi guarderà i bambini venerdì sera?
Guarda di non arrivare in ritardo.
Guardate di non dimenticare il vostro costume da bagno.
Guarda ai fatti tuoi.

We were watching television when the phone rang.

My room looked out over the garden.
Everybody looked out the window to see what had happened.
Did you look up the word in the dictionary?
He stared at me for a while and then left.
The soldiers were guarding the train station.
Who will take care of the children Friday night?
Take care not to arrive late.
Be sure that you don't forget your swimsuits.

Mind your own business.

TOP 50 VERB ☞

regular -*are* verb;
trans./intrans. (aux. *avere*)

guardare used transitively

Guardavo il balletto con il binocolo.	*I was watching the ballet with my opera glasses.*
Stanno guardando il bel panorama.	*They're looking at the beautiful view.*
Nessuno lo guarda perché è un uomo poco simpatico.	*Nobody takes any notice of him because he's not a very nice man.*

guardare used intransitively

— Non riesco a trovare il mio libro.	*"I can't find my book."*
— Guarda un po' sul tavolino.	*"Have a look on the coffee table."*
Non abbiamo guardato a spese per il nuovo bagno.	*We spared no expense on the new bathroom.*
Antonietta guardava a lei come a una madre.	*She was like a mother to Antonietta.*

WAYS OF LOOKING AT SOMETHING OR SOMEBODY

guardare attentamente	*to look closely at*
guardare con amore	*to look lovingly at*
guardare con la coda dell'occhio	*to look out of the corner of one's eye*
guardare con diffidenza	*to look warily at*
guardare con tanto d'occhi	*to gaze wide-eyed at*
guardare di sfuggita	*to glance at*
guardare di sottecchi	*to steal a glance at*
guardare qualcuno in faccia	*to look someone straight in the face*
guardare storto qualcuno	*to look askance at someone*

guardarsi to look at oneself/each other; look around; beware (of); abstain (from); protect oneself

La ragazza si guardò nello specchio.	*The girl looked at herself in the mirror.*
I fidanzati si guardavano con amore.	*The engaged couple looked at each other lovingly.*
Mi sono guardato attorno.	*I looked around.*
Guardati dai borsaioli al mercato.	*Beware of pickpockets at the market.*
Si è guardato dal mangiarlo ancora.	*He refrained from eating it again.*
Mi guarderò un bel film alla televisione stasera.	*I'm going to watch a good movie on TV tonight.*

IDIOMATIC EXPRESSIONS

guardare a vista	*to keep a close eye on*
guardare dall'alto in basso qualcuno	*to look down on someone*
guardare qualcuno di traverso	*to give someone a nasty look*
guardare il minuto/al minuto	*to be very punctual*
guardare per il sottile	*to split hairs*
guardare/guardarsi le spalle	*to watch one's back*

COMPOUND NOUNS WITH guarda- (all are invariable)

il/i guardaboschi	*forester*
il/i guardacoste	*coast guard; coast guard vessel*
il/i guardalinee	*linesman* (sport)
il/i guardamacchine	*parking lot attendant*
il/i guardaparco	*forester, national park ranger*
il/i guardaroba	*wardrobe; checkroom*

regular -ire verb (-isc- type);
trans. (aux. *avere*)/intrans. (aux. *essere*)

guarisco · guarii · guarito

NOTE *Guarire* is conjugated here with *avere*; when used intransitively, it is conjugated with *essere*.

Presente · Present

guarisco	guariamo
guarisci	guarite
guarisce	guariscono

Imperfetto · Imperfect

guarivo	guarivamo
guarivi	guarivate
guariva	guarivano

Passato remoto · Preterit

guarii	guarimmo
guaristi	guariste
guarì	guarirono

Futuro semplice · Future

guarirò	guariremo
guarirai	guarirete
guarirà	guariranno

Condizionale presente · Present conditional

guarirei	guariremmo
guariresti	guarireste
guarirebbe	guarirebbero

Congiuntivo presente · Present subjunctive

guarisca	guariamo
guarisca	guariate
guarisca	guariscano

Congiuntivo imperfetto · Imperfect subjunctive

guarissi	guarissimo
guarissi	guariste
guarisse	guarissero

Passato prossimo · Present perfect

ho guarito	abbiamo guarito
hai guarito	avete guarito
ha guarito	hanno guarito

Trapassato prossimo · Past perfect

avevo guarito	avevamo guarito
avevi guarito	avevate guarito
aveva guarito	avevano guarito

Trapassato remoto · Preterit perfect

ebbi guarito	avemmo guarito
avesti guarito	aveste guarito
ebbe guarito	ebbero guarito

Futuro anteriore · Future perfect

avrò guarito	avremo guarito
avrai guarito	avrete guarito
avrà guarito	avranno guarito

Condizionale passato · Perfect conditional

avrei guarito	avremmo guarito
avresti guarito	avreste guarito
avrebbe guarito	avrebbero guarito

Congiuntivo passato · Perfect subjunctive

abbia guarito	abbiamo guarito
abbia guarito	abbiate guarito
abbia guarito	abbiano guarito

Congiuntivo trapassato · Past perfect subjunctive

avessi guarito	avessimo guarito
avessi guarito	aveste guarito
avesse guarito	avessero guarito

Imperativo · Commands

	(non) guariamo
guarisci (non guarire)	(non) guarite
(non) guarisca	(non) guariscano

Participio passato · Past participle   guarito (-a/-i/-e)

Gerundio · Gerund   guarendo

Usage

Il medico mi ha guarito da quella malattia contagiosa.
La ferita che ho sul pollice guarisce lentamente.
— Fumi ancora?
— No, sono finalmente guarita da quella brutta abitudine.
Quella donna l'ha fatto guarire, ma nessuno sa come abbia fatto.
Prendi questo sciroppo che ti guarirà la tosse.
Il riposo ti guarirà di sicuro.
La bimba è guarita completamente dall'influenza.
L'infiammazione era guarita in un mese.
Fabrizio è guarito dal vizio del bere.

The doctor cured me of that contagious disease.
The sore I have on my thumb is healing slowly.
"Do you still smoke?"
"No, I'm finally cured of that nasty habit."

That woman cured him, but nobody knows how she did it.
Take this syrup to get rid of your cough.
Rest will surely restore you.
The little girl has completely recovered from the flu.
The inflammation was cured in a month.
Fabrizio is cured of his drinking habit.

guidare *to lead, guide; drive; manage, run*

guido · guidai · guidato

regular -*are* verb;
trans. (aux. *avere*)

Presente · Present

guido	guidiamo
guidi	guidate
guida	guidano

Imperfetto · Imperfect

guidavo	guidavamo
guidavi	guidavate
guidava	guidavano

Passato remoto · Preterit

guidai	guidammo
guidasti	guidaste
guidò	guidarono

Futuro semplice · Future

guiderò	guideremo
guiderai	guiderete
guiderà	guideranno

Condizionale presente · Present conditional

guiderei	guideremmo
guideresti	guidereste
guiderebbe	guiderebbero

Congiuntivo presente · Present subjunctive

guidi	guidiamo
guidi	guidiate
guidi	guidino

Congiuntivo imperfetto · Imperfect subjunctive

guidassi	guidassimo
guidassi	guidaste
guidasse	guidassero

Imperativo · Commands

	(non) guidiamo
guida (non guidare)	(non) guidate
(non) guidi	(non) guidino

Passato prossimo · Present perfect

ho guidato	abbiamo guidato
hai guidato	avete guidato
ha guidato	hanno guidato

Trapassato prossimo · Past perfect

avevo guidato	avevamo guidato
avevi guidato	avevate guidato
aveva guidato	avevano guidato

Trapassato remoto · Preterit perfect

ebbi guidato	avemmo guidato
avesti guidato	aveste guidato
ebbe guidato	ebbero guidato

Futuro anteriore · Future perfect

avrò guidato	avremo guidato
avrai guidato	avrete guidato
avrà guidato	avranno guidato

Condizionale passato · Perfect conditional

avrei guidato	avremmo guidato
avresti guidato	avreste guidato
avrebbe guidato	avrebbero guidato

Congiuntivo passato · Perfect subjunctive

abbia guidato	abbiamo guidato
abbia guidato	abbiate guidato
abbia guidato	abbiano guidato

Congiuntivo trapassato · Past perfect subjunctive

avessi guidato	avessimo guidato
avessi guidato	aveste guidato
avesse guidato	avessero guidato

Participio passato · Past participle   guidato (-a/-i/-e)

Gerundio · Gerund   guidando

Usage

La settimana prossima guiderò un gruppo di turisti americani in visita a Napoli.

I marinai avevano solo le stelle a guidarli attraverso l'oceano.

— Chi guida la classifica della serie A?

— Credo che guidi la Roma.

Il generale guidò il popolo nella rivolta.

Da chi fu guidata la spedizione al Polo Nord?

— Sa guidare Angelo?

— Sì, guida molto bene.

Fu eletto a guidare la provincia.

Next week I'll be working as a guide for a group of American tourists visiting Naples.

The sailors only had the stars to guide them across the ocean.

"Who's leading in series A?"

"I think Rome's in first place."

The general led the people in the uprising.

Who led the expedition to the North Pole?

"Can Angelo drive?"

"Yes, he's a very good driver."

He was elected to run the province.

regular -*are* verb;
trans./intrans. (aux. *avere*)

gusto · gustai · gustato

Presente · Present

gusto	gustiamo
gusti	gustate
gusta	gustano

Imperfetto · Imperfect

gustavo	gustavamo
gustavi	gustavate
gustava	gustavano

Passato remoto · Preterit

gustai	gustammo
gustasti	gustaste
gustò	gustarono

Futuro semplice · Future

gusterò	gusteremo
gusterai	gusterete
gusterà	gusteranno

Condizionale presente · Present conditional

gusterei	gusteremmo
gusteresti	gustereste
gusterebbe	gusterebbero

Congiuntivo presente · Present subjunctive

gusti	gustiamo
gusti	gustiate
gusti	gustino

Congiuntivo imperfetto · Imperfect subjunctive

gustassi	gustassimo
gustassi	gustaste
gustasse	gustassero

Imperativo · Commands

	(non) gustiamo
gusta (non gustare)	(non) gustate
(non) gusti	(non) gustino

Passato prossimo · Present perfect

ho gustato	abbiamo gustato
hai gustato	avete gustato
ha gustato	hanno gustato

Trapassato prossimo · Past perfect

avevo gustato	avevamo gustato
avevi gustato	avevate gustato
aveva gustato	avevano gustato

Trapassato remoto · Preterit perfect

ebbi gustato	avemmo gustato
avesti gustato	aveste gustato
ebbe gustato	ebbero gustato

Futuro anteriore · Future perfect

avrò gustato	avremo gustato
avrai gustato	avrete gustato
avrà gustato	avranno gustato

Condizionale passato · Perfect conditional

avrei gustato	avremmo gustato
avresti gustato	avreste gustato
avrebbe gustato	avrebbero gustato

Congiuntivo passato · Perfect subjunctive

abbia gustato	abbiamo gustato
abbia gustato	abbiate gustato
abbia gustato	abbiano gustato

Congiuntivo trapassato · Past perfect subjunctive

avessi gustato	avessimo gustato
avessi gustato	aveste gustato
avesse gustato	avessero gustato

Participio passato · Past participle gustato (-a/-i/-e)

Gerundio · Gerund gustando

Usage

Non gusto niente al momento perché sono raffreddato.	*I can't taste anything at the moment because I have a cold.*
Hai mai gustato il tartufo?	*Have you ever tried truffles?*
Si gustano bene le fragole in questo gelato.	*You can really taste the strawberries in this ice cream.*
Abbiamo gustato una bella cena da Luigi.	*We enjoyed a nice dinner at Luigi's.*
Hanno bevuto il vino lentamente gustando ogni sorso.	*They drank the wine slowly, savoring every sip.*
Non ho gustato il nuovo romanzo di quell'autore.	*I didn't enjoy the new novel by that author.*
Non mi gusta molto l'aragosta.	*I don't like lobster very much.*
Le gusterebbe un bicchiere di vino?	*Would you like a glass of wine?*

identificare _to identify_

identifico · identificai · identificato

regular _-are_ verb, _c_ > _ch/e, i;_
trans. (aux. _avere_)

Presente · Present		Passato prossimo · Present perfect	
identifico	identifichiamo	ho identificato	abbiamo identificato
identifichi	identificate	hai identificato	avete identificato
identifica	identificano	ha identificato	hanno identificato

Imperfetto · Imperfect		Trapassato prossimo · Past perfect	
identificavo	identificavamo	avevo identificato	avevamo identificato
identificavi	identificavate	avevi identificato	avevate identificato
identificava	identificavano	aveva identificato	avevano identificato

Passato remoto · Preterit		Trapassato remoto · Preterit perfect	
identificai	identificammo	ebbi identificato	avemmo identificato
identificasti	identificaste	avesti identificato	aveste identificato
identificò	identificarono	ebbe identificato	ebbero identificato

Futuro semplice · Future		Futuro anteriore · Future perfect	
identificherò	identificheremo	avrò identificato	avremo identificato
identificherai	identificherete	avrai identificato	avrete identificato
identificherà	identificheranno	avrà identificato	avranno identificato

Condizionale presente · Present conditional		Condizionale passato · Perfect conditional	
identificherei	identificheremmo	avrei identificato	avremmo identificato
identificheresti	identifichereste	avresti identificato	avreste identificato
identificherebbe	identificherebbero	avrebbe identificato	avrebbero identificato

Congiuntivo presente · Present subjunctive		Congiuntivo passato · Perfect subjunctive	
identifichi	identifichiamo	abbia identificato	abbiamo identificato
identifichi	identifichiate	abbia identificato	abbiate identificato
identifichi	identifichino	abbia identificato	abbiano identificato

Congiuntivo imperfetto · Imperfect subjunctive		Congiuntivo trapassato · Past perfect subjunctive	
identificassi	identificassimo	avessi identificato	avessimo identificato
identificassi	identificaste	avessi identificato	aveste identificato
identificasse	identificassero	avesse identificato	avessero identificato

Imperativo · Commands

	(non) identifichiamo
identifica (non identificare)	(non) identificate
(non) identifichi	(non) identifichino

Participio passato · Past participle	identificato (-a/-i/-e)
Gerundio · Gerund	identificando

Usage

Ho identificato le mie e le sue scarpe.	_I identified my shoes and hers._
Non ho potuto identificare quello strano sapore.	_I wasn't able to identify that strange taste._
Le hanno chiesto di identificare il delinquente.	_They asked her to identify the criminal._
La polizia identificò le cause dell'incidente.	_The police determined the causes of the accident._
— Chi l'ha ucciso?	_"Who killed him?"_
— Non si sa. L'assassino non è mai stato identificato.	_"They don't know. The assassin was never identified."_

identificarsi _to identify (oneself) (with)_

Pietro non si identifica con il partito socialista.	_Pietro doesn't identify with the socialist party._
L'attore si è identificato completamente con il suo personaggio nel film.	_The actor got completely into his character in the movie._
Penso che i due principi si identifichino.	_I think the two principles are the same._

regular *-are* verb;
trans. (aux. *avere*)

Presente · Present

illustro	illustriamo
illustri	illustrate
illustra	illustrano

Imperfetto · Imperfect

illustravo	illustravamo
illustravi	illustravate
illustrava	illustravano

Passato remoto · Preterit

illustrai	illustrammo
illustrasti	illustraste
illustrò	illustrarono

Futuro semplice · Future

illustrerò	illustreremo
illustrerai	illustrerete
illustrerà	illustreranno

Condizionale presente · Present conditional

illustrerei	illustreremmo
illustreresti	illustrereste
illustrerebbe	illustrerebbero

Congiuntivo presente · Present subjunctive

illustri	illustriamo
illustri	illustriate
illustri	illustrino

Congiuntivo imperfetto · Imperfect subjunctive

illustrassi	illustrassimo
illustrassi	illustraste
illustrasse	illustrassero

Passato prossimo · Present perfect

ho illustrato	abbiamo illustrato
hai illustrato	avete illustrato
ha illustrato	hanno illustrato

Trapassato prossimo · Past perfect

avevo illustrato	avevamo illustrato
avevi illustrato	avevate illustrato
aveva illustrato	avevano illustrato

Trapassato remoto · Preterit perfect

ebbi illustrato	avemmo illustrato
avesti illustrato	aveste illustrato
ebbe illustrato	ebbero illustrato

Futuro anteriore · Future perfect

avrò illustrato	avremo illustrato
avrai illustrato	avrete illustrato
avrà illustrato	avranno illustrato

Condizionale passato · Perfect conditional

avrei illustrato	avremmo illustrato
avresti illustrato	avreste illustrato
avrebbe illustrato	avrebbero illustrato

Congiuntivo passato · Perfect subjunctive

abbia illustrato	abbiamo illustrato
abbia illustrato	abbiate illustrato
abbia illustrato	abbiano illustrato

Congiuntivo trapassato · Past perfect subjunctive

avessi illustrato	avessimo illustrato
avessi illustrato	aveste illustrato
avesse illustrato	avessero illustrato

Imperativo · Commands

	(non) illustriamo
illustra (non illustrare)	(non) illustrate
(non) illustri	(non) illustrino

Participio passato · Past participle	illustrato (-a/-i/-e)
Gerundio · Gerund	illustrando

Usage

La bambina ha illustrato la sua storia con molti disegni.

— Cosa stai facendo?

— Sto illustrando una poesia che ho scritto.

L'enciclopedia fu illustrata magnificamente.

Quella storia illustrava bene l'importanza dell'onestà.

Gli studenti capirono la lezione perché il professore illustrò la teoria con molti esempi.

The girl illustrated her story with a lot of drawings.

"What are you doing?"
"I'm illustrating a poem I wrote."

The encyclopedia was beautifully illustrated.
That story clearly showed the importance of honesty.
The students understood the lesson because the professor illustrated the theory with many examples.

RELATED WORDS

l'illustrazione (*f.*)
l'illustratore (*m.*)/l'illustratrice (*f.*)

illustration
illustrator

248

imbarcare *to board; take on board; carry, load; involve, implicate*

imbarco · imbarcai · imbarcato

regular -are verb, c > ch/e, i;
trans. (aux. *avere*)

Presente · Present

imbarco	imbarchiamo
imbarchi	imbarcate
imbarca	imbarcano

Imperfetto · Imperfect

imbarcavo	imbarcavamo
imbarcavi	imbarcavate
imbarcava	imbarcavano

Passato remoto · Preterit

imbarcai	imbarcammo
imbarcasti	imbarcaste
imbarcò	imbarcarono

Futuro semplice · Future

imbarcherò	imbarcheremo
imbarcherai	imbarcherete
imbarcherà	imbarcheranno

Condizionale presente · Present conditional

imbarcherei	imbarcheremmo
imbarcheresti	imbarchereste
imbarcherebbe	imbarcherebbero

Congiuntivo presente · Present subjunctive

imbarchi	imbarchiamo
imbarchi	imbarchiate
imbarchi	imbarchino

Congiuntivo imperfetto · Imperfect subjunctive

imbarcassi	imbarcassimo
imbarcassi	imbarcaste
imbarcasse	imbarcassero

Passato prossimo · Present perfect

ho imbarcato	abbiamo imbarcato
hai imbarcato	avete imbarcato
ha imbarcato	hanno imbarcato

Trapassato prossimo · Past perfect

avevo imbarcato	avevamo imbarcato
avevi imbarcato	avevate imbarcato
aveva imbarcato	avevano imbarcato

Trapassato remoto · Preterit perfect

ebbi imbarcato	avemmo imbarcato
avesti imbarcato	aveste imbarcato
ebbe imbarcato	ebbero imbarcato

Futuro anteriore · Future perfect

avrò imbarcato	avremo imbarcato
avrai imbarcato	avrete imbarcato
avrà imbarcato	avranno imbarcato

Condizionale passato · Perfect conditional

avrei imbarcato	avremmo imbarcato
avresti imbarcato	avreste imbarcato
avrebbe imbarcato	avrebbero imbarcato

Congiuntivo passato · Perfect subjunctive

abbia imbarcato	abbiamo imbarcato
abbia imbarcato	abbiate imbarcato
abbia imbarcato	abbiano imbarcato

Congiuntivo trapassato · Past perfect subjunctive

avessi imbarcato	avessimo imbarcato
avessi imbarcato	aveste imbarcato
avesse imbarcato	avessero imbarcato

Imperativo · Commands

	(non) imbarchiamo
imbarca (non imbarcare)	(non) imbarcate
(non) imbarchi	(non) imbarchino

Participio passato · Past participle	imbarcato (-a/-i/-e)
Gerundio · Gerund	imbarcando

Usage

L'equipaggio ha cominciato a imbarcare
i passeggeri sull'aereo.

La nave ha imbarcato nuove merci nel porto
di Genova.

Stanno imbarcando tutti i soldati sui camion.

The crew started boarding the passengers on the
airplane.

The ship took new merchandise on board in the
port of Genoa.

They're having all the soldiers get onto trucks.

imbarcarsi *to embark (on), board; engage in*

Ci siamo imbarcati per una crociera nel
Mediterraneo.

Si stavano imbarcando in una faccenda poco
onorevole.

Ho paura di essermi imbarcato in un affare
spiacevole.

We embarked on a Mediterranean cruise.

They were involved in a not very honorable affair.

I'm afraid I got myself into an unpleasant
business.

regular *-are* verb, *c > ch/e, i*;
trans. (aux. *avere*)

Presente · Present

imbuco	imbuchiamo
imbuchi	imbucate
imbuca	imbucano

Imperfetto · Imperfect

imbucavo	imbucavamo
imbucavi	imbucavate
imbucava	imbucavano

Passato remoto · Preterit

imbucai	imbucammo
imbucasti	imbucaste
imbucò	imbucarono

Futuro semplice · Future

imbucherò	imbucheremo
imbucherai	imbucherete
imbucherà	imbucheranno

Condizionale presente · Present conditional

imbucherei	imbucheremmo
imbucheresti	imbuchereste
imbucherebbe	imbucherebbero

Congiuntivo presente · Present subjunctive

imbuchi	imbuchiamo
imbuchi	imbuchiate
imbuchi	imbuchino

Congiuntivo imperfetto · Imperfect subjunctive

imbucassi	imbucassimo
imbucassi	imbucaste
imbucasse	imbucassero

Imperativo · Commands

	(non) imbuchiamo
imbuca (non imbucare)	(non) imbucate
(non) imbuchi	(non) imbuchino

Passato prossimo · Present perfect

ho imbucato	abbiamo imbucato
hai imbucato	avete imbucato
ha imbucato	hanno imbucato

Trapassato prossimo · Past perfect

avevo imbucato	avevamo imbucato
avevi imbucato	avevate imbucato
aveva imbucato	avevano imbucato

Trapassato remoto · Preterit perfect

ebbi imbucato	avemmo imbucato
avesti imbucato	aveste imbucato
ebbe imbucato	ebbero imbucato

Futuro anteriore · Future perfect

avrò imbucato	avremo imbucato
avrai imbucato	avrete imbucato
avrà imbucato	avranno imbucato

Condizionale passato · Perfect conditional

avrei imbucato	avremmo imbucato
avresti imbucato	avreste imbucato
avrebbe imbucato	avrebbero imbucato

Congiuntivo passato · Perfect subjunctive

abbia imbucato	abbiamo imbucato
abbia imbucato	abbiate imbucato
abbia imbucato	abbiano imbucato

Congiuntivo trapassato · Past perfect subjunctive

avessi imbucato	avessimo imbucato
avessi imbucato	aveste imbucato
avesse imbucato	avessero imbucato

Participio passato · Past participle   imbucato (-a/-i/-e)

Gerundio · Gerund   imbucando

Usage

— Hai già imbucato la lettera che ti ho dato?

— No, non l'ho ancora imbucata.

Carolina, per favore, vai a imbucare le nostre cartoline.

Ma dove avrò imbucato le chiavi della macchina?

Non mi piace molto il golf, perché non riesco mai a imbucare la palla.

"Have you already mailed the letter I gave you?"

"No, I haven't mailed it yet."

Carolina, please go and mail our postcards.

But where did I leave the car keys?

I don't like golf very much, because I can never put the ball in the cup.

imbucarsi *to hide; crash* (a party)

Sandra, sono secoli che non ti vedo. Dove ti eri imbucata?

Si erano imbucati alla festa.

Sandra, I haven't seen you in ages. Where have you been keeping yourself?

They had crashed the party.

immaginare *to imagine; suppose; guess*

immagino · immaginai · immaginato

regular *-are* verb;
trans. (aux. *avere*)

Presente · Present

immagino	immaginiamo
immagini	immaginate
immagina	immaginano

Imperfetto · Imperfect

immaginavo	immaginavamo
immaginavi	immaginavate
immaginava	immaginavano

Passato remoto · Preterit

immaginai	immaginammo
immaginasti	immaginaste
immaginò	immaginarono

Futuro semplice · Future

immaginerò	immagineremo
immaginerai	immaginerete
immaginerà	immagineranno

Condizionale presente · Present conditional

immaginerei	immagineremmo
immagineresti	immaginereste
immaginerebbe	immaginerebbero

Congiuntivo presente · Present subjunctive

immagini	immaginiamo
immagini	immaginiate
immagini	immaginino

Congiuntivo imperfetto · Imperfect subjunctive

immaginassi	immaginassimo
immaginassi	immaginaste
immaginasse	immaginassero

Passato prossimo · Present perfect

ho immaginato	abbiamo immaginato
hai immaginato	avete immaginato
ha immaginato	hanno immaginato

Trapassato prossimo · Past perfect

avevo immaginato	avevamo immaginato
avevi immaginato	avevate immaginato
aveva immaginato	avevano immaginato

Trapassato remoto · Preterit perfect

ebbi immaginato	avemmo immaginato
avesti immaginato	aveste immaginato
ebbe immaginato	ebbero immaginato

Futuro anteriore · Future perfect

avrò immaginato	avremo immaginato
avrai immaginato	avrete immaginato
avrà immaginato	avranno immaginato

Condizionale passato · Perfect conditional

avrei immaginato	avremmo immaginato
avresti immaginato	avreste immaginato
avrebbe immaginato	avrebbero immaginato

Congiuntivo passato · Perfect subjunctive

abbia immaginato	abbiamo immaginato
abbia immaginato	abbiate immaginato
abbia immaginato	abbiano immaginato

Congiuntivo trapassato · Past perfect subjunctive

avessi immaginato	avessimo immaginato
avessi immaginato	aveste immaginato
avesse immaginato	avessero immaginato

Imperativo · Commands

	(non) immaginiamo
immagina (non immaginare)	(non) immaginate
(non) immagini	(non) immaginino

Participio passato · Past participle   immaginato (-a/-i/-e)

Gerundio · Gerund   immaginando

Usage

Immaginiamo per un attimo un'isola tropicale.	*Let's imagine for a moment a tropical island.*
Abbiamo immaginato di essere sulla luna.	*We imagined being on the moon.*
Antonio era il bimbo più carino che si potesse immaginare.	*Antonio was the cutest child imaginable.*
Me la immaginavo più bella.	*I thought she would be more beautiful.*
Immagino che voi non siate partiti subito.	*I assume you didn't leave right away.*
Il film era più divertente di quanto avessimo immaginato.	*The movie was more entertaining than we thought it would be.*

immaginarsi *to picture (oneself); expect*

Immaginati la mia sorpresa vedendola qui.	*Imagine my surprise when I saw her here.*
Dovevamo immaginarcelo che non si sarebbe fatto vivo.	*We should have expected him not to show up.*
— Grazie per l'aiuto, signor Ricci!	*"Thank you for your help, Mr. Ricci!"*
— Non c'è di che. S'immagini.	*"You're welcome. Don't mention it."*

regular *-are* verb;
intrans. (aux. *essere*)

Presente · Present

immigro	immigriamo
immigri	immigrate
immigra	immigrano

Imperfetto · Imperfect

immigravo	immigravamo
immigravi	immigravate
immigrava	immigravano

Passato remoto · Preterit

immigrai	immigrammo
immigrasti	immigraste
immigrò	immigrarono

Futuro semplice · Future

immigrerò	immigreremo
immigrerai	immigrerete
immigrerà	immigreranno

Condizionale presente · Present conditional

immigrerei	immigreremmo
immigreresti	immigrereste
immigrerebbe	immigrerebbero

Congiuntivo presente · Present subjunctive

immigri	immigriamo
immigri	immigriate
immigri	immigrino

Congiuntivo imperfetto · Imperfect subjunctive

immigrassi	immigrassimo
immigrassi	immigraste
immigrasse	immigrassero

Passato prossimo · Present perfect

sono immigrato (-a)	siamo immigrati (-e)
sei immigrato (-a)	siete immigrati (-e)
è immigrato (-a)	sono immigrati (-e)

Trapassato prossimo · Past perfect

ero immigrato (-a)	eravamo immigrati (-e)
eri immigrato (-a)	eravate immigrati (-e)
era immigrato (-a)	erano immigrati (-e)

Trapassato remoto · Preterit perfect

fui immigrato (-a)	fummo immigrati (-e)
fosti immigrato (-a)	foste immigrati (-e)
fu immigrato (-a)	furono immigrati (-e)

Futuro anteriore · Future perfect

sarò immigrato (-a)	saremo immigrati (-e)
sarai immigrato (-a)	sarete immigrati (-e)
sarà immigrato (-a)	saranno immigrati (-e)

Condizionale passato · Perfect conditional

sarei immigrato (-a)	saremmo immigrati (-e)
saresti immigrato (-a)	sareste immigrati (-e)
sarebbe immigrato (-a)	sarebbero immigrati (-e)

Congiuntivo passato · Perfect subjunctive

sia immigrato (-a)	siamo immigrati (-e)
sia immigrato (-a)	siate immigrati (-e)
sia immigrato (-a)	siano immigrati (-e)

Congiuntivo trapassato · Past perfect subjunctive

fossi immigrato (-a)	fossimo immigrati (-e)
fossi immigrato (-a)	foste immigrati (-e)
fosse immigrato (-a)	fossero immigrati (-e)

Imperativo · Commands

	(non) immigriamo
immigra (non immigrare)	(non) immigrate
(non) immigri	(non) immigrino

Participio passato · Past participle   immigrato (-a/-i/-e)

Gerundio · Gerund   immigrando

Usage

Fino a un secolo fa molti italiani immigrarono in America.	*Up until a hundred years ago, many Italians immigrated to America.*
I miei parenti sono immigrati a Boston.	*My relatives immigrated to Boston.*
— Da quanto tempo sei immigrato?	*"How long ago did you immigrate?"*
— Sono immigrato da due anni.	*"I immigrated two years ago."*
Renato è immigrato in Australia in cerca di lavoro.	*Renato immigrated to Australia in search of work.*
— Immigreresti definitivamente?	*"Would you immigrate for good?"*
— No, immigrerei temporaneamente, per un anno o due.	*"No, I would immigrate temporarily, for a year or two."*

RELATED WORDS

l'immigrante (*m./f.*)	*immigrant*
l'immigrato (*m.*)/l'immigrata (*f.*)	*immigrant*

imparare *to learn; memorize*

imparo · imparai · imparato

regular *-are* verb;
trans. (aux. *avere*)

Presente · Present

imparo	impariamo
impari	imparate
impara	imparano

Imperfetto · Imperfect

imparavo	imparavamo
imparavi	imparavate
imparava	imparavano

Passato remoto · Preterit

imparai	imparammo
imparasti	imparaste
imparò	impararono

Futuro semplice · Future

imparerò	impareremo
imparerai	imparerete
imparerà	impareranno

Condizionale presente · Present conditional

imparerei	impareremmo
impareresti	imparereste
imparerebbe	imparerebbero

Congiuntivo presente · Present subjunctive

impari	impariamo
impari	impariate
impari	imparino

Congiuntivo imperfetto · Imperfect subjunctive

imparassi	imparassimo
imparassi	imparaste
imparasse	imparassero

Passato prossimo · Present perfect

ho imparato	abbiamo imparato
hai imparato	avete imparato
ha imparato	hanno imparato

Trapassato prossimo · Past perfect

avevo imparato	avevamo imparato
avevi imparato	avevate imparato
aveva imparato	avevano imparato

Trapassato remoto · Preterit perfect

ebbi imparato	avemmo imparato
avesti imparato	aveste imparato
ebbe imparato	ebbero imparato

Futuro anteriore · Future perfect

avrò imparato	avremo imparato
avrai imparato	avrete imparato
avrà imparato	avranno imparato

Condizionale passato · Perfect conditional

avrei imparato	avremmo imparato
avresti imparato	avreste imparato
avrebbe imparato	avrebbero imparato

Congiuntivo passato · Perfect subjunctive

abbia imparato	abbiamo imparato
abbia imparato	abbiate imparato
abbia imparato	abbiano imparato

Congiuntivo trapassato · Past perfect subjunctive

avessi imparato	avessimo imparato
avessi imparato	aveste imparato
avesse imparato	avessero imparato

Imperativo · Commands

	(non) impariamo
impara (non imparare)	(non) imparate
(non) impari	(non) imparino

Participio passato · Past participle — imparato (-a/-i/-e)

Gerundio · Gerund — imparando

Usage

Non ho mai imparato bene la grammatica.	*I never learned grammar well.*
Franca aveva imparato a leggere all'età di quattro anni.	*Franca had learned to read at the age of four.*
Il mio pappagallo ha imparato dieci parole durante la sua vita.	*My parrot learned ten words in its lifetime.*
Temo che Gabriele abbia imparato quella lezione a proprie spese.	*I'm afraid Gabriele learned that lesson the hard way.*
Tutti devono imparare cosa vuol dire lavorare sodo.	*Everybody needs to learn what it means to work hard.*
Così impari!	*That'll teach you!*
Gli studenti devono imparare la poesia a memoria.	*The students must memorize the poem.*
Sbagliando s'impara. (PROVERB)	*Practice makes perfect.*
Chi molto pratica molto impara. (PROVERB)	*Practice makes perfect.*

regular *-ire* verb (*-isc-* type);
trans. (aux. *avere*)

Presente · Present

impedisco	impediamo
impedisci	impedite
impedisce	impediscono

Imperfetto · Imperfect

impedivo	impedivamo
impedivi	impedivate
impediva	impedivano

Passato remoto · Preterit

impedii	impedimmo
impedisti	impediste
impedì	impedirono

Futuro semplice · Future

impedirò	impediremo
impedirai	impedirete
impedirà	impediranno

Condizionale presente · Present conditional

impedirei	impediremmo
impediresti	impedireste
impedirebbe	impedirebbero

Congiuntivo presente · Present subjunctive

impedisca	impediamo
impedisca	impediate
impedisca	impediscano

Congiuntivo imperfetto · Imperfect subjunctive

impedissi	impedissimo
impedissi	impediste
impedisse	impedissero

Passato prossimo · Present perfect

ho impedito	abbiamo impedito
hai impedito	avete impedito
ha impedito	hanno impedito

Trapassato prossimo · Past perfect

avevo impedito	avevamo impedito
avevi impedito	avevate impedito
aveva impedito	avevano impedito

Trapassato remoto · Preterit perfect

ebbi impedito	avemmo impedito
avesti impedito	aveste impedito
ebbe impedito	ebbero impedito

Futuro anteriore · Future perfect

avrò impedito	avremo impedito
avrai impedito	avrete impedito
avrà impedito	avranno impedito

Condizionale passato · Perfect conditional

avrei impedito	avremmo impedito
avresti impedito	avreste impedito
avrebbe impedito	avrebbero impedito

Congiuntivo passato · Perfect subjunctive

abbia impedito	abbiamo impedito
abbia impedito	abbiate impedito
abbia impedito	abbiano impedito

Congiuntivo trapassato · Past perfect subjunctive

avessi impedito	avessimo impedito
avessi impedito	aveste impedito
avesse impedito	avessero impedito

Imperativo · Commands

	(non) impediamo
impedisci (non impedire)	(non) impedite
(non) impedisca	(non) impediscano

Participio passato · Past participle	impedito (-a/-i/-e)
Gerundio · Gerund	impedendo

Usage

Hanno impedito ai dimostranti l'ingresso nell'edificio.

They kept the demonstrators from entering the building.

— Perché non ha detto niente?
— Mi hanno impedito di parlare.

"Why didn't you say anything?"
"They wouldn't let me talk."

Le sue convinzioni religiose le hanno impedito di agire disonestamente.

Her religious beliefs didn't let her act dishonestly.

Chi potrebbe impedire che un incidente succedesse?

Who could prevent an accident from happening?

È un peccato che gli alberi impediscano la vista sul mare.

It's a shame that the trees obstruct the view of the sea.

I lavori impediranno il traffico per almeno tre settimane.

Roadwork will tie up traffic for at least three weeks.

Gli abiti da cerimonia impedivano i movimenti alla regina.

The ceremonial robes hampered the queen's movements.

L'operazione non ti impedirà la vista.

The operation will not impair your eyesight.

impegnare
to pawn; bind, pledge; keep busy; engage (military);
keep the pressure on; book, reserve

impegno · impegnai · impegnato

regular -are verb;
trans. (aux. *avere*)

Presente · Present

impegno	impegniamo/impegnamo
impegni	impegnate
impegna	impegnano

Imperfetto · Imperfect

impegnavo	impegnavamo
impegnavi	impegnavate
impegnava	impegnavano

Passato remoto · Preterit

impegnai	impegnammo
impegnasti	impegnaste
impegnò	impegnarono

Futuro semplice · Future

impegnerò	impegneremo
impegnerai	impegnerete
impegnerà	impegneranno

Condizionale presente · Present conditional

impegnerei	impegneremmo
impegneresti	impegnereste
impegnerebbe	impegnerebbero

Congiuntivo presente · Present subjunctive

impegni	impegniamo/impegnamo
impegni	impegniate/impegnate
impegni	impegnino

Congiuntivo imperfetto · Imperfect subjunctive

impegnassi	impegnassimo
impegnassi	impegnaste
impegnasse	impegnassero

Passato prossimo · Present perfect

ho impegnato	abbiamo impegnato
hai impegnato	avete impegnato
ha impegnato	hanno impegnato

Trapassato prossimo · Past perfect

avevo impegnato	avevamo impegnato
avevi impegnato	avevate impegnato
aveva impegnato	avevano impegnato

Trapassato remoto · Preterit perfect

ebbi impegnato	avemmo impegnato
avesti impegnato	aveste impegnato
ebbe impegnato	ebbero impegnato

Futuro anteriore · Future perfect

avrò impegnato	avremo impegnato
avrai impegnato	avrete impegnato
avrà impegnato	avranno impegnato

Condizionale passato · Perfect conditional

avrei impegnato	avremmo impegnato
avresti impegnato	avreste impegnato
avrebbe impegnato	avrebbero impegnato

Congiuntivo passato · Perfect subjunctive

abbia impegnato	abbiamo impegnato
abbia impegnato	abbiate impegnato
abbia impegnato	abbiano impegnato

Congiuntivo trapassato · Past perfect subjunctive

avessi impegnato	avessimo impegnato
avessi impegnato	aveste impegnato
avesse impegnato	avessero impegnato

Imperativo · Commands

	(non) impegniamo
impegna (non impegnare)	(non) impegnate
(non) impegni	(non) impegnino

Participio passato · Past participle	impegnato (-a/-i/-e)
Gerundio · Gerund	impegnando

Usage

Ho dovuto impegnare il mio orologio d'oro.	*I've had to pawn my gold watch.*
Il contratto mi impegna a non divulgare certe informazioni al pubblico.	*The contract obligates me not to divulge certain information to the public.*
Quel lavoro ti impegnerà per almeno due giorni.	*That work will keep you busy for at least two days.*
Le truppe impegnarono il nemico per tutto il giorno.	*The troops engaged the enemy the entire day.*
Non abbiamo impegnato abbastanza la difesa dell'altra squadra.	*We didn't put enough pressure on the other team's defense.*
Hanno impegnato un tavolo per otto persone.	*They reserved a table for eight.*

impegnarsi *to commit oneself, undertake; devote oneself (to); get involved (in); come to an agreement*

Nicoletta si è impegnata a laurearsi in meno di cinque anni.	*Nicoletta's committed herself to graduating in less than five years.*
Agostino si impegnò per imparare il concerto.	*Agostino worked very hard to learn the concerto.*
Non si sono impegnati nella discussione.	*They didn't contribute much to the discussion.*

regular *-are* verb, g > gh/e, i;
trans. (aux. *avere*)

Presente · Present

impiego	impieghiamo
impieghi	impiegate
impiega	impiegano

Imperfetto · Imperfect

impiegavo	impiegavamo
impiegavi	impiegavate
impiegava	impiegavano

Passato remoto · Preterit

impiegai	impiegammo
impiegasti	impiegaste
impiegò	impiegarono

Futuro semplice · Future

impiegherò	impiegheremo
impiegherai	impiegherete
impiegherà	impiegheranno

Condizionale presente · Present conditional

impiegherei	impiegheremmo
impiegheresti	impieghereste
impiegherebbe	impiegherebbero

Congiuntivo presente · Present subjunctive

impieghi	impieghiamo
impieghi	impieghiate
impieghi	impieghino

Congiuntivo imperfetto · Imperfect subjunctive

impiegassi	impiegassimo
impiegassi	impiegaste
impiegasse	impiegassero

Passato prossimo · Present perfect

ho impiegato	abbiamo impiegato
hai impiegato	avete impiegato
ha impiegato	hanno impiegato

Trapassato prossimo · Past perfect

avevo impiegato	avevamo impiegato
avevi impiegato	avevate impiegato
aveva impiegato	avevano impiegato

Trapassato remoto · Preterit perfect

ebbi impiegato	avemmo impiegato
avesti impiegato	aveste impiegato
ebbe impiegato	ebbero impiegato

Futuro anteriore · Future perfect

avrò impiegato	avremo impiegato
avrai impiegato	avrete impiegato
avrà impiegato	avranno impiegato

Condizionale passato · Perfect conditional

avrei impiegato	avremmo impiegato
avresti impiegato	avreste impiegato
avrebbe impiegato	avrebbero impiegato

Congiuntivo passato · Perfect subjunctive

abbia impiegato	abbiamo impiegato
abbia impiegato	abbiate impiegato
abbia impiegato	abbiano impiegato

Congiuntivo trapassato · Past perfect subjunctive

avessi impiegato	avessimo impiegato
avessi impiegato	aveste impiegato
avesse impiegato	avessero impiegato

Imperativo · Commands

	(non) impieghiamo
impiega (non impiegare)	(non) impiegate
(non) impieghi	(non) impieghino

Participio passato · Past participle	impiegato (-a/-i/-e)
Gerundio · Gerund	impiegando

Usage

Mia zia è impiegata in banca.	*My aunt is employed at a bank.*
Sarebbe meglio se si impiegasse un esperto per determinare il valore della casa.	*It would be better if an expert were hired to determine the value of the house.*
È una persona che impiega bene i suoi talenti.	*He's a person who uses his talents well.*
Abbiamo impiegato due ore per arrivare a casa a causa della neve.	*It took us two hours to get home because of the snow.*
Mi raccomando, impiega bene questi soldi.	*Please use the money well.*

impiegarsi *to get a job*

Luca si è impiegato in un'azienda elettronica.	*Luca got a job with an electronics firm.*
Finiti gli studi secondari, mi sono impiegata in un negozio di abbigliamento.	*After I graduated from high school, I got a job in a clothing store.*

imporre *to impose (on); oblige; inflict; entail, involve*

impongo · imposi · imposto

irregular -*ere* verb;
trans. (aux. *avere*)

Presente · Present

impongo	imponiamo
imponi	imponete
impone	impongono

Imperfetto · Imperfect

imponevo	imponevamo
imponevi	imponevate
imponeva	imponevano

Passato remoto · Preterit

imposi	imponemmo
imponesti	imponeste
impose	imposero

Futuro semplice · Future

imporrò	imporremo
imporrai	imporrete
imporrà	imporranno

Condizionale presente · Present conditional

imporrei	imporremmo
imporresti	imporreste
imporrebbe	imporrebbero

Congiuntivo presente · Present subjunctive

imponga	imponiamo
imponga	imponiate
imponga	impongano

Congiuntivo imperfetto · Imperfect subjunctive

imponessi	imponessimo
imponessi	imponeste
imponesse	imponessero

Passato prossimo · Present perfect

ho imposto	abbiamo imposto
hai imposto	avete imposto
ha imposto	hanno imposto

Trapassato prossimo · Past perfect

avevo imposto	avevamo imposto
avevi imposto	avevate imposto
aveva imposto	avevano imposto

Trapassato remoto · Preterit perfect

ebbi imposto	avemmo imposto
avesti imposto	aveste imposto
ebbe imposto	ebbero imposto

Futuro anteriore · Future perfect

avrò imposto	avremo imposto
avrai imposto	avrete imposto
avrà imposto	avranno imposto

Condizionale passato · Perfect conditional

avrei imposto	avremmo imposto
avresti imposto	avreste imposto
avrebbe imposto	avrebbero imposto

Congiuntivo passato · Perfect subjunctive

abbia imposto	abbiamo imposto
abbia imposto	abbiate imposto
abbia imposto	abbiano imposto

Congiuntivo trapassato · Past perfect subjunctive

avessi imposto	avessimo imposto
avessi imposto	aveste imposto
avesse imposto	avessero imposto

Imperativo · Commands

	(non) imponiamo
imponi (non imporre)	(non) imponete
(non) imponga	(non) impongano

Participio passato · Past participle	imposto (-a/-i/-e)
Gerundio · Gerund	imponendo

Usage

I politici non imporrebbero questa nuova legge se non fosse utile.	*The politicians wouldn't impose this new law if it weren't beneficial.*
Hanno imposto ai bambini di partecipare alle competizioni.	*They forced the children to participate in the competitions.*
Non ho mai capito perché gli abbia imposto quel sacrificio.	*I've never understood why he inflicted that sacrifice on him.*
Non è vero che io imponga sempre la mia volontà.	*It's not true that I always have to have my own way.*

imporsi *to assert oneself/one's authority; stand out, surpass; attract attention; become popular; be necessary/inevitable*

Roberto è riuscito a imporsi sui colleghi.	*Roberto was able to assert his authority among his colleagues.*
Elena si impose sugli altri candidati.	*Elena stood out from the other candidates.*
Quel prodotto si è imposto rapidamente.	*That product quickly became popular.*
Una scelta si imporrà fra poco.	*A choice will need to be made soon.*

regular -are verb;
trans. (aux. *avere*)

Presente · Present

imposto	impostiamo
imposti	impostate
imposta	impostano

Passato prossimo · Present perfect

ho impostato	abbiamo impostato
hai impostato	avete impostato
ha impostato	hanno impostato

Imperfetto · Imperfect

impostavo	impostavamo
impostavi	impostavate
impostava	impostavano

Trapassato prossimo · Past perfect

avevo impostato	avevamo impostato
avevi impostato	avevate impostato
aveva impostato	avevano impostato

Passato remoto · Preterit

impostai	impostammo
impostasti	impostaste
impostò	impostarono

Trapassato remoto · Preterit perfect

ebbi impostato	avemmo impostato
avesti impostato	aveste impostato
ebbe impostato	ebbero impostato

Futuro semplice · Future

imposterò	imposteremo
imposterai	imposterete
imposterà	imposteranno

Futuro anteriore · Future perfect

avrò impostato	avremo impostato
avrai impostato	avrete impostato
avrà impostato	avranno impostato

Condizionale presente · Present conditional

imposterei	imposteremmo
imposteresti	impostereste
imposterebbe	imposterebbero

Condizionale passato · Perfect conditional

avrei impostato	avremmo impostato
avresti impostato	avreste impostato
avrebbe impostato	avrebbero impostato

Congiuntivo presente · Present subjunctive

imposti	impostiamo
imposti	impostiate
imposti	impostino

Congiuntivo passato · Perfect subjunctive

abbia impostato	abbiamo impostato
abbia impostato	abbiate impostato
abbia impostato	abbiano impostato

Congiuntivo imperfetto · Imperfect subjunctive

impostassi	impostassimo
impostassi	impostaste
impostasse	impostassero

Congiuntivo trapassato · Past perfect subjunctive

avessi impostato	avessimo impostato
avessi impostato	aveste impostato
avesse impostato	avessero impostato

Imperativo · Commands

	(non) impostiamo
imposta (non impostare)	(non) impostate
(non) imposti	(non) impostino

Participio passato · Past participle   impostato (-a/-i/-e)
Gerundio · Gerund   impostando

Usage

— Hai già impostato la lettera?
— Sì, l'ho impostata ieri.
Non si è ancora deciso come impostare il progetto.
Quali attività avete impostato?
Il nuovo servizio è stato impostato per migliorare la soddisfazione dei clienti.
Ieri i muratori hanno impostato le fondamenta della casa.
Impostando la pagina così, diventa più facile leggere le notizie.
Il cantante impostò la voce e cominciò a cantare.

"Have you mailed the letter yet?"
"Yes, I mailed it yesterday."
It hasn't been decided yet how to organize the project.
What activities do you have planned?
The new service was set up to improve customer satisfaction.
Yesterday the workman laid out the foundations of the house.
By laying out the page like that, the news is easier to read.
The singer set his pitch and began to sing.

impostarsi *to take up a position*

L'atleta si è impostato per saltare.

The athlete positioned himself to jump.

incassare

to cash (a check); *take* (money); *pack (up), box; take, stand up to*

incasso · incassai · incassato

regular *-are* verb;
trans. (aux. *avere*)

Presente · Present

incasso	incassiamo
incassi	incassate
incassa	incassano

Imperfetto · Imperfect

incassavo	incassavamo
incassavi	incassavate
incassava	incassavano

Passato remoto · Preterit

incassai	incassammo
incassasti	incassaste
incassò	incassarono

Futuro semplice · Future

incasserò	incasseremo
incasserai	incasserete
incasserà	incasseranno

Condizionale presente · Present conditional

incasserei	incasseremmo
incasseresti	incassereste
incasserebbe	incasserebbero

Congiuntivo presente · Present subjunctive

incassi	incassiamo
incassi	incassiate
incassi	incassino

Congiuntivo imperfetto · Imperfect subjunctive

incassassi	incassassimo
incassassi	incassaste
incassasse	incassassero

Passato prossimo · Present perfect

ho incassato	abbiamo incassato
hai incassato	avete incassato
ha incassato	hanno incassato

Trapassato prossimo · Past perfect

avevo incassato	avevamo incassato
avevi incassato	avevate incassato
aveva incassato	avevano incassato

Trapassato remoto · Preterit perfect

ebbi incassato	avemmo incassato
avesti incassato	aveste incassato
ebbe incassato	ebbero incassato

Futuro anteriore · Future perfect

avrò incassato	avremo incassato
avrai incassato	avrete incassato
avrà incassato	avranno incassato

Condizionale passato · Perfect conditional

avrei incassato	avremmo incassato
avresti incassato	avreste incassato
avrebbe incassato	avrebbero incassato

Congiuntivo passato · Perfect subjunctive

abbia incassato	abbiamo incassato
abbia incassato	abbiate incassato
abbia incassato	abbiano incassato

Congiuntivo trapassato · Past perfect subjunctive

avessi incassato	avessimo incassato
avessi incassato	aveste incassato
avesse incassato	avessero incassato

Imperativo · Commands

	(non) incassiamo
incassa (non incassare)	(non) incassate
(non) incassi	(non) incassino

Participio passato · Past participle	incassato (-a/-i/-e)
Gerundio · Gerund	incassando

Usage

Vado in banca a incassare un assegno.	*I'm going to the bank to cash a check.*
Il film ha incassato 65 milioni di dollari nella prima settimana.	*The film grossed 65 million dollars in its first week.*
Per favore, incassate la frutta in quelle scatole.	*Please pack the fruit in those boxes.*
Vorremmo incassare un armadio a muro nel salotto.	*We'd like to have a built-in closet in the living room.*
Il brillante è stato incassato con due zaffiri.	*The diamond has been set with two sapphires.*
Il pugile incassò molti colpi dell'avversario senza tirarsi indietro.	*The boxer took a lot of punishment from his opponent without flinching.*
Spero che la nostra squadra non incasserà nessuna rete nella partita di domani.	*I'm hoping our team won't allow any goals in tomorrow's game.*
Matteo non ha incassato bene quel rimprovero.	*Matteo didn't take that reprimand very well.*

incassarsi *to be enclosed by; be sunken*

Il fiume si incassa profondamente tra le rocce.	*The river cuts deep into the rocks.*

irregular *-ere* verb;
trans. (aux. *avere*)

Presente · Present

incido	incidiamo
incidi	incidete
incide	incidono

Imperfetto · Imperfect

incidevo	incidevamo
incidevi	incidevate
incideva	incidevano

Passato remoto · Preterit

incisi	incidemmo
incidesti	incideste
incise	incisero

Futuro semplice · Future

inciderò	incideremo
inciderai	inciderete
inciderà	incideranno

Condizionale presente · Present conditional

inciderei	incideremmo
incideresti	incidereste
inciderebbe	inciderebbero

Congiuntivo presente · Present subjunctive

incida	incidiamo
incida	incidiate
incida	incidano

Congiuntivo imperfetto · Imperfect subjunctive

incidessi	incidessimo
incidessi	incideste
incidesse	incidessero

Imperativo · Commands

	(non) incidiamo
incidi (non incidere)	(non) incidete
(non) incida	(non) incidano

Participio passato · Past participle inciso (-a/-i/-e)

Gerundio · Gerund incidendo

Passato prossimo · Present perfect

ho inciso	abbiamo inciso
hai inciso	avete inciso
ha inciso	hanno inciso

Trapassato prossimo · Past perfect

avevo inciso	avevamo inciso
avevi inciso	avevate inciso
aveva inciso	avevano inciso

Trapassato remoto · Preterit perfect

ebbi inciso	avemmo inciso
avesti inciso	aveste inciso
ebbe inciso	ebbero inciso

Futuro anteriore · Future perfect

avrò inciso	avremo inciso
avrai inciso	avrete inciso
avrà inciso	avranno inciso

Condizionale passato · Perfect conditional

avrei inciso	avremmo inciso
avresti inciso	avreste inciso
avrebbe inciso	avrebbero inciso

Congiuntivo passato · Perfect subjunctive

abbia inciso	abbiamo inciso
abbia inciso	abbiate inciso
abbia inciso	abbiano inciso

Congiuntivo trapassato · Past perfect subjunctive

avessi inciso	avessimo inciso
avessi inciso	aveste inciso
avesse inciso	avessero inciso

Usage

Qualcuno aveva inciso le sue iniziali sull'albero.	*Someone had carved his initials in the tree.*
— Che cosa è stato inciso sull'anello?	*"What was engraved on the ring?"*
— La data del matrimonio.	*"The wedding date."*
Lo scultore ha inciso il suo nome nella pietra.	*The sculptor carved his name into the stone.*
Il chirurgo ha cominciato l'operazione incidendo la pelle.	*The surgeon started the operation by incising the skin.*
L'artista ha appena inciso il suo primo disco.	*The artist just recorded her first album.*
Il suo licenziamento ha inciso fortemente sulle nostre spese.	*His dismissal has greatly affected our expenditures.*
Le nuove regole che il governo ha imposto incideranno negativamente sul reddito.	*The new rules imposed by the government will have a negative effect on our revenue.*

incidersi *to be engraved in/on; become fixed*

Il suo commento si è inciso nella mia mente.	*His comment was engraved in my mind.*

includere *to include, comprise; enclose, attach*

includo · inclusi · incluso

irregular -*ere* verb;
trans. (aux. *avere*)

Presente · Present

includo	includiamo
includi	includete
include	includono

Imperfetto · Imperfect

includevo	includevamo
includevi	includevate
includeva	includevano

Passato remoto · Preterit

inclusi	includemmo
includesti	includeste
incluse	inclusero

Futuro semplice · Future

includerò	includeremo
includerai	includerete
includerà	includeranno

Condizionale presente · Present conditional

includerei	includeremmo
includeresti	includereste
includerebbe	includerebbero

Congiuntivo presente · Present subjunctive

includa	includiamo
includa	includiate
includa	includano

Congiuntivo imperfetto · Imperfect subjunctive

includessi	includessimo
includessi	includeste
includesse	includessero

Passato prossimo · Present perfect

ho incluso	abbiamo incluso
hai incluso	avete incluso
ha incluso	hanno incluso

Trapassato prossimo · Past perfect

avevo incluso	avevamo incluso
avevi incluso	avevate incluso
aveva incluso	avevano incluso

Trapassato remoto · Preterit perfect

ebbi incluso	avemmo incluso
avesti incluso	aveste incluso
ebbe incluso	ebbero incluso

Futuro anteriore · Future perfect

avrò incluso	avremo incluso
avrai incluso	avrete incluso
avrà incluso	avranno incluso

Condizionale passato · Perfect conditional

avrei incluso	avremmo incluso
avresti incluso	avreste incluso
avrebbe incluso	avrebbero incluso

Congiuntivo passato · Perfect subjunctive

abbia incluso	abbiamo incluso
abbia incluso	abbiate incluso
abbia incluso	abbiano incluso

Congiuntivo trapassato · Past perfect subjunctive

avessi incluso	avessimo incluso
avessi incluso	aveste incluso
avesse incluso	avessero incluso

Imperativo · Commands

	(non) includiamo
includi (non includere)	(non) includete
(non) includa	(non) includano

Participio passato · Past participle   incluso (-a/-i/-e)
Gerundio · Gerund   includendo

Usage

Includiamo anche Giorgio e Rita nella lista degli invitati.
Let's also include Giorgio and Rita on the guest list.

Li hanno inclusi fra i membri dell'associazione.
They've accepted them as club members.

Inclusi i Colombo arriviamo a venticinque ospiti.
Including the Colombos, we come to 25 guests.

Tutte le spese sono state incluse nel resoconto.
All expenses have been included in the statement.

Abbiamo incluso la fattura nella lettera.
We've enclosed the invoice in the letter.

Il direttore ha aggiunto un commento che includeva la sua completa approvazione.
The director added a comment that indicated his wholehearted approval.

RELATED EXPRESSIONS

incluso(-a)   *enclosed, attached*
fino a venerdì incluso   *up to and including Friday*
prezzi IVA inclusa   *prices with the VAT (value-added tax) included*

regular -are verb;
trans. (aux. *avere*)/intrans. (aux. *essere*)

NOTE *Incontrare* is conjugated here with *avere*; when used intransitively, it is conjugated with *essere*.

Presente · Present

incontro	incontriamo
incontri	incontrate
incontra	incontrano

Imperfetto · Imperfect

incontravo	incontravamo
incontravi	incontravate
incontrava	incontravano

Passato remoto · Preterit

incontrai	incontrammo
incontrasti	incontraste
incontrò	incontrarono

Futuro semplice · Future

incontrerò	incontreremo
incontrerai	incontrerete
incontrerà	incontreranno

Condizionale presente · Present conditional

incontrerei	incontreremmo
incontreresti	incontrereste
incontrerebbe	incontrerebbero

Congiuntivo presente · Present subjunctive

incontri	incontriamo
incontri	incontriate
incontri	incontrino

Congiuntivo imperfetto · Imperfect subjunctive

incontrassi	incontrassimo
incontrassi	incontraste
incontrasse	incontrassero

Passato prossimo · Present perfect

ho incontrato	abbiamo incontrato
hai incontrato	avete incontrato
ha incontrato	hanno incontrato

Trapassato prossimo · Past perfect

avevo incontrato	avevamo incontrato
avevi incontrato	avevate incontrato
aveva incontrato	avevano incontrato

Trapassato remoto · Preterit perfect

ebbi incontrato	avemmo incontrato
avesti incontrato	aveste incontrato
ebbe incontrato	ebbero incontrato

Futuro anteriore · Future perfect

avrò incontrato	avremo incontrato
avrai incontrato	avrete incontrato
avrà incontrato	avranno incontrato

Condizionale passato · Perfect conditional

avrei incontrato	avremmo incontrato
avresti incontrato	avreste incontrato
avrebbe incontrato	avrebbero incontrato

Congiuntivo passato · Perfect subjunctive

abbia incontrato	abbiamo incontrato
abbia incontrato	abbiate incontrato
abbia incontrato	abbiano incontrato

Congiuntivo trapassato · Past perfect subjunctive

avessi incontrato	avessimo incontrato
avessi incontrato	aveste incontrato
avesse incontrato	avessero incontrato

Imperativo · Commands

	(non) incontriamo
incontra (non incontrare)	(non) incontrate
(non) incontri	(non) incontrino

Participio passato · Past participle   incontrato (-a/-i/-e)

Gerundio · Gerund   incontrando

Usage

Ha incontrato suo marito durante una vacanza.	*She met her husband while on vacation.*
Incontrammo la vostra amica per strada.	*We ran into your friend on the street.*
Speriamo che non abbiano incontrato qualche problema.	*Let's hope they didn't encounter some problem.*
La nostra squadra incontrerà la vostra tra due settimane.	*Our team will play yours in two weeks.*
È una canzone che non incontra.	*The song hasn't caught on.*

incontrarsi *to meet up (with), run into each other; agree, think alike; play (sports)*

I due presidenti si sono incontrati a Bruxelles.	*The two presidents met in Brussels.*
Lui ed io ci incontriamo nel giudizio sulla letteratura del Novecento.	*He and I agree on twentieth-century literature.*
Le due squadre si erano già incontrate un anno fa.	*The two teams had already played each other a year ago.*

indossare *to wear; put on; model*

indosso · indossai · indossato

regular -are verb;
trans. (aux. *avere*)

Presente · Present

indosso	indossiamo
indossi	indossate
indossa	indossano

Imperfetto · Imperfect

indossavo	indossavamo
indossavi	indossavate
indossava	indossavano

Passato remoto · Preterit

indossai	indossammo
indossasti	indossaste
indossò	indossarono

Futuro semplice · Future

indosserò	indosseremo
indosserai	indosserete
indosserà	indosseranno

Condizionale presente · Present conditional

indosserei	indosseremmo
indosseresti	indossereste
indosserebbe	indosserebbero

Congiuntivo presente · Present subjunctive

indossi	indossiamo
indossi	indossiate
indossi	indossino

Congiuntivo imperfetto · Imperfect subjunctive

indossassi	indossassimo
indossassi	indossaste
indossasse	indossassero

Passato prossimo · Present perfect

ho indossato	abbiamo indossato
hai indossato	avete indossato
ha indossato	hanno indossato

Trapassato prossimo · Past perfect

avevo indossato	avevamo indossato
avevi indossato	avevate indossato
aveva indossato	avevano indossato

Trapassato remoto · Preterit perfect

ebbi indossato	avemmo indossato
avesti indossato	aveste indossato
ebbe indossato	ebbero indossato

Futuro anteriore · Future perfect

avrò indossato	avremo indossato
avrai indossato	avrete indossato
avrà indossato	avranno indossato

Condizionale passato · Perfect conditional

avrei indossato	avremmo indossato
avresti indossato	avreste indossato
avrebbe indossato	avrebbero indossato

Congiuntivo passato · Perfect subjunctive

abbia indossato	abbiamo indossato
abbia indossato	abbiate indossato
abbia indossato	abbiano indossato

Congiuntivo trapassato · Past perfect subjunctive

avessi indossato	avessimo indossato
avessi indossato	aveste indossato
avesse indossato	avessero indossato

Imperativo · Commands

	(non) indossiamo
indossa (non indossare)	(non) indossate
(non) indossi	(non) indossino

Participio passato · Past participle   indossato (-a/-i/-e)

Gerundio · Gerund   indossando

Usage

La donna indossava un vestito rosso elegante.	*The woman was wearing an elegant red dress.*
Hai mai indossato uno smoking?	*Have you ever worn a tuxedo?*
Ho indossato l'impermeabile e ho preso l'ombrello.	*I put my raincoat on and took my umbrella.*
Antonio indossa un completo grigio di Armani.	*Antonio is modeling a gray Armani suit.*
Sofia Loren indossa i panni di una povera contadina.	*Sofia Loren is playing the role of a poor peasant woman.*
Finalmente ha indossato la tonaca.	*Ultimately he became a priest.*

RELATED EXPRESSIONS

l'indossatore (*m.*)/l'indossatrice (*f.*)	*model*
fare l'indossatore/l'indossatrice	*to be a model*

regular *-are* verb;
trans. (aux. *avere*)

indovino · indovinai · indovinato

Presente · Present

indovino	indoviniamo
indovini	indovinate
indovina	indovinano

Imperfetto · Imperfect

indovinavo	indovinavamo
indovinavi	indovinavate
indovinava	indovinavano

Passato remoto · Preterit

indovinai	indovinammo
indovinasti	indovinaste
indovinò	indovinarono

Futuro semplice · Future

indovinerò	indovineremo
indovinerai	indovinerete
indovinerà	indovineranno

Condizionale presente · Present conditional

indovinerei	indovineremmo
indovineresti	indovinereste
indovinerebbe	indovinerebbero

Congiuntivo presente · Present subjunctive

indovini	indoviniamo
indovini	indoviniate
indovini	indovinino

Congiuntivo imperfetto · Imperfect subjunctive

indovinassi	indovinassimo
indovinassi	indovinaste
indovinasse	indovinassero

Passato prossimo · Present perfect

ho indovinato	abbiamo indovinato
hai indovinato	avete indovinato
ha indovinato	hanno indovinato

Trapassato prossimo · Past perfect

avevo indovinato	avevamo indovinato
avevi indovinato	avevate indovinato
aveva indovinato	avevano indovinato

Trapassato remoto · Preterit perfect

ebbi indovinato	avemmo indovinato
avesti indovinato	aveste indovinato
ebbe indovinato	ebbero indovinato

Futuro anteriore · Future perfect

avrò indovinato	avremo indovinato
avrai indovinato	avrete indovinato
avrà indovinato	avranno indovinato

Condizionale passato · Perfect conditional

avrei indovinato	avremmo indovinato
avresti indovinato	avreste indovinato
avrebbe indovinato	avrebbero indovinato

Congiuntivo passato · Perfect subjunctive

abbia indovinato	abbiamo indovinato
abbia indovinato	abbiate indovinato
abbia indovinato	abbiano indovinato

Congiuntivo trapassato · Past perfect subjunctive

avessi indovinato	avessimo indovinato
avessi indovinato	aveste indovinato
avesse indovinato	avessero indovinato

Imperativo · Commands

	(non) indoviniamo
indovina (non indovinare)	(non) indovinate
(non) indovini	(non) indovinino

Participio passato · Past participle	indovinato (-a/-i/-e)
Gerundio · Gerund	indovinando

Usage

Chi sa indovinare il futuro?	*Who can predict the future?*
Non abbiamo indovinato il nome della cantante.	*We didn't guess the name of the singer.*
Indovina un po' chi è venuto a trovarci?	*Want to guess who's come to see us?*
La nonna riusciva sempre a indovinare i miei gusti.	*My grandmother always could guess what I liked.*
Non capisco come abbia fatto, ma ha indovinato tutte le risposte.	*I don't understand how he did it, but he got all the answers right.*
Che cos'hai? Oggi non ne indovini una.	*What's the matter? You're not getting anything right today.*
L'hai proprio indovinata.	*You hit the nail on the head.*

RELATED WORDS

indovinato (-a)	*successful; inspired*
l'indovinello (*m.*)	*riddle*
l'indovino (*m.*)/l'indovina (*f.*)	*fortune-teller*

informare | *to inform, tell, report; form, shape*

informo · informai · informato

regular *-are* verb;
trans. (aux. *avere*)

Presente · Present

informo	informiamo
informi	informate
informa	informano

Imperfetto · Imperfect

informavo	informavamo
informavi	informavate
informava	informavano

Passato remoto · Preterit

informai	informammo
informasti	informaste
informò	informarono

Futuro semplice · Future

informerò	informeremo
informerai	informerete
informerà	informeranno

Condizionale presente · Present conditional

informerei	informeremmo
informeresti	informereste
informerebbe	informerebbero

Congiuntivo presente · Present subjunctive

informi	informiamo
informi	informiate
informi	informino

Congiuntivo imperfetto · Imperfect subjunctive

informassi	informassimo
informassi	informaste
informasse	informassero

Passato prossimo · Present perfect

ho informato	abbiamo informato
hai informato	avete informato
ha informato	hanno informato

Trapassato prossimo · Past perfect

avevo informato	avevamo informato
avevi informato	avevate informato
aveva informato	avevano informato

Trapassato remoto · Preterit perfect

ebbi informato	avemmo informato
avesti informato	aveste informato
ebbe informato	ebbero informato

Futuro anteriore · Future perfect

avrò informato	avremo informato
avrai informato	avrete informato
avrà informato	avranno informato

Condizionale passato · Perfect conditional

avrei informato	avremmo informato
avresti informato	avreste informato
avrebbe informato	avrebbero informato

Congiuntivo passato · Perfect subjunctive

abbia informato	abbiamo informato
abbia informato	abbiate informato
abbia informato	abbiano informato

Congiuntivo trapassato · Past perfect subjunctive

avessi informato	avessimo informato
avessi informato	aveste informato
avesse informato	avessero informato

Imperativo · Commands

	(non) informiamo
informa (non informare)	(non) informate
(non) informi	(non) informino

Participio passato · Past participle	informato (-a/-i/-e)
Gerundio · Gerund	informando

Usage

Vi informeremo di eventuali cambiamenti del programma al più presto possibile.	*We'll inform you of potential changes in the program as soon as possible.*
Informiamo la gentile clientela che il negozio chiuderà fra quindici minuti.	*Please be advised that the store will be closing in fifteen minutes.*
Ci informarono dell'incidente ieri sera.	*They told us about the accident last night.*
Il filosofo informò la propria vita ai principi della verità e della giustizia.	*The philosopher modeled his own life on the principles of truth and justice.*

informarsi *to make inquiries; find out; adapt oneself (to), fit in (with)*

Isabella, ti sei informata sull'orario dei treni?	*Isabella, did you ask about the train schedule?*
Mi sono informato subito sulla malattia dal mio amico che fa il medico.	*Right away I found out all I could about the disease from my friend who's a doctor.*
Si informarono alle nuove regole imposte dal direttore.	*They adapted to the new rules imposed by their boss.*

regular *-ire* verb (optional *-isc-* type); trans. (aux. *avere*)

inghiotto/inghiottisco · inghiottii · inghiottito

Presente · Present

inghiotto/inghiottisco	inghiottiamo
inghiotti/inghiottisci	inghiottite
inghiotte/inghiottisce	inghiottono/inghiottiscono

Imperfetto · Imperfect

inghiottivo	inghiottivamo
inghiottivi	inghiottivate
inghiottiva	inghiottivano

Passato remoto · Preterit

inghiottii	inghiottimmo
inghiottisti	inghiottiste
inghiottì	inghiottirono

Futuro semplice · Future

inghiottirò	inghiottiremo
inghiottirai	inghiottirete
inghiottirà	inghiottiranno

Condizionale presente · Present conditional

inghiottirei	inghiottiremmo
inghiottiresti	inghiottireste
inghiottirebbe	inghiottirebbero

Congiuntivo presente · Present subjunctive

inghiotta/inghiottisca	inghiottiamo
inghiotta/inghiottisca	inghiottiate
inghiotta/inghiottisca	inghiottano/inghiottiscano

Congiuntivo imperfetto · Imperfect subjunctive

inghiottissi	inghiottissimo
inghiottissi	inghiottiste
inghiottisse	inghiottissero

Passato prossimo · Present perfect

ho inghiottito	abbiamo inghiottito
hai inghiottito	avete inghiottito
ha inghiottito	hanno inghiottito

Trapassato prossimo · Past perfect

avevo inghiottito	avevamo inghiottito
avevi inghiottito	avevate inghiottito
aveva inghiottito	avevano inghiottito

Trapassato remoto · Preterit perfect

ebbi inghiottito	avemmo inghiottito
avesti inghiottito	aveste inghiottito
ebbe inghiottito	ebbero inghiottito

Futuro anteriore · Future perfect

avrò inghiottito	avremo inghiottito
avrai inghiottito	avrete inghiottito
avrà inghiottito	avranno inghiottito

Condizionale passato · Perfect conditional

avrei inghiottito	avremmo inghiottito
avresti inghiottito	avreste inghiottito
avrebbe inghiottito	avrebbero inghiottito

Congiuntivo passato · Perfect subjunctive

abbia inghiottito	abbiamo inghiottito
abbia inghiottito	abbiate inghiottito
abbia inghiottito	abbiano inghiottito

Congiuntivo trapassato · Past perfect subjunctive

avessi inghiottito	avessimo inghiottito
avessi inghiottito	aveste inghiottito
avesse inghiottito	avessero inghiottito

Imperativo · Commands

	(non) inghiottiamo
inghiotti/inghiottisci (non inghiottire)	(non) inghiottite
(non) inghiotta/inghiottisca	(non) inghiottano/inghiottiscano

Participio passato · Past participle   inghiottito (-a/-i/-e)

Gerundio · Gerund   inghiottendo

Usage

Non posso più inghiottire un altro boccone di pasta.	*I can't eat another bite of pasta.*
Il bambino non voleva inghiottire il cibo.	*The child didn't want to swallow his food.*
Penso che abbia inghiottito un sassolino.	*I think he swallowed a pebble.*
Furono presto inghiottiti dalla nebbia.	*The fog made them disappear quickly from sight.*
Le onde inghiottirono la nave in pochi minuti.	*The waves engulfed the ship within minutes.*
Sfortunatamente degli investimenti sbagliati avevano inghiottito tutti i soldi di Marco.	*Unfortunately all of Marco's money had disappeared in poor investments.*
Non è riuscita a inghiottire le lacrime.	*She couldn't hold back the tears.*
Inghiottiva sempre le sue offese.	*He always put up with her insults.*
Ha inghiottito un boccone amaro.	*He had to swallow a bitter pill.*

ingrassare
to gain weight; fatten (up); lubricate

ingrasso · ingrassai · ingrassato

regular -are verb;
intrans. (aux. *essere*)/trans. (aux. *avere*)

NOTE *Ingrassare* is conjugated here with *essere*; when used transitively, it is conjugated with *avere*.

Presente · Present

ingrasso	ingrassiamo
ingrassi	ingrassate
ingrassa	ingrassano

Imperfetto · Imperfect

ingrassavo	ingrassavamo
ingrassavi	ingrassavate
ingrassava	ingrassavano

Passato remoto · Preterit

ingrassai	ingrassammo
ingrassasti	ingrassaste
ingrassò	ingrassarono

Futuro semplice · Future

ingrasserò	ingrasseremo
ingrasserai	ingrasserete
ingrasserà	ingrasseranno

Condizionale presente · Present conditional

ingrasserei	ingrasseremmo
ingrasseresti	ingrassereste
ingrasserebbe	ingrasserebbero

Congiuntivo presente · Present subjunctive

ingrassi	ingrassiamo
ingrassi	ingrassiate
ingrassi	ingrassino

Congiuntivo imperfetto · Imperfect subjunctive

ingrassassi	ingrassassimo
ingrassassi	ingrassaste
ingrassasse	ingrassassero

Passato prossimo · Present perfect

sono ingrassato (-a)	siamo ingrassati (-e)
sei ingrassato (-a)	siete ingrassati (-e)
è ingrassato (-a)	sono ingrassati (-e)

Trapassato prossimo · Past perfect

ero ingrassato (-a)	eravamo ingrassati (-e)
eri ingrassato (-a)	eravate ingrassati (-e)
era ingrassato (-a)	erano ingrassati (-e)

Trapassato remoto · Preterit perfect

fui ingrassato (-a)	fummo ingrassati (-e)
fosti ingrassato (-a)	foste ingrassati (-e)
fu ingrassato (-a)	furono ingrassati (-e)

Futuro anteriore · Future perfect

sarò ingrassato (-a)	saremo ingrassati (-e)
sarai ingrassato (-a)	sarete ingrassati (-e)
sarà ingrassato (-a)	saranno ingrassati (-e)

Condizionale passato · Perfect conditional

sarei ingrassato (-a)	saremmo ingrassati (-e)
saresti ingrassato (-a)	sareste ingrassati (-e)
sarebbe ingrassato (-a)	sarebbero ingrassati (-e)

Congiuntivo passato · Perfect subjunctive

sia ingrassato (-a)	siamo ingrassati (-e)
sia ingrassato (-a)	siate ingrassati (-e)
sia ingrassato (-a)	siano ingrassati (-e)

Congiuntivo trapassato · Past perfect subjunctive

fossi ingrassato (-a)	fossimo ingrassati (-e)
fossi ingrassato (-a)	foste ingrassati (-e)
fosse ingrassato (-a)	fossero ingrassati (-e)

Imperativo · Commands

	(non) ingrassiamo
ingrassa (non ingrassare)	(non) ingrassate
(non) ingrassi	(non) ingrassino

Participio passato · Past participle	ingrassato (-a/-i/-e)
Gerundio · Gerund	ingrassando

Usage

Sono ingrassato di due chili recentemente.	*I've put on two kilos recently.*
Carmela cercava sempre di non ingrassare.	*Carmela was always careful not to put on weight.*
Gli allevatori ingrassano le oche al massimo possibile.	*The breeders fatten up the geese as much as possible.*
Tutti sanno che il cioccolato ingrassa.	*Everybody knows that chocolate is fattening.*
Bisognerebbe ingrassare gli ingranaggi della bicicletta più spesso.	*You should lube the gears of your bike more often.*
Il contadino ha ingrassato i campi stamattina.	*The farmer spread manure on his fields this morning.*

ingrassarsi *to put on weight, get fat; get rich, thrive*

— Di quanto ti sei ingrassata?	*"How much weight have you gained?"*
— Mi sono ingrassata di dieci libbra.	*"I've put on ten pounds."*
Si ingrassò alle spalle dei suoi amici.	*He got rich at the expense of his friends.*

regular *-are* verb, *i > –li*;
trans. (aux. *avere*); intrans. (aux. *essere*)

inizio · iniziai · iniziato

NOTE *Iniziare* is conjugated here with *avere*; when used intransitively, it is conjugated with *essere*.

Presente · Present		Passato prossimo · Present perfect	
inizio	iniziamo	ho iniziato	abbiamo iniziato
inizi	iniziate	hai iniziato	avete iniziato
inizia	iniziano	ha iniziato	hanno iniziato

Imperfetto · Imperfect		Trapassato prossimo · Past perfect	
iniziavo	iniziavamo	avevo iniziato	avevamo iniziato
iniziavi	iniziavate	avevi iniziato	avevate iniziato
iniziava	iniziavano	aveva iniziato	avevano iniziato

Passato remoto · Preterit		Trapassato remoto · Preterit perfect	
iniziai	iniziammo	ebbi iniziato	avemmo iniziato
iniziasti	iniziaste	avesti iniziato	aveste iniziato
iniziò	iniziarono	ebbe iniziato	ebbero iniziato

Futuro semplice · Future		Futuro anteriore · Future perfect	
inizierò	inizieremo	avrò iniziato	avremo iniziato
inizierai	inizierete	avrai iniziato	avrete iniziato
inizierà	inizieranno	avrà iniziato	avranno iniziato

Condizionale presente · Present conditional		Condizionale passato · Perfect conditional	
inizierei	inizieremmo	avrei iniziato	avremmo iniziato
inizieresti	iniziereste	avresti iniziato	avreste iniziato
inizierebbe	inizierebbero	avrebbe iniziato	avrebbero iniziato

Congiuntivo presente · Present subjunctive		Congiuntivo passato · Perfect subjunctive	
inizi	iniziamo	abbia iniziato	abbiamo iniziato
inizi	iniziate	abbia iniziato	abbiate iniziato
inizi	inizino	abbia iniziato	abbiano iniziato

Congiuntivo imperfetto · Imperfect subjunctive		Congiuntivo trapassato · Past perfect subjunctive	
iniziassi	iniziassimo	avessi iniziato	avessimo iniziato
iniziassi	iniziaste	avessi iniziato	aveste iniziato
iniziasse	iniziassero	avesse iniziato	avessero iniziato

Imperativo · Commands	
	(non) iniziamo
inizia (non iniziare)	(non) iniziate
(non) inizi	(non) inizino

Participio passato · Past participle   iniziato (-a/-i/-e)

Gerundio · Gerund   iniziando

Usage

Inizieremo il pranzo con un antipasto di salame e prosciutto.

Ho iniziato lo sci quando avevo otto anni.

— Quando inizia la vacanza?

— Inizia fra quattro giorni.

Quando iniziò a cantare, tutti tacquero.

Lo spettacolo è iniziato alle 21.30 precise.

Chi lo iniziò ai misteri della vita?

Il professore che mi aveva iniziato allo studio del russo è andato in pensione.

We'll start the meal with an appetizer of salami and smoked ham.

I started skiing when I was eight years old.

"When does vacation start?"

"It starts four days from now."

When she started to sing, everybody got quiet.

The show opened at 9:30 P.M. exactly.

Who initiated him in the mysteries of life?

The professor who introduced me to the study of Russian retired.

innamorare (with **fare**) *to enchant, charm; cause to fall in love*

innamoro · innamorai · innamorato

regular -are verb;
trans. (aux. *avere*)

Presente · Present

innamoro	innamoriamo
innamori	innamorate
innamora	innamorano

Imperfetto · Imperfect

innamoravo	innamoravamo
innamoravi	innamoravate
innamorava	innamoravano

Passato remoto · Preterit

innamorai	innamorammo
innamorasti	innamoraste
innamorò	innamorarono

Futuro semplice · Future

innamorerò	innamoreremo
innamorerai	innamorerete
innamorerà	innamoreranno

Condizionale presente · Present conditional

innamorerei	innamoreremmo
innamoreresti	innamorereste
innamorerebbe	innamorerebbero

Congiuntivo presente · Present subjunctive

innamori	innamoriamo
innamori	innamoriate
innamori	innamorino

Congiuntivo imperfetto · Imperfect subjunctive

innamorassi	innamorassimo
innamorassi	innamoraste
innamorasse	innamorassero

Passato prossimo · Present perfect

ho innamorato	abbiamo innamorato
hai innamorato	avete innamorato
ha innamorato	hanno innamorato

Trapassato prossimo · Past perfect

avevo innamorato	avevamo innamorato
avevi innamorato	avevate innamorato
aveva innamorato	avevano innamorato

Trapassato remoto · Preterit perfect

ebbi innamorato	avemmo innamorato
avesti innamorato	aveste innamorato
ebbe innamorato	ebbero innamorato

Futuro anteriore · Future perfect

avrò innamorato	avremo innamorato
avrai innamorato	avrete innamorato
avrà innamorato	avranno innamorato

Condizionale passato · Perfect conditional

avrei innamorato	avremmo innamorato
avresti innamorato	avreste innamorato
avrebbe innamorato	avrebbero innamorato

Congiuntivo passato · Perfect subjunctive

abbia innamorato	abbiamo innamorato
abbia innamorato	abbiate innamorato
abbia innamorato	abbiano innamorato

Congiuntivo trapassato · Past perfect subjunctive

avessi innamorato	avessimo innamorato
avessi innamorato	aveste innamorato
avesse innamorato	avessero innamorato

Imperativo · Commands

	(non) innamoriamo
innamora (non innamorare)	(non) innamorate
(non) innamori	(non) innamorino

Participio passato · Past participle	innamorato (-a/-i/-e)
Gerundio · Gerund	innamorando

Usage

La bambina faceva innamorare tutti. — *The little girl charmed everyone.*
La musica l'ha fatto innamorare. — *The music made him fall in love.*

innamorarsi *to fall in love (with); be enthusiastic (about)*

Renato si è innamorato di Angela a prima vista. — *Renato fell in love with Angela as soon as he laid eyes on her.*

Ci eravamo innamorati della casa la prima volta che l'avevamo visitata. — *We had fallen in love with the house the first time we saw it.*

Carlo e Marcella si innamorarono quando avevano sedici anni. — *Carlo and Marcella fell in love with each other when they were sixteen years old.*

regular -are verb;
trans. (aux. *avere*)

Presente · Present

inquino	inquiniamo
inquini	inquinate
inquina	inquinano

Imperfetto · Imperfect

inquinavo	inquinavamo
inquinavi	inquinavate
inquinava	inquinavano

Passato remoto · Preterit

inquinai	inquinammo
inquinasti	inquinaste
inquinò	inquinarono

Futuro semplice · Future

inquinerò	inquineremo
inquinerai	inquinerete
inquinerà	inquineranno

Condizionale presente · Present conditional

inquinerei	inquineremmo
inquineresti	inquinereste
inquinerebbe	inquinerebbero

Congiuntivo presente · Present subjunctive

inquini	inquiniamo
inquini	inquiniate
inquini	inquinino

Congiuntivo imperfetto · Imperfect subjunctive

inquinassi	inquinassimo
inquinassi	inquinaste
inquinasse	inquinassero

Imperativo · Commands

	(non) inquiniamo
inquina (non inquinare)	(non) inquinate
(non) inquini	(non) inquinino

Passato prossimo · Present perfect

ho inquinato	abbiamo inquinato
hai inquinato	avete inquinato
ha inquinato	hanno inquinato

Trapassato prossimo · Past perfect

avevo inquinato	avevamo inquinato
avevi inquinato	avevate inquinato
aveva inquinato	avevano inquinato

Trapassato remoto · Preterit perfect

ebbi inquinato	avemmo inquinato
avesti inquinato	aveste inquinato
ebbe inquinato	ebbero inquinato

Futuro anteriore · Future perfect

avrò inquinato	avremo inquinato
avrai inquinato	avrete inquinato
avrà inquinato	avranno inquinato

Condizionale passato · Perfect conditional

avrei inquinato	avremmo inquinato
avresti inquinato	avreste inquinato
avrebbe inquinato	avrebbero inquinato

Congiuntivo passato · Perfect subjunctive

abbia inquinato	abbiamo inquinato
abbia inquinato	abbiate inquinato
abbia inquinato	abbiano inquinato

Congiuntivo trapassato · Past perfect subjunctive

avessi inquinato	avessimo inquinato
avessi inquinato	aveste inquinato
avesse inquinato	avessero inquinato

Participio passato · Past participle   inquinato (-a/-i/-e)

Gerundio · Gerund   inquinando

Usage

I pesticidi inquinano il terreno e le acque delle regioni
  agricole.

Il principio "chi inquina paga" dovrebbe essere valido
  in tutto il mondo.

L'industria chimica ha inquinato la regione per decenni.

I maiali morti inquinarono l'acqua dei fiumi.

Gli hanno inquinato l'animo con il loro cattivo esempio.

La nostra lingua è stata inquinata da tante parole
  straniere.

*Pesticides contaminate the soil and water
  of agricultural regions.*

*The principle of "the polluter pays" should apply
  worldwide.*

*The chemical industry polluted the region for
  decades.*

The dead pigs polluted the water in the rivers.

They corrupted his mind with their bad example.

*Our language has been contaminated by many
  foreign words.*

RELATED EXPRESSIONS

l'inquinamento (*m.*)

l'inquinamento delle prove

pollution

tampering with evidence

insegnare   *teach; show, point out*

insegno · insegnai · insegnato

regular *-are* verb;
trans. (aux. *avere*)

Presente · Present

insegno	insegniamo/insegnamo
insegni	insegnate
insegna	insegnano

Imperfetto · Imperfect

insegnavo	insegnavamo
insegnavi	insegnavate
insegnava	insegnavano

Passato remoto · Preterit

insegnai	insegnammo
insegnasti	insegnaste
insegnò	insegnarono

Futuro semplice · Future

insegnerò	insegneremo
insegnerai	insegnerete
insegnerà	insegneranno

Condizionale presente · Present conditional

insegnerei	insegneremmo
insegneresti	insegnereste
insegnerebbe	insegnerebbero

Congiuntivo presente · Present subjunctive

insegni	insegniamo/insegnamo
insegni	insegniate/insegnate
insegni	insegnino

Congiuntivo imperfetto · Imperfect subjunctive

insegnassi	insegnassimo
insegnassi	insegnaste
insegnasse	insegnassero

Imperativo · Commands

	(non) insegniamo
insegna (non insegnare)	(non) insegnate
(non) insegni	(non) insegnino

Passato prossimo · Present perfect

ho insegnato	abbiamo insegnato
hai insegnato	avete insegnato
ha insegnato	hanno insegnato

Trapassato prossimo · Past perfect

avevo insegnato	avevamo insegnato
avevi insegnato	avevate insegnato
aveva insegnato	avevano insegnato

Trapassato remoto · Preterit perfect

ebbi insegnato	avemmo insegnato
avesti insegnato	aveste insegnato
ebbe insegnato	ebbero insegnato

Futuro anteriore · Future perfect

avrò insegnato	avremo insegnato
avrai insegnato	avrete insegnato
avrà insegnato	avranno insegnato

Condizionale passato · Perfect conditional

avrei insegnato	avremmo insegnato
avresti insegnato	avreste insegnato
avrebbe insegnato	avrebbero insegnato

Congiuntivo passato · Perfect subjunctive

abbia insegnato	abbiamo insegnato
abbia insegnato	abbiate insegnato
abbia insegnato	abbiano insegnato

Congiuntivo trapassato · Past perfect subjunctive

avessi insegnato	avessimo insegnato
avessi insegnato	aveste insegnato
avesse insegnato	avessero insegnato

Participio passato · Past participle	insegnato (-a/-i/-e)
Gerundio · Gerund	insegnando

Usage

— Che lavoro fai?	*"What (work) do you do?"*
— Insegno l'inglese al liceo.	*"I teach high-school English."*
Mia madre mi ha insegnato a leggere.	*My mother taught me to read.*
Chi ti ha insegnato il mestiere?	*Who taught you the trade?*
Vorrei che qualcuno m'insegnasse a cucinare bene.	*I would like someone to teach me how to cook well.*
Suo zio ha insegnato alle elementari per trenta anni.	*His uncle was an elementary teacher for thirty years.*
L'esperienza insegna che la quantità non corrisponde sempre alla qualità.	*Experience shows us that quantity doesn't always mean quality.*
Che stupida idea! Sarebbe come insegnare agli uccelli a volare.	*What a stupid idea! It would be like teaching birds how to fly.*

RELATED WORDS

l'insegnante (*m./f.*)	*teacher*
l'insegnamento (*m.*)	*teaching, education*

regular -ire verb;
trans. (aux. avere)

Presente · Present

inseguo	inseguiamo
insegui	inseguite
insegue	inseguono

Imperfetto · Imperfect

inseguivo	inseguivamo
inseguivi	inseguivate
inseguiva	inseguivano

Passato remoto · Preterit

inseguii	inseguimmo
inseguisti	inseguiste
inseguì	inseguirono

Futuro semplice · Future

inseguirò	inseguiremo
inseguirai	inseguirete
inseguirà	inseguiranno

Condizionale presente · Present conditional

inseguirei	inseguiremmo
inseguiresti	inseguireste
inseguirebbe	inseguirebbero

Congiuntivo presente · Present subjunctive

insegua	inseguiamo
insegua	inseguiate
insegua	inseguano

Congiuntivo imperfetto · Imperfect subjunctive

inseguissi	inseguissimo
inseguissi	inseguiste
inseguisse	inseguissero

Imperativo · Commands

	(non) inseguiamo
insegui (non inseguire)	(non) inseguite
(non) insegua	(non) inseguano

Passato prossimo · Present perfect

ho inseguito	abbiamo inseguito
hai inseguito	avete inseguito
ha inseguito	hanno inseguito

Trapassato prossimo · Past perfect

avevo inseguito	avevamo inseguito
avevi inseguito	avevate inseguito
aveva inseguito	avevano inseguito

Trapassato remoto · Preterit perfect

ebbi inseguito	avemmo inseguito
avesti inseguito	aveste inseguito
ebbe inseguito	ebbero inseguito

Futuro anteriore · Future perfect

avrò inseguito	avremo inseguito
avrai inseguito	avrete inseguito
avrà inseguito	avranno inseguito

Condizionale passato · Perfect conditional

avrei inseguito	avremmo inseguito
avresti inseguito	avreste inseguito
avrebbe inseguito	avrebbero inseguito

Congiuntivo passato · Perfect subjunctive

abbia inseguito	abbiamo inseguito
abbia inseguito	abbiate inseguito
abbia inseguito	abbiano inseguito

Congiuntivo trapassato · Past perfect subjunctive

avessi inseguito	avessimo inseguito
avessi inseguito	aveste inseguito
avesse inseguito	avessero inseguito

Participio passato · Past participle   inseguito (-a/-i/-e)

Gerundio · Gerund   inseguendo

Usage

Il poliziotto inseguì il ladro a piedi.
Le sue parole mi inseguivano dappertutto.
Il pianto del bambino ha inseguito la mamma
   mentre se ne andava dalla scuola.
Un gruppo di sette ciclisti inseguivano il leader.
Nella classifica la Juve insegue a due punti
   la capolista.
Il sogno che ha inseguito per tutta la vita si
   è finalmente avverato.
L'uomo era inseguito dal ricordo dell'esplosione.

The policeman chased the thief on foot.
His words were following me everywhere.
The baby's crying followed his mother as she left
   the school.
A group of seven cyclists were pursuing the leader.
In the standings, Juve is trailing the leader
   by two points.
The dream he pursued all his life has finally
   come true.
The man was haunted by the memory of the
   explosion.

insistere · *to insist (on); urge; persist (in); dwell (on)*

insisto · insistei/insistetti · insistito

irregular -*ere* verb;
intrans. (aux. *avere*)

Presente · Present	
insisto	insistiamo
insisti	insistete
insiste	insistono

Passato prossimo · Present perfect	
ho insistito	abbiamo insistito
hai insistito	avete insistito
ha insistito	hanno insistito

Imperfetto · Imperfect	
insistevo	insistevamo
insistevi	insistevate
insisteva	insistevano

Trapassato prossimo · Past perfect	
avevo insistito	avevamo insistito
avevi insistito	avevate insistito
aveva insistito	avevano insistito

Passato remoto · Preterit	
insistei/insistetti	insistemmo
insistesti	insisteste
insisté/insistette	insisterono/insistettero

Trapassato remoto · Preterit perfect	
ebbi insistito	avemmo insistito
avesti insistito	aveste insistito
ebbe insistito	ebbero insistito

Futuro semplice · Future	
insisterò	insisteremo
insisterai	insisterete
insisterà	insisteranno

Futuro anteriore · Future perfect	
avrò insistito	avremo insistito
avrai insistito	avrete insistito
avrà insistito	avranno insistito

Condizionale presente · Present conditional	
insisterei	insisteremmo
insisteresti	insistereste
insisterebbe	insisterebbero

Condizionale passato · Perfect conditional	
avrei insistito	avremmo insistito
avresti insistito	avreste insistito
avrebbe insistito	avrebbero insistito

Congiuntivo presente · Present subjunctive	
insista	insistiamo
insista	insistiate
insista	insistano

Congiuntivo passato · Perfect subjunctive	
abbia insistito	abbiamo insistito
abbia insistito	abbiate insistito
abbia insistito	abbiano insistito

Congiuntivo imperfetto · Imperfect subjunctive	
insistessi	insistessimo
insistessi	insisteste
insistesse	insistessero

Congiuntivo trapassato · Past perfect subjunctive	
avessi insistito	avessimo insistito
avessi insistito	aveste insistito
avesse insistito	avessero insistito

Imperativo · Commands	
	(non) insistiamo
insisti (non insistere)	(non) insistete
(non) insista	(non) insistano

Participio passato · Past participle	insistito (-a/-i/-e)
Gerundio · Gerund	insistendo

Usage

Nel suo discorso ha insistito sulle possibilità e sui problemi.

In his speech he emphasized the opportunities and the problems.

Insisto a dire che non siete obbligati a fare la stessa cosa.

I have to say that you're not obliged to do the same thing.

Non insistere. Ho deciso e non cambierò idea.

Don't keep insisting. I've made my decision, and I won't change my mind.

Insisté affinché io prendessi in considerazione la situazione.

She urged me to take the situation into consideration.

Se io fossi in te, non rinuncerei, ma insisterei nella mia richiesta.

If I were you, I wouldn't give up; I'd stick to my request.

I lavoratori hanno insistito a fare lo stesso lavoro di prima.

The workers kept on doing the same work as before.

Penso che non sia utile insistere su quei problemi.

I don't think it would be useful to dwell on those problems.

irregular *-ere* verb;
intrans. (aux. *essere*)

Presente · Present

insorgo	insorgiamo
insorgi	insorgete
insorge	insorgono

Imperfetto · Imperfect

insorgevo	insorgevamo
insorgevi	insorgevate
insorgeva	insorgevano

Passato remoto · Preterit

insorsi	insorgemmo
insorgesti	insorgeste
insorse	insorsero

Futuro semplice · Future

insorgerò	insorgeremo
insorgerai	insorgerete
insorgerà	insorgeranno

Condizionale presente · Present conditional

insorgerei	insorgeremmo
insorgeresti	insorgereste
insorgerebbe	insorgerebbero

Congiuntivo presente · Present subjunctive

insorga	insorgiamo
insorga	insorgiate
insorga	insorgano

Congiuntivo imperfetto · Imperfect subjunctive

insorgessi	insorgessimo
insorgessi	insorgeste
insorgesse	insorgessero

Passato prossimo · Present perfect

sono insorto (-a)	siamo insorti (-e)
sei insorto (-a)	siete insorti (-e)
è insorto (-a)	sono insorti (-e)

Trapassato prossimo · Past perfect

ero insorto (-a)	eravamo insorti (-e)
eri insorto (-a)	eravate insorti (-e)
era insorto (-a)	erano insorti (-e)

Trapassato remoto · Preterit perfect

fui insorto (-a)	fummo insorti (-e)
fosti insorto (-a)	foste insorti (-e)
fu insorto (-a)	furono insorti (-e)

Futuro anteriore · Future perfect

sarò insorto (-a)	saremo insorti (-e)
sarai insorto (-a)	sarete insorti (-e)
sarà insorto (-a)	saranno insorti (-e)

Condizionale passato · Perfect conditional

sarei insorto (-a)	saremmo insorti (-e)
saresti insorto (-a)	sareste insorti (-e)
sarebbe insorto (-a)	sarebbero insorti (-e)

Congiuntivo passato · Perfect subjunctive

sia insorto (-a)	siamo insorti (-e)
sia insorto (-a)	siate insorti (-e)
sia insorto (-a)	siano insorti (-e)

Congiuntivo trapassato · Past perfect subjunctive

fossi insorto (-a)	fossimo insorti (-e)
fossi insorto (-a)	foste insorti (-e)
fosse insorto (-a)	fossero insorti (-e)

Imperativo · Commands

	(non) insorgiamo
insorgi (non insorgere)	(non) insorgete
(non) insorga	(non) insorgano

Participio passato · Past participle	insorto (-a/-i/-e)
Gerundio · Gerund	insorgendo

Usage

Tutto il popolo insorse contro l'invasore.	*All the people rose up against the invader.*
È probabile che insorgeranno contro la tirannia del vecchio regime.	*They will probably rebel against the tyranny of the old regime.*
Solo l'esercito è insorto a combattere la dittatura.	*Only the army rose up to fight against the dictatorship.*
Molti dei suoi amici sono insorti contro l'ingiustizia del suo arresto.	*Many of his friends demonstrated against the injustice of his arrest.*
Gli studenti insorsero contro la riforma dell'insegnamento universitario.	*The students protested against university education reform.*
Nel caso insorgessero dei problemi inaspettati, ti chiamerò subito.	*Should any unexpected problems arise, I will call you immediately.*
L'epidemia dell'AIDS insorse venti anni fa.	*The AIDS epidemic broke out twenty years ago.*

RELATED WORD

l'insorgenza (*f.*)	*onset* (of a disease)

integrare *to complete; supplement; integrate*

integro · integrai · integrato

regular -are verb;
trans. (aux. *avere*)

Presente · Present

integro	integriamo
integri	integrate
integra	integrano

Imperfetto · Imperfect

integravo	integravamo
integravi	integravate
integrava	integravano

Passato remoto · Preterit

integrai	integrammo
integrasti	integraste
integrò	integrarono

Futuro semplice · Future

integrerò	integreremo
integrerai	integrerete
integrerà	integreranno

Condizionale presente · Present conditional

integrerei	integreremmo
integreresti	integrereste
integrerebbe	integrerebbero

Congiuntivo presente · Present subjunctive

integri	integriamo
integri	integriate
integri	integrino

Congiuntivo imperfetto · Imperfect subjunctive

integrassi	integrassimo
integrassi	integraste
integrasse	integrassero

Passato prossimo · Present perfect

ho integrato	abbiamo integrato
hai integrato	avete integrato
ha integrato	hanno integrato

Trapassato prossimo · Past perfect

avevo integrato	avevamo integrato
avevi integrato	avevate integrato
aveva integrato	avevano integrato

Trapassato remoto · Preterit perfect

ebbi integrato	avemmo integrato
avesti integrato	aveste integrato
ebbe integrato	ebbero integrato

Futuro anteriore · Future perfect

avrò integrato	avremo integrato
avrai integrato	avrete integrato
avrà integrato	avranno integrato

Condizionale passato · Perfect conditional

avrei integrato	avremmo integrato
avresti integrato	avreste integrato
avrebbe integrato	avrebbero integrato

Congiuntivo passato · Perfect subjunctive

abbia integrato	abbiamo integrato
abbia integrato	abbiate integrato
abbia integrato	abbiano integrato

Congiuntivo trapassato · Past perfect subjunctive

avessi integrato	avessimo integrato
avessi integrato	aveste integrato
avesse integrato	avessero integrato

Imperativo · Commands

	(non) integriamo
integra (non integrare)	(non) integrate
(non) integri	(non) integrino

Participio passato · Past participle	integrato (-a/-i/-e)
Gerundio · Gerund	integrando

Usage

Si è finalmente integrato l'organico dell'azienda.

Sarebbe auspicabile integrare la tua alimentazione con vitamine.
Molti professori sono costretti a integrare lo stipendio con delle lezioni private.
Tutti gli studenti hanno aiutato a integrare il nuovo ragazzo nella classe.

The company's staff has finally been brought to full strength.
It would be desirable to supplement your food intake with vitamins.
Many teachers are forced to supplement their salaries with private lessons.
All the students helped to integrate the new boy into the class.

integrarsi *to become integrated/assimilated*

Ci vuole molto tempo per integrarsi bene in un nuovo paese.
Sono amici perché si integrano bene a vicenda.

It takes a long time to become assimilated in a new country.
They're friends because they complement each other.

irregular -ere verb;
trans. (aux. *avere*)

Presente · Present

intendo	intendiamo
intendi	intendete
intende	intendono

Imperfetto · Imperfect

intendevo	intendevamo
intendevi	intendevate
intendeva	intendevano

Passato remoto · Preterit

intesi	intendemmo
intendesti	intendeste
intese	intesero

Futuro semplice · Future

intenderò	intenderemo
intenderai	intenderete
intenderà	intenderanno

Condizionale presente · Present conditional

intenderei	intenderemmo
intenderesti	intendereste
intenderebbe	intenderebbero

Congiuntivo presente · Present subjunctive

intenda	intendiamo
intenda	intendiate
intenda	intendano

Congiuntivo imperfetto · Imperfect subjunctive

intendessi	intendessimo
intendessi	intendeste
intendesse	intendessero

Imperativo · Commands

	(non) intendiamo
intendi (non intendere)	(non) intendete
(non) intenda	(non) intendano

Passato prossimo · Present perfect

ho inteso	abbiamo inteso
hai inteso	avete inteso
ha inteso	hanno inteso

Trapassato prossimo · Past perfect

avevo inteso	avevamo inteso
avevi inteso	avevate inteso
aveva inteso	avevano inteso

Trapassato remoto · Preterit perfect

ebbi inteso	avemmo inteso
avesti inteso	aveste inteso
ebbe inteso	ebbero inteso

Futuro anteriore · Future perfect

avrò inteso	avremo inteso
avrai inteso	avrete inteso
avrà inteso	avranno inteso

Condizionale passato · Perfect conditional

avrei inteso	avremmo inteso
avresti inteso	avreste inteso
avrebbe inteso	avrebbero inteso

Congiuntivo passato · Perfect subjunctive

abbia inteso	abbiamo inteso
abbia inteso	abbiate inteso
abbia inteso	abbiano inteso

Congiuntivo trapassato · Past perfect subjunctive

avessi inteso	avessimo inteso
avessi inteso	aveste inteso
avesse inteso	avessero inteso

Participio passato · Past participle   inteso (-a/-i/-e)

Gerundio · Gerund   intendendo

Usage

Come intende andarci?	*How do you intend to get there?*
Che cosa s'intende per "verità"?	*What is meant by "truth"?*
Cosa intendevi fare?	*What were you planning to do?*
Ho inteso che non vi interessa collaborare con noi.	*I figure that you're not interested in working with us.*
Non penso che abbia inteso cosa volevo dire.	*I don't think he understood what I wanted to say.*
Intesero un suono nel corridoio.	*They heard a noise in the hall.*
Ma perché non vuoi intendere i miei consigli?	*But why don't you want to take my advice?*
Tutti saranno presenti, s'intende.	*Everybody will be there, of course.*

intendersi *to agree (on); get along (with); be an expert (on), know a lot (about)*

Si sono intesi sul prezzo quasi subito.	*They agreed on a price almost immediately.*
Le due sorelle s'intendevano benissimo.	*The two sisters got along great.*
Luigi si intendeva molto di pallacanestro.	*Luigi knew a lot about basketball.*

interpretare
to interpret; explain; perform/act (in)

interpreto · interpretai · interpretato

regular -are verb;
trans. (aux. *avere*)

Presente · Present

interpreto	interpretiamo
interpreti	interpretate
interpreta	interpretano

Imperfetto · Imperfect

interpretavo	interpretavamo
interpretavi	interpretavate
interpretava	interpretavano

Passato remoto · Preterit

interpretai	interpretammo
interpretasti	interpretaste
interpretò	interpretarono

Futuro semplice · Future

interpreterò	interpreteremo
interpreterai	interpreterete
interpreterà	interpreteranno

Condizionale presente · Present conditional

interpreterei	interpreteremmo
interpreteresti	interpretereste
interpreterebbe	interpreterebbero

Congiuntivo presente · Present subjunctive

interpreti	interpretiamo
interpreti	interpretiate
interpreti	interpretino

Congiuntivo imperfetto · Imperfect subjunctive

interpretassi	interpretassimo
interpretassi	interpretaste
interpretasse	interpretassero

Passato prossimo · Present perfect

ho interpretato	abbiamo interpretato
hai interpretato	avete interpretato
ha interpretato	hanno interpretato

Trapassato prossimo · Past perfect

avevo interpretato	avevamo interpretato
avevi interpretato	avevate interpretato
aveva interpretato	avevano interpretato

Trapassato remoto · Preterit perfect

ebbi interpretato	avemmo interpretato
avesti interpretato	aveste interpretato
ebbe interpretato	ebbero interpretato

Futuro anteriore · Future perfect

avrò interpretato	avremo interpretato
avrai interpretato	avrete interpretato
avrà interpretato	avranno interpretato

Condizionale passato · Perfect conditional

avrei interpretato	avremmo interpretato
avresti interpretato	avreste interpretato
avrebbe interpretato	avrebbero interpretato

Congiuntivo passato · Perfect subjunctive

abbia interpretato	abbiamo interpretato
abbia interpretato	abbiate interpretato
abbia interpretato	abbiano interpretato

Congiuntivo trapassato · Past perfect subjunctive

avessi interpretato	avessimo interpretato
avessi interpretato	aveste interpretato
avesse interpretato	avessero interpretato

Imperativo · Commands

	(non) interpretiamo
interpreta (non interpretare)	(non) interpretate
(non) interpreti	(non) interpretino

Participio passato · Past participle interpretato (-a/-i/-e)
Gerundio · Gerund interpretando

Usage

Quell'affermazione è difficile da interpretare.
Chi mi interpreterà questo quadro di un pittore surrealista?
La legge deve essere interpretata letteralmente.
Il sogno è stato interpretato come un segno di speranza.
Non riesco a interpretare lo strano comportamento di Rosa.
Forse ho interpretato male il suo messaggio, ma non credo.
Non hanno potuto interpretare il messaggio cifrato.
Secondo me avrebbe interpretato bene una canzone classica.
Il mio attore favorito ha interpretato il ruolo del pirata.

That statement is difficult to interpret.
Who can explain to me this painting by a surrealist painter?
The law must be interpreted literally.
The dream was interpreted as a sign of hope.
I'm at a loss to explain Rosa's strange behavior.

Maybe I misunderstood his message, but I don't think so.
They couldn't decipher the coded message.
As I see it, she would have performed a classical song well.
My favorite actor played (the role of) the pirate.

regular -are verb, g > gh/e, i;
trans. (aux. *avere*)

Presente · Present

interrogo	interroghiamo
interroghi	interrogate
interroga	interrogano

Imperfetto · Imperfect

interrogavo	interrogavamo
interrogavi	interrogavate
interrogava	interrogavano

Passato remoto · Preterit

interrogai	interrogammo
interrogasti	interrogaste
interrogò	interrogarono

Futuro semplice · Future

interrogherò	interrogheremo
interrogherai	interrogherete
interrogherà	interrogheranno

Condizionale presente · Present conditional

interrogherei	interrogheremmo
interrogheresti	interroghereste
interrogherebbe	interrogherebbero

Congiuntivo presente · Present subjunctive

interroghi	interroghiamo
interroghi	interroghiate
interroghi	interroghino

Congiuntivo imperfetto · Imperfect subjunctive

interrogassi	interrogassimo
interrogassi	interrogaste
interrogasse	interrogassero

Passato prossimo · Present perfect

ho interrogato	abbiamo interrogato
hai interrogato	avete interrogato
ha interrogato	hanno interrogato

Trapassato prossimo · Past perfect

avevo interrogato	avevamo interrogato
avevi interrogato	avevate interrogato
aveva interrogato	avevano interrogato

Trapassato remoto · Preterit perfect

ebbi interrogato	avemmo interrogato
avesti interrogato	aveste interrogato
ebbe interrogato	ebbero interrogato

Futuro anteriore · Future perfect

avrò interrogato	avremo interrogato
avrai interrogato	avrete interrogato
avrà interrogato	avranno interrogato

Condizionale passato · Perfect conditional

avrei interrogato	avremmo interrogato
avresti interrogato	avreste interrogato
avrebbe interrogato	avrebbero interrogato

Congiuntivo passato · Perfect subjunctive

abbia interrogato	abbiamo interrogato
abbia interrogato	abbiate interrogato
abbia interrogato	abbiano interrogato

Congiuntivo trapassato · Past perfect subjunctive

avessi interrogato	avessimo interrogato
avessi interrogato	aveste interrogato
avesse interrogato	avessero interrogato

Imperativo · Commands

	(non) interroghiamo
interroga (non interrogare)	(non) interrogate
(non) interroghi	(non) interroghino

Participio passato · Past participle — interrogato (-a/-i/-e)

Gerundio · Gerund — interrogando

Usage

Mi hanno interrogato sugli avvenimenti dell'altro ieri.	*They questioned me about the events of the day before yesterday.*
I deputati interrogheranno il Presidente del Consiglio domani.	*The representatives will question the prime minister tomorrow.*
Il testimone oculare fu interrogato sullo svolgimento dei fatti.	*The eyewitness was interrogated about the chain of events.*
Interrogai la mia coscienza per accertarmi di aver agito in modo corretto.	*I examined my conscience to determine if I had acted properly.*
Il professore di matematica ci ha interrogato sulla lezione precedente.	*The math professor tested us on the previous lesson.*
I sacerdoti interrogarono l'oracolo di Delfi.	*The priests consulted the oracle at Delphi.*
L'astrologo interrogò gli astri sul mio futuro.	*The astrologer consulted the stars about my future.*

interrompere   *to interrupt; break off, terminate; disconnect*

interrompo · interruppi · interrotto

irregular *-ere* verb;
trans. (aux. *avere*)

Presente · Present

interrompo	interrompiamo
interrompi	interrompete
interrompe	interrompono

Imperfetto · Imperfect

interrompevo	interrompevamo
interrompevi	interrompevate
interrompeva	interrompevano

Passato remoto · Preterit

interruppi	interrompemmo
interrompesti	interrompeste
interruppe	interruppero

Futuro semplice · Future

interromperò	interromperemo
interromperai	interromperete
interromperà	interromperanno

Condizionale presente · Present conditional

interromperei	interromperemmo
interromperesti	interrompereste
interromperebbe	interromperebbero

Congiuntivo presente · Present subjunctive

interrompa	interrompiamo
interrompa	interrompiate
interrompa	interrompano

Congiuntivo imperfetto · Imperfect subjunctive

interrompessi	interrompessimo
interrompessi	interrompeste
interrompesse	interrompessero

Passato prossimo · Present perfect

ho interrotto	abbiamo interrotto
hai interrotto	avete interrotto
ha interrotto	hanno interrotto

Trapassato prossimo · Past perfect

avevo interrotto	avevamo interrotto
avevi interrotto	avevate interrotto
aveva interrotto	avevano interrotto

Trapassato remoto · Preterit perfect

ebbi interrotto	avemmo interrotto
avesti interrotto	aveste interrotto
ebbe interrotto	ebbero interrotto

Futuro anteriore · Future perfect

avrò interrotto	avremo interrotto
avrai interrotto	avrete interrotto
avrà interrotto	avranno interrotto

Condizionale passato · Perfect conditional

avrei interrotto	avremmo interrotto
avresti interrotto	avreste interrotto
avrebbe interrotto	avrebbero interrotto

Congiuntivo passato · Perfect subjunctive

abbia interrotto	abbiamo interrotto
abbia interrotto	abbiate interrotto
abbia interrotto	abbiano interrotto

Congiuntivo trapassato · Past perfect subjunctive

avessi interrotto	avessimo interrotto
avessi interrotto	aveste interrotto
avesse interrotto	avessero interrotto

Imperativo · Commands

	(non) interrompiamo
interrompi (non interrompere)	(non) interrompete
(non) interrompa	(non) interrompano

Participio passato · Past participle   interrotto (-a/-i/-e)

Gerundio · Gerund   interrompendo

Usage

Il servizio telefonico è stato interrotto per due ore.	*Telephone service was interrupted for two hours.*
Il delegato cinese aveva interrotto le trattative per consultare il suo governo.	*The Chinese delegate had interrupted the negotiations in order to consult his government.*
Non interrompermi, per favore. Sto parlando.	*Don't interrupt me, please. I'm talking.*
Non sapevano più cosa fare per interrompere la monotonia del viaggio.	*They didn't know what else to do to break up the monotony of the trip.*
Perché ha interrotto gli studi adesso?	*Why did he break off his studies now?*
Non mi ha mai detto perché aveva interrotto la gravidanza.	*She never told me why she had terminated the pregnancy.*
Hanno paura che l'elettricità verrà interrotta.	*They're afraid the electricity will be disconnected.*

interrompersi   *to stop; be cut off/broken/disconnected*

La strada si interrompeva dopo alcuni chilometri.	*The street dead-ended after a few kilometers.*
Pronto, pronto?... La linea si è interrotta.	*Hello, hello? . . . The line went dead.*

regular *-are* verb;
trans. (aux. *avere*)

Presente · Present

intervisto	intervistiamo
intervisti	intervistate
intervista	intervistano

Imperfetto · Imperfect

intervistavo	intervistavamo
intervistavi	intervistavate
intervistava	intervistavano

Passato remoto · Preterit

intervistai	intervistammo
intervistasti	intervistaste
intervistò	intervistarono

Futuro semplice · Future

intervisterò	intervisteremo
intervisterai	intervisterete
intervisterà	intervisteranno

Condizionale presente · Present conditional

intervisterei	intervisteremmo
intervisteresti	intervistereste
intervisterebbe	intervisterebbero

Congiuntivo presente · Present subjunctive

intervisti	intervistiamo
intervisti	intervistiate
intervisti	intervistino

Congiuntivo imperfetto · Imperfect subjunctive

intervistassi	intervistassimo
intervistassi	intervistaste
intervistasse	intervistassero

Passato prossimo · Present perfect

ho intervistato	abbiamo intervistato
hai intervistato	avete intervistato
ha intervistato	hanno intervistato

Trapassato prossimo · Past perfect

avevo intervistato	avevamo intervistato
avevi intervistato	avevate intervistato
aveva intervistato	avevano intervistato

Trapassato remoto · Preterit perfect

ebbi intervistato	avemmo intervistato
avesti intervistato	aveste intervistato
ebbe intervistato	ebbero intervistato

Futuro anteriore · Future perfect

avrò intervistato	avremo intervistato
avrai intervistato	avrete intervistato
avrà intervistato	avranno intervistato

Condizionale passato · Perfect conditional

avrei intervistato	avremmo intervistato
avresti intervistato	avreste intervistato
avrebbe intervistato	avrebbero intervistato

Congiuntivo passato · Perfect subjunctive

abbia intervistato	abbiamo intervistato
abbia intervistato	abbiate intervistato
abbia intervistato	abbiano intervistato

Congiuntivo trapassato · Past perfect subjunctive

avessi intervistato	avessimo intervistato
avessi intervistato	aveste intervistato
avesse intervistato	avessero intervistato

Imperativo · Commands

	(non) intervistiamo
intervista (non intervistare)	(non) intervistate
(non) intervisti	(non) intervistino

Participio passato · Past participle	intervistato (-a/-i/-e)
Gerundio · Gerund	intervistando

Usage

Hanno intervistato alcuni passanti scelti a caso.	*They interviewed a few passersby chosen at random.*
Sono stati intervistati 2.000 italiani sulle loro abitudini quotidiane.	*Two thousand Italians were interviewed about their daily routines.*
Il giornalista voleva intervistare il ministro degli affari esteri.	*The journalist wanted to interview the minister of foreign affairs.*
Sono contento che abbiano intervistato anche due preti.	*I'm glad they also interviewed two priests.*
— Intervisteranno anche te?	*"Will they interview you as well?"*
— Sì, mi intervisteranno più tardi.	*"Yes, they're interviewing me later."*

RELATED WORDS

l'intervistatore (*m.*)/l'intervistatrice (*f.*)	*interviewer*
l'intervistato (*m.*)/l'intervistata (*f.*)	*interviewee*

Presente · Present

intrattengo	intratteniamo
intrattieni	intrattenete
intrattiene	intrattengono

Passato prossimo · Present perfect

ho intrattenuto	abbiamo intrattenuto
hai intrattenuto	avete intrattenuto
ha intrattenuto	hanno intrattenuto

Imperfetto · Imperfect

intrattenevo	intrattenevamo
intrattenevi	intrattenevate
intratteneva	intrattenevano

Trapassato prossimo · Past perfect

avevo intrattenuto	avevamo intrattenuto
avevi intrattenuto	avevate intrattenuto
aveva intrattenuto	avevano intrattenuto

Passato remoto · Preterit

intrattenni	intrattenemmo
intrattenesti	intratteneste
intrattenne	intrattennero

Trapassato remoto · Preterit perfect

ebbi intrattenuto	avemmo intrattenuto
avesti intrattenuto	aveste intrattenuto
ebbe intrattenuto	ebbero intrattenuto

Futuro semplice · Future

intratterrò	intratterremo
intratterrai	intratterrete
intratterrà	intratterranno

Futuro anteriore · Future perfect

avrò intrattenuto	avremo intrattenuto
avrai intrattenuto	avrete intrattenuto
avrà intrattenuto	avranno intrattenuto

Condizionale presente · Present conditional

intratterrei	intratterremmo
intratterresti	intratterreste
intratterrebbe	intratterrebbero

Condizionale passato · Perfect conditional

avrei intrattenuto	avremmo intrattenuto
avresti intrattenuto	avreste intrattenuto
avrebbe intrattenuto	avrebbero intrattenuto

Congiuntivo presente · Present subjunctive

intrattenga	intratteniamo
intrattenga	intratteniate
intrattenga	intrattengano

Congiuntivo passato · Perfect subjunctive

abbia intrattenuto	abbiamo intrattenuto
abbia intrattenuto	abbiate intrattenuto
abbia intrattenuto	abbiano intrattenuto

Congiuntivo imperfetto · Imperfect subjunctive

intrattenessi	intrattenessimo
intrattenessi	intratteneste
intrattenesse	intrattenessero

Congiuntivo trapassato · Past perfect subjunctive

avessi intrattenuto	avessimo intrattenuto
avessi intrattenuto	aveste intrattenuto
avesse intrattenuto	avessero intrattenuto

Imperativo · Commands

	(non) intratteniamo
intrattieni (non intrattenere)	(non) intrattenete
(non) intrattenga	(non) intrattengano

Participio passato · Past participle	intrattenuto (-a/-i/-e)
Gerundio · Gerund	intrattenendo

Usage

Mi intrattenne per ore raccontando le sue avventure in Africa.	*He entertained me for hours talking about his adventures in Africa.*
Luigi intratteneva gli ospiti mentre Anna cucinava.	*Luigi was entertaining the guests while Anna was cooking.*
Ci ha intrattenuto amichevolmente sulla politica estera degli Stati Uniti.	*He engaged us in a friendly conversation about United States foreign policy.*
È importantissimo che voi intratteniate buoni rapporti con i vicini.	*It's very important that you maintain good relations with your neighbors.*

intrattenersi *to stop; linger, stop to talk to; dwell (on)*

L'artista si è intrattenuto in un dialogo con i giovani presenti.	*The artist stopped to talk to the young people present.*
Gli piace intrattenersi sulla storia dell'Ottocento.	*He likes to talk about nineteenth-century history.*
Il conferenziere non si intrattenne a lungo sul problema dell'inflazione.	*The speaker didn't dwell on the problem of inflation very long.*

irregular -*ere* verb;
trans. (aux. *avere*)

Presente · Present

introduco	introduciamo
introduci	introducete
introduce	introducono

Imperfetto · Imperfect

introducevo	introducevamo
introducevi	introducevate
introduceva	introducevano

Passato remoto · Preterit

introdussi	introducemmo
introducesti	introduceste
introdusse	introdussero

Futuro semplice · Future

introdurrò	introdurremo
introdurrai	introdurrete
introdurrà	introdurranno

Condizionale presente · Present conditional

introdurrei	introdurremmo
introdurresti	introdurreste
introdurrebbe	introdurrebbero

Congiuntivo presente · Present subjunctive

introduca	introduciamo
introduca	introduciate
introduca	introducano

Congiuntivo imperfetto · Imperfect subjunctive

introducessi	introducessimo
introducessi	introduceste
introducesse	introducessero

Passato prossimo · Present perfect

ho introdotto	abbiamo introdotto
hai introdotto	avete introdotto
ha introdotto	hanno introdotto

Trapassato prossimo · Past perfect

avevo introdotto	avevamo introdotto
avevi introdotto	avevate introdotto
aveva introdotto	avevano introdotto

Trapassato remoto · Preterit perfect

ebbi introdotto	avemmo introdotto
avesti introdotto	aveste introdotto
ebbe introdotto	ebbero introdotto

Futuro anteriore · Future perfect

avrò introdotto	avremo introdotto
avrai introdotto	avrete introdotto
avrà introdotto	avranno introdotto

Condizionale passato · Perfect conditional

avrei introdotto	avremmo introdotto
avresti introdotto	avreste introdotto
avrebbe introdotto	avrebbero introdotto

Congiuntivo passato · Perfect subjunctive

abbia introdotto	abbiamo introdotto
abbia introdotto	abbiate introdotto
abbia introdotto	abbiano introdotto

Congiuntivo trapassato · Past perfect subjunctive

avessi introdotto	avessimo introdotto
avessi introdotto	aveste introdotto
avesse introdotto	avessero introdotto

Imperativo · Commands

	(non) introduciamo
introduci (non introdurre)	(non) introducete
(non) introduca	(non) introducano

Participio passato · Past participle	introdotto (-a/-i/-e)
Gerundio · Gerund	introducendo

Usage

Ti hanno introdotto al direttore generale?	*Have they introduced you to the CEO?*
I nuovi prodotti sono stati introdotti in Europa alcuni mesi fa.	*The new products were introduced in Europe a couple of months ago.*
Dopo aver introdotto la chiave nella toppa, ha visto che la porta era aperta.	*After inserting the key in the lock, he saw that the door was open.*
Introdussero le ragazze nella sala da pranzo.	*They ushered the girls into the dining room.*
L'autore introduce un elemento di mistero nel romanzo.	*The author brings an element of mystery to his novel.*

introdursi *to enter, get (into); slip (into); be introduced; be popular*

Quando sposò il principe, lei si introdusse in un circolo esclusivo.	*When she married the prince, she entered an exclusive circle.*
I ragazzi si sono introdotti nel cinema senza pagare il biglietto.	*The boys slipped into the movie theater without paying for tickets.*

invadere *to invade; burst into; flood, spread into, overrun*

invado · invasi · invaso

irregular -*ere* verb;
trans. (aux. *avere*)

Presente · Present

invado	invadiamo
invadi	invadete
invade	invadono

Imperfetto · Imperfect

invadevo	invadevamo
invadevi	invadevate
invadeva	invadevano

Passato remoto · Preterit

invasi	invademmo
invadesti	invadeste
invase	invasero

Futuro semplice · Future

invaderò	invaderemo
invaderai	invaderete
invaderà	invaderanno

Condizionale presente · Present conditional

invaderei	invaderemmo
invaderesti	invadereste
invaderebbe	invaderebbero

Congiuntivo presente · Present subjunctive

invada	invadiamo
invada	invadiate
invada	invadano

Congiuntivo imperfetto · Imperfect subjunctive

invadessi	invadessimo
invadessi	invadeste
invadesse	invadessero

Passato prossimo · Present perfect

ho invaso	abbiamo invaso
hai invaso	avete invaso
ha invaso	hanno invaso

Trapassato prossimo · Past perfect

avevo invaso	avevamo invaso
avevi invaso	avevate invaso
aveva invaso	avevano invaso

Trapassato remoto · Preterit perfect

ebbi invaso	avemmo invaso
avesti invaso	aveste invaso
ebbe invaso	ebbero invaso

Futuro anteriore · Future perfect

avrò invaso	avremo invaso
avrai invaso	avrete invaso
avrà invaso	avranno invaso

Condizionale passato · Perfect conditional

avrei invaso	avremmo invaso
avresti invaso	avreste invaso
avrebbe invaso	avrebbero invaso

Congiuntivo passato · Perfect subjunctive

abbia invaso	abbiamo invaso
abbia invaso	abbiate invaso
abbia invaso	abbiano invaso

Congiuntivo trapassato · Past perfect subjunctive

avessi invaso	avessimo invaso
avessi invaso	aveste invaso
avesse invaso	avessero invaso

Imperativo · Commands

	(non) invadiamo
invadi (non invadere)	(non) invadete
(non) invada	(non) invadano

Participio passato · Past participle	invaso (-a/-i/-e)
Gerundio · Gerund	invadendo

Usage

Il nemico invase la regione meridionale del paese.

Sembra che i miei amici abbiano invaso la mia casa.
La mia privacy è stata invasa.
Mentre i tifosi inglesi invadevano il campo, quegli italiani urlavano all'arbitro.
Il fiume ha invaso i campi vicini in pochi minuti.

I prodotti stranieri stanno invadendo il nostro mercato.
Si pensa che l'epidemia di influenza invaderà tutto il paese in poche settimane.
Il giardino era totalmente invaso dalle erbacce.
Un sentimento di infelicità mi invase l'animo.

The enemy invaded the southern region of the country.
It looks like my friends have invaded my house.
My privacy has been invaded.
While the English fans swarmed onto the field, the Italian fans were shouting at the referee.
The river flooded the nearby fields in a matter of minutes.

Foreign products are flooding our market.
It's thought that the flu epidemic will spread to the whole country in a couple of weeks.
The yard was completely overrun by weeds.
A feeling of unhappiness came over me.

regular *-ire* verb;
trans. (aux. *avere*)

Presente · Present

investo	investiamo
investi	investite
investe	investono

Imperfetto · Imperfect

investivo	investivamo
investivi	investivate
investiva	investivano

Passato remoto · Preterit

investii	investimmo
investisti	investiste
investì	investirono

Futuro semplice · Future

investirò	investiremo
investirai	investirete
investirà	investiranno

Condizionale presente · Present conditional

investirei	investiremmo
investiresti	investireste
investirebbe	investirebbero

Congiuntivo presente · Present subjunctive

investa	investiamo
investa	investiate
investa	investano

Congiuntivo imperfetto · Imperfect subjunctive

investissi	investissimo
investissi	investiste
investisse	investissero

Passato prossimo · Present perfect

ho investito	abbiamo investito
hai investito	avete investito
ha investito	hanno investito

Trapassato prossimo · Past perfect

avevo investito	avevamo investito
avevi investito	avevate investito
aveva investito	avevano investito

Trapassato remoto · Preterit perfect

ebbi investito	avemmo investito
avesti investito	aveste investito
ebbe investito	ebbero investito

Futuro anteriore · Future perfect

avrò investito	avremo investito
avrai investito	avrete investito
avrà investito	avranno investito

Condizionale passato · Perfect conditional

avrei investito	avremmo investito
avresti investito	avreste investito
avrebbe investito	avrebbero investito

Congiuntivo passato · Perfect subjunctive

abbia investito	abbiamo investito
abbia investito	abbiate investito
abbia investito	abbiano investito

Congiuntivo trapassato · Past perfect subjunctive

avessi investito	avessimo investito
avessi investito	aveste investito
avesse investito	avessero investito

Imperativo · Commands

	(non) investiamo
investi (non investire)	(non) investite
(non) investa	(non) investano

Participio passato · Past participle	investito (-a/-i/-e)
Gerundio · Gerund	investendo

Usage

Sarebbe meglio investire i risparmi in beni immobili.	*It would be better to invest the savings in real estate.*
Ha investito molto tempo in quel lavoro.	*He invested a lot of time in that job.*
Lo investirono di tutti i poteri associati al titolo di duca.	*They invested him with all the powers associated with the title of duke.*
È stato investito di una grossa responsabilità.	*He was entrusted with a large responsibility.*
Un camion l'ha investito mentre attraversava la strada.	*A truck hit him while he was crossing the street.*
Il treno ha quasi investito la macchina.	*The train almost crashed into the car.*
La fortezza fu investita cinque volte in cinque decenni.	*The fortress was attacked five times in five decades.*

investirsi *to assume; identify (oneself) (with); live* (one's part); *enter thoroughly (into)*

Si era investito delle sue responsabilità.	*He had assumed his responsibilities.*
Pietro si investe personalmente dei miei problemi.	*Pietro identifies personally with my problems.*
Tutti gli attori si investivano della loro parte.	*All the actors threw themselves completely into their roles.*

inviare   *to send, transmit; dispatch, ship*

invio · inviai · inviato

regular -*are* verb, *i* > –/-*iamo, -iate*;
trans. (aux. *avere*)

Presente · Present

invio	inviamo
invii	inviate
invia	inviano

Imperfetto · Imperfect

inviavo	inviavamo
inviavi	inviavate
inviava	inviavano

Passato remoto · Preterit

inviai	inviammo
inviasti	inviaste
inviò	inviarono

Futuro semplice · Future

invierò	invieremo
invierai	invierete
invierà	invieranno

Condizionale presente · Present conditional

invierei	invieremmo
invieresti	inviereste
invierebbe	invierebbero

Congiuntivo presente · Present subjunctive

invii	inviamo
invii	inviate
invii	inviino

Congiuntivo imperfetto · Imperfect subjunctive

inviassi	inviassimo
inviassi	inviaste
inviasse	inviassero

Passato prossimo · Present perfect

ho inviato	abbiamo inviato
hai inviato	avete inviato
ha inviato	hanno inviato

Trapassato prossimo · Past perfect

avevo inviato	avevamo inviato
avevi inviato	avevate inviato
aveva inviato	avevano inviato

Trapassato remoto · Preterit perfect

ebbi inviato	avemmo inviato
avesti inviato	aveste inviato
ebbe inviato	ebbero inviato

Futuro anteriore · Future perfect

avrò inviato	avremo inviato
avrai inviato	avrete inviato
avrà inviato	avranno inviato

Condizionale passato · Perfect conditional

avrei inviato	avremmo inviato
avresti inviato	avreste inviato
avrebbe inviato	avrebbero inviato

Congiuntivo passato · Perfect subjunctive

abbia inviato	abbiamo inviato
abbia inviato	abbiate inviato
abbia inviato	abbiano inviato

Congiuntivo trapassato · Past perfect subjunctive

avessi inviato	avessimo inviato
avessi inviato	aveste inviato
avesse inviato	avessero inviato

Imperativo · Commands

	(non) inviamo
invia (non inviare)	(non) inviate
(non) invii	(non) inviino

Participio passato · Past participle	inviato (-a/-i/-e)
Gerundio · Gerund	inviando

Usage

Teresa invia una lettera lunghissima al suo ragazzo ogni giorno.	*Teresa sends a really long letter to her boyfriend every day.*
Vorrei inviare un pacco negli Stati Uniti.	*I'd like to send a package to the United States.*
Ho inviato il messaggio via posta elettronica stamattina.	*I transmitted the message this morning via e-mail.*
Ti inviano cordiali saluti e ti chiedono di scrivergli presto.	*They send their regards and ask you to write to them soon.*
La merce è stata inviata tre settimane fa.	*The goods were shipped three weeks ago.*
L'ambasciatore fu inviato in un altro paese.	*The ambassador was posted to a different country.*

RELATED EXPRESSIONS

l'inviato (*m.*)/l'inviata (*f.*)	*correspondent; envoy*
l'invio (*m.*)	*sending, dispatching; shipment*
Chiedo l'invio di un catalogo dei vostri prodotti.	*I'm asking you to send your product catalog.*

regular *-are* verb;
trans. (aux. *avere*)

Presente · Present

invito	invitiamo
inviti	invitate
invita	invitano

Imperfetto · Imperfect

invitavo	invitavamo
invitavi	invitavate
invitava	invitavano

Passato remoto · Preterit

invitai	invitammo
invitasti	invitaste
invitò	invitarono

Futuro semplice · Future

inviterò	inviteremo
inviterai	inviterete
inviterà	inviteranno

Condizionale presente · Present conditional

inviterei	inviteremmo
inviteresti	invitereste
inviterebbe	inviterebbero

Congiuntivo presente · Present subjunctive

inviti	invitiamo
inviti	invitiate
inviti	invitino

Congiuntivo imperfetto · Imperfect subjunctive

invitassi	invitassimo
invitassi	invitaste
invitasse	invitassero

Passato prossimo · Present perfect

ho invitato	abbiamo invitato
hai invitato	avete invitato
ha invitato	hanno invitato

Trapassato prossimo · Past perfect

avevo invitato	avevamo invitato
avevi invitato	avevate invitato
aveva invitato	avevano invitato

Trapassato remoto · Preterit perfect

ebbi invitato	avemmo invitato
avesti invitato	aveste invitato
ebbe invitato	ebbero invitato

Futuro anteriore · Future perfect

avrò invitato	avremo invitato
avrai invitato	avrete invitato
avrà invitato	avranno invitato

Condizionale passato · Perfect conditional

avrei invitato	avremmo invitato
avresti invitato	avreste invitato
avrebbe invitato	avrebbero invitato

Congiuntivo passato · Perfect subjunctive

abbia invitato	abbiamo invitato
abbia invitato	abbiate invitato
abbia invitato	abbiano invitato

Congiuntivo trapassato · Past perfect subjunctive

avessi invitato	avessimo invitato
avessi invitato	aveste invitato
avesse invitato	avessero invitato

Imperativo · Commands

	(non) invitiamo
invita (non invitare)	(non) invitate
(non) inviti	(non) invitino

Participio passato · Past participle   invitato (-a/-i/-e)

Gerundio · Gerund   invitando

Usage

Ronaldo mi ha invitato al cinema.	*Ronaldo has invited me to the movies.*
Ti hanno invitato con una telefonata o per iscritto?	*Did they invite you by phone or in writing?*
Nessuno l'invita mai a ballare.	*Nobody ever invites her to dance.*
L'invitiamo a ripensare la Sua decisione.	*We urge you to reconsider your decision.*
Il professore invitò gli studenti a cominciare l'esame.	*The professor asked the students to start the exam.*
Il mio collega è stato invitato a dimettersi immediatamente.	*My colleague was asked to resign immediately.*

invitarsi *to invite oneself; come/go unasked*

Si era invitata alla nostra festa. Che cosa potevo dire?	*She invited herself to our party. What could I say?*
Si sono invitati a una festa di Natale.	*They invited themselves to a Christmas party.*
Ho paura che si inviterà al matrimonio.	*I'm afraid he'll show up at the wedding uninvited.*

iscrivere *to enroll, register; enter* (an item)

iscrivo · iscrissi · iscritto

irregular *-ere* verb;
trans. (aux. *avere*)

Presente · Present

iscrivo	iscriviamo
iscrivi	iscrivete
iscrive	iscrivono

Imperfetto · Imperfect

iscrivevo	iscrivevamo
iscrivevi	iscrivevate
iscriveva	iscrivevano

Passato remoto · Preterit

iscrissi	iscrivemmo
iscrivesti	iscriveste
iscrisse	iscrissero

Futuro semplice · Future

iscriverò	iscriveremo
iscriverai	iscriverete
iscriverà	iscriveranno

Condizionale presente · Present conditional

iscriverei	iscriveremmo
iscriveresti	iscrivereste
iscriverebbe	iscriverebbero

Congiuntivo presente · Present subjunctive

iscriva	iscriviamo
iscriva	iscriviate
iscriva	iscrivano

Congiuntivo imperfetto · Imperfect subjunctive

iscrivessi	iscrivessimo
iscrivessi	iscriveste
iscrivesse	iscrivessero

Passato prossimo · Present perfect

ho iscritto	abbiamo iscritto
hai iscritto	avete iscritto
ha iscritto	hanno iscritto

Trapassato prossimo · Past perfect

avevo iscritto	avevamo iscritto
avevi iscritto	avevate iscritto
aveva iscritto	avevano iscritto

Trapassato remoto · Preterit perfect

ebbi iscritto	avemmo iscritto
avesti iscritto	aveste iscritto
ebbe iscritto	ebbero iscritto

Futuro anteriore · Future perfect

avrò iscritto	avremo iscritto
avrai iscritto	avrete iscritto
avrà iscritto	avranno iscritto

Condizionale passato · Perfect conditional

avrei iscritto	avremmo iscritto
avresti iscritto	avreste iscritto
avrebbe iscritto	avrebbero iscritto

Congiuntivo passato · Perfect subjunctive

abbia iscritto	abbiamo iscritto
abbia iscritto	abbiate iscritto
abbia iscritto	abbiano iscritto

Congiuntivo trapassato · Past perfect subjunctive

avessi iscritto	avessimo iscritto
avessi iscritto	aveste iscritto
avesse iscritto	avessero iscritto

Imperativo · Commands

	(non) iscriviamo
iscrivi (non iscrivere)	(non) iscrivete
(non) iscriva	(non) iscrivano

Participio passato · Past participle	iscritto (-a/-i/-e)
Gerundio · Gerund	iscrivendo

Usage

Per favore, iscrivete il vostro nome nella lista.	*Please write your name on the list.*
Devo fare iscrivere la mia nuova macchina nel registro automobilistico.	*I have to have my new car registered with the motor vehicle office.*
Il mio lavoro consiste nell'iscrivere tutti i nuovi residenti all'anagrafe.	*My job consists of registering all new residents at the office of vital statistics.*
Tutte le spese sono state iscritte sul bilancio.	*All expenses have been entered on the balance sheet.*
Iscriverai la squadra alla competizione nazionale?	*Will you enter the team in the national competition?*

iscriversi *to enroll, register; become a member (of)*

Mi sono iscritto all'università di Napoli.	*I enrolled at the University of Naples.*
Non iscriverti al corso di russo questo semestre. Iscriviti il semestre prossimo.	*Don't register for the Russian course this semester. Register next semester.*
Tutte le persone che si erano iscritte all'ordine degli avvocati avevano meno di ventisei anni.	*Everyone who became a member of the bar was under 26 years of age.*

regular -ire verb (-isc- type);
trans. (aux. avere)

istruisco · istruii · istruito

Presente · Present

istruisco	istruiamo
istruisci	istruite
istruisce	istruiscono

Imperfetto · Imperfect

istruivo	istruivamo
istruivi	istruivate
istruiva	istruivano

Passato remoto · Preterit

istruii	istruimmo
istruisti	istruiste
istruì	istruirono

Futuro semplice · Future

istruirò	istruiremo
istruirai	istruirete
istruirà	istruiranno

Condizionale presente · Present conditional

istruirei	istruiremmo
istruiresti	istruireste
istruirebbe	istruirebbero

Congiuntivo presente · Present subjunctive

istruisca	istruiamo
istruisca	istruiate
istruisca	istruiscano

Congiuntivo imperfetto · Imperfect subjunctive

istruissi	istruissimo
istruissi	istruiste
istruisse	istruissero

Passato prossimo · Present perfect

ho istruito	abbiamo istruito
hai istruito	avete istruito
ha istruito	hanno istruito

Trapassato prossimo · Past perfect

avevo istruito	avevamo istruito
avevi istruito	avevate istruito
aveva istruito	avevano istruito

Trapassato remoto · Preterit perfect

ebbi istruito	avemmo istruito
avesti istruito	aveste istruito
ebbe istruito	ebbero istruito

Futuro anteriore · Future perfect

avrò istruito	avremo istruito
avrai istruito	avrete istruito
avrà istruito	avranno istruito

Condizionale passato · Perfect conditional

avrei istruito	avremmo istruito
avresti istruito	avreste istruito
avrebbe istruito	avrebbero istruito

Congiuntivo passato · Perfect subjunctive

abbia istruito	abbiamo istruito
abbia istruito	abbiate istruito
abbia istruito	abbiano istruito

Congiuntivo trapassato · Past perfect subjunctive

avessi istruito	avessimo istruito
avessi istruito	aveste istruito
avesse istruito	avessero istruito

Imperativo · Commands

	(non) istruiamo
istruisci (non istruire)	(non) istruite
(non) istruisca	(non) istruiscano

Participio passato · Past participle	istruito (-a/-i/-e)
Gerundio · Gerund	istruendo

Usage

Nessuno mi ha mai istruito bene nell'uso del computer.	*No one ever taught me how to use the computer properly.*
Sta al caporale di istruire i soldati nell'uso delle nuove armi.	*It's up to the corporal to instruct the soldiers how to use the new weapons.*
Chi istruirà i giovani?	*Who will educate the young?*
Purtroppo il cane non è mai stato istruito da un esperto.	*Unfortunately the dog was never trained by an expert.*
L'avvocato aveva chiesto più tempo al giudice per istruire il processo.	*The lawyer had asked the judge for more time to prepare for the trial.*

istruirsi *to improve one's mind; find out/get information (about)*

È tornato all'università per istruirsi.	*He returned to the university to further his education.*
Si sono istruiti sull'uso del videoregistratore.	*They got more information about how to operate the VCR.*

lamentare *to lament, mourn*

lamento · lamentai · lamentato

regular *-are* verb;
trans. (aux. *avere*)

Presente · Present	
lamento	lamentiamo
lamenti	lamentate
lamenta	lamentano

Passato prossimo · Present perfect	
ho lamentato	abbiamo lamentato
hai lamentato	avete lamentato
ha lamentato	hanno lamentato

Imperfetto · Imperfect	
lamentavo	lamentavamo
lamentavi	lamentavate
lamentava	lamentavano

Trapassato prossimo · Past perfect	
avevo lamentato	avevamo lamentato
avevi lamentato	avevate lamentato
aveva lamentato	avevano lamentato

Passato remoto · Preterit	
lamentai	lamentammo
lamentasti	lamentaste
lamentò	lamentarono

Trapassato remoto · Preterit perfect	
ebbi lamentato	avemmo lamentato
avesti lamentato	aveste lamentato
ebbe lamentato	ebbero lamentato

Futuro semplice · Future	
lamenterò	lamenteremo
lamenterai	lamenterete
lamenterà	lamenteranno

Futuro anteriore · Future perfect	
avrò lamentato	avremo lamentato
avrai lamentato	avrete lamentato
avrà lamentato	avranno lamentato

Condizionale presente · Present conditional	
lamenterei	lamenteremmo
lamenteresti	lamentereste
lamenterebbe	lamenterebbero

Condizionale passato · Perfect conditional	
avrei lamentato	avremmo lamentato
avresti lamentato	avreste lamentato
avrebbe lamentato	avrebbero lamentato

Congiuntivo presente · Present subjunctive	
lamenti	lamentiamo
lamenti	lamentiate
lamenti	lamentino

Congiuntivo passato · Perfect subjunctive	
abbia lamentato	abbiamo lamentato
abbia lamentato	abbiate lamentato
abbia lamentato	abbiano lamentato

Congiuntivo imperfetto · Imperfect subjunctive	
lamentassi	lamentassimo
lamentassi	lamentaste
lamentasse	lamentassero

Congiuntivo trapassato · Past perfect subjunctive	
avessi lamentato	avessimo lamentato
avessi lamentato	aveste lamentato
avesse lamentato	avessero lamentato

Imperativo · Commands	
	(non) lamentiamo
lamenta (non lamentare)	(non) lamentate
(non) lamenti	(non) lamentino

Participio passato · Past participle	lamentato (-a/-i/-e)
Gerundio · Gerund	lamentando

Usage

Lamentiamo la morte del nostro parente e del nostro amico.

We mourn the death of our family member and our friend.

Il presidente ha lamentato l'assenza di certi membri del suo partito al congresso.

The president deplored the absence of certain members of his party at the conference.

Lamentiamo il commento che ha offeso alcuni dei nostri clienti.

We regret the statement that offended some of our clients.

Secondo il giornale si lamentano sette morti e 18 feriti.

According to the newspaper, seven are reported dead and 18 injured.

lamentarsi *to complain (about); moan, groan*

— Come va?
— Non mi lamento.

"How's it going?"
"I can't complain."

Luciano si è lamentato ad alta voce per il dolore.

Luciano groaned audibly because of the pain.

Mentre mi lamentavo di Salvatore, lui è entrato.

While I was grumbling about Salvatore, he came in.

regular -are verb, *gi > g/e, i*;
intrans./impers. (aux. *avere* or *essere*)

lampeggio · lampeggiai · lampeggiato

NOTE *Lampeggiare* is conjugated here with *avere*; it may also be conjugated with *essere*—see p. 22 for details.

Presente · Present

lampeggio	lampeggiamo
lampeggi	lampeggiate
lampeggia	lampeggiano

Imperfetto · Imperfect

lampeggiavo	lampeggiavamo
lampeggiavi	lampeggiavate
lampeggiava	lampeggiavano

Passato remoto · Preterit

lampeggiai	lampeggiammo
lampeggiasti	lampeggiaste
lampeggiò	lampeggiarono

Futuro semplice · Future

lampeggerò	lampeggeremo
lampeggerai	lampeggerete
lampeggerà	lampeggeranno

Condizionale presente · Present conditional

lampeggerei	lampeggeremmo
lampeggeresti	lampeggereste
lampeggerebbe	lampeggerebbero

Congiuntivo presente · Present subjunctive

lampeggi	lampeggiamo
lampeggi	lampeggiate
lampeggi	lampeggino

Congiuntivo imperfetto · Imperfect subjunctive

lampeggiassi	lampeggiassimo
lampeggiassi	lampeggiaste
lampeggiasse	lampeggiassero

Passato prossimo · Present perfect

ho lampeggiato	abbiamo lampeggiato
hai lampeggiato	avete lampeggiato
ha lampeggiato	hanno lampeggiato

Trapassato prossimo · Past perfect

avevo lampeggiato	avevamo lampeggiato
avevi lampeggiato	avevate lampeggiato
aveva lampeggiato	avevano lampeggiato

Trapassato remoto · Preterit perfect

ebbi lampeggiato	avemmo lampeggiato
avesti lampeggiato	aveste lampeggiato
ebbe lampeggiato	ebbero lampeggiato

Futuro anteriore · Future perfect

avrò lampeggiato	avremo lampeggiato
avrai lampeggiato	avrete lampeggiato
avrà lampeggiato	avranno lampeggiato

Condizionale passato · Perfect conditional

avrei lampeggiato	avremmo lampeggiato
avresti lampeggiato	avreste lampeggiato
avrebbe lampeggiato	avrebbero lampeggiato

Congiuntivo passato · Perfect subjunctive

abbia lampeggiato	abbiamo lampeggiato
abbia lampeggiato	abbiate lampeggiato
abbia lampeggiato	abbiano lampeggiato

Congiuntivo trapassato · Past perfect subjunctive

avessi lampeggiato	avessimo lampeggiato
avessi lampeggiato	aveste lampeggiato
avesse lampeggiato	avessero lampeggiato

Imperativo · Commands

	(non) lampeggiamo
lampeggia (non lampeggiare)	(non) lampeggiate
(non) lampeggi	(non) lampeggino

Participio passato · Past participle   lampeggiato (-a/-i/-e)

Gerundio · Gerund   lampeggiando

Usage

Ho lampeggiato con gli abbaglianti per avvertire l'altro guidatore.

La rabbia lampeggiava nei suoi occhi.

Non mi sono fermato perché il semaforo lampeggiava.

I brillanti nell'anello lampeggiavano alla luce del sole.

— Ha lampeggiato da voi ieri sera?

— Sì, da noi ha lampeggiato alcune volte.

I flashed my brights (high beams) *to alert the other driver.*

Anger flashed in his eyes.

I didn't stop because the traffic light was flashing.

The diamonds in the ring were sparkling in the sunlight.

"Did you have any lightning last night?"
"Yes, we had some."

RELATED WORD

il lampeggiatore

blinker (car); *flashbulb* (camera)

regular -are verb, ci > c/e, i;
trans. (aux. *avere*)

Presente · Present

lancio	lanciamo
lanci	lanciate
lancia	lanciano

Imperfetto · Imperfect

lanciavo	lanciavamo
lanciavi	lanciavate
lanciava	lanciavano

Passato remoto · Preterit

lanciai	lanciammo
lanciasti	lanciaste
lanciò	lanciarono

Futuro semplice · Future

lancerò	lanceremo
lancerai	lancerete
lancerà	lanceranno

Condizionale presente · Present conditional

lancerei	lanceremmo
lanceresti	lancereste
lancerebbe	lancerebbero

Congiuntivo presente · Present subjunctive

lanci	lanciamo
lanci	lanciate
lanci	lancino

Congiuntivo imperfetto · Imperfect subjunctive

lanciassi	lanciassimo
lanciassi	lanciaste
lanciasse	lanciassero

Imperativo · Commands

	(non) lanciamo
lancia (non lanciare)	(non) lanciate
(non) lanci	(non) lancino

Passato prossimo · Present perfect

ho lanciato	abbiamo lanciato
hai lanciato	avete lanciato
ha lanciato	hanno lanciato

Trapassato prossimo · Past perfect

avevo lanciato	avevamo lanciato
avevi lanciato	avevate lanciato
aveva lanciato	avevano lanciato

Trapassato remoto · Preterit perfect

ebbi lanciato	avemmo lanciato
avesti lanciato	aveste lanciato
ebbe lanciato	ebbero lanciato

Futuro anteriore · Future perfect

avrò lanciato	avremo lanciato
avrai lanciato	avrete lanciato
avrà lanciato	avranno lanciato

Condizionale passato · Perfect conditional

avrei lanciato	avremmo lanciato
avresti lanciato	avreste lanciato
avrebbe lanciato	avrebbero lanciato

Congiuntivo passato · Perfect subjunctive

abbia lanciato	abbiamo lanciato
abbia lanciato	abbiate lanciato
abbia lanciato	abbiano lanciato

Congiuntivo trapassato · Past perfect subjunctive

avessi lanciato	avessimo lanciato
avessi lanciato	aveste lanciato
avesse lanciato	avessero lanciato

Participio passato · Past participle   lanciato (-a/-i/-e)

Gerundio · Gerund   lanciando

Usage

Valentino, lanciami la palla.	*Valentino, toss me the ball.*
Chi ha lanciato il sasso?	*Who threw the rock?*
Mi lanciò uno sguardo pieno di odio.	*He cast me a look full of hatred.*
La ragazza ha lanciato il suo cavallo al galoppo.	*The girl set off on her horse at a gallop.*
Isabella lancia un urlo, si gira e corre via.	*Isabella screams, turns, and runs away.*
Il capitano ha dato l'ordine di lanciare le bombe dall'aereo.	*The captain gave the order to drop the bombs from the airplane.*
Il nuovo prodotto è stato lanciato con molto successo.	*The new product has been successfully launched.*

lanciarsi *to throw oneself (into), embark (on); dash, race*

Il mio amico si è lanciato nella musica classica.	*My friend threw himself into classical music.*
I soldati si lanciarono all'assalto del castello allo spuntar del giorno.	*The soldiers hurled themselves into the attack on the castle at daybreak.*

regular -are verb, *ci > c/e, i*;
trans. (aux. *avere*)

Presente · Present

lascio	lasciamo
lasci	lasciate
lascia	lasciano

Imperfetto · Imperfect

lasciavo	lasciavamo
lasciavi	lasciavate
lasciava	lasciavano

Passato remoto · Preterit

lasciai	lasciammo
lasciasti	lasciaste
lasciò	lasciarono

Futuro semplice · Future

lascerò	lasceremo
lascerai	lascerete
lascerà	lasceranno

Condizionale presente · Present conditional

lascerei	lasceremmo
lasceresti	lascereste
lascerebbe	lascerebbero

Congiuntivo presente · Present subjunctive

lasci	lasciamo
lasci	lasciate
lasci	lascino

Congiuntivo imperfetto · Imperfect subjunctive

lasciassi	lasciassimo
lasciassi	lasciaste
lasciasse	lasciassero

Imperativo · Commands

	(non) lasciamo
lascia (non lasciare)	(non) lasciate
(non) lasci	(non) lascino

Passato prossimo · Present perfect

ho lasciato	abbiamo lasciato
hai lasciato	avete lasciato
ha lasciato	hanno lasciato

Trapassato prossimo · Past perfect

avevo lasciato	avevamo lasciato
avevi lasciato	avevate lasciato
aveva lasciato	avevano lasciato

Trapassato remoto · Preterit perfect

ebbi lasciato	avemmo lasciato
avesti lasciato	aveste lasciato
ebbe lasciato	ebbero lasciato

Futuro anteriore · Future perfect

avrò lasciato	avremo lasciato
avrai lasciato	avrete lasciato
avrà lasciato	avranno lasciato

Condizionale passato · Perfect conditional

avrei lasciato	avremmo lasciato
avresti lasciato	avreste lasciato
avrebbe lasciato	avrebbero lasciato

Congiuntivo passato · Perfect subjunctive

abbia lasciato	abbiamo lasciato
abbia lasciato	abbiate lasciato
abbia lasciato	abbiano lasciato

Congiuntivo trapassato · Past perfect subjunctive

avessi lasciato	avessimo lasciato
avessi lasciato	aveste lasciato
avesse lasciato	avessero lasciato

Participio passato · Past participle   lasciato (-a/-i/-e)

Gerundio · Gerund   lasciando

Usage

Lasciò la moglie e i figli per il suo amante.
Non so perché Giuseppe abbia lasciato gli studi.
Il treno ha lasciato la stazione alle 15.47 precise.
Ti abbiamo lasciato un po' di minestra.
Il serpente aveva lasciato le impronte sulla sabbia.
Perché non lasci quel lavoro per domani?
I suoi genitori le lasciarono una fortuna, ma lei
   lasciò tutto ai poveri.
Non hai bisogno della macchina adesso. Lasciagliela.
Il loro padre non li lasciava mai uscire quando erano
   più giovani.
Maria non aveva fatto niente e la polizia l'ha lasciata
   andare.

He abandoned his wife and children for his lover.
I don't know why Giuseppe gave up his studies.
The train left the station at exactly 3:47 P.M.
We left you some soup.
The snake had left its imprint in the sand.
Why don't you set that job aside until tomorrow?
Her parents bequeathed her a fortune, but she left
   it all to the poor.
You don't need the car now. Let him have it.
Their father never allowed them to go out when
   they were younger.
Maria hadn't done anything, and the police let
   her go.

TOP 50 VERB ☞

lasciare

to leave, abandon; leave behind; set aside; bequeath; let have; let, allow

lascio · lasciai · lasciato

regular -are verb, ci > c/e, i;
trans. (aux. avere)

lasciare + noun/pronoun

Lo studente ha detto che aveva lasciato il compito a casa.	*The student said he had forgotten his homework at home.*
Lasciate gli scherzi!	*Stop kidding, please!*
Hanno avuto l'incidente perché lei aveva lasciato il volante.	*They had the accident because she let go of the steering wheel.*
Lasciami. Non ho voglia di parlare adesso.	*Leave me alone. I don't want to talk right now.*
Se non ti piacciono le carote, le puoi lasciare sul piatto.	*If you don't like the carrots, you can leave them on your plate.*
Le sue parole mi lasciavano indifferente.	*His words left me unmoved.*

lasciare + infinitive

Mi lasci parlare, per favore. Non avevo finito.	*Please let me talk. I hadn't finished.*
Vi lascio immaginare come si sentivano dopo quel viaggio.	*You can imagine how they felt after that trip.*
Ti lascio andare. Parti o perderai l'autobus.	*I'll let you go. Leave or you'll miss your bus.*
Lascia fare a me. Io lo conosco meglio di te.	*Let me handle it. I know him better than you do.*
Lascia perdere. Non vale la pena parlarne ancora.	*Never mind. It's not worth talking about anymore.*
Lasciatemi stare. Devo rifletterci.	*Leave me alone. I need to think about it.*
Signora, lasci stare! Offro io.	*Madam, please don't! It's my treat.*
Hanno lasciato stare perché nessuno si era interessato alla faccenda.	*They dropped it because nobody was interested in the matter.*

lasciare che

Lascia che pianga. Gli passerà il dolore.	*Let him cry. The pain will go away.*
Abbiamo lasciato che Margherita stesse alla festa fino a mezzanotte.	*We allowed Margherita to go to the party until midnight.*

lasciare di + infinitive *to stop*

Le ragazze non potevano lasciare di ridere.	*The girls couldn't stop laughing.*
Non lasciare di cantare.	*Don't stop singing.*
Lascia di mangiare il cioccolato.	*Stop eating chocolate.*

lasciarsi *to let oneself be; leave each other; say good-bye; split up*

Non lasciarti andare così. Datti una mossa!	*Don't let yourself go like that. Pull yourself together!*
Temo che si lascino sfruttare dai capi.	*I'm afraid they're letting themselves be exploited by their bosses.*
Non ci lasceremo convincere da voi.	*We won't let you convince us.*
Si sono lasciati all'aeroporto.	*They said good-bye at the airport.*
Salvatore e Carla si sono lasciati dopo la loro lite.	*Salvatore and Carla split up after their argument.*

IDIOMATIC EXPRESSIONS

lasciar cuocere qualcuno nel suo brodo	*to let someone stew in his own juice*
lasciare detto/scritto a qualcuno	*to leave word for someone*
lasciare molto a desiderare	*to leave much to be desired*
lasciare la presa	*to lose one's grip*
lasciare la vita	*to cost (someone) his life*

TOP 50 VERBS

laureo · laureai · laureato

regular -are verb;
trans. (aux. avere)

Presente · Present

laureo	laureiamo/laureamo
laurei	laureate
laurea	laureano

Imperfetto · Imperfect

laureavo	laureavamo
laureavi	laureavate
laureava	laureavano

Passato remoto · Preterit

laureai	laureammo
laureasti	laureaste
laureò	laurearono

Futuro semplice · Future

laureerò	laureeremo
laureerai	laureerete
laureerà	laureeranno

Condizionale presente · Present conditional

laureerei	laureeremmo
laureeresti	laureereste
laureerebbe	laureerebbero

Congiuntivo presente · Present subjunctive

laurei	laureiamo
laurei	laureiate
laurei	laureino

Congiuntivo imperfetto · Imperfect subjunctive

laureassi	laureassimo
laureassi	laureaste
laureasse	laureassero

Passato prossimo · Present perfect

ho laureato	abbiamo laureato
hai laureato	avete laureato
ha laureato	hanno laureato

Trapassato prossimo · Past perfect

avevo laureato	avevamo laureato
avevi laureato	avevate laureato
aveva laureato	avevano laureato

Trapassato remoto · Preterit perfect

ebbi laureato	avemmo laureato
avesti laureato	aveste laureato
ebbe laureato	ebbero laureato

Futuro anteriore · Future perfect

avrò laureato	avremo laureato
avrai laureato	avrete laureato
avrà laureato	avranno laureato

Condizionale passato · Perfect conditional

avrei laureato	avremmo laureato
avresti laureato	avreste laureato
avrebbe laureato	avrebbero laureato

Congiuntivo passato · Perfect subjunctive

abbia laureato	abbiamo laureato
abbia laureato	abbiate laureato
abbia laureato	abbiano laureato

Congiuntivo trapassato · Past perfect subjunctive

avessi laureato	avessimo laureato
avessi laureato	aveste laureato
avesse laureato	avessero laureato

Imperativo · Commands

	(non) laureiamo
laurea (non laureare)	(non) laureate
(non) laurei	(non) laureino

Participio passato · Past participle	laureato (-a/-i/-e)
Gerundio · Gerund	laureando

Usage

Mi domando quanti studenti le università
italiane hanno laureato negli ultimi dieci anni.
La facoltà di scienze politiche laurea quattro
studenti con la votazione massima quest'anno.
Le finali della competizione laureeranno un
campione e una campionessa.

*I wonder how many students Italian universities
have conferred degrees on in the last ten years.*
*The political science department is graduating
four students with perfect GPAs this year.*
*In the finals of the competition, one man and one
woman will be selected as champions.*

laurearsi *to graduate, get a degree; win a sports title*

Mi sono laureato con lode in ingegneria civile.
La squadra italiana di calcio si è laureata
campione del mondo.

I graduated with honors in civil engineering.
The Italian soccer team became world champions.

RELATED WORDS

il laureando/la laureanda
il laureato/la laureata

senior (high school or college)
graduate

lavare *to wash; clean; cleanse, purify*

lavo · lavai · lavato

regular -are verb;
trans. (aux. avere)

MORE USAGE SENTENCES WITH lavare

I tuoi jeans hanno bisogno di essere lavati.	*Your jeans need to be washed.*
— Dov'è la mia nuova camicia?	*"Where's my new shirt?"*
— È a lavare.	*"It's in the wash."*
Dove sono le istruzioni su come lavare questi pantaloni?	*Where are the washing instructions for these pants?*
Questa giacca sportiva va lavata a secco.	*This sport jacket must be dry-cleaned.*
Giuseppina lavava e Antonietta stirava.	*Giuseppina was washing and Antonietta was ironing.*
L'acqua in cui veniva lavato il bambino era troppo calda.	*The water in which the baby was being bathed was too hot.*

lavarsi *to wash (oneself), wash one's (hair, hands, etc.); brush one's (teeth)*

Mi lavo ogni mattino subito dopo essermi alzato.	*I wash every morning right after I get up.*
Come sei sporco! Vai a lavarti subito.	*You're so dirty! Go and wash up right now.*
Anna, ti sei lavata i capelli?	*Anna, did you wash your hair?*
Lavatevi le mani prima di mangiare.	*Wash your hands before you eat.*
Prima di coricarsi Lucia si è lavata i denti.	*Before going to bed, Lucia brushed her teeth.*
Il cotone si lava facilmente.	*Cotton washes well.*

IDIOMATIC EXPRESSIONS

lavare il capo a qualcuno	*to tell someone off, scold someone*
lavare la testa all'asino	*to waste time doing (something), do (something) useless*
lavarsi la bocca col sapone	*to wash (someone's) mouth out with soap*
lavarsene le mani	*to wash one's hands of it*

COMPOUND NOUNS WITH lava-

il lavacristallo (*invariable*)	*windshield washer*
il lavamano (*invariable*)	*washstand*
il/la lavapiatti (*invariable*)	*dishwasher* (person)
la lavapiatti/la lavastoviglie	*dishwasher* (machine)
il/la lavasecco (*invariable*)	*dry-cleaner's (shop); dry-cleaning machine*
il lavavetri (*invariable*)	*window washer* (person or equipment)

RELATED EXPRESSIONS

il lavaggio auto	*car wash*
il lavaggio a secco	*dry cleaning*
la lavanderia	*laundromat*
il lavandino	*washbowl; kitchen sink*
la lavatrice	*washing machine*
la lavatura	*washing; dirty water*
una lavatura di piatti	*a tasteless concoction*
slavato(-a)	*washed-out, faded* (colors)
una lavata di capo	*a scold(ing)*

PROVERBS

Una mano lava l'altra (e tutte e due lavano il viso).	*You scratch my back and I'll scratch yours.*
I panni sporchi vanno lavati a casa.	*Don't air your dirty laundry in public.*

regular *-are* verb;
trans. (aux. *avere*)

lavo · lavai · lavato

Presente · Present

lavo	laviamo
lavi	lavate
lava	lavano

Imperfetto · Imperfect

lavavo	lavavamo
lavavi	lavavate
lavava	lavavano

Passato remoto · Preterit

lavai	lavammo
lavasti	lavaste
lavò	lavarono

Futuro semplice · Future

laverò	laveremo
laverai	laverete
laverà	laveranno

Condizionale presente · Present conditional

laverei	laveremmo
laveresti	lavereste
laverebbe	laverebbero

Congiuntivo presente · Present subjunctive

lavi	laviamo
lavi	laviate
lavi	lavino

Congiuntivo imperfetto · Imperfect subjunctive

lavassi	lavassimo
lavassi	lavaste
lavasse	lavassero

Imperativo · Commands

	(non) laviamo
lava (non lavare)	(non) lavate
(non) lavi	(non) lavino

Passato prossimo · Present perfect

ho lavato	abbiamo lavato
hai lavato	avete lavato
ha lavato	hanno lavato

Trapassato prossimo · Past perfect

avevo lavato	avevamo lavato
avevi lavato	avevate lavato
aveva lavato	avevano lavato

Trapassato remoto · Preterit perfect

ebbi lavato	avemmo lavato
avesti lavato	aveste lavato
ebbe lavato	ebbero lavato

Futuro anteriore · Future perfect

avrò lavato	avremo lavato
avrai lavato	avrete lavato
avrà lavato	avranno lavato

Condizionale passato · Perfect conditional

avrei lavato	avremmo lavato
avresti lavato	avreste lavato
avrebbe lavato	avrebbero lavato

Congiuntivo passato · Perfect subjunctive

abbia lavato	abbiamo lavato
abbia lavato	abbiate lavato
abbia lavato	abbiano lavato

Congiuntivo trapassato · Past perfect subjunctive

avessi lavato	avessimo lavato
avessi lavato	aveste lavato
avesse lavato	avessero lavato

Participio passato · Past participle   lavato (-a/-i/-e)

Gerundio · Gerund   lavando

Usage

La madre lava le mani e il viso della bambina.	*The mother is washing the girl's hands and face.*
Devo lavare il bucato e pulire la casa oggi.	*I have to do the laundry and clean the house today.*
Chi vuole lavare la macchina?	*Who wants to wash the car?*
Hai già lavato i piatti?	*Have you washed the dishes yet?*
Prendi la lattuga che è già stata lavata.	*Take the lettuce that has already been washed.*
Lava la ferita con acqua e sapone.	*Wash the wound with water and soap.*
La lavatrice laverà cinque chili di bucato senza problemi.	*The washer will easily handle five kilograms of laundry.*
Il disonore di ciò che ha fatto non sarà mai lavato.	*The disgrace of what he did will never be washed away.*
Andranno probabilmente alle Bahamas a lavare il denaro sporco.	*They'll probably go to the Bahamas to launder the dirty money.*
I tessuti lava e indossa non hanno bisogno della stiratura.	*Wash-and-wear fabrics don't need to be ironed.*
Il prete le lavò l'anima dal peccato.	*The priest cleansed her soul of sin.*

lavorare

to work (on), labor; run, function; process, do, work (at);
do a good business; perfect, finish off; till, cultivate

lavoro · lavorai · lavorato

regular *-are* verb;
intrans./trans. (aux. *avere*)

Presente · Present	
lavoro	lavoriamo
lavori	lavorate
lavora	lavorano

Imperfetto · Imperfect	
lavoravo	lavoravamo
lavoravi	lavoravate
lavorava	lavoravano

Passato remoto · Preterit	
lavorai	lavorammo
lavorasti	lavoraste
lavorò	lavorarono

Futuro semplice · Future	
lavorerò	lavoreremo
lavorerai	lavorerete
lavorerà	lavoreranno

Condizionale presente · Present conditional	
lavorerei	lavoreremmo
lavoreresti	lavorereste
lavorerebbe	lavorerebbero

Congiuntivo presente · Present subjunctive	
lavori	lavoriamo
lavori	lavoriate
lavori	lavorino

Congiuntivo imperfetto · Imperfect subjunctive	
lavorassi	lavorassimo
lavorassi	lavoraste
lavorasse	lavorassero

Imperativo · Commands	
	(non) lavoriamo
lavora (non lavorare)	(non) lavorate
(non) lavori	(non) lavorino

Passato prossimo · Present perfect	
ho lavorato	abbiamo lavorato
hai lavorato	avete lavorato
ha lavorato	hanno lavorato

Trapassato prossimo · Past perfect	
avevo lavorato	avevamo lavorato
avevi lavorato	avevate lavorato
aveva lavorato	avevano lavorato

Trapassato remoto · Preterit perfect	
ebbi lavorato	avemmo lavorato
avesti lavorato	aveste lavorato
ebbe lavorato	ebbero lavorato

Futuro anteriore · Future perfect	
avrò lavorato	avremo lavorato
avrai lavorato	avrete lavorato
avrà lavorato	avranno lavorato

Condizionale passato · Perfect conditional	
avrei lavorato	avremmo lavorato
avresti lavorato	avreste lavorato
avrebbe lavorato	avrebbero lavorato

Congiuntivo passato · Perfect subjunctive	
abbia lavorato	abbiamo lavorato
abbia lavorato	abbiate lavorato
abbia lavorato	abbiano lavorato

Congiuntivo trapassato · Past perfect subjunctive	
avessi lavorato	avessimo lavorato
avessi lavorato	aveste lavorato
avesse lavorato	avessero lavorato

Participio passato · Past participle   lavorato (-a/-i/-e)

Gerundio · Gerund   lavorando

Usage

Giulio lavora in banca da alcuni mesi.

Un tempo i bambini lavoravano più di dieci ore al giorno.

Il motore della macchina non lavora molto bene.

Il motore non lavorerà se non ci metti dell'olio.

Non mi piace lavorare ai ferri.

Ha lavorato quel pezzo di legno per ore e ore.

Il panettiere lavorò il pane.

Il nuovo ristorante sembra lavorare bene.

I contadini non lavorano la terra d'inverno.

Non è mica difficile. Fai lavorare un po' il tuo cervello.

Giulio has been working at a bank for a couple of months.

Long ago children labored for more than ten hours a day.

The car's engine is not running very well.

The engine won't run if you don't put oil in it.

I don't like knitting.

He carved that piece of wood for hours on end.

The baker kneaded the bread.

The new restaurant seems to be doing a good business.

The farmers don't till the land in winter.

It's not that difficult. Use your brain a little.

leggo · lessi · letto

irregular -*ere* verb;
trans. (aux. *avere*)

Presente · Present

leggo	leggiamo
leggi	leggete
legge	leggono

Imperfetto · Imperfect

leggevo	leggevamo
leggevi	leggevate
leggeva	leggevano

Passato remoto · Preterit

lessi	leggemmo
leggesti	leggeste
lesse	lessero

Futuro semplice · Future

leggerò	leggeremo
leggerai	leggerete
leggerà	leggeranno

Condizionale presente · Present conditional

leggerei	leggeremmo
leggeresti	leggereste
leggerebbe	leggerebbero

Congiuntivo presente · Present subjunctive

legga	leggiamo
legga	leggiate
legga	leggano

Congiuntivo imperfetto · Imperfect subjunctive

leggessi	leggessimo
leggessi	leggeste
leggesse	leggessero

Imperativo · Commands

	(non) leggiamo
leggi (non leggere)	(non) leggete
(non) legga	(non) leggano

Participio passato · Past participle   letto (-a/-i/-e)

Gerundio · Gerund   leggendo

Passato prossimo · Present perfect

ho letto	abbiamo letto
hai letto	avete letto
ha letto	hanno letto

Trapassato prossimo · Past perfect

avevo letto	avevamo letto
avevi letto	avevate letto
aveva letto	avevano letto

Trapassato remoto · Preterit perfect

ebbi letto	avemmo letto
avesti letto	aveste letto
ebbe letto	ebbero letto

Futuro anteriore · Future perfect

avrò letto	avremo letto
avrai letto	avrete letto
avrà letto	avranno letto

Condizionale passato · Perfect conditional

avrei letto	avremmo letto
avresti letto	avreste letto
avrebbe letto	avrebbero letto

Congiuntivo passato · Perfect subjunctive

abbia letto	abbiamo letto
abbia letto	abbiate letto
abbia letto	abbiano letto

Congiuntivo trapassato · Past perfect subjunctive

avessi letto	avessimo letto
avessi letto	aveste letto
avesse letto	avessero letto

Usage

Sto leggendo un romanzo affascinante.	*I'm reading a fascinating novel.*
Carla ha imparato a leggere e scrivere quando aveva cinque anni.	*Carla learned to read and write when she was five years old.*
Leggeva sottovoce la lettera alla sua amica.	*She was reading the letter to her friend in a soft voice.*
Ho letto che il governo ha proposto una riforma delle pensioni.	*I've read that the government has proposed pension reform.*
Avete letto delle piogge in Francia?	*Have you read about the rainfall in France?*
La baby-sitter ti leggerà una favola.	*The babysitter will read you a story.*
Penso che abbia letto male la carta topografica.	*I think he's misinterpreted the topographical map.*
Era facile leggere la gioia nei suoi occhi.	*It was easy to see the joy in his eyes.*
Mia sorella pensa di poter leggere nel futuro.	*My sister thinks she can foretell the future.*

TOP 50 VERB ☞

leggere *to read*

leggo · lessi · letto

irregular -*ere* verb;
trans. (aux. *avere*)

MORE USAGE SENTENCES WITH leggere

Enrico sa leggere ma non sa parlare l'italiano.	*Enrico can read Italian but can't speak it.*
— Come hai avuto quell'informazione?	*"How did you find out that information?"*
— L'ho letta sul giornale.	*"I read it in the newspaper."*
Oggi si legge meno di prima.	*Today people read less than before.*
È un libro che si leggeva in ogni scuola.	*It's a book that used to be read in every school.*
Mio nonno lesse tutta l'opera del Carducci.	*My grandfather read all of Carducci's works.*
Questa scrittrice è letta molto.	*This writer is widely read.*
Non so se leggerai o meno le mie parole.	*I don't know if you'll read my words or not.*
Molte persone non imparano mai a leggere musica.	*Many people never learn to read music.*
Il computer legge indifferentemente i caratteri maiuscoli o minuscoli.	*The computer doesn't distinguish between capital and lowercase letters.*
Il computer sta leggendo il documento.	*The computer is scanning the document.*
Il documento è stato letto e approvato.	*The document was read and approved.*
— Come hai letto quel film?	*"How did you interpret the movie?"*
— L'ho letto come una ricerca mitica.	*"I saw it as a mythical quest."*
Si legge in Orazio, "L'avaro è sempre povero".	*Horace says, "A greedy person is always poor."*
Quel libro si fa leggere.	*That book is very readable.*

IDIOMATIC EXPRESSIONS

leggere fra/tra le righe	*to read between the lines*
leggere le carte	*to predict the future*
leggere la mano a qualcuno	*to read someone's palm*
— La chiromante mi ha letto la mano.	*"The fortune-teller read my palm."*
— Cosa ti ha detto di bello?	*"Did she tell you anything good?"*
leggere la vita	*to criticize someone*
leggere (sul)le labbra	*to lip-read*
Stanno sviluppando un nuovo cellulare capace di leggere le labbra.	*They're developing a new cell phone capable of reading lips.*
leggere nel libro del destino	*to predict the future*
leggere nel pensiero a qualcuno	*to read someone's mind*
È come se lei gli avesse letto nel pensiero.	*It's as if she had read his mind.*
leggere qualcosa negli occhi di qualcuno	*to see something in someone's eyes*
non saper leggere altro che nel proprio libro	*to ignore, refuse to listen to others*

RELATED EXPRESSIONS

la lettera	*letter*
Per favore, scriva il Suo nome con lettere maiuscole.	*Please print your name in capital letters.*
Hai ricevuto la mia lettera?	*Did you receive my letter?*
la lettura	*reading*
Ho trovato difficile quella lettura.	*I found that reading difficult.*
il lettore/la lettrice	*reader; lecturer*
Il lettore apprezzerà il tono umoristico dell'articolo.	*The reader will appreciate the humorous tone of the article.*
il lettore CD/DVD	*CD/DVD player*
leggibile	*legible, readable*

TOP 50 VERBS

regular -are verb;
trans. (aux. avere)

Presente · Present

levo	leviamo
levi	levate
leva	levano

Imperfetto · Imperfect

levavo	levavamo
levavi	levavate
levava	levavano

Passato remoto · Preterit

levai	levammo
levasti	levaste
levò	levarono

Futuro semplice · Future

leverò	leveremo
leverai	leverete
leverà	leveranno

Condizionale presente · Present conditional

leverei	leveremmo
leveresti	levereste
leverebbe	leverebbero

Congiuntivo presente · Present subjunctive

levi	leviamo
levi	leviate
levi	levino

Congiuntivo imperfetto · Imperfect subjunctive

levassi	levassimo
levassi	levaste
levasse	levassero

Imperativo · Commands

	(non) leviamo
leva (non levare)	(non) levate
(non) levi	(non) levino

Passato prossimo · Present perfect

ho levato	abbiamo levato
hai levato	avete levato
ha levato	hanno levato

Trapassato prossimo · Past perfect

avevo levato	avevamo levato
avevi levato	avevate levato
aveva levato	avevano levato

Trapassato remoto · Preterit perfect

ebbi levato	avemmo levato
avesti levato	aveste levato
ebbe levato	ebbero levato

Futuro anteriore · Future perfect

avrò levato	avremo levato
avrai levato	avrete levato
avrà levato	avranno levato

Condizionale passato · Perfect conditional

avrei levato	avremmo levato
avresti levato	avreste levato
avrebbe levato	avrebbero levato

Congiuntivo passato · Perfect subjunctive

abbia levato	abbiamo levato
abbia levato	abbiate levato
abbia levato	abbiano levato

Congiuntivo trapassato · Past perfect subjunctive

avessi levato	avessimo levato
avessi levato	aveste levato
avesse levato	avessero levato

Participio passato · Past participle   levato (-a/-i/-e)

Gerundio · Gerund   levando

Usage

Non sono capace di levare la mia valigia.
La bambina non voleva levare la testa perché
  piangeva.
Quando ha levato le scarpe dalla scatola, ha visto
  che erano differenti.
È un ottimo prodotto per levare le macchie.
Non levare il coperchio.

I can't lift my suitcase.
*The girl didn't want to raise her head because
  she was crying.*
*When he took the shoes out of the box, he saw
  that they were different.*
It's an excellent product for removing stains.
Don't take the lid off.

levarsi to rise, get up; take off (airplane); come up; take off (one's) (clothes)

Non ci siamo levati fino a mezzogiorno.
L'aereo si levò velocemente e sparì oltre la linea
  dell'orizzonte.
Ero ancora addormentato quando il sole si levò.
Levati gli scarponi. Sono sporchissimi.

We didn't get up until noon.
*The airplane took off quickly and disappeared
  over the horizon.*
I was still asleep when the sun came up.
Take off your boots. They're very dirty.

licenziare   *to fire, dismiss; graduate* (someone)

licenzio · licenziai · licenziato

regular *-are* verb, *i* > *–/i*;
trans. (aux. *avere*)

Presente · Present	
licenzio	licenziamo
licenzi	licenziate
licenzia	licenziano

Passato prossimo · Present perfect	
ho licenziato	abbiamo licenziato
hai licenziato	avete licenziato
ha licenziato	hanno licenziato

Imperfetto · Imperfect	
licenziavo	licenziavamo
licenziavi	licenziavate
licenziava	licenziavano

Trapassato prossimo · Past perfect	
avevo licenziato	avevamo licenziato
avevi licenziato	avevate licenziato
aveva licenziato	avevano licenziato

Passato remoto · Preterit	
licenziai	licenziammo
licenziasti	licenziaste
licenziò	licenziarono

Trapassato remoto · Preterit perfect	
ebbi licenziato	avemmo licenziato
avesti licenziato	aveste licenziato
ebbe licenziato	ebbero licenziato

Futuro semplice · Future	
licenzierò	licenzieremo
licenzierai	licenzierete
licenzierà	licenzieranno

Futuro anteriore · Future perfect	
avrò licenziato	avremo licenziato
avrai licenziato	avrete licenziato
avrà licenziato	avranno licenziato

Condizionale presente · Present conditional	
licenzierei	licenzieremmo
licenzieresti	licenziereste
licenzierebbe	licenzierebbero

Condizionale passato · Perfect conditional	
avrei licenziato	avremmo licenziato
avresti licenziato	avreste licenziato
avrebbe licenziato	avrebbero licenziato

Congiuntivo presente · Present subjunctive	
licenzi	licenziamo
licenzi	licenziate
licenzi	licenzino

Congiuntivo passato · Perfect subjunctive	
abbia licenziato	abbiamo licenziato
abbia licenziato	abbiate licenziato
abbia licenziato	abbiano licenziato

Congiuntivo imperfetto · Imperfect subjunctive	
licenziassi	licenziassimo
licenziassi	licenziaste
licenziasse	licenziassero

Congiuntivo trapassato · Past perfect subjunctive	
avessi licenziato	avessimo licenziato
avessi licenziato	aveste licenziato
avesse licenziato	avessero licenziato

Imperativo · Commands	
	(non) licenziamo
licenzia (non licenziare)	(non) licenziate
(non) licenzi	(non) licenzino

Participio passato · Past participle	licenziato (-a/-i/-e)
Gerundio · Gerund	licenziando

Usage

La ditta licenziò l'impiegato su due piedi.
Tutti gli studenti che avevano partecipato alla riunione sono stati licenziati.
Il proprietario ha il diritto di licenziare l'inquilino che non paga l'affitto.
La nostra scuola ha licenziato 2.000 studenti quest'anno.
Il libro fu licenziato alla stampa dopo un lungo periodo di censura.

The company fired the employee immediately.
All students participating in the meeting were dismissed.
The landlord has the right to give notice to a tenant who doesn't pay the rent.
Our school has graduated 2,000 students this year.

The book was approved for printing after a long period of censorship.

licenziarsi   *to resign, quit; graduate; take one's leave*

Ernesto si è licenziato per motivi di salute.
Quest'anno pochissimi studenti si sono licenziati in medicina.

Ernesto resigned for health reasons.
This year very few students graduated in medicine.

regular -are verb, g > gh/e, i;
intrans. (aux. *avere*)

Presente · Present

litigo	litighiamo
litighi	litigate
litiga	litigano

Imperfetto · Imperfect

litigavo	litigavamo
litigavi	litigavate
litigava	litigavano

Passato remoto · Preterit

litigai	litigammo
litigasti	litigaste
litigò	litigarono

Futuro semplice · Future

litigherò	litigheremo
litigherai	litigherete
litigherà	litigheranno

Condizionale presente · Present conditional

litigherei	litigheremmo
litigheresti	litighereste
litigherebbe	litigherebbero

Congiuntivo presente · Present subjunctive

litighi	litighiamo
litighi	litighiate
litighi	litighino

Congiuntivo imperfetto · Imperfect subjunctive

litigassi	litigassimo
litigassi	litigaste
litigasse	litigassero

Imperativo · Commands

	(non) litighiamo
litiga (non litigare)	(non) litigate
(non) litighi	(non) litighino

Participio passato · Past participle   litigato (-a/-i/-e)
Gerundio · Gerund   litigando

Passato prossimo · Present perfect

ho litigato	abbiamo litigato
hai litigato	avete litigato
ha litigato	hanno litigato

Trapassato prossimo · Past perfect

avevo litigato	avevamo litigato
avevi litigato	avevate litigato
aveva litigato	avevano litigato

Trapassato remoto · Preterit perfect

ebbi litigato	avemmo litigato
avesti litigato	aveste litigato
ebbe litigato	ebbero litigato

Futuro anteriore · Future perfect

avrò litigato	avremo litigato
avrai litigato	avrete litigato
avrà litigato	avranno litigato

Condizionale passato · Perfect conditional

avrei litigato	avremmo litigato
avresti litigato	avreste litigato
avrebbe litigato	avrebbero litigato

Congiuntivo passato · Perfect subjunctive

abbia litigato	abbiamo litigato
abbia litigato	abbiate litigato
abbia litigato	abbiano litigato

Congiuntivo trapassato · Past perfect subjunctive

avessi litigato	avessimo litigato
avessi litigato	aveste litigato
avesse litigato	avessero litigato

Usage

I vicini hanno litigato tutta la notte. Non ho dormito affatto.

Per favore, non litighiamo più.

Non si erano visti da quando avevano litigato.

— Con chi hai litigato?

— Ho litigato con Roberto.

Penso che abbiano litigato per motivi di denaro.

Litigammo per la rottura del contratto.

The neighbors fought all night long. I didn't sleep at all.

Please, let's not argue anymore.

They hadn't seen each other since they had fought.

"Whom did you quarrel with?"

"I quarreled with Roberto."

I think they argued about money.

We litigated the breach of contract.

litigarsi *to dispute, wrangle over*

Marco e Giorgio si litigarono quasi fino al punto di uccidersi.

I due scienziati si sono litigati la scoperta per molti mesi.

Marco and Giorgio fought until they almost killed each other.

The two scientists wrangled over the discovery for several months.

lottare   *to struggle, fight (against), battle; wrestle*

lotto · lottai · lottato

regular -are verb;
intrans. (aux. *avere*)

Presente · Present

lotto	lottiamo
lotti	lottate
lotta	lottano

Imperfetto · Imperfect

lottavo	lottavamo
lottavi	lottavate
lottava	lottavano

Passato remoto · Preterit

lottai	lottammo
lottasti	lottaste
lottò	lottarono

Futuro semplice · Future

lotterò	lotteremo
lotterai	lotterete
lotterà	lotteranno

Condizionale presente · Present conditional

lotterei	lotteremmo
lotteresti	lottereste
lotterebbe	lotterebbero

Congiuntivo presente · Present subjunctive

lotti	lottiamo
lotti	lottiate
lotti	lottino

Congiuntivo imperfetto · Imperfect subjunctive

lottassi	lottassimo
lottassi	lottaste
lottasse	lottassero

Imperativo · Commands

	(non) lottiamo
lotta (non lottare)	(non) lottate
(non) lotti	(non) lottino

Passato prossimo · Present perfect

ho lottato	abbiamo lottato
hai lottato	avete lottato
ha lottato	hanno lottato

Trapassato prossimo · Past perfect

avevo lottato	avevamo lottato
avevi lottato	avevate lottato
aveva lottato	avevano lottato

Trapassato remoto · Preterit perfect

ebbi lottato	avemmo lottato
avesti lottato	aveste lottato
ebbe lottato	ebbero lottato

Futuro anteriore · Future perfect

avrò lottato	avremo lottato
avrai lottato	avrete lottato
avrà lottato	avranno lottato

Condizionale passato · Perfect conditional

avrei lottato	avremmo lottato
avresti lottato	avreste lottato
avrebbe lottato	avrebbero lottato

Congiuntivo passato · Perfect subjunctive

abbia lottato	abbiamo lottato
abbia lottato	abbiate lottato
abbia lottato	abbiano lottato

Congiuntivo trapassato · Past perfect subjunctive

avessi lottato	avessimo lottato
avessi lottato	aveste lottato
avesse lottato	avessero lottato

Participio passato · Past participle   lottato (-a/-i/-e)
Gerundio · Gerund   lottando

Usage

I soldati hanno lottato corpo a corpo contro il nemico.

Dovremmo lottare contro la povertà nel mondo.
A mezzanotte stavano lottando contro il sonno.
Si è spento dopo aver lottato con la morte per molto tempo.
I naufraghi lottarono per la sopravvivenza su un'isola deserta per sette mesi.
I due atleti lottavano per una medaglia olimpica.

The soldiers fought the enemy in hand-to-hand combat.

We should fight poverty in the world.
At midnight they were struggling to stay awake.
He passed away after having battled death for a long time.
The castaways fought for survival on a deserted island for seven months.
The two athletes were wrestling for an Olympic medal.

RELATED WORDS

la lotta
il lottatore/la lottatrice

fight; conflict; wrestling
fighter; wrestler

regular -are verb, c > ch/e, i;
intrans./impers. (aux. *avere* or *essere*)/trans. (aux. *avere*)

manco · mancai · mancato

NOTE *Mancare* is conjugated here with *avere*; when used intransitively, the auxiliary is *essere*, except for three meanings where *avere* is required: "be lacking," "fail (to do)," "be/go wrong." See the last three usage sentences for examples.

Presente · Present

manco	manchiamo
manchi	mancate
manca	mancano

Imperfetto · Imperfect

mancavo	mancavamo
mancavi	mancavate
mancava	mancavano

Passato remoto · Preterit

mancai	mancammo
mancasti	mancaste
mancò	mancarono

Futuro semplice · Future

mancherò	mancheremo
mancherai	mancherete
mancherà	mancheranno

Condizionale presente · Present conditional

mancherei	mancheremmo
mancheresti	manchereste
mancherebbe	mancherebbero

Congiuntivo presente · Present subjunctive

manchi	manchiamo
manchi	manchiate
manchi	manchino

Congiuntivo imperfetto · Imperfect subjunctive

mancassi	mancassimo
mancassi	mancaste
mancasse	mancassero

Passato prossimo · Present perfect

ho mancato	abbiamo mancato
hai mancato	avete mancato
ha mancato	hanno mancato

Trapassato prossimo · Past perfect

avevo mancato	avevamo mancato
avevi mancato	avevate mancato
aveva mancato	avevano mancato

Trapassato remoto · Preterit perfect

ebbi mancato	avemmo mancato
avesti mancato	aveste mancato
ebbe mancato	ebbero mancato

Futuro anteriore · Future perfect

avrò mancato	avremo mancato
avrai mancato	avrete mancato
avrà mancato	avranno mancato

Condizionale passato · Perfect conditional

avrei mancato	avremmo mancato
avresti mancato	avreste mancato
avrebbe mancato	avrebbero mancato

Congiuntivo passato · Perfect subjunctive

abbia mancato	abbiamo mancato
abbia mancato	abbiate mancato
abbia mancato	abbiano mancato

Congiuntivo trapassato · Past perfect subjunctive

avessi mancato	avessimo mancato
avessi mancato	aveste mancato
avesse mancato	avessero mancato

Imperativo · Commands

	(non) manchiamo
manca (non mancare)	(non) mancate
(non) manchi	(non) manchino

Participio passato · Past participle mancato (-a/-i/-e)

Gerundio · Gerund mancando

Usage

Chi ha mangiato dei biscotti? Ne mancano tre.	*Who's eaten some of the cookies? Three are missing.*
Mancano ancora due documenti nella busta.	*There are still two documents missing from the envelope.*
Mi mancherai davvero.	*I'll really miss you.*
Fammi sapere se ti manca qualcosa.	*Let me know if you need anything.*
Volevo dirle qualcosa ma mi sono mancate le parole.	*I wanted to say something to her, but words failed me.*
Penso che manchino tre settimane a Pasqua.	*I think there are three weeks left until Easter.*
Mancavano cinque minuti alle ventidue.	*It was five minutes to 10 in the evening.*
Un mio caro amico è mancato l'altro ieri.	*A dear friend of mine died the day before yesterday.*
Mancano totalmente di risorse.	*They had no resources whatsoever.*
Roberto ha mancato la palla.	*Roberto missed the ball.*
Ho mancato nel dirti quelle cose.	*I was wrong to tell you these things.*

mandare *to send (off/away/out)*

mando · mandai · mandato

regular -are verb;
trans. (aux. *avere*)

Presente · Present

mando	mandiamo
mandi	mandate
manda	mandano

Imperfetto · Imperfect

mandavo	mandavamo
mandavi	mandavate
mandava	mandavano

Passato remoto · Preterit

mandai	mandammo
mandasti	mandaste
mandò	mandarono

Futuro semplice · Future

manderò	manderemo
manderai	manderete
manderà	manderanno

Condizionale presente · Present conditional

manderei	manderemmo
manderesti	mandereste
manderebbe	manderebbero

Congiuntivo presente · Present subjunctive

mandi	mandiamo
mandi	mandiate
mandi	mandino

Congiuntivo imperfetto · Imperfect subjunctive

mandassi	mandassimo
mandassi	mandaste
mandasse	mandassero

Passato prossimo · Present perfect

ho mandato	abbiamo mandato
hai mandato	avete mandato
ha mandato	hanno mandato

Trapassato prossimo · Past perfect

avevo mandato	avevamo mandato
avevi mandato	avevate mandato
aveva mandato	avevano mandato

Trapassato remoto · Preterit perfect

ebbi mandato	avemmo mandato
avesti mandato	aveste mandato
ebbe mandato	ebbero mandato

Futuro anteriore · Future perfect

avrò mandato	avremo mandato
avrai mandato	avrete mandato
avrà mandato	avranno mandato

Condizionale passato · Perfect conditional

avrei mandato	avremmo mandato
avresti mandato	avreste mandato
avrebbe mandato	avrebbero mandato

Congiuntivo passato · Perfect subjunctive

abbia mandato	abbiamo mandato
abbia mandato	abbiate mandato
abbia mandato	abbiano mandato

Congiuntivo trapassato · Past perfect subjunctive

avessi mandato	avessimo mandato
avessi mandato	aveste mandato
avesse mandato	avessero mandato

Imperativo · Commands

	(non) mandiamo
manda (non mandare)	(non) mandate
(non) mandi	(non) mandino

Participio passato · Past participle mandato (-a/-i/-e)

Gerundio · Gerund mandando

Usage

Dove ti hanno mandato?
Avevo mandato un pacco per via aerea.
Mandarono a chiamare il medico perché
  il bambino stava male.
Per favore, mandagli i nostri saluti.
Mandiamo Elisa a comprare dell'acqua minerale.
Che Dio ce la mandi buona!
Potevi mandarle due righe.
La ragazza ha mandato un grido e si è girata.
Se il cibo manda un cattivo odore, non mangiarlo.
Mi pare che non si sia mai mandato in onda quel
  programma.
Chi avrebbe mandato il suo progetto a fondo?

Where did they send you?
I had sent a package by airmail.
They sent for a doctor because the little boy
  was sick.
Please send them our regards.
Let's send Elisa out to buy some mineral water.
God help us!
You could have dropped her a line.
The girl cried out and spun around.
If the food gives off a bad odor, don't eat it.
I don't think that program was ever broadcast.

Who would have deep-sixed his project?

regular -are verb, gi > g/e, i;
trans. (aux. *avere*)

mangio · mangiai · mangiato

Presente · Present

mangio	mangiamo
mangi	mangiate
mangia	mangiano

Imperfetto · Imperfect

mangiavo	mangiavamo
mangiavi	mangiavate
mangiava	mangiavano

Passato remoto · Preterit

mangiai	mangiammo
mangiasti	mangiaste
mangiò	mangiarono

Futuro semplice · Future

mangerò	mangeremo
mangerai	mangerete
mangerà	mangeranno

Condizionale presente · Present conditional

mangerei	mangeremmo
mangeresti	mangereste
mangerebbe	mangerebbero

Congiuntivo presente · Present subjunctive

mangi	mangiamo
mangi	mangiate
mangi	mangino

Congiuntivo imperfetto · Imperfect subjunctive

mangiassi	mangiassimo
mangiassi	mangiaste
mangiasse	mangiassero

Imperativo · Commands

	(non) mangiamo
mangia (non mangiare)	(non) mangiate
(non) mangi	(non) mangino

Passato prossimo · Present perfect

ho mangiato	abbiamo mangiato
hai mangiato	avete mangiato
ha mangiato	hanno mangiato

Trapassato prossimo · Past perfect

avevo mangiato	avevamo mangiato
avevi mangiato	avevate mangiato
aveva mangiato	avevano mangiato

Trapassato remoto · Preterit perfect

ebbi mangiato	avemmo mangiato
avesti mangiato	aveste mangiato
ebbe mangiato	ebbero mangiato

Futuro anteriore · Future perfect

avrò mangiato	avremo mangiato
avrai mangiato	avrete mangiato
avrà mangiato	avranno mangiato

Condizionale passato · Perfect conditional

avrei mangiato	avremmo mangiato
avresti mangiato	avreste mangiato
avrebbe mangiato	avrebbero mangiato

Congiuntivo passato · Perfect subjunctive

abbia mangiato	abbiamo mangiato
abbia mangiato	abbiate mangiato
abbia mangiato	abbiano mangiato

Congiuntivo trapassato · Past perfect subjunctive

avessi mangiato	avessimo mangiato
avessi mangiato	aveste mangiato
avesse mangiato	avessero mangiato

Participio passato · Past participle   mangiato (-a/-i/-e)

Gerundio · Gerund   mangiando

Usage

Vorresti mangiare a casa o fuori stasera?
Mangerai carne o pesce?
Non aspettarmi per mangiare. Ho troppo da fare.

Agli italiani piace mangiare la pasta.
Entro in casa perché le zanzare mi stanno
   mangiando.
La ruggine ha mangiato la carrozzeria della mia
   macchina.
La mia vecchia macchina mangiava troppa benzina.
Si è mangiata l'eredità comprando case, macchine,
   barche, ecc.

Would you like to eat at home tonight or eat out?
Will you eat meat or fish?
Please don't wait for me to eat. I have too much
   to do.

Italians like to eat pasta.
I'm going inside because the mosquitoes are eating
   me alive.
The body of my car has been corroded by rust.

My old car was a gas-guzzler.
She squandered her inheritance by buying
   houses, cars, boats, etc.

TOP 50 VERB ☞

302

mangiare *to eat; eat away, corrode; squander*

mangio · mangiai · mangiato

regular *-are* verb, *gi > g/e, i;*
trans. (aux. *avere*)

MORE USAGE SENTENCES WITH mangiare

Mangia, mangia. Ne hai bisogno.	*Eat up, eat up. You need it.*
Luigi viene a mangiare da noi domani.	*Luigi's coming to eat at our house tomorrow.*
Mangiamo alla carta o a prezzo fisso?	*Shall we eat à la carte or prix fixe?*
— A che ora mangerete?	*"When will you eat?"*
— Verso l'una, penso.	*"About one o'clock, I think."*
Cosa c'è da mangiare? Ho una fame da lupo.	*What is there to eat? I'm starving.*
Penso che dei topi abbiano mangiato i biscotti.	*I think some mice ate the cookies.*
Si è fatto qualcosa da mangiare.	*He fixed himself something to eat.*
Ragazzi, venite a tavola. Si mangia.	*Kids, sit down at the table. Dinner's ready.*
È un bambino da mangiare, proprio un angelo.	*He's such a cute boy, a real angel.*
Di fisica non ne mangio.	*I'm not very good at physics.*
Mia madre mi mangerà viva se scopre che ho perso la sua collana d'oro.	*My mother will bite my head off if she finds out I've lost her gold necklace.*

mangiarsi *to eat up; squander; bite*

Non ti ho capito perché ti mangi le parole.	*I haven't understood you because you're mumbling.*
Non mangiarti le unghie. Fa schifo.	*Don't bite your nails. That's disgusting.*
Giuseppe si mangiava il fegato.	*Giuseppe was enraged./Giuseppe could have kicked himself.*
Mi sarei mangiato le mani.	*I could have kicked myself.*

IDIOMATIC EXPRESSIONS

mangiare a quattro palmenti	*to eat like a horse*
mangiare come un uccellino	*to eat like a bird*
mangiare del pane pentito	*to be sorry, regret*
mangiare il pan a ufo	*to live at someone else's expense, scrounge; eat for free*
mangiare la minestra/la pappa in testa a qualcuno	*to stand head and shoulders above someone*
mangiare la polvere	*to eat dust, be defeated*
mangiare le lucertole	*to be very skinny*
mangiare pane e cipolla	*to have little to eat; live very simply*
mangiare per due/quattro	*to eat like a horse, eat for two*

COMPOUND NOUNS WITH mangia- (all are invariable)

il mangia-e-bevi	*ice-cream sundae*
il mangianastri	*cassette recorder*
il/la mangiapatate	*good-for-nothing* (lit., *one who eats potatoes*)
il mangiaufo	*scrounger; good-for-nothing*

RELATED WORDS

il mangiare	*food*
la mangiata	*a big/hearty/square meal*
il/la mangione	*glutton*
mangiucchiare	*to nibble*

PROVERBS

O mangi questa minestra o ti butti dalla finestra.	*Like it or lump it./Take it or leave it.*
Si mangia per vivere, non si vive per mangiare.	*We eat to live, not live to eat.*

TOP 50 VERBS

irregular *-ēre* verb;
trans. (aux. *avere*)

mantengo · mantenni · mantenuto

Presente · Present

mantengo	manteniamo
mantieni	mantenete
mantiene	mantengono

Imperfetto · Imperfect

mantenevo	mantenevamo
mantenevi	mantenevate
manteneva	mantenevano

Passato remoto · Preterit

mantenni	mantenemmo
mantenesti	manteneste
mantenne	mantennero

Futuro semplice · Future

manterrò	manterremo
manterrai	manterrete
manterrà	manterranno

Condizionale presente · Present conditional

manterrei	manterremmo
manterresti	manterreste
manterrebbe	manterrebbero

Congiuntivo presente · Present subjunctive

mantenga	manteniamo
mantenga	manteniate
mantenga	mantengano

Congiuntivo imperfetto · Imperfect subjunctive

mantenessi	mantenessimo
mantenessi	manteneste
mantenesse	mantenessero

Passato prossimo · Present perfect

ho mantenuto	abbiamo mantenuto
hai mantenuto	avete mantenuto
ha mantenuto	hanno mantenuto

Trapassato prossimo · Past perfect

avevo mantenuto	avevamo mantenuto
avevi mantenuto	avevate mantenuto
aveva mantenuto	avevano mantenuto

Trapassato remoto · Preterit perfect

ebbi mantenuto	avemmo mantenuto
avesti mantenuto	aveste mantenuto
ebbe mantenuto	ebbero mantenuto

Futuro anteriore · Future perfect

avrò mantenuto	avremo mantenuto
avrai mantenuto	avrete mantenuto
avrà mantenuto	avranno mantenuto

Condizionale passato · Perfect conditional

avrei mantenuto	avremmo mantenuto
avresti mantenuto	avreste mantenuto
avrebbe mantenuto	avrebbero mantenuto

Congiuntivo passato · Perfect subjunctive

abbia mantenuto	abbiamo mantenuto
abbia mantenuto	abbiate mantenuto
abbia mantenuto	abbiano mantenuto

Congiuntivo trapassato · Past perfect subjunctive

avessi mantenuto	avessimo mantenuto
avessi mantenuto	aveste mantenuto
avesse mantenuto	avessero mantenuto

Imperativo · Commands

	(non) manteniamo
mantieni (non mantenere)	(non) mantenete
(non) mantenga	(non) mantengano

Participio passato · Past participle mantenuto (-a/-i/-e)

Gerundio · Gerund mantenendo

Usage

L'esercito è stato mandato in quella regione per mantenere la pace.
È importantissimo che voi manteniate la calma.
Chi mantiene la casa mentre sono all'estero?
L'anno scorso mantenevamo due figli agli studi.
È una tradizione di famiglia che abbiamo sempre mantenuta.
Manterremo la parola data, anche se loro non sono stati onesti con noi.

The army has been sent to that region to keep the peace.
It's very important that you stay calm.
Who maintains the house while they're abroad?
Last year we were supporting two children in school.
It's a family tradition that we've always kept up.

We'll keep our word, even though they weren't honest with us.

mantenersi *to stay, remain; last; support oneself, make one's living*

Concetta si mantiene giovane e attiva.
Il tempo si è mantenuto tutta la settimana.
Si manteneva facendo il giardiniere.

Concetta remains young and active.
The weather held for the whole week.
He supported himself by working as a gardener.

mentire   *to lie, tell a lie; fake*

mento/mentisco · mentii · mentito

regular -*ire* verb (optional -*isc*- type);
intrans./(less common) trans. (aux. *avere*)

Presente · Present

mento/mentisco	mentiamo
menti/mentisci	mentite
mente/mentisce	mentono/mentiscono

Imperfetto · Imperfect

mentivo	mentivamo
mentivi	mentivate
mentiva	mentivano

Passato remoto · Preterit

mentii	mentimmo
mentisti	mentiste
mentì	mentirono

Futuro semplice · Future

mentirò	mentiremo
mentirai	mentirete
mentirà	mentiranno

Condizionale presente · Present conditional

mentirei	mentiremmo
mentiresti	mentireste
mentirebbe	mentirebbero

Congiuntivo presente · Present subjunctive

menta/mentisca	mentiamo
menta/mentisca	mentiate
menta/mentisca	mentano/mentiscano

Congiuntivo imperfetto · Imperfect subjunctive

mentissi	mentissimo
mentissi	mentiste
mentisse	mentissero

Passato prossimo · Present perfect

ho mentito	abbiamo mentito
hai mentito	avete mentito
ha mentito	hanno mentito

Trapassato prossimo · Past perfect

avevo mentito	avevamo mentito
avevi mentito	avevate mentito
aveva mentito	avevano mentito

Trapassato remoto · Preterit perfect

ebbi mentito	avemmo mentito
avesti mentito	aveste mentito
ebbe mentito	ebbero mentito

Futuro anteriore · Future perfect

avrò mentito	avremo mentito
avrai mentito	avrete mentito
avrà mentito	avranno mentito

Condizionale passato · Perfect conditional

avrei mentito	avremmo mentito
avresti mentito	avreste mentito
avrebbe mentito	avrebbero mentito

Congiuntivo passato · Perfect subjunctive

abbia mentito	abbiamo mentito
abbia mentito	abbiate mentito
abbia mentito	abbiano mentito

Congiuntivo trapassato · Past perfect subjunctive

avessi mentito	avessimo mentito
avessi mentito	aveste mentito
avesse mentito	avessero mentito

Imperativo · Commands

	(non) mentiamo
menti/mentisci (non mentire)	(non) mentite
(non) menta/mentisca	(non) mentano/mentiscano

Participio passato · Past participle	mentito (-a/-i/-e)
Gerundio · Gerund	mentendo

Usage

Non penso che Pino abbia mentito su questo.	*I don't think Pino lied about that.*
Secondo me sta mentendo spudoratamente.	*If you ask me, he's lying through his teeth.*
Paola ha mentito non solo a loro, ma anche a se stessa.	*Paola lied not only to them, but also to herself.*
È un ragazzo che mentisce sfacciatamente.	*That boy's an arrogant liar.*
— Ti fidi di lui?	*"Do you trust him?"*
— No, sa mentire molto bene.	*"No, he's a very good liar."*
Lei non mentirebbe mai per nessuna ragione.	*She would never lie for any reason.*
Era ovvio che la donna aveva mentito il pianto.	*It was obvious that the woman had faked her tears.*

RELATED EXPRESSIONS

il mentitore/la mentitrice	*liar*
sotto mentite spoglie	*under false pretenses*

irregular -ere verb;
trans./intrans. (aux. *avere*)

metto · misi · messo

Presente · Present		Passato prossimo · Present perfect	
metto	mettiamo	ho messo	abbiamo messo
metti	mettete	hai messo	avete messo
mette	mettono	ha messo	hanno messo

Imperfetto · Imperfect		Trapassato prossimo · Past perfect	
mettevo	mettevamo	avevo messo	avevamo messo
mettevi	mettevate	avevi messo	avevate messo
metteva	mettevano	aveva messo	avevano messo

Passato remoto · Preterit		Trapassato remoto · Preterit perfect	
misi	mettemmo	ebbi messo	avemmo messo
mettesti	metteste	avesti messo	aveste messo
mise	misero	ebbe messo	ebbero messo

Futuro semplice · Future		Futuro anteriore · Future perfect	
metterò	metteremo	avrò messo	avremo messo
metterai	metterete	avrai messo	avrete messo
metterà	metteranno	avrà messo	avranno messo

Condizionale presente · Present conditional		Condizionale passato · Perfect conditional	
metterei	metteremmo	avrei messo	avremmo messo
metteresti	mettereste	avresti messo	avreste messo
metterebbe	metterebbero	avrebbe messo	avrebbero messo

Congiuntivo presente · Present subjunctive		Congiuntivo passato · Perfect subjunctive	
metta	mettiamo	abbia messo	abbiamo messo
metta	mettiate	abbia messo	abbiate messo
metta	mettano	abbia messo	abbiano messo

Congiuntivo imperfetto · Imperfect subjunctive		Congiuntivo trapassato · Past perfect subjunctive	
mettessi	mettessimo	avessi messo	avessimo messo
mettessi	metteste	avessi messo	aveste messo
mettesse	mettessero	avesse messo	avessero messo

Imperativo · Commands

	(non) mettiamo
metti (non mettere)	(non) mettete
(non) metta	(non) mettano

Participio passato · Past participle	messo (-a/-i/-e)
Gerundio · Gerund	mettendo

Usage

Dove hai messo le chiavi?
Cosa ti metterai per la festa?
Metteremo tutte le nostre energie nel progetto,
  ne vale la pena.
Salvatore mise i soldi in banca e non ci pensò più.

Oggi hanno messo l'elettricità a casa sua,
  ma devono ancora mettere il gas.
Questa conversazione sui ristoranti mi ha messo
  fame.
Mettiamo per un momento che loro abbiano ragione.
L'Arno mette nel Mar Ligure.

Where did you put the keys?
What will you put on for the party?
We'll give this project all we've got; it's worth it.

Salvatore deposited the money in the bank and
  didn't think about it anymore.
Today they hooked up the electricity in his house,
  but they still have to hook up the gas.
This conversation about restaurants has made
  me hungry.
Let's suppose for a moment that they're right.
The Arno River flows into the Ligurian Sea.

TOP 50 VERB ☞

305 **mettere** *to put, place, set; stick/put (on), apply; deposit;*
install; cause; suppose; wager; lead/flow (into)

metto · misi · messo

irregular -ere verb;
trans./intrans. (aux. avere)

MORE USAGE SENTENCES WITH **mettere**

Il babbo metteva la bambina a letto ogni sera.	*Every evening the daddy would put his little girl to bed.*
Guardate dove mettete i piedi.	*Be careful where you step.*
Non aveva ancora messo il francobollo sulla cartolina.	*He hadn't put the stamp on the postcard yet.*
Chi ha messo in disordine la mia scrivania?	*Who made a mess of my desk?*
Bisogna solo mettere una firma.	*All you have to do is sign (it).*
Volevo mettere la retromarcia, ma non ha funzionato.	*I wanted to put the car in reverse, but it didn't go.*
Il bambino ha messo un dente.	*The baby cut a tooth.*
Quel commento lo mise proprio in imbarazzo.	*That comment really embarrassed him.*
— Quanto dovrei contribuire per il regalo?	*"How much should I contribute for the present?"*
— Abbiamo deciso di mettere 20 euro a testa.	*"We've decided to put in 20 euros each."*
Gianni ha messo settanta euro sul quindici.	*Gianni bet 70 euros on number 15.*

metterci *to take (time); devote*

— Quanto tempo ci hai messo per arrivare qua?	*"How long did it take you to get here?"*
— Ci ho messo quasi due ore.	*"It took me almost two hours."*
Giulia ce la mette tutta per ottenere buoni voti.	*Giulia does her best to get good grades.*
— Te la sentiresti di andare a vivere in Australia?	*"Would you like to go live in Australia?"*
— Ci metterei la firma subito.	*"I would sign up for it at once."*

mettersi *to put oneself; sit down; turn out; put on; take to, get into; begin, start*

Mi sono messa a letto perché avevo il raffreddore.	*I went to bed because I had a cold.*
Mettiti a tavola. Mangiamo.	*Sit down at the table. Let's eat.*
Vediamo se la situazione si mette bene o male.	*Let's wait and see if the situation goes well or not.*
Non metterti quella gonna che non ti sta bene.	*Don't put that skirt on. It doesn't suit you.*
Penso che Caterina si sia messa in testa che può vincere.	*I think Caterina has got it into her head that she can win.*
Ho sentito dire che Mario e Teresa si sono messi insieme.	*I heard that Mario and Teresa have started dating.*
La bambina si è messa a piangere perché aveva perso la bambola.	*The little girl started crying because she had lost her doll.*

IDIOMATIC EXPRESSIONS

mettere a confronto delle cose/persone	*to compare things/people*
mettere qualcuno al corrente di qualcosa	*to inform someone of something*
mettere in giro dei pettegolezzi	*to spread gossip*
mettere in luce dei problemi	*to highlight problems*
mettere nel sacco qualcuno	*to deceive/cheat someone*
mettere sotto qualcuno	*to get the better of someone, run someone over*
mettere su peso	*to put on weight*
mettere via	*to put away*

PROVERB

Tra moglie e marito non mettere il dito.	*Don't intervene in a quarrel between husband and wife.*

regular *-are* verb;
trans. (aux. *avere*)/intrans. (aux. *essere*, rarely *avere*)

miglioro · migliorai · migliorato

NOTE *Migliorare* is conjugated here with *avere*; when used intransitively, it is usually conjugated with *essere*, but *avere* may be used for the meanings "regain health" and "make progress."

Presente · Present

miglioro	miglioriamo
migliori	migliorate
migliora	migliorano

Passato prossimo · Present perfect

ho migliorato	abbiamo migliorato
hai migliorato	avete migliorato
ha migliorato	hanno migliorato

Imperfetto · Imperfect

miglioravo	miglioravamo
miglioravi	miglioravate
migliorava	miglioravano

Trapassato prossimo · Past perfect

avevo migliorato	avevamo migliorato
avevi migliorato	avevate migliorato
aveva migliorato	avevano migliorato

Passato remoto · Preterit

migliorai	migliorammo
migliorasti	miglioraste
migliorò	migliorarono

Trapassato remoto · Preterit perfect

ebbi migliorato	avemmo migliorato
avesti migliorato	aveste migliorato
ebbe migliorato	ebbero migliorato

Futuro semplice · Future

migliorerò	miglioreremo
migliorerai	migliorerete
migliorerà	miglioreranno

Futuro anteriore · Future perfect

avrò migliorato	avremo migliorato
avrai migliorato	avrete migliorato
avrà migliorato	avranno migliorato

Condizionale presente · Present conditional

migliorerei	miglioreremmo
migliorereti	migliorereste
migliorerebbe	migliorerebbero

Condizionale passato · Perfect conditional

avrei migliorato	avremmo migliorato
avresti migliorato	avreste migliorato
avrebbe migliorato	avrebbero migliorato

Congiuntivo presente · Present subjunctive

migliori	miglioriamo
migliori	miglioriate
migliori	migliorino

Congiuntivo passato · Perfect subjunctive

abbia migliorato	abbiamo migliorato
abbia migliorato	abbiate migliorato
abbia migliorato	abbiano migliorato

Congiuntivo imperfetto · Imperfect subjunctive

migliorassi	migliorassimo
migliorassi	miglioraste
migliorasse	migliorassero

Congiuntivo trapassato · Past perfect subjunctive

avessi migliorato	avessimo migliorato
avessi migliorato	aveste migliorato
avesse migliorato	avessero migliorato

Imperativo · Commands

	(non) miglioriamo
migliora (non migliorare)	(non) migliorate
(non) migliori	(non) migliorino

Participio passato · Past participle	migliorato (-a/-i/-e)
Gerundio · Gerund	migliorando

Usage

Se potessimo migliorare la situazione,
lo faremmo subito.

If we could make the situation better, we would do so immediately.

Il ministro ha migliorato l'insegnamento
universitario introducendo varie misure.

The secretary improved university education by introducing various measures.

Luigi non era molto bravo in matematica,
ma devo ammettere che è migliorato molto.

Luigi wasn't very good in math, but I have to admit he has improved a lot.

Da quando è scesa la febbre, è migliorato
velocemente.

Since he didn't have a fever anymore, he got better quickly.

Il tempo migliorerà parecchio a partire da lunedì.

The weather will improve considerably from Monday on.

migliorarsi *to improve oneself*

Pina non ha nemmeno provato a migliorarsi.

Pina never even tried to become a better person.

misurare *to measure, gauge; try, test; estimate, judge; contain*

misuro · misurai · misurato

regular -*are* verb;
trans./intrans. (aux. *avere*)

Presente · Present

misuro	misuriamo
misuri	misurate
misura	misurano

Imperfetto · Imperfect

misuravo	misuravamo
misuravi	misuravate
misurava	misuravano

Passato remoto · Preterit

misurai	misurammo
misurasti	misuraste
misurò	misurarono

Futuro semplice · Future

misurerò	misureremo
misurerai	misurerete
misurerà	misureranno

Condizionale presente · Present conditional

misurerei	misureremmo
misureresti	misurereste
misurerebbe	misurerebbero

Congiuntivo presente · Present subjunctive

misuri	misuriamo
misuri	misuriate
misuri	misurino

Congiuntivo imperfetto · Imperfect subjunctive

misurassi	misurassimo
misurassi	misuraste
misurasse	misurassero

Imperativo · Commands

	(non) misuriamo
misura (non misurare)	(non) misurate
(non) misuri	(non) misurino

Passato prossimo · Present perfect

ho misurato	abbiamo misurato
hai misurato	avete misurato
ha misurato	hanno misurato

Trapassato prossimo · Past perfect

avevo misurato	avevamo misurato
avevi misurato	avevate misurato
aveva misurato	avevano misurato

Trapassato remoto · Preterit perfect

ebbi misurato	avemmo misurato
avesti misurato	aveste misurato
ebbe misurato	ebbero misurato

Futuro anteriore · Future perfect

avrò misurato	avremo misurato
avrai misurato	avrete misurato
avrà misurato	avranno misurato

Condizionale passato · Perfect conditional

avrei misurato	avremmo misurato
avresti misurato	avreste misurato
avrebbe misurato	avrebbero misurato

Congiuntivo passato · Perfect subjunctive

abbia misurato	abbiamo misurato
abbia misurato	abbiate misurato
abbia misurato	abbiano misurato

Congiuntivo trapassato · Past perfect subjunctive

avessi misurato	avessimo misurato
avessi misurato	aveste misurato
avesse misurato	avessero misurato

Participio passato · Past participle   misurato (-a/-i/-e)

Gerundio · Gerund   misurando

Usage

Avete mai misurato la distanza dalla casa alla stazione?

Have you ever calculated the distance from the house to the station?

Questa stanza misura 5,5 metri per 4,5.

The room measures 5.5 meters by 4.5.

Francesca ha misurato le scarpe, ma erano troppo piccole.

Francesca tried on the shoes, but they were too small.

Si misurerà il valore di ogni oggetto.

The value of every object will be estimated.

Bisogna misurare non solo i vantaggi ma anche gli svantaggi.

We must judge not only the advantages but also the disadvantages.

Misurando le spese la ditta ha potuto evitare il fallimento.

By keeping costs down, the company was able to avoid bankruptcy.

misurarsi *to try on; control oneself; compete (with)*

Mi sono misurata la gonna, ma non l'ho comprata.

I tried on the skirt, but I didn't buy it.

Finalmente Giorgio si è misurato nel bere.

Giorgio was finally able to control his drinking.

Non misurarti con Leonardo. Perderai di sicuro.

Don't compete with Leonardo. You're bound to lose.

irregular *-ire* verb;
intrans. (aux. *essere*)

Presente · Present

muoio	moriamo
muori	morite
muore	muoiono

Imperfetto · Imperfect

morivo	morivamo
morivi	morivate
moriva	morivano

Passato remoto · Preterit

morii	morimmo
moristi	moriste
morì	morirono

Futuro semplice · Future

mor(i)rò	mor(i)remo
mor(i)rai	mor(i)rete
mor(i)rà	mor(i)ranno

Condizionale presente · Present conditional

mor(i)rei	mor(i)remmo
mor(i)resti	mor(i)reste
mor(i)rebbe	mor(i)rebbero

Congiuntivo presente · Present subjunctive

muoia	moriamo
muoia	moriate
muoia	muoiano

Congiuntivo imperfetto · Imperfect subjunctive

morissi	morissimo
morissi	moriste
morisse	morissero

Imperativo · Commands

	(non) moriamo
muori (non morire)	(non) morite
(non) muoia	(non) muoiano

Passato prossimo · Present perfect

sono morto (-a)	siamo morti (-e)
sei morto (-a)	siete morti (-e)
è morto (-a)	sono morti (-e)

Trapassato prossimo · Past perfect

ero morto (-a)	eravamo morti (-e)
eri morto (-a)	eravate morti (-e)
era morto (-a)	erano morti (-e)

Trapassato remoto · Preterit perfect

fui morto (-a)	fummo morti (-e)
fosti morto (-a)	foste morti (-e)
fu morto (-a)	furono morti (-e)

Futuro anteriore · Future perfect

sarò morto (-a)	saremo morti (-e)
sarai morto (-a)	sarete morti (-e)
sarà morto (-a)	saranno morti (-e)

Condizionale passato · Perfect conditional

sarei morto (-a)	saremmo morti (-e)
saresti morto (-a)	sareste morti (-e)
sarebbe morto (-a)	sarebbero morti (-e)

Congiuntivo passato · Perfect subjunctive

sia morto (-a)	siamo morti (-e)
sia morto (-a)	siate morti (-e)
sia morto (-a)	siano morti (-e)

Congiuntivo trapassato · Past perfect subjunctive

fossi morto (-a)	fossimo morti (-e)
fossi morto (-a)	foste morti (-e)
fosse morto (-a)	fossero morti (-e)

Participio passato · Past participle   morto (-a/-i/-e)

Gerundio · Gerund   morendo

Usage

No so se sia morto a casa o in ospedale.	*I don't know if he died at home or in the hospital.*
— Com'è morta?	*"How did she die?"*
— È morta assassinata.	*"She was murdered."*
Il cantante morì giovane, dopo una breve malattia.	*The singer died young after a brief illness.*
Migliaia di soldati morirono nella guerra.	*Thousands of soldiers died in the war.*
La luce sta morendo. Sbrighiamoci.	*The light is fading. Let's hurry.*
Il fuoco nel camino era morto da alcune ore.	*The fire in the fireplace had died out a couple of hours before.*
La speranza di trovarli vivi moriva lentamente.	*Hope of finding them alive was slowly fading.*
Sergio è un ragazzo molto buffo. Ti fa morire dal ridere.	*Sergio is a very funny guy. He practically makes you die laughing.*

TOP 50 VERB ☞

morire *to die; fade, die out, come to an end; vanish; almost die*

muoio · morii · morto

irregular -*ire* verb;
intrans. (aux. *essere*)

MORE USAGE SENTENCES WITH **morire**

Che io muoia se non dico la verità!	*Cross my heart and hope to die!*
La città sta morendo perché tutte le imprese si sono trasferite in altre città.	*The city is dying because all the businesses have moved to other cities.*
La conversazione morì dopo alcuni minuti.	*The conversation stopped dead after a few minutes.*
Alla notizia si è sentito morire.	*He nearly died when he heard the news.*
Il freddo farà morire i miei fiori.	*The cold weather will kill my flowers.*
Ho paura che mi moriranno le parole.	*I'm afraid words will fail me.*
Il fiume muore nel mare.	*The river flows into the sea.*

morire da/di/per

morire dal ridere	*to die laughing*
morire dal/di sonno	*to be dead tired*
morire di caldo	*to be very hot*
morire di dolore	*to die of a broken heart*
morire di fame	*to starve to death; be starving*
morire di freddo	*to freeze to death; be frozen (stiff)*
morire di noia	*to be bored to tears*
morire di rabbia	*to be seething with anger*
morire di sete	*to die of thirst*
Quanti sono pronti a morire per la patria?	*How many people are ready to die for the fatherland?*
Molti sono morti per il freddo.	*Many people died from the cold.*

IDIOMATIC EXPRESSIONS

Chi non muore si rivede!	*Look who's here!/Fancy meeting you again!* (after all this time)
Ho una fame da morire. Cosa si mangia?	*I'm starving. What are we having?*
Non sapevamo di che morte morire.	*We didn't know what to do.*
È una ragazza bella da morire.	*The girl is drop-dead gorgeous.*
Morivano dalla voglia di nuotare.	*They were dying to go swimming.*
Angela muore dietro quello scemo di Antonio.	*Angela is hopelessly in love with that fool Antonio.*
Non moriresti d'invidia?	*Wouldn't you be green with envy?*
Morto un papa, se ne fa un altro.	*The king is dead. Long live the king.*
Meglio/Peggio di così si muore.	*Things couldn't be better/worse.*

RELATED EXPRESSIONS

la morte	*death*
la condanna a morte	*death sentence*
ferito(-a) a morte	*fatally injured, mortally wounded*
avere la morte nel cuore	*to have a heavy heart*
il moribondo/la moribonda	*dying man/woman*
il morto/la morta	*dead man/woman*
il giorno dei morti	*All Souls' Day*

PROVERBS

Lasciate che i morti seppelliscano i (loro) morti.	*Let the dead bury the(ir) dead.*
Non vendere la pelle dell'orso prima che sia morto.	*Don't count your chickens before they hatch.*

regular -are verb;
trans./intrans. (aux. *avere*)

Presente · Present		Passato prossimo · Present perfect	
mostro	mostriamo	ho mostrato	abbiamo mostrato
mostri	mostrate	hai mostrato	avete mostrato
mostra	mostrano	ha mostrato	hanno mostrato

Imperfetto · Imperfect		Trapassato prossimo · Past perfect	
mostravo	mostravamo	avevo mostrato	avevamo mostrato
mostravi	mostravate	avevi mostrato	avevate mostrato
mostrava	mostravano	aveva mostrato	avevano mostrato

Passato remoto · Preterit		Trapassato remoto · Preterit perfect	
mostrai	mostrammo	ebbi mostrato	avemmo mostrato
mostrasti	mostraste	avesti mostrato	aveste mostrato
mostrò	mostrarono	ebbe mostrato	ebbero mostrato

Futuro semplice · Future		Futuro anteriore · Future perfect	
mostrerò	mostreremo	avrò mostrato	avremo mostrato
mostrerai	mostrerete	avrai mostrato	avrete mostrato
mostrerà	mostreranno	avrà mostrato	avranno mostrato

Condizionale presente · Present conditional		Condizionale passato · Perfect conditional	
mostrerei	mostreremmo	avrei mostrato	avremmo mostrato
mostreresti	mostrereste	avresti mostrato	avreste mostrato
mostrerebbe	mostrerebbero	avrebbe mostrato	avrebbero mostrato

Congiuntivo presente · Present subjunctive		Congiuntivo passato · Perfect subjunctive	
mostri	mostriamo	abbia mostrato	abbiamo mostrato
mostri	mostriate	abbia mostrato	abbiate mostrato
mostri	mostrino	abbia mostrato	abbiano mostrato

Congiuntivo imperfetto · Imperfect subjunctive		Congiuntivo trapassato · Past perfect subjunctive	
mostrassi	mostrassimo	avessi mostrato	avessimo mostrato
mostrassi	mostraste	avessi mostrato	aveste mostrato
mostrasse	mostrassero	avesse mostrato	avessero mostrato

Imperativo · Commands	
	(non) mostriamo
mostra (non mostrare)	(non) mostrate
(non) mostri	(non) mostrino

Participio passato · Past participle	mostrato (-a/-i/-e)
Gerundio · Gerund	mostrando

Usage

Gianni mi ha mostrato con orgoglio la sua nuova macchina.	*Gianni proudly showed me his new car.*
Mi mostrerai la strada?	*Will you give me directions?*
Te li ha mostrati a dito?	*Did he point them out to you?*
Non mostra nessuna emozione.	*He doesn't display any emotion.*
Ci mostrava come funzionava la pressa tipografica.	*He was giving us a demonstration of how the printing press works.*
Mostrò di leggere il giornale.	*He pretended to be reading the newspaper.*

mostrarsi *to appear (to be); feign*

Non si sono mostrati in pubblico.	*They didn't appear in public.*
Si mostravano contenti.	*They appeared to be happy.*
Si mostrò all'oscuro degli avvenimenti.	*She feigned ignorance of what happened.*

muovere *to move, advance*

muovo · mossi · mosso

irregular *-ere* verb;
trans. (aux. *avere*)/intrans. (aux. *avere* or *essere*)

NOTES *Muovere* is conjugated here with *avere*; when used intransitively, it may be conjugated with *avere* or *essere*—see p. 22 for details.
Use of the optional *u* in the forms below is not considered standard, but it is becoming more frequent.

Presente · Present

muovo	m(u)oviamo
muovi	m(u)ovete
muove	muovono

Imperfetto · Imperfect

m(u)ovevo	m(u)ovevamo
m(u)ovevi	m(u)ovevate
m(u)oveva	m(u)ovevano

Passato remoto · Preterit

mossi	m(u)ovemmo
m(u)ovesti	m(u)oveste
mosse	mossero

Futuro semplice · Future

m(u)overò	m(u)overemo
m(u)overai	m(u)overete
m(u)overà	m(u)overanno

Condizionale presente · Present conditional

m(u)overei	m(u)overemmo
m(u)overesti	m(u)overeste
m(u)overebbe	m(u)overebbero

Congiuntivo presente · Present subjunctive

muova	m(u)oviamo
muova	m(u)oviate
muova	muovano

Congiuntivo imperfetto · Imperfect subjunctive

m(u)ovessi	m(u)ovessimo
m(u)ovessi	m(u)oveste
m(u)ovesse	m(u)ovessero

Passato prossimo · Present perfect

ho mosso	abbiamo mosso
hai mosso	avete mosso
ha mosso	hanno mosso

Trapassato prossimo · Past perfect

avevo mosso	avevamo mosso
avevi mosso	avevate mosso
aveva mosso	avevano mosso

Trapassato remoto · Preterit perfect

ebbi mosso	avemmo mosso
avesti mosso	aveste mosso
ebbe mosso	ebbero mosso

Futuro anteriore · Future perfect

avrò mosso	avremo mosso
avrai mosso	avrete mosso
avrà mosso	avranno mosso

Condizionale passato · Perfect conditional

avrei mosso	avremmo mosso
avresti mosso	avreste mosso
avrebbe mosso	avrebbero mosso

Congiuntivo passato · Perfect subjunctive

abbia mosso	abbiamo mosso
abbia mosso	abbiate mosso
abbia mosso	abbiano mosso

Congiuntivo trapassato · Past perfect subjunctive

avessi mosso	avessimo mosso
avessi mosso	aveste mosso
avesse mosso	avessero mosso

Imperativo · Commands

	(non) m(u)oviamo
muovi (non muovere)	(non) m(u)ovete
(non) muova	(non) muovano

Participio passato · Past participle mosso (-a/-i/-e)

Gerundio · Gerund m(u)ovendo

Usage

Non muovere il piede.	*Don't move your foot.*
Mosse un'accusa contro il direttore della società.	*He made an accusation against the head of the company.*
L'opera l'ha mossa al pianto.	*The opera moved her to tears.*
La donna muoveva verso di me.	*The woman was moving toward me.*

muoversi *to stir; hurry (up), get going; take action; be moved*

Dobbiamo partire subito. Muoviti!	*We have to leave right now. Hurry up!*
Dovresti muoverti e trovarti un appartamento.	*You should get going and find yourself an apartment.*
La nostra organizzazione si muoverà in aiuto delle persone indigenti.	*Our organization will take action to help the needy.*
Angelo si mosse a compassione per il mio dolore.	*Angelo was moved to pity because of my pain.*

irregular *-ere* verb;
intrans. (aux. *essere*)

nasco · nacqui · nato

Presente · Present

nasco	nasciamo
nasci	nascete
nasce	nascono

Passato prossimo · Present perfect

sono nato (-a)	siamo nati (-e)
sei nato (-a)	siete nati (-e)
è nato (-a)	sono nati (-e)

Imperfetto · Imperfect

nascevo	nascevamo
nascevi	nascevate
nasceva	nascevano

Trapassato prossimo · Past perfect

ero nato (-a)	eravamo nati (-e)
eri nato (-a)	eravate nati (-e)
era nato (-a)	erano nati (-e)

Passato remoto · Preterit

nacqui	nascemmo
nascesti	nasceste
nacque	nacquero

Trapassato remoto · Preterit perfect

fui nato (-a)	fummo nati (-e)
fosti nato (-a)	foste nati (-e)
fu nato (-a)	furono nati (-e)

Futuro semplice · Future

nascerò	nasceremo
nascerai	nascerete
nascerà	nasceranno

Futuro anteriore · Future perfect

sarò nato (-a)	saremo nati (-e)
sarai nato (-a)	sarete nati (-e)
sarà nato (-a)	saranno nati (-e)

Condizionale presente · Present conditional

nascerei	nasceremmo
nasceresti	nascereste
nascerebbe	nascerebbero

Condizionale passato · Perfect conditional

sarei nato (-a)	saremmo nati (-e)
saresti nato (-a)	sareste nati (-e)
sarebbe nato (-a)	sarebbero nati (-e)

Congiuntivo presente · Present subjunctive

nasca	nasciamo
nasca	nasciate
nasca	nascano

Congiuntivo passato · Perfect subjunctive

sia nato (-a)	siamo nati (-e)
sia nato (-a)	siate nati (-e)
sia nato (-a)	siano nati (-e)

Congiuntivo imperfetto · Imperfect subjunctive

nascessi	nascessimo
nascessi	nasceste
nascesse	nascessero

Congiuntivo trapassato · Past perfect subjunctive

fossi nato (-a)	fossimo nati (-e)
fossi nato (-a)	foste nati (-e)
fosse nato (-a)	fossero nati (-e)

Imperativo · Commands

	(non) nasciamo
nasci (non nascere)	(non) nascete
(non) nasca	(non) nascano

Participio passato · Past participle   nato (-a/-i/-e)

Gerundio · Gerund   nascendo

Usage

Mio nonno nacque nell'Ottocento e morì nel Novecento.	*My grandfather was born in the nineteenth century and died in the twentieth.*
Mi nacque un dubbio sulla verità di quello che mi aveva detto.	*I was starting to doubt the truthfulness of what he had told me.*
Quali grandi fiumi nascono nelle Alpi?	*Which large rivers have their source in the Alps?*
L'erba nasce facilmente a condizione che piova.	*Grass sprouts easily as long as it rains.*
Al piccolo Enrico è nato il primo dentino.	*Little Enrico's first baby tooth came in.*
L'idea di scrivere un libro sulle sue avventure nacque molti anni fa.	*The idea to write a book about his adventures was hatched many years ago.*
Poco dopo è nato il problema legale.	*A little later the legal problem popped up.*
Da cosa nasce cosa. (PROVERB)	*One thing leads to another.*

RELATED EXPRESSION

Anna Maria è nata con la camicia.	*Anna Maria is a very lucky girl.*

nascondere *to hide, conceal*

nascondo · nascosi · nascosto

irregular -*ere* verb;
trans. (aux. *avere*)

Presente · Present		Passato prossimo · Present perfect	
nascondo	nascondiamo	ho nascosto	abbiamo nascosto
nascondi	nascondete	hai nascosto	avete nascosto
nasconde	nascondono	ha nascosto	hanno nascosto

Imperfetto · Imperfect		Trapassato prossimo · Past perfect	
nascondevo	nascondevamo	avevo nascosto	avevamo nascosto
nascondevi	nascondevate	avevi nascosto	avevate nascosto
nascondeva	nascondevano	aveva nascosto	avevano nascosto

Passato remoto · Preterit		Trapassato remoto · Preterit perfect	
nascosi	nascondemmo	ebbi nascosto	avemmo nascosto
nascondesti	nascondeste	avesti nascosto	aveste nascosto
nascose	nascosero	ebbe nascosto	ebbero nascosto

Futuro semplice · Future		Futuro anteriore · Future perfect	
nasconderò	nasconderemo	avrò nascosto	avremo nascosto
nasconderai	nasconderete	avrai nascosto	avrete nascosto
nasconderà	nasconderanno	avrà nascosto	avranno nascosto

Condizionale presente · Present conditional		Condizionale passato · Perfect conditional	
nasconderei	nasconderemmo	avrei nascosto	avremmo nascosto
nasconderesti	nascondereste	avresti nascosto	avreste nascosto
nasconderebbe	nasconderebbero	avrebbe nascosto	avrebbero nascosto

Congiuntivo presente · Present subjunctive		Congiuntivo passato · Perfect subjunctive	
nasconda	nascondiamo	abbia nascosto	abbiamo nascosto
nasconda	nascondiate	abbia nascosto	abbiate nascosto
nasconda	nascondano	abbia nascosto	abbiano nascosto

Congiuntivo imperfetto · Imperfect subjunctive		Congiuntivo trapassato · Past perfect subjunctive	
nascondessi	nascondessimo	avessi nascosto	avessimo nascosto
nascondessi	nascondeste	avessi nascosto	aveste nascosto
nascondesse	nascondessero	avesse nascosto	avessero nascosto

Imperativo · Commands

	(non) nascondiamo
nascondi (non nascondere)	(non) nascondete
(non) nasconda	(non) nascondano

Participio passato · Past participle	nascosto (-a/-i/-e)
Gerundio · Gerund	nascondendo

Usage

Dove avrà nascosto il regalo?	*Where would she have hidden the present?*
Purtroppo gli alberi nascondono la vista dell'oceano.	*Unfortunately the trees conceal the view of the ocean.*
Non ho niente da nascondere.	*I have nothing to hide.*
Non nascose che gli spiaceva di dover partire.	*He made no secret of the fact that he was sorry he had to leave.*
Pensi che nasconderanno la verità?	*Do you think they'll hide the truth?*
Perché ha nascosto il viso con una sciarpa?	*Why did he hide his face with a scarf?*

nascondersi *to hide, be hidden*

Il sole si nascondeva dietro le nuvole tutto il giorno.	*The sun was hiding behind clouds all day long.*
Il bambino si era nascosto dietro il muro.	*The little boy was hidden behind the wall.*
Giochiamo a nascondersi!	*Let's play hide-and-seek!*

regular -*are* verb, third-person singular only, *c > ch/e, i*;
impers. (aux. *avere* or *essere*)

NOTE *Nevicare* is conjugated here with *essere*; it may also be conjugated with *avere*—see p. 22
for details.

Presente · Present	Passato prossimo · Present perfect
nevica	è nevicato
Imperfetto · Imperfect	Trapassato prossimo · Past perfect
nevicava	era nevicato
Passato remoto · Preterit	Trapassato remoto · Preterit perfect
nevicò	fu nevicato
Futuro semplice · Future	Futuro anteriore · Future perfect
nevicherà	sarà nevicato
Condizionale presente · Present conditional	Condizionale passato · Perfect conditional
nevicherebbe	sarebbe nevicato
Congiuntivo presente · Present subjunctive	Congiuntivo passato · Perfect subjunctive
nevichi	sia nevicato
Congiuntivo imperfetto · Imperfect subjunctive	Congiuntivo trapassato · Past perfect subjunctive
nevicasse	fosse nevicato
Imperativo · Commands	
—	

Participio passato · Past participle	nevicato
Gerundio · Gerund	nevicando

Usage

Ha nevicato fitto per alcune ore.	*It snowed steadily for a couple of hours.*
Nevicava a larghe falde.	*The snow was coming down in big flakes.*
Ci chiediamo quando nevicherà da noi.	*We're asking ourselves when it will snow here.*
Sta nevicando solo nella parte meridionale del paese.	*It's snowing only in the southern part of the country.*
È nevicato nelle Dolomiti settentrionali.	*It snowed in the northern Dolomites.*
Non ne vuole sapere di nevicare.	*It doesn't look like it's going to snow.*
Sta per nevicare.	*It looks like snow.*

RELATED EXPRESSIONS

Biancaneve	*Snow White*
la neve	*snow*
montare a neve	*to whip/beat* (egg whites)
bianco come la neve	*as white as snow*
il fiocco di neve	*snowflake*
la palla di neve	*snowball*
il pupazzo di neve	*snowman*
la nevicata	*snowfall*
il nevischio	*sleet*
nevoso (-a)	*snowy; snow-covered*

noleggiare *to rent; rent out; charter*

noleggio · noleggiai · noleggiato

regular -*are* verb, *gi* > *g/e, i*;
trans. (aux. *avere*)

Presente · Present

noleggio	noleggiamo
noleggi	noleggiate
noleggia	noleggiano

Imperfetto · Imperfect

noleggiavo	noleggiavamo
noleggiavi	noleggiavate
noleggiava	noleggiavano

Passato remoto · Preterit

noleggiai	noleggiammo
noleggiasti	noleggiaste
noleggiò	noleggiarono

Futuro semplice · Future

noleggerò	noleggeremo
noleggerai	noleggerete
noleggerà	noleggeranno

Condizionale presente · Present conditional

noleggerei	noleggeremmo
noleggeresti	noleggereste
noleggerebbe	noleggerebbero

Congiuntivo presente · Present subjunctive

noleggi	noleggiamo
noleggi	noleggiate
noleggi	noleggino

Congiuntivo imperfetto · Imperfect subjunctive

noleggiassi	noleggiassimo
noleggiassi	noleggiaste
noleggiasse	noleggiassero

Passato prossimo · Present perfect

ho noleggiato	abbiamo noleggiato
hai noleggiato	avete noleggiato
ha noleggiato	hanno noleggiato

Trapassato prossimo · Past perfect

avevo noleggiato	avevamo noleggiato
avevi noleggiato	avevate noleggiato
aveva noleggiato	avevano noleggiato

Trapassato remoto · Preterit perfect

ebbi noleggiato	avemmo noleggiato
avesti noleggiato	aveste noleggiato
ebbe noleggiato	ebbero noleggiato

Futuro anteriore · Future perfect

avrò noleggiato	avremo noleggiato
avrai noleggiato	avrete noleggiato
avrà noleggiato	avranno noleggiato

Condizionale passato · Perfect conditional

avrei noleggiato	avremmo noleggiato
avresti noleggiato	avreste noleggiato
avrebbe noleggiato	avrebbero noleggiato

Congiuntivo passato · Perfect subjunctive

abbia noleggiato	abbiamo noleggiato
abbia noleggiato	abbiate noleggiato
abbia noleggiato	abbiano noleggiato

Congiuntivo trapassato · Past perfect subjunctive

avessi noleggiato	avessimo noleggiato
avessi noleggiato	aveste noleggiato
avesse noleggiato	avessero noleggiato

Imperativo · Commands

	(non) noleggiamo
noleggia (non noleggiare)	(non) noleggiate
(non) noleggi	(non) noleggino

Participio passato · Past participle   noleggiato (-a/-i/-e)

Gerundio · Gerund   noleggiando

Usage

Abbiamo noleggiato una macchina per una settimana.	*We rented a car for a week.*
Noleggerò una bicicletta se sarà necessario.	*I'll rent a bicycle if necessary.*
Dovrò noleggiare lo smoking, perché non ne possiedo uno.	*I'll have to rent a tuxedo because I don't own one.*
Noleggiamo un video stasera.	*Let's rent a video tonight.*
La ditta che noleggiava dei mobili non esiste più.	*The shop that rented out furniture doesn't exist anymore.*
Vorrei noleggiare la barca a vela "Tempesta" per la prima settimana di luglio.	*I would like to charter the sailboat "Tempesta" for the first week of July.*

RELATED EXPRESSIONS

il noleggio	*rental; charter; rental shop*
prendere/dare a noleggio	*to rent out*
il noleggiatore/la noleggiatrice	*renter*

regular -*are* verb;
trans. (aux. *avere*)

noto · notai · notato

Presente · Present

noto	notiamo
noti	notate
nota	notano

Imperfetto · Imperfect

notavo	notavamo
notavi	notavate
notava	notavano

Passato remoto · Preterit

notai	notammo
notasti	notaste
notò	notarono

Futuro semplice · Future

noterò	noteremo
noterai	noterete
noterà	noteranno

Condizionale presente · Present conditional

noterei	noteremmo
noteresti	notereste
noterebbe	noterebbero

Congiuntivo presente · Present subjunctive

noti	notiamo
noti	notiate
noti	notino

Congiuntivo imperfetto · Imperfect subjunctive

notassi	notassimo
notassi	notaste
notasse	notassero

Imperativo · Commands

	(non) notiamo
nota (non notare)	(non) notate
(non) noti	(non) notino

Participio passato · Past participle   notato (-a/-i/-e)

Gerundio · Gerund   notando

Passato prossimo · Present perfect

ho notato	abbiamo notato
hai notato	avete notato
ha notato	hanno notato

Trapassato prossimo · Past perfect

avevo notato	avevamo notato
avevi notato	avevate notato
aveva notato	avevano notato

Trapassato remoto · Preterit perfect

ebbi notato	avemmo notato
avesti notato	aveste notato
ebbe notato	ebbero notato

Futuro anteriore · Future perfect

avrò notato	avremo notato
avrai notato	avrete notato
avrà notato	avranno notato

Condizionale passato · Perfect conditional

avrei notato	avremmo notato
avresti notato	avreste notato
avrebbe notato	avrebbero notato

Congiuntivo passato · Perfect subjunctive

abbia notato	abbiamo notato
abbia notato	abbiate notato
abbia notato	abbiano notato

Congiuntivo trapassato · Past perfect subjunctive

avessi notato	avessimo notato
avessi notato	aveste notato
avesse notato	avessero notato

Usage

Il poliziotto chiese: "Avete per caso notato qualcosa di strano"?

The police officer asked, "Did you maybe notice something odd?"

Il professore ha fatto loro notare che l'esame era obbligatorio.

The professor pointed out to them that the exam was obligatory.

È una ragazza a cui non piace farsi notare.

She's a girl who doesn't like to attract attention.

Notate bene che non avete il permesso di uscire dopo le ventidue.

Please note that you're not allowed to go out after 10 P.M.

Hai notato tutto?

Did you write everything down?

L'insegnante stava notando in rosso tutti gli errori sul mio foglio.

The teacher was marking all the errors on my paper in red.

È da notare che non si sa se sia stato un incidente.

Let me stress that we don't know if it was an accident.

nuocere *to harm, injure, damage*

n(u)occio · nocqui · n(u)ociuto

irregular *-ere* verb;
intrans. (aux. *avere*)

Presente · Present

n(u)occio	n(u)ociamo
nuoci	n(u)ocete
nuoce	n(u)occiono

Imperfetto · Imperfect

n(u)ocevo	n(u)ocevamo
n(u)ocevi	n(u)ocevate
n(u)oceva	n(u)ocevano

Passato remoto · Preterit

nocqui	n(u)ocemmo
n(u)ocesti	n(u)oceste
nocque	nocquero

Futuro semplice · Future

n(u)ocerò	n(u)oceremo
n(u)ocerai	n(u)ocerete
n(u)ocerà	n(u)oceranno

Condizionale presente · Present conditional

n(u)ocerei	n(u)oceremmo
n(u)oceresti	n(u)ocereste
n(u)ocerebbe	n(u)ocerebbero

Congiuntivo presente · Present subjunctive

n(u)occia	n(u)ociamo
n(u)occia	n(u)ociate
n(u)occia	n(u)occiano

Congiuntivo imperfetto · Imperfect subjunctive

n(u)ocessi	n(u)ocessimo
n(u)ocessi	n(u)oceste
n(u)ocesse	n(u)ocessero

Passato prossimo · Present perfect

ho n(u)ociuto	abbiamo n(u)ociuto
hai n(u)ociuto	avete n(u)ociuto
ha n(u)ociuto	hanno n(u)ociuto

Trapassato prossimo · Past perfect

avevo n(u)ociuto	avevamo n(u)ociuto
avevi n(u)ociuto	avevate n(u)ociuto
aveva n(u)ociuto	avevano n(u)ociuto

Trapassato remoto · Preterit perfect

ebbi n(u)ociuto	avemmo n(u)ociuto
avesti n(u)ociuto	aveste n(u)ociuto
ebbe n(u)ociuto	ebbero n(u)ociuto

Futuro anteriore · Future perfect

avrò n(u)ociuto	avremo n(u)ociuto
avrai n(u)ociuto	avrete n(u)ociuto
avrà n(u)ociuto	avranno n(u)ociuto

Condizionale passato · Perfect conditional

avrei n(u)ociuto	avremmo n(u)ociuto
avresti n(u)ociuto	avreste n(u)ociuto
avrebbe n(u)ociuto	avrebbero n(u)ociuto

Congiuntivo passato · Perfect subjunctive

abbia n(u)ociuto	abbiamo n(u)ociuto
abbia n(u)ociuto	abbiate n(u)ociuto
abbia n(u)ociuto	abbiano n(u)ociuto

Congiuntivo trapassato · Past perfect subjunctive

avessi n(u)ociuto	avessimo n(u)ociuto
avessi n(u)ociuto	aveste n(u)ociuto
avesse n(u)ociuto	avessero n(u)ociuto

Imperativo · Commands

	(non) n(u)ociamo
nuoci (non nuocere)	(non) n(u)ocete
(non) n(u)occia	(non) n(u)occiano

Participio passato · Past participle	n(u)ociuto (-a/-i/-e)
Gerundio · Gerund	n(u)ocendo

Usage

Il buco nell'ozono nuoce gravemente alla terra?	*Is the hole in the ozone layer very harmful to the earth?*
Le sigarette che non nocciono alla salute non esistono.	*Cigarettes that aren't damaging to your health don't exist.*
Il gelo nocque al raccolto di pesche.	*The frost damaged the peach crop.*
È possibile che i nuovi aerosol non nuocciano all'ambiente?	*Is it possible that the new aerosols don't harm the environment?*
Quell'affare ha nociuto alla sua carriera.	*That affair hurt his career.*
Quelle storie nocevano ai nostri interessi.	*Those stories were damaging to our interests.*
Tentar non nuoce. (PROVERB)	*It doesn't hurt to try./There's no harm in trying.*
Non tutto il male vien per nuocere. (PROVERB)	*Every cloud has a silver lining.*

RELATED WORD

nocivo(-a)	*harmful*

regular *-are* verb;
intrans./trans. (aux. *avere*)

Presente · Present

nuoto	nuotiamo
nuoti	nuotate
nuota	nuotano

Imperfetto · Imperfect

nuotavo	nuotavamo
nuotavi	nuotavate
nuotava	nuotavano

Passato remoto · Preterit

nuotai	nuotammo
nuotasti	nuotaste
nuotò	nuotarono

Futuro semplice · Future

nuoterò	nuoteremo
nuoterai	nuoterete
nuoterà	nuoteranno

Condizionale presente · Present conditional

nuoterei	nuoteremmo
nuoteresti	nuotereste
nuoterebbe	nuoterebbero

Congiuntivo presente · Present subjunctive

nuoti	nuotiamo
nuoti	nuotiate
nuoti	nuotino

Congiuntivo imperfetto · Imperfect subjunctive

nuotassi	nuotassimo
nuotassi	nuotaste
nuotasse	nuotassero

Imperativo · Commands

	(non) nuotiamo
nuota (non nuotare)	(non) nuotate
(non) nuoti	(non) nuotino

Participio passato · Past participle	nuotato (-a/-i/-e)
Gerundio · Gerund	nuotando

Passato prossimo · Present perfect

ho nuotato	abbiamo nuotato
hai nuotato	avete nuotato
ha nuotato	hanno nuotato

Trapassato prossimo · Past perfect

avevo nuotato	avevamo nuotato
avevi nuotato	avevate nuotato
aveva nuotato	avevano nuotato

Trapassato remoto · Preterit perfect

ebbi nuotato	avemmo nuotato
avesti nuotato	aveste nuotato
ebbe nuotato	ebbero nuotato

Futuro anteriore · Future perfect

avrò nuotato	avremo nuotato
avrai nuotato	avrete nuotato
avrà nuotato	avranno nuotato

Condizionale passato · Perfect conditional

avrei nuotato	avremmo nuotato
avresti nuotato	avreste nuotato
avrebbe nuotato	avrebbero nuotato

Congiuntivo passato · Perfect subjunctive

abbia nuotato	abbiamo nuotato
abbia nuotato	abbiate nuotato
abbia nuotato	abbiano nuotato

Congiuntivo trapassato · Past perfect subjunctive

avessi nuotato	avessimo nuotato
avessi nuotato	aveste nuotato
avesse nuotato	avessero nuotato

Usage

Luigi non sa nuotare.	*Luigi can't swim.*
I bambini imparano a nuotare a rana ma non sul dorso.	*The children learn to swim the breaststroke but not the backstroke.*
Ho nuotato i 400 metri in meno di quattro minuti per la prima volta.	*I swam the 400 meters in under four minutes for the first time.*
Quando hai imparato a nuotare a farfalla?	*When did you learn to swim the butterfly stroke?*
La mosca stava nuotando nella zuppa.	*The fly was floating in the soup.*
Cinzia nuotava nei vestiti perché era dimagrita di 10 chili.	*Cinzia was swimming in her clothes because she'd lost 10 kilograms.*
Ho sentito dire che nuotano nell'oro.	*I've heard that they're rolling in money.*
Che caldo! Nuoto nel sudore.	*It's so hot! I'm covered with sweat.*
Quando l'acqua tocca il sedere, si impara a nuotare. (PROVERB)	*When the water's up to your bottom, you learn to swim.*

obbligare *to oblige, force, require*

obbligo · obbligai · obbligato

regular -are verb, *g* > *gh/e, i*;
trans. (aux. *avere*)

Presente · Present

obbligo	obblighiamo
obblighi	obbligate
obbliga	obbligano

Imperfetto · Imperfect

obbligavo	obbligavamo
obbligavi	obbligavate
obbligava	obbligavano

Passato remoto · Preterit

obbligai	obbligammo
obbligasti	obbligaste
obbligò	obbligarono

Futuro semplice · Future

obbligherò	obbligheremo
obbligherai	obbligherete
obbligherà	obbligheranno

Condizionale presente · Present conditional

obbligherei	obbligheremmo
obbligheresti	obblighereste
obbligherebbe	obbligherebbero

Congiuntivo presente · Present subjunctive

obblighi	obblighiamo
obblighi	obblighiate
obblighi	obblighino

Congiuntivo imperfetto · Imperfect subjunctive

obbligassi	obbligassimo
obbligassi	obbligaste
obbligasse	obbligassero

Passato prossimo · Present perfect

ho obbligato	abbiamo obbligato
hai obbligato	avete obbligato
ha obbligato	hanno obbligato

Trapassato prossimo · Past perfect

avevo obbligato	avevamo obbligato
avevi obbligato	avevate obbligato
aveva obbligato	avevano obbligato

Trapassato remoto · Preterit perfect

ebbi obbligato	avemmo obbligato
avesti obbligato	aveste obbligato
ebbe obbligato	ebbero obbligato

Futuro anteriore · Future perfect

avrò obbligato	avremo obbligato
avrai obbligato	avrete obbligato
avrà obbligato	avranno obbligato

Condizionale passato · Perfect conditional

avrei obbligato	avremmo obbligato
avresti obbligato	avreste obbligato
avrebbe obbligato	avrebbero obbligato

Congiuntivo passato · Perfect subjunctive

abbia obbligato	abbiamo obbligato
abbia obbligato	abbiate obbligato
abbia obbligato	abbiano obbligato

Congiuntivo trapassato · Past perfect subjunctive

avessi obbligato	avessimo obbligato
avessi obbligato	aveste obbligato
avesse obbligato	avessero obbligato

Imperativo · Commands

	(non) obblighiamo
obbliga (non obbligare)	(non) obbligate
(non) obblighi	(non) obblighino

Participio passato · Past participle	obbligato (-a/-i/-e)
Gerundio · Gerund	obbligando

Usage

Sono obbligati a vendere la casa.	*They're obliged to sell the house.*
La coscienza mi obbligò a dire la verità.	*My conscience forced me to tell the truth.*
Nessuno ti obbligherà a studiare.	*Nobody will force you to study.*
Il contratto ci obbliga a pagare una multa se il lavoro non è finito entro la fine del mese.	*The contract requires us to pay a fine if the work isn't finished before the end of the month.*
L'influenza mi ha obbligato a letto per una settimana.	*The flu confined me to bed for a week.*

obbligarsi *to undertake, engage; bind oneself, act as guarantor, cosign*

Si sono obbligati a aiutare i poveri e i malati.	*They've undertaken to help the poor and the sick.*
Non voleva obbligarsi con nessuno.	*He didn't want to owe anything to anyone.*
I miei genitori si obbligheranno per me.	*My parents will cosign for me.*

irregular *-ere* verb, third-person only;
intrans./impers. (aux. *essere*)

Presente · Present

occorre   occorrono

Passato prossimo · Present perfect

è occorso (-a)   sono occorsi (-e)

Imperfetto · Imperfect

occorreva   occorrevano

Trapassato prossimo · Past perfect

era occorso (-a)   erano occorsi (-e)

Passato remoto · Preterit

occorse   occorsero

Trapassato remoto · Preterit perfect

fu occorso (-a)   furono occorsi (-e)

Futuro semplice · Future

occorrerà   occorreranno

Futuro anteriore · Future perfect

sarà occorso (-a)   saranno occorsi (-e)

Condizionale presente · Present conditional

occorrerebbe   occorrerebbero

Condizionale passato · Perfect conditional

sarebbe occorso (-a)   sarebbero occorsi (-e)

Congiuntivo presente · Present subjunctive

occorra   occorrano

Congiuntivo passato · Perfect subjunctive

sia occorso (-a)   siano occorsi (-e)

Congiuntivo imperfetto · Imperfect subjunctive

occorresse   occorressero

Congiuntivo trapassato · Past perfect subjunctive

fosse occorso (-a)   fossero occorsi (-e)

Imperativo · Commands

—

Participio passato · Past participle   occorso (-a/-i/-e)

Gerundio · Gerund   occorrendo

Usage

Per andare da Milano a Bologna occorrono due ore di treno.

Mi occorrono 2.000 dollari per comprare una macchina.

— Che cosa ti occorre?
— Non mi occorre niente per il momento.

Occorre partire presto domani mattina.

— La posso accompagnare alla stazione se vuole.
— Non occorre. Grazie.

Non occorre che Lei prenda questa medicina.

Occorreva che loro si mettessero d'accordo.

Occorrendo potreste partire anche dopodomani.

Non occorre mai niente di interessante nel mio paese.

It takes two hours to travel from Milan to Bologna by train.

I need 2,000 dollars to buy a car.

"What do you need?"
"I don't need anything at the moment."

We'll have to leave early tomorrow morning.

"I could take you to the station if you like."
"No, you mustn't. Thank you."

It isn't necessary for you to take this medicine.

They needed to agree.

If necessary, you could also leave the day after tomorrow.

Nothing interesting ever happens in my village.

RELATED EXPRESSIONS

l'occorrente (*m.*)

l'occorrenza (*f.*)

all'occorrenza

all that is needed

need, necessity; eventuality

if needed

offendere   *to offend, insult; violate* (a law, etc.)

offendo · offesi · offeso

irregular -*ere* verb;
trans. (aux. *avere*)

Presente · Present		Passato prossimo · Present perfect	
offendo	offendiamo	ho offeso	abbiamo offeso
offendi	offendete	hai offeso	avete offeso
offende	offendono	ha offeso	hanno offeso

Imperfetto · Imperfect		Trapassato prossimo · Past perfect	
offendevo	offendevamo	avevo offeso	avevamo offeso
offendevi	offendevate	avevi offeso	avevate offeso
offendeva	offendevano	aveva offeso	avevano offeso

Passato remoto · Preterit		Trapassato remoto · Preterit perfect	
offesi	offendemmo	ebbi offeso	avemmo offeso
offendesti	offendeste	avesti offeso	aveste offeso
offese	offesero	ebbe offeso	ebbero offeso

Futuro semplice · Future		Futuro anteriore · Future perfect	
offenderò	offenderemo	avrò offeso	avremo offeso
offenderai	offenderete	avrai offeso	avrete offeso
offenderà	offenderanno	avrà offeso	avranno offeso

Condizionale presente · Present conditional		Condizionale passato · Perfect conditional	
offenderei	offenderemmo	avrei offeso	avremmo offeso
offenderesti	offendereste	avresti offeso	avreste offeso
offenderebbe	offenderebbero	avrebbe offeso	avrebbero offeso

Congiuntivo presente · Present subjunctive		Congiuntivo passato · Perfect subjunctive	
offenda	offendiamo	abbia offeso	abbiamo offeso
offenda	offendiate	abbia offeso	abbiate offeso
offenda	offendano	abbia offeso	abbiano offeso

Congiuntivo imperfetto · Imperfect subjunctive		Congiuntivo trapassato · Past perfect subjunctive	
offendessi	offendessimo	avessi offeso	avessimo offeso
offendessi	offendeste	avessi offeso	aveste offeso
offendesse	offendessero	avesse offeso	avessero offeso

Imperativo · Commands	
	(non) offendiamo
offendi (non offendere)	(non) offendete
(non) offenda	(non) offendano

Participio passato · Past participle	offeso (-a/-i/-e)
Gerundio · Gerund	offendendo

Usage

Sperava di non averla offesa.	*He hoped he hadn't offended her.*
Lo avevano offeso nell'onore.	*They had offended his honor.*
La combinazione dei colori offendeva la vista.	*The combination of colors offended the eye.*
Un tale comportamento offende il buon senso di molta gente.	*Such behavior is offensive to many people's sense of propriety.*
Mi hanno offeso gravemente con quelle parole ingiuriose.	*They greatly insulted me with those abusive words.*
Hanno sbagliato anche se non hanno offeso la legge.	*They were wrong even if they didn't break the law.*
Quegli atti offendono i diritti dei cittadini.	*Those acts infringe on citizens' rights.*

offendersi *to insult each other; take offense (at)*

Non capisco perché si offendono continuamente.	*I don't understand why they're always insulting each other.*
Giovanna si è offesa perché non le avevamo chiesto di accompagnarci.	*Giovanna took offense because we didn't invite her to go with us.*

irregular -ire verb;
trans. (aux. avere)

Presente · Present

offro	offriamo
offri	offrite
offre	offrono

Imperfetto · Imperfect

offrivo	offrivamo
offrivi	offrivate
offriva	offrivano

Passato remoto · Preterit

offrii/offersi	offrimmo
offristi	offriste
offrì/offerse	offrirono/offersero

Futuro semplice · Future

offrirò	offriremo
offrirai	offrirete
offrirà	offriranno

Condizionale presente · Present conditional

offrirei	offriremmo
offriresti	offrireste
offrirebbe	offrirebbero

Congiuntivo presente · Present subjunctive

offra	offriamo
offra	offriate
offra	offrano

Congiuntivo imperfetto · Imperfect subjunctive

offrissi	offrissimo
offrissi	offriste
offrisse	offrissero

Imperativo · Commands

	(non) offriamo
offri (non offrire)	(non) offrite
(non) offra	(non) offrano

Participio passato · Past participle   offerto (-a/-i/-e)

Gerundio · Gerund   offrendo

Passato prossimo · Present perfect

ho offerto	abbiamo offerto
hai offerto	avete offerto
ha offerto	hanno offerto

Trapassato prossimo · Past perfect

avevo offerto	avevamo offerto
avevi offerto	avevate offerto
aveva offerto	avevano offerto

Trapassato remoto · Preterit perfect

ebbi offerto	avemmo offerto
avesti offerto	aveste offerto
ebbe offerto	ebbero offerto

Futuro anteriore · Future perfect

avrò offerto	avremo offerto
avrai offerto	avrete offerto
avrà offerto	avranno offerto

Condizionale passato · Perfect conditional

avrei offerto	avremmo offerto
avresti offerto	avreste offerto
avrebbe offerto	avrebbero offerto

Congiuntivo passato · Perfect subjunctive

abbia offerto	abbiamo offerto
abbia offerto	abbiate offerto
abbia offerto	abbiano offerto

Congiuntivo trapassato · Past perfect subjunctive

avessi offerto	avessimo offerto
avessi offerto	aveste offerto
avesse offerto	avessero offerto

Usage

Ti hanno offerto il lavoro?	*Did they offer you the job?*
Che cosa bevete? Offro io.	*What would you like to drink? My treat.*
Il nostro negozio offre molti prodotti tipici della regione.	*Our shop offers many products typical of the area.*
Vorremmo offrirle in dono questo quadro ottocentesco.	*We would like to present you with this nineteenth-century painting.*
Abramo offrì il sacrificio a Dio.	*Abraham dedicated his sacrifice to God.*

offrirsi to volunteer; arise, present itself, come up; appear (to/before)

Ci siamo offerti di organizzare la festa.	*We volunteered to organize the party.*
Mi si è offerta un'occasione eccellente. Non ho potuto dire di no.	*An excellent opportunity presented itself. I couldn't say no.*
Una vista spettacolare sulle montagne si offrì ai nostri occhi.	*A spectacular view of the mountains appeared before our eyes.*

opporre   *to put forward/up; object to, oppose; refuse*

oppongo · opposi · opposto

irregular -*ere* verb;
trans. (aux. *avere*)

Presente · Present		Passato prossimo · Present perfect	
oppongo	opponiamo	ho opposto	abbiamo opposto
opponi	opponete	hai opposto	avete opposto
oppone	oppongono	ha opposto	hanno opposto

Imperfetto · Imperfect		Trapassato prossimo · Past perfect	
opponevo	opponevamo	avevo opposto	avevamo opposto
opponevi	opponevate	avevi opposto	avevate opposto
opponeva	opponevano	aveva opposto	avevano opposto

Passato remoto · Preterit		Trapassato remoto · Preterit perfect	
opposi	opponemmo	ebbi opposto	avemmo opposto
opponesti	opponeste	avesti opposto	aveste opposto
oppose	opposero	ebbe opposto	ebbero opposto

Futuro semplice · Future		Futuro anteriore · Future perfect	
opporrò	opporremo	avrò opposto	avremo opposto
opporrai	opporrete	avrai opposto	avrete opposto
opporrà	opporranno	avrà opposto	avranno opposto

Condizionale presente · Present conditional		Condizionale passato · Perfect conditional	
opporrei	opporremmo	avrei opposto	avremmo opposto
opporresti	opporreste	avresti opposto	avreste opposto
opporrebbe	opporrebbero	avrebbe opposto	avrebbero opposto

Congiuntivo presente · Present subjunctive		Congiuntivo passato · Perfect subjunctive	
opponga	opponiamo	abbia opposto	abbiamo opposto
opponga	opponiate	abbia opposto	abbiate opposto
opponga	oppongano	abbia opposto	abbiano opposto

Congiuntivo imperfetto · Imperfect subjunctive		Congiuntivo trapassato · Past perfect subjunctive	
opponessi	opponessimo	avessi opposto	avessimo opposto
opponessi	opponeste	avessi opposto	aveste opposto
opponesse	opponessero	avesse opposto	avessero opposto

Imperativo · Commands	
	(non) opponiamo
opponi (non opporre)	(non) opponete
(non) opponga	(non) oppongano

Participio passato · Past participle	opposto (-a/-i/-e)
Gerundio · Gerund	opponendo

Usage

Hanno opposto vari argomenti scientifici.
I soldati opposero una strenua resistenza al nemico.
Non ho niente da opporre contro la sua posizione.
Oppongono che non è possibile raggiungere
   un accordo entro domani.
Pensi che opporranno un rifiuto totale alla nostra
   proposta?

They advanced various scientific arguments.
The soldiers put up fierce resistance against the enemy.
I have no objection to his position.
Their objection is that it isn't possible to reach
   an agreement by tomorrow.
Do you think they'll absolutely refuse our proposal?

opporsi   *to oppose, object (to)*

Ci opponemmo inutilmente alla decisione.
Nessuno si opporrebbe alla scelta di Francesca
   come tesoriere.
L'avvocato ha detto che il suo cliente si opponeva
   alla sentenza.

We opposed the decision to no avail.
Nobody would be against the selection of Francesca
   as treasurer.
The lawyer said that his client objected to the sentence.

regular -are verb;
trans. (aux. avere)

Presente · Present

ordino	ordiniamo
ordini	ordinate
ordina	ordinano

Imperfetto · Imperfect

ordinavo	ordinavamo
ordinavi	ordinavate
ordinava	ordinavano

Passato remoto · Preterit

ordinai	ordinammo
ordinasti	ordinaste
ordinò	ordinarono

Futuro semplice · Future

ordinerò	ordineremo
ordinerai	ordinerete
ordinerà	ordineranno

Condizionale presente · Present conditional

ordinerei	ordineremmo
ordineresti	ordinereste
ordinerebbe	ordinerebbero

Congiuntivo presente · Present subjunctive

ordini	ordiniamo
ordini	ordiniate
ordini	ordinino

Congiuntivo imperfetto · Imperfect subjunctive

ordinassi	ordinassimo
ordinassi	ordinaste
ordinasse	ordinassero

Imperativo · Commands

	(non) ordiniamo
ordina (non ordinare)	(non) ordinate
(non) ordini	(non) ordinino

Participio passato · Past participle	ordinato (-a/-i/-e)
Gerundio · Gerund	ordinando

Passato prossimo · Present perfect

ho ordinato	abbiamo ordinato
hai ordinato	avete ordinato
ha ordinato	hanno ordinato

Trapassato prossimo · Past perfect

avevo ordinato	avevamo ordinato
avevi ordinato	avevate ordinato
aveva ordinato	avevano ordinato

Trapassato remoto · Preterit perfect

ebbi ordinato	avemmo ordinato
avesti ordinato	aveste ordinato
ebbe ordinato	ebbero ordinato

Futuro anteriore · Future perfect

avrò ordinato	avremo ordinato
avrai ordinato	avrete ordinato
avrà ordinato	avranno ordinato

Condizionale passato · Perfect conditional

avrei ordinato	avremmo ordinato
avresti ordinato	avreste ordinato
avrebbe ordinato	avrebbero ordinato

Congiuntivo passato · Perfect subjunctive

abbia ordinato	abbiamo ordinato
abbia ordinato	abbiate ordinato
abbia ordinato	abbiano ordinato

Congiuntivo trapassato · Past perfect subjunctive

avessi ordinato	avessimo ordinato
avessi ordinato	aveste ordinato
avesse ordinato	avessero ordinato

Usage

La polizia ci ha ordinato di partire subito.	*The police ordered us to leave at once.*
Il re ordinò che nessuno lasciasse il castello.	*The king ordered that no one could leave the castle.*
La merce è stata ordinata un mese fa.	*The goods were ordered a month ago.*
Abbiamo ordinato due pizze napoletane.	*We ordered two Neapolitan pizzas.*
Ho finito di ordinare la mia camera.	*I finished cleaning up my room.*
Il medico gli aveva ordinato riposo totale per almeno una settimana.	*The doctor had prescribed total rest for him for at least a week.*
Fu ordinato prete all'età di venticinque anni.	*He was ordained a priest at the age of 25.*

ordinarsi *to draw up, form; get in line*

Ordinatevi in due colonne.	*Form two lines, please.*
La gente si è ordinata in fila all'entrata.	*The people got in line at the entrance.*

organizzare *to organize*

organizzo · organizzai · organizzato

regular *-are* verb;
trans. (aux. *avere*)

Presente · Present

organizzo	organizziamo
organizzi	organizzate
organizza	organizzano

Imperfetto · Imperfect

organizzavo	organizzavamo
organizzavi	organizzavate
organizzava	organizzavano

Passato remoto · Preterit

organizzai	organizzammo
organizzasti	organizzaste
organizzò	organizzarono

Futuro semplice · Future

organizzerò	organizzeremo
organizzerai	organizzerete
organizzerà	organizzeranno

Condizionale presente · Present conditional

organizzerei	organizzeremmo
organizzeresti	organizzereste
organizzerebbe	organizzerebbero

Congiuntivo presente · Present subjunctive

organizzi	organizziamo
organizzi	organizziate
organizzi	organizzino

Congiuntivo imperfetto · Imperfect subjunctive

organizzassi	organizzassimo
organizzassi	organizzaste
organizzasse	organizzassero

Passato prossimo · Present perfect

ho organizzato	abbiamo organizzato
hai organizzato	avete organizzato
ha organizzato	hanno organizzato

Trapassato prossimo · Past perfect

avevo organizzato	avevamo organizzato
avevi organizzato	avevate organizzato
aveva organizzato	avevano organizzato

Trapassato remoto · Preterit perfect

ebbi organizzato	avemmo organizzato
avesti organizzato	aveste organizzato
ebbe organizzato	ebbero organizzato

Futuro anteriore · Future perfect

avrò organizzato	avremo organizzato
avrai organizzato	avrete organizzato
avrà organizzato	avranno organizzato

Condizionale passato · Perfect conditional

avrei organizzato	avremmo organizzato
avresti organizzato	avreste organizzato
avrebbe organizzato	avrebbero organizzato

Congiuntivo passato · Perfect subjunctive

abbia organizzato	abbiamo organizzato
abbia organizzato	abbiate organizzato
abbia organizzato	abbiano organizzato

Congiuntivo trapassato · Past perfect subjunctive

avessi organizzato	avessimo organizzato
avessi organizzato	aveste organizzato
avesse organizzato	avessero organizzato

Imperativo · Commands

	(non) organizziamo
organizza (non organizzare)	(non) organizzate
(non) organizzi	(non) organizzino

Participio passato · Past participle	organizzato (-a/-i/-e)
Gerundio · Gerund	organizzando

Usage

Alcune persone organizzarono gli iscritti ai
  sindacati per opporsi alle riforme economiche.
Vorrei organizzare una festa per il compleanno
  del mio amico.
Organizzeremo l'ufficio in modo diverso perché
  funzioni più efficacemente.
La società non era stata organizzata secondo
  i criteri stabiliti da noi.

*Some people organized members of the trade unions
  to oppose the economic reforms.*
*I would like to put together a birthday party for my
  friend.*
*We'll arrange the office differently so that it will
  function more efficiently.*
*The company wasn't set up according to the criteria
  we had established.*

organizzarsi *to get (oneself) organized*

Organizziamoci per questo progetto.
I bambini si sono organizzati in due squadre.

Let's get organized for this project.
The children organized themselves into two teams.

irregular -ēre verb;
trans. (aux. *avere*)

Presente · Present

ottengo	otteniamo
ottieni	ottenete
ottiene	ottengono

Imperfetto · Imperfect

ottenevo	ottenevamo
ottenevi	ottenevate
otteneva	ottenevano

Passato remoto · Preterit

ottenni	ottenemmo
ottenesti	otteneste
ottenne	ottennero

Futuro semplice · Future

otterrò	otterremo
otterrai	otterrete
otterrà	otterranno

Condizionale presente · Present conditional

otterrei	otterremmo
otterresti	otterreste
otterrebbe	otterrebbero

Congiuntivo presente · Present subjunctive

ottenga	otteniamo
ottenga	otteniate
ottenga	ottengano

Congiuntivo imperfetto · Imperfect subjunctive

ottenessi	ottenessimo
ottenessi	otteneste
ottenesse	ottenessero

Imperativo · Commands

	(non) otteniamo
ottieni (non ottenere)	(non) ottenete
(non) ottenga	(non) ottengano

Participio passato · Past participle   ottenuto (-a/-i/-e)
Gerundio · Gerund   ottenendo

Passato prossimo · Present perfect

ho ottenuto	abbiamo ottenuto
hai ottenuto	avete ottenuto
ha ottenuto	hanno ottenuto

Trapassato prossimo · Past perfect

avevo ottenuto	avevamo ottenuto
avevi ottenuto	avevate ottenuto
aveva ottenuto	avevano ottenuto

Trapassato remoto · Preterit perfect

ebbi ottenuto	avemmo ottenuto
avesti ottenuto	aveste ottenuto
ebbe ottenuto	ebbero ottenuto

Futuro anteriore · Future perfect

avrò ottenuto	avremo ottenuto
avrai ottenuto	avrete ottenuto
avrà ottenuto	avranno ottenuto

Condizionale passato · Perfect conditional

avrei ottenuto	avremmo ottenuto
avresti ottenuto	avreste ottenuto
avrebbe ottenuto	avrebbero ottenuto

Congiuntivo passato · Perfect subjunctive

abbia ottenuto	abbiamo ottenuto
abbia ottenuto	abbiate ottenuto
abbia ottenuto	abbiano ottenuto

Congiuntivo trapassato · Past perfect subjunctive

avessi ottenuto	avessimo ottenuto
avessi ottenuto	aveste ottenuto
avesse ottenuto	avessero ottenuto

Usage

Abbiamo ottenuto il permesso di uscire fino
a mezzanotte.
Vorrei ottenere la loro collaborazione a questo
progetto.
Che colore si ottiene se si aggiunge il giallo al rosso?
Hai ottenuto di parlarle oggi?
Le nostre truppe ottennero la vittoria dopo una
battaglia ardua.
Il gruppo sta ottenendo un grande successo con
il nuovo CD.
Non avrà ottenuto niente con quel comportamento.
Mi domando chi otterrà il premio.
Non otterrebbero l'approvazione di nessuno con
questa iniziativa.

We got permission to stay out until midnight.

*I would like to make sure they collaborate on
this project.*
What color do you get when you add yellow to red?
Did you manage to speak with her today?
*Our troops achieved victory after a hard-fought
battle.*
The group is scoring big with its new CD.

He won't have gotten anywhere with that behavior.
I wonder who's going to win the prize.
*They wouldn't win anyone's approval with this
initiative.*

pagare *to pay (for), buy; repay*

pago · pagai · pagato

regular -are verb, g > gh/e, i;
trans. (aux. avere)

THE AMOUNT TO PAY

Ha pagato i libri 120 euro.	*He paid 120 euros for the books.*
Mi volevano far pagare 1.000 dollari.	*They wanted me to pay 1,000 dollars.*
Non l'ho pagato caro.	*I didn't pay a lot for it.*
pagare a buon mercato	*to pay little (for something)*
pagare una miseria	*to pay next to nothing*
pagare una sciocchezza	*to pay next to nothing*
pagare salato	*to pay a lot*
pagare un occhio (della testa)	*to pay a lot*
pagare a peso d'oro	*to pay a lot*

WAYS OF PAYING

Lei non paga mai in contanti, utilizza sempre la carta di credito.	*She never pays cash; she always uses a credit card.*
pagare con un assegno	*to pay with a check*
pagare a rate	*to pay in installments*
pagare in natura	*to pay in kind*
pagare alla consegna	*to pay cash on delivery*
pagare anticipato	*to pay in advance*
pagare sulla cavezza	*to pay immediately*

pagarsi *to pay; take a cut, be remunerated; be satisfied*

Con quel denaro ci siamo pagati il viaggio e il pernottamento.	*With that money we paid for the transportation and the lodging.*
Giulia si è pagata con poco.	*Giulia got a small share.*
Loro hanno protestato, ma io mi sono pagato bene.	*They protested, but I was satisfied.*

IDIOMATIC EXPRESSIONS

Il delitto non paga.	*Crime doesn't pay.*
Giuseppe era un uomo molto impegnato ma lo pagò con il sangue.	*Giuseppe was a very committed man but he paid for it with his life.*
Mi voleva pagare con la/della stessa moneta.	*He wanted to repay me like for like (lit., in my own currency).*
Ha abusato della mia generosità, ma gliel'ho fatta pagare!	*He abused my generosity, but I made him pay for it!*
L'abbiamo pagato di tasca nostra.	*We paid for it out of our own pocket.*
Quanto non pagherei per andare con te!	*What I wouldn't give to go with you!*
pagare qualcuno di mala moneta	*to be ungrateful to someone*
pagare il fio (di)/pagare lo scotto (di)	*to pay the penalty (for)/consequences (for)*
pagare di persona	*to suffer the consequences*

RELATED EXPRESSIONS

il pagamento	*payment*
la TV a pagamento	*pay TV*
le condizioni di pagamento	*payment terms*
la paga	*wages, pay; reward*
un pagherò	*an I.O.U.*

TOP 50 VERBS

pago · pagai · pagato

regular -are verb, g > gh/e, i;
trans. (aux. avere)

Presente · Present

pago	paghiamo
paghi	pagate
paga	pagano

Imperfetto · Imperfect

pagavo	pagavamo
pagavi	pagavate
pagava	pagavano

Passato remoto · Preterit

pagai	pagammo
pagasti	pagaste
pagò	pagarono

Futuro semplice · Future

pagherò	pagheremo
pagherai	pagherete
pagherà	pagheranno

Condizionale presente · Present conditional

pagherei	pagheremmo
pagheresti	paghereste
pagherebbe	pagherebbero

Congiuntivo presente · Present subjunctive

paghi	paghiamo
paghi	paghiate
paghi	paghino

Congiuntivo imperfetto · Imperfect subjunctive

pagassi	pagassimo
pagassi	pagaste
pagasse	pagassero

Imperativo · Commands

	(non) paghiamo
paga (non pagare)	(non) pagate
(non) paghi	(non) paghino

Passato prossimo · Present perfect

ho pagato	abbiamo pagato
hai pagato	avete pagato
ha pagato	hanno pagato

Trapassato prossimo · Past perfect

avevo pagato	avevamo pagato
avevi pagato	avevate pagato
aveva pagato	avevano pagato

Trapassato remoto · Preterit perfect

ebbi pagato	avemmo pagato
avesti pagato	aveste pagato
ebbe pagato	ebbero pagato

Futuro anteriore · Future perfect

avrò pagato	avremo pagato
avrai pagato	avrete pagato
avrà pagato	avranno pagato

Condizionale passato · Perfect conditional

avrei pagato	avremmo pagato
avresti pagato	avreste pagato
avrebbe pagato	avrebbero pagato

Congiuntivo passato · Perfect subjunctive

abbia pagato	abbiamo pagato
abbia pagato	abbiate pagato
abbia pagato	abbiano pagato

Congiuntivo trapassato · Past perfect subjunctive

avessi pagato	avessimo pagato
avessi pagato	aveste pagato
avesse pagato	avessero pagato

Participio passato · Past participle   pagato (-a/-i/-e)
Gerundio · Gerund   pagando

Usage

Ho già pagato il conto.	I've already paid the bill.
Non pagherei più di 50 euro per un paio di scarpe.	I wouldn't pay more than 50 euros for a pair of shoes.
La bolletta del gas deve essere pagata entro domani. La pagherai tu?	The gas bill must be paid by tomorrow. Will you pay it?
L'affitto si paga sempre il primo giorno del mese.	Rent is always due on the first of the month.
— Quanto hai pagato il cappotto?	"How much did you pay for the coat?"
— L'ho pagato caro.	"I paid a lot."
Per favore, paga la donna delle pulizie oggi.	Please pay the cleaning lady today.
Dopo tutto ciò che abbiamo fatto per te, ci paghi con l'ingratitudine.	After everything we've done for you, you pay us back with ingratitude.
Prendi un caffè? Pago io.	Would you like a coffee? My treat.
Pagheremo caro quell'errore.	We'll pay dearly for that mistake.

paragonare · *to compare (to/with)*

paragono · paragonai · paragonato

regular -*are* verb;
trans. (aux. *avere*)

Presente · Present

paragono	paragoniamo
paragoni	paragonate
paragona	paragonano

Imperfetto · Imperfect

paragonavo	paragonavamo
paragonavi	paragonavate
paragonava	paragonavano

Passato remoto · Preterit

paragonai	paragonammo
paragonasti	paragonaste
paragonò	paragonarono

Futuro semplice · Future

paragonerò	paragoneremo
paragonerai	paragonerete
paragonerà	paragoneranno

Condizionale presente · Present conditional

paragonerei	paragoneremmo
paragoneresti	paragonereste
paragonerebbe	paragonerebbero

Congiuntivo presente · Present subjunctive

paragoni	paragoniamo
paragoni	paragoniate
paragoni	paragonino

Congiuntivo imperfetto · Imperfect subjunctive

paragonassi	paragonassimo
paragonassi	paragonaste
paragonasse	paragonassero

Passato prossimo · Present perfect

ho paragonato	abbiamo paragonato
hai paragonato	avete paragonato
ha paragonato	hanno paragonato

Trapassato prossimo · Past perfect

avevo paragonato	avevamo paragonato
avevi paragonato	avevate paragonato
aveva paragonato	avevano paragonato

Trapassato remoto · Preterit perfect

ebbi paragonato	avemmo paragonato
avesti paragonato	aveste paragonato
ebbe paragonato	ebbero paragonato

Futuro anteriore · Future perfect

avrò paragonato	avremo paragonato
avrai paragonato	avrete paragonato
avrà paragonato	avranno paragonato

Condizionale passato · Perfect conditional

avrei paragonato	avremmo paragonato
avresti paragonato	avreste paragonato
avrebbe paragonato	avrebbero paragonato

Congiuntivo passato · Perfect subjunctive

abbia paragonato	abbiamo paragonato
abbia paragonato	abbiate paragonato
abbia paragonato	abbiano paragonato

Congiuntivo trapassato · Past perfect subjunctive

avessi paragonato	avessimo paragonato
avessi paragonato	aveste paragonato
avesse paragonato	avessero paragonato

Imperativo · Commands

	(non) paragoniamo
paragona (non paragonare)	(non) paragonate
(non) paragoni	(non) paragonino

Participio passato · Past participle	paragonato (-a/-i/-e)
Gerundio · Gerund	paragonando

Usage

Non puoi paragonare la mia idea alla sua.
Hanno paragonato il sistema americano con
   quello italiano.

Per la seconda domanda dovevamo paragonare
   Hitler con Mussolini.

Paragoniamo gli stili di questi due scrittori.
Il critico aveva paragonato i due pittori tra loro.

You can't compare my idea to his.
They compared the American system to the Italian one.

For the second question, we had to make a comparison
   between Hitler and Mussolini.
Let's compare the styles of these two writers.
The critic had compared the two painters to each other.

paragonarsi *to compare oneself (to/with)*

Si paragonava sempre a sua sorella.
Nessuno poteva paragonarsi a suo padre.

She always compared herself to her sister.
No one could compare to his father.

regular -*are* verb, *gi > g/e, i*;
trans./intrans. (aux. *avere*)

parcheggio · parcheggiai · parcheggiato

Presente · Present

parcheggio	parcheggiamo
parcheggi	parcheggiate
parcheggia	parcheggiano

Passato prossimo · Present perfect

ho parcheggiato	abbiamo parcheggiato
hai parcheggiato	avete parcheggiato
ha parcheggiato	hanno parcheggiato

Imperfetto · Imperfect

parcheggiavo	parcheggiavamo
parcheggiavi	parcheggiavate
parcheggiava	parcheggiavano

Trapassato prossimo · Past perfect

avevo parcheggiato	avevamo parcheggiato
avevi parcheggiato	avevate parcheggiato
aveva parcheggiato	avevano parcheggiato

Passato remoto · Preterit

parcheggiai	parcheggiammo
parcheggiasti	parcheggiaste
parcheggiò	parcheggiarono

Trapassato remoto · Preterit perfect

ebbi parcheggiato	avemmo parcheggiato
avesti parcheggiato	aveste parcheggiato
ebbe parcheggiato	ebbero parcheggiato

Futuro semplice · Future

parcheggerò	parcheggeremo
parcheggerai	parcheggerete
parcheggerà	parcheggeranno

Futuro anteriore · Future perfect

avrò parcheggiato	avremo parcheggiato
avrai parcheggiato	avrete parcheggiato
avrà parcheggiato	avranno parcheggiato

Condizionale presente · Present conditional

parcheggerei	parcheggeremmo
parcheggeresti	parcheggereste
parcheggerebbe	parcheggerebbero

Condizionale passato · Perfect conditional

avrei parcheggiato	avremmo parcheggiato
avresti parcheggiato	avreste parcheggiato
avrebbe parcheggiato	avrebbero parcheggiato

Congiuntivo presente · Present subjunctive

parcheggi	parcheggiamo
parcheggi	parcheggiate
parcheggi	parcheggino

Congiuntivo passato · Perfect subjunctive

abbia parcheggiato	abbiamo parcheggiato
abbia parcheggiato	abbiate parcheggiato
abbia parcheggiato	abbiano parcheggiato

Congiuntivo imperfetto · Imperfect subjunctive

parcheggiassi	parcheggiassimo
parcheggiassi	parcheggiaste
parcheggiasse	parcheggiassero

Congiuntivo trapassato · Past perfect subjunctive

avessi parcheggiato	avessimo parcheggiato
avessi parcheggiato	aveste parcheggiato
avesse parcheggiato	avessero parcheggiato

Imperativo · Commands

	(non) parcheggiamo
parcheggia (non parcheggiare)	(non) parcheggiate
(non) parcheggi	(non) parcheggino

Participio passato · Past participle	parcheggiato (-a/-i/-e)
Gerundio · Gerund	parcheggiando

Usage

Dove parcheggerai la macchina?	*Where are you going to park the car?*
È vietato parcheggiare qua.	*You're not allowed to park here.*
Imparare a parcheggiare può essere difficile.	*Learning to park can be difficult.*
Aveva parcheggiato l'autobus in una curva della strada.	*He had parked the bus on a bend in the road.*
Hanno parcheggiato i bambini da me e sono partiti.	*They parked the kids with me and left.*

RELATED EXPRESSIONS

il parcheggio	*parking; parking lot*
il parcheggio a pagamento	*pay parking*
"divieto di parcheggio"	*"no parking"*
il parchimetro	*parking meter*

pareggiare *to balance, make equal/level/uniform; draw, tie, equal*

pareggio · pareggiai · pareggiato

regular -are verb, *gi > g/e, i*;
trans./intrans. (aux. *avere*)

Presente · Present	
pareggio	pareggiamo
pareggi	pareggiate
pareggia	pareggiano

Imperfetto · Imperfect	
pareggiavo	pareggiavamo
pareggiavi	pareggiavate
pareggiava	pareggiavano

Passato remoto · Preterit	
pareggiai	pareggiammo
pareggiasti	pareggiaste
pareggiò	pareggiarono

Futuro semplice · Future	
pareggerò	pareggeremo
pareggerai	pareggerete
pareggerà	pareggeranno

Condizionale presente · Present conditional	
pareggerei	pareggeremmo
pareggeresti	pareggereste
pareggerebbe	pareggerebbero

Congiuntivo presente · Present subjunctive	
pareggi	pareggiamo
pareggi	pareggiate
pareggi	pareggino

Congiuntivo imperfetto · Imperfect subjunctive	
pareggiassi	pareggiassimo
pareggiassi	pareggiaste
pareggiasse	pareggiassero

Passato prossimo · Present perfect	
ho pareggiato	abbiamo pareggiato
hai pareggiato	avete pareggiato
ha pareggiato	hanno pareggiato

Trapassato prossimo · Past perfect	
avevo pareggiato	avevamo pareggiato
avevi pareggiato	avevate pareggiato
aveva pareggiato	avevano pareggiato

Trapassato remoto · Preterit perfect	
ebbi pareggiato	avemmo pareggiato
avesti pareggiato	aveste pareggiato
ebbe pareggiato	ebbero pareggiato

Futuro anteriore · Future perfect	
avrò pareggiato	avremo pareggiato
avrai pareggiato	avrete pareggiato
avrà pareggiato	avranno pareggiato

Condizionale passato · Perfect conditional	
avrei pareggiato	avremmo pareggiato
avresti pareggiato	avreste pareggiato
avrebbe pareggiato	avrebbero pareggiato

Congiuntivo passato · Perfect subjunctive	
abbia pareggiato	abbiamo pareggiato
abbia pareggiato	abbiate pareggiato
abbia pareggiato	abbiano pareggiato

Congiuntivo trapassato · Past perfect subjunctive	
avessi pareggiato	avessimo pareggiato
avessi pareggiato	aveste pareggiato
avesse pareggiato	avessero pareggiato

Imperativo · Commands	
	(non) pareggiamo
pareggia (non pareggiare)	(non) pareggiate
(non) pareggi	(non) pareggino

Participio passato · Past participle   pareggiato (-a/-i/-e)

Gerundio · Gerund   pareggiando

Usage

Non ha mai pareggiato il bilancio come aveva promesso.

Il terreno è stato pareggiato la settimana scorsa.

Il giardino sarebbe più bello se il prato fosse pareggiato.

Abbiamo pareggiato le gambe del tavolo.

Chi lo potrebbe pareggiare in generosità?

Spero che l'Italia vincerà contro la Francia, ma è più probabile che pareggerà.

Hanno pareggiato contro di noi nell'ultimo minuto della partita.

Ho pareggiato i conti con lui.

He never balanced the budget as he had promised.

The property was graded last week.

The garden would be more attractive if the lawn were leveled out.

We made the table legs the same length.

Who could equal him in generosity?

I hope Italy will beat France, but they're more likely to tie.

They tied us in the last minute of the game.

I settled a score with him.

irregular *-ēre* verb;
intrans./impers. (aux. *essere*)

paio · parvi/parsi · parso

Presente · Present

paio	paiamo
pari	parete
pare	paiono

Imperfetto · Imperfect

parevo	parevamo
parevi	parevate
pareva	parevano

Passato remoto · Preterit

parvi/parsi	paremmo
paresti	pareste
parve/parse	parvero/parsero

Futuro semplice · Future

parrò	parremo
parrai	parrete
parrà	parranno

Condizionale presente · Present conditional

parrei	parremmo
parresti	parreste
parrebbe	parrebbero

Congiuntivo presente · Present subjunctive

paia	paiamo/pariamo
paia	paiate/pariate
paia	paiano

Congiuntivo imperfetto · Imperfect subjunctive

paressi	paressimo
paressi	pareste
paresse	paressero

Passato prossimo · Present perfect

sono parso (-a)	siamo parsi (-e)
sei parso (-a)	siete parsi (-e)
è parso (-a)	sono parsi (-e)

Trapassato prossimo · Past perfect

ero parso (-a)	eravamo parsi (-e)
eri parso (-a)	eravate parsi (-e)
era parso (-a)	erano parsi (-e)

Trapassato remoto · Preterit perfect

fui parso (-a)	fummo parsi (-e)
fosti parso (-a)	foste parsi (-e)
fu parso (-a)	furono parsi (-e)

Futuro anteriore · Future perfect

sarò parso (-a)	saremo parsi (-e)
sarai parso (-a)	sarete parsi (-e)
sarà parso (-a)	saranno parsi (-e)

Condizionale passato · Perfect conditional

sarei parso (-a)	saremmo parsi (-e)
saresti parso (-a)	sareste parsi (-e)
sarebbe parso (-a)	sarebbero parsi (-e)

Congiuntivo passato · Perfect subjunctive

sia parso (-a)	siamo parsi (-e)
sia parso (-a)	siate parsi (-e)
sia parso (-a)	siano parsi (-e)

Congiuntivo trapassato · Past perfect subjunctive

fossi parso (-a)	fossimo parsi (-e)
fossi parso (-a)	foste parsi (-e)
fosse parso (-a)	fossero parsi (-e)

Imperativo · Commands

—

Participio passato · Past participle	parso (-a/-i/-e)
Gerundio · Gerund	parendo

Usage

Lorenzo mi è parso una brava persona.
La casa pare un porcile.
Anna pareva triste.
Pare che i nostri amici siano partiti senza di noi.
— Pensi che Renata sia onesta?
— Mi pare di sì.
A quanto pareva i suoi amici avevano organizzato tutto.
— Andiamo a Firenze. Che te ne pare?
— Mi pare un'ottima idea.
Che te ne pare di studiare matematica stasera?
Fai come ti pare. Non mi importa.

Lorenzo seemed like a decent person to me.
The house looks like a pigsty.
Anna appeared to be sad.
It looks like our friends left without us.
"Do you think Renata's honest?"
"I would think so."
Apparently his friends had organized everything.

"Let's go to Florence. What do you think?"
"Sounds like a great idea to me."
Why don't you study math tonight?
Do as you please. I don't care.

parlare   *to speak, talk; address*

parlo · parlai · parlato

regular -*are* verb;
intrans./trans. (aux. *avere*)

MORE USAGE SENTENCES WITH parlare

Abbiamo parlato di lavoro.	*We talked about work.*
— Hai parlato del fine settimana con lei?	*"Did you talk about the weekend with her?"*
— No, non gliene ho parlato.	*"No, I didn't talk to her about it."*
Parli più piano, per favore. Non La capisco.	*Please speak more slowly. I can't understand you.*
Non posso parlare più forte perché ho mal di gola.	*I can't speak up because my throat hurts.*
Le ho parlato al telefono.	*I spoke to her on the phone.*
Ti devo parlare di qualcosa a quattrocchi.	*I have to talk to you privately about something.*
— Posso parlare con il signor Lombardi?	*"Could I speak to Mr. Lombardi?"*
— Certo. Glielo passo subito.	*"Yes, I'll put you through right away."*
Parlava tra i denti e non ci ho capito niente.	*He was muttering and I didn't understand a thing.*
Dubito che parlino di matrimonio.	*I doubt they're talking about getting married.*
Ho parlato chiaro e nessuno si è opposto.	*I spoke my mind and nobody objected.*
I dati parlano chiaro.	*The facts speak for themselves.*
Vincenza aveva degli occhi che parlavano.	*Vincenza had very expressive eyes.*
Faceva sempre parlare di sé.	*He always got himself talked about.*
Non ne vuole più sentir parlare.	*He doesn't want to hear any more about it.*
È l'invidia in lei che parla adesso.	*That's the envy in her speaking now.*
Facciamo parlare la ragione e il buon senso.	*Let's let reason and common sense do the talking.*
Il prigioniero non ha voluto parlare neanche sotto la tortura.	*The prisoner refused to talk, even under torture.*
Abbiamo parlato del vento e della pioggia.	*We made small talk.*
I sordi parlano a gesti.	*The deaf use sign language.*
Giorgio sta sempre parlando addosso.	*Giorgio is always boasting.*
Teresa non riusciva a parlare per la gioia.	*Teresa was so happy she was speechless.*
Parlarono male di tutti.	*They spoke badly of everyone.*
Riccardo parla sempre un linguaggio ambiguo.	*Riccardo always speaks in an ambiguous way.*

parlarsi *to speak to each other; be on speaking terms; go steady*

Non ci siamo parlati dopo quella telefonata.	*We haven't spoken to each other since that phone call.*
I gemelli si parlano senza parole.	*The twins communicate without words.*

IDIOMATIC EXPRESSIONS

Senti chi parla!	*Look who's talking!*
Le urne hanno parlato.	*The people have spoken. (elections)*
Per il momento non se ne parla.	*The subject is closed for now.*
Sembrava che il professore parlasse ai banchi. Nessuno faceva attenzione.	*It seemed as if the professor was talking to the desks. Nobody was paying attention.*
Gliel'avevo già detto tre volte, ma stavo parlando ai sordi.	*I had already told him three times, but he wouldn't listen.*
parlare all'aria/al deserto/al muro/al vento	*to not be listened to, be disregarded*
Con lui è come parlare al muro.	*It's as if you're talking to a brick wall with him.*
parlare arabo/turco/ostrogoto	*to make no sense*
Per me parla arabo.	*It's all Greek to me.*
parlare del più e del meno	*to talk of this and that*

regular -are verb;
intrans./trans. (aux. avere)

parlo · parlai · parlato

Presente · Present

parlo	parliamo
parli	parlate
parla	parlano

Imperfetto · Imperfect

parlavo	parlavamo
parlavi	parlavate
parlava	parlavano

Passato remoto · Preterit

parlai	parlammo
parlasti	parlaste
parlò	parlarono

Futuro semplice · Future

parlerò	parleremo
parlerai	parlerete
parlerà	parleranno

Condizionale presente · Present conditional

parlerei	parleremmo
parleresti	parlereste
parlerebbe	parlerebbero

Congiuntivo presente · Present subjunctive

parli	parliamo
parli	parliate
parli	parlino

Congiuntivo imperfetto · Imperfect subjunctive

parlassi	parlassimo
parlassi	parlaste
parlasse	parlassero

Imperativo · Commands

	(non) parliamo
parla (non parlare)	(non) parlate
(non) parli	(non) parlino

Passato prossimo · Present perfect

ho parlato	abbiamo parlato
hai parlato	avete parlato
ha parlato	hanno parlato

Trapassato prossimo · Past perfect

avevo parlato	avevamo parlato
avevi parlato	avevate parlato
aveva parlato	avevano parlato

Trapassato remoto · Preterit perfect

ebbi parlato	avemmo parlato
avesti parlato	aveste parlato
ebbe parlato	ebbero parlato

Futuro anteriore · Future perfect

avrò parlato	avremo parlato
avrai parlato	avrete parlato
avrà parlato	avranno parlato

Condizionale passato · Perfect conditional

avrei parlato	avremmo parlato
avresti parlato	avreste parlato
avrebbe parlato	avrebbero parlato

Congiuntivo passato · Perfect subjunctive

abbia parlato	abbiamo parlato
abbia parlato	abbiate parlato
abbia parlato	abbiano parlato

Congiuntivo trapassato · Past perfect subjunctive

avessi parlato	avessimo parlato
avessi parlato	aveste parlato
avesse parlato	avessero parlato

Participio passato · Past participle   parlato (-a/-i/-e)

Gerundio · Gerund   parlando

Usage

Quelle ragazze non smettono mai di parlare.	*Those girls never stop talking.*
Parla italiano ma non sa scriverlo.	*He speaks Italian but can't write it.*
— Pronto, chi parla?	*"Hello. Who's calling?"*
— Sono Isabella.	*"This is Isabella."*
Un attimo per favore, sto parlando con qualcuno.	*One moment please, I'm talking to someone.*
— Hai visto il film?	*"Have you seen the movie?"*
— No, ma ne ho sentito parlare.	*"No, but I've heard about it."*
Passavamo tutto il pomeriggio a parlare.	*We used to spend all afternoon chatting.*
— Vorrei andare in Italia, ma i miei genitori non ne sanno niente.	*"I would like to go to Italy, but my parents don't know about it."*
— Non gliene hai parlato?	*"Haven't you talked to them about it?"*
Il film parlava dell'amore eterno tra due persone.	*The movie dealt with the undying love between two people.*
Il presidente ha parlato ai cittadini in televisione ieri sera.	*The president addressed the nation on television last night.*

partecipare
to participate/share (in), contribute (to); attend, be present (at); announce

partecipo · partecipai · partecipato

regular *-are* verb;
intrans./trans. (aux. *avere*)

Presente · Present		Passato prossimo · Present perfect	
partecipo	partecipiamo	ho partecipato	abbiamo partecipato
partecipi	partecipate	hai partecipato	avete partecipato
partecipa	partecipano	ha partecipato	hanno partecipato

Imperfetto · Imperfect		Trapassato prossimo · Past perfect	
partecipavo	partecipavamo	avevo partecipato	avevamo partecipato
partecipavi	partecipavate	avevi partecipato	avevate partecipato
partecipava	partecipavano	aveva partecipato	avevano partecipato

Passato remoto · Preterit		Trapassato remoto · Preterit perfect	
partecipai	partecipammo	ebbi partecipato	avemmo partecipato
partecipasti	partecipaste	avesti partecipato	aveste partecipato
partecipò	parteciparono	ebbe partecipato	ebbero partecipato

Futuro semplice · Future		Futuro anteriore · Future perfect	
parteciperò	parteciperemo	avrò partecipato	avremo partecipato
parteciperai	parteciperete	avrai partecipato	avrete partecipato
parteciperà	parteciperanno	avrà partecipato	avranno partecipato

Condizionale presente · Present conditional		Condizionale passato · Perfect conditional	
parteciperei	parteciperemmo	avrei partecipato	avremmo partecipato
parteciperesti	partecipereste	avresti partecipato	avreste partecipato
parteciperebbe	parteciperebbero	avrebbe partecipato	avrebbero partecipato

Congiuntivo presente · Present subjunctive		Congiuntivo passato · Perfect subjunctive	
partecipi	partecipiamo	abbia partecipato	abbiamo partecipato
partecipi	partecipiate	abbia partecipato	abbiate partecipato
partecipi	partecipino	abbia partecipato	abbiano partecipato

Congiuntivo imperfetto · Imperfect subjunctive		Congiuntivo trapassato · Past perfect subjunctive	
partecipassi	partecipassimo	avessi partecipato	avessimo partecipato
partecipassi	partecipaste	avessi partecipato	aveste partecipato
partecipasse	partecipassero	avesse partecipato	avessero partecipato

Imperativo · Commands	
	(non) partecipiamo
partecipa (non partecipare)	(non) partecipate
(non) partecipi	(non) partecipino

Participio passato · Past participle   partecipato (-a/-i/-e)

Gerundio · Gerund   partecipando

Usage

Gli atleti che partecipano alle Olimpiadi sono i migliori del mondo.	*The athletes who participate in the Olympics are the best in the world.*
Tutti i membri della nostra organizzazione parteciperanno agli utili.	*All the members of our organization will share the profits.*
Hai già partecipato alla raccolta dei fondi per gli orfani?	*Have you contributed yet to the fund-raiser for orphans?*
Più di mille scienziati parteciparono al congresso internazionale.	*More than a thousand scientists attended the international conference.*
Chi parteciperà alla festa?	*Who will be at the party?*
I genitori parteciparono con gioia la nascita del primogenito.	*The parents joyously announced the birth of their firstborn.*
Gli partecipammo il nostro rammarico.	*We expressed our regret to them.*

regular *-ire* verb;
intrans. (aux. *essere*)

parto · partii · partito

Presente · Present		Passato prossimo · Present perfect	
parto	partiamo	sono partito (-a)	siamo partiti (-e)
parti	partite	sei partito (-a)	siete partiti (-e)
parte	partono	è partito (-a)	sono partiti (-e)

Imperfetto · Imperfect		Trapassato prossimo · Past perfect	
partivo	partivamo	ero partito (-a)	eravamo partiti (-e)
partivi	partivate	eri partito (-a)	eravate partiti (-e)
partiva	partivano	era partito (-a)	erano partiti (-e)

Passato remoto · Preterit		Trapassato remoto · Preterit perfect	
partii	partimmo	fui partito (-a)	fummo partiti (-e)
partisti	partiste	fosti partito (-a)	foste partiti (-e)
partì	partirono	fu partito (-a)	furono partiti (-e)

Futuro semplice · Future		Futuro anteriore · Future perfect	
partirò	partiremo	sarò partito (-a)	saremo partiti (-e)
partirai	partirete	sarai partito (-a)	sarete partiti (-e)
partirà	partiranno	sarà partito (-a)	saranno partiti (-e)

Condizionale presente · Present conditional		Condizionale passato · Perfect conditional	
partirei	partiremmo	sarei partito (-a)	saremmo partiti (-e)
partiresti	partireste	saresti partito (-a)	sareste partiti (-e)
partirebbe	partirebbero	sarebbe partito (-a)	sarebbero partiti (-e)

Congiuntivo presente · Present subjunctive		Congiuntivo passato · Perfect subjunctive	
parta	partiamo	sia partito (-a)	siamo partiti (-e)
parta	partiate	sia partito (-a)	siate partiti (-e)
parta	partano	sia partito (-a)	siano partiti (-e)

Congiuntivo imperfetto · Imperfect subjunctive		Congiuntivo trapassato · Past perfect subjunctive	
partissi	partissimo	fossi partito (-a)	fossimo partiti (-e)
partissi	partiste	fossi partito (-a)	foste partiti (-e)
partisse	partissero	fosse partito (-a)	fossero partiti (-e)

Imperativo · Commands		
	(non) partiamo	
parti (non partire)	(non) partite	
(non) parta	(non) partano	

Participio passato · Past participle	partito (-a/-i/-e)
Gerundio · Gerund	partendo

Usage

— Si parte o no?	*"Are we leaving or not?"*
— No, si rimane qui.	*"No, we're staying here."*
— Quando parte il pullman per Siena?	*"When does the bus for Siena leave?"*
— Parte alle quattordici precise.	*"It leaves at 2 P.M. sharp."*
— Dove vai in vacanza quest'estate?	*"Where are you going on vacation this summer?"*
— Parto per la montagna ad agosto.	*"I'm going to the mountains in August."*
— Da dove parte il treno?	*"Where does the train leave from?"*
— Il treno parte dal binario nove.	*"The train leaves from platform nine."*
Gli escursionisti sono partiti all'alba.	*The hikers set out at dawn.*
I cavalli sono partiti a tutta velocità.	*The horses took off at a full gallop.*
L'aereo dovrebbe essere partito da Linate un'ora fa.	*The airplane should have left Linate an hour ago.*

TOP 50 VERB ☞

partire da

Partii da casa di corsa.	*I left home running.*
Non si può partire da qui.	*One can't leave from here.*
Il volo transatlantico parte da Roma.	*The transatlantic flight leaves from Rome.*
Partiamo dagli Stati Uniti.	*We're leaving from the United States.*

partire per

Partimmo per i Caraibi il 21 luglio.	*We departed for the Caribbean on July 21.*
Partivano sempre per le vacanze il primo del mese.	*They always left on vacation the first of the month.*

TRANSPORTATION

— Come sono partiti?	*"How did they leave?"*
— Sono partiti in macchina.	*"They left by car."*
partire in bicicletta	*to leave on bicycle*
partire in aereo/treno/macchina	*to leave by plane/train/car*
partire a piedi	*to leave on foot*
partire con la nave	*to leave by ship, sail*
— Quando partirà l'aereo?	*"When will the plane take off?"*
— L'aereo partirà in orario.	*"The plane will take off on time."*
partire in anticipo	*to leave early*
partire in ritardo	*to leave late*
partire con un ritardo di 15 minuti	*to leave after a fifteen-minute delay*

OTHER MEANINGS

Carmela, forse sei partita da un presupposto sbagliato.	*Carmela, maybe you started with a wrong assumption.*
Nei mesi invernali le macchine spesso non partono facilmente la mattina.	*In the winter months cars often don't start easily in the morning.*
Un applauso assordante è partito dalla folla.	*A deafening applause came from the crowd.*
Il nuovo progetto partirà il 13 aprile.	*The new project will get under way on April 13.*
È partito. Silenzio, guardiamo il film.	*It's started. Quiet, let's watch the movie.*
Erano partiti male, ma tutto è finito bene.	*They got off to a bad start, but everything ended well.*
All'improvviso partì un colpo dalla pistola.	*Suddenly a shot was fired from the pistol.*

IDIOMATIC EXPRESSIONS

Il televisore è partito ieri sera.	*The TV broke last night.*
Ornella era proprio partita per quel ragazzo siciliano.	*Ornella really fell for that Sicilian guy.*
Non bere, Paolo. Sai come parti facilmente.	*Don't drink, Paolo. You know you can't handle it.*
Mi farebbe partire un tale lavoro.	*That type of work would drive me nuts.*
Sono partiti con il piede giusto/sbagliato.	*They got off on the right/wrong foot.*
Aiuto! Il professore è partito di nuovo per la tangente.	*Help! The professor has gone off on a tangent again.*
Partirono in quarta. Speriamo che continuino così.	*They started off enthusiastically. Let's hope they continue that way.*
partire in tromba	*to be off like a shot*

regular *-are* verb;
trans. (aux. *avere*)/intrans. (aux. *essere*)

passo · passai · passato

NOTE *Passare* is conjugated here with *avere*; when used intransitively, it is conjugated with *essere*.

Presente · Present

passo	passiamo
passi	passate
passa	passano

Imperfetto · Imperfect

passavo	passavamo
passavi	passavate
passava	passavano

Passato remoto · Preterit

passai	passammo
passasti	passaste
passò	passarono

Futuro semplice · Future

passerò	passeremo
passerai	passerete
passerà	passeranno

Condizionale presente · Present conditional

passerei	passeremmo
passeresti	passereste
passerebbe	passerebbero

Congiuntivo presente · Present subjunctive

passi	passiamo
passi	passiate
passi	passino

Congiuntivo imperfetto · Imperfect subjunctive

passassi	passassimo
passassi	passaste
passasse	passassero

Passato prossimo · Present perfect

ho passato	abbiamo passato
hai passato	avete passato
ha passato	hanno passato

Trapassato prossimo · Past perfect

avevo passato	avevamo passato
avevi passato	avevate passato
aveva passato	avevano passato

Trapassato remoto · Preterit perfect

ebbi passato	avemmo passato
avesti passato	aveste passato
ebbe passato	ebbero passato

Futuro anteriore · Future perfect

avrò passato	avremo passato
avrai passato	avrete passato
avrà passato	avranno passato

Condizionale passato · Perfect conditional

avrei passato	avremmo passato
avresti passato	avreste passato
avrebbe passato	avrebbero passato

Congiuntivo passato · Perfect subjunctive

abbia passato	abbiamo passato
abbia passato	abbiate passato
abbia passato	abbiano passato

Congiuntivo trapassato · Past perfect subjunctive

avessi passato	avessimo passato
avessi passato	aveste passato
avesse passato	avessero passato

Imperativo · Commands

	(non) passiamo
passa (non passare)	(non) passate
(non) passi	(non) passino

Participio passato · Past participle passato (-a/-i/-e)
Gerundio · Gerund passando

Usage

La macchina è passata proprio davanti a noi.	*The car passed right in front of us.*
Mi passi il sale, per favore.	*Would you pass me the salt, please?*
A che ora passerai a prendermi?	*When will you drop by to pick me up?*
L'armadio dovrà passare per la finestra.	*The cabinet will have to go in through the window.*
Come passa il tempo!	*How time flies!*
Mi è passata la voglia di mangiare.	*I don't feel like eating anymore.*
Quasi tutti gli studenti sono passati al secondo anno.	*Almost all the students were promoted to the next year.*
Tutti i membri hanno passato il nuovo regolamento.	*All the members approved the new regulation.*
Il disegno fu passato di mano in mano.	*The drawing was handed around.*
Come se la passa Giulio adesso?	*How's Giulio doing now?*
Passami tuo padre, per favore.	*Please put your father on (the phone).*
Hai passato l'esame?	*Did you pass the exam?*

passeggiare *to take a walk, stroll; pace (back and forth)*

passeggio · passeggiai · passeggiato

regular *-are* verb, *gi* > *g/e, i*;
intrans. (aux. *avere*)

Presente · Present		Passato prossimo · Present perfect	
passeggio	passeggiamo	ho passeggiato	abbiamo passeggiato
passeggi	passeggiate	hai passeggiato	avete passeggiato
passeggia	passeggiano	ha passeggiato	hanno passeggiato

Imperfetto · Imperfect		Trapassato prossimo · Past perfect	
passeggiavo	passeggiavamo	avevo passeggiato	avevamo passeggiato
passeggiavi	passeggiavate	avevi passeggiato	avevate passeggiato
passeggiava	passeggiavano	aveva passeggiato	avevano passeggiato

Passato remoto · Preterit		Trapassato remoto · Preterit perfect	
passeggiai	passeggiammo	ebbi passeggiato	avemmo passeggiato
passeggiasti	passeggiaste	avesti passeggiato	aveste passeggiato
passeggiò	passeggiarono	ebbe passeggiato	ebbero passeggiato

Futuro semplice · Future		Futuro anteriore · Future perfect	
passeggerò	passeggeremo	avrò passeggiato	avremo passeggiato
passeggerai	passeggerete	avrai passeggiato	avrete passeggiato
passeggerà	passeggeranno	avrà passeggiato	avranno passeggiato

Condizionale presente · Present conditional		Condizionale passato · Perfect conditional	
passeggerei	passeggeremmo	avrei passeggiato	avremmo passeggiato
passeggeresti	passeggereste	avresti passeggiato	avreste passeggiato
passeggerebbe	passeggerebbero	avrebbe passeggiato	avrebbero passeggiato

Congiuntivo presente · Present subjunctive		Congiuntivo passato · Perfect subjunctive	
passeggi	passeggiamo	abbia passeggiato	abbiamo passeggiato
passeggi	passeggiate	abbia passeggiato	abbiate passeggiato
passeggi	passeggino	abbia passeggiato	abbiano passeggiato

Congiuntivo imperfetto · Imperfect subjunctive		Congiuntivo trapassato · Past perfect subjunctive	
passeggiassi	passeggiassimo	avessi passeggiato	avessimo passeggiato
passeggiassi	passeggiaste	avessi passeggiato	aveste passeggiato
passeggiasse	passeggiassero	avesse passeggiato	avessero passeggiato

Imperativo · Commands

	(non) passeggiamo
passeggia (non passeggiare)	(non) passeggiate
(non) passeggi	(non) passeggino

Participio passato · Past participle	passeggiato (-a/-i/-e)
Gerundio · Gerund	passeggiando

Usage

L'ho vista che passeggiava sottobraccio a un'amica.	*I saw her strolling arm in arm with a friend.*
Passeggiavano mano nella mano.	*They were walking hand in hand.*
A Antonia piaceva passeggiare da sola.	*Antonia liked to go for walks by herself.*
Passeggeremo lungo il mare per qualche ora.	*We'll stroll along the beach for a few hours.*
La vecchietta passeggia pian piano per la strada.	*The little old lady is walking very slowly down the street.*
Pare che tutti i candidati passeggino nervosamente nel corridoio.	*It seems that all the candidates are pacing nervously up and down the corridor.*

RELATED EXPRESSIONS

la passeggiata	*walk, stroll; drive; promenade*
fare una passeggiata	*to go for a walk/drive*
il passeggio	*walk, stroll; promenade*
guardare il passeggio	*to watch people walking by*

regular *-are* verb;
intrans. (aux. *avere*)

Presente · Present

pattino	pattiniamo
pattini	pattinate
pattina	pattinano

Passato prossimo · Present perfect

ho pattinato	abbiamo pattinato
hai pattinato	avete pattinato
ha pattinato	hanno pattinato

Imperfetto · Imperfect

pattinavo	pattinavamo
pattinavi	pattinavate
pattinava	pattinavano

Trapassato prossimo · Past perfect

avevo pattinato	avevamo pattinato
avevi pattinato	avevate pattinato
aveva pattinato	avevano pattinato

Passato remoto · Preterit

pattinai	pattinammo
pattinasti	pattinaste
pattinò	pattinarono

Trapassato remoto · Preterit perfect

ebbi pattinato	avemmo pattinato
avesti pattinato	aveste pattinato
ebbe pattinato	ebbero pattinato

Futuro semplice · Future

pattinerò	pattineremo
pattinerai	pattinerete
pattinerà	pattineranno

Futuro anteriore · Future perfect

avrò pattinato	avremo pattinato
avrai pattinato	avrete pattinato
avrà pattinato	avranno pattinato

Condizionale presente · Present conditional

pattinerei	pattineremmo
pattineresti	pattinereste
pattinerebbe	pattinerebbero

Condizionale passato · Perfect conditional

avrei pattinato	avremmo pattinato
avresti pattinato	avreste pattinato
avrebbe pattinato	avrebbero pattinato

Congiuntivo presente · Present subjunctive

pattini	pattiniamo
pattini	pattiniate
pattini	pattinino

Congiuntivo passato · Perfect subjunctive

abbia pattinato	abbiamo pattinato
abbia pattinato	abbiate pattinato
abbia pattinato	abbiano pattinato

Congiuntivo imperfetto · Imperfect subjunctive

pattinassi	pattinassimo
pattinassi	pattinaste
pattinasse	pattinassero

Congiuntivo trapassato · Past perfect subjunctive

avessi pattinato	avessimo pattinato
avessi pattinato	aveste pattinato
avesse pattinato	avessero pattinato

Imperativo · Commands

	(non) pattiniamo
pattina (non pattinare)	(non) pattinate
(non) pattini	(non) pattinino

Participio passato · Past participle	pattinato (-a/-i/-e)
Gerundio · Gerund	pattinando

Usage

Il campione del mondo pattina dall'età di sei anni.	*The world champion has been skating since the age of six.*
Quando eravamo giovani, pattinavamo sul ghiaccio in una pista vicino a casa.	*When we were young, we used to ice-skate at a rink close to our house.*
Le ragazze passano molte ore a pattinare a rotelle nella vicinanza.	*The girls spend many hours roller-skating in the neighborhood.*
La macchina ha cominciato a pattinare perché la strada era bagnata.	*The car started to skid because the street was wet.*

RELATED EXPRESSIONS

il pattinaggio artistico	*figure skating*
il pattinatore/la pattinatrice	*skater*
il pattino/i pattini	*skate(s)*

peggiorare   *to worsen, become worse; make worse*

peggioro · peggiorai · peggiorato

regular *-are* verb;
trans. (aux. *avere*)/intrans. (aux. *avere* or *essere*)

NOTE *Peggiorare* is conjugated here with *avere*; when used intransitively, it is often conjugated with *essere*, but *avere* may also be used when referring to someone's health worsening.

Presente · Present

peggioro	peggioriamo
peggiori	peggiorate
peggiora	peggiorano

Imperfetto · Imperfect

peggioravo	peggioravamo
peggioravi	peggioravate
peggiorava	peggioravano

Passato remoto · Preterit

peggiorai	peggiorammo
peggiorasti	peggioraste
peggiorò	peggiorarono

Futuro semplice · Future

peggiorerò	peggioreremo
peggiorerai	peggiorerete
peggiorerà	peggioreranno

Condizionale presente · Present conditional

peggiorerei	peggioreremmo
peggioreresti	peggiorereste
peggiorerebbe	peggiorerebbero

Congiuntivo presente · Present subjunctive

peggiori	peggioriamo
peggiori	peggioriate
peggiori	peggiorino

Congiuntivo imperfetto · Imperfect subjunctive

peggiorassi	peggiorassimo
peggiorassi	peggioraste
peggiorasse	peggiorassero

Passato prossimo · Present perfect

ho peggiorato	abbiamo peggiorato
hai peggiorato	avete peggiorato
ha peggiorato	hanno peggiorato

Trapassato prossimo · Past perfect

avevo peggiorato	avevamo peggiorato
avevi peggiorato	avevate peggiorato
aveva peggiorato	avevano peggiorato

Trapassato remoto · Preterit perfect

ebbi peggiorato	avemmo peggiorato
avesti peggiorato	aveste peggiorato
ebbe peggiorato	ebbero peggiorato

Futuro anteriore · Future perfect

avrò peggiorato	avremo peggiorato
avrai peggiorato	avrete peggiorato
avrà peggiorato	avranno peggiorato

Condizionale passato · Perfect conditional

avrei peggiorato	avremmo peggiorato
avresti peggiorato	avreste peggiorato
avrebbe peggiorato	avrebbero peggiorato

Congiuntivo passato · Perfect subjunctive

abbia peggiorato	abbiamo peggiorato
abbia peggiorato	abbiate peggiorato
abbia peggiorato	abbiano peggiorato

Congiuntivo trapassato · Past perfect subjunctive

avessi peggiorato	avessimo peggiorato
avessi peggiorato	aveste peggiorato
avesse peggiorato	avessero peggiorato

Imperativo · Commands

	(non) peggioriamo
peggiora (non peggiorare)	(non) peggiorate
(non) peggiori	(non) peggiorino

Participio passato · Past participle   peggiorato (-a/-i/-e)

Gerundio · Gerund   peggiorando

Usage

Penso che la situazione politica sia ancora peggiorata.   *I think the political situation has gotten even worse.*
La bambina aveva ancora peggiorato durante la notte.   *The little girl had gotten even worse during the night.*

Gli studenti sono peggiorati nei loro risultati.   *The students' results got worse.*
Anzi, le cose sono solo peggiorate.   *On the contrary, things have only deteriorated.*
È possibile che le lenti a contatto facciano peggiorare la miopia?   *Is it possible that contact lenses make nearsightedness worse?*
Certi cibi potrebbero sicuramente peggiorare il problema.   *Certain foods could surely exacerbate the problem.*
Abbiamo forse peggiorato la situazione parlando al dottore?   *Have we maybe made the situation worse by talking to the doctor?*
Non lo farai peggiorare, ma non lo curerai neanche.   *You won't make it worse, but you won't cure it either.*

regular -are verb;
intrans./trans. (aux. avere)

Presente · Present

penso	pensiamo
pensi	pensate
pensa	pensano

Imperfetto · Imperfect

pensavo	pensavamo
pensavi	pensavate
pensava	pensavano

Passato remoto · Preterit

pensai	pensammo
pensasti	pensaste
pensò	pensarono

Futuro semplice · Future

penserò	penseremo
penserai	penserete
penserà	penseranno

Condizionale presente · Present conditional

penserei	penseremmo
penseresti	pensereste
penserebbe	penserebbero

Congiuntivo presente · Present subjunctive

pensi	pensiamo
pensi	pensiate
pensi	pensino

Congiuntivo imperfetto · Imperfect subjunctive

pensassi	pensassimo
pensassi	pensaste
pensasse	pensassero

Passato prossimo · Present perfect

ho pensato	abbiamo pensato
hai pensato	avete pensato
ha pensato	hanno pensato

Trapassato prossimo · Past perfect

avevo pensato	avevamo pensato
avevi pensato	avevate pensato
aveva pensato	avevano pensato

Trapassato remoto · Preterit perfect

ebbi pensato	avemmo pensato
avesti pensato	aveste pensato
ebbe pensato	ebbero pensato

Futuro anteriore · Future perfect

avrò pensato	avremo pensato
avrai pensato	avrete pensato
avrà pensato	avranno pensato

Condizionale passato · Perfect conditional

avrei pensato	avremmo pensato
avresti pensato	avreste pensato
avrebbe pensato	avrebbero pensato

Congiuntivo passato · Perfect subjunctive

abbia pensato	abbiamo pensato
abbia pensato	abbiate pensato
abbia pensato	abbiano pensato

Congiuntivo trapassato · Past perfect subjunctive

avessi pensato	avessimo pensato
avessi pensato	aveste pensato
avesse pensato	avessero pensato

Imperativo · Commands

	(non) pensiamo
pensa (non pensare)	(non) pensate
(non) pensi	(non) pensino

Participio passato · Past participle	pensato (-a/-i/-e)
Gerundio · Gerund	pensando

Usage

Penso sempre a te.	*I'm always thinking about you.*
Sto pensando alle vacanze.	*I'm thinking about vacation.*
Sto pensando alla sua faccia.	*I'm imagining his face.*
Ho sempre pensato bene di Francesco.	*I've always thought well of Francesco.*
Cosa pensi di questo ristorante?	*What do you think of this restaurant?*
Carlo pensava che io fossi francese.	*Carlo thought I was French.*

RELATED EXPRESSIONS

la pensata	*thought; idea*
Che bella pensata!	*What a nice thought!*
il pensiero	*thought; worry, care; (philosophical) thought*
pensieroso(-a)	*thoughtful, pensive*

pensare   *to think, believe; realize; imagine, guess; intend/plan (to)*

pensare as a transitive verb

Non avrei mai potuto pensare una cosa simile.	*I could never have imagined such a thing.*
La penserò sempre bambina.	*I'll always think of her as a child.*
Lo studente pensava a lungo la risposta da dare.	*The student considered for a long time what answer to give.*

pensare che + subjunctive *to think (that)*

Penso che loro siano già partiti.	*I think they've already left.*
Pensano che Rita abbia una casa al mare.	*They believe Rita has a house on the beach.*

pensare a   *to have in mind; take care of*

— A che cosa stavi pensando?	*"What were you thinking about?"*
— Stavo pensando ai tempi passati.	*"I was thinking about times past."*
Pensava già al futuro e a tutti i viaggi che voleva fare.	*He was already imagining the future and all the trips he wanted to take.*
Pensano solo ai propri interessi.	*They think only of their own interests.*
Non fumare. Pensa alla tua salute.	*Don't smoke. Consider your health.*
Penserò io al cibo. Non preoccupatevi.	*I'll take care of the food. Don't worry.*
Stavamo pensando a quando comprare una nuova macchina.	*We were thinking about when to buy a new car.*
Pensa a come vorresti andarci.	*Think about how you would like to go there.*

pensarci (ci replaces a + noun)

— Pensi sempre all'incidente?	*"Do you still think about the accident?"*
— Sì, ci penso spesso.	*"Yes, I think about it often."*
Dovremmo pensarci su un giorno o due.	*We should think about it for a day or two.*
Ci pensiamo noi!	*We'll take care of it!*
Pensaci un po'! Non è possibile.	*Think about it! It's not possible.*

pensare di *to think about (doing), have an opinion about*

— Vorresti mangiare adesso?	*"Would you like to eat now?"*
— Penso di sì.	*"I think so."*
Teresa pensava molto male di me.	*Teresa had a very bad opinion of me.*
— Cosa pensavano di fare?	*"What were they thinking about doing?"*
— Pensavano di andare al cinema.	*"They were thinking about going to the movies."*

pensarne (ne replaces di + noun)

Cosa ne pensi?	*What do you think about it?*
Non sapeva più cosa pensarne.	*He no longer knew what to think about it.*

pensarsi *to imagine oneself (a certain way), believe oneself (to be)*

Chi ti pensi di essere?	*Who do you think you are?*

IDIOMATIC EXPRESSIONS

Dovresti pensare ai fatti tuoi.	*You should mind your own business.*
Pietro una ne fa e una ne pensa.	*Pietro's always up to something.*
Ne pensano sempre una nuova.	*They always have something new up their sleeve.*
Quella ragazza sa pensare con la propria testa.	*That girl can think for herself.*

TOP 50 VERBS

regular *-ire* verb;
reflexive (aux. *essere*)

Presente · Present

mi pento	ci pentiamo
ti penti	vi pentite
si pente	si pentono

Imperfetto · Imperfect

mi pentivo	ci pentivamo
ti pentivi	vi pentivate
si pentiva	si pentivano

Passato remoto · Preterit

mi pentii	ci pentimmo
ti pentisti	vi pentiste
si pentì	si pentirono

Futuro semplice · Future

mi pentirò	ci pentiremo
ti pentirai	vi pentirete
si pentirà	si pentiranno

Condizionale presente · Present conditional

mi pentirei	ci pentiremmo
ti pentiresti	vi pentireste
si pentirebbe	si pentirebbero

Congiuntivo presente · Present subjunctive

mi penta	ci pentiamo
ti penta	vi pentiate
si penta	si pentano

Congiuntivo imperfetto · Imperfect subjunctive

mi pentissi	ci pentissimo
ti pentissi	vi pentiste
si pentisse	si pentissero

Passato prossimo · Present perfect

mi sono pentito (-a)	ci siamo pentiti (-e)
ti sei pentito (-a)	vi siete pentiti (-e)
si è pentito (-a)	si sono pentiti (-e)

Trapassato prossimo · Past perfect

mi ero pentito (-a)	ci eravamo pentiti (-e)
ti eri pentito (-a)	vi eravate pentiti (-e)
si era pentito (-a)	si erano pentiti (-e)

Trapassato remoto · Preterit perfect

mi fui pentito (-a)	ci fummo pentiti (-e)
ti fosti pentito (-a)	vi foste pentiti (-e)
si fu pentito (-a)	si furono pentiti (-e)

Futuro anteriore · Future perfect

mi sarò pentito (-a)	ci saremo pentiti (-e)
ti sarai pentito (-a)	vi sarete pentiti (-e)
si sarà pentito (-a)	si saranno pentiti (-e)

Condizionale passato · Perfect conditional

mi sarei pentito (-a)	ci saremmo pentiti (-e)
ti saresti pentito (-a)	vi sareste pentiti (-e)
si sarebbe pentito (-a)	si sarebbero pentiti (-e)

Congiuntivo passato · Perfect subjunctive

mi sia pentito (-a)	ci siamo pentiti (-e)
ti sia pentito (-a)	vi siate pentiti (-e)
si sia pentito (-a)	si siano pentiti (-e)

Congiuntivo trapassato · Past perfect subjunctive

mi fossi pentito (-a)	ci fossimo pentiti (-e)
ti fossi pentito (-a)	vi foste pentiti (-e)
si fosse pentito (-a)	si fossero pentiti (-e)

Imperativo · Commands

	pentiamoci (non pentiamoci)
pentiti (non pentirti/non ti pentire)	pentitevi (non pentitevi/non vi pentite)
(non) si penta	(non) si pentano

Participio passato · Past participle	pentitosi (-a/-i/-e)
Gerundio · Gerund	pentendosi

Usage

Mi pento del mio comportamento di ieri.	*I regret the way I behaved yesterday.*
Non ti penti di non averlo ascoltato?	*Don't you regret not listening to him?*
Non pentirtene!	*Don't regret it!*
Maria Grazia si è già pentita della sua decisione di non proseguire gli studi.	*Maria Grazia is already regretting her decision not to continue her studies.*
Spero che non avremo a pentircene.	*I hope we're not going to regret it.*
Non te ne pentirai se andrai con me.	*You won't regret it if you go with me.*
Si pentirono di tutti i peccati del passato.	*They repented of all their past sins.*

RELATED WORDS

il pentito/la pentita	*criminal who turns police informer (especially of the Mafia or terrorist groups)*
il pentimento	*repentance, contrition; regret*

perdere *to lose; leak; miss; waste*

perdo · persi/perdei/perdetti · perso/perduto

irregular -ere verb;
trans./intrans. (aux. *avere*)

MORE USAGE SENTENCES WITH perdere

Il nonno di Matteo aveva perduto tutti i denti.	*Matteo's grandfather had lost all his teeth.*
Se vedessi la cucina, perderesti subito l'appetito.	*If you saw the kitchen, you'd lose your appetite in a hurry.*
Quanti chili hai perso?	*How many kilograms did you lose?*
Perderai la stima di tutti se continui così.	*You'll lose everybody's respect if you continue like this.*
Il dollaro perse quasi il 25% del valore.	*The dollar lost almost 25% of its value.*
Avranno perso la strada.	*They must have lost their way.*
Penso che la macchina perda olio.	*I think the car is leaking oil.*
Sbrigati o perderemo l'aereo.	*Hurry up or we'll miss the plane.*
Lo studente ha perso alcune lezioni perché era malato.	*The student missed a couple of classes because he was ill.*
Abbiamo perduto almeno due ore in quell'ingorgo.	*We wasted at least two hours in that traffic jam.*

perdere as an intransitive verb

L'oro ha perso di valore recentemente.	*Gold has gone down in value recently.*
L'impresa perse di prestigio in quell'affare.	*The company lost prestige in that matter.*
perdere d'importanza	*to lose importance*
perdere di autorità	*to lose authority*
Sono bottiglie a perdere.	*They're disposable bottles.*
La borsa continuava a perdere.	*The stock exchange continued to suffer losses.*

perdersi *to get lost; vanish, disappear; fade (away), die; lose touch (with each other); waste one's time*

Venti passeggeri si persero in mare.	*Twenty passengers were lost at sea.*
Ci siamo persi tra la folla.	*We lost each other in the crowd.*
La macchina stava per perdersi alla vista.	*The car was about to disappear from sight.*
Il suono si perdeva lentamente.	*The sound was slowly fading away.*
Erano cresciuti insieme, ma i due amici si sono persi di vista.	*They had grown up together, but the two friends lost touch.*
Non perderti in un bicchiere d'acqua.	*There's no need to worry.*
Le due ragazze si perdevano sempre in chiacchiere.	*The two girls were always wasting their time talking.*

IDIOMATIC EXPRESSIONS

— Cosa vuoi?	*"What do you want?"*
— Niente. Lascia perdere.	*"Nothing. Forget it."*
— Quante persone hai contato?	*"How many people have you counted?"*
— Non so. Ho perduto il conto.	*"I don't know. I've lost count."*
Potresti ripeterlo, per favore? Ho perso il filo.	*Could you repeat that, please? You lost me.*
perdere l'anima	*to despair*
perdere le staffe	*to lose one's temper*
perdere la faccia	*to lose face*
saper perdere	*to be a good loser*

PROVERBS

Il lupo perde il pelo ma non il vizio.	*A leopard can't change its spots.*
Chi lava il capo all'asino perde il ranno e il sapone.	*You're wasting your time trying to make him/her understand./You're attempting the impossible.*

TOP 50 VERBS

irregular -*ere* verb;
trans./intrans. (aux. *avere*)

perdo · persi/perdei/perdetti · perso/perduto

Presente · Present		Passato prossimo · Present perfect	
perdo	perdiamo	ho perso	abbiamo perso
perdi	perdete	hai perso	avete perso
perde	perdono	ha perso	hanno perso

Imperfetto · Imperfect		Trapassato prossimo · Past perfect	
perdevo	perdevamo	avevo perso	avevamo perso
perdevi	perdevate	avevi perso	avevate perso
perdeva	perdevano	aveva perso	avevano perso

Passato remoto · Preterit		Trapassato remoto · Preterit perfect	
persi/perdei/perdetti	perdemmo	ebbi perso	avemmo perso
perdesti	perdeste	avesti perso	aveste perso
perse/perdé/perdette	persero/perderono/perdettero	ebbe perso	ebbero perso

Futuro semplice · Future		Futuro anteriore · Future perfect	
perderò	perderemo	avrò perso	avremo perso
perderai	perderete	avrai perso	avrete perso
perderà	perderanno	avrà perso	avranno perso

Condizionale presente · Present conditional		Condizionale passato · Perfect conditional	
perderei	perderemmo	avrei perso	avremmo perso
perderesti	perdereste	avresti perso	avreste perso
perderebbe	perderebbero	avrebbe perso	avrebbero perso

Congiuntivo presente · Present subjunctive		Congiuntivo passato · Perfect subjunctive	
perda	perdiamo	abbia perso	abbiamo perso
perda	perdiate	abbia perso	abbiate perso
perda	perdano	abbia perso	abbiano perso

Congiuntivo imperfetto · Imperfect subjunctive		Congiuntivo trapassato · Past perfect subjunctive	
perdessi	perdessimo	avessi perso	avessimo perso
perdessi	perdeste	avessi perso	aveste perso
perdesse	perdessero	avesse perso	avessero perso

Imperativo · Commands	
	(non) perdiamo
perdi (non perdere)	(non) perdete
(non) perda	(non) perdano

Participio passato · Past participle   perso (-a/-i/-e)/perduto (-a/-i/-e)
Gerundio · Gerund   perdendo

Usage

Ho perso il portafoglio.	*I've lost my wallet.*
Non avevano nulla da perdere.	*They had nothing to lose.*
— Dove sono le chiavi?	*"Where are the keys?"*
— Penso di averle perse.	*"I think I've lost them."*
Prendi l'ombrello e non perderlo.	*Take the umbrella and don't lose it.*
In pochi mesi persero la madre e il fratello.	*Within a few months they lost their mother and their brother.*

RELATED EXPRESSIONS

gridare a perdifiato	*to scream at the top of one's voice*
correre a perdifiato	*to run at breakneck speed; run for one's life*
il perdigiorno/il perditempo	*idler, loafer*
la perdita	*loss; waste; leak*

perdonare *to forgive; pardon, excuse*

perdono · perdonai · perdonato

regular -*are* verb;
trans./intrans. (aux. *avere*)

Presente · Present

perdono	perdoniamo
perdoni	perdonate
perdona	perdonano

Passato prossimo · Present perfect

ho perdonato	abbiamo perdonato
hai perdonato	avete perdonato
ha perdonato	hanno perdonato

Imperfetto · Imperfect

perdonavo	perdonavamo
perdonavi	perdonavate
perdonava	perdonavano

Trapassato prossimo · Past perfect

avevo perdonato	avevamo perdonato
avevi perdonato	avevate perdonato
aveva perdonato	avevano perdonato

Passato remoto · Preterit

perdonai	perdonammo
perdonasti	perdonaste
perdonò	perdonarono

Trapassato remoto · Preterit perfect

ebbi perdonato	avemmo perdonato
avesti perdonato	aveste perdonato
ebbe perdonato	ebbero perdonato

Futuro semplice · Future

perdonerò	perdoneremo
perdonerai	perdonerete
perdonerà	perdoneranno

Futuro anteriore · Future perfect

avrò perdonato	avremo perdonato
avrai perdonato	avrete perdonato
avrà perdonato	avranno perdonato

Condizionale presente · Present conditional

perdonerei	perdoneremmo
perdoneresti	perdonereste
perdonerebbe	perdonerebbero

Condizionale passato · Perfect conditional

avrei perdonato	avremmo perdonato
avresti perdonato	avreste perdonato
avrebbe perdonato	avrebbero perdonato

Congiuntivo presente · Present subjunctive

perdoni	perdoniamo
perdoni	perdoniate
perdoni	perdonino

Congiuntivo passato · Perfect subjunctive

abbia perdonato	abbiamo perdonato
abbia perdonato	abbiate perdonato
abbia perdonato	abbiano perdonato

Congiuntivo imperfetto · Imperfect subjunctive

perdonassi	perdonassimo
perdonassi	perdonaste
perdonasse	perdonassero

Congiuntivo trapassato · Past perfect subjunctive

avessi perdonato	avessimo perdonato
avessi perdonato	aveste perdonato
avesse perdonato	avessero perdonato

Imperativo · Commands

	(non) perdoniamo
perdona (non perdonare)	(non) perdonate
(non) perdoni	(non) perdonino

Participio passato · Past participle	perdonato (-a/-i/-e)
Gerundio · Gerund	perdonando

Usage

Mi ha perdonato perché ho detto la verità.	*He forgave me because I told the truth.*
Perdonami la mia mancanza di onestà.	*Please forgive me for my lack of honesty.*
Non glielo perdonerò mai.	*I'll never forgive him.*
Perdoni la domanda, ma dove ha comprato quelle scarpe?	*Where did you buy those shoes, if you don't mind my asking?*
Perdoni, dov'è la stazione ferroviaria?	*Excuse me, where's the train station?*
Dovremmo forse perdonare i suoi capricci.	*We should perhaps make allowances for his whims.*
È una malattia che non perdona.	*It's an unforgiving (i.e., incurable) disease.*
La morte non perdona nessuno.	*Death spares no one.*

perdonarsi *to forgive oneself/each other*

Non se lo perdonerebbe mai se succedesse qualcosa.	*He would never forgive himself if something happened.*
Alla fine si perdonarono gli insulti.	*They ended up forgiving each other for the insults.*

irregular -*ere* verb;
trans. (aux. *avere*)

Presente · Present

permetto	permettiamo
permetti	permettete
permette	permettono

Imperfetto · Imperfect

permettevo	permettevamo
permettevi	permettevate
permetteva	permettevano

Passato remoto · Preterit

permisi	permettemmo
permettesti	permetteste
permise	permisero

Futuro semplice · Future

permetterò	permetteremo
permetterai	permetterete
permetterà	permetteranno

Condizionale presente · Present conditional

permetterei	permetteremmo
permetteresti	permettereste
permetterebbe	permetterebbero

Congiuntivo presente · Present subjunctive

permetta	permettiamo
permetta	permettiate
permetta	permettano

Congiuntivo imperfetto · Imperfect subjunctive

permettessi	permettessimo
permettessi	permetteste
permettesse	permettessero

Passato prossimo · Present perfect

ho permesso	abbiamo permesso
hai permesso	avete permesso
ha permesso	hanno permesso

Trapassato prossimo · Past perfect

avevo permesso	avevamo permesso
avevi permesso	avevate permesso
aveva permesso	avevano permesso

Trapassato remoto · Preterit perfect

ebbi permesso	avemmo permesso
avesti permesso	aveste permesso
ebbe permesso	ebbero permesso

Futuro anteriore · Future perfect

avrò permesso	avremo permesso
avrai permesso	avrete permesso
avrà permesso	avranno permesso

Condizionale passato · Perfect conditional

avrei permesso	avremmo permesso
avresti permesso	avreste permesso
avrebbe permesso	avrebbero permesso

Congiuntivo passato · Perfect subjunctive

abbia permesso	abbiamo permesso
abbia permesso	abbiate permesso
abbia permesso	abbiano permesso

Congiuntivo trapassato · Past perfect subjunctive

avessi permesso	avessimo permesso
avessi permesso	aveste permesso
avesse permesso	avessero permesso

Imperativo · Commands

	(non) permettiamo
permetti (non permettere)	(non) permettete
(non) permetta	(non) permettano

Participio passato · Past participle	permesso (-a/-i/-e)
Gerundio · Gerund	permettendo

Usage

Non ti permetterò di sprecare tutto il mio denaro.	*I won't allow you to waste all my money.*
La città non ha permesso la dimostrazione di protesta.	*The city didn't allow the protest march.*
Permesso?	*May I come in?/Can I get past?*
La salute non gli permetteva di andare a sciare.	*He couldn't go skiing for health reasons.*
Tempo permettendo, andranno al mare domani.	*Weather permitting, they'll go to the beach tomorrow.*
Non permette che io prenda a prestito la sua macchina.	*He doesn't let me borrow his car.*

permettersi *to allow oneself; afford; dare; take the liberty (of)*

Michele si è permesso il lusso di comprare dei nuovi vestiti.	*Michele allowed himself the luxury of buying some new clothes.*
Quest'anno non ci possiamo permettere di andare in vacanza all'estero.	*This year we can't afford to go abroad on vacation.*
Non mi permetterei mai di dirti quelle cose.	*I would never dare to tell you those things.*

pernottare *to spend the night, stay overnight*

pernotto · pernottai · pernottato

regular *-are* verb;
intrans. (aux. *avere*)

Presente · Present

pernotto	pernottiamo
pernotti	pernottate
pernotta	pernottano

Imperfetto · Imperfect

pernottavo	pernottavamo
pernottavi	pernottavate
pernottava	pernottavano

Passato remoto · Preterit

pernottai	pernottammo
pernottasti	pernottaste
pernottò	pernottarono

Futuro semplice · Future

pernotterò	pernotteremo
pernotterai	pernotterete
pernotterà	pernotteranno

Condizionale presente · Present conditional

pernotterei	pernotteremmo
pernotteresti	pernottereste
pernotterebbe	pernotterebbero

Congiuntivo presente · Present subjunctive

pernotti	pernottiamo
pernotti	pernottiate
pernotti	pernottino

Congiuntivo imperfetto · Imperfect subjunctive

pernottassi	pernottassimo
pernottassi	pernottaste
pernottasse	pernottassero

Passato prossimo · Present perfect

ho pernottato	abbiamo pernottato
hai pernottato	avete pernottato
ha pernottato	hanno pernottato

Trapassato prossimo · Past perfect

avevo pernottato	avevamo pernottato
avevi pernottato	avevate pernottato
aveva pernottato	avevano pernottato

Trapassato remoto · Preterit perfect

ebbi pernottato	avemmo pernottato
avesti pernottato	aveste pernottato
ebbe pernottato	ebbero pernottato

Futuro anteriore · Future perfect

avrò pernottato	avremo pernottato
avrai pernottato	avrete pernottato
avrà pernottato	avranno pernottato

Condizionale passato · Perfect conditional

avrei pernottato	avremmo pernottato
avresti pernottato	avreste pernottato
avrebbe pernottato	avrebbero pernottato

Congiuntivo passato · Perfect subjunctive

abbia pernottato	abbiamo pernottato
abbia pernottato	abbiate pernottato
abbia pernottato	abbiano pernottato

Congiuntivo trapassato · Past perfect subjunctive

avessi pernottato	avessimo pernottato
avessi pernottato	aveste pernottato
avesse pernottato	avessero pernottato

Imperativo · Commands

	(non) pernottiamo
pernotta (non pernottare)	(non) pernottate
(non) pernotti	(non) pernottino

Participio passato · Past participle	pernottato (-a/-i/-e)
Gerundio · Gerund	pernottando

Usage

Pernotteremo in splendidi alberghi di lusso durante il viaggio.

We'll stay in elegant luxury hotels on our trip.

Non si sentivano bene perché avevano pernottato in una tenda.

They didn't feel very well because they had slept in a tent.

Abbiamo dovuto pernottare nell'aeroporto a causa del maltempo.

We had to spend the night at the airport because of the bad weather.

La loro figlia ha pernottato dai nonni.

Their daughter spent the night with her grandparents.

Gli emigranti pernottarono a Genova prima di partire per l'America.

The emigrants stayed over in Genoa before leaving for America.

RELATED EXPRESSIONS

il pernottamento

overnight stay

pernottamento e prima colazione inclusi

lodging and breakfast included

irregular *-ēre* verb;
trans. (aux. *avere*)

persuado · persuasi · persuaso

Presente · Present

persuado	persuadiamo
persuadi	persuadete
persuade	persuadono

Passato prossimo · Present perfect

ho persuaso	abbiamo persuaso
hai persuaso	avete persuaso
ha persuaso	hanno persuaso

Imperfetto · Imperfect

persuadevo	persuadevamo
persuadevi	persuadevate
persuadeva	persuadevano

Trapassato prossimo · Past perfect

avevo persuaso	avevamo persuaso
avevi persuaso	avevate persuaso
aveva persuaso	avevano persuaso

Passato remoto · Preterit

persuasi	persuademmo
persuadesti	persuadeste
persuase	persuasero

Trapassato remoto · Preterit perfect

ebbi persuaso	avemmo persuaso
avesti persuaso	aveste persuaso
ebbe persuaso	ebbero persuaso

Futuro semplice · Future

persuaderò	persuaderemo
persuaderai	persuaderete
persuaderà	persuaderanno

Futuro anteriore · Future perfect

avrò persuaso	avremo persuaso
avrai persuaso	avrete persuaso
avrà persuaso	avranno persuaso

Condizionale presente · Present conditional

persuaderei	persuaderemmo
persuaderesti	persuadereste
persuaderebbe	persuaderebbero

Condizionale passato · Perfect conditional

avrei persuaso	avremmo persuaso
avresti persuaso	avreste persuaso
avrebbe persuaso	avrebbero persuaso

Congiuntivo presente · Present subjunctive

persuada	persuadiamo
persuada	persuadiate
persuada	persuadano

Congiuntivo passato · Perfect subjunctive

abbia persuaso	abbiamo persuaso
abbia persuaso	abbiate persuaso
abbia persuaso	abbiano persuaso

Congiuntivo imperfetto · Imperfect subjunctive

persuadessi	persuadessimo
persuadessi	persuadeste
persuadesse	persuadessero

Congiuntivo trapassato · Past perfect subjunctive

avessi persuaso	avessimo persuaso
avessi persuaso	aveste persuaso
avesse persuaso	avessero persuaso

Imperativo · Commands

	(non) persuadiamo
persuadi (non persuadere)	(non) persuadete
(non) persuada	(non) persuadano

Participio passato · Past participle	persuaso (-a/-i/-e)
Gerundio · Gerund	persuadendo

Usage

L'hanno persuasa a partire con loro.
Giovanna persuase i suoi genitori della necessità
  di comprarle una macchina.
Proveranno a persuaderti del contrario.
Nessuno poté persuaderlo che la guerra era
  un inganno.
— Pensi che andrà d'accordo con voi?
— A dire la verità non ne sono persuasa.
Devo dire che Vincenzo persuade poco.
Non lasciarti persuadere da Giulio!

They persuaded her to leave with them.
Giovanna convinced her parents that it was
  necessary to buy her a car.
They'll try to convince you of the opposite.
No one could convince him that the war was
  a deception.
"Do you think he'll agree with you?"
"To tell you the truth, I'm not convinced he will."
I have to say that Vincenzo is not very convincing.
Don't let Giulio talk you into it!

persuadersi *to convince oneself; become convinced*

L'uomo si è finalmente persuaso che doveva farlo.
Mi sono persuaso che Carlotta mi ha detto la verità.

The man finally convinced himself he had to do it.
I've become convinced that Carlotta told me the truth.

pervenire   *to arrive (at), come (to), reach*

pervengo · pervenni · pervenuto

irregular *-ire* verb;
intrans. (aux. *essere*)

Presente · Present

pervengo	perveniamo
pervieni	pervenite
perviene	pervengono

Imperfetto · Imperfect

pervenivo	pervenivamo
pervenivi	pervenivate
perveniva	pervenivano

Passato remoto · Preterit

pervenni	pervenimmo
pervenisti	perveniste
pervenne	pervennero

Futuro semplice · Future

perverrò	perverremo
perverrai	perverrete
perverrà	perverranno

Condizionale presente · Present conditional

perverrei	perverremmo
perverresti	perverreste
perverrebbe	perverrebbero

Congiuntivo presente · Present subjunctive

pervenga	perveniamo
pervenga	perveniate
pervenga	pervengano

Congiuntivo imperfetto · Imperfect subjunctive

pervenissi	pervenissimo
pervenissi	perveniste
pervenisse	pervenissero

Passato prossimo · Present perfect

sono pervenuto (-a)	siamo pervenuti (-e)
sei pervenuto (-a)	siete pervenuti (-e)
è pervenuto (-a)	sono pervenuti (-e)

Trapassato prossimo · Past perfect

ero pervenuto (-a)	eravamo pervenuti (-e)
eri pervenuto (-a)	eravate pervenuti (-e)
era pervenuto (-a)	erano pervenuti (-e)

Trapassato remoto · Preterit perfect

fui pervenuto (-a)	fummo pervenuti (-e)
fosti pervenuto (-a)	foste pervenuti (-e)
fu pervenuto (-a)	furono pervenuti (-e)

Futuro anteriore · Future perfect

sarò pervenuto (-a)	saremo pervenuti (-e)
sarai pervenuto (-a)	sarete pervenuti (-e)
sarà pervenuto (-a)	saranno pervenuti (-e)

Condizionale passato · Perfect conditional

sarei pervenuto (-a)	saremmo pervenuti (-e)
saresti pervenuto (-a)	sareste pervenuti (-e)
sarebbe pervenuto (-a)	sarebbero pervenuti (-e)

Congiuntivo passato · Perfect subjunctive

sia pervenuto (-a)	siamo pervenuti (-e)
sia pervenuto (-a)	siate pervenuti (-e)
sia pervenuto (-a)	siano pervenuti (-e)

Congiuntivo trapassato · Past perfect subjunctive

fossi pervenuto (-a)	fossimo pervenuti (-e)
fossi pervenuto (-a)	foste pervenuti (-e)
fosse pervenuto (-a)	fossero pervenuti (-e)

Imperativo · Commands

	(non) perveniamo
pervieni (non pervenire)	(non) pervenite
(non) pervenga	(non) pervengano

Participio passato · Past participle   pervenuto (-a/-i/-e)

Gerundio · Gerund   pervenendo

Usage

Una centina di lettere di clienti scontenti
è pervenuta alla sede centrale dell'impresa.
Cristoforo Colombo pervenne in America dopo
un lungo viaggio.
Le domande d'iscrizione devono pervenire entro
il quindici febbraio.
È possibile che pervengano in cima alla montagna
domani.
Si dubita che il principe pervenga mai al trono.
Perverrei a una decisione al più presto possibile
se io fossi in te.
La casa le è pervenuta grazie a un'eredità.

*A hundred or so letters from dissatisfied customers
arrived at the company's headquarters.*
*Christopher Columbus arrived in America after
a long voyage.*
The application forms must arrive before February 15.

They may reach the top of the mountain tomorrow.

It's doubtful that the prince will ever gain the throne.
*I would come to a decision as soon as possible
if I were you.*
She got the house thanks to an inheritance.

regular *-are* verb;
trans./intrans. (aux. *avere*)

peso · pesai · pesato

Presente · Present

peso	pesiamo
pesi	pesate
pesa	pesano

Imperfetto · Imperfect

pesavo	pesavamo
pesavi	pesavate
pesava	pesavano

Passato remoto · Preterit

pesai	pesammo
pesasti	pesaste
pesò	pesarono

Futuro semplice · Future

peserò	peseremo
peserai	peserete
peserà	peseranno

Condizionale presente · Present conditional

peserei	peseremmo
peseresti	pesereste
peserebbe	peserebbero

Congiuntivo presente · Present subjunctive

pesi	pesiamo
pesi	pesiate
pesi	pesino

Congiuntivo imperfetto · Imperfect subjunctive

pesassi	pesassimo
pesassi	pesaste
pesasse	pesassero

Imperativo · Commands

	(non) pesiamo
pesa (non pesare)	(non) pesate
(non) pesi	(non) pesino

Passato prossimo · Present perfect

ho pesato	abbiamo pesato
hai pesato	avete pesato
ha pesato	hanno pesato

Trapassato prossimo · Past perfect

avevo pesato	avevamo pesato
avevi pesato	avevate pesato
aveva pesato	avevano pesato

Trapassato remoto · Preterit perfect

ebbi pesato	avemmo pesato
avesti pesato	aveste pesato
ebbe pesato	ebbero pesato

Futuro anteriore · Future perfect

avrò pesato	avremo pesato
avrai pesato	avrete pesato
avrà pesato	avranno pesato

Condizionale passato · Perfect conditional

avrei pesato	avremmo pesato
avresti pesato	avreste pesato
avrebbe pesato	avrebbero pesato

Congiuntivo passato · Perfect subjunctive

abbia pesato	abbiamo pesato
abbia pesato	abbiate pesato
abbia pesato	abbiano pesato

Congiuntivo trapassato · Past perfect subjunctive

avessi pesato	avessimo pesato
avessi pesato	aveste pesato
avesse pesato	avessero pesato

Participio passato · Past participle   pesato (-a/-i/-e)

Gerundio · Gerund   pesando

Usage

Il fruttivendolo ha pesato le arance.	*The produce vendor weighed the oranges.*
Bisogna pesare i vantaggi e gli svantaggi.	*You have to weigh the advantages and disadvantages.*
È importante che tu parli con loro. La tua opinione pesa molto.	*It's important for you to talk with them. Your opinion carries a lot of weight.*
La valigia pesa come il piombo. Mi dai una mano, per favore?	*The suitcase weighs a ton. Could you give me a hand, please?*
A quarant'anni Antonio pesava ancora sui genitori.	*At the age of forty, Antonio was still a burden to his parents.*
Quell'errore gli è pesato sulla coscienza per molto tempo.	*That mistake lay heavy on his conscience for a long time.*
Mi è pesato essere così lontano da casa.	*It was hard on me to be that far away from home.*

pesarsi *to weigh oneself*

Mi sono pesato oggi sulla bilancia in farmacia.	*I weighed myself on the scale at the pharmacy today.*

pettinare *to comb; scold, criticize*

pettino · pettinai · pettinato

regular -are verb;
trans. (aux. *avere*)

Presente · Present	
pettino	pettiniamo
pettini	pettinate
pettina	pettinano

Imperfetto · Imperfect	
pettinavo	pettinavamo
pettinavi	pettinavate
pettinava	pettinavano

Passato remoto · Preterit	
pettinai	pettinammo
pettinasti	pettinaste
pettinò	pettinarono

Futuro semplice · Future	
pettinerò	pettineremo
pettinerai	pettinerete
pettinerà	pettineranno

Condizionale presente · Present conditional	
pettinerei	pettineremmo
pettineresti	pettinereste
pettinerebbe	pettinerebbero

Congiuntivo presente · Present subjunctive	
pettini	pettiniamo
pettini	pettiniate
pettini	pettinino

Congiuntivo imperfetto · Imperfect subjunctive	
pettinassi	pettinassimo
pettinassi	pettinaste
pettinasse	pettinassero

Passato prossimo · Present perfect	
ho pettinato	abbiamo pettinato
hai pettinato	avete pettinato
ha pettinato	hanno pettinato

Trapassato prossimo · Past perfect	
avevo pettinato	avevamo pettinato
avevi pettinato	avevate pettinato
aveva pettinato	avevano pettinato

Trapassato remoto · Preterit perfect	
ebbi pettinato	avemmo pettinato
avesti pettinato	aveste pettinato
ebbe pettinato	ebbero pettinato

Futuro anteriore · Future perfect	
avrò pettinato	avremo pettinato
avrai pettinato	avrete pettinato
avrà pettinato	avranno pettinato

Condizionale passato · Perfect conditional	
avrei pettinato	avremmo pettinato
avresti pettinato	avreste pettinato
avrebbe pettinato	avrebbero pettinato

Congiuntivo passato · Perfect subjunctive	
abbia pettinato	abbiamo pettinato
abbia pettinato	abbiate pettinato
abbia pettinato	abbiano pettinato

Congiuntivo trapassato · Past perfect subjunctive	
avessi pettinato	avessimo pettinato
avessi pettinato	aveste pettinato
avesse pettinato	avessero pettinato

Imperativo · Commands	
	(non) pettiniamo
pettina (non pettinare)	(non) pettinate
(non) pettini	(non) pettinino

Participio passato · Past participle   pettinato (-a/-i/-e)

Gerundio · Gerund   pettinando

Usage

La mamma pettina i bambini prima che vadano
    a scuola.
Anna, pettinale i capelli dopo il bagno, per favore.
Il parrucchiere ha pettinato mia sorella molto bene.
È necessario pettinare il cane ogni giorno?
Smetti di pettinare il tuo migliore amico.
Il direttore generale è stato pettinato per quella
    decisione.

*Mom combs the children's hair before they go
    to school.*
Anna, please comb her hair after the bath.
The hairdresser did a nice job fixing my sister's hair.
Is it necessary to brush the dog every day?
Stop giving your best friend such a hard time.
The CEO was criticized for that decision.

pettinarsi *to comb one's hair; fix/do one's hair*

Ho dimenticato di pettinarmi stamattina.
Laura si è truccata e si è pettinata davanti
    allo specchio.

I forgot to comb my hair this morning.
*Laura put on her makeup and did her hair
    in front of the mirror.*

irregular *-ēre* verb;
intrans./impers. (aux. *essere*)

piaccio · piacqui · piaciuto

Presente · Present

piaccio	piacciamo
piaci	piacete
piace	piacciono

Imperfetto · Imperfect

piacevo	piacevamo
piacevi	piacevate
piaceva	piacevano

Passato remoto · Preterit

piacqui	piacemmo
piacesti	piaceste
piacque	piacquero

Futuro semplice · Future

piacerò	piaceremo
piacerai	piacerete
piacerà	piaceranno

Condizionale presente · Present conditional

piacerei	piaceremmo
piaceresti	piacereste
piacerebbe	piacerebbero

Congiuntivo presente · Present subjunctive

piaccia	piacciamo
piaccia	piacciate
piaccia	piacciano

Congiuntivo imperfetto · Imperfect subjunctive

piacessi	piacessimo
piacessi	piaceste
piacesse	piacessero

Imperativo · Commands

	(non) piacciamo
piaci (non piacere)	(non) piacete
(non) piaccia	(non) piacciano

Passato prossimo · Present perfect

sono piaciuto (-a)	siamo piaciuti (-e)
sei piaciuto (-a)	siete piaciuti (-e)
è piaciuto (-a)	sono piaciuti (-e)

Trapassato prossimo · Past perfect

ero piaciuto (-a)	eravamo piaciuti (-e)
eri piaciuto (-a)	eravate piaciuti (-e)
era piaciuto (-a)	erano piaciuti (-e)

Trapassato remoto · Preterit perfect

fui piaciuto (-a)	fummo piaciuti (-e)
fosti piaciuto (-a)	foste piaciuti (-e)
fu piaciuto (-a)	furono piaciuti (-e)

Futuro anteriore · Future perfect

sarò piaciuto (-a)	saremo piaciuti (-e)
sarai piaciuto (-a)	sarete piaciuti (-e)
sarà piaciuto (-a)	saranno piaciuti (-e)

Condizionale passato · Perfect conditional

sarei piaciuto (-a)	saremmo piaciuti (-e)
saresti piaciuto (-a)	sareste piaciuti (-e)
sarebbe piaciuto (-a)	sarebbero piaciuti (-e)

Congiuntivo passato · Perfect subjunctive

sia piaciuto (-a)	siamo piaciuti (-e)
sia piaciuto (-a)	siate piaciuti (-e)
sia piaciuto (-a)	siano piaciuti (-e)

Congiuntivo trapassato · Past perfect subjunctive

fossi piaciuto (-a)	fossimo piaciuti (-e)
fossi piaciuto (-a)	foste piaciuti (-e)
fosse piaciuto (-a)	fossero piaciuti (-e)

Participio passato · Past participle   piaciuto (-a/-i/-e)

Gerundio · Gerund   piacendo

Usage

L'albergo mi piace tanto.

I like the hotel a lot. (lit., The hotel is very pleasing to me.)

Il gelato piace a Domenico ma non piace a me.

Domenico likes ice cream, but I don't.

— Ti piacciono le carote?

"Do you like carrots?"

— No, non mi piacciono affatto.

"No, I don't like them at all."

— Le è piaciuto il primo?

"Did you like your appetizer?"

— Sì, mi è piaciuto moltissimo.

"Yes, I liked it a lot."

— E Francesco?

"And Francesco?"

— No, non gli è piaciuto il film.

"No, he didn't like the movie."

Da bambini ci piaceva giocare a calcio.

When we were little, we liked to play soccer.

Mi piacerebbe molto andare in Cina.

I would really like to go to China.

Penso che la mia presentazione sia piaciuta al direttore.

I think the boss liked my presentation.

TOP 50 VERB ☞

TO LIKE SOMEONE/SOMETHING

Alessandro piace a tutti.	*Everybody likes Alessandro.*
Quell'uomo mi è piaciuto poco.	*I didn't like that man very much.*
Io piaccio al direttore perché faccio bene il mio lavoro.	*The manager likes me because I do my work well.*
Niente piace a loro.	*They don't like anything.*
Non ti piacerà quel ristorante.	*You won't like that restaurant.*
I regali sono piaciuti tanto ai bambini.	*The children really liked the presents.*
Non credo che le piacciano le macchine.	*I don't think she likes cars.*

TO LIKE DOING SOMETHING

Ti piace leggere?	*Do you like to read?*
Non gli piacerebbe vivere in città.	*He wouldn't like living in a city.*
— Cosa piace alle tue amiche?	*"What do your friends like?"*
— Gli piace fare le spese.	*"They like to go shopping."*

MORE MEANINGS AND EXPRESSIONS

Non mi piace che Loredana esca con Tommaso.	*I don't like Loredana going out with Tommaso.*
— Vorrei comprare una Ferrari.	*"I'd like to buy a Ferrari."*
— Ti piacerebbe!	*"You wish!"*
Salvatore fa sempre quello che gli pare e piace.	*Salvatore always does as he pleases.*
Vi piaccia confermarci l'invito entro il 7 gennaio.	*Please R.S.V.P. by January 7.*
A Dio piacendo, l'anno prossimo andremo in Europa.	*God willing, we'll go to Europe next year.*
Non avevo mai visto quella frutta, ma aveva un gusto che mi piaceva.	*I had never seen such a fruit, but it had a pleasant flavor.*
Carmela è una ragazza che piace molto.	*Carmela is a very likeable/attractive girl.*
Quel gioco non finiva di piacere alla bambina.	*The girl never got tired of that game.*
Piaccia o non piaccia, domani si parte.	*Like it or not, tomorrow we're leaving.*
Vi piaccia comunicarci quante persone parteciperanno al pranzo.	*Please let us know how many people will attend the dinner.*
Piacque al Senato che la legge non fosse approvata.	*The Senate agreed that the law should not be passed.*

RELATED EXPRESSIONS

dispiacere/spiacere	*to displease, upset, not be liked*
Il concerto le è dispiaciuto purtroppo.	*She didn't like the show, unfortunately.*
Volevo dirti solo che mi spiace tanto.	*I only wanted to tell you I'm very sorry.*
il piacere	*favor; pleasure*
Mi faresti un piacere?	*Would you do me a favor?*
È un piacere conoscerla.	*It's a pleasure meeting you.*
Fammi il piacere di smetterla.	*Would you mind stopping that?*
Dammi quel giornale, per piacere.	*Give me that newspaper, please.*
Canta che è un piacere.	*It's a treat to hear her sing.*
piacevole	*pleasant, nice, agreeable*

irregular -ere verb;
intrans./trans. (aux. *avere*)

Presente · Present	
piango	piangiamo
piangi	piangete
piange	piangono

Imperfetto · Imperfect	
piangevo	piangevamo
piangevi	piangevate
piangeva	piangevano

Passato remoto · Preterit	
piansi	piangemmo
piangesti	piangeste
pianse	piansero

Futuro semplice · Future	
piangerò	piangeremo
piangerai	piangerete
piangerà	piangeranno

Condizionale presente · Present conditional	
piangerei	piangeremmo
piangeresti	piangereste
piangerebbe	piangerebbero

Congiuntivo presente · Present subjunctive	
pianga	piangiamo
pianga	piangiate
pianga	piangano

Congiuntivo imperfetto · Imperfect subjunctive	
piangessi	piangessimo
piangessi	piangeste
piangesse	piangessero

Imperativo · Commands	
	(non) piangiamo
piangi (non piangere)	(non) piangete
(non) pianga	(non) piangano

Passato prossimo · Present perfect	
ho pianto	abbiamo pianto
hai pianto	avete pianto
ha pianto	hanno pianto

Trapassato prossimo · Past perfect	
avevo pianto	avevamo pianto
avevi pianto	avevate pianto
aveva pianto	avevano pianto

Trapassato remoto · Preterit perfect	
ebbi pianto	avemmo pianto
avesti pianto	aveste pianto
ebbe pianto	ebbero pianto

Futuro anteriore · Future perfect	
avrò pianto	avremo pianto
avrai pianto	avrete pianto
avrà pianto	avranno pianto

Condizionale passato · Perfect conditional	
avrei pianto	avremmo pianto
avresti pianto	avreste pianto
avrebbe pianto	avrebbero pianto

Congiuntivo passato · Perfect subjunctive	
abbia pianto	abbiamo pianto
abbia pianto	abbiate pianto
abbia pianto	abbiano pianto

Congiuntivo trapassato · Past perfect subjunctive	
avessi pianto	avessimo pianto
avessi pianto	aveste pianto
avesse pianto	avessero pianto

Participio passato · Past participle	pianto (-a/-i/-e)
Gerundio · Gerund	piangendo

Usage

Non piangere!	*Don't cry!*
Ha pianto a dirotto per la morte del padre.	*He cried his heart out because of his father's death.*
Piango sempre quando devo tagliare le cipolle.	*I always cry when I have to chop onions.*
Margherita aveva pianto tutte le sue lacrime.	*Margherita was all cried out.*
Tutti i suoi amici la piansero per molto tempo.	*All her friends mourned her for a long time.*
Piangevamo sulle loro disgrazie.	*We were bemoaning their misfortunes.*
Michele pianse le offese dei colleghi.	*Michele complained about the insults from his colleagues.*
La linfa piangeva dagli alberi.	*The sap was dripping from the trees.*
Il fumo mi fa piangere gli occhi.	*The smoke is making my eyes water.*
È un film che farebbe piangere anche i sassi.	*It's a real tearjerker of a movie.*
È inutile piangere sul latte versato.	*There's no point in crying over spilled milk.*
Mi piange il cuore a vederla così infelice.	*It breaks my heart to see her so unhappy.*

piantare *to plant, put in; knock/drive (into); abandon, desert*

pianto · piantai · piantato

regular *-are* verb;
trans. (aux. *avere*)

Presente · Present

pianto	piantiamo
pianti	piantate
pianta	piantano

Imperfetto · Imperfect

piantavo	piantavamo
piantavi	piantavate
piantava	piantavano

Passato remoto · Preterit

piantai	piantammo
piantasti	piantaste
piantò	piantarono

Futuro semplice · Future

pianterò	pianteremo
pianterai	pianterete
pianterà	pianteranno

Condizionale presente · Present conditional

pianterei	pianteremmo
pianteresti	piantereste
pianterebbe	pianterebbero

Congiuntivo presente · Present subjunctive

pianti	piantiamo
pianti	piantiate
pianti	piantino

Congiuntivo imperfetto · Imperfect subjunctive

piantassi	piantassimo
piantassi	piantaste
piantasse	piantassero

Imperativo · Commands

	(non) piantiamo
pianta (non piantare)	(non) piantate
(non) pianti	(non) piantino

Passato prossimo · Present perfect

ho piantato	abbiamo piantato
hai piantato	avete piantato
ha piantato	hanno piantato

Trapassato prossimo · Past perfect

avevo piantato	avevamo piantato
avevi piantato	avevate piantato
aveva piantato	avevano piantato

Trapassato remoto · Preterit perfect

ebbi piantato	avemmo piantato
avesti piantato	aveste piantato
ebbe piantato	ebbero piantato

Futuro anteriore · Future perfect

avrò piantato	avremo piantato
avrai piantato	avrete piantato
avrà piantato	avranno piantato

Condizionale passato · Perfect conditional

avrei piantato	avremmo piantato
avresti piantato	avreste piantato
avrebbe piantato	avrebbero piantato

Congiuntivo passato · Perfect subjunctive

abbia piantato	abbiamo piantato
abbia piantato	abbiate piantato
abbia piantato	abbiano piantato

Congiuntivo trapassato · Past perfect subjunctive

avessi piantato	avessimo piantato
avessi piantato	aveste piantato
avesse piantato	avessero piantato

Participio passato · Past participle   piantato (-a/-i/-e)

Gerundio · Gerund   piantando

Usage

La ragazza ha piantato i fiori nel giardino con l'aiuto della madre.	*The girl planted the flowers in the garden with her mother's help.*
Pianteremo la tenda in un campo.	*We'll pitch our tent in a field.*
Mi pianteresti un chiodo nel muro?	*Would you hammer a nail into the wall for me?*
Gli piantai uno schiaffo in faccia.	*I slapped him in the face.*
Giovanna ha piantato il suo ragazzo.	*Giovanna broke up with her boyfriend.*
Piantala! Mi fai male!	*Stop it! You're hurting me!*

piantarsi *to plant oneself, dig oneself in; enter; split up*

Mi si piantò davanti un energumeno.	*A bully planted himself in front of me.*
La macchina si era piantata nel fango.	*The car had sunk into the mud.*
Franco e Nicoletta si sono piantati qualche settimana fa.	*Franco and Nicoletta split up a couple of weeks ago.*

irregular *-ere* verb, third person only;
intrans./impers. (aux. *avere* or *essere*)

piove · piovve · piovuto

NOTE *Piovere* is conjugated here with *essere*; it may also be conjugated with *avere*—see p. 22
for details.

Presente · Present

piove   piovono

Imperfetto · Imperfect

pioveva   piovevano

Passato remoto · Preterit

piovve   piovvero

Futuro semplice · Future

pioverà   pioveranno

Condizionale presente · Present conditional

pioverebbe   pioverebbero

Congiuntivo presente · Present subjunctive

piova   piovano

Congiuntivo imperfetto · Imperfect subjunctive

piovesse   piovessero

Imperativo · Commands

—

Passato prossimo · Present perfect

è piovuto (-a)   sono piovuti (-e)

Trapassato prossimo · Past perfect

era piovuto (-a)   erano piovuti (-e)

Trapassato remoto · Preterit perfect

fu piovuto (-a)   furono piovuti (-e)

Futuro anteriore · Future perfect

sarà piovuto (-a)   saranno piovuti (-e)

Condizionale passato · Perfect conditional

sarebbe piovuto (-a)   sarebbero piovuti (-e)

Congiuntivo passato · Perfect subjunctive

sia piovuto (-a)   siano piovuti (-e)

Congiuntivo trapassato · Past perfect subjunctive

fosse piovuto (-a)   fossero piovuti (-e)

Participio passato · Past participle   piovuto (-a/-i/-e)
Gerundio · Gerund   piovendo

Usage

Ha piovuto per due giorni e due notti.	*It rained for two days and two nights.*
È piovuto ininterrottamente oggi.	*It rained all day long today.*
Minaccia di piovere.	*It looks like rain.*
Stamattina è piovuto a dirotto.	*This morning rain came down in torrents.*
Pioveva a catinelle quando siamo partiti.	*It was raining cats and dogs when we left.*
Piove dal soffitto.	*The rain's coming in through the ceiling.*
Piovvero sassi e cenere dopo l'eruzione del Vesuvio.	*It rained down rocks and ash after the eruption of Vesuvius.*
Gli sono piovuti addosso ad un tempo complimenti e critiche.	*He was showered with compliments and criticism at the same time.*
— Sai chi è piovuto a casa mia ieri sera?	*"Do you know who showed up unexpectedly at my house last night?"*
— Il tuo amico Angelo.	*"Your friend Angelo."*
Sono sicuro che l'ha detto. Non ci piove.	*I'm sure he said it. There's no doubt about it.*
Piove, governo ladro! (COMMON SAYING)	*It's raining; this is the government's fault too!*
Piove sul bagnato. (PROVERB)	*Nothing succeeds like success./ When it rains, it pours.*

RELATED WORDS

la pioggia	*rain*
piovoso (-a)	*rainy, wet*
piovigginare	*to drizzle*

porgere *to hold out, hand, give, present, offer*

porgo · porsi · porto

irregular -*ere* verb;
trans. (aux. *avere*)

Presente · Present

porgo	porgiamo
porgi	porgete
porge	porgono

Imperfetto · Imperfect

porgevo	porgevamo
porgevi	porgevate
porgeva	porgevano

Passato remoto · Preterit

porsi	porgemmo
porgesti	porgeste
porse	porsero

Futuro semplice · Future

porgerò	porgeremo
porgerai	porgerete
porgerà	porgeranno

Condizionale presente · Present conditional

porgerei	porgeremmo
porgeresti	porgereste
porgerebbe	porgerebbero

Congiuntivo presente · Present subjunctive

porga	porgiamo
porga	porgiate
porga	porgano

Congiuntivo imperfetto · Imperfect subjunctive

porgessi	porgessimo
porgessi	porgeste
porgesse	porgessero

Passato prossimo · Present perfect

ho porto	abbiamo porto
hai porto	avete porto
ha porto	hanno porto

Trapassato prossimo · Past perfect

avevo porto	avevamo porto
avevi porto	avevate porto
aveva porto	avevano porto

Trapassato remoto · Preterit perfect

ebbi porto	avemmo porto
avesti porto	aveste porto
ebbe porto	ebbero porto

Futuro anteriore · Future perfect

avrò porto	avremo porto
avrai porto	avrete porto
avrà porto	avranno porto

Condizionale passato · Perfect conditional

avrei porto	avremmo porto
avresti porto	avreste porto
avrebbe porto	avrebbero porto

Congiuntivo passato · Perfect subjunctive

abbia porto	abbiamo porto
abbia porto	abbiate porto
abbia porto	abbiano porto

Congiuntivo trapassato · Past perfect subjunctive

avessi porto	avessimo porto
avessi porto	aveste porto
avesse porto	avessero porto

Imperativo · Commands

	(non) porgiamo
porgi (non porgere)	(non) porgete
(non) porga	(non) porgano

Participio passato · Past participle	porto (-a/-i/-e)	
Gerundio · Gerund	porgendo	

Usage

Le porgesti la mano o no?
Porgimi il pane, per favore.
Me ne ha porto l'occasione e allora le ho detto
  cosa pensavo di lei.
Porgo le mie più sentite condoglianze alla Sua
  famiglia.
La donna ha gridato ma nessuno ha porto aiuto.
Se qualcuno la insultasse, Cristina semplicemente
  gli porgerebbe l'altra guancia.
Gli parlai varie volte, ma non mi porse orecchio.
Possiamo superare qualsiasi problema si porga.
In attesa di una Sua risposta, porgiamo distinti
  saluti...

Did you hold out your hand to her or not?
Pass me the bread, please.
She gave me an opening, so I told her what
  I thought of her.
I offer my heartfelt condolences to your family.

The woman screamed, but no one offered any help.
If someone offended her, Cristina would simply turn
  the other cheek.
I talked to him several times, but he didn't listen.
We can overcome any problem that presents itself.
We await your reply. Sincerely, . . .
  (CONCLUSION OF A LETTER)

irregular *-ere* verb;
trans. (aux. *avere*)

pongo · posi · posto

Presente · Present

pongo	poniamo
poni	ponete
pone	pongono

Imperfetto · Imperfect

ponevo	ponevamo
ponevi	ponevate
poneva	ponevano

Passato remoto · Preterit

posi	ponemmo
ponesti	poneste
pose	posero

Futuro semplice · Future

porrò	porremo
porrai	porrete
porrà	porranno

Condizionale presente · Present conditional

porrei	porremmo
porresti	porreste
porrebbe	porrebbero

Congiuntivo presente · Present subjunctive

ponga	poniamo
ponga	poniate
ponga	pongano

Congiuntivo imperfetto · Imperfect subjunctive

ponessi	ponessimo
ponessi	poneste
ponesse	ponessero

Imperativo · Commands

	(non) poniamo
poni (non porre)	(non) ponete
(non) ponga	(non) pongano

Passato prossimo · Present perfect

ho posto	abbiamo posto
hai posto	avete posto
ha posto	hanno posto

Trapassato prossimo · Past perfect

avevo posto	avevamo posto
avevi posto	avevate posto
aveva posto	avevano posto

Trapassato remoto · Preterit perfect

ebbi posto	avemmo posto
avesti posto	aveste posto
ebbe posto	ebbero posto

Futuro anteriore · Future perfect

avrò posto	avremo posto
avrai posto	avrete posto
avrà posto	avranno posto

Condizionale passato · Perfect conditional

avrei posto	avremmo posto
avresti posto	avreste posto
avrebbe posto	avrebbero posto

Congiuntivo passato · Perfect subjunctive

abbia posto	abbiamo posto
abbia posto	abbiate posto
abbia posto	abbiano posto

Congiuntivo trapassato · Past perfect subjunctive

avessi posto	avessimo posto
avessi posto	aveste posto
avesse posto	avessero posto

Participio passato · Past participle   posto (-a/-i/-e)
Gerundio · Gerund   ponendo

Usage

Dove hai posto quella lettera?
Mi pose la mano sulla testa.
Porremo le basi di una nuova società.
La domanda non fu posta fino a molto tempo dopo.
Il governo voleva porre un limite al numero
   di immigranti.
Poniamo per un momento che tu abbia ragione.

Where did you put that letter?
He placed his hand on my head.
We will lay the foundation for a new society.
The question wasn't stated until much later.
The government wanted to limit the number
   of immigrants.
Let's suppose for a moment that you're right.

porsi *to sit down; set about*

Elena si è posta a sedere accanto al fuoco.
Ci ponemmo in marcia verso la chiesa.
Mi porrei l'obiettivo di finire il progetto entro
   due mesi.

Elena sat down next to the fire.
We set off toward the church.
I would set a goal for myself of finishing the
   project within two months.

portare

to carry, bring, take; wear; support, hold (up); have, bear; yield, produce

porto · portai · portato

regular -are verb;
trans. (aux. *avere*)

MORE USAGE SENTENCES WITH **portare**

Venti travi porteranno il tetto.

Penso che il camion porti 50 quintali.

I membri del partito hanno deciso di portarla come candidato.

Piero porta il nome di suo padre.

La lettera portava la sua firma.

Penso che siano nuvole che porteranno la pioggia.

Babbo Natale ti ha portato molti regali?

Il fiume ha portato la macchina al mare.

Ti porto i saluti di Carolina.

Portarono altre ragioni per spiegarci il loro comportamento.

Non portargli rancore. Non ti servirà a niente.

La guerra portò solo fame e povertà al popolo.

Il suo ragionamento mi ha portato a concludere che lei ha ragione.

Dobbiamo tutti portare le conseguenze dei nostri atti.

Twenty beams will support the roof.

I think the truck holds 5,000 kilograms.

The members of the party decided to support her candidacy.

Piero is named after his father.

The letter bore his signature.

I think those are rain-producing clouds.

Did Santa Claus bring you many presents?

The river carried the car off to the sea.

Caroline sends her regards.

They gave different reasons to explain their behavior to us.

Don't hold a grudge against him. It won't do any good.

The war only resulted in hunger and poverty for the people.

Her reasoning led me to conclude that she's right.

We all have to suffer the consequences of our actions.

portarsi *to go, move; carry; act, behave*

Una grande folla si è portata subito sulla scena dell'incidente.

Volevamo portarci all'ombra degli alberi.

Carmela si portava sempre dietro una grande borsa piena di roba.

Penso che lui si sia sempre portato correttamente nei miei confronti.

— E come si portava dopo la chirurgia?

— Maluccio, a dire la verità.

A large crowd gathered immediately at the scene of the accident.

We wanted to move into the shade of the trees.

Carmela always used to carry around a big purse full of stuff.

I think he's always behaved appropriately toward me.

"And how was he doing after the surgery?"

"Rather poorly, to tell you the truth."

IDIOMATIC EXPRESSIONS

Anna porta bene quel vestito bianco.

Tu porti bene i tuoi anni.

Il tuo amico porta male gli alcolici.

Il governo di ambedue i paesi ha deciso di portare avanti le trattative di pace.

Pulire la casa porta via molto tempo.

portare a casa la pelle

portare qualcosa a buon fine

portare qualcuno alla rovina

Anna looks good in that white dress.

You don't look your age.

Your friend doesn't hold his alcohol well.

The governments of both countries decided to pursue peace negotiations.

Cleaning the house takes a lot of time.

to come home alive (after some danger)

to bring something to a successful conclusion

to bring someone to ruin

PROVERBS

Tutte le strade portano a Roma.

I fatti portano più delle parole.

Ognuno ha la propria croce da portare.

All roads lead to Rome.

Actions speak louder than words.

Everyone has his own cross to bear.

TOP 50 VERBS

regular -are verb;
trans. (aux. *avere*)

Presente · Present

porto	portiamo
porti	portate
porta	portano

Imperfetto · Imperfect

portavo	portavamo
portavi	portavate
portava	portavano

Passato remoto · Preterit

portai	portammo
portasti	portaste
portò	portarono

Futuro semplice · Future

porterò	porteremo
porterai	porterete
porterà	porteranno

Condizionale presente · Present conditional

porterei	porteremmo
porteresti	portereste
porterebbe	porterebbero

Congiuntivo presente · Present subjunctive

porti	portiamo
porti	portiate
porti	portino

Congiuntivo imperfetto · Imperfect subjunctive

portassi	portassimo
portassi	portaste
portasse	portassero

Imperativo · Commands

	(non) portiamo
porta (non portare)	(non) portate
(non) porti	(non) portino

Passato prossimo · Present perfect

ho portato	abbiamo portato
hai portato	avete portato
ha portato	hanno portato

Trapassato prossimo · Past perfect

avevo portato	avevamo portato
avevi portato	avevate portato
aveva portato	avevano portato

Trapassato remoto · Preterit perfect

ebbi portato	avemmo portato
avesti portato	aveste portato
ebbe portato	ebbero portato

Futuro anteriore · Future perfect

avrò portato	avremo portato
avrai portato	avrete portato
avrà portato	avranno portato

Condizionale passato · Perfect conditional

avrei portato	avremmo portato
avresti portato	avreste portato
avrebbe portato	avrebbero portato

Congiuntivo passato · Perfect subjunctive

abbia portato	abbiamo portato
abbia portato	abbiate portato
abbia portato	abbiano portato

Congiuntivo trapassato · Past perfect subjunctive

avessi portato	avessimo portato
avessi portato	aveste portato
avesse portato	avessero portato

Participio passato · Past participle	portato (-a/-i/-e)
Gerundio · Gerund	portando

Usage

Gli studenti portano lo zaino in spalla. — The students carry their backpacks on their shoulders.
Il tassì porta solo quattro persone. — The taxi only carries four people.
Vorrei una pizza margherita da portare via. — I'd like a pizza margherita to go.
Il postino ti ha portato un pacco. — The mailman brought you a package.
Ho portato i libri in biblioteca. — I took the books to the library.
Portatemi a casa, per favore. — Take me home, please.
La sposa portava un abito bianco di seta. — The bride wore a white dress made of silk.

— Quale taglia porta, signora? — "What size do you wear, ma'am?"
— Porto una 42. — "I wear (a) size 42."

Come portava i capelli? — How did he wear his hair?
Mia sorella porta gli occhiali fin dall'età di sei anni. — My sister has been wearing glasses since the age of six.
I viaggiatori portavano sulla faccia i segni di stanchezza. — The travelers showed signs of tiredness in their faces.

possedere · *to possess, own, have; rule, dominate*

possiedo/posseggo · possedei/possedetti · posseduto

irregular *-ēre* verb;
trans. (aux. *avere*)

Presente · Present

possiedo/posseggo	possediamo
possiedi	possedete
possiede	possiedono/posseggono

Imperfetto · Imperfect

possedevo	possedevamo
possedevi	possedevate
possedeva	possedevano

Passato remoto · Preterit

possedei/possedetti	possedemmo
possedesti	possedeste
possedé/possedette	possederono/possedettero

Futuro semplice · Future

possederò	possederemo
possederai	possederete
possederà	possederanno

Condizionale presente · Present conditional

possederei	possederemmo
possederesti	possedereste
possederebbe	possederebbero

Congiuntivo presente · Present subjunctive

possieda/possegga	possediamo
possieda/possegga	possediate
possieda/possegga	possiedano/posseggano

Congiuntivo imperfetto · Imperfect subjunctive

possedessi	possedessimo
possedessi	possedeste
possedesse	possedessero

Passato prossimo · Present perfect

ho posseduto	abbiamo posseduto
hai posseduto	avete posseduto
ha posseduto	hanno posseduto

Trapassato prossimo · Past perfect

avevo posseduto	avevamo posseduto
avevi posseduto	avevate posseduto
aveva posseduto	avevano posseduto

Trapassato remoto · Preterit perfect

ebbi posseduto	avemmo posseduto
avesti posseduto	aveste posseduto
ebbe posseduto	ebbero posseduto

Futuro anteriore · Future perfect

avrò posseduto	avremo posseduto
avrai posseduto	avrete posseduto
avrà posseduto	avranno posseduto

Condizionale passato · Perfect conditional

avrei posseduto	avremmo posseduto
avresti posseduto	avreste posseduto
avrebbe posseduto	avrebbero posseduto

Congiuntivo passato · Perfect subjunctive

abbia posseduto	abbiamo posseduto
abbia posseduto	abbiate posseduto
abbia posseduto	abbiano posseduto

Congiuntivo trapassato · Past perfect subjunctive

avessi posseduto	avessimo posseduto
avessi posseduto	aveste posseduto
avesse posseduto	avessero posseduto

Imperativo · Commands

	(non) possediamo
possiedi (non possedere)	(non) possedete
(non) possieda/possegga	(non) possiedano/posseggano

Participio passato · Past participle — posseduto (-a/-i/-e)

Gerundio · Gerund — possedendo

Usage

L'affittacamere possiede cinque case che sono tutte in buono stato.	*The landlord owns five houses that are all in good repair.*
Maurizio non possedeva nulla.	*Maurizio didn't own a thing.*
Quell'uomo non ha mai posseduto il senso dell'umorismo.	*That man has never had a sense of humor.*
Raffaella è una ragazza che possiede molte virtù.	*Raffaella is a girl who has many virtues.*
Il marito era posseduto dalla gelosia.	*The husband was possessed by jealousy.*
Il re possedé un vasto impero.	*The king ruled a vast empire.*
Il mio amico Enrico possiede cinque o sei lingue straniere.	*My friend Enrico is a master of five or six foreign languages.*

RELATED WORDS

il possesso	*possession, ownership*
il possessore/la posseditrice	*possessor, owner; holder*

irregular *-ēre* verb;
modal (aux. *avere* or *essere*)/trans. (aux. *avere*)

posso · potei/potetti · potuto

NOTE *Potere* is conjugated here with *avere*; it may also be conjugated with *essere*—see p. 22 for details.

Presente · Present

posso	possiamo
puoi	potete
può	possono

Passato prossimo · Present perfect

ho potuto	abbiamo potuto
hai potuto	avete potuto
ha potuto	hanno potuto

Imperfetto · Imperfect

potevo	potevamo
potevi	potevate
poteva	potevano

Trapassato prossimo · Past perfect

avevo potuto	avevamo potuto
avevi potuto	avevate potuto
aveva potuto	avevano potuto

Passato remoto · Preterit

potei/potetti	potemmo
potesti	poteste
poté/potette	poterono/potettero

Trapassato remoto · Preterit perfect

ebbi potuto	avemmo potuto
avesti potuto	aveste potuto
ebbe potuto	ebbero potuto

Futuro semplice · Future

potrò	potremo
potrai	potrete
potrà	potranno

Futuro anteriore · Future perfect

avrò potuto	avremo potuto
avrai potuto	avrete potuto
avrà potuto	avranno potuto

Condizionale presente · Present conditional

potrei	potremmo
potresti	potreste
potrebbe	potrebbero

Condizionale passato · Perfect conditional

avrei potuto	avremmo potuto
avresti potuto	avreste potuto
avrebbe potuto	avrebbero potuto

Congiuntivo presente · Present subjunctive

possa	possiamo
possa	possiate
possa	possano

Congiuntivo passato · Perfect subjunctive

abbia potuto	abbiamo potuto
abbia potuto	abbiate potuto
abbia potuto	abbiano potuto

Congiuntivo imperfetto · Imperfect subjunctive

potessi	potessimo
potessi	poteste
potesse	potessero

Congiuntivo trapassato · Past perfect subjunctive

avessi potuto	avessimo potuto
avessi potuto	aveste potuto
avesse potuto	avessero potuto

Imperativo · Commands

—

Participio passato · Past participle	potuto (-a/-i/-e)
Gerundio · Gerund	potendo

Usage

Non posso andare alla lezione oggi.	*I can't go to class today.*
Potrai farlo?	*Can you do it?*
Non ha potuto mangiare perché stava male.	*He couldn't eat because he wasn't feeling well.*
Siamo potuti partire presto.	*We were able to leave early.*
Farò del mio meglio, ma non posso prometterti niente.	*I'll do everything I can, but I can't promise you anything.*
Possiamo entrare?	*May we come in?*
Potrei avere qualcosa da bere?	*Could I have something to drink?*
I minorenni non potevano entrare in quella discoteca.	*Minors weren't allowed in that disco.*
Si può viaggiare liberamente in quel paese?	*Can one travel freely in that country?*
Si può sapere cosa hai fatto?	*Would you mind telling me what you did?*
Possiamo dirci soddisfatti del risultato.	*We have reason to be satisfied with the result.*
Lui potrà molto più di me con Luigi.	*He'll have a lot more influence over Luigi than I.*

TOP 50 VERB ☞

356 potere *to be able to, can; may; have influence*

posso · potei/potetti · potuto

irregular *-ēre* verb;
modal (aux. *avere* or *essere*)/trans. (aux. *avere*)

potere expressing possibility or capability

Non si poteva vedere niente per la nebbia.	*You couldn't see anything because of the fog.*
Stefania poteva nuotare a lungo senza stancarsi.	*Stefania could swim for a long time without getting tired.*

potere expressing permission

Posso usare la tua penna?	*Can I use your pen?*
Potremmo cominciare adesso?	*Could we start now?*
Posso entrare?	*May I come in?*

potere expressing eventuality or probability

Non pensavano che potesse accadere.	*They didn't think it could happen.*
Non poteva essere stata Giuseppina.	*It couldn't have been Giuseppina.*
Può essere che loro abbiano già mangiato.	*It's possible that they've already eaten.*

potere expressing desirability or a wish

Potessi finalmente tornare a casa!	*If only I could finally go back home!*
Possa la fortuna accompagnarti dappertutto!	*May good luck go with you everywhere!*
Che io possa morire se non dico la verità!	*Strike me dead if I'm not telling the truth!*

potere expressing reproach

Potresti almeno telefonarle per scusarti.	*You could at least call her to apologize.*
Avrebbero potuto avvisarci che non potevano venire.	*They could have let us know they couldn't make it.*

IDIOMATIC EXPRESSIONS

Basta! Non ne posso più!	*That's enough! I can't take it anymore!*
Non ne poteva più di tutte le bugie.	*He was fed up with all the lies.*
Luciano potrebbe avere quarant'anni.	*Luciano must be about forty years old.*
Può darsi che Antonia parli inglese.	*Maybe Antonia speaks English.*
Si salvi chi può.	*Every man for himself.*
Domenico è un uomo che può molto.	*Domenico is a powerful man.*

potere as a masculine noun

il potere d'acquisto	*purchasing power*
il quarto potere	*the press (the fourth estate)*
i poteri soprannaturali	*supernatural powers*
in mio potere	*in my power*
a tutto potere	*by all means, by any means; as much as possible*
Non aveva il potere di licenziarti.	*He didn't have the authority to fire you.*
Non ho poteri per risolvere tutti i problemi nel mondo.	*I can't solve all the problems in the world.*
Quale presidente era al potere in quell'anno?	*Which president was in office that year?*

PROVERBS

Volere è potere.	*Where there's a will, there's a way.*
Volere e non potere.	*To have the will, but not the power.*

regular *-are* verb;
intrans. (aux. *avere*)

pranzo · pranzai · pranzato

Presente · Present

pranzo	pranziamo
pranzi	pranzate
pranza	pranzano

Passato prossimo · Present perfect

ho pranzato	abbiamo pranzato
hai pranzato	avete pranzato
ha pranzato	hanno pranzato

Imperfetto · Imperfect

pranzavo	pranzavamo
pranzavi	pranzavate
pranzava	pranzavano

Trapassato prossimo · Past perfect

avevo pranzato	avevamo pranzato
avevi pranzato	avevate pranzato
aveva pranzato	avevano pranzato

Passato remoto · Preterit

pranzai	pranzammo
pranzasti	pranzaste
pranzò	pranzarono

Trapassato remoto · Preterit perfect

ebbi pranzato	avemmo pranzato
avesti pranzato	aveste pranzato
ebbe pranzato	ebbero pranzato

Futuro semplice · Future

pranzerò	pranzeremo
pranzerai	pranzerete
pranzerà	pranzeranno

Futuro anteriore · Future perfect

avrò pranzato	avremo pranzato
avrai pranzato	avrete pranzato
avrà pranzato	avranno pranzato

Condizionale presente · Present conditional

pranzerei	pranzeremmo
pranzeresti	pranzereste
pranzerebbe	pranzerebbero

Condizionale passato · Perfect conditional

avrei pranzato	avremmo pranzato
avresti pranzato	avreste pranzato
avrebbe pranzato	avrebbero pranzato

Congiuntivo presente · Present subjunctive

pranzi	pranziamo
pranzi	pranziate
pranzi	pranzino

Congiuntivo passato · Perfect subjunctive

abbia pranzato	abbiamo pranzato
abbia pranzato	abbiate pranzato
abbia pranzato	abbiano pranzato

Congiuntivo imperfetto · Imperfect subjunctive

pranzassi	pranzassimo
pranzassi	pranzaste
pranzasse	pranzassero

Congiuntivo trapassato · Past perfect subjunctive

avessi pranzato	avessimo pranzato
avessi pranzato	aveste pranzato
avesse pranzato	avessero pranzato

Imperativo · Commands

	(non) pranziamo
pranza (non pranzare)	(non) pranzate
(non) pranzi	(non) pranzino

Participio passato · Past participle	pranzato (-a/-i/-e)
Gerundio · Gerund	pranzando

Usage

— Hai già pranzato?
— No, non ho ancora pranzato.
Pranzeremo a casa oggi.
Gli amici da cui abbiamo pranzato non sono venuti
    con noi.
— Dove vorresti pranzare?
— Non mi importa. Qualsiasi ristorante o trattoria.
Preferiremmo andare a pranzare fuori.
Non pranzare a lungo se non vuoi addormentarti
    più tardi.

"Have you had lunch yet?"
"No, I haven't."
We'll have lunch at home today.
The friends at whose house we had lunch didn't come
    with us.
"Where would you like to have lunch?"
"It doesn't matter to me. Any restaurant or trattoria."
We would prefer to go out for lunch.
Don't have a long lunch if you don't want to fall
    asleep later.

RELATED WORDS

il pranzo	*lunch*
il pranzetto	*little meal*

praticare *to practice, play, engage in; associate with; frequent; make; give*

pratico · praticai · praticato

regular -are verb, c > ch/e, i;
trans./intrans. (aux. avere)

Presente · Present

pratico	pratichiamo
pratichi	praticate
pratica	praticano

Imperfetto · Imperfect

praticavo	praticavamo
praticavi	praticavate
praticava	praticavano

Passato remoto · Preterit

praticai	praticammo
praticasti	praticaste
praticò	praticarono

Futuro semplice · Future

praticherò	praticheremo
praticherai	praticherete
praticherà	praticheranno

Condizionale presente · Present conditional

praticherei	praticheremmo
praticheresti	pratichereste
praticherebbe	praticherebbero

Congiuntivo presente · Present subjunctive

pratichi	pratichiamo
pratichi	pratichiate
pratichi	pratichino

Congiuntivo imperfetto · Imperfect subjunctive

praticassi	praticassimo
praticassi	praticaste
praticasse	praticassero

Passato prossimo · Present perfect

ho praticato	abbiamo praticato
hai praticato	avete praticato
ha praticato	hanno praticato

Trapassato prossimo · Past perfect

avevo praticato	avevamo praticato
avevi praticato	avevate praticato
aveva praticato	avevano praticato

Trapassato remoto · Preterit perfect

ebbi praticato	avemmo praticato
avesti praticato	aveste praticato
ebbe praticato	ebbero praticato

Futuro anteriore · Future perfect

avrò praticato	avremo praticato
avrai praticato	avrete praticato
avrà praticato	avranno praticato

Condizionale passato · Perfect conditional

avrei praticato	avremmo praticato
avresti praticato	avreste praticato
avrebbe praticato	avrebbero praticato

Congiuntivo passato · Perfect subjunctive

abbia praticato	abbiamo praticato
abbia praticato	abbiate praticato
abbia praticato	abbiano praticato

Congiuntivo trapassato · Past perfect subjunctive

avessi praticato	avessimo praticato
avessi praticato	aveste praticato
avesse praticato	avessero praticato

Imperativo · Commands

	(non) pratichiamo
pratica (non praticare)	(non) praticate
(non) pratichi	(non) pratichino

Participio passato · Past participle	praticato (-a/-i/-e)
Gerundio · Gerund	praticando

Usage

Mio padre non pratica più la medicina da alcuni anni.	*My father hasn't been practicing medicine for a few years.*
Bruno non pratica nessuna religione.	*Bruno doesn't practice any religion.*
Pratichiamo il calcio solo d'inverno.	*We play soccer only in winter.*
I gemelli praticheranno il nuoto a partire da gennaio.	*The twins will start swimming in January.*
Le persone con cui praticava Marco l'anno scorso, sono partite per fortuna.	*The people Marco associated with last year have left, fortunately.*
Praticavano sempre lo stesso bar da studenti.	*As students, they always frequented the same bar.*
Il chirurgo avrebbe dovuto praticare un'incisione verticale.	*The surgeon should have made a vertical incision.*
I negozi hanno praticato sconti del 30% e più.	*The stores gave discounts of 30% and more.*
Chi pratica con lo zoppo impara a zoppicare. (PROVERB)	*Choose your friends wisely. (lit., He who walks with a limping man learns to limp.)*

regular *-ire* verb (*-isc-* type);
trans. (aux. *avere*)

preferisco · preferii · preferito

Presente · Present

preferisco	preferiamo
preferisci	preferite
preferisce	preferiscono

Imperfetto · Imperfect

preferivo	preferivamo
preferivi	preferivate
preferiva	preferivano

Passato remoto · Preterit

preferii	preferimmo
preferisti	preferiste
preferì	preferirono

Futuro semplice · Future

preferirò	preferiremo
preferirai	preferirete
preferirà	preferiranno

Condizionale presente · Present conditional

preferirei	preferiremmo
preferiresti	preferireste
preferirebbe	preferirebbero

Congiuntivo presente · Present subjunctive

preferisca	preferiamo
preferisca	preferiate
preferisca	preferiscano

Congiuntivo imperfetto · Imperfect subjunctive

preferissi	preferissimo
preferissi	preferiste
preferisse	preferissero

Imperativo · Commands

	(non) preferiamo
preferisci (non preferire)	(non) preferite
(non) preferisca	(non) preferiscano

Passato prossimo · Present perfect

ho preferito	abbiamo preferito
hai preferito	avete preferito
ha preferito	hanno preferito

Trapassato prossimo · Past perfect

avevo preferito	avevamo preferito
avevi preferito	avevate preferito
aveva preferito	avevano preferito

Trapassato remoto · Preterit perfect

ebbi preferito	avemmo preferito
avesti preferito	aveste preferito
ebbe preferito	ebbero preferito

Futuro anteriore · Future perfect

avrò preferito	avremo preferito
avrai preferito	avrete preferito
avrà preferito	avranno preferito

Condizionale passato · Perfect conditional

avrei preferito	avremmo preferito
avresti preferito	avreste preferito
avrebbe preferito	avrebbero preferito

Congiuntivo passato · Perfect subjunctive

abbia preferito	abbiamo preferito
abbia preferito	abbiate preferito
abbia preferito	abbiano preferito

Congiuntivo trapassato · Past perfect subjunctive

avessi preferito	avessimo preferito
avessi preferito	aveste preferito
avesse preferito	avessero preferito

Participio passato · Past participle	preferito (-a/-i/-e)
Gerundio · Gerund	preferendo

Usage

— Cosa preferisci tu, il gelato o la torta?
— Non mi piacciono tanto i dolci.

Io preferisco il vino bianco con il pesce.
Abbiamo preferito il concerto al ristorante.
Preferivano la cucina italiana a quella cinese.
Gli hanno chiesto di cucinare per loro,
　ma preferirebbe non farlo.
Preferì morire piuttosto che arrendersi.
Preferiamo che i bambini non vengano con noi.
Preferiremmo uscire stasera.

"What do you like better, ice cream or cake?"
"I don't like desserts all that much."
I prefer white wine with fish.
We preferred the concert to the restaurant.
They preferred Italian cuisine to Chinese.
They asked him to cook, but he would prefer not to.

He chose to die rather than surrender.
We prefer that the children not come along with us.
We'd rather go out tonight.

RELATED WORDS

preferibile
preferito (-a)

preferable
favorite

prelevare   *to collect, take, pick up; arrest; withdraw* (banking)

prelevo · prelevai · prelevato

regular -*are* verb;
trans. (aux. *avere*)

Presente · Present

prelevo	preleviamo
prelevi	prelevate
preleva	prelevano

Imperfetto · Imperfect

prelevavo	prelevavamo
prelevavi	prelevavate
prelevava	prelevavano

Passato remoto · Preterit

prelevai	prelevammo
prelevasti	prelevaste
prelevò	prelevarono

Futuro semplice · Future

preleverò	preleveremo
preleverai	preleverete
preleverà	preleveranno

Condizionale presente · Present conditional

preleverei	preleveremmo
preleveresti	prelevereste
preleverebbe	preleverebbero

Congiuntivo presente · Present subjunctive

prelevi	preleviamo
prelevi	preleviate
prelevi	prelevino

Congiuntivo imperfetto · Imperfect subjunctive

prelevassi	prelevassimo
prelevassi	prelevaste
prelevasse	prelevassero

Imperativo · Commands

	(non) preleviamo
preleva (non prelevare)	(non) prelevate
(non) prelevi	(non) prelevino

Passato prossimo · Present perfect

ho prelevato	abbiamo prelevato
hai prelevato	avete prelevato
ha prelevato	hanno prelevato

Trapassato prossimo · Past perfect

avevo prelevato	avevamo prelevato
avevi prelevato	avevate prelevato
aveva prelevato	avevano prelevato

Trapassato remoto · Preterit perfect

ebbi prelevato	avemmo prelevato
avesti prelevato	aveste prelevato
ebbe prelevato	ebbero prelevato

Futuro anteriore · Future perfect

avrò prelevato	avremo prelevato
avrai prelevato	avrete prelevato
avrà prelevato	avranno prelevato

Condizionale passato · Perfect conditional

avrei prelevato	avremmo prelevato
avresti prelevato	avreste prelevato
avrebbe prelevato	avrebbero prelevato

Congiuntivo passato · Perfect subjunctive

abbia prelevato	abbiamo prelevato
abbia prelevato	abbiate prelevato
abbia prelevato	abbiano prelevato

Congiuntivo trapassato · Past perfect subjunctive

avessi prelevato	avessimo prelevato
avessi prelevato	aveste prelevato
avesse prelevato	avessero prelevato

Participio passato · Past participle   prelevato (-a/-i/-e)

Gerundio · Gerund   prelevando

Usage

Dove possiamo prelevare i bagagli?
Where can we pick up our luggage?

Sarà necessario prelevare un po' di sangue.
It'll be necessary to draw some blood.

Il chirurgo ha prelevato un campione di tessuto.
The surgeon took a tissue sample.

I clienti preleveranno l'ordine al più presto possibile.
The clients will pick up their order as soon as possible.

Mi sembra probabile che i documenti siano già stati prelevati.
It seems likely to me that the documents have already been picked up.

I carabinieri lo prelevarono da casa sua durante la notte.
The police arrested him at his house during the night.

Una grande somma è stata prelevata dal mio conto in banca ieri.
A large sum was withdrawn from my bank account yesterday.

irregular *-ere* verb;
trans./intrans. (aux. *avere*)

Presente · Present

prendo	prendiamo
prendi	prendete
prende	prendono

Passato prossimo · Present perfect

ho preso	abbiamo preso
hai preso	avete preso
ha preso	hanno preso

Imperfetto · Imperfect

prendevo	prendevamo
prendevi	prendevate
prendeva	prendevano

Trapassato prossimo · Past perfect

avevo preso	avevamo preso
avevi preso	avevate preso
aveva preso	avevano preso

Passato remoto · Preterit

presi	prendemmo
prendesti	prendeste
prese	presero

Trapassato remoto · Preterit perfect

ebbi preso	avemmo preso
avesti preso	aveste preso
ebbe preso	ebbero preso

Futuro semplice · Future

prenderò	prenderemo
prenderai	prenderete
prenderà	prenderanno

Futuro anteriore · Future perfect

avrò preso	avremo preso
avrai preso	avrete preso
avrà preso	avranno preso

Condizionale presente · Present conditional

prenderei	prenderemmo
prenderesti	prendereste
prenderebbe	prenderebbero

Condizionale passato · Perfect conditional

avrei preso	avremmo preso
avresti preso	avreste preso
avrebbe preso	avrebbero preso

Congiuntivo presente · Present subjunctive

prenda	prendiamo
prenda	prendiate
prenda	prendano

Congiuntivo passato · Perfect subjunctive

abbia preso	abbiamo preso
abbia preso	abbiate preso
abbia preso	abbiano preso

Congiuntivo imperfetto · Imperfect subjunctive

prendessi	prendessimo
prendessi	prendeste
prendesse	prendessero

Congiuntivo trapassato · Past perfect subjunctive

avessi preso	avessimo preso
avessi preso	aveste preso
avesse preso	avessero preso

Imperativo · Commands

	(non) prendiamo
prendi (non prendere)	(non) prendete
(non) prenda	(non) prendano

Participio passato · Past participle	preso (-a/-i/-e)
Gerundio · Gerund	prendendo

Usage

La madre prese il bambino per la mano.	*The mother took her child by the hand.*
La presi tra le braccia.	*I took her in my arms.*
— Che cosa prende, signore? — Prendo un caffè.	*"What are you having, sir?" "I'll have coffee."*
Il gatto stava per prendere il topo tra i denti.	*The cat was about to catch the mouse in its teeth.*
Vincenzo ha preso tutti i soldi che aveva e glieli ha dati.	*Vincenzo took all the money he had and gave it to him.*
Non prendere quella valigia per il manico. Si è rotto.	*Don't grab that suitcase by the handle. It's broken.*
L'hanno preso in due e l'hanno spinto contro il muro.	*Two people grabbed him and pushed him against the wall.*
Ho preso il bicchiere dal tavolo.	*I got the glass from the table.*
Roberto verrà a prendermi all'aeroporto.	*Roberto will come and pick me up at the airport.*
Giulia, prendi i vestiti da terra, per favore.	*Giulia, pick the clothes up off the ground, please.*

TOP 50 VERB ☞

prendere

to take, seize, get; earn, win; deal with; take on, assume; take (someone) for; photograph; take up

prendo · presi · preso

irregular -ere verb;
trans./intrans. (aux. avere)

MORE USAGE SENTENCES WITH **prendere**

Ha provato a prendere il chiodo con le tenaglie.	*He tried to get hold of the nail with the pliers.*
Il nemico prese il castello dopo una battaglia che durò sette giorni.	*The enemy seized the castle after a battle that lasted seven days.*
Il ladro fu preso dalla polizia mentre fuggiva.	*The thief was caught by the police while he was running away.*
Quanto prende il tuo parrucchiere per un taglio di capelli?	*How much does your hairdresser charge for a haircut?*
Prendeva 4.000 euro al mese quando lavorava in banca.	*He earned 4,000 euros a month when he worked at the bank.*
La nostra squadra ha preso un premio nell'ultima competizione.	*Our team won a prize in the last competition.*
Non so come prenderanno la brutta notizia.	*I don't know how they'll handle the bad news.*
Bisogna saperlo prendere per il verso giusto.	*You have to know how to deal with him the right way.*
Chi prenderà la responsabilità per l'incidente?	*Who will assume responsibility for the accident?*
Ho sentito dire che la ditta prenderà alcuni nuovi collaboratori.	*I've heard the company's going to take on a couple of new employees.*
Era un impegno molto importante da prendere.	*It was a very important commitment to take on.*
Per chi mi prendi?	*What do you take me for?*
Non mi piace che mi abbia preso di profilo.	*I'm not happy that he photographed me in profile.*
Il lavoro le prendeva un sacco di tempo.	*The work took up a lot of her time.*
Quella valigia prenderà troppo posto nella macchina.	*That suitcase will take up too much space in the car.*

prendere used intransitively

L'albero che avevamo piantato non ha preso.	*The tree we had planted didn't take root.*
La fiamma non ha preso.	*The flame didn't catch.*
La colla non prende bene.	*The glue isn't sticking very well.*
Dopo un chilometro, prendi a sinistra.	*After a kilometer, go left.*
Giuseppe prese a dire qualcosa, ma non lo finì.	*Giuseppe started to say something but didn't finish.*
Ma che cosa gli ha preso?	*What came over him?*

prendersi *to grab hold of (something)/each other; get along*

Prenditi alla scala per non cadere.	*Hold on to the ladder so you don't fall.*
Quei due si prendono benissimo.	*Those two get along great.*
I due ragazzi si presero a pugni.	*The two boys came to blows.*
Mi prenderò la soddisfazione di aver detto la verità.	*I'll have the satisfaction of having told the truth.*

prendersela *to take offense, get angry; worry*

Perché te la prendi sempre con lui?	*Why do you always pick on him?*
Non prendertela.	*Don't worry about it.*
Ce la prenderemo comoda durante l'estate.	*We'll take it easy during the summer.*

IDIOMATIC EXPRESSIONS

prendere da qualcuno	*to take after (i.e., resemble) someone*
prendere tutto per oro colato	*to believe anything*
prendere fischi per fiaschi	*to get hold of the wrong end of the stick; misunderstand*

TOP 50 VERBS

regular *-are* verb;
trans. (aux. *avere*)

prenoto · prenotai · prenotato

Presente · Present

prenoto	prenotiamo
prenoti	prenotate
prenota	prenotano

Imperfetto · Imperfect

prenotavo	prenotavamo
prenotavi	prenotavate
prenotava	prenotavano

Passato remoto · Preterit

prenotai	prenotammo
prenotasti	prenotaste
prenotò	prenotarono

Futuro semplice · Future

prenoterò	prenoteremo
prenoterai	prenoterete
prenoterà	prenoteranno

Condizionale presente · Present conditional

prenoterei	prenoteremmo
prenoteresti	prenotereste
prenoterebbe	prenoterebbero

Congiuntivo presente · Present subjunctive

prenoti	prenotiamo
prenoti	prenotiate
prenoti	prenotino

Congiuntivo imperfetto · Imperfect subjunctive

prenotassi	prenotassimo
prenotassi	prenotaste
prenotasse	prenotassero

Imperativo · Commands

	(non) prenotiamo
prenota (non prenotare)	(non) prenotate
(non) prenoti	(non) prenotino

Passato prossimo · Present perfect

ho prenotato	abbiamo prenotato
hai prenotato	avete prenotato
ha prenotato	hanno prenotato

Trapassato prossimo · Past perfect

avevo prenotato	avevamo prenotato
avevi prenotato	avevate prenotato
aveva prenotato	avevano prenotato

Trapassato remoto · Preterit perfect

ebbi prenotato	avemmo prenotato
avesti prenotato	aveste prenotato
ebbe prenotato	ebbero prenotato

Futuro anteriore · Future perfect

avrò prenotato	avremo prenotato
avrai prenotato	avrete prenotato
avrà prenotato	avranno prenotato

Condizionale passato · Perfect conditional

avrei prenotato	avremmo prenotato
avresti prenotato	avreste prenotato
avrebbe prenotato	avrebbero prenotato

Congiuntivo passato · Perfect subjunctive

abbia prenotato	abbiamo prenotato
abbia prenotato	abbiate prenotato
abbia prenotato	abbiano prenotato

Congiuntivo trapassato · Past perfect subjunctive

avessi prenotato	avessimo prenotato
avessi prenotato	aveste prenotato
avesse prenotato	avessero prenotato

Participio passato · Past participle	prenotato (-a/-i/-e)
Gerundio · Gerund	prenotando

Usage

Abbiamo prenotato un tavolo al nostro ristorante preferito.

Mi ha detto che avrebbe prenotato due posti a teatro per sabato.

Vorrei prenotare una camera a due letti con bagno o doccia.

Signora, Le ho prenotato un posto sul volo delle dieci e un quarto.

We've reserved a table at our favorite restaurant.

He told me he was going to reserve two seats at the theater for Saturday.

I'd like to book a room with two beds and a bath or shower.

Madam, I've booked you a seat on the 10:15 A.M. flight.

prenotarsi *to sign up (for), put one's name down*

La mia amica ed io ci siamo prenotate per una crociera nel Mediterraneo.

Vorreste prenotarvi per un palco alla Scala di Milano?

My girlfriend and I have signed up for a Mediterranean cruise.

Would you like to put your name down for a box at La Scala in Milan?

preoccupare *to worry, bother, trouble*

preoccupo · preoccupai · preoccupato

regular -are verb;
trans. (aux. *avere*)

Presente · Present

preoccupo	preoccupiamo
preoccupi	preoccupate
preoccupa	preoccupano

Passato prossimo · Present perfect

ho preoccupato	abbiamo preoccupato
hai preoccupato	avete preoccupato
ha preoccupato	hanno preoccupato

Imperfetto · Imperfect

preoccupavo	preoccupavamo
preoccupavi	preoccupavate
preoccupava	preoccupavano

Trapassato prossimo · Past perfect

avevo preoccupato	avevamo preoccupato
avevi preoccupato	avevate preoccupato
aveva preoccupato	avevano preoccupato

Passato remoto · Preterit

preoccupai	preoccupammo
preoccupasti	preoccupaste
preoccupò	preoccuparono

Trapassato remoto · Preterit perfect

ebbi preoccupato	avemmo preoccupato
avesti preoccupato	aveste preoccupato
ebbe preoccupato	ebbero preoccupato

Futuro semplice · Future

preoccuperò	preoccuperemo
preoccuperai	preoccuperete
preoccuperà	preoccuperanno

Futuro anteriore · Future perfect

avrò preoccupato	avremo preoccupato
avrai preoccupato	avrete preoccupato
avrà preoccupato	avranno preoccupato

Condizionale presente · Present conditional

preoccuperei	preoccuperemmo
preoccuperesti	preoccupereste
preoccuperebbe	preoccuperebbero

Condizionale passato · Perfect conditional

avrei preoccupato	avremmo preoccupato
avresti preoccupato	avreste preoccupato
avrebbe preoccupato	avrebbero preoccupato

Congiuntivo presente · Present subjunctive

preoccupi	preoccupiamo
preoccupi	preoccupiate
preoccupi	preoccupino

Congiuntivo passato · Perfect subjunctive

abbia preoccupato	abbiamo preoccupato
abbia preoccupato	abbiate preoccupato
abbia preoccupato	abbiano preoccupato

Congiuntivo imperfetto · Imperfect subjunctive

preoccupassi	preoccupassimo
preoccupassi	preoccupaste
preoccupasse	preoccupassero

Congiuntivo trapassato · Past perfect subjunctive

avessi preoccupato	avessimo preoccupato
avessi preoccupato	aveste preoccupato
avesse preoccupato	avessero preoccupato

Imperativo · Commands

	(non) preoccupiamo
preoccupa (non preoccupare)	(non) preoccupate
(non) preoccupi	(non) preoccupino

Participio passato · Past participle preoccupato (-a/-i/-e)

Gerundio · Gerund preoccupando

Usage

Quella sua lettera mi ha preoccupato molto.	*That letter of his worried me a lot.*
Mi preoccupi quando dici delle cose del genere.	*You worry me when you say things like that.*
Siamo tutti preoccupati per te.	*We're all worried about you.*
Quello che mi preoccupava non era il viaggio in aereo.	*What bothered me wasn't the trip in the airplane.*
La sua salute la preoccupava da anni.	*His health had been troubling her for years.*

preoccuparsi *to be worried/anxious (about); make sure (of); take the trouble (to/of)*

Non preoccuparti. Tutto andrà bene.	*Don't worry. Everything will go fine.*
Francesco si preoccupa per tutto.	*Francesco is anxious about everything.*
Teresa si è preoccupata che tutto fosse sistemato.	*Teresa made sure everything was taken care of.*
Mi preoccupai di telefonarle subito.	*I took the trouble of calling her immediately.*
Non preoccuparti. Correggeremo tutti gli errori tipografici.	*Don't worry. We'll correct all the typos.*

regular -are verb;
trans. (aux. *avere*)

Presente · Present

preparo	prepariamo
prepari	preparate
prepara	preparano

Imperfetto · Imperfect

preparavo	preparavamo
preparavi	preparavate
preparava	preparavano

Passato remoto · Preterit

preparai	preparammo
preparasti	preparaste
preparò	prepararono

Futuro semplice · Future

preparerò	prepareremo
preparerai	preparerete
preparerà	prepareranno

Condizionale presente · Present conditional

preparerei	prepareremmo
prepareresti	preparereste
preparerebbe	preparerebbero

Congiuntivo presente · Present subjunctive

prepari	prepariamo
prepari	prepariate
prepari	preparino

Congiuntivo imperfetto · Imperfect subjunctive

preparassi	preparassimo
preparassi	preparaste
preparasse	preparassero

Passato prossimo · Present perfect

ho preparato	abbiamo preparato
hai preparato	avete preparato
ha preparato	hanno preparato

Trapassato prossimo · Past perfect

avevo preparato	avevamo preparato
avevi preparato	avevate preparato
aveva preparato	avevano preparato

Trapassato remoto · Preterit perfect

ebbi preparato	avemmo preparato
avesti preparato	aveste preparato
ebbe preparato	ebbero preparato

Futuro anteriore · Future perfect

avrò preparato	avremo preparato
avrai preparato	avrete preparato
avrà preparato	avranno preparato

Condizionale passato · Perfect conditional

avrei preparato	avremmo preparato
avresti preparato	avreste preparato
avrebbe preparato	avrebbero preparato

Congiuntivo passato · Perfect subjunctive

abbia preparato	abbiamo preparato
abbia preparato	abbiate preparato
abbia preparato	abbiano preparato

Congiuntivo trapassato · Past perfect subjunctive

avessi preparato	avessimo preparato
avessi preparato	aveste preparato
avesse preparato	avessero preparato

Imperativo · Commands

	(non) prepariamo
prepara (non preparare)	(non) preparate
(non) prepari	(non) preparino

Participio passato · Past participle	preparato (-a/-i/-e)
Gerundio · Gerund	preparando

Usage

Cosa hai preparato per la cena?	*What did you fix for dinner?*
Mi daresti una mano a preparare la tavola?	*Can you give me a hand setting the table?*
Prepariamo i letti prima di tutto.	*Let's make the beds first of all.*
Stavano preparando le valigie.	*They were packing their suitcases.*
È vero che Gina ti preparerà per gli esami?	*Is it true that Gina will coach you for the exams?*
Non si sa mai che cosa ci prepari il futuro.	*One never knows what the future holds in store for us.*

prepararsi *to get ready; train, study; be about (to); be about to happen*

Antonella ha mangiato e poi si è preparata per uscire.	*Antonella ate and then got ready to go out.*
Vi siete preparati bene all'esame di statistica?	*Did you study well for the statistics exam?*
Penso che si prepari un temporale.	*I think a storm is gathering.*
Si preparava un periodo difficile per loro.	*A difficult time was facing them.*

presentare *to present, show, display; propose; introduce; submit, file*

presento · presentai · presentato

regular -*are* verb;
trans. (aux. *avere*)

Presente · Present

presento	presentiamo
presenti	presentate
presenta	presentano

Imperfetto · Imperfect

presentavo	presentavamo
presentavi	presentavate
presentava	presentavano

Passato remoto · Preterit

presentai	presentammo
presentasti	presentaste
presentò	presentarono

Futuro semplice · Future

presenterò	presenteremo
presenterai	presenterete
presenterà	presenteranno

Condizionale presente · Present conditional

presenterei	presenteremmo
presenteresti	presentereste
presenterebbe	presenterebbero

Congiuntivo presente · Present subjunctive

presenti	presentiamo
presenti	presentiate
presenti	presentino

Congiuntivo imperfetto · Imperfect subjunctive

presentassi	presentassimo
presentassi	presentaste
presentasse	presentassero

Passato prossimo · Present perfect

ho presentato	abbiamo presentato
hai presentato	avete presentato
ha presentato	hanno presentato

Trapassato prossimo · Past perfect

avevo presentato	avevamo presentato
avevi presentato	avevate presentato
aveva presentato	avevano presentato

Trapassato remoto · Preterit perfect

ebbi presentato	avemmo presentato
avesti presentato	aveste presentato
ebbe presentato	ebbero presentato

Futuro anteriore · Future perfect

avrò presentato	avremo presentato
avrai presentato	avrete presentato
avrà presentato	avranno presentato

Condizionale passato · Perfect conditional

avrei presentato	avremmo presentato
avresti presentato	avreste presentato
avrebbe presentato	avrebbero presentato

Congiuntivo passato · Perfect subjunctive

abbia presentato	abbiamo presentato
abbia presentato	abbiate presentato
abbia presentato	abbiano presentato

Congiuntivo trapassato · Past perfect subjunctive

avessi presentato	avessimo presentato
avessi presentato	aveste presentato
avesse presentato	avessero presentato

Imperativo · Commands

	(non) presentiamo
presenta (non presentare)	(non) presentate
(non) presenti	(non) presentino

Participio passato · Past participle	presentato (-a/-i/-e)
Gerundio · Gerund	presentando

Usage

I nuovi modelli sono stati presentati la settimana scorsa.	*The new models were presented last week.*
Abbiamo dovuto presentare i passaporti tre volte.	*We had to show our passports three times.*
Il presidente presentò le sue idee durante il ricevimento.	*The president proposed his ideas at the reception.*
Sig. Esposito, Le presento mia moglie.	*Mr. Esposito, may I introduce my wife?*
Daniele avrebbe presentato le dimissioni se gliele avessero chieste.	*Daniele would have submitted his resignation if they had asked for it.*

presentarsi *to turn/show up, appear; introduce oneself; arise, occur; seem*

Mio fratello si è dovuto presentare in questura.	*My brother had to appear at the police station.*
Permetta che mi presenti.	*Please allow me to introduce myself.*
Se si presentasse l'occasione, non dovresti lasciartela sfuggire.	*If the opportunity were to arise, you shouldn't pass it up.*
Il problema si presentava troppo complesso all'inizio.	*The problem seemed too complex at first.*

regular *-are* verb;
trans. (aux. *avere*)

Presente · Present

presto	prestiamo
presti	prestate
presta	prestano

Passato prossimo · Present perfect

ho prestato	abbiamo prestato
hai prestato	avete prestato
ha prestato	hanno prestato

Imperfetto · Imperfect

prestavo	prestavamo
prestavi	prestavate
prestava	prestavano

Trapassato prossimo · Past perfect

avevo prestato	avevamo prestato
avevi prestato	avevate prestato
aveva prestato	avevano prestato

Passato remoto · Preterit

prestai	prestammo
prestasti	prestaste
prestò	prestarono

Trapassato remoto · Preterit perfect

ebbi prestato	avemmo prestato
avesti prestato	aveste prestato
ebbe prestato	ebbero prestato

Futuro semplice · Future

presterò	presteremo
presterai	presterete
presterà	presteranno

Futuro anteriore · Future perfect

avrò prestato	avremo prestato
avrai prestato	avrete prestato
avrà prestato	avranno prestato

Condizionale presente · Present conditional

presterei	presteremmo
presteresti	prestereste
presterebbe	presterebbero

Condizionale passato · Perfect conditional

avrei prestato	avremmo prestato
avresti prestato	avreste prestato
avrebbe prestato	avrebbero prestato

Congiuntivo presente · Present subjunctive

presti	prestiamo
presti	prestiate
presti	prestino

Congiuntivo passato · Perfect subjunctive

abbia prestato	abbiamo prestato
abbia prestato	abbiate prestato
abbia prestato	abbiano prestato

Congiuntivo imperfetto · Imperfect subjunctive

prestassi	prestassimo
prestassi	prestaste
prestasse	prestassero

Congiuntivo trapassato · Past perfect subjunctive

avessi prestato	avessimo prestato
avessi prestato	aveste prestato
avesse prestato	avessero prestato

Imperativo · Commands

	(non) prestiamo
presta (non prestare)	(non) prestate
(non) presti	(non) prestino

Participio passato · Past participle	prestato (-a/-i/-e)
Gerundio · Gerund	prestando

Usage

Un mio amico mi ha prestato il libro.	*A friend of mine lent me the book.*
Presteremmo aiuto volentieri.	*We would gladly lend a hand.*
Non prestare attenzione a quella storia.	*Don't pay any attention to that story.*
Tutti prestavano orecchio attentamente.	*Everybody was listening carefully.*
Caterina si è fatta prestare molti soldi da un parente.	*Caterina borrowed a lot of money from a relative.*

prestarsi *to be helpful (to), put oneself out (for); be ready (to); be suitable (for); lend itself to*

Chi si presterà ad organizzare la festa?	*Who will put himself out to organize the party?*
Francesco si presta sempre ad aiutarci.	*Francesco is always ready to help us.*
I jeans non si prestano all'occasione.	*Jeans are not suitable for the occasion.*
La plastica si presta a molti usi.	*Plastics lend themselves to many uses.*

presupporre *to assume, suppose; presuppose*

presuppongo · presupposi · presupposto

irregular -*ere* verb;
trans. (aux. *avere*)

Presente · Present

presuppongo	presupponiamo
presupponi	presupponete
presuppone	presuppongono

Passato prossimo · Present perfect

ho presupposto	abbiamo presupposto
hai presupposto	avete presupposto
ha presupposto	hanno presupposto

Imperfetto · Imperfect

presupponevo	presupponevamo
presupponevi	presupponevate
presupponeva	presupponevano

Trapassato prossimo · Past perfect

avevo presupposto	avevamo presupposto
avevi presupposto	avevate presupposto
aveva presupposto	avevano presupposto

Passato remoto · Preterit

presupposi	presupponemmo
presupponesti	presupponeste
presuppose	presupposero

Trapassato remoto · Preterit perfect

ebbi presupposto	avemmo presupposto
avesti presupposto	aveste presupposto
ebbe presupposto	ebbero presupposto

Futuro semplice · Future

presupporrò	presupporremo
presupporrai	presupporrete
presupporrà	presupporranno

Futuro anteriore · Future perfect

avrò presupposto	avremo presupposto
avrai presupposto	avrete presupposto
avrà presupposto	avranno presupposto

Condizionale presente · Present conditional

presupporrei	presupporremmo
presupporresti	presupporreste
presupporrebbe	presupporrebbero

Condizionale passato · Perfect conditional

avrei presupposto	avremmo presupposto
avresti presupposto	avreste presupposto
avrebbe presupposto	avrebbero presupposto

Congiuntivo presente · Present subjunctive

presupponga	presupponiamo
presupponga	presupponiate
presupponga	presuppongano

Congiuntivo passato · Perfect subjunctive

abbia presupposto	abbiamo presupposto
abbia presupposto	abbiate presupposto
abbia presupposto	abbiano presupposto

Congiuntivo imperfetto · Imperfect subjunctive

presupponessi	presupponessimo
presupponessi	presupponeste
presupponesse	presupponessero

Congiuntivo trapassato · Past perfect subjunctive

avessi presupposto	avessimo presupposto
avessi presupposto	aveste presupposto
avesse presupposto	avessero presupposto

Imperativo · Commands

	(non) presupponiamo
presupponi (non presupporre)	(non) presupponete
(non) presupponga	(non) presuppongano

Participio passato · Past participle	presupposto (-a/-i/-e)
Gerundio · Gerund	presupponendo

Usage

Presuppongo che vorranno tutti partire presto.	*I imagine that they'll all want to leave early.*
Avevano già presupposto che la storia sarebbe finita male.	*They had already assumed that the story would end badly.*
Non potevamo presupporre la sua reazione.	*We couldn't have anticipated his reaction.*
— Andrai al concerto stasera?	*"Are you going to the concert tonight?"*
— Presuppongo di sì.	*"I suppose so."*
Il suo comportamento presupponeva una totale mancanza di comprensione.	*His behavior presupposed a complete lack of understanding.*
Diventare un atleta olimpico presuppone molti anni di allenamento intensivo.	*To become an Olympic athlete requires many years of intensive training.*

RELATED WORD

il presupposto	*supposition, assumption, premise*

irregular *-ere* verb;
trans./intrans. (aux. *avere*)

Presente · Present

pretendo	pretendiamo
pretendi	pretendete
pretende	pretendono

Passato prossimo · Present perfect

ho preteso	abbiamo preteso
hai preteso	avete preteso
ha preteso	hanno preteso

Imperfetto · Imperfect

pretendevo	pretendevamo
pretendevi	pretendevate
pretendeva	pretendevano

Trapassato prossimo · Past perfect

avevo preteso	avevamo preteso
avevi preteso	avevate preteso
aveva preteso	avevano preteso

Passato remoto · Preterit

pretesi	pretendemmo
pretendesti	pretendeste
pretese	pretesero

Trapassato remoto · Preterit perfect

ebbi preteso	avemmo preteso
avesti preteso	aveste preteso
ebbe preteso	ebbero preteso

Futuro semplice · Future

pretenderò	pretenderemo
pretenderai	pretenderete
pretenderà	pretenderanno

Futuro anteriore · Future perfect

avrò preteso	avremo preteso
avrai preteso	avrete preteso
avrà preteso	avranno preteso

Condizionale presente · Present conditional

pretenderei	pretenderemmo
pretenderesti	pretendereste
pretenderebbe	pretenderebbero

Condizionale passato · Perfect conditional

avrei preteso	avremmo preteso
avresti preteso	avreste preteso
avrebbe preteso	avrebbero preteso

Congiuntivo presente · Present subjunctive

pretenda	pretendiamo
pretenda	pretendiate
pretenda	pretendano

Congiuntivo passato · Perfect subjunctive

abbia preteso	abbiamo preteso
abbia preteso	abbiate preteso
abbia preteso	abbiano preteso

Congiuntivo imperfetto · Imperfect subjunctive

pretendessi	pretendessimo
pretendessi	pretendeste
pretendesse	pretendessero

Congiuntivo trapassato · Past perfect subjunctive

avessi preteso	avessimo preteso
avessi preteso	aveste preteso
avesse preteso	avessero preteso

Imperativo · Commands

	(non) pretendiamo
pretendi (non pretendere)	(non) pretendete
(non) pretenda	(non) pretendano

Participio passato · Past participle	preteso (-a/-i/-e)
Gerundio · Gerund	pretendendo

Usage

I lavoratori pretendono una giusta retribuzione per i loro sforzi.
The workers demand just remuneration for their efforts.

Pretendo solo un po' di rispetto da loro.
All I require of them is some respect.

Il professore pretendeva troppo dagli studenti.
The professor expected too much from his students.

Non è possibile che lei pretenda di ricevere gli stessi privilegi di altri membri.
She can't possibly expect to receive the same privileges as other members.

Salvatore pretende sempre di avere ragione.
Salvatore always claims to be right.

Il cantante pretendeva di aver scritto la canzone da solo.
The singer claimed to have written the song himself.

Non pretenderò di poterti spiegare tutto, ma farò del mio meglio.
I won't pretend to be able to explain everything to you, but I'll do the best I can.

Il principe esiliato pretese al trono del paese che aveva abbandonato.
The exiled prince aspired to the throne of the country he had abandoned.

Tutti i nobili pretendevano alla mano della giovane regina.
All the noblemen vied for the hand of the young queen.

prevedere *to predict; plan/provide for*

prevedo · previdi · previsto/preveduto

irregular *-ēre* verb;
trans. (aux. *avere*)

Presente · Present

prevedo	prevediamo
prevedi	prevedete
prevede	prevedono

Imperfetto · Imperfect

prevedevo	prevedevamo
prevedevi	prevedevate
prevedeva	prevedevano

Passato remoto · Preterit

previdi	prevedemmo
prevedesti	prevedeste
previde	previdero

Futuro semplice · Future

prevedrò	prevedremo
prevedrai	prevedrete
prevedrà	prevedranno

Condizionale presente · Present conditional

prevedrei	prevedremmo
prevedresti	prevedreste
prevedrebbe	prevedrebbero

Congiuntivo presente · Present subjunctive

preveda	prevediamo
preveda	prevediate
preveda	prevedano

Congiuntivo imperfetto · Imperfect subjunctive

prevedessi	prevedessimo
prevedessi	prevedeste
prevedesse	prevedessero

Passato prossimo · Present perfect

ho previsto	abbiamo previsto
hai previsto	avete previsto
ha previsto	hanno previsto

Trapassato prossimo · Past perfect

avevo previsto	avevamo previsto
avevi previsto	avevate previsto
aveva previsto	avevano previsto

Trapassato remoto · Preterit perfect

ebbi previsto	avemmo previsto
avesti previsto	aveste previsto
ebbe previsto	ebbero previsto

Futuro anteriore · Future perfect

avrò previsto	avremo previsto
avrai previsto	avrete previsto
avrà previsto	avranno previsto

Condizionale passato · Perfect conditional

avrei previsto	avremmo previsto
avresti previsto	avreste previsto
avrebbe previsto	avrebbero previsto

Congiuntivo passato · Perfect subjunctive

abbia previsto	abbiamo previsto
abbia previsto	abbiate previsto
abbia previsto	abbiano previsto

Congiuntivo trapassato · Past perfect subjunctive

avessi previsto	avessimo previsto
avessi previsto	aveste previsto
avesse previsto	avessero previsto

Imperativo · Commands

	(non) prevediamo
prevedi (non prevedere)	(non) prevedete
(non) preveda	(non) prevedano

Participio passato · Past participle   previsto (-a/-i/-e)/preveduto (-a/-i/-e)

Gerundio · Gerund   prevedendo

Usage

Se potessi prevedere il futuro, non sarei molto felice.	*If I could predict the future, I wouldn't be very happy.*
Non avremmo potuto prevederlo.	*We couldn't have predicted it.*
Non avevamo previsto la sua reazione.	*We hadn't anticipated his reaction.*
Se si fosse prevista la carestia, migliaia di persone non sarebbero morte.	*If the famine had been anticipated, thousands of people wouldn't have died.*
Penso che si preveda bel tempo per domani.	*I think nice weather is forecast for tomorrow.*
— Carlo non si è fatto vivo stamattina.	*"Carlo didn't show up this morning."*
— Era da prevedere!	*"That figures!"*
La partenza è prevista per venerdì.	*The departure is scheduled for Friday.*
Bisogna sempre prevedere le mosse dell'avversario.	*One must always plan for one's adversary's moves.*
Prevedo di laurearmi l'anno prossimo.	*I'm planning to graduate next year.*
Quella possibilità non è stata prevista dalla legge.	*The law made no provision for that possibility.*
Cosa prevista, mezzo provvista. (PROVERB)	*Forewarned is forearmed.*

irregular *-ire* verb;
trans. (aux. *avere*)

prevengo · prevenni · prevenuto

Presente · Present

prevengo	preveniamo
previeni	prevenite
previene	prevengono

Imperfetto · Imperfect

prevenivo	prevenivamo
prevenivi	prevenivate
preveniva	prevenivano

Passato remoto · Preterit

prevenni	prevenimmo
prevenisti	preveniste
prevenne	prevennero

Futuro semplice · Future

preverrò	preverremo
preverrai	preverrete
preverrà	preverranno

Condizionale presente · Present conditional

preverrei	preverremmo
preverresti	preverreste
preverrebbe	preverrebbero

Congiuntivo presente · Present subjunctive

prevenga	preveniamo
prevenga	preveniate
prevenga	prevengano

Congiuntivo imperfetto · Imperfect subjunctive

prevenissi	prevenissimo
prevenissi	preveniste
prevenisse	prevenissero

Imperativo · Commands

	(non) preveniamo
previeni (non prevenire)	(non) prevenite
(non) prevenga	(non) prevengano

Participio passato · Past participle prevenuto (-a/-i/-e)

Gerundio · Gerund prevenendo

Passato prossimo · Present perfect

ho prevenuto	abbiamo prevenuto
hai prevenuto	avete prevenuto
ha prevenuto	hanno prevenuto

Trapassato prossimo · Past perfect

avevo prevenuto	avevamo prevenuto
avevi prevenuto	avevate prevenuto
aveva prevenuto	avevano prevenuto

Trapassato remoto · Preterit perfect

ebbi prevenuto	avemmo prevenuto
avesti prevenuto	aveste prevenuto
ebbe prevenuto	ebbero prevenuto

Futuro anteriore · Future perfect

avrò prevenuto	avremo prevenuto
avrai prevenuto	avrete prevenuto
avrà prevenuto	avranno prevenuto

Condizionale passato · Perfect conditional

avrei prevenuto	avremmo prevenuto
avresti prevenuto	avreste prevenuto
avrebbe prevenuto	avrebbero prevenuto

Congiuntivo passato · Perfect subjunctive

abbia prevenuto	abbiamo prevenuto
abbia prevenuto	abbiate prevenuto
abbia prevenuto	abbiano prevenuto

Congiuntivo trapassato · Past perfect subjunctive

avessi prevenuto	avessimo prevenuto
avessi prevenuto	aveste prevenuto
avesse prevenuto	avessero prevenuto

Usage

Come si sarebbe potuto prevenire quell'incidente?	*How could that accident have been prevented?*
Per fortuna una catastrofe fu prevenuta.	*Luckily a catastrophe was averted.*
Mi avevano prevenuto contro di lui, ma non li avevo ascoltati.	*They had warned me about him, but I hadn't listened to them.*
Dovremmo prevenirli di eventuali problemi.	*We should inform them in advance of potential problems.*
Paolo era molto bravo a prevenire qualsiasi domanda.	*Paolo was very good at anticipating any question.*
Avevano prevenuto ogni nostro desiderio.	*They had anticipated all our wishes.*
Non sono riuscito a prevenire le loro obiezioni.	*I couldn't forestall their objections.*
Hanno prevenuto gli altri di solo cinque minuti.	*They arrived only five minutes earlier than the others.*

RELATED EXPRESSIONS

prevenuto (-a)	*prejudiced, biased*
essere prevenuto contro qualcuno	*to be prejudiced against someone*

produrre   *to produce, manufacture; yield, bear; cause, give rise to; be fertile*

produco · produssi · prodotto

irregular *-ere* verb;
trans./intrans. (aux. *avere*)

Presente · Present

produco	produciamo
produci	producete
produce	producono

Imperfetto · Imperfect

producevo	producevamo
producevi	producevate
produceva	producevano

Passato remoto · Preterit

produssi	producemmo
producesti	produceste
produsse	produssero

Futuro semplice · Future

produrrò	produrremo
produrrai	produrrete
produrrà	produrranno

Condizionale presente · Present conditional

produrrei	produrremmo
produrresti	produrreste
produrrebbe	produrrebbero

Congiuntivo presente · Present subjunctive

produca	produciamo
produca	produciate
produca	producano

Congiuntivo imperfetto · Imperfect subjunctive

producessi	producessimo
producessi	produceste
producesse	producessero

Passato prossimo · Present perfect

ho prodotto	abbiamo prodotto
hai prodotto	avete prodotto
ha prodotto	hanno prodotto

Trapassato prossimo · Past perfect

avevo prodotto	avevamo prodotto
avevi prodotto	avevate prodotto
aveva prodotto	avevano prodotto

Trapassato remoto · Preterit perfect

ebbi prodotto	avemmo prodotto
avesti prodotto	aveste prodotto
ebbe prodotto	ebbero prodotto

Futuro anteriore · Future perfect

avrò prodotto	avremo prodotto
avrai prodotto	avrete prodotto
avrà prodotto	avranno prodotto

Condizionale passato · Perfect conditional

avrei prodotto	avremmo prodotto
avresti prodotto	avreste prodotto
avrebbe prodotto	avrebbero prodotto

Congiuntivo passato · Perfect subjunctive

abbia prodotto	abbiamo prodotto
abbia prodotto	abbiate prodotto
abbia prodotto	abbiano prodotto

Congiuntivo trapassato · Past perfect subjunctive

avessi prodotto	avessimo prodotto
avessi prodotto	aveste prodotto
avesse prodotto	avessero prodotto

Imperativo · Commands

	(non) produciamo
produci (non produrre)	(non) producete
(non) produca	(non) producano

Participio passato · Past participle	prodotto (-a/-i/-e)
Gerundio · Gerund	producendo

Usage

Gli Stati Uniti non producono solo il mais e il frumento.

Chi produce quella macchina?
Quest'orologio fu prodotto in serie o artigianalmente?

Il nostro melo produce frutta ogni anno.
Quell'era produsse una moltitudine di artisti e scienziati.

La bufera di neve non aveva prodotto notevoli ritardi.
Questa terra produce moltissimo.

The United States doesn't produce only corn and wheat.

Who manufactures that car?
Was this clock mass-produced or made by craftsmen?

Our apple tree bears fruit every year.
That era produced a multitude of artists and scientists.

The snowstorm hadn't caused significant delays.
This land is very fertile.

prodursi *to play, perform; inflict on oneself; occur*

La mia amica si è prodotta in una commedia molto buffa.
Come ti sei prodotto quella ferita?
Quella macchia sul muro si è prodotta un mese fa.

My friend performed in a very funny comedy.
How did you get that injury?
That stain on the wall showed up a month ago.

regular *-ire* verb (*-isc-* type);
trans. (aux. *avere*)

proibisco · proibii · proibito

Presente · Present

proibisco	proibiamo
proibisci	proibite
proibisce	proibiscono

Imperfetto · Imperfect

proibivo	proibivamo
proibivi	proibivate
proibiva	proibivano

Passato remoto · Preterit

proibii	proibimmo
proibisti	proibiste
proibì	proibirono

Futuro semplice · Future

proibirò	proibiremo
proibirai	proibirete
proibirà	proibiranno

Condizionale presente · Present conditional

proibirei	proibiremmo
proibiresti	proibireste
proibirebbe	proibirebbero

Congiuntivo presente · Present subjunctive

proibisca	proibiamo
proibisca	proibiate
proibisca	proibiscano

Congiuntivo imperfetto · Imperfect subjunctive

proibissi	proibissimo
proibissi	proibiste
proibisse	proibissero

Imperativo · Commands

	(non) proibiamo
proibisci (non proibire)	(non) proibite
(non) proibisca	(non) proibiscano

Participio passato · Past participle	proibito (-a/-i/-e)
Gerundio · Gerund	proibendo

Passato prossimo · Present perfect

ho proibito	abbiamo proibito
hai proibito	avete proibito
ha proibito	hanno proibito

Trapassato prossimo · Past perfect

avevo proibito	avevamo proibito
avevi proibito	avevate proibito
aveva proibito	avevano proibito

Trapassato remoto · Preterit perfect

ebbi proibito	avemmo proibito
avesti proibito	aveste proibito
ebbe proibito	ebbero proibito

Futuro anteriore · Future perfect

avrò proibito	avremo proibito
avrai proibito	avrete proibito
avrà proibito	avranno proibito

Condizionale passato · Perfect conditional

avrei proibito	avremmo proibito
avresti proibito	avreste proibito
avrebbe proibito	avrebbero proibito

Congiuntivo passato · Perfect subjunctive

abbia proibito	abbiamo proibito
abbia proibito	abbiate proibito
abbia proibito	abbiano proibito

Congiuntivo trapassato · Past perfect subjunctive

avessi proibito	avessimo proibito
avessi proibito	aveste proibito
avesse proibito	avessero proibito

Usage

L'accesso alla piazza sarà proibito da venerdì a lunedì.

La manifestazione è stata proibita dal sindaco.
Ti proibisco di uscire stasera.
È proibito fumare negli edifici pubblici.
Non hanno proibito ad Andrea di partecipare alla competizione.
Ci fu proibito di entrare nel ristorante perché non portavamo la cravatta.
Il dottore mi ha proibito l'alcool.
La nebbia ci proibiva di guidare velocemente.
È possibile che la neve proibisca il decollo degli aerei.

Access to the square will be prohibited from Friday to Monday.
The demonstration was prohibited by the mayor.
I forbid you to go out tonight.
Smoking in public buildings is not allowed.
They didn't keep Andrea from participating in the competition.
We were prohibited from entering the restaurant because we weren't wearing ties.
The doctor doesn't allow me to drink alcohol.
The fog kept us from driving fast.
It's possible that the snow will prevent planes from taking off.

prolungare *to extend, prolong*

prolungo · prolungai · prolungato

regular *-are* verb, *g > gh/e, i*;
trans. (aux. *avere*)

Presente · Present	
prolungo	prolunghiamo
prolunghi	prolungate
prolunga	prolungano

Passato prossimo · Present perfect	
ho prolungato	abbiamo prolungato
hai prolungato	avete prolungato
ha prolungato	hanno prolungato

Imperfetto · Imperfect	
prolungavo	prolungavamo
prolungavi	prolungavate
prolungava	prolungavano

Trapassato prossimo · Past perfect	
avevo prolungato	avevamo prolungato
avevi prolungato	avevate prolungato
aveva prolungato	avevano prolungato

Passato remoto · Preterit	
prolungai	prolungammo
prolungasti	prolungaste
prolungò	prolungarono

Trapassato remoto · Preterit perfect	
ebbi prolungato	avemmo prolungato
avesti prolungato	aveste prolungato
ebbe prolungato	ebbero prolungato

Futuro semplice · Future	
prolungherò	prolungheremo
prolungherai	prolungherete
prolungherà	prolungheranno

Futuro anteriore · Future perfect	
avrò prolungato	avremo prolungato
avrai prolungato	avrete prolungato
avrà prolungato	avranno prolungato

Condizionale presente · Present conditional	
prolungherei	prolungheremmo
prolungheresti	prolunghereste
prolungherebbe	prolungherebbero

Condizionale passato · Perfect conditional	
avrei prolungato	avremmo prolungato
avresti prolungato	avreste prolungato
avrebbe prolungato	avrebbero prolungato

Congiuntivo presente · Present subjunctive	
prolunghi	prolunghiamo
prolunghi	prolunghiate
prolunghi	prolunghino

Congiuntivo passato · Perfect subjunctive	
abbia prolungato	abbiamo prolungato
abbia prolungato	abbiate prolungato
abbia prolungato	abbiano prolungato

Congiuntivo imperfetto · Imperfect subjunctive	
prolungassi	prolungassimo
prolungassi	prolungaste
prolungasse	prolungassero

Congiuntivo trapassato · Past perfect subjunctive	
avessi prolungato	avessimo prolungato
avessi prolungato	aveste prolungato
avesse prolungato	avessero prolungato

Imperativo · Commands	
	(non) prolunghiamo
prolunga (non prolungare)	(non) prolungate
(non) prolunghi	(non) prolunghino

Participio passato · Past participle   prolungato (-a/-i/-e)

Gerundio · Gerund   prolungando

Usage

Hanno deciso di prolungare la linea A della metropolitana.

They decided to extend the subway's A line.

L'autostrada è stata prolungata fino al mare.

The highway was extended up to the coast.

Il rappresentante dell'opposizione ha prolungato il suo discorso per impedire la votazione.

The opposition member dragged out his speech to prevent the vote.

Non hanno prolungato il visto.

They didn't renew my visa.

Prolungheranno la scadenza per consegnare la domanda di iscrizione.

They'll extend the deadline for submitting the enrollment form.

prolungarsi *to go on, extend, stretch; last; be prolonged*

Il giardino si prolunga fino agli alberi.

The yard stretches up to the trees.

L'autore dell'articolo si era prolungato su troppi dettagli.

The author of the article went into too much detail.

La loro vacanza si è prolungata di una settimana.

Their vacation was prolonged by a week.

irregular -ere verb;
trans. (aux. avere)

Presente · Present

prometto	promettiamo
prometti	promettete
promette	promettono

Imperfetto · Imperfect

promettevo	promettevamo
promettevi	promettevate
prometteva	promettevano

Passato remoto · Preterit

promisi	promettemmo
promettesti	prometteste
promise	promisero

Futuro semplice · Future

prometterò	prometteremo
prometterai	prometterete
prometterà	prometteranno

Condizionale presente · Present conditional

prometterei	prometteremmo
prometteresti	promettereste
prometterebbe	prometterebbero

Congiuntivo presente · Present subjunctive

prometta	promettiamo
prometta	promettiate
prometta	promettano

Congiuntivo imperfetto · Imperfect subjunctive

promettessi	promettessimo
promettessi	prometteste
promettesse	promettessero

Passato prossimo · Present perfect

ho promesso	abbiamo promesso
hai promesso	avete promesso
ha promesso	hanno promesso

Trapassato prossimo · Past perfect

avevo promesso	avevamo promesso
avevi promesso	avevate promesso
aveva promesso	avevano promesso

Trapassato remoto · Preterit perfect

ebbi promesso	avemmo promesso
avesti promesso	aveste promesso
ebbe promesso	ebbero promesso

Futuro anteriore · Future perfect

avrò promesso	avremo promesso
avrai promesso	avrete promesso
avrà promesso	avranno promesso

Condizionale passato · Perfect conditional

avrei promesso	avremmo promesso
avresti promesso	avreste promesso
avrebbe promesso	avrebbero promesso

Congiuntivo passato · Perfect subjunctive

abbia promesso	abbiamo promesso
abbia promesso	abbiate promesso
abbia promesso	abbiano promesso

Congiuntivo trapassato · Past perfect subjunctive

avessi promesso	avessimo promesso
avessi promesso	aveste promesso
avesse promesso	avessero promesso

Imperativo · Commands

	(non) promettiamo
prometti (non promettere)	(non) promettete
(non) prometta	(non) promettano

Participio passato · Past participle   promesso (-a/-i/-e)
Gerundio · Gerund   promettendo

Usage

Chi ti ha promesso un regalo?	*Who promised you a present?*
Mi ha promesso di venire.	*He promised me he would come.*
— Promettimi che telefonerai presto.	*"Promise me you'll call soon."*
— Te lo prometto.	*"I promise."*
Promise loro mari e monti ma non fece nulla.	*He promised them heaven and earth but didn't do anything.*
Mi sembra che il cielo prometta pioggia.	*It looks like rain to me.*
Natalia è una giovane cantante che promette bene.	*Natalia is a promising young singer.*
La situazione prometteva male.	*The situation didn't look very hopeful.*

promettersi *to become engaged; devote oneself (to)*

La donna si promise a un nobile straniero.	*The woman became engaged to a foreign nobleman.*
Mia zia Luisa si era promessa a Dio.	*My aunt Luisa had taken her vows* (lit., *devoted herself to God*).

promuovere *to promote, foster, encourage; advance, pass*

promuovo · promossi · promosso

irregular -ere verb;
trans. (aux. *avere*)

NOTE Use of the optional *u* in the forms below is not considered standard, but it is becoming more frequent.

Presente · Present

promuovo	prom(u)oviamo
promuovi	prom(u)ovete
promuove	promuovono

Passato prossimo · Present perfect

ho promosso	abbiamo promosso
hai promosso	avete promosso
ha promosso	hanno promosso

Imperfetto · Imperfect

prom(u)ovevo	prom(u)ovevamo
prom(u)ovevi	prom(u)ovevate
prom(u)oveva	prom(u)ovevano

Trapassato prossimo · Past perfect

avevo promosso	avevamo promosso
avevi promosso	avevate promosso
aveva promosso	avevano promosso

Passato remoto · Preterit

promossi	prom(u)ovemmo
prom(u)ovesti	prom(u)oveste
promosse	promossero

Trapassato remoto · Preterit perfect

ebbi promosso	avemmo promosso
avesti promosso	aveste promosso
ebbe promosso	ebbero promosso

Futuro semplice · Future

prom(u)overò	prom(u)overemo
prom(u)overai	prom(u)overete
prom(u)overà	prom(u)overanno

Futuro anteriore · Future perfect

avrò promosso	avremo promosso
avrai promosso	avrete promosso
avrà promosso	avranno promosso

Condizionale presente · Present conditional

prom(u)overei	prom(u)overemmo
prom(u)overesti	prom(u)overeste
prom(u)overebbe	prom(u)overebbero

Condizionale passato · Perfect conditional

avrei promosso	avremmo promosso
avresti promosso	avreste promosso
avrebbe promosso	avrebbero promosso

Congiuntivo presente · Present subjunctive

promuova	prom(u)oviamo
promuova	prom(u)oviate
promuova	promuovano

Congiuntivo passato · Perfect subjunctive

abbia promosso	abbiamo promosso
abbia promosso	abbiate promosso
abbia promosso	abbiano promosso

Congiuntivo imperfetto · Imperfect subjunctive

prom(u)ovessi	prom(u)ovessimo
prom(u)ovessi	prom(u)oveste
prom(u)ovesse	prom(u)ovessero

Congiuntivo trapassato · Past perfect subjunctive

avessi promosso	avessimo promosso
avessi promosso	aveste promosso
avesse promosso	avessero promosso

Imperativo · Commands

	(non) prom(u)oviamo
promuovi (non promuovere)	(non) prom(u)ovete
(non) promuova	(non) promuovano

Participio passato · Past participle	promosso (-a/-i/-e)
Gerundio · Gerund	prom(u)ovendo

Usage

Era una ditta che promuoveva con entusiasmo la ricerca medica.	*It was a company that enthusiastically promoted medical research.*
Gli Stati Uniti vogliono promuovere il commercio con l'Italia.	*The United States wants to increase trade with Italy.*
Chi ha promosso la raccolta di firme?	*Who promoted the gathering of signatures?*
Barbara fu promossa responsabile dell'ufficio.	*Barbara was promoted to office manager.*
Lei promosse il suo interesse nella musica e nelle arti.	*She encouraged his interest in music and the arts.*
Tutti gli studenti verranno promossi dalla quarta alla quinta elementare.	*All students will advance from fourth to fifth grade.*
Io sono stato promosso, ma lei è stata bocciata.	*I passed, but she was held back a year.*

irregular -ere verb;
trans. (aux. *avere*)

Presente · Present

propongo	proponiamo
proponi	proponete
propone	propongono

Imperfetto · Imperfect

proponevo	proponevamo
proponevi	proponevate
proponeva	proponevano

Passato remoto · Preterit

proposi	proponemmo
proponesti	proponeste
propose	proposero

Futuro semplice · Future

proporrò	proporremo
proporrai	proporrete
proporrà	proporranno

Condizionale presente · Present conditional

proporrei	proporremmo
proporresti	proporreste
proporrebbe	proporrebbero

Congiuntivo presente · Present subjunctive

proponga	proponiamo
proponga	proponiate
proponga	propongano

Congiuntivo imperfetto · Imperfect subjunctive

proponessi	proponessimo
proponessi	proponeste
proponesse	proponessero

Passato prossimo · Present perfect

ho proposto	abbiamo proposto
hai proposto	avete proposto
ha proposto	hanno proposto

Trapassato prossimo · Past perfect

avevo proposto	avevamo proposto
avevi proposto	avevate proposto
aveva proposto	avevano proposto

Trapassato remoto · Preterit perfect

ebbi proposto	avemmo proposto
avesti proposto	aveste proposto
ebbe proposto	ebbero proposto

Futuro anteriore · Future perfect

avrò proposto	avremo proposto
avrai proposto	avrete proposto
avrà proposto	avranno proposto

Condizionale passato · Perfect conditional

avrei proposto	avremmo proposto
avresti proposto	avreste proposto
avrebbe proposto	avrebbero proposto

Congiuntivo passato · Perfect subjunctive

abbia proposto	abbiamo proposto
abbia proposto	abbiate proposto
abbia proposto	abbiano proposto

Congiuntivo trapassato · Past perfect subjunctive

avessi proposto	avessimo proposto
avessi proposto	aveste proposto
avesse proposto	avessero proposto

Imperativo · Commands

	(non) proponiamo
proponi (non proporre)	(non) proponete
(non) proponga	(non) propongano

Participio passato · Past participle	proposto (-a/-i/-e)
Gerundio · Gerund	proponendo

Usage

Io propongo di andarci subito.	*I suggest that we go there immediately.*
Luigi proporrebbe una soluzione amichevole se fosse possibile.	*Luigi would propose an amicable solution if it were possible.*
La legge da lui proposta è stata adottata.	*The law he had proposed was passed.*
Lo proposero come esempio.	*They held him up as an example.*
Il negoziante mi ha proposto un prezzo di favore.	*The storekeeper offered me a special price.*
Il pubblico ministero proporrà che l'accusato sconti cinque anni per furto.	*The prosecutor will propose that the defendant serve five years for burglary.*

proporsi *to set oneself, intend; put oneself forward (as)*

Mi propongo di leggere quindici romanzi del Novecento.	*I intend to read fifteen novels from the twentieth century.*
Chi si è proposto come candidato per il posto di tesoriere?	*Who put himself forward as a candidate for the position of treasurer?*

proscrivere

to exile, banish; proscribe, ban

proscrivo · proscrissi · proscritto

irregular -*ere* verb;
trans. (aux. *avere*)

Presente · Present

proscrivo	proscriviamo
proscrivi	proscrivete
proscrive	proscrivono

Imperfetto · Imperfect

proscrivevo	proscrivevamo
proscrivevi	proscrivevate
proscriveva	proscrivevano

Passato remoto · Preterit

proscrissi	proscrivemmo
proscrivesti	proscriveste
proscrisse	proscrissero

Futuro semplice · Future

proscriverò	proscriveremo
proscriverai	proscriverete
proscriverà	proscriveranno

Condizionale presente · Present conditional

proscriverei	proscriveremmo
proscriveresti	proscrivereste
proscriverebbe	proscriverebbero

Congiuntivo presente · Present subjunctive

proscriva	proscriviamo
proscriva	proscriviate
proscriva	proscrivano

Congiuntivo imperfetto · Imperfect subjunctive

proscrivessi	proscrivessimo
proscrivessi	proscriveste
proscrivesse	proscrivessero

Passato prossimo · Present perfect

ho proscritto	abbiamo proscritto
hai proscritto	avete proscritto
ha proscritto	hanno proscritto

Trapassato prossimo · Past perfect

avevo proscritto	avevamo proscritto
avevi proscritto	avevate proscritto
aveva proscritto	avevano proscritto

Trapassato remoto · Preterit perfect

ebbi proscritto	avemmo proscritto
avesti proscritto	aveste proscritto
ebbe proscritto	ebbero proscritto

Futuro anteriore · Future perfect

avrò proscritto	avremo proscritto
avrai proscritto	avrete proscritto
avrà proscritto	avranno proscritto

Condizionale passato · Perfect conditional

avrei proscritto	avremmo proscritto
avresti proscritto	avreste proscritto
avrebbe proscritto	avrebbero proscritto

Congiuntivo passato · Perfect subjunctive

abbia proscritto	abbiamo proscritto
abbia proscritto	abbiate proscritto
abbia proscritto	abbiano proscritto

Congiuntivo trapassato · Past perfect subjunctive

avessi proscritto	avessimo proscritto
avessi proscritto	aveste proscritto
avesse proscritto	avessero proscritto

Imperativo · Commands

	(non) proscriviamo
proscrivi (non proscrivere)	(non) proscrivete
(non) proscriva	(non) proscrivano

Participio passato · Past participle	proscritto (-a/-i/-e)
Gerundio · Gerund	proscrivendo

Usage

Tutti i ribelli furono proscritti dal loro paese.
Lui non avrebbe mai proscritto gli attivisti.
I romani antichi proscrissero i cittadini che
    presentarono un pericolo allo stato.
Il medico ha proscritto l'uso di antibiotici.
Penso che l'opera sia stata proscritta in alcuni
    paesi.

All the rebels were banished from their homeland.
He would never have exiled the activists.
The ancient Romans exiled citizens who were
    a danger to the state.
The doctor ruled out the use of antibiotics.
I think the book was banned in certain countries.

RELATED WORD

il proscritto/la proscritta

outlaw, exile

irregular -ere verb;
trans. (aux. *avere*)

Presente · Present

proteggo	proteggiamo
proteggi	proteggete
protegge	proteggono

Imperfetto · Imperfect

proteggevo	proteggevamo
proteggevi	proteggevate
proteggeva	proteggevano

Passato remoto · Preterit

protessi	proteggemmo
proteggesti	proteggeste
protesse	protessero

Futuro semplice · Future

proteggerò	proteggeremo
proteggerai	proteggerete
proteggerà	proteggeranno

Condizionale presente · Present conditional

proteggerei	proteggeremmo
proteggeresti	proteggereste
proteggerebbe	proteggerebbero

Congiuntivo presente · Present subjunctive

protegga	proteggiamo
protegga	proteggiate
protegga	proteggano

Congiuntivo imperfetto · Imperfect subjunctive

proteggessi	proteggessimo
proteggessi	proteggeste
proteggesse	proteggessero

Passato prossimo · Present perfect

ho protetto	abbiamo protetto
hai protetto	avete protetto
ha protetto	hanno protetto

Trapassato prossimo · Past perfect

avevo protetto	avevamo protetto
avevi protetto	avevate protetto
aveva protetto	avevano protetto

Trapassato remoto · Preterit perfect

ebbi protetto	avemmo protetto
avesti protetto	aveste protetto
ebbe protetto	ebbero protetto

Futuro anteriore · Future perfect

avrò protetto	avremo protetto
avrai protetto	avrete protetto
avrà protetto	avranno protetto

Condizionale passato · Perfect conditional

avrei protetto	avremmo protetto
avresti protetto	avreste protetto
avrebbe protetto	avrebbero protetto

Congiuntivo passato · Perfect subjunctive

abbia protetto	abbiamo protetto
abbia protetto	abbiate protetto
abbia protetto	abbiano protetto

Congiuntivo trapassato · Past perfect subjunctive

avessi protetto	avessimo protetto
avessi protetto	aveste protetto
avesse protetto	avessero protetto

Imperativo · Commands

	(non) proteggiamo
proteggi (non proteggere)	(non) proteggete
(non) protegga	(non) proteggano

Participio passato · Past participle	protetto (-a/-i/-e)
Gerundio · Gerund	proteggendo

Usage

Ci mettiamo la crema solare perché ci protegge
    dal sole.
Metto sempre una coperta sul divano per
    proteggerlo dai bambini.
Proteggevano i diritti dei cittadini.
Non è possibile proteggere i bambini da tutti
    i mali del mondo.
L'ambasciata viene protetta dalla polizia militare.
Se noi non proteggessimo i poveri, chi lo farebbe?
I paesi membri dell'Unione Europea vogliono
    proteggere la mobilità internazionale dei cittadini.

We put on sunscreen because it protects us from
    the sun.
I always put a blanket on the couch to protect
    it from the children.
They were protecting the rights of citizens.
It's not possible to shield children from all the evil
    in the world.
The embassy is guarded by the military police.
If we didn't take care of the poor, who would do it?
The European Union member countries want to
    promote the international mobility of their citizens.

proteggersi *to protect oneself*

Proteggiti dal freddo!

Protect yourself from the cold!

regular -are verb;
trans. (aux. *avere*)

Presente · Present

provo	proviamo
provi	provate
prova	provano

Imperfetto · Imperfect

provavo	provavamo
provavi	provavate
provava	provavano

Passato remoto · Preterit

provai	provammo
provasti	provaste
provò	provarono

Futuro semplice · Future

proverò	proveremo
proverai	proverete
proverà	proveranno

Condizionale presente · Present conditional

proverei	proveremmo
proveresti	provereste
proverebbe	proverebbero

Congiuntivo presente · Present subjunctive

provi	proviamo
provi	proviate
provi	provino

Congiuntivo imperfetto · Imperfect subjunctive

provassi	provassimo
provassi	provaste
provasse	provassero

Passato prossimo · Present perfect

ho provato	abbiamo provato
hai provato	avete provato
ha provato	hanno provato

Trapassato prossimo · Past perfect

avevo provato	avevamo provato
avevi provato	avevate provato
aveva provato	avevano provato

Trapassato remoto · Preterit perfect

ebbi provato	avemmo provato
avesti provato	aveste provato
ebbe provato	ebbero provato

Futuro anteriore · Future perfect

avrò provato	avremo provato
avrai provato	avrete provato
avrà provato	avranno provato

Condizionale passato · Perfect conditional

avrei provato	avremmo provato
avresti provato	avreste provato
avrebbe provato	avrebbero provato

Congiuntivo passato · Perfect subjunctive

abbia provato	abbiamo provato
abbia provato	abbiate provato
abbia provato	abbiano provato

Congiuntivo trapassato · Past perfect subjunctive

avessi provato	avessimo provato
avessi provato	aveste provato
avesse provato	avessero provato

Imperativo · Commands

	(non) proviamo
prova (non provare)	(non) provate
(non) provi	(non) provino

Participio passato · Past participle	provato (-a/-i/-e)
Gerundio · Gerund	provando

Usage

Prova le scarpe prima di comprarle.
Proviamo a aprire la porta un'altra volta.
Quel viaggio l'ha provato molto.
Non avevamo provato i freni della macchina.
Domani si proverà.
È stato difficile provare l'innocenza degli imputati?
Non provai rabbia ma piuttosto dolore.
Il motto di Galileo era "Provando e riprovando".
Provaci e vedrai!

Try the shoes on before you buy them.
Let's try opening the door one more time.
That trip really put him to the test.
We hadn't tested the brakes on the car.
Tomorrow we'll have a rehearsal.
Was it difficult to prove the innocence of the defendants?
I didn't feel anger, but pain instead.
Galileo's motto was "Trial and error."
Just you try it!

provarsi *to try, attempt; compete*

Ci siamo provati a mangiare tutto il cibo.
Il lottatore si proverà contro un avversario più
 esperto.

We tried to eat all the food.
*The wrestler will compete against a more expert
 adversary.*

irregular -*ēre* verb;
intrans./trans. (aux. *avere*)

provvedo · provvidi · provvisto/provveduto

Presente · Present

provvedo	provvediamo
provvedi	provvedete
provvede	provvedono

Imperfetto · Imperfect

provvedevo	provvedevamo
provvedevi	provvedevate
provvedeva	provvedevano

Passato remoto · Preterit

provvidi	provvedemmo
provvedesti	provvedeste
provvide	provvidero

Futuro semplice · Future

provvederò	provvederemo
provvederai	provvederete
provvederà	provvedranno

Condizionale presente · Present conditional

provvederei	provvederemmo
provvederesti	provvedereste
provvederebbe	provvederebbero

Congiuntivo presente · Present subjunctive

provveda	provvediamo
provveda	provvediate
provveda	provvedano

Congiuntivo imperfetto · Imperfect subjunctive

provvedessi	provvedessimo
provvedessi	provvedeste
provvedesse	provvedessero

Passato prossimo · Present perfect

ho provvisto	abbiamo provvisto
hai provvisto	avete provvisto
ha provvisto	hanno provvisto

Trapassato prossimo · Past perfect

avevo provvisto	avevamo provvisto
avevi provvisto	avevate provvisto
aveva provvisto	avevano provvisto

Trapassato remoto · Preterit perfect

ebbi provvisto	avemmo provvisto
avesti provvisto	aveste provvisto
ebbe provvisto	ebbero provvisto

Futuro anteriore · Future perfect

avrò provvisto	avremo provvisto
avrai provvisto	avrete provvisto
avrà provvisto	avranno provvisto

Condizionale passato · Perfect conditional

avrei provvisto	avremmo provvisto
avresti provvisto	avreste provvisto
avrebbe provvisto	avrebbero provvisto

Congiuntivo passato · Perfect subjunctive

abbia provvisto	abbiamo provvisto
abbia provvisto	abbiate provvisto
abbia provvisto	abbiano provvisto

Congiuntivo trapassato · Past perfect subjunctive

avessi provvisto	avessimo provvisto
avessi provvisto	aveste provvisto
avesse provvisto	avessero provvisto

Imperativo · Commands

	(non) provvediamo
provvedi (non provvedere)	(non) provvedete
(non) provveda	(non) provvedano

Participio passato · Past participle	provvisto (-a/-i/-e)/provveduto (-a/-i/-e)
Gerundio · Gerund	provvedendo

Usage

È un'organizzazione che provvede ai bisogni dei poveri.
Provvederemo noi a pagare il conto.
Era lei che provvedeva alla famiglia.
Il cibo e le bevande per tutti i partecipanti sono stati provvisti da negozianti locali.
Chi provvede l'elettricità per la tua casa?
Loro hanno provveduto a riparare il guasto.
Dobbiamo provvedere immediatamente a limitare il potere del presidente.

It's an organization that provides for the needs of the poor.
We'll take care of the bill.
She was the one who provided for her family.
The food and drink for the participants were supplied by local merchants.
Who provides the electricity for your house?
They arranged for the damage to be repaired.
We must take immediate steps to limit the president's power.

provvedersi *to provide oneself (with); stock up*

Provvedetevi in tempo del passaporto.
Ci provvedemmo di tutti i materiali necessari.

Get your passport in time.
We stocked up on all the necessary materials.

pubblicare *to publish, issue, circulate*

pubblico · pubblicai · pubblicato

regular -are verb, c > ch/e, i;
trans. (aux. avere)

Presente · Present

pubblico	pubblichiamo
pubblichi	pubblicate
pubblica	pubblicano

Imperfetto · Imperfect

pubblicavo	pubblicavamo
pubblicavi	pubblicavate
pubblicava	pubblicavano

Passato remoto · Preterit

pubblicai	pubblicammo
pubblicasti	pubblicaste
pubblicò	pubblicarono

Futuro semplice · Future

pubblicherò	pubblicheremo
pubblicherai	pubblicherete
pubblicherà	pubblicheranno

Condizionale presente · Present conditional

pubblicherei	pubblicheremmo
pubblicheresti	pubblichereste
pubblicherebbe	pubblicherebbero

Congiuntivo presente · Present subjunctive

pubblichi	pubblichiamo
pubblichi	pubblichiate
pubblichi	pubblichino

Congiuntivo imperfetto · Imperfect subjunctive

pubblicassi	pubblicassimo
pubblicassi	pubblicaste
pubblicasse	pubblicassero

Passato prossimo · Present perfect

ho pubblicato	abbiamo pubblicato
hai pubblicato	avete pubblicato
ha pubblicato	hanno pubblicato

Trapassato prossimo · Past perfect

avevo pubblicato	avevamo pubblicato
avevi pubblicato	avevate pubblicato
aveva pubblicato	avevano pubblicato

Trapassato remoto · Preterit perfect

ebbi pubblicato	avemmo pubblicato
avesti pubblicato	aveste pubblicato
ebbe pubblicato	ebbero pubblicato

Futuro anteriore · Future perfect

avrò pubblicato	avremo pubblicato
avrai pubblicato	avrete pubblicato
avrà pubblicato	avranno pubblicato

Condizionale passato · Perfect conditional

avrei pubblicato	avremmo pubblicato
avresti pubblicato	avreste pubblicato
avrebbe pubblicato	avrebbero pubblicato

Congiuntivo passato · Perfect subjunctive

abbia pubblicato	abbiamo pubblicato
abbia pubblicato	abbiate pubblicato
abbia pubblicato	abbiano pubblicato

Congiuntivo trapassato · Past perfect subjunctive

avessi pubblicato	avessimo pubblicato
avessi pubblicato	aveste pubblicato
avesse pubblicato	avessero pubblicato

Imperativo · Commands

	(non) pubblichiamo
pubblica (non pubblicare)	(non) pubblicate
(non) pubblichi	(non) pubblichino

Participio passato · Past participle   pubblicato (-a/-i/-e)

Gerundio · Gerund   pubblicando

Usage

Quando pubblicherai il libro?	*When will you publish the book?*
La rivista che pubblichiamo ogni mese è gratuita.	*The magazine we publish every month is free of charge.*
Zeno non ha pubblicato molto negli ultimi anni.	*Zeno hasn't published much in recent years.*
La legge sulla pena di morte è stata pubblicata di recente.	*The law on the death penalty was promulgated recently.*
Il consiglio communale pubblicò una nuova ordinanza.	*The city council issued a new ordinance.*
Penso che abbiano pubblicato la notizia senza chiedere il permesso.	*I think they spread the news without asking permission.*

RELATED EXPRESSIONS

la pubblicazione	*publication; issue; printing*
curare la pubblicazione di un libro	*to edit a book*
il/la pubblicista	*freelance journalist; expert in public law*
la pubblicità	*advertising; advertisement; publicity*

regular *-ire* verb (*-isc-* type);
trans. (aux. *avere*)

pulisco · pulii · pulito

Presente · Present

pulisco	puliamo
pulisci	pulite
pulisce	puliscono

Imperfetto · Imperfect

pulivo	pulivamo
pulivi	pulivate
puliva	pulivano

Passato remoto · Preterit

pulii	pulimmo
pulisti	puliste
pulì	pulirono

Futuro semplice · Future

pulirò	puliremo
pulirai	pulirete
pulirà	puliranno

Condizionale presente · Present conditional

pulirei	puliremmo
puliresti	pulireste
pulirebbe	pulirebbero

Congiuntivo presente · Present subjunctive

pulisca	puliamo
pulisca	puliate
pulisca	puliscano

Congiuntivo imperfetto · Imperfect subjunctive

pulissi	pulissimo
pulissi	puliste
pulisse	pulissero

Imperativo · Commands

	(non) puliamo
pulisci (non pulire)	(non) pulite
(non) pulisca	(non) puliscano

Passato prossimo · Present perfect

ho pulito	abbiamo pulito
hai pulito	avete pulito
ha pulito	hanno pulito

Trapassato prossimo · Past perfect

avevo pulito	avevamo pulito
avevi pulito	avevate pulito
aveva pulito	avevano pulito

Trapassato remoto · Preterit perfect

ebbi pulito	avemmo pulito
avesti pulito	aveste pulito
ebbe pulito	ebbero pulito

Futuro anteriore · Future perfect

avrò pulito	avremo pulito
avrai pulito	avrete pulito
avrà pulito	avranno pulito

Condizionale passato · Perfect conditional

avrei pulito	avremmo pulito
avresti pulito	avreste pulito
avrebbe pulito	avrebbero pulito

Congiuntivo passato · Perfect subjunctive

abbia pulito	abbiamo pulito
abbia pulito	abbiate pulito
abbia pulito	abbiano pulito

Congiuntivo trapassato · Past perfect subjunctive

avessi pulito	avessimo pulito
avessi pulito	aveste pulito
avesse pulito	avessero pulito

Participio passato · Past participle   pulito (-a/-i/-e)

Gerundio · Gerund   pulendo

Usage

Sto pulendo la casa.	*I'm cleaning the house.*
Stefania ha pulito le macchie dalla parete.	*Stefania cleaned the stains off the wall.*
Marco pulisce sempre il piatto.	*Marco always cleans his plate.*
Pulisci tu il cassettone?	*Will you polish the dresser?*
Pulisci tu questo cassetto?	*Will you clean out this drawer?*
L'oratore doveva ancora pulire il suo discorso.	*The speaker still had to polish his speech.*
Dovremmo pulire l'aiuola dalle erbacce.	*We ought to weed the flower bed.*
Farò pulire a secco questa giacca.	*I'll have this jacket dry-cleaned.*

pulirsi *to clean, wash, wipe, brush; clean (oneself) up*

Gianna, pulisciti le mani, per favore.	*Gianna, please wash your hands.*
Ti sei pulito il naso?	*Did you wipe/blow your nose?*
Le ragazze non si pulivano mai i denti.	*The girls never brushed their teeth.*
Mi occorrono cinque minuti per pulirmi.	*I need five minutes to clean myself up.*

punire _to punish_

punisco · punii · punito

regular -_ire_ verb (-_isc_- type);
trans. (aux. _avere_)

Presente · Present

punisco	puniamo
punisci	punite
punisce	puniscono

Imperfetto · Imperfect

punivo	punivamo
punivi	punivate
puniva	punivano

Passato remoto · Preterit

punii	punimmo
punisti	puniste
punì	punirono

Futuro semplice · Future

punirò	puniremo
punirai	punirete
punirà	puniranno

Condizionale presente · Present conditional

punirei	puniremmo
puniresti	punireste
punirebbe	punirebbero

Congiuntivo presente · Present subjunctive

punisca	puniamo
punisca	puniate
punisca	puniscano

Congiuntivo imperfetto · Imperfect subjunctive

punissi	punissimo
punissi	puniste
punisse	punissero

Passato prossimo · Present perfect

ho punito	abbiamo punito
hai punito	avete punito
ha punito	hanno punito

Trapassato prossimo · Past perfect

avevo punito	avevamo punito
avevi punito	avevate punito
aveva punito	avevano punito

Trapassato remoto · Preterit perfect

ebbi punito	avemmo punito
avesti punito	aveste punito
ebbe punito	ebbero punito

Futuro anteriore · Future perfect

avrò punito	avremo punito
avrai punito	avrete punito
avrà punito	avranno punito

Condizionale passato · Perfect conditional

avrei punito	avremmo punito
avresti punito	avreste punito
avrebbe punito	avrebbero punito

Congiuntivo passato · Perfect subjunctive

abbia punito	abbiamo punito
abbia punito	abbiate punito
abbia punito	abbiano punito

Congiuntivo trapassato · Past perfect subjunctive

avessi punito	avessimo punito
avessi punito	aveste punito
avesse punito	avessero punito

Imperativo · Commands

	(non) puniamo
punisci (non punire)	(non) punite
(non) punisca	(non) puniscano

Participio passato · Past participle punito (-a/-i/-e)

Gerundio · Gerund punendo

Usage

La legge giustamente punì i colpevoli.	_The law justly punished the guilty._
Il giudice non li ha puniti con il carcere.	_The judge didn't sentence them to prison._
Penso che si sia punito un uomo innocente.	_I think an innocent man has been punished._
Il reato non è stato punito.	_The crime has gone unpunished._
È una tassa che punirà i poveri.	_It's a tax that will penalize the poor._
Gli studenti non vengono puniti anche se non sanno rispondere.	_The students aren't punished even if they don't know the answer._
Non puniamo i bambini così severamente.	_Let's not punish the children so severely._

RELATED WORDS

punibile (_invariable adj._)	_punishable_
il punitore/la punitrice	_punisher_
la punizione	_punishment; penalty_

regular -are verb;
trans./intrans. (aux. avere)

Presente · Present

punto	puntiamo
punti	puntate
punta	puntano

Imperfetto · Imperfect

puntavo	puntavamo
puntavi	puntavate
puntava	puntavano

Passato remoto · Preterit

puntai	puntammo
puntasti	puntaste
puntò	puntarono

Futuro semplice · Future

punterò	punteremo
punterai	punterete
punterà	punteranno

Condizionale presente · Present conditional

punterei	punteremmo
punteresti	puntereste
punterebbe	punterebbero

Congiuntivo presente · Present subjunctive

punti	puntiamo
punti	puntiate
punti	puntino

Congiuntivo imperfetto · Imperfect subjunctive

puntassi	puntassimo
puntassi	puntaste
puntasse	puntassero

Imperativo · Commands

	(non) puntiamo
punta (non puntare)	(non) puntate
(non) punti	(non) puntino

Participio passato · Past participle puntato (-a/-i/-e)

Gerundio · Gerund puntando

Passato prossimo · Present perfect

ho puntato	abbiamo puntato
hai puntato	avete puntato
ha puntato	hanno puntato

Trapassato prossimo · Past perfect

avevo puntato	avevamo puntato
avevi puntato	avevate puntato
aveva puntato	avevano puntato

Trapassato remoto · Preterit perfect

ebbi puntato	avemmo puntato
avesti puntato	aveste puntato
ebbe puntato	ebbero puntato

Futuro anteriore · Future perfect

avrò puntato	avremo puntato
avrai puntato	avrete puntato
avrà puntato	avranno puntato

Condizionale passato · Perfect conditional

avrei puntato	avremmo puntato
avresti puntato	avreste puntato
avrebbe puntato	avrebbero puntato

Congiuntivo passato · Perfect subjunctive

abbia puntato	abbiamo puntato
abbia puntato	abbiate puntato
abbia puntato	abbiano puntato

Congiuntivo trapassato · Past perfect subjunctive

avessi puntato	avessimo puntato
avessi puntato	aveste puntato
avesse puntato	avessero puntato

Usage

L'uomo puntò il fucile contro il mio amico.
Stefano ha puntato il dito verso un edificio lontano.
Punta i piedi qua.
Ho paura che Carolina punti i piedi e non si smuova.

Cesare, non puntare i gomiti sulla tavola!
Non riesco a puntare il cannocchiale sulla nave.
L'aereo puntava verso la costa nordamericana.

Non punterei molti soldi sul cavallo favorito se io
  fossi in te.
Punteremo a una vittoria nella partita contro
  la loro università.
Per fortuna abbiamo potuto puntare sugli amici.

The man aimed his gun at my friend.
Stefano pointed his finger at a distant building.
Plant your feet here.
I'm afraid Carolina will dig in her heels and
  not budge.
Cesare, don't put your elbows on the table!
I can't focus the binoculars on the ship.
The airplane was heading for the North American
  coast.
I wouldn't bet a lot of money on the favorite horse
  if I were you.
We'll shoot for a victory in the game against
  their university.
Luckily we were able to rely on our friends.

raccogliere *to gather, pick up, collect; obtain, win; reap, harvest*

raccolgo · raccolsi · raccolto

irregular -ere verb;
trans. (aux. avere)

Presente · Present

raccolgo	raccogliamo
raccogli	raccogliete
raccoglie	raccolgono

Imperfetto · Imperfect

raccoglievo	raccoglievamo
raccoglievi	raccoglievate
raccoglieva	raccoglievano

Passato remoto · Preterit

raccolsi	raccogliemmo
raccogliesti	raccoglieste
raccolse	raccolsero

Futuro semplice · Future

raccoglierò	raccoglieremo
raccoglierai	raccoglierete
raccoglierà	raccoglieranno

Condizionale presente · Present conditional

raccoglierei	raccoglieremmo
raccoglieresti	raccogliereste
raccoglierebbe	raccoglierebbero

Congiuntivo presente · Present subjunctive

raccolga	raccogliamo
raccolga	raccogliate
raccolga	raccolgano

Congiuntivo imperfetto · Imperfect subjunctive

raccogliessi	raccogliessimo
raccogliessi	raccoglieste
raccogliesse	raccogliessero

Passato prossimo · Present perfect

ho raccolto	abbiamo raccolto
hai raccolto	avete raccolto
ha raccolto	hanno raccolto

Trapassato prossimo · Past perfect

avevo raccolto	avevamo raccolto
avevi raccolto	avevate raccolto
aveva raccolto	avevano raccolto

Trapassato remoto · Preterit perfect

ebbi raccolto	avemmo raccolto
avesti raccolto	aveste raccolto
ebbe raccolto	ebbero raccolto

Futuro anteriore · Future perfect

avrò raccolto	avremo raccolto
avrai raccolto	avrete raccolto
avrà raccolto	avranno raccolto

Condizionale passato · Perfect conditional

avrei raccolto	avremmo raccolto
avresti raccolto	avreste raccolto
avrebbe raccolto	avrebbero raccolto

Congiuntivo passato · Perfect subjunctive

abbia raccolto	abbiamo raccolto
abbia raccolto	abbiate raccolto
abbia raccolto	abbiano raccolto

Congiuntivo trapassato · Past perfect subjunctive

avessi raccolto	avessimo raccolto
avessi raccolto	aveste raccolto
avesse raccolto	avessero raccolto

Imperativo · Commands

	(non) raccogliamo
raccogli (non raccogliere)	(non) raccogliete
(non) raccolga	(non) raccolgano

Participio passato · Past participle	raccolto (-a/-i/-e)
Gerundio · Gerund	raccogliendo

Usage

Devi raccogliere tutte le tue energie per un ultimo sforzo.	*You have to gather all your energy for one final push.*
Abbiamo raccolto tutte le foglie cadute dagli alberi nel giardino.	*We picked up all the leaves in the yard that had fallen from the trees.*
Da bambina raccoglievo francobolli.	*As a child I collected stamps.*
I figli raccolsero l'eredità dai genitori.	*The children received the inheritance from their parents.*
Forse raccoglierete l'approvazione di tutti.	*Maybe you'll win everyone's approval.*
Bruno ha raccolto il frutto delle sue fatiche alla fine.	*Bruno reaped the rewards of his hard work in the end.*
Il frumento è stato raccolto la settimana scorsa.	*The wheat was harvested last week.*

raccogliersi *to assemble, gather around; be absorbed (in), concentrate (on)*

Si raccolgono sempre attorno a lui.	*They always gather around him.*
Ci siamo raccolti sul problema.	*We concentrated on the problem.*

regular *-are* verb;
trans. (aux. *avere*)

raccomando · raccomandai · raccomandato

Presente · Present

raccomando	raccomandiamo
raccomandi	raccomandate
raccomanda	raccomandano

Imperfetto · Imperfect

raccomandavo	raccomandavamo
raccomandavi	raccomandavate
raccomandava	raccomandavano

Passato remoto · Preterit

raccomandai	raccomandammo
raccomandasti	raccomandaste
raccomandò	raccomandarono

Futuro semplice · Future

raccomanderò	raccomanderemo
raccomanderai	raccomanderete
raccomanderà	raccomanderanno

Condizionale presente · Present conditional

raccomanderei	raccomanderemmo
raccomanderesti	raccomandereste
raccomanderebbe	raccomanderebbero

Congiuntivo presente · Present subjunctive

raccomandi	raccomandiamo
raccomandi	raccomandiate
raccomandi	raccomandino

Congiuntivo imperfetto · Imperfect subjunctive

raccomandassi	raccomandassimo
raccomandassi	raccomandaste
raccomandasse	raccomandassero

Passato prossimo · Present perfect

ho raccomandato	abbiamo raccomandato
hai raccomandato	avete raccomandato
ha raccomandato	hanno raccomandato

Trapassato prossimo · Past perfect

avevo raccomandato	avevamo raccomandato
avevi raccomandato	avevate raccomandato
aveva raccomandato	avevano raccomandato

Trapassato remoto · Preterit perfect

ebbi raccomandato	avemmo raccomandato
avesti raccomandato	aveste raccomandato
ebbe raccomandato	ebbero raccomandato

Futuro anteriore · Future perfect

avrò raccomandato	avremo raccomandato
avrai raccomandato	avrete raccomandato
avrà raccomandato	avranno raccomandato

Condizionale passato · Perfect conditional

avrei raccomandato	avremmo raccomandato
avresti raccomandato	avreste raccomandato
avrebbe raccomandato	avrebbero raccomandato

Congiuntivo passato · Perfect subjunctive

abbia raccomandato	abbiamo raccomandato
abbia raccomandato	abbiate raccomandato
abbia raccomandato	abbiano raccomandato

Congiuntivo trapassato · Past perfect subjunctive

avessi raccomandato	avessimo raccomandato
avessi raccomandato	aveste raccomandato
avesse raccomandato	avessero raccomandato

Imperativo · Commands

	(non) raccomandiamo
raccomanda (non raccomandare)	(non) raccomandate
(non) raccomandi	(non) raccomandino

Participio passato · Past participle	raccomandato (-a/-i/-e)
Gerundio · Gerund	raccomandando

Usage

Non ti raccomando questo libro.	*I don't recommend this book to you.*
Mi hanno raccomandato di parlare direttamente con Lei.	*They recommended that I talk to you directly.*
Raccomandiamo Valerio per il posto di segretario.	*Let's recommend Valerio for secretary.*
Raccomandarono i bambini alle cure della nonna.	*They entrusted the children to their grandmother's care.*
Le raccomanderei di agire con la massima prudenza.	*I would advise you to act with utmost caution.*

raccomandarsi *to commend oneself (to); implore, beg*

Il moribondo si raccomandò a Dio.	*The dying man commended himself to God.*
Si sono raccomandati al buon senso dei giudici.	*They entrusted themselves to the judges' good sense.*
Mi raccomando! Studiate bene!	*Now remember, please study hard!*

raccontare   *to tell (about), narrate, recount*

racconto · raccontai · raccontato

regular *-are* verb;
trans. (aux. *avere*)

Presente · Present

racconto	raccontiamo
racconti	raccontate
racconta	raccontano

Passato prossimo · Present perfect

ho raccontato	abbiamo raccontato
hai raccontato	avete raccontato
ha raccontato	hanno raccontato

Imperfetto · Imperfect

raccontavo	raccontavamo
raccontavi	raccontavate
raccontava	raccontavano

Trapassato prossimo · Past perfect

avevo raccontato	avevamo raccontato
avevi raccontato	avevate raccontato
aveva raccontato	avevano raccontato

Passato remoto · Preterit

raccontai	raccontammo
raccontasti	raccontaste
raccontò	raccontarono

Trapassato remoto · Preterit perfect

ebbi raccontato	avemmo raccontato
avesti raccontato	aveste raccontato
ebbe raccontato	ebbero raccontato

Futuro semplice · Future

racconterò	racconteremo
racconterai	racconterete
racconterà	racconteranno

Futuro anteriore · Future perfect

avrò raccontato	avremo raccontato
avrai raccontato	avrete raccontato
avrà raccontato	avranno raccontato

Condizionale presente · Present conditional

racconterei	racconteremmo
racconteresti	raccontereste
racconterebbe	racconterebbero

Condizionale passato · Perfect conditional

avrei raccontato	avremmo raccontato
avresti raccontato	avreste raccontato
avrebbe raccontato	avrebbero raccontato

Congiuntivo presente · Present subjunctive

racconti	raccontiamo
racconti	raccontiate
racconti	raccontino

Congiuntivo passato · Perfect subjunctive

abbia raccontato	abbiamo raccontato
abbia raccontato	abbiate raccontato
abbia raccontato	abbiano raccontato

Congiuntivo imperfetto · Imperfect subjunctive

raccontassi	raccontassimo
raccontassi	raccontaste
raccontasse	raccontassero

Congiuntivo trapassato · Past perfect subjunctive

avessi raccontato	avessimo raccontato
avessi raccontato	aveste raccontato
avesse raccontato	avessero raccontato

Imperativo · Commands

	(non) raccontiamo
racconta (non raccontare)	(non) raccontate
(non) racconti	(non) raccontino

Participio passato · Past participle	raccontato (-a/-i/-e)
Gerundio · Gerund	raccontando

Usage

È una bella storia che mi hai raccontato.	*That's a nice story you told me.*
Non raccontarlo a nessuno.	*Don't tell anyone.*
Raccontano che si sposerà presto.	*They say that he's going to get married soon.*
Raccontaci un po' la trama del film.	*Tell us a bit of the movie's plot.*
Ti racconterò una strana esperienza.	*I'll tell you about a strange experience.*
Cosa mi raccontate di nuovo?	*What's new?*
Le racconterebbe per filo e per segno ciò che era successo.	*He would recount to her what had happened in minute detail.*
Ma vai a raccontarla altrove!	*You're kidding!*
A chi la racconti?	*Who are you trying to kid?*
Se ne raccontano delle belle su di loro!	*The stories they tell about them!*
Ne racconta di tutti i colori.	*She tells the most incredible stories.*

RELATED WORD

il racconto	*tale, story*

irregular -*ere* verb;
trans. (aux. *avere*)

Presente · Present

rado	radiamo
radi	radete
rade	radono

Imperfetto · Imperfect

radevo	radevamo
radevi	radevate
radeva	radevano

Passato remoto · Preterit

rasi	rademmo
radesti	radeste
rase	rasero

Futuro semplice · Future

raderò	raderemo
raderai	raderete
raderà	raderanno

Condizionale presente · Present conditional

raderei	raderemmo
raderesti	radereste
raderebbe	raderebbero

Congiuntivo presente · Present subjunctive

rada	radiamo
rada	radiate
rada	radano

Congiuntivo imperfetto · Imperfect subjunctive

radessi	radessimo
radessi	radeste
radesse	radessero

Imperativo · Commands

	(non) radiamo
radi (non radere)	(non) radete
(non) rada	(non) radano

Passato prossimo · Present perfect

ho raso	abbiamo raso
hai raso	avete raso
ha raso	hanno raso

Trapassato prossimo · Past perfect

avevo raso	avevamo raso
avevi raso	avevate raso
aveva raso	avevano raso

Trapassato remoto · Preterit perfect

ebbi raso	avemmo raso
avesti raso	aveste raso
ebbe raso	ebbero raso

Futuro anteriore · Future perfect

avrò raso	avremo raso
avrai raso	avrete raso
avrà raso	avranno raso

Condizionale passato · Perfect conditional

avrei raso	avremmo raso
avresti raso	avreste raso
avrebbe raso	avrebbero raso

Congiuntivo passato · Perfect subjunctive

abbia raso	abbiamo raso
abbia raso	abbiate raso
abbia raso	abbiano raso

Congiuntivo trapassato · Past perfect subjunctive

avessi raso	avessimo raso
avessi raso	aveste raso
avesse raso	avessero raso

Participio passato · Past participle   raso (-a/-i/-e)
Gerundio · Gerund   radendo

Usage

Chi ti ha raso la barba?	*Who shaved off your beard?*
Il barbiere mi ha tagliato mentre mi radeva il mento.	*The barber cut me when he was shaving my chin.*
La mia amica ha chiesto al parrucchiere di raderle i capelli a zero.	*My friend asked her hairdresser to shave off all her hair.*
I pellicani radevano la superficie dell'acqua.	*The pelicans were skimming the surface of the water.*
È vero che raderanno a terra il bosco dietro la tua casa?	*Is it true they're going to cut the woods behind your house to the ground?*
Un tornado rase al suolo la zona commerciale.	*A tornado razed the business district to the ground.*
Aggiungere un cucchiaino raso di zucchero.	*Add one level teaspoon of sugar.*

radersi *to shave (oneself)*

Giuseppe si è raso stamattina.	*Giuseppe shaved (himself) this morning.*
Non mi raderò durante la vacanza.	*I'm not going to shave during the vacation.*

raggiungo · raggiunsi · raggiunto

irregular *-ere* verb;
trans. (aux. *avere*)

Presente · Present

raggiungo	raggiungiamo
raggiungi	raggiungete
raggiunge	raggiungono

Imperfetto · Imperfect

raggiungevo	raggiungevamo
raggiungevi	raggiungevate
raggiungeva	raggiungevano

Passato remoto · Preterit

raggiunsi	raggiungemmo
raggiungesti	raggiungeste
raggiunse	raggiunsero

Futuro semplice · Future

raggiungerò	raggiungeremo
raggiungerai	raggiungerete
raggiungerà	raggiungeranno

Condizionale presente · Present conditional

raggiungerei	raggiungeremmo
raggiungeresti	raggiungereste
raggiungerebbe	raggiungerebbero

Congiuntivo presente · Present subjunctive

raggiunga	raggiungiamo
raggiunga	raggiungiate
raggiunga	raggiungano

Congiuntivo imperfetto · Imperfect subjunctive

raggiungessi	raggiungessimo
raggiungessi	raggiungeste
raggiungesse	raggiungessero

Passato prossimo · Present perfect

ho raggiunto	abbiamo raggiunto
hai raggiunto	avete raggiunto
ha raggiunto	hanno raggiunto

Trapassato prossimo · Past perfect

avevo raggiunto	avevamo raggiunto
avevi raggiunto	avevate raggiunto
aveva raggiunto	avevano raggiunto

Trapassato remoto · Preterit perfect

ebbi raggiunto	avemmo raggiunto
avesti raggiunto	aveste raggiunto
ebbe raggiunto	ebbero raggiunto

Futuro anteriore · Future perfect

avrò raggiunto	avremo raggiunto
avrai raggiunto	avrete raggiunto
avrà raggiunto	avranno raggiunto

Condizionale passato · Perfect conditional

avrei raggiunto	avremmo raggiunto
avresti raggiunto	avreste raggiunto
avrebbe raggiunto	avrebbero raggiunto

Congiuntivo passato · Perfect subjunctive

abbia raggiunto	abbiamo raggiunto
abbia raggiunto	abbiate raggiunto
abbia raggiunto	abbiano raggiunto

Congiuntivo trapassato · Past perfect subjunctive

avessi raggiunto	avessimo raggiunto
avessi raggiunto	aveste raggiunto
avesse raggiunto	avessero raggiunto

Imperativo · Commands

	(non) raggiungiamo
raggiungi (non raggiungere)	(non) raggiungete
(non) raggiunga	(non) raggiungano

Participio passato · Past participle	raggiunto (-a/-i/-e)
Gerundio · Gerund	raggiungendo

Usage

La temperatura raggiunse i quaranta gradi due volte.
Raggiungerai presto il livello degli altri studenti.
   Non preoccuparti.
Abbiamo raggiunto la cima alle tredici e quindici.
Si può raggiungere il castello a piedi o in macchina.

— Hai già parlato con Gabriella?
— No, non ho ancora potuto raggiungerla.

Ti raggiungeremo più tardi a casa tua.
Raggiunsero finalmente la loro meta dopo molti
   tentativi falliti.
Sto per raggiungere quella promozione di cui ti
   avevo parlato.
L'accordo è stato raggiunto ieri sera.

The temperature reached forty degrees twice.
You'll soon reach the level of the other students.
   Don't worry.
We reached the top at 1:15 P.M.
One can walk or drive to the castle.

"Have you talked to Gabriella yet?"
"No, I haven't been able to get in touch with her."

We'll catch up with you later at your house.
They finally achieved their goal after many
   failed attempts.
I'm about to get that promotion I had talked
   to you about.
The agreement was reached last night.

regular *-are* verb;
trans. (aux. *avere*)/intrans. (aux. *avere* or *essere*)

rallento · rallentai · rallentato

NOTE *Rallentare* is conjugated here with *avere*; when used intransitively, *avere* is used for the meaning "(of a vehicle) slow down," and *essere* is used for all other meanings.

Presente · Present

rallento	rallentiamo
rallenti	rallentate
rallenta	rallentano

Imperfetto · Imperfect

rallentavo	rallentavamo
rallentavi	rallentavate
rallentava	rallentavano

Passato remoto · Preterit

rallentai	rallentammo
rallentasti	rallentaste
rallentò	rallentarono

Futuro semplice · Future

rallenterò	rallenteremo
rallenterai	rallenterete
rallenterà	rallenteranno

Condizionale presente · Present conditional

rallenterei	rallenteremmo
rallenteresti	rallentereste
rallenterebbe	rallenterebbero

Congiuntivo presente · Present subjunctive

rallenti	rallentiamo
rallenti	rallentiate
rallenti	rallentino

Congiuntivo imperfetto · Imperfect subjunctive

rallentassi	rallentassimo
rallentassi	rallentaste
rallentasse	rallentassero

Passato prossimo · Present perfect

ho rallentato	abbiamo rallentato
hai rallentato	avete rallentato
ha rallentato	hanno rallentato

Trapassato prossimo · Past perfect

avevo rallentato	avevamo rallentato
avevi rallentato	avevate rallentato
aveva rallentato	avevano rallentato

Trapassato remoto · Preterit perfect

ebbi rallentato	avemmo rallentato
avesti rallentato	aveste rallentato
ebbe rallentato	ebbero rallentato

Futuro anteriore · Future perfect

avrò rallentato	avremo rallentato
avrai rallentato	avrete rallentato
avrà rallentato	avranno rallentato

Condizionale passato · Perfect conditional

avrei rallentato	avremmo rallentato
avresti rallentato	avreste rallentato
avrebbe rallentato	avrebbero rallentato

Congiuntivo passato · Perfect subjunctive

abbia rallentato	abbiamo rallentato
abbia rallentato	abbiate rallentato
abbia rallentato	abbiano rallentato

Congiuntivo trapassato · Past perfect subjunctive

avessi rallentato	avessimo rallentato
avessi rallentato	aveste rallentato
avesse rallentato	avessero rallentato

Imperativo · Commands

	(non) rallentiamo
rallenta (non rallentare)	(non) rallentate
(non) rallenti	(non) rallentino

Participio passato · Past participle	rallentato (-a/-i/-e)
Gerundio · Gerund	rallentando

Usage

Abbiamo rallentato il passo per un po'.
Non rallentate la battuta!
Signorina, rallenti il freno, per favore.
Non si può mai rallentare la vigilanza nella battaglia contro la droga.
Rallentarono le visite dopo i primi mesi.
La macchina nera ha rallentato prima di girare a sinistra.
L'aumento dell'euro non è ancora rallentato.
Il treno rallentò in curva.

We slowed our pace for a while.
Don't slow down the tempo!
Miss, ease up on the brakes, please.
You can never lower your guard in the war on drugs.
They visited less after the first few months.
The black car slowed down before turning left.
The euro's rise hasn't weakened yet.
The train slowed down on curves.

rallentarsi *to slow down*

Pensi che il commercio si stia rallentando?

Do you think commerce is slowing down?

rappresentare

to represent, depict, portray; symbolize;
stage, perform, play

rappresento · rappresentai · rappresentato

regular -are verb;
trans. (aux. avere)

Presente · Present

rappresento	rappresentiamo
rappresenti	rappresentate
rappresenta	rappresentano

Imperfetto · Imperfect

rappresentavo	rappresentavamo
rappresentavi	rappresentavate
rappresentava	rappresentavano

Passato remoto · Preterit

rappresentai	rappresentammo
rappresentasti	rappresentaste
rappresentò	rappresentarono

Futuro semplice · Future

rappresenterò	rappresenteremo
rappresenterai	rappresenterete
rappresenterà	rappresenteranno

Condizionale presente · Present conditional

rappresenterei	rappresenteremmo
rappresenteresti	rappresentereste
rappresenterebbe	rappresenterebbero

Congiuntivo presente · Present subjunctive

rappresenti	rappresentiamo
rappresenti	rappresentiate
rappresenti	rappresentino

Congiuntivo imperfetto · Imperfect subjunctive

rappresentassi	rappresentassimo
rappresentassi	rappresentaste
rappresentasse	rappresentassero

Passato prossimo · Present perfect

ho rappresentato	abbiamo rappresentato
hai rappresentato	avete rappresentato
ha rappresentato	hanno rappresentato

Trapassato prossimo · Past perfect

avevo rappresentato	avevamo rappresentato
avevi rappresentato	avevate rappresentato
aveva rappresentato	avevano rappresentato

Trapassato remoto · Preterit perfect

ebbi rappresentato	avemmo rappresentato
avesti rappresentato	aveste rappresentato
ebbe rappresentato	ebbero rappresentato

Futuro anteriore · Future perfect

avrò rappresentato	avremo rappresentato
avrai rappresentato	avrete rappresentato
avrà rappresentato	avranno rappresentato

Condizionale passato · Perfect conditional

avrei rappresentato	avremmo rappresentato
avresti rappresentato	avreste rappresentato
avrebbe rappresentato	avrebbero rappresentato

Congiuntivo passato · Perfect subjunctive

abbia rappresentato	abbiamo rappresentato
abbia rappresentato	abbiate rappresentato
abbia rappresentato	abbiano rappresentato

Congiuntivo trapassato · Past perfect subjunctive

avessi rappresentato	avessimo rappresentato
avessi rappresentato	aveste rappresentato
avesse rappresentato	avessero rappresentato

Imperativo · Commands

	(non) rappresentiamo
rappresenta (non rappresentare)	(non) rappresentate
(non) rappresenti	(non) rappresentino

Participio passato · Past participle   rappresentato (-a/-i/-e)

Gerundio · Gerund   rappresentando

Usage

Io rappresento la ditta quando è assente il direttore.
La regina ha rappresentato il re alla cerimonia.
La pittura rappresenta una giovane ragazza che
  sta leggendo.
Quale autore rappresentò la società interbellica
  nella sua opera?
La sigla U.E. rappresenta l'Unione Europea.
Quale animale rappresenta la pace?
Un attore sconosciuto rappresenterà la parte
  di Romeo.
È un'opera che non è mai stata rappresentata
  prima qui.
Gli amici rappresentavano tutto per lei.

I represent the company when the president is absent.
The queen represented the king at the ceremony.
The painting depicts a young girl who's reading.

Which author portrayed society in the period
  between the wars in his work?
The initials U.E. stand for l'Unione Europea.
Which animal symbolizes peace?
An unknown actor will play the part of Romeo.

It's an opera that has never been staged here before.

Her friends meant everything to her.

regular *-are* verb;
trans. (aux. *avere*)

rassegno · rassegnai · rassegnato

Presente · Present

rassegno	rassegniamo/rassegnamo
rassegni	rassegnate
rassegna	rassegnano

Imperfetto · Imperfect

rassegnavo	rassegnavamo
rassegnavi	rassegnavate
rassegnava	rassegnavano

Passato remoto · Preterit

rassegnai	rassegnammo
rassegnasti	rassegnaste
rassegnò	rassegnarono

Futuro semplice · Future

rassegnerò	rassegneremo
rassegnerai	rassegnerete
rassegnerà	rassegneranno

Condizionale presente · Present conditional

rassegnerei	rassegneremmo
rassegneresti	rassegnereste
rassegnerebbe	rassegnerebbero

Congiuntivo presente · Present subjunctive

rassegni	rassegniamo/rassegnamo
rassegni	rassegniate/rassegnate
rassegni	rassegnino

Congiuntivo imperfetto · Imperfect subjunctive

rassegnassi	rassegnassimo
rassegnassi	rassegnaste
rassegnasse	rassegnassero

Imperativo · Commands

	(non) rassegniamo
rassegna (non rassegnare)	(non) rassegnate
(non) rassegni	(non) rassegnino

Participio passato · Past participle	rassegnato (-a/-i/-e)
Gerundio · Gerund	rassegnando

Passato prossimo · Present perfect

ho rassegnato	abbiamo rassegnato
hai rassegnato	avete rassegnato
ha rassegnato	hanno rassegnato

Trapassato prossimo · Past perfect

avevo rassegnato	avevamo rassegnato
avevi rassegnato	avevate rassegnato
aveva rassegnato	avevano rassegnato

Trapassato remoto · Preterit perfect

ebbi rassegnato	avemmo rassegnato
avesti rassegnato	aveste rassegnato
ebbe rassegnato	ebbero rassegnato

Futuro anteriore · Future perfect

avrò rassegnato	avremo rassegnato
avrai rassegnato	avrete rassegnato
avrà rassegnato	avranno rassegnato

Condizionale passato · Perfect conditional

avrei rassegnato	avremmo rassegnato
avresti rassegnato	avreste rassegnato
avrebbe rassegnato	avrebbero rassegnato

Congiuntivo passato · Perfect subjunctive

abbia rassegnato	abbiamo rassegnato
abbia rassegnato	abbiate rassegnato
abbia rassegnato	abbiano rassegnato

Congiuntivo trapassato · Past perfect subjunctive

avessi rassegnato	avessimo rassegnato
avessi rassegnato	aveste rassegnato
avesse rassegnato	avessero rassegnato

Usage

Il ministro ha rassegnato le dimissioni dal governo in segno di protesta.

Rassegnai il mio mandato a causa di una differenza di opinioni.

Un reclamo contro la ditta fu rassegnato la settimana scorsa.

The secretary resigned from the government as a sign of protest.

I resigned my commission because of a difference of opinion.

A complaint was lodged against the company last week.

rassegnarsi *to resign (oneself) (to), submit (to)*

Pare che Riccardo si sia rassegnato al suo destino.

Non mi rassegnerò mai alle sue rivendicazioni.
Sarebbe meglio se ci rassegnassimo all'idea di trovare un altro lavoro.
Non rassegnarti mai!

It seems as if Riccardo has resigned himself to his fate.

I will never submit to his demands.

It would be better if we got used to the idea of finding a new job.

Never give up!

realizzare

to carry out, realize; accomplish, achieve, fulfill;
score (a goal); produce, stage

realizzo · realizzai · realizzato

regular -are verb;
trans. (aux. avere)

Presente · Present

realizzo	realizziamo
realizzi	realizzate
realizza	realizzano

Imperfetto · Imperfect

realizzavo	realizzavamo
realizzavi	realizzavate
realizzava	realizzavano

Passato remoto · Preterit

realizzai	realizzammo
realizzasti	realizzaste
realizzò	realizzarono

Futuro semplice · Future

realizzerò	realizzeremo
realizzerai	realizzerete
realizzerà	realizzeranno

Condizionale presente · Present conditional

realizzerei	realizzeremmo
realizzeresti	realizzereste
realizzerebbe	realizzerebbero

Congiuntivo presente · Present subjunctive

realizzi	realizziamo
realizzi	realizziate
realizzi	realizzino

Congiuntivo imperfetto · Imperfect subjunctive

realizzassi	realizzassimo
realizzassi	realizzaste
realizzasse	realizzassero

Passato prossimo · Present perfect

ho realizzato	abbiamo realizzato
hai realizzato	avete realizzato
ha realizzato	hanno realizzato

Trapassato prossimo · Past perfect

avevo realizzato	avevamo realizzato
avevi realizzato	avevate realizzato
aveva realizzato	avevano realizzato

Trapassato remoto · Preterit perfect

ebbi realizzato	avemmo realizzato
avesti realizzato	aveste realizzato
ebbe realizzato	ebbero realizzato

Futuro anteriore · Future perfect

avrò realizzato	avremo realizzato
avrai realizzato	avrete realizzato
avrà realizzato	avranno realizzato

Condizionale passato · Perfect conditional

avrei realizzato	avremmo realizzato
avresti realizzato	avreste realizzato
avrebbe realizzato	avrebbero realizzato

Congiuntivo passato · Perfect subjunctive

abbia realizzato	abbiamo realizzato
abbia realizzato	abbiate realizzato
abbia realizzato	abbiano realizzato

Congiuntivo trapassato · Past perfect subjunctive

avessi realizzato	avessimo realizzato
avessi realizzato	aveste realizzato
avesse realizzato	avessero realizzato

Imperativo · Commands

	(non) realizziamo
realizza (non realizzare)	(non) realizzate
(non) realizzi	(non) realizzino

Participio passato · Past participle	realizzato (-a/-i/-e)
Gerundio · Gerund	realizzando

Usage

Per realizzare il nostro piano ci vorranno almeno
due mesi.
Finalmente realizzò il suo sogno di andare
in Africa.
Non abbiamo realizzato niente stasera.
Avete già realizzato il vostro obiettivo?
Forse Babbo Natale realizzerà tutti i tuoi desideri.
Chi ha realizzato il primo goal?
Realizzeranno una commedia di Pirandello.

It'll take at least two months to carry out our plan.

He finally realized his dream of traveling to Africa.

We haven't accomplished anything tonight.
Have you achieved your goal yet?
Maybe Santa Claus will fulfill all your wishes.
Who scored the first goal?
They'll stage a comedy by Pirandello.

realizzarsi *to come true; be/feel fulfilled; produce* (a movie)

La nostra speranza si è realizzata.
Carmela non si era pienamente realizzata nel
suo lavoro.

Our wish has come true.
Carmela didn't feel completely fulfilled by her job.

regular -are verb;
intrans./trans. (aux. *avere*)

recito · recitai · recitato

Presente · Present

recito	recitiamo
reciti	recitate
recita	recitano

Imperfetto · Imperfect

recitavo	recitavamo
recitavi	recitavate
recitava	recitavano

Passato remoto · Preterit

recitai	recitammo
recitasti	recitaste
recitò	recitarono

Futuro semplice · Future

reciterò	reciteremo
reciterai	reciterete
reciterà	reciteranno

Condizionale presente · Present conditional

reciterei	reciteremmo
reciteresti	recitereste
reciterebbe	reciterebbero

Congiuntivo presente · Present subjunctive

reciti	recitiamo
reciti	recitiate
reciti	recitino

Congiuntivo imperfetto · Imperfect subjunctive

recitassi	recitassimo
recitassi	recitaste
recitasse	recitassero

Imperativo · Commands

	(non) recitiamo
recita (non recitare)	(non) recitate
(non) reciti	(non) recitino

Passato prossimo · Present perfect

ho recitato	abbiamo recitato
hai recitato	avete recitato
ha recitato	hanno recitato

Trapassato prossimo · Past perfect

avevo recitato	avevamo recitato
avevi recitato	avevate recitato
aveva recitato	avevano recitato

Trapassato remoto · Preterit perfect

ebbi recitato	avemmo recitato
avesti recitato	aveste recitato
ebbe recitato	ebbero recitato

Futuro anteriore · Future perfect

avrò recitato	avremo recitato
avrai recitato	avrete recitato
avrà recitato	avranno recitato

Condizionale passato · Perfect conditional

avrei recitato	avremmo recitato
avresti recitato	avreste recitato
avrebbe recitato	avrebbero recitato

Congiuntivo passato · Perfect subjunctive

abbia recitato	abbiamo recitato
abbia recitato	abbiate recitato
abbia recitato	abbiano recitato

Congiuntivo trapassato · Past perfect subjunctive

avessi recitato	avessimo recitato
avessi recitato	aveste recitato
avesse recitato	avessero recitato

Participio passato · Past participle	recitato (-a/-i/-e)
Gerundio · Gerund	recitando

Usage

Ha recitato una poesia di Carducci.	*He recited a poem by Carducci.*
Gli allievi recitavano la lezione ad alta voce.	*The students were reciting the lesson out loud.*
Recitiamo una preghiera.	*Let's say a prayer.*
Che cosa recita la legge?	*What does the law say?*
Luciano voleva recitare l'Amleto.	*Luciano wanted to perform the role of Hamlet.*
Chi recitò la parte del cattivo in quel film?	*Who played the bad guy in that film?*
Prova a recitare con più sentimento.	*Try to act with more feeling.*
Non parlava naturalmente. Sembrava che recitasse.	*He wasn't speaking naturally. He seemed to be playacting.*

RELATED WORDS

la recita	*performance; recital*
la recitazione	*recitation; acting*

redigere *to draft, write; compile; edit*

redigo · redassi/redigei · redatto

irregular -ere verb;
trans. (aux. avere)

Presente · Present

redigo	redigiamo
redigi	redigete
redige	redigono

Imperfetto · Imperfect

redigevo	redigevamo
redigevi	redigevate
redigeva	redigevano

Passato remoto · Preterit

redassi	redigemmo
redigesti	redigeste
redasse	redassero

Futuro semplice · Future

redigerò	redigeremo
redigerai	redigerete
redigerà	redigeranno

Condizionale presente · Present conditional

redigerei	redigeremmo
redigeresti	redigereste
redigerebbe	redigerebbero

Congiuntivo presente · Present subjunctive

rediga	redigiamo
rediga	redigiate
rediga	redigano

Congiuntivo imperfetto · Imperfect subjunctive

redigessi	redigessimo
redigessi	redigeste
redigesse	redigessero

Passato prossimo · Present perfect

ho redatto	abbiamo redatto
hai redatto	avete redatto
ha redatto	hanno redatto

Trapassato prossimo · Past perfect

avevo redatto	avevamo redatto
avevi redatto	avevate redatto
aveva redatto	avevano redatto

Trapassato remoto · Preterit perfect

ebbi redatto	avemmo redatto
avesti redatto	aveste redatto
ebbe redatto	ebbero redatto

Futuro anteriore · Future perfect

avrò redatto	avremo redatto
avrai redatto	avrete redatto
avrà redatto	avranno redatto

Condizionale passato · Perfect conditional

avrei redatto	avremmo redatto
avresti redatto	avreste redatto
avrebbe redatto	avrebbero redatto

Congiuntivo passato · Perfect subjunctive

abbia redatto	abbiamo redatto
abbia redatto	abbiate redatto
abbia redatto	abbiano redatto

Congiuntivo trapassato · Past perfect subjunctive

avessi redatto	avessimo redatto
avessi redatto	aveste redatto
avesse redatto	avessero redatto

Imperativo · Commands

	(non) redigiamo
redigi (non redigere)	(non) redigete
(non) rediga	(non) redigano

Participio passato · Past participle	redatto (-a/-i/-e)
Gerundio · Gerund	redigendo

Usage

Luisa sta redigendo una lettera.	*Luisa is drafting a letter.*
Chi avrà redatto quell'articolo?	*Who could have written that article?*
Redigeremo il contratto appena possiamo.	*We'll draw up the contract as soon as we can.*
Chi ha redatto il verbale della riunione?	*Who wrote up the minutes of the meeting?*
La persona che redasse il dizionario scrisse anche un romanzo di fantascienza.	*The person who compiled the dictionary also wrote a science fiction novel.*
Il mio amico che redige una rivista bilingue verrà stasera.	*My friend who edits a bilingual magazine will be coming tonight.*

RELATED EXPRESSIONS

la redazione	*writing; editing; compilation; editorial staff, editorial office*
la redazione del testamento	*drafting of a will*
il redattore/la redatrice	*editor; writer; compiler*
il redattore capo/la redatrice capo	*editor-in-chief*

regular -are verb;
trans. (aux. *avere*)

regalo · regalai · regalato

Presente · Present

regalo	regaliamo
regali	regalate
regala	regalano

Imperfetto · Imperfect

regalavo	regalavamo
regalavi	regalavate
regalava	regalavano

Passato remoto · Preterit

regalai	regalammo
regalasti	regalaste
regalò	regalarono

Futuro semplice · Future

regalerò	regaleremo
regalerai	regalerete
regalerà	regaleranno

Condizionale presente · Present conditional

regalerei	regaleremmo
regaleresti	regalereste
regalerebbe	regalerebbero

Congiuntivo presente · Present subjunctive

regali	regaliamo
regali	regaliate
regali	regalino

Congiuntivo imperfetto · Imperfect subjunctive

regalassi	regalassimo
regalassi	regalaste
regalasse	regalassero

Imperativo · Commands

	(non) regaliamo
regala (non regalare)	(non) regalate
(non) regali	(non) regalino

Passato prossimo · Present perfect

ho regalato	abbiamo regalato
hai regalato	avete regalato
ha regalato	hanno regalato

Trapassato prossimo · Past perfect

avevo regalato	avevamo regalato
avevi regalato	avevate regalato
aveva regalato	avevano regalato

Trapassato remoto · Preterit perfect

ebbi regalato	avemmo regalato
avesti regalato	aveste regalato
ebbe regalato	ebbero regalato

Futuro anteriore · Future perfect

avrò regalato	avremo regalato
avrai regalato	avrete regalato
avrà regalato	avranno regalato

Condizionale passato · Perfect conditional

avrei regalato	avremmo regalato
avresti regalato	avreste regalato
avrebbe regalato	avrebbero regalato

Congiuntivo passato · Perfect subjunctive

abbia regalato	abbiamo regalato
abbia regalato	abbiate regalato
abbia regalato	abbiano regalato

Congiuntivo trapassato · Past perfect subjunctive

avessi regalato	avessimo regalato
avessi regalato	aveste regalato
avesse regalato	avessero regalato

Participio passato · Past participle   regalato (-a/-i/-e)

Gerundio · Gerund   regalando

Usage

Cosa gli hai regalato per il compleanno?	*What did you give him for his birthday?*
Regalaglielo.	*Give it to her as a present.*
Le regaleremo un mazzo di fiori per ringraziarla della sua ospitalità.	*We'll give her a bouquet of flowers as a thank-you for her hospitality.*
Durante il periodo dei saldi regalavano i vestiti in quel negozio.	*During the sale they were practically giving away the clothes in that store.*
Il sorriso che mi regalò la bambina bastava.	*The smile the little girl gave me was enough.*

regalarsi *to treat oneself (to), allow oneself*

Ci siamo regalati una vacanza in Australia.	*We treated ourselves to a vacation in Australia.*
Mi regalerò un gelato alla settimana mentre starò a dieta.	*I'll allow myself one ice cream a week while I'm on a diet.*

RELATED EXPRESSION

fare il regalo che fece Marzio alla nuora   *to give an inadequate, ridiculous, almost offensive gift*

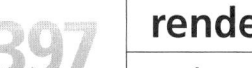

rendere

to give back, return; render, pay; repay; portray;
translate; yield, be productive/profitable/efficient

rendo · resi · reso

irregular -ere verb;
trans. (aux. *avere*)

Presente · Present		Passato prossimo · Present perfect	
rendo	rendiamo	ho reso	abbiamo reso
rendi	rendete	hai reso	avete reso
rende	rendono	ha reso	hanno reso

Imperfetto · Imperfect		Trapassato prossimo · Past perfect	
rendevo	rendevamo	avevo reso	avevamo reso
rendevi	rendevate	avevi reso	avevate reso
rendeva	rendevano	aveva reso	avevano reso

Passato remoto · Preterit		Trapassato remoto · Preterit perfect	
resi	rendemmo	ebbi reso	avemmo reso
rendesti	rendeste	avesti reso	aveste reso
rese	resero	ebbe reso	ebbero reso

Futuro semplice · Future		Futuro anteriore · Future perfect	
renderò	renderemo	avrò reso	avremo reso
renderai	renderete	avrai reso	avrete reso
renderà	renderanno	avrà reso	avranno reso

Condizionale presente · Present conditional		Condizionale passato · Perfect conditional	
renderei	renderemmo	avrei reso	avremmo reso
renderesti	rendereste	avresti reso	avreste reso
renderebbe	renderebbero	avrebbe reso	avrebbero reso

Congiuntivo presente · Present subjunctive		Congiuntivo passato · Perfect subjunctive	
renda	rendiamo	abbia reso	abbiamo reso
renda	rendiate	abbia reso	abbiate reso
renda	rendano	abbia reso	abbiano reso

Congiuntivo imperfetto · Imperfect subjunctive		Congiuntivo trapassato · Past perfect subjunctive	
rendessi	rendessimo	avessi reso	avessimo reso
rendessi	rendeste	avessi reso	aveste reso
rendesse	rendessero	avesse reso	avessero reso

Imperativo · Commands	
	(non) rendiamo
rendi (non rendere)	(non) rendete
(non) renda	(non) rendano

Participio passato · Past participle reso (-a/-i/-e)

Gerundio · Gerund rendendo

Usage

Quando mi renderai l'orologio?	*When will you return my watch?*
Mi hai reso un grande servizio.	*You rendered me a great service.*
Rendiamo omaggio al nostro amico.	*Let's pay homage to our friend.*
L'espressione del volto è stata resa con molta raffinatezza.	*The facial expression was very subtly rendered.*
Quella coltivazione rende più di un milione di dollari all'anno.	*That crop yields more than a million dollars a year.*
I nostri investimenti non hanno reso molto quest'anno.	*Our investments weren't very profitable this year.*

rendersi *to make oneself; become; proceed*

Luigi si è reso simpatico a tutti i miei amici.	*Luigi endeared himself to all my friends.*
Si rese necessario un ingrandimento dell'edificio.	*An enlargement of the building became necessary.*
La coppia si è resa verso l'altare.	*The couple proceeded to the altar.*

regular *-are* verb;
intrans./trans. (aux. *avere*)

respiro · respirai · respirato

Presente · Present

respiro	respiriamo
respiri	respirate
respira	respirano

Imperfetto · Imperfect

respiravo	respiravamo
respiravi	respiravate
respirava	respiravano

Passato remoto · Preterit

respirai	respirammo
respirasti	respiraste
respirò	respirarono

Futuro semplice · Future

respirerò	respireremo
respirerai	respirerete
respirerà	respireranno

Condizionale presente · Present conditional

respirerei	respireremmo
respireresti	respirereste
respirerebbe	respirerebbero

Congiuntivo presente · Present subjunctive

respiri	respiriamo
respiri	respiriate
respiri	respirino

Congiuntivo imperfetto · Imperfect subjunctive

respirassi	respirassimo
respirassi	respiraste
respirasse	respirassero

Imperativo · Commands

	(non) respiriamo
respira (non respirare)	(non) respirate
(non) respiri	(non) respirino

Passato prossimo · Present perfect

ho respirato	abbiamo respirato
hai respirato	avete respirato
ha respirato	hanno respirato

Trapassato prossimo · Past perfect

avevo respirato	avevamo respirato
avevi respirato	avevate respirato
aveva respirato	avevano respirato

Trapassato remoto · Preterit perfect

ebbi respirato	avemmo respirato
avesti respirato	aveste respirato
ebbe respirato	ebbero respirato

Futuro anteriore · Future perfect

avrò respirato	avremo respirato
avrai respirato	avrete respirato
avrà respirato	avranno respirato

Condizionale passato · Perfect conditional

avrei respirato	avremmo respirato
avresti respirato	avreste respirato
avrebbe respirato	avrebbero respirato

Congiuntivo passato · Perfect subjunctive

abbia respirato	abbiamo respirato
abbia respirato	abbiate respirato
abbia respirato	abbiano respirato

Congiuntivo trapassato · Past perfect subjunctive

avessi respirato	avessimo respirato
avessi respirato	aveste respirato
avesse respirato	avessero respirato

Participio passato · Past participle   respirato (-a/-i/-e)

Gerundio · Gerund   respirando

Usage

Respira sempre con il naso.	*He always breathes through his nose.*
Non respirare con la bocca.	*Don't inhale through your mouth.*
Respirava a fatica.	*He was having difficulty breathing.*
I pesci respirano con le branchie.	*Fish breathe through their gills.*
Signora, non respiri per un momento.	*Madam, please hold your breath for a minute.*
L'ammalato cessò di respirare.	*The sick man stopped breathing.*
Non si respira qua. Apriamo la finestra.	*I can't breathe in here. Let's open the window.*
Quel lavoro non mi lasciava respirare.	*That job left me no breathing room.*
Domenico è tornato a respirare l'aria nativa.	*Domenico returned to the place of his birth.*
Devo respirare un po' d'aria fresca.	*I need a breath of fresh air.*
Per lui il lavoro era necessario come l'aria che si respira.	*For him, work was as important as the air we breathe.*
Si respira un'aria di rivoluzione.	*There is a feeling of revolution in the air.*

restare *to stay, remain; be left (over); become*

resto · restai · restato

regular *-are* verb;
intrans. (aux. *essere*)

Presente · Present

resto	restiamo
resti	restate
resta	restano

Passato prossimo · Present perfect

sono restato (-a)	siamo restati (-e)
sei restato (-a)	siete restati (-e)
è restato (-a)	sono restati (-e)

Imperfetto · Imperfect

restavo	restavamo
restavi	restavate
restava	restavano

Trapassato prossimo · Past perfect

ero restato (-a)	eravamo restati (-e)
eri restato (-a)	eravate restati (-e)
era restato (-a)	erano restati (-e)

Passato remoto · Preterit

restai	restammo
restasti	restaste
restò	restarono

Trapassato remoto · Preterit perfect

fui restato (-a)	fummo restati (-e)
fosti restato (-a)	foste restati (-e)
fu restato (-a)	furono restati (-e)

Futuro semplice · Future

resterò	resteremo
resterai	resterete
resterà	resteranno

Futuro anteriore · Future perfect

sarò restato (-a)	saremo restati (-e)
sarai restato (-a)	sarete restati (-e)
sarà restato (-a)	saranno restati (-e)

Condizionale presente · Present conditional

resterei	resteremmo
resteresti	restereste
resterebbe	resterebbero

Condizionale passato · Perfect conditional

sarei restato (-a)	saremmo restati (-e)
saresti restato (-a)	sareste restati (-e)
sarebbe restato (-a)	sarebbero restati (-e)

Congiuntivo presente · Present subjunctive

resti	restiamo
resti	restiate
resti	restino

Congiuntivo passato · Perfect subjunctive

sia restato (-a)	siamo restati (-e)
sia restato (-a)	siate restati (-e)
sia restato (-a)	siano restati (-e)

Congiuntivo imperfetto · Imperfect subjunctive

restassi	restassimo
restassi	restaste
restasse	restassero

Congiuntivo trapassato · Past perfect subjunctive

fossi restato (-a)	fossimo restati (-e)
fossi restato (-a)	foste restati (-e)
fosse restato (-a)	fossero restati (-e)

Imperativo · Commands

	(non) restiamo
resta (non restare)	(non) restate
(non) resti	(non) restino

Participio passato · Past participle	restato (-a/-i/-e)
Gerundio · Gerund	restando

Usage

Stasera restiamo a casa.	*Tonight we're staying home.*
Resteranno a cenare con noi.	*They're staying for dinner with us.*
Gli studenti restano zitti durante la lezione.	*The students remain silent during the lesson.*
Siamo restati amici dopo il divorzio.	*We remained friends after the divorce.*
Non le resta nessun ricordo della casa dove è nata.	*She has no memory of the house where she was born.*
Ci restarono abbastanza soldi per una cena.	*We had enough money left for one dinner.*
Restava ancora molto da fare.	*There was still much left to do.*
Giuseppe restò orfano nella guerra.	*Giuseppe became an orphan in the war.*
Resti tra noi, ma Concetta aspetta un bambino.	*This is just between you and me, but Concetta is expecting a baby.*
Assunta restò vedova ad appena ventitré anni.	*Assunta was left a widow at barely 23 years of age.*
Restai a bocca aperta quando aprii la porta.	*I was dumbstruck when I opened the door.*

regular -*ire* verb (-*isc*- type);
trans. (aux. *avere*)

Presente · Present

restituisco	restituiamo
restituisci	restituite
restituisce	restituiscono

Passato prossimo · Present perfect

ho restituito	abbiamo restituito
hai restituito	avete restituito
ha restituito	hanno restituito

Imperfetto · Imperfect

restituivo	restituivamo
restituivi	restituivate
restituiva	restituivano

Trapassato prossimo · Past perfect

avevo restituito	avevamo restituito
avevi restituito	avevate restituito
aveva restituito	avevano restituito

Passato remoto · Preterit

restituii	restituimmo
restituisti	restituiste
restituì	restituirono

Trapassato remoto · Preterit perfect

ebbi restituito	avemmo restituito
avesti restituito	aveste restituito
ebbe restituito	ebbero restituito

Futuro semplice · Future

restituirò	restituiremo
restituirai	restituirete
restituirà	restituiranno

Futuro anteriore · Future perfect

avrò restituito	avremo restituito
avrai restituito	avrete restituito
avrà restituito	avranno restituito

Condizionale presente · Present conditional

restituirei	restituiremmo
restituiresti	restituireste
restituirebbe	restituirebbero

Condizionale passato · Perfect conditional

avrei restituito	avremmo restituito
avresti restituito	avreste restituito
avrebbe restituito	avrebbero restituito

Congiuntivo presente · Present subjunctive

restituisca	restituiamo
restituisca	restituiate
restituisca	restituiscano

Congiuntivo passato · Perfect subjunctive

abbia restituito	abbiamo restituito
abbia restituito	abbiate restituito
abbia restituito	abbiano restituito

Congiuntivo imperfetto · Imperfect subjunctive

restituissi	restituissimo
restituissi	restituiste
restituisse	restituissero

Congiuntivo trapassato · Past perfect subjunctive

avessi restituito	avessimo restituito
avessi restituito	aveste restituito
avesse restituito	avessero restituito

Imperativo · Commands

	(non) restituiamo
restituisci (non restituire)	(non) restituite
(non) restituisca	(non) restituiscano

Participio passato · Past participle	restituito (-a/-i/-e)
Gerundio · Gerund	restituendo

Usage

Quando ti restituirà i soldi?	*When will he give you back the money?*
Ti restituisco il libro.	*I'm returning your book.*
Ti restituirei volentieri il favore.	*I would gladly return the favor (to you).*
Non voleva restituirmi la parola.	*He wouldn't let me talk again.*
Siamo tutti d'accordo che il sonno restituisce le forze.	*We all agree that sleep restores one's strength.*
Restituirono la pace dopo dieci anni di guerra civile.	*They restored the peace after ten years of civil war.*
La pittura fu restituita allo splendore di un tempo da un'équipe di esperti.	*The painting was restored to its past splendor by a team of experts.*
Il capitano è stato restituito nel suo grado dopo l'inchiesta giudiziaria.	*The captain was restored to his command after the official investigation.*

RELATED EXPRESSIONS

restituibile	*returnable*
la restituzione	*restitution, return; repayment*
la restituzione d'un testo	*correction of a text*

restringere   *to reduce, shrink, narrow, restrict, limit*

restringo · restrinsi · ristretto

irregular -ere verb;
trans. (aux. avere)

Presente · Present		Passato prossimo · Present perfect	
restringo	restringiamo	ho ristretto	abbiamo ristretto
restringi	restringete	hai ristretto	avete ristretto
restringe	restringono	ha ristretto	hanno ristretto

Imperfetto · Imperfect		Trapassato prossimo · Past perfect	
restringevo	restringevamo	avevo ristretto	avevamo ristretto
restringevi	restringevate	avevi ristretto	avevate ristretto
restringeva	restringevano	aveva ristretto	avevano ristretto

Passato remoto · Preterit		Trapassato remoto · Preterit perfect	
restrinsi	restringemmo	ebbi ristretto	avemmo ristretto
restringesti	restringeste	avesti ristretto	aveste ristretto
restrinse	restrinsero	ebbe ristretto	ebbero ristretto

Futuro semplice · Future		Futuro anteriore · Future perfect	
restringerò	restringeremo	avrò ristretto	avremo ristretto
restringerai	restringerete	avrai ristretto	avrete ristretto
restringerà	restringeranno	avrà ristretto	avranno ristretto

Condizionale presente · Present conditional		Condizionale passato · Perfect conditional	
restringerei	restringeremmo	avrei ristretto	avremmo ristretto
restringeresti	restringereste	avresti ristretto	avreste ristretto
restringerebbe	restringerebbero	avrebbe ristretto	avrebbero ristretto

Congiuntivo presente · Present subjunctive		Congiuntivo passato · Perfect subjunctive	
restringa	restringiamo	abbia ristretto	abbiamo ristretto
restringa	restringiate	abbia ristretto	abbiate ristretto
restringa	restringano	abbia ristretto	abbiano ristretto

Congiuntivo imperfetto · Imperfect subjunctive		Congiuntivo trapassato · Past perfect subjunctive	
restringessi	restringessimo	avessi ristretto	avessimo ristretto
restringessi	restringeste	avessi ristretto	aveste ristretto
restringesse	restringessero	avesse ristretto	avessero ristretto

Imperativo · Commands

	(non) restringiamo
restringi (non restringere)	(non) restringete
(non) restringa	(non) restringano

Participio passato · Past participle	ristretto (-a/-i/-e)
Gerundio · Gerund	restringendo

Usage

Vorremmo restringere il bagno e allargare la camera da letto.	*We'd like to make the bathroom smaller and enlarge the bedroom.*
La candidata ha promesso di restringere il debito pubblico.	*The candidate has promised to reduce the national debt.*
Il vestito deve essere ristretto.	*The dress needs to be taken in.*
Il governo restrinse la libertà dei cittadini.	*The government restricted the citizens' freedom.*
Gli organizzatori non hanno ristretto il numero di partecipanti.	*The organizers didn't limit the number of participants.*
Fate restringere la salsa per dieci minuti.	*Let the sauce cook down for ten minutes.*

restringersi *to get narrower; contract, shrink; squeeze together; cut down*

La strada si restringerà dopo un po'.	*The street will get narrower after a while.*
Il cotone si restringe quando lo lavi.	*Cotton shrinks when you wash it.*
Possiamo restringerci sul divano.	*We can squeeze together on the couch.*

irregular *-ere* verb;
trans. (aux. *avere*)

riassumo · riassunsi · riassunto

Presente · Present

riassumo	riassumiamo
riassumi	riassumete
riassume	riassumono

Imperfetto · Imperfect

riassumevo	riassumevamo
riassumevi	riassumevate
riassumeva	riassumevano

Passato remoto · Preterit

riassunsi	riassumemmo
riassumesti	riassumeste
riassunse	riassunsero

Futuro semplice · Future

riassumerò	riassumeremo
riassumerai	riassumerete
riassumerà	riassumeranno

Condizionale presente · Present conditional

riassumerei	riassumeremmo
riassumeresti	riassumereste
riassumerebbe	riassumerebbero

Congiuntivo presente · Present subjunctive

riassuma	riassumiamo
riassuma	riassumiate
riassuma	riassumano

Congiuntivo imperfetto · Imperfect subjunctive

riassumessi	riassumessimo
riassumessi	riassumeste
riassumesse	riassumessero

Imperativo · Commands

	(non) riassumiamo
riassumi (non riassumere)	(non) riassumete
(non) riassuma	(non) riassumano

Passato prossimo · Present perfect

ho riassunto	abbiamo riassunto
hai riassunto	avete riassunto
ha riassunto	hanno riassunto

Trapassato prossimo · Past perfect

avevo riassunto	avevamo riassunto
avevi riassunto	avevate riassunto
aveva riassunto	avevano riassunto

Trapassato remoto · Preterit perfect

ebbi riassunto	avemmo riassunto
avesti riassunto	aveste riassunto
ebbe riassunto	ebbero riassunto

Futuro anteriore · Future perfect

avrò riassunto	avremo riassunto
avrai riassunto	avrete riassunto
avrà riassunto	avranno riassunto

Condizionale passato · Perfect conditional

avrei riassunto	avremmo riassunto
avresti riassunto	avreste riassunto
avrebbe riassunto	avrebbero riassunto

Congiuntivo passato · Perfect subjunctive

abbia riassunto	abbiamo riassunto
abbia riassunto	abbiate riassunto
abbia riassunto	abbiano riassunto

Congiuntivo trapassato · Past perfect subjunctive

avessi riassunto	avessimo riassunto
avessi riassunto	aveste riassunto
avesse riassunto	avessero riassunto

Participio passato · Past participle   riassunto (-a/-i/-e)

Gerundio · Gerund   riassumendo

Usage

Mi ha riassunto con chiarezza il libro in poche frasi.

Il generale riassunse il comando dell'esercito.
Quando riassumerai le tue responsabilità?
Nella novella la spia riassume la propria identità alla fine.
La ditta non voleva riassumere l'impiegato licenziato.

Riassumendo, si può dire che non è successo ancora niente.

He gave me a clear summary of the book in just a few sentences.
The general reassumed command of the army.
When will you take on your responsibilities again?
In the story the spy eventually takes back his true identity.
The company didn't want to rehire the employee who had been fired.
In short, we can say that nothing has happened yet.

RELATED WORDS

il riassunto
riassuntivo

summary, digest
summarizing, recapitulatory

riattaccare   *to hang up (the phone); reattach, sew; begin again, resume*

riattacco · riattaccai · riattaccato

regular -are verb, c > ch/e, i;
trans. (aux. *avere*)

Presente · Present

riattacco	riattacchiamo
riattacchi	riattaccate
riattacca	riattaccano

Imperfetto · Imperfect

riattaccavo	riattaccavamo
riattaccavi	riattaccavate
riattaccava	riattaccavano

Passato remoto · Preterit

riattaccai	riattaccammo
riattaccasti	riattaccaste
riattaccò	riattaccarono

Futuro semplice · Future

riattaccherò	riattaccheremo
riattaccherai	riattaccherete
riattaccherà	riattaccheranno

Condizionale presente · Present conditional

riattaccherei	riattaccheremmo
riattaccheresti	riattacchereste
riattaccherebbe	riattaccherebbero

Congiuntivo presente · Present subjunctive

riattacchi	riattacchiamo
riattacchi	riattacchiate
riattacchi	riattacchino

Congiuntivo imperfetto · Imperfect subjunctive

riattaccassi	riattaccassimo
riattaccassi	riattaccaste
riattaccasse	riattaccassero

Passato prossimo · Present perfect

ho riattaccato	abbiamo riattaccato
hai riattaccato	avete riattaccato
ha riattaccato	hanno riattaccato

Trapassato prossimo · Past perfect

avevo riattaccato	avevamo riattaccato
avevi riattaccato	avevate riattaccato
aveva riattaccato	avevano riattaccato

Trapassato remoto · Preterit perfect

ebbi riattaccato	avemmo riattaccato
avesti riattaccato	aveste riattaccato
ebbe riattaccato	ebbero riattaccato

Futuro anteriore · Future perfect

avrò riattaccato	avremo riattaccato
avrai riattaccato	avrete riattaccato
avrà riattaccato	avranno riattaccato

Condizionale passato · Perfect conditional

avrei riattaccato	avremmo riattaccato
avresti riattaccato	avreste riattaccato
avrebbe riattaccato	avrebbero riattaccato

Congiuntivo passato · Perfect subjunctive

abbia riattaccato	abbiamo riattaccato
abbia riattaccato	abbiate riattaccato
abbia riattaccato	abbiano riattaccato

Congiuntivo trapassato · Past perfect subjunctive

avessi riattaccato	avessimo riattaccato
avessi riattaccato	aveste riattaccato
avesse riattaccato	avessero riattaccato

Imperativo · Commands

	(non) riattacchiamo
riattacca (non riattaccare)	(non) riattaccate
(non) riattacchi	(non) riattacchino

Participio passato · Past participle   riattaccato (-a/-i/-e)

Gerundio · Gerund   riattaccando

Usage

Ho riattaccato il telefono senza una parola.
Riattacchiamo il quadro nel salotto.
Il contadino riattacca il cavallo al carro.
Mamma, mi riattaccherai il bottone alla maglia?
Ha riattaccato a nevicare un quarto d'ora fa.
I lavoratori riattaccarono dopo una pausa
    di venti minuti.
Pensi che i due amici riattacchino discorso?

I hung up the phone without a word.
Let's rehang the painting in the living room.
The farmer is hitching the horse to the cart again.
Mom, will you sew the button back on my sweater?
It started snowing again fifteen minutes ago.
The workers started up again after a twenty-minute
    break.
Do you think the two friends will start talking again?

riattaccarsi *to be reattached, adhere again*

I cocci si sono riattaccati facilmente.

The pottery fragments were easily glued back together.

regular *-ere* verb;
trans. (aux. *avere*)

ricevo · ricevei/ricevetti · ricevuto

Presente · Present

ricevo	riceviamo
ricevi	ricevete
riceve	ricevono

Imperfetto · Imperfect

ricevevo	ricevevamo
ricevevi	ricevevate
riceveva	ricevevano

Passato remoto · Preterit

ricevei/ricevetti	ricevemmo
ricevesti	riceveste
ricevé/ricevette	riceverono/ricevettero

Futuro semplice · Future

riceverò	riceveremo
riceverai	riceverete
riceverà	riceveranno

Condizionale presente · Present conditional

riceverei	riceveremmo
riceveresti	ricevereste
riceverebbe	riceverebbero

Congiuntivo presente · Present subjunctive

riceva	riceviamo
riceva	riceviate
riceva	ricevano

Congiuntivo imperfetto · Imperfect subjunctive

ricevessi	ricevessimo
ricevessi	riceveste
ricevesse	ricevessero

Imperativo · Commands

	(non) riceviamo
ricevi (non ricevere)	(non) ricevete
(non) riceva	(non) ricevano

Passato prossimo · Present perfect

ho ricevuto	abbiamo ricevuto
hai ricevuto	avete ricevuto
ha ricevuto	hanno ricevuto

Trapassato prossimo · Past perfect

avevo ricevuto	avevamo ricevuto
avevi ricevuto	avevate ricevuto
aveva ricevuto	avevano ricevuto

Trapassato remoto · Preterit perfect

ebbi ricevuto	avemmo ricevuto
avesti ricevuto	aveste ricevuto
ebbe ricevuto	ebbero ricevuto

Futuro anteriore · Future perfect

avrò ricevuto	avremo ricevuto
avrai ricevuto	avrete ricevuto
avrà ricevuto	avranno ricevuto

Condizionale passato · Perfect conditional

avrei ricevuto	avremmo ricevuto
avresti ricevuto	avreste ricevuto
avrebbe ricevuto	avrebbero ricevuto

Congiuntivo passato · Perfect subjunctive

abbia ricevuto	abbiamo ricevuto
abbia ricevuto	abbiate ricevuto
abbia ricevuto	abbiano ricevuto

Congiuntivo trapassato · Past perfect subjunctive

avessi ricevuto	avessimo ricevuto
avessi ricevuto	aveste ricevuto
avesse ricevuto	avessero ricevuto

Participio passato · Past participle   ricevuto (-a/-i/-e)

Gerundio · Gerund   ricevendo

Usage

Hai ricevuto il pacco che ti ho mandato la settimana scorsa?	*Did you receive the package I sent you last week?*
Ho ricevuto in prestito la sua macchina per qualche giorno.	*I borrowed his car for a couple of days.*
Ricevei conforto da vari parenti e amici.	*I was comforted by several relatives and friends.*
Vincenzo ricevette un pugno in faccia.	*Vincenzo got punched in the face.*
Il senatore riceverebbe il mio voto.	*The senator would get my vote.*
La mia stanza riceve la luce da due finestre che danno a ovest.	*My room gets light from two windows that face west.*
Lo riceveranno a braccia aperte.	*They'll welcome him with open arms.*
Il dottore La riceverà subito, signora.	*The doctor will see you right away, ma'am.*
Siamo stati ricevuti benissimo in quel circolo di amici.	*We gained easy acceptance into that circle of friends.*
Penso che si ricevano poche stazioni in questa zona a causa delle montagne.	*I don't think you can get many stations in this area because of the mountains.*

richiedere   *to request, ask for again/back; require, call for; apply for*

richiedo · richiesi · richiesto

irregular -*ere* verb;
trans. (aux. *avere*)

Presente · Present		Passato prossimo · Present perfect	
richiedo	richiediamo	ho richiesto	abbiamo richiesto
richiedi	richiedete	hai richiesto	avete richiesto
richiede	richiedono	ha richiesto	hanno richiesto

Imperfetto · Imperfect		Trapassato prossimo · Past perfect	
richiedevo	richiedevamo	avevo richiesto	avevamo richiesto
richiedevi	richiedevate	avevi richiesto	avevate richiesto
richiedeva	richiedevano	aveva richiesto	avevano richiesto

Passato remoto · Preterit		Trapassato remoto · Preterit perfect	
richiesi	richiedemmo	ebbi richiesto	avemmo richiesto
richiedesti	richiedeste	avesti richiesto	aveste richiesto
richiese	richiesero	ebbe richiesto	ebbero richiesto

Futuro semplice · Future		Futuro anteriore · Future perfect	
richiederò	richiederemo	avrò richiesto	avremo richiesto
richiederai	richiederete	avrai richiesto	avrete richiesto
richiederà	richiederanno	avrà richiesto	avranno richiesto

Condizionale presente · Present conditional		Condizionale passato · Perfect conditional	
richiederei	richiederemmo	avrei richiesto	avremmo richiesto
richiederesti	richiedereste	avresti richiesto	avreste richiesto
richiederebbe	richiederebbero	avrebbe richiesto	avrebbero richiesto

Congiuntivo presente · Present subjunctive		Congiuntivo passato · Perfect subjunctive	
richieda	richiediamo	abbia richiesto	abbiamo richiesto
richieda	richiediate	abbia richiesto	abbiate richiesto
richieda	richiedano	abbia richiesto	abbiano richiesto

Congiuntivo imperfetto · Imperfect subjunctive		Congiuntivo trapassato · Past perfect subjunctive	
richiedessi	richiedessimo	avessi richiesto	avessimo richiesto
richiedessi	richiedeste	avessi richiesto	aveste richiesto
richiedesse	richiedessero	avesse richiesto	avessero richiesto

Imperativo · Commands	
	(non) richiediamo
richiedi (non richiedere)	(non) richiedete
(non) richieda	(non) richiedano

Participio passato · Past participle   richiesto (-a/-i/-e)

Gerundio · Gerund   richiedendo

Usage

Ci richiesero assistenza.	*They requested help from us.*
La nostra presenza al ricevimento è stata richiesta.	*Our presence at the reception has been requested.*
Gliel'ho chiesto e richiesto, ma non mi ha mai restituito il mio orologio.	*I asked him over and over again, but he never gave me back my watch.*
Ho richiesto il libro a Anna.	*I asked Anna for the book back.*
Ti richiederanno nome e indirizzo.	*They'll ask your name and address.*
Questi documenti sono richiesti per viaggiare in Asia.	*These documents are necessary for travel to Asia.*
Il suo lavoro richiedeva la massima attenzione ai dettagli.	*His work required the utmost attention to detail.*
Le loro azioni richiedono una risposta immediata.	*Their actions call for an immediate response.*
Richiederemo subito la licenza.	*We'll apply for the license immediately.*

irregular -ere verb;
trans. (aux. *avere*)

riconosco · riconobbi · riconosciuto

Presente · Present

riconosco	riconosciamo
riconosci	riconoscete
riconosce	riconoscono

Imperfetto · Imperfect

riconoscevo	riconoscevamo
riconoscevi	riconoscevate
riconosceva	riconoscevano

Passato remoto · Preterit

riconobbi	riconoscemmo
riconoscesti	riconosceste
riconobbe	riconobbero

Futuro semplice · Future

riconoscerò	riconosceremo
riconoscerai	riconoscerete
riconoscerà	riconosceranno

Condizionale presente · Present conditional

riconoscerei	riconosceremmo
riconosceresti	riconoscereste
riconoscerebbe	riconoscerebbero

Congiuntivo presente · Present subjunctive

riconosca	riconosciamo
riconosca	riconosciate
riconosca	riconoscano

Congiuntivo imperfetto · Imperfect subjunctive

riconoscessi	riconoscessimo
riconoscessi	riconosceste
riconoscesse	riconoscessero

Passato prossimo · Present perfect

ho riconosciuto	abbiamo riconosciuto
hai riconosciuto	avete riconosciuto
ha riconosciuto	hanno riconosciuto

Trapassato prossimo · Past perfect

avevo riconosciuto	avevamo riconosciuto
avevi riconosciuto	avevate riconosciuto
aveva riconosciuto	avevano riconosciuto

Trapassato remoto · Preterit perfect

ebbi riconosciuto	avemmo riconosciuto
avesti riconosciuto	aveste riconosciuto
ebbe riconosciuto	ebbero riconosciuto

Futuro anteriore · Future perfect

avrò riconosciuto	avremo riconosciuto
avrai riconosciuto	avrete riconosciuto
avrà riconosciuto	avranno riconosciuto

Condizionale passato · Perfect conditional

avrei riconosciuto	avremmo riconosciuto
avresti riconosciuto	avreste riconosciuto
avrebbe riconosciuto	avrebbero riconosciuto

Congiuntivo passato · Perfect subjunctive

abbia riconosciuto	abbiamo riconosciuto
abbia riconosciuto	abbiate riconosciuto
abbia riconosciuto	abbiano riconosciuto

Congiuntivo trapassato · Past perfect subjunctive

avessi riconosciuto	avessimo riconosciuto
avessi riconosciuto	aveste riconosciuto
avesse riconosciuto	avessero riconosciuto

Imperativo · Commands

	(non) riconosciamo
riconosci (non riconoscere)	(non) riconoscete
(non) riconosca	(non) riconoscano

Participio passato · Past participle	riconosciuto (-a/-i/-e)
Gerundio · Gerund	riconoscendo

Usage

L'ho riconosciuta subito dalla voce.
L'Italia riconoscerà il nuovo stato indipendente.
La macchina rubata è stata riconosciuta dalla targa.
Il vagabondo non aveva nessun documento per
   farsi riconoscere.
Il padre finalmente riconobbe il figlio.
Riconoscono di essere colpevoli.
Dobbiamo riconoscere che ci sa fare con i bambini.

I recognized her at once by her voice.
Italy will recognize the new independent state.
The stolen car was identified from the license plate.
The tramp had no identification papers.

The father finally acknowledged the child.
They admit to being guilty.
We have to admit that she has a way with children.

riconoscersi *to recognize oneself/each other; admit*

I vecchi amici, che non si erano visti per tanti
   anni, non si riconobbero più.
Gli imputati si sono tutti riconosciuti colpevoli.

The old friends, who hadn't seen each other for many
   years, didn't recognize each other anymore.
The defendants all admitted their guilt.

ricordare *to remember, recall; remind; commemorate*

ricordo · ricordai · ricordato

regular -*are* verb;
trans. (aux. *avere*)

Presente · Present

ricordo	ricordiamo
ricordi	ricordate
ricorda	ricordano

Imperfetto · Imperfect

ricordavo	ricordavamo
ricordavi	ricordavate
ricordava	ricordavano

Passato remoto · Preterit

ricordai	ricordammo
ricordasti	ricordaste
ricordò	ricordarono

Futuro semplice · Future

ricorderò	ricorderemo
ricorderai	ricorderete
ricorderà	ricorderanno

Condizionale presente · Present conditional

ricorderei	ricorderemmo
ricorderesti	ricordereste
ricorderebbe	ricorderebbero

Congiuntivo presente · Present subjunctive

ricordi	ricordiamo
ricordi	ricordiate
ricordi	ricordino

Congiuntivo imperfetto · Imperfect subjunctive

ricordassi	ricordassimo
ricordassi	ricordaste
ricordasse	ricordassero

Passato prossimo · Present perfect

ho ricordato	abbiamo ricordato
hai ricordato	avete ricordato
ha ricordato	hanno ricordato

Trapassato prossimo · Past perfect

avevo ricordato	avevamo ricordato
avevi ricordato	avevate ricordato
aveva ricordato	avevano ricordato

Trapassato remoto · Preterit perfect

ebbi ricordato	avemmo ricordato
avesti ricordato	aveste ricordato
ebbe ricordato	ebbero ricordato

Futuro anteriore · Future perfect

avrò ricordato	avremo ricordato
avrai ricordato	avrete ricordato
avrà ricordato	avranno ricordato

Condizionale passato · Perfect conditional

avrei ricordato	avremmo ricordato
avresti ricordato	avreste ricordato
avrebbe ricordato	avrebbero ricordato

Congiuntivo passato · Perfect subjunctive

abbia ricordato	abbiamo ricordato
abbia ricordato	abbiate ricordato
abbia ricordato	abbiano ricordato

Congiuntivo trapassato · Past perfect subjunctive

avessi ricordato	avessimo ricordato
avessi ricordato	aveste ricordato
avesse ricordato	avessero ricordato

Imperativo · Commands

	(non) ricordiamo
ricorda (non ricordare)	(non) ricordate
(non) ricordi	(non) ricordino

Participio passato · Past participle	ricordato (-a/-i/-e)
Gerundio · Gerund	ricordando

Usage

Il suo indirizzo era facile da ricordare.	*His address was easy to remember.*
Ricordo che la casa non era lontano dal mare.	*I recall that the house wasn't far from the sea.*
Ricordi di aver mandato l'e-mail a Carmela, vero?	*You do remember sending the e-mail to Carmela, don't you?*
Ti ricordo che partiremo alle venti precise.	*Let me remind you that we'll be leaving at 8 P.M. exactly.*
Francesca mi ricordò di essere puntuale.	*Francesca reminded me to be on time.*
La bambina ci ha ricordato molto la madre.	*The child reminded us a lot of her mother.*
Gli italiani ricordano la fine della prima Guerra Mondiale l'11 novembre.	*Italians commemorate the end of World War I on November 11.*

ricordarsi *to remember*

Ricordati di telefonarmi stasera.	*Remember to call me tonight.*
Carlo non si ricorda dal naso alla bocca.	*Carlo would forget his own name.*
Me ne ricorderò per tutta la vita!	*I'll remember this for the rest of my life!*

irregular *-ere* verb;
intrans. (aux. *avere*)

rido · risi · riso

Presente · Present

rido	ridiamo
ridi	ridete
ride	ridono

Imperfetto · Imperfect

ridevo	ridevamo
ridevi	ridevate
rideva	ridevano

Passato remoto · Preterit

risi	ridemmo
ridesti	rideste
rise	risero

Futuro semplice · Future

riderò	rideremo
riderai	riderete
riderà	rideranno

Condizionale presente · Present conditional

riderei	rideremmo
rideresti	ridereste
riderebbe	riderebbero

Congiuntivo presente · Present subjunctive

rida	ridiamo
rida	ridiate
rida	ridano

Congiuntivo imperfetto · Imperfect subjunctive

ridessi	ridessimo
ridessi	rideste
ridesse	ridessero

Imperativo · Commands

	(non) ridiamo
ridi (non ridere)	(non) ridete
(non) rida	(non) ridano

Participio passato · Past participle	riso (-a/-i/-e)
Gerundio · Gerund	ridendo

Passato prossimo · Present perfect

ho riso	abbiamo riso
hai riso	avete riso
ha riso	hanno riso

Trapassato prossimo · Past perfect

avevo riso	avevamo riso
avevi riso	avevate riso
aveva riso	avevano riso

Trapassato remoto · Preterit perfect

ebbi riso	avemmo riso
avesti riso	aveste riso
ebbe riso	ebbero riso

Futuro anteriore · Future perfect

avrò riso	avremo riso
avrai riso	avrete riso
avrà riso	avranno riso

Condizionale passato · Perfect conditional

avrei riso	avremmo riso
avresti riso	avreste riso
avrebbe riso	avrebbero riso

Congiuntivo passato · Perfect subjunctive

abbia riso	abbiamo riso
abbia riso	abbiate riso
abbia riso	abbiano riso

Congiuntivo trapassato · Past perfect subjunctive

avessi riso	avessimo riso
avessi riso	aveste riso
avesse riso	avessero riso

Usage

Abbiamo riso a crepapelle.	*We split our sides laughing.*
Mi spiace che le abbiano riso dietro.	*I'm sorry they laughed behind her back.*
C'era da morire dal ridere.	*It was really funny!/It was hilarious!*
Non avrebbe dovuto ridere di me.	*He shouldn't have made fun of me.*
L'avevo detto solo per ridere.	*I was only joking.*
La bambina era tanto felice che le ridevano gli occhi.	*The girl was so happy her eyes sparkled.*
Ma non farmi ridere!	*Don't be ridiculous!/Don't make me laugh!*
Ride bene chi ride ultimo. (PROVERB)	*He who laughs last, laughs best.*

ridersi *to laugh (at); not care (about)*

Non riderti dei consigli di tuo padre.	*Don't scoff at your father's advice.*
Raffaele se la riderà del pericolo. Lo conosco.	*Raffaele will laugh in the face of danger. I know him.*

ridurre
to reduce, lessen, curtail, lower, shorten, abridge; adapt; convert

riduco · ridussi · ridotto

irregular *-ere* verb;
trans. (aux. *avere*)

Presente · Present

riduco	riduciamo
riduci	riducete
riduce	riducono

Imperfetto · Imperfect

riducevo	riducevamo
riducevi	riducevate
riduceva	riducevano

Passato remoto · Preterit

ridussi	riducemmo
riducesti	riduceste
ridusse	ridussero

Futuro semplice · Future

ridurrò	ridurremo
ridurrai	ridurrete
ridurrà	ridurranno

Condizionale presente · Present conditional

ridurrei	ridurremmo
ridurresti	ridurreste
ridurrebbe	ridurrebbero

Congiuntivo presente · Present subjunctive

riduca	riduciamo
riduca	riduciate
riduca	riducano

Congiuntivo imperfetto · Imperfect subjunctive

riducessi	riducessimo
riducessi	riduceste
riducesse	riducessero

Passato prossimo · Present perfect

ho ridotto	abbiamo ridotto
hai ridotto	avete ridotto
ha ridotto	hanno ridotto

Trapassato prossimo · Past perfect

avevo ridotto	avevamo ridotto
avevi ridotto	avevate ridotto
aveva ridotto	avevano ridotto

Trapassato remoto · Preterit perfect

ebbi ridotto	avemmo ridotto
avesti ridotto	aveste ridotto
ebbe ridotto	ebbero ridotto

Futuro anteriore · Future perfect

avrò ridotto	avremo ridotto
avrai ridotto	avrete ridotto
avrà ridotto	avranno ridotto

Condizionale passato · Perfect conditional

avrei ridotto	avremmo ridotto
avresti ridotto	avreste ridotto
avrebbe ridotto	avrebbero ridotto

Congiuntivo passato · Perfect subjunctive

abbia ridotto	abbiamo ridotto
abbia ridotto	abbiate ridotto
abbia ridotto	abbiano ridotto

Congiuntivo trapassato · Past perfect subjunctive

avessi ridotto	avessimo ridotto
avessi ridotto	aveste ridotto
avesse ridotto	avessero ridotto

Imperativo · Commands

	(non) riduciamo
riduci (non ridurre)	(non) riducete
(non) riduca	(non) riducano

Participio passato · Past participle   ridotto (-a/-i/-e)
Gerundio · Gerund   riducendo

Usage

Vorrà ridurti al silenzio.	*He'll want to reduce you to silence.*
Come ridurremo la pressione?	*How will we lower the pressure?*
Abbiamo ridotto le spese.	*We cut back on expenses.*
Stanno riducendo il prezzo notevolmente.	*They're lowering the price considerably.*
Perché leggere una versione ridotta quando l'originale è disponibile?	*Why read an abridged version when the original is available?*
Ridussero il romanzo per il cinema.	*They adapted the novel for the big screen.*
Giulio ha ridotto la sua stanza un letamaio.	*Giulio has turned his room into a pigsty.*
Riduci le misure da pollici in centimetri.	*Convert the measurements from inches to centimeters.*
Hai visto Luigi ultimamente? È ridotto proprio male.	*Have you seen Luigi lately? He's really in a bad way.*

ridursi *to be reduced (to); come/go down; shrink, dwindle*

Ti sei ridotto pelle e ossa.	*You're (down to) nothing but skin and bones.*
I prezzi si ridurranno durante i mesi estivi.	*Prices will come down during the summer months.*
Ho paura che il loro lavoro si ridurrà a niente.	*I'm afraid their efforts will dwindle to nothing.*

irregular *-ire* verb;
trans. (aux. *avere*)

riempio · riempii · riempito

Presente · **Present**

riempio	riempiamo
riempi	riempite
riempie	riempiono

Imperfetto · **Imperfect**

riempivo	riempivamo
riempivi	riempivate
riempiva	riempivano

Passato remoto · **Preterit**

riempii	riempimmo
riempisti	riempiste
riempì	riempirono

Futuro semplice · **Future**

riempirò	riempiremo
riempirai	riempirete
riempirà	riempiranno

Condizionale presente · **Present conditional**

riempirei	riempiremmo
riempiresti	riempireste
riempirebbe	riempirebbero

Congiuntivo presente · **Present subjunctive**

riempia	riempiamo
riempia	riempiate
riempia	riempiano

Congiuntivo imperfetto · **Imperfect subjunctive**

riempissi	riempissimo
riempissi	riempiste
riempisse	riempissero

Imperativo · **Commands**

	(non) riempiamo
riempi (non riempire)	(non) riempite
(non) riempia	(non) riempiano

Passato prossimo · **Present perfect**

ho riempito	abbiamo riempito
hai riempito	avete riempito
ha riempito	hanno riempito

Trapassato prossimo · **Past perfect**

avevo riempito	avevamo riempito
avevi riempito	avevate riempito
aveva riempito	avevano riempito

Trapassato remoto · **Preterit perfect**

ebbi riempito	avemmo riempito
avesti riempito	aveste riempito
ebbe riempito	ebbero riempito

Futuro anteriore · **Future perfect**

avrò riempito	avremo riempito
avrai riempito	avrete riempito
avrà riempito	avranno riempito

Condizionale passato · **Perfect conditional**

avrei riempito	avremmo riempito
avresti riempito	avreste riempito
avrebbe riempito	avrebbero riempito

Congiuntivo passato · **Perfect subjunctive**

abbia riempito	abbiamo riempito
abbia riempito	abbiate riempito
abbia riempito	abbiano riempito

Congiuntivo trapassato · **Past perfect subjunctive**

avessi riempito	avessimo riempito
avessi riempito	aveste riempito
avesse riempito	avessero riempito

Participio passato · **Past participle**	riempito (-a/-i/-e)
Gerundio · **Gerund**	riempiendo

Usage

Luca riempie la caraffa d'acqua.	*Luca is filling the water carafe.*
Le tue parole mi hanno riempito di gioia.	*Your words filled me with joy.*
Il pollo riempito di riso ti farà venire l'acquolina in bocca.	*The chicken stuffed with rice will make your mouth water.*
Non prendere gli gnocchi. Riempiono troppo.	*Don't take the gnocchi. They're too filling.*
Stavo riempendo il modulo.	*I was filling out the form.*
Penso che Teresa stia riempiendo la domanda.	*I think Teresa is filling out the application.*
Riempia il campo "Autore" e clicchi su "Cerca".	*Fill in the "Author" field and click on "Search."*
Lo studio le riempì tutta la giornata.	*She studied all day long.*

riempirsi *to fill (up), stuff oneself (with)*

Il teatro si è lentamente riempito.	*The theater slowly filled up.*
Ci siamo riempiti di cioccolato.	*We stuffed ourselves with chocolate.*
Fabrizio si è riempito la testa di stupidaggini.	*Fabrizio has filled his head with nonsense.*
Si riempirono lo stomaco di pizza e gelato.	*They gorged on pizza and ice cream.*

rientrare

to come/go back in; get back (home), return; form part (of), be included (in)

regular -*are* verb;
intrans. (aux. *essere*)

Presente · Present

rientro	rientriamo
rientri	rientrate
rientra	rientrano

Imperfetto · Imperfect

rientravo	rientravamo
rientravi	rientravate
rientrava	rientravano

Passato remoto · Preterit

rientrai	rientrammo
rientrasti	rientraste
rientrò	rientrarono

Futuro semplice · Future

rientrerò	rientreremo
rientrerai	rientrerete
rientrerà	rientreranno

Condizionale presente · Present conditional

rientrerei	rientreremmo
rientreresti	rientrereste
rientrerebbe	rientrerebbero

Congiuntivo presente · Present subjunctive

rientri	rientriamo
rientri	rientriate
rientri	rientrino

Congiuntivo imperfetto · Imperfect subjunctive

rientrassi	rientrassimo
rientrassi	rientraste
rientrasse	rientrassero

Passato prossimo · Present perfect

sono rientrato (-a)	siamo rientrati (-e)
sei rientrato (-a)	siete rientrati (-e)
è rientrato (-a)	sono rientrati (-e)

Trapassato prossimo · Past perfect

ero rientrato (-a)	eravamo rientrati (-e)
eri rientrato (-a)	eravate rientrati (-e)
era rientrato (-a)	erano rientrati (-e)

Trapassato remoto · Preterit perfect

fui rientrato (-a)	fummo rientrati (-e)
fosti rientrato (-a)	foste rientrati (-e)
fu rientrato (-a)	furono rientrati (-e)

Futuro anteriore · Future perfect

sarò rientrato (-a)	saremo rientrati (-e)
sarai rientrato (-a)	sarete rientrati (-e)
sarà rientrato (-a)	saranno rientrati (-e)

Condizionale passato · Perfect conditional

sarei rientrato (-a)	saremmo rientrati (-e)
saresti rientrato (-a)	sareste rientrati (-e)
sarebbe rientrato (-a)	sarebbero rientrati (-e)

Congiuntivo passato · Perfect subjunctive

sia rientrato (-a)	siamo rientrati (-e)
sia rientrato (-a)	siate rientrati (-e)
sia rientrato (-a)	siano rientrati (-e)

Congiuntivo trapassato · Past perfect subjunctive

fossi rientrato (-a)	fossimo rientrati (-e)
fossi rientrato (-a)	foste rientrati (-e)
fosse rientrato (-a)	fossero rientrati (-e)

Imperativo · Commands

	(non) rientriamo
rientra (non rientrare)	(non) rientrate
(non) rientri	(non) rientrino

Participio passato · Past participle	rientrato (-a/-i/-e)
Gerundio · Gerund	rientrando

Usage

Fa freddo. Rientriamo in casa.
Sono rientrati dalle ferie due giorni fa.
Gli aerei rientreranno alla base fra un'ora.
La famiglia rientrò in possesso della casa venti
  anni dopo.
Purtroppo non posso aiutarti, perché la questione
  non rientra nella mia competenza.
Il mio amico non rientrava nella lista dei candidati
  selezionati.
A quel punto il fiume rientra verso il mare.
La prima riga di tutti i paragrafi deve rientrare di 1 cm.
Il Conti è rientrato in gioco.
Silvio urlerà e strepiterà, ma poi rientrerà nei ranghi.

It's cold. Let's go back inside the house.
They got back from vacation two days ago.
The airplanes will return to base in an hour.
The family regained possession of the house
  twenty years later.
Unfortunately, I can't help you because the matter
  isn't in my area of expertise.
My friend wasn't included in the list of candidates
  selected.
At that point the river curves back toward the sea.
The first line of every paragraph should indent 1 cm.
Conti is back in the game.
Silvio will scream and shout, but in the end
  he will fall back in line.

irregular *-ere* verb;
intrans./trans. (aux. *avere*)

rifletto · riflettei/riflessi · riflettuto/riflesso

NOTE *Riflettere* is conjugated here with the past participle *riflettuto*; when it is used transitively
or reflexively, it is conjugated with *riflesso*.

Presente · Present

rifletto	riflettiamo
rifletti	riflettete
riflette	riflettono

Imperfetto · Imperfect

riflettevo	riflettevamo
riflettevi	riflettevate
rifletteva	riflettevano

Passato remoto · Preterit

riflettei/riflessi	riflettemmo
riflettesti	rifletteste
rifletté/riflesse	rifletterono/riflessero

Futuro semplice · Future

rifletterò	rifletteremo
rifletterai	rifletterete
rifletterà	rifletteranno

Condizionale presente · Present conditional

rifletterei	rifletteremmo
rifletteresti	riflettereste
rifletterebbe	rifletterebbero

Congiuntivo presente · Present subjunctive

rifletta	riflettiamo
rifletta	riflettiate
rifletta	riflettano

Congiuntivo imperfetto · Imperfect subjunctive

riflettessi	riflettessimo
riflettessi	rifletteste
riflettesse	riflettessero

Imperativo · Commands

	(non) riflettiamo
rifletti (non riflettere)	(non) riflettete
(non) rifletta	(non) riflettano

Passato prossimo · Present perfect

ho riflettuto	abbiamo riflettuto
hai riflettuto	avete riflettuto
ha riflettuto	hanno riflettuto

Trapassato prossimo · Past perfect

avevo riflettuto	avevamo riflettuto
avevi riflettuto	avevate riflettuto
aveva riflettuto	avevano riflettuto

Trapassato remoto · Preterit perfect

ebbi riflettuto	avemmo riflettuto
avesti riflettuto	aveste riflettuto
ebbe riflettuto	ebbero riflettuto

Futuro anteriore · Future perfect

avrò riflettuto	avremo riflettuto
avrai riflettuto	avrete riflettuto
avrà riflettuto	avranno riflettuto

Condizionale passato · Perfect conditional

avrei riflettuto	avremmo riflettuto
avresti riflettuto	avreste riflettuto
avrebbe riflettuto	avrebbero riflettuto

Congiuntivo passato · Perfect subjunctive

abbia riflettuto	abbiamo riflettuto
abbia riflettuto	abbiate riflettuto
abbia riflettuto	abbiano riflettuto

Congiuntivo trapassato · Past perfect subjunctive

avessi riflettuto	avessimo riflettuto
avessi riflettuto	aveste riflettuto
avesse riflettuto	avessero riflettuto

Participio passato · Past participle   riflettuto (-a/-i/-e)/riflesso (-a/-i/-e)

Gerundio · Gerund   riflettendo

Usage

Lo specchio rotto ha riflesso il mio viso stranamente.
Quale materia riflette meglio il calore? Il vetro o
    i mattoni?
Rifletti prima di agire!
Abbiamo riflettuto a lungo sul problema.
Dopo aver molto riflettuto, accettammo i piani.

The broken mirror made my face look weird.
Which (building) material reflects heat better?
    Glass or brick?
Think before you act!
We thought about the problem for a long time.
After careful consideration, we accepted the plans.

riflettersi *to be reflected (in); have repercussions; show, shine*

L'immagine del gatto si è riflessa nell'acqua.
I delitti di Roberto si riflettevano su tutta la sua famiglia.
La crisi politica si rifletté sull'economia.
L'esperienza di Franco si riflette nei suoi scritti.

The image of the cat was reflected in the water.
Roberto's crimes reflected on his whole family.
The political crisis had economic repercussions.
Franco's experience shows in his writings.

rilassare *to relax; slacken, loosen*

rilasso · rilassai · rilassato

regular -are verb;
trans. (aux. *avere*)

Presente · Present

rilasso	rilassiamo
rilassi	rilassate
rilassa	rilassano

Imperfetto · Imperfect

rilassavo	rilassavamo
rilassavi	rilassavate
rilassava	rilassavano

Passato remoto · Preterit

rilassai	rilassammo
rilassasti	rilassaste
rilassò	rilassarono

Futuro semplice · Future

rilasserò	rilasseremo
rilasserai	rilasserete
rilasserà	rilasseranno

Condizionale presente · Present conditional

rilasserei	rilasseremmo
rilasseresti	rilassereste
rilasserebbe	rilasserebbero

Congiuntivo presente · Present subjunctive

rilassi	rilassiamo
rilassi	rilassiate
rilassi	rilassino

Congiuntivo imperfetto · Imperfect subjunctive

rilassassi	rilassassimo
rilassassi	rilassaste
rilassasse	rilassassero

Imperativo · Commands

	(non) rilassiamo
rilassa (non rilassare)	(non) rilassate
(non) rilassi	(non) rilassino

Passato prossimo · Present perfect

ho rilassato	abbiamo rilassato
hai rilassato	avete rilassato
ha rilassato	hanno rilassato

Trapassato prossimo · Past perfect

avevo rilassato	avevamo rilassato
avevi rilassato	avevate rilassato
aveva rilassato	avevano rilassato

Trapassato remoto · Preterit perfect

ebbi rilassato	avemmo rilassato
avesti rilassato	aveste rilassato
ebbe rilassato	ebbero rilassato

Futuro anteriore · Future perfect

avrò rilassato	avremo rilassato
avrai rilassato	avrete rilassato
avrà rilassato	avranno rilassato

Condizionale passato · Perfect conditional

avrei rilassato	avremmo rilassato
avresti rilassato	avreste rilassato
avrebbe rilassato	avrebbero rilassato

Congiuntivo passato · Perfect subjunctive

abbia rilassato	abbiamo rilassato
abbia rilassato	abbiate rilassato
abbia rilassato	abbiano rilassato

Congiuntivo trapassato · Past perfect subjunctive

avessi rilassato	avessimo rilassato
avessi rilassato	aveste rilassato
avesse rilassato	avessero rilassato

Participio passato · Past participle   rilassato (-a/-i/-e)

Gerundio · Gerund   rilassando

Usage

Gli studenti rilassano la mente facendo yoga.
Io rilasserei l'animo e non penserei a più niente.

L'esercito rilassò la sorveglianza nella città occupata.

Le medicine hanno rilassato i muscoli della schiena.
Non devi mai rilassare la disciplina.

The students relax their minds by doing yoga.
I would let my mind go blank and wouldn't think of anything at all.
The army relaxed their surveillance of the occupied city.
The medicine relaxed the back muscles.
You must never let go.

rilassarsi *to relax, loosen up; become slack*

I muscoli si rilassavano gradualmente.
Ci siamo rilassati totalmente durante la vacanza
al mare.
Non penso che si siano rilassati i costumi dei giovani.

The muscles were gradually loosening up.
We relaxed completely during our vacation at the beach.
I don't think young people's morals have gotten looser.

irregular -*ēre* verb;
intrans. (aux. *essere*)

rimango · rimasi · rimasto

Presente · Present

rimango	rimaniamo
rimani	rimanete
rimane	rimangono

Imperfetto · Imperfect

rimanevo	rimanevamo
rimanevi	rimanevate
rimaneva	rimanevano

Passato remoto · Preterit

rimasi	rimanemmo
rimanesti	rimaneste
rimase	rimasero

Futuro semplice · Future

rimarrò	rimarremo
rimarrai	rimarrete
rimarrà	rimarranno

Condizionale presente · Present conditional

rimarrei	rimarremmo
rimarresti	rimarreste
rimarrebbe	rimarrebbero

Congiuntivo presente · Present subjunctive

rimanga	rimaniamo
rimanga	rimaniate
rimanga	rimangano

Congiuntivo imperfetto · Imperfect subjunctive

rimanessi	rimanessimo
rimanessi	rimaneste
rimanesse	rimanessero

Passato prossimo · Present perfect

sono rimasto (-a)	siamo rimasti (-e)
sei rimasto (-a)	siete rimasti (-e)
è rimasto (-a)	sono rimasti (-e)

Trapassato prossimo · Past perfect

ero rimasto (-a)	eravamo rimasti (-e)
eri rimasto (-a)	eravate rimasti (-e)
era rimasto (-a)	erano rimasti (-e)

Trapassato remoto · Preterit perfect

fui rimasto (-a)	fummo rimasti (-e)
fosti rimasto (-a)	foste rimasti (-e)
fu rimasto (-a)	furono rimasti (-e)

Futuro anteriore · Future perfect

sarò rimasto (-a)	saremo rimasti (-e)
sarai rimasto (-a)	sarete rimasti (-e)
sarà rimasto (-a)	saranno rimasti (-e)

Condizionale passato · Perfect conditional

sarei rimasto (-a)	saremmo rimasti (-e)
saresti rimasto (-a)	sareste rimasti (-e)
sarebbe rimasto (-a)	sarebbero rimasti (-e)

Congiuntivo passato · Perfect subjunctive

sia rimasto (-a)	siamo rimasti (-e)
sia rimasto (-a)	siate rimasti (-e)
sia rimasto (-a)	siano rimasti (-e)

Congiuntivo trapassato · Past perfect subjunctive

fossi rimasto (-a)	fossimo rimasti (-e)
fossi rimasto (-a)	foste rimasti (-e)
fosse rimasto (-a)	fossero rimasti (-e)

Imperativo · Commands

	(non) rimaniamo
rimani (non rimanere)	(non) rimanete
(non) rimanga	(non) rimangano

Participio passato · Past participle	rimasto (-a/-i/-e)
Gerundio · Gerund	rimanendo

Usage

Elena è rimasta a casa oggi.
Isabella ci rimase male quando seppe la notizia.

— Dove eravamo rimasti?
— Seconda pagina, terzo paragrafo.

I tifosi rimasero in piedi tre ore.
Ho paura che lei rimanga senza elettricità dopo
   il temporale.
Rimane ancora un'ora di autostrada da fare.
Quante mele rimangono?
Siamo rimasti stupiti dal suo atteggiamento.
La villa gotica rimarrà agli eredi.
L'ingegnere è rimasto ferito in un incidente sul lavoro.
I giurati sono rimasti d'accordo di assolverlo
   dall'accusa.

Elena stayed at home today.
Isabella felt awful when she heard the news.

"Where were we?"
"Second page, third paragraph."

The fans remained on their feet for three hours.
I'm afraid she'll be left without electricity after
   the storm.
There's one more hour of highway to cover.
How many apples are left?
We were amazed by his attitude.
The Gothic villa will be left to the heirs.
The engineer was injured in a work-related accident.
The members of the jury agreed to acquit him
   of the charge.

rimuovere *to remove, eliminate, get rid of; dismiss; repress*

rimuovo · rimossi · rimosso

irregular -*ere* verb;
trans. (aux. *avere*)

NOTE Use of the optional *u* in the forms below is not considered standard, but it is becoming more frequent.

Presente · Present

rimuovo	rim(u)oviamo
rimuovi	rim(u)ovete
rimuove	rimuovono

Imperfetto · Imperfect

rim(u)ovevo	rim(u)ovevamo
rim(u)ovevi	rim(u)ovevate
rim(u)oveva	rim(u)ovevano

Passato remoto · Preterit

rimossi	rim(u)ovemmo
rim(u)ovesti	rim(u)oveste
rimosse	rimossero

Futuro semplice · Future

rim(u)overò	rim(u)overemo
rim(u)overai	rim(u)overete
rim(u)overà	rim(u)overanno

Condizionale presente · Present conditional

rim(u)overei	rim(u)overemmo
rim(u)overesti	rim(u)overeste
rim(u)overebbe	rim(u)overebbero

Congiuntivo presente · Present subjunctive

rimuova	rim(u)oviamo
rimuova	rim(u)oviate
rimuova	rimuovano

Congiuntivo imperfetto · Imperfect subjunctive

rim(u)ovessi	rim(u)ovessimo
rim(u)ovessi	rim(u)oveste
rim(u)ovesse	rim(u)ovessero

Passato prossimo · Present perfect

ho rimosso	abbiamo rimosso
hai rimosso	avete rimosso
ha rimosso	hanno rimosso

Trapassato prossimo · Past perfect

avevo rimosso	avevamo rimosso
avevi rimosso	avevate rimosso
aveva rimosso	avevano rimosso

Trapassato remoto · Preterit perfect

ebbi rimosso	avemmo rimosso
avesti rimosso	aveste rimosso
ebbe rimosso	ebbero rimosso

Futuro anteriore · Future perfect

avrò rimosso	avremo rimosso
avrai rimosso	avrete rimosso
avrà rimosso	avranno rimosso

Condizionale passato · Perfect conditional

avrei rimosso	avremmo rimosso
avresti rimosso	avreste rimosso
avrebbe rimosso	avrebbero rimosso

Congiuntivo passato · Perfect subjunctive

abbia rimosso	abbiamo rimosso
abbia rimosso	abbiate rimosso
abbia rimosso	abbiano rimosso

Congiuntivo trapassato · Past perfect subjunctive

avessi rimosso	avessimo rimosso
avessi rimosso	aveste rimosso
avesse rimosso	avessero rimosso

Imperativo · Commands

	(non) rim(u)oviamo
rimuovi (non rimuovere)	(non) rim(u)ovete
(non) rimuova	(non) rimuovano

Participio passato · Past participle	rimosso (-a/-i/-e)
Gerundio · Gerund	rim(u)ovendo

Usage

Mi sono bruciato quando ho rimosso il coperchio dalla pentola.
Il chirurgo ha potuto rimuovere il tumore.
Se non rimovessimo le cause del problema, tornerebbe più tardi.
Gli impiegati più giovani sono stati rimossi.
Il paziente rimosse tutte le esperienze dolorose.

I got burned when I took the lid off the pot.

The surgeon was able to remove the tumor.
If we didn't get rid of the causes of the problem, it would resurface later.
The youngest employees have been dismissed.
The patient repressed all his painful experiences.

rimuoversi *to remove oneself, withdraw*

Dopo che ti sarai rimosso dalla lista, riceverai una conferma.
Non si rimossero dalle loro convinzioni.

After you've unsubscribed from the list, you'll receive a confirmation.
They didn't budge from their convictions.

irregular -ere verb;
intrans./impers. (aux. *essere*)

rincresco · rincrebbi · rincresciuto

Presente · Present

rincresco	rincresciamo
rincresci	rincrescete
rincresce	rincrescono

Imperfetto · Imperfect

rincrescevo	rincrescevamo
rincrescevi	rincrescevate
rincresceva	rincrescevano

Passato remoto · Preterit

rincrebbi	rincrescemmo
rincrescesti	rincresceste
rincrebbe	rincrebbero

Futuro semplice · Future

rincrescerò	rincresceremo
rincrescerai	rincrescerete
rincrescerà	rincresceranno

Condizionale presente · Present conditional

rincrescerei	rincresceremmo
rincresceresti	rincrescereste
rincrescerebbe	rincrescerebbero

Congiuntivo presente · Present subjunctive

rincresca	rincresciamo
rincresca	rincresciate
rincresca	rincrescano

Congiuntivo imperfetto · Imperfect subjunctive

rincrescessi	rincrescessimo
rincrescessi	rincresceste
rincrescesse	rincrescessero

Passato prossimo · Present perfect

sono rincresciuto (-a)	siamo rincresciuti (-e)
sei rincresciuto (-a)	siete rincresciuti (-e)
è rincresciuto (-a)	sono rincresciuti (-e)

Trapassato prossimo · Past perfect

ero rincresciuto (-a)	eravamo rincresciuti (-e)
eri rincresciuto (-a)	eravate rincresciuti (-e)
era rincresciuto (-a)	erano rincresciuti (-e)

Trapassato remoto · Preterit perfect

fui rincresciuto (-a)	fummo rincresciuti (-e)
fosti rincresciuto (-a)	foste rincresciuti (-e)
fu rincresciuto (-a)	furono rincresciuti (-e)

Futuro anteriore · Future perfect

sarò rincresciuto (-a)	saremo rincresciuti (-e)
sarai rincresciuto (-a)	sarete rincresciuti (-e)
sarà rincresciuto (-a)	saranno rincresciuti (-e)

Condizionale passato · Perfect conditional

sarei rincresciuto (-a)	saremmo rincresciuti (-e)
saresti rincresciuto (-a)	sareste rincresciuti (-e)
sarebbe rincresciuto (-a)	sarebbero rincresciuti (-e)

Congiuntivo passato · Perfect subjunctive

sia rincresciuto (-a)	siamo rincresciuti (-e)
sia rincresciuto (-a)	siate rincresciuti (-e)
sia rincresciuto (-a)	siano rincresciuti (-e)

Congiuntivo trapassato · Past perfect subjunctive

fossi rincresciuto (-a)	fossimo rincresciuti (-e)
fossi rincresciuto (-a)	foste rincresciuti (-e)
fosse rincresciuto (-a)	fossero rincresciuti (-e)

Imperativo · Commands

	(non) rincresciamo
rincresci (non rincrescere)	(non) rincrescete
(non) rincresca	(non) rincrescano

Participio passato · Past participle	rincresciuto (-a/-i/-e)
Gerundio · Gerund	rincrescendo

Usage

Mi rincresce di non poterti aiutare.
Rincresceva al professore che tanti studenti
   fossero assenti.
Se non ti rincresce, vorrei tornare a casa adesso.
Ti rincresce se raccontiamo storie di spettri?
Sono cose che rincrescono.
Non penso che gli rincrescerà partire.

I'm sorry I can't help you.
The professor regretted the fact that so many
   students were absent.
If you don't mind, I'd like to go back home now.
Do you mind if we tell ghost stories?
That's regrettable.
I don't think he'll be unhappy to leave.

rincrescersi *to regret, be sorry; displease*

Mi rincresce di non averti avvertito prima.
Ci rincresceva che la vacanza fosse già finita.

I regret not having let you know earlier.
We were sorry that the vacation was already over.

RELATED EXPRESSIONS

il rincrescimento
con mio grande rincrescimento

regret
much to my regret

ringraziare *to thank*

ringrazio · ringraziai · ringraziato

regular *-are* verb, i > –/i;
trans. (aux. *avere*)

Presente · Present

ringrazio	ringraziamo
ringrazi	ringraziate
ringrazia	ringraziano

Imperfetto · Imperfect

ringraziavo	ringraziavamo
ringraziavi	ringraziavate
ringraziava	ringraziavano

Passato remoto · Preterit

ringraziai	ringraziammo
ringraziasti	ringraziaste
ringraziò	ringraziarono

Futuro semplice · Future

ringrazierò	ringrazieremo
ringrazierai	ringrazierete
ringrazierà	ringrazieranno

Condizionale presente · Present conditional

ringrazierei	ringrazieremmo
ringrazieresti	ringraziereste
ringrazierebbe	ringrazierebbero

Congiuntivo presente · Present subjunctive

ringrazi	ringraziamo
ringrazi	ringraziate
ringrazi	ringrazino

Congiuntivo imperfetto · Imperfect subjunctive

ringraziassi	ringraziassimo
ringraziassi	ringraziaste
ringraziasse	ringraziassero

Passato prossimo · Present perfect

ho ringraziato	abbiamo ringraziato
hai ringraziato	avete ringraziato
ha ringraziato	hanno ringraziato

Trapassato prossimo · Past perfect

avevo ringraziato	avevamo ringraziato
avevi ringraziato	avevate ringraziato
aveva ringraziato	avevano ringraziato

Trapassato remoto · Preterit perfect

ebbi ringraziato	avemmo ringraziato
avesti ringraziato	aveste ringraziato
ebbe ringraziato	ebbero ringraziato

Futuro anteriore · Future perfect

avrò ringraziato	avremo ringraziato
avrai ringraziato	avrete ringraziato
avrà ringraziato	avranno ringraziato

Condizionale passato · Perfect conditional

avrei ringraziato	avremmo ringraziato
avresti ringraziato	avreste ringraziato
avrebbe ringraziato	avrebbero ringraziato

Congiuntivo passato · Perfect subjunctive

abbia ringraziato	abbiamo ringraziato
abbia ringraziato	abbiate ringraziato
abbia ringraziato	abbiano ringraziato

Congiuntivo trapassato · Past perfect subjunctive

avessi ringraziato	avessimo ringraziato
avessi ringraziato	aveste ringraziato
avesse ringraziato	avessero ringraziato

Imperativo · Commands

	(non) ringraziamo
ringrazia (non ringraziare)	(non) ringraziate
(non) ringrazi	(non) ringrazino

Participio passato · Past participle	ringraziato (-a/-i/-e)
Gerundio · Gerund	ringraziando

Usage

Ti ringrazio di tutto cuore.	*I thank you from the bottom of my heart.*
Mi ha ringraziato per iscritto del regalo.	*He wrote to thank me for the present.*
Volevo ringraziarli per la loro presenza.	*I wanted to thank them for being there.*
Sia ringraziato Dio!	*Thank God!*
Sia ringraziato il Cielo!	*Thank heavens!*
La ringrazio dell'invito, ma non posso venire al matrimonio.	*I thank you for the invitation, but I cannot attend the wedding.*
Non so come ringraziarlo.	*I don't know how to thank him.*
Sono partiti senza nemmeno ringraziarci.	*They left without even thanking us.*
Ringraziai tutti i miei amici di avermi aiutato.	*I thanked all my friends for helping me.*
Devi ringraziare solo te stesso.	*You have only yourself to blame.*

RELATED EXPRESSIONS

il ringraziamento	*thanks*
Bel ringraziamento!	*Thanks for nothing!*

regular *-are* verb, *ci* > *c/e, i*;
intrans. (aux. *avere*)

rinuncio · rinunciai · rinunciato

Presente · Present

rinuncio	rinunciamo
rinunci	rinunciate
rinuncia	rinunciano

Passato prossimo · Present perfect

ho rinunciato	abbiamo rinunciato
hai rinunciato	avete rinunciato
ha rinunciato	hanno rinunciato

Imperfetto · Imperfect

rinunciavo	rinunciavamo
rinunciavi	rinunciavate
rinunciava	rinunciavano

Trapassato prossimo · Past perfect

avevo rinunciato	avevamo rinunciato
avevi rinunciato	avevate rinunciato
aveva rinunciato	avevano rinunciato

Passato remoto · Preterit

rinunciai	rinunciammo
rinunciasti	rinunciaste
rinunciò	rinunciarono

Trapassato remoto · Preterit perfect

ebbi rinunciato	avemmo rinunciato
avesti rinunciato	aveste rinunciato
ebbe rinunciato	ebbero rinunciato

Futuro semplice · Future

rinuncerò	rinunceremo
rinuncerai	rinuncerete
rinuncerà	rinunceranno

Futuro anteriore · Future perfect

avrò rinunciato	avremo rinunciato
avrai rinunciato	avrete rinunciato
avrà rinunciato	avranno rinunciato

Condizionale presente · Present conditional

rinuncerei	rinunceremmo
rinunceresti	rinuncereste
rinuncerebbe	rinuncerebbero

Condizionale passato · Perfect conditional

avrei rinunciato	avremmo rinunciato
avresti rinunciato	avreste rinunciato
avrebbe rinunciato	avrebbero rinunciato

Congiuntivo presente · Present subjunctive

rinunci	rinunciamo
rinunci	rinunciate
rinunci	rinuncino

Congiuntivo passato · Perfect subjunctive

abbia rinunciato	abbiamo rinunciato
abbia rinunciato	abbiate rinunciato
abbia rinunciato	abbiano rinunciato

Congiuntivo imperfetto · Imperfect subjunctive

rinunciassi	rinunciassimo
rinunciassi	rinunciaste
rinunciasse	rinunciassero

Congiuntivo trapassato · Past perfect subjunctive

avessi rinunciato	avessimo rinunciato
avessi rinunciato	aveste rinunciato
avesse rinunciato	avessero rinunciato

Imperativo · Commands

	(non) rinunciamo
rinuncia (non rinunciare)	(non) rinunciate
(non) rinunci	(non) rinuncino

Participio passato · Past participle	rinunciato (-a/-i/-e)
Gerundio · Gerund	rinunciando

Usage

Perché avrebbe rinunciato al premio?	*Why would he have refused the prize?*
Non si sa perché quell'uomo politico abbia rinunciato all'alta carica.	*Nobody knows why the politician turned down the powerful position.*
Il mio amico Sergio ha deciso di rinunciare agli studi.	*My friend Sergio has decided to abandon his studies.*
Rinunceranno ai piaceri di ogni giorno.	*They'll do without everyday pleasures.*
Dopo che il principe aveva rinunciato al trono, è andato in esilio.	*After the prince had renounced the throne, he went into exile.*
Mia sorella aveva rinunciato a fumare quella sera.	*My sister had refrained from smoking that evening.*
Abbiamo rinunciato a partire a causa del maltempo.	*We decided not to leave because of the bad weather.*
Ci rinuncio!	*I give up!*
La ragazza rinunciò al mondo all'età di quindici anni.	*The girl entered the convent at the age of 15.*

RELATED WORD

la rinuncia	*renunciation; resignation*

ripassare
to review, check, go over again;
cross/pass again; come back, call again

ripasso · ripassai · ripassato

regular -*are* verb;
trans. (aux. *avere*)/intrans. (aux. *essere*)

NOTE *Ripassare* is conjugated here with *avere*; when used intransitively, it is conjugated with *essere*.

Presente · Present

ripasso	ripassiamo
ripassi	ripassate
ripassa	ripassano

Passato prossimo · Present perfect

ho ripassato	abbiamo ripassato
hai ripassato	avete ripassato
ha ripassato	hanno ripassato

Imperfetto · Imperfect

ripassavo	ripassavamo
ripassavi	ripassavate
ripassava	ripassavano

Trapassato prossimo · Past perfect

avevo ripassato	avevamo ripassato
avevi ripassato	avevate ripassato
aveva ripassato	avevano ripassato

Passato remoto · Preterit

ripassai	ripassammo
ripassasti	ripassaste
ripassò	ripassarono

Trapassato remoto · Preterit perfect

ebbi ripassato	avemmo ripassato
avesti ripassato	aveste ripassato
ebbe ripassato	ebbero ripassato

Futuro semplice · Future

ripasserò	ripasseremo
ripasserai	ripasserete
ripasserà	ripasseranno

Futuro anteriore · Future perfect

avrò ripassato	avremo ripassato
avrai ripassato	avrete ripassato
avrà ripassato	avranno ripassato

Condizionale presente · Present conditional

ripasserei	ripasseremmo
ripasseresti	ripassereste
ripasserebbe	ripasserebbero

Condizionale passato · Perfect conditional

avrei ripassato	avremmo ripassato
avresti ripassato	avreste ripassato
avrebbe ripassato	avrebbero ripassato

Congiuntivo presente · Present subjunctive

ripassi	ripassiamo
ripassi	ripassiate
ripassi	ripassino

Congiuntivo passato · Perfect subjunctive

abbia ripassato	abbiamo ripassato
abbia ripassato	abbiate ripassato
abbia ripassato	abbiano ripassato

Congiuntivo imperfetto · Imperfect subjunctive

ripassassi	ripassassimo
ripassassi	ripassaste
ripassasse	ripassassero

Congiuntivo trapassato · Past perfect subjunctive

avessi ripassato	avessimo ripassato
avessi ripassato	aveste ripassato
avesse ripassato	avessero ripassato

Imperativo · Commands

	(non) ripassiamo
ripassa (non ripassare)	(non) ripassate
(non) ripassi	(non) ripassino

Participio passato · Past participle	ripassato (-a/-i/-e)
Gerundio · Gerund	ripassando

Usage

Stavo ripassando la lezione quando mi ha telefonato.
Non penso che abbiano ripassato il conto prima di pagare.

Lo studente deve ripassare il suo saggio prima di consegnarlo.

Hai ripassato il libro prima dell'esame?
Siamo ripassati per Milano tornando a casa.
Dubito che Concetta sia ripassata nel ristorante.
Il dottore non c'è. Può ripassare più tardi, signore?
Ripasserò la tua camicia col ferro stasera.
Sarebbe meglio se ci ripassassi un'altra mano di pittura.

I was reviewing the lesson when he called me.
I don't think they checked the bill before paying.

The student must check his essay before handing it in.

Did you go over the book again before the exam?
We passed through Milan again on the way home.
I doubt that Concetta dropped by the restaurant again.
The doctor's not in. Can you come back later, sir?
I'll iron your shirt tonight.
It would be better if you gave it another coat of paint.

regular *-ere* verb;
trans. (aux. *avere*)

Presente · Present

ripeto	ripetiamo
ripeti	ripetete
ripete	ripetono

Imperfetto · Imperfect

ripetevo	ripetevamo
ripetevi	ripetevate
ripeteva	ripetevano

Passato remoto · Preterit

ripetei	ripetemmo
ripetesti	ripeteste
ripeté	ripeterono

Futuro semplice · Future

ripeterò	ripeteremo
ripeterai	ripeterete
ripeterà	ripeteranno

Condizionale presente · Present conditional

ripeterei	ripeteremmo
ripeteresti	ripetereste
ripeterebbe	ripeterebbero

Congiuntivo presente · Present subjunctive

ripeta	ripetiamo
ripeta	ripetiate
ripeta	ripetano

Congiuntivo imperfetto · Imperfect subjunctive

ripetessi	ripetessimo
ripetessi	ripeteste
ripetesse	ripetessero

Imperativo · Commands

	(non) ripetiamo
ripeti (non ripetere)	(non) ripetete
(non) ripeta	(non) ripetano

Passato prossimo · Present perfect

ho ripetuto	abbiamo ripetuto
hai ripetuto	avete ripetuto
ha ripetuto	hanno ripetuto

Trapassato prossimo · Past perfect

avevo ripetuto	avevamo ripetuto
avevi ripetuto	avevate ripetuto
aveva ripetuto	avevano ripetuto

Trapassato remoto · Preterit perfect

ebbi ripetuto	avemmo ripetuto
avesti ripetuto	aveste ripetuto
ebbe ripetuto	ebbero ripetuto

Futuro anteriore · Future perfect

avrò ripetuto	avremo ripetuto
avrai ripetuto	avrete ripetuto
avrà ripetuto	avranno ripetuto

Condizionale passato · Perfect conditional

avrei ripetuto	avremmo ripetuto
avresti ripetuto	avreste ripetuto
avrebbe ripetuto	avrebbero ripetuto

Congiuntivo passato · Perfect subjunctive

abbia ripetuto	abbiamo ripetuto
abbia ripetuto	abbiate ripetuto
abbia ripetuto	abbiano ripetuto

Congiuntivo trapassato · Past perfect subjunctive

avessi ripetuto	avessimo ripetuto
avessi ripetuto	aveste ripetuto
avesse ripetuto	avessero ripetuto

Participio passato · Past participle   ripetuto (-a/-i/-e)

Gerundio · Gerund   ripetendo

Usage

Ripeta la domanda, per favore.
Non ripetere a nessuno ciò che ti ho appena detto.
Non ripeterò quell'errore.
Ripeteranno lo spettacolo sabato prossimo.
Il successo della prima edizione non è stato ripetuto.
Mio cugino ha dovuto ripetere la prima elementare.
Ha ripetuto a memoria tutta la poesia.

Could you repeat the question, please?
Don't tell anyone what I just told you.
I won't make that mistake again.
They'll perform the show again next Saturday.
The success of the first edition wasn't repeated.
My cousin had to repeat first grade.
He recited the entire poem by heart.

ripetersi *to repeat oneself; happen again*

Domenico è una persona che si ripete
    frequentemente.
Alcuni credono che la storia si ripeta.
Speriamo che una tale strage non si ripeta mai più.

Domenico is a person who repeats himself frequently.

Some people think that history repeats itself.
Let's hope such a massacre never happens again.

riposare *to put back; put down again; rest; sleep; be buried; settle, stand*

riposo · riposai · riposato

regular -*are* verb;
trans./intrans. (aux. *avere*)

Presente · Present

riposo	riposiamo
riposi	riposate
riposa	riposano

Imperfetto · Imperfect

riposavo	riposavamo
riposavi	riposavate
riposava	riposavano

Passato remoto · Preterit

riposai	riposammo
riposasti	riposaste
riposò	riposarono

Futuro semplice · Future

riposerò	riposeremo
riposerai	riposerete
riposerà	riposeranno

Condizionale presente · Present conditional

riposerei	riposeremmo
riposeresti	riposereste
riposerebbe	riposerebbero

Congiuntivo presente · Present subjunctive

riposi	riposiamo
riposi	riposiate
riposi	riposino

Congiuntivo imperfetto · Imperfect subjunctive

riposassi	riposassimo
riposassi	riposaste
riposasse	riposassero

Passato prossimo · Present perfect

ho riposato	abbiamo riposato
hai riposato	avete riposato
ha riposato	hanno riposato

Trapassato prossimo · Past perfect

avevo riposato	avevamo riposato
avevi riposato	avevate riposato
aveva riposato	avevano riposato

Trapassato remoto · Preterit perfect

ebbi riposato	avemmo riposato
avesti riposato	aveste riposato
ebbe riposato	ebbero riposato

Futuro anteriore · Future perfect

avrò riposato	avremo riposato
avrai riposato	avrete riposato
avrà riposato	avranno riposato

Condizionale passato · Perfect conditional

avrei riposato	avremmo riposato
avresti riposato	avreste riposato
avrebbe riposato	avrebbero riposato

Congiuntivo passato · Perfect subjunctive

abbia riposato	abbiamo riposato
abbia riposato	abbiate riposato
abbia riposato	abbiano riposato

Congiuntivo trapassato · Past perfect subjunctive

avessi riposato	avessimo riposato
avessi riposato	aveste riposato
avesse riposato	avessero riposato

Imperativo · Commands

	(non) riposiamo
riposa (non riposare)	(non) riposate
(non) riposi	(non) riposino

Participio passato · Past participle	riposato (-a/-i/-e)
Gerundio · Gerund	riposando

Usage

Mi ricordo di aver riposato i fogli sulla scrivania.	*I remember putting the papers back down on the desk.*
Non riposare i libri sullo scaffale nella biblioteca.	*Don't reshelve the books in the library.*
Vorrei riposare gli occhi un po'.	*I would like to rest my eyes for a bit.*
Paolo si sentiva meglio dopo che aveva riposato tutta la notte.	*Paolo felt better after getting a good night's sleep.*
Lo scrittore riposa nella chiesa di Santa Croce.	*The writer is buried in the Church of Santa Croce.*
È necessario lasciar riposare il vino?	*Is it necessary to let the wine stand?*
Il monumento di marmo riposerà su un piedistallo di granito.	*The marble monument will stand on a pedestal of granite.*

riposarsi *to take a rest; relax; sit down again*

Riposati per un'ora prima di ricominciare il lavoro.	*Rest for an hour before starting to work again.*
Ci riposavamo sempre durante il fine settimana.	*We always relaxed on weekends.*
I bambini si sono riposati sul tappeto.	*The children sat back down on the carpet.*

irregular -*ere* verb;
trans. (aux. *avere*)

riscuoto · riscossi · riscosso

NOTE Use of the optional *u* in the forms below is not considered standard, but it is becoming more frequent.

Presente · Present

riscuoto	risc(u)otiamo
riscuoti	risc(u)otete
riscuote	riscuotono

Imperfetto · Imperfect

risc(u)otevo	risc(u)otevamo
risc(u)otevi	risc(u)otevate
risc(u)oteva	risc(u)otevano

Passato remoto · Preterit

riscossi	risc(u)otemmo
risc(u)otesti	risc(u)oteste
riscosse	riscossero

Futuro semplice · Future

risc(u)oterò	risc(u)oteremo
risc(u)oterai	risc(u)oterete
risc(u)oterà	risc(u)oteranno

Condizionale presente · Present conditional

risc(u)oterei	risc(u)oteremmo
risc(u)oteresti	risc(u)otereste
risc(u)oterebbe	risc(u)oterebbero

Congiuntivo presente · Present subjunctive

riscuota	risc(u)otiamo
riscuota	risc(u)otiate
riscuota	riscuotano

Congiuntivo imperfetto · Imperfect subjunctive

risc(u)otessi	risc(u)otessimo
risc(u)otessi	risc(u)oteste
risc(u)otesse	risc(u)otessero

Passato prossimo · Present perfect

ho riscosso	abbiamo riscosso
hai riscosso	avete riscosso
ha riscosso	hanno riscosso

Trapassato prossimo · Past perfect

avevo riscosso	avevamo riscosso
avevi riscosso	avevate riscosso
aveva riscosso	avevano riscosso

Trapassato remoto · Preterit perfect

ebbi riscosso	avemmo riscosso
avesti riscosso	aveste riscosso
ebbe riscosso	ebbero riscosso

Futuro anteriore · Future perfect

avrò riscosso	avremo riscosso
avrai riscosso	avrete riscosso
avrà riscosso	avranno riscosso

Condizionale passato · Perfect conditional

avrei riscosso	avremmo riscosso
avresti riscosso	avreste riscosso
avrebbe riscosso	avrebbero riscosso

Congiuntivo passato · Perfect subjunctive

abbia riscosso	abbiamo riscosso
abbia riscosso	abbiate riscosso
abbia riscosso	abbiano riscosso

Congiuntivo trapassato · Past perfect subjunctive

avessi riscosso	avessimo riscosso
avessi riscosso	aveste riscosso
avesse riscosso	avessero riscosso

Imperativo · Commands

	(non) risc(u)otiamo
riscuoti (non riscuotere)	(non) risc(u)otete
(non) riscuota	(non) riscuotano

Participio passato · Past participle riscosso (-a/-i/-e)

Gerundio · Gerund risc(u)otendo

Usage

Giorgio riscuote un bello stipendio.	*Giorgio gets paid a good salary.*
La pensione che risc(u)oteresti non sarebbe molto alta.	*The pension you'd draw wouldn't be very much.*
L'assegno non è ancora stato riscosso.	*The check hasn't been cashed yet.*
L'artista riscosse l'ammirazione di tutti.	*The artist won the admiration of everyone.*
Ho scosso e riscosso la porta cercando di aprirla.	*I shook the door over and over again trying to open it.*
Il rumore l'ha riscosso.	*The noise roused him.*

riscuotersi *to rouse oneself (from); shake off; jump*

Alberto non si riscosse dal coma.	*Alberto didn't wake up from his coma.*
Cosa faranno per riscuotersi dal loro stato di apatia?	*What will they do to shake off their apathy?*
Ci siamo riscossi al suono del telefono.	*We jumped when the telephone rang.*

risolvo · risolsi/risolvetti · risolto

irregular *-ere* verb;
trans. (aux. *avere*)

Presente · Present

risolvo	risolviamo
risolvi	risolvete
risolve	risolvono

Imperfetto · Imperfect

risolvevo	risolvevamo
risolvevi	risolvevate
risolveva	risolvevano

Passato remoto · Preterit

risolsi/risolvetti	risolvemmo
risolvesti	risolveste
risolse/risolvette	risolsero/risolvettero

Futuro semplice · Future

risolverò	risolveremo
risolverai	risolverete
risolverà	risolveranno

Condizionale presente · Present conditional

risolverei	risolveremmo
risolveresti	risolvereste
risolverebbe	risolverebbero

Congiuntivo presente · Present subjunctive

risolva	risolviamo
risolva	risolviate
risolva	risolvano

Congiuntivo imperfetto · Imperfect subjunctive

risolvessi	risolvessimo
risolvessi	risolveste
risolvesse	risolvessero

Imperativo · Commands

	(non) risolviamo
risolvi (non risolvere)	(non) risolvete
(non) risolva	(non) risolvano

Passato prossimo · Present perfect

ho risolto	abbiamo risolto
hai risolto	avete risolto
ha risolto	hanno risolto

Trapassato prossimo · Past perfect

avevo risolto	avevamo risolto
avevi risolto	avevate risolto
aveva risolto	avevano risolto

Trapassato remoto · Preterit perfect

ebbi risolto	avemmo risolto
avesti risolto	aveste risolto
ebbe risolto	ebbero risolto

Futuro anteriore · Future perfect

avrò risolto	avremo risolto
avrai risolto	avrete risolto
avrà risolto	avranno risolto

Condizionale passato · Perfect conditional

avrei risolto	avremmo risolto
avresti risolto	avreste risolto
avrebbe risolto	avrebbero risolto

Congiuntivo passato · Perfect subjunctive

abbia risolto	abbiamo risolto
abbia risolto	abbiate risolto
abbia risolto	abbiano risolto

Congiuntivo trapassato · Past perfect subjunctive

avessi risolto	avessimo risolto
avessi risolto	aveste risolto
avesse risolto	avessero risolto

Participio passato · Past participle　risolto (-a/-i/-e)
Gerundio · Gerund　risolvendo

Usage

Non sono riuscito a risolvere l'equazione ieri sera.	*I couldn't solve the equation last night.*
Non si sono risolti i dubbi circa la compatibilità delle due cariche.	*Doubts about the compatibility of the two offices weren't resolved.*
La controversia è stata risolta con difficoltà.	*The dispute was settled with difficulty.*
Risolse di non accettare il regalo.	*He decided not to accept the gift.*
Teresa parla molto, ma risolve poco.	*Teresa talks a lot but isn't decisive.*
Perché hanno risolto il contratto con quella ditta?	*Why did they cancel the contract with that company?*

risolversi *to make up one's mind; turn out; clear up*

Finalmente ci siamo risolti a partire l'indomani.	*We finally made up our minds to leave in the morning.*
La cena si risolse in un disastro.	*The dinner ended up a disaster.*
Il raffreddore di Gina si risolverà fra pochi giorni.	*Gina's cold will clear up in a few days.*

RELATED WORD

la risoluzione	*solution; resolution; cancellation*

regular -are verb, i > –Ii;
trans./intrans. (aux. *avere*)

risparmio · risparmiai · risparmiato

Presente · Present

risparmio	risparmiamo
risparmi	risparmiate
risparmia	risparmiano

Passato prossimo · Present perfect

ho risparmiato	abbiamo risparmiato
hai risparmiato	avete risparmiato
ha risparmiato	hanno risparmiato

Imperfetto · Imperfect

risparmiavo	risparmiavamo
risparmiavi	risparmiavate
risparmiava	risparmiavano

Trapassato prossimo · Past perfect

avevo risparmiato	avevamo risparmiato
avevi risparmiato	avevate risparmiato
aveva risparmiato	avevano risparmiato

Passato remoto · Preterit

risparmiai	risparmiammo
risparmiasti	risparmiaste
risparmiò	risparmiarono

Trapassato remoto · Preterit perfect

ebbi risparmiato	avemmo risparmiato
avesti risparmiato	aveste risparmiato
ebbe risparmiato	ebbero risparmiato

Futuro semplice · Future

risparmierò	risparmieremo
risparmierai	risparmierete
risparmierà	risparmieranno

Futuro anteriore · Future perfect

avrò risparmiato	avremo risparmiato
avrai risparmiato	avrete risparmiato
avrà risparmiato	avranno risparmiato

Condizionale presente · Present conditional

risparmierei	risparmieremmo
risparmieresti	risparmiereste
risparmierebbe	risparmierebbero

Condizionale passato · Perfect conditional

avrei risparmiato	avremmo risparmiato
avresti risparmiato	avreste risparmiato
avrebbe risparmiato	avrebbero risparmiato

Congiuntivo presente · Present subjunctive

risparmi	risparmiamo
risparmi	risparmiate
risparmi	risparmino

Congiuntivo passato · Perfect subjunctive

abbia risparmiato	abbiamo risparmiato
abbia risparmiato	abbiate risparmiato
abbia risparmiato	abbiano risparmiato

Congiuntivo imperfetto · Imperfect subjunctive

risparmiassi	risparmiassimo
risparmiassi	risparmiaste
risparmiasse	risparmiassero

Congiuntivo trapassato · Past perfect subjunctive

avessi risparmiato	avessimo risparmiato
avessi risparmiato	aveste risparmiato
avesse risparmiato	avessero risparmiato

Imperativo · Commands

	(non) risparmiamo
risparmia (non risparmiare)	(non) risparmiate
(non) risparmi	(non) risparmino

Participio passato · Past participle   risparmiato (-a/–i/-e)

Gerundio · Gerund   risparmiando

Usage

Ho risparmiato un'ora prendendo la nuova autostrada.
I've saved an hour by taking the new highway.

Quanti soldi hai risparmiato in un mese?
How much money have you set aside in a month?

Risparmieremo sull'elettricità se spegniamo i computer durante la notte.
We'll save on electricity if we turn off the computers at night.

Ti risparmierò i particolari.
I'll spare you the details.

Dovresti risparmiargli le forze, perché non sta bene.
You should give him a break, because he's not well.

Non so perché gli abbiano risparmiato la vita.
I don't know why they spared his life.

La morte non risparmia nessuno.
Death spares no one.

Quattrino risparmiato, due volte guadagnato.
A penny saved is a penny earned.

risparmiarsi *to take care of oneself; spare oneself, need not*

Gli atleti devono risparmiarsi.
Athletes must take good care of themselves.

Risparmiati la fatica. Non funzionerà.
Save yourself the trouble. It won't work.

Puoi risparmiarti la telefonata. Non è a casa.
You needn't call her. She isn't home.

425 | **rispondere** — *to answer, respond, reply (to); be responsible (for), vouch (for); correspond (with), meet; be followed by; open (onto); follow suit*

rispondo · risposi · risposto

irregular *-ere* verb;
intrans./trans. (aux. *avere*)

MORE USAGE SENTENCES WITH **rispondere**

Credono che i figli non debbano rispondere
  ai genitori.

*They believe children shouldn't talk back to their
  parents.*

Come risponderesti a un tale attacco?

How would you react to such an attack?

Come rispondono i freni della macchina?

How are the car's brakes responding?

Purtroppo i muscoli non rispondevano agli stimoli.

*Unfortunately, the muscles didn't respond to the
  stimuli.*

Il cavallo non rispondeva bene alle redini.

The horse didn't respond well to the reins.

Il paziente rispose bene agli antibiotici.

The patient responded well to the antibiotics.

L'albergo non risponde dei valori lasciati nella
  camera.

*The hotel is not responsible for valuables left
  in the room.*

Non risponderò di quanto potrebbe succedere.

I won't be responsible for what might happen.

I genitori risponderanno del loro figlio.

The parents will vouch for their son.

Il mio amico non rispondeva più di sé.

My friend was losing control of himself.

Avevo paura che Carmela non rispondesse delle
  sue azioni.

*I was afraid that Carmela wouldn't be able to answer
  for her actions.*

— A chi risponderai?

"Who will you be answerable to?"

— Risponderò al Sig. Moretti.

"I'll be answerable to Mr. Moretti."

Pensano che la sua versione dei fatti non risponda
  alla verità.

*They think that his version of the facts doesn't
  correspond to the truth.*

Sono sicuro che l'albergo risponderà a tutte le
  Sue necessità.

I'm sure the hotel will meet all your needs.

La casa in montagna rispondeva esattamente
  alle nostre aspettative.

*The house in the mountains was exactly what
  we hoped for.*

Si chiama Giuseppe, ma risponde al nome di Beppe.

His name is Giuseppe, but he goes by Beppe.

Il mio ufficio risponde sul giardino della casa.

My office faces the garden of the house.

Se me ricordo bene, quella porta risponde sulla
  cucina.

*If I remember correctly, that door leads to the
  kitchen.*

Quando premi sulla schiena, il dolore risponde
  nelle gambe.

When you press on the back, pain is felt in the legs.

Perché hai risposto a cuori? Ci hai fatto perdere.

Why did you follow suit in hearts? You made us lose.

rispondere used transitively

Il padre non rispose una parola.

The father didn't say a word in reply.

Risponderebbero che non potevi andare.

They would answer that you couldn't go.

IDIOMATIC EXPRESSIONS

L'avvocato aveva risposto in giudizio.

The lawyer had appeared for the hearing.

Hanno provato a zittirlo, ma gli ha risposto per
  le rime.

*They tried to silence him, but he gave them
  as good as he got.*

Abbiamo chiesto alla mamma se potevamo andare
  alla festa, ma lei ha risposto picche.

*We asked our mom if we could go to the party,
  but she flatly refused.*

RELATED EXPRESSIONS

la risposta

answer, reply

in risposta a

in reply to

rispondente a

in accordance with

TOP 50
VERBS

to answer, respond, reply (to); be responsible (for), vouch (for);
correspond (with), meet; be followed by; open (onto); follow suit   **rispondere**

425

irregular -ere verb;
intrans./trans. (aux. *avere*)

rispondo · risposi · risposto

Presente · Present		Passato prossimo · Present perfect	
rispondo	rispondiamo	ho risposto	abbiamo risposto
rispondi	rispondete	hai risposto	avete risposto
risponde	rispondono	ha risposto	hanno risposto

Imperfetto · Imperfect		Trapassato prossimo · Past perfect	
rispondevo	rispondevamo	avevo risposto	avevamo risposto
rispondevi	rispondevate	avevi risposto	avevate risposto
rispondeva	rispondevano	aveva risposto	avevano risposto

Passato remoto · Preterit		Trapassato remoto · Preterit perfect	
risposi	rispondemmo	ebbi risposto	avemmo risposto
rispondesti	rispondeste	avesti risposto	aveste risposto
rispose	risposero	ebbe risposto	ebbero risposto

Futuro semplice · Future		Futuro anteriore · Future perfect	
risponderò	risponderemo	avrò risposto	avremo risposto
risponderai	risponderete	avrai risposto	avrete risposto
risponderà	risponderanno	avrà risposto	avranno risposto

Condizionale presente · Present conditional		Condizionale passato · Perfect conditional	
risponderei	risponderemmo	avrei risposto	avremmo risposto
risponderesti	rispondereste	avresti risposto	avreste risposto
risponderebbe	risponderebbero	avrebbe risposto	avrebbero risposto

Congiuntivo presente · Present subjunctive		Congiuntivo passato · Perfect subjunctive	
risponda	rispondiamo	abbia risposto	abbiamo risposto
risponda	rispondiate	abbia risposto	abbiate risposto
risponda	rispondano	abbia risposto	abbiano risposto

Congiuntivo imperfetto · Imperfect subjunctive		Congiuntivo trapassato · Past perfect subjunctive	
rispondessi	rispondessimo	avessi risposto	avessimo risposto
rispondessi	rispondeste	avessi risposto	aveste risposto
rispondesse	rispondessero	avesse risposto	avessero risposto

Imperativo · Commands

	(non) rispondiamo
rispondi (non rispondere)	(non) rispondete
(non) risponda	(non) rispondano

Participio passato · Past participle	risposto (-a/-i/-e)
Gerundio · Gerund	rispondendo

Usage

Non ha risposto alla mia domanda.	*He didn't answer my question.*
Le risponderai o no?	*Will you answer her or not?*
Hai risposto a Carlo per iscritto o per telefono?	*Did you answer Carlo in writing or by telephone?*
Non risponderemo di no.	*We won't answer no.*
Il partito rispose alle critiche dei membri.	*The party responded to its members' criticisms.*
Perché non voleva rispondere alle accuse dei mass media?	*Why didn't he want to respond to the accusations by the mass media?*
La ragazza risponde scuotendo la testa.	*The girl responds by shaking her head.*
Non ha risposto al mio saluto.	*He didn't return my greeting.*
Chiara, rispondi al telefono, per favore.	*Chiara, please answer the telephone.*
Margherita ha incontrato il marito rispondendo a un annuncio.	*Margherita met her husband by responding to an ad.*
— Gli ho detto che non avrei partecipato.	*"I told them I wouldn't participate."*
— Hai risposto bene.	*"You gave the right answer."*

ritornare *to return, come/go back; recur*

ritorno · ritornai · ritornato

regular *-are* verb;
intrans. (aux. *essere*)

Presente · Present		Passato prossimo · Present perfect	
ritorno	ritorniamo	sono ritornato (-a)	siamo ritornati (-e)
ritorni	ritornate	sei ritornato (-a)	siete ritornati (-e)
ritorna	ritornano	è ritornato (-a)	sono ritornati (-e)

Imperfetto · Imperfect		Trapassato prossimo · Past perfect	
ritornavo	ritornavamo	ero ritornato (-a)	eravamo ritornati (-e)
ritornavi	ritornavate	eri ritornato (-a)	eravate ritornati (-e)
ritornava	ritornavano	era ritornato (-a)	erano ritornati (-e)

Passato remoto · Preterit		Trapassato remoto · Preterit perfect	
ritornai	ritornammo	fui ritornato (-a)	fummo ritornati (-e)
ritornasti	ritornaste	fosti ritornato (-a)	foste ritornati (-e)
ritornò	ritornarono	fu ritornato (-a)	furono ritornati (-e)

Futuro semplice · Future		Futuro anteriore · Future perfect	
ritornerò	ritorneremo	sarò ritornato (-a)	saremo ritornati (-e)
ritornerai	ritornerete	sarai ritornato (-a)	sarete ritornati (-e)
ritornerà	ritorneranno	sarà ritornato (-a)	saranno ritornati (-e)

Condizionale presente · Present conditional		Condizionale passato · Perfect conditional	
ritornerei	ritorneremmo	sarei ritornato (-a)	saremmo ritornati (-e)
ritorneresti	ritornereste	saresti ritornato (-a)	sareste ritornati (-e)
ritornerebbe	ritornerebbero	sarebbe ritornato (-a)	sarebbero ritornati (-e)

Congiuntivo presente · Present subjunctive		Congiuntivo passato · Perfect subjunctive	
ritorni	ritorniamo	sia ritornato (-a)	siamo ritornati (-e)
ritorni	ritorniate	sia ritornato (-a)	siate ritornati (-e)
ritorni	ritornino	sia ritornato (-a)	siano ritornati (-e)

Congiuntivo imperfetto · Imperfect subjunctive		Congiuntivo trapassato · Past perfect subjunctive	
ritornassi	ritornassimo	fossi ritornato (-a)	fossimo ritornati (-e)
ritornassi	ritornaste	fossi ritornato (-a)	foste ritornati (-e)
ritornasse	ritornassero	fosse ritornato (-a)	fossero ritornati (-e)

Imperativo · Commands

	(non) ritorniamo
ritorna (non ritornare)	(non) ritornate
(non) ritorni	(non) ritornino

Participio passato · Past participle   ritornato (-a/-i/-e)

Gerundio · Gerund   ritornando

Usage

— Dove vai?	*"Where are you going?"*
— Al negozio. Ritorno subito.	*"To the store. I'll be right back."*
Siamo ritornati dall'Italia ieri sera.	*We got back from Italy last night.*
Non ritorniamo su quell'argomento.	*Let's not revisit that subject.*
Hanno detto che il tempo ritornerà sereno e caldo.	*They said that the weather will turn clear and warm again.*
Non mi ritorna alla mente in questo momento.	*I can't remember it right now.*
Se il dolore ritornasse, prenda queste medicine.	*If the pain should come back, take this medicine.*
Quell'immagine ritornava spesso nei suoi romanzi.	*That image recurred frequently in his novels.*

regular -ire verb (-isc- type);
trans. (aux. *avere*)

riunisco · riunii · riunito

Presente · Present

riunisco	riuniamo
riunisci	riunite
riunisce	riuniscono

Imperfetto · Imperfect

riunivo	riunivamo
riunivi	riunivate
riuniva	riunivano

Passato remoto · Preterit

riunii	riunimmo
riunisti	riuniste
riunì	riunirono

Futuro semplice · Future

riunirò	riuniremo
riunirai	riunirete
riunirà	riuniranno

Condizionale presente · Present conditional

riunirei	riuniremmo
riuniresti	riunireste
riunirebbe	riunirebbero

Congiuntivo presente · Present subjunctive

riunisca	riuniamo
riunisca	riuniate
riunisca	riuniscano

Congiuntivo imperfetto · Imperfect subjunctive

riunissi	riunissimo
riunissi	riuniste
riunisse	riunissero

Passato prossimo · Present perfect

ho riunito	abbiamo riunito
hai riunito	avete riunito
ha riunito	hanno riunito

Trapassato prossimo · Past perfect

avevo riunito	avevamo riunito
avevi riunito	avevate riunito
aveva riunito	avevano riunito

Trapassato remoto · Preterit perfect

ebbi riunito	avemmo riunito
avesti riunito	aveste riunito
ebbe riunito	ebbero riunito

Futuro anteriore · Future perfect

avrò riunito	avremo riunito
avrai riunito	avrete riunito
avrà riunito	avranno riunito

Condizionale passato · Perfect conditional

avrei riunito	avremmo riunito
avresti riunito	avreste riunito
avrebbe riunito	avrebbero riunito

Congiuntivo passato · Perfect subjunctive

abbia riunito	abbiamo riunito
abbia riunito	abbiate riunito
abbia riunito	abbiano riunito

Congiuntivo trapassato · Past perfect subjunctive

avessi riunito	avessimo riunito
avessi riunito	aveste riunito
avesse riunito	avessero riunito

Imperativo · Commands

	(non) riuniamo
riunisci (non riunire)	(non) riunite
(non) riunisca	(non) riuniscano

Participio passato · Past participle	riunito (-a/-i/-e)
Gerundio · Gerund	riunendo

Usage

Roberto e Giulia riuniscono alcuni amici a cena una volta al mese.	*Roberto and Giulia get some friends together for dinner once a month.*
Alcune persone malcontente riunirono una folla nel centro della città.	*A few dissatisfied people rallied a crowd in the city center.*
Il generale riunì le truppe sul campo.	*The general marshalled his troops on the field.*
Tutte le opere più importanti dell'artista sono state riunite per la mostra.	*All of the artist's most important works have been assembled for the exhibition.*
Ho potuto riunire i cocci del vaso rotto.	*I was able to piece together the shards of the broken vase.*
Chi ha finalmente riunito i due sposi?	*Who reconciled the couple in the end?*

riunirsi *to meet; be reunited; be combined*

Riuniamoci in biblioteca.	*Let's meet at the library.*
Gli amici si sono riuniti dopo una separazione di dieci anni.	*The friends were reunited after a separation of 10 years.*

riuscire

to succeed, get ahead; manage, be able; prove (to be); be good (at); go out again

riesco · riuscii · riuscito

irregular *-ire* verb;
intrans. (aux. *essere*)

Presente · Present		Passato prossimo · Present perfect	
riesco	riusciamo	sono riuscito (-a)	siamo riusciti (-e)
riesci	riuscite	sei riuscito (-a)	siete riusciti (-e)
riesce	riescono	è riuscito (-a)	sono riusciti (-e)

Imperfetto · Imperfect		Trapassato prossimo · Past perfect	
riuscivo	riuscivamo	ero riuscito (-a)	eravamo riusciti (-e)
riuscivi	riuscivate	eri riuscito (-a)	eravate riusciti (-e)
riusciva	riuscivano	era riuscito (-a)	erano riusciti (-e)

Passato remoto · Preterit		Trapassato remoto · Preterit perfect	
riuscii	riuscimmo	fui riuscito (-a)	fummo riusciti (-e)
riuscisti	riusciste	fosti riuscito (-a)	foste riusciti (-e)
riuscì	riuscirono	fu riuscito (-a)	furono riusciti (-e)

Futuro semplice · Future		Futuro anteriore · Future perfect	
riuscirò	riusciremo	sarò riuscito (-a)	saremo riusciti (-e)
riuscirai	riuscirete	sarai riuscito (-a)	sarete riusciti (-e)
riuscirà	riusciranno	sarà riuscito (-a)	saranno riusciti (-e)

Condizionale presente · Present conditional		Condizionale passato · Perfect conditional	
riuscirei	riusciremmo	sarei riuscito (-a)	saremmo riusciti (-e)
riusciresti	riuscireste	saresti riuscito (-a)	sareste riusciti (-e)
riuscirebbe	riuscirebbero	sarebbe riuscito (-a)	sarebbero riusciti (-e)

Congiuntivo presente · Present subjunctive		Congiuntivo passato · Perfect subjunctive	
riesca	riusciamo	sia riuscito (-a)	siamo riusciti (-e)
riesca	riusciate	sia riuscito (-a)	siate riusciti (-e)
riesca	riescano	sia riuscito (-a)	siano riusciti (-e)

Congiuntivo imperfetto · Imperfect subjunctive		Congiuntivo trapassato · Past perfect subjunctive	
riuscissi	riuscissimo	fossi riuscito (-a)	fossimo riusciti (-e)
riuscissi	riusciste	fossi riuscito (-a)	foste riusciti (-e)
riuscisse	riuscissero	fosse riuscito (-a)	fossero riusciti (-e)

Imperativo · Commands

	(non) riusciamo
riesci (non riuscire)	(non) riuscite
(non) riesca	(non) riescano

Participio passato · Past participle	riuscito (-a/-i/-e)
Gerundio · Gerund	riuscendo

Usage

È riuscito a finire gli studi in tre anni.	*He succeeded in completing his studies in three years.*
Il progetto è riuscito bene.	*The project was a success.*
Se non studi, non riuscirai nella vita.	*If you don't study, you won't get ahead in life.*
Sono riuscito a leggere il segnale senza occhiali.	*I managed to read the sign without glasses.*
Loro non riescono a correre cinque chilometri.	*They aren't able to run five kilometers.*
Mi riesce difficile stare sveglio tutta la notte.	*It's difficult for me to stay awake all night.*
Bernardo riuscirà un ottimo dentista.	*Bernardo will prove to be an excellent dentist.*
Franca riesce bene in lingue straniere.	*Franca is good at foreign languages.*
Siamo tornati a casa e dopo un'ora siamo riusciti.	*We got home, and after an hour we went out again.*
Agostino mi riesce antipatico.	*I don't like Agostino.*
Nicoletta riesce simpatica a tutti.	*Everyone likes Nicoletta.*

RELATED WORD

la riuscita	*outcome, result; success*

irregular -ere verb;
trans. (aux. avere)

rivolgo · rivolsi · rivolto

Presente · Present	
rivolgo	rivolgiamo
rivolgi	rivolgete
rivolge	rivolgono

Passato prossimo · Present perfect	
ho rivolto	abbiamo rivolto
hai rivolto	avete rivolto
ha rivolto	hanno rivolto

Imperfetto · Imperfect	
rivolgevo	rivolgevamo
rivolgevi	rivolgevate
rivolgeva	rivolgevano

Trapassato prossimo · Past perfect	
avevo rivolto	avevamo rivolto
avevi rivolto	avevate rivolto
aveva rivolto	avevano rivolto

Passato remoto · Preterit	
rivolsi	rivolgemmo
rivolgesti	rivolgeste
rivolse	rivolsero

Trapassato remoto · Preterit perfect	
ebbi rivolto	avemmo rivolto
avesti rivolto	aveste rivolto
ebbe rivolto	ebbero rivolto

Futuro semplice · Future	
rivolgerò	rivolgeremo
rivolgerai	rivolgerete
rivolgerà	rivolgeranno

Futuro anteriore · Future perfect	
avrò rivolto	avremo rivolto
avrai rivolto	avrete rivolto
avrà rivolto	avranno rivolto

Condizionale presente · Present conditional	
rivolgerei	rivolgeremmo
rivolgeresti	rivolgereste
rivolgerebbe	rivolgerebbero

Condizionale passato · Perfect conditional	
avrei rivolto	avremmo rivolto
avresti rivolto	avreste rivolto
avrebbe rivolto	avrebbero rivolto

Congiuntivo presente · Present subjunctive	
rivolga	rivolgiamo
rivolga	rivolgiate
rivolga	rivolgano

Congiuntivo passato · Perfect subjunctive	
abbia rivolto	abbiamo rivolto
abbia rivolto	abbiate rivolto
abbia rivolto	abbiano rivolto

Congiuntivo imperfetto · Imperfect subjunctive	
rivolgessi	rivolgessimo
rivolgessi	rivolgeste
rivolgesse	rivolgessero

Congiuntivo trapassato · Past perfect subjunctive	
avessi rivolto	avessimo rivolto
avessi rivolto	aveste rivolto
avesse rivolto	avessero rivolto

Imperativo · Commands	
	(non) rivolgiamo
rivolgi (non rivolgere)	(non) rivolgete
(non) rivolga	(non) rivolgano

Participio passato · Past participle	rivolto (-a/-i/-e)
Gerundio · Gerund	rivolgendo

Usage

Rivolgevo i passi verso la biblioteca.	*I was heading for the library.*
Stavo rivolgendo la stessa idea nella mente.	*I was mulling over the same idea in my mind.*
Non rivolgete solo la parola a noi.	*Don't talk just to us.*
Pietro rivolse il pensiero al futuro.	*Pietro directed his thoughts toward the future.*
Tutti gli spettatori hanno rivolto lo sguardo verso il palcoscenico.	*The whole audience directed its attention toward the stage.*
Non potevano rivolgerlo da quella cattiva decisione.	*They couldn't deter him from that bad decision.*
Un gruppo di attivisti della sinistra rivolse il popolo contro il sovrano.	*A group of leftists turned the people against the monarch.*

rivolgersi *to go and speak (to), address; turn (toward); turn/apply (to)*

Rivolgiti al direttore per quel problema.	*Go and speak to the director about that issue.*
Dovevi rivolgerti a me, non a lei.	*You should have asked me, not her.*
L'uomo si è rivolto verso la donna per dirle qualcosa.	*The man turned to the woman to tell her something.*

rodere *to gnaw/nibble (at); erode, wear away*

rodo · rosi · roso

irregular -*ere* verb;
trans. (aux. *avere*)

Presente · Present

rodo	rodiamo
rodi	rodete
rode	rodono

Imperfetto · Imperfect

rodevo	rodevamo
rodevi	rodevate
rodeva	rodevano

Passato remoto · Preterit

rosi	rodemmo
rodesti	rodeste
rose	rosero

Futuro semplice · Future

roderò	roderemo
roderai	roderete
roderà	roderanno

Condizionale presente · Present conditional

roderei	roderemmo
roderesti	rodereste
roderebbe	roderebbero

Congiuntivo presente · Present subjunctive

roda	rodiamo
roda	rodiate
roda	rodano

Congiuntivo imperfetto · Imperfect subjunctive

rodessi	rodessimo
rodessi	rodeste
rodesse	rodessero

Imperativo · Commands

	(non) rodiamo
rodi (non rodere)	(non) rodete
(non) roda	(non) rodano

Passato prossimo · Present perfect

ho roso	abbiamo roso
hai roso	avete roso
ha roso	hanno roso

Trapassato prossimo · Past perfect

avevo roso	avevamo roso
avevi roso	avevate roso
aveva roso	avevano roso

Trapassato remoto · Preterit perfect

ebbi roso	avemmo roso
avesti roso	aveste roso
ebbe roso	ebbero roso

Futuro anteriore · Future perfect

avrò roso	avremo roso
avrai roso	avrete roso
avrà roso	avranno roso

Condizionale passato · Perfect conditional

avrei roso	avremmo roso
avresti roso	avreste roso
avrebbe roso	avrebbero roso

Congiuntivo passato · Perfect subjunctive

abbia roso	abbiamo roso
abbia roso	abbiate roso
abbia roso	abbiano roso

Congiuntivo trapassato · Past perfect subjunctive

avessi roso	avessimo roso
avessi roso	aveste roso
avesse roso	avessero roso

Participio passato · Past participle	roso (-a/-i/-e)
Gerundio · Gerund	rodendo

Usage

Un topo aveva roso la fune.	*A mouse had gnawed at the cable.*
Cosa hai preparato da rodere?	*What have you fixed for a snack?*
La ruggine ha roso la mia macchina.	*My car is all rusted out.*
Il mare lentamente rode le scogliere.	*The sea is slowly eroding the cliffs.*
Il vento ha roso gli scogli nel corso di molti secoli.	*The wind has worn the rocks away over many centuries.*
Quelle questioni mi rodono l'anima da mesi.	*Those problems have been preying on my mind for months.*

rodersi *to gnaw; be consumed (with)*

Non roderti le unghie!	*Don't bite your nails!*
Non rodetevi il cuore! Non potete far niente.	*Don't eat your heart out! There's nothing you can do.*
Stefano si tormentava e si rodeva per la gelosia.	*Stefano felt tormented and was consumed with jealousy.*

irregular -ere verb;
trans./intrans. (aux. *avere*)

Presente · Present

rompo	rompiamo
rompi	rompete
rompe	rompono

Imperfetto · Imperfect

rompevo	rompevamo
rompevi	rompevate
rompeva	rompevano

Passato remoto · Preterit

ruppi	rompemmo
rompesti	rompeste
ruppe	ruppero

Futuro semplice · Future

romperò	romperemo
romperai	romperete
romperà	romperanno

Condizionale presente · Present conditional

romperei	romperemmo
romperesti	rompereste
romperebbe	romperebbero

Congiuntivo presente · Present subjunctive

rompa	rompiamo
rompa	rompiate
rompa	rompano

Congiuntivo imperfetto · Imperfect subjunctive

rompessi	rompessimo
rompessi	rompeste
rompesse	rompessero

Imperativo · Commands

	(non) rompiamo
rompi (non rompere)	(non) rompete
(non) rompa	(non) rompano

Passato prossimo · Present perfect

ho rotto	abbiamo rotto
hai rotto	avete rotto
ha rotto	hanno rotto

Trapassato prossimo · Past perfect

avevo rotto	avevamo rotto
avevi rotto	avevate rotto
aveva rotto	avevano rotto

Trapassato remoto · Preterit perfect

ebbi rotto	avemmo rotto
avesti rotto	aveste rotto
ebbe rotto	ebbero rotto

Futuro anteriore · Future perfect

avrò rotto	avremo rotto
avrai rotto	avrete rotto
avrà rotto	avranno rotto

Condizionale passato · Perfect conditional

avrei rotto	avremmo rotto
avresti rotto	avreste rotto
avrebbe rotto	avrebbero rotto

Congiuntivo passato · Perfect subjunctive

abbia rotto	abbiamo rotto
abbia rotto	abbiate rotto
abbia rotto	abbiano rotto

Congiuntivo trapassato · Past perfect subjunctive

avessi rotto	avessimo rotto
avessi rotto	aveste rotto
avesse rotto	avessero rotto

Participio passato · Past participle	rotto (-a/-i/-e)
Gerundio · Gerund	rompendo

Usage

Penso che Giuseppina abbia rotto un tuo piatto.	*I think Giuseppina broke one of your dishes.*
Come hai fatto a rompere il bicchiere?	*How did you break the glass?*
Cercherò di non rompere il vaso di cristallo.	*I'll try not to break the crystal vase.*
Non vogliamo che loro rompano l'accordo.	*We don't want them to violate the agreement.*
Perché hanno rotto il fidanzamento?	*Why did they break off the engagement?*
La piena ruppe la diga.	*The flood burst the dike.*

rompersi *to break*

La televisione non si era mai rotta prima.	*The TV had never broken before.*
Francesca si è rotta il braccio sciando.	*Francesca broke her arm skiing.*
Ti romperai il collo se non fai attenzione.	*You'll break your neck if you're not careful.*
Ci siamo rotti la testa su quel problema.	*We racked our brains over that problem.*
Si sarà rotto le scatole di guidare tre ore ogni giorno. (SLANG)	*He must have gotten fed up with driving three hours every day.*

rubare   *to steal, rob; plagiarize*

rubo · rubai · rubato

regular -are verb;
trans. (aux. *avere*)

Presente · Present

rubo	rubiamo
rubi	rubate
ruba	rubano

Imperfetto · Imperfect

rubavo	rubavamo
rubavi	rubavate
rubava	rubavano

Passato remoto · Preterit

rubai	rubammo
rubasti	rubaste
rubò	rubarono

Futuro semplice · Future

ruberò	ruberemo
ruberai	ruberete
ruberà	ruberanno

Condizionale presente · Present conditional

ruberei	ruberemmo
ruberesti	rubereste
ruberebbe	ruberebbero

Congiuntivo presente · Present subjunctive

rubi	rubiamo
rubi	rubiate
rubi	rubino

Congiuntivo imperfetto · Imperfect subjunctive

rubassi	rubassimo
rubassi	rubaste
rubasse	rubassero

Imperativo · Commands

	(non) rubiamo
ruba (non rubare)	(non) rubate
(non) rubi	(non) rubino

Passato prossimo · Present perfect

ho rubato	abbiamo rubato
hai rubato	avete rubato
ha rubato	hanno rubato

Trapassato prossimo · Past perfect

avevo rubato	avevamo rubato
avevi rubato	avevate rubato
aveva rubato	avevano rubato

Trapassato remoto · Preterit perfect

ebbi rubato	avemmo rubato
avesti rubato	aveste rubato
ebbe rubato	ebbero rubato

Futuro anteriore · Future perfect

avrò rubato	avremo rubato
avrai rubato	avrete rubato
avrà rubato	avranno rubato

Condizionale passato · Perfect conditional

avrei rubato	avremmo rubato
avresti rubato	avreste rubato
avrebbe rubato	avrebbero rubato

Congiuntivo passato · Perfect subjunctive

abbia rubato	abbiamo rubato
abbia rubato	abbiate rubato
abbia rubato	abbiano rubato

Congiuntivo trapassato · Past perfect subjunctive

avessi rubato	avessimo rubato
avessi rubato	aveste rubato
avesse rubato	avessero rubato

Participio passato · Past participle   rubato (-a/-i/-e)

Gerundio · Gerund   rubando

Usage

Il ladro mi ha rubato il portamonete.	*The thief stole my purse.*
Quanti soldi hanno rubato?	*How much money did they steal?*
La morte lo rubò troppo presto alla famiglia.	*Death took him from his family too soon.*
Scusa, Elena, posso rubarti un minuto?	*Excuse me, Elena, could I steal a minute of your time?*
Devo chiederti qualcosa.	*I have to ask you something.*
Pensa che il progetto le ruberà molto tempo.	*She thinks the project will take up a lot of her time.*
L'idea è stata rubata agli inglesi.	*The idea was stolen from the English.*
La nuova casa ci ruberebbe la vista sul mare.	*The new house would hide our view of the sea.*
Goffredo le ha subito rubato il cuore.	*Goffredo stole her heart right away.*

rubarsi   *to argue (over); compete (for)*

I bambini si rubavano i giocattoli.	*The children were arguing over the toys.*
I due principi si rubarono la principessa.	*The two princes competed for the (hand of the) princess.*

irregular -ire verb;
trans. (aux. *avere*); intrans. (aux. *essere*)

salgo · salii · salito

NOTE *Salire* is conjugated here with *avere*; when used intransitively, it is conjugated with *essere*.

Presente · Present

salgo	saliamo
sali	salite
sale	salgono

Imperfetto · Imperfect

salivo	salivamo
salivi	salivate
saliva	salivano

Passato remoto · Preterit

salii	salimmo
salisti	saliste
salì	salirono

Futuro semplice · Future

salirò	saliremo
salirai	salirete
salirà	saliranno

Condizionale presente · Present conditional

salirei	saliremmo
saliresti	salireste
salirebbe	salirebbero

Congiuntivo presente · Present subjunctive

salga	saliamo
salga	saliate
salga	salgano

Congiuntivo imperfetto · Imperfect subjunctive

salissi	salissimo
salissi	saliste
salisse	salissero

Imperativo · Commands

	(non) saliamo
sali (non salire)	(non) salite
(non) salga	(non) salgano

Passato prossimo · Present perfect

ho salito	abbiamo salito
hai salito	avete salito
ha salito	hanno salito

Trapassato prossimo · Past perfect

avevo salito	avevamo salito
avevi salito	avevate salito
aveva salito	avevano salito

Trapassato remoto · Preterit perfect

ebbi salito	avemmo salito
avesti salito	aveste salito
ebbe salito	ebbero salito

Futuro anteriore · Future perfect

avrò salito	avremo salito
avrai salito	avrete salito
avrà salito	avranno salito

Condizionale passato · Perfect conditional

avrei salito	avremmo salito
avresti salito	avreste salito
avrebbe salito	avrebbero salito

Congiuntivo passato · Perfect subjunctive

abbia salito	abbiamo salito
abbia salito	abbiate salito
abbia salito	abbiano salito

Congiuntivo trapassato · Past perfect subjunctive

avessi salito	avessimo salito
avessi salito	aveste salito
avesse salito	avessero salito

Participio passato · Past participle　salito (-a/-i/-e)

Gerundio · Gerund　salendo

Usage

La strada salirà per 500 metri e poi scenderà.

Abbiamo salito tutte le scale nel castello.
Sono saliti in cima alla montagna in meno di quattro ore.
La temperatura salì fino a 30 gradi all'ombra.
Credo che il monte Bianco salga fino a quasi 5.000 metri.
Sai quali uccelli salgono a grandi altezze?
Per favore, salite in macchina, adesso, così possiamo partire.
Sei salito a cavallo facilmente?
Il prezzo della benzina continua a salire.

The road will go uphill for 500 meters and then it will go down(hill).
We climbed all the steps in the castle.
They climbed to the top of the mountain in less than four hours.
The temperature got up to 30 degrees in the shade.
I think that Mont Blanc rises to almost 5,000 meters.

Do you know which birds soar to great heights?
Please get into the car now so we can leave.

Was it easy for you to mount the horse?
The price of gas continues to rise.

saltare *to jump/leap (over); hop; skip; explode; sauté*

salto · saltai · saltato

regular *-are* verb;
trans. (aux. *avere*)/intrans. (aux. *avere* or *essere*)

NOTE *Saltare* is conjugated here with *avere*; when used intransitively, it is conjugated with *avere* when the act of jumping is stressed, but with *essere* when the notions of beginning and end are included, as well as when it is used figuratively.

Presente · Present

salto	saltiamo
salti	saltate
salta	saltano

Passato prossimo · Present perfect

ho saltato	abbiamo saltato
hai saltato	avete saltato
ha saltato	hanno saltato

Imperfetto · Imperfect

saltavo	saltavamo
saltavi	saltavate
saltava	saltavano

Trapassato prossimo · Past perfect

avevo saltato	avevamo saltato
avevi saltato	avevate saltato
aveva saltato	avevano saltato

Passato remoto · Preterit

saltai	saltammo
saltasti	saltaste
saltò	saltarono

Trapassato remoto · Preterit perfect

ebbi saltato	avemmo saltato
avesti saltato	aveste saltato
ebbe saltato	ebbero saltato

Futuro semplice · Future

salterò	salteremo
salterai	salterete
salterà	salteranno

Futuro anteriore · Future perfect

avrò saltato	avremo saltato
avrai saltato	avrete saltato
avrà saltato	avranno saltato

Condizionale presente · Present conditional

salterei	salteremmo
salteresti	saltereste
salterebbe	salterebbero

Condizionale passato · Perfect conditional

avrei saltato	avremmo saltato
avresti saltato	avreste saltato
avrebbe saltato	avrebbero saltato

Congiuntivo presente · Present subjunctive

salti	saltiamo
salti	saltiate
salti	saltino

Congiuntivo passato · Perfect subjunctive

abbia saltato	abbiamo saltato
abbia saltato	abbiate saltato
abbia saltato	abbiano saltato

Congiuntivo imperfetto · Imperfect subjunctive

saltassi	saltassimo
saltassi	saltaste
saltasse	saltassero

Congiuntivo trapassato · Past perfect subjunctive

avessi saltato	avessimo saltato
avessi saltato	aveste saltato
avesse saltato	avessero saltato

Imperativo · Commands

	(non) saltiamo
salta (non saltare)	(non) saltate
(non) salti	(non) saltino

Participio passato · Past participle   saltato (-a/-i/-e)

Gerundio · Gerund   saltando

Usage

Hanno saltato dalla gioia quando hanno sentito la notizia.	*They jumped for joy when they heard the news.*
Sono saltato sul treno all'ultimo momento.	*I jumped on the train at the last minute.*
L'uomo era saltato dalla finestra.	*The man had leaped from the window.*
Un bottone mi è saltato dalla camicia.	*A button popped off my shirt.*
La bambina stava saltando su un piede.	*The girl was hopping on one foot.*
Hai saltato una riga.	*You skipped a line.*
Credo che abbia saltato la prima elementare.	*I think he skipped first grade.*
La casa è saltata in aria a causa di una fuga di gas.	*The house blew up because of a gas leak.*
Prima di tutto salterò le cipolle in una grande padella.	*First of all, I'll sauté the onions in a large pan.*
Il professore è saltato al prossimo capitolo.	*The professor skipped to the next chapter.*
Ma che cosa ti salta in mente?	*What on earth are you thinking of?*

regular -are verb;
trans. (aux. avere)

Presente · Present

saluto	salutiamo
saluti	salutate
saluta	salutano

Imperfetto · Imperfect

salutavo	salutavamo
salutavi	salutavate
salutava	salutavano

Passato remoto · Preterit

salutai	salutammo
salutasti	salutaste
salutò	salutarono

Futuro semplice · Future

saluterò	saluteremo
saluterai	saluterete
saluterà	saluteranno

Condizionale presente · Present conditional

saluterei	saluteremmo
saluteresti	salutereste
saluterebbe	saluterebbero

Congiuntivo presente · Present subjunctive

saluti	salutiamo
saluti	salutiate
saluti	salutino

Congiuntivo imperfetto · Imperfect subjunctive

salutassi	salutassimo
salutassi	salutaste
salutasse	salutassero

Imperativo · Commands

	(non) salutiamo
saluta (non salutare)	(non) salutate
(non) saluti	(non) salutino

Participio passato · Past participle	salutato (-a/-i/-e)
Gerundio · Gerund	salutando

Passato prossimo · Present perfect

ho salutato	abbiamo salutato
hai salutato	avete salutato
ha salutato	hanno salutato

Trapassato prossimo · Past perfect

avevo salutato	avevamo salutato
avevi salutato	avevate salutato
aveva salutato	avevano salutato

Trapassato remoto · Preterit perfect

ebbi salutato	avemmo salutato
avesti salutato	aveste salutato
ebbe salutato	ebbero salutato

Futuro anteriore · Future perfect

avrò salutato	avremo salutato
avrai salutato	avrete salutato
avrà salutato	avranno salutato

Condizionale passato · Perfect conditional

avrei salutato	avremmo salutato
avresti salutato	avreste salutato
avrebbe salutato	avrebbero salutato

Congiuntivo passato · Perfect subjunctive

abbia salutato	abbiamo salutato
abbia salutato	abbiate salutato
abbia salutato	abbiano salutato

Congiuntivo trapassato · Past perfect subjunctive

avessi salutato	avessimo salutato
avessi salutato	aveste salutato
avesse salutato	avessero salutato

Usage

Mi ha salutato con un cenno del capo, ma non ha detto "buongiorno".
He nodded to me, but he didn't say "Good morning."

La dovresti salutare con una stretta di mano.
You should greet her with a handshake.

Ti saluto; devo scappare.
Bye-bye; I have to run.

Salutami la tua amica quando la vedi.
Give my regards to your friend when you see her.

Ti saluto affettuosamente...
With affection . . . (to close a letter)

I soldati salutarono la bandiera.
The soldiers saluted the flag.

Hanno salutato il nuovo millennio con una festa splendida.
They welcomed the new millennium with a terrific party.

salutarsi to greet; say good-bye to each other

Ci salutiamo per strada, ma non ci conosciamo bene.
We greet each other on the street, but we don't know each other well.

I due presidenti si sono salutati calorosamente.
The two presidents bid each other a cordial farewell.

Non vi salutate più?
You don't see each other anymore?

sapere
to know, know how (to), can; be aware (of); learn, hear; feel/hear/taste/smell (of); think

so · seppi · saputo

irregular -*ēre* verb;
trans./intrans./modal (aux. *avere*)

MORE USAGE SENTENCES WITH **sapere**

Ad averlo saputo, l'avrei fatto in modo diverso.	*If I had known, I would have done it differently.*
Sapevano bene che non dovevano andarci.	*They were well aware that they couldn't go there.*
Ho appena saputo le regole del gioco.	*I just found out the rules of the game.*
Avete saputo che cosa dobbiamo fare?	*Did you hear what we have to do?*
Non dimenticare che Laura ne sa di musica.	*Don't forget that Laura is a music expert.*
Il dolce sapeva troppo di cannella.	*The dessert tasted too much like cinnamon.*
Mi pare che l'arrosto sappia di bruciato.	*I think it smells like the roast is burning.*
Il film che ho visto ieri non sapeva di niente.	*The movie I saw yesterday was very dull.*
Quell'affare sa di losco secondo me.	*That business sounds fishy to me.*
Mi sa che non siano ancora partiti.	*I bet they haven't left yet.*

sapere + infinitive

Non sanno giocare a carte.	*They can't play cards.*
Sa fare tutto lui.	*He can do anything.*
Tu sai nuotare?	*Can you swim?*
Non ha mai saputo ballare.	*He was never a good dancer.*

non sapere + che (cosa)/come/dove

Non sapevamo più che pesci prendere.	*We were at our wit's end.*
Non saprei che cosa dirti.	*I wouldn't know what to tell you.*
Non sapeva come vivere bene.	*He didn't know what it meant to live well.*
Non so come sia successo.	*I don't know how it happened.*
Non sa dove andare.	*He doesn't know where to go.*
Non sapresti dove sono andati?	*You wouldn't know where they've gone, would you?*

IDIOMATIC EXPRESSIONS

— Dove sarà Sandra?	*"Where could Sandra be?"*
— E chi lo sa?	*"Who knows?"*
Chissà perché l'hanno fatto.	*Who knows why they did it.*
Vincenzo ci sa fare con le donne.	*Vincenzo has a way with women.*
Marcella è una commessa esemplare. Ci sa fare con i clienti.	*Marcella is an exemplary sales clerk. She's very good with customers.*
La sa lunga lui. Stai attento!	*He's cunning. Be careful!*
Lei sa dove il diavolo tiene la coda.	*She's very shrewd.*
Chiedilo a Margherita. Sa nome e cognome di tutti.	*Ask Margherita. She knows everything about everybody.*
Sa stare al mondo, Andrea. Mi fiderei di lui.	*Andrea knows the ways of the world. I would trust him.*
Lo sa per filo e per segno.	*He knows it inside out.*
Lo so come l'avemaria.	*I know it backwards and forwards.*
Chi sa il gioco non l'insegni.	*Don't spill the beans.*
Rosetta sa tenere la penna in mano.	*Rosetta is a good writer.*

RELATED WORDS

il sapere	*knowledge*
la sapienza	*wisdom; knowledge, learning*
il sapientone/la sapientona	*know-it-all*

TOP 50 VERBS

irregular *-ēre* verb;
trans./intrans./modal (aux. *avere*)

so · seppi · saputo

Presente · Present

so	sappiamo
sai	sapete
sa	sanno

Imperfetto · Imperfect

sapevo	sapevamo
sapevi	sapevate
sapeva	sapevano

Passato remoto · Preterit

seppi	sapemmo
sapesti	sapeste
seppe	seppero

Futuro semplice · Future

saprò	sapremo
saprai	saprete
saprà	sapranno

Condizionale presente · Present conditional

saprei	sapremmo
sapresti	sapreste
saprebbe	saprebbero

Congiuntivo presente · Present subjunctive

sappia	sappiamo
sappia	sappiate
sappia	sappiano

Congiuntivo imperfetto · Imperfect subjunctive

sapessi	sapessimo
sapessi	sapeste
sapesse	sapessero

Imperativo · Commands

	(non) sappiamo
sappi (non sapere)	(non) sappiate
(non) sappia	(non) sappiano

Participio passato · Past participle   saputo (-a/-i/-e)

Gerundio · Gerund   sapendo

Passato prossimo · Present perfect

ho saputo	abbiamo saputo
hai saputo	avete saputo
ha saputo	hanno saputo

Trapassato prossimo · Past perfect

avevo saputo	avevamo saputo
avevi saputo	avevate saputo
aveva saputo	avevano saputo

Trapassato remoto · Preterit perfect

ebbi saputo	avemmo saputo
avesti saputo	aveste saputo
ebbe saputo	ebbero saputo

Futuro anteriore · Future perfect

avrò saputo	avremo saputo
avrai saputo	avrete saputo
avrà saputo	avranno saputo

Condizionale passato · Perfect conditional

avrei saputo	avremmo saputo
avresti saputo	avreste saputo
avrebbe saputo	avrebbero saputo

Congiuntivo passato · Perfect subjunctive

abbia saputo	abbiamo saputo
abbia saputo	abbiate saputo
abbia saputo	abbiano saputo

Congiuntivo trapassato · Past perfect subjunctive

avessi saputo	avessimo saputo
avessi saputo	aveste saputo
avesse saputo	avessero saputo

Usage

Sergio sapeva bene le lingue, ma non sapeva la matematica.	*Sergio was good at languages but not math.*
È un tipo che sa parlare di tutto.	*He's a guy who can talk about anything.*
Sai l'anno dell'indipendenza dell'Italia?	*Do you know what year Italy became independent?*
So tutta la canzone a memoria.	*I know the whole song by heart.*
Lui sa la storia della ditta dall'a alla zeta.	*He knows the company's history from A to Z.*
È un falegname che sa il suo mestiere.	*He's a carpenter who knows his job.*
Quel professore sapeva il fatto suo.	*That professor knew his stuff.*
Loro non sanno quanto costa studiare.	*They don't know how much it costs to go to college.*
Sappiamo per esperienza come vanno le cose.	*We know from experience how things go.*
Ne sai di più di ciò che è accaduto?	*Do you know any more about what happened?*
Ti farò sapere subito.	*I'll let you know immediately.*
Fammi sapere cosa vuoi fare.	*Let me know what you want to do.*
Potrebbe succedere. Non si sa mai.	*It could happen. One never knows.*

sbaglio · sbagliai · sbagliato

regular -are verb, i > –/i;
trans./intrans. (aux. *avere*)

Presente · Present

sbaglio	sbagliamo
sbagli	sbagliate
sbaglia	sbagliano

Imperfetto · Imperfect

sbagliavo	sbagliavamo
sbagliavi	sbagliavate
sbagliava	sbagliavano

Passato remoto · Preterit

sbagliai	sbagliammo
sbagliasti	sbagliaste
sbagliò	sbagliarono

Futuro semplice · Future

sbaglierò	sbaglieremo
sbaglierai	sbaglierete
sbaglierà	sbaglieranno

Condizionale presente · Present conditional

sbaglierei	sbaglieremmo
sbaglieresti	sbagliereste
sbaglierebbe	sbaglierebbero

Congiuntivo presente · Present subjunctive

sbagli	sbagliamo
sbagli	sbagliate
sbagli	sbaglino

Congiuntivo imperfetto · Imperfect subjunctive

sbagliassi	sbagliassimo
sbagliassi	sbagliaste
sbagliasse	sbagliassero

Passato prossimo · Present perfect

ho sbagliato	abbiamo sbagliato
hai sbagliato	avete sbagliato
ha sbagliato	hanno sbagliato

Trapassato prossimo · Past perfect

avevo sbagliato	avevamo sbagliato
avevi sbagliato	avevate sbagliato
aveva sbagliato	avevano sbagliato

Trapassato remoto · Preterit perfect

ebbi sbagliato	avemmo sbagliato
avesti sbagliato	aveste sbagliato
ebbe sbagliato	ebbero sbagliato

Futuro anteriore · Future perfect

avrò sbagliato	avremo sbagliato
avrai sbagliato	avrete sbagliato
avrà sbagliato	avranno sbagliato

Condizionale passato · Perfect conditional

avrei sbagliato	avremmo sbagliato
avresti sbagliato	avreste sbagliato
avrebbe sbagliato	avrebbero sbagliato

Congiuntivo passato · Perfect subjunctive

abbia sbagliato	abbiamo sbagliato
abbia sbagliato	abbiate sbagliato
abbia sbagliato	abbiano sbagliato

Congiuntivo trapassato · Past perfect subjunctive

avessi sbagliato	avessimo sbagliato
avessi sbagliato	aveste sbagliato
avesse sbagliato	avessero sbagliato

Imperativo · Commands

	(non) sbagliamo
sbaglia (non sbagliare)	(non) sbagliate
(non) sbagli	(non) sbaglino

Participio passato · Past participle	sbagliato (-a/-i/-e)
Gerundio · Gerund	sbagliando

Usage

Se non sbaglio, arriveranno domani.	*If I'm not mistaken, they'll arrive tomorrow.*
Ha sbagliato, ma si è scusato.	*He made a mistake, but he apologized.*
Abbiamo sbagliato a non parlarle.	*We were wrong not to talk to her.*
Aveva sbagliato nello scrivere il mio numero.	*He wrote my number down wrong.*
Avevano sbagliato porta.	*They opened the wrong door.*
Dubito che sbaglierebbe treno.	*I doubt that he would take the wrong train.*
Sbagliai la mira di un centimetro.	*I missed the target by one centimeter.*
Se cerchi compassione, hai sbagliato indirizzo.	*If you're looking for sympathy, you've come to the wrong person.*
Sbagliando s'impara. (PROVERB)	*You learn from your mistakes./Practice makes perfect.*

sbagliarsi *to be mistaken; be wrong (about)*

Ci siamo sbagliati. Il film cominciava alle 20.15.	*We made a mistake. The movie started at 8:15 P.M.*
Ti sbagli se pensi di poterlo convincere.	*You're wrong if you think you can convince him.*

regular -are verb, g > gh/e, i;
trans. (aux. avere)

Presente · Present

sbrigo	sbrighiamo
sbrighi	sbrigate
sbriga	sbrigano

Imperfetto · Imperfect

sbrigavo	sbrigavamo
sbrigavi	sbrigavate
sbrigava	sbrigavano

Passato remoto · Preterit

sbrigai	sbrigammo
sbrigasti	sbrigaste
sbrigò	sbrigarono

Futuro semplice · Future

sbrigherò	sbrigheremo
sbrigherai	sbrigherete
sbrigherà	sbrigheranno

Condizionale presente · Present conditional

sbrigherei	sbrigheremmo
sbrigheresti	sbrighereste
sbrigherebbe	sbrigherebbero

Congiuntivo presente · Present subjunctive

sbrighi	sbrighiamo
sbrighi	sbrighiate
sbrighi	sbrighino

Congiuntivo imperfetto · Imperfect subjunctive

sbrigassi	sbrigassimo
sbrigassi	sbrigaste
sbrigasse	sbrigassero

Imperativo · Commands

	(non) sbrighiamo
sbriga (non sbrigare)	(non) sbrigate
(non) sbrighi	(non) sbrighino

Passato prossimo · Present perfect

ho sbrigato	abbiamo sbrigato
hai sbrigato	avete sbrigato
ha sbrigato	hanno sbrigato

Trapassato prossimo · Past perfect

avevo sbrigato	avevamo sbrigato
avevi sbrigato	avevate sbrigato
aveva sbrigato	avevano sbrigato

Trapassato remoto · Preterit perfect

ebbi sbrigato	avemmo sbrigato
avesti sbrigato	aveste sbrigato
ebbe sbrigato	ebbero sbrigato

Futuro anteriore · Future perfect

avrò sbrigato	avremo sbrigato
avrai sbrigato	avrete sbrigato
avrà sbrigato	avranno sbrigato

Condizionale passato · Perfect conditional

avrei sbrigato	avremmo sbrigato
avresti sbrigato	avreste sbrigato
avrebbe sbrigato	avrebbero sbrigato

Congiuntivo passato · Perfect subjunctive

abbia sbrigato	abbiamo sbrigato
abbia sbrigato	abbiate sbrigato
abbia sbrigato	abbiano sbrigato

Congiuntivo trapassato · Past perfect subjunctive

avessi sbrigato	avessimo sbrigato
avessi sbrigato	aveste sbrigato
avesse sbrigato	avessero sbrigato

Participio passato · Past participle   sbrigato (-a/-i/-e)

Gerundio · Gerund   sbrigando

Usage

Sbrigherò io le faccende domestiche se tu farai la spesa.

Devo solo sbrigare la posta e poi me ne vado.

Sbrighi tu quell'affare?

Raffaele ha sbrigato il cliente in 15 minuti.

Il segretario sbriga la corrispondenza sotto la direzione della presidente.

I'll deal with the housework if you go shopping.

I only have to get through the mail, and then I'm leaving.
Will you attend to that matter?
Raffaele took care of the customer in 15 minutes.
The secretary handles the correspondence under the president's direction.

sbrigarsi *to hurry (up), get a move on; deal with, manage; get rid of*

Su, sbrigati! Dobbiamo partire adesso.

Me la sbrigherò io con quella ragazza.

Sofia se la sbrigherà da sola.

Sbrighiamoci da quel seccatore.

Come on, hurry up! We have to leave now.
I'll deal with that girl.
Sofia will manage on her own.
Let's get rid of that pest.

scadere *to decline, go down; expire, run out; mature, become due*

scado · scaddi · scaduto

irregular -*ēre* verb;
intrans. (aux. *essere*)

Presente · Present

scado	scadiamo
scadi	scadete
scade	scadono

Imperfetto · Imperfect

scadevo	scadevamo
scadevi	scadevate
scadeva	scadevano

Passato remoto · Preterit

scaddi	scademmo
scadesti	scadeste
scadde	scaddero

Futuro semplice · Future

scadrò	scadremo
scadrai	scadrete
scadrà	scadranno

Condizionale presente · Present conditional

scadrei	scadremmo
scadresti	scadreste
scadrebbe	scadrebbero

Congiuntivo presente · Present subjunctive

scada	scadiamo
scada	scadiate
scada	scadano

Congiuntivo imperfetto · Imperfect subjunctive

scadessi	scadessimo
scadessi	scadeste
scadesse	scadessero

Passato prossimo · Present perfect

sono scaduto (-a)	siamo scaduti (-e)
sei scaduto (-a)	siete scaduti (-e)
è scaduto (-a)	sono scaduti (-e)

Trapassato prossimo · Past perfect

ero scaduto (-a)	eravamo scaduti (-e)
eri scaduto (-a)	eravate scaduti (-e)
era scaduto (-a)	erano scaduti (-e)

Trapassato remoto · Preterit perfect

fui scaduto (-a)	fummo scaduti (-e)
fosti scaduto (-a)	foste scaduti (-e)
fu scaduto (-a)	furono scaduti (-e)

Futuro anteriore · Future perfect

sarò scaduto (-a)	saremo scaduti (-e)
sarai scaduto (-a)	sarete scaduti (-e)
sarà scaduto (-a)	saranno scaduti (-e)

Condizionale passato · Perfect conditional

sarei scaduto (-a)	saremmo scaduti (-e)
saresti scaduto (-a)	sareste scaduti (-e)
sarebbe scaduto (-a)	sarebbero scaduti (-e)

Congiuntivo passato · Perfect subjunctive

sia scaduto (-a)	siamo scaduti (-e)
sia scaduto (-a)	siate scaduti (-e)
sia scaduto (-a)	siano scaduti (-e)

Congiuntivo trapassato · Past perfect subjunctive

fossi scaduto (-a)	fossimo scaduti (-e)
fossi scaduto (-a)	foste scaduti (-e)
fosse scaduto (-a)	fossero scaduti (-e)

Imperativo · Commands

	(non) scadiamo
scadi (non scadere)	(non) scadete
(non) scada	(non) scadano

Participio passato · Past participle   scaduto (-a/-i/-e)

Gerundio · Gerund   scadendo

Usage

Mi sembra che la qualità della vita sia scaduta parecchio.	*It seems to me that the quality of life has declined considerably.*
Il ristorante è scaduto molto, secondo me.	*The restaurant has gone downhill a lot, I think.*
Scadrà agli occhi di tutti se smette adesso.	*He will go down in everyone's estimation if he gives up now.*
Il politico stava scadendo nell'opinione pubblica.	*The politician was on a downward slide in public opinion.*
Hai controllato se il latte era scaduto?	*Did you check to see if the milk was past its sell-by date?*
Il contratto scade il primo del mese.	*The contract expires on the first of the month.*
Il tempo concesso per consegnare il modulo è scaduto.	*The deadline for submitting the form has passed.*
La cambiale doveva scadere ieri.	*The promissory note should have come due yesterday.*

RELATED WORDS

la scadenza	*expiration; deadline*
lo scadimento	*decline; decadence*

regular -*are* verb;
intrans. (aux. *essere*)

Presente · Present

scappo	scappiamo
scappi	scappate
scappa	scappano

Imperfetto · Imperfect

scappavo	scappavamo
scappavi	scappavate
scappava	scappavano

Passato remoto · Preterit

scappai	scappammo
scappasti	scappaste
scappò	scapparono

Futuro semplice · Future

scapperò	scapperemo
scapperai	scapperete
scapperà	scapperanno

Condizionale presente · Present conditional

scapperei	scapperemmo
scapperesti	scappereste
scapperebbe	scapperebbero

Congiuntivo presente · Present subjunctive

scappi	scappiamo
scappi	scappiate
scappi	scappino

Congiuntivo imperfetto · Imperfect subjunctive

scappassi	scappassimo
scappassi	scappaste
scappasse	scappassero

Imperativo · Commands

	(non) scappiamo
scappa (non scappare)	(non) scappate
(non) scappi	(non) scappino

Participio passato · Past participle	scappato (-a/-i/-e)
Gerundio · Gerund	scappando

Passato prossimo · Present perfect

sono scappato (-a)	siamo scappati (-e)
sei scappato (-a)	siete scappati (-e)
è scappato (-a)	sono scappati (-e)

Trapassato prossimo · Past perfect

ero scappato (-a)	eravamo scappati (-e)
eri scappato (-a)	eravate scappati (-e)
era scappato (-a)	erano scappati (-e)

Trapassato remoto · Preterit perfect

fui scappato (-a)	fummo scappati (-e)
fosti scappato (-a)	foste scappati (-e)
fu scappato (-a)	furono scappati (-e)

Futuro anteriore · Future perfect

sarò scappato (-a)	saremo scappati (-e)
sarai scappato (-a)	sarete scappati (-e)
sarà scappato (-a)	saranno scappati (-e)

Condizionale passato · Perfect conditional

sarei scappato (-a)	saremmo scappati (-e)
saresti scappato (-a)	sareste scappati (-e)
sarebbe scappato (-a)	sarebbero scappati (-e)

Congiuntivo passato · Perfect subjunctive

sia scappato (-a)	siamo scappati (-e)
sia scappato (-a)	siate scappati (-e)
sia scappato (-a)	siano scappati (-e)

Congiuntivo trapassato · Past perfect subjunctive

fossi scappato (-a)	fossimo scappati (-e)
fossi scappato (-a)	foste scappati (-e)
fosse scappato (-a)	fossero scappati (-e)

Usage

Sono scappati in America del Sud.
Il ladro stava scappando con il bottino.
Nessuno scapperà dalla nuova prigione.
Dobbiamo finire il programma oggi.
  Di qui non si scappa!
Partirono a scappa e fuggi.
Era tardi; dovevo scappare.
Le è scappato di mano il vaso e si è rotto.
Le parole mi sono scappate di bocca.
Parecchi errori sono scappati al correttore
  di bozze.

Gli scappò la pazienza.
Le scappava da ridere.
È scappato fuori con una bella barzelletta.

They escaped to South America.
The thief was running away with the loot.
No one will escape from the new prison.
We have to finish the program today. There's
  no getting out of it.
They left in a mad rush.
It was late and I had to leave.
The vase slipped from her hands and broke.
The words slipped out of my mouth.
A lot of mistakes slipped past the proofreader.

His patience ran out.
She couldn't help laughing.
He came up with a good joke.

scatenare *to let loose, unleash; provoke, stir up; unchain*

scateno · scatenai · scatenato

regular -*are* verb;
trans. (aux. *avere*)

Presente · Present		**Passato prossimo · Present perfect**	
scateno	scateniamo	ho scatenato	abbiamo scatenato
scateni	scatenate	hai scatenato	avete scatenato
scatena	scatenano	ha scatenato	hanno scatenato

Imperfetto · Imperfect		**Trapassato prossimo · Past perfect**	
scatenavo	scatenavamo	avevo scatenato	avevamo scatenato
scatenavi	scatenavate	avevi scatenato	avevate scatenato
scatenava	scatenavano	aveva scatenato	avevano scatenato

Passato remoto · Preterit		**Trapassato remoto · Preterit perfect**	
scatenai	scatenammo	ebbi scatenato	avemmo scatenato
scatenasti	scatenaste	avesti scatenato	aveste scatenato
scatenò	scatenarono	ebbe scatenato	ebbero scatenato

Futuro semplice · Future		**Futuro anteriore · Future perfect**	
scatenerò	scateneremo	avrò scatenato	avremo scatenato
scatenerai	scatenerete	avrai scatenato	avrete scatenato
scatenerà	scateneranno	avrà scatenato	avranno scatenato

Condizionale presente · Present conditional		**Condizionale passato · Perfect conditional**	
scatenerei	scateneremmo	avrei scatenato	avremmo scatenato
scateneresti	scatenereste	avresti scatenato	avreste scatenato
scatenerebbe	scatenerebbero	avrebbe scatenato	avrebbero scatenato

Congiuntivo presente · Present subjunctive		**Congiuntivo passato · Perfect subjunctive**	
scateni	scateniamo	abbia scatenato	abbiamo scatenato
scateni	scateniate	abbia scatenato	abbiate scatenato
scateni	scatenino	abbia scatenato	abbiano scatenato

Congiuntivo imperfetto · Imperfect subjunctive		**Congiuntivo trapassato · Past perfect subjunctive**	
scatenassi	scatenassimo	avessi scatenato	avessimo scatenato
scatenassi	scatenaste	avessi scatenato	aveste scatenato
scatenasse	scatenassero	avesse scatenato	avessero scatenato

Imperativo · Commands	
	(non) scateniamo
scatena (non scatenare)	(non) scatenate
(non) scateni	(non) scatenino

Participio passato · Past participle	scatenato (-a/-i/-e)
Gerundio · Gerund	scatenando

Usage

La decisione scatenò l'odio della gente contro il re.

Hai scatenato una bella risata con quella barzelletta.
Facendo questo, quale reazione scatenerai?
Le nuove tasse scatenarono il popolo alla rivolta.
Ha paura che voi scateniate guai.
Chi ha scatenato il cane?

The decision unleashed the people's anger against the king.
You got a good laugh with that joke.
What reaction will you provoke by doing this?
The new taxes incited the people to rebellion.
He's afraid you're going to stir up trouble.
Who unchained the dog?

scatenarsi *to break out; let oneself go, go wild, rage*

Un temporale stava per scatenarsi.
Franco e Maria si sono scatenati alla festa.
Il pubblico si è scatenato alla fine del concerto.
Mi sono scatenato contro la povera Antonietta.

A storm was about to break.
Franco and Maria let themselves go at the party.
The audience went wild at the end of the concert.
I blew up at poor Antonietta.

irregular -ere verb;
trans. (aux. *avere*)

scelgo · scelsi · scelto

Presente · Present

scelgo	scegliamo
scegli	scegliete
sceglie	scelgono

Imperfetto · Imperfect

sceglievo	sceglievamo
sceglievi	sceglievate
sceglieva	sceglievano

Passato remoto · Preterit

scelsi	scegliemmo
scegliesti	sceglieste
scelse	scelsero

Futuro semplice · Future

sceglierò	sceglieremo
sceglierai	sceglierete
sceglierà	sceglieranno

Condizionale presente · Present conditional

sceglierei	sceglieremmo
sceglieresti	scegliereste
sceglierebbe	sceglierebbero

Congiuntivo presente · Present subjunctive

scelga	scegliamo
scelga	scegliate
scelga	scelgano

Congiuntivo imperfetto · Imperfect subjunctive

scegliessi	scegliessimo
scegliessi	sceglieste
scegliesse	scegliessero

Imperativo · Commands

	(non) scegliamo
scegli (non scegliere)	(non) scegliete
(non) scelga	(non) scelgano

Passato prossimo · Present perfect

ho scelto	abbiamo scelto
hai scelto	avete scelto
ha scelto	hanno scelto

Trapassato prossimo · Past perfect

avevo scelto	avevamo scelto
avevi scelto	avevate scelto
aveva scelto	avevano scelto

Trapassato remoto · Preterit perfect

ebbi scelto	avemmo scelto
avesti scelto	aveste scelto
ebbe scelto	ebbero scelto

Futuro anteriore · Future perfect

avrò scelto	avremo scelto
avrai scelto	avrete scelto
avrà scelto	avranno scelto

Condizionale passato · Perfect conditional

avrei scelto	avremmo scelto
avresti scelto	avreste scelto
avrebbe scelto	avrebbero scelto

Congiuntivo passato · Perfect subjunctive

abbia scelto	abbiamo scelto
abbia scelto	abbiate scelto
abbia scelto	abbiano scelto

Congiuntivo trapassato · Past perfect subjunctive

avessi scelto	avessimo scelto
avessi scelto	aveste scelto
avesse scelto	avessero scelto

Participio passato · Past participle   scelto (-a/-i/-e)

Gerundio · Gerund   scegliendo

Usage

Quale macchina hai scelto?
Non posso scegliere tra la camicia grigia e quella
    marrone.
Perché l'ha scelta per amica?
Siamo contenti che tu scelga di venire con noi.
Sceglierò qualcosa di divertente.
Se scegliessimo una casa in campagna, dovrei
    fare il pendolare.
Scelse tra tutti i libri quello migliore.
Sceglierei di morire piuttosto che uscire con lui.
Scegli un dolce a tuo piacere.
C'è da scegliere.
C'è poco da scegliere.

Which car did you choose?
I can't choose between the gray shirt and the
    brown one.
Why did he choose her for a friend?
We're happy that you're opting to come with us.
I'll select something funny.
If we were to decide on a house in the country,
    I would have to commute.
He chose the best from among all the books.
I'd rather die than go out with him.
Pick whatever dessert you like.
There's plenty to choose from.
There's not much choice./We have no choice.

scendere

to come/go down, descend; get off/out of; slope (down); hang (down); land (airplane); stop, stay; decrease, drop, sink

scendo · scesi · sceso

irregular -*ere* verb;
intrans. (aux. *essere*)/trans. (aux. *avere*)

NOTE *Scendere* is conjugated here with *essere*; when used transitively, it is conjugated with *avere*.

Presente · Present

scendo	scendiamo
scendi	scendete
scende	scendono

Passato prossimo · Present perfect

sono sceso (-a)	siamo scesi (-e)
sei sceso (-a)	siete scesi (-e)
è sceso (-a)	sono scesi (-e)

Imperfetto · Imperfect

scendevo	scendevamo
scendevi	scendevate
scendeva	scendevano

Trapassato prossimo · Past perfect

ero sceso (-a)	eravamo scesi (-e)
eri sceso (-a)	eravate scesi (-e)
era sceso (-a)	erano scesi (-e)

Passato remoto · Preterit

scesi	scendemmo
scendesti	scendeste
scese	scesero

Trapassato remoto · Preterit perfect

fui sceso (-a)	fummo scesi (-e)
fosti sceso (-a)	foste scesi (-e)
fu sceso (-a)	furono scesi (-e)

Futuro semplice · Future

scenderò	scenderemo
scenderai	scenderete
scenderà	scenderanno

Futuro anteriore · Future perfect

sarò sceso (-a)	saremo scesi (-e)
sarai sceso (-a)	sarete scesi (-e)
sarà sceso (-a)	saranno scesi (-e)

Condizionale presente · Present conditional

scenderei	scenderemmo
scenderesti	scendereste
scenderebbe	scenderebbero

Condizionale passato · Perfect conditional

sarei sceso (-a)	saremmo scesi (-e)
saresti sceso (-a)	sareste scesi (-e)
sarebbe sceso (-a)	sarebbero scesi (-e)

Congiuntivo presente · Present subjunctive

scenda	scendiamo
scenda	scendiate
scenda	scendano

Congiuntivo passato · Perfect subjunctive

sia sceso (-a)	siamo scesi (-e)
sia sceso (-a)	siate scesi (-e)
sia sceso (-a)	siano scesi (-e)

Congiuntivo imperfetto · Imperfect subjunctive

scendessi	scendessimo
scendessi	scendeste
scendesse	scendessero

Congiuntivo trapassato · Past perfect subjunctive

fossi sceso (-a)	fossimo scesi (-e)
fossi sceso (-a)	foste scesi (-e)
fosse sceso (-a)	fossero scesi (-e)

Imperativo · Commands

	(non) scendiamo
scendi (non scendere)	(non) scendete
(non) scenda	(non) scendano

Participio passato · Past participle sceso (-a/-i/-e)

Gerundio · Gerund scendendo

Usage

Stavo scendendo le scale quando sono caduto.	*I was going down the stairs when I fell.*
Abbiamo sceso la montagna nel buio.	*We descended the mountain in the dark.*
Sono scesi dalla collina verso la sera.	*They came down the hill toward evening.*
Quando scesero in Italia i Goti?	*When did the Goths descend on Italy?*
Scendi dalla bicicletta, per favore.	*Get off your bicycle, please.*
La strada scende verso il mare.	*The street slopes down toward the sea.*
I capelli le scendono sulle spalle.	*Her hair hangs down over her shoulders.*
L'aereo scendeva quando è precipitato.	*The airplane was coming in for a landing when it crashed.*
Scenderemo a Napoli per alcuni giorni.	*We'll stay in Naples for a few days.*
La temperatura è scesa di dieci gradi in alcune ore.	*The temperature dropped ten degrees in just a couple of hours.*
Il prezzo del caffè non è sceso affatto.	*The price of coffee hasn't fallen at all.*
Sono sceso di due chili mentre ero malato.	*I lost two kilograms while I was sick.*

regular -are verb;
intrans. (aux. *avere*)

scherzo · scherzai · scherzato

Presente · Present

scherzo	scherziamo
scherzi	scherzate
scherza	scherzano

Imperfetto · Imperfect

scherzavo	scherzavamo
scherzavi	scherzavate
scherzava	scherzavano

Passato remoto · Preterit

scherzai	scherzammo
scherzasti	scherzaste
scherzò	scherzarono

Futuro semplice · Future

scherzerò	scherzeremo
scherzerai	scherzerete
scherzerà	scherzeranno

Condizionale presente · Present conditional

scherzerei	scherzeremmo
scherzeresti	scherzereste
scherzerebbe	scherzerebbero

Congiuntivo presente · Present subjunctive

scherzi	scherziamo
scherzi	scherziate
scherzi	scherzino

Congiuntivo imperfetto · Imperfect subjunctive

scherzassi	scherzassimo
scherzassi	scherzaste
scherzasse	scherzassero

Imperativo · Commands

	(non) scherziamo
scherza (non scherzare)	(non) scherzate
(non) scherzi	(non) scherzino

Passato prossimo · Present perfect

ho scherzato	abbiamo scherzato
hai scherzato	avete scherzato
ha scherzato	hanno scherzato

Trapassato prossimo · Past perfect

avevo scherzato	avevamo scherzato
avevi scherzato	avevate scherzato
aveva scherzato	avevano scherzato

Trapassato remoto · Preterit perfect

ebbi scherzato	avemmo scherzato
avesti scherzato	aveste scherzato
ebbe scherzato	ebbero scherzato

Futuro anteriore · Future perfect

avrò scherzato	avremo scherzato
avrai scherzato	avrete scherzato
avrà scherzato	avranno scherzato

Condizionale passato · Perfect conditional

avrei scherzato	avremmo scherzato
avresti scherzato	avreste scherzato
avrebbe scherzato	avrebbero scherzato

Congiuntivo passato · Perfect subjunctive

abbia scherzato	abbiamo scherzato
abbia scherzato	abbiate scherzato
abbia scherzato	abbiano scherzato

Congiuntivo trapassato · Past perfect subjunctive

avessi scherzato	avessimo scherzato
avessi scherzato	aveste scherzato
avesse scherzato	avessero scherzato

Participio passato · Past participle   scherzato (-a/-i/-e)

Gerundio · Gerund   scherzando

Usage

I bambini non smettevano di scherzare.	*The children wouldn't stop joking around.*
Bruno scherzò su tutto.	*Bruno joked about everything.*
È una ragazza che non scherza molto.	*She's a serious girl.*
Scherzavamo tra amici.	*For us, it was just teasing among friends.*
Non arrabbiarti. Stavo scherzando.	*Don't get angry. I was just kidding.*
C'è poco da scherzare.	*It's not a laughing matter.*
Non scherzo! L'ha fatto davvero.	*I'm not kidding. He really did it.*
Tutti pensano che Cristoforo stia scherzando con il fuoco.	*Everybody thinks that Cristoforo is playing with fire.*
Devi farti vedere dal medico. Non si scherza con quei sintomi.	*You should see a doctor. You can't take these symptoms lightly.*
Non scherzare con i suoi sentimenti. Se la prenderà a male.	*Don't trifle with her feelings. She'll take offense./ She'll be hurt.*

sciare *to ski*

scio · sciai · sciato

regular -are verb, i > –/-iamo, -iate; intrans. (aux. *avere*)

Presente · Present		Passato prossimo · Present perfect	
scio	sciamo	ho sciato	abbiamo sciato
scii	sciate	hai sciato	avete sciato
scia	sciano	ha sciato	hanno sciato

Imperfetto · Imperfect		Trapassato prossimo · Past perfect	
sciavo	sciavamo	avevo sciato	avevamo sciato
sciavi	sciavate	avevi sciato	avevate sciato
sciava	sciavano	aveva sciato	avevano sciato

Passato remoto · Preterit		Trapassato remoto · Preterit perfect	
sciai	sciammo	ebbi sciato	avemmo sciato
sciasti	sciaste	avesti sciato	aveste sciato
sciò	sciarono	ebbe sciato	ebbero sciato

Futuro semplice · Future		Futuro anteriore · Future perfect	
scierò	scieremo	avrò sciato	avremo sciato
scierai	scierete	avrai sciato	avrete sciato
scierà	scieranno	avrà sciato	avranno sciato

Condizionale presente · Present conditional		Condizionale passato · Perfect conditional	
scierei	scieremmo	avrei sciato	avremmo sciato
scieresti	sciereste	avresti sciato	avreste sciato
scierebbe	scierebbero	avrebbe sciato	avrebbero sciato

Congiuntivo presente · Present subjunctive		Congiuntivo passato · Perfect subjunctive	
scii	sciamo	abbia sciato	abbiamo sciato
scii	sciate	abbia sciato	abbiate sciato
scii	sciino	abbia sciato	abbiano sciato

Congiuntivo imperfetto · Imperfect subjunctive		Congiuntivo trapassato · Past perfect subjunctive	
sciassi	sciassimo	avessi sciato	avessimo sciato
sciassi	sciaste	avessi sciato	aveste sciato
sciasse	sciassero	avesse sciato	avessero sciato

Imperativo · Commands	
	(non) sciamo
scia (non sciare)	(non) sciate
(non) scii	(non) sciino

Participio passato · Past participle   sciato (-a/-i/-e)

Gerundio · Gerund   sciando

Usage

— Quando vai a sciare?
— Partiamo domani.
Preferisci sciare sulla neve o sull'acqua?
Da bambina sciavo quasi ogni giorno d'inverno.
Hai mai sciato in Svizzera?
Domani scieremo sul ghiacciaio.
Quante ore al giorno scii?
Stavamo sciando a tutta velocità, quando ad un tratto è apparso il gatto delle nevi.

"When are you going skiing?"
"We're leaving tomorrow."
Do you prefer to ski on snow or water?
As a child, I went skiing almost every day in the winter.
Have you ever gone skiing in Switzerland?
Tomorrow we'll ski on the glacier.
How many hours a day do you ski?
We were skiing at full speed when all of a sudden the snowcat appeared.

RELATED EXPRESSIONS

lo sci
lo sci alpino
lo sci di fondo

skiing
downhill skiing
cross-country skiing

irregular *-ere* verb;
trans. (aux. *avere*)

sciolgo · sciolsi · sciolto

Presente · Present

sciolgo	sciogliamo
sciogli	sciogliete
scioglie	sciolgono

Imperfetto · Imperfect

scioglievo	scioglievamo
scioglievi	scioglievate
scioglieva	scioglievano

Passato remoto · Preterit

sciolsi	sciogliemmo
sciogliesti	scioglieste
sciolse	sciolsero

Futuro semplice · Future

scioglierò	scioglieremo
scioglierai	scioglierete
scioglierà	scioglieranno

Condizionale presente · Present conditional

scioglierei	scioglieremmo
scioglieresti	sciogliereste
scioglierebbe	scioglierebbero

Congiuntivo presente · Present subjunctive

sciolga	sciogliamo
sciolga	sciogliate
sciolga	sciolgano

Congiuntivo imperfetto · Imperfect subjunctive

sciogliessi	sciogliessimo
sciogliessi	scioglieste
sciogliesse	sciogliessero

Passato prossimo · Present perfect

ho sciolto	abbiamo sciolto
hai sciolto	avete sciolto
ha sciolto	hanno sciolto

Trapassato prossimo · Past perfect

avevo sciolto	avevamo sciolto
avevi sciolto	avevate sciolto
aveva sciolto	avevano sciolto

Trapassato remoto · Preterit perfect

ebbi sciolto	avemmo sciolto
avesti sciolto	aveste sciolto
ebbe sciolto	ebbero sciolto

Futuro anteriore · Future perfect

avrò sciolto	avremo sciolto
avrai sciolto	avrete sciolto
avrà sciolto	avranno sciolto

Condizionale passato · Perfect conditional

avrei sciolto	avremmo sciolto
avresti sciolto	avreste sciolto
avrebbe sciolto	avrebbero sciolto

Congiuntivo passato · Perfect subjunctive

abbia sciolto	abbiamo sciolto
abbia sciolto	abbiate sciolto
abbia sciolto	abbiano sciolto

Congiuntivo trapassato · Past perfect subjunctive

avessi sciolto	avessimo sciolto
avessi sciolto	aveste sciolto
avesse sciolto	avessero sciolto

Imperativo · Commands

	(non) sciogliamo
sciogli (non sciogliere)	(non) sciogliete
(non) sciolga	(non) sciolgano

Participio passato · Past participle	sciolto (-a/-i/-e)
Gerundio · Gerund	sciogliendo

Usage

Riesci a sciogliere quel nodo?	*Can you untie that knot?*
Teresa ha sciolto le sue trecce lunghissime.	*Teresa loosened her very long braids.*
Hanno sciolto i prigionieri dalle catene.	*They unchained the prisoners.*
Sciogli lo zucchero nell'acqua fredda.	*Dissolve the sugar in cold water.*
La neve scioglierà subito quando verrà fuori il sole.	*The snow will melt right away when the sun comes out.*
Fu necessario sciogliere il contratto dell'attrice.	*It was necessary to cancel the actress's contract.*
Hanno sciolto la riunione dopo una mezz'ora.	*They broke up the meeting after half an hour.*
Con riluttanza, i direttori sciolsero la società di navigazione.	*The directors reluctantly liquidated the shipping company.*
Sciolsero il mistero dei libri spariti.	*They solved the mystery of the missing books.*

sciogliersi *to come undone; free oneself (from); relax, unwind; melt, thaw*

Gli si erano sciolti i lacci delle scarpe.	*His shoelaces had come untied.*
Mi sciolsi dal suo abbraccio e sospirai.	*I freed myself from his embrace and sighed.*
Questa carne è così tenera che si scioglie in bocca.	*This meat is so tender it melts in your mouth.*

scommettere *to bet, wager*

scommetto · scommisi · scommesso

irregular *-ere* verb;
trans. (aux. *avere*)

Presente · Present		**Passato prossimo · Present perfect**	
scommetto	scommettiamo	ho scommesso	abbiamo scommesso
scommetti	scommettete	hai scommesso	avete scommesso
scommette	scommettono	ha scommesso	hanno scommesso

Imperfetto · Imperfect		**Trapassato prossimo · Past perfect**	
scommettevo	scommettevamo	avevo scommesso	avevamo scommesso
scommettevi	scommettevate	avevi scommesso	avevate scommesso
scommetteva	scommettevano	aveva scommesso	avevano scommesso

Passato remoto · Preterit		**Trapassato remoto · Preterit perfect**	
scommisi	scommettemmo	ebbi scommesso	avemmo scommesso
scommettesti	scommetteste	avesti scommesso	aveste scommesso
scommise	scommisero	ebbe scommesso	ebbero scommesso

Futuro semplice · Future		**Futuro anteriore · Future perfect**	
scommetterò	scommetteremo	avrò scommesso	avremo scommesso
scommetterai	scommetterete	avrai scommesso	avrete scommesso
scommetterà	scommetteranno	avrà scommesso	avranno scommesso

Condizionale presente · Present conditional		**Condizionale passato · Perfect conditional**	
scommetterei	scommetteremmo	avrei scommesso	avremmo scommesso
scommetteresti	scommettereste	avresti scommesso	avreste scommesso
scommetterebbe	scommetterebbero	avrebbe scommesso	avrebbero scommesso

Congiuntivo presente · Present subjunctive		**Congiuntivo passato · Perfect subjunctive**	
scommetta	scommettiamo	abbia scommesso	abbiamo scommesso
scommetta	scommettiate	abbia scommesso	abbiate scommesso
scommetta	scommettano	abbia scommesso	abbiano scommesso

Congiuntivo imperfetto · Imperfect subjunctive		**Congiuntivo trapassato · Past perfect subjunctive**	
scommettessi	scommettessimo	avessi scommesso	avessimo scommesso
scommettessi	scommetteste	avessi scommesso	aveste scommesso
scommettesse	scommettessero	avesse scommesso	avessero scommesso

Imperativo · Commands

	(non) scommettiamo
scommetti (non scommettere)	(non) scommettete
(non) scommetta	(non) scommettano

Participio passato · Past participle	scommesso (-a/-i/-e)
Gerundio · Gerund	scommettendo

Usage

Ti scommetto 100 euro che non ce la faranno
  in tempo.

Abbiamo scommesso una cena.

— Non lo farà.

— Scommettiamo?

Io non scommetterei sul cavallo favorito se fossi in te.

— Sai che Giorgio non ha accettato la promozione?

— Davvero? Ci avrei scommesso!

Scommetto la testa che pioverà quando andremo
  al mare.

Scommetteva su una vittoria elettorale.

Puoi scommetterci che Rosa avrà portato la bambina.

I bet you 100 euros they won't get there on time.

We wagered a dinner.

"He won't do it."

"You want to bet?"

I wouldn't bet on the favorite horse if I were you.

*"Did you know that Giorgio didn't accept the
  promotion?"*

"Really? I would have bet on it."

*I'd stake my life that it'll rain when we go to the
  beach.*

He was counting on an electoral victory.

*You can be sure that Rosa will be bringing her
  little girl.*

irregular -ire verb (rarely -isc- type); intrans. (aux. *essere*)

scompaio (scomparisco) · scomparvi (scomparii) · scomparso (scomparito)

NOTE The alternative forms in parentheses are mostly used for figurative meanings (e.g., "look bad; be insignificant").

Presente · Present

scompaio (scomparisco)	scompariamo
scompari (scomparisci)	scomparite
scompare (scomparisce)	scompaiono (scompariscono)

Imperfetto · Imperfect

scomparivo	scomparivamo
scomparivi	scomparivate
scompariva	scomparivano

Passato remoto · Preterit

scomparvi (scomparii)	scomparimmo
scomparisti	scompariste
scomparve (scomparì)	scomparvero (scomparirono)

Futuro semplice · Future

scomparirò	scompariremo
scomparirai	scomparirete
scomparirà	scompariranno

Condizionale presente · Present conditional

scomparirei	scompariremmo
scompariresti	scomparireste
scomparirebbe	scomparirebbero

Congiuntivo presente · Present subjunctive

scompaia (scomparisca)	scompariamo
scompaia (scomparisca)	scompariate
scompaia (scomparisca)	scompaiano (scompariscano)

Congiuntivo imperfetto · Imperfect subjunctive

scomparissi	scomparissimo
scomparissi	scompariste
scomparisse	scomparissero

Passato prossimo · Present perfect

sono scomparso (-a)	siamo scomparsi (-e)
sei scomparso (-a)	siete scomparsi (-e)
è scomparso (-a)	sono scomparsi (-e)

Trapassato prossimo · Past perfect

ero scomparso (-a)	eravamo scomparsi (-e)
eri scomparso (-a)	eravate scomparsi (-e)
era scomparso (-a)	erano scomparsi (-e)

Trapassato remoto · Preterit perfect

fui scomparso (-a)	fummo scomparsi (-e)
fosti scomparso (-a)	foste scomparsi (-e)
fu scomparso (-a)	furono scomparsi (-e)

Futuro anteriore · Future perfect

sarò scomparso (-a)	saremo scomparsi (-e)
sarai scomparso (-a)	sarete scomparsi (-e)
sarà scomparso (-a)	saranno scomparsi (-e)

Condizionale passato · Perfect conditional

sarei scomparso (-a)	saremmo scomparsi (-e)
saresti scomparso (-a)	sareste scomparsi (-e)
sarebbe scomparso (-a)	sarebbero scomparsi (-e)

Congiuntivo passato · Perfect subjunctive

sia scomparso (-a)	siamo scomparsi (-e)
sia scomparso (-a)	siate scomparsi (-e)
sia scomparso (-a)	siano scomparsi (-e)

Congiuntivo trapassato · Past perfect subjunctive

fossi scomparso (-a)	fossimo scomparsi (-e)
fossi scomparso (-a)	foste scomparsi (-e)
fosse scomparso (-a)	fossero scomparsi (-e)

Imperativo · Commands

	(non) scompariamo
scompari (scomparisci) (non scomparire)	(non) scomparite
(non) scompaia (scomparisca)	(non) scompaiano (scompariscano)

Participio passato · Past participle   scomparso (scomparito) (-a/-i/-e)

Gerundio · Gerund   scomparendo

Usage

L'anello è scomparso.	*The ring disappeared.*
Il borsaiolo scomparve in mezzo alla folla.	*The pickpocket vanished into the crowd.*
L'uomo d'affari sarebbe scomparso in circostanze misteriose.	*The businessman is said to have disappeared under mysterious circumstances.*
Il sole scomparirà all'orizzonte fra pochi minuti.	*The sun will sink below the horizon in a few minutes.*
Le mie scarpe sono scomparse.	*My shoes have disappeared.*
La specie sta scomparendo velocemente da qui.	*The species is disappearing fast from here.*
La febbre scompariva lentamente.	*The fever was slowly going away.*
In quell'angolo il tavolo scomparisce.	*The table is lost in that corner.*
Accanto a lui, io scomparivo.	*I looked bad next to him.*
In confronto alle sue doti, le mie scompariscono.	*Compared to his accomplishments, mine are insignificant.*

sconfiggere · *to defeat, overcome*

sconfiggo · sconfissi · sconfitto

irregular -*ere* verb;
trans. (aux. *avere*)

Presente · Present

sconfiggo	sconfiggiamo
sconfiggi	sconfiggete
sconfigge	sconfiggono

Passato prossimo · Present perfect

ho sconfitto	abbiamo sconfitto
hai sconfitto	avete sconfitto
ha sconfitto	hanno sconfitto

Imperfetto · Imperfect

sconfiggevo	sconfiggevamo
sconfiggevi	sconfiggevate
sconfiggeva	sconfiggevano

Trapassato prossimo · Past perfect

avevo sconfitto	avevamo sconfitto
avevi sconfitto	avevate sconfitto
aveva sconfitto	avevano sconfitto

Passato remoto · Preterit

sconfissi	sconfiggemmo
sconfiggesti	sconfiggeste
sconfisse	sconfissero

Trapassato remoto · Preterit perfect

ebbi sconfitto	avemmo sconfitto
avesti sconfitto	aveste sconfitto
ebbe sconfitto	ebbero sconfitto

Futuro semplice · Future

sconfiggerò	sconfiggeremo
sconfiggerai	sconfiggerete
sconfiggerà	sconfiggeranno

Futuro anteriore · Future perfect

avrò sconfitto	avremo sconfitto
avrai sconfitto	avrete sconfitto
avrà sconfitto	avranno sconfitto

Condizionale presente · Present conditional

sconfiggerei	sconfiggeremmo
sconfiggeresti	sconfiggereste
sconfiggerebbe	sconfiggerebbero

Condizionale passato · Perfect conditional

avrei sconfitto	avremmo sconfitto
avresti sconfitto	avreste sconfitto
avrebbe sconfitto	avrebbero sconfitto

Congiuntivo presente · Present subjunctive

sconfigga	sconfiggiamo
sconfigga	sconfiggiate
sconfigga	sconfiggano

Congiuntivo passato · Perfect subjunctive

abbia sconfitto	abbiamo sconfitto
abbia sconfitto	abbiate sconfitto
abbia sconfitto	abbiano sconfitto

Congiuntivo imperfetto · Imperfect subjunctive

sconfiggessi	sconfiggessimo
sconfiggessi	sconfiggeste
sconfiggesse	sconfiggessero

Congiuntivo trapassato · Past perfect subjunctive

avessi sconfitto	avessimo sconfitto
avessi sconfitto	aveste sconfitto
avesse sconfitto	avessero sconfitto

Imperativo · Commands

	(non) sconfiggiamo
sconfiggi (non sconfiggere)	(non) sconfiggete
(non) sconfigga	(non) sconfiggano

Participio passato · Past participle	sconfitto (-a/-i/-e)
Gerundio · Gerund	sconfiggendo

Usage

Garibaldi sconfisse gli austriaci nella battaglia
  di San Fermo nel 1859.
Quando fu sconfitto il Giappone nella seconda
  Guerra Mondiale?
Il politico più consumato ha sconfitto tutti gli
  avversari.
Sono convinto che la nostra squadra sconfiggerà
  la Roma.
Non stiamo sconfiggendo la fame nel mondo.
L'abuso delle donne non si sconfiggerà facilmente.
Quando saranno sconfitte le malattie come l'AIDS?
Sconfiggiamo quella cattiva abitudine!

*Garibaldi defeated the Austrians in the battle
  of San Fermo in 1859.*
When was Japan defeated in World War II?

*The more experienced politician beat all his
  opponents.*
I'm convinced our team will beat Roma.

We're not winning the war on world hunger.
Abuse of women will not be easily eliminated.
When will illnesses like AIDS be eradicated?
Let's overcome that nasty habit!

irregular -ere verb;
trans. (aux. *avere*)

Presente · Present

sconvolgo	sconvolgiamo
sconvolgi	sconvolgete
sconvolge	sconvolgono

Imperfetto · Imperfect

sconvolgevo	sconvolgevamo
sconvolgevi	sconvolgevate
sconvolgeva	sconvolgevano

Passato remoto · Preterit

sconvolsi	sconvolgemmo
sconvolgesti	sconvolgeste
sconvolse	sconvolsero

Futuro semplice · Future

sconvolgerò	sconvolgeremo
sconvolgerai	sconvolgerete
sconvolgerà	sconvolgeranno

Condizionale presente · Present conditional

sconvolgerei	sconvolgeremmo
sconvolgeresti	sconvolgereste
sconvolgerebbe	sconvolgerebbero

Congiuntivo presente · Present subjunctive

sconvolga	sconvolgiamo
sconvolga	sconvolgiate
sconvolga	sconvolgano

Congiuntivo imperfetto · Imperfect subjunctive

sconvolgessi	sconvolgessimo
sconvolgessi	sconvolgeste
sconvolgesse	sconvolgessero

Passato prossimo · Present perfect

ho sconvolto	abbiamo sconvolto
hai sconvolto	avete sconvolto
ha sconvolto	hanno sconvolto

Trapassato prossimo · Past perfect

avevo sconvolto	avevamo sconvolto
avevi sconvolto	avevate sconvolto
aveva sconvolto	avevano sconvolto

Trapassato remoto · Preterit perfect

ebbi sconvolto	avemmo sconvolto
avesti sconvolto	aveste sconvolto
ebbe sconvolto	ebbero sconvolto

Futuro anteriore · Future perfect

avrò sconvolto	avremo sconvolto
avrai sconvolto	avrete sconvolto
avrà sconvolto	avranno sconvolto

Condizionale passato · Perfect conditional

avrei sconvolto	avremmo sconvolto
avresti sconvolto	avreste sconvolto
avrebbe sconvolto	avrebbero sconvolto

Congiuntivo passato · Perfect subjunctive

abbia sconvolto	abbiamo sconvolto
abbia sconvolto	abbiate sconvolto
abbia sconvolto	abbiano sconvolto

Congiuntivo trapassato · Past perfect subjunctive

avessi sconvolto	avessimo sconvolto
avessi sconvolto	aveste sconvolto
avesse sconvolto	avessero sconvolto

Imperativo · Commands

	(non) sconvolgiamo
sconvolgi (non sconvolgere)	(non) sconvolgete
(non) sconvolga	(non) sconvolgano

Participio passato · Past participle	sconvolto (-a/-i/-e)
Gerundio · Gerund	sconvolgendo

Usage

Il cattivo tempo potrebbe sconvolgere i nostri piani.	*The bad weather could upset our plans.*
La brutta notizia l'ha sconvolta completamente.	*The bad news really disturbed her.*
L'attacco sconvolse l'opinione pubblica.	*The attack shocked public opinion.*
La pianura fu sconvolta dalle alluvioni.	*The plain was devastated by the floods.*
Quella zona era stata sconvolta dal terremoto.	*That area had been affected by the earthquake.*
Un forte vento sconvolgeva le foglie.	*A strong wind was blowing the leaves around.*
I peperoni rossi mi sconvolgono lo stomaco.	*Red peppers upset my stomach.*

sconvolgersi *to become upset*

Stefania si è sconvolta quando gliel'hanno spiegato.	*Stefania became upset when they explained it to her.*

RELATED WORD

lo sconvolgimento	*confusion; devastation*

scoprire   *to discover, find out; spot, sight; uncover, bare, expose*

scopro · scoprii/scopersi · scoperto

irregular *-ire* verb;
trans. (aux. *avere*)

Presente · Present

scopro	scopriamo
scopri	scoprite
scopre	scoprono

Imperfetto · Imperfect

scoprivo	scoprivamo
scoprivi	scoprivate
scopriva	scoprivano

Passato remoto · Preterit

scoprii/scopersi	scoprimmo
scopristi	scopriste
scoprì/scoperse	scoprirono/scopersero

Futuro semplice · Future

scoprirò	scopriremo
scoprirai	scoprirete
scoprirà	scopriranno

Condizionale presente · Present conditional

scoprirei	scopriremmo
scopriresti	scoprireste
scoprirebbe	scoprirebbero

Congiuntivo presente · Present subjunctive

scopra	scopriamo
scopra	scopriate
scopra	scoprano

Congiuntivo imperfetto · Imperfect subjunctive

scoprissi	scoprissimo
scoprissi	scopriste
scoprisse	scoprissero

Imperativo · Commands

	(non) scopriamo
scopri (non scoprire)	(non) scoprite
(non) scopra	(non) scoprano

Passato prossimo · Present perfect

ho scoperto	abbiamo scoperto
hai scoperto	avete scoperto
ha scoperto	hanno scoperto

Trapassato prossimo · Past perfect

avevo scoperto	avevamo scoperto
avevi scoperto	avevate scoperto
aveva scoperto	avevano scoperto

Trapassato remoto · Preterit perfect

ebbi scoperto	avemmo scoperto
avesti scoperto	aveste scoperto
ebbe scoperto	ebbero scoperto

Futuro anteriore · Future perfect

avrò scoperto	avremo scoperto
avrai scoperto	avrete scoperto
avrà scoperto	avranno scoperto

Condizionale passato · Perfect conditional

avrei scoperto	avremmo scoperto
avresti scoperto	avreste scoperto
avrebbe scoperto	avrebbero scoperto

Congiuntivo passato · Perfect subjunctive

abbia scoperto	abbiamo scoperto
abbia scoperto	abbiate scoperto
abbia scoperto	abbiano scoperto

Congiuntivo trapassato · Past perfect subjunctive

avessi scoperto	avessimo scoperto
avessi scoperto	aveste scoperto
avesse scoperto	avessero scoperto

Participio passato · Past participle   scoperto (-a/-i/-e)

Gerundio · Gerund   scoprendo

Usage

Cristoforo Colombo scoprì l'America nel 1492.	*Christopher Columbus discovered America in 1492.*
Scoprite il suo segreto.	*Find out what his secret is.*
Chi ha scoperto l'errore?	*Who spotted the mistake?*
La statua non fu scoperta fino a qualche giorno fa.	*The statue wasn't unveiled until a few days ago.*
Il cane scopre i denti.	*The dog is baring his teeth.*

scoprirsi *to expose oneself, come out into the open; take off (one's hat); give oneself away; show/prove oneself (to be); drop one's guard*

Si è scoperto alle critiche di tutti.	*He exposed himself to criticism from everybody.*
Non scoprirti il capo.	*Don't take off your hat.*
Ho paura che Daniele si scopra parlando con gli altri.	*I'm afraid Daniele will give himself away talking to the others.*
Nel momento del bisogno Paola si scoprì una vera amica.	*In my time of need, Paola proved to be a true friend.*
Un pugile non può mai scoprirsi.	*A boxer can never drop his guard.*

irregular *-ere* verb;
trans. (aux. *avere*)

scrivo · scrissi · scritto

Presente · Present

scrivo	scriviamo
scrivi	scrivete
scrive	scrivono

Imperfetto · Imperfect

scrivevo	scrivevamo
scrivevi	scrivevate
scriveva	scrivevano

Passato remoto · Preterit

scrissi	scrivemmo
scrivesti	scriveste
scrisse	scrissero

Futuro semplice · Future

scriverò	scriveremo
scriverai	scriverete
scriverà	scriveranno

Condizionale presente · Present conditional

scriverei	scriveremmo
scriveresti	scrivereste
scriverebbe	scriverebbero

Congiuntivo presente · Present subjunctive

scriva	scriviamo
scriva	scriviate
scriva	scrivano

Congiuntivo imperfetto · Imperfect subjunctive

scrivessi	scrivessimo
scrivessi	scriveste
scrivesse	scrivessero

Imperativo · Commands

	(non) scriviamo
scrivi (non scrivere)	(non) scrivete
(non) scriva	(non) scrivano

Passato prossimo · Present perfect

ho scritto	abbiamo scritto
hai scritto	avete scritto
ha scritto	hanno scritto

Trapassato prossimo · Past perfect

avevo scritto	avevamo scritto
avevi scritto	avevate scritto
aveva scritto	avevano scritto

Trapassato remoto · Preterit perfect

ebbi scritto	avemmo scritto
avesti scritto	aveste scritto
ebbe scritto	ebbero scritto

Futuro anteriore · Future perfect

avrò scritto	avremo scritto
avrai scritto	avrete scritto
avrà scritto	avranno scritto

Condizionale passato · Perfect conditional

avrei scritto	avremmo scritto
avresti scritto	avreste scritto
avrebbe scritto	avrebbero scritto

Congiuntivo passato · Perfect subjunctive

abbia scritto	abbiamo scritto
abbia scritto	abbiate scritto
abbia scritto	abbiano scritto

Congiuntivo trapassato · Past perfect subjunctive

avessi scritto	avessimo scritto
avessi scritto	aveste scritto
avesse scritto	avessero scritto

Participio passato · Past participle scritto (-a/-i/-e)
Gerundio · Gerund scrivendo

Usage

Non aveva scritto niente sul foglio di carta.	*He hadn't written anything on the piece of paper.*
Il professore non scriveva mai sulla lavagna.	*The professor never wrote on the chalkboard.*
Dobbiamo scrivere con la penna o con la matita?	*Should we write in pen or in pencil?*
I bambini imparano prima a scrivere in stampatello, poi in corsivo.	*The children first learn to print, then to write in cursive.*
Scrivete in modo leggibile, per favore.	*Please write legibly.*
Piero scrive come una gallina.	*Piero's handwriting is like hen's scratching.*
Chi non sa leggere o scrivere è molto svantaggiato.	*A person who can't read or write is at a serious disadvantage.*
Il saggio va scritto a macchina.	*The essay must be typed.*
Ho ricevuto una lettera scritta a mano.	*I received a handwritten letter.*
La penna non scriveva più.	*The pen didn't write anymore.*

TOP 50 VERB ☞

MORE USAGE SENTENCES WITH **scrivere**

— Come si scrive "pomeriggio"?
"How is 'pomeriggio' spelled?"

— Si scrive con una "m", una "r" e due "g".
"It's spelled with one 'm,' one 'r,' and two 'g's."

Il bambino aveva scritto la parola "mamma" con una "m" nel mezzo.
The child had written the word "mamma" with one 'm' in the middle.

Scriveremo la relazione annuale in inglese.
We'll write the annual report in English.

Gli scrissi in un'e-mail che tutto andava bene.
I wrote him an e-mail saying that everything was going well.

Scriverà una tesi di laurea sui rapporti tra l'Italia e gli Stati Uniti.
He'll write a thesis on relations between Italy and the United States.

Lei scrive per lavoro o per hobby?
Do you write for a living or as a hobby?

Chi ha scritto la canzone?
Who composed the song?

È scritto "Vietato l'ingresso" sulla porta.
It says "No entrance" on the door.

Le scriveremo una cartolina dalla Svizzera.
We'll write her a postcard from Switzerland.

Quell'immagine è stata scritta nella mia memoria per sempre.
That image was etched in my memory forever.

Lei dovrebbe scrivere un testamento.
You should draw up a will.

Scrisse Dante Alighieri: "Bene ascolta chi la nota".
Dante Alighieri wrote, "He listens well who takes notes."

scrivere a

— Hai scritto a Beatrice?
"Did you write to Beatrice?"

— Sì, le ho scritto due giorni fa.
"Yes, I wrote to her two days ago."

Dovrei scrivergli subito.
I should write to him immediately.

scrivere per

Aldo scriveva per un settimanale.
Aldo wrote for a weekly magazine.

Penso che scriva per il teatro da qualche anno.
I think he's been writing plays for a few years.

scrivere su

C'era scritto sul giornale che l'economia sta migliorando.
It said in the newspaper that the economy is improving.

Scrisse soprattutto sul Rinascimento italiano.
He wrote mainly about the Italian Renaissance.

scrivere in

Hai scritto qualcosa nel tuo diario?
Have you written anything in your diary?

Non scriverei mai in dialetto.
I would never write in dialect.

scriversi *to take notes; correspond, write to each other*

Mi sono scritto qualche appunto durante la riunione.
I wrote some notes to myself during the meeting.

Ci eravamo scritti per anni prima di incontrarci.
We had written to each other for years before we met.

RELATED WORDS

la scritta
inscription; notice; sign

lo scritto
letter, note

gli scritti
the works/writings (of an author)

lo scrittore/la scrittrice
writer, author

la scrittura
(hand)writing; contract; document

irregular *-ere* verb;
trans. (aux. *avere*)

scuoto · scossi · scosso

NOTE Use of the optional *u* in the forms below is not considered standard, but it is becoming more frequent.

Presente · Present

scuoto	sc(u)otiamo
scuoti	sc(u)otete
scuote	scuotono

Imperfetto · Imperfect

sc(u)otevo	sc(u)otevamo
sc(u)otevi	sc(u)otevate
sc(u)oteva	sc(u)otevano

Passato remoto · Preterit

scossi	sc(u)otemmo
sc(u)otesti	sc(u)oteste
scosse	scossero

Futuro semplice · Future

sc(u)oterò	sc(u)oteremo
sc(u)oterai	sc(u)oterete
sc(u)oterà	sc(u)oteranno

Condizionale presente · Present conditional

sc(u)oterei	sc(u)oteremmo
sc(u)oteresti	sc(u)otereste
sc(u)oterebbe	sc(u)oterebbero

Congiuntivo presente · Present subjunctive

scuota	sc(u)otiamo
scuota	sc(u)otiate
scuota	scuotano

Congiuntivo imperfetto · Imperfect subjunctive

sc(u)otessi	sc(u)otessimo
sc(u)otessi	sc(u)oteste
sc(u)otesse	sc(u)otessero

Passato prossimo · Present perfect

ho scosso	abbiamo scosso
hai scosso	avete scosso
ha scosso	hanno scosso

Trapassato prossimo · Past perfect

avevo scosso	avevamo scosso
avevi scosso	avevate scosso
aveva scosso	avevano scosso

Trapassato remoto · Preterit perfect

ebbi scosso	avemmo scosso
avesti scosso	aveste scosso
ebbe scosso	ebbero scosso

Futuro anteriore · Future perfect

avrò scosso	avremo scosso
avrai scosso	avrete scosso
avrà scosso	avranno scosso

Condizionale passato · Perfect conditional

avrei scosso	avremmo scosso
avresti scosso	avreste scosso
avrebbe scosso	avrebbero scosso

Congiuntivo passato · Perfect subjunctive

abbia scosso	abbiamo scosso
abbia scosso	abbiate scosso
abbia scosso	abbiano scosso

Congiuntivo trapassato · Past perfect subjunctive

avessi scosso	avessimo scosso
avessi scosso	aveste scosso
avesse scosso	avessero scosso

Imperativo · Commands

	(non) sc(u)otiamo
scuoti (non scuotere)	(non) sc(u)otete
(non) scuota	(non) scuotano

Participio passato · Past participle	scosso (–a/–i/–e)
Gerundio · Gerund	sc(u)otendo

Usage

Il terremoto scosse tutta la città per quasi un minuto.	*The earthquake shook the entire city for almost a minute.*
L'ho visto scuotere la testa.	*I saw him shake his head.*
Caterina ha scosso le spalle ma non ha detto niente.	*Caterina shrugged her shoulders but said nothing.*
Stava sc(u)otendo la polvere dal tappeto.	*She was shaking the dust out of the rug.*
La notizia della morte dell'amica l'ha scosso profondamente.	*The news of his friend's death shook him deeply.*
È difficile scuoterli dalla loro indifferenza.	*It's difficult to rouse them from their apathy.*

scuotersi *to jump, be startled; rouse oneself, awaken; be upset*

Mi sono scosso al suono del telefono.	*I jumped when the telephone rang.*
Roberto si scosse dal sonno.	*Roberto woke up startled.*
È una donna che non si scuote.	*She's a woman who doesn't get upset.*

scuso · scusai · scusato

regular -*are* verb;
trans. (aux. *avere*)

Presente · Present

scuso	scusiamo
scusi	scusate
scusa	scusano

Passato prossimo · Present perfect

ho scusato	abbiamo scusato
hai scusato	avete scusato
ha scusato	hanno scusato

Imperfetto · Imperfect

scusavo	scusavamo
scusavi	scusavate
scusava	scusavano

Trapassato prossimo · Past perfect

avevo scusato	avevamo scusato
avevi scusato	avevate scusato
aveva scusato	avevano scusato

Passato remoto · Preterit

scusai	scusammo
scusasti	scusaste
scusò	scusarono

Trapassato remoto · Preterit perfect

ebbi scusato	avemmo scusato
avesti scusato	aveste scusato
ebbe scusato	ebbero scusato

Futuro semplice · Future

scuserò	scuseremo
scuserai	scuserete
scuserà	scuseranno

Futuro anteriore · Future perfect

avrò scusato	avremo scusato
avrai scusato	avrete scusato
avrà scusato	avranno scusato

Condizionale presente · Present conditional

scuserei	scuseremmo
scuseresti	scusereste
scuserebbe	scuserebbero

Condizionale passato · Perfect conditional

avrei scusato	avremmo scusato
avresti scusato	avreste scusato
avrebbe scusato	avrebbero scusato

Congiuntivo presente · Present subjunctive

scusi	scusiamo
scusi	scusiate
scusi	scusino

Congiuntivo passato · Perfect subjunctive

abbia scusato	abbiamo scusato
abbia scusato	abbiate scusato
abbia scusato	abbiano scusato

Congiuntivo imperfetto · Imperfect subjunctive

scusassi	scusassimo
scusassi	scusaste
scusasse	scusassero

Congiuntivo trapassato · Past perfect subjunctive

avessi scusato	avessimo scusato
avessi scusato	aveste scusato
avesse scusato	avessero scusato

Imperativo · Commands

	(non) scusiamo
scusa (non scusare)	(non) scusate
(non) scusi	(non) scusino

Participio passato · Past participle   scusato (-a/-i/-e)

Gerundio · Gerund   scusando

Usage

Questo non scusava la mia mancanza di onestà.	*This was no excuse for my lack of honesty.*
Scusate se vi disturbo.	*I'm sorry to disturb you.*
Scusa il ritardo. Hai già mangiato?	*Excuse me for being late. Have you eaten yet?*
Scusi, mi sa dire dov'è la questura?	*Pardon me, could you tell me where police headquarters is?*
Come si può scusare il loro comportamento?	*How can their behavior be excused?*
L'hanno scusato per non aver detto la verità.	*They forgave him for not having told the truth.*
Chi si scusa, s'accusa. (PROVERB)	*He who makes excuses must be guilty.*

scusarsi *to apologize (for); excuse oneself; make excuses*

Ci siamo scusati presso i clienti per l'equivoco.	*We apologized to our clients for the misunderstanding.*
Ti scuserai di non aver portato un regalo?	*Will you apologize for not having brought a present?*
Mi sono scusato con gli altri.	*I excused myself to the others.*
Ha cercato di scusarsi per la sua assenza.	*He tried to make excuses for his absence.*

irregular -ēre verb; **siedo/seggo · sedei/sedetti · seduto**
intrans. (aux. *essere*)

NOTE The forms with stems ending in -gg- are literary forms.

Presente · Present

siedo/seggo	sediamo
siedi	sedete
siede	siedono/seggono

Imperfetto · Imperfect

sedevo	sedevamo
sedevi	sedevate
sedeva	sedevano

Passato remoto · Preterit

sedei/sedetti	sedemmo
sedesti	sedeste
sedé/sedette	sederono/sedettero

Futuro semplice · Future

sederò	sederemo
sederai	sederete
sederà	sederanno

Condizionale presente · Present conditional

sederei	sederemmo
sederesti	sedereste
sederebbe	sederebbero

Congiuntivo presente · Present subjunctive

sieda/segga	sediamo
sieda/segga	sediate
sieda/segga	siedano/seggano

Congiuntivo imperfetto · Imperfect subjunctive

sedessi	sedessimo
sedessi	sedeste
sedesse	sedessero

Passato prossimo · Present perfect

sono seduto (-a)	siamo seduti (-e)
sei seduto (-a)	siete seduti (-e)
è seduto (-a)	sono seduti (-e)

Trapassato prossimo · Past perfect

ero seduto (-a)	eravamo seduti (-e)
eri seduto (-a)	eravate seduti (-e)
era seduto (-a)	erano seduti (-e)

Trapassato remoto · Preterit perfect

fui seduto (-a)	fummo seduti (-e)
fosti seduto (-a)	foste seduti (-e)
fu seduto (-a)	furono seduti (-e)

Futuro anteriore · Future perfect

sarò seduto (-a)	saremo seduti (-e)
sarai seduto (-a)	sarete seduti (-e)
sarà seduto (-a)	saranno seduti (-e)

Condizionale passato · Perfect conditional

sarei seduto (-a)	saremmo seduti (-e)
saresti seduto (-a)	sareste seduti (-e)
sarebbe seduto (-a)	sarebbero seduti (-e)

Congiuntivo passato · Perfect subjunctive

sia seduto (-a)	siamo seduti (-e)
sia seduto (-a)	siate seduti (-e)
sia seduto (-a)	siano seduti (-e)

Congiuntivo trapassato · Past perfect subjunctive

fossi seduto (-a)	fossimo seduti (-e)
fossi seduto (-a)	foste seduti (-e)
fosse seduto (-a)	fossero seduti (-e)

Imperativo · Commands

	(non) sediamo
siedi (non sedere)	(non) sedete
(non) sieda/segga	(non) siedano/seggano

Participio passato · Past participle   seduto (-a/-i/-e)

Gerundio · Gerund   sedendo

Usage

Siedi su una sedia.	*Sit on a chair.*
I ragazzi dovevano sedere per terra alla turca.	*The boys had to sit on the floor cross-legged.*
Mi hanno invitato a sedere al tavolo.	*They asked me to sit at the table.*
Il cane sedé subito sul marciapiede.	*The dog immediately sat down on the sidewalk.*
La bambina sedeva in grembo alla madre.	*The little girl was sitting on her mother's lap.*
Sergio non sta mai a sedere.	*Sergio is always on the move.*
Il suo amico non sederà più in Parlamento.	*His friend will no longer have a seat in Parliament.*

sedersi *to sit (down), take a seat*

Dove ci sediamo? Non ci sono molti posti.	*Where shall we sit? There aren't many seats.*
Perché non vi siete seduti?	*Why didn't you sit down?*
Prego, si sieda qua.	*Please have a seat over here.*

segnare to score, cut into; mark, underline, indicate; make a note of; score (a goal); keep score

segno · segnai · segnato

regular -are verb;
trans. (aux. avere)

Presente · Present

segno	segniamo/segnamo
segni	segnate
segna	segnano

Imperfetto · Imperfect

segnavo	segnavamo
segnavi	segnavate
segnava	segnavano

Passato remoto · Preterit

segnai	segnammo
segnasti	segnaste
segnò	segnarono

Futuro semplice · Future

segnerò	segneremo
segnerai	segnerete
segnerà	segneranno

Condizionale presente · Present conditional

segnerei	segneremmo
segneresti	segnereste
segnerebbe	segnerebbero

Congiuntivo presente · Present subjunctive

segni	segniamo/segnamo
segni	segniate/segnate
segni	segnino

Congiuntivo imperfetto · Imperfect subjunctive

segnassi	segnassimo
segnassi	segnaste
segnasse	segnassero

Imperativo · Commands

	(non) segniamo
segna (non segnare)	(non) segnate
(non) segni	(non) segnino

Passato prossimo · Present perfect

ho segnato	abbiamo segnato
hai segnato	avete segnato
ha segnato	hanno segnato

Trapassato prossimo · Past perfect

avevo segnato	avevamo segnato
avevi segnato	avevate segnato
aveva segnato	avevano segnato

Trapassato remoto · Preterit perfect

ebbi segnato	avemmo segnato
avesti segnato	aveste segnato
ebbe segnato	ebbero segnato

Futuro anteriore · Future perfect

avrò segnato	avremo segnato
avrai segnato	avrete segnato
avrà segnato	avranno segnato

Condizionale passato · Perfect conditional

avrei segnato	avremmo segnato
avresti segnato	avreste segnato
avrebbe segnato	avrebbero segnato

Congiuntivo passato · Perfect subjunctive

abbia segnato	abbiamo segnato
abbia segnato	abbiate segnato
abbia segnato	abbiano segnato

Congiuntivo trapassato · Past perfect subjunctive

avessi segnato	avessimo segnato
avessi segnato	aveste segnato
avesse segnato	avessero segnato

Participio passato · Past participle   segnato (-a/-i/-e)

Gerundio · Gerund   segnando

Usage

Il vetro è stato segnato da un diamante.	*The glass was scored with a diamond.*
Avranno segnato la macchina con un chiodo o un coltello.	*They must have scratched the car with a nail or a knife.*
Segna la pagina nel libro, così la posso ritrovare.	*Mark the page in the book so I can find it again.*
Il sig. Bianchi segnava sempre gli errori con una penna rossa.	*Mr. Bianchi always underlined errors with a red pen.*
Il mio orologio segnò le nove precise.	*According to my watch, it was exactly nine o'clock.*
Il contatore segna 2.000 visite al giorno sul Web.	*The counter indicates 2,000 Web hits a day.*
Una campanella segnerà l'inizio e la fine delle lezioni.	*A bell will signal the beginning and end of classes.*
Chi ha segnato il primo gol?	*Who scored the first goal?*

segnarsi to cross oneself, make the sign of the cross; make a note for oneself

Luigi e io ci segnammo entrando della chiesa.	*Luigi and I crossed ourselves as we entered church.*
Mi sono segnato il tuo indirizzo.	*I made a note of your address.*

regular -ire verb;
trans. (aux. *avere*)/intrans. (aux. *essere*)

seguo · seguii · seguito

NOTE *Seguire* is conjugated here with *avere*; when used intransitively, it is conjugated with *essere*.

Presente · Present	
seguo	seguiamo
segui	seguite
segue	seguono

Imperfetto · Imperfect	
seguivo	seguivamo
seguivi	seguivate
seguiva	seguivano

Passato remoto · Preterit	
seguii	seguimmo
seguisti	seguiste
seguì	seguirono

Futuro semplice · Future	
seguirò	seguiremo
seguirai	seguirete
seguirà	seguiranno

Condizionale presente · Present conditional	
seguirei	seguiremmo
seguiresti	seguireste
seguirebbe	seguirebbero

Congiuntivo presente · Present subjunctive	
segua	seguiamo
segua	seguiate
segua	seguano

Congiuntivo imperfetto · Imperfect subjunctive	
seguissi	seguissimo
seguissi	seguiste
seguisse	seguissero

Passato prossimo · Present perfect	
ho seguito	abbiamo seguito
hai seguito	avete seguito
ha seguito	hanno seguito

Trapassato prossimo · Past perfect	
avevo seguito	avevamo seguito
avevi seguito	avevate seguito
aveva seguito	avevano seguito

Trapassato remoto · Preterit perfect	
ebbi seguito	avemmo seguito
avesti seguito	aveste seguito
ebbe seguito	ebbero seguito

Futuro anteriore · Future perfect	
avrò seguito	avremo seguito
avrai seguito	avrete seguito
avrà seguito	avranno seguito

Condizionale passato · Perfect conditional	
avrei seguito	avremmo seguito
avresti seguito	avreste seguito
avrebbe seguito	avrebbero seguito

Congiuntivo passato · Perfect subjunctive	
abbia seguito	abbiamo seguito
abbia seguito	abbiate seguito
abbia seguito	abbiano seguito

Congiuntivo trapassato · Past perfect subjunctive	
avessi seguito	avessimo seguito
avessi seguito	aveste seguito
avesse seguito	avessero seguito

Imperativo · Commands

	(non) seguiamo
segui (non seguire)	(non) seguite
(non) segua	(non) seguano

Participio passato · Past participle   seguito (-a/-i/-e)

Gerundio · Gerund   seguendo

Usage

Avevamo seguito il fiume per due miglia.	*We had followed the river for two miles.*
Il gatto mi stava seguendo con la coda dell'occhio.	*The cat was following me out of the corner of its eye.*
Segua la guida, per favore.	*Please go with the guide.*
Un vicino ha seguito il ladro.	*A neighbor went after the thief.*
Il cane mi seguiva facilmente benché avesse solo tre gambe.	*The dog easily kept up with me even though he had only three legs.*
Chi seguirà i bambini?	*Who will supervise the children?*
Il professore segue i suoi allievi con molto interesse.	*The professor follows his students' progress with a great deal of interest.*
Non era obbligatorio seguire le lezioni.	*It wasn't mandatory to attend classes.*
Ne è seguita una lunga discussione.	*A long discussion ensued.*
Mi sono arrabbiato quando ho visto "segue" alla fine del programma.	*I was furious when I saw "to be continued" at the end of the program.*

sembrare *to seem, appear, look (like)*

sembro · sembrai · sembrato

regular -*are* verb;
intrans./impers. (aux. *essere*)

Presente · Present	
sembro	sembriamo
sembri	sembrate
sembra	sembrano

Imperfetto · Imperfect	
sembravo	sembravamo
sembravi	sembravate
sembrava	sembravano

Passato remoto · Preterit	
sembrai	sembrammo
sembrasti	sembraste
sembrò	sembrarono

Futuro semplice · Future	
sembrerò	sembreremo
sembrerai	sembrerete
sembrerà	sembreranno

Condizionale presente · Present conditional	
sembrerei	sembreremmo
sembreresti	sembrereste
sembrerebbe	sembrerebbero

Congiuntivo presente · Present subjunctive	
sembri	sembriamo
sembri	sembriate
sembri	sembrino

Congiuntivo imperfetto · Imperfect subjunctive	
sembrassi	sembrassimo
sembrassi	sembraste
sembrasse	sembrassero

Passato prossimo · Present perfect	
sono sembrato (-a)	siamo sembrati (-e)
sei sembrato (-a)	siete sembrati (-e)
è sembrato (-a)	sono sembrati (-e)

Trapassato prossimo · Past perfect	
ero sembrato (-a)	eravamo sembrati (-e)
eri sembrato (-a)	eravate sembrati (-e)
era sembrato (-a)	erano sembrati (-e)

Trapassato remoto · Preterit perfect	
fui sembrato (-a)	fummo sembrati (-e)
fosti sembrato (-a)	foste sembrati (-e)
fu sembrato (-a)	furono sembrati (-e)

Futuro anteriore · Future perfect	
sarò sembrato (-a)	saremo sembrati (-e)
sarai sembrato (-a)	sarete sembrati (-e)
sarà sembrato (-a)	saranno sembrati (-e)

Condizionale passato · Perfect conditional	
sarei sembrato (-a)	saremmo sembrati (-e)
saresti sembrato (-a)	sareste sembrati (-e)
sarebbe sembrato (-a)	sarebbero sembrati (-e)

Congiuntivo passato · Perfect subjunctive	
sia sembrato (-a)	siamo sembrati (-e)
sia sembrato (-a)	siate sembrati (-e)
sia sembrato (-a)	siano sembrati (-e)

Congiuntivo trapassato · Past perfect subjunctive	
fossi sembrato (-a)	fossimo sembrati (-e)
fossi sembrato (-a)	foste sembrati (-e)
fosse sembrato (-a)	fossero sembrati (-e)

Imperativo · Commands	
	(non) sembriamo
sembra (non sembrare)	(non) sembrate
(non) sembri	(non) sembrino

Participio passato · Past participle	sembrato (-a/-i/-e)
Gerundio · Gerund	sembrando

Usage

Sembrava una ragazza simpatica.	*She seemed like a nice girl.*
Non mi è sembrata se stessa.	*She didn't appear to me to be herself.*
Sembra vero gelato.	*It tastes like real ice cream.*
Lo spumante sembrava quasi champagne.	*The sparkling wine tasted almost like champagne.*
Il cotone era tanto liscio che sembrava seta.	*The cotton was so smooth it felt like silk.*
Non mi sembra odore di bruciato.	*It doesn't smell like something burned to me.*
A te sembra possibile?	*Does that sound possible to you?*
Non possiamo continuare così. Ti sembra?	*We can't continue like this, can we?*
Carmela sembra tutta sua madre.	*Carmela looks exactly like her mother.*
Mi sembra che lei non voglia decidere.	*I have the impression that she doesn't want to decide.*
Gli sembra di sapere tutto.	*He thinks he knows everything.*
Fai come ti sembra! Io me ne infischio.	*Do as you please. I don't care.*
— Hai saputo che Roberta è morta?	*"Did you know that Roberta died?"*
— Non mi sembra vero!	*"I can't believe it!"*

regular *-ire* verb;
trans. (aux. *avere*)

sento · sentii · sentito

Presente · Present

sento	sentiamo
senti	sentite
sente	sentono

Passato prossimo · Present perfect

ho sentito	abbiamo sentito
hai sentito	avete sentito
ha sentito	hanno sentito

Imperfetto · Imperfect

sentivo	sentivamo
sentivi	sentivate
sentiva	sentivano

Trapassato prossimo · Past perfect

avevo sentito	avevamo sentito
avevi sentito	avevate sentito
aveva sentito	avevano sentito

Passato remoto · Preterit

sentii	sentimmo
sentisti	sentiste
sentì	sentirono

Trapassato remoto · Preterit perfect

ebbi sentito	avemmo sentito
avesti sentito	aveste sentito
ebbe sentito	ebbero sentito

Futuro semplice · Future

sentirò	sentiremo
sentirai	sentirete
sentirà	sentiranno

Futuro anteriore · Future perfect

avrò sentito	avremo sentito
avrai sentito	avrete sentito
avrà sentito	avranno sentito

Condizionale presente · Present conditional

sentirei	sentiremmo
sentiresti	sentireste
sentirebbe	sentirebbero

Condizionale passato · Perfect conditional

avrei sentito	avremmo sentito
avresti sentito	avreste sentito
avrebbe sentito	avrebbero sentito

Congiuntivo presente · Present subjunctive

senta	sentiamo
senta	sentiate
senta	sentano

Congiuntivo passato · Perfect subjunctive

abbia sentito	abbiamo sentito
abbia sentito	abbiate sentito
abbia sentito	abbiano sentito

Congiuntivo imperfetto · Imperfect subjunctive

sentissi	sentissimo
sentissi	sentiste
sentisse	sentissero

Congiuntivo trapassato · Past perfect subjunctive

avessi sentito	avessimo sentito
avessi sentito	aveste sentito
avesse sentito	avessero sentito

Imperativo · Commands

	(non) sentiamo
senti (non sentire)	(non) sentite
(non) senta	(non) sentano

Participio passato · Past participle	sentito (-a/-i/-e)
Gerundio · Gerund	sentendo

Usage

Sentii tristezza quando seppi la notizia.	*I felt sad when I heard the news.*
Lei sentirà la stanchezza.	*She must be tired.*
Sentiva ancora la presenza del marito molti anni dopo la sua morte.	*She still felt her husband's presence many years after his death.*
Non ha mai sentito affetto per nessuno.	*He never felt affection for anyone.*
Sentivi molto la loro mancanza?	*Did you miss them very much?*
Non si può sentire che non è vero cuoio.	*You can't tell by touching that it's not real leather.*
Sentivamo tutti freddo.	*We were all cold.*
Sento un dolce profumo.	*I smell something sweet.*
Senti il vino in questo sugo?	*Do you taste the wine in this sauce?*
Hai sentito quel rumore?	*Did you hear that sound?*
Francesco è una persona che sente molto la musica.	*Francesco's a person who has a real feel for music.*

TOP 50 VERB ☞

sentire   *to feel, sense; hear, see, smell, taste*

sento · sentii · sentito

regular *-ire* verb;
trans. (aux. *avere*)

sentire to perceive someone/something with the senses

Il medico le ha sentito il polso.	*The doctor took her pulse.*
La sento arrivare.	*I hear her coming.*
Parla più forte, per favore. Non ti sento.	*Talk a little louder, please. I can't hear you.*
Sentite un po'! Che cosa faremo?	*Listen up, everybody! What shall we do?*
Andranno a sentire *Madama Butterfly.*	*They're going to see* Madame Butterfly.
Senti che puzzo! Che schifo!	*What a smell! How disgusting!*
Sentiamo un po' se il vino è buono.	*Let's taste the wine to see if it's good.*

sentire to experience physical/psychological sensations

Sentisti fame o sete?	*Did you feel hungry or thirsty?*
Ho sentito piacere per loro.	*I felt happy for them.*
Anche gli animali sentono il caldo.	*Animals feel the heat too.*
Sentivamo che Michele non era completamente sincero.	*We felt that Michele wasn't entirely sincere.*

sentire to feel emotions

Non sentì rimorso per ciò che aveva fatto.	*He didn't feel remorse for what he had done.*
Il cane sentiva di aver fatto qualcosa di male.	*The dog sensed that he had done something bad.*
È una donna che sente profondamente il bello.	*She's a woman who truly appreciates beauty.*

sentire used intransitively

Non ho mangiato la carne perché sentiva di rancido.	*I didn't eat the meat because it smelled rancid.*
Quell'affare sente di truffa secondo me.	*I think that business smells fishy.*

sentirsi *to feel; feel like, feel up to; be in touch*

— Come ti senti?	*"How do you feel?"*
— Mi sento bene.	*"I feel fine."*
Ci sentivamo a disagio perché c'era lui.	*We felt uncomfortable because he was there.*
Non mi sento di uscire stasera.	*I don't feel like going out tonight.*
Te la senti di fare un giro in bicicletta?	*Do you feel up to going for a bike ride?*
Devo scappare, ma ci sentiamo domani.	*I have to run, but we'll talk tomorrow.*

IDIOMATIC EXPRESSIONS

Da bambino sentiva solo suo padre.	*As a child, he listened only to his father.*
Non abbiamo ancora sentito il chirurgo.	*We haven't heard from the surgeon yet.*
Non ci sente da quell'orecchio.	*He always turns a deaf ear to things like that.*
Stammi a sentire!	*Listen to me!/Hear me out!*
Ogni giorno ne sente di tutti i colori.	*Every day he hears all sorts of unbelievable stories.*
A sentire loro, non tornerà mai.	*According to them, he'll never return.*
Voglio sentire tutte e due le campane.	*I want to hear both sides of the story.*
Si facevano sentire gli anni.	*The years were catching up with him.*
Fatti sentire!	*Stay in touch!*
Lo sapevo per sentito dire.	*I heard it through the grapevine.*

RELATED WORD

sentito (-a)   *sincere, deep, heartfelt*

regular *-ire* verb (*-isc-* type); trans. (aux. *avere*)

seppellisco · seppellii · sepolto/seppellito

Presente · Present

seppellisco	seppelliamo
seppellisci	seppellite
seppellisce	seppelliscono

Imperfetto · Imperfect

seppellivo	seppellivamo
seppellivi	seppellivate
seppelliva	seppellivano

Passato remoto · Preterit

seppellii	seppellimmo
seppellisti	seppelliste
seppellì	seppellirono

Futuro semplice · Future

seppellirò	seppelliremo
seppellirai	seppellirete
seppellirà	seppelliranno

Condizionale presente · Present conditional

seppellirei	seppelliremmo
seppelliresti	seppellireste
seppellirebbe	seppellirebbero

Congiuntivo presente · Present subjunctive

seppellisca	seppelliamo
seppellisca	seppelliate
seppellisca	seppelliscano

Congiuntivo imperfetto · Imperfect subjunctive

seppellissi	seppellissimo
seppellissi	seppelliste
seppellisse	seppellissero

Passato prossimo · Present perfect

ho sepolto	abbiamo sepolto
hai sepolto	avete sepolto
ha sepolto	hanno sepolto

Trapassato prossimo · Past perfect

avevo sepolto	avevamo sepolto
avevi sepolto	avevate sepolto
aveva sepolto	avevano sepolto

Trapassato remoto · Preterit perfect

ebbi sepolto	avemmo sepolto
avesti sepolto	aveste sepolto
ebbe sepolto	ebbero sepolto

Futuro anteriore · Future perfect

avrò sepolto	avremo sepolto
avrai sepolto	avrete sepolto
avrà sepolto	avranno sepolto

Condizionale passato · Perfect conditional

avrei sepolto	avremmo sepolto
avresti sepolto	avreste sepolto
avrebbe sepolto	avrebbero sepolto

Congiuntivo passato · Perfect subjunctive

abbia sepolto	abbiamo sepolto
abbia sepolto	abbiate sepolto
abbia sepolto	abbiano sepolto

Congiuntivo trapassato · Past perfect subjunctive

avessi sepolto	avessimo sepolto
avessi sepolto	aveste sepolto
avesse sepolto	avessero sepolto

Imperativo · Commands

	(non) seppelliamo
seppellisci (non seppellire)	(non) seppellite
(non) seppellisca	(non) seppelliscano

Participio passato · Past participle	sepolto (-a/-i/-e)/seppellito (-a/-i/-e)
Gerundio · Gerund	seppellendo

Usage

Seppellirono i morti dopo il disastro.	*After the disaster, they buried the dead.*
La seppelliranno sabato.	*They'll bury her on Saturday.*
Giovanna ha già sepolto due mariti.	*Giovanna has already buried two husbands.*
I bambini seppellivano un tesoro nella sabbia.	*The children were burying a treasure in the sand.*
La frana ha sepolto una parte del paese.	*The landslide buried part of the village.*
Il segretario seppellì le fotografie incriminanti tra le carte sulla scrivania.	*The secretary hid the incriminating photos among the papers on the desk.*
Ho paura che mi seppellisca di domande.	*I'm afraid he'll inundate me with questions.*
Vorrei sapere chi ha seppellito l'inchiesta.	*I'd like to know who covered up the investigation.*
Seppelliamo il passato!	*Let's forget the past!*

seppellirsi *to cut oneself off; bury oneself (in)*

I politici si sono seppelliti in montagna per discutere dell'economia.	*The politicians secluded themselves in the mountains to discuss the economy.*
Mi sono sepolta a casa tra i libri.	*I buried myself in books at home.*

servire *to serve, wait on; be used for, be of use to*

servo · servii · servito

regular -*ire* verb;
trans. (aux. *avere*); intrans./impers. (aux. *essere*)

NOTE *Servire* is conjugated here with *avere*; when used intransitively or impersonally, it is conjugated with *essere*.

Presente · Present

servo	serviamo
servi	servite
serve	servono

Imperfetto · Imperfect

servivo	servivamo
servivi	servivate
serviva	servivano

Passato remoto · Preterit

servii	servimmo
servisti	serviste
servì	servirono

Futuro semplice · Future

servirò	serviremo
servirai	servirete
servirà	serviranno

Condizionale presente · Present conditional

servirei	serviremmo
serviresti	servireste
servirebbe	servirebbero

Congiuntivo presente · Present subjunctive

serva	serviamo
serva	serviate
serva	servano

Congiuntivo imperfetto · Imperfect subjunctive

servissi	servissimo
servissi	serviste
servisse	servissero

Passato prossimo · Present perfect

ho servito	abbiamo servito
hai servito	avete servito
ha servito	hanno servito

Trapassato prossimo · Past perfect

avevo servito	avevamo servito
avevi servito	avevate servito
aveva servito	avevano servito

Trapassato remoto · Preterit perfect

ebbi servito	avemmo servito
avesti servito	aveste servito
ebbe servito	ebbero servito

Futuro anteriore · Future perfect

avrò servito	avremo servito
avrai servito	avrete servito
avrà servito	avranno servito

Condizionale passato · Perfect conditional

avrei servito	avremmo servito
avresti servito	avreste servito
avrebbe servito	avrebbero servito

Congiuntivo passato · Perfect subjunctive

abbia servito	abbiamo servito
abbia servito	abbiate servito
abbia servito	abbiano servito

Congiuntivo trapassato · Past perfect subjunctive

avessi servito	avessimo servito
avessi servito	aveste servito
avesse servito	avessero servito

Imperativo · Commands

	(non) serviamo
servi (non servire)	(non) servite
(non) serva	(non) servano

Participio passato · Past participle   servito (-a/-i/-e)

Gerundio · Gerund   servendo

Usage

In che cosa posso servirla?	*How may I help you?*
Servii il governo per dieci anni.	*I served the government for ten years.*
Non si è ancora servito il primo.	*The appetizer hasn't been served yet.*
La donna lo serviva da venti anni.	*The woman had been waiting on him for twenty years.*
La nuova linea della metropolitana servirà i sobborghi occidentali della città.	*The new subway line will serve the city's western suburbs.*
A che cosa serve questo oggetto?	*What is this thing used for?*
Ti serve la macchina oggi?	*Do you need the car today?*

servirsi *to serve/help oneself (to); make use of; need; be a customer*

Ecco la pasta. Si serva pure.	*Here's the pasta. Please help yourself.*
Mi servirò di un esempio per spiegarlo.	*I'll use an example to explain.*
Ci serviamo in quel negozio da tanti anni.	*We've been regular customers at that store for years.*

regular -are verb;
trans. (aux. avere)

sistemo · sistemai · sistemato

Presente · Present

sistemo	sistemiamo
sistemi	sistemate
sistema	sistemano

Imperfetto · Imperfect

sistemavo	sistemavamo
sistemavi	sistemavate
sistemava	sistemavano

Passato remoto · Preterit

sistemai	sistemammo
sistemasti	sistemaste
sistemò	sistemarono

Futuro semplice · Future

sistemerò	sistemeremo
sistemerai	sistemerete
sistemerà	sistemeranno

Condizionale presente · Present conditional

sistemerei	sistemeremmo
sistemeresti	sistemereste
sistemerebbe	sistemerebbero

Congiuntivo presente · Present subjunctive

sistemi	sistemiamo
sistemi	sistemiate
sistemi	sistemino

Congiuntivo imperfetto · Imperfect subjunctive

sistemassi	sistemassimo
sistemassi	sistemaste
sistemasse	sistemassero

Imperativo · Commands

	(non) sistemiamo
sistema (non sistemare)	(non) sistemate
(non) sistemi	(non) sistemino

Passato prossimo · Present perfect

ho sistemato	abbiamo sistemato
hai sistemato	avete sistemato
ha sistemato	hanno sistemato

Trapassato prossimo · Past perfect

avevo sistemato	avevamo sistemato
avevi sistemato	avevate sistemato
aveva sistemato	avevano sistemato

Trapassato remoto · Preterit perfect

ebbi sistemato	avemmo sistemato
avesti sistemato	aveste sistemato
ebbe sistemato	ebbero sistemato

Futuro anteriore · Future perfect

avrò sistemato	avremo sistemato
avrai sistemato	avrete sistemato
avrà sistemato	avranno sistemato

Condizionale passato · Perfect conditional

avrei sistemato	avremmo sistemato
avresti sistemato	avreste sistemato
avrebbe sistemato	avrebbero sistemato

Congiuntivo passato · Perfect subjunctive

abbia sistemato	abbiamo sistemato
abbia sistemato	abbiate sistemato
abbia sistemato	abbiano sistemato

Congiuntivo trapassato · Past perfect subjunctive

avessi sistemato	avessimo sistemato
avessi sistemato	aveste sistemato
avesse sistemato	avessero sistemato

Participio passato · Past participle   sistemato (-a/-i/-e)

Gerundio · Gerund   sistemando

Usage

Dovrei sistemare la casa oggi.	*I should tidy up the house today.*
Stasera sistemerai gli appunti.	*Tonight you'll sort through your notes.*
Stava sistemando i libri in ordine alfabetico.	*He was arranging the books in alphabetical order.*
Vi sistemeranno in un bell'albergo.	*They'll put you up in a nice hotel.*
La lite non è ancora sistemata.	*The argument hasn't been settled yet.*
Mio zio mi sistemò in banca.	*My uncle got me a job at the bank.*
Ti sistemerò io!	*I'll fix you!*

sistemarsi to find accommodations; get/be settled; settle down; find a job; get married

Si sono sistemati in una fattoria.	*They found accommodations at a farmhouse.*
Spero che le cose si sistemino presto.	*I hope things will be settled soon.*
Alla fine Carlo si è sistemato con una ragazza del paese.	*In the end Carlo settled down with a girl from the village.*
I quattro figli si sistemarono l'uno dopo l'altro.	*The four children got married one after the other.*

smetto · smisi · smesso

irregular *-ere* verb;
trans./intrans. (aux. *avere*)

Presente · Present

smetto	smettiamo
smetti	smettete
smette	smettono

Imperfetto · Imperfect

smettevo	smettevamo
smettevi	smettevate
smetteva	smettevano

Passato remoto · Preterit

smisi	smettemmo
smettesti	smetteste
smise	smisero

Futuro semplice · Future

smetterò	smetteremo
smetterai	smetterete
smetterà	smetteranno

Condizionale presente · Present conditional

smetterei	smetteremmo
smetteresti	smettereste
smetterebbe	smetterebbero

Congiuntivo presente · Present subjunctive

smetta	smettiamo
smetta	smettiate
smetta	smettano

Congiuntivo imperfetto · Imperfect subjunctive

smettessi	smettessimo
smettessi	smetteste
smettesse	smettessero

Imperativo · Commands

	(non) smettiamo
smetti (non smettere)	(non) smettete
(non) smetta	(non) smettano

Passato prossimo · Present perfect

ho smesso	abbiamo smesso
hai smesso	avete smesso
ha smesso	hanno smesso

Trapassato prossimo · Past perfect

avevo smesso	avevamo smesso
avevi smesso	avevate smesso
aveva smesso	avevano smesso

Trapassato remoto · Preterit perfect

ebbi smesso	avemmo smesso
avesti smesso	aveste smesso
ebbe smesso	ebbero smesso

Futuro anteriore · Future perfect

avrò smesso	avremo smesso
avrai smesso	avrete smesso
avrà smesso	avranno smesso

Condizionale passato · Perfect conditional

avrei smesso	avremmo smesso
avresti smesso	avreste smesso
avrebbe smesso	avrebbero smesso

Congiuntivo passato · Perfect subjunctive

abbia smesso	abbiamo smesso
abbia smesso	abbiate smesso
abbia smesso	abbiano smesso

Congiuntivo trapassato · Past perfect subjunctive

avessi smesso	avessimo smesso
avessi smesso	aveste smesso
avesse smesso	avessero smesso

Participio passato · Past participle   smesso (-a/-i/-e)

Gerundio · Gerund   smettendo

Usage

Abbiamo smesso la discussione perché era ora
    di mangiare.
Non smettere gli studi. Ti rincrescerai presto.
Dovrebbe smettere quel comportamento
    da bambino.
Smettila di piangere!
Rosa ha dovuto smettere di portare le scarpe
    perché erano troppo piccole.
Smetti con quelle barzellette stupide!
Quando ha smesso di piovere, siamo usciti.
A che ora smetti (di lavorare)?
Appena smetterai di fumare, ingrasserai.

We halted the discussion because it was time to eat.

Don't abandon your studies. You'll regret it right away.
He should stop behaving like a child.

Stop crying!
Rosa had to stop wearing the shoes because they
    were too small.
Stop with those stupid jokes!
When it stopped raining, we went out.
When do you finish (work)?
As soon as you give up smoking, you'll put on weight.

RELATED EXPRESSION

gli abiti smessi

cast-offs

irregular -*ere* verb;
trans./intrans. (aux. *avere*)

soddisfo/soddisfaccio · soddisfeci · soddisfatto

NOTE The base verb, *fare,* is derived from the Latin verb *facere,* and so it and its compounds
are conjugated as -*ere* verbs in certain tenses.

Presente · Present

soddisfo/soddisfaccio   soddisfiamo/soddisfacciamo
soddisfi/soddisfai   soddisfate
soddisfa   soddisfano/soddisfanno

Imperfetto · Imperfect

soddisfacevo   soddisfacevamo
soddisfacevi   soddisfacevate
soddisfaceva   soddisfacevano

Passato remoto · Preterit

soddisfeci   soddisfacemmo
soddisfacesti   soddisfaceste
soddisfece   soddisfecero

Futuro semplice · Future

soddisferò/soddisfarò   soddisferemo/soddisfaremo
soddisferai/soddisfarai   soddisferete/soddisfarete
soddisferà/soddisfarà   soddisferanno/soddisfaranno

Condizionale presente · Present conditional

soddisferei/soddisfarei   soddisferemmo/soddisfaremmo
soddisferesti/soddisfaresti   soddisfereste/soddisfareste
soddisferebbe/soddisfarebbe   soddisferebbero/soddisfarebbero

Congiuntivo presente · Present subjunctive

soddisfi/soddisfaccia   soddisfiamo/soddisfacciamo
soddisfi/soddisfaccia   soddisfiate/soddisfacciate
soddisfi/soddisfaccia   soddisfino/soddisfacciano

Congiuntivo imperfetto · Imperfect subjunctive

soddisfacessi   soddisfacessimo
soddisfacessi   soddisfaceste
soddisfacesse   soddisfacessero

Passato prossimo · Present perfect

ho soddisfatto   abbiamo soddisfatto
hai soddisfatto   avete soddisfatto
ha soddisfatto   hanno soddisfatto

Trapassato prossimo · Past perfect

avevo soddisfatto   avevamo soddisfatto
avevi soddisfatto   avevate soddisfatto
aveva soddisfatto   avevano soddisfatto

Trapassato remoto · Preterit perfect

ebbi soddisfatto   avemmo soddisfatto
avesti soddisfatto   aveste soddisfatto
ebbe soddisfatto   ebbero soddisfatto

Futuro anteriore · Future perfect

avrò soddisfatto   avremo soddisfatto
avrai soddisfatto   avrete soddisfatto
avrà soddisfatto   avranno soddisfatto

Condizionale passato · Perfect conditional

avrei soddisfatto   avremmo soddisfatto
avresti soddisfatto   avreste soddisfatto
avrebbe soddisfatto   avrebbero soddisfatto

Congiuntivo passato · Perfect subjunctive

abbia soddisfatto   abbiamo soddisfatto
abbia soddisfatto   abbiate soddisfatto
abbia soddisfatto   abbiano soddisfatto

Congiuntivo trapassato · Past perfect subjunctive

avessi soddisfatto   avessimo soddisfatto
avessi soddisfatto   aveste soddisfatto
avesse soddisfatto   avessero soddisfatto

Imperativo · Commands

     (non) soddisfiamo/soddisfacciamo
soddisfa/soddisfai (non soddisfare)   (non) soddisfate
(non) soddisfi/soddisfaccia   (non) soddisfino/soddisfacciano

Participio passato · Past participle   soddisfatto (-a/-i/-e)

Gerundio · Gerund   soddisfacendo

Usage

La sua risposta non mi soddisfa.
La Sua richiesta sarà soddisfatta al più presto possibile.
Roberto finalmente soddisfece il desiderio di sua
     moglie di andare in Africa.
Se non soddisfacessimo alla legge, verremmo senza
     dubbio multati.
Alcuni candidati avevano soddisfatto tutte le esigenze.
Lo spettacolo ha soddisfatto sia il pubblico sia i critici.
Devo ammettere che l'idea non mi soddisfa.
La ditta poteva soddisfare i creditori in tutto.
Soddisfacendo ai vostri peccati condurrete una vita
     più felice.

His answer doesn't satisfy me.
Your request will be filled as soon as possible.
Roberto finally fulfilled his wife's wish to travel
     to Africa.
If we didn't comply with the law, we would surely
     be fined.
A few candidates had met all the requirements.
The show pleased the audience as well as the critics.
I have to admit that the idea doesn't please me.
The company was able to pay its creditors in full.
By atoning for your sins, you'll lead happier lives.

soffrire · *to suffer (from); endure, stand, bear*

soffro · soffrii/soffersi · sofferto

irregular *-ire* verb;
trans./intrans. (aux. *avere*)

Presente · Present		Passato prossimo · Present perfect	
soffro	soffriamo	ho sofferto	abbiamo sofferto
soffri	soffrite	hai sofferto	avete sofferto
soffre	soffrono	ha sofferto	hanno sofferto

Imperfetto · Imperfect		Trapassato prossimo · Past perfect	
soffrivo	soffrivamo	avevo sofferto	avevamo sofferto
soffrivi	soffrivate	avevi sofferto	avevate sofferto
soffriva	soffrivano	aveva sofferto	avevano sofferto

Passato remoto · Preterit		Trapassato remoto · Preterit perfect	
soffrii/soffersi	soffrimmo	ebbi sofferto	avemmo sofferto
soffristi	soffriste	avesti sofferto	aveste sofferto
soffrì/sofferse	soffrirono/soffersero	ebbe sofferto	ebbero sofferto

Futuro semplice · Future		Futuro anteriore · Future perfect	
soffrirò	soffriremo	avrò sofferto	avremo sofferto
soffrirai	soffrirete	avrai sofferto	avrete sofferto
soffrirà	soffriranno	avrà sofferto	avranno sofferto

Condizionale presente · Present conditional		Condizionale passato · Perfect conditional	
soffrirei	soffriremmo	avrei sofferto	avremmo sofferto
soffriresti	soffrireste	avresti sofferto	avreste sofferto
soffrirebbe	soffrirebbero	avrebbe sofferto	avrebbero sofferto

Congiuntivo presente · Present subjunctive		Congiuntivo passato · Perfect subjunctive	
soffra	soffriamo	abbia sofferto	abbiamo sofferto
soffra	soffriate	abbia sofferto	abbiate sofferto
soffra	soffrano	abbia sofferto	abbiano sofferto

Congiuntivo imperfetto · Imperfect subjunctive		Congiuntivo trapassato · Past perfect subjunctive	
soffrissi	soffrissimo	avessi sofferto	avessimo sofferto
soffrissi	soffriste	avessi sofferto	aveste sofferto
soffrisse	soffrissero	avesse sofferto	avessero sofferto

Imperativo · Commands	
	(non) soffriamo
soffri (non soffrire)	(non) soffrite
(non) soffra	(non) soffrano

Participio passato · Past participle	sofferto (-a/-i/-e)
Gerundio · Gerund	soffrendo

Usage

È intollerabile che migliaia di bambini soffrano la fame nel nostro paese.
Le arance hanno sofferto per il gelo.
Lei soffre spesso di mal di testa?
Penso che soffra di depressione.
Nicola soffrì le pene dell'inferno da adolescente.
Non dovrebbero soffrire una persecuzione religiosa.
— Che opinione hanno di Matteo?
— Non lo possono soffrire.
Maria non poteva più soffrire la lontananza dai genitori.
Non posso soffrire che tu te ne vada.
La mia sorellina soffre il solletico.

It's intolerable that thousands of children suffer from hunger in our country.
The oranges were damaged by the frost.
Do you suffer from frequent headaches?
I think he suffers from depression.
Nicola went through hell as an adolescent.
They shouldn't have to endure religious persecution.
"What is their opinion of Matteo?"
"They can't stand him."
Maria could no longer bear to be far away from her parents.
I can't bear the thought that you will be leaving.
My little sister is ticklish.

regular *-are* verb;
trans./intrans. (aux. *avere*)

sogno · sognai · sognato

Presente · Present

sogno	sogniamo/sognamo
sogni	sognate
sogna	sognano

Imperfetto · Imperfect

sognavo	sognavamo
sognavi	sognavate
sognava	sognavano

Passato remoto · Preterit

sognai	sognammo
sognasti	sognaste
sognò	sognarono

Futuro semplice · Future

sognerò	sogneremo
sognerai	sognerete
sognerà	sogneranno

Condizionale presente · Present conditional

sognerei	sogneremmo
sogneresti	sognereste
sognerebbe	sognerebbero

Congiuntivo presente · Present subjunctive

sogni	sogniamo/sognamo
sogni	sogniate/sognate
sogni	sognino

Congiuntivo imperfetto · Imperfect subjunctive

sognassi	sognassimo
sognassi	sognaste
sognasse	sognassero

Imperativo · Commands

	(non) sogniamo
sogna (non sognare)	(non) sognate
(non) sogni	(non) sognino

Passato prossimo · Present perfect

ho sognato	abbiamo sognato
hai sognato	avete sognato
ha sognato	hanno sognato

Trapassato prossimo · Past perfect

avevo sognato	avevamo sognato
avevi sognato	avevate sognato
aveva sognato	avevano sognato

Trapassato remoto · Preterit perfect

ebbi sognato	avemmo sognato
avesti sognato	aveste sognato
ebbe sognato	ebbero sognato

Futuro anteriore · Future perfect

avrò sognato	avremo sognato
avrai sognato	avrete sognato
avrà sognato	avranno sognato

Condizionale passato · Perfect conditional

avrei sognato	avremmo sognato
avresti sognato	avreste sognato
avrebbe sognato	avrebbero sognato

Congiuntivo passato · Perfect subjunctive

abbia sognato	abbiamo sognato
abbia sognato	abbiate sognato
abbia sognato	abbiano sognato

Congiuntivo trapassato · Past perfect subjunctive

avessi sognato	avessimo sognato
avessi sognato	aveste sognato
avesse sognato	avessero sognato

Participio passato · Past participle sognato (-a/-i/-e)

Gerundio · Gerund sognando

Usage

— Che cosa hai sognato stanotte?	*"What did you dream about last night?"*
— Non mi ricordo.	*"I don't remember."*
Carmela sogna di fare una crociera nel Mediterraneo.	*Carmela dreams of going on a Mediterranean cruise.*
Sognava che aveva vinto la lotteria.	*He was dreaming that he had won the lottery.*
Ho sognato di te.	*I dreamed about you.*
La Ferrari, te la puoi sognare.	*A Ferrari—in your dreams!*
Sogno una casa in montagna.	*I'm dreaming of a house in the mountains.*
Stai sognando a occhi aperti. Non succederà mai.	*You're daydreaming. It'll never happen.*

sognarsi *to dream, think of*

Mica me lo sono sognato!	*I didn't dream it up!*
Chi se lo sarebbe sognato?	*Who would have thought?*
Non sognarti di partire senza noi.	*Don't even think of leaving without us.*

sopporto · sopportai · sopportato

regular -*are* verb;
trans. (aux. *avere*)

Presente · Present

sopporto	sopportiamo
sopporti	sopportate
sopporta	sopportano

Imperfetto · Imperfect

sopportavo	sopportavamo
sopportavi	sopportavate
sopportava	sopportavano

Passato remoto · Preterit

sopportai	sopportammo
sopportasti	sopportaste
sopportò	sopportarono

Futuro semplice · Future

sopporterò	sopporteremo
sopporterai	sopporterete
sopporterà	sopporteranno

Condizionale presente · Present conditional

sopporterei	sopporteremmo
sopporteresti	sopportereste
sopporterebbe	sopporterebbero

Congiuntivo presente · Present subjunctive

sopporti	sopportiamo
sopporti	sopportiate
sopporti	sopportino

Congiuntivo imperfetto · Imperfect subjunctive

sopportassi	sopportassimo
sopportassi	sopportaste
sopportasse	sopportassero

Passato prossimo · Present perfect

ho sopportato	abbiamo sopportato
hai sopportato	avete sopportato
ha sopportato	hanno sopportato

Trapassato prossimo · Past perfect

avevo sopportato	avevamo sopportato
avevi sopportato	avevate sopportato
aveva sopportato	avevano sopportato

Trapassato remoto · Preterit perfect

ebbi sopportato	avemmo sopportato
avesti sopportato	aveste sopportato
ebbe sopportato	ebbero sopportato

Futuro anteriore · Future perfect

avrò sopportato	avremo sopportato
avrai sopportato	avrete sopportato
avrà sopportato	avranno sopportato

Condizionale passato · Perfect conditional

avrei sopportato	avremmo sopportato
avresti sopportato	avreste sopportato
avrebbe sopportato	avrebbero sopportato

Congiuntivo passato · Perfect subjunctive

abbia sopportato	abbiamo sopportato
abbia sopportato	abbiate sopportato
abbia sopportato	abbiano sopportato

Congiuntivo trapassato · Past perfect subjunctive

avessi sopportato	avessimo sopportato
avessi sopportato	aveste sopportato
avesse sopportato	avessero sopportato

Imperativo · Commands

	(non) sopportiamo
sopporta (non sopportare)	(non) sopportate
(non) sopporti	(non) sopportino

Participio passato · Past participle   sopportato (-a/-i/-e)
Gerundio · Gerund   sopportando

Usage

Non sopporto i frutti di mare.	*I can't stand seafood.*
Salvatore non sopportava gli ipocriti.	*Salvatore couldn't stand hypocrites.*
I pacifisti non potevano sopportare di veder soffrire nessuno.	*The pacifists couldn't stand to see anyone suffer.*
Non potevamo sopportare più le spese per i farmaci.	*We could no longer bear the expenses of the drugs.*
Dovranno sopportare le conseguenze delle loro azioni.	*They'll have to bear the consequences of their actions.*
È più difficile sopportare l'umidità che il caldo.	*It's more difficult to cope with the humidity than the heat.*
Non abbiamo mai sopportato le bugie.	*We've never tolerated lies.*
Sopportai molti sacrifici in quel periodo.	*I endured many sacrifices during that time.*
Temo che il tetto non sopporti il peso della neve.	*I'm afraid the roof won't support the weight of the snow.*

irregular -ere verb;
intrans. (aux. *essere*)

sopravvivo · sopravvissi · sopravvissuto

Presente · Present

sopravvivo	sopravviviamo
sopravvivi	sopravvivete
sopravvive	sopravvivono

Imperfetto · Imperfect

sopravvivevo	sopravvivevamo
sopravvivevi	sopravvivevate
sopravviveva	sopravvivevano

Passato remoto · Preterit

sopravvissi	sopravvivemmo
sopravvivesti	sopravviveste
sopravvisse	sopravvissero

Futuro semplice · Future

sopravviv(e)rò	sopravviv(e)remo
sopravviv(e)rai	sopravviv(e)rete
sopravviv(e)rà	sopravviv(e)ranno

Condizionale presente · Present conditional

sopravviv(e)rei	sopravviv(e)remmo
sopravviv(e)resti	sopravviv(e)reste
sopravviv(e)rebbe	sopravviv(e)rebbero

Congiuntivo presente · Present subjunctive

sopravviva	sopravviviamo
sopravviva	sopravviviate
sopravviva	sopravvivano

Congiuntivo imperfetto · Imperfect subjunctive

sopravvivessi	sopravvivessimo
sopravvivessi	sopravviveste
sopravvivesse	sopravvivessero

Imperativo · Commands

	(non) sopravviviamo
sopravvivi (non sopravvivere)	(non) sopravvivete
(non) sopravviva	(non) sopravvivano

Passato prossimo · Present perfect

sono sopravvissuto (-a)	siamo sopravvissuti (-e)
sei sopravvissuto (-a)	siete sopravvissuti (-e)
è sopravvissuto (-a)	sono sopravvissuti (-e)

Trapassato prossimo · Past perfect

ero sopravvissuto (-a)	eravamo sopravvissuti (-e)
eri sopravvissuto (-a)	eravate sopravvissuti (-e)
era sopravvissuto (-a)	erano sopravvissuti (-e)

Trapassato remoto · Preterit perfect

fui sopravvissuto (-a)	fummo sopravvissuti (-e)
fosti sopravvissuto (-a)	foste sopravvissuti (-e)
fu sopravvissuto (-a)	furono sopravvissuti (-e)

Futuro anteriore · Future perfect

sarò sopravvissuto (-a)	saremo sopravvissuti (-e)
sarai sopravvissuto (-a)	sarete sopravvissuti (-e)
sarà sopravvissuto (-a)	saranno sopravvissuti (-e)

Condizionale passato · Perfect conditional

sarei sopravvissuto (-a)	saremmo sopravvissuti (-e)
saresti sopravvissuto (-a)	sareste sopravvissuti (-e)
sarebbe sopravvissuto (-a)	sarebbero sopravvissuti (-e)

Congiuntivo passato · Perfect subjunctive

sia sopravvissuto (-a)	siamo sopravvissuti (-e)
sia sopravvissuto (-a)	siate sopravvissuti (-e)
sia sopravvissuto (-a)	siano sopravvissuti (-e)

Congiuntivo trapassato · Past perfect subjunctive

fossi sopravvissuto (-a)	fossimo sopravvissuti (-e)
fossi sopravvissuto (-a)	foste sopravvissuti (-e)
fosse sopravvissuto (-a)	fossero sopravvissuti (-e)

Participio passato · Past participle   sopravvissuto (-a/-i/-e)

Gerundio · Gerund   sopravvivendo

Usage

Il padre è sopravvissuto al figlio unico.	*The father outlived his only son.*
Il ricordo sopravvivrà per sempre nel vostro cuore.	*The memory will live on forever in your hearts.*
L'aereo precipitò e nessuno sopravvisse.	*The airplane crashed and no one survived.*
Il presidente è sopravvissuto all'attentato.	*The president survived the attack.*
Quella specie di insetti non sopravvivrà al cambiamento climatico.	*That species of insect will not survive the climate change.*
Non so come siano sopravvissuti all'incidente.	*I don't know how they survived the accident.*
Prendete solo il minimo necessario per sopravvivere.	*Take only the minimum necessary for survival.*
Gli antichi costumi sopravvivono ancora.	*The old customs still live on there.*

RELATED EXPRESSIONS

il sopravvisuto/la sopravvissuta	*survivor*
la sopravvivenza	*survival*
l'addestramento (*m.*) alla sopravvivenza	*survival training*

sorpasso · sorpassai · sorpassato

regular -*are* verb;
trans. (aux. *avere*)

Presente · Present	
sorpasso	sorpassiamo
sorpassi	sorpassate
sorpassa	sorpassano

Imperfetto · Imperfect	
sorpassavo	sorpassavamo
sorpassavi	sorpassavate
sorpassava	sorpassavano

Passato remoto · Preterit	
sorpassai	sorpassammo
sorpassasti	sorpassaste
sorpassò	sorpassarono

Futuro semplice · Future	
sorpasserò	sorpasseremo
sorpasserai	sorpasserete
sorpasserà	sorpasseranno

Condizionale presente · Present conditional	
sorpasserei	sorpasseremmo
sorpasseresti	sorpassereste
sorpasserebbe	sorpasserebbero

Congiuntivo presente · Present subjunctive	
sorpassi	sorpassiamo
sorpassi	sorpassiate
sorpassi	sorpassino

Congiuntivo imperfetto · Imperfect subjunctive	
sorpassassi	sorpassassimo
sorpassassi	sorpassaste
sorpassasse	sorpassassero

Passato prossimo · Present perfect	
ho sorpassato	abbiamo sorpassato
hai sorpassato	avete sorpassato
ha sorpassato	hanno sorpassato

Trapassato prossimo · Past perfect	
avevo sorpassato	avevamo sorpassato
avevi sorpassato	avevate sorpassato
aveva sorpassato	avevano sorpassato

Trapassato remoto · Preterit perfect	
ebbi sorpassato	avemmo sorpassato
avesti sorpassato	aveste sorpassato
ebbe sorpassato	ebbero sorpassato

Futuro anteriore · Future perfect	
avrò sorpassato	avremo sorpassato
avrai sorpassato	avrete sorpassato
avrà sorpassato	avranno sorpassato

Condizionale passato · Perfect conditional	
avrei sorpassato	avremmo sorpassato
avresti sorpassato	avreste sorpassato
avrebbe sorpassato	avrebbero sorpassato

Congiuntivo passato · Perfect subjunctive	
abbia sorpassato	abbiamo sorpassato
abbia sorpassato	abbiate sorpassato
abbia sorpassato	abbiano sorpassato

Congiuntivo trapassato · Past perfect subjunctive	
avessi sorpassato	avessimo sorpassato
avessi sorpassato	aveste sorpassato
avesse sorpassato	avessero sorpassato

Imperativo · Commands	
	(non) sorpassiamo
sorpassa (non sorpassare)	(non) sorpassate
(non) sorpassi	(non) sorpassino

Participio passato · Past participle	sorpassato (-a/-i/-e)
Gerundio · Gerund	sorpassando

Usage

Ho sorpassato il camion sulla sinistra.
È vietato sorpassare in curva.
Caterina mi ha appena sorpassato in altezza.
Elena lo sorpassa in molte cose, ma soprattutto
    in entusiasmo.
Sei d'accordo che Giulio ha sorpassato se stesso
    questa volta?
Non sorpassare il limite di velocità!
Sorpasseremo tra poco i limiti di ciò che si credeva
    possibile.
I risultati della ditta sorpassarono ogni previsione.
Hai sorpassato ogni limite questa volta!

I passed the truck on the left.
Passing on a curve is prohibited.
Caterina has just passed me up in height.
Elena surpasses him in many ways, but most of all
    in enthusiasm.
Do you agree that Giulio outdid himself this time?

Don't go over the speed limit!
We'll soon exceed the limits of what was thought
    possible.
The company's results exceeded all expectations.
You've gone too far this time!

irregular -ere verb;
trans. (aux. *avere*)

sorprendo · sorpresi · sorpreso

Presente · Present		Passato prossimo · Present perfect	
sorprendo	sorprendiamo	ho sorpreso	abbiamo sorpreso
sorprendi	sorprendete	hai sorpreso	avete sorpreso
sorprende	sorprendono	ha sorpreso	hanno sorpreso

Imperfetto · Imperfect		Trapassato prossimo · Past perfect	
sorprendevo	sorprendevamo	avevo sorpreso	avevamo sorpreso
sorprendevi	sorprendevate	avevi sorpreso	avevate sorpreso
sorprendeva	sorprendevano	aveva sorpreso	avevano sorpreso

Passato remoto · Preterit		Trapassato remoto · Preterit perfect	
sorpresi	sorprendemmo	ebbi sorpreso	avemmo sorpreso
sorprendesti	sorprendeste	avesti sorpreso	aveste sorpreso
sorprese	sorpresero	ebbe sorpreso	ebbero sorpreso

Futuro semplice · Future		Futuro anteriore · Future perfect	
sorprenderò	sorprenderemo	avrò sorpreso	avremo sorpreso
sorprenderai	sorprenderete	avrai sorpreso	avrete sorpreso
sorprenderà	sorprenderanno	avrà sorpreso	avranno sorpreso

Condizionale presente · Present conditional		Condizionale passato · Perfect conditional	
sorprenderei	sorprenderemmo	avrei sorpreso	avremmo sorpreso
sorprenderesti	sorprendereste	avresti sorpreso	avreste sorpreso
sorprenderebbe	sorprenderebbero	avrebbe sorpreso	avrebbero sorpreso

Congiuntivo presente · Present subjunctive		Congiuntivo passato · Perfect subjunctive	
sorprenda	sorprendiamo	abbia sorpreso	abbiamo sorpreso
sorprenda	sorprendiate	abbia sorpreso	abbiate sorpreso
sorprenda	sorprendano	abbia sorpreso	abbiano sorpreso

Congiuntivo imperfetto · Imperfect subjunctive		Congiuntivo trapassato · Past perfect subjunctive	
sorprendessi	sorprendessimo	avessi sorpreso	avessimo sorpreso
sorprendessi	sorprendeste	avessi sorpreso	aveste sorpreso
sorprendesse	sorprendessero	avesse sorpreso	avessero sorpreso

Imperativo · Commands	
	(non) sorprendiamo
sorprendi (non sorprendere)	(non) sorprendete
(non) sorprenda	(non) sorprendano

Participio passato · Past participle	sorpreso (-a/-i/-e)
Gerundio · Gerund	sorprendendo

Usage

La sua morte inaspettata sorprese tutti.
La tua decisione ci ha fortemente sorpresi.
Lo ha sorpreso la notizia che tu fossi partito.
Non mi sorprenderebbe se l'università annullasse
    quel programma.
Il temporale ci ha sorpreso.
La polizia li ha sorpresi a rubare.
Il truffatore ha sorpreso la vostra buona fede.

His unexpected death surprised everybody.
Your decision was a complete surprise to us.
The news that you had left surprised him.
It wouldn't surprise me if the university canceled
    that program.
The storm caught us by surprise.
The police caught them in the act of stealing.
The swindler took advantage of your trust.

sorprendersi *to catch oneself; be surprised (at/by), wonder (at)*

Mi sono sorpreso a pensare spesso a lui.
Non si sorprendevano più di niente.
Carmine si era sorpreso un po' dei risultati.

I caught myself thinking about him often.
Nothing surprised them anymore.
Carmine was a little surprised at the results.

sorrido · sorrisi · sorriso

irregular -*ere* verb;
intrans. (aux. *avere*)

Presente · Present

sorrido	sorridiamo
sorridi	sorridete
sorride	sorridono

Imperfetto · Imperfect

sorridevo	sorridevamo
sorridevi	sorridevate
sorrideva	sorridevano

Passato remoto · Preterit

sorrisi	sorridemmo
sorridesti	sorrideste
sorrise	sorrisero

Futuro semplice · Future

sorriderò	sorrideremo
sorriderai	sorriderete
sorriderà	sorrideranno

Condizionale presente · Present conditional

sorriderei	sorrideremmo
sorrideresti	sorridereste
sorriderebbe	sorriderebbero

Congiuntivo presente · Present subjunctive

sorrida	sorridiamo
sorrida	sorridiate
sorrida	sorridano

Congiuntivo imperfetto · Imperfect subjunctive

sorridessi	sorridessimo
sorridessi	sorrideste
sorridesse	sorridessero

Passato prossimo · Present perfect

ho sorriso	abbiamo sorriso
hai sorriso	avete sorriso
ha sorriso	hanno sorriso

Trapassato prossimo · Past perfect

avevo sorriso	avevamo sorriso
avevi sorriso	avevate sorriso
aveva sorriso	avevano sorriso

Trapassato remoto · Preterit perfect

ebbi sorriso	avemmo sorriso
avesti sorriso	aveste sorriso
ebbe sorriso	ebbero sorriso

Futuro anteriore · Future perfect

avrò sorriso	avremo sorriso
avrai sorriso	avrete sorriso
avrà sorriso	avranno sorriso

Condizionale passato · Perfect conditional

avrei sorriso	avremmo sorriso
avresti sorriso	avreste sorriso
avrebbe sorriso	avrebbero sorriso

Congiuntivo passato · Perfect subjunctive

abbia sorriso	abbiamo sorriso
abbia sorriso	abbiate sorriso
abbia sorriso	abbiano sorriso

Congiuntivo trapassato · Past perfect subjunctive

avessi sorriso	avessimo sorriso
avessi sorriso	aveste sorriso
avesse sorriso	avessero sorriso

Imperativo · Commands

	(non) sorridiamo
sorridi (non sorridere)	(non) sorridete
(non) sorrida	(non) sorridano

Participio passato · Past participle   sorriso (-a/-i/-e)
Gerundio · Gerund   sorridendo

Usage

La bambina sorrideva con malizia.	*The little girl was grinning mischievously.*
Hanno sorriso stancamente alla fine della passeggiata.	*They smiled wearily at the end of their walk.*
I diplomatici sorrisero per compiacenza.	*The diplomats smiled out of courtesy.*
La vita sorride ai giovani.	*Life smiles on the young.*
Non le ha sorriso la fortuna.	*Fortune hasn't smiled on her.*
Non gli sorrideva l'idea di pulire la casa da solo.	*The idea of cleaning the house by himself didn't appeal to him.*

sorridersi *to smile at each other*

Le due amiche si sono sorrise mentre si parlavano.	*The two (girl)friends smiled at each other as they talked.*

RELATED WORD

il sorriso	*smile*

irregular -*ere* verb;
trans. (aux. *avere*)

sospendo · sospesi · sospeso

Presente · Present

sospendo	sospendiamo
sospendi	sospendete
sospende	sospendono

Imperfetto · Imperfect

sospendevo	sospendevamo
sospendevi	sospendevate
sospendeva	sospendevano

Passato remoto · Preterit

sospesi	sospendemmo
sospendesti	sospendeste
sospese	sospesero

Futuro semplice · Future

sospenderò	sospenderemo
sospenderai	sospenderete
sospenderà	sospenderanno

Condizionale presente · Present conditional

sospenderei	sospenderemmo
sospenderesti	sospendereste
sospenderebbe	sospenderebbero

Congiuntivo presente · Present subjunctive

sospenda	sospendiamo
sospenda	sospendiate
sospenda	sospendano

Congiuntivo imperfetto · Imperfect subjunctive

sospendessi	sospendessimo
sospendessi	sospendeste
sospendesse	sospendessero

Passato prossimo · Present perfect

ho sospeso	abbiamo sospeso
hai sospeso	avete sospeso
ha sospeso	hanno sospeso

Trapassato prossimo · Past perfect

avevo sospeso	avevamo sospeso
avevi sospeso	avevate sospeso
aveva sospeso	avevano sospeso

Trapassato remoto · Preterit perfect

ebbi sospeso	avemmo sospeso
avesti sospeso	aveste sospeso
ebbe sospeso	ebbero sospeso

Futuro anteriore · Future perfect

avrò sospeso	avremo sospeso
avrai sospeso	avrete sospeso
avrà sospeso	avranno sospeso

Condizionale passato · Perfect conditional

avrei sospeso	avremmo sospeso
avresti sospeso	avreste sospeso
avrebbe sospeso	avrebbero sospeso

Congiuntivo passato · Perfect subjunctive

abbia sospeso	abbiamo sospeso
abbia sospeso	abbiate sospeso
abbia sospeso	abbiano sospeso

Congiuntivo trapassato · Past perfect subjunctive

avessi sospeso	avessimo sospeso
avessi sospeso	aveste sospeso
avesse sospeso	avessero sospeso

Imperativo · Commands

	(non) sospendiamo
sospendi (non sospendere)	(non) sospendete
(non) sospenda	(non) sospendano

Participio passato · Past participle	sospeso (-a/-i/-e)
Gerundio · Gerund	sospendendo

Usage

Oggi sospenderò tutti i quadri al muro.
Nessuno sa perché abbiano sospeso la ricerca.
Pensi che sospenderanno le lezioni?
Non vorrei che gli sospendessero lo stipendio.
Il direttore potrebbe sospendere lo studente dalle
    lezioni per qualche giorno.
Abbiamo sospeso immediatamente la vacanza
    nelle Alpi.
Il presidente sospese la seduta per un'ora.
La riunione fu sospesa a tempo indeterminato.

Today I'll hang all the pictures on the wall.
Nobody knows why they suspended the research.
Do you think classes will be suspended?
I wouldn't want them to put his salary on hold.
The principal could suspend the student from classes
    for a few days.
We immediately interrupted our vacation in the Alps.

The chairman adjourned the session for an hour.
The meeting was postponed for an undetermined
    length of time.

RELATED EXPRESSIONS

la sospensione
la sospensione del lavoro

suspension; adjournment; postponement
work stoppage; layoff

sostenere

to hold up, support; maintain, uphold;
bear, endure, stand up to; take (on)

sostengo · sostenni · sostenuto

irregular *-ēre* verb;
trans. (aux. *avere*)

Presente · Present

sostengo	sosteniamo
sostieni	sostenete
sostiene	sostengono

Imperfetto · Imperfect

sostenevo	sostenevamo
sostenevi	sostenevate
sosteneva	sostenevano

Passato remoto · Preterit

sostenni	sostenemmo
sostenesti	sosteneste
sostenne	sostennero

Futuro semplice · Future

sosterrò	sosterremo
sosterrai	sosterrete
sosterrà	sosterranno

Condizionale presente · Present conditional

sosterrei	sosterremmo
sosterresti	sosterreste
sosterrebbe	sosterrebbero

Congiuntivo presente · Present subjunctive

sostenga	sosteniamo
sostenga	sosteniate
sostenga	sostengano

Congiuntivo imperfetto · Imperfect subjunctive

sostenessi	sostenessimo
sostenessi	sosteneste
sostenesse	sostenessero

Passato prossimo · Present perfect

ho sostenuto	abbiamo sostenuto
hai sostenuto	avete sostenuto
ha sostenuto	hanno sostenuto

Trapassato prossimo · Past perfect

avevo sostenuto	avevamo sostenuto
avevi sostenuto	avevate sostenuto
aveva sostenuto	avevano sostenuto

Trapassato remoto · Preterit perfect

ebbi sostenuto	avemmo sostenuto
avesti sostenuto	aveste sostenuto
ebbe sostenuto	ebbero sostenuto

Futuro anteriore · Future perfect

avrò sostenuto	avremo sostenuto
avrai sostenuto	avrete sostenuto
avrà sostenuto	avranno sostenuto

Condizionale passato · Perfect conditional

avrei sostenuto	avremmo sostenuto
avresti sostenuto	avreste sostenuto
avrebbe sostenuto	avrebbero sostenuto

Congiuntivo passato · Perfect subjunctive

abbia sostenuto	abbiamo sostenuto
abbia sostenuto	abbiate sostenuto
abbia sostenuto	abbiano sostenuto

Congiuntivo trapassato · Past perfect subjunctive

avessi sostenuto	avessimo sostenuto
avessi sostenuto	aveste sostenuto
avesse sostenuto	avessero sostenuto

Imperativo · Commands

	(non) sosteniamo
sostieni (non sostenere)	(non) sostenete
(non) sostenga	(non) sostengano

Participio passato · Past participle	sostenuto (-a/-i/-e)
Gerundio · Gerund	sostenendo

Usage

Il soffitto viene sostenuto da dieci travi.	*The ceiling is held up by ten beams.*
Volevo sostenere il mio amico.	*I wanted to support my friend.*
Non sostengo l'idea di un aumento delle tasse.	*I don't support the idea of a tax increase.*
Lui sostiene che non ha partecipato.	*He maintains that he didn't participate.*
Sosterremo noi tutte le spese della vacanza.	*We'll bear all the vacation expenses.*
Antonio non sostiene bene l'alcol.	*Antonio doesn't handle alcohol very well.*
Chi sosterrà la parte di Giulietta?	*Who will play the part of Juliet?*

sostenersi *to hold oneself up, support oneself; keep one's strength up; stand up; stand by each other*

L'uomo si sosteneva al muro.	*The man leaned against the wall.*
L'ipotesi non si è sostenuta a lungo.	*The hypothesis didn't hold up for very long.*
Non potevo sostenermi con il sussidio di disoccupazione.	*I couldn't support myself on unemployment benefits.*
È importante che vi sosteniate a vicenda in questo momento.	*It's important that you stand by each other at this time.*

regular *-ire* verb (*-isc-* type);
trans. (aux. *avere*)

sostituisco · sostituii · sostituito

Presente · Present

sostituisco	sostituiamo
sostituisci	sostituite
sostituisce	sostituiscono

Imperfetto · Imperfect

sostituivo	sostituivamo
sostituivi	sostituivate
sostituiva	sostituivano

Passato remoto · Preterit

sostituii	sostituimmo
sostituisti	sostituiste
sostituì	sostituirono

Futuro semplice · Future

sostituirò	sostituiremo
sostituirai	sostituirete
sostituirà	sostituiranno

Condizionale presente · Present conditional

sostituirei	sostituiremmo
sostituiresti	sostituireste
sostituirebbe	sostituirebbero

Congiuntivo presente · Present subjunctive

sostituisca	sostituiamo
sostituisca	sostituiate
sostituisca	sostituiscano

Congiuntivo imperfetto · Imperfect subjunctive

sostituissi	sostituissimo
sostituissi	sostituiste
sostituisse	sostituissero

Passato prossimo · Present perfect

ho sostituito	abbiamo sostituito
hai sostituito	avete sostituito
ha sostituito	hanno sostituito

Trapassato prossimo · Past perfect

avevo sostituito	avevamo sostituito
avevi sostituito	avevate sostituito
aveva sostituito	avevano sostituito

Trapassato remoto · Preterit perfect

ebbi sostituito	avemmo sostituito
avesti sostituito	aveste sostituito
ebbe sostituito	ebbero sostituito

Futuro anteriore · Future perfect

avrò sostituito	avremo sostituito
avrai sostituito	avrete sostituito
avrà sostituito	avranno sostituito

Condizionale passato · Perfect conditional

avrei sostituito	avremmo sostituito
avresti sostituito	avreste sostituito
avrebbe sostituito	avrebbero sostituito

Congiuntivo passato · Perfect subjunctive

abbia sostituito	abbiamo sostituito
abbia sostituito	abbiate sostituito
abbia sostituito	abbiano sostituito

Congiuntivo trapassato · Past perfect subjunctive

avessi sostituito	avessimo sostituito
avessi sostituito	aveste sostituito
avesse sostituito	avessero sostituito

Imperativo · Commands

	(non) sostituiamo
sostituisci (non sostituire)	(non) sostituite
(non) sostituisca	(non) sostituiscano

Participio passato · Past participle   sostituito (-a/-i/-e)
Gerundio · Gerund   sostituendo

Usage

Un supplente sostituì il professore per un mese.	*A substitute replaced the teacher for a month.*
Chi sostituisce il collega ammalato?	*Who's replacing the sick colleague?*
Perché non sostituisci la vecchia batteria con una nuova?	*Why don't you replace the old battery with a new one?*
Ho sostituito la radio che si è rotta.	*I replaced the radio that broke.*
Io non sostituirei la saccarina allo zucchero.	*I wouldn't substitute saccharin for sugar.*
Nessuno la sostituirà.	*Nobody will take her place.*

sostituirsi *to replace*

Un dittatore si sostituì a un altro.	*One dictator replaced another.*
Quando il padre è morto, il figlio gli si è sostituito nell'azienda.	*When his father died, the son took his place in the company.*

RELATED WORD

il sostituto   *substitute, deputy*

sparare *to shoot; fire*

sparo · sparai · sparato

regular *-are* verb;
trans./intrans. (aux. *avere*)

Presente · Present		Passato prossimo · Present perfect	
sparo	spariamo	ho sparato	abbiamo sparato
spari	sparate	hai sparato	avete sparato
spara	sparano	ha sparato	hanno sparato

Imperfetto · Imperfect		Trapassato prossimo · Past perfect	
sparavo	sparavamo	avevo sparato	avevamo sparato
sparavi	sparavate	avevi sparato	avevate sparato
sparava	sparavano	aveva sparato	avevano sparato

Passato remoto · Preterit		Trapassato remoto · Preterit perfect	
sparai	sparammo	ebbi sparato	avemmo sparato
sparasti	sparaste	avesti sparato	aveste sparato
sparò	spararono	ebbe sparato	ebbero sparato

Futuro semplice · Future		Futuro anteriore · Future perfect	
sparerò	spareremo	avrò sparato	avremo sparato
sparerai	sparerete	avrai sparato	avrete sparato
sparerà	spareranno	avrà sparato	avranno sparato

Condizionale presente · Present conditional		Condizionale passato · Perfect conditional	
sparerei	spareremmo	avrei sparato	avremmo sparato
spareresti	sparereste	avresti sparato	avreste sparato
sparerebbe	sparerebbero	avrebbe sparato	avrebbero sparato

Congiuntivo presente · Present subjunctive		Congiuntivo passato · Perfect subjunctive	
spari	spariamo	abbia sparato	abbiamo sparato
spari	spariate	abbia sparato	abbiate sparato
spari	sparino	abbia sparato	abbiano sparato

Congiuntivo imperfetto · Imperfect subjunctive		Congiuntivo trapassato · Past perfect subjunctive	
sparassi	sparassimo	avessi sparato	avessimo sparato
sparassi	sparaste	avessi sparato	aveste sparato
sparasse	sparassero	avesse sparato	avessero sparato

Imperativo · Commands	
	(non) spariamo
spara (non sparare)	(non) sparate
(non) spari	(non) sparino

Participio passato · Past participle	sparato (-a/-i/-e)
Gerundio · Gerund	sparando

Usage

Chi ha sparato alla donna?	*Who shot the woman?*
— Hanno sparato al negoziante?	*"Did they shoot the storekeeper?"*
— Sì, gli hanno sparato al petto.	*"Yes, they shot him in the chest."*
La nave sparò un colpo di avvertimento.	*The ship fired a warning shot.*
Chi ti ha sparato un pugno in faccia?	*Who punched you in the face?*
Goffredo sparò la palla in porta.	*Goffredo kicked the ball into the goal.*
Non fidarti di lui. Le spara grosse spesso.	*Don't trust him. He often exaggerates.*
L'architetto ha sparato un prezzo esorbitante.	*The architect shot them an exorbitant price.*
I mass media hanno sparato a zero sul presidente.	*The mass media let the president have it with both barrels.*

spararsi *to shoot oneself*

L'uomo si è ucciso sparandosi.	*The man shot and killed himself.*
Penso che si sia sparato un colpo alla testa.	*I think he shot himself in the head.*

regular -are verb, i > –/i;
trans. (aux. *avere*)

Presente · Present

sparecchio / sparecchiamo
sparecchi / sparecchiate
sparecchia / sparecchiano

Imperfetto · Imperfect

sparecchiavo / sparecchiavamo
sparecchiavi / sparecchiavate
sparecchiava / sparecchiavano

Passato remoto · Preterit

sparecchiai / sparecchiammo
sparecchiasti / sparecchiaste
sparecchiò / sparecchiarono

Futuro semplice · Future

sparecchierò / sparecchieremo
sparecchierai / sparecchierete
sparecchierà / sparecchieranno

Condizionale presente · Present conditional

sparecchierei / sparecchieremmo
sparecchieresti / sparecchiereste
sparecchierebbe / sparecchierebbero

Congiuntivo presente · Present subjunctive

sparecchi / sparecchiamo
sparecchi / sparecchiate
sparecchi / sparecchino

Congiuntivo imperfetto · Imperfect subjunctive

sparecchiassi / sparecchiassimo
sparecchiassi / sparecchiaste
sparecchiasse / sparecchiassero

Passato prossimo · Present perfect

ho sparecchiato / abbiamo sparecchiato
hai sparecchiato / avete sparecchiato
ha sparecchiato / hanno sparecchiato

Trapassato prossimo · Past perfect

avevo sparecchiato / avevamo sparecchiato
avevi sparecchiato / avevate sparecchiato
aveva sparecchiato / avevano sparecchiato

Trapassato remoto · Preterit perfect

ebbi sparecchiato / avemmo sparecchiato
avesti sparecchiato / aveste sparecchiato
ebbe sparecchiato / ebbero sparecchiato

Futuro anteriore · Future perfect

avrò sparecchiato / avremo sparecchiato
avrai sparecchiato / avrete sparecchiato
avrà sparecchiato / avranno sparecchiato

Condizionale passato · Perfect conditional

avrei sparecchiato / avremmo sparecchiato
avresti sparecchiato / avreste sparecchiato
avrebbe sparecchiato / avrebbero sparecchiato

Congiuntivo passato · Perfect subjunctive

abbia sparecchiato / abbiamo sparecchiato
abbia sparecchiato / abbiate sparecchiato
abbia sparecchiato / abbiano sparecchiato

Congiuntivo trapassato · Past perfect subjunctive

avessi sparecchiato / avessimo sparecchiato
avessi sparecchiato / aveste sparecchiato
avesse sparecchiato / avessero sparecchiato

Imperativo · Commands

  / (non) sparecchiamo
sparecchia (non sparecchiare) / (non) sparecchiate
(non) sparecchi / (non) sparecchino

Participio passato · Past participle   sparecchiato (-a/-i/-e)

Gerundio · Gerund   sparecchiando

Usage

Roberta sta sparecchiando la tavola. — *Roberta is clearing the table.*
Mi puoi aiutare a sparecchiare? — *Can you help me clear the table?*
Giuseppe, la tavola numero sette va sparecchiata. — *Giuseppe, table number seven needs clearing.*
La cameriera sparecchierà subito la Loro tavola. — *The waitress will clear your table right away.*
Avevi sparecchiato la tavola, ma non l'avevi pulita. — *You cleared the table, but you didn't clean it.*

RELATED WORDS

apparecchiare — *to set (the table)*
lo sparecchiare — *clearing (of a table)*

spargere   *to scatter, spread; spill, pour (out); diffuse*

spargo · sparsi · sparso

irregular -*ere* verb;
trans. (aux. *avere*)

Presente · Present

spargo	spargiamo
spargi	spargete
sparge	spargono

Imperfetto · Imperfect

spargevo	spargevamo
spargevi	spargevate
spargeva	spargevano

Passato remoto · Preterit

sparsi	spargemmo
spargesti	spargeste
sparse	sparsero

Futuro semplice · Future

spargerò	spargeremo
spargerai	spargerete
spargerà	spargeranno

Condizionale presente · Present conditional

spargerei	spargeremmo
spargeresti	spargereste
spargerebbe	spargerebbero

Congiuntivo presente · Present subjunctive

sparga	spargiamo
sparga	spargiate
sparga	spargano

Congiuntivo imperfetto · Imperfect subjunctive

spargessi	spargessimo
spargessi	spargeste
spargesse	spargessero

Imperativo · Commands

	(non) spargiamo
spargi (non spargere)	(non) spargete
(non) sparga	(non) spargano

Passato prossimo · Present perfect

ho sparso	abbiamo sparso
hai sparso	avete sparso
ha sparso	hanno sparso

Trapassato prossimo · Past perfect

avevo sparso	avevamo sparso
avevi sparso	avevate sparso
aveva sparso	avevano sparso

Trapassato remoto · Preterit perfect

ebbi sparso	avemmo sparso
avesti sparso	aveste sparso
ebbe sparso	ebbero sparso

Futuro anteriore · Future perfect

avrò sparso	avremo sparso
avrai sparso	avrete sparso
avrà sparso	avranno sparso

Condizionale passato · Perfect conditional

avrei sparso	avremmo sparso
avresti sparso	avreste sparso
avrebbe sparso	avrebbero sparso

Congiuntivo passato · Perfect subjunctive

abbia sparso	abbiamo sparso
abbia sparso	abbiate sparso
abbia sparso	abbiano sparso

Congiuntivo trapassato · Past perfect subjunctive

avessi sparso	avessimo sparso
avessi sparso	aveste sparso
avesse sparso	avessero sparso

Participio passato · Past participle   sparso (-a/-i/-e)

Gerundio · Gerund   spargendo

Usage

Il contadino sparge il seme nei campi.	*The farmer is scattering seed on the fields.*
Il suono del corno sparse i cani ai quattro venti.	*The sound of the horn sent the dogs running in all directions.*
Chi avrebbe sparso quel pettegolezzo?	*Who would have spread that bit of gossip?*
Chi ha sparso il vino sulla tovaglia?	*Who spilled the wine on the tablecloth?*
Spargerebbe il proprio sangue per realizzare quel sogno.	*He would spill his own blood to achieve that dream.*
Il sole spargeva una luce splendente.	*The sun was shining brightly.*

spargersi   *to scatter, disperse; spread*

La folla si sparse nelle strade della città.	*The crowd dispersed in the city streets.*
Le notizie si spargono rapidamente nel nostro paese.	*News travels fast in our village.*
Hai sentito la voce che si è sparsa sul suo conto?	*Have you heard the news that's going around about him?*

regular *-ire* verb (*-isc-* type);
intrans. (aux. *essere*)

Presente · Present

sparisco	spariamo
sparisci	sparite
sparisce	spariscono

Imperfetto · Imperfect

sparivo	sparivamo
sparivi	sparivate
spariva	sparivano

Passato remoto · Preterit

sparii	sparimmo
sparisti	spariste
sparì	sparirono

Futuro semplice · Future

sparirò	spariremo
sparirai	sparirete
sparirà	spariranno

Condizionale presente · Present conditional

sparirei	spariremmo
spariresti	sparireste
sparirebbe	sparirebbero

Congiuntivo presente · Present subjunctive

sparisca	spariamo
sparisca	spariate
sparisca	spariscano

Congiuntivo imperfetto · Imperfect subjunctive

sparissi	sparissimo
sparissi	spariste
sparisse	sparissero

Imperativo · Commands

	(non) spariamo
sparisci (non sparire)	(non) sparite
(non) sparisca	(non) spariscano

Participio passato · Past participle   sparito (-a/-i/-e)
Gerundio · Gerund   sparendo

Passato prossimo · Present perfect

sono sparito (-a)	siamo spariti (-e)
sei sparito (-a)	siete spariti (-e)
è sparito (-a)	sono spariti (-e)

Trapassato prossimo · Past perfect

ero sparito (-a)	eravamo spariti (-e)
eri sparito (-a)	eravate spariti (-e)
era sparito (-a)	erano spariti (-e)

Trapassato remoto · Preterit perfect

fui sparito (-a)	fummo spariti (-e)
fosti sparito (-a)	foste spariti (-e)
fu sparito (-a)	furono spariti (-e)

Futuro anteriore · Future perfect

sarò sparito (-a)	saremo spariti (-e)
sarai sparito (-a)	sarete spariti (-e)
sarà sparito (-a)	saranno spariti (-e)

Condizionale passato · Perfect conditional

sarei sparito (-a)	saremmo spariti (-e)
saresti sparito (-a)	sareste spariti (-e)
sarebbe sparito (-a)	sarebbero spariti (-e)

Congiuntivo passato · Perfect subjunctive

sia sparito (-a)	siamo spariti (-e)
sia sparito (-a)	siate spariti (-e)
sia sparito (-a)	siano spariti (-e)

Congiuntivo trapassato · Past perfect subjunctive

fossi sparito (-a)	fossimo spariti (-e)
fossi sparito (-a)	foste spariti (-e)
fosse sparito (-a)	fossero spariti (-e)

Usage

La donna è sparita una settimana fa.	*The woman disappeared a week ago.*
Pietro sparì in fretta.	*Pietro disappeared in a hurry.*
Sono sparite le chiavi della macchina.	*The car keys have disappeared.*
Peccato che il sole sparisca dietro le nuvole.	*What a shame that the sun is disappearing behind the clouds.*
La macchia era sparita col tempo.	*The stain had faded over time.*
La pizza sparirà subito.	*The pizza will disappear right away.*
Sparisci e non tornare!	*Get lost and don't come back!*
Sembra che siano spariti dalla faccia della terra.	*They seem to have vanished from the face of the earth.*
Il consigliere sparì dalla circolazione dopo lo scandalo.	*The councilman kept a low profile after the scandal.*
L'hanno fatto sparire.	*They killed him./They bumped him off.*
Mi hanno fatto sparire il portafoglio mentre visitavo il museo.	*They stole my wallet while I was in the museum.*
Penso che sia sparita dal mondo del cinema.	*I think she left the movie world behind.*

spaventare _to frighten, scare; worry_

spavento · spaventai · spaventato

regular -are verb;
trans. (aux. avere)

Presente · Present

spavento	spaventiamo
spaventi	spaventate
spaventa	spaventano

Imperfetto · Imperfect

spaventavo	spaventavamo
spaventavi	spaventavate
spaventava	spaventavano

Passato remoto · Preterit

spaventai	spaventammo
spaventasti	spaventaste
spaventò	spaventarono

Futuro semplice · Future

spaventerò	spaventeremo
spaventerai	spaventerete
spaventerà	spaventeranno

Condizionale presente · Present conditional

spaventerei	spaventeremmo
spaventeresti	spaventereste
spaventerebbe	spaventerebbero

Congiuntivo presente · Present subjunctive

spaventi	spaventiamo
spaventi	spaventiate
spaventi	spaventino

Congiuntivo imperfetto · Imperfect subjunctive

spaventassi	spaventassimo
spaventassi	spaventaste
spaventasse	spaventassero

Passato prossimo · Present perfect

ho spaventato	abbiamo spaventato
hai spaventato	avete spaventato
ha spaventato	hanno spaventato

Trapassato prossimo · Past perfect

avevo spaventato	avevamo spaventato
avevi spaventato	avevate spaventato
aveva spaventato	avevano spaventato

Trapassato remoto · Preterit perfect

ebbi spaventato	avemmo spaventato
avesti spaventato	aveste spaventato
ebbe spaventato	ebbero spaventato

Futuro anteriore · Future perfect

avrò spaventato	avremo spaventato
avrai spaventato	avrete spaventato
avrà spaventato	avranno spaventato

Condizionale passato · Perfect conditional

avrei spaventato	avremmo spaventato
avresti spaventato	avreste spaventato
avrebbe spaventato	avrebbero spaventato

Congiuntivo passato · Perfect subjunctive

abbia spaventato	abbiamo spaventato
abbia spaventato	abbiate spaventato
abbia spaventato	abbiano spaventato

Congiuntivo trapassato · Past perfect subjunctive

avessi spaventato	avessimo spaventato
avessi spaventato	aveste spaventato
avesse spaventato	avessero spaventato

Imperativo · Commands

	(non) spaventiamo
spaventa (non spaventare)	(non) spaventate
(non) spaventi	(non) spaventino

Participio passato · Past participle	spaventato (-a/-i/-e)
Gerundio · Gerund	spaventando

Usage

Che cosa ti ha spaventato?	_What frightened you?_
Il buio non mi spaventa.	_I'm not afraid of the dark._
Voleva spaventarla vestendosi da fantasma.	_He wanted to scare her by dressing up as a ghost._
Molti animali sono spaventati dal tuono.	_Many animals are frightened by thunder._
L'idea di doversi trasferire in un altro paese la spaventava enormemente.	_The thought of having to move to another country worried her tremendously._

spaventarsi _to become frightened_

Maria si spaventa di tutto.	_Maria is scared of everything._
Vincenzo si è spaventato quando ha visto un uomo nel vicolo.	_Vincenzo became frightened when he saw a man in the alley._

RELATED EXPRESSIONS

lo spaventapasseri (_invariable_)	_scarecrow_
brutto da far spavento	_frightfully ugly_

regular -are verb;
trans. (aux. avere)

spazzolo · spazzolai · spazzolato

Presente · Present

spazzolo	spazzoliamo
spazzoli	spazzolate
spazzola	spazzolano

Imperfetto · Imperfect

spazzolavo	spazzolavamo
spazzolavi	spazzolavate
spazzolava	spazzolavano

Passato remoto · Preterit

spazzolai	spazzolammo
spazzolasti	spazzolaste
spazzolò	spazzolarono

Futuro semplice · Future

spazzolerò	spazzoleremo
spazzolerai	spazzolerete
spazzolerà	spazzoleranno

Condizionale presente · Present conditional

spazzolerei	spazzoleremmo
spazzoleresti	spazzolereste
spazzolerebbe	spazzolerebbero

Congiuntivo presente · Present subjunctive

spazzoli	spazzoliamo
spazzoli	spazzoliate
spazzoli	spazzolino

Congiuntivo imperfetto · Imperfect subjunctive

spazzolassi	spazzolassimo
spazzolassi	spazzolaste
spazzolasse	spazzolassero

Passato prossimo · Present perfect

ho spazzolato	abbiamo spazzolato
hai spazzolato	avete spazzolato
ha spazzolato	hanno spazzolato

Trapassato prossimo · Past perfect

avevo spazzolato	avevamo spazzolato
avevi spazzolato	avevate spazzolato
aveva spazzolato	avevano spazzolato

Trapassato remoto · Preterit perfect

ebbi spazzolato	avemmo spazzolato
avesti spazzolato	aveste spazzolato
ebbe spazzolato	ebbero spazzolato

Futuro anteriore · Future perfect

avrò spazzolato	avremo spazzolato
avrai spazzolato	avrete spazzolato
avrà spazzolato	avranno spazzolato

Condizionale passato · Perfect conditional

avrei spazzolato	avremmo spazzolato
avresti spazzolato	avreste spazzolato
avrebbe spazzolato	avrebbero spazzolato

Congiuntivo passato · Perfect subjunctive

abbia spazzolato	abbiamo spazzolato
abbia spazzolato	abbiate spazzolato
abbia spazzolato	abbiano spazzolato

Congiuntivo trapassato · Past perfect subjunctive

avessi spazzolato	avessimo spazzolato
avessi spazzolato	aveste spazzolato
avesse spazzolato	avessero spazzolato

Imperativo · Commands

	(non) spazzoliamo
spazzola (non spazzolare)	(non) spazzolate
(non) spazzoli	(non) spazzolino

Participio passato · Past participle	spazzolato (-a/-i/-e)
Gerundio · Gerund	spazzolando

Usage

Ho spazzolato il mio cappotto per levare i peli del cane.	*I brushed my coat to get the dog hair off.*
Spazzolerò le tue scarpe più tardi.	*I'll brush your shoes off later.*
Puoi spazzolare i capelli della bambola ma non tagliarli.	*You can brush your doll's hair, but don't cut it.*
Spazzolava il pelo lungo del gatto ogni giorno.	*He brushed the long-haired cat every day.*
Il soldato aveva già spazzolato gli stivali.	*The soldier had already polished his boots.*

spazzolarsi *to brush one's* _____

Non mi sono ancora spazzolata i capelli.	*I haven't brushed my hair yet.*
Margherita, spazzolati le scarpe, per favore.	*Margherita, please brush off your shoes.*

RELATED EXPRESSIONS

la spazzola per abiti	*clothes brush*
la spazzola per capelli	*hairbrush*
lo spazzolino da denti	*toothbrush*

481

spedire   *to send; mail, ship*

spedisco · spedii · spedito

regular *-ire* verb (*-isc-* type);
trans. (aux. *avere*)

Presente · Present

spedisco	spediamo
spedisci	spedite
spedisce	spediscono

Imperfetto · Imperfect

spedivo	spedivamo
spedivi	spedivate
spediva	spedivano

Passato remoto · Preterit

spedii	spedimmo
spedisti	spediste
spedì	spedirono

Futuro semplice · Future

spedirò	spediremo
spedirai	spedirete
spedirà	spediranno

Condizionale presente · Present conditional

spedirei	spediremmo
spediresti	spedireste
spedirebbe	spedirebbero

Congiuntivo presente · Present subjunctive

spedisca	spediamo
spedisca	spediate
spedisca	spediscano

Congiuntivo imperfetto · Imperfect subjunctive

spedissi	spedissimo
spedissi	spediste
spedisse	spedissero

Passato prossimo · Present perfect

ho spedito	abbiamo spedito
hai spedito	avete spedito
ha spedito	hanno spedito

Trapassato prossimo · Past perfect

avevo spedito	avevamo spedito
avevi spedito	avevate spedito
aveva spedito	avevano spedito

Trapassato remoto · Preterit perfect

ebbi spedito	avemmo spedito
avesti spedito	aveste spedito
ebbe spedito	ebbero spedito

Futuro anteriore · Future perfect

avrò spedito	avremo spedito
avrai spedito	avrete spedito
avrà spedito	avranno spedito

Condizionale passato · Perfect conditional

avrei spedito	avremmo spedito
avresti spedito	avreste spedito
avrebbe spedito	avrebbero spedito

Congiuntivo passato · Perfect subjunctive

abbia spedito	abbiamo spedito
abbia spedito	abbiate spedito
abbia spedito	abbiano spedito

Congiuntivo trapassato · Past perfect subjunctive

avessi spedito	avessimo spedito
avessi spedito	aveste spedito
avesse spedito	avessero spedito

Imperativo · Commands

	(non) spediamo
spedisci (non spedire)	(non) spedite
(non) spedisca	(non) spediscano

Participio passato · Past participle	spedito (-a/-i/-e)
Gerundio · Gerund	spedendo

Usage

Le ho spedito la lettera per via aerea.
Sarebbe bello se potessimo spedire una cartolina a Giulia.

— Come spedirai il pacco?
— Lo spedirò per corriere.

Lo spedisco per posta adesso, va bene?
La ditta spedisce la sua merce in tutto il mondo via mare.

Spedimmo subito un corriere.

— Dove pensi di spedirlo?
— Lo spedirò in Giappone.

L'hanno spedito all'altro mondo.

I sent her the letter by airmail.
It would be nice if we could send a postcard to Giulia.

"How will you send the package?"
"I'll send it by courier."

I'll mail it now, all right?
The company ships its goods all over the world by sea.

We sent a messenger right away.
"Where will you send him?"
"I'll send him to Japan."

They killed him (lit., They dispatched him to the other world).

spengo · spensi · spento

irregular -*ere* verb;
trans. (aux. *avere*)

Presente · Present

spengo	spegniamo
spegni	spegnete
spegne	spengono

Imperfetto · Imperfect

spegnevo	spegnevamo
spegnevi	spegnevate
spegneva	spegnevano

Passato remoto · Preterit

spensi	spegnemmo
spegnesti	spegneste
spense	spensero

Futuro semplice · Future

spegnerò	spegneremo
spegnerai	spegnerete
spegnerà	spegneranno

Condizionale presente · Present conditional

spegnerei	spegneremmo
spegneresti	spegnereste
spegnerebbe	spegnerebbero

Congiuntivo presente · Present subjunctive

spenga	spegniamo
spenga	spegniate
spenga	spengano

Congiuntivo imperfetto · Imperfect subjunctive

spegnessi	spegnessimo
spegnessi	spegneste
spegnesse	spegnessero

Imperativo · Commands

	(non) spegniamo
spegni (non spegnere)	(non) spegnete
(non) spenga	(non) spengano

Participio passato · Past participle   spento (-a/-i/-e)

Gerundio · Gerund   spegnendo

Passato prossimo · Present perfect

ho spento	abbiamo spento
hai spento	avete spento
ha spento	hanno spento

Trapassato prossimo · Past perfect

avevo spento	avevamo spento
avevi spento	avevate spento
aveva spento	avevano spento

Trapassato remoto · Preterit perfect

ebbi spento	avemmo spento
avesti spento	aveste spento
ebbe spento	ebbero spento

Futuro anteriore · Future perfect

avrò spento	avremo spento
avrai spento	avrete spento
avrà spento	avranno spento

Condizionale passato · Perfect conditional

avrei spento	avremmo spento
avresti spento	avreste spento
avrebbe spento	avrebbero spento

Congiuntivo passato · Perfect subjunctive

abbia spento	abbiamo spento
abbia spento	abbiate spento
abbia spento	abbiano spento

Congiuntivo trapassato · Past perfect subjunctive

avessi spento	avessimo spento
avessi spento	aveste spento
avesse spento	avessero spento

Usage

Voglio che tu spenga la televisione alle ventidue.	*I want you to turn off the TV at 10 P.M.*
I vigili del fuoco hanno spento l'incendio in un'ora.	*The firefighters put out the fire within an hour.*
Signori, spegnete la sigaretta, per favore.	*Gentlemen, please extinguish your cigarettes.*
Spegniamo le candele adesso.	*Let's blow out the candles now.*
Mi piace quando la neve spenga tutti i rumori.	*I like it when the snow muffles every sound.*
Il debito fu spento un anno fa.	*The debt was discharged a year ago.*
Da bambino non potevo dormire a luce spenta.	*As a child, I couldn't sleep with the lights out.*

spegnersi *to die/go/burn out; go off, stop, stall; fade away; die*

Il fuoco si è spento durante la notte.	*The fire went out during the night.*
Penso che la lampadina si sia spenta.	*I think the bulb burned out.*
Il motore si spegne spesso?	*Does the engine often cut out?*
Il ricordo non si spegnerà mai.	*The memory will never fade away.*
Il sig. Colombo si spense qualche tempo fa.	*Mr. Colombo passed away some time ago.*

MORE USAGE SENTENCES WITH **spendere**

Spenderò tutto il mio tempo a leggere dei libri
e a bere del caffè.

Abbiamo speso i migliori anni sul lavoro.

Spenderò un anno per camminare dall'Italia
alla Norvegia.

Spende tutte le sue energie nella ricerca di mobili
antichi.

Hanno speso un mese per preparare la festa.

Spese qualche minuto per convincere il suo amico
del suo torto.

Pare che abbia speso la vita sul calcio.

Spendevo in media tre ore al giorno per preparare
la cena e per fare altri lavori domestici.

Volendo potrebbero spendere molto più tempo
e energie sul progetto.

Non volevo spendere una parola in sua difesa.

Non spendere il fiato con quei pettegolezzi.

*I'll spend all my time reading books and drinking
coffee.*

We spent our best years working.

I will spend a year walking from Italy to Norway.

*He concentrates all his energy on looking for
antique furniture.*

They spent a month preparing for the party.

*It took some time for him to convince his friend
that he was wrong.*

It seems that soccer was his life.

*I used to spend an average of three hours a day
preparing dinner and doing other household
chores.*

*They could spend a lot more time and energy on
the project if they wanted to.*

I didn't want to waste one word in his defense.

Don't waste your breath on such gossip.

IDIOMATIC EXPRESSIONS

— Avete comprato una macchina?

— Sì, ma abbiamo speso un occhio della testa.

Penso che abbiano speso un patrimonio.

Mi piace comprare vestiti, ma non voglio spendere
l'osso del collo.

Potresti spendere una buona parola per il mio amico?

Spendeva e spandeva viaggiando per l'Europa.

Lucia ha speso il mio nome per entrare in quella
organizzazione.

"Did you buy a car?"

"Yes, but we spent an arm and a leg."

I think they spent a fortune.

*I like buying clothes, but I don't want to spend a ton
of money.*

Could you put in a good word for my friend?

He squandered his money traveling all over Europe.

*Lucia used my name (deceitfully) to get into that
organization.*

RELATED EXPRESSIONS

lo/la spendaccione (*invariable*)
una persona spendereccia
spendicchiare
lo spenditore/la spenditrice
la spesa
fare la spesa
le spese fisse
le spese di viaggio
le spese vive
senza spese

spendthrift
someone who spends a lot of money
to spend cautiously
spender
expense, cost; purchase; shopping
to do the (grocery) shopping
fixed costs
travel expenses
out-of-pocket expenses
free (of charge)

PROVERB

Chi più spende, meno spende.

You get what you pay for./Cheapest is dearest.

irregular *-ere* verb;
trans. (aux. *avere*)

spendo · spesi · speso

Presente · Present

spendo	spendiamo
spendi	spendete
spende	spendono

Imperfetto · Imperfect

spendevo	spendevamo
spendevi	spendevate
spendeva	spendevano

Passato remoto · Preterit

spesi	spendemmo
spendesti	spendeste
spese	spesero

Futuro semplice · Future

spenderò	spenderemo
spenderai	spenderete
spenderà	spenderanno

Condizionale presente · Present conditional

spenderei	spenderemmo
spenderesti	spendereste
spenderebbe	spenderebbero

Congiuntivo presente · Present subjunctive

spenda	spendiamo
spenda	spendiate
spenda	spendano

Congiuntivo imperfetto · Imperfect subjunctive

spendessi	spendessimo
spendessi	spendeste
spendesse	spendessero

Imperativo · Commands

	(non) spendiamo
spendi (non spendere)	(non) spendete
(non) spenda	(non) spendano

Participio passato · Past participle	speso (-a/-i/-e)
Gerundio · Gerund	spendendo

Passato prossimo · Present perfect

ho speso	abbiamo speso
hai speso	avete speso
ha speso	hanno speso

Trapassato prossimo · Past perfect

avevo speso	avevamo speso
avevi speso	avevate speso
aveva speso	avevano speso

Trapassato remoto · Preterit perfect

ebbi speso	avemmo speso
avesti speso	aveste speso
ebbe speso	ebbero speso

Futuro anteriore · Future perfect

avrò speso	avremo speso
avrai speso	avrete speso
avrà speso	avranno speso

Condizionale passato · Perfect conditional

avrei speso	avremmo speso
avresti speso	avreste speso
avrebbe speso	avrebbero speso

Congiuntivo passato · Perfect subjunctive

abbia speso	abbiamo speso
abbia speso	abbiate speso
abbia speso	abbiano speso

Congiuntivo trapassato · Past perfect subjunctive

avessi speso	avessimo speso
avessi speso	aveste speso
avesse speso	avessero speso

Usage

— Quanto hai speso per il completo?   *"How much did you pay for the suit?"*
— Ho speso più di 500 euro.   *"I spent more than 500 euros."*
Quanto ti hanno fatto spendere per la cena?   *How much did they charge you for the dinner?*
Non voglio spendere molti soldi.   *I don't want to spend much money.*
Non spendere tutto il guadagno.   *Don't spend all your earnings.*
Spendesti bene il tuo denaro.   *You spent your money well.*
Carlotta spendeva molto in vestiti.   *Carlotta used to spend a lot on clothes.*
Non spesero molto in divertimenti.   *They didn't spend much on entertainment.*
Avevamo speso quasi tutti i soldi in viaggi.   *We had spent almost all our money on traveling.*
Gli secca spendere.   *He doesn't like to spend money.*
Umberto è un uomo che può spendere.   *Umberto is a rich man.*

sperare *to hope (for); expect; put one's confidence (in)*

spero · sperai · sperato

regular -are verb;
trans./intrans. (aux. avere)

Presente · Present	
spero	speriamo
speri	sperate
spera	sperano

Passato prossimo · Present perfect	
ho sperato	abbiamo sperato
hai sperato	avete sperato
ha sperato	hanno sperato

Imperfetto · Imperfect	
speravo	speravamo
speravi	speravate
sperava	speravano

Trapassato prossimo · Past perfect	
avevo sperato	avevamo sperato
avevi sperato	avevate sperato
aveva sperato	avevano sperato

Passato remoto · Preterit	
sperai	sperammo
sperasti	speraste
sperò	sperarono

Trapassato remoto · Preterit perfect	
ebbi sperato	avemmo sperato
avesti sperato	aveste sperato
ebbe sperato	ebbero sperato

Futuro semplice · Future	
spererò	spereremo
spererai	spererete
spererà	spereranno

Futuro anteriore · Future perfect	
avrò sperato	avremo sperato
avrai sperato	avrete sperato
avrà sperato	avranno sperato

Condizionale presente · Present conditional	
spererei	spereremmo
spereresti	sperereste
spererebbe	spererebbero

Condizionale passato · Perfect conditional	
avrei sperato	avremmo sperato
avresti sperato	avreste sperato
avrebbe sperato	avrebbero sperato

Congiuntivo presente · Present subjunctive	
speri	speriamo
speri	speriate
speri	sperino

Congiuntivo passato · Perfect subjunctive	
abbia sperato	abbiamo sperato
abbia sperato	abbiate sperato
abbia sperato	abbiano sperato

Congiuntivo imperfetto · Imperfect subjunctive	
sperassi	sperassimo
sperassi	speraste
sperasse	sperassero

Congiuntivo trapassato · Past perfect subjunctive	
avessi sperato	avessimo sperato
avessi sperato	aveste sperato
avesse sperato	avessero sperato

Imperativo · Commands	
	(non) speriamo
spera (non sperare)	(non) sperate
(non) speri	(non) sperino

Participio passato · Past participle	sperato (-a/-i/-e)
Gerundio · Gerund	sperando

Usage

Spero che non piova per la partita di football americano.	*I hope it doesn't rain for the football game.*
— Verrà anche Bruno? — Spero di no.	*"Is Bruno coming too?" "I hope not."*
Speravano la vittoria.	*They had their hopes set on victory.*
— Pensi che farà bello domani?	*"Do you think it'll be nice tomorrow?"*
— Lo spero.	*"I hope so."*
Gli studenti sperano un bel voto al primo esame.	*The students are hoping for a good grade on the first test.*
— Ha superato l'esame Chiara?	*"Did Chiara pass the exam?"*
— Speriamo bene.	*"Let's hope so."*
Avevano sperato molto in lei.	*They had high hopes for her.*
Speriamo di vederti presto.	*We're expecting to see you soon.*
Spero nell'aiuto di Dio.	*I trust in God's help.*
Speriamo in te per organizzare tutto.	*We're counting on you to organize everything.*

irregular -*ēre* verb;
intrans. (aux. *essere*)

spiaccio · spiacqui · spiaciuto

Presente · Present

spiaccio	spiacciamo
spiaci	spiacete
spiace	spiacciono

Imperfetto · Imperfect

spiacevo	spiacevamo
spiacevi	spiacevate
spiaceva	spiacevano

Passato remoto · Preterit

spiacqui	spiacemmo
spiacesti	spiaceste
spiacque	spiacquero

Futuro semplice · Future

spiacerò	spiaceremo
spiacerai	spiacerete
spiacerà	spiaceranno

Condizionale presente · Present conditional

spiacerei	spiaceremmo
spiaceresti	spiacereste
spiacerebbe	spiacerebbero

Congiuntivo presente · Present subjunctive

spiaccia	spiacciamo
spiaccia	spiacciate
spiaccia	spiacciano

Congiuntivo imperfetto · Imperfect subjunctive

spiacessi	spiacessimo
spiacessi	spiaceste
spiacesse	spiacessero

Imperativo · Commands

	(non) spiacciamo
spiaci (non spiacere)	(non) spiacete
(non) spiaccia	(non) spiacciano

Passato prossimo · Present perfect

sono spiaciuto (-a)	siamo spiaciuti (-e)
sei spiaciuto (-a)	siete spiaciuti (-e)
è spiaciuto (-a)	sono spiaciuti (-e)

Trapassato prossimo · Past perfect

ero spiaciuto (-a)	eravamo spiaciuti (-e)
eri spiaciuto (-a)	eravate spiaciuti (-e)
era spiaciuto (-a)	erano spiaciuti (-e)

Trapassato remoto · Preterit perfect

fui spiaciuto (-a)	fummo spiaciuti (-e)
fosti spiaciuto (-a)	foste spiaciuti (-e)
fu spiaciuto (-a)	furono spiaciuti (-e)

Futuro anteriore · Future perfect

sarò spiaciuto (-a)	saremo spiaciuti (-e)
sarai spiaciuto (-a)	sarete spiaciuti (-e)
sarà spiaciuto (-a)	saranno spiaciuti (-e)

Condizionale passato · Perfect conditional

sarei spiaciuto (-a)	saremmo spiaciuti (-e)
saresti spiaciuto (-a)	sareste spiaciuti (-e)
sarebbe spiaciuto (-a)	sarebbero spiaciuti (-e)

Congiuntivo passato · Perfect subjunctive

sia spiaciuto (-a)	siamo spiaciuti (-e)
sia spiaciuto (-a)	siate spiaciuti (-e)
sia spiaciuto (-a)	siano spiaciuti (-e)

Congiuntivo trapassato · Past perfect subjunctive

fossi spiaciuto (-a)	fossimo spiaciuti (-e)
fossi spiaciuto (-a)	foste spiaciuti (-e)
fosse spiaciuto (-a)	fossero spiaciuti (-e)

Participio passato · Past participle   spiaciuto (-a/-i/-e)
Gerundio · Gerund   spiacendo

Usage

Le sue azioni spiacevano molto ai suoi amici.	*His actions were very upsetting to his friends.*
Il suo atteggiamento non ti è spiaciuto?	*Weren't you unhappy with his attitude?*
Mi spiace che tu fossi malato.	*I'm sorry you were sick.*
Ci è spiaciuto di non averti visto.	*We were sorry not to see you.*
Mi spiace, ma non posso uscire stasera.	*I'm sorry, but I can't go out tonight.*
Penso che spiaccia a Ornella di non poter accettare l'invito.	*I think Ornella's sorry she can't accept the invitation.*
Le spiace se fumo?	*Do you mind if I smoke?*
Siamo spiacenti dell'accaduto.	*We regret what happened.*

spiacersi *to regret, be sorry (about)*

Giovanni si è spiaciuto che loro non gliene avessero parlato.	*Giovanni regretted that they hadn't talked to him about it.*
Ci siamo molto spiaciuti della loro assenza.	*We were very sorry that they weren't present.*

spiegare *to explain; spread (out), unfurl; deploy*

spiego · spiegai · spiegato

regular -*are* verb, *g* > *gh/e, i*;
trans. (aux. *avere*)

Presente · Present		Passato prossimo · Present perfect	
spiego	spieghiamo	ho spiegato	abbiamo spiegato
spieghi	spiegate	hai spiegato	avete spiegato
spiega	spiegano	ha spiegato	hanno spiegato

Imperfetto · Imperfect		Trapassato prossimo · Past perfect	
spiegavo	spiegavamo	avevo spiegato	avevamo spiegato
spiegavi	spiegavate	avevi spiegato	avevate spiegato
spiegava	spiegavano	aveva spiegato	avevano spiegato

Passato remoto · Preterit		Trapassato remoto · Preterit perfect	
spiegai	spiegammo	ebbi spiegato	avemmo spiegato
spiegasti	spiegaste	avesti spiegato	aveste spiegato
spiegò	spiegarono	ebbe spiegato	ebbero spiegato

Futuro semplice · Future		Futuro anteriore · Future perfect	
spiegherò	spiegheremo	avrò spiegato	avremo spiegato
spiegherai	spiegherete	avrai spiegato	avrete spiegato
spiegherà	spiegheranno	avrà spiegato	avranno spiegato

Condizionale presente · Present conditional		Condizionale passato · Perfect conditional	
spiegherei	spiegheremmo	avrei spiegato	avremmo spiegato
spiegheresti	spieghereste	avresti spiegato	avreste spiegato
spiegherebbe	spiegherebbero	avrebbe spiegato	avrebbero spiegato

Congiuntivo presente · Present subjunctive		Congiuntivo passato · Perfect subjunctive	
spieghi	spieghiamo	abbia spiegato	abbiamo spiegato
spieghi	spieghiate	abbia spiegato	abbiate spiegato
spieghi	spieghino	abbia spiegato	abbiano spiegato

Congiuntivo imperfetto · Imperfect subjunctive		Congiuntivo trapassato · Past perfect subjunctive	
spiegassi	spiegassimo	avessi spiegato	avessimo spiegato
spiegassi	spiegaste	avessi spiegato	aveste spiegato
spiegasse	spiegassero	avesse spiegato	avessero spiegato

Imperativo · Commands

	(non) spieghiamo
spiega (non spiegare)	(non) spiegate
(non) spieghi	(non) spieghino

Participio passato · Past participle	spiegato (-a/-i/-e)
Gerundio · Gerund	spiegando

Usage

Il professore gli spiegò il senso della frase.	*The professor explained the meaning of the sentence to them.*
Spiegami la ragione per cui non vuoi andare, per favore.	*Explain to me, please, the reason why you don't want to go.*
La vittima può spiegarti che cosa è successo?	*Can the victim tell you what happened?*
Hai spiegato la tovaglia?	*Did you spread out the tablecloth?*
All'alba abbiamo spiegato le vele al vento.	*We set sail at dawn.*
Diecimila truppe sono state spiegate.	*Ten thousand troops have been deployed.*

spiegarsi *to understand; mean; make oneself clear; clear things up*

La studentessa si era spiegata chiaramente.	*The student explained herself clearly.*
Non puoi averlo. Mi sono spiegato?	*You can't have it. Do I make myself clear?*
Carlo e Michele si sono spiegati in una lunga conversazione.	*Carlo and Michele cleared things up between them in a long talk.*
Spieghiamoci una volta per tutte!	*Let's get this straight once and for all!*

irregular -ere verb;
trans./intrans. (aux. *avere*)

Presente · Present

spingo	spingiamo
spingi	spingete
spinge	spingono

Passato prossimo · Present perfect

ho spinto	abbiamo spinto
hai spinto	avete spinto
ha spinto	hanno spinto

Imperfetto · Imperfect

spingevo	spingevamo
spingevi	spingevate
spingeva	spingevano

Trapassato prossimo · Past perfect

avevo spinto	avevamo spinto
avevi spinto	avevate spinto
aveva spinto	avevano spinto

Passato remoto · Preterit

spinsi	spingemmo
spingesti	spingeste
spinse	spinsero

Trapassato remoto · Preterit perfect

ebbi spinto	avemmo spinto
avesti spinto	aveste spinto
ebbe spinto	ebbero spinto

Futuro semplice · Future

spingerò	spingeremo
spingerai	spingerete
spingerà	spingeranno

Futuro anteriore · Future perfect

avrò spinto	avremo spinto
avrai spinto	avrete spinto
avrà spinto	avranno spinto

Condizionale presente · Present conditional

spingerei	spingeremmo
spingeresti	spingereste
spingerebbe	spingerebbero

Condizionale passato · Perfect conditional

avrei spinto	avremmo spinto
avresti spinto	avreste spinto
avrebbe spinto	avrebbero spinto

Congiuntivo presente · Present subjunctive

spinga	spingiamo
spinga	spingiate
spinga	spingano

Congiuntivo passato · Perfect subjunctive

abbia spinto	abbiamo spinto
abbia spinto	abbiate spinto
abbia spinto	abbiano spinto

Congiuntivo imperfetto · Imperfect subjunctive

spingessi	spingessimo
spingessi	spingeste
spingesse	spingessero

Congiuntivo trapassato · Past perfect subjunctive

avessi spinto	avessimo spinto
avessi spinto	aveste spinto
avesse spinto	avessero spinto

Imperativo · Commands

	(non) spingiamo
spingi (non spingere)	(non) spingete
(non) spinga	(non) spingano

Participio passato · Past participle   spinto (-a/-i/-e)

Gerundio · Gerund   spingendo

Usage

La madre spingeva la bambina sull'altalena.	*The mother was pushing her little girl on the swing.*
Chi ti ha spinto contro il muro?	*Who shoved you against the wall?*
Signore, non spinga il pulsante!	*Sir, please don't push the button!*
Che cosa l'avrà spinta al suicidio?	*What could have driven her to suicide?*
Rosaria mi ha spinto a partire subito.	*Rosaria urged me to leave right away.*
Le sue parole spingerebbero il popolo a ribellarsi.	*His words would incite the people to rebel.*
Il fiume spingeva incessantemente contro la diga.	*The river was pushing relentlessly against the dike.*
Come d'abitudine, Valerio ha spinto lo scherzo all'eccesso.	*As usual, Valerio carried the joke too far.*

spingersi *to push on, advance; venture; go as far as; push each other; throw oneself into*

Gli esploratori si spinsero troppo avanti.	*The explorers ventured too far.*
Ci siamo spinti fino all'altro lato del parco.	*We went as far as the other side of the park.*
I bambini non smettevano di spingersi.	*The children wouldn't stop pushing each other.*

spogliare *to divest (of), strip, deprive; undress*

spoglio · spogliai · spogliato

regular -*are* verb, *i > –/i*;
trans. (aux. *avere*)

Presente · Present

spoglio	spogliamo
spogli	spogliate
spoglia	spogliano

Imperfetto · Imperfect

spogliavo	spogliavamo
spogliavi	spogliavate
spogliava	spogliavano

Passato remoto · Preterit

spogliai	spogliammo
spogliasti	spogliaste
spogliò	spogliarono

Futuro semplice · Future

spoglierò	spoglieremo
spoglierai	spoglierete
spoglierà	spoglieranno

Condizionale presente · Present conditional

spoglierei	spoglieremmo
spoglieresti	spogliereste
spoglierebbe	spoglierebbero

Congiuntivo presente · Present subjunctive

spogli	spogliamo
spogli	spogliate
spogli	spoglino

Congiuntivo imperfetto · Imperfect subjunctive

spogliassi	spogliassimo
spogliassi	spogliaste
spogliasse	spogliassero

Passato prossimo · Present perfect

ho spogliato	abbiamo spogliato
hai spogliato	avete spogliato
ha spogliato	hanno spogliato

Trapassato prossimo · Past perfect

avevo spogliato	avevamo spogliato
avevi spogliato	avevate spogliato
aveva spogliato	avevano spogliato

Trapassato remoto · Preterit perfect

ebbi spogliato	avemmo spogliato
avesti spogliato	aveste spogliato
ebbe spogliato	ebbero spogliato

Futuro anteriore · Future perfect

avrò spogliato	avremo spogliato
avrai spogliato	avrete spogliato
avrà spogliato	avranno spogliato

Condizionale passato · Perfect conditional

avrei spogliato	avremmo spogliato
avresti spogliato	avreste spogliato
avrebbe spogliato	avrebbero spogliato

Congiuntivo passato · Perfect subjunctive

abbia spogliato	abbiamo spogliato
abbia spogliato	abbiate spogliato
abbia spogliato	abbiano spogliato

Congiuntivo trapassato · Past perfect subjunctive

avessi spogliato	avessimo spogliato
avessi spogliato	aveste spogliato
avesse spogliato	avessero spogliato

Imperativo · Commands

	(non) spogliamo
spoglia (non spogliare)	(non) spogliate
(non) spogli	(non) spoglino

Participio passato · Past participle	spogliato (-a/-i/-e)
Gerundio · Gerund	spogliando

Usage

Spoglieranno il re di tutti i suoi poteri.	*They'll divest the king of all his powers.*
I soldati volevano spogliare i ribelli delle loro armi.	*The soldiers wanted to strip the rebels of their weapons.*
Il museo fu spogliato dai saccheggiatori.	*The museum was ransacked by the looters.*
Il governo spogliò il popolo dei suoi diritti.	*The government deprived the people of their rights.*
Il babbo spoglia la bambina per farle il bagno.	*The dad is undressing his little girl to give her a bath.*

spogliarsi *to undress; get rid of; give up, deprive oneself of*

Mi sono spogliato e mi sono messo a letto.	*I got undressed and went to bed.*
Gli alberi si spogliano delle foglie in autunno.	*Trees lose their leaves in the fall.*
Spogliati di quei pregiudizi!	*Get rid of those prejudices!*
Riccardo ha detto che si sarebbe spogliato della sua eredità.	*Riccardo said he would give up his inheritance.*

RELATED WORD

spoglio (-a)	empty; bare

regular -*are* verb;
trans. (aux. *avere*)

sposo · sposai · sposato

Presente · Present

sposo	sposiamo
sposi	sposate
sposa	sposano

Passato prossimo · Present perfect

ho sposato	abbiamo sposato
hai sposato	avete sposato
ha sposato	hanno sposato

Imperfetto · Imperfect

sposavo	sposavamo
sposavi	sposavate
sposava	sposavano

Trapassato prossimo · Past perfect

avevo sposato	avevamo sposato
avevi sposato	avevate sposato
aveva sposato	avevano sposato

Passato remoto · Preterit

sposai	sposammo
sposasti	sposaste
sposò	sposarono

Trapassato remoto · Preterit perfect

ebbi sposato	avemmo sposato
avesti sposato	aveste sposato
ebbe sposato	ebbero sposato

Futuro semplice · Future

sposerò	sposeremo
sposerai	sposerete
sposerà	sposeranno

Futuro anteriore · Future perfect

avrò sposato	avremo sposato
avrai sposato	avrete sposato
avrà sposato	avranno sposato

Condizionale presente · Present conditional

sposerei	sposeremmo
sposeresti	sposereste
sposerebbe	sposerebbero

Condizionale passato · Perfect conditional

avrei sposato	avremmo sposato
avresti sposato	avreste sposato
avrebbe sposato	avrebbero sposato

Congiuntivo presente · Present subjunctive

sposi	sposiamo
sposi	sposiate
sposi	sposino

Congiuntivo passato · Perfect subjunctive

abbia sposato	abbiamo sposato
abbia sposato	abbiate sposato
abbia sposato	abbiano sposato

Congiuntivo imperfetto · Imperfect subjunctive

sposassi	sposassimo
sposassi	sposaste
sposasse	sposassero

Congiuntivo trapassato · Past perfect subjunctive

avessi sposato	avessimo sposato
avessi sposato	aveste sposato
avesse sposato	avessero sposato

Imperativo · Commands

	(non) sposiamo
sposa (non sposare)	(non) sposate
(non) sposi	(non) sposino

Participio passato · Past participle	sposato (-a/-i/-e)
Gerundio · Gerund	sposando

Usage

I genitori l'hanno sposata con un avvocato.	*The parents married her off to a lawyer.*
Il vecchio prete ci ha sposati.	*The old priest married us.*
Marco sposerà una ragazza torinese.	*Marco is going to marry a girl from Turin.*
Purtroppo non tutti sposano l'idea dell'uguaglianza.	*Unfortunately, not everyone espouses the idea of equality.*
Carmela prova sempre a sposare l'utile al dilettevole.	*Carmela always tries to combine business with pleasure.*

sposarsi *to get married; go well together, match*

Lucrezia e Antonio si sposarono nel 1974.	*Lucrezia and Antonio were married in 1974.*
L'arancione si sposerebbe con il marrone?	*Would the orange go well with the brown?*
Io penso che il moderno e l'antico non si sposino bene in questo caso.	*I don't think that modern and antique combine well in this case.*

RELATED WORD

lo sposo/la sposa	*groom/bride; husband/wife, spouse*

spostare   *to move, shift, change; postpone; displace*

sposto · spostai · spostato

regular *-are* verb;
trans. (aux. *avere*)

Presente · Present		Passato prossimo · Present perfect	
sposto	spostiamo	ho spostato	abbiamo spostato
sposti	spostate	hai spostato	avete spostato
sposta	spostano	ha spostato	hanno spostato

Imperfetto · Imperfect		Trapassato prossimo · Past perfect	
spostavo	spostavamo	avevo spostato	avevamo spostato
spostavi	spostavate	avevi spostato	avevate spostato
spostava	spostavano	aveva spostato	avevano spostato

Passato remoto · Preterit		Trapassato remoto · Preterit perfect	
spostai	spostammo	ebbi spostato	avemmo spostato
spostasti	spostaste	avesti spostato	aveste spostato
spostò	spostarono	ebbe spostato	ebbero spostato

Futuro semplice · Future		Futuro anteriore · Future perfect	
sposterò	sposteremo	avrò spostato	avremo spostato
sposterai	sposterete	avrai spostato	avrete spostato
sposterà	sposteranno	avrà spostato	avranno spostato

Condizionale presente · Present conditional		Condizionale passato · Perfect conditional	
sposterei	sposteremmo	avrei spostato	avremmo spostato
sposteresti	spostereste	avresti spostato	avreste spostato
sposterebbe	sposterebbero	avrebbe spostato	avrebbero spostato

Congiuntivo presente · Present subjunctive		Congiuntivo passato · Perfect subjunctive	
sposti	spostiamo	abbia spostato	abbiamo spostato
sposti	spostiate	abbia spostato	abbiate spostato
sposti	spostino	abbia spostato	abbiano spostato

Congiuntivo imperfetto · Imperfect subjunctive		Congiuntivo trapassato · Past perfect subjunctive	
spostassi	spostassimo	avessi spostato	avessimo spostato
spostassi	spostaste	avessi spostato	aveste spostato
spostasse	spostassero	avesse spostato	avessero spostato

Imperativo · Commands	
	(non) spostiamo
sposta (non spostare)	(non) spostate
(non) sposti	(non) spostino

Participio passato · Past participle	spostato (-a/-i/-e)
Gerundio · Gerund	spostando

Usage

Vorrei spostare il divano.	*I would like to move the couch.*
Sposteranno il mio collega a Roma.	*They'll transfer my colleague to Rome.*
Gli avvenimenti spostarono l'attenzione di tutti sul problema della fame.	*The events shifted everyone's attention to the problem of hunger.*
Hanno spostato l'ora di partenza?	*Did they change the time of departure?*
La riunione è stata spostata di una settimana.	*The meeting was postponed for a week.*
Sono stati spostati in un campo profughi.	*They were displaced to a refugee camp.*

spostarsi *to move about/around/over/up; get around* (in a city); *travel*

Spostati, per favore. Non ci vedo niente.	*Move over, please. I can't see a thing.*
Ci siamo spostati in nuovi uffici recentemente.	*We moved into new offices recently.*
A Milano mi sposto generalmente in metropolitana.	*In Milan I usually get around on the subway.*
Luciano si spostava spesso per affari.	*Luciano traveled a lot on business.*

regular -are verb, c > ch/e, i;
trans. (aux. *avere*)

spreco · sprecai · sprecato

Presente · Present

spreco	sprechiamo
sprechi	sprecate
spreca	sprecano

Passato prossimo · Present perfect

ho sprecato	abbiamo sprecato
hai sprecato	avete sprecato
ha sprecato	hanno sprecato

Imperfetto · Imperfect

sprecavo	sprecavamo
sprecavi	sprecavate
sprecava	sprecavano

Trapassato prossimo · Past perfect

avevo sprecato	avevamo sprecato
avevi sprecato	avevate sprecato
aveva sprecato	avevano sprecato

Passato remoto · Preterit

sprecai	sprecammo
sprecasti	sprecaste
sprecò	sprecarono

Trapassato remoto · Preterit perfect

ebbi sprecato	avemmo sprecato
avesti sprecato	aveste sprecato
ebbe sprecato	ebbero sprecato

Futuro semplice · Future

sprecherò	sprecheremo
sprecherai	sprecherete
sprecherà	sprecheranno

Futuro anteriore · Future perfect

avrò sprecato	avremo sprecato
avrai sprecato	avrete sprecato
avrà sprecato	avranno sprecato

Condizionale presente · Present conditional

sprecherei	sprecheremmo
sprecheresti	sprechereste
sprecherebbe	sprecherebbero

Condizionale passato · Perfect conditional

avrei sprecato	avremmo sprecato
avresti sprecato	avreste sprecato
avrebbe sprecato	avrebbero sprecato

Congiuntivo presente · Present subjunctive

sprechi	sprechiamo
sprechi	sprechiate
sprechi	sprechino

Congiuntivo passato · Perfect subjunctive

abbia sprecato	abbiamo sprecato
abbia sprecato	abbiate sprecato
abbia sprecato	abbiano sprecato

Congiuntivo imperfetto · Imperfect subjunctive

sprecassi	sprecassimo
sprecassi	sprecaste
sprecasse	sprecassero

Congiuntivo trapassato · Past perfect subjunctive

avessi sprecato	avessimo sprecato
avessi sprecato	aveste sprecato
avesse sprecato	avessero sprecato

Imperativo · Commands

	(non) sprechiamo
spreca (non sprecare)	(non) sprecate
(non) sprechi	(non) sprechino

Participio passato · Past participle	sprecato (-a/-i/-e)
Gerundio · Gerund	sprecando

Usage

Non sprecare il tempo a guardare la televisione!	*Don't waste your time watching television!*
Il mio vicino spreca i soldi in cose inutili.	*My neighbor squanders his money on useless things.*
È fiato sprecato! Non ti ascolterà.	*Don't waste your breath! He won't listen to you.*
Non ha sprecato le parole.	*He didn't waste any words.*
Non avrei nemmeno sprecato l'inchiostro per metterci la firma.	*I wouldn't even have wasted the ink to sign it.*
Sei sprecata per questo lavoro.	*Your talents are wasted in this job.*
Chi ha sprecato la palla?	*Who missed that shot?*

sprecarsi *to waste one's energy; overexert oneself; knock oneself out*

Bernardo non si sprecherebbe mai in progetti banali.	*Bernardo would never waste his energy on trivial projects.*
Teresa non si è certo sprecata a studiare.	*Teresa certainly didn't overexert herself studying.*
Non sprecarti a comprargli un regalo! (IRONY)	*Don't kill yourself getting them a present or anything!*

squillare *to ring; blare*

squillo · squillai · squillato

regular -*are* verb;
intrans. (aux. *avere* or *essere*)

NOTE *Squillare* is conjugated here with *avere*; it may also be conjugated with *essere* with no difference in meaning—see p. 22 for details.

Presente · Present

squillo	squilliamo
squilli	squillate
squilla	squillano

Passato prossimo · Present perfect

ho squillato	abbiamo squillato
hai squillato	avete squillato
ha squillato	hanno squillato

Imperfetto · Imperfect

squillavo	squillavamo
squillavi	squillavate
squillava	squillavano

Trapassato prossimo · Past perfect

avevo squillato	avevamo squillato
avevi squillato	avevate squillato
aveva squillato	avevano squillato

Passato remoto · Preterit

squillai	squillammo
squillasti	squillaste
squillò	squillarono

Trapassato remoto · Preterit perfect

ebbi squillato	avemmo squillato
avesti squillato	aveste squillato
ebbe squillato	ebbero squillato

Futuro semplice · Future

squillerò	squilleremo
squillerai	squillerete
squillerà	squilleranno

Futuro anteriore · Future perfect

avrò squillato	avremo squillato
avrai squillato	avrete squillato
avrà squillato	avranno squillato

Condizionale presente · Present conditional

squillerei	squilleremmo
squilleresti	squillereste
squillerebbe	squillerebbero

Condizionale passato · Perfect conditional

avrei squillato	avremmo squillato
avresti squillato	avreste squillato
avrebbe squillato	avrebbero squillato

Congiuntivo presente · Present subjunctive

squilli	squilliamo
squilli	squilliate
squilli	squillino

Congiuntivo passato · Perfect subjunctive

abbia squillato	abbiamo squillato
abbia squillato	abbiate squillato
abbia squillato	abbiano squillato

Congiuntivo imperfetto · Imperfect subjunctive

squillassi	squillassimo
squillassi	squillaste
squillasse	squillassero

Congiuntivo trapassato · Past perfect subjunctive

avessi squillato	avessimo squillato
avessi squillato	aveste squillato
avesse squillato	avessero squillato

Imperativo · Commands

	(non) squilliamo
squilla (non squillare)	(non) squillate
(non) squilli	(non) squillino

Participio passato · Past participle	squillato (-a/-i/-e)
Gerundio · Gerund	squillando

Usage

Il telefono stava squillando ma nessuno voleva rispondere.	*The telephone was ringing, but nobody wanted to answer it.*
Il mio telefonino squillava, ma non potevo rispondere.	*My mobile phone rang, but I couldn't answer it.*
Era quasi mezzanotte quando è squillato il telefono.	*It was almost midnight when the phone rang.*
Chi ha fatto squillare il campanello?	*Who rang the bell?*
Le voci dei bambini squillarono da lontano.	*The voices of the children rang from a distance.*
Le trombe squillavano e il suono arrivava perfino a casa mia.	*The trumpets were blaring, and the sound traveled all the way to my house.*

RELATED EXPRESSION

due squilli (di telefono) (*m.*)	*two rings (of the phone)*

regular *-ire* verb (*-isc-* type);
trans. (aux. *avere*)

Presente · Present

stabilisco	stabiliamo
stabilisci	stabilite
stabilisce	stabiliscono

Imperfetto · Imperfect

stabilivo	stabilivamo
stabilivi	stabilivate
stabiliva	stabilivano

Passato remoto · Preterit

stabilii	stabilimmo
stabilisti	stabiliste
stabilì	stabilirono

Futuro semplice · Future

stabilirò	stabiliremo
stabilirai	stabilirete
stabilirà	stabiliranno

Condizionale presente · Present conditional

stabilirei	stabiliremmo
stabiliresti	stabilireste
stabilirebbe	stabilirebbero

Congiuntivo presente · Present subjunctive

stabilisca	stabiliamo
stabilisca	stabiliate
stabilisca	stabiliscano

Congiuntivo imperfetto · Imperfect subjunctive

stabilissi	stabilissimo
stabilissi	stabiliste
stabilisse	stabilissero

Imperativo · Commands

	(non) stabiliamo
stabilisci (non stabilire)	(non) stabilite
(non) stabilisca	(non) stabiliscano

Passato prossimo · Present perfect

ho stabilito	abbiamo stabilito
hai stabilito	avete stabilito
ha stabilito	hanno stabilito

Trapassato prossimo · Past perfect

avevo stabilito	avevamo stabilito
avevi stabilito	avevate stabilito
aveva stabilito	avevano stabilito

Trapassato remoto · Preterit perfect

ebbi stabilito	avemmo stabilito
avesti stabilito	aveste stabilito
ebbe stabilito	ebbero stabilito

Futuro anteriore · Future perfect

avrò stabilito	avremo stabilito
avrai stabilito	avrete stabilito
avrà stabilito	avranno stabilito

Condizionale passato · Perfect conditional

avrei stabilito	avremmo stabilito
avresti stabilito	avreste stabilito
avrebbe stabilito	avrebbero stabilito

Congiuntivo passato · Perfect subjunctive

abbia stabilito	abbiamo stabilito
abbia stabilito	abbiate stabilito
abbia stabilito	abbiano stabilito

Congiuntivo trapassato · Past perfect subjunctive

avessi stabilito	avessimo stabilito
avessi stabilito	aveste stabilito
avesse stabilito	avessero stabilito

Participio passato · Past participle stabilito (-a/-i/-e)

Gerundio · Gerund stabilendo

Usage

Le regole sono state stabilite molti anni fa.	*The rules were established many years ago.*
Penso che il record fosse stato stabilito da un atleta italiano.	*I think the record was set by an Italian athlete.*
Chi ha stabilito quelle condizioni?	*Who set those conditions?*
Lui stabilisce il prezzo dei nostri prodotti.	*He sets the price of our products.*
Stabiliremo la data della partenza fra poco.	*We'll settle on the departure date soon.*
Francesco stabilì di partire con i suoi amici.	*Francesco decided to leave with his friends.*
I Giordano stabilirono che avrebbero lavorato con noi.	*The Giordanos decided to work with us.*
Resta stabilito che l'euro sarà introdotto entro due anni.	*It is agreed that the euro will be introduced within two years.*

stabilirsi *to settle, establish oneself*

Ci stabilimmo a Palermo venti anni fa.	*We settled in Palermo twenty years ago.*
Perché si sarebbe stabilito in campagna?	*Why would he have moved to the country?*

stampare *to print, reproduce; publish; imprint; strike, coin; mold*

stampo · stampai · stampato

regular -*are* verb;
trans. (aux. *avere*)

Presente · Present		Passato prossimo · Present perfect	
stampo	stampiamo	ho stampato	abbiamo stampato
stampi	stampate	hai stampato	avete stampato
stampa	stampano	ha stampato	hanno stampato

Imperfetto · Imperfect		Trapassato prossimo · Past perfect	
stampavo	stampavamo	avevo stampato	avevamo stampato
stampavi	stampavate	avevi stampato	avevate stampato
stampava	stampavano	aveva stampato	avevano stampato

Passato remoto · Preterit		Trapassato remoto · Preterit perfect	
stampai	stampammo	ebbi stampato	avemmo stampato
stampasti	stampaste	avesti stampato	aveste stampato
stampò	stamparono	ebbe stampato	ebbero stampato

Futuro semplice · Future		Futuro anteriore · Future perfect	
stamperò	stamperemo	avrò stampato	avremo stampato
stamperai	stamperete	avrai stampato	avrete stampato
stamperà	stamperanno	avrà stampato	avranno stampato

Condizionale presente · Present conditional		Condizionale passato · Perfect conditional	
stamperei	stamperemmo	avrei stampato	avremmo stampato
stamperesti	stampereste	avresti stampato	avreste stampato
stamperebbe	stamperebbero	avrebbe stampato	avrebbero stampato

Congiuntivo presente · Present subjunctive		Congiuntivo passato · Perfect subjunctive	
stampi	stampiamo	abbia stampato	abbiamo stampato
stampi	stampiate	abbia stampato	abbiate stampato
stampi	stampino	abbia stampato	abbiano stampato

Congiuntivo imperfetto · Imperfect subjunctive		Congiuntivo trapassato · Past perfect subjunctive	
stampassi	stampassimo	avessi stampato	avessimo stampato
stampassi	stampaste	avessi stampato	aveste stampato
stampasse	stampassero	avesse stampato	avessero stampato

Imperativo · Commands	
	(non) stampiamo
stampa (non stampare)	(non) stampate
(non) stampi	(non) stampino

Participio passato · Past participle	stampato (-a/-i/-e)
Gerundio · Gerund	stampando

Usage

Stamperò un'edizione numerata delle sue poesie.	*I'm going to print a limited edition of her poetry.*
Aveva scritto il saggio, ma non poteva stamparlo.	*He had written the essay but couldn't print it.*
Il quadro fu stampato su migliaia di magliette.	*The painting was reproduced on thousands of t-shirts.*
Chi ha stampato il suo ultimo romanzo?	*Who published his last novel?*
Il cane aveva stampato un'orma sulla sabbia.	*The dog had left a paw print in the sand.*
Si è stampata nuova cartamoneta?	*Has new paper money been printed?*
Non li stampo mica i soldi!	*I'm not made of money!*

stamparsi *to be impressed/imprinted (in/on)*

È un'immagine che mi si è stampata nella memoria.	*It's an image that's been imprinted in my memory.*

RELATED EXPRESSIONS

fuori stampa	*out of print*
la stampante laser	*laser printer*
scrivere a stampatello	*to print in block letters*

regular -are verb, c > ch/e, i;
trans. (aux. *avere*)

Presente · Present

stanco	stanchiamo
stanchi	stancate
stanca	stancano

Imperfetto · Imperfect

stancavo	stancavamo
stancavi	stancavate
stancava	stancavano

Passato remoto · Preterit

stancai	stancammo
stancasti	stancaste
stancò	stancarono

Futuro semplice · Future

stancherò	stancheremo
stancherai	stancherete
stancherà	stancheranno

Condizionale presente · Present conditional

stancherei	stancheremmo
stancheresti	stanchereste
stancherebbe	stancherebbero

Congiuntivo presente · Present subjunctive

stanchi	stanchiamo
stanchi	stanchiate
stanchi	stanchino

Congiuntivo imperfetto · Imperfect subjunctive

stancassi	stancassimo
stancassi	stancaste
stancasse	stancassero

Passato prossimo · Present perfect

ho stancato	abbiamo stancato
hai stancato	avete stancato
ha stancato	hanno stancato

Trapassato prossimo · Past perfect

avevo stancato	avevamo stancato
avevi stancato	avevate stancato
aveva stancato	avevano stancato

Trapassato remoto · Preterit perfect

ebbi stancato	avemmo stancato
avesti stancato	aveste stancato
ebbe stancato	ebbero stancato

Futuro anteriore · Future perfect

avrò stancato	avremo stancato
avrai stancato	avrete stancato
avrà stancato	avranno stancato

Condizionale passato · Perfect conditional

avrei stancato	avremmo stancato
avresti stancato	avreste stancato
avrebbe stancato	avrebbero stancato

Congiuntivo passato · Perfect subjunctive

abbia stancato	abbiamo stancato
abbia stancato	abbiate stancato
abbia stancato	abbiano stancato

Congiuntivo trapassato · Past perfect subjunctive

avessi stancato	avessimo stancato
avessi stancato	aveste stancato
avesse stancato	avessero stancato

Imperativo · Commands

	(non) stanchiamo
stanca (non stancare)	(non) stancate
(non) stanchi	(non) stanchino

Participio passato · Past participle	stancato (-a/-i/-e)
Gerundio · Gerund	stancando

Usage

Guardare la televisione mi stanca gli occhi.	*Watching TV tires my eyes.*
La lezione di tennis l'ha stancato.	*The tennis lesson wore him out.*
Lo studio li aveva stancati.	*Studying had made them tired.*
Hanno cercato di stancarci.	*They tried to wear us down.*
È un film che stanca molto.	*It's a very boring movie.*
Non ti stancavano i suoi pettegolezzi?	*Didn't his gossip annoy you?*

stancarsi *to get tired, tire oneself out; get fed up (with), be sick (of)*

Roberto non deve stancarsi.	*Roberto mustn't tire himself out.*
Mi sono stancato a correre.	*I was exhausted from running.*
Non mi stancherò mai di ripetere questo messaggio.	*I will never tire of repeating this message.*
Ci siamo tutti stancati delle sue lamentele.	*All of us got fed up with his complaints.*

RELATED WORD

stanco (-a)	*tired, weary; bored; fed up*

stare
to stay, be, remain; stand; be situated; live;
fit, suit; depend (on); be about to

sto · stetti · stato

irregular -are verb;
intrans. (aux. essere)

---

stare in a place (referring to people)

Luigi è stato qui solo per una mezz'ora.	*Luigi was here for only half an hour.*
Antonio e Franca, state qui ad aspettarci.	*Antonio and Franca, stay here and wait for us.*
A Maria Grazia non piace stare al sole.	*Maria Grazia doesn't like to sit out in the sun.*
Non sono mai stato in montagna.	*I've never been in the mountains.*
Piero doveva stare alla cassa oggi.	*Piero had to work the register today.*

stare in a place (referring to things)

Dove stanno i bicchieri?	*Where are the glasses?*
La mia casa sta in fondo alla strada.	*My house is at the end of the street.*
Il cappotto stava sopra le chiavi.	*The coat was on top of the keys.*

stare in a position, condition, or behavior

stare seduto	*to be sitting down*
stare a capo chino	*to have one's head bent, feel humiliated*
stare comodo/scomodo	*to be at ease/comfortable / ill at ease, uncomfortable*
stare sveglio	*to be awake*
stare a dieta	*to be on a diet*
stare in ansia	*to be anxious*
Puoi stare sicuro che lei ha ragione.	*You can rest assured that she's right.*
Sta' tranquillo. Non succederà niente.	*Don't worry. Nothing will happen.*
Come stiamo a frutta?	*How are we doing on fruit?/Do we have any fruit left?*
Barbara sta con Gianni.	*Barbara is dating Gianni.*

stare per + infinitive *to be about to*

Stiamo per mangiare.	*We're about to eat.*
Stava per piovere.	*It was about to rain.*

stare a + infinitive *to keep on*

Non voleva più stare a parlarne.	*He didn't want to continue talking about it.*
Sandra starebbe a leggere tutto il giorno.	*Sandra would keep on reading all day long.*

stare + gerund *to be ___ing*

Stavo telefonando con la mia amica quando è arrivata Teresa.	*I was talking on the phone to my friend when Teresa arrived.*
Stai parlando di me?	*Are you talking about me?*

lasciar stare *to let be, leave alone*

Giuseppe ha lasciato stare le sigarette.	*Giuseppe gave up smoking.*
Lasciami stare. Non voglio parlarti.	*Leave me alone. I don't want to talk to you.*

starci *to be in agreement*

Ci stai se andiamo a Parigi per il weekend?	*Are you in if we go to Paris for the weekend?*
Carla mi ha detto che non ci sta.	*Carla told me she didn't agree.*

starsene *to be, stay, remain*

Non startene zitto, di' qualcosa.	*Don't just stand there—say something.*
Perché te ne stai sempre a casa?	*Why do you always stay at home?*

irregular -are verb;
intrans. (aux. essere)

sto · stetti · stato

Presente · Present

sto	stiamo
stai	state
sta	stanno

Imperfetto · Imperfect

stavo	stavamo
stavi	stavate
stava	stavano

Passato remoto · Preterit

stetti	stemmo
stesti	steste
stette	stettero

Futuro semplice · Future

starò	staremo
starai	starete
starà	staranno

Condizionale presente · Present conditional

starei	staremmo
staresti	stareste
starebbe	starebbero

Congiuntivo presente · Present subjunctive

stia	stiamo
stia	stiate
stia	stiano

Congiuntivo imperfetto · Imperfect subjunctive

stessi	stessimo
stessi	steste
stesse	stessero

Imperativo · Commands

	(non) stiamo
sta/stai/sta' (non stare)	(non) state
(non) stia	(non) stiano

Participio passato · Past participle	stato (-a/-i/-e)
Gerundio · Gerund	stando

Passato prossimo · Present perfect

sono stato (-a)	siamo stati (-e)
sei stato (-a)	siete stati (-e)
è stato (-a)	sono stati (-e)

Trapassato prossimo · Past perfect

ero stato (-a)	eravamo stati (-e)
eri stato (-a)	eravate stati (-e)
era stato (-a)	erano stati (-e)

Trapassato remoto · Preterit perfect

fui stato (-a)	fummo stati (-e)
fosti stato (-a)	foste stati (-e)
fu stato (-a)	furono stati (-e)

Futuro anteriore · Future perfect

sarò stato (-a)	saremo stati (-e)
sarai stato (-a)	sarete stati (-e)
sarà stato (-a)	saranno stati (-e)

Condizionale passato · Perfect conditional

sarei stato (-a)	saremmo stati (-e)
saresti stato (-a)	sareste stati (-e)
sarebbe stato (-a)	sarebbero stati (-e)

Congiuntivo passato · Perfect subjunctive

sia stato (-a)	siamo stati (-e)
sia stato (-a)	siate stati (-e)
sia stato (-a)	siano stati (-e)

Congiuntivo trapassato · Past perfect subjunctive

fossi stato (-a)	fossimo stati (-e)
fossi stato (-a)	foste stati (-e)
fosse stato (-a)	fossero stati (-e)

Usage

Perché non stai a casa per alcuni giorni?

— Come stai?

— Sto bene, grazie.

Stavano tutti zitti mentre parlava l'oratore.

Stavi in piedi durante il concerto?

La casa sta in mezzo alla campagna.

Carmela starà da sola da ora in poi.

Vincenza è stata all'estero per due anni.

— Dove state?

— Al primo piano.

Sei persone non ci staranno in questa macchina.

Il vestito rosso non ti starebbe bene.

Sta a lui dirci se vuole andarci.

Stanno per uscire.

Why don't you stay home for a few days?

"How are you?"

"I'm fine, thanks."

They all remained quiet while the speaker was talking.

Were you standing up during the concert?

The house is situated in the middle of the countryside.

Carmela will live on her own from now on.

Vincenza lived abroad for two years.

"Where do you live?"

"On the second floor."

Six people won't fit in this car.

The red dress wouldn't suit you.

It's up to him to tell us if he wants to go there.

They're about to go out.

stendere

to extend, stretch/spread (out); hang out;
lay (down), knock down; draft; relax

stendo · stesi · steso

irregular -*ere* verb;
trans. (aux. *avere*)

Presente · Present

stendo	stendiamo
stendi	stendete
stende	stendono

Imperfetto · Imperfect

stendevo	stendevamo
stendevi	stendevate
stendeva	stendevano

Passato remoto · Preterit

stesi	stendemmo
stendesti	stendeste
stese	stesero

Futuro semplice · Future

stenderò	stenderemo
stenderai	stenderete
stenderà	stenderanno

Condizionale presente · Present conditional

stenderei	stenderemmo
stenderesti	stendereste
stenderebbe	stenderebbero

Congiuntivo presente · Present subjunctive

stenda	stendiamo
stenda	stendiate
stenda	stendano

Congiuntivo imperfetto · Imperfect subjunctive

stendessi	stendessimo
stendessi	stendeste
stendesse	stendessero

Passato prossimo · Present perfect

ho steso	abbiamo steso
hai steso	avete steso
ha steso	hanno steso

Trapassato prossimo · Past perfect

avevo steso	avevamo steso
avevi steso	avevate steso
aveva steso	avevano steso

Trapassato remoto · Preterit perfect

ebbi steso	avemmo steso
avesti steso	aveste steso
ebbe steso	ebbero steso

Futuro anteriore · Future perfect

avrò steso	avremo steso
avrai steso	avrete steso
avrà steso	avranno steso

Condizionale passato · Perfect conditional

avrei steso	avremmo steso
avresti steso	avreste steso
avrebbe steso	avrebbero steso

Congiuntivo passato · Perfect subjunctive

abbia steso	abbiamo steso
abbia steso	abbiate steso
abbia steso	abbiano steso

Congiuntivo trapassato · Past perfect subjunctive

avessi steso	avessimo steso
avessi steso	aveste steso
avesse steso	avessero steso

Imperativo · Commands

	(non) stendiamo
stendi (non stendere)	(non) stendete
(non) stenda	(non) stendano

Participio passato · Past participle   steso (-a/-i/-e)

Gerundio · Gerund   stendendo

Usage

Il dottore le ha steso la mano.	*The doctor extended his hand to her.*
Non posso stendere le gambe in questa macchina.	*I can't stretch out my legs in this car.*
Guarda come si stende il burro sul pane.	*Look how butter is spread on the bread.*
La donna stava stendendo il bucato ad asciugare.	*The woman was hanging the laundry up to dry.*
È svenuto. Aiutami a stenderlo sul divano.	*He fainted. Help me lay him down on the couch.*
Stesi una lettera al mio amico.	*I wrote a letter to my friend.*

stendersi *to lie down; stretch out; stretch/reach (to)*

Stenditi per un po' a riposare.	*Lie down and rest for a while.*
Le ragazze si sono stese al sole.	*The girls stretched out in the sun.*
La pianura si stendeva fino all'orizzonte.	*The plain reached all the way to the horizon.*

RELATED WORD

la stesura   *drafting, drawing up, writing; draft, version*

regular -are verb;
trans. (aux. avere)

stiro · stirai · stirato

Presente · Present			Passato prossimo · Present perfect	
stiro	stiriamo		ho stirato	abbiamo stirato
stiri	stirate		hai stirato	avete stirato
stira	stirano		ha stirato	hanno stirato

Imperfetto · Imperfect			Trapassato prossimo · Past perfect	
stiravo	stiravamo		avevo stirato	avevamo stirato
stiravi	stiravate		avevi stirato	avevate stirato
stirava	stiravano		aveva stirato	avevano stirato

Passato remoto · Preterit			Trapassato remoto · Preterit perfect	
stirai	stirammo		ebbi stirato	avemmo stirato
stirasti	stiraste		avesti stirato	aveste stirato
stirò	stirarono		ebbe stirato	ebbero stirato

Futuro semplice · Future			Futuro anteriore · Future perfect	
stirerò	stireremo		avrò stirato	avremo stirato
stirerai	stirerete		avrai stirato	avrete stirato
stirerà	stireranno		avrà stirato	avranno stirato

Condizionale presente · Present conditional			Condizionale passato · Perfect conditional	
stirerei	stireremmo		avrei stirato	avremmo stirato
stireresti	stirereste		avresti stirato	avreste stirato
stirerebbe	stirerebbero		avrebbe stirato	avrebbero stirato

Congiuntivo presente · Present subjunctive			Congiuntivo passato · Perfect subjunctive	
stiri	stiriamo		abbia stirato	abbiamo stirato
stiri	stiriate		abbia stirato	abbiate stirato
stiri	stirino		abbia stirato	abbiano stirato

Congiuntivo imperfetto · Imperfect subjunctive			Congiuntivo trapassato · Past perfect subjunctive	
stirassi	stirassimo		avessi stirato	avessimo stirato
stirassi	stiraste		avessi stirato	aveste stirato
stirasse	stirassero		avesse stirato	avessero stirato

Imperativo · Commands	
	(non) stiriamo
stira (non stirare)	(non) stirate
(non) stiri	(non) stirino

Participio passato · Past participle   stirato (-a/-i/-e)
Gerundio · Gerund   stirando

Usage

La domestica stira tutta la biancheria.	*The maid irons all the linens.*
Quando hai stirato i miei pantaloni?	*When did you iron my pants?*
— Quando stirerà la mamma?	*"When will Mom iron?"*
— Penso che abbia già stirato.	*"I think she already has."*
La cameriera stirò la tovaglia con le mani.	*The waitress smoothed out the tablecloth with her hands.*
Vorrei stirare le gambe. Sono stato seduto per cinque ore.	*I would like to stretch my legs. I've been sitting down for five hours.*

stirarsi to iron; stretch oneself; have (one's hair) straightened

Mio marito si stira le camicie.	*My husband irons his own shirts.*
Questi tessuti non si stirano.	*These fabrics are wash-and-wear.*
Si è stirato le gambe.	*He stretched out his legs.*
Mi sono stirato un legamento correndo.	*I pulled a ligament when I was running.*
Antonia vuole farsi stirare i capelli.	*Antonia wants to have her hair straightened.*

storcere *to twist; distort*

storco · storsi · storto

*irregular -ere verb;
trans. (aux. avere)*

Presente · Present

storco	storciamo
storci	storcete
storce	storcono

Passato prossimo · Present perfect

ho storto	abbiamo storto
hai storto	avete storto
ha storto	hanno storto

Imperfetto · Imperfect

storcevo	storcevamo
storcevi	storcevate
storceva	storcevano

Trapassato prossimo · Past perfect

avevo storto	avevamo storto
avevi storto	avevate storto
aveva storto	avevano storto

Passato remoto · Preterit

storsi	storcemmo
storcesti	storceste
storse	storsero

Trapassato remoto · Preterit perfect

ebbi storto	avemmo storto
avesti storto	aveste storto
ebbe storto	ebbero storto

Futuro semplice · Future

storcerò	storceremo
storcerai	storcerete
storcerà	storceranno

Futuro anteriore · Future perfect

avrò storto	avremo storto
avrai storto	avrete storto
avrà storto	avranno storto

Condizionale presente · Present conditional

storcerei	storceremmo
storceresti	storcereste
storcerebbe	storcerebbero

Condizionale passato · Perfect conditional

avrei storto	avremmo storto
avresti storto	avreste storto
avrebbe storto	avrebbero storto

Congiuntivo presente · Present subjunctive

storca	storciamo
storca	storciate
storca	storcano

Congiuntivo passato · Perfect subjunctive

abbia storto	abbiamo storto
abbia storto	abbiate storto
abbia storto	abbiano storto

Congiuntivo imperfetto · Imperfect subjunctive

storcessi	storcessimo
storcessi	storceste
storcesse	storcessero

Congiuntivo trapassato · Past perfect subjunctive

avessi storto	avessimo storto
avessi storto	aveste storto
avesse storto	avessero storto

Imperativo · Commands

	(non) storciamo
storci (non storcere)	(non) storcete
(non) storca	(non) storcano

Participio passato · Past participle	storto (-a/-i/-e)
Gerundio · Gerund	storcendo

Usage

Ho gridato quando mi ha storto la mano.	*I screamed when he twisted my hand.*
Stai attento a non storcere il chiodo.	*Be careful not to bend the nail.*
Perché storci il naso? Devi imparare a mangiare tutto.	*Why do you turn up your nose? You should learn to eat everything.*
Penso che tu abbia storto il senso delle mie parole.	*I think you twisted the meaning of my words.*

storcersi *to twist, writhe; bend, become crooked*

Mi sono storto la caviglia giocando a tennis.	*I twisted my ankle playing tennis.*
Il bambino che si era rotto la gamba, si storceva per il dolore.	*The child whose leg was broken was writhing in pain.*
Non riesco ad aprire la porta perché la chiave si è storta.	*I can't open the door because the key is bent.*

RELATED EXPRESSION

avere lo storcicollo/il torcicollo	*to have a stiff neck*

regular -are verb;
trans. (aux. *avere*)

stresso · stressai · stressato

Presente · Present

stresso	stressiamo
stressi	stressate
stressa	stressano

Imperfetto · Imperfect

stressavo	stressavamo
stressavi	stressavate
stressava	stressavano

Passato remoto · Preterit

stressai	stressammo
stressasti	stressaste
stressò	stressarono

Futuro semplice · Future

stresserò	stresseremo
stresserai	stresserete
stresserà	stresseranno

Condizionale presente · Present conditional

stresserei	stresseremmo
stresseresti	stressereste
stresserebbe	stresserebbero

Congiuntivo presente · Present subjunctive

stressi	stressiamo
stressi	stressiate
stressi	stressino

Congiuntivo imperfetto · Imperfect subjunctive

stressassi	stressassimo
stressassi	stressaste
stressasse	stressassero

Imperativo · Commands

	(non) stressiamo
stressa (non stressare)	(non) stressate
(non) stressi	(non) stressino

Passato prossimo · Present perfect

ho stressato	abbiamo stressato
hai stressato	avete stressato
ha stressato	hanno stressato

Trapassato prossimo · Past perfect

avevo stressato	avevamo stressato
avevi stressato	avevate stressato
aveva stressato	avevano stressato

Trapassato remoto · Preterit perfect

ebbi stressato	avemmo stressato
avesti stressato	aveste stressato
ebbe stressato	ebbero stressato

Futuro anteriore · Future perfect

avrò stressato	avremo stressato
avrai stressato	avrete stressato
avrà stressato	avranno stressato

Condizionale passato · Perfect conditional

avrei stressato	avremmo stressato
avresti stressato	avreste stressato
avrebbe stressato	avrebbero stressato

Congiuntivo passato · Perfect subjunctive

abbia stressato	abbiamo stressato
abbia stressato	abbiate stressato
abbia stressato	abbiano stressato

Congiuntivo trapassato · Past perfect subjunctive

avessi stressato	avessimo stressato
avessi stressato	aveste stressato
avesse stressato	avessero stressato

Participio passato · Past participle   stressato (-a/-i/-e)

Gerundio · Gerund   stressando

Usage

Il lavoro ti stressa?	*Does work stress you out?*
Che cosa l'avrà stressato tanto?	*What could have put so much stress on him?*
Il ritmo pazzesco della vita moderna non li ha mai stressati.	*The crazy pace of modern life has never stressed them.*
Mi avete stressato!	*I've had it with all of you!*
Se Carolina non smette di stressarmi, impazzirò.	*If Carolina doesn't stop getting on my nerves, I'll go crazy.*

stressarsi *to stress oneself, be stressed*

La studentessa si stressava troppo a studiare.	*The student put too much pressure on herself over studying.*

RELATED WORDS

lo stress	*stress*
stressante (*invariable adj.*)	*stressful/annoying*
stressato (-a)	*under stress, strained*

stringere

to grip, hold tight; squeeze, pinch; tighten; close up; enter into, contract; quicken; be pressing; be brief

stringo · strinsi · stretto

irregular -*ere* verb;
trans./intrans. (aux. *avere*)

Presente · Present

stringo	stringiamo
stringi	stringete
stringe	stringono

Imperfetto · Imperfect

stringevo	stringevamo
stringevi	stringevate
stringeva	stringevano

Passato remoto · Preterit

strinsi	stringemmo
stringesti	stringeste
strinse	strinsero

Futuro semplice · Future

stringerò	stringeremo
stringerai	stringerete
stringerà	stringeranno

Condizionale presente · Present conditional

stringerei	stringeremmo
stringeresti	stringereste
stringerebbe	stringerebbero

Congiuntivo presente · Present subjunctive

stringa	stringiamo
stringa	stringiate
stringa	stringano

Congiuntivo imperfetto · Imperfect subjunctive

stringessi	stringessimo
stringessi	stringeste
stringesse	stringessero

Imperativo · Commands

	(non) stringiamo
stringi (non stringere)	(non) stringete
(non) stringa	(non) stringano

Participio passato · Past participle	stretto (-a/-i/-e)
Gerundio · Gerund	stringendo

Passato prossimo · Present perfect

ho stretto	abbiamo stretto
hai stretto	avete stretto
ha stretto	hanno stretto

Trapassato prossimo · Past perfect

avevo stretto	avevamo stretto
avevi stretto	avevate stretto
aveva stretto	avevano stretto

Trapassato remoto · Preterit perfect

ebbi stretto	avemmo stretto
avesti stretto	aveste stretto
ebbe stretto	ebbero stretto

Futuro anteriore · Future perfect

avrò stretto	avremo stretto
avrai stretto	avrete stretto
avrà stretto	avranno stretto

Condizionale passato · Perfect conditional

avrei stretto	avremmo stretto
avresti stretto	avreste stretto
avrebbe stretto	avrebbero stretto

Congiuntivo passato · Perfect subjunctive

abbia stretto	abbiamo stretto
abbia stretto	abbiate stretto
abbia stretto	abbiano stretto

Congiuntivo trapassato · Past perfect subjunctive

avessi stretto	avessimo stretto
avessi stretto	aveste stretto
avesse stretto	avessero stretto

Usage

Elena stringeva il braccio di Stefania.	*Elena was holding on tightly to Stefania's arm.*
Gli ho stretto la mano.	*I shook his hand.*
Non puoi stringere la cintura di più?	*Can't you tighten the belt some more?*
Non penso che stringesse i denti.	*I don't think she was clenching her teeth.*
Il paese strinse un'alleanza con noi.	*The country entered into an alliance with us.*
Il tempo stringe. Affrettiamoci.	*Time is pressing. Let's hurry.*
Hanno chiesto agli oratori di stringere.	*They asked the speakers to keep it short.*

stringersi *to press oneself (against); squeeze together; hug each other; draw close (to)*

Lui si strinse contro il muro.	*He pressed himself against the wall.*
Ci siamo stretti nell'ascensore per far entrare tutti.	*We squeezed together in the elevator so everybody would fit.*
Gli amici si sono stretti tra le braccia.	*The friends gave each other a hug.*
Mario si strinse nelle spalle e non disse niente.	*Mario shrugged his shoulders and said nothing.*

regular -are verb, i > –/i;
trans./intrans. (aux. *avere*)

Presente · Present

studio	studiamo
studi	studiate
studia	studiano

Imperfetto · Imperfect

studiavo	studiavamo
studiavi	studiavate
studiava	studiavano

Passato remoto · Preterit

studiai	studiammo
studiasti	studiaste
studiò	studiarono

Futuro semplice · Future

studierò	studieremo
studierai	studierete
studierà	studieranno

Condizionale presente · Present conditional

studierei	studieremmo
studieresti	studiereste
studierebbe	studierebbero

Congiuntivo presente · Present subjunctive

studi	studiamo
studi	studiate
studi	studino

Congiuntivo imperfetto · Imperfect subjunctive

studiassi	studiassimo
studiassi	studiaste
studiasse	studiassero

Imperativo · Commands

	(non) studiamo
studia (non studiare)	(non) studiate
(non) studi	(non) studino

Passato prossimo · Present perfect

ho studiato	abbiamo studiato
hai studiato	avete studiato
ha studiato	hanno studiato

Trapassato prossimo · Past perfect

avevo studiato	avevamo studiato
avevi studiato	avevate studiato
aveva studiato	avevano studiato

Trapassato remoto · Preterit perfect

ebbi studiato	avemmo studiato
avesti studiato	aveste studiato
ebbe studiato	ebbero studiato

Futuro anteriore · Future perfect

avrò studiato	avremo studiato
avrai studiato	avrete studiato
avrà studiato	avranno studiato

Condizionale passato · Perfect conditional

avrei studiato	avremmo studiato
avresti studiato	avreste studiato
avrebbe studiato	avrebbero studiato

Congiuntivo passato · Perfect subjunctive

abbia studiato	abbiamo studiato
abbia studiato	abbiate studiato
abbia studiato	abbiano studiato

Congiuntivo trapassato · Past perfect subjunctive

avessi studiato	avessimo studiato
avessi studiato	aveste studiato
avesse studiato	avessero studiato

Participio passato · Past participle studiato (-a/-i/-e)

Gerundio · Gerund studiando

Usage

Mia sorella studia la storia dell'arte e l'italiano.	*My sister is studying art history and Italian.*
Studieremo Dante il semestre prossimo.	*We'll study Dante next semester.*
Ho studiato quasi trecento pagine ieri.	*Yesterday I studied almost three hundred pages.*
Roberto studiò tutta la sera fino a mezzanotte.	*Roberto studied all evening until midnight.*
Natalia studiava per diventare ingegnere.	*Natalia was studying to become an engineer.*
Marcella studia il violino da due anni.	*Marcella has been learning the violin for two years.*
Studieremo il problema a fondo.	*We'll examine the problem in depth.*
L'attore stava studiando la sua parte.	*The actor was practicing his lines.*
Il nuovo piano fu studiato da un gruppo di esperti.	*A think tank devised the new plan.*
La società ha studiato un sistema per bloccare lo spam.	*The company tried to find a way to block spam.*

studiarsi *to examine oneself; eye each other, watch each other*

Carmela si stava studiando allo specchio.	*Carmela was examining herself in the mirror.*
Gli avversari si sono studiati attentamente.	*The adversaries eyed each other warily.*

stupire   *to amaze, astonish, stun*

stupisco · stupii · stupito

regular *-ire* verb (*-isc-* type);
trans. (aux. *avere*)/intrans. (aux *essere*)

NOTE *Stupire* is conjugated here with *avere*; when used intransitively, it is conjugated with *essere*.

Presente · Present

stupisco	stupiamo
stupisci	stupite
stupisce	stupiscono

Imperfetto · Imperfect

stupivo	stupivamo
stupivi	stupivate
stupiva	stupivano

Passato remoto · Preterit

stupii	stupimmo
stupisti	stupiste
stupì	stupirono

Futuro semplice · Future

stupirò	stupiremo
stupirai	stupirete
stupirà	stupiranno

Condizionale presente · Present conditional

stupirei	stupiremmo
stupiresti	stupireste
stupirebbe	stupirebbero

Congiuntivo presente · Present subjunctive

stupisca	stupiamo
stupisca	stupiate
stupisca	stupiscano

Congiuntivo imperfetto · Imperfect subjunctive

stupissi	stupissimo
stupissi	stupiste
stupisse	stupissero

Passato prossimo · Present perfect

ho stupito	abbiamo stupito
hai stupito	avete stupito
ha stupito	hanno stupito

Trapassato prossimo · Past perfect

avevo stupito	avevamo stupito
avevi stupito	avevate stupito
aveva stupito	avevano stupito

Trapassato remoto · Preterit perfect

ebbi stupito	avemmo stupito
avesti stupito	aveste stupito
ebbe stupito	ebbero stupito

Futuro anteriore · Future perfect

avrò stupito	avremo stupito
avrai stupito	avrete stupito
avrà stupito	avranno stupito

Condizionale passato · Perfect conditional

avrei stupito	avremmo stupito
avresti stupito	avreste stupito
avrebbe stupito	avrebbero stupito

Congiuntivo passato · Perfect subjunctive

abbia stupito	abbiamo stupito
abbia stupito	abbiate stupito
abbia stupito	abbiano stupito

Congiuntivo trapassato · Past perfect subjunctive

avessi stupito	avessimo stupito
avessi stupito	aveste stupito
avesse stupito	avessero stupito

Imperativo · Commands

	(non) stupiamo
stupisci (non stupire)	(non) stupite
(non) stupisca	(non) stupiscano

Participio passato · Past participle	stupito (-a/-i/-e)
Gerundio · Gerund	stupendo

Usage

La tua risposta mi ha stupito.
Non ti stupisce l'atteggiamento di Anna?
I pettegolezzi che raccontava hanno stupito tutti.
È normale che un tale commento ti stupisca.
Abbiamo assistito a un concerto da far stupire.

Your answer amazed me.
Anna's behavior doesn't astonish you?
The gossip he repeated stunned everybody.
It's normal that such a comment would astound you.
We went to an amazing concert.

stupirsi *to be amazed (at)*

Non c'è niente da stupirsi!
Non mi stupisco più di niente.
Gli impiegati si sono stupiti di scoprire che
l'azienda era fallita.

It's nothing to be amazed at!
I'm not surprised by anything anymore.
*The employees were dumbfounded to find out that
the company had gone bankrupt.*

RELATED WORD

lo stupore

amazement, astonishment

irregular -ere verb;
intrans./impers. (aux. *essere*)

succedo · successi/succedei/succedetti · successo

Presente · Present

succedo	succediamo
succedi	succedete
succede	succedono

Imperfetto · Imperfect

succedevo	succedevamo
succedevi	succedevate
succedeva	succedevano

Passato remoto · Preterit

successi/succedei/succedetti	succedemmo
succedesti	succedeste
successe/succedé/succedette	successero/succederono/succedettero

Futuro semplice · Future

succederò	succederemo
succederai	succederete
succederà	succederanno

Condizionale presente · Present conditional

succederei	succederemmo
succederesti	succedereste
succederebbe	succederebbero

Congiuntivo presente · Present subjunctive

succeda	succediamo
succeda	succediate
succeda	succedano

Congiuntivo imperfetto · Imperfect subjunctive

succedessi	succedessimo
succedessi	succedeste
succedesse	succedessero

Imperativo · Commands

	(non) succediamo
succedi (non succedere)	(non) succedete
(non) succeda	(non) succedano

Participio passato · Past participle successo (-a/-i/-e)

Gerundio · Gerund succedendo

Passato prossimo · Present perfect

sono successo (-a)	siamo successi (-e)
sei successo (-a)	siete successi (-e)
è successo (-a)	sono successi (-e)

Trapassato prossimo · Past perfect

ero successo (-a)	eravamo successi (-e)
eri successo (-a)	eravate successi (-e)
era successo (-a)	erano successi (-e)

Trapassato remoto · Preterit perfect

fui successo (-a)	fummo successi (-e)
fosti successo (-a)	foste successi (-e)
fu successo (-a)	furono successi (-e)

Futuro anteriore · Future perfect

sarò successo (-a)	saremo successi (-e)
sarai successo (-a)	sarete successi (-e)
sarà successo (-a)	saranno successi (-e)

Condizionale passato · Perfect conditional

sarei successo (-a)	saremmo successi (-e)
saresti successo (-a)	sareste successi (-e)
sarebbe successo (-a)	sarebbero successi (-e)

Congiuntivo passato · Perfect subjunctive

sia successo (-a)	siamo successi (-e)
sia successo (-a)	siate successi (-e)
sia successo (-a)	siano successi (-e)

Congiuntivo trapassato · Past perfect subjunctive

fossi successo (-a)	fossimo successi (-e)
fossi successo (-a)	foste successi (-e)
fosse successo (-a)	fossero successi (-e)

Usage

Mi dispiace di dovertelo dire, ma è successa una disgrazia.
Che cosa successe dopo?
Che cosa ti è successo?
Sono cose che succedono.
Gli succede di tanto in tanto di non poter dormire.
A Vittorio Emanuele III succedé Umberto II sul trono.
Alla pioggia succede spesso il sole.
Succeda quel che succeda. (PROVERB)

I'm sorry to have to tell you this, but something bad has happened.
What happened then?
What's happened to you?
Things like that happen.
It happens occasionally that he can't sleep.
Umberto II succeeded Vittorio Emanuele III to the throne.
After it rains, the sun often comes out.
Let the chips fall where they may.

succedersi *to follow one another, occur in succession*

I giorni si succedevano lentamente.
Gli attacchi si sono successi sempre più rapidamente.

The days dragged on.
The attacks occurred in ever more rapid succession.

suggerire *to suggest; prompt, hint*

suggerisco · suggerii · suggerito

regular *-ire* verb (*-isc-* type);
trans. (aux. *avere*)

Presente · Present

suggerisco	suggeriamo
suggerisci	suggerite
suggerisce	suggeriscono

Imperfetto · Imperfect

suggerivo	suggerivamo
suggerivi	suggerivate
suggeriva	suggerivano

Passato remoto · Preterit

suggerii	suggerimmo
suggeristi	suggeriste
suggerì	suggerirono

Futuro semplice · Future

suggerirò	suggeriremo
suggerirai	suggerirete
suggerirà	suggeriranno

Condizionale presente · Present conditional

suggerirei	suggeriremmo
suggeriresti	suggerireste
suggerirebbe	suggerirebbero

Congiuntivo presente · Present subjunctive

suggerisca	suggeriamo
suggerisca	suggeriate
suggerisca	suggeriscano

Congiuntivo imperfetto · Imperfect subjunctive

suggerissi	suggerissimo
suggerissi	suggeriste
suggerisse	suggerissero

Passato prossimo · Present perfect

ho suggerito	abbiamo suggerito
hai suggerito	avete suggerito
ha suggerito	hanno suggerito

Trapassato prossimo · Past perfect

avevo suggerito	avevamo suggerito
avevi suggerito	avevate suggerito
aveva suggerito	avevano suggerito

Trapassato remoto · Preterit perfect

ebbi suggerito	avemmo suggerito
avesti suggerito	aveste suggerito
ebbe suggerito	ebbero suggerito

Futuro anteriore · Future perfect

avrò suggerito	avremo suggerito
avrai suggerito	avrete suggerito
avrà suggerito	avranno suggerito

Condizionale passato · Perfect conditional

avrei suggerito	avremmo suggerito
avresti suggerito	avreste suggerito
avrebbe suggerito	avrebbero suggerito

Congiuntivo passato · Perfect subjunctive

abbia suggerito	abbiamo suggerito
abbia suggerito	abbiate suggerito
abbia suggerito	abbiano suggerito

Congiuntivo trapassato · Past perfect subjunctive

avessi suggerito	avessimo suggerito
avessi suggerito	aveste suggerito
avesse suggerito	avessero suggerito

Imperativo · Commands

	(non) suggeriamo
suggerisci (non suggerire)	(non) suggerite
(non) suggerisca	(non) suggeriscano

Participio passato · Past participle	suggerito (-a/-i/-e)
Gerundio · Gerund	suggerendo

Usage

Potrei suggerirti qualcosa?	*Could I make a suggestion to you?*
Mario mi ha suggerito un'ottima idea.	*Mario gave me an excellent suggestion.*
Ci suggerirono di apparire di persona.	*They suggested that we show up in person.*
Suggerisci una risposta?	*Are you suggesting an answer?*
Non è permesso agli studenti di suggerire a un compagno di classe.	*Students are not allowed to whisper the answer to a classmate.*
Ha fatto quello che le suggeriva il cuore.	*She acted according to the promptings of her heart.*
Ti suggerirò con gli occhi se non sono d'accordo con la proposta.	*I'll give you a signal with my eyes if I don't agree with the proposal.*
Il castello mi suggerisce la vita nel Medioevo.	*The castle makes me think about life in the Middle Ages.*

RELATED EXPRESSIONS

il suggeritore/la suggeritrice	*prompter* (in a play)
dietro vostro suggerimento	*on your advice/following your suggestion*
suggestionare	*to influence*

regular *-are* verb;
trans./intrans. (aux. *avere* or *essere*)

suono · suonai · suonato

NOTE *Suonare* is conjugated with *avere* in transitive constructions and in intransitive ones if the meaning is "produce/emit a sound" or "play a musical instrument." *Essere* is used as the auxiliary in intransitive constructions where time is announced by a sound. For the meaning "give an impression," either *avere* or *essere* may be used.

Presente · Present

suono	suoniamo
suoni	suonate
suona	suonano

Imperfetto · Imperfect

suonavo	suonavamo
suonavi	suonavate
suonava	suonavano

Passato remoto · Preterit

suonai	suonammo
suonasti	suonaste
suonò	suonarono

Futuro semplice · Future

suonerò	suoneremo
suonerai	suonerete
suonerà	suoneranno

Condizionale presente · Present conditional

suonerei	suoneremmo
suoneresti	suonereste
suonerebbe	suonerebbero

Congiuntivo presente · Present subjunctive

suoni	suoniamo
suoni	suoniate
suoni	suonino

Congiuntivo imperfetto · Imperfect subjunctive

suonassi	suonassimo
suonassi	suonaste
suonasse	suonassero

Passato prossimo · Present perfect

ho suonato	abbiamo suonato
hai suonato	avete suonato
ha suonato	hanno suonato

Trapassato prossimo · Past perfect

avevo suonato	avevamo suonato
avevi suonato	avevate suonato
aveva suonato	avevano suonato

Trapassato remoto · Preterit perfect

ebbi suonato	avemmo suonato
avesti suonato	aveste suonato
ebbe suonato	ebbero suonato

Futuro anteriore · Future perfect

avrò suonato	avremo suonato
avrai suonato	avrete suonato
avrà suonato	avranno suonato

Condizionale passato · Perfect conditional

avrei suonato	avremmo suonato
avresti suonato	avreste suonato
avrebbe suonato	avrebbero suonato

Congiuntivo passato · Perfect subjunctive

abbia suonato	abbiamo suonato
abbia suonato	abbiate suonato
abbia suonato	abbiano suonato

Congiuntivo trapassato · Past perfect subjunctive

avessi suonato	avessimo suonato
avessi suonato	aveste suonato
avesse suonato	avessero suonato

Imperativo · Commands

	(non) suoniamo
suona (non suonare)	(non) suonate
(non) suoni	(non) suonino

Participio passato · Past participle	suonato (-a/-i/-e)
Gerundio · Gerund	suonando

Usage

Non suono solo la chitarra ma anche la fisarmonica.
L'orchestra ha suonato due pezzi di Beethoven.
Il telefono non ha mai suonato ieri sera.
Hai suonato il campanello?
Il camionista suonava il clacson.
L'allarme ha suonato.
Il trombettiere suonò la ritirata dell'esercito.
Penso che sia suonata mezzanotte.
È suonata l'ora di cambiare le nostre abitudini.
Non ti suona strano?

I play not only the guitar, but the accordion as well.
The orchestra played two pieces by Beethoven.
The telephone didn't ring at all last night.
Did you ring the doorbell?
The truck driver was blowing his horn.
The alarm went off.
The bugler sounded the army's retreat.
I think it's past midnight.
The time has come to change our habits.
Doesn't that sound strange to you?

superare *to exceed, surpass, outdo; overcome; overtake; cover, cross*

supero · superai · superato

regular *-are* verb;
trans. (aux. *avere*)

Presente · Present

supero	superiamo
superi	superate
supera	superano

Imperfetto · Imperfect

superavo	superavamo
superavi	superavate
superava	superavano

Passato remoto · Preterit

superai	superammo
superasti	superaste
superò	superarono

Futuro semplice · Future

supererò	supereremo
supererai	supererete
supererà	supereranno

Condizionale presente · Present conditional

supererei	supereremmo
supereresti	superereste
supererebbe	supererebbero

Congiuntivo presente · Present subjunctive

superi	superiamo
superi	superiate
superi	superino

Congiuntivo imperfetto · Imperfect subjunctive

superassi	superassimo
superassi	superaste
superasse	superassero

Passato prossimo · Present perfect

ho superato	abbiamo superato
hai superato	avete superato
ha superato	hanno superato

Trapassato prossimo · Past perfect

avevo superato	avevamo superato
avevi superato	avevate superato
aveva superato	avevano superato

Trapassato remoto · Preterit perfect

ebbi superato	avemmo superato
avesti superato	aveste superato
ebbe superato	ebbero superato

Futuro anteriore · Future perfect

avrò superato	avremo superato
avrai superato	avrete superato
avrà superato	avranno superato

Condizionale passato · Perfect conditional

avrei superato	avremmo superato
avresti superato	avreste superato
avrebbe superato	avrebbero superato

Congiuntivo passato · Perfect subjunctive

abbia superato	abbiamo superato
abbia superato	abbiate superato
abbia superato	abbiano superato

Congiuntivo trapassato · Past perfect subjunctive

avessi superato	avessimo superato
avessi superato	aveste superato
avesse superato	avessero superato

Imperativo · Commands

	(non) superiamo
supera (non superare)	(non) superate
(non) superi	(non) superino

Participio passato · Past participle   superato (-a/-i/-e)

Gerundio · Gerund   superando

Usage

La produzione ha superato le nostre aspettative.
L'altezza dell'armadio non superava i due metri.
Giulio supera tutti i suoi compagni di classe per intelligenza.
Pensi che Raffaela abbia superato la quarantina?
Franco superava suo fratello in altezza.
Nessuno la supera in generosità.
Sono sicuro che supererai questa malattia.
Superammo la macchina rossa in curva.
Si è superato il confine il 23 ottobre.
Chi non ha superato l'esame?
Non superare il limite di velocità di sessanta chilometri l'ora.
Questa volta hai superato il limite.

The production exceeded our expectations.
The height of the armoire didn't exceed two meters.
Giulio is smarter than all his classmates.

Do you think Raffaela's over forty?
Franco was taller than his brother.
Nobody is more generous than she is.
I'm sure you'll get over this illness.
We passed the red car on a curve.
The border was crossed on October 23.
Who didn't pass the exam?
Don't break the 60-kilometer-per-hour speed limit.

This time you went too far.

suppongo · supposi · supposto

irregular -ere verb;
trans. (aux. *avere*)

Presente · Present

suppongo	supponiamo
supponi	supponete
suppone	suppongono

Imperfetto · Imperfect

supponevo	supponevamo
supponevi	supponevate
supponeva	supponevano

Passato remoto · Preterit

supposi	supponemmo
supponesti	supponeste
suppose	supposero

Futuro semplice · Future

supporrò	supporremo
supporrai	supporrete
supporrà	supporranno

Condizionale presente · Present conditional

supporrei	supporremmo
supporresti	supporreste
supporrebbe	supporrebbero

Congiuntivo presente · Present subjunctive

supponga	supponiamo
supponga	supponiate
supponga	suppongano

Congiuntivo imperfetto · Imperfect subjunctive

supponessi	supponessimo
supponessi	supponeste
supponesse	supponessero

Imperativo · Commands

	(non) supponiamo
supponi (non supporre)	(non) supponete
(non) supponga	(non) suppongano

Participio passato · Past participle	supposto (-a/-i/-e)
Gerundio · Gerund	supponendo

Passato prossimo · Present perfect

ho supposto	abbiamo supposto
hai supposto	avete supposto
ha supposto	hanno supposto

Trapassato prossimo · Past perfect

avevo supposto	avevamo supposto
avevi supposto	avevate supposto
aveva supposto	avevano supposto

Trapassato remoto · Preterit perfect

ebbi supposto	avemmo supposto
avesti supposto	aveste supposto
ebbe supposto	ebbero supposto

Futuro anteriore · Future perfect

avrò supposto	avremo supposto
avrai supposto	avrete supposto
avrà supposto	avranno supposto

Condizionale passato · Perfect conditional

avrei supposto	avremmo supposto
avresti supposto	avreste supposto
avrebbe supposto	avrebbero supposto

Congiuntivo passato · Perfect subjunctive

abbia supposto	abbiamo supposto
abbia supposto	abbiate supposto
abbia supposto	abbiano supposto

Congiuntivo trapassato · Past perfect subjunctive

avessi supposto	avessimo supposto
avessi supposto	aveste supposto
avesse supposto	avessero supposto

Usage

— Andrai alla festa?
— Suppongo di sì.
Supponiamo che tu abbia ragione e loro abbiano torto.
Supposto che lui arrivi entro cinque minuti, che cosa facciamo?
Natalia supponeva che fosse vero.
L'avvocato lo suppone colpevole.
Supponevamo di dover partire prima di mezzogiorno.
Suppongo che lei sia già partita.
Supponete che andranno in Toscana quest'estate?

"Are you going to the party?"
"I suppose so."
Let's suppose you're right and they're wrong.
Supposing that he arrives in the next five minutes, what are we going to do?
Natalia assumed it was true.
The lawyer believes he is guilty.
We assumed we had to leave before noon.
I guess she's already left.
Do you imagine they'll go to Tuscany this summer?

RELATED EXPRESSIONS

Erano solo supposizioni.
È una supposizione incontestabile.

I was only guessing.
It's an indisputable assumption.

svegliare *to waken; rouse, excite, alert; awaken*

sveglio · svegliai · svegliato

regular -are verb, i > –/i;
trans. (aux. *avere*)

Presente · Present

sveglio	svegliamo
svegli	svegliate
sveglia	svegliano

Imperfetto · Imperfect

svegliavo	svegliavamo
svegliavi	svegliavate
svegliava	svegliavano

Passato remoto · Preterit

svegliai	svegliammo
svegliasti	svegliaste
svegliò	svegliarono

Futuro semplice · Future

sveglierò	sveglieremo
sveglierai	sveglierete
sveglierà	sveglieranno

Condizionale presente · Present conditional

sveglierei	sveglieremmo
sveglieresti	svegliereste
sveglierebbe	sveglierebbero

Congiuntivo presente · Present subjunctive

svegli	svegliamo
svegli	svegliate
svegli	sveglino

Congiuntivo imperfetto · Imperfect subjunctive

svegliassi	svegliassimo
svegliassi	svegliaste
svegliasse	svegliassero

Passato prossimo · Present perfect

ho svegliato	abbiamo svegliato
hai svegliato	avete svegliato
ha svegliato	hanno svegliato

Trapassato prossimo · Past perfect

avevo svegliato	avevamo svegliato
avevi svegliato	avevate svegliato
aveva svegliato	avevano svegliato

Trapassato remoto · Preterit perfect

ebbi svegliato	avemmo svegliato
avesti svegliato	aveste svegliato
ebbe svegliato	ebbero svegliato

Futuro anteriore · Future perfect

avrò svegliato	avremo svegliato
avrai svegliato	avrete svegliato
avrà svegliato	avranno svegliato

Condizionale passato · Perfect conditional

avrei svegliato	avremmo svegliato
avresti svegliato	avreste svegliato
avrebbe svegliato	avrebbero svegliato

Congiuntivo passato · Perfect subjunctive

abbia svegliato	abbiamo svegliato
abbia svegliato	abbiate svegliato
abbia svegliato	abbiano svegliato

Congiuntivo trapassato · Past perfect subjunctive

avessi svegliato	avessimo svegliato
avessi svegliato	aveste svegliato
avesse svegliato	avessero svegliato

Imperativo · Commands

	(non) svegliamo
sveglia (non svegliare)	(non) svegliate
(non) svegli	(non) sveglino

Participio passato · Past participle	svegliato (-a/-i/-e)
Gerundio · Gerund	svegliando

Usage

Mi ha svegliato qualche rumore.
Ci svegli alle sette, per favore.
La vita universitaria svegliò il suo interesse per la musica.
Una bella passeggiata ti sveglierà l'appetito.
Quell'esperienza gli ha svegliato il desiderio di viaggiare.

Dobbiamo svegliarlo dall'apatia.
Non la sveglieranno nemmeno le cannonate.
Non svegliare il can che dorme. (PROVERB)

Some noise woke me up.
Wake us up at seven o'clock, please.
University life kindled his interest in music.
A nice walk will stimulate your appetite.
That experience awakened in him the desire to travel.

We have to rouse him from his apathy.
She'll sleep through anything.
Let sleeping dogs lie.

svegliarsi *to wake up; start (up) again; wise up*

A che ora ti sei svegliato?
Una lieve brezza si svegliò.
Carmelo, svegliati.

What time did you wake up?
A light breeze stirred again.
Carmelo, wise up.

irregular *-ire* verb;
intrans. (aux. *essere*)

Presente · Present

svengo	sveniamo
svieni	svenite
sviene	svengono

Imperfetto · Imperfect

svenivo	svenivamo
svenivi	svenivate
sveniva	svenivano

Passato remoto · Preterit

svenni	svenimmo
svenisti	sveniste
svenne	svennero

Futuro semplice · Future

sverrò	sverremo
sverrai	sverrete
sverrà	sverranno

Condizionale presente · Present conditional

sverrei	sverremmo
sverresti	sverreste
sverrebbe	sverrebbero

Congiuntivo presente · Present subjunctive

svenga	sveniamo
svenga	sveniate
svenga	svengano

Congiuntivo imperfetto · Imperfect subjunctive

svenissi	svenissimo
svenissi	sveniste
svenisse	svenissero

Passato prossimo · Present perfect

sono svenuto (-a)	siamo svenuti (-e)
sei svenuto (-a)	siete svenuti (-e)
è svenuto (-a)	sono svenuti (-e)

Trapassato prossimo · Past perfect

ero svenuto (-a)	eravamo svenuti (-e)
eri svenuto (-a)	eravate svenuti (-e)
era svenuto (-a)	erano svenuti (-e)

Trapassato remoto · Preterit perfect

fui svenuto (-a)	fummo svenuti (-e)
fosti svenuto (-a)	foste svenuti (-e)
fu svenuto (-a)	furono svenuti (-e)

Futuro anteriore · Future perfect

sarò svenuto (-a)	saremo svenuti (-e)
sarai svenuto (-a)	sarete svenuti (-e)
sarà svenuto (-a)	saranno svenuti (-e)

Condizionale passato · Perfect conditional

sarei svenuto (-a)	saremmo svenuti (-e)
saresti svenuto (-a)	sareste svenuti (-e)
sarebbe svenuto (-a)	sarebbero svenuti (-e)

Congiuntivo passato · Perfect subjunctive

sia svenuto (-a)	siamo svenuti (-e)
sia svenuto (-a)	siate svenuti (-e)
sia svenuto (-a)	siano svenuti (-e)

Congiuntivo trapassato · Past perfect subjunctive

fossi svenuto (-a)	fossimo svenuti (-e)
fossi svenuto (-a)	foste svenuti (-e)
fosse svenuto (-a)	fossero svenuti (-e)

Imperativo · Commands

	(non) sveniamo
svieni (non svenire)	(non) svenite
(non) svenga	(non) svengano

Participio passato · Past participle	svenuto (-a/-i/-e)
Gerundio · Gerund	svenendo

Usage

Martina è svenuta quando ha ricevuto la notizia.
Il medico teme che i pazienti svengano quando
  vedono il sangue.
Molte persone erano svenute per il caldo eccezionale.
Il bambino svenne per la debolezza.
Non avendo mangiato per molte ore, mi sentivo
  svenire dalla fame.
Il professore parlava così lentamente che faceva
  svenire.

Martina fainted when she got the news.
The doctor's afraid that his patients will faint
  at the sight of blood.
Many people fainted because of the exceptional heat.
The child fainted from weakness.
Not having eaten for several hours, I felt like
  I was going to faint from hunger.
The professor was speaking so slowly it was
  unbearable.

RELATED EXPRESSIONS

lo svenimento
avere uno svenimento

fainting spell, swoon
to faint

svolgere | *to unroll, unfold; develop, discuss; carry out, perform*

svolgo · svolsi · svolto

irregular -*ere* verb;
trans. (aux. *avere*)

Presente · Present

svolgo	svolgiamo
svolgi	svolgete
svolge	svolgono

Imperfetto · Imperfect

svolgevo	svolgevamo
svolgevi	svolgevate
svolgeva	svolgevano

Passato remoto · Preterit

svolsi	svolgemmo
svolgesti	svolgeste
svolse	svolsero

Futuro semplice · Future

svolgerò	svolgeremo
svolgerai	svolgerete
svolgerà	svolgeranno

Condizionale presente · Present conditional

svolgerei	svolgeremmo
svolgeresti	svolgereste
svolgerebbe	svolgerebbero

Congiuntivo presente · Present subjunctive

svolga	svolgiamo
svolga	svolgiate
svolga	svolgano

Congiuntivo imperfetto · Imperfect subjunctive

svolgessi	svolgessimo
svolgessi	svolgeste
svolgesse	svolgessero

Imperativo · Commands

	(non) svolgiamo
svolgi (non svolgere)	(non) svolgete
(non) svolga	(non) svolgano

Passato prossimo · Present perfect

ho svolto	abbiamo svolto
hai svolto	avete svolto
ha svolto	hanno svolto

Trapassato prossimo · Past perfect

avevo svolto	avevamo svolto
avevi svolto	avevate svolto
aveva svolto	avevano svolto

Trapassato remoto · Preterit perfect

ebbi svolto	avemmo svolto
avesti svolto	aveste svolto
ebbe svolto	ebbero svolto

Futuro anteriore · Future perfect

avrò svolto	avremo svolto
avrai svolto	avrete svolto
avrà svolto	avranno svolto

Condizionale passato · Perfect conditional

avrei svolto	avremmo svolto
avresti svolto	avreste svolto
avrebbe svolto	avrebbero svolto

Congiuntivo passato · Perfect subjunctive

abbia svolto	abbiamo svolto
abbia svolto	abbiate svolto
abbia svolto	abbiano svolto

Congiuntivo trapassato · Past perfect subjunctive

avessi svolto	avessimo svolto
avessi svolto	aveste svolto
avesse svolto	avessero svolto

Participio passato · Past participle   svolto (-a/-i/-e)

Gerundio · Gerund   svolgendo

Usage

Hai svolto la fune?	*Have you uncoiled the rope?*
Lucia stava svolgendo un gomitolo di lana.	*Lucia was unwinding a ball of wool.*
Svolgeremo i seguenti temi.	*We'll develop the following themes.*
I dirigenti svolsero i nuovi concetti del marketing.	*The managers discussed the new marketing concepts.*
Chi svolge quel progetto?	*Who's carrying out that project?*
Quale tipo di lavoro svolgerai?	*What kind of work will you be doing?*

svolgersi *to (un)wind; spread out; happen, come about; be set; be played*

Il filo si svolge dal rocchetto.	*The thread is winding off the spool.*
Il sentiero si svolgeva attraverso il parco.	*The path wound through the park.*
Come si sono svolte le cose?	*How did things go?*
La cerimonia si è svolta in un giardino pubblico.	*The ceremony took place in a public garden.*
Il film si svolge a Milano.	*The movie is set in Milan.*

irregular *-ēre* verb;
intrans./trans. (aux. *avere*)

taccio · tacqui · taciuto

Presente · Present

taccio	tacciamo
taci	tacete
tace	tacciono

Imperfetto · Imperfect

tacevo	tacevamo
tacevi	tacevate
taceva	tacevano

Passato remoto · Preterit

tacqui	tacemmo
tacesti	taceste
tacque	tacquero

Futuro semplice · Future

tacerò	taceremo
tacerai	tacerete
tacerà	taceranno

Condizionale presente · Present conditional

tacerei	taceremmo
taceresti	tacereste
tacerebbe	tacerebbero

Congiuntivo presente · Present subjunctive

taccia	tacciamo
taccia	tacciate
taccia	tacciano

Congiuntivo imperfetto · Imperfect subjunctive

tacessi	tacessimo
tacessi	taceste
tacesse	tacessero

Imperativo · Commands

	(non) tacciamo
taci (non tacere)	(non) tacete
(non) taccia	(non) tacciano

Passato prossimo · Present perfect

ho taciuto	abbiamo taciuto
hai taciuto	avete taciuto
ha taciuto	hanno taciuto

Trapassato prossimo · Past perfect

avevo taciuto	avevamo taciuto
avevi taciuto	avevate taciuto
aveva taciuto	avevano taciuto

Trapassato remoto · Preterit perfect

ebbi taciuto	avemmo taciuto
avesti taciuto	aveste taciuto
ebbe taciuto	ebbero taciuto

Futuro anteriore · Future perfect

avrò taciuto	avremo taciuto
avrai taciuto	avrete taciuto
avrà taciuto	avranno taciuto

Condizionale passato · Perfect conditional

avrei taciuto	avremmo taciuto
avresti taciuto	avreste taciuto
avrebbe taciuto	avrebbero taciuto

Congiuntivo passato · Perfect subjunctive

abbia taciuto	abbiamo taciuto
abbia taciuto	abbiate taciuto
abbia taciuto	abbiano taciuto

Congiuntivo trapassato · Past perfect subjunctive

avessi taciuto	avessimo taciuto
avessi taciuto	aveste taciuto
avesse taciuto	avessero taciuto

Participio passato · Past participle   taciuto (-a/-i/-e)

Gerundio · Gerund   tacendo

Usage

Renato continuava a tacere.	*Renato kept quiet.*
Bernardo taceva ostinatamente.	*Bernardo was obstinately quiet.*
Non potevo più tacere.	*I couldn't keep quiet any longer.*
Se non taci subito, non guarderemo il film.	*If you don't stop talking now, we won't watch the movie.*
Quel libro di storia tace su certi aspetti della guerra.	*That history book is silent on certain aspects of the war.*
Gli uccelli tacevano.	*The birds were quiet.*
L'avvocato ha taciuto un dato importante.	*The lawyer kept an important piece of information to himself.*
Sembra che abbia taciuto la verità.	*He seems to have concealed the truth.*
Non puoi tacere il soggetto in quella frase.	*You can't leave the subject out in that sentence.*
Il vento finalmente tacque dopo molte ore.	*The wind finally let up after several hours.*
Taci!	*Shut up!/Stop talking!/Be quiet!*
Chi tace, acconsente. (PROVERB)	*Silence means consent.*

tagliare
to cut, slice, carve; cut off, trim, shorten; mow, reap; take a shortcut

taglio · tagliai · tagliato

regular -are verb, i > –/i;
trans./intrans. (aux. avere)

Presente · Present	
taglio	tagliamo
tagli	tagliate
taglia	tagliano

Imperfetto · Imperfect	
tagliavo	tagliavamo
tagliavi	tagliavate
tagliava	tagliavano

Passato remoto · Preterit	
tagliai	tagliammo
tagliasti	tagliaste
tagliò	tagliarono

Futuro semplice · Future	
taglierò	taglieremo
taglierai	taglierete
taglierà	taglieranno

Condizionale presente · Present conditional	
taglierei	taglieremmo
taglieresti	tagliereste
taglierebbe	taglierebbero

Congiuntivo presente · Present subjunctive	
tagli	tagliamo
tagli	tagliate
tagli	taglino

Congiuntivo imperfetto · Imperfect subjunctive	
tagliassi	tagliassimo
tagliassi	tagliaste
tagliasse	tagliassero

Passato prossimo · Present perfect	
ho tagliato	abbiamo tagliato
hai tagliato	avete tagliato
ha tagliato	hanno tagliato

Trapassato prossimo · Past perfect	
avevo tagliato	avevamo tagliato
avevi tagliato	avevate tagliato
aveva tagliato	avevano tagliato

Trapassato remoto · Preterit perfect	
ebbi tagliato	avemmo tagliato
avesti tagliato	aveste tagliato
ebbe tagliato	ebbero tagliato

Futuro anteriore · Future perfect	
avrò tagliato	avremo tagliato
avrai tagliato	avrete tagliato
avrà tagliato	avranno tagliato

Condizionale passato · Perfect conditional	
avrei tagliato	avremmo tagliato
avresti tagliato	avreste tagliato
avrebbe tagliato	avrebbero tagliato

Congiuntivo passato · Perfect subjunctive	
abbia tagliato	abbiamo tagliato
abbia tagliato	abbiate tagliato
abbia tagliato	abbiano tagliato

Congiuntivo trapassato · Past perfect subjunctive	
avessi tagliato	avessimo tagliato
avessi tagliato	aveste tagliato
avesse tagliato	avessero tagliato

Imperativo · Commands	
	(non) tagliamo
taglia (non tagliare)	(non) tagliate
(non) tagli	(non) taglino

Participio passato · Past participle tagliato (-a/-i/-e)
Gerundio · Gerund tagliando

Usage

Chi taglierà la torta?	*Who's going to cut the cake?*
Hai tagliato il prosciutto?	*Have you sliced the ham?*
Vuoi tagliare il tacchino?	*Do you want to carve the turkey?*
Perché non tagli tu un ramo dall'albero?	*Why don't you cut a branch off the tree?*
Il giardiniere stava tagliando la siepe.	*The gardener was trimming the bush.*
Avrebbe dovuto tagliare il suo discorso.	*He should have shortened his speech.*
Il prato non è stato tagliato da un mese.	*The lawn hasn't been mowed for a month.*
Tagliamo per i campi.	*Let's take a shortcut across the fields.*
È tagliata per la matematica.	*She's cut out to be a mathematician.*

tagliarsi *to cut oneself; shave*

Avresti un cerotto? Mi sono tagliato.	*Would you have a Band-Aid? I cut myself.*
Ti sei fatta tagliare i capelli?	*Did you get a haircut?*
Matteo ha detto che si taglierà la barba.	*Matteo said he's going to shave off his beard.*

regular *-are* verb;
intrans./trans. (aux. *avere*)

Presente · Present

telefono	telefoniamo
telefoni	telefonate
telefona	telefonano

Imperfetto · Imperfect

telefonavo	telefonavamo
telefonavi	telefonavate
telefonava	telefonavano

Passato remoto · Preterit

telefonai	telefonammo
telefonasti	telefonaste
telefonò	telefonarono

Futuro semplice · Future

telefonerò	telefoneremo
telefonerai	telefonerete
telefonerà	telefoneranno

Condizionale presente · Present conditional

telefonerei	telefoneremmo
telefoneresti	telefonereste
telefonerebbe	telefonerebbero

Congiuntivo presente · Present subjunctive

telefoni	telefoniamo
telefoni	telefoniate
telefoni	telefonino

Congiuntivo imperfetto · Imperfect subjunctive

telefonassi	telefonassimo
telefonassi	telefonaste
telefonasse	telefonassero

Passato prossimo · Present perfect

ho telefonato	abbiamo telefonato
hai telefonato	avete telefonato
ha telefonato	hanno telefonato

Trapassato prossimo · Past perfect

avevo telefonato	avevamo telefonato
avevi telefonato	avevate telefonato
aveva telefonato	avevano telefonato

Trapassato remoto · Preterit perfect

ebbi telefonato	avemmo telefonato
avesti telefonato	aveste telefonato
ebbe telefonato	ebbero telefonato

Futuro anteriore · Future perfect

avrò telefonato	avremo telefonato
avrai telefonato	avrete telefonato
avrà telefonato	avranno telefonato

Condizionale passato · Perfect conditional

avrei telefonato	avremmo telefonato
avresti telefonato	avreste telefonato
avrebbe telefonato	avrebbero telefonato

Congiuntivo passato · Perfect subjunctive

abbia telefonato	abbiamo telefonato
abbia telefonato	abbiate telefonato
abbia telefonato	abbiano telefonato

Congiuntivo trapassato · Past perfect subjunctive

avessi telefonato	avessimo telefonato
avessi telefonato	aveste telefonato
avesse telefonato	avessero telefonato

Imperativo · Commands

	(non) telefoniamo
telefona (non telefonare)	(non) telefonate
(non) telefoni	(non) telefonino

Participio passato · Past participle   telefonato (-a/-i/-e)

Gerundio · Gerund   telefonando

Usage

— Hai telefonato a Barbara?	*"Did you call Barbara?"*
— No, non le ho ancora telefonato.	*"No, I haven't called her yet."*
Non telefonarmi dopo mezzanotte.	*Don't call me after midnight.*
È possibile telefonare gratis via Internet?	*Is it possible to call for free on the Internet?*
Ti telefonerò sul cellulare.	*I'll call you on the mobile phone.*
— Mi può passare la signora Rossi, per favore?	*"Could you connect me to Mrs. Rossi, please?"*
— Sta telefonando in questo momento. Può richiamare più tardi?	*"She's on the phone at the moment. Can you call back later?"*
Abbiamo appena telefonato la buona notizia a Maria.	*We just called Maria with the good news.*
Vittorio ha telefonato che farà tardi.	*Vittorio called to say he'll be late.*

telefonarsi *to phone each other*

Ci telefonavamo ogni giorno.	*We used to call each other every day.*
Si sono telefonati allo stesso momento.	*They called each other at the same time.*

temere *to fear, be afraid (of), dread; not be able to stand; suffer from*

temo · temei/temetti · temuto

regular *-ēre* verb;
trans./intrans. (aux. *avere*)

Presente · **Present**		Passato prossimo · **Present perfect**	
temo	temiamo	ho temuto	abbiamo temuto
temi	temete	hai temuto	avete temuto
teme	temono	ha temuto	hanno temuto

Imperfetto · **Imperfect**		Trapassato prossimo · **Past perfect**	
temevo	temevamo	avevo temuto	avevamo temuto
temevi	temevate	avevi temuto	avevate temuto
temeva	temevano	aveva temuto	avevano temuto

Passato remoto · **Preterit**		Trapassato remoto · **Preterit perfect**	
temei/temetti	tememmo	ebbi temuto	avemmo temuto
temesti	temeste	avesti temuto	aveste temuto
temé/temette	temerono/temettero	ebbe temuto	ebbero temuto

Futuro semplice · **Future**		Futuro anteriore · **Future perfect**	
temerò	temeremo	avrò temuto	avremo temuto
temerai	temerete	avrai temuto	avrete temuto
temerà	temeranno	avrà temuto	avranno temuto

Condizionale presente · **Present conditional**		Condizionale passato · **Perfect conditional**	
temerei	temeremmo	avrei temuto	avremmo temuto
temeresti	temereste	avresti temuto	avreste temuto
temerebbe	temerebbero	avrebbe temuto	avrebbero temuto

Congiuntivo presente · **Present subjunctive**		Congiuntivo passato · **Perfect subjunctive**	
tema	temiamo	abbia temuto	abbiamo temuto
tema	temiate	abbia temuto	abbiate temuto
tema	temano	abbia temuto	abbiano temuto

Congiuntivo imperfetto · **Imperfect subjunctive**		Congiuntivo trapassato · **Past perfect subjunctive**	
temessi	temessimo	avessi temuto	avessimo temuto
temessi	temeste	avessi temuto	aveste temuto
temesse	temessero	avesse temuto	avessero temuto

Imperativo · **Commands**	
	(non) temiamo
temi (non temere)	(non) temete
(non) tema	(non) temano

Participio passato · **Past participle**   temuto (-a/-i/-e)
Gerundio · **Gerund**   temendo

Usage

Il soldato non temeva la morte.	*The soldier had no fear of death.*
Luigi teme che Alessandra non venga.	*Luigi is afraid that Alessandra isn't coming.*
Temete di non svegliarvi presto?	*Are you afraid you won't wake up early?*
Temevo che avessero perso l'aereo.	*I was afraid they might have missed their plane.*
Non temette mai le difficoltà.	*He never feared difficulties.*
Temiamo per la sua salute.	*We fear for his health.*
Riccardo teme sempre tutto.	*Riccardo dreads every little thing.*
Sono prezzi che non temono la concorrenza.	*They are rock-bottom prices.*
Chi ha la coscienza tranquilla non deve temere la legge.	*He who has a clear conscience need not fear the law.*
Questa pianta teme il freddo. Non lasciarla fuori.	*This plant can't stand the cold. Don't leave it outside.*
Non temere, ti aiuterò.	*Don't worry. I'll help you.*

temersi *to fear each other*

I due avversari non si temono.	*The two opponents don't fear each other.*

irregular *-ēre* verb;
trans./intrans. (aux. *avere*)

Presente · Present

tengo	teniamo
tieni	tenete
tiene	tengono

Imperfetto · Imperfect

tenevo	tenevamo
tenevi	tenevate
teneva	tenevano

Passato remoto · Preterit

tenni	tenemmo
tenesti	teneste
tenne	tennero

Futuro semplice · Future

terrò	terremo
terrai	terrete
terrà	terranno

Condizionale presente · Present conditional

terrei	terremmo
terresti	terreste
terrebbe	terrebbero

Congiuntivo presente · Present subjunctive

tenga	teniamo
tenga	teniate
tenga	tengano

Congiuntivo imperfetto · Imperfect subjunctive

tenessi	tenessimo
tenessi	teneste
tenesse	tenessero

Imperativo · Commands

	(non) teniamo
tieni (non tenere)	(non) tenete
(non) tenga	(non) tengano

Passato prossimo · Present perfect

ho tenuto	abbiamo tenuto
hai tenuto	avete tenuto
ha tenuto	hanno tenuto

Trapassato prossimo · Past perfect

avevo tenuto	avevamo tenuto
avevi tenuto	avevate tenuto
aveva tenuto	avevano tenuto

Trapassato remoto · Preterit perfect

ebbi tenuto	avemmo tenuto
avesti tenuto	aveste tenuto
ebbe tenuto	ebbero tenuto

Futuro anteriore · Future perfect

avrò tenuto	avremo tenuto
avrai tenuto	avrete tenuto
avrà tenuto	avranno tenuto

Condizionale passato · Perfect conditional

avrei tenuto	avremmo tenuto
avresti tenuto	avreste tenuto
avrebbe tenuto	avrebbero tenuto

Congiuntivo passato · Perfect subjunctive

abbia tenuto	abbiamo tenuto
abbia tenuto	abbiate tenuto
abbia tenuto	abbiano tenuto

Congiuntivo trapassato · Past perfect subjunctive

avessi tenuto	avessimo tenuto
avessi tenuto	aveste tenuto
avesse tenuto	avessero tenuto

Participio passato · Past participle	tenuto (-a/-i/-e)
Gerundio · Gerund	tenendo

Usage

— Che cosa tieni in mano?	*"What are you holding in your hand?"*
— Tengo una caramella.	*"I'm holding a piece of candy."*
Roberto teneva sottobraccio una cartella.	*Roberto held a briefcase under his arm.*
Tieni la bambina per mano.	*Hold the little girl by the hand.*
Il maestro teneva il ragazzo per il bavero.	*The teacher had the boy by his collar.*
Teniamo la pentola per il manico.	*Let's hold the pan by its handle.*
— Dov'è la mia penna?	*"Where's my pen?"*
— Eccola. Tieni!	*"There it is. Take it!"*
Non ha tenuto la porta aperta.	*He didn't hold the door open.*
Non tenere le mani in tasca!	*Don't keep your hands in your pockets!*
Tenetelo! Sta per cadere.	*Hold on to him! He's about to fall.*
Lui teneva la valigia mentre io cercavo i passaporti.	*He was holding the suitcase while I was looking for the passports.*

TOP 50 VERB ☞

tenere used transitively

Il chiodo non è abbastanza forte per tenere il quadro.	*The nail isn't strong enough to hold the picture up.*
Ci hanno tenuti in ostaggio per tre mesi.	*They held us hostage for three months.*
Ho tenuto tutte le sue lettere.	*I held on to all his letters.*
Tenga pure il resto!	*Please keep the change!*
Chi mi terrà il cane quando devo viaggiare?	*Who's going to look after the dog when I have to travel?*
Costa più caro tenere due cani.	*It's more expensive to keep two dogs.*
Vuole che io le tenga il libro.	*She wants me to keep the book for her.*
Mi tenete un posto?	*Will you save me a seat?*
Giulio tiene un ristorante a Assisi.	*Giulio owns a restaurant in Assisi.*
Tenete anche dei CD?	*Do you also carry CDs?*
Penso che terrebbe la parola.	*I think he would keep his word.*
L'influenza la tenne a letto per una settimana.	*The flu kept her in bed for a week.*
Il quadro tiene quasi tutta la parete.	*The painting takes up almost the whole wall.*
Il discorso che ha tenuto era molto interessante.	*The speech he gave was very interesting.*
Pensavo che la sala tenesse più di cento persone.	*I thought the room held more than a hundred people.*
La tua macchina tiene bene la strada.	*Your car holds the road well.*
Ti tenevo come un amico.	*I thought you were my friend.*

tenere used intransitively

Le nostre truppe non terranno a lungo.	*Our troops won't hold out much longer.*
Si è rotto perché il nodo non ha tenuto.	*It broke because the knot didn't hold.*
La loro storia non teneva.	*Their story didn't hold up.*
I ciliegi non hanno tenuto.	*The cherry trees didn't take root.*
Tieni dietro a quella macchina bianca.	*Stay behind that white car.*
Per quale squadra tenete?	*Which team do you root for?*
Lo sai che io tengo per te.	*You know I'm on your side.*
Tengo molto a andarci.	*I really want to go.*
— Ci tieni al nostro successo?	*"Do you care about our success?"*
— Sì, ci tengo proprio.	*"Yes, I care about it very much."*
La bambina tiene molto dalla madre.	*The little girl looks a lot like her mother.*

tenersi to hold on (to); support oneself (by); stay, keep; follow, stick (to), abide (by); keep oneself (from)

Tieniti al mio braccio!	*Hold on to my arm!*
I bambini si tenevano per mano.	*The children were holding hands.*
Non riusciva a tenersi in piedi.	*He couldn't stay on his feet.*
Come si è tenuto in equilibrio?	*How did he keep his balance?*
Si tengono al corrente delle notizie internazionali.	*They keep abreast of international news.*
Volete tenervi la giacca?	*Do you want to hold on to your jackets?*
Rita non è riuscita a tenersi ed è scoppiata a ridere.	*Rita couldn't help herself and started laughing.*
Si tenga ai fatti, per favore.	*Stick to the facts, please.*
È importantissimo che tu ti tenga alle istruzioni del medico.	*It's very important that you follow the doctor's orders.*
Tieniti sulla corsia di sinistra.	*Stay in the left lane.*

regular -*are* verb;
trans. (aux. *avere*)

Presente · Present		Passato prossimo · Present perfect	
tento	tentiamo	ho tentato	abbiamo tentato
tenti	tentate	hai tentato	avete tentato
tenta	tentano	ha tentato	hanno tentato

Imperfetto · Imperfect		Trapassato prossimo · Past perfect	
tentavo	tentavamo	avevo tentato	avevamo tentato
tentavi	tentavate	avevi tentato	avevate tentato
tentava	tentavano	aveva tentato	avevano tentato

Passato remoto · Preterit		Trapassato remoto · Preterit perfect	
tentai	tentammo	ebbi tentato	avemmo tentato
tentasti	tentaste	avesti tentato	aveste tentato
tentò	tentarono	ebbe tentato	ebbero tentato

Futuro semplice · Future		Futuro anteriore · Future perfect	
tenterò	tenteremo	avrò tentato	avremo tentato
tenterai	tenterete	avrai tentato	avrete tentato
tenterà	tenteranno	avrà tentato	avranno tentato

Condizionale presente · Present conditional		Condizionale passato · Perfect conditional	
tenterei	tenteremmo	avrei tentato	avremmo tentato
tenteresti	tentereste	avresti tentato	avreste tentato
tenterebbe	tenterebbero	avrebbe tentato	avrebbero tentato

Congiuntivo presente · Present subjunctive		Congiuntivo passato · Perfect subjunctive	
tenti	tentiamo	abbia tentato	abbiamo tentato
tenti	tentiate	abbia tentato	abbiate tentato
tenti	tentino	abbia tentato	abbiano tentato

Congiuntivo imperfetto · Imperfect subjunctive		Congiuntivo trapassato · Past perfect subjunctive	
tentassi	tentassimo	avessi tentato	avessimo tentato
tentassi	tentaste	avessi tentato	aveste tentato
tentasse	tentassero	avesse tentato	avessero tentato

Imperativo · Commands	
	(non) tentiamo
tenta (non tentare)	(non) tentate
(non) tenti	(non) tentino

Participio passato · Past participle	tentato (-a/-i/-e)
Gerundio · Gerund	tentando

Usage

Ha tentato l'esame una terza volta e per fortuna l'ha passato.	*He took the exam a third time, and luckily he passed.*
Perché tenterebbe il suicidio?	*Why would he attempt suicide?*
Voglio tentare una nuova terapia.	*I want to try out a new therapy.*
Tenta di non far un rumore!	*Try not to make any noise!*
Tentarono la fortuna in Asia.	*They tried their luck in Asia.*
Mi aveva tentato con promesse false.	*He lured me with false promises.*
La tua idea mi tenta.	*I find your idea tempting.*
È possibile che fosse tentato dal demonio?	*Is it possible he was tempted by the devil?*
Dovremmo tentare il ghiaccio prima di camminarci su.	*We should test the ice before walking on it.*
Il chirurgo le ha tentate tutte per arrestare l'emorragia.	*The surgeon tried everything he could think of to stop the bleeding.*
(Il) tentar(e) non nuoce! (PROVERB)	*It doesn't hurt to try!*

tirare
to pull, drag; pull out, extract; throw, fling;
shoot, fire; print, run off; be after

tiro · tirai · tirato

regular -are verb;
trans./intrans. (aux. avere)

Presente · Present

tiro	tiriamo
tiri	tirate
tira	tirano

Imperfetto · Imperfect

tiravo	tiravamo
tiravi	tiravate
tirava	tiravano

Passato remoto · Preterit

tirai	tirammo
tirasti	tiraste
tirò	tirarono

Futuro semplice · Future

tirerò	tireremo
tirerai	tirerete
tirerà	tireranno

Condizionale presente · Present conditional

tirerei	tireremmo
tireresti	tirereste
tirerebbe	tirerebbero

Congiuntivo presente · Present subjunctive

tiri	tiriamo
tiri	tiriate
tiri	tirino

Congiuntivo imperfetto · Imperfect subjunctive

tirassi	tirassimo
tirassi	tiraste
tirasse	tirassero

Imperativo · Commands

	(non) tiriamo
tira (non tirare)	(non) tirate
(non) tiri	(non) tirino

Passato prossimo · Present perfect

ho tirato	abbiamo tirato
hai tirato	avete tirato
ha tirato	hanno tirato

Trapassato prossimo · Past perfect

avevo tirato	avevamo tirato
avevi tirato	avevate tirato
aveva tirato	avevano tirato

Trapassato remoto · Preterit perfect

ebbi tirato	avemmo tirato
avesti tirato	aveste tirato
ebbe tirato	ebbero tirato

Futuro anteriore · Future perfect

avrò tirato	avremo tirato
avrai tirato	avrete tirato
avrà tirato	avranno tirato

Condizionale passato · Perfect conditional

avrei tirato	avremmo tirato
avresti tirato	avreste tirato
avrebbe tirato	avrebbero tirato

Congiuntivo passato · Perfect subjunctive

abbia tirato	abbiamo tirato
abbia tirato	abbiate tirato
abbia tirato	abbiano tirato

Congiuntivo trapassato · Past perfect subjunctive

avessi tirato	avessimo tirato
avessi tirato	aveste tirato
avesse tirato	avessero tirato

Participio passato · Past participle   tirato (-a/-i/-e)

Gerundio · Gerund   tirando

Usage

Il bue tirava un carro a due ruote.	*The ox was pulling a two-wheeled cart.*
Ho dovuto tirare fuori i documenti per la polizia.	*I had to pull out my papers for the police.*
Tirami la palla.	*Throw me the ball.*
Ho tirato la porta gentilmente.	*I closed the door gently.*
Il ladro ha tirato, ma ha mancato il poliziotto.	*The thief fired a shot but missed the policeman.*
Quante copie tirerai?	*How many copies are you going to run off?*
— Come va? — Tiriamo avanti.	*"How's it going?" "We're getting by."*
Tirava un vento forte da nordest.	*A strong wind was blowing from the northeast.*
L'economia non tira molto bene.	*The economy is not doing too well.*

tirarsi *to draw/pull/move (back); cheer oneself up*

Tirati indietro che posso vederlo anch'io.	*Move back so I can see it too.*
Il ragazzo si è tirato dietro il ramo fino casa.	*The boy dragged the branch all the way home.*
Andrea si è tirato su dopo la depressione.	*Andrea has cheered up again after his bout with depression.*

regular -are verb, c > ch/e, i;
trans. (aux. *avere*)/intrans./impers. (aux. *essere*)

tocco · toccai · toccato

NOTE *Toccare* is conjugated here with *avere*; when used intransitively or impersonally,
it is conjugated with *essere*.

Presente · Present

tocco	tocchiamo
tocchi	toccate
tocca	toccano

Imperfetto · Imperfect

toccavo	toccavamo
toccavi	toccavate
toccava	toccavano

Passato remoto · Preterit

toccai	toccammo
toccasti	toccaste
toccò	toccarono

Futuro semplice · Future

toccherò	toccheremo
toccherai	toccherete
toccherà	toccheranno

Condizionale presente · Present conditional

toccherei	toccheremmo
toccheresti	tocchereste
toccherebbe	toccherebbero

Congiuntivo presente · Present subjunctive

tocchi	tocchiamo
tocchi	tocchiate
tocchi	tocchino

Congiuntivo imperfetto · Imperfect subjunctive

toccassi	toccassimo
toccassi	toccaste
toccasse	toccassero

Passato prossimo · Present perfect

ho toccato	abbiamo toccato
hai toccato	avete toccato
ha toccato	hanno toccato

Trapassato prossimo · Past perfect

avevo toccato	avevamo toccato
avevi toccato	avevate toccato
aveva toccato	avevano toccato

Trapassato remoto · Preterit perfect

ebbi toccato	avemmo toccato
avesti toccato	aveste toccato
ebbe toccato	ebbero toccato

Futuro anteriore · Future perfect

avrò toccato	avremo toccato
avrai toccato	avrete toccato
avrà toccato	avranno toccato

Condizionale passato · Perfect conditional

avrei toccato	avremmo toccato
avresti toccato	avreste toccato
avrebbe toccato	avrebbero toccato

Congiuntivo passato · Perfect subjunctive

abbia toccato	abbiamo toccato
abbia toccato	abbiate toccato
abbia toccato	abbiano toccato

Congiuntivo trapassato · Past perfect subjunctive

avessi toccato	avessimo toccato
avessi toccato	aveste toccato
avesse toccato	avessero toccato

Imperativo · Commands

	(non) tocchiamo
tocca (non toccare)	(non) toccate
(non) tocchi	(non) tocchino

Participio passato · Past participle	toccato (-a/-i/-e)
Gerundio · Gerund	toccando

Usage

Non toccare il cibo!	*Don't touch the food!*
Chi ha toccato i miei libri?	*Who was messing with my books?*
Toccheremo cinque città italiane.	*We'll stop at five Italian cities.*
La cosa non ci tocca affatto.	*It doesn't concern us at all.*
Abbiamo toccato alcuni punti molto importanti.	*We touched on some very important points.*
Tocca a te preparare la cena.	*It's your turn to fix dinner.*
Ci tocca partire subito.	*We have to leave right away.*
A chi tocca, tocca.	*That's life.*

toccarsi *to touch oneself; masturbate*

Il bambino si è toccato il naso.	*The little boy touched his nose.*
Il prete ci diceva sempre di non toccarci.	*The priest always told us not to play with ourselves.*

togliere   *to take away/off, remove, subtract; abolish; prevent/stop (from)*

tolgo · tolsi · tolto

irregular *-ere* verb;
trans. (aux. *avere*)

Presente · Present		Passato prossimo · Present perfect	
tolgo	togliamo	ho tolto	abbiamo tolto
togli	togliete	hai tolto	avete tolto
toglie	tolgono	ha tolto	hanno tolto

Imperfetto · Imperfect		Trapassato prossimo · Past perfect	
toglievo	toglievamo	avevo tolto	avevamo tolto
toglievi	toglievate	avevi tolto	avevate tolto
toglieva	toglievano	aveva tolto	avevano tolto

Passato remoto · Preterit		Trapassato remoto · Preterit perfect	
tolsi	togliemmo	ebbi tolto	avemmo tolto
togliesti	toglieste	avesti tolto	aveste tolto
tolse	tolsero	ebbe tolto	ebbero tolto

Futuro semplice · Future		Futuro anteriore · Future perfect	
toglierò	toglieremo	avrò tolto	avremo tolto
toglierai	toglierete	avrai tolto	avrete tolto
toglierà	toglieranno	avrà tolto	avranno tolto

Condizionale presente · Present conditional		Condizionale passato · Perfect conditional	
toglierei	toglieremmo	avrei tolto	avremmo tolto
toglieresti	togliereste	avresti tolto	avreste tolto
toglierebbe	toglierebbero	avrebbe tolto	avrebbero tolto

Congiuntivo presente · Present subjunctive		Congiuntivo passato · Perfect subjunctive	
tolga	togliamo	abbia tolto	abbiamo tolto
tolga	togliate	abbia tolto	abbiate tolto
tolga	tolgano	abbia tolto	abbiano tolto

Congiuntivo imperfetto · Imperfect subjunctive		Congiuntivo trapassato · Past perfect subjunctive	
togliessi	togliessimo	avessi tolto	avessimo tolto
togliessi	toglieste	avessi tolto	aveste tolto
togliesse	togliessero	avesse tolto	avessero tolto

Imperativo · Commands	
	(non) togliamo
togli (non togliere)	(non) togliete
(non) tolga	(non) tolgano

Participio passato · Past participle   tolto (-a/-i/-e)

Gerundio · Gerund   togliendo

Usage

Gli hanno tolto il progetto.	*They took the project away from him.*
Togliamo i libri dal tavolo.	*Let's take the books off the table.*
La madre toglie le scarpe alla bambina.	*The mother is taking off the little girl's shoes.*
Ho tolto la padella dal fornello.	*I removed the skillet from the stove.*
I ragazzi hanno tolto le mani di tasca.	*The boys took their hands out of their pockets.*
Mi devo far togliere un dente domani.	*I have to have a tooth extracted tomorrow.*
Togli 4 da 10.	*Subtract 4 from 10.*
Puoi togliere la macchia usando un panno umido.	*You can remove the stain with a damp cloth.*

togliersi   *to take off (one's clothing); get out/off; satisfy*

Piero si è tolto la maglia.	*Piero took off his sweater.*
Mi tolsi di mezzo perché c'era troppa gente.	*I got out of the way because there were too many people.*
Mi sono tolto la voglia di mangiare un gelato.	*I've satisfied my urge to eat ice cream.*

irregular *-ere* verb;
trans. (aux. *avere*)

torco · torsi · torto

Presente · Present

torco	torciamo
torci	torcete
torce	torcono

Imperfetto · Imperfect

torcevo	torcevamo
torcevi	torcevate
torceva	torcevano

Passato remoto · Preterit

torsi	torcemmo
torcesti	torceste
torse	torsero

Futuro semplice · Future

torcerò	torceremo
torcerai	torcerete
torcerà	torceranno

Condizionale presente · Present conditional

torcerei	torceremmo
torceresti	torcereste
torcerebbe	torcerebbero

Congiuntivo presente · Present subjunctive

torca	torciamo
torca	torciate
torca	torcano

Congiuntivo imperfetto · Imperfect subjunctive

torcessi	torcessimo
torcessi	torceste
torcesse	torcessero

Imperativo · Commands

	(non) torciamo
torci (non torcere)	(non) torcete
(non) torca	(non) torcano

Participio passato · Past participle torto (-a/-i/-e)
Gerundio · Gerund torcendo

Passato prossimo · Present perfect

ho torto	abbiamo torto
hai torto	avete torto
ha torto	hanno torto

Trapassato prossimo · Past perfect

avevo torto	avevamo torto
avevi torto	avevate torto
aveva torto	avevano torto

Trapassato remoto · Preterit perfect

ebbi torto	avemmo torto
avesti torto	aveste torto
ebbe torto	ebbero torto

Futuro anteriore · Future perfect

avrò torto	avremo torto
avrai torto	avrete torto
avrà torto	avranno torto

Condizionale passato · Perfect conditional

avrei torto	avremmo torto
avresti torto	avreste torto
avrebbe torto	avrebbero torto

Congiuntivo passato · Perfect subjunctive

abbia torto	abbiamo torto
abbia torto	abbiate torto
abbia torto	abbiano torto

Congiuntivo trapassato · Past perfect subjunctive

avessi torto	avessimo torto
avessi torto	aveste torto
avesse torto	avessero torto

Usage

Smetti di torcergli il braccio.	*Stop twisting his arm.*
Andrea torse il viso.	*Andrea made a wry face.*
Michele torcerà un tubo di ferro.	*Michele will bend an iron pipe.*
Mi torci l'asciugamano, per favore?	*Will you wring out the towel for me, please?*
Ti torco il collo se non smetti di cantare quella canzone.	*I'll wring your neck if you don't stop singing that song.*
Mi ha sempre dato del filo da torcere.	*He's always made my life difficult.*
Ha torto il naso ai cavoletti di Bruxelles.	*He turned up his nose at the brussels sprouts.*

torcersi *to writhe, twist; roll about*

Il ferito si torceva per il dolore.	*The wounded man was writhing in pain.*
Un ramo del melo si torse per il peso.	*A branch on the apple tree twisted under the weight.*
Stavamo torcendoci dalle risa.	*We were doubled up with laughter.*

tornare

to return, come/go back; begin again; become again;
turn out (to be); be correct

torno · tornai · tornato

regular *-are* verb;
intrans. (aux. *essere*)

Presente · Present

torno	torniamo
torni	tornate
torna	tornano

Passato prossimo · Present perfect

sono tornato (-a)	siamo tornati (-e)
sei tornato (-a)	siete tornati (-e)
è tornato (-a)	sono tornati (-e)

Imperfetto · Imperfect

tornavo	tornavamo
tornavi	tornavate
tornava	tornavano

Trapassato prossimo · Past perfect

ero tornato (-a)	eravamo tornati (-e)
eri tornato (-a)	eravate tornati (-e)
era tornato (-a)	erano tornati (-e)

Passato remoto · Preterit

tornai	tornammo
tornasti	tornaste
tornò	tornarono

Trapassato remoto · Preterit perfect

fui tornato (-a)	fummo tornati (-e)
fosti tornato (-a)	foste tornati (-e)
fu tornato (-a)	furono tornati (-e)

Futuro semplice · Future

tornerò	torneremo
tornerai	tornerete
tornerà	torneranno

Futuro anteriore · Future perfect

sarò tornato (-a)	saremo tornati (-e)
sarai tornato (-a)	sarete tornati (-e)
sarà tornato (-a)	saranno tornati (-e)

Condizionale presente · Present conditional

tornerei	torneremmo
torneresti	tornereste
tornerebbe	tornerebbero

Condizionale passato · Perfect conditional

sarei tornato (-a)	saremmo tornati (-e)
saresti tornato (-a)	sareste tornati (-e)
sarebbe tornato (-a)	sarebbero tornati (-e)

Congiuntivo presente · Present subjunctive

torni	torniamo
torni	torniate
torni	tornino

Congiuntivo passato · Perfect subjunctive

sia tornato (-a)	siamo tornati (-e)
sia tornato (-a)	siate tornati (-e)
sia tornato (-a)	siano tornati (-e)

Congiuntivo imperfetto · Imperfect subjunctive

tornassi	tornassimo
tornassi	tornaste
tornasse	tornassero

Congiuntivo trapassato · Past perfect subjunctive

fossi tornato (-a)	fossimo tornati (-e)
fossi tornato (-a)	foste tornati (-e)
fosse tornato (-a)	fossero tornati (-e)

Imperativo · Commands

	(non) torniamo
torna (non tornare)	(non) tornate
(non) torni	(non) tornino

Participio passato · Past participle   tornato (-a/-i/-e)

Gerundio · Gerund   tornando

Usage

Torneremo fra dieci giorni.	*We'll return in ten days.*
Marcello tornò a galla dopo due anni.	*Marcello turned up again after two years.*
Sono tornato a casa perché avevo dimenticato l'ombrello.	*I came back home because I forgot the umbrella.*
Quando tornerai dalla scuola?	*When will you get back from school?*
Penso che Marco sia tornato a fumare.	*I think Marco has started smoking again.*
Il cielo tornò soleggiato.	*The sky turned sunny again.*
I conti non tornano. Dobbiamo ricalcolare tutto.	*The accounts don't balance. We have to run all the figures again.*
Il suo discorso non tornava.	*His speech wasn't coherent.*
Il tatuaggio è tornato di moda.	*Tattoos have come back in style.*

regular *-ire* verb (optional *-isc-* type);
intrans. (aux. *avere*)

tosso/tossisco · tossii · tossito

Presente · Present

tosso/tossisco	tossiamo
tossi/tossisci	tossite
tosse/tossisce	tossono/tossiscono

Imperfetto · Imperfect

tossivo	tossivamo
tossivi	tossivate
tossiva	tossivano

Passato remoto · Preterit

tossii	tossimmo
tossisti	tossiste
tossì	tossirono

Futuro semplice · Future

tossirò	tossiremo
tossirai	tossirete
tossirà	tossiranno

Condizionale presente · Present conditional

tossirei	tossiremmo
tossiresti	tossireste
tossirebbe	tossirebbero

Congiuntivo presente · Present subjunctive

tossa/tossisca	tossiamo
tossa/tossisca	tossiate
tossa/tossisca	tossano/tossiscano

Congiuntivo imperfetto · Imperfect subjunctive

tossissi	tossissimo
tossissi	tossiste
tossisse	tossissero

Passato prossimo · Present perfect

ho tossito	abbiamo tossito
hai tossito	avete tossito
ha tossito	hanno tossito

Trapassato prossimo · Past perfect

avevo tossito	avevamo tossito
avevi tossito	avevate tossito
aveva tossito	avevano tossito

Trapassato remoto · Preterit perfect

ebbi tossito	avemmo tossito
avesti tossito	aveste tossito
ebbe tossito	ebbero tossito

Futuro anteriore · Future perfect

avrò tossito	avremo tossito
avrai tossito	avrete tossito
avrà tossito	avranno tossito

Condizionale passato · Perfect conditional

avrei tossito	avremmo tossito
avresti tossito	avreste tossito
avrebbe tossito	avrebbero tossito

Congiuntivo passato · Perfect subjunctive

abbia tossito	abbiamo tossito
abbia tossito	abbiate tossito
abbia tossito	abbiano tossito

Congiuntivo trapassato · Past perfect subjunctive

avessi tossito	avessimo tossito
avessi tossito	aveste tossito
avesse tossito	avessero tossito

Imperativo · Commands

	(non) tossiamo
tossi/tossisci (non tossire)	(non) tossite
(non) tossa/tossisca	(non) tossano/tossiscano

Participio passato · Past participle tossito (-a/-i/-e)

Gerundio · Gerund tossendo

Usage

— Quali sintomi ha il paziente?	*"What symptoms does the patient have?"*
— Tossisce e ha mal di gola.	*"He's coughing, and he has a sore throat."*
Il fumo ti fa tossire.	*Smoking makes you cough.*
Prendi questo sciroppo per la tosse e non tossirai più.	*Take this cough syrup and you won't cough anymore.*
— Da quanto tempo tossi?	*"How long have you been coughing?"*
— Sono quasi due settimane che tosso.	*"I've been coughing for almost two weeks."*
Chi ha tossito?	*Who coughed?*
Ho tossito discretamente per attrarre la sua attenzione.	*I coughed discreetly to attract his attention.*

RELATED WORDS

avere la tosse	*to have a cough*
dare un colpo di tosse	*to cough (once)*
tossicchiare	*to clear one's throat, cough discreetly*

tradisco · tradii · tradito

regular *-ire* verb (*-isc-* type);
trans. (aux. *avere*)

Presente · Present

tradisco	tradiamo
tradisci	tradite
tradisce	tradiscono

Passato prossimo · Present perfect

ho tradito	abbiamo tradito
hai tradito	avete tradito
ha tradito	hanno tradito

Imperfetto · Imperfect

tradivo	tradivamo
tradivi	tradivate
tradiva	tradivano

Trapassato prossimo · Past perfect

avevo tradito	avevamo tradito
avevi tradito	avevate tradito
aveva tradito	avevano tradito

Passato remoto · Preterit

tradii	tradimmo
tradisti	tradiste
tradì	tradirono

Trapassato remoto · Preterit perfect

ebbi tradito	avemmo tradito
avesti tradito	aveste tradito
ebbe tradito	ebbero tradito

Futuro semplice · Future

tradirò	tradiremo
tradirai	tradirete
tradirà	tradiranno

Futuro anteriore · Future perfect

avrò tradito	avremo tradito
avrai tradito	avrete tradito
avrà tradito	avranno tradito

Condizionale presente · Present conditional

tradirei	tradiremmo
tradiresti	tradireste
tradirebbe	tradirebbero

Condizionale passato · Perfect conditional

avrei tradito	avremmo tradito
avresti tradito	avreste tradito
avrebbe tradito	avrebbero tradito

Congiuntivo presente · Present subjunctive

tradisca	tradiamo
tradisca	tradiate
tradisca	tradiscano

Congiuntivo passato · Perfect subjunctive

abbia tradito	abbiamo tradito
abbia tradito	abbiate tradito
abbia tradito	abbiano tradito

Congiuntivo imperfetto · Imperfect subjunctive

tradissi	tradissimo
tradissi	tradiste
tradisse	tradissero

Congiuntivo trapassato · Past perfect subjunctive

avessi tradito	avessimo tradito
avessi tradito	aveste tradito
avesse tradito	avessero tradito

Imperativo · Commands

	(non) tradiamo
tradisci (non tradire)	(non) tradite
(non) tradisca	(non) tradiscano

Participio passato · Past participle tradito (-a/-i/-e)

Gerundio · Gerund tradendo

Usage

Luca non tradirebbe i suoi amici.	*Luca wouldn't betray his friends.*
Quei soldati tradirono la patria.	*Those soldiers betrayed their country.*
Ha tradito la moglie con la sua segretaria.	*He cheated on his wife with his secretary.*
Il suo discorso tradisce la sua vera opinione.	*His speech reveals his true opinion.*
Il loro atteggiamento tradiva una certa inquietudine.	*Their attitude showed their anxiety.*
Giovanna ha tradito il segreto.	*Giovanna didn't keep the secret.*
Ho paura che lei tradisca le attese.	*I'm afraid she won't live up to expectations.*
Secondo me la traduzione tradisce la versione originale.	*I think the translation distorts the original version.*
Se la memoria non mi tradisce, ci incontrammo a Milano.	*If my memory doesn't deceive me, we met in Milan.*

tradirsi *to give oneself away; betray one another*

Il ladro si è tradito con quel commento.	*The thief gave himself away with that comment.*
Ti tradirai se non smetti di ridere.	*You'll give yourself away if you don't stop laughing.*
Si tradiscono da sempre.	*They have always been unfaithful to each other.*

irregular -ere verb;
trans. (aux. *avere*)

traduco · tradussi · tradotto

Presente · Present

traduco	traduciamo
traduci	traducete
traduce	traducono

Imperfetto · Imperfect

traducevo	traducevamo
traducevi	traducevate
traduceva	traducevano

Passato remoto · Preterit

tradussi	traducemmo
traducesti	traduceste
tradusse	tradussero

Futuro semplice · Future

tradurrò	tradurremo
tradurrai	tradurrete
tradurrà	tradurranno

Condizionale presente · Present conditional

tradurrei	tradurremmo
tradurresti	tradurreste
tradurrebbe	tradurrebbero

Congiuntivo presente · Present subjunctive

traduca	traduciamo
traduca	traduciate
traduca	traducano

Congiuntivo imperfetto · Imperfect subjunctive

traducessi	traducessimo
traducessi	traduceste
traducesse	traducessero

Imperativo · Commands

	(non) traduciamo
traduci (non tradurre)	(non) traducete
(non) traduca	(non) traducano

Participio passato · Past participle	tradotto (-a/-i/-e)
Gerundio · Gerund	traducendo

Passato prossimo · Present perfect

ho tradotto	abbiamo tradotto
hai tradotto	avete tradotto
ha tradotto	hanno tradotto

Trapassato prossimo · Past perfect

avevo tradotto	avevamo tradotto
avevi tradotto	avevate tradotto
aveva tradotto	avevano tradotto

Trapassato remoto · Preterit perfect

ebbi tradotto	avemmo tradotto
avesti tradotto	aveste tradotto
ebbe tradotto	ebbero tradotto

Futuro anteriore · Future perfect

avrò tradotto	avremo tradotto
avrai tradotto	avrete tradotto
avrà tradotto	avranno tradotto

Condizionale passato · Perfect conditional

avrei tradotto	avremmo tradotto
avresti tradotto	avreste tradotto
avrebbe tradotto	avrebbero tradotto

Congiuntivo passato · Perfect subjunctive

abbia tradotto	abbiamo tradotto
abbia tradotto	abbiate tradotto
abbia tradotto	abbiano tradotto

Congiuntivo trapassato · Past perfect subjunctive

avessi tradotto	avessimo tradotto
avessi tradotto	aveste tradotto
avesse tradotto	avessero tradotto

Usage

Mi potresti tradurre questa lettera dall'italiano in inglese?	*Could you translate this letter from Italian into English?*
L'interprete traduceva simultaneamente in olandese.	*The interpreter was translating simultaneously into Dutch.*
Non si può tradurlo alla lettera.	*You can't translate it literally.*
Traduciamo queste idee in cifre.	*Let's express some of these ideas in numbers.*
L'idea non è ancora stata tradotta in pratica.	*The idea hasn't been put into practice yet.*
Non sono riusciti a tradurre il senso di tensione del libro.	*They weren't able to convey the tension in the book.*
Simo fu arrestato e tradotto in carcere ieri sera.	*Simo was arrested and taken to jail last night.*

tradursi *to result (in); show/manifest itself (in)*

Come mai la sua rabbia si è tradotta in una tale tragedia?	*How can his anger have resulted in such a tragedy?*
L'entusiasmo degli elettori non si tradusse in voti.	*The voters' enthusiasm didn't translate into votes.*
La sua gioia si traduceva sempre in lacrime.	*Her joy always manifested itself in tears.*

trarre *to draw, pull (out); obtain, derive*

traggo · trassi · tratto

irregular -*ere* verb;
trans. (aux. *avere*)

Presente · Present

traggo	traiamo
trai	traete
trae	traggono

Imperfetto · Imperfect

traevo	traevamo
traevi	traevate
traeva	traevano

Passato remoto · Preterit

trassi	traemmo
traesti	traeste
trasse	trassero

Futuro semplice · Future

trarrò	trarremo
trarrai	trarrete
trarrà	trarranno

Condizionale presente · Present conditional

trarrei	trarremmo
trarresti	trarreste
trarrebbe	trarrebbero

Congiuntivo presente · Present subjunctive

tragga	traiamo
tragga	traiate
tragga	traggano

Congiuntivo imperfetto · Imperfect subjunctive

traessi	traessimo
traessi	traeste
traesse	traessero

Imperativo · Commands

	(non) traiamo
trai (non trarre)	(non) traete
(non) tragga	(non) traggano

Passato prossimo · Present perfect

ho tratto	abbiamo tratto
hai tratto	avete tratto
ha tratto	hanno tratto

Trapassato prossimo · Past perfect

avevo tratto	avevamo tratto
avevi tratto	avevate tratto
aveva tratto	avevano tratto

Trapassato remoto · Preterit perfect

ebbi tratto	avemmo tratto
avesti tratto	aveste tratto
ebbe tratto	ebbero tratto

Futuro anteriore · Future perfect

avrò tratto	avremo tratto
avrai tratto	avrete tratto
avrà tratto	avranno tratto

Condizionale passato · Perfect conditional

avrei tratto	avremmo tratto
avresti tratto	avreste tratto
avrebbe tratto	avrebbero tratto

Congiuntivo passato · Perfect subjunctive

abbia tratto	abbiamo tratto
abbia tratto	abbiate tratto
abbia tratto	abbiano tratto

Congiuntivo trapassato · Past perfect subjunctive

avessi tratto	avessimo tratto
avessi tratto	aveste tratto
avesse tratto	avessero tratto

Participio passato · Past participle tratto (-a/-i/-e)

Gerundio · Gerund traendo

Usage

Traiamo la barca a riva.	*Let's pull the boat ashore.*
Il cavaliere trasse la spada dal fodero.	*The knight drew his sword from its scabbard.*
Ho tratto il denaro di tasca.	*I pulled the money out of my pocket.*
Leggeremo un brano di testo tratto dal *Paradiso* di Dante.	*We'll read an excerpt from Dante's* Paradiso.
Chi trarrebbe vantaggio dalla situazione?	*Who would benefit from the situation?*
Le conclusioni che si sono tratte non significano niente.	*The conclusions that were drawn don't mean anything.*
Il suo atteggiamento mi ha tratto in inganno.	*His attitude deceived me.*
Mi ha tratto molte volte dai pasticci.	*He got me out of trouble several times.*
Noi traemmo un respiro di sollievo.	*We breathed a sigh of relief.*

trarsi *to draw, move; get (oneself) out of*

Credo che il nemico si tragga indietro.	*I believe the enemy is retreating.*
Come si è tratto fuori dai problemi?	*How did he get out of trouble?*

regular *-ire* verb (*-isc-* type);
trans. (aux. *avere*)

trasferisco · trasferii · trasferito

Presente · Present

trasferisco	trasferiamo
trasferisci	trasferite
trasferisce	trasferiscono

Imperfetto · Imperfect

trasferivo	trasferivamo
trasferivi	trasferivate
trasferiva	trasferivano

Passato remoto · Preterit

trasferii	trasferimmo
trasferisti	trasferiste
trasferì	trasferirono

Futuro semplice · Future

trasferirò	trasferiremo
trasferirai	trasferirete
trasferirà	trasferiranno

Condizionale presente · Present conditional

trasferirei	trasferiremmo
trasferiresti	trasferireste
trasferirebbe	trasferirebbero

Congiuntivo presente · Present subjunctive

trasferisca	trasferiamo
trasferisca	trasferiate
trasferisca	trasferiscano

Congiuntivo imperfetto · Imperfect subjunctive

trasferissi	trasferissimo
trasferissi	trasferiste
trasferisse	trasferissero

Passato prossimo · Present perfect

ho trasferito	abbiamo trasferito
hai trasferito	avete trasferito
ha trasferito	hanno trasferito

Trapassato prossimo · Past perfect

avevo trasferito	avevamo trasferito
avevi trasferito	avevate trasferito
aveva trasferito	avevano trasferito

Trapassato remoto · Preterit perfect

ebbi trasferito	avemmo trasferito
avesti trasferito	aveste trasferito
ebbe trasferito	ebbero trasferito

Futuro anteriore · Future perfect

avrò trasferito	avremo trasferito
avrai trasferito	avrete trasferito
avrà trasferito	avranno trasferito

Condizionale passato · Perfect conditional

avrei trasferito	avremmo trasferito
avresti trasferito	avreste trasferito
avrebbe trasferito	avrebbero trasferito

Congiuntivo passato · Perfect subjunctive

abbia trasferito	abbiamo trasferito
abbia trasferito	abbiate trasferito
abbia trasferito	abbiano trasferito

Congiuntivo trapassato · Past perfect subjunctive

avessi trasferito	avessimo trasferito
avessi trasferito	aveste trasferito
avesse trasferito	avessero trasferito

Imperativo · Commands

	(non) trasferiamo
trasferisci (non trasferire)	(non) trasferite
(non) trasferisca	(non) trasferiscano

Participio passato · Past participle	trasferito (-a/-i/-e)
Gerundio · Gerund	trasferendo

Usage

La sede centrale della ditta è stata trasferita a Milano.

The company's headquarters has been moved to Milan.

L'autorità militare trasferirà il potere al nuovo governo.

The military authority will transfer power to the new government.

L'impiegato sarà trasferito a un'altra filiale.

The employee will be transferred to another branch office.

Il nuovo servizio permette di trasferire denaro elettronicamente.

The new service allows you to transfer money electronically.

Gli trasferirono la proprietà più di cinquant'anni fa.

They conveyed the estate to him more than fifty years ago.

Il padre trasferisce sui figli tutto il suo affetto.

The father showers all his affection on his children.

trasferirsi *to move (house)* (= *relocate*)

Ci trasferimmo in campagna nel 1956.

We moved to the country in 1956.

Penso che si trasferiscano in Grecia.

I think they're relocating to Greece.

traslocare *to transfer; move (house) (= relocate)*

trasloco · traslocai · traslocato

regular -are verb, c > ch/e, i;
trans./intrans. (aux. *avere*)

Presente · Present

trasloco	traslochiamo
traslochi	traslocate
trasloca	traslocano

Imperfetto · Imperfect

traslocavo	traslocavamo
traslocavi	traslocavate
traslocava	traslocavano

Passato remoto · Preterit

traslocai	traslocammo
traslocasti	traslocaste
traslocò	traslocarono

Futuro semplice · Future

traslocherò	traslocheremo
traslocherai	traslocherete
traslocherà	traslocheranno

Condizionale presente · Present conditional

traslocherei	traslocheremmo
traslocheresti	traslochereste
traslocherebbe	traslocherebbero

Congiuntivo presente · Present subjunctive

traslochi	traslochiamo
traslochi	traslochiate
traslochi	traslochino

Congiuntivo imperfetto · Imperfect subjunctive

traslocassi	traslocassimo
traslocassi	traslocaste
traslocasse	traslocassero

Passato prossimo · Present perfect

ho traslocato	abbiamo traslocato
hai traslocato	avete traslocato
ha traslocato	hanno traslocato

Trapassato prossimo · Past perfect

avevo traslocato	avevamo traslocato
avevi traslocato	avevate traslocato
aveva traslocato	avevano traslocato

Trapassato remoto · Preterit perfect

ebbi traslocato	avemmo traslocato
avesti traslocato	aveste traslocato
ebbe traslocato	ebbero traslocato

Futuro anteriore · Future perfect

avrò traslocato	avremo traslocato
avrai traslocato	avrete traslocato
avrà traslocato	avranno traslocato

Condizionale passato · Perfect conditional

avrei traslocato	avremmo traslocato
avresti traslocato	avreste traslocato
avrebbe traslocato	avrebbero traslocato

Congiuntivo passato · Perfect subjunctive

abbia traslocato	abbiamo traslocato
abbia traslocato	abbiate traslocato
abbia traslocato	abbiano traslocato

Congiuntivo trapassato · Past perfect subjunctive

avessi traslocato	avessimo traslocato
avessi traslocato	aveste traslocato
avesse traslocato	avessero traslocato

Imperativo · Commands

	(non) traslochiamo
trasloca (non traslocare)	(non) traslocate
(non) traslochi	(non) traslochino

Participio passato · Past participle	traslocato (-a/-i/-e)
Gerundio · Gerund	traslocando

Usage

L'azienda traslocherà 100 impiegati a partire dal
  mese prossimo.
Abbiamo traslocato tutti i mobili.
Il negozio ha traslocato in Via Veneto.
Quando traslochi?
Mi dispiaceva che Giulio avesse traslocato.

*The company will transfer 100 employees beginning
  next month.*
We moved all the furniture.
The store moved to Via Veneto.
When are you moving?
I was sorry that Giulio had moved away.

traslocarsi *to move*

Perché vi siete traslocati nel centro della città?
Sono due anni che ci siamo traslocati nella nuova
  casa.

Why did you move downtown?
It's been two years since we moved into our new house.

RELATED WORD

il trasloco

move, removal

irregular *-ere* verb;
trans. (aux. *avere*)

trasmetto · trasmisi · trasmesso

Presente · Present

trasmetto	trasmettiamo
trasmetti	trasmettete
trasmette	trasmettono

Imperfetto · Imperfect

trasmettevo	trasmettevamo
trasmettevi	trasmettevate
trasmetteva	trasmettevano

Passato remoto · Preterit

trasmisi	trasmettemmo
trasmettesti	trasmetteste
trasmise	trasmisero

Futuro semplice · Future

trasmetterò	trasmetteremo
trasmetterai	trasmetterete
trasmetterà	trasmetteranno

Condizionale presente · Present conditional

trasmetterei	trasmetteremmo
trasmetteresti	trasmettereste
trasmetterebbe	trasmetterebbero

Congiuntivo presente · Present subjunctive

trasmetta	trasmettiamo
trasmetta	trasmettiate
trasmetta	trasmettano

Congiuntivo imperfetto · Imperfect subjunctive

trasmettessi	trasmettessimo
trasmettessi	trasmetteste
trasmettesse	trasmettessero

Passato prossimo · Present perfect

ho trasmesso	abbiamo trasmesso
hai trasmesso	avete trasmesso
ha trasmesso	hanno trasmesso

Trapassato prossimo · Past perfect

avevo trasmesso	avevamo trasmesso
avevi trasmesso	avevate trasmesso
aveva trasmesso	avevano trasmesso

Trapassato remoto · Preterit perfect

ebbi trasmesso	avemmo trasmesso
avesti trasmesso	aveste trasmesso
ebbe trasmesso	ebbero trasmesso

Futuro anteriore · Future perfect

avrò trasmesso	avremo trasmesso
avrai trasmesso	avrete trasmesso
avrà trasmesso	avranno trasmesso

Condizionale passato · Perfect conditional

avrei trasmesso	avremmo trasmesso
avresti trasmesso	avreste trasmesso
avrebbe trasmesso	avrebbero trasmesso

Congiuntivo passato · Perfect subjunctive

abbia trasmesso	abbiamo trasmesso
abbia trasmesso	abbiate trasmesso
abbia trasmesso	abbiano trasmesso

Congiuntivo trapassato · Past perfect subjunctive

avessi trasmesso	avessimo trasmesso
avessi trasmesso	aveste trasmesso
avesse trasmesso	avessero trasmesso

Imperativo · Commands

	(non) trasmettiamo
trasmetti (non trasmettere)	(non) trasmettete
(non) trasmetta	(non) trasmettano

Participio passato · Past participle	trasmesso (-a/-i/-e)
Gerundio · Gerund	trasmettendo

Usage

La partita verrà trasmessa in diretta.	*The game will be broadcast live.*
La radio non trasmetterà più il programma.	*The radio station won't broadcast the show any longer.*
Non si sa come abbia trasmesso la malattia.	*They don't know how he passed the disease on.*
Mi hanno trasmesso un messaggio.	*They sent me a message.*
Chi ti trasmetteva le lettere?	*Who was passing the letters on to you?*
La madre trasmise l'usanza alla figlia.	*The mother passed the custom on to her daughter.*
L'eredità fu trasmessa al figlio unico.	*The inheritance was bequeathed to the only son.*

trasmettersi *to be transmitted; be passed on; be spread; be handed down*

Come si trasmette l'energia?	*How is the energy transmitted?*
Il colore degli occhi non è stato trasmesso al figlio.	*The eye color wasn't passed on to the son.*
Il virus si trasmette facilmente da una persona a un'altra.	*The virus is easily spread from person to person.*

trattare   *to discuss, negotiate; treat, handle; be about, deal (with); bargain*

tratto · trattai · trattato

regular -*are* verb;
trans./intrans. (aux. *avere*)

Presente · Present

tratto	trattiamo
tratti	trattate
tratta	trattano

Imperfetto · Imperfect

trattavo	trattavamo
trattavi	trattavate
trattava	trattavano

Passato remoto · Preterit

trattai	trattammo
trattasti	trattaste
trattò	trattarono

Futuro semplice · Future

tratterò	tratteremo
tratterai	tratterete
tratterà	tratteranno

Condizionale presente · Present conditional

tratterei	tratteremmo
tratteresti	trattereste
tratterebbe	tratterebbero

Congiuntivo presente · Present subjunctive

tratti	trattiamo
tratti	trattiate
tratti	trattino

Congiuntivo imperfetto · Imperfect subjunctive

trattassi	trattassimo
trattassi	trattaste
trattasse	trattassero

Passato prossimo · Present perfect

ho trattato	abbiamo trattato
hai trattato	avete trattato
ha trattato	hanno trattato

Trapassato prossimo · Past perfect

avevo trattato	avevamo trattato
avevi trattato	avevate trattato
aveva trattato	avevano trattato

Trapassato remoto · Preterit perfect

ebbi trattato	avemmo trattato
avesti trattato	aveste trattato
ebbe trattato	ebbero trattato

Futuro anteriore · Future perfect

avrò trattato	avremo trattato
avrai trattato	avrete trattato
avrà trattato	avranno trattato

Condizionale passato · Perfect conditional

avrei trattato	avremmo trattato
avresti trattato	avreste trattato
avrebbe trattato	avrebbero trattato

Congiuntivo passato · Perfect subjunctive

abbia trattato	abbiamo trattato
abbia trattato	abbiate trattato
abbia trattato	abbiano trattato

Congiuntivo trapassato · Past perfect subjunctive

avessi trattato	avessimo trattato
avessi trattato	aveste trattato
avesse trattato	avessero trattato

Imperativo · Commands

	(non) trattiamo
tratta (non trattare)	(non) trattate
(non) tratti	(non) trattino

Participio passato · Past participle	trattato (-a/-i/-e)
Gerundio · Gerund	trattando

Usage

Tratteremo i seguenti argomenti.	*We'll discuss the following topics.*
Trattarono la pace in un castello medioevale.	*They negotiated peace in a medieval castle.*
Ti hanno trattato bene?	*Did they treat you well?*
Sono sicuro che Roberto tratterà tutto con competenza.	*I'm sure Roberto will handle everything competently.*
Il libro tratta di una donna che diventa presidente.	*The book is about a woman who becomes president.*
Sai che trattare sul prezzo è quasi obbligatorio al mercato?	*You know that bargaining is almost obligatory at the market?*

trattarsi *to treat oneself/each other, live; be a matter/question (of)*

Perché ci trattiamo male?	*Why do we treat one another badly?*
Si trattava di vita o di morte.	*It was a matter of life and death.*
Si tratta solo di decidere dove si andrà.	*All we have to do is decide where we're going.*

regular -are verb;
trans. (aux. avere)

trovo · trovai · trovato

Presente · Present

trovo	troviamo
trovi	trovate
trova	trovano

Imperfetto · Imperfect

trovavo	trovavamo
trovavi	trovavate
trovava	trovavano

Passato remoto · Preterit

trovai	trovammo
trovasti	trovaste
trovò	trovarono

Futuro semplice · Future

troverò	troveremo
troverai	troverete
troverà	troveranno

Condizionale presente · Present conditional

troverei	troveremmo
troveresti	trovereste
troverebbe	troverebbero

Congiuntivo presente · Present subjunctive

trovi	troviamo
trovi	troviate
trovi	trovino

Congiuntivo imperfetto · Imperfect subjunctive

trovassi	trovassimo
trovassi	trovaste
trovasse	trovassero

Imperativo · Commands

	(non) troviamo
trova (non trovare)	(non) trovate
(non) trovi	(non) trovino

Passato prossimo · Present perfect

ho trovato	abbiamo trovato
hai trovato	avete trovato
ha trovato	hanno trovato

Trapassato prossimo · Past perfect

avevo trovato	avevamo trovato
avevi trovato	avevate trovato
aveva trovato	avevano trovato

Trapassato remoto · Preterit perfect

ebbi trovato	avemmo trovato
avesti trovato	aveste trovato
ebbe trovato	ebbero trovato

Futuro anteriore · Future perfect

avrò trovato	avremo trovato
avrai trovato	avrete trovato
avrà trovato	avranno trovato

Condizionale passato · Perfect conditional

avrei trovato	avremmo trovato
avresti trovato	avreste trovato
avrebbe trovato	avrebbero trovato

Congiuntivo passato · Perfect subjunctive

abbia trovato	abbiamo trovato
abbia trovato	abbiate trovato
abbia trovato	abbiano trovato

Congiuntivo trapassato · Past perfect subjunctive

avessi trovato	avessimo trovato
avessi trovato	aveste trovato
avesse trovato	avessero trovato

Participio passato · Past participle	trovato (-a/-i/-e)
Gerundio · Gerund	trovando

Usage

Non trovo i miei occhiali.
Abbiamo trovato la strada giusta.
Trovo molte buone qualità in quella ragazza.
Sono contento che tu abbia trovato dei biglietti
    per il concerto.
Trovai finalmente riposo.
Trovami un bel posto al lago.
Sono certo che troverai molti amici qui.
Non troveremo mai più una casa come quella.
Alessio aveva trovato 50 euro per terra.
Le mie idee trovarono molta opposizione.

I can't find my glasses.
We found the right way.
I find a lot of good qualities in that girl.
I'm glad you came up with concert tickets.

I finally found rest.
Find me a nice spot at the lake.
I'm certain you'll find many friends here.
We'll never find a house like that one again.
Alessio had found 50 euros on the ground.
My ideas met with a lot of opposition.

trovare

to find, come upon/across; meet (with);
think, believe; catch, discover

trovo · trovai · trovato

regular -are verb;
trans. (aux. *avere*)

trovare *to judge someone or something*

La trovo molto dimagrita.	*She looks a lot thinner.*
Non lo trovasti invecchiato?	*Didn't he look older to you?*
— Che ne pensi della sua idea?	*"What do you think of his idea?"*
— La trovo buona.	*"I think it's good."*
Mi avevano detto che il dirigente era antipatico, ma io l'ho trovato gentile.	*They had told me that the manager wasn't nice, but I found him to be kind.*
Il medico mi ha trovato in buona salute.	*The doctor thought I was in good health.*
Le hanno trovato l'angina.	*They diagnosed her with tonsillitis.*
La trovo un po' giù, a dire la verità.	*I thinks she's a bit depressed, to be honest.*
Trovo che sarebbe meglio non partire con questo tempo.	*I think it would be better not to leave in this weather.*
— Il film non era molto buono.	*"The film wasn't very good."*
— Trovi?	*"You think so?"*

trovare *to catch, find*

Hanno trovato il ladro mentre stava scappando.	*They caught the thief while he was fleeing.*
Li trovarono in flagrante.	*They caught them in the act.*
La notizia ha trovato gli impiegati impreparati.	*The news found the employees unprepared.*

trovarsi *to find oneself, (happen to) be; be (situated); get on; meet/see each other; (can) be found*

Non si trovavano d'accordo.	*They didn't find themselves in agreement.*
Alle nove mi troverò in ufficio.	*At nine o'clock I'll be in the office.*
Alberto si è trovato senza un soldo.	*Alberto discovered he had no money.*
Ci trovammo in un pasticcio.	*We found ourselves in a mess.*
Il viaggio era andato bene e si sono trovati a destinazione senza accorgersene.	*The trip had gone well and they got to their destination before they realized it.*
Mi sono trovato in un quartiere sconosciuto.	*I ended up in an unfamiliar neighborhood.*
Dove si trova la questura?	*Where's police headquarters?*
— Come ti trovi qua?	*"How do you like it here?"*
— Mi trovo benissimo.	*"I like it lot."*
Ci siamo trovati nel negozio.	*We met up in the store.*

IDIOMATIC EXPRESSIONS

Siamo andati a trovarli ieri sera.	*We went to visit them last night.*
Guarda chi ti trovo!	*Fancy meeting you here!*
Aldo si è trovato con un pugno di mosche in mano.	*Aldo was left empty-handed.*
Carlo ha trovato l'America.	*Carlo struck it rich.*
Maddalena è una donna che non trova posa.	*Maddalena can't sit still.*
Mi sono trovato tre euro in tasca.	*I happened to find three euros in my pocket.*
Trovò la morte sul campo di battaglia.	*He met his death on the battlefield.*
Il mio capo trova da ridire su tutto.	*My boss always finds something to criticize.*

PROVERBS

Chi trova un amico trova un tesoro.	*He who finds a friend, finds a treasure.*
Chi trova tiene.	*Finders keepers.*
Paese che vai usanze che trovi.	*Different strokes for different folks. (When in Rome, do as the Romans do.)*

TOP 50 VERBS

regular -are verb, c > ch/e, i;
trans. (aux. avere)

trucco · truccai · truccato

Presente · Present

trucco	trucchiamo
trucchi	truccate
trucca	truccano

Imperfetto · Imperfect

truccavo	truccavamo
truccavi	truccavate
truccava	truccavano

Passato remoto · Preterit

truccai	truccammo
truccasti	truccaste
truccò	truccarono

Futuro semplice · Future

truccherò	truccheremo
truccherai	truccherete
truccherà	truccheranno

Condizionale presente · Present conditional

truccherei	truccheremmo
truccheresti	trucchereste
truccherebbe	truccherebbero

Congiuntivo presente · Present subjunctive

trucchi	trucchiamo
trucchi	trucchiate
trucchi	trucchino

Congiuntivo imperfetto · Imperfect subjunctive

truccassi	truccassimo
truccassi	truccaste
truccasse	truccassero

Imperativo · Commands

	(non) trucchiamo
trucca (non truccare)	(non) truccate
(non) trucchi	(non) trucchino

Passato prossimo · Present perfect

ho truccato	abbiamo truccato
hai truccato	avete truccato
ha truccato	hanno truccato

Trapassato prossimo · Past perfect

avevo truccato	avevamo truccato
avevi truccato	avevate truccato
aveva truccato	avevano truccato

Trapassato remoto · Preterit perfect

ebbi truccato	avemmo truccato
avesti truccato	aveste truccato
ebbe truccato	ebbero truccato

Futuro anteriore · Future perfect

avrò truccato	avremo truccato
avrai truccato	avrete truccato
avrà truccato	avranno truccato

Condizionale passato · Perfect conditional

avrei truccato	avremmo truccato
avresti truccato	avreste truccato
avrebbe truccato	avrebbero truccato

Congiuntivo passato · Perfect subjunctive

abbia truccato	abbiamo truccato
abbia truccato	abbiate truccato
abbia truccato	abbiano truccato

Congiuntivo trapassato · Past perfect subjunctive

avessi truccato	avessimo truccato
avessi truccato	aveste truccato
avesse truccato	avessero truccato

Participio passato · Past participle   truccato (-a/-i/-e)

Gerundio · Gerund   truccando

Usage

Pensano che la partita di calcio fosse truccata.	*They think the soccer game was rigged.*
Hanno truccato il quadro per farci credere che fosse un vero antico.	*They forged the painting to make us believe it was an antique.*
Mio fratello truccherebbe la tua macchina se glielo chiedessi.	*My brother would soup up your car if you asked him to.*
L'organizzazione teme che si trucchino i risultati della votazione.	*The organization fears that the election results will be falsified.*
Chi avrebbe truccato le carte da gioco?	*Who would have marked the playing cards?*
Barbara truccherà tutti gli attori.	*Barbara will make up all the actors.*
Le ho truccato solo gli occhi e le labbra.	*I only applied makeup to her eyes and lips.*

truccarsi to disguise oneself; put makeup on; wear makeup

L'attrice si truccò da principessa.	*The actress wore a princess costume.*
Rosa non si trucca molto, generalmente.	*Rosa doesn't usually wear a lot of makeup.*

533

tuonare · *to thunder; boom; rage (against)*

tuono · tuonai · tuonato

regular -*are* verb;
intrans./impers. (aux. *avere* or *essere*)

NOTE *Tuonare* is conjugated here with *avere*; it may also be conjugated with *essere*—see p. 22 for details.

Presente · Present

tuono	tuoniamo
tuoni	tuonate
tuona	tuonano

Passato prossimo · Present perfect

ho tuonato	abbiamo tuonato
hai tuonato	avete tuonato
ha tuonato	hanno tuonato

Imperfetto · Imperfect

tuonavo	tuonavamo
tuonavi	tuonavate
tuonava	tuonavano

Trapassato prossimo · Past perfect

avevo tuonato	avevamo tuonato
avevi tuonato	avevate tuonato
aveva tuonato	avevano tuonato

Passato remoto · Preterit

tuonai	tuonammo
tuonasti	tuonaste
tuonò	tuonarono

Trapassato remoto · Preterit perfect

ebbi tuonato	avemmo tuonato
avesti tuonato	aveste tuonato
ebbe tuonato	ebbero tuonato

Futuro semplice · Future

tuonerò	tuoneremo
tuonerai	tuonerete
tuonerà	tuoneranno

Futuro anteriore · Future perfect

avrò tuonato	avremo tuonato
avrai tuonato	avrete tuonato
avrà tuonato	avranno tuonato

Condizionale presente · Present conditional

tuonerei	tuoneremmo
tuoneresti	tuonereste
tuonerebbe	tuonerebbero

Condizionale passato · Perfect conditional

avrei tuonato	avremmo tuonato
avresti tuonato	avreste tuonato
avrebbe tuonato	avrebbero tuonato

Congiuntivo presente · Present subjunctive

tuoni	tuoniamo
tuoni	tuoniate
tuoni	tuonino

Congiuntivo passato · Perfect subjunctive

abbia tuonato	abbiamo tuonato
abbia tuonato	abbiate tuonato
abbia tuonato	abbiano tuonato

Congiuntivo imperfetto · Imperfect subjunctive

tuonassi	tuonassimo
tuonassi	tuonaste
tuonasse	tuonassero

Congiuntivo trapassato · Past perfect subjunctive

avessi tuonato	avessimo tuonato
avessi tuonato	aveste tuonato
avesse tuonato	avessero tuonato

Imperativo · Commands

	(non) tuoniamo
tuona (non tuonare)	(non) tuonate
(non) tuoni	(non) tuonino

Participio passato · Past participle   tuonato (-a/-i/-e)

Gerundio · Gerund   tuonando

Usage

Ha tuonato per molto tempo.
È tuonato ma non è fulminato.
L'ho sentito tuonare in lontananza.
Giove tuonò dal Monte Olimpo contro i mortali.

I cannoni hanno tuonato tutta la notte.
La sua voce tuonava nel corridoio.
Il giudice tuonò contro il teste perché non voleva
   rispondere alla domanda.
"Bugie, tutte bugie!" tuonai contro i miei accusatori.
Tanto tuonò, che piovve! (PROVERB)

It thundered for a long time.
There was thunder but no lightning.
I heard it thunder in the distance.
From Mount Olympus, Jove thundered against
   the mortals.
The cannons boomed all night.
His voice was booming in the corridor.
The judge raged against the witness because
   he wouldn't answer the question.
"Lies, all lies!" I roared at my accusers.
It happened at last!/It had to happen!

regular *-ire* verb (*-isc-* type);
intrans. (aux. *avere*)

ubbidisco · ubbidii · ubbidito

Presente · Present

ubbidisco	ubbidiamo
ubbidisci	ubbidite
ubbidisce	ubbidiscono

Imperfetto · Imperfect

ubbidivo	ubbidivamo
ubbidivi	ubbidivate
ubbidiva	ubbidivano

Passato remoto · Preterit

ubbidii	ubbidimmo
ubbidisti	ubbidiste
ubbidì	ubbidirono

Futuro semplice · Future

ubbidirò	ubbidiremo
ubbidirai	ubbidirete
ubbidirà	ubbidiranno

Condizionale presente · Present conditional

ubbidirei	ubbidiremmo
ubbidiresti	ubbidireste
ubbidirebbe	ubbidirebbero

Congiuntivo presente · Present subjunctive

ubbidisca	ubbidiamo
ubbidisca	ubbidiate
ubbidisca	ubbidiscano

Congiuntivo imperfetto · Imperfect subjunctive

ubbidissi	ubbidissimo
ubbidissi	ubbidiste
ubbidisse	ubbidissero

Imperativo · Commands

	(non) ubbidiamo
ubbidisci (non ubbidire)	(non) ubbidite
(non) ubbidisca	(non) ubbidiscano

Participio passato · Past participle   ubbidito (-a/-i/-e)

Gerundio · Gerund   ubbidendo

Passato prossimo · Present perfect

ho ubbidito	abbiamo ubbidito
hai ubbidito	avete ubbidito
ha ubbidito	hanno ubbidito

Trapassato prossimo · Past perfect

avevo ubbidito	avevamo ubbidito
avevi ubbidito	avevate ubbidito
aveva ubbidito	avevano ubbidito

Trapassato remoto · Preterit perfect

ebbi ubbidito	avemmo ubbidito
avesti ubbidito	aveste ubbidito
ebbe ubbidito	ebbero ubbidito

Futuro anteriore · Future perfect

avrò ubbidito	avremo ubbidito
avrai ubbidito	avrete ubbidito
avrà ubbidito	avranno ubbidito

Condizionale passato · Perfect conditional

avrei ubbidito	avremmo ubbidito
avresti ubbidito	avreste ubbidito
avrebbe ubbidito	avrebbero ubbidito

Congiuntivo passato · Perfect subjunctive

abbia ubbidito	abbiamo ubbidito
abbia ubbidito	abbiate ubbidito
abbia ubbidito	abbiano ubbidito

Congiuntivo trapassato · Past perfect subjunctive

avessi ubbidito	avessimo ubbidito
avessi ubbidito	aveste ubbidito
avesse ubbidito	avessero ubbidito

Usage

I bambini ubbidiscono sempre ai genitori.	*Children always obey their parents.*
I soldati ubbidirono ciecamente agli ordini dei superiori.	*The soldiers blindly obeyed their superiors' orders.*
Il cane non ubbidisce al padrone.	*The dog isn't obeying his master.*
È importante che voi ubbidiate spontaneamente alle regole.	*It's important that you freely comply with the rules.*
Tutti i cittadini devono ubbidire alle leggi.	*All citizens must comply with the law.*
Il vescovo non riesce a farsi ubbidire dai preti.	*The bishop was unable to enforce obedience from the priests.*
Valentino ubbidì alla voce della coscienza.	*Valentino listened to his conscience.*
L'aereo non ubbidiva più ai comandi.	*The airplane no longer responded to the controls.*
Mi piace questa macchina perché ubbidisce al minimo colpo di pedale.	*I like this car because it responds to the slightest tap on the pedal.*

uccidere *to kill, murder; exhaust, weary*

uccido · uccisi · ucciso

irregular -*ere* verb;
trans. (aux. *avere*)

Presente · Present

uccido	uccidiamo
uccidi	uccidete
uccide	uccidono

Imperfetto · Imperfect

uccidevo	uccidevamo
uccidevi	uccidevate
uccideva	uccidevano

Passato remoto · Preterit

uccisi	uccidemmo
uccidesti	uccideste
uccise	uccisero

Futuro semplice · Future

ucciderò	uccideremo
ucciderai	ucciderete
ucciderà	uccideranno

Condizionale presente · Present conditional

ucciderei	uccideremmo
uccideresti	uccidereste
ucciderebbe	ucciderebbero

Congiuntivo presente · Present subjunctive

uccida	uccidiamo
uccida	uccidiate
uccida	uccidano

Congiuntivo imperfetto · Imperfect subjunctive

uccidessi	uccidessimo
uccidessi	uccideste
uccidesse	uccidessero

Passato prossimo · Present perfect

ho ucciso	abbiamo ucciso
hai ucciso	avete ucciso
ha ucciso	hanno ucciso

Trapassato prossimo · Past perfect

avevo ucciso	avevamo ucciso
avevi ucciso	avevate ucciso
aveva ucciso	avevano ucciso

Trapassato remoto · Preterit perfect

ebbi ucciso	avemmo ucciso
avesti ucciso	aveste ucciso
ebbe ucciso	ebbero ucciso

Futuro anteriore · Future perfect

avrò ucciso	avremo ucciso
avrai ucciso	avrete ucciso
avrà ucciso	avranno ucciso

Condizionale passato · Perfect conditional

avrei ucciso	avremmo ucciso
avresti ucciso	avreste ucciso
avrebbe ucciso	avrebbero ucciso

Congiuntivo passato · Perfect subjunctive

abbia ucciso	abbiamo ucciso
abbia ucciso	abbiate ucciso
abbia ucciso	abbiano ucciso

Congiuntivo trapassato · Past perfect subjunctive

avessi ucciso	avessimo ucciso
avessi ucciso	aveste ucciso
avesse ucciso	avessero ucciso

Imperativo · Commands

	(non) uccidiamo
uccidi (non uccidere)	(non) uccidete
(non) uccida	(non) uccidano

Participio passato · Past participle	ucciso (-a/-i/-e)
Gerundio · Gerund	uccidendo

Usage

L'hanno ucciso con un colpo di pistola.	*They killed him with a pistol shot.*
Il figlio è rimasto ucciso in un incidente.	*The son was killed in an accident.*
Una banda di giovani l'avrebbe ucciso a sangue freddo.	*They say a gang of youths murdered him in cold blood.*
Il calore mi uccide. Quando finirà?	*The heat exhausts me. When will it be over?*
Speriamo che venga deciso presto. L'attesa mi uccide.	*Let's hope it'll be decided soon. The waiting is wearing me down.*
Sarebbe come uccidere un uomo morto.	*It would be like kicking a man when he's down.*

uccidersi *to commit suicide; kill each other; be killed*

Si è ucciso buttandosi nel Tevere.	*He committed suicide by jumping in the Tiber.*
Si uccisero in duello.	*They killed each other in a duel.*
I genitori si sono uccisi in un incidente stradale.	*The parents were killed in a traffic accident.*

odo · udii · udito

irregular -ire verb;
trans. (aux. avere)

Presente · Present

odo	udiamo
odi	udite
ode	odono

Imperfetto · Imperfect

udivo	udivamo
udivi	udivate
udiva	udivano

Passato remoto · Preterit

udii	udimmo
udisti	udiste
udì	udirono

Futuro semplice · Future

ud(i)rò	ud(i)remo
ud(i)rai	ud(i)rete
ud(i)rà	ud(i)ranno

Condizionale presente · Present conditional

ud(i)rei	ud(i)remmo
ud(i)resti	ud(i)reste
ud(i)rebbe	ud(i)rebbero

Congiuntivo presente · Present subjunctive

oda	udiamo
oda	udiate
oda	odano

Congiuntivo imperfetto · Imperfect subjunctive

udissi	udissimo
udissi	udiste
udisse	udissero

Imperativo · Commands

	(non) udiamo
odi (non udire)	(non) udite
(non) oda	(non) odano

Participio passato · Past participle   udito (-a/-i/-e)
Gerundio · Gerund   udendo

Passato prossimo · Present perfect

ho udito	abbiamo udito
hai udito	avete udito
ha udito	hanno udito

Trapassato prossimo · Past perfect

avevo udito	avevamo udito
avevi udito	avevate udito
aveva udito	avevano udito

Trapassato remoto · Preterit perfect

ebbi udito	avemmo udito
avesti udito	aveste udito
ebbe udito	ebbero udito

Futuro anteriore · Future perfect

avrò udito	avremo udito
avrai udito	avrete udito
avrà udito	avranno udito

Condizionale passato · Perfect conditional

avrei udito	avremmo udito
avresti udito	avreste udito
avrebbe udito	avrebbero udito

Congiuntivo passato · Perfect subjunctive

abbia udito	abbiamo udito
abbia udito	abbiate udito
abbia udito	abbiano udito

Congiuntivo trapassato · Past perfect subjunctive

avessi udito	avessimo udito
avessi udito	aveste udito
avesse udito	avessero udito

Usage

Odo una canzone in lontananza.	I hear a song in the distance.
Udii il grido di una donna.	I heard a woman scream.
Li abbiamo uditi ridere.	We heard them laughing.
Ha udito le ultime notizie?	Have you heard the latest news?
Abbiamo udito che ti sei sposato.	We heard you got married.
Non ho udito niente di una sua eventuale presenza.	I haven't heard anything about the possibility of him being here.
Ci volevano due settimane per udire tutti i testi.	They needed two weeks to hear all the witnesses.
Oda le mie preghiere!	Hear my prayers!
Se ho ben udito, il discorso comincerà alle sedici.	If I heard correctly, the speech will start at 4 P.M.

RELATED WORDS

l'udito (m.)	(sense of) hearing
l'uditore (m.)/l'uditrice (f.)	auditor (student who sits in on classes at a university)

unire *to unite, join, combine, connect, link*

unisco · unii · unito

regular *-ire* verb (*-isc-* type);
trans. (aux. *avere*)

Presente · Present	
unisco	uniamo
unisci	unite
unisce	uniscono

Imperfetto · Imperfect	
univo	univamo
univi	univate
univa	univano

Passato remoto · Preterit	
unii	unimmo
unisti	uniste
unì	unirono

Futuro semplice · Future	
unirò	uniremo
unirai	unirete
unirà	uniranno

Condizionale presente · Present conditional	
unirei	uniremmo
uniresti	unireste
unirebbe	unirebbero

Congiuntivo presente · Present subjunctive	
unisca	uniamo
unisca	uniate
unisca	uniscano

Congiuntivo imperfetto · Imperfect subjunctive	
unissi	unissimo
unissi	uniste
unisse	unissero

Passato prossimo · Present perfect	
ho unito	abbiamo unito
hai unito	avete unito
ha unito	hanno unito

Trapassato prossimo · Past perfect	
avevo unito	avevamo unito
avevi unito	avevate unito
aveva unito	avevano unito

Trapassato remoto · Preterit perfect	
ebbi unito	avemmo unito
avesti unito	aveste unito
ebbe unito	ebbero unito

Futuro anteriore · Future perfect	
avrò unito	avremo unito
avrai unito	avrete unito
avrà unito	avranno unito

Condizionale passato · Perfect conditional	
avrei unito	avremmo unito
avresti unito	avreste unito
avrebbe unito	avrebbero unito

Congiuntivo passato · Perfect subjunctive	
abbia unito	abbiamo unito
abbia unito	abbiate unito
abbia unito	abbiano unito

Congiuntivo trapassato · Past perfect subjunctive	
avessi unito	avessimo unito
avessi unito	aveste unito
avesse unito	avessero unito

Imperativo · Commands	
	(non) uniamo
unisci (non unire)	(non) unite
(non) unisca	(non) uniscano

Participio passato · Past participle   unito (–a/–i/–e)
Gerundio · Gerund   unendo

Usage

La loro amicizia li unisce.	*Their friendship unites them.*
Il prete li unì in matrimonio un anno dopo il fidanzamento.	*The priest joined them in matrimony one year after the engagement.*
Se unissimo le nostre forze, saremmo invincibili.	*If we combined our forces, we would be invincible.*
Unisci il latte agli altri ingredienti e mescola tutto.	*Add the milk to the other ingredients and stir together.*
Le due città saranno unite da una nuova autostrada.	*The two cities will be linked by a new highway.*

unirsi *to unite, join together; blend, go well, harmonize; join up (with)*

Gli studenti si sono uniti contro l'aumento delle tasse universitarie.	*The students joined together against the tuition hike.*
Penso che il rosso e l'arancione non si uniscano bene.	*I don't think red and orange go well together.*
Il ruscello si unisce al fiume a valle.	*The brook joins the river downstream.*

regular -*are* verb;
intrans./trans. (aux. *avere*)

urlo · urlai · urlato

Presente · Present

urlo	urliamo
urli	urlate
urla	urlano

Passato prossimo · Present perfect

ho urlato	abbiamo urlato
hai urlato	avete urlato
ha urlato	hanno urlato

Imperfetto · Imperfect

urlavo	urlavamo
urlavi	urlavate
urlava	urlavano

Trapassato prossimo · Past perfect

avevo urlato	avevamo urlato
avevi urlato	avevate urlato
aveva urlato	avevano urlato

Passato remoto · Preterit

urlai	urlammo
urlasti	urlaste
urlò	urlarono

Trapassato remoto · Preterit perfect

ebbi urlato	avemmo urlato
avesti urlato	aveste urlato
ebbe urlato	ebbero urlato

Futuro semplice · Future

urlerò	urleremo
urlerai	urlerete
urlerà	urleranno

Futuro anteriore · Future perfect

avrò urlato	avremo urlato
avrai urlato	avrete urlato
avrà urlato	avranno urlato

Condizionale presente · Present conditional

urlerei	urleremmo
urleresti	urlereste
urlerebbe	urlerebbero

Condizionale passato · Perfect conditional

avrei urlato	avremmo urlato
avresti urlato	avreste urlato
avrebbe urlato	avrebbero urlato

Congiuntivo presente · Present subjunctive

urli	urliamo
urli	urliate
urli	urlino

Congiuntivo passato · Perfect subjunctive

abbia urlato	abbiamo urlato
abbia urlato	abbiate urlato
abbia urlato	abbiano urlato

Congiuntivo imperfetto · Imperfect subjunctive

urlassi	urlassimo
urlassi	urlaste
urlasse	urlassero

Congiuntivo trapassato · Past perfect subjunctive

avessi urlato	avessimo urlato
avessi urlato	aveste urlato
avesse urlato	avessero urlato

Imperativo · Commands

	(non) urliamo
urla (non urlare)	(non) urlate
(non) urli	(non) urlino

Participio passato · Past participle	urlato (-a/-i/-e)
Gerundio · Gerund	urlando

Usage

Ho urlato di dolore.	*I yelled out in pain.*
I bambini urlavano per la paura.	*The children were screaming in fear.*
Sembra che i tifosi abbiano urlato a squarciagola per due ore.	*It appears that the fans screamed at the top of their lungs for two hours.*
I giovani urlarono parolacce ai politici.	*The young people shouted swearwords at the politicians.*
Non urlare! Ti sento perfettamente.	*Don't shout! I can hear you perfectly well.*
Il cane urlò tutta la notte.	*The dog howled all night.*
La sirena dei vigili del fuoco ha urlato.	*The firefighters' siren wailed.*

RELATED WORD

l'urlo (*m.*)	*scream, yell; howl; wail*

uscire to leave, come/go out, exit, emerge; stick out, protrude;
lie/go/be beyond; leave behind; be released; be published, appear

esco · uscii · uscito

irregular -ire verb;
intrans. (aux. essere)

uscire (of a thing)

L'acqua non esce dal rubinetto.	*The water isn't coming out of the faucet.*
Il profumo che usciva dalla pentola era delizioso.	*The aroma wafting from the pan was delectable.*
Il fiume è uscito dagli argini.	*The river overflowed its banks.*
L'acqua sta uscendo dal lavandino.	*The water is overflowing the sink.*
La macchina improvvisamente uscì di strada.	*The car all of a sudden went off the road.*
Le maniche gli escono dalla giacca.	*His shirtsleeves stick out of his jacket.*
È uscito il mio nome e indovina che cosa ho vinto.	*My name was drawn, and guess what I won.*
Uscirà la nuova collezione fra qualche settimana.	*The new collection will come out in a few weeks.*
Quando esce il prossimo romanzo?	*When is the next novel coming out?*
Il giornale esce ogni giorno eccetto la domenica.	*The newspaper is published every day except Sunday.*
Quando la merce esce dal paese, viene controllata dalla dogana.	*When the goods leave the country, they are inspected by customs.*
Troppi soldi sono usciti dalle casse.	*Too much money was spent.*
I verbi che escono in -are sono più regolari.	*Verbs that end in -are are more regular.*
Da cinque chili escono dieci porzioni.	*From five kilos you get ten portions.*
Via Garibaldi esce in piazza Umberto.	*Garibaldi Street leads into Umberto Square.*

uscire in sports

Il portiere è uscito di pugno.	*The goalie knocked the ball out with his fist.*
L'alpinista stava per uscire in vetta.	*The climber was about to reach the top.*
Il ciclista sta uscendo dal plotone.	*The cyclist is leaving the pack behind.*

uscirne to get out of a difficult situation

Di qui non si esce!	*There's no way out!, There's no getting out of it!*
Ne siamo usciti a stento.	*We barely made it out.*
Gli escursionisti ne sono usciti per il rotto della cuffia.	*The hikers made it out by the skin of their teeth.*

IDIOMATIC EXPRESSIONS

Le parole gli uscivano dal cuore.	*The words came straight from his heart.*
Speriamo che ne esca qualcosa di buono.	*Let's hope some good comes out of this.*
Quel problema esce dalle mie competenze.	*This problem is beyond my expertise.*
Da dove sono usciti loro?	*Where did they spring up from?*
Marco è uscito con una delle sue.	*Marco made one of his typical remarks.*
I piselli mi escono dagli occhi.	*I've got peas coming out of my ears.*
Le parole mi sono uscite di bocca.	*The words slipped right out of my mouth.*
Mi è uscito di mente il suo cognome.	*His last name slipped my mind.*
uscire con la testa rotta	*to lose out in a discussion*
uscire dai binari	*to depart from accepted practice*
uscire dai gangheri	*to get angry, fly off the handle*
uscire dal seminato	*to digress*
uscire dall'ordinario	*to be out of the ordinary*
uscire dalla legalità	*to be illegal*
uscire di senno	*to go mad, fly into a rage*
uscire di sentimento	*to go crazy*
uscire vincitore	*to come out a winner, emerge victorious*

TOP 50 VERBS

to leave, come/go out, exit, emerge; stick out, protrude;
lie/go/be beyond; leave behind; be released; be published, appear **uscire**

539

irregular *-ire* verb;
intrans. (aux. *essere*)

esco · uscii · uscito

Presente · Present

esco	usciamo
esci	uscite
esce	escono

Imperfetto · Imperfect

uscivo	uscivamo
uscivi	uscivate
usciva	uscivano

Passato remoto · Preterit

uscii	uscimmo
uscisti	usciste
uscì	uscirono

Futuro semplice · Future

uscirò	usciremo
uscirai	uscirete
uscirà	usciranno

Condizionale presente · Present conditional

uscirei	usciremmo
usciresti	uscireste
uscirebbe	uscirebbero

Congiuntivo presente · Present subjunctive

esca	usciamo
esca	usciate
esca	escano

Congiuntivo imperfetto · Imperfect subjunctive

uscissi	uscissimo
uscissi	usciste
uscisse	uscissero

Passato prossimo · Present perfect

sono uscito (-a)	siamo usciti (-e)
sei uscito (-a)	siete usciti (-e)
è uscito (-a)	sono usciti (-e)

Trapassato prossimo · Past perfect

ero uscito (-a)	eravamo usciti (-e)
eri uscito (-a)	eravate usciti (-e)
era uscito (-a)	erano usciti (-e)

Trapassato remoto · Preterit perfect

fui uscito (-a)	fummo usciti (-e)
fosti uscito (-a)	foste usciti (-e)
fu uscito (-a)	furono usciti (-e)

Futuro anteriore · Future perfect

sarò uscito (-a)	saremo usciti (-e)
sarai uscito (-a)	sarete usciti (-e)
sarà uscito (-a)	saranno usciti (-e)

Condizionale passato · Perfect conditional

sarei uscito (-a)	saremmo usciti (-e)
saresti uscito (-a)	sareste usciti (-e)
sarebbe uscito (-a)	sarebbero usciti (-e)

Congiuntivo passato · Perfect subjunctive

sia uscito (-a)	siamo usciti (-e)
sia uscito (-a)	siate usciti (-e)
sia uscito (-a)	siano usciti (-e)

Congiuntivo trapassato · Past perfect subjunctive

fossi uscito (-a)	fossimo usciti (-e)
fossi uscito (-a)	foste usciti (-e)
fosse uscito (-a)	fossero usciti (-e)

Imperativo · Commands

	(non) usciamo
esci (non uscire)	(non) uscite
(non) esca	(non) escano

Participio passato · Past participle   uscito (-a/-i/-e)

Gerundio · Gerund   uscendo

Usage

Sono uscito di casa alle otto.	*I left home at eight o'clock.*
Mio padre esce dall'ufficio alle cinque ogni giorno.	*My father leaves the office at five o'clock every day.*
A che ora esci da scuola oggi?	*What time will you get out of school today?*
Vorrei uscire a fare due passi.	*I'd like to go for a walk.*
Usciamo ogni venerdì.	*We go out every Friday.*
Finalmente stiamo uscendo dall'inverno.	*We're finally emerging from winter.*
Ha cercato di uscire dai guai.	*He tried to get out of trouble.*
Stefania è uscita dall'università con una laurea in musica.	*Stefania graduated from college with a degree in music.*
Per fortuna Maria è uscita dalla malattia.	*Fortunately, Maria recovered from her illness.*
Il bambino era uscito bene dall'infanzia.	*The child was healthy from the time he was a baby.*
Sei uscito bene da quella vicenda?	*Did you come out okay in that matter?*
La mia amica uscì illesa dall'incidente.	*My friend emerged from the accident unscathed.*
Fabrizio uscì dalla prigione dopo tre anni.	*Fabrizio was released from prison after three years.*

valere

to be valid/in effect, apply; count; be of use, be capable;
be worth; be equal (to)

valgo · valsi · valso

irregular -*ēre* verb;
intrans./impers. (aux. *essere*)/trans. (aux. *avere*)

NOTE *Valere* is conjugated here with *essere*; when used transitively, it is conjugated with *avere*.

Presente · Present

valgo	valiamo
vali	valete
vale	valgono

Passato prossimo · Present perfect

sono valso (-a)	siamo valsi (-e)
sei valso (-a)	siete valsi (-e)
è valso (-a)	sono valsi (-e)

Imperfetto · Imperfect

valevo	valevamo
valevi	valevate
valeva	valevano

Trapassato prossimo · Past perfect

ero valso (-a)	eravamo valsi (-e)
eri valso (-a)	eravate valsi (-e)
era valso (-a)	erano valsi (-e)

Passato remoto · Preterit

valsi	valemmo
valesti	valeste
valse	valsero

Trapassato remoto · Preterit perfect

fui valso (-a)	fummo valsi (-e)
fosti valso (-a)	foste valsi (-e)
fu valso (-a)	furono valsi (-e)

Futuro semplice · Future

varrò	varremo
varrai	varrete
varrà	varranno

Futuro anteriore · Future perfect

sarò valso (-a)	saremo valsi (-e)
sarai valso (-a)	sarete valsi (-e)
sarà valso (-a)	saranno valsi (-e)

Condizionale presente · Present conditional

varrei	varremmo
varresti	varreste
varrebbe	varrebbero

Condizionale passato · Perfect conditional

sarei valso (-a)	saremmo valsi (-e)
saresti valso (-a)	sareste valsi (-e)
sarebbe valso (-a)	sarebbero valsi (-e)

Congiuntivo presente · Present subjunctive

valga	valiamo
valga	valiate
valga	valgano

Congiuntivo passato · Perfect subjunctive

sia valso (-a)	siamo valsi (-e)
sia valso (-a)	siate valsi (-e)
sia valso (-a)	siano valsi (-e)

Congiuntivo imperfetto · Imperfect subjunctive

valessi	valessimo
valessi	valeste
valesse	valessero

Congiuntivo trapassato · Past perfect subjunctive

fossi valso (-a)	fossimo valsi (-e)
fossi valso (-a)	foste valsi (-e)
fosse valso (-a)	fossero valsi (-e)

Imperativo · Commands

	(non) valiamo
vali (non valere)	(non) valete
(non) valga	(non) valgano

Participio passato · Past participle   valso (-a/-i/-e)

Gerundio · Gerund   valendo

Usage

Il passaporto vale per sei anni.	*The passport is valid for six years.*
Questo vale anche per te.	*This applies to you as well.*
Il punto non era valso.	*The goal hadn't counted.*
Non valeva a niente piangere.	*There was no point in crying.*
I tuoi sforzi sono valsi a farmi lavorare sodo.	*Your efforts made me work hard.*
Antonella vale tanto oro quanto pesa.	*Antonella is worth her weight in gold.*
Varrebbe la pena provarci.	*It would be worth trying.*
Un'oncia vale quasi trenta grammi.	*One ounce is equal to almost thirty grams.*

valersi *to make use (of); take advantage (of); earn*

Purtroppo non ci valemmo della loro esperienza.	*Unfortunately we didn't make use of their experience.*
Dovrebbero valersi del nostro consiglio.	*They should take advantage of our advice.*

regular *-are* verb;
trans. (aux. *avere*)

vanto · vantai · vantato

Presente · Present

vanto	vantiamo
vanti	vantate
vanta	vantano

Imperfetto · Imperfect

vantavo	vantavamo
vantavi	vantavate
vantava	vantavano

Passato remoto · Preterit

vantai	vantammo
vantasti	vantaste
vantò	vantarono

Futuro semplice · Future

vanterò	vanteremo
vanterai	vanterete
vanterà	vanteranno

Condizionale presente · Present conditional

vanterei	vanteremmo
vanteresti	vantereste
vanterebbe	vanterebbero

Congiuntivo presente · Present subjunctive

vanti	vantiamo
vanti	vantiate
vanti	vantino

Congiuntivo imperfetto · Imperfect subjunctive

vantassi	vantassimo
vantassi	vantaste
vantasse	vantassero

Imperativo · Commands

	(non) vantiamo
vanta (non vantare)	(non) vantate
(non) vanti	(non) vantino

Passato prossimo · Present perfect

ho vantato	abbiamo vantato
hai vantato	avete vantato
ha vantato	hanno vantato

Trapassato prossimo · Past perfect

avevo vantato	avevamo vantato
avevi vantato	avevate vantato
aveva vantato	avevano vantato

Trapassato remoto · Preterit perfect

ebbi vantato	avemmo vantato
avesti vantato	aveste vantato
ebbe vantato	ebbero vantato

Futuro anteriore · Future perfect

avrò vantato	avremo vantato
avrai vantato	avrete vantato
avrà vantato	avranno vantato

Condizionale passato · Perfect conditional

avrei vantato	avremmo vantato
avresti vantato	avreste vantato
avrebbe vantato	avrebbero vantato

Congiuntivo passato · Perfect subjunctive

abbia vantato	abbiamo vantato
abbia vantato	abbiate vantato
abbia vantato	abbiano vantato

Congiuntivo trapassato · Past perfect subjunctive

avessi vantato	avessimo vantato
avessi vantato	aveste vantato
avesse vantato	avessero vantato

Participio passato · Past participle   vantato (-a/-i/-e)
Gerundio · Gerund   vantando

Usage

La capitale vanta dei bellissimi musei d'arte.	*The capital boasts very beautiful art museums.*
Al presidente piace vantare i suoi successi.	*The president likes to brag about his successes.*
Mi secca che lui vanti sempre i propri meriti.	*It annoys me that he's always crowing about his own merits.*
Il professore di Mariella la vanta molto.	*Mariella's professor speaks highly of her.*
Bernardo ha vantato il diritto di assistere alla riunione.	*Bernardo has claimed the right to be present at the meeting.*

vantarsi *to boast/brag (about); swagger*

Carmela si vanta di sapere tutto.	*Carmela brags about knowing everything.*
Piero non ha fatto che vantarsi. Non lo posso soffrire.	*Piero kept bragging on himself. I can't stand him.*
Non faccio per vantarmi, ma le mie figlie sono intelligentissime.	*I don't mean to brag, but my daughters are very smart.*
Chi si vanta si spianta. (PROVERB)	*Pride goes before a fall.*

542

vedere

to see, look at; meet, visit, consult; go over, check;
see to it; find out, grasp

vedo · vidi · visto/veduto

irregular -*ēre* verb;
trans. (aux. *avere*)

MORE MEANINGS OF *vedere*

Siamo andati a vedere un film.	*We went to see a movie.*
Ho visto una partita di calcio ieri.	*I saw a soccer match yesterday.*
Ho comprato il giornale stamattina, ma non l'ho veduto ancora.	*I bought the newspaper this morning, but I haven't looked at it yet.*
È un'esposizione da vedere.	*This exhibition is not one to miss.*
Non voglio più vederlo.	*I don't want to see him anymore.*
Hai visto un medico?	*Have you consulted a doctor?*
Vedi pagina 135.	*Look on page 135.*
Vedi sopra.	*See above.*
Vedi sotto.	*See below.*
Vediamo se funziona il nuovo computer.	*Let's see if the new computer works.*

vedere che

Ho visto che aveva dimenticato il libro.	*I noticed he had forgotten the book.*
Vedrai che vi divertirete al mare.	*I'm sure you'll have fun at the beach.*
Vuoi vedere che non ci saranno?	*You want to bet they won't be there?*
Si vede che sei molto felice.	*It's easy to see you're very happy.*
Veda che la caffettiera sia spenta, per favore.	*Please see to it that the coffeepot is turned off.*

vedere di + infinitive

Vediamo di prenotare dei posti oggi.	*Let's see if we can reserve seats today.*
Vedi di non stancarti troppo!	*Be sure not to tire yourself out!*
Vedete di fare in fretta.	*Try to hurry up.*

vedere a + infinitive

Non ti vedo a fare escursioni in montagna.	*I can't see you hiking in the mountains.*
Mi vedresti a fare la casalinga?	*Could you see me as a housewife?*

vedersi *to see oneself; meet, get together; show; be, find that one is*

Mi sono visto alla televisione.	*I saw myself on television.*
Ci vedremo al ristorante.	*We'll get together at the restaurant.*
Ci vediamo domani!	*See you tomorrow!*
Lorenzo si vide perduto nella foresta.	*Lorenzo found himself lost in the forest.*

IDIOMATIC EXPRESSIONS

Guarda chi si vede!	*Look who's here!*
Non vedevo l'ora di partire.	*I couldn't wait to leave.*
Teresa l'ho vista nascere.	*I've known Teresa forever.*
Non ci vedo per la fame.	*I'm starving.*
Quattro occhi vedono meglio di due.	*Two heads are better than one.*
Mario non la vede di buon occhio.	*Mario doesn't have a very high opinion of her.*
Non ha niente a che vedere con te.	*It has nothing to do with you.*
E chi s'è visto s'è visto!	*And that's that!*
Loro ne hanno vedute di tutti i colori.	*They've been through a lot.*
Si vede!	*That's obvious!*
Ti faccio vedere io chi è che comanda!	*I'll show you who's in charge!*

PROVERB

Vedere per credere.   *Seeing is believing.*

irregular *-ēre* verb;
trans. (aux. *avere*)

vedo · vidi · visto/veduto

Presente · Present

vedo	vediamo
vedi	vedete
vede	vedono

Passato prossimo · Present perfect

ho visto	abbiamo visto
hai visto	avete visto
ha visto	hanno visto

Imperfetto · Imperfect

vedevo	vedevamo
vedevi	vedevate
vedeva	vedevano

Trapassato prossimo · Past perfect

avevo visto	avevamo visto
avevi visto	avevate visto
aveva visto	avevano visto

Passato remoto · Preterit

vidi	vedemmo
vedesti	vedeste
vide	videro

Trapassato remoto · Preterit perfect

ebbi visto	avemmo visto
avesti visto	aveste visto
ebbe visto	ebbero visto

Futuro semplice · Future

vedrò	vedremo
vedrai	vedrete
vedrà	vedranno

Futuro anteriore · Future perfect

avrò visto	avremo visto
avrai visto	avrete visto
avrà visto	avranno visto

Condizionale presente · Present conditional

vedrei	vedremmo
vedresti	vedreste
vedrebbe	vedrebbero

Condizionale passato · Perfect conditional

avrei visto	avremmo visto
avresti visto	avreste visto
avrebbe visto	avrebbero visto

Congiuntivo presente · Present subjunctive

veda	vediamo
veda	vediate
veda	vedano

Congiuntivo passato · Perfect subjunctive

abbia visto	abbiamo visto
abbia visto	abbiate visto
abbia visto	abbiano visto

Congiuntivo imperfetto · Imperfect subjunctive

vedessi	vedessimo
vedessi	vedeste
vedesse	vedessero

Congiuntivo trapassato · Past perfect subjunctive

avessi visto	avessimo visto
avessi visto	aveste visto
avesse visto	avessero visto

Imperativo · Commands

	(non) vediamo
vedi (non vedere)	(non) vedete
(non) veda	(non) vedano

Participio passato · Past participle   visto (-a/-i/-e)/veduto (-a/-i/-e)

Gerundio · Gerund   vedendo

Usage

— Hai visto Roberta?	*"Have you seen Roberta?"*
— No, non l'ho vista oggi.	*"No, I haven't seen her today."*
Non si vede il sole da questo lato.	*You can't see the sun from this side.*
Li abbiamo visti andarsene.	*We saw them leaving.*
L'ho visto con i miei occhi.	*I saw it with my own eyes.*
Vedi che non ci hai capito niente!	*See, you haven't understood a thing!*
Il ragazzo vede da un occhio solo.	*The boy can only see out of one eye.*
Non vedo niente senza gli occhiali.	*I can't see a thing without my glasses.*
Giuseppe preferirebbe vederlo morto.	*Giuseppe would rather see him dead.*
Dove ti sei nascosto? Fatti vedere.	*Where are you hiding? Show your face.*
— Dove sono i libri del Seicento?	*"Where are the seventeenth-century books?"*
— Vieni! Te li faccio vedere.	*"Come! I'll show you."*

vendere *to sell*

vendo · vendei/vendetti · venduto

regular *-ere* verb;
trans. (aux. *avere*)

Presente · Present

vendo	vendiamo
vendi	vendete
vende	vendono

Passato prossimo · Present perfect

ho venduto	abbiamo venduto
hai venduto	avete venduto
ha venduto	hanno venduto

Imperfetto · Imperfect

vendevo	vendevamo
vendevi	vendevate
vendeva	vendevano

Trapassato prossimo · Past perfect

avevo venduto	avevamo venduto
avevi venduto	avevate venduto
aveva venduto	avevano venduto

Passato remoto · Preterit

vendei/vendetti	vendemmo
vendesti	vendeste
vendé/vendette	venderono/vendettero

Trapassato remoto · Preterit perfect

ebbi venduto	avemmo venduto
avesti venduto	aveste venduto
ebbe venduto	ebbero venduto

Futuro semplice · Future

venderò	venderemo
venderai	venderete
venderà	venderanno

Futuro anteriore · Future perfect

avrò venduto	avremo venduto
avrai venduto	avrete venduto
avrà venduto	avranno venduto

Condizionale presente · Present conditional

venderei	venderemmo
venderesti	vendereste
venderebbe	venderebbero

Condizionale passato · Perfect conditional

avrei venduto	avremmo venduto
avresti venduto	avreste venduto
avrebbe venduto	avrebbero venduto

Congiuntivo presente · Present subjunctive

venda	vendiamo
venda	vendiate
venda	vendano

Congiuntivo passato · Perfect subjunctive

abbia venduto	abbiamo venduto
abbia venduto	abbiate venduto
abbia venduto	abbiano venduto

Congiuntivo imperfetto · Imperfect subjunctive

vendessi	vendessimo
vendessi	vendeste
vendesse	vendessero

Congiuntivo trapassato · Past perfect subjunctive

avessi venduto	avessimo venduto
avessi venduto	aveste venduto
avesse venduto	avessero venduto

Imperativo · Commands

	(non) vendiamo
vendi (non vendere)	(non) vendete
(non) venda	(non) vendano

Participio passato · Past participle venduto (-a/-i/-e)

Gerundio · Gerund vendendo

Usage

Voglio vendere la casa.	*I want to sell the house.*
Non si vende più il terreno?	*The land isn't for sale anymore?*
Lo venderei a buon mercato.	*I would sell it cheap.*
Mario vende elettrodomestici per lavoro.	*Mario sells electrical appliances for a living.*
L'Inter ha venduto due giocatori.	*Inter sold two players.*
Non me la vendi!	*I don't buy it!*
Non vendere la pelle dell'orso prima di averlo ammazzato. (PROVERB)	*Don't count your chickens before they hatch.*

vendersi *to sell out; prostitute/sell oneself*

Si vendette al nemico.	*He sold out to the enemy.*
Marco si sa vendere.	*Marco knows how to sell himself.*

to come, arrive; be descended (from); come over, occur (to);
(personal) *catch, contract; turn out, be the result; cost, come to; fall (on)* **venire**

544

irregular *-ire* verb;
intrans. (aux. *essere*)

vengo · venni · venuto

Presente · Present

vengo	veniamo
vieni	venite
viene	vengono

Passato prossimo · Present perfect

sono venuto (-a)	siamo venuti (-e)
sei venuto (-a)	siete venuti (-e)
è venuto (-a)	sono venuti (-e)

Imperfetto · Imperfect

venivo	venivamo
venivi	venivate
veniva	venivano

Trapassato prossimo · Past perfect

ero venuto (-a)	eravamo venuti (-e)
eri venuto (-a)	eravate venuti (-e)
era venuto (-a)	erano venuti (-e)

Passato remoto · Preterit

venni	venimmo
venisti	veniste
venne	vennero

Trapassato remoto · Preterit perfect

fui venuto (-a)	fummo venuti (-e)
fosti venuto (-a)	foste venuti (-e)
fu venuto (-a)	furono venuti (-e)

Futuro semplice · Future

verrò	verremo
verrai	verrete
verrà	verranno

Futuro anteriore · Future perfect

sarò venuto (-a)	saremo venuti (-e)
sarai venuto (-a)	sarete venuti (-e)
sarà venuto (-a)	saranno venuti (-e)

Condizionale presente · Present conditional

verrei	verremmo
verresti	verreste
verrebbe	verrebbero

Condizionale passato · Perfect conditional

sarei venuto (-a)	saremmo venuti (-e)
saresti venuto (-a)	sareste venuti (-e)
sarebbe venuto (-a)	sarebbero venuti (-e)

Congiuntivo presente · Present subjunctive

venga	veniamo
venga	veniate
venga	vengano

Congiuntivo passato · Perfect subjunctive

sia venuto (-a)	siamo venuti (-e)
sia venuto (-a)	siate venuti (-e)
sia venuto (-a)	siano venuti (-e)

Congiuntivo imperfetto · Imperfect subjunctive

venissi	venissimo
venissi	veniste
venisse	venissero

Congiuntivo trapassato · Past perfect subjunctive

fossi venuto (-a)	fossimo venuti (-e)
fossi venuto (-a)	foste venuti (-e)
fosse venuto (-a)	fossero venuti (-e)

Imperativo · Commands

	(non) veniamo
vieni (non venire)	(non) venite
(non) venga	(non) vengano

Participio passato · Past participle   venuto (-a/-i/-e)

Gerundio · Gerund   venendo

Usage

Vengo da te oggi.	*I'll come to your house today.*
Vieni a casa mia!	*Come to my house!*
— Da dove vieni? — Vengo dal sud.	*"Where are you from?" "I'm from the south."*
Verremo a salutarti prima di partire.	*We'll come to say good-bye before leaving.*
Sono venuti a trovarmi in ospedale.	*They came to visit me in the hospital.*
Vengono con noi?	*Are they coming with us?*
L'uomo veniva lentamente verso di me.	*The man was coming slowly toward me.*
Dovresti far venire il medico.	*You should send for the doctor.*
Fate venire il fabbro!	*Call a locksmith!*
Perché l'hanno fatto venire qua?	*Why did they call him over here?*
— Chiara, dove sei? — Vengo!	*"Chiara, where are you?" "I'm coming!"*
Vieni da lontano?	*Have you come a long way?*
Venga dentro!	*Please come inside!*

TOP 50 VERB ☞

544

venire

to come, arrive; be descended (from); come over, occur (to);
(personal) catch, contract; turn out, be the result; cost, come to; fall (on)

vengo · venni · venuto

irregular -ire verb;
intrans. (aux. essere)

MORE MEANINGS OF *venire*

Violetta è venuta da Bergamo.	*Violetta has arrived from Bergamo.*
È venuta la posta?	*Has the mail come yet?*
Ha preso il treno che viene da Reggio Calabria.	*He took the train from Reggio Calabria.*
Il vento freddo veniva dal nordest.	*The cold wind was coming from the northeast.*
Che buon profumo viene dalla cucina!	*What a nice aroma coming from the kitchen!*
Franco viene da una famiglia di operai.	*Franco comes from a working-class background.*
Quando viene Natale quest'anno?	*What day is Christmas this year?*
— Quando andrai in pensione? — L'anno che viene.	*"When are you retiring?" "This coming year."*
Era venuta la sua ora.	*His time had come.*
Non è ancora venuta molta pioggia quest'autunno.	*We haven't had much rain yet this fall.*
Le sta venendo il raffreddore.	*She's getting a cold.*
Mi veniva da piangere.	*I felt like crying.*
Dividendo viene quindici euro a testa.	*Dividing it up, it comes to 15 euros apiece.*
— Come si chiama l'amica di Giulia?	*"What's Giulia's friend's name?"*
— Aspetta, non mi viene.	*"Wait, I can't think of it."*
Le patate non vengono bene quest'anno.	*The potatoes aren't growing well this year.*

venire + adverb

venire fuori	*to come out*
venire giù	*to come down; collapse*
venire meno	*to faint*
venire meno a una promessa	*to break a promise*
venire su	*to grow (up)*
venire via	*to come away/off/out*

venire used as an auxiliary in passive constructions

Carolina viene apprezzata da tutti.	*Carolina is appreciated by everyone.*
Verranno licenziati tremila impiegati.	*Three thousand employees will be laid off.*
Venivano attaccati dalle zanzare.	*They were being attacked by mosquitoes.*

venirsene

Se ne veniva via pian piano.	*He was coming away very slowly.*
Ce ne siamo venuti verso casa a mezzanotte.	*We started heading home at midnight.*

IDIOMATIC EXPRESSIONS

Sarà molto importante negli anni a venire.	*It'll be very important in the years to come.*
Non sono ancora venuto a capo del problema.	*I haven't found a solution to the problem yet.*
Siamo venuti a conoscenza della sua malattia grazie a te.	*We found out about his illness thanks to you.*
I fratelli vennero a contesa per una questione di soldi.	*The brothers fell out over a question of money.*
Dai, facciamolo lo stesso. Come viene viene.	*Come on, let's do it anyway.*
Ma che cosa ti viene in mente?	*Whatever are you thinking of?, Have you gone mad?*

venire as a masculine noun

l'andare e venire della gente	*the comings and goings of people*

PROVERBS

Il tempo viene per chi sa aspettare.	*All things come to those who wait.*
Dopo la pioggia viene il bel tempo.	*Every cloud has a silver lining.*

TOP 50 VERBS

regular -*are* verb;
trans. (aux. *avere*)

verso · versai · versato

Presente · Present	
verso	versiamo
versi	versate
versa	versano

Imperfetto · Imperfect	
versavo	versavamo
versavi	versavate
versava	versavano

Passato remoto · Preterit	
versai	versammo
versasti	versaste
versò	versarono

Futuro semplice · Future	
verserò	verseremo
verserai	verserete
verserà	verseranno

Condizionale presente · Present conditional	
verserei	verseremmo
verseresti	versereste
verserebbe	verserebbero

Congiuntivo presente · Present subjunctive	
versi	versiamo
versi	versiate
versi	versino

Congiuntivo imperfetto · Imperfect subjunctive	
versassi	versassimo
versassi	versaste
versasse	versassero

Passato prossimo · Present perfect	
ho versato	abbiamo versato
hai versato	avete versato
ha versato	hanno versato

Trapassato prossimo · Past perfect	
avevo versato	avevamo versato
avevi versato	avevate versato
aveva versato	avevano versato

Trapassato remoto · Preterit perfect	
ebbi versato	avemmo versato
avesti versato	aveste versato
ebbe versato	ebbero versato

Futuro anteriore · Future perfect	
avrò versato	avremo versato
avrai versato	avrete versato
avrà versato	avranno versato

Condizionale passato · Perfect conditional	
avrei versato	avremmo versato
avresti versato	avreste versato
avrebbe versato	avrebbero versato

Congiuntivo passato · Perfect subjunctive	
abbia versato	abbiamo versato
abbia versato	abbiate versato
abbia versato	abbiano versato

Congiuntivo trapassato · Past perfect subjunctive	
avessi versato	avessimo versato
avessi versato	aveste versato
avesse versato	avessero versato

Imperativo · Commands	
	(non) versiamo
versa (non versare)	(non) versate
(non) versi	(non) versino

Participio passato · Past participle   versato (-a/-i/-e)

Gerundio · Gerund   versando

Usage

Mi verseresti un po' di caffè, per favore?	*Would you pour me some coffee, please?*
Ho versato un po' di vino per terra.	*I spilled some wine on the floor.*
Versarono molte lacrime per la morte della figlia.	*They shed many tears over the death of their daughter.*
La ferita versava sangue.	*Blood was pouring out of the wound.*
Giulia versa fiumi d'inchiostro.	*Giulia writes a lot* (lit., *pours out rivers of ink*).
Il ragazzo versò il suo dolore al prete.	*The boy confided his troubles to the priest.*
Abbiamo versato la cauzione ieri.	*We paid the deposit yesterday.*
Verserò tutto lo stipendio in banca.	*I'll deposit my entire salary in the bank.*
Abbiamo provato a versare acqua sul fuoco.	*We tried to calm things down.*

versarsi *to spill (over); pour/flow (into)*

Il sugo si era versato dappertutto.	*The sauce had spilled all over the place.*
Il fiume si versa nel mare.	*The river flows into the sea.*
La gente si versò per le strade del centro.	*The people poured into the downtown streets.*

vestire   *to dress, clothe; wear; fit, be becoming (on)*

vesto · vestii · vestito

regular *-ire* verb;
intrans. (aux. *avere* or *essere*)/trans. (aux. *avere*)

NOTE *Vestire* is conjugated here with *avere*; it may also be conjugated with *essere* in intransitive constructions.

resente · Present

vesto	vestiamo
vesti	vestite
veste	vestono

Passato prossimo · Present perfect

ho vestito	abbiamo vestito
hai vestito	avete vestito
ha vestito	hanno vestito

Imperfetto · Imperfect

vestivo	vestivamo
vestivi	vestivate
vestiva	vestivano

Trapassato prossimo · Past perfect

avevo vestito	avevamo vestito
avevi vestito	avevate vestito
aveva vestito	avevano vestito

Passato remoto · Preterit

vestii	vestimmo
vestisti	vestiste
vestì	vestirono

Trapassato remoto · Preterit perfect

ebbi vestito	avemmo vestito
avesti vestito	aveste vestito
ebbe vestito	ebbero vestito

Futuro semplice · Future

vestirò	vestiremo
vestirai	vestirete
vestirà	vestiranno

Futuro anteriore · Future perfect

avrò vestito	avremo vestito
avrai vestito	avrete vestito
avrà vestito	avranno vestito

Condizionale presente · Present conditional

vestirei	vestiremmo
vestiresti	vestireste
vestirebbe	vestirebbero

Condizionale passato · Perfect conditional

avrei vestito	avremmo vestito
avresti vestito	avreste vestito
avrebbe vestito	avrebbero vestito

Congiuntivo presente · Present subjunctive

vesta	vestiamo
vesta	vestiate
vesta	vestano

Congiuntivo passato · Perfect subjunctive

abbia vestito	abbiamo vestito
abbia vestito	abbiate vestito
abbia vestito	abbiano vestito

Congiuntivo imperfetto · Imperfect subjunctive

vestissi	vestissimo
vestissi	vestiste
vestisse	vestissero

Congiuntivo trapassato · Past perfect subjunctive

avessi vestito	avessimo vestito
avessi vestito	aveste vestito
avesse vestito	avessero vestito

Imperativo · Commands

	(non) vestiamo
vesti (non vestire)	(non) vestite
(non) vesta	(non) vestano

Participio passato · Past participle	vestito (-a/-i/-e)
Gerundio · Gerund	vestendo

Usage

La mamma stava vestendo il bambino.	*The mother was dressing the child.*
Il sarto vestiva molte persone famose.	*The tailor used to dress many famous people.*
Di solito vestiva molto semplicemente.	*He would usually dress very simply.*
— Che taglia veste, signora?	*"What's your size, ma'am?"*
— Vesto la 44.	*"I wear a 44."*
Quei pantaloni ti vestono benissimo.	*Those pants look very good on you.*

vestirsi *to get dressed; wear, dress in; dress up as; buy/get one's clothes (at/made by); be covered (with)*

Mi sono vestito alle sette stamattina.	*This morning I got dressed at seven o'clock.*
Anna si è vestita in nero per la festa.	*Anna wore black for the party.*
Si erano vestiti da ladri.	*They dressed up as thieves.*
Lorenzo si veste sempre nei negozi più eleganti.	*Lorenzo always gets his clothes at the most elegant shops.*
Le montagne si sono vestite di neve.	*The mountains were covered with snow.*

regular -are verb, *gi > g/e, i*;
intrans. (aux. *avere*)

viaggio · viaggiai · viaggiato

Presente · Present

viaggio	viaggiamo
viaggi	viaggiate
viaggia	viaggiano

Passato prossimo · Present perfect

ho viaggiato	abbiamo viaggiato
hai viaggiato	avete viaggiato
ha viaggiato	hanno viaggiato

Imperfetto · Imperfect

viaggiavo	viaggiavamo
viaggiavi	viaggiavate
viaggiava	viaggiavano

Trapassato prossimo · Past perfect

avevo viaggiato	avevamo viaggiato
avevi viaggiato	avevate viaggiato
aveva viaggiato	avevano viaggiato

Passato remoto · Preterit

viaggiai	viaggiammo
viaggiasti	viaggiaste
viaggiò	viaggiarono

Trapassato remoto · Preterit perfect

ebbi viaggiato	avemmo viaggiato
avesti viaggiato	aveste viaggiato
ebbe viaggiato	ebbero viaggiato

Futuro semplice · Future

viaggerò	viaggeremo
viaggerai	viaggerete
viaggerà	viaggeranno

Futuro anteriore · Future perfect

avrò viaggiato	avremo viaggiato
avrai viaggiato	avrete viaggiato
avrà viaggiato	avranno viaggiato

Condizionale presente · Present conditional

viaggerei	viaggeremmo
viaggeresti	viaggereste
viaggerebbe	viaggerebbero

Condizionale passato · Perfect conditional

avrei viaggiato	avremmo viaggiato
avresti viaggiato	avreste viaggiato
avrebbe viaggiato	avrebbero viaggiato

Congiuntivo presente · Present subjunctive

viaggi	viaggiamo
viaggi	viaggiate
viaggi	viaggino

Congiuntivo passato · Perfect subjunctive

abbia viaggiato	abbiamo viaggiato
abbia viaggiato	abbiate viaggiato
abbia viaggiato	abbiano viaggiato

Congiuntivo imperfetto · Imperfect subjunctive

viaggiassi	viaggiassimo
viaggiassi	viaggiaste
viaggiasse	viaggiassero

Congiuntivo trapassato · Past perfect subjunctive

avessi viaggiato	avessimo viaggiato
avessi viaggiato	aveste viaggiato
avesse viaggiato	avessero viaggiato

Imperativo · Commands

	(non) viaggiamo
viaggia (non viaggiare)	(non) viaggiate
(non) viaggi	(non) viaggino

Participio passato · Past participle	viaggiato (-a/-i/-e)
Gerundio · Gerund	viaggiando

Usage

Preferisco viaggiare in macchina.	*I prefer to travel by car.*
Non hai mai viaggiato in aereo?	*You've never traveled by plane?*
Per andare in Cina, Marco Polo viaggiò per mare e per terra.	*To get to China, Marco Polo traveled by sea and by land.*
Viaggia per lavoro o per turismo?	*Are you traveling on business or for pleasure?*
Viaggeremo in Italia l'estate prossima.	*We'll travel in Italy next summer.*
Suo marito viaggia tutto il mondo per il suo lavoro.	*Her husband travels all over the world with his job.*
Hanno viaggiato l'Africa settentrionale.	*They traveled in northern Africa.*
La macchina non viaggiava a grande velocità, per fortuna.	*Luckily, the car wasn't going fast.*
Il treno per Parma viaggia con trenta minuti di ritardo.	*The train for Parma is running 30 minutes late.*
Alessandra viaggia per conto di una ditta farmaceutica.	*Alessandra is a traveling sales representative for a pharmaceutical company.*
La merce viaggia per via aerea.	*The goods are shipped by air.*

vietare *to prohibit, forbid; ban*

vieto · vietai · vietato

regular -are verb;
trans. (aux. *avere*)

Presente · Present		Passato prossimo · Present perfect	
vieto	vietiamo	ho vietato	abbiamo vietato
vieti	vietate	hai vietato	avete vietato
vieta	vietano	ha vietato	hanno vietato

Imperfetto · Imperfect		Trapassato prossimo · Past perfect	
vietavo	vietavamo	avevo vietato	avevamo vietato
vietavi	vietavate	avevi vietato	avevate vietato
vietava	vietavano	aveva vietato	avevano vietato

Passato remoto · Preterit		Trapassato remoto · Preterit perfect	
vietai	vietammo	ebbi vietato	avemmo vietato
vietasti	vietaste	avesti vietato	aveste vietato
vietò	vietarono	ebbe vietato	ebbero vietato

Futuro semplice · Future		Futuro anteriore · Future perfect	
vieterò	vieteremo	avrò vietato	avremo vietato
vieterai	vieterete	avrai vietato	avrete vietato
vieterà	vieteranno	avrà vietato	avranno vietato

Condizionale presente · Present conditional		Condizionale passato · Perfect conditional	
vieterei	vieteremmo	avrei vietato	avremmo vietato
vieteresti	vietereste	avresti vietato	avreste vietato
vieterebbe	vieterebbero	avrebbe vietato	avrebbero vietato

Congiuntivo presente · Present subjunctive		Congiuntivo passato · Perfect subjunctive	
vieti	vietiamo	abbia vietato	abbiamo vietato
vieti	vietiate	abbia vietato	abbiate vietato
vieti	vietino	abbia vietato	abbiano vietato

Congiuntivo imperfetto · Imperfect subjunctive		Congiuntivo trapassato · Past perfect subjunctive	
vietassi	vietassimo	avessi vietato	avessimo vietato
vietassi	vietaste	avessi vietato	aveste vietato
vietasse	vietassero	avesse vietato	avessero vietato

Imperativo · Commands	
	(non) vietiamo
vieta (non vietare)	(non) vietate
(non) vieti	(non) vietino

Participio passato · Past participle	vietato (-a/-i/-e)
Gerundio · Gerund	vietando

Usage

Se mi vietassero di frequentare le lezioni, che cosa potrei fare?	*If they prohibited me from attending the class, what could I do?*
Nulla vieta che io ci vada da sola.	*Nothing prevents me from going alone.*
Ti vieto di andare in macchina.	*I forbid you to go by car.*
È vietato l'ingresso ai minorenni.	*Minors are not allowed in.*
La mia coscienza mi vietò di parlarne.	*My conscience didn't allow me to talk about it.*
Il medico gli ha vietato i cibi grassi.	*The doctor forbade him to eat greasy food.*
L'importazione di armi è stata vietata per legge.	*Importing weapons has been banned by law.*
Ha paura che gli vietino di partecipare.	*He's afraid they won't let him participate.*
E chi me lo vieterà?	*And who's going to stop me?*

SIGNS

"Vietata la sosta"	*"No parking"*
"Vietata l'uscita"	*"No exit"*
"Vietato sporgersi dalla finestra"	*"Do not lean out of the window"*

irregular -ere verb;
trans./intrans. (aux. *avere*)

vinco · vinsi · vinto

Presente · Present

vinco	vinciamo
vinci	vincete
vince	vincono

Passato prossimo · Present perfect

ho vinto	abbiamo vinto
hai vinto	avete vinto
ha vinto	hanno vinto

Imperfetto · Imperfect

vincevo	vincevamo
vincevi	vincevate
vinceva	vincevano

Trapassato prossimo · Past perfect

avevo vinto	avevamo vinto
avevi vinto	avevate vinto
aveva vinto	avevano vinto

Passato remoto · Preterit

vinsi	vincemmo
vincesti	vinceste
vinse	vinsero

Trapassato remoto · Preterit perfect

ebbi vinto	avemmo vinto
avesti vinto	aveste vinto
ebbe vinto	ebbero vinto

Futuro semplice · Future

vincerò	vinceremo
vincerai	vincerete
vincerà	vinceranno

Futuro anteriore · Future perfect

avrò vinto	avremo vinto
avrai vinto	avrete vinto
avrà vinto	avranno vinto

Condizionale presente · Present conditional

vincerei	vinceremmo
vinceresti	vincereste
vincerebbe	vincerebbero

Condizionale passato · Perfect conditional

avrei vinto	avremmo vinto
avresti vinto	avreste vinto
avrebbe vinto	avrebbero vinto

Congiuntivo presente · Present subjunctive

vinca	vinciamo
vinca	vinciate
vinca	vincano

Congiuntivo passato · Perfect subjunctive

abbia vinto	abbiamo vinto
abbia vinto	abbiate vinto
abbia vinto	abbiano vinto

Congiuntivo imperfetto · Imperfect subjunctive

vincessi	vincessimo
vincessi	vinceste
vincesse	vincessero

Congiuntivo trapassato · Past perfect subjunctive

avessi vinto	avessimo vinto
avessi vinto	aveste vinto
avesse vinto	avessero vinto

Imperativo · Commands

	(non) vinciamo
vinci (non vincere)	(non) vincete
(non) vinca	(non) vincano

Participio passato · Past participle   vinto (-a/-i/-e)

Gerundio · Gerund   vincendo

Usage

Abbiamo vinto il nemico.	*We defeated the enemy.*
Mi vince sempre agli scacchi.	*He always beats me at chess.*
Le forze alleate vinsero la seconda Guerra Mondiale.	*The allied forces were the victors in World War II.*
Mi chiedo, chi vincerà le elezioni?	*I wonder, who's going to win the elections?*
Pensi che Pirandello abbia vinto il premio Nobel?	*Do you think Pirandello won the Nobel Prize?*
La stanchezza la vinse finalmente.	*Tiredness finally overcame her.*
Nessuno lo vince in abilità sportiva.	*Nobody outdoes him in athletic ability.*
Vinca il migliore!	*May the best man win!*
Vinse la maggioranza in parlamento.	*The majority prevailed in parliament.*
Chi la dura la vince. (PROVERB)	*He who persists, prevails.*

vincersi *to control oneself*

Patrizia non era più capace di vincersi.	*Patrizia wasn't able to control herself anymore.*

visitare
to visit, go and see, call (on); see, examine (a patient); *inspect, check*

visito · visitai · visitato

regular *-are* verb;
trans. (aux. *avere*)

Presente · Present

visito	visitiamo
visiti	visitate
visita	visitano

Passato prossimo · Present perfect

ho visitato	abbiamo visitato
hai visitato	avete visitato
ha visitato	hanno visitato

Imperfetto · Imperfect

visitavo	visitavamo
visitavi	visitavate
visitava	visitavano

Trapassato prossimo · Past perfect

avevo visitato	avevamo visitato
avevi visitato	avevate visitato
aveva visitato	avevano visitato

Passato remoto · Preterit

visitai	visitammo
visitasti	visitaste
visitò	visitarono

Trapassato remoto · Preterit perfect

ebbi visitato	avemmo visitato
avesti visitato	aveste visitato
ebbe visitato	ebbero visitato

Futuro semplice · Future

visiterò	visiteremo
visiterai	visiterete
visiterà	visiteranno

Futuro anteriore · Future perfect

avrò visitato	avremo visitato
avrai visitato	avrete visitato
avrà visitato	avranno visitato

Condizionale presente · Present conditional

visiterei	visiteremmo
visiteresti	visitereste
visiterebbe	visiterebbero

Condizionale passato · Perfect conditional

avrei visitato	avremmo visitato
avresti visitato	avreste visitato
avrebbe visitato	avrebbero visitato

Congiuntivo presente · Present subjunctive

visiti	visitiamo
visiti	visitiate
visiti	visitino

Congiuntivo passato · Perfect subjunctive

abbia visitato	abbiamo visitato
abbia visitato	abbiate visitato
abbia visitato	abbiano visitato

Congiuntivo imperfetto · Imperfect subjunctive

visitassi	visitassimo
visitassi	visitaste
visitasse	visitassero

Congiuntivo trapassato · Past perfect subjunctive

avessi visitato	avessimo visitato
avessi visitato	aveste visitato
avesse visitato	avessero visitato

Imperativo · Commands

	(non) visitiamo
visita (non visitare)	(non) visitate
(non) visiti	(non) visitino

Participio passato · Past participle	visitato (-a/-i/-e)
Gerundio · Gerund	visitando

Usage

Abbiamo visitato il Museo Vaticano oggi.	*We visited the Vatican Museum today.*
Vorrei visitare Venezia e Verona.	*I'd like to visit Venice and Verona.*
Giorgio ci ha fatto visitare il Castello Sforzesco.	*Giorgio showed us around Sforza Castle.*
Ho visitato i miei parenti a Aosta durante la vacanza.	*I visited my relatives in Aosta over vacation.*
Gli allievi della quinta elementare andranno a visitare i malati in ospedale.	*The fifth-grade pupils are going to visit sick people in the hospital.*
Il medico verrà a visitarti questo pomeriggio.	*The doctor will come to see you this afternoon.*
Si dovrebbe far visitare da uno specialista.	*He should be examined by a specialist.*
Il dottor Rizzo non visita il venerdì.	*Doctor Rizzo doesn't see patients on Fridays.*
Il doganiere deve visitare tutti i bagagli.	*The customs agent must inspect all luggage.*

RELATED EXPRESSIONS

la visita	*visit; tour; examination*
fare visita a qualcuno	*to pay someone a visit*
la visita guidata	*guided tour*

irregular *-ere* verb;
intrans. (aux. *essere*)/trans. (aux. *avere*)

vivo · vissi · vissuto

NOTE *Vivere* is conjugated here with *essere*; when used transitively, it is conjugated with *avere*.

Presente · Present

vivo	viviamo
vivi	vivete
vive	vivono

Passato prossimo · Present perfect

sono vissuto (-a)	siamo vissuti (-e)
sei vissuto (-a)	siete vissuti (-e)
è vissuto (-a)	sono vissuti (-e)

Imperfetto · Imperfect

vivevo	vivevamo
vivevi	vivevate
viveva	vivevano

Trapassato prossimo · Past perfect

ero vissuto (-a)	eravamo vissuti (-e)
eri vissuto (-a)	eravate vissuti (-e)
era vissuto (-a)	erano vissuti (-e)

Passato remoto · Preterit

vissi	vivemmo
vivesti	viveste
visse	vissero

Trapassato remoto · Preterit perfect

fui vissuto (-a)	fummo vissuti (-e)
fosti vissuto (-a)	foste vissuti (-e)
fu vissuto (-a)	furono vissuti (-e)

Futuro semplice · Future

vivrò	vivremo
vivrai	vivrete
vivrà	vivranno

Futuro anteriore · Future perfect

sarò vissuto (-a)	saremo vissuti (-e)
sarai vissuto (-a)	sarete vissuti (-e)
sarà vissuto (-a)	saranno vissuti (-e)

Condizionale presente · Present conditional

vivrei	vivremmo
vivresti	vivreste
vivrebbe	vivrebbero

Condizionale passato · Perfect conditional

sarei vissuto (-a)	saremmo vissuti (-e)
saresti vissuto (-a)	sareste vissuti (-e)
sarebbe vissuto (-a)	sarebbero vissuti (-e)

Congiuntivo presente · Present subjunctive

viva	viviamo
viva	viviate
viva	vivano

Congiuntivo passato · Perfect subjunctive

sia vissuto (-a)	siamo vissuti (-e)
sia vissuto (-a)	siate vissuti (-e)
sia vissuto (-a)	siano vissuti (-e)

Congiuntivo imperfetto · Imperfect subjunctive

vivessi	vivessimo
vivessi	viveste
vivesse	vivessero

Congiuntivo trapassato · Past perfect subjunctive

fossi vissuto (-a)	fossimo vissuti (-e)
fossi vissuto (-a)	foste vissuti (-e)
fosse vissuto (-a)	fossero vissuti (-e)

Imperativo · Commands

	(non) viviamo
vivi (non vivere)	(non) vivete
(non) viva	(non) vivano

Participio passato · Past participle   vissuto (-a/-i/-e)

Gerundio · Gerund   vivendo

Usage

I cani possono vivere a lungo.	*Dogs can live a long time.*
Le piante hanno bisogno di acqua e ossigeno per vivere.	*Plants need water and oxygen to live.*
È stato ferito gravemente ma vive ancora.	*He was badly wounded, but he's still alive.*
— Dove vivi? — Vivo a Vicenza.	*"Where do you live?" "I live in Vicenza."*
Vivevamo al mare quando ero piccola.	*We used to live by the sea when I was little.*
Lui vive al numero 9 e io vivo al numero 17.	*He lives at number 9, and I live at number 17.*
Sono vissuti in Spagna per tre anni.	*They lived in Spain for three years.*
Quando visse Galileo Galilei?	*When did Galileo Galilei live?*
Mia nonna visse 92 anni.	*My grandmother lived to be 92.*
Vive ancora con i genitori.	*He still lives with his parents.*

TOP 50 VERB ☞

vivere *to live, be alive; live/subsist (on); last, endure; live/go through*

vivo · vissi · vissuto

irregular *-ere* verb;
intrans. (aux. *essere*)/trans. (aux. *avere*)

MORE MEANINGS OF *vivere*

— Di che cosa vive la popolazione?	*"What do the people live off of?"*
— Vive della pesca.	*"They live off fishing."*
Non vivrai mai della tua arte.	*You'll never make a living from your art.*
Cara visse solo per il lavoro.	*Cara lived only for her job.*
Non avevamo di che vivere.	*We had nothing to live on.*
— Come stai? — Si vive.	*"How are you?" "Getting by."*
Paolo è un tipo che sa vivere.	*Paolo knows how to enjoy life.*
La memoria del nonno vive ancora in noi.	*The memory of Granddad lives on in us.*
La fama di Virgilio vivrà nei secoli a venire.	*Vergil's fame will live on for centuries to come.*

vivere used transitively

Antonietta visse una vita lunga e serena.	*Antonietta lived a long and serene life.*
Hanno vissuto un brutto periodo quando è morto Alessandro.	*They lived through a difficult period after Alessandro died.*
Lui e io abbiamo vissuto avventure indimenticabili insieme.	*He and I have lived through some unforgettable adventures together.*
I Rossi hanno vissuto molto.	*The Rossis have been through a lot.*
Purtroppo io ho sempre vissuto la scuola come una punizione.	*Unfortunately, I've always hated school.*
Viveva la fede intensamente.	*He lived his faith intensely.*
Abbiamo vissuto la gioia della nascita dei figli.	*We've experienced the joy of our children's birth.*
È un dramma che non vorrei vivere di nuovo.	*That's a drama I wouldn't want to go through again.*
Un bravo attore deve essere capace di vivere totalmente la parte da lui interpretata.	*A good actor must be able to totally get into the role he's playing.*

IDIOMATIC EXPRESSIONS

Puoi vivere sicuro che...	*You can rest assured that . . .*
non lasciar vivere qualcuno	*to continually bother someone*
vivere alla giornata	*to live day to day, live hand to mouth*
vivere alle spalle di qualcuno	*to live off someone, live at someone's expense*
vivere d'aria	*to live on next to nothing*
vivere d'aria e d'amore	*to live on love alone*
vivere da gran signore	*to live like a lord*
vivere di rendita	*to have private means/income* (literally); *survive on one's past results, coast* (figuratively)
vivere nel mondo della luna	*to have one's head in the clouds*
vivere nelle nuvole/vivere tra le nuvole	*to have one's head in the clouds*

RELATED EXPRESSIONS

il vivere	*life*
Il vivere costa molto oggidì.	*Life's expensive nowadays.*
i viveri	*food, provisions, supplies*
i viventi	*the living*
vivo(-a)	*alive, living; lively*

PROVERBS

Non si vive di solo pane.	*One doesn't live by bread alone.*
Chi muore giace e chi vive si dà pace.	*Life goes on.* (lit., *The dead lie still, and the living do as they will* [*resign themselves to it*].)
Chi vivrà vedrà.	*Time will tell.*
Vivi e lascia vivere.	*Live and let live.*

TOP 50 VERBS

regular -are verb;
intrans. (aux. *essere* or *avere*)

volo · volai · volato

NOTE *Volare* is conjugated here with *essere*; it may also be conjugated with *avere*—see p. 22 for details.

Presente · Present

volo	voliamo
voli	volate
vola	volano

Passato prossimo · Present perfect

sono volato (-a)	siamo volati (-e)
sei volato (-a)	siete volati (-e)
è volato (-a)	sono volati (-e)

Imperfetto · Imperfect

volavo	volavamo
volavi	volavate
volava	volavano

Trapassato prossimo · Past perfect

ero volato (-a)	eravamo volati (-e)
eri volato (-a)	eravate volati (-e)
era volato (-a)	erano volati (-e)

Passato remoto · Preterit

volai	volammo
volasti	volaste
volò	volarono

Trapassato remoto · Preterit perfect

fui volato (-a)	fummo volati (-e)
fosti volato (-a)	foste volati (-e)
fu volato (-a)	furono volati (-e)

Futuro semplice · Future

volerò	voleremo
volerai	volerete
volerà	voleranno

Futuro anteriore · Future perfect

sarò volato (-a)	saremo volati (-e)
sarai volato (-a)	sarete volati (-e)
sarà volato (-a)	saranno volati (-e)

Condizionale presente · Present conditional

volerei	voleremmo
voleresti	volereste
volerebbe	volerebbero

Condizionale passato · Perfect conditional

sarei volato (-a)	saremmo volati (-e)
saresti volato (-a)	sareste volati (-e)
sarebbe volato (-a)	sarebbero volati (-e)

Congiuntivo presente · Present subjunctive

voli	voliamo
voli	voliate
voli	volino

Congiuntivo passato · Perfect subjunctive

sia volato (-a)	siamo volati (-e)
sia volato (-a)	siate volati (-e)
sia volato (-a)	siano volati (-e)

Congiuntivo imperfetto · Imperfect subjunctive

volassi	volassimo
volassi	volaste
volasse	volassero

Congiuntivo trapassato · Past perfect subjunctive

fossi volato (-a)	fossimo volati (-e)
fossi volato (-a)	foste volati (-e)
fosse volato (-a)	fossero volati (-e)

Imperativo · Commands

	(non) voliamo
vola (non volare)	(non) volate
(non) voli	(non) volino

Participio passato · Past participle   volato (-a/-i/-e)

Gerundio · Gerund   volando

Usage

L'aereo volava a un'altezza di diecimila metri.

Non ho mai volato perché ho paura.
Carlo è volato a Los Angeles per affari.
I pipistrelli volano attorno la casa di notte.
Ti piacerebbe far volare un aquilone?
Il pallone è volato fuori campo.
Come vola il tempo!
Come sono volate le vacanze!
Gianna gli è volata tra le braccia appena l'ha visto.
Voli nel passato con i tuoi ricordi.
Ignazio crederebbe che un asino voli!
Le buone notizie volarono per tutto il villaggio.

*The airplane was flying at an altitude of ten
   thousand meters.*
I've never flown, because I'm scared to.
Carlo flew to Los Angeles on business.
The bats fly around the house at night.
Would you like to fly a kite?
The ball flew out of bounds.
How time flies!
The vacation went by so quickly!
Gianna flew into his arms as soon as she saw him.
You're floating in the past with your memories.
Ignazio would believe that pigs (lit., a donkey) can fly!
The good news spread quickly throughout the village.

volere
to want, wish; expect; need, require;
allow, say yes; be going to; look like

voglio · volli · voluto

irregular -ēre verb;
modal (aux. *avere* or *essere*)/trans. (aux. *avere*)

---

volere *to want/desire someone or something*

Michele vorrebbe una nuova macchina.	*Michele would like a new car.*
Per Natale il bambino voleva un gatto.	*For Christmas the boy wanted a cat.*
Margherita, ti vogliono al telefono.	*Margherita, you're wanted on the phone.*
La caporeparto mi vuole subito nel suo ufficio.	*The department head wants me in her office right now.*
Queste rose non vogliono molta acqua.	*These roses don't need a lot of water.*
Questo verbo vuole una preposizione.	*This verb requires a preposition.*
Non voglio discussioni a casa mia.	*I don't want any arguments in my house.*
Quanto voleva per la macchina?	*How much did he want for the car?*
Non voglio niente da lui.	*I want nothing from him.*

volere *to request, offer; expect, demand; allow*

Vorrei un caffè, per favore.	*I'd like coffee, please.*
Vogliamo sederci?	*Shall we sit down?*
Vuole accomodarsi, signora?	*Would you like to sit down, ma'am?*
Vorrebbe essere così gentile da chiudere la finestra?	*Would you be so kind as to close the window?*
I signori vogliono cenare?	*Are you here for dinner?* (at a restaurant)
Il dirigente voleva troppo dagli impiegati.	*The manager expected too much from his employees.*
La tradizione vuole che mangiamo il tacchino a Natale.	*Tradition demands that we eat turkey at Christmas.*
Se il professore vuole, potremmo collaborare.	*If the professor allows it, we could work together.*

volere + *infinitive*

Non ho voluto dirlo.	*I didn't want to say so.*
Vorresti star zitto?	*Would you please be quiet?*
Non voleva riuscire, secondo me.	*He didn't want to succeed, in my opinion.*
Volevano farci una sorpresa.	*They wanted to surprise us.*

volere + *subjunctive*

Voglio che tu vada con loro.	*I want you to go with them.*
Volevano che noi comprassimo il cibo.	*They wanted us to buy the food.*
Non ha voluto che loro mangiassero a casa sua.	*He didn't want them to eat at his house.*

volersi bene *to love/like each other*

Non si vogliono più bene.	*They don't love each other anymore.*
Franca e Giovanni si volevano un gran bene.	*Franca and Giovanni loved each other very much.*

IDIOMATIC EXPRESSIONS

Se Dio vuole...	*God willing . . .*
Volente o nolente.	*Like it or not.*
Suo padre la voleva medico.	*Her father wanted her to become a doctor.*
Penso che mi volesse male.	*I don't think he liked me.*
Se la sono voluta.	*They asked for it.*
Vuol piovere.	*It looks like rain.*
Vuol dire molto giocare secondo le regole.	*It's important to play by the rules.*
Che cosa vuol dire "ficcanaso"?	*What does* ficcanaso *mean?*
Quanto tempo ci vuole per imparare l'italiano?	*How much time does it take to learn Italian?*

PROVERBS

Chi troppo vuole nulla stringe.	*Grasp all, lose all.*
Volere è potere.	*Where there's a will, there's a way.*

TOP 50 VERBS

irregular -*ēre* verb;
modal (aux. *avere* or *essere*)/trans. (aux. *avere*)

voglio · volli · voluto

NOTE *Volere* is conjugated here with *avere*; when used as a modal verb, it may also be conjugated with *essere*.

Presente · Present		Passato prossimo · Present perfect	
voglio	vogliamo	ho voluto	abbiamo voluto
vuoi	volete	hai voluto	avete voluto
vuole	vogliono	ha voluto	hanno voluto

Imperfetto · Imperfect		Trapassato prossimo · Past perfect	
volevo	volevamo	avevo voluto	avevamo voluto
volevi	volevate	avevi voluto	avevate voluto
voleva	volevano	aveva voluto	avevano voluto

Passato remoto · Preterit		Trapassato remoto · Preterit perfect	
volli	volemmo	ebbi voluto	avemmo voluto
volesti	voleste	avesti voluto	aveste voluto
volle	vollero	ebbe voluto	ebbero voluto

Futuro semplice · Future		Futuro anteriore · Future perfect	
vorrò	vorremo	avrò voluto	avremo voluto
vorrai	vorrete	avrai voluto	avrete voluto
vorrà	vorranno	avrà voluto	avranno voluto

Condizionale presente · Present conditional		Condizionale passato · Perfect conditional	
vorrei	vorremmo	avrei voluto	avremmo voluto
vorresti	vorreste	avresti voluto	avreste voluto
vorrebbe	vorrebbero	avrebbe voluto	avrebbero voluto

Congiuntivo presente · Present subjunctive		Congiuntivo passato · Perfect subjunctive	
voglia	vogliamo	abbia voluto	abbiamo voluto
voglia	vogliate	abbia voluto	abbiate voluto
voglia	vogliano	abbia voluto	abbiano voluto

Congiuntivo imperfetto · Imperfect subjunctive		Congiuntivo trapassato · Past perfect subjunctive	
volessi	volessimo	avessi voluto	avessimo voluto
volessi	voleste	avessi voluto	aveste voluto
volesse	volessero	avesse voluto	avessero voluto

Imperativo · Commands

	(non) vogliamo
vogli (non volere)	(non) vogliate
(non) voglia	(non) vogliano

Participio passato · Past participle	voluto (-a/-i/-e)
Gerundio · Gerund	volendo

Usage

— Vuoi sapere che cosa è successo?	*"Do you want to know what happened?"*
— Volentieri.	*"I'd like to."*
— Quando vuole laurearsi Riccardo?	*"When does Riccardo want to graduate?"*
— Vuole laurearsi entro quattro anni.	*"He wants to graduate within four years."*
— Che cosa vuoi?	*"What do you want?"*
— Voglio gli spaghetti alla bolognese.	*"I want spaghetti Bolognese."*
— Che cosa vorreste fare?	*"What would you like to do?"*
— Vorremmo andare in piscina.	*"We'd like to go to the pool."*
— Preferisco partire domani.	*"I prefer to leave tomorrow."*
— Come vuoi.	*"As you wish."*
— Non vuoi mangiare con noi?	*"Don't you want to eat with us?"*
— Non posso. Mi dispiace.	*"I can't. Sorry."*

volgere *to turn/bend (toward); turn, direct; become, get; translate*

volgo · volsi · volto

irregular -ere verb;
trans./intrans. (aux. *avere*)

Presente · Present	
volgo	volgiamo
volgi	volgete
volge	volgono

Passato prossimo · Present perfect	
ho volto	abbiamo volto
hai volto	avete volto
ha volto	hanno volto

Imperfetto · Imperfect	
volgevo	volgevamo
volgevi	volgevate
volgeva	volgevano

Trapassato prossimo · Past perfect	
avevo volto	avevamo volto
avevi volto	avevate volto
aveva volto	avevano volto

Passato remoto · Preterit	
volsi	volgemmo
volgesti	volgeste
volse	volsero

Trapassato remoto · Preterit perfect	
ebbi volto	avemmo volto
avesti volto	aveste volto
ebbe volto	ebbero volto

Futuro semplice · Future	
volgerò	volgeremo
volgerai	volgerete
volgerà	volgeranno

Futuro anteriore · Future perfect	
avrò volto	avremo volto
avrai volto	avrete volto
avrà volto	avranno volto

Condizionale presente · Present conditional	
volgerei	volgeremmo
volgeresti	volgereste
volgerebbe	volgerebbero

Condizionale passato · Perfect conditional	
avrei volto	avremmo volto
avresti volto	avreste volto
avrebbe volto	avrebbero volto

Congiuntivo presente · Present subjunctive	
volga	volgiamo
volga	volgiate
volga	volgano

Congiuntivo passato · Perfect subjunctive	
abbia volto	abbiamo volto
abbia volto	abbiate volto
abbia volto	abbiano volto

Congiuntivo imperfetto · Imperfect subjunctive	
volgessi	volgessimo
volgessi	volgeste
volgesse	volgessero

Congiuntivo trapassato · Past perfect subjunctive	
avessi volto	avessimo volto
avessi volto	aveste volto
avesse volto	avessero volto

Imperativo · Commands	
	(non) volgiamo
volgi (non volgere)	(non) volgete
(non) volga	(non) volgano

Participio passato · Past participle   volto (-a/-i/-e)

Gerundio · Gerund   volgendo

Usage

Ho volto lo sguardo verso l'orizzonte.	*I turned my gaze toward the horizon.*
La nave volse verso il porto.	*The ship turned toward the harbor.*
La strada volgeva a destra.	*The street curved to the right.*
Sergio volge in dubbio le loro certezze.	*Sergio is calling their certainty into question.*
È probabile che il tempo volgerà al bello.	*The weather will probably turn nice.*
La situazione volgeva al peggio.	*The situation was getting worse.*
Volgi il testo dall'inglese all'italiano, per favore.	*Please translate the text from English into Italian.*

volgersi *to turn; go in (for), devote oneself (to), take up; center (on), be directed (at)*

Non volgerti a guardarlo.	*Don't turn around to look at him.*
La sua rabbia potrebbe volgersi contro i bambini.	*He could take his anger out on the children.*
Beatrice si volse allo studio delle lingue straniere.	*Beatrice devoted herself to the study of foreign languages.*
Le loro accuse si sono volte contro di me.	*Their accusations were directed at me.*

regular -are verb;
intrans./trans. (aux. avere)

voto · votai · votato

Presente · Present

voto	votiamo
voti	votate
vota	votano

Imperfetto · Imperfect

votavo	votavamo
votavi	votavate
votava	votavano

Passato remoto · Preterit

votai	votammo
votasti	votaste
votò	votarono

Futuro semplice · Future

voterò	voteremo
voterai	voterete
voterà	voteranno

Condizionale presente · Present conditional

voterei	voteremmo
voteresti	votereste
voterebbe	voterebbero

Congiuntivo presente · Present subjunctive

voti	votiamo
voti	votiate
voti	votino

Congiuntivo imperfetto · Imperfect subjunctive

votassi	votassimo
votassi	votaste
votasse	votassero

Imperativo · Commands

	(non) votiamo
vota (non votare)	(non) votate
(non) voti	(non) votino

Passato prossimo · Present perfect

ho votato	abbiamo votato
hai votato	avete votato
ha votato	hanno votato

Trapassato prossimo · Past perfect

avevo votato	avevamo votato
avevi votato	avevate votato
aveva votato	avevano votato

Trapassato remoto · Preterit perfect

ebbi votato	avemmo votato
avesti votato	aveste votato
ebbe votato	ebbero votato

Futuro anteriore · Future perfect

avrò votato	avremo votato
avrai votato	avrete votato
avrà votato	avranno votato

Condizionale passato · Perfect conditional

avrei votato	avremmo votato
avresti votato	avreste votato
avrebbe votato	avrebbero votato

Congiuntivo passato · Perfect subjunctive

abbia votato	abbiamo votato
abbia votato	abbiate votato
abbia votato	abbiano votato

Congiuntivo trapassato · Past perfect subjunctive

avessi votato	avessimo votato
avessi votato	aveste votato
avesse votato	avessero votato

Participio passato · Past participle   votato (-a/-i/-e)

Gerundio · Gerund   votando

Usage

Non voterei a favore di una tale legge.	I wouldn't vote in favor of such a law.
Voto sempre per lo stesso partito.	I always vote for the same party.
Quando voteranno il referendum?	When will they vote on the referendum?
La Camera ha votato una nuova legge sulla droga.	The House passed a new drug law.
Votare è un diritto, forse anche un dovere civico.	Voting is a right, perhaps even a civic duty.
Penso che si voti a scrutinio segreto.	I think the voting is by secret ballot.
Francesco votò la sua vita all'esercito.	Francesco devoted his life to the military.
Ho deciso di votare la mia vita allo studio del cancro.	I decided to dedicate my life to studying cancer.

votarsi to dedicate oneself (to)

Le giovani donne si votarono a Dio.	The young women devoted themselves to God.
I preti cattolici si votano al celibato.	Catholic priests consecrate themselves to celibacy.
Non sapeva a che santo votarsi.	He didn't know where to turn for help.

Exercises

A *Write the correct form of the verb in the present tense* (presente) *to complete each of the following sentences.*

MODEL   Roberta <u>abita</u> a Milano. (abitare)

1. Io _____ andare al cinema stasera. (preferire)
2. Voi non _____ francesi. (essere)
3. Francesco ed io _____ molto da fare. (avere)
4. Loro _____ mangiare un gelato. (volere)
5. Come _____ tu? (chiamarsi)
6. Noi _____ negli Stati Uniti. (andare)
7. Tu _____ il conto? (pagare)
8. Lei _____ da molti anni. (sciare)

B *Write the correct form of the present perfect tense* (passato prossimo) *to complete each of the sentences in the following paragraph.*

MODEL   Io <u>ho letto</u> (leggere) un bel libro.

Isabella e Franco _____ (1. alzarsi) alle nove stamattina.

Isabella non _____ (2. mangiare) niente per la colazione;

Franco _____ (3. bere) un caffè. Alle dieci Isabella

_____ (4. uscire) per andare al panificio. Franco

_____ (5. rimanere) a casa. Nel pomeriggio Isabella e Franco

_____ (6. fare) le spese, _____ (7. cenare)

ad un ristorante cinese e _____ (8. tornare) a casa verso le undici.

C *Rewrite each of the following present-tense forms in the imperfect tense* (imperfetto).

MODEL   Luigi deve mangiare. > Luigi <u>doveva</u> mangiare.

1. Oggi fa bel tempo.

   Ieri _____ bel tempo.

2. Noi siamo contenti.

   Noi _____ contenti.

3. Dove dormite (voi)?

   Dove _____ (voi)?

4. Andrea capisce tutto.

   Andrea _____ tutto.

5. Non puoi entrare?

   Non _____ entrare?

6. Loro si mettono la giacca.

   Loro si _____ la giacca.

7. Io mi sento felice.

   Io mi _____ felice.

8. Noi stiamo bene.

   Noi _____ bene.

D   *Rewrite each of the following preterit-tense* (passato remoto) *forms in the present perfect tense* (passato prossimo).

   MODEL   Luigi andò a casa. > Luigi __è andato__ a casa.

1. Con chi parlasti?

   Con chi _____?

2. Lei nacque a Napoli.

   Lei _____ a Napoli.

3. Io non dissi niente.

   Io non _____ niente.

4. Loro presero la macchina.

   Loro _____ la macchina.

5. Lui mentì.

   Lui _____.

6. Dante scrisse la *Divina Commedia*.

   Dante _____ la *Divina Commedia*.

7. Molti italiani andarono in America.

   Molti italiani _____ in America.

8. Quando finì la guerra?

   Quando _____ la guerra?

E *Write the correct forms of the future tense* (futuro semplice) *according to the model.*

MODEL   Lei mi ama. Domani lei mi __amerà__ .

1. Io compro delle mele. Domani io _____ delle mele.

2. Voi fate il compito? Domani voi _____ il compito?

3. Non dicono la verità. Domani non _____ la verità.

4. Tu giochi al calcio? Domani tu _____ al calcio?

5. Dove andiamo? Domani dove _____ ?

6. Lui si lava i capelli. Domani lui si _____ i capelli.

7. La lezione finisce alle dieci. Domani la lezione _____ alle dieci.

8. Noi vendiamo la macchina. Domani noi _____ la macchina.

F *Write the correct form of the present conditional tense* (condizionale presente) *to complete each of the following sentences.*

MODEL   Quanto __costerebbe__ quella casa? (costare)

1. Io non _____ la carne. (mangiare)

2. Mi _____ andare al mare. (piacere)

3. (Voi) _____ uscire stasera? (volere)

4. Come (tu) _____ per un matrimonio? (vestirsi)

5. Loro _____ parlare con voi. (preferire)

6. Lei _____ molti soldi. (avere)

7. Noi _____ due lingue straniere. (studiare)

8. Voi ci _____ molto. (mancare)

G *Write the correct form of the present subjunctive tense* (congiuntivo presente) *to complete each of the following sentences.*

MODEL   Voglio che tu mi __creda__ . (credere)

1. Sono contenta che voi _____ con noi. (venire)

2. È possibile che domani _____ caldo. (fare)

3. Penso che lei _____ Anna. (chiamarsi)

4. Dubitiamo che loro _____ ragione. (avere)

5. Non credono che io _____ italiano. (parlare)

6. Preferisce che noi _____ subito. (partire)

7. È bene che tu _____ onesto. (essere)

8. Vuole che io _____ con lui. (uscire)

H   *Rewrite each of the following present subjunctive* (congiuntivo presente) *forms in the past subjunctive* (congiuntivo passato).

MODEL   Penso che mangino. > Penso che __abbiano mangiato__ .

1. Credo che leggano un romanzo.

   Credo che _____ un romanzo.

2. Siamo tristi che lui non telefoni.

   Siamo tristi che lui non _____ .

3. Ho paura che lei esca senza di me.

   Ho paura che lei _____ senza di me.

4. Pensiamo che lui si sbagli.

   Pensiamo che lui si _____ .

5. Mi dispiace che non ti diano niente.

   Mi dispiace che non ti _____ niente.

6. Loro pensano che io non voglia mangiare.

   Loro pensano che io non _____ mangiare.

7. È l'unica persona che mi aiuti.

   È l'unica persona che mi _____ .

8. È bene che voi possiate studiare.

   È bene che voi _____ studiare.

I   *Write the correct form of the verb in the imperative* (imperativo) *to complete each of the following sentences.*

MODEL   Franca, __vieni__ con me! (venire)

1. Carolina, _____ le carote! (mangiare)

2. Signora, _____ attenta! (stare)

3. Ragazzi, _____ pazienza! (avere)

4. Giovanni, _____ il libro! (aprire)

5. Marcella e Chiara, non _____ il pane! (dimenticare)

6. Mamma, _____! (guardare)

7. Signori, _____! (accomodarsi)

8. Dottore, mi _____! (aiutare)

Answers to Exercises

A   1. preferisco   2. siete   3. abbiamo   4. vogliono   5. ti chiami   6. andiamo
7. paghi   8. scia

B   1. si sono alzati   2. ha mangiato   3. ha bevuto   4. è uscita   5. è rimasto
6. hanno fatto   7. hanno cenato   8. sono tornati

C   1. faceva   2. eravamo   3. dormivate   4. capiva   5. potevi   6. mettevano
7. sentivo   8. stavamo

D   1. hai parlato   2. è nata   3. ho detto   4. hanno preso   5. ha mentito
6. ha scritto   7. sono andati   8. è finita

E   1. comprerò   2. farete   3. diranno   4. giocherai   5. andremo   6. laverà
7. finirà   8. venderemo

F   1. mangerei   2. piacerebbe   3. vorreste   4. ti vestiresti   5. preferirebbero
6. avrebbe   7. studieremmo   8. manchereste

G   1. veniate   2. faccia   3. si chiami   4. abbiano   5. parli   6. partiamo
7. sia   8. esca

H   1. abbiano letto   2. abbia telefonato   3. sia uscita   4. sia sbagliato
5. abbiano dato   6. abbia voluto   7. abbia aiutato   8. abbiate potuto

I   1. mangia   2. stia   3. abbiate   4. apri   5. dimenticate   6. guarda
7. si accomodino   8. aiuti

English-Italian Verb Index

Use this index to look up the corresponding Italian verb conjugation chart by the English meaning. Some English verbs have more than one Italian equivalent; the semantic range of the meanings in a verb's conjugation banner, as well as the accompanying Usage sentences, will help you determine if you have located the appropriate Italian verb. Because this index references only the 555 verbs conjugated in this book, it is not to be used as a general dictionary of verbs.

attend (to) **ascoltare** 54, **assistere** 57, **attendere** 60, **frequentare** 224, **partecipare** 332, **sbrigare** 438, **seguire** 457
attention (to), pay **ascoltare** 54
attract **attrarre** 62
attribute (to) **attribuire** 64, **scrivere** 452
avoid **evitare** 209, **fuggire** 226
awaken **svegliare** 509
award **attribuire** 64
aware (of), be **accorgersi** 16, **sapere** 436

B

balance **pareggiare** 329
ban **proscrivere** 377, **vietare** 548
banish **proscrivere** 377
bankrupt, go **fallire** 210
bare **scoprire** 451
bargain **trattare** 530
battle **lottare** 299
be **essere** 207, **figurare** 216, **stare** 496
be (*a profession*) **fare** 211
be (*age*) **compiere** 109
be (in existence) **esistere** 202
bear **portare** 354, **produrre** 371, **soffrire** 465, **sopportare** 467, **sostenere** 473
beat **vincere** 549
become **divenire** 179, **diventare** 180, **donare** 186, **restare** 399, **volgere** 554
become again **tornare** 522
becoming (on), be **vestire** 546
befall **accadere** 8, **capitare** 87, **succedere** 504, **toccare** 519
beg **chiedere** 94
begin **aprire** 46, **cominciare** 105, **iniziare** 267
begin again **riassumere** 403, **tornare** 522
behave **agire** 23
believe **credere** 145, **pensare** 338, **trovare** 531
belong (to) **appartenere** 41
bend (toward) **torcere** 521, **volgere** 554
benefit (from) **godere** 238
bequeath **lasciare** 291, **trasmettere** 529
bestow **concedere** 113
bet **puntare** 384, **scommettere** 447
betray **tradire** 524
better, get **acquistare** 17, **migliorare** 306
better, look **guadagnare** 241
better (for), be **convenire** 134
better of, get the **vincere** 549
beyond, be **uscire** 539
bind **impegnare** 254

blare **squillare** 492
blend **fondere** 222
blink **lampeggiare** 289
blow up **esplodere** 205
blur **confondere** 119
blush **arrossire** 53
board **imbarcare** 248
board, take on **imbarcare** 248
boast (about) **vantare** 541
boil, come to a **bollire** 76
boo **fischiare** 220
book **fissare** 221, **impegnare** 254, **prenotare** 362
boom **tuonare** 533
bore **annoiare** 37, **stancare** 495
born, be **nascere** 311
bother **annoiare** 37, **disturbare** 178, **preoccupare** 363, **toccare** 519
box **incassare** 258
brag (about) **vantare** 541
brake **frenare** 223
break **rompere** 431
break down **crollare** 147, **risolvere** 423
break off **interrompere** 278, **rompere** 431
break up **sciogliere** 446
breathe **respirare** 398
bribe **comprare** 111
brief, be **stringere** 501
bring **portare** 354
bring closer (to) **avvicinare** 70
bring (in) **introdurre** 281
bring near (to) **avvicinare** 70
bring up **crescere** 146, **introdurre** 281
broadcast **diffondere** 163, **trasmettere** 529
bronze **abbronzare** 5
brush **spazzolare** 480
bud **gettare** 232
build **alzare** 29, **costruire** 143, **impostare** 257
burden, be a **pesare** 346
buried, be **riposare** 421
burn **ardere** 47, **bruciare** 79, **cuocere** 150
burst (into) **invadere** 282, **rompere** 431
burst (out) **esplodere** 205
bury **seppellire** 460
business, do a good **lavorare** 294
busy, keep **impegnare** 254
button **allacciare** 25
buy **acquistare** 17, **comprare** 111, **pagare** 326

C

call again **ripassare** 419
call for **gridare** 240, **richiedere** 405
call (on) **visitare** 550

call (out) **chiamare** 93
call up **chiamare** 93
calm (down) **calmare** 82
can **potere** 356, **sapere** 436
cancel **risolvere** 423, **sciogliere** 446
cannot help **scappare** 440
capable, be **valere** 540
capture **fermare** 213
care (about) **tenere** 516
care for deeply **amare** 30
carry **imbarcare** 248, **portare** 354
carry on **continuare** 131
carry out **compiere** 109, **realizzare** 393, **svolgere** 511
carry weight **pesare** 346
carve **incidere** 259, **tagliare** 513
cash **incassare** 258, **riscuotere** 422
cast **fondere** 222
cast away **gettare** 232
catch **cogliere** 98, **guadagnare** 241, **sorprendere** 470, **trovare** 531, **venire** 544
catch on **capire** 86
catch up (with) **raggiungere** 389
cause **mettere** 305, **produrre** 371
caused (by), be **dipendere** 168
cave in **crollare** 147
cease **finire** 218
celebrate **celebrare** 89, **festeggiare** 214
certify **dichiarare** 161
change **cambiare** 83, **spostare** 490
change (into) **convertire** 135, **diventare** 180
characterize **distinguere** 175
charm **innamorare** 268
charter **noleggiare** 314
chase **inseguire** 271
chat **chiacchierare** 92
cheap, sell **regalare** 396
cheat **truccare** 532
cheat on **tradire** 524
check **controllare** 133, **ripassare** 419, **tenere** 516, **vedere** 542, **visitare** 550
chime **suonare** 506
chirp **cantare** 85
choose **decidere** 154, **eleggere** 192, **scegliere** 442
circulate **correre** 139, **diffondere** 163, **girare** 234, **pubblicare** 381
claim **pretendere** 368, **vantare** 541
clap **applaudire** 42
clean **lavare** 293, **pulire** 382
cleanse **lavare** 293
clear **pulire** 382
clear (away/the table) **sparecchiare** 476
climb **salire** 433
close (down) **chiudere** 95
close up **stringere** 501

leave **abbandonare** 1, **depositare** 157, **lasciare** 291, **partire** 333, **trasmettere** 529, **uscire** 539
leave behind **dimenticare** 166, **lasciare** 291, **uscire** 539
leave out **dimenticare** 166, **tacere** 512
left (behind), be **rimanere** 414
left (over), be **restare** 399, **rimanere** 414
left (to go), be **mancare** 300
lend **prestare** 366
lessen **abbassare** 2, **rallentare** 390, **ridurre** 409, **spegnere** 482
let **lasciare** 291
let have **lasciare** 291
let out **gettare** 232
level, make **pareggiare** 329
lie **mentire** 304
lie ahead of **aspettare** 55
lie beyond **uscire** 539
lie (in) **consistere** 128
lift **alzare** 29
lift off **decollare** 155
lift (up) **levare** 296
light **accendere** 10
light (of), make **scherzare** 444
lightning, be **lampeggiare** 289
like **amare** 30
like better **preferire** 359
liked by, be **piacere** 348
likely (to), be **dovere** 188
liken (to) **assomigliare** 58
limit **contenere** 130, **restringere** 401
link (to/with) **abbinare** 3, **allacciare** 25, **connettere** 120, **cucire** 149, **unire** 537
liquidate **sciogliere** 446
list **elencare** 193
listen (to) **ascoltare** 54, **intendere** 275, **udire** 536
litigate **litigare** 298
live **esistere** 202, **stare** 496, **vivere** 551
live (in) **abitare** 6
live (on) **sopravvivere** 468, **vivere** 551
live through **vivere** 551
load **imbarcare** 248
loan **prestare** 366
lock up **chiudere** 95
long for **sognare** 466
look **apparire** 40, **comparire** 108
look after **assistere** 57, **attendere** 60, **curare** 151
look at **guardare** 242, **vedere** 542
look bad **scomparire** 448
look for **cercare** 91
look (like) **assomigliare** 58, **parere** 330, **sembrare** 458, **volere** 553
look out **guardare** 242

look up **cercare** 91, **guardare** 242
loose, be **ballare** 72
loose, let **scatenare** 441
loosen **rilassare** 413, **sciogliere** 446
lose **perdere** 340
lose weight **dimagrire** 165
love **amare** 30
love, cause to fall in **innamorare** 268
lower **abbassare** 2, **diminuire** 167, **ridurre** 409
lubricate **ingrassare** 266
lull **addormentare** 18
lunch, have **pranzare** 357

M

mail **imbucare** 249, **impostare** 257, **spedire** 481
maintain **mantenere** 303, **sostenere** 473
make **fare** 211, **guadagnare** 241, **praticare** 358
make equal **pareggiare** 329
make fun (of) **ridere** 408, **scherzare** 444
make up (one's face) **truccare** 532
manage **arrivare** 52, **condurre** 117, **dirigere** 171, **gestire** 231, **guidare** 244, **riuscire** 428
manufacture **produrre** 371
mark **distinguere** 175, **notare** 315, **segnare** 456
marriage (to), give in **fidanzare** 215, **sposare** 489
marry **sposare** 489
match (with) **abbinare** 3, **accompagnare** 14, **andare** 35, **combinare** 104
matrimony, unite in **sposare** 489
matter **contare** 129, **giocare** 233, **pesare** 346
mature **scadere** 439
may **potere** 356
mean **dire** 170, **intendere** 275
measure **misurare** 307
meet (with) **accontentare** 15, **conoscere** 121, **incontrare** 261, **rispondere** 425, **soddisfare** 464, **trovare** 531, **vedere** 542
melt **disfare** 174, **fondere** 222, **sciogliere** 446
member (of), be a **appartenere** 41
member (of), become a **entrare** 196
memorize **imparare** 252
migrate **emigrare** 195
mind **guardare** 242, **spiacere** 485
misplace **imbucare** 249
miss **fallire** 210, **mancare** 300, **perdere** 340, **sbagliare** 437
missing, be **mancare** 300
mistake **confondere** 119
mistake (on), make a **sbagliare** 437

mix up **confondere** 119
mock **scherzare** 444
model **indossare** 262
modify **cambiare** 83
mold **stampare** 494
mount **salire** 433
mourn **lamentare** 288, **piangere** 349
move **commuovere** 107, **muovere** 310, **spostare** 490, **traslocare** 528
move away **allontanare** 28
move up **affrettare** 20
mow **tagliare** 513
muffle **spegnere** 482
murder **uccidere** 535
must **bisognare** 75, **dovere** 188, **occorrere** 319

N

name **chiamare** 93
narrate **raccontare** 387
narrow **restringere** 401
necessary, be **bisognare** 75, **convenire** 134, **occorrere** 319
need **bisognare** 75, **mancare** 300, **occorrere** 319, **volere** 553
need only **bastare** 73
needed, be **andare** 35, **occorrere** 319
neglect **abbandonare** 1, **dimenticare** 166
negotiate **convenire** 134, **trattare** 530
nerves, get on _____'s **stressare** 500
nibble (at) **rodere** 430
night, spend the **dormire** 187, **pernottare** 343
note **notare** 315, **segnare** 456
nothing, come to **fallire** 210
notice **accorgersi** 16, **avvertire** 68, **notare** 315
nurse **assistere** 57

O

obey **ubbidire** 534
object to **opporre** 322
oblige **imporre** 256, **obbligare** 318
obliged to, be **dovere** 188
observe **celebrare** 89, **festeggiare** 214
obstruct **impedire** 253
obtain **acquistare** 17, **avere** 66, **cavare** 88, **conseguire** 123, **ottenere** 325, **raccogliere** 385, **trarre** 526
occur **accadere** 8, **arrivare** 52, **avvenire** 67, **insorgere** 273, **nascere** 311
occur (to) **venire** 544
offend **ferire** 212, **offendere** 320
offer **offrire** 321, **porgere** 352
on, be **funzionare** 228

open (onto) **aprire** 46, **iniziare** 267, **rispondere** 425
opening in, make an **aprire** 46
oppose **opporre** 322
ordain **ordinare** 323
order **commettere** 106, **ordinare** 323
organize **impostare** 257, **ordinare** 323, **organizzare** 324
ought to **bisognare** 75
outdo **sorpassare** 469, **superare** 507, **vincere** 549
outline **disegnare** 173
outlive **sopravvivere** 468
overcome **sconfiggere** 449, **superare** 507, **vincere** 549
overdo **esagerare** 197
overlook **dimenticare** 166
overrun **invadere** 282
overstate **esagerare** 197
overtake **superare** 507
owe **dovere** 188
own **avere** 66, **possedere** 355

P

pace (back and forth) **passeggiare** 335
pack (up) **incassare** 258
package **confezionare** 118
paint **dipingere** 169
pardon **perdonare** 341, **scusare** 454
park **parcheggiare** 328
participate (in) **partecipare** 332
pass **promuovere** 375, **sorpassare** 469, **votare** 555
pass again **ripassare** 419
pass by **passare** 334
pass on **trasmettere** 529
pass out **svenire** 510
pass through **passare** 334
pawn **impegnare** 254
pay (for) **corrispondere** 140, **pagare** 326, **rendere** 397, **versare** 545
peep **guardare** 242
perceive **avvertire** 68
perfect **lavorare** 294
perform (in) **dare** 153, **fare** 211, **interpretare** 276, **rappresentare** 391, **recitare** 394, **svolgere** 511
permit **consentire** 124, **permettere** 342
persist (in) **durare** 190, **insistere** 272
persuade **convincere** 136, **persuadere** 344
phone **chiamare** 93
pick **cogliere** 98, **scegliere** 442
pick up **prelevare** 360, **raccogliere** 385
pilot **condurre** 117
pinch **stringere** 501

place **mettere** 305, **porre** 353
place (in a hole) **imbucare** 249
place of, take the **sostituire** 474
plagiarize **rubare** 432
plan for **prevedere** 369
plan (to) **combinare** 104, **disegnare** 173, **impostare** 257, **intendere** 275, **pensare** 338
plant **piantare** 350, **puntare** 384
play **combattere** 103, **giocare** 233, **praticare** 358, **rappresentare** 391, **recitare** 394, **suonare** 506
play (against) **incontrare** 261
play with **scherzare** 444
pleasant, be **piacere** 348
please **accomodare** 13, **accontentare** 15, **gustare** 245, **piacere** 348, **soddisfare** 464
pledge **giurare** 237, **impegnare** 254
pluck **cogliere** 98
point (at) **puntare** 384
point out **insegnare** 270, **mostrare** 309, **proporre** 376
point (to) **puntare** 384
point, come to the **giungere** 236
polish **pulire** 382
pollute **inquinare** 269
popular, be **incontrare** 261
portray **dipingere** 169, **disegnare** 173, **rappresentare** 391, **rendere** 397
possess **possedere** 355
postpone **sospendere** 472, **spostare** 490
pour **buttare** 80, **versare** 545
pour (in) **piovere** 351
pour (out) **spargere** 477, **versare** 545
practice **praticare** 358, **studiare** 502
praise **applaudire** 42, **vantare** 541
precede **prevenire** 370
predict **indovinare** 263, **prevedere** 369
prefer **preferire** 359, **scegliere** 442
prepare (for) **istruire** 287
prepare **apparecchiare** 39, **cucinare** 148, **preparare** 364
present **esibire** 200, **offrire** 321, **porgere** 352, **presentare** 365, **rassegnare** 392
present (at), be **assistere** 57, **partecipare** 332
present itself **capitare** 87
present oneself **comparire** 108
present, give as a **regalare** 396
preserve **conservare** 125
press **stirare** 498
pressing, be **stringere** 501
pressure on, keep the **impegnare** 254
presuppose **presupporre** 367

pretend **figurare** 216, **fingere** 217, **mostrare** 309, **pretendere** 368
prevail **vincere** 549
prevent (from) **impedire** 253, **prevenire** 370, **proibire** 372, **togliere** 520
print **stampare** 494, **tirare** 518
proceed **continuare** 131
process **lavorare** 294
produce **creare** 144, **dare** 153, **portare** 354, **produrre** 371, **realizzare** 393
productive, be **rendere** 397
profess **dichiarare** 161
profitable, be **rendere** 397
progress **camminare** 84, **migliorare** 306
prohibit **proibire** 372, **vietare** 548
prolong **prolungare** 373
promise **promettere** 374
promote (to) **passare** 334, **promuovere** 375, **proteggere** 378
prompt **suggerire** 505
proofread **correggere** 138
propose **presentare** 365, **proporre** 376
proscribe **proscrivere** 377
protect **difendere** 162, **proteggere** 378
protrude **uscire** 539
prove **mostrare** 309, **provare** 379
prove (to be) **riuscire** 428
provide (for) **prevedere** 369, **provvedere** 380
provoke **scatenare** 441
publicize **diffondere** 163
publish **pubblicare** 381, **stampare** 494
published, be **uscire** 539
pull **tirare** 518
pull down **abbassare** 2
pull (out) **tirare** 518, **trarre** 526
punish **correggere** 138, **punire** 383
purchase **comprare** 111
purify **lavare** 293
pursue **inseguire** 271
push **puntare** 384, **spingere** 487
put **imbucare** 249, **mettere** 305
put around **cingere** 96
put aside **deporre** 156, **risparmiare** 424
put back **riposare** 421
put (down) **deporre** 156, **porre** 353
put down again **riposare** 421
put forward **allegare** 26, **opporre** 322
put in **piantare** 350
put in order **sistemare** 462
put off **sospendere** 472
put (on) **dare** 153, **indossare** 262, **mettere** 305

send (off) **mandare** 301
send one's regards (to) **salutare** 435
send (out) **mandare** 301
sense **sentire** 459
separate ways, go **divorziare** 183
serve **servire** 461
set **mettere** 305, **porre** 353, **stabilire** 493
set aside **lasciare** 291
set in order **accomodare** 13
set off **brillare** 77, **lanciare** 290
set on edge **allegare** 26
set out **porre** 353
set (the table) **apparecchiare** 39
set up **creare** 144
settle **combinare** 104, **fissare** 221, **riposare** 421, **sistemare** 462
sew **cucire** 149, **riassumere** 403
shake **ballare** 72, **crollare** 147, **scuotere** 453
shake (again) **riscuotere** 422
shape **informare** 264
share (in) **condividere** 116, **contribuire** 132, **dividere** 182, **partecipare** 332
shave (off) **radere** 388
shelter **proteggere** 378
shield **coprire** 137, **proteggere** 378
shift **spostare** 490
shine **brillare** 77
ship **inviare** 284, **spedire** 481
shock **colpire** 102
shoot **girare** 234, **sparare** 475, **tirare** 518
shortcut, take a **tagliare** 513
shorten **ridurre** 409, **tagliare** 513
should **bisognare** 75
shout **gridare** 240, **urlare** 538
shove **spingere** 487
show **insegnare** 270, **mostrare** 309, **presentare** 365, **tradire** 524
show (into) **introdurre** 281
show up **piovere** 351
shrink **restringere** 401
shut (down) **chiudere** 95
sick, become **ammalarsi** 31
sight **scoprire** 451
sign **firmare** 219
similar (to), make **assomigliare** 58
sing **cantare** 85
single out **distinguere** 175
sink **abbassare** 2, **crollare** 147, **scendere** 443
sit (down) **sedere** 455
situated, be **stare** 496
sizzle **friggere** 225
skate **pattinare** 336
sketch **disegnare** 173
ski **sciare** 445
skid **pattinare** 336
skip **saltare** 434
slacken **rilassare** 413

sleep **dormire** 187, **riposare** 421
sleep, put to **addormentare** 18
slice **tagliare** 513
slip (by) **scappare** 440
slope (down) **scendere** 443
slow (down) **frenare** 223, **rallentare** 390
slump **crollare** 147
smart **bruciare** 79
smash **rompere** 431
smell **sentire** 459
smell (of) **sapere** 436
smile **sorridere** 471
smoke **fumare** 227
smother **coprire** 137
snow **nevicare** 313
soak up **bere** 74
solve **risolvere** 423, **sciogliere** 446
soothe **calmare** 82
sorry, be **rincrescere** 416, **spiacere** 485
sort out **scegliere** 442, **sistemare** 462
sound **suonare** 506
sound like **parere** 330
spare **risparmiare** 424
sparkle **brillare** 77, **lampeggiare** 289, **ridere** 408
speak **dire** 170, **parlare** 331
speak highly of **vantare** 541
speed past **fuggire** 226
speed up **accelerare** 9, **affrettare** 20
spend **passare** 334, **spendere** 483
spend the night **dormire** 187, **pernottare** 343
spice **condire** 115
spill **spargere** 477, **versare** 545
spin **girare** 234
split (up) **dividere** 182
sports title on, confer a **laureare** 292
spot **scoprire** 451
spout **gettare** 232
spread **correre** 139, **diffondere** 163, **generalizzare** 230, **spargere** 477
spread into **invadere** 282
spread (out) **spiegare** 486, **stendere** 497
spring up **nascere** 311
sprout **gettare** 232, **nascere** 311
squander **mangiare** 302, **sprecare** 491
squeal **cantare** 85
squeeze **stringere** 501
stage **rappresentare** 391, **realizzare** 393
stand **riposare** 421, **soffrire** 465, **sopportare** 467, **stare** 496
stand, not be able to **temere** 515
stand for **figurare** 216
stand out **comparire** 108, **emergere** 194

stand up for **difendere** 162
stand up to **incassare** 258, **sostenere** 473
stare (at) **fissare** 221, **guardare** 242
start (up) **aprire** 46, **avviare** 69, **cominciare** 105, **partire** 333
state **porre** 353
stay overnight **pernottare** 343
stay **restare** 399, **rimanere** 414, **scendere** 443, **stare** 496
steal **rubare** 432
steam, give off **fumare** 227
steer **governare** 239
stick (on) **mettere** 305
stick out **uscire** 539
stifle **spegnere** 482
sting **bruciare** 79
stir **scuotere** 453
stir up **scatenare** 441
stitch **cucire** 149
stomach **digerire** 164
stop **arrestare** 51, **fermare** 213, **finire** 218, **scendere** 443, **smettere** 463
stop (at) **toccare** 519
stop (from) **togliere** 520
store **depositare** 157
story, tell a **contare** 129
stress **notare** 315, **stressare** 500
stretch (out) **stendere** 497, **stirare** 498
strike **colpire** 102, **stampare** 494, **suonare** 506
strip **spogliare** 488
stroll **passeggiare** 335
struggle **combattere** 103, **lottare** 299
study **esaminare** 198, **studiare** 502
stuff **riempire** 410
stun **stupire** 503
submit **presentare** 365
subordinate (to), be **dipendere** 168
subsist (on) **vivere** 551
substitute **sostituire** 474
subtract **togliere** 520
succeed (in) **arrivare** 52, **giungere** 236, **riuscire** 428, **succedere** 504
successful, be **incontrare** 261
suffer (from) **soffrire** 465, **temere** 515
suffice **bastare** 73
suggest **proporre** 376, **suggerire** 505
suit **accomodare** 13, **donare** 186, **piacere** 348, **stare** 496
suitable, be **fare** 211
summarize **riassumere** 402
summon **chiamare** 93, **riunire** 427
supervise **controllare** 133, **seguire** 457
supplement **integrare** 274
supply **provvedere** 380

Irregular Verb Form Index

It can sometimes be difficult to derive the infinitive of a particularly irregular verb form. This index guides you from an irregular form that you encounter to the appropriate model verb in this book. In this way, you can see irregular forms as part of the complete conjugation program.

Italian Verb Index

This index contains more than 2,700 verbs, each cross-referenced to a fully conjugated verb that follows the same pattern. The 555 model verbs appear in bold type.

The auxiliary used with a verb is indicated in parentheses after the infinitive: A for verbs that use *avere*, E for verbs that use *essere*, and A, E for verbs that use both *avere* and *essere* (see pages 21 and 22 of the Tense Profiles).

There are two model verb references for some of the reflexive verbs in this index: (1) irregular verbs, (2) verbs that have spelling changes in the stem (see the box "Summary of Spelling Changes" on page 8), and (3) verbs whose nonreflexive form is one of the 555 verbs conjugated in this book. The first number refers to a nonreflexive model verb that serves as a guide to the nonreflexive forms and to formation of principal parts. The second number, in brackets, refers to a reflexively conjugated model verb for the reflexive forms (with *essere* as auxiliary). For example, the model verb number for the nonreflexive forms and principal parts of *accingersi* is 96 (*cingere*), and the model verb number for its reflexive forms is 16 (*accorgersi*).

A

abbaiare (A) *bark, howl* 502

abbandonare (A) *abandon; drop* 1

abbandonarsi (E) *let oneself go; drop* 1 [31]

abbassare (A, E) *lower; turn down* 2

abbassarsi (E) *lower oneself; drop* 2 [31]

abbinare (A) *match (with); combine/link (with)* 3

abboccare (A) *bite; grip* 233

abbonarsi (E) *get a subscription (to)* 31

abbondare (A, E) *abound* 434

abbordare (A) *board, tackle* 315

abbottonare (A) *button up* 315

abbozzare (A) *sketch; outline* 315

abbracciare (A) *hug, embrace; include* 4

abbracciarsi (E) *hug, embrace one another; cling to* 4 [31]

abbreviare (A) *abbreviate, shorten* 502

abbronzare (A) *tan; bronze* 5

abbronzarsi (E) *get a tan* 5 [31]

abdicare (A) *abdicate* 233

abitare (A) *live; inhabit, reside (in)* 6

abituare (A) *get (someone) used to ([doing] something)* 7

abituarsi (E) *get used to ([doing] something)* 7 [31]

abolire (A) *abolish, suppress* 86

aborrire (A) *abhor, loathe* 304

abrogare (A) *repeal; revoke* 326

abusare (A) *abuse; overindulge* 315

accadere (E) *happen, occur; take place* 8

accampare (A) *camp, encamp* 315

accantonare (A) *put aside; earmark* 315

accarezzare (A) *caress; pet, pat* 315

accavallare (A) *overlap; cross* 315

accecare (A, E) *blind* 300

accedere (A, E) *access, enter; reach* 113, 504

accelerare (A) *speed up, accelerate, go faster* 9

accelerarsi (E) *speed up, go faster* 9 [31]

accendere (A) *light, ignite; switch on* 10

accendersi (E) *start, come on* 10 [16]

accennare (A) *point out, mention* 315

accentuare (A) *accentuate; stress* 315

accertare (A) *verify; assess* 315

accettare (A) *accept, agree to; admit* 11

acchiappare (A) *seize; catch* 315

accingere (A) *wrap around* 96

accingersi (E) *be on the point of (doing something), set about* 96 [16]

acclamare (A) *acclaim; cheer; applaud* 315

accludere (A) *enclose* 114

accogliere (A) *welcome, receive; hold* 12

accomodare (A) *fix; set in order; deal with* 13

accomodarsi (E) *sit down, make oneself comfortable* 13 [31]

accompagnare (A) *accompany, come/go with* 14

accompagnarsi (E) *go well together; match* 14 [31]

accondiscendere (A) *consent, agree* 404

acconsentire (A) *agree, consent* 459

accontentare (A) *satisfy, please; meet* 15

accontentarsi (E) *content oneself with* 15 [31]

accoppiare (A) *couple; join, unite* 502

accorciare (A) *shorten; speed up* 71

accordare (A) *grant; allow* 315

accorgersi (E) *notice, realize* 16

accorrere (E) *hasten, run to* 139

accostare (A) *approach; draw near/close* 315

accreditare (A) *credit, support* 315

accrescere (A) *increase, augment* 146

accumulare (A) *accumulate, store up* 315

accusare (A) *accuse, indict; charge* 315

acidificare (A, E) *acidify* 300

acquietare (A) *calm, appease* 315

acquisire (A) *acquire, obtain* 86

acquistare (A) *acquire; buy; gain* 17

acuire (A) *stimulate, sharpen* 86

adagiare (A) *lay down with care, put down gently* 302

adattare (A) *adapt, adjust* 315

adattarsi (E) *adapt oneself* 31

addebitare (A) *debit, charge* 315

addestrare (A) *train, drill* 315

addirsi (E) *suit, become* 170 [339]

addolorare (A) *grieve, sadden* 315

addomesticare (A) *tame, make gentle/sociable* 233

brontolare (A) *grumble* 315

bruciacchiare (A) *scorch; sear* 502

bruciare (A, E) *burn; be very hot; sting* 79

bruciarsi (E) *burn oneself, burn out* 79 [31]

bucare (A) *make a hole in, pierce* 233

burlare (A) *mock, make a fool of* 315

bussare (A) *knock* 315

buttare (A) *throw; pour; waste* 80

buttarsi (E) *jump (into); throw oneself (into)* 80 [31]

C

cacciare (A) *hunt; expel* 71

cadere (E) *fall (down), collapse* 81

calare (A, E) *lower; descend* 434

calciare (A) *kick* 71

calcificare (A) *calcify* 233

calcolare (A) *calculate, reckon* 315

calibrare (A) *gauge* 315

calmare (A) *calm (down); soothe* 82

calmarsi (E) *calm down, grow calm; subside* 82 [31]

calpestare (A) *trample on, crush* 315

calunniare (A) *slander* 502

cambiare (A, E) *change, modify, alter* 83

cambiarsi (E) *change, be transformed* 83 [31]

camminare (A) *walk, tramp; function* 84

campare (E) *live, get by* 180

campeggiare (A) *encamp* 302

cancellare (A) *cancel, rub out* 315

cantare (A) *sing; chirp, crow* 85

canzonare (A) *make fun of, tease, mock* 315

capire (A) *understand, realize, grasp* 86

capirsi (E) *understand each other* 86 [339]

capitare (E) *happen; arise; arrive* 87

capitolare (A) *surrender* 315

capovolgere (A) *overturn, turn over* 554

caratterizzare (A) *characterize* 315

carbonizzare (A) *char* 315

carezzare (A) *caress* 315

caricare (A) *load (up)* 233

cascare (E) *fall* 233

castigare (A) *punish, chastise* 326

catturare (A) *capture* 315

causare (A) *cause* 315

cautelare (A) *protect, secure* 315

cavalcare (A) *ride (a horse)* 233

cavare (A) *take/draw out; get* 88

cavarsela (E) *manage, get by; get away with* 88 [31]

cavarsi (E) *satisfy, quench; take off* 88 [31]

cedere (A) *give in, surrender* 113

celare (A) *conceal* 315

celebrare (A) *celebrate, observe* 89

cenare (A) *have dinner, dine* 90

censurare (A) *censor* 315

centrare (A) *hit the mark* 315

cercare (A) *look/search for; try (to)* 91

certificare (A) *certify* 233

cessare (A, E) *cease, stop; give up* 434

chiacchierare (A) *chat; gossip* 92

chiamare (A) *call (out), name; phone; send for* 93

chiamarsi (E) *be called/named* 93 [31]

chiarificare (A) *clarify* 233

chiarire (A) *clarify, make clear* 86

chiedere (A) *ask (for/about), request* 94

chinare (A) *bow; bend, lower* 315

chiudere (A) *close/shut (down); turn off; seal* 95

chiudersi (E) *shut oneself up; close* 95 [16]

ciarlare (A) *chatter* 315

cicatrizzare (A) *form a scar; heal* 315

cifrare (A) *cipher, encode* 315

cigolare (A) *creak* 315

cingere (A) *surround, encircle; gird, put/tie around* 96

circolare (A, E) *circulate* 434

circondare (A) *surround; enclose, fence (in)* 97

circondurre (A) *lead around* 371

circoscrivere (A) *circumscribe, confine* 452

citare (A) *mention; cite; summon* 315

civettare (A) *flirt* 315

civilizzare (A) *civilize* 315

classificare (A) *classify* 233

coccolare (A) *cuddle, pet* 315

codificare (A) *codify* 233

coesistere (E) *coexist* 202

cogliere (A) *gather; grasp, take, pluck* 98

coincidere (A) *coincide; correspond* 99

coinvolgere (A) *involve; implicate* 100

collaborare (A) *collaborate; contribute* 101

collegare (A) *connect, link, unite* 326

collezionare (A) *collect* 315

collocare (A) *place, set; arrange* 233

colorare (A) *color* 315

colorire (A) *color, paint; enliven* 86

colpire (A) *hit, strike; affect* 102

coltivare (A) *cultivate, grow* 315

comandare (A) *command* 315

combattere (A) *fight, struggle, contend (with)* 103

combattersi (E) *fight each other* 103 [16]

combinare (A) *combine; arrange; agree* 104

combinarsi (E) *be compatible; fit (in)* 104 [31]

cominciare (A, E) *begin, start* 105

commemorare (A) *commemorate* 315

commentare (A) *comment on; expound* 315

commerciare (A) *deal, trade* 71

commettere (A) *commit; commission* 106

commiserare (A) *commiserate with, pity* 315

commuovere (A) *touch, move, affect* 107

commuoversi (E) *be touched (by)* 107 [16]

comparire (E) *appear, come out* 108

compatire (A) *pity, be sorry (for)* 86

compensare (A) *compensate; pay for* 315

competere (NO COMPOUND TENSES) *compete, vie* 404

compiacersi (E) *be pleased with; delight (in)* 348 [16]

compiangere (A) *feel sorry for, sympathize with, pity* 349

compiere (A) *carry out; finish; turn/be (age)* 109

compiersi (E) *(come to an) end; come true* 109 [16]

compilare (A) *compile, fill in* 315

completare (A) *complete; supplement* 315

complicare (A) *complicate* 233

complottare (A) *plot, scheme, conspire* 315

comporre (A) *compose, put together; form* 110

comporsi (E) *consist (of); get hold of oneself* 110 [16]

comportare (A) *involve, require* 315

comprare (A) *buy, purchase; bribe* 111

comprarsi (E) *buy (for oneself)* 111 [31]

comprendere (A) *include, consist of; understand* 112

comprendersi (E) *understand each other* 112 [16]

comprimere (A) *compress* 206

compromettere (A) *compromise, jeopardize* 305

comunicare (A) *communicate* 233

concedere (A) *concede, allow; grant* 113

concedersi (E) *allow oneself; yield (to)* 113 [16]

concentrare (A) *concentrate* 315

concepire (A) *conceive, imagine* 86

conciliare (A) *reconcile* 502

concludere (A) *conclude, finish; achieve* 114

concludersi (E) *end (up)* 114 [16]

decollare (A, E) *take off* (aircraft), *lift off* 155

decomporre (A) *decompose* 353

decorare (A) *decorate* 315

decretare (A) *decree, order* 315

decuplicare (A) *multiply by ten* 233

dedicare (A) *dedicate* 233

dedurre (A) *deduce, infer* 371

definire (A) *define* 86

deformare (A) *deform, warp* 315

degenerare (A) *degenerate* 315

degnarsi (E) *deign, condescend* 31

degustare (A) *taste, sample* 315

delegare (A) *delegate* 326

deliberare (A) *deliberate, decide* 315

delimitare (A) *delimit* 315

delineare (A) *delineate, outline* 315

deludere (A) *disappoint; let (someone) down* 114

demolire (A) *demolish* 86

denominare (A) *name, call* 315

denotare (A) *denote* 315

denunciare (A) *denounce; report* 71

depilare (A) *depilate* 315

deplorare (A) *deplore* 315

deporre (A) *put down/aside, deposit; testify* 156

deportare (A) *deport* 315

depositare (A) *deposit, leave; store* 157

depositarsi (E) *settle* (of dust) 157 [31]

deprecare (A) *condemn, disapprove (of)* 233

deprimere (A) *depress; diminish* 158

deprimersi (E) *get depressed; sink* 158 [16]

deputare (A) *delegate* 315

deridere (A) *mock, deride* 408

derivare (A, E) *derive (from)* 434

derubare (A) *rob* 315

descrivere (A) *describe; relate; trace* 159

desiderare (A) *wish (for), want, desire* 160

designare (A) *designate, appoint* 315

desinare (A) *dine, have dinner* 315

destare (A) *wake, rouse* 315

destinare (A) *intend, assign* 315

detenere (A) *detain, hold, keep* 516

detergere (A) *clean, cleanse; wash* 194

determinare (A) *determine; fix* 315

detestare (A) *detest, hate* 315

detrarre (A) *deduct, belittle, take away (from)* 526

dettagliare (A) *detail* 502

dettare (A) *dictate; suggest, tell* 315

devastare (A) *devastate* 315

deviare (A) *deviate; diverge* 445

devolvere (A) *devolve; transfer* 423

dialogare (A) *converse, have a dialogue* 326

dibattere (A) *debate, discuss* 404

dibattersi (E) *struggle* 404 [16]

dichiarare (A) *declare, announce; appoint* 161

dichiararsi (E) *declare oneself* 161 [31]

difendere (A) *defend, protect; stand up for* 162

difendersi (E) *defend oneself (against); get by* 162 [16]

diffamare (A) *slander* 315

differire (A) *postpone; differ* 86

diffidare (A) *distrust; mistrust* 315

diffondere (A) *spread, circulate; broadcast* 163

diffondersi (E) *spread (out)* 163 [16]

diffrangersi (E) *to be diffracted* 349 [16]

digerire (A) *digest; work off; stomach* 164

digiunare (A) *fast* 315

dilagare (A) *flood, spread* 326

dilapidare (A) *squander* 315

dilatare (A) *dilate, open; extend* 315

dilettare (A) *delight, please* 315

diluire (A) *dilute, thin down* 86

diluviare (A, E) *deluge, pour (rain), shower* 83

dimagrire (E) *lose weight; make look thinner* 165

dimenticare (A) *forget, overlook* 166

dimenticarsi (E) *forget (about)* 166 [31]

dimettere (A) *dismiss, discharge* 305

dimettersi (E) *resign* 305 [16]

dimezzare (A) *halve* 315

diminuire (A, E) *decrease; go down, lower* 167

dimorare (A) *reside; stay* 315

dimostrare (A) *demonstrate, show* 315

dipendere (E) *depend (on); be answerable (to)* 168

dipingere (A) *paint; portray, depict* 169

dipingersi (E) *show, be the picture of* 169 [16]

dire (A) *say, tell, speak; mean* 170

dirigere (A) *manage, direct, conduct* 171

dirigersi (E) *make one's way (to)* 171 [16]

dirottare (A) *divert, hijack* 315

dirsi (E) *tell oneself/each other* 170 [339]

disapprovare (A) *disapprove* 315

disarmare (A) *disarm* 315

discendere (E) *descend, go/come down* 443

disciogliere (A) *dissolve* 446

disciplinare (A) *discipline; regulate* 315

discolpare (A) *exculpate* 315

discoprire (A) *discover, find out* 451

discordare (A) *disagree, clash* 315

discorrere (A) *talk, discuss* 139

discriminare (A) *discriminate* 315

discutere (A) *discuss, debate; argue* 172

disdire (A) *be unbecoming; cancel, retract* 170

disegnare (A) *draw, sketch; describe* 173

disertare (A) *abandon, desert* 315

disfare (A) *undo, unpack; destroy* 174

disfarsi (E) *come undone; fall to pieces* 174 [31]

disgustare (A) *disgust, sicken* 315

disilludere (A) *disenchant* 114

disinfettare (A) *disinfect* 315

disintegrare (A) *cause to disintegrate* 315

disintegrarsi (E) *disintegrate* 31

disinteressarsi (E) *lose interest* 31

disinvestire (A) *stop investing* 283

disonorare (A) *dishonor, disgrace* 315

disorientare (A) *disorient* 315

dispensare (A) *exempt; distribute* 315

disperare (A) *despair* 315

disperdere (A) *disperse, scatter; dispel* 340

dispiacere (E) *displease, be sorry, regret* 348

disprezzare (A) *despise* 315

disputare (A) *dispute, contest; discuss* 315

disseccare (A) *parch* 233

dissetare (A) *quench the thirst of* 315

dissimulare (A) *hide; dissemble* 315

dissipare (A) *dissipate; squander* 315

dissociare (A) *dissociate* 71

dissolvere (A) *dissolve, separate* 423

dissuadere (A) *dissuade* 344

distaccare (A) *detach* 233

distendere (A) *extend, spread out, stretch* 497

distinguere (A) *distinguish, differentiate* 175

distinguersi (E) *distinguish oneself* 175 [16]

distorcere (A) *twist, distort* 521

distrarre (A) *distract, divert; amuse* 176

distrarsi (E) *let one's mind wander* 176 [31]

distribuire (A) *distribute; assign; hand out* 86

distruggere (A) *destroy, ruin, wreck* 177

distruggersi (E) *wear oneself out; ruin* 177 [16]

disturbare (A) *disturb, trouble, bother* 178